GOETHES WERKE

Hamburger Ausgabe in 14 Bänden
Herausgegeben von Erich Trunz

Goethes Werke · Hamburger Ausgabe

Band 1
Gedichte und Epen I

Band 2
Gedichte und Epen II

Band 3
Dramatische Dichtungen I

Band 4
Dramatische Dichtungen II

Band 5
Dramatische Dichtungen III

Band 6
Romane und Novellen I

Band 7
Romane und Novellen II

Band 8
Romane und Novellen III

Band 9
Autobiographische Schriften I

Band 10
Autobiographische Schriften II

Band 11
Autobiographische Schriften III

Band 12
Kunst und Literatur

Band 13
Naturwissenschaftliche Schriften I

Band 14
Naturwissenschaftliche Schriften II
Materialien · Register

GOETHES WERKE
BAND XI
AUTOBIOGRAPHISCHE SCHRIFTEN III

Textkritisch durchgesehen
von Erich Trunz

Kommentiert
von Herbert von Einem

VERLAG C.H.BECK MÜNCHEN

Sonderausgabe
zum 250. Geburtstag Goethes
am 28. 8. 1999

Die ‚Hamburger Ausgabe' wurde begründet
im Christian Wegner Verlag, Hamburg
Die erste bis siebente Auflage des elften Bandes
erschien dort in den Jahren 1950 bis 1967

Dieser Band ist identisch mit der
13., durchgesehenen Auflage. 1994

Mit 40 Abbildungen
Die Bildauswahl besorgte Alste Horn.
Die Anmerkungen zur Archäologie wurden
ergänzt von Rudolf Horn.
Die Betreuung von der zwölften Auflage an
übernahm Erich Trunz

ISBN für die 14bändige Sonderausgabe: 3 406 44186 6

Sonderausgabe. 1998

Druck: C. H. Beck'sche Buchdruckerei, Nördlingen
Gedruckt auf säurefreiem, alterungsbeständigem Papier
(hergestellt aus chlorfrei gebleichtem Zellstoff)
Rikaprint Permanence
von Schoeller & Hoesch, Gernsbach
Printed in Germany

AUTOBIOGRAPHISCHE SCHRIFTEN

DRITTER BAND

ITALIENISCHE REISE

Auch ich in Arkadien!

KARLSBAD BIS AUF DEN BRENNER

Den 3. September 1786.

Früh drei Uhr stahl ich mich aus Karlsbad, weil man mich sonst nicht fortgelassen hätte. Die Gesellschaft, die den achtundzwanzigsten August, meinen Geburtstag, auf eine sehr freundliche Weise feiern mochte, erwarb sich wohl dadurch ein Recht, mich festzuhalten; allein hier war nicht länger zu säumen. Ich warf mich ganz allein, nur einen Mantelsack und Dachsranzen aufpackend, in eine Postchaise und gelangte halb acht Uhr nach Zwota, an einem schönen stillen Nebelmorgen. Die obern Wolken streifig und wollig, die untern schwer. Mir schienen das gute Anzeichen. Ich hoffte, nach einem so schlimmen Sommer einen guten Herbst zu genießen. Um zwölf in Eger, bei heißem Sonnenschein; und nun erinnerte ich mich, daß dieser Ort dieselbe Polhöhe habe wie meine Vaterstadt, und ich freute mich, wieder einmal bei klarem Himmel unter dem funfzigsten Grade zu Mittag zu essen.

In Bayern stößt einem sogleich das Stift Waldsassen entgegen — köstliche Besitztümer der geistlichen Herren, die früher als andere Menschen klug waren. Es liegt in einer Teller-, um nicht zu sagen Kesseltiefe, in einem schönen Wiesengrunde, rings von fruchtbaren sanften Anhöhen umgeben. Auch hat dieses Kloster im Lande weit umher Besitzungen. Der Boden ist aufgelöster Tonschiefer. Der Quarz, der sich in dieser Gebirgsart befindet und sich nicht auflöst, noch verwittert, macht das Feld locker und durchaus fruchtbar. Bis gegen Tirschenreuth steigt das Land noch. Die Wasser fließen einem entgegen, nach der Eger und Elbe zu. Von Tirschenreuth an fällt es nun südwärts ab, und die Wasser laufen nach der Donau. Mir gibt es sehr schnell einen Begriff von jeder Gegend, wenn ich bei dem kleinsten Wasser forsche, wohin es läuft, zu welcher Flußregion es gehört. Man findet alsdann selbst in Gegenden, die man nicht übersehen kann, einen Zusammenhang der Berge und Täler gedankenweise. Vor gedachtem Ort beginnt die treffliche Chaussee von Granitsand; es läßt sich keine vollkommenere denken; denn da der aufgelöste Granit aus Kiesel und Tonerde besteht, so gibt das zugleich einen festen Grund und ein schönes Bindungsmittel, die Straße glatt wie eine Tenne zu machen. Die Gegend, durch die sie geführt ist, sieht desto schlechter aus: gleichfalls Granitsand, flachliegend, moorig, und der schöne Weg desto erwünschter. Da nun zugleich das Land abfällt, so kömmt man fort mit unglaublicher Schnelle, die gegen den böhmischen Schneckengang recht absticht. Beiliegendes Blättchen benennt die verschiedenen Stationen. Genug, ich war den andern Morgen um zehn Uhr in Regensburg und hatte also diese vierundzwanzig und eine halbe Meile in einunddreißig Stunden zurückgelegt. Da es anfing, Tag zu werden, befand ich mich zwischen Schwanendorf und Regenstauf, und nun bemerkte ich die Veränderung des Ackerbodens ins Bessere. Es war nicht mehr Verwitterung des Gebirgs, sondern aufgeschwemmtes, gemischtes Erdreich. Den Regenfluß herauf hatte in uralten Zeiten Ebbe und Flut aus dem Donautal in alle die Täler gewirkt, die gegenwärtig ihre Wasser dorthin ergießen, und so sind diese natürlichen Polder entstanden, worauf der Ackerbau gegründet ist. Diese Bemerkung gilt in der Nachbarschaft aller größern und kleinern Flüsse, und mit diesem Leitfaden kann der Beobachter einen schnellen Aufschluß über jeden der Kultur geeigneten Boden erlangen.

Regensburg liegt gar schön. Die Gegend mußte eine Stadt herlocken; auch haben sich die geistlichen Herren wohl bedacht. Alles Feld um die Stadt gehört ihnen, in der Stadt steht Kirche gegen Kirche und Stift gegen Stift. Die Donau erinnert mich an den alten Main. Bei Frankfurt haben Fluß und Brücke ein besseres Ansehn, hier aber nimmt sich das gegenüberliegende Stadt am Hof recht artig aus. Ich verfügte mich gleich in das Jesuitenkollegium, wo das jährliche Schauspiel durch Schüler gegeben ward, sah das Ende der Oper und den Anfang des Trauerspiels. Sie machten es nicht schlimmer als eine angehende Liebhabertruppe und waren recht schön, fast zu prächtig gekleidet. Auch diese öffentliche Darstellung hat mich von der Klugheit der Jesuiten aufs neue überzeugt. Sie verschmähten nichts, was irgend wirken konnte, und wußten es mit Liebe und Aufmerksamkeit zu behandeln. Hier ist nicht Klugheit, wie man sie sich in Abstracto denkt, es ist eine Freude an der Sache dabei, ein Mit- und Selbstgenuß, wie er aus dem Gebrauche des Lebens entspringt. Wie diese große geistliche Gesellschaft Orgelbauer, Bildschnitzer und Vergulder unter sich hat, so sind gewiß auch einige, die sich des Theaters mit Kenntnis und Neigung annehmen, und wie durch gefälligen Prunk sich ihre Kirchen auszeichnen, so bemächtigen sich die einsichtigen Männer hier der weltlichen Sinnlichkeit durch ein anständiges Theater.

Heute schreibe ich unter dem neunundvierzigsten Grade. Er läßt sich gut an. Der Morgen war kühl, und man klagt auch hier über Nässe und Kälte des Sommers; aber es entwickelte sich ein herrlicher gelinder Tag. Die milde Luft, die ein großer Fluß mitbringt, ist ganz etwas Eigenes. Das Obst ist nicht sonderlich. Gute Birnen hab' ich gespeist; aber ich sehne mich nach Trauben und Feigen.

Der Jesuiten Tun und Wesen hält meine Betrachtungen fest. Kirchen, Türme, Gebäude haben etwas Großes und Vollständiges in der Anlage, das allen Menschen insgeheim Ehrfurcht einflößt. Als Dekoration ist nun Gold, Silber, Metall, geschliffene Steine in solcher Pracht und Reichtum gehäuft, der die Bettler aller Stände blenden muß. Hier und da fehlt es auch nicht an etwas Abgeschmacktem, damit die Menschheit versöhnt und angezogen werde. Es ist dieses überhaupt der Genius des katholischen äußeren Gottesdienstes; noch nie habe ich es aber mit so viel Verstand, Geschick und Konsequenz ausgeführt gesehen als bei den Jesuiten. Alles trifft darin überein, daß sie nicht wie andere Ordensgeistliche eine alte abgestumpfte Andacht fortsetzten, sondern sie dem Geist der Zeit zuliebe durch Prunk und Pracht wieder aufstutzten.

Ein sonderbar Gestein wird hier zu Werkstücken verarbeitet, dem Scheine nach eine Art Totliegendes, das jedoch für älter, für ursprünglich, ja für porphyrartig gehalten werden muß. Es ist grünlich mit Quarz gemischt, löcherig, und es finden sich große Flecke des festesten Jaspis darin, in welchem sich wieder kleine runde Flecken von Breccienart zeigen. Ein Stück war gar zu instruktiv und appetitlich, der Stein aber zu fest, und ich habe geschworen, mich auf dieser Reise nicht mit Steinen zu schleppen.

München, den 6. September.

Den fünften September halb ein Uhr Mittag reiste ich von Regensburg ab. Bei Abach ist eine schöne Gegend, wo die Donau sich an Kalkfelsen bricht, bis gegen Saale. Es ist der Kalk wie der bei Osteroda am Harz, dicht, aber im ganzen löcherig. Um sechs Uhr morgens war ich in München, und nachdem ich mich zwölf Stunden umgesehen, will ich nur weniges bemerken. In der Bildergalerie fand ich mich nicht einheimisch; ich muß meine Augen erst wieder an Gemälde gewöhnen. Es sind treffliche Sachen. Die Skizzen von Rubens von der Luxemburger Galerie haben mir große Freude gemacht.

Hier steht auch das vornehme Spielwerk, die Trajanische Säule in Modell. Der Grund Lapislazuli, die Figuren vergoldet. Es ist immer ein schön Stück Arbeit, und man betrachtet es gern.

Im Antikensaale konnte ich recht bemerken, daß meine Augen auf diese Gegenstände nicht geübt sind, deswegen wollte ich nicht verweilen und Zeit verderben. Vieles sprach mich gar nicht an, ohne daß ich sagen könnte warum. Ein Drusus erregte meine Aufmerksamkeit, zwei Antonine gefielen mir und so noch einiges. Im ganzen stehen die Sachen auch nicht glücklich, ob man gleich mit ihnen hat aufputzen wollen, und der Saal oder vielmehr das Gewölbe ein gutes Ansehn hätte, wenn es nur reinlicher und besser unterhalten wäre. Im Naturalienkabinett fand ich schöne Sachen aus Tirol, die ich in kleinen Musterstücken schon kenne, ja besitze.

Es begegnete mir eine Frau mit Feigen, welche als die ersten vortrefflich schmeckten. Aber das Obst überhaupt ist doch für den achtundvierzigsten Grad nicht besonders gut. Man klagt hier durchaus über Kälte und Nässe. Ein Nebel, der für einen Regen gelten konnte, empfing mich heute früh vor München. Den ganzen Tag blies der Wind sehr kalt vom Tiroler Gebirg. Als ich vom Turm dahin sah, fand ich es bedeckt und den ganzen Himmel überzogen. Nun scheint die Sonne im Untergehen noch an den alten Turm, der mir vor dem Fenster steht. Verzeihung, daß ich so sehr auf Wind und Wetter achthabe: der Reisende zu Lande, fast so sehr als der Schiffer, hängt von beiden ab, und es wäre ein Jammer, wenn mein Herbst in fremden Landen so wenig begünstigt sein sollte als der Sommer zu Hause.

Nun soll es gerade auf Innsbruck. Was lass' ich nicht alles rechts und links liegen, um den einen Gedanken auszuführen, der fast zu alt in meiner Seele geworden ist!

Mittenwald, den 7. September, abends.

Es scheint, mein Schutzgeist sagt Amen zu meinem Kredo, und ich danke ihm, der mich an einem so schönen Tage hierher geführt hat. Der letzte Postillon sagte mit vergnüglichem Ausruf, es sei der erste im ganzen Sommer. Ich nähre meinen stillen Aberglauben, daß es so fortgehen soll, doch müssen mir die Freunde verzeihen, wenn wieder von Luft und Wolken die Rede ist.

Als ich um fünf Uhr von München wegfuhr, hatte sich der Himmel aufgeklärt. An den Tiroler Bergen standen die Wolken in ungeheuern Massen fest. Die Streifen der untern Regionen bewegten sich auch nicht. Der Weg geht auf den Höhen, wo man unten die Isar fließen sieht, über zusammengeschwemmte Kieshügel hin. Hier wird uns die Arbeit der Strömungen des uralten Meeres faßlich. In manchem Granitgeschiebe fand ich Geschwister und Verwandte meiner Kabinettsstücke, die ich Knebeln verdanke.

Die Nebel des Flusses und der Wiesen wehrten sich eine Weile, endlich wurden auch diese aufgezehrt. Zwischen gedachten Kieshügeln, die man sich mehrere Stunden weit und breit denken muß, das schönste fruchtbarste Erdreich wie im Tale des Regenflusses. Nun muß man wieder an die Isar und sieht einen Durchschnitt und Abhang der Kieshügel, wohl hundertundfunfzig Fuß hoch. Ich gelangte nach Wolfrathshausen und erreichte den achtundvierzigsten Grad. Die Sonne brannte heftig, niemand traut dem schönen Wetter, man schreit über das böse des vergehenden Jahres, man jammert, daß der große Gott gar keine Anstalt machen will.

Nun ging mir eine neue Welt auf. Ich näherte mich den Gebirgen, die sich nach und nach entwickelten.

Benediktbeuern liegt köstlich und überrascht beim ersten Anblick. In einer fruchtbaren Fläche ein lang und breites weißes Gebäude und ein breiter hoher Felsrücken dahinter.

Nun geht es hinauf zum Kochelsee; noch höher ins Gebirge zum Walchensee. Hier begrüßte ich die ersten beschneiten Gipfel, und auf meine Verwunderung, schon so nahe bei den Schneebergen zu sein, vernahm ich, daß es gestern in dieser Gegend gedonnert, geblitzt und auf den Bergen geschneit habe. Aus diesen Meteoren wollte man Hoffnung zu besserem Wetter schöpfen und aus dem ersten Schnee eine Umwandlung der Atmosphäre vermuten. Die Felsklippen, die mich umgeben, sind alle Kalk, von dem ältesten, der noch keine Versteinerungen enthält. Diese Kalkgebirge gehen in ungeheuern ununterbrochenen Reihen von Dalmatien bis an den Sankt Gotthard und weiter fort. Hacquet hat einen großen Teil der Kette bereist. Sie lehnen sich an das quarz- und tonreiche Urgebirge.

Nach Walchensee gelangte ich um halb fünf. Etwa eine Stunde von dem Orte begegnete mir ein artiges Abenteuer: ein Harfner mit seiner Tochter, einem Mädchen von eilf Jahren, gingen vor mir her und baten mich, das Kind einzunehmen. Er trug das Instrument weiter, ich ließ sie zu mir sitzen, und sie stellte eine große neue Schachtel sorgfältig zu ihren Füßen. Ein artiges ausgebildetes Geschöpf, in der Welt schon ziemlich bewandert. Nach Maria-Einsiedel war sie mit ihrer Mutter zu Fuß gewallfahrtet, und beide wollten eben die größere Reise nach St. Jago von Compostell antreten, als die Mutter mit Tode abging und ihr Gelübde nicht erfüllen sollte. Man könne in der Verehrung der Mutter Gottes nie zuviel tun, meinte sie. Nach einem großen Brande habe sie selbst gesehen ein ganzes Haus niedergebrannt bis auf die untersten Mauern, und über der Türe hinter einem Glase das Muttergottesbild, Glas und Bild unversehrt, welches denn doch ein augenscheinliches Wunder sei. All ihre Reisen habe sie zu Fuße gemacht, zuletzt in München vor dem Kurfürsten gespielt und sich überhaupt vor einundzwanzig fürstlichen Personen hören lassen. Sie unterhielt mich recht gut. Hübsche große braune Augen, eine eigensinnige Stirn, die sich manchmal ein wenig hinaufwärts faltete. Wenn sie sprach, war sie angenehm und natürlich, besonders wenn sie kindischlaut lachte; hingegen wenn sie schwieg, schien sie etwas bedeuten zu wollen und machte mit der Oberlippe eine fatale Miene. Ich sprach sehr viel mit ihr durch, sie war überall zu Hause und merkte gut auf die Gegenstände. So fragte sie mich einmal, was das für ein Baum sei. Es war ein schöner großer Ahorn, der erste, der mir auf der ganzen Reise zu Gesichte kam. Den hatte sie doch gleich bemerkt und freute sich, da mehrere nach und nach erschienen, daß sie auch diesen Baum unterscheiden könne. Sie gehe, sagte sie, nach Bozen auf die Messe, wo ich doch wahrscheinlich auch hinzöge. Wenn sie mich dort anträfe, müsse ich ihr einen Jahrmarkt kaufen, welches ich ihr denn auch versprach. Dort wollte sie auch ihre neue Haube aufsetzen, die sie sich in München von ihrem Verdienst habe machen lassen. Sie wolle mir solche im voraus zeigen. Nun eröffnete sie die Schachtel, und ich mußte mich des reichgestickten und wohlbebänderten Kopfschmuckes mit ihr erfreuen.

Über eine andere frohe Aussicht vergnügten wir uns gleichfalls zusammen. Sie versicherte nämlich, daß es gut Wetter gäbe. Sie trügen ihren Barometer mit sich, und das sei die Harfe. Wenn sich der Diskant hinaufstimme, so gebe es gutes Wetter, und das habe er heute getan. Ich ergriff das Omen, und wir schieden im besten Humor, in der Hoffnung eines baldigen Wiedersehns.

Auf dem Brenner, den 8. September, abends.

Hierher gekommen, gleichsam gezwungen, endlich an einen Ruhepunkt, an einen stillen Ort, wie ich ihn mir nur hätte wünschen können. Es war ein Tag, den man jahrelang in der Erinnerung genießen kann. Um sechs Uhr verließ ich Mittenwald, den klaren Himmel reinigte ein scharfer Wind vollkommen. Es war eine Kälte, wie sie nur im Februar erlaubt ist. Nun aber bei dem Glanze der aufgehenden Sonne die dunkeln, mit Fichten bewachsenen Vordergründe, die grauen Kalkfelsen dazwischen und dahinter die beschneiten höchsten Gipfel auf einem tieferen Himmelsblau, das waren köstliche, ewig abwechselnde Bilder.

Bei Scharnitz kommt man ins Tirol. Die Grenze ist mit einem Walle geschlossen, der das Tal verriegelt und sich an die Berge anschließt. Es sieht gut aus: an der einen Seite ist der Felsen befestigt, an der andern steigt er senkrecht in die

Höhe. Von Seefeld wird der Weg immer interessanter, und wenn er bisher seit Benediktbeuern herauf von Höhe zu Höhe stieg und alle Wasser die Region der Isar suchten, so blickt man nun über einen Rücken in das Inntal, und Inzingen liegt vor uns. Die Sonne war hoch und heiß, ich mußte meine Kleidung erleichtern, die ich bei der veränderlichen Atmosphäre des Tages oft wechsele.

Bei Zirl fährt man ins Inntal herab. Die Lage ist unbeschreiblich schön, und der hohe Sonnenduft machte sie ganz herrlich. Der Postillon eilte mehr, als ich wünschte: er hatte noch keine Messe gehört und wollte sie in Innsbruck, es war eben Marientag, um desto andächtiger zu sich nehmen. Nun rasselte es immer an dem Inn hinab, an der Martinswand vorbei, einer steil abgehenden ungeheuern Kalkwand. Zu dem Platze, wohin Kaiser Maximilian sich verstiegen haben soll, getraute ich mir wohl ohne Engel hin und her zu kommen, ob es gleich immer ein frevelhaftes Unternehmen wäre.

Innsbruck liegt herrlich in einem breiten, reichen Tale zwischen hohen Felsen und Gebirgen. Erst wollte ich dableiben, aber es ließ mir keine Ruhe. Kurze Zeit ergetzte ich mich an dem Sohne des Wirts, einem leibhaftigen Söller. So begegnen mir nach und nach meine Menschen. Das Fest Mariä Geburt zu feiern, ist alles geputzt. Gesund und wohlhäbig, zu Scharen, wallfahrten sie nach Wilten, einem Andachtsorte, eine Viertelstunde von der Stadt gegen das Gebirge zu. Um zwei Uhr, als mein rollender Wagen das muntere bunte Gedränge teilte, war alles in frohem Zug und Gang.

Von Innsbruck herauf wird es immer schöner, da hilft kein Beschreiben. Auf den gebahntesten Wegen steigt man eine Schlucht herauf, die das Wasser nach dem Inn zu sendet, eine Schlucht, die den Augen unzählige Abwechselungen bietet. Wenn der Weg nah am schroffsten Felsen hergeht, ja in ihn hineingehauen ist, so erblickt man die Seite gegenüber sanft abhängig, so daß noch kann der schönste Feldbau darauf geübt werden. Es liegen Dörfer, Häuser, Häuschen, Hütten, alles weiß angestrichen, zwischen Feldern und Hecken auf der abhängenden hohen und breiten Fläche. Bald verändert sich das Ganze; das Benutzbare wird zur Wiese, bis sich auch das in einen steilen Abhang verliert.

Zu meiner Welterschaffung habe ich manches erobert, doch nichts ganz Neues und Unerwartetes. Auch habe ich viel geträumt von dem Modell, wovon ich so lange rede, woran ich so gern anschaulich machen möchte, was in meinem Innern herumzieht, und was ich nicht jedem in der Natur vor Augen stellen kann.

Nun wurde es dunkler und dunkler, das Einzelne verlor sich, die Massen wurden immer größer und herrlicher, endlich, da sich alles nur wie ein tiefes geheimes Bild vor mir bewegte, sah ich auf einmal wieder die hohen Schneegipfel vom Mond beleuchtet, und nun erwarte ich, daß der Morgen diese Felsenkluft erhelle, in der ich auf der Grenzscheide des Südens und Nordens eingeklemmt bin.

Ich füge noch einige Bemerkungen hinzu über die Witterung, die mir vielleicht ebendeswegen so günstig ist, weil ich ihr so viele Betrachtungen widme. Auf dem flachen Lande empfängt man gutes und böses Wetter, wenn es schon fertig geworden, im Gebirge ist man gegenwärtig, wenn es entsteht. Dieses ist mir nun so oft begegnet, wenn ich auf Reisen, Spaziergängen, auf der Jagd Tag und Nächte lang in den Bergwäldern, zwischen Klippen verweilte, und da ist mir eine Grille aufgestiegen, die ich auch für nichts anders geben will, die ich aber nicht loswerden kann, wie man denn eben die Grillen am wenigsten loswird. Ich sehe sie überall, als wenn es eine Wahrheit wäre, und so will ich sie denn auch aussprechen, da ich ohnehin die Nachsicht meiner Freunde so oft zu prüfen im Falle bin.

Betrachten wir die Gebirge näher oder ferner und sehen ihre Gipfel bald im Sonnenscheine glänzen, bald vom Nebel umzogen, von stürmenden Wolken umsaust, von Regenstrichen gepeitscht, mit Schnee bedeckt, so schreiben wir das alles der Atmosphäre zu, da wir mit Augen ihre Bewegungen und Veränderungen gar wohl sehen und fassen. Die Gebirge hingegen liegen vor unserm äußeren Sinn in ihrer herkömmlichen Gestalt unbeweglich da. Wir halten sie für tot, weil sie erstarrt sind, wir glauben sie untätig, weil sie ruhen. Ich aber kann mich schon seit längerer Zeit nicht entbrechen, einer innern, stillen, geheimen Wirkung derselben die Veränderungen, die sich in der Atmosphäre zeigen, zum großen

Teile zuzuschreiben. Ich glaube nämlich, daß die Masse der Erde überhaupt, und folglich auch besonders ihre hervorragenden Grundfesten, nicht eine beständige, immer gleiche Anziehungskraft ausüben, sondern daß diese Anziehungskraft sich in einem gewissen Pulsieren äußert, so daß sie sich durch innere notwendige, vielleicht auch äußere zufällige Ursachen bald vermehrt, bald vermindert. Mögen alle anderen Versuche, diese Oszillation darzustellen, zu beschränkt und roh sein, die Atmosphäre ist zart und weit genug, um uns von jenen stillen Wirkungen zu unterrichten. Vermindert sich jene Anziehungskraft im geringsten, alsobald deutet uns die verringerte Schwere, die verminderte Elastizität der Luft diese Wirkung an. Die Atmosphäre kann die Feuchtigkeit, die in ihr chemisch und mechanisch verteilt war, nicht mehr tragen, Wolken senken sich, Regen stürzen nieder, und Regenströme ziehen nach dem Lande zu. Vermehrt aber das Gebirg seine Schwerkraft, so wird alsobald die Elastizität der Luft wiederhergestellt, und es entspringen zwei wichtige Phänomene. Einmal versammeln die Berge ungeheure Wolkenmassen um sich her, halten sie fest und starr wie zweite Gipfel über sich, bis sie, durch innern Kampf elektrischer Kräfte bestimmt, als Gewitter, Nebel und Regen niedergehen, sodann wirkt auf den Überrest die elastische Luft, welche nun wieder mehr Wasser zu fassen, aufzulösen und zu verarbeiten fähig ist. Ich sah das Aufzehren einer solchen Wolke ganz deutlich: sie hing um den steilsten Gipfel, das Abendrot beschien sie. Langsam, langsam sonderten ihre Enden sich ab, einige Flocken wurden weggezogen und in die Höhe gehoben; diese verschwanden, und so verschwand die ganze Masse nach und nach und ward vor meinen Augen wie ein Rocken von einer unsichtbaren Hand ganz eigentlich abgesponnen.

Wenn die Freunde über den ambulanten Wetterbeobachter und dessen seltsame Theorien gelächelt haben, so gebe ich ihnen vielleicht durch einige andere Betrachtungen Gelegenheit zum Lachen, denn ich muß gestehen, da meine Reise eigentlich eine Flucht war vor allen den Unbilden, die ich unter dem einundfunfzigsten Grade erlitten, daß ich Hoffnung hatte, unter dem achtundvierzigsten ein wahres Gosen zu betreten. Allein ich fand mich getäuscht, wie ich früher hätte wissen sollen; denn nicht die Polhöhe allein macht Klima und Witterung, sondern die Bergreihen, besonders jene, die von Morgen nach Abend die Länder durchschneiden. In diesen ereignen sich immer große Veränderungen, und nordwärts liegende Länder haben am meisten darunter zu leiden. So scheint auch die Witterung für den ganzen Norden diesen Sommer über durch die große Alpenkette, auf der ich dieses schreibe, bestimmt worden zu sein. Hier hat es die letzten Monate her immer geregnet, und Südwest und Südost haben den Regen durchaus nordwärts geführt. In Italien sollen sie schön Wetter, ja zu trocken gehabt haben.

Nun von dem abhängigen, durch Klima, Berghöhe, Feuchtigkeit auf das mannigfaltigste bedingten Pflanzenreich einige Worte. Auch hierin habe ich keine sonderliche Veränderung, doch Gewinn gefunden. Äpfel und Birnen hängen schon häufig vor Innsbruck in dem Tale, Pfirschen und Trauben hingegen bringen sie aus Welschland oder vielmehr aus dem mittägigen Tirol. Um Innsbruck bauen sie viel Türkisch- und Heidekorn, das sie Blende nennen. Den Brenner herauf sah ich die ersten Lärchenbäume, bei Schönberg den ersten Zirbel. Ob wohl das Harfnermädchen hier auch nachgefragt hätte?

Die Pflanzen betreffend, fühl' ich noch sehr meine Schülerschaft. Bis München glaubt' ich wirklich nur die gewöhnlichen zu sehen. Freilich war meine eilige Tag- und Nachtfahrt solchen feinern Beobachtungen nicht günstig. Nun habe ich zwar meinen Linné bei mir und seine Terminologie wohl eingeprägt, wo soll aber Zeit und Ruhe zum Analysieren herkommen, das ohnehin, wenn ich mich recht kenne, meine Stärke niemals werden kann? Daher schärf' ich mein Auge aufs Allgemeine, und als ich am Walchensee die erste Gentiana sah, fiel mir auf, daß ich auch bisher zuerst am Wasser die neuen Pflanzen fand.

Was mich noch aufmerksamer machte, war der Einfluß, den die Gebirgshöhe auf die Pflanzen zu haben schien. Nicht nur neue Pflanzen fand ich da, sondern Wachstum der alten verändert; wenn in der tiefern Gegend Zweige und

Stengel stärker und mastiger waren, die Augen näher aneinander standen und die Blätter breit waren, so wurden höher ins Gebirg hinauf Zweige und Stengel zarter, die Augen rückten auseinander, so daß von Knoten zu Knoten ein größerer Zwischenraum stattfand und die Blätter sich lanzenförmiger bildeten. Ich bemerkte dies bei einer Weide und einer Gentiana und überzeugte mich, daß es nicht etwa verschiedene Arten wären. Auch am Walchensee bemerkte ich längere und schlankere Binsen als im Unterlande.

Die Kalkalpen, welche ich bisher durchschnitten, haben eine graue Farbe und schöne, sonderbare, unregelmäßige Formen, ob sich gleich der Fels in Lager und Bänke teilt. Aber weil auch geschwungene Lager vorkommen und der Fels überhaupt ungleich verwittert, so sehen die Wände und Gipfel seltsam aus. Diese Gebirgsart steigt den Brenner weit herauf. In der Gegend des oberen Sees fand ich eine Veränderung desselben. An dunkelgrünen und dunkelgrauen Glimmerschiefer, stark mit Quarz durchzogen, lehnte sich ein weißer, dichter Kalkstein, der an der Ablösung glimmerig war und in großen, obgleich unendlich zerklüfteten Massen anstand. Über demselben fand ich wieder Glimmerschiefer, der mir aber zärter als der vorige zu sein schien. Weiter hinauf zeigt sich eine besondere Art Gneis oder vielmehr eine Granitart, die sich dem Gneis zubildet, wie in der Gegend von Elbogen. Hier oben, gegen dem Hause über, ist der Fels Glimmerschiefer. Die Wasser, die aus dem Berge kommen, bringen nur diesen Stein und grauen Kalk mit.

Nicht fern muß der Granitstock sein, an den sich alles anlehnt. Die Karte zeigt, daß man sich an der Seite des eigentlichen großen Brenners befindet, von dem aus die Wasser sich ringsum ergießen.

Vom Äußern des Menschengeschlechts habe ich so viel aufgefaßt. Die Nation ist wacker und gerade vor sich hin. Die Gestalten bleiben sich ziemlich gleich, braune, wohlgeöffnete Augen und sehr gut gezeichnete schwarze Augenbraunen bei den Weibern; dagegen blonde und breite Augenbraunen bei den Männern. Diesen geben die grünen Hüte zwischen den grauen Felsen ein fröhliches Ansehn. Sie tragen sie geziert mit Bändern oder breiten Schärpen von

Taft mit Franzen, die mit Nadeln gar zierlich aufgeheftet werden. Auch hat jeder eine Blume oder eine Feder auf dem Hut. Dagegen verbilden sich die Weiber durch weiße, baumwollene, zottige, sehr weite Mützen, als wären es unförmliche Mannesnachtmützen. Das gibt ihnen ein ganz fremdes Ansehn, da sie im Auslande die grünen Mannshüte tragen, die sehr schön kleiden.

Ich habe Gelegenheit gehabt zu sehen, welchen Wert die gemeinen Leute auf Pfauenfedern legen, und wie überhaupt jede bunte Feder geehrt wird. Wer diese Gebirge bereisen wollte, müßte dergleichen mit sich führen. Eine solche am rechten Orte angebrachte Feder würde statt des willkommensten Trinkgeldes dienen.

Indem ich nun diese Blätter sondere, sammele, hefte und dergestalt einrichte, daß sie meinen Freunden bald einen leichten Überblick meiner bisherigen Schicksale gewähren können, und daß ich mir zugleich, was ich bisher erfahren und gedacht, von der Seele wälze, betrachte ich dagegen mit einem Schauer manche Pakete, von denen ich ein kurz und gutes Bekenntnis ablegen muß: sind es doch meine Begleiter, werden sie nicht viel Einfluß auf meine nächsten Tage haben!

Ich hatte nach Karlsbad meine sämtlichen Schriften mitgenommen, um die von Göschen zu besorgende Ausgabe schließlich zusammenzustellen. Die ungedruckten besaß ich schon längst in schönen Abschriften von der geschickten Hand des Sekretär Vogel. Dieser wackere Mann begleitete mich auch diesmal, um mir durch seine Fertigkeit beizustehen. Dadurch ward ich in den Stand gesetzt, die vier ersten Bände unter der treusten Mitwirkung Herders an den Verleger abzusenden, und war im Begriff, mit den vier letzten das gleiche zu tun. Diese bestanden teils aus nur entworfenen Arbeiten, ja aus Fragmenten, wie denn meine Unart, vieles anzufangen und bei vermindertem Interesse liegen zu lassen, mit den Jahren, Beschäftigungen und Zerstreuungen allgemach zugenommen hatte.

Da ich nun diese Dinge sämtlich mit mir führte, so gehorchte ich gern den Anforderungen der Karlsbader geistreichen Gesellschaft und las ihr alles vor, was bisher unbekannt geblieben, da man sich denn jedesmal über das Nichtvollbringen derjenigen Dinge, an denen man sich gern länger unterhalten hätte, bitterlich beschwerte.

Die Feier meines Geburtstages bestand hauptsächlich darin, daß ich mehrere Gedichte erhielt im Namen meiner unternommenen, aber vernachlässigten Arbeiten, worin sich jedes nach seiner Art über mein Verfahren beklagte. Darunter zeichnete sich ein Gedicht im Namen der Vögel aus, wo eine an Treufreund gesendete Deputation dieser muntern Geschöpfe inständig bat, er möchte doch das ihnen zugesagte Reich nunmehr auch gründen und einrichten. Nicht weniger einsichtig und anmutig waren die Äußerungen über meine andern Stückwerke, so daß sie mir auf einmal wieder lebendig wurden und ich den Freunden meine gehabten Vorsätze und vollständigen Plane mit Vergnügen erzählte. Dies veranlaßte dringende Forderungen und Wünsche und gab Herdern gewonnen Spiel, als er mich zu überreden suchte, ich möchte diese Papiere nochmals mit mir nehmen, vor allem aber Iphigenien noch einige Aufmerksamkeit schenken, welche sie wohl verdiene. Das Stück, wie es gegenwärtig liegt, ist mehr Entwurf als Ausführung, es ist in poetischer Prosa geschrieben, die sich manchmal in einen jambischen Rhythmus verliert, auch wohl andern Silbenmaßen ähnelt. Dieses tut freilich der Wirkung großen Eintrag, wenn man es nicht sehr gut liest und durch gewisse Kunstgriffe die Mängel zu verbergen weiß. Er legte mir dieses so dringend ans Herz, und da ich meinen größeren Reiseplan ihm wie allen verborgen hatte, so glaubte er, es sei nur wieder von einer Bergwanderung die Rede, und weil er sich gegen Mineralogie und Geologie immer spöttisch erwies, meinte er, ich sollte, anstatt taubes Gestein zu klopfen, meine Werkzeuge an diese Arbeit wenden. Ich gehorchte so vielen wohlgemeinten Andrängen: bis hierher aber war es nicht möglich, meine Aufmerksamkeit dahin zu lenken. Jetzt sondere ich „Iphigenien“ aus dem Paket und nehme sie mit in das schöne, warme Land als Begleiterin. Der Tag ist so lang, das Nachdenken ungestört, und die herrlichen Bilder der Umwelt verdrängen keineswegs den poetischen Sinn, sie rufen ihn vielmehr, von Bewegung und freier Luft begleitet, nur desto schneller hervor.

VOM BRENNER BIS VERONA

Trient, den 11. September, früh.

Nachdem ich völlig funfzig Stunden am Leben und in steter Beschäftigung gewesen, kam ich gestern abend um acht Uhr hier an, begab mich bald zur Ruhe und finde mich nun wieder imstande, in meiner Erzählung fortzufahren. Am Neunten abends, als ich das erste Stück meines Tagebuchs geschlossen hatte, wollte ich noch die Herberge, das Posthaus auf dem Brenner, in seiner Lage zeichnen, aber es gelang nicht, ich verfehlte den Charakter und ging halb verdrießlich nach Hause. Der Wirt fragte mich, ob ich nicht fort wollte, es sei Mondenschein und der beste Weg, und ob ich wohl wußte, daß er die Pferde morgen früh zum Einfahren des Grummets brauchte und bis dahin gern wieder zu Hause hätte, sein Rat also eigennützig war, so nahm ich ihn doch, weil er mit meinem innern Triebe übereinstimmte, als gut an. Die Sonne ließ sich wieder blicken, die Luft war leidlich; ich packte ein, und um sieben Uhr fuhr ich weg. Die Atmosphäre ward über die Wolken Herr und der Abend gar schön.

Der Postillon schlief ein, und die Pferde liefen den schnellsten Trab bergunter, immer auf dem bekannten Wege fort; kamen sie an ein eben Fleck, so ging es desto langsamer. Der Führer wachte auf und trieb wieder an, und so kam ich sehr geschwind, zwischen hohen Felsen, an dem reißenden Etschfluß hinunter. Der Mond ging auf und beleuchtete ungeheuere Gegenstände. Einige Mühlen zwischen uralten Fichten über dem schäumenden Strom waren völlige Everdingen.

Als ich um neun Uhr nach Sterzing gelangte, gab man mir zu verstehen, daß man mich gleich wieder wegwünsche. In Mittenwald Punkt zwölf Uhr fand ich alles in tiefem Schlafe, außer dem Postillon, und so ging es weiter auf Brixen, wo man mich wieder gleichsam entführte, so daß ich mit dem Tage in Kollmann ankam. Die Postillons fuhren, daß einem Sehen und Hören verging, und so leid es mir tat, diese herrlichen Gegenden mit der entsetzlichsten Schnelle und bei Nacht wie im Fluge zu durchreisen, so freuete es mich doch innerlich, daß ein günstiger Wind hinter mir herblies und mich meinen Wünschen zujagte. Mit Tagesanbruch erblickte ich die ersten Rebhügel. Eine Frau mit Birnen und Pfirschen begegnete mir, und so ging es auf Teutschen los, wo ich um sieben Uhr ankam und gleich weiterbefördert wurde. Nun erblickte ich endlich bei hohem Sonnenschein, nachdem ich wieder eine Weile nordwärts gefahren war, das Tal, worin Bozen liegt. Von steilen, bis auf eine ziemliche Höhe angebauten Bergen umgeben, ist es gegen Mittag offen, gegen Norden von den Tiroler Bergen gedeckt. Eine milde, sanfte Luft füllte die Gegend. Hier wendet sich die Etsch wieder gegen Mittag. Die Hügel am Fuße der Berge sind mit Wein bebaut. Über lange, niedrige Lauben sind die Stöcke gezogen, die blauen Trauben hängen gar zierlich von der Decke herunter und reifen an der Wärme des nahen Bodens. Auch in der Fläche des Tals, wo sonst nur Wiesen sind, wird der Wein in solchen eng aneinander stehenden Reihen von Lauben gebaut, dazwischen das türkische Korn, das nun immer höhere Stengel treibt. Ich habe es oft zu zehn Fuß hoch gesehen. Die zaselige männliche Blüte ist noch nicht abgeschnitten, wie es geschieht, wenn die Befruchtung eine Zeitlang vorbei ist.

Bei heiterm Sonnenschein kam ich nach Bozen. Die vielen Kaufmannsgesichter freuten mich beisammen. Ein absichtliches, wohlbehagliches Dasein drückt sich recht lebhaft aus. Auf dem Platze saßen Obstweiber mit runden, flachen Körben, über vier Fuß im Durchmesser, worin die Pfirschen nebeneinander lagen, daß sie sich nicht drücken sollten. Ebenso die Birnen. Hier fiel mir ein, was ich in Regensburg am Fenster des Wirtshauses geschrieben sah:

Comme les pêches et les mélons
Sont pour la bouche d'un baron,
Ainsi les verges et les bâtons
Sont pour les fous, dit Salomon.

Daß ein nordischer Baron dies geschrieben, ist offenbar, und daß er in diesen Gegenden seine Begriffe ändern würde, ist auch natürlich.

Die Bozner Messe bewirkt einen starken Seidenvertrieb; auch Tücher werden dahin gebracht und was an Leder aus den gebirgigen Gegenden zusammengeschafft wird. Doch kommen mehrere Kaufleute hauptsächlich, um Gelder einzukassieren, Bestellungen anzunehmen und neuen Kredit zu geben, dahin. Ich hatte große Lust, alle die Produkte zu beleuchten, die hier auf einmal zusammengefunden werden, doch der Trieb, die Unruhe, die hinter mir ist, läßt mich nicht rasten, und ich eile sogleich wieder fort. Dabei kann ich mich trösten, daß in unsern statistischen Zeiten dies alles wohl schon gedruckt ist und man sich gelegentlich davon aus Büchern unterrichten kann. Mir ist jetzt nur um die sinnlichen Eindrücke zu tun, die kein Buch, kein Bild gibt. Die Sache ist, daß ich wieder Interesse an der Welt nehme, meinen Beobachtungsgeist versuche und prüfe, wie weit es mit meinen Wissenschaften und Kenntnissen geht, ob mein Auge licht, rein und hell ist, wie viel ich in der Geschwindigkeit fassen kann, und ob die Falten, die sich in mein Gemüt geschlagen und gedrückt haben, wieder auszutilgen sind. Schon jetzt, daß ich mich selbst bediene, immer aufmerksam, immer gegenwärtig sein muß, gibt mir diese wenigen Tage her eine ganz andere Elastizität des Geistes; ich muß mich um den Geldkurs bekümmern, wechseln, bezahlen, notieren, schreiben, anstatt daß ich sonst nur dachte, wollte, sann, befahl und diktierte.

Von Bozen auf Trient geht es neun Meilen weg in einem fruchtbaren und fruchtbareren Tale hin. Alles, was auf den höheren Gebirgen zu vegetieren versucht, hat hier schon mehr Kraft und Leben, die Sonne scheint heiß, und man glaubt wieder einmal an einen Gott.

Eine arme Frau rief mich an, ich möchte ihr Kind in den Wagen nehmen, weil ihm der heiße Boden die Füße verbrenne. Ich übte diese Mildtätigkeit zu Ehren des gewaltigen Himmelslichtes. Das Kind war sonderbar geputzt und aufgeziert, ich konnte ihm aber in keiner Sprache etwas abgewinnen.

Die Etsch fließt nun sanfter und macht an vielen Orten breite Kiese. Auf dem Lande, nah am Fluß, die Hügel hinauf ist alles so enge an- und ineinander gepflanzt, daß man denkt, es müsse eins das andere ersticken. — Weingeländer, Mais, Maulbeerbäume, Äpfel, Birnen, Quitten und Nüsse. Über

Mauern wirft sich der Attich lebhaft herüber. Efeu wächst in starken Stämmen die Felsen hinauf und verbreitet sich weit über sie; die Eidechse schlüpft durch die Zwischenräume, auch alles, was hin und her wandelt, erinnert einen an die liebsten Kunstbilder. Die aufgebundenen Zöpfe der Frauen, der Männer bloße Brust und leichte Jacken, die trefflichen Ochsen, die sie vom Markt nach Hause treiben, die beladenen Eselchen, alles bildet einen lebendigen, bewegten Heinrich Roos. Und nun, wenn es Abend wird, bei der milden Luft wenige Wolken an den Bergen ruhen, am Himmel mehr stehen als ziehen, und gleich nach Sonnenuntergang das Geschrille der Heuschrecken laut zu werden anfängt, da fühlt man sich doch einmal in der Welt zu Hause und nicht wie geborgt oder im Exil. Ich lasse mir's gefallen, als wenn ich hier geboren und erzogen wäre und nun von einer Grönlandsfahrt, von einem Walfischfange zurückkäme. Auch der vaterländische Staub, der manchmal den Wagen umwirbelt, von dem ich so lange nichts erfahren habe, wird begrüßt. Das Glocken- und Schellengeläute der Heuschrecken ist allerliebst, durchdringend und nicht unangenehm. Lustig klingt es, wenn mutwillige Buben mit einem Feld solcher Sängerinnen um die Wette pfeifen; man bildet sich ein, daß sie einander wirklich steigern. Auch der Abend ist vollkommen milde wie der Tag.

Wenn mein Entzücken hierüber jemand vernähme, der in Süden wohnte, von Süden herkäme, er würde mich für sehr kindisch halten. Ach, was ich hier ausdrücke, habe ich lange gewußt, so lange, als ich unter einem bösen Himmel dulde, und jetzt mag ich gern diese Freude als Ausnahme fühlen, die wir als eine ewige Naturnotwendigkeit immerfort genießen sollten.

Trient, den 10. September, abends.

Ich bin in der Stadt herumgegangen, die uralt ist und in einigen Straßen neue wohlgebaute Häuser hat. In der Kirche hängt ein Bild, wo das versammelte Konzilium einer Predigt des Jesuitengenerals zuhört. Ich möchte wohl wissen, was er ihnen aufgebunden hat. Die Kirche dieser Väter bezeichnet sich gleich von außen durch rote Marmorpilaster an der

Fassade; ein schwerer Vorhang schließt die Türe, den Staub abzuhalten. Ich hob ihn auf und trat in eine kleine Vorkirche; die Kirche selbst ist durch ein eisernes Gitter geschlossen, doch so, daß man sie ganz übersehen kann. Es war alles still und ausgestorben, denn es wird hier kein Gottesdienst mehr gehalten. Die vordere Türe stand nur auf, weil zur Vesperzeit alle Kirchen geöffnet sein sollen.

Wie ich nun so dastehe und der Bauart nachdenke, die ich den übrigen Kirchen dieser Väter ähnlich fand, tritt ein alter Mann herein, das schwarze Käppchen sogleich abnehmend. Sein alter, schwarzer, vergrauter Rock deutete auf einen verkümmerten Geistlichen; er kniet vor dem Gitter nieder und steht nach einem kurzen Gebet wieder auf. Wie er sich umkehrt, sagt er halblaut für sich: „Da haben sie nun die Jesuiten herausgetrieben; sie hätten ihnen auch zahlen sollen, was die Kirche gekostet hat. Ich weiß wohl, was sie gekostet hat und das Seminarium, wie viele Tausende.“ Indessen war er hinaus und hinter ihm der Vorhang zugefallen, den ich lüftete und mich still hielt. Er war auf der obern Stufe stehengeblieben und sagte: „Der Kaiser hat es nicht getan, der Papst hat es getan.“ Mit dem Gesicht gegen die Straße gekehrt und ohne mich zu vermuten, fuhr er fort: „Erst die Spanier, dann wir, dann die Franzosen. Abels Blut schreit über seinen Bruder Kain!“ und so ging er die Treppe hinab, immer mit sich redend, die Straße hin. Wahrscheinlich ist es ein Mann, den die Jesuiten erhielten, und der über den ungeheuern Fall des Ordens den Verstand verlor und nun täglich kommt, in dem leeren Gefäß die alten Bewohner zu suchen und nach einem kurzen Gebet ihren Feinden den Fluch zu geben.

Ein junger Mann, den ich um die Merkwürdigkeiten der Stadt fragte, zeigte mir ein Haus, das man des Teufels Haus nennt, welches der sonst allzeit fertige Zerstörer in einer Nacht mit schnell herbeigeschafften Steinen erbaut haben soll. Das eigentliche Merkwürdige daran bemerkte der gute Mensch aber nicht, daß es nämlich das einzige Haus von gutem Geschmack ist, das ich in Trient gesehen habe, in einer älteren Zeit gewiß von einem guten Italiener aufgeführt.

Abends um fünf Uhr reiste ich ab; wieder das Schauspiel von gestern abend und die Heuschrecken, die gleich bei Sonnenuntergang zu schrillen anfangen. Wohl eine Meile weit fährt man zwischen Mauern, über welche sich Traubengeländer sehen lassen; andere Mauern, die nicht hoch genug sind, hat man mit Steinen, Dornen und sonst zu erhöhen gesucht, um das Abrupfen der Trauben den Vorbeigehenden zu wehren. Viele Besitzer bespritzen die vordersten Reihen mit Kalk, der die Trauben ungenießbar macht, dem Wein aber nichts schadet, weil die Gärung alles wieder heraustreibt.

Den 11. September, abends.

Hier bin ich nun in Roveredo, wo die Sprache sich abschneidet; oben herein schwankt es noch immer vom Deutschen zum Italienischen. Nun hatte ich zum erstenmal einen stockwelschen Postillon; der Wirt spricht kein Deutsch, und ich muß nun meine Sprachkünste versuchen. Wie froh bin ich, daß nunmehr die geliebte Sprache lebendig, die Sprache des Gebrauchs wird!

Torbole, den 12. September, nach Tische.

Wie sehr wünschte ich meine Freunde einen Augenblick neben mich, daß sie sich der Aussicht freuen könnten, die vor mir liegt!

Heute abend hätte ich können in Verona sein, aber es lag mir noch eine herrliche Naturwirkung an der Seite, ein köstliches Schauspiel, der Gardasee, den wollte ich nicht versäumen, und bin herrlich für meinen Umweg belohnt. Nach fünfen fuhr ich von Roveredo fort, ein Seitental hinauf, das seine Wasser noch in die Etsch gießt. Wenn man hinaufkommt, liegt ein ungeheurer Felsriegel hinten vor, über den man nach dem See hinunter muß. Hier zeigten sich die schönsten Kalkfelsen zu malerischen Studien. Wenn man hinabkommt, liegt ein Örtchen am nördlichen Ende des Sees und ist ein kleiner Hafen oder vielmehr Anfahrt daselbst, es heißt Torbole. Die Feigenbäume hatten mich schon den Weg herauf häufig begleitet, und indem ich in das Felsamphitheater hinabstieg, fand ich die ersten Ölbäume voller

Oliven. Hier traf ich auch zum erstenmal die weißen kleinen Feigen als gemeine Frucht, welche mir die Gräfin Lanthieri verheißen hatte.

Aus dem Zimmer, in dem ich sitze, geht eine Türe nach dem Hof hinunter; ich habe meinen Tisch davor gerückt und die Aussicht mit einigen Linien gezeichnet. Man übersieht den See beinah in seiner ganzen Länge, nur am Ende links entwendet er sich unsern Augen. Das Ufer, auf beiden Seiten von Hügeln und Bergen eingefaßt, glänzt von unzähligen kleinen Ortschaften.

Nach Mitternacht bläst der Wind von Norden nach Süden, wer also den See hinab will, muß zu dieser Zeit fahren; denn schon einige Stunden vor Sonnenaufgang wendet sich der Luftstrom und zieht nordwärts. Jetzo nachmittag wehet er stark gegen mich und kühlt die heiße Sonne gar lieblich. Zugleich lehrt mich Volkmann, daß dieser See ehemals Benacus geheißen, und bringt einen Vers des Virgil, worin dessen gedacht wird:

Fluctibus et fremitu resonans Benace marino.

Der erste lateinische Vers, dessen Inhalt lebendig vor mir steht, und der in dem Augenblicke, da der Wind immer stärker wächst und der See höhere Wellen gegen die Anfahrt wirft, noch heute so wahr ist als vor vielen Jahrhunderten. So manches hat sich verändert, noch aber stürmt der Wind in dem See, dessen Anblick eine Zeile Virgils noch immer veredelt.

Geschrieben unter dem fünfundvierzigsten Grade funfzig Minuten.

In der Abendkühle ging ich spazieren und befinde mich nun wirklich in einem neuen Lande, in einer ganz fremden Umgebung. Die Menschen leben ein nachlässiges Schlaraffenleben: erstlich haben die Türen keine Schlösser; der Wirt aber versicherte mir, ich könnte ganz ruhig sein, und wenn alles, was ich bei mir hätte, aus Diamanten bestünde; zweitens sind die Fenster mit Ölpapier statt Glasscheiben geschlossen; drittens fehlt eine höchst nötige Bequemlichkeit, so daß man dem Naturzustande hier ziemlich nahe kömmt. Als ich den Hausknecht nach einer gewissen Gelegenheit fragte, deutete er in den Hof hinunter. „Qui abasso può servirsi!“ Ich fragte: „Dove?“ — „Da per tutto, dove vuol!“ antwortete er freundlich. Durchaus zeigt sich die größte Sorglosigkeit, doch Leben und Geschäftigkeit genug. Den ganzen Tag verführen die Nachbarinnen ein Geschwätz, ein Geschrei, und haben alle zugleich etwas zu tun, etwas zu schaffen. Ich habe noch kein müßiges Weib gesehn.

Der Wirt verkündigte mir mit italienischer Emphase, daß er sich glücklich finde, mir mit der köstlichsten Forelle dienen zu können. Sie werden bei Torbole gefangen, wo der Bach vom Gebirge herunter kommt und der Fisch den Weg hinauf sucht. Der Kaiser erhält von diesem Fange zehntausend Gulden Pacht. Es sind keine eigentlichen Forellen, groß, manchmal funfzig Pfund schwer, über den ganzen Körper bis auf den Kopf hinauf punktiert; der Geschmack zwischen Forelle und Lachs, zart und trefflich.

Mein eigentlich Wohlleben aber ist in Früchten, in Feigen, auch Birnen, welche da wohl köstlich sein müssen, wo schon Zitronen wachsen.

Den 13. September, abends.

Heute früh um drei Uhr fuhr ich von Torbole weg mit zwei Ruderern. Anfangs war der Wind günstig, daß sie die Segel brauchen konnten. Der Morgen war herrlich, zwar wolkig, doch bei der Dämmerung still. Wir fuhren bei Limone vorbei, dessen Berggärten, terrassenweise angelegt und mit Zitronenbäumen bepflanzt, ein reiches und reinliches Ansehn geben. Der ganze Garten besteht aus Reihen von weißen viereckigen Pfeilern, die in einer gewissen Entfernung voneinander stehen und stufenweis den Berg hinaufrücken. Über diese Pfeiler sind starke Stangen gelegt, um im Winter die dazwischen gepflanzten Bäume zu decken. Das Betrachten und Beschauen dieser angenehmen Gegenstände ward durch eine langsame Fahrt begünstigt, und so waren wir schon an Malcesine vorbei, als der Wind sich völlig umkehrte, seinen gewöhnlichen Tagweg nahm und nach Norden zog. Das Rudern half wenig gegen die übermächtige Gewalt, und so mußten wir im Hafen von Malcesine landen.

Es ist der erste venezianische Ort an der Morgenseite des Sees. Wenn man mit dem Wasser zu tun hat, kann man nicht sagen, ich werde heute da oder dort sein. Diesen Aufenthalt will ich so gut als möglich nutzen, besonders das Schloß zu zeichnen, das am Wasser liegt und ein schöner Gegenstand ist. Heute im Vorbeifahren nahm ich eine Skizze davon.

Den 14. September.

Der Gegenwind, der mich gestern in den Hafen von Malcesine trieb, bereitete mir ein gefährliches Abenteuer, welches ich mit gutem Humor überstand und in der Erinnerung lustig finde. Wie ich mir vorgenommen hatte, ging ich morgens beizeiten in das alte Schloß, welches ohne Tor, ohne Verwahrung und Bewachung jedermann zugänglich ist. Im Schloßhofe setzte ich mich dem alten auf und in den Felsen gebauten Turm gegenüber; hier hatte ich zum Zeichnen ein sehr bequemes Plätzchen gefunden; neben einer drei, vier Stufen erhöhten verschlossenen Tür, im Türgewände ein verziertes steinernes Sitzchen, wie wir sie wohl bei uns in alten Gebäuden auch noch antreffen.

Ich saß nicht lange, so kamen verschiedene Menschen in den Hof herein, betrachteten mich und gingen hin und wider. Die Menge vermehrte sich, blieb endlich stehen, so daß sie mich zuletzt umgab. Ich bemerkte wohl, daß mein Zeichnen Aufsehen erregt hatte, ich ließ mich aber nicht stören und fuhr ganz gelassen fort. Endlich drängte sich ein Mann zu mir, nicht von dem besten Ansehen, und fragte, was ich da mache. Ich erwiderte ihm, daß ich den alten Turm abzeichne, um mir ein Andenken von Malcesine zu erhalten. Er sagte darauf, es sei dies nicht erlaubt, und ich sollte es unterlassen. Da er dieses in gemeiner venezianischer Sprache sagte, so daß ich ihn wirklich kaum verstand, so erwiderte ich ihm, daß ich ihn nicht verstehe. Er ergriff darauf mit wahrer italienischer Gelassenheit mein Blatt, zerriß es, ließ es aber auf der Pappe liegen. Hierauf konnt' ich einen Ton der Unzufriedenheit unter den Umstehenden bemerken, besonders sagte eine ältliche Frau, es sei nicht recht, man solle den Podestà rufen, welcher dergleichen Dinge zu beurteilen wisse. Ich stand auf meinen Stufen, den Rücken gegen die Türe gelehnt, und überschaute das immer sich vermehrende Publikum. Die neugierigen starren Blicke, der gutmütige Ausdruck in den meisten Gesichtern und was sonst noch alles eine fremde Volksmasse charakterisieren mag, gab mir den lustigsten Eindruck. Ich glaubte, das Chor der Vögel vor mir zu sehen, das ich als Treufreund auf dem Ettersburger Theater oft zum besten gehabt. Dies versetzte mich in die heiterste Stimmung, so daß, als der Podestà mit seinem Aktuarius herankam, ich ihn freimütig begrüßte und auf seine Frage, warum ich ihre Festung abzeichnete, ihm bescheiden erwiderte, daß ich dieses Gemäuer nicht für eine Festung anerkenne. Ich machte ihn und das Volk aufmerksam auf den Verfall dieser Türme und dieser Mauern, auf den Mangel von Toren, kurz auf die Wehrlosigkeit des ganzen Zustandes und versicherte, ich habe hier nichts als eine Ruine zu sehen und zu zeichnen gedacht.

Man entgegnete mir: wenn es eine Ruine sei, was denn dran wohl merkwürdig scheinen könne? Ich erwiderte darauf, weil ich Zeit und Gunst zu gewinnen suchte, sehr umständlich, daß sie wüßten, wie viele Reisende nur um der Ruinen willen nach Italien zögen, daß Rom, die Hauptstadt der Welt, von den Barbaren verwüstet, voller Ruinen stehe, welche hundert- und aber hundertmal gezeichnet worden, daß nicht alles aus dem Altertum so erhalten sei, wie das Amphitheater zu Verona, welches ich denn auch bald zu sehen hoffte.

Der Podestà, welcher vor mir, aber tiefer stand, war ein langer, nicht gerade hagerer Mann von etwa dreißig Jahren. Die stumpfen Züge seines geistlosen Gesichts stimmten ganz zu der langsamen und trüben Weise, womit er seine Fragen hervorbrachte. Der Aktuarius, kleiner und gewandter, schien sich in einen so neuen und seltnen Fall auch nicht gleich finden zu können. Ich sprach noch manches dergleichen; man schien mich gern zu hören, und indem ich mich an einige wohlwollende Frauengesichter wendete, glaubte ich, Beistimmung und Billigung wahrzunehmen.

Als ich jedoch des Amphitheaters zu Verona erwähnte, das man im Lande unter dem Namen Arena kennt, sagte der Aktuarius, der sich unterdessen besonnen hatte, das möge wohl gelten, denn jenes sei ein weltberühmtes römisches Gebäude, an diesen Türmen aber sei nichts Merkwürdiges, als daß es die Grenze zwischen dem Gebiete Venedigs und dem östreichischen Kaiserstaate bezeichne und deshalb nicht ausspioniert werden solle. Ich erklärte mich dagegen weitläufig, daß nicht allein griechische und römische Altertümer, sondern auch die der mittlern Zeit Aufmerksamkeit verdienten. Ihnen sei freilich nicht zu verargen, daß sie an diesem von Jugend auf gekannten Gebäude nicht so viele malerische Schönheiten als ich entdecken könnten. Glücklicherweise setzte die Morgensonne Turm, Felsen und Mauern in das schönste Licht, und ich fing an, ihnen dieses Bild mit Enthusiasmus zu beschreiben. Weil aber mein Publikum jene belobten Gegenstände im Rücken hatte und sich nicht ganz von mir abwenden wollte, so drehten sie auf einmal, jenen Vögeln gleich, die man Wendehälse nennt, die Köpfe herum, dasjenige mit Augen zu schauen, was ich ihren Ohren anpries, ja der Podestà selbst kehrte sich, obgleich mit etwas mehr Anstand, nach dem beschriebenen Bilde hin. Diese Szene kam mir so lächerlich vor, daß mein guter Mut sich vermehrte und ich ihnen nichts, am wenigsten den Efeu schenkte, der Fels und Gemäuer auf das reichste zu verzieren schon Jahrhunderte Zeit gehabt hatte.

Der Aktuarius versetzte drauf, das lasse sich alles hören, aber Kaiser Joseph sei ein unruhiger Herr, der gewiß gegen die Republik Venedig noch manches Böse im Schilde führe, und ich möchte wohl sein Untertan, ein Abgeordneter sein, um die Grenzen auszuspähen.

„Weit entfernt", rief ich aus, „dem Kaiser anzugehören, darf ich mich wohl rühmen, so gut als ihr, Bürger einer Republik zu sein, welche zwar an Macht und Größe dem erlauchten Staat von Venedig nicht verglichen werden kann, aber doch auch sich selbst regiert und an Handelstätigkeit, Reichtum und Weisheit ihrer Vorgesetzten keiner Stadt in Deutschland nachsteht. Ich bin nämlich von Frankfurt am Main gebürtig, einer Stadt, deren Name und Ruf gewiß bis zu euch gekommen ist."

„Von Frankfurt am Main!" rief eine hübsche junge Frau, „da könnt Ihr gleich sehen, Herr Podestà, was an dem

Fremden ist, den ich für einen guten Mann halte; laßt den Gregorio rufen, der lange daselbst konditioniert hat, der wird am besten in der Sache entscheiden können."

Schon hatten sich die wohlwollenden Gesichter um mich her vermehrt, der erste Widerwärtige war verschwunden, und als nun Gregorio herbeikam, wendete sich die Sache ganz zu meinem Vorteil. Dieser war ein Mann etwa in den Funfzigen, ein braunes italienisches Gesicht, wie man sie kennt. Er sprach und betrug sich als einer, dem etwas Fremdes nicht fremd ist, erzählte mir sogleich, daß er bei Bolongaro in Diensten gestanden und sich freue, durch mich etwas von dieser Familie und von der Stadt zu hören, an die er sich mit Vergnügen erinnere. Glücklicherweise war sein Aufenthalt in meine jüngeren Jahre gefallen, und ich hatte den doppelten Vorteil, ihm genau sagen zu können, wie es zu seiner Zeit gewesen und was sich nachher verändert habe. Ich erzählte ihm von den sämtlichen italienischen Familien, deren mir keine fremd geblieben; er war sehr vergnügt, manches Einzelne zu hören, z. B. daß der Herr Allesina im Jahre 1774 seine goldene Hochzeit gefeiert, daß darauf eine Medaille geschlagen worden, die ich selbst besitze; er erinnerte sich recht wohl, daß die Gattin dieses reichen Handelsherrn eine geborne Brentano sei. Auch von den Kindern und Enkeln dieser Häuser wußte ich ihm zu erzählen, wie sie herangewachsen, versorgt, verheiratet worden und sich in Enkeln vermehrt hätten.

Als ich ihm nun die genaueste Auskunft fast über alles gegeben, um was er mich befragt, wechselten Heiterkeit und Ernst in den Zügen des Mannes. Er war froh und gerührt, das Volk erheiterte sich immer mehr und konnte unserm Zwiegespräch zuzuhören nicht satt werden, wovon er freilich einen Teil erst in ihren Dialekt übersetzen mußte.

Zuletzt sagte er: „Herr Podestà, ich bin überzeugt, daß dieses ein braver, kunstreicher Mann ist, wohl erzogen, welcher herumreist, sich zu unterrichten. Wir wollen ihn freundlich entlassen, damit er bei seinen Landsleuten Gutes von uns rede und sie aufmuntere, Malcesine zu besuchen, dessen schöne Lage wohl wert ist, von Fremden bewundert zu sein." Ich verstärkte diese freundlichen Worte durch das

Lob der Gegend, der Lage und der Einwohner, die Gerichtspersonen als weise und vorsichtige Männer nicht vergessend.

Dieses alles ward für gut erkannt, und ich erhielt die Erlaubnis, mit Meister Gregorio nach Belieben den Ort und die Gegend zu besehen. Der Wirt, bei dem ich eingekehrt war, gesellte sich nun zu uns und freute sich schon auf die Fremden, welche auch ihm zuströmen würden, wenn die Vorzüge Malcesines erst recht ans Licht kämen. Mit lebhafter Neugierde betrachtete er meine Kleidungsstücke, besonders aber beneidete er mich um die kleinen Terzerole, die man so bequem in die Tasche stecken konnte. Er pries diejenigen glücklich, die so schöne Gewehre tragen dürften, welches bei ihnen unter den peinlichsten Strafen verboten sei. Diesen freundlich Zudringlichen unterbrach ich einigemal, meinem Befreier mich dankbar zu erweisen. „Dankt mir nicht“, versetzte der brave Mann, „mir seid Ihr nichts schuldig. Verstünde der Podestà sein Handwerk und wäre der Aktuar nicht der eigennützigste aller Menschen, Ihr wäret nicht so losgekommen. Jener war verlegener als Ihr, und diesem hätte Eure Verhaftung, die Berichte, die Abführung nach Verona auch nicht einen Heller eingetragen. Das hat er geschwind überlegt, und Ihr wart schon befreit, ehe unsere Unterredung zu Ende war.“

Gegen Abend holte mich der gute Mann in seinen Weinberg ab, der den See hinabwärts sehr wohlgelegen war. Uns begleitete sein funfzehnjähriger Sohn, der auf die Bäume steigen und mir das beste Obst brechen mußte, indessen der Alte die reifsten Weintrauben aussuchte.

Zwischen diesen beiden weltfremden, wohlwollenden Menschen, in der unendlichen Einsamkeit dieses Erdwinkels ganz allein, fühlte ich denn doch, wenn ich die Abenteuer des Tages überdachte, auf das lebhafteste, welch ein wunderliches Wesen der Mensch ist, daß er dasjenige, was er mit Sicherheit und Bequemlichkeit in guter Gesellschaft genießen könnte, sich oft unbequem und gefährlich macht, bloß aus der Grille, die Welt und ihren Inhalt sich auf seine besondere Weise zuzueignen.

Gegen Mitternacht begleitete mich mein Wirt an die Barke, das Fruchtkörbchen tragend, welches mir Gregorio verehrt hatte, und so schied ich mit günstigem Wind von dem Ufer, welches mir lästrygonisch zu werden gedroht hatte.

Nun von meiner Seefahrt! Sie endete glücklich, nachdem die Herrlichkeit des Wasserspiegels und des daran liegenden brescianischen Ufers mich recht im Herzen erquickt hatte. Da, wo an der Abendseite das Gebirge aufhört, steil zu sein, und die Landschaft flächer nach dem See fällt, liegen in einer Reihe, in einer Länge von ungefähr anderthalb Stunden, Gargnano, Boiacco, Cecina, Toscolan, Maderno, Verdom, Saló, alle auch wieder meist in die Länge gezogen. Keine Worte drücken die Anmut dieser so reich bewohnten Gegend aus. Früh um zehn Uhr landete ich in Bartolino, lud mein Gepäck auf ein Maultier und mich auf ein anderes. Nun ging der Weg über einen Rücken, der das Tal der Etsch von der Seevertiefung scheidet. Die Urwasser scheinen hier von beiden Seiten gegeneinander in ungeheuern Strömungen gewirkt und diesen kolossalen Kieseldamm aufgeführt zu haben. Fruchtbares Erdreich ward in ruhigern Epochen darüber geschlemmt; aber der Ackersmann ist doch stets aufs neue von den immer wieder hervordringenden Geschieben geplagt. Man sucht soviel als möglich ihrer loszuwerden, baut sie reihen- und schichtenweise übereinander und bildet dadurch am Wege hin sehr dicke Quasimauern. Die Maulbeerbäume sehen wegen Mangel an Feuchtigkeit nicht fröhlich auf dieser Höhe. An Quellen ist nicht zu denken. Von Zeit zu Zeit trifft man Pfützen zusammengeleiteten Regenwassers, woraus die Maultiere, auch wohl die Treiber ihren Durst löschen. Unten am Flusse sind Schöpfräder angebracht, um die tieferliegenden Pflanzungen nach Gefallen zu wässern.

Nun aber kann die Herrlichkeit der neuen Gegend, die man beim Herabsteigen übersieht, durch Worte nicht dargestellt werden. Es ist ein Garten meilenlang und -breit, der, am Fuß hoher Gebirge und schroffer Felsen, ganz flach in der größten Reinlichkeit daliegt. Und so kam ich denn am 10. September gegen ein Uhr hier in Verona an, wo ich zuerst noch dieses schreibe, das zweite Stück meines Tagebuchs schließe und hefte und gegen Abend mit freudigem Geiste das Amphitheater zu sehen hoffe.

Von der Witterung dieser Tage her melde ich folgendes. Die Nacht vom neunten auf den zehnten war abwechselnd hell und bedeckt, der Mond behielt immer einen Schein um sich. Morgens gegen fünf Uhr überzog sich der ganze Himmel mit grauen, nicht schweren Wolken, die mit dem wachsenden Tage verschwanden. Je tiefer ich hinabkam, desto schöner war das Wetter. Wie nun gar in Bozen der große Gebirgsstock mitternächtlich blieb, zeigte die Luft eine ganz andere Beschaffenheit; man sah nämlich an den verschiedenen Landschaftsgründen, die sich gar lieblich durch ein etwas mehr oder weniger Blau voneinander absonderten, daß die Atmosphäre voll gleich ausgeteilter Dünste sei, welche sie zu tragen vermochte, und die daher weder als Tau oder Regen niederfielen, noch als Wolken sich sammelten. Wie ich weiter hinabkam, konnte ich deutlich bemerken, daß alle Dünste, die aus dem Bozner Tal, alle Wolkenstreifen, die von den mittägigern Bergen aufsteigen, nach den höhern mitternächtigen Gegenden zuzogen, sie nicht verdeckten, aber in eine Art Höherauch einhüllten. In der weitesten Ferne, über dem Gebirg, konnte ich eine sogenannte Wassergalle bemerken. Von Bozen südwärts haben sie den ganzen Sommer das schönste Wetter gehabt, nur von Zeit zu Zeit ein wenig Wasser (sie sagen acqua, um den gelinden Regen auszudrücken), und dann sogleich wieder Sonnenschein. Auch gestern fielen von Zeit zu Zeit einige Tropfen, und die Sonne schien immer dazu. Sie haben lange kein so gutes Jahr gehabt; es gerät alles; das Üble haben sie uns zugeschickt.

Das Gebirge, die Steinarten erwähne ich nur kürzlich, denn Ferbers Reise nach Italien und Hacquets durch die Alpen unterrichten uns genugsam von dieser Wegstrecke. Eine Viertelstunde vom Brenner ist ein Marmorbruch, an dem ich in der Dämmerung vorbeifuhr. Er mag und muß, wie der an der andern Seite, auf Glimmerschiefer aufliegen. Diesen fand ich bei Kollmann, als es Tag ward; weiter hinab zeigten sich Porphyre an. Die Felsen waren so prächtig und an der Chaussee die Haufen so gätlich zerschlagen, daß man gleich Voigtische Kabinettchen daraus hätte bilden und verpacken können. Auch kann ich ohne Beschwerde jeder Art ein Stück mitnehmen, wenn ich nur Augen und Begierde an ein kleineres Maß gewöhne. Bald unter Kollmann fand ich einen Porphyr, der sich in regelmäßige Platten spaltet, zwischen Branzoll und Neumarkt einen ähnlichen, dessen Platten jedoch sich wieder in Säulen trennen. Ferber hielt sie für vulkanische Produkte, das war aber vor vierzehn Jahren, wo die ganze Welt in den Köpfen brannte. Hacquet schon macht sich darüber lustig.

Von den Menschen wüßte ich nur weniges und wenig Erfreuliches zu sagen. Sobald mir vom Brenner Herunterfahrendem der Tag aufging, bemerkte ich eine entschiedene Veränderung der Gestalt, besonders mißfiel mir die bräunlich bleiche Farbe der Weiber. Ihre Gesichtszüge deuten auf Elend, Kinder waren ebenso erbärmlich anzusehen, Männer ein wenig besser, die Grundbildung übrigens durchaus regelmäßig und gut. Ich glaube die Ursache dieses krankhaften Zustandes in dem häufigen Gebrauch des türkischen und Heidekorns zu finden. Jenes, das sie auch gelbe Blende nennen, und dieses, schwarze Blende genannt, werden gemahlen, das Mehl in Wasser zu einem dicken Brei gekocht und so gegessen. Die jenseitigen Deutschen rupfen den Teig wieder auseinander und braten ihn in Butter auf. Der welsche Tiroler hingegen ißt ihn so weg, manchmal Käse darauf gerieben, und das ganze Jahr kein Fleisch. Notwendig muß das die ersten Wege verleimen und verstopfen, besonders bei den Kindern und Frauen, und die kachektische Farbe deutet auf solches Verderben. Außerdem essen sie auch noch Früchte und grüne Bohnen, die sie in Wasser absieden und mit Knoblauch und Öl anmachen. Ich fragte, ob es nicht auch reiche Bauern gäbe. — „Ja freilich." — „Tun sie sich nichts zugute? essen sie nicht besser?" — „Nein, sie sind es einmal so gewohnt." — „Wo kommen sie denn mit ihrem Gelde hin? Was machen sie sonst für Aufwand?" — „O, die haben schon ihre Herren, die es ihnen wieder abnehmen." — Das war die Summa des Gesprächs mit meiner Wirtstochter in Bozen.

Ferner vernahm ich von ihr, daß die Weinbauern, die am wohlhabendsten scheinen, sich am übelsten befinden, denn sie sind in den Händen der städtischen Handelsleute, die ihnen bei schlechten Jahren den Lebensunterhalt vorschießen und bei guten den Wein um ein Geringes an sich nehmen. Doch das ist überall dasselbe.

Was meine Meinung wegen der Nahrung bestätigt, ist, daß die Stadtbewohnerinnen immer wohler aussehen. Hübsche, volle Mädchengesichter, der Körper für ihre Stärke und für die Größe der Köpfe etwas zu klein, mitunter aber recht freundlich entgegenkommende Gesichter. Die Männer kennen wir durch die wandernden Tiroler. Im Lande sehen sie weniger frisch aus als die Weiber, wahrscheinlich, weil diese mehr körperliche Arbeiten, mehr Bewegung haben, die Männer hingegen als Krämer und Handwerksleute sitzen. Am Gardasee fand ich die Leute sehr braun und ohne den mindesten rötlichen Schein der Wangen, aber doch nicht ungesund, sondern ganz frisch und behaglich aussehend. Wahrscheinlich sind die heftigen Sonnenstrahlen, denen sie am Fuße ihrer Felsen ausgesetzt sind, hievon die Ursache.

VERONA BIS VENEDIG

Verona, den 16. September.

Das Amphitheater ist also das erste bedeutende Monument der alten Zeit, das ich sehe, und so gut erhalten! Als ich hineintrat, mehr noch aber, als ich oben auf dem Rande umherging, schien es mir seltsam, etwas Großes und doch eigentlich nichts zu sehen. Auch will es leer nicht gesehen sein, sondern ganz voll von Menschen, wie man es neuerer Zeit Joseph dem Zweiten und Pius dem Sechsten zu Ehren veranstaltet. Der Kaiser, der doch auch Menschenmassen vor Augen gewohnt war, soll darüber erstaunt sein. Doch nur in der frühesten Zeit tat es seine ganze Wirkung, da das Volk noch mehr Volk war, als es jetzt ist. Denn eigentlich ist so ein Amphitheater recht gemacht, dem Volk mit sich selbst zu imponieren, das Volk mit sich selbst zum besten zu haben.

Wenn irgend etwas Schauwürdiges auf flacher Erde vorgeht und alles zuläuft, suchen die Hintersten auf alle mögliche Weise sich über die Vordersten zu erheben: man tritt auf Bänke, rollt Fässer herbei, fährt mit Wagen heran, legt Bretter hinüber und herüber, besetzt einen benachbarten Hügel, und es bildet sich in der Geschwindigkeit ein Krater.

Kommt das Schauspiel öfter auf derselben Stelle vor, so baut man leichte Gerüste für die, so bezahlen können, und die übrige Masse behilft sich, wie sie mag. Dieses allgemeine Bedürfnis zu befriedigen, ist hier die Aufgabe des Architekten. Er bereitet einen solchen Krater durch Kunst, so einfach als nur möglich, damit dessen Zierat das Volk selbst werde. Wenn es sich so beisammen sah, mußte es über sich selbst erstaunen; denn da es sonst nur gewohnt, sich durcheinander laufen zu sehen, sich in einem Gewühle ohne Ordnung und sonderliche Zucht zu finden, so sieht das vielköpfige, vielsinnige, schwankende, hin und her irrende Tier sich zu einem edlen Körper vereinigt, zu einer Einheit bestimmt, in eine Masse verbunden und befestigt, als *eine* Gestalt, von *einem* Geiste belebt. Die Simplizität des Oval ist jedem Auge auf die angenehmste Weise fühlbar, und jeder Kopf dient zum Maße, wie ungeheuer das Ganze sei.

Jetzt, wenn man es leer sieht, hat man keinen Maßstab, man weiß nicht, ob es groß oder klein ist.

Wegen der Unterhaltung dieses Werks müssen die Veroneser gelobt werden. Es ist von einem rötlichen Marmor gebaut, den die Witterung angreift, daher stellt man der Reihe nach die ausgefressenen Stufen immer wieder her, und sie scheinen fast alle ganz neu. Eine Inschrift gedenkt eines Hieronymus Maurigenus und seines auf dieses Monument verwendeten unglaublichen Fleißes. Von der äußern Mauer steht nur ein Stück, und ich zweifele, ob sie je ganz fertig geworden. Die untern Gewölbe, die an den großen Platz, il Brà genannt, stoßen, sind an Handwerker vermietet, und es sieht lustig genug aus, diese Höhlungen wieder belebt zu sehen.

Verona, den 16. September.

Das schönste, aber immer geschlossene Tor heißt Porta stuppa oder del Palio. Als Tor und in der großen Entfernung, aus der man es schon gewahr wird, ist es nicht gut gedacht; denn erst in der Nähe erkennt man das Verdienst des Gebäudes.

Sie geben allerlei Ursachen an, warum es geschlossen sei. Ich habe jedoch eine Mutmaßung: die Absicht des Künstlers ging offenbar dahin, durch dieses Tor eine neue Anlage des Korso zu verursachen, denn auf die jetzige Straße steht es ganz falsch. Die linke Seite hat lauter Baracken, und die winkelrechte Linie der Mitte des Tores geht auf ein Nonnenkloster zu, das notwendig hätte niedergelegt werden müssen. Das sah man wohl ein, auch mochten die Vornehmen und Reichen nicht Lust haben, sich in dem entfernten Quartier anzubauen. Der Künstler starb vielleicht, und so schloß man das Tor, wodurch die Sache nun auf einmal geendigt war.

Verona, den 16. September.

Das Portal des Theatergebäudes von sechs großen ionischen Säulen nimmt sich anständig genug aus. Desto kleinlicher erscheint über der Türe vor einer gemalten Nische, die von zwei korinthischen Säulen getragen wird, die lebensgroße Büste des Marchese Maffei in einer großen Perücke.

Der Platz ist ehrenvoll, aber um sich gegen die Größe und Tüchtigkeit der Säulen einigermaßen zu halten, hätte die Büste kolossal sein müssen. Jetzt steht sie kleinlich auf einem Kragsteinchen, unharmonisch mit dem Ganzen.

Auch die Galerie, die den Vorhof einfaßt, ist kleinlich, und die kannelierten dorischen Zwerge nehmen sich neben den glatten ionischen Riesen armselig aus. Doch wollen wir das verzeihen in Betracht der schönen Anstalt, welche unter diesen Säulenlauben angelegt ist. Hier hat man die Antiquitäten, meist in und um Verona gegraben, gesammelt aufgestellt. Einiges soll sogar sich im Amphitheater gefunden haben. Es sind etrurische, griechische, römische bis zu den niedern Zeiten und auch neuere. Die Basreliefs sind in die Wände eingemauert und mit den Nummern versehen, die ihnen Maffei gab, als er sie in seinem Werke „Verona illustrata" beschrieb. Altäre, Stücke von Säulen und dergleichen Reste; ein ganz trefflicher Dreifuß von weißem Marmor, worauf Genien, die sich mit den Attributen der Götter beschäftigen. Raffael hat dergleichen in den Zwickeln der Farnesine nachgeahmt und verklärt.

Der Wind, der von den Gräbern der Alten herweht, kommt mit Wohlgerüchen wie über einen Rosenhügel. Die Grabmäler sind herzlich und rührend und stellen immer das Leben her. Da ist ein Mann, der neben seiner Frau aus einer Nische wie zu einem Fenster heraussieht. Da stehen Vater und Mutter, den Sohn in der Mitte, einander mit unaussprechlicher Natürlichkeit anblickend. Hier reicht sich ein Paar die Hände. Hier scheint ein Vater, auf seinem Sofa ruhend, von der Familie unterhalten zu werden. Mir war die unmittelbare Gegenwart dieser Steine höchst rührend. Von späterer Kunst sind sie, aber einfach, natürlich und allgemein ansprechend. Hier ist kein geharnischter Mann auf den Knieen, der eine fröhliche Auferstehung erwartet. Der Künstler hat mit mehr oder weniger Geschick nur die einfache Gegenwart der Menschen hingestellt, ihre Existenz dadurch fortgesetzt und bleibend gemacht. Sie falten nicht die Hände, schauen nicht in den Himmel, sondern sie sind hienieden, was sie waren und was sie sind. Sie stehen beisammen, nehmen Anteil aneinander, lieben sich, und das ist in den Steinen sogar mit einer gewissen Handwerksunfähigkeit allerliebst ausgedrückt. Ein sehr reich verzierter marmorner Pfeiler gab mir auch neue Begriffe.

So löblich diese Anstalt ist, so sieht man ihr doch an, daß der edle Erhaltungsgeist, der sie gegründet, nicht mehr in ihr fortlebt. Der kostbare Dreifuß geht nächstens zugrunde, weil er frei steht, gegen Westen der Witterung ausgesetzt. Mit einem hölzernen Futteral wäre dieser Schatz leicht zu erhalten.

Der angefangene Palast des Proveditore, wäre er fertig geworden, hätte ein schön Stück Baukunst gegeben. Sonst bauen die Nobili noch viel, leider aber ein jeder auf den Platz, wo seine ältere Wohnung stand, also oft in engen Gassen. So baut man jetzt eine prächtige Fassade eines Seminariums in einem Gäßchen der entferntesten Vorstadt.

Als ich mit meinem zufällig aufgegriffenen Begleiter vor einem großen ernsthaften Tore eines wunderbaren Gebäudes vorüberging, fragte er mich gutmütig, ob ich nicht einen Augenblick in den Hof treten wolle. Es war der Palast der Justiz, und wegen Höhe der Gebäude erschien der Hof doch nur als ein ungeheurer Brunnen. „Hier werden“, sagte er, „alle die Verbrecher und Verdächtigen verwahrt.“ Ich sah umher, und durch alle Stockwerke gingen an zahlreichen Türen hin offene, mit eisernen Geländern versehene Gänge. Der Gefangene, wie er aus seinem Kerker heraustrat, um zum Verhör geführt zu werden, stand in der freien Luft, war aber auch den Blicken aller ausgesetzt; und weil nun mehrere Verhörstuben sein mochten, so klapperten die Ketten bald über diesem, bald über jenem Gange durch alle Stockwerke. Es war ein verwünschter Anblick, und ich leugne nicht, daß der gute Humor, womit ich meine Vögel abgefertigt hatte, hier doch einen etwas schweren Stand würde gefunden haben.

Ich ging auf der Kante des amphitheatralischen Kraters bei Sonnenuntergang, der schönsten Aussicht genießend über Stadt und Gegend. Ich war ganz allein, und unten auf den breiten Steinen des Brà gingen Mengen von Menschen:

Männer von allen Ständen, Weiber vom Mittelstande spazieren. Diese letztern nehmen sich in ihren schwarzen Überkleidern aus dieser Vogelperspektive gar mumienhaft aus.

Der Zendale und die Veste, die dieser Klasse statt aller Garderobe dient, ist übrigens eine Tracht, ganz eingerichtet für ein Volk, das nicht immer für Reinlichkeit sorgen und doch immer öffentlich erscheinen, bald in der Kirche, bald auf dem Spaziergange sein will. Veste ist ein schwarztaffeter Rock, der über andere Röcke geworfen wird. Hat das Frauenzimmer einen reinlichen weißen darunter, so versteht sie den schwarzen an der einen Seite in die Höhe zu heben. Dieser wird so angegürtet, daß er die Taille abschneidet und die Lippen des Korsetts bedeckt, welches von jeglicher Farbe sein kann. Der Zendale ist eine große Kappe mit langen Bärten, die Kappe selbst durch ein Drahtgestell hoch über den Kopf gehalten, die Bärte aber wie eine Schärpe um den Leib geknüpft, so daß die Enden hinterwärts herunterfallen.

Verona, den 16. September.

Als ich heute wieder von der Arena wegging, kam ich einige tausend Schritte davon zu einem modernen öffentlichen Schauspiel. Vier edle Veroneser schlugen Ball gegen vier Vicentiner. Sie treiben dies sonst unter sich das ganze Jahr etwa zwei Stunden vor Nacht; diesmal, wegen der fremden Gegner, lief das Volk unglaublich zu. Es können immer vier- bis fünftausend Zuschauer gewesen sein. Frauen sah ich von keinem Stande.

Vorhin, als ich vom Bedürfnis der Menge in einem solchen Falle sprach, hab' ich das natürliche zufällige Amphitheater schon beschrieben, wie ich das Volk hier übereinander gebaut sah. Ein lebhaftes Händeklatschen hört' ich schon von weiten, jeder bedeutende Schlag war davon begleitet. Das Spiel aber geht so vor sich: In gehöriger Entfernung voneinander sind zwei gelindabhängige Bretterflächen errichtet. Derjenige, der den Ball ausschlägt, steht, die Rechte mit einem hölzernen breiten Stachelringe bewaffnet, auf der obersten Höhe. Indem nun ein anderer von seiner Partei ihm den Ball zuwirft, so läuft er herunter dem Ball entgegen und vermehrt dadurch die Gewalt des Schlages, womit er denselben zu treffen weiß. Die Gegner suchen ihn zurückzuschlagen, und so geht es hin und wider, bis er zuletzt im Felde liegenbleibt. Die schönsten Stellungen, wert, in Marmor nachgebildet zu werden, kommen dabei zum Vorschein. Da es lauter wohlgewachsene, rüstige junge Leute sind, in kurzer, knapper, weißer Kleidung, so unterscheiden sich die Parteien nur durch ein farbiges Abzeichen. Besonders schön ist die Stellung, in welche der Ausschlagende gerät, indem er von der schiefen Fläche herunterläuft und den Ball zu treffen ausholt, sie nähert sich der des Borghesischen Fechters.

Sonderbar kam es mir vor, daß sie diese Übung an einer alten Stadtmauer ohne die mindeste Bequemlichkeit für die Zuschauer vornehmen; warum sie es nicht im Amphitheater tun, wo so schöner Raum wäre!

Verona, den 17. September.

Was ich von Gemälden gesehen, will ich nur kurz berühren und einige Betrachtungen hinzufügen. Ich mache diese wunderbare Reise nicht, um mich selbst zu betriegen, sondern um mich an den Gegenständen kennen zu lernen; da sage ich mir denn ganz aufrichtig, daß ich von der Kunst, von dem Handwerk des Malers wenig verstehe. Meine Aufmerksamkeit, meine Betrachtung kann nur auf den praktischen Teil, auf den Gegenstand und auf die Behandlung desselben im allgemeinen gerichtet sein.

St. Giorgio ist eine Galerie von guten Gemälden, alle Altarblätter, wo nicht von gleichem Wert, doch durchaus merkwürdig. Aber die unglückseligen Künstler, was mußten die malen! und für wen! Ein Mannaregen, vielleicht dreißig Fuß lang und zwanzig hoch! das Wunder der fünf Brote zum Gegenstück! was war daran zu malen? Hungrige Menschen, die über kleine Körner herfallen, unzählige andere, denen Brot präsentiert wird. Die Künstler haben sich die Folter gegeben, um solche Armseligkeiten bedeutend zu machen. Und doch hat, durch diese Nötigung gereizt, das Genie schöne Sachen hervorgebracht. Ein Künstler, der die heilige Ursula mit den eilftausend Jungfrauen vorzustellen hatte, zog sich mit großem Verstand aus der

Sache. Die Heilige steht im Vordergrunde, als habe sie siegend das Land in Besitz genommen. Sie ist sehr edel, amazonenhaft jungfräulich, ohne Reiz gebildet; in der alles verkleinernden Ferne hingegen sieht man ihre Schar aus den Schiffen steigen und in Prozession herankommen. „Die Himmelfahrt Mariä" im Dom, von Tizian, ist sehr verschwärzt, der Gedanke lobenswert, daß die angehende Göttin nicht himmelwärts, sondern herab nach ihren Freunden blickt.

In der Galerie Gherardini fand ich sehr schöne Sachen von Orbetto und lernte diesen verdienten Künstler auf einmal kennen. In der Entfernung erfährt man nur von den ersten Künstlern, und oft begnügt man sich mit ihren Namen; wenn man aber diesem Sternenhimmel nähertritt und die von der zweiten und dritten Größe nun auch zu flimmern anfangen, und jeder auch als zum ganzen Sternbild gehörend hervortritt, dann wird die Welt weit und die Kunst reich. Den Gedanken eines Bildes muß ich hier loben. Nur zwei Halbfiguren. Simson ist eben im Schoße der Delila eingeschlafen, sie greift leise über ihn hinweg nach einer Schere, die auf dem Tisch neben der Lampe liegt. Die Ausführung ist sehr brav. Im Palast Canossa war mir eine Danae bemerklich.

Der Palast Bevilacqua enthält die köstlichsten Sachen. Ein sogenanntes Paradies von Tintorett, eigentlich aber die Krönung der Maria zur Himmelskönigin in Gegenwart aller Erzväter, Propheten, Apostel, Heiligen, Engel u. s. w., eine Gelegenheit, den ganzen Reichtum des glücklichen Genies zu entwickeln. Leichtigkeit des Pinsels, Geist, Mannigfaltigkeit des Ausdrucks, dies alles zu bewundern und sich dessen zu erfreuen, müßte man das Stück selbst besitzen und es zeitlebens vor Augen haben. Die Arbeit geht ins Unendliche, ja die letzten in der Glorie verschwindenden Engelsköpfe haben noch Charakter. Die größten Figuren mögen einen Fuß hoch sein, Maria und Christus, der ihr die Krone aufsetzt, etwa vier Zoll. Die Eva ist doch das schönste Weibchen auf dem Bilde und noch immer von alters her ein wenig lüstern.

Ein paar Porträte von Paul Veronese haben meine Hochachtung für diesen Künstler nur vermehrt. Die Antiken-

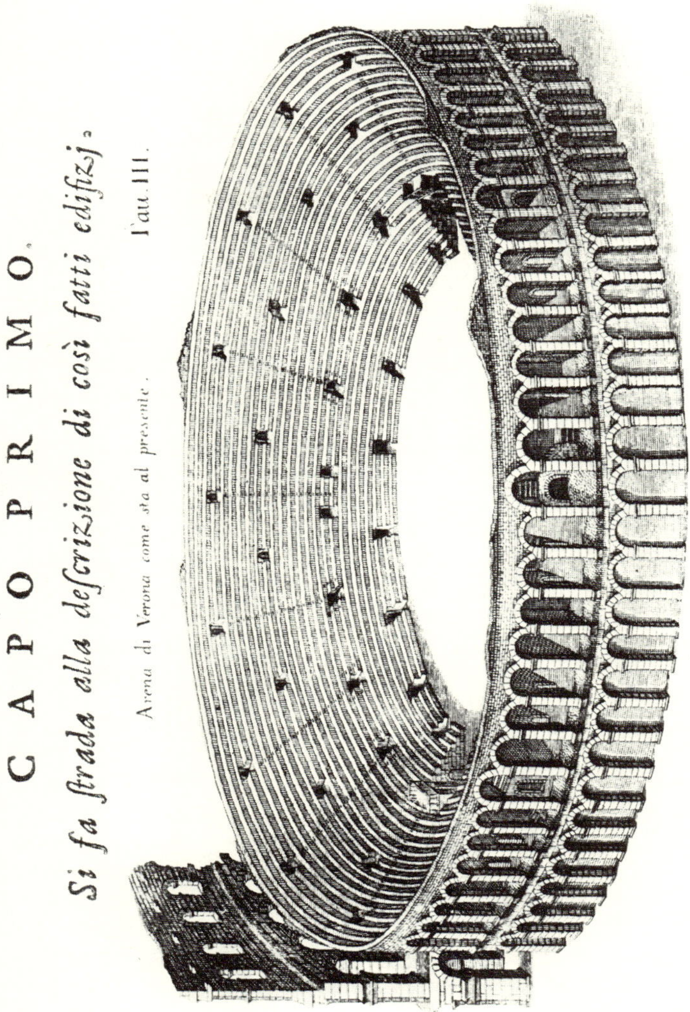

1. Die Arena in Verona. Kupferstich

sammlung ist herrlich, ein hingestreckter Sohn der Niobe köstlich, die Büsten ungeachtet ihrer restaurierten Nasen meistens höchst interessant, ein August mit der Bürgerkrone, ein Caligula und andere.

Es liegt in meiner Natur, das Große und Schöne willig und mit Freuden zu verehren, und diese Anlage an so herrlichen Gegenständen Tag für Tag, Stunde für Stunde auszubilden, ist das seligste aller Gefühle.

In einem Lande, wo man des Tages genießt, besonders aber des Abends sich erfreut, ist es höchst bedeutend, wenn die Nacht einbricht. Dann hört die Arbeit auf, dann kehrt der Spaziergänger zurück, der Vater will seine Tochter wieder zu Hause sehen, der Tag hat ein Ende; doch was Tag sei, wissen wir Cimmerier kaum. In ewigem Nebel und Trübe ist es uns einerlei, ob es Tag oder Nacht ist; denn wieviel Zeit können wir uns unter freiem Himmel wahrhaft ergehen und ergötzen? Wie hier die Nacht eintritt, ist der Tag entschieden vorbei, der aus Abend und Morgen bestand, vierundzwanzig Stunden sind verlebt, eine neue Rechnung geht an, die Glocken läuten, der Rosenkranz wird gebetet, mit brennender Lampe tritt die Magd in das Zimmer und spricht: „Felicissima notte!“ Diese Epoche verändert sich mit jeder Jahreszeit, und der Mensch, der hier lebendig lebt, kann nicht irre werden, weil jeder Genuß seines Daseins sich nicht auf die Stunde, sondern auf die Tageszeit bezieht. Zwänge man dem Volke einen deutschen Zeiger auf, so würde man es verwirrt machen, denn der seinige ist innigst mit seiner Natur verwebt. Anderthalb Stunden, eine Stunde vor Nacht fängt der Adel an auszufahren, es geht auf den Brà, die lange, breite Straße nach der Porta Nuova zu, das Tor hinaus, an der Stadt hin, und wie es Nacht schlägt, kehrt alles um. Teils fahren sie an die Kirchen, das „Ave Maria della sera“ zu beten, teils halten sie auf dem Brà, die Kavaliers treten an die Kutschen, unterhalten sich mit den Damen, und es dauert eine Weile; ich habe das Ende niemals abgewartet, die Fußgänger bleiben weit in die Nacht. Heute war gerade so viel Regen niedergegangen, um den Staub zu löschen, es war wirklich ein lebendiger, munterer Anblick.

Um mich ferner in einem wichtigen Punkte der Landesgewohnheit gleichzustellen, habe ich mir ein Hülfsmittel erdacht, wie ich ihre Stundenrechnung mir leichter zu eigen machte. Nachfolgendes Bild kann davon einen Begriff geben. Der innere Kreis bedeutet unsere vierundzwanzig Stunden von Mitternacht zu Mitternacht, in zweimal zwölf geteilt, wie wir zählen und unsere Uhren sie zeigen. Der mittlere Kreis deutet an, wie die Glocken in der jetzigen Jahreszeit hier schlagen, nämlich gleichfalls zweimal bis zwölf in vierundzwanzig Stunden, allein dergestalt, daß es eins schlägt, wenn es bei uns acht schlüge, und so fort, bis zwölfe voll sind. Morgens acht Uhr nach unserm Zeiger schlägt es wieder eins u. s. f. Der oberste Kreis zeigt nun endlich, wie bis vierundzwanzig im Leben gezählt wird. Ich höre z. B. in der Nacht sieben schlagen und weiß, daß Mitternacht um fünf ist, so ziehe ich die Zahl von jener ab, und habe also zwei Uhr Nachmitternacht. Hör' ich am Tage sieben schlagen und weiß, daß auch Mittag um fünf Uhr ist, so verfahre ich ebenso und habe zwei Uhr Nachmittag. Will ich aber die Stunden nach hiesiger Weise aussprechen, so muß ich wissen, daß Mittag siebenzehn Uhr ist, hiezu füge ich noch die zwei und sage neunzehn Uhr. Wenn man dies zum erstenmal hört und überdenkt, so scheint es höchst verworren und schwer durchzuführen; man wird es aber gar bald gewohnt und findet diese Beschäftigung unterhaltend, wie sich auch das Volk an dem ewigen Hin- und Widerrechnen ergötzt, wie Kinder an leicht zu überwindenden Schwierigkeiten. Sie haben ohnedies immer die Finger in der Luft, rechnen alles im Kopfe und machen sich gern mit Zahlen zu schaffen. Ferner ist dem Inländer die Sache so viel leichter, weil er sich um Mittag und Mitternacht eigentlich nicht bekümmert und nicht, wie der Fremde in diesem Lande tut, zwei Zeiger miteinander vergleicht. Sie zählen nur von Abend die Stunden, wie sie schlagen, am Tag addieren sie die Zahl zu der ihnen bekannten abwechselnden Mittagszahl. Das Weitere erläutern die der Figur beigefügten Anmerkungen.

(Siehe das nebenstehende Blatt [S. 49].)

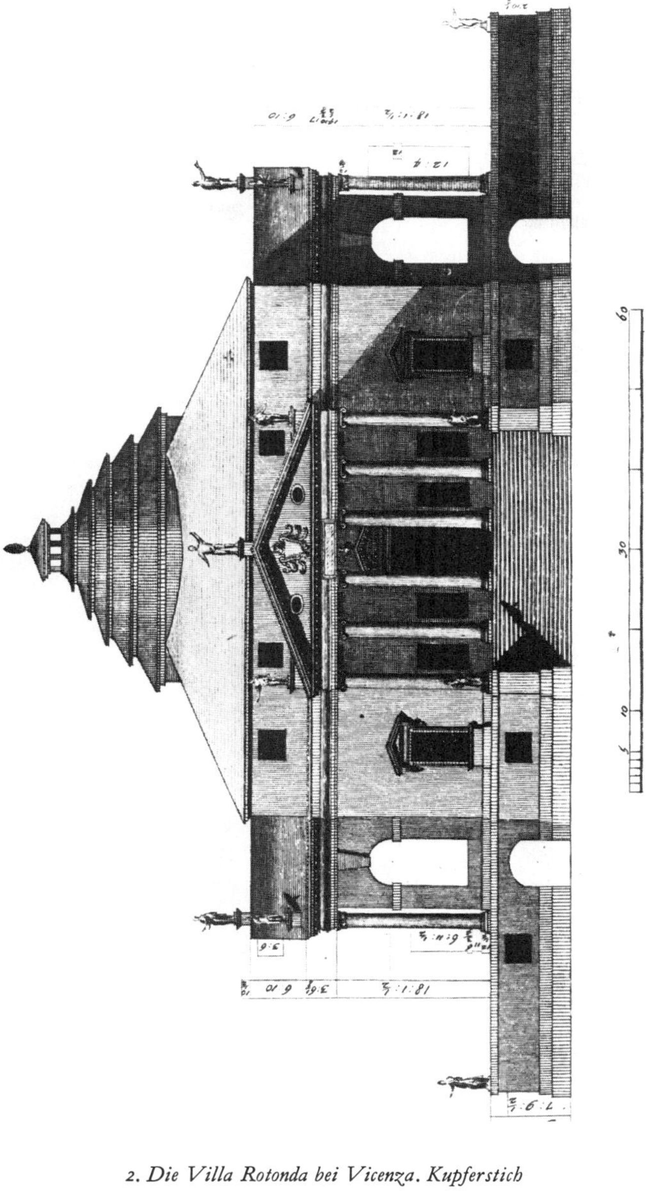

2. *Die Villa Rotonda bei Vicenza. Kupferstich*

VERGLEICHUNGSKREIS

der

italienischen und deutschen Uhr, auch der italienischen Zeiger für die zweite Hälfte des Septembers.

Mittag

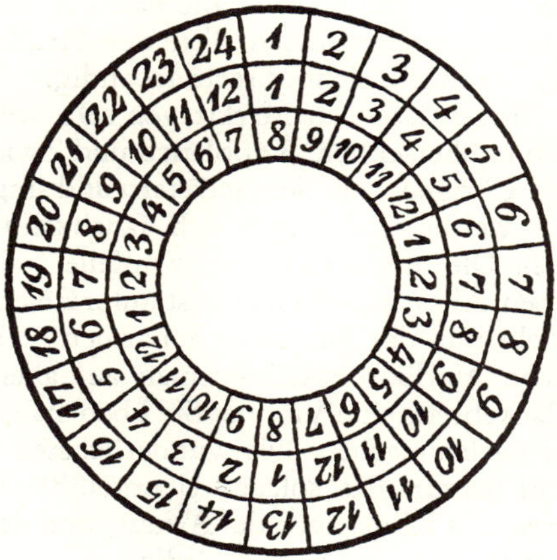

Mitternacht

Die Nacht wächst mit jedem halben Monat eine halbe Stunde.

Monat	Tag	Wird Nacht nach unserm Zeiger	Ist Mitternacht alsdann um
August	1	8 1/2	3 1/2
—	15	8	4
Sept.	1	7 1/2	4 1/2
—	15	7	5
Oktbr.	1	6 1/2	5 1/2
—	15	6	6
Nov.	1	5 1/2	6 1/2
—	15	5	7

Von da an bleibt die Zeit stehen und ist

	Nacht	Mitternacht
Dezember / Januar	5	7

Der Tag wächst mit jedem halben Monat eine halbe Stunde.

Monat	Tag	Wird Nacht nach unserm Zeiger	Ist Mitternacht alsdann um
Febr.	1	5 1/2	6 1/2
—	15	6	6
März	1	6 1/2	5 1/2
—	15	7	5
April	1	7 1/2	4 1/2
—	15	8	4
Mai	1	8 1/2	3 1/2
—	15	9	3

Von da an bleibt die Zeit stehen und ist

	Nacht	Mitternacht
Juni / Juli	9	3

Verona, den 17. September.

Das Volk rührt sich hier sehr lebhaft durcheinander, besonders in einigen Straßen, wo Kaufläden und Handwerksbuden aneinanderstoßen, sieht es recht lustig aus. Da ist nicht etwa eine Tür vor dem Laden oder Arbeitszimmer, nein, die ganze Breite des Hauses ist offen, man sieht bis in die Tiefe und alles, was darin vorgeht. Die Schneider nähen, die Schuster ziehen und pochen, alle halb auf der Gasse; ja die Werkstätten machen einen Teil der Straße. Abends, wenn Lichter brennen, sieht es recht lebendig.

Auf den Plätzen ist es an Markttagen sehr voll, Gemüse und Früchte unübersehlich, Knoblauch und Zwiebeln nach Herzenslust. Übrigens schreien, schäkern und singen sie den ganzen Tag, werfen und balgen sich, jauchzen und lachen unaufhörlich. Die milde Luft, die wohlfeile Nahrung läßt sie leicht leben. Alles, was nur kann, ist unter freiem Himmel.

Nachts geht nun das Singen und Lärmen recht an. Das Liedchen von Marlborough hört man auf allen Straßen, dann ein Hackebrett, eine Violine. Sie üben sich, alle Vögel mit Pfeifen nachzumachen. Die wunderlichsten Töne brechen überall hervor. Ein solches Übergefühl des Daseins verleiht ein mildes Klima auch der Armut, und der Schatten des Volks scheint selbst noch ehrwürdig.

Die uns so sehr auffallende Unreinlichkeit und wenige Bequemlichkeit der Häuser entspringt auch daher: sie sind immer draußen, und in ihrer Sorglosigkeit denken sie an nichts. Dem Volk ist alles recht und gut, der Mittelmann lebt auch von einem Tag zum andern, der Reiche und Vornehme schließt sich in seine Wohnung, die eben auch nicht so wohnlich ist wie im Norden. Ihre Gesellschaften halten sie in öffentlichen Versammlungshäusern. Vorhöfe und Säulengänge sind alle mit Unrat besudelt, und es geht ganz natürlich zu. Das Volk fühlt sich immer vor. Der Reiche kann reich sein, Paläste bauen, der Nobile darf regieren, aber wenn er einen Säulengang, einen Vorhof anlegt, so bedient sich das Volk dessen zu seinem Bedürfnis, und es hat kein dringenderes, als das so schnell wie möglich loszuwerden, was es so häufig als möglich zu sich genommen hat. Will einer das nicht leiden, so muß er nicht den großen Herrn spielen, d. h. er muß nicht tun, als wenn ein Teil seiner Wohnung dem Publikum angehöre, er macht seine Türe zu, und so ist es auch gut. An öffentlichen Gebäuden läßt sich das Volk sein Recht nun gar nicht nehmen, und das ist's, worüber der Fremde durch ganz Italien Beschwerde führt.

Ich betrachtete heut' auf mancherlei Wegen durch die Stadt die Tracht und die Manieren besonders des Mittelstandes, der sich sehr häufig und geschäftig zeigt. Sie schlenkern im Gehen alle mit den Armen. Personen von einem höhern Stande, die bei gewissen Gelegenheiten einen Degen tragen, schlenkern nur mit einem, weil sie gewohnt sind, den linken still zu halten.

Obgleich das Volk seinen Geschäften und Bedürfnissen sehr sorglos nachgeht, so hat es doch auf alles Fremde ein scharfes Auge. So konnt' ich die ersten Tage bemerken, daß jedermann meine Stiefel betrachtete, da man sich derselben als einer teuern Tracht nicht einmal im Winter bedient. Jetzt, da ich Schuh und Strümpfe trage, sieht mich niemand mehr an. Aber merkwürdig war mir's, daß heute früh, da sie alle mit Blumen, Gemüse, Knoblauch und so vielen andern Markterzeugnissen durcheinander liefen, ihnen der Zypressenzweig nicht entging, den ich in der Hand trug. Einige grüne Zapfen hingen daran, und daneben hielt ich blühende Kapernzweige. Sie sahen alle, groß und klein, mir auf die Finger und schienen wunderliche Gedanken zu haben.

Diese Zweige bracht' ich aus dem Garten Giusti, der eine treffliche Lage und ungeheure Zypressen hat, die alle pfriemenartig in die Luft stehen. Wahrscheinlich sind die spitz zugeschnittenen Taxus der nordischen Gartenkunst Nachahmungen dieses herrlichen Naturprodukts. Ein Baum, dessen Zweige von unten bis oben, die ältesten wie die jüngsten, gen Himmel streben, der seine dreihundert Jahre dauert, ist wohl der Verehrung wert. Der Zeit nach, da der Garten angelegt worden, haben diese schon ein so hohes Alter erreicht.

Vicenza, den 19. September.

Der Weg von Verona hieher ist sehr angenehm, man fährt nordostwärts an den Gebirgen hin und hat die Vorderberge, die aus Sand, Kalk, Ton, Mergel bestehen, immer linker Hand; auf den Hügeln, die sie bilden, liegen Orte, Schlösser, Häuser. Rechts verbreitet sich die weite Fläche, durch die man fährt. Der gerade, gut unterhaltene, breite Weg geht durch fruchtbares Feld, man blickt in tiefe Baumreihen, an welchen die Reben in die Höhe gezogen sind, die sodann, als wären es luftige Zweige, herunterfallen. Hier kann man sich eine Idee von Festonen bilden! Die Trauben sind zeitig und beschweren die Ranken, die lang und schwankend niederhängen. Der Weg ist voll Menschen aller Art und Gewerbes, besonders freuten mich die Wagen mit niedrigen, tellerartigen Rädern, die, mit vier Ochsen bespannt, große Kufen hin und wider führen, in welchen die Weintrauben aus den Gärten geholt und gestampft werden. Die Führer standen, wenn sie leer waren, drinnen, es sah einem bacchischen Triumphzug ganz ähnlich. Zwischen den Weinreihen ist der Boden zu allerlei Arten Getreide, besonders zu Türkischkorn und Sörgel benutzt.

Kommt man gegen Vicenza, so steigen wieder Hügel von Norden nach Süden auf, sie sind vulkanisch, sagt man, und schließen die Ebene. Vicenza liegt an ihrem Fuße und, wenn man will, in einem Busen, den sie bilden.

Vicenza, den 19. September.

Vor einigen Stunden bin ich hier angekommen, habe schon die Stadt durchlaufen, das Olympische Theater und die Gebäude des Palladio gesehen. Man hat ein sehr artiges Büchelchen mit Kupfern zur Bequemlichkeit der Fremden herausgegeben mit einem kunstverständigen Texte. Wenn man nun diese Werke gegenwärtig sieht, so erkennt man erst den großen Wert derselben; denn sie sollen ja durch ihre wirkliche Größe und Körperlichkeit das Auge füllen und durch die schöne Harmonie ihrer Dimensionen nicht nur in abstrakten Aufrissen, sondern mit dem ganzen perspektivischen Vordringen und Zurückweichen den Geist befriedigen; und so sag' ich vom Palladio: er ist ein recht innerlich und von innen heraus großer Mensch gewesen. Die höchste Schwierigkeit, mit der dieser Mann wie alle neuern Architekten zu kämpfen hatte, ist die schickliche Anwendung der

Säulenordnungen in der bürgerlichen Baukunst; denn Säulen und Mauern zu verbinden, bleibt doch immer ein Widerspruch. Aber wie er das untereinander gearbeitet hat, wie er durch die Gegenwart seiner Werke imponiert und vergessen macht, daß er nur überredet! Es ist wirklich etwas Göttliches in seinen Anlagen, völlig wie die Force des großen Dichters, der aus Wahrheit und Lüge ein Drittes bildet, dessen erborgtes Dasein uns bezaubert.

Das Olympische Theater ist ein Theater der Alten, im kleinen realisiert und unaussprechlich schön, aber gegen die unsrigen kömmt mir's vor wie ein vornehmes, reiches, wohlgebildetes Kind gegen einen klugen Weltmenschen, der, weder so vornehm, noch so reich, noch wohlgebildet, besser weiß, was er mit seinen Mitteln bewirken kann.

Betrachtet man nun hier am Orte die herrlichen Gebäude, die jener Mann aufführte, und sieht, wie sie schon durch das enge, schmutzige Bedürfnis der Menschen entstellt sind, wie die Anlagen meist über die Kräfte der Unternehmer waren, wie wenig diese köstlichen Denkmale eines hohen Menschengeistes zu dem Leben der übrigen passen, so fällt einem denn doch ein, daß es in allem andern ebenso ist; denn man verdient wenig Dank von den Menschen, wenn man ihr inneres Bedürfnis erhöhen, ihnen eine große Idee von ihnen selbst geben, ihnen das Herrliche eines wahren, edlen Daseins zum Gefühl bringen will. Aber wenn man die Vögel belügt, Märchen erzählt, von Tag zu Tag ihnen forthelfend, sie verschlechtert, da ist man ihr Mann, und darum gefällt sich die neuere Zeit in so viel Abgeschmacktem. Ich sage das nicht, um meine Freunde herunterzusetzen, ich sage nur, daß sie so sind, und daß man sich nicht verwundern muß, wenn alles ist, wie es ist.

Wie sich die Basilika des Palladio neben einem alten, mit ungleichen Fenstern übersäten, kastellähnlichen Gebäude ausnimmt, welches der Baumeister zusamt dem Turm gewiß weggedacht hat, ist nicht auszudrücken, und ich muß mich schon auf eine wunderliche Weise zusammenfassen; denn ich finde auch hier leider gleich das, was ich fliehe und suche, nebeneinander.

Den 20. September.

Gestern war Oper, sie dauerte bis nach Mitternacht, und ich sehnte mich, zu ruhen. „Die drei Sultaninnen“ und „Die Entführung aus dem Serail“ haben manche Fetzen hergegeben, woraus das Stück mit weniger Klugheit zusammengeflickt ist. Die Musik hörte sich bequem an, ist aber wahrscheinlich von einem Liebhaber, kein neuer Gedanke, der mich getroffen hätte. Die Ballette dagegen sind allerliebst. Das Hauptpaar tanzte eine Allemande, daß man nichts Zierlichers sehen konnte.

Das Theater ist neu, lieblich, schön, modestprächtig, alles uniform, wie es einer Provinzialstadt geziemt, jede Loge hat ihren übergeschlagenen gleichfarbigen Teppich, die des Kapitan Grande ist nur durch einen etwas längern Überhang ausgezeichnet.

Die erste Sängerin, vom ganzen Volke sehr begünstigt, wird, wie sie auftritt, entsetzlich beklatscht, und die Vögel stellen sich vor Freuden ganz ungebärdig, wenn sie etwas recht gut macht, welches sehr oft geschieht. Es ist ein natürlich Wesen, hübsche Figur, schöne Stimme, ein gefällig Gesicht und von einem recht honetten Anstand; in den Armen könnte sie etwas mehr Grazie haben. Indessen komme ich denn doch nicht wieder, ich fühle, daß ich zum Vogel verdorben bin.

Den 21. September.

Heute besuchte ich Doktor Turra; wohl fünf Jahre hat er sich mit Leidenschaft auf die Pflanzenkunde gelegt, ein Herbarium der italienischen Flora gesammelt, unter dem vorigen Bischof einen botanischen Garten eingerichtet. Das ist aber alles hin. Medizinische Praxis vertrieb die Naturgeschichte, das Herbarium wird von Würmern gespeist, der Bischof ist tot und der botanische Garten wieder, wie billig, mit Kohl und Knoblauch bepflanzt.

Doktor Turra ist ein gar feiner, guter Mann. Er erzählte mir mit Offenheit, Seelenreinheit und Bescheidenheit seine Geschichte und sprach überhaupt sehr bestimmt und gefällig, hatte aber nicht Lust, seine Schränke aufzutun, die vielleicht in keinem präsentablen Zustande sein mochten. Der Diskurs kam bald ins Stocken.

Den 21. September, abends.

Ich ging zum alten Baumeister Scamozzi, der des Palladio Gebäude herausgegeben hat und ein wackerer, leidenschaftlicher Künstler ist. Er gab mir einige Anleitung, vergnügt über meine Teilnahme. Unter den Gebäuden des Palladio ist eins, für das ich immer eine besondere Vorliebe hatte, es soll seine eigne Wohnung gewesen sein; aber in der Nähe ist es weit mehr, als man im Bilde sieht. Ich möchte es gezeichnet und mit den Farben illuminiert haben, die ihm das Material und das Alter gegeben. Man muß aber nicht denken, daß der Baumeister sich einen Palast errichtet habe. Es ist das bescheidenste Haus von der Welt, hat nur zwei Fenster, die durch einen breiten Raum, der das dritte Fenster vertrüge, abgesondert sind. Wollte man es zum Gemälde nachbilden, so daß die Nachbarhäuser mit vorgestellt würden, so wäre auch das vergnüglich anzusehen, wie es zwischen sie eingeschaltet ist. Das hätte Canalett malen sollen.

Heute besuchte ich das eine halbe Stunde von der Stadt auf einer angenehmen Höhe liegende Prachthaus, die Rotonda genannt. Es ist ein viereckiges Gebäude, das einen runden, von oben erleuchteten Saal in sich schließt. Von allen vier Seiten steigt man auf breiten Treppen hinan und gelangt jedesmal in eine Vorhalle, die von sechs korinthischen Säulen gebildet wird. Vielleicht hat die Baukunst ihren Luxus niemals höher getrieben. Der Raum, den die Treppen und Vorhallen einnehmen, ist viel größer als der des Hauses selbst; denn jede einzelne Seite würde als Ansicht eines Tempels befriedigen. Inwendig kann man es wohnbar, aber nicht wöhnlich nennen. Der Saal ist von der schönsten Proportion, die Zimmer auch; aber zu den Bedürfnissen eines Sommeraufenthalts einer vornehmen Familie würden sie kaum hinreichen. Dafür sieht man es auch in der ganzen Gegend von allen Seiten sich auf das herrlichste darstellen. Die Mannigfaltigkeit ist groß, in der sich seine Hauptmasse zugleich mit den vorspringenden Säulen vor dem Auge der Umherwandelnden bewegt, und die Absicht des Besitzers ist vollkommen erreicht, der ein großes Fideikommißgut und zugleich ein sinnliches Denkmal seines Vermögens hinterlassen wollte. Und wie nun das Gebäude von allen Punkten der Gegend in seiner Herrlichkeit gesehen wird, so ist die Aussicht von daher gleichfalls die angenehmste. Man sieht den Bachiglione fließen, Schiffe von Verona herab gegen die Brenta führend; dabei überschaut man die weiten Besitzungen, welche Marchese Capra unzertrennt bei seiner Familie erhalten wollte. Die Inschriften der vier Giebelseiten, die zusammen eine ganze ausmachen, verdienen wohl aufgezeichnet zu werden:

Marcus Capra Gabrielis filius
qui aedes has
arctissimo primogeniturae gradui subjecit
una cum omnibus
censibus agris vallibus et collibus
citra viam magnam
memoriae perpetuae mandans haec
dum sustinet ac abstinet.

Der Schluß besonders ist seltsam genug: ein Mann, dem so viel Vermögen und Wille zu Gebote stand, fühlt noch, daß er dulden und entbehren müsse. Das kann man mit geringerm Aufwand lernen.

Den 22. September.

Heute abend war ich in einer Versammlung, welche die Akademie der Olympier hielt. Ein Spielwerk, aber ein recht gutes, es erhält noch ein bißchen Salz und Leben unter den Leuten. Ein großer Saal neben dem Theater des Palladio, anständig erleuchtet, der Kapitan und ein Teil des Adels zugegen, übrigens durchaus ein Publikum von gebildeten Personen, viele Geistliche, zusammen ungefähr fünfhundert.

Die von dem Präsidenten für die heutige Sitzung aufgegebene Frage war, ob Erfindung oder Nachahmung den schönen Künsten mehr Vorteil gebracht habe. Der Einfall war glücklich genug; denn wenn man die in der Frage liegende Alternative trennt, so läßt sich hundert Jahre hinüber und herüber sprechen. Auch haben sich die Herren Akademiker dieser Gelegenheit weidlich bedient und in Prosa und Versen mancherlei hervorgebracht, worunter viel Gutes.

Sodann ist es das lebendigste Publikum. Die Zuhörer riefen Bravo, klatschten und lachten. Wenn man auch vor seiner Nation so stehen und sie persönlich belustigen dürfte! Wir geben unser Bestes schwarz auf weiß: jeder kauzt sich damit in eine Ecke und knopert daran, wie er kann.

Es läßt sich denken, daß Palladio auch diesmal an allen Orten und Enden war, es mochte von Erfinden oder Nachahmen die Rede sein. Zuletzt, wo immer das Scherzhafteste gefordert wird, hatte einer den glücklichen Einfall, zu sagen, die andern hätten ihm den Palladio weggenommen, er wolle dagegen den Franceschini loben, den großen Seidenfabrikanten. Nun fing er an zu zeigen, was die Nachahmung der Lyoner und Florentiner Stoffe diesem tüchtigen Unternehmer und durch ihn der Stadt Vicenza für Vorteil gebracht habe, woraus erfolge, daß die Nachahmung weit über die Erfindung erhaben sei. Und dies geschah mit so gutem Humor, daß ein ununterbrochenes Gelächter erregt ward. Überhaupt fanden die, welche für die Nachahmung sprachen, mehr Beifall; denn sie sagten lauter Dinge, wie sie der Haufen denkt und denken kann. Einmal gab das Publikum mit großem Händeklatschen einem recht groben Sophism seinen herzlichen Beifall, da es viele gute, ja treffliche Sachen zu Ehren der Erfindung nicht gefühlt hatte. Es freut mich sehr, auch dieses erlebt zu haben, und dann ist es höchst erquickend, den Palladio nach so viel Zeit immer noch als Polarstern und Musterbild von seinen Mitbürgern verehrt zu sehen.

Den 22. September.

Heute früh war ich in Tiene, das nordwärts gegen die Gebirge liegt, wo ein neu Gebäude nach einem alten Risse aufgeführt wird, wobei wenig zu erinnern sein möchte. So ehrt man hier alles aus der guten Zeit und hat Sinn genug, nach einem geerbten Plan ein frisches Gebäude aufzuführen. Das Schloß liegt ganz trefflich in einer großen Plaine, die Kalkalpen ohne Zwischengebirg hinter sich. Vom Gebäude her neben der schnurgeraden Chaussee fließt zu beiden Seiten lebendiges Wasser dem Kommenden entgegen und wässert die weiten Reisfelder, durch die man fährt.

Ich habe nun erst die zwei italienischen Städte gesehen und mit wenig Menschen gesprochen, aber ich kenne meine Italiener schon gut. Sie sind wie Hofleute, die sich fürs erste Volk in der Welt halten und bei gewissen Vorteilen, die man ihnen nicht leugnen kann, sich's ungestraft und bequem einbilden können. Mir erscheinen die Italiener als eine recht gute Nation: man muß nur die Kinder und die gemeinen Leute sehen, wie ich sie jetzt sehe und sehen kann, da ich ihnen immer ausgesetzt bin und mich ihnen immer aussetze. Und was das für Figuren und Gesichter sind!

Besonders muß ich die Vicentiner loben, daß man bei ihnen die Vorrechte einer großen Stadt genießt. Sie sehen einen nicht an, man mag machen, was man will; wendet man sich jedoch an sie, dann sind sie gesprächig und anmutig, besonders wollen mir die Frauen sehr gefallen. Die Veroneserinnen will ich nicht schelten, sie haben eine gute Bildung und entschiedene Profile; aber meistens bleich, und der Zendal tut ihnen Schaden, weil man unter der schönen Tracht auch etwas Reizendes sucht. Hier aber finde ich gar hübsche Wesen, besonders eine schwarzlockige Sorte, die mir ein eigenes Interesse einflößt. Es gibt auch noch eine blonde, die mir aber nicht so behagen will.

Padua, den 26. September, abends.

In vier Stunden bin ich heute von Vicenza herübergefahren, auf ein einsitziges Chaischen, Sediola genannt, mit meiner ganzen Existenz gepackt. Man fährt sonst bequem in vierthalb Stunden; da ich aber den köstlichen Tag gern unter freiem Himmel genießen wollte, so war es mir angenehm, daß der Vetturin hinter seiner Schuldigkeit zurückblieb. Man fährt in der fruchtbarsten Ebene immer südostwärts, zwischen Hecken und Bäumen, ohne weitere Aussicht, bis man endlich die schönen Gebirge, von Norden gegen Süden streichend, zur rechten Hand sieht. Die Fülle der Pflanzen- und Fruchtgehänge über Mauern und Hecken, an Bäumen herunter, ist unbeschreiblich. Kürbisse beschweren die Dächer, und die wunderlichsten Gurken hängen an Latten und Spalieren.

Die herrliche Lage der Stadt konnte ich vom Observatorium aufs klärste überschauen. Gegen Norden Tiroler Gebirge, beschneit, in Wolken halb versteckt, an die sich in Nordwest die vicentinischen anschließen, endlich gegen Westen die näheren Gebirge von Este, deren Gestalten und Vertiefungen man deutlich sehen kann. Gegen Südost ein grünes Pflanzenmeer, ohne eine Spur von Erhöhung, Baum an Baum, Busch an Busch, Pflanzung an Pflanzung, unzählige weiße Häuser, Villen und Kirchen aus dem Grünen hervorblickend. Am Horizont sah ich ganz deutlich den Markusturm zu Venedig und andere geringere Türme.

Padua, den 27. September.

Endlich habe ich die Werke des Palladio erlangt, zwar nicht die Originalausgabe, die ich in Vicenza gesehen, deren Tafeln in Holz geschnitten sind, aber eine genaue Kopie, ja ein Faksimile in Kupfer, veranstaltet durch einen vortrefflichen Mann, den ehemaligen englischen Konsul Smith in Venedig. Das muß man den Engländern lassen, daß sie von lange her das Gute zu schätzen wußten, und daß sie eine grandiose Art haben, es zu verbreiten.

Bei Gelegenheit dieses Ankaufs betrat ich einen Buchladen, der in Italien ein ganz eigenes Ansehen hat. Alle Bücher stehen geheftet umher, und man findet den ganzen Tag über gute Gesellschaft. Was von Weltgeistlichen, Edelleuten, Künstlern einigermaßen mit der Literatur verwandt ist, geht hier auf und ab. Man verlangt ein Buch, schlägt nach, liest und unterhält sich, wie es kommen will. So fand ich etwa ein halb Dutzend beisammen, welche sämtlich, als ich nach den Werken des Palladio fragte, auf mich aufmerksam wurden. Indes der Herr des Ladens das Buch suchte, rühmten sie es und gaben mir Notiz von dem Originale und der Kopie, sie waren mit dem Werke selbst und dem Verdienst des Verfassers sehr wohl bekannt. Da sie mich für einen Architekten hielten, lobten sie mich, daß ich vor allen andern zu den Studien dieses Meisters schritte, er leiste zu Gebrauch und Anwendung mehr als Vitruv selbst, denn er habe die Alten und das Altertum gründlich studiert und es unsern Bedürfnissen näherzuführen gesucht. Ich unterhielt mich lange mit diesen freundlichen Männern, erfuhr noch einiges, die Denkwürdigkeiten der Stadt betreffend, und empfahl mich.

Da man denn doch einmal den Heiligen Kirchen gebaut hat, so findet sich auch wohl darin ein Platz, wo man vernünftige Menschen aufstellen kann. Die Büste des Kardinals Bembo steht zwischen ionischen Säulen, ein schönes, wenn ich so sagen soll, mit Gewalt in sich gezogenes Gesicht und ein mächtiger Bart; die Inschrift lautet:

Petri Bembi Card. imaginem Hier. Guerinus Ismeni f. in publico ponendam curavit ut cujus ingenii monumenta aeterna sint ejus corporis quoque memoria ne a posteritate desideretur.

Das Universitätsgebäude hat mich mit aller seiner Würde erschreckt. Es ist mir lieb, daß ich darin nichts zu lernen hatte. Eine solche Schulenge denkt man sich nicht, ob man gleich als Studiosus deutscher Akademien auf den Hörbänken auch manches leiden müssen. Besonders ist das anatomische Theater ein Muster, wie man Schüler zusammenpressen soll. In einem spitzen, hohen Trichter sind die Zuhörer übereinander geschichtet. Sie sehen steil herunter auf den engen Boden, wo der Tisch steht, auf den kein Licht fällt, deshalb der Lehrer bei Lampenschein demonstrieren muß. Der botanische Garten ist desto artiger und munterer. Es können viele Pflanzen auch den Winter im Lande bleiben, wenn sie an Mauern oder nicht weit davon gesetzt sind. Man überbaut alsdann das Ganze zu Ende des Oktobers und heizt die wenigen Monate. Es ist erfreuend und belehrend, unter einer Vegetation umherzugehen, die uns fremd ist. Bei gewohnten Pflanzen sowie bei andern längst bekannten Gegenständen denken wir zuletzt gar nichts, und was ist Beschauen ohne Denken? Hier in dieser neu mir entgegentretenden Mannigfaltigkeit wird jener Gedanke immer lebendiger, daß man sich alle Pflanzengestalten vielleicht aus einer entwickeln könne. Hiedurch würde es allein möglich werden, Geschlechter und Arten wahrhaft zu bestimmen, welches, wie mich dünkt, bisher sehr willkürlich geschieht. Auf diesem Punkte bin ich in meiner botanischen Philosophie steckengeblieben, und ich sehe noch nicht, wie ich mich entwirren will. Die Tiefe und Breite dieses Geschäfts scheint mir völlig gleich.

Der große Platz, Prato della Valle genannt, ist ein sehr weiter Raum, wo der Hauptmarkt im Juni gehalten wird. Hölzerne Buden in seiner Mitte geben freilich nicht das vorteilhafteste Ansehn, die Einwohner aber versichern, daß man auch bald hier eine Fiera von Stein wie die zu Verona sehen werde. Hiezu gibt freilich schon jetzt die Umgebung des Platzes gegründete Hoffnung, welche einen sehr schönen und bedeutenden Anblick gewährt.

Ein ungeheures Oval ist ringsum mit Statuen besetzt, alle berühmten Männer vorstellend, welche hier gelehrt und gelernt haben. Einem jeden Einheimischen und Fremden ist erlaubt, irgendeinem Landsmann oder Verwandten hier eine Bildsäule von bestimmter Größe zu errichten, sobald das Verdienst der Person und der akademische Aufenthalt zu Padua bewiesen ist.

Um das Oval umher geht ein Wassergraben. Auf den vier Brücken, die hinaufführen, stehen Päpste und Dogen kolossal, die übrigen, kleiner, sind von Zünften, Partikuliers und Fremden gesetzt. Der König von Schweden ließ Gustav Adolfen hinstellen, weil man sagt, derselbe habe einmal in Padua eine Lektion angehört. Der Erzherzog Leopold erneuerte das Andenken Petrarchs und Galileis. Die Statuen sind in einer braven modernen Manier gemacht, wenige übermanieriert, einige recht natürlich, sämtlich im Kostüm ihrer Zeit und Würden. Die Inschriften sind auch zu loben. Es findet sich nichts Abgeschmacktes und Kleinliches darunter.

Auf jeder Universität wäre der Gedanke sehr glücklich gewesen, auf dieser ist er am glücklichsten, weil es sehr wohltut, eine völlige Vergangenheit wieder hervorgerufen zu sehen. Es kann ein recht schöner Platz werden, wenn sie die hölzerne Fiera wegschaffen und eine von Stein erbauen, wie der Plan sein soll.

In dem Versammlungsorte einer dem heiligen Antonius gewidmeten Brüderschaft sind ältere Bilder, welche an die alten Deutschen erinnern, dabei auch einige von Tizian, wo schon der große Fortschritt merklich ist, den über den Alpen niemand für sich getan hat. Gleich darauf sah ich einiges von den neusten. Diese Künstler haben, da sie das hohe Ernste nicht mehr erreichen konnten, das Humoristische sehr glücklich getroffen. Die Enthauptung Johannes', von Piazetta, ist, wenn man des Meisters Manier zugibt, in diesem Sinne ein recht braves Bild. Johannes kniet, die Hände vor sich hinfaltend, mit dem rechten Knie an einen Stein. Er sieht gen Himmel. Ein Kriegsknecht, der ihn hinten gebunden hält, biegt sich an der Seite herum und sieht ihm ins Gesicht, als wenn er über die Gelassenheit erstaunte, womit der Mann sich hingibt. In der Höhe steht ein anderer, der den Streich vollführen soll, hat aber das Schwert nicht, sondern macht nur mit den Händen die Gebärde, wie einer, der den Streich zum voraus versuchen will. Das Schwert zieht unten ein dritter aus der Scheide. Der Gedanke ist glücklich, wenn auch nicht groß, die Komposition frappant und von der besten Wirkung.

In der Kirche der Eremitaner habe ich Gemälde von Mantegna gesehen, einem der älteren Maler, vor denen ich erstaunt bin. Was in diesen Bildern für eine scharfe, sichere Gegenwart dasteht! Von dieser ganz wahren, nicht etwa scheinbaren, effektlügenden, bloß zur Einbildungskraft sprechenden, sondern derben, reinen, lichten, ausführlichen, gewissenhaften, zarten, umschriebenen Gegenwart, die zugleich etwas Strenges, Emsiges, Mühsames hatte, gingen die folgenden Maler aus, wie ich an Bildern von Tizian bemerkte, und nun konnte die Lebhaftigkeit ihres Genies, die Energie ihrer Natur, erleuchtet von dem Geiste ihrer Vorfahren, auferbaut durch ihre Kraft, immer höher und höher steigen, sich von der Erde heben und himmlische, aber wahre Gestalten hervorbringen. So entwickelte sich die Kunst nach der barbarischen Zeit.

Der Audienzsaal des Rathauses, mit Recht durch das Augmentativum Salone betitelt, das ungeheuerste abgeschlossene Gefäß, das man sich nicht vorstellen, auch nicht einmal in der nächsten Erinnerung zurückrufen kann. Dreihundert Fuß lang, hundert Fuß breit und bis in das der Länge nach ihn deckende Gewölbe hundert Fuß hoch. So gewohnt sind diese Menschen, im Freien zu leben, daß die Baumeister einen Marktplatz zu überwölben fanden. Und es ist keine

3. Der Brentakanal bei Padua. Zeichnung von Canaletto

Frage, daß der ungeheure überwölbte Raum eine eigene Empfindung gibt. Es ist ein abgeschlossenes Unendliches, dem Menschen analoger als der Sternhimmel. Dieser reißt uns aus uns selbst hinaus, jener drängt uns auf die gelindeste Weise in uns selbst zurück.

So verweil' ich auch gern in der Kirche der heiligen Justine. Diese vierhundertfünfundachtzig Fuß lang, verhältnismäßig hoch und breit, groß und einfach gebaut. Heut' abend setzt' ich mich in einen Winkel und hatte meine stille Betrachtung; da fühlt' ich mich recht allein, denn kein Mensch in der Welt, der in dem Augenblick an mich gedacht hätte, würde mich hier gesucht haben.

Nun wäre auch hier wieder einmal eingepackt, morgen früh geht es zu Wasser auf der Brenta fort. Heute hat's geregnet, nun ist's wieder ausgehellt, und ich hoffe, die Lagunen und die dem Meer vermählte Herrscherin bei schöner Tageszeit zu erblicken und aus ihrem Schoß meine Freunde zu begrüßen.

VENEDIG

So stand es denn im Buche des Schicksals auf meinem Blatte geschrieben, daß ich 1786 den achtundzwanzigsten September, abends, nach unserer Uhr um fünfe, Venedig zum erstenmal, aus der Brenta in die Lagunen einfahrend, erblicken und bald darauf diese wunderbare Inselstadt, diese Biberrepublik betreten und besuchen sollte. So ist denn auch, Gott sei Dank, Venedig mir kein bloßes Wort mehr, kein hohler Name, der mich so oft, mich, den Todfeind von Wortschällen, geängstiget hat.

Als die erste Gondel an das Schiff anfuhr (es geschieht, um Passagiere, welche Eil' haben, geschwinder nach Venedig zu bringen), erinnerte ich mich eines frühen Kinderspielzeuges, an das ich vielleicht seit zwanzig Jahren nicht mehr gedacht hatte. Mein Vater besaß ein schönes mitgebrachtes Gondelmodell; er hielt es sehr wert, und mir ward es hoch angerechnet, wenn ich einmal damit spielen durfte. Die ersten Schnäbel von blankem Eisenblech, die schwarzen Gondelkäfige, alles grüßte mich wie eine alte Bekanntschaft, ich genoß einen langentbehrten freundlichen Jugendeindruck.

Ich bin gut logiert in der „Königin von England", nicht weit vom Markusplatze, und dies ist der größte Vorzug des Quartiers; meine Fenster gehen auf einen schmalen Kanal zwischen hohen Häusern, gleich unter mir eine einbogige Brücke und gegenüber ein schmales, belebtes Gäßchen. So wohne ich, und so werde ich eine Zeitlang bleiben, bis mein Paket für Deutschland fertig ist, und bis ich mich am Bilde dieser Stadt satt gesehen habe. Die Einsamkeit, nach der ich oft so sehnsuchtsvoll geseufzt, kann ich nun recht genießen; denn nirgends fühlt man sich einsamer als im Gewimmel, wo man sich allen ganz unbekannt durchdrängt. In Venedig kennt mich vielleicht nur ein Mensch, und der wird mir nicht gleich begegnen.

Venedig, den 28. September 1786.

Wie es mir von Padua hierher gegangen, nur mit wenig Worten: Die Fahrt auf der Brenta, mit dem öffentlichen

4. Der Canal Grande in Venedig. Kupferstich nach Canaletto

Schiffe in gesitteter Gesellschaft, da die Italiener sich vor einander in acht nehmen, ist anständig und angenehm. Die Ufer sind mit Gärten und Lusthäusern geschmückt, kleine Ortschaften treten bis ans Wasser, teilweise geht die belebte Landstraße daran hin. Da man schleusenweis den Fluß hinabsteigt, gibt es öfters einen kleinen Aufhalt, den man benutzen kann, sich auf dem Lande umzusehen und die reichlich angebotenen Früchte zu genießen. Nun steigt man wieder ein und bewegt sich durch eine bewegte Welt voll Fruchtbarkeit und Leben.

Zu so viel abwechselnden Bildern und Gestalten gesellte sich noch eine Erscheinung, die, obgleich aus Deutschland abstammend, doch hier ganz eigentlich an ihrem Platze war, zwei Pilger nämlich, die ersten, die ich in der Nähe sah. Sie haben das Recht, mit dieser öffentlichen Gelegenheit umsonst weitergebracht zu werden; allein weil die übrige Gesellschaft ihre Nähe scheut, so sitzen sie nicht mit in dem bedeckten Raume, sondern hinten bei dem Steuermann. Als eine in der gegenwärtigen Zeit seltene Erscheinung wurden sie angestaunt und, weil früher unter dieser Hülle manch Gesindel umhertrieb, wenig geachtet. Als ich vernahm, daß es Deutsche seien, keiner andern Sprache mächtig, gesellte ich mich zu ihnen und vernahm, daß sie aus dem Paderbornischen herstammten. Beides waren Männer schon über funfzig, von dunkler, aber gutmütiger Physiognomie. Sie hatten vor allem das Grab der heiligen drei Könige zu Köln besucht, waren sodann durch Deutschland gezogen und nun auf dem Wege, zusammen bis Rom und sodann ins obere Italien zurückzugehen, da denn der eine wieder nach Westfalen zu wandern, der andere aber noch den heiligen Jakob zu Compostell zu verehren gedachte.

Ihre Kleidung war die bekannte, doch sahen sie aufgeschürzt viel besser aus, als wir sie in langen Taffetkleidern auf unsern Redouten vorzustellen pflegen. Der große Kragen, der runde Hut, der Stab und die Muschel als das unschuldigste Trinkgeschirr, alles hatte seine Bedeutung, seinen unmittelbaren Nutzen, die Blechkapsel enthielt ihre Pässe. Das Merkwürdigste aber waren ihre kleinen rotsaffianen Brieftaschen; in diesen befand sich alles kleine

Geräte, was nur irgendeinem einfachen Bedürfnis abzuhelfen geeignet sein mochte. Sie hatten dieselben hervorgezogen, indem sie an ihren Kleidern etwas zu flicken fanden.

Der Steuermann, höchst zufrieden, daß er einen Dolmetscher fand, ließ mich verschiedene Fragen an sie tun; dadurch vernahm ich manches von ihren Ansichten, besonders aber von ihrer Reise. Sie beklagten sich bitterlich über ihre Glaubensgenossen, ja Weltpriester und Klostergeistliche. Die Frömmigkeit, sagten sie, müsse eine sehr seltene Sache sein, weil man an die ihrige nirgends glauben wolle, sondern sie fast durchaus, ob sie gleich die ihnen vorgeschriebene geistliche Marschroute und die bischöflichen Pässe vorgezeigt, in katholischen Landen wie Landstreicher behandle. Sie erzählten dagegen mit Rührung, wie gut sie von den Protestanten aufgenommen worden, besonders von einem Landgeistlichen in Schwaben, vorzüglich aber von seiner Frau, welche den einigermaßen widerstrebenden Mann dahin vermocht, daß sie ihnen reichliche Erquickung zuteilen dürfen, welche ihnen sehr not getan. Ja beim Abschiede habe sie ihnen einen Konventionstaler geschenkt, der ihnen sehr zustatten gekommen, sobald sie das katholische Gebiet wieder betreten. Hierauf sagte der eine mit aller Erhebung, deren er fähig war: „Wir schließen diese Frau aber auch täglich in unser Gebet ein und bitten Gott, daß er ihre Augen öffne, wie er ihr Herz für uns geöffnet hat, daß er sie, wenn auch spät, aufnehme in den Schoß der alleinseligmachenden Kirche. Und so hoffen wir gewiß, ihr dereinst im Paradies zu begegnen."

Von diesem allen erklärte ich, was nötig und nützlich war, auf der kleinen Steige sitzend, die auf das Verdeck führt, dem Steuermanne und einigen andern Personen, die sich aus der Kajüte in den engen Raum gedrängt hatten. Den Pilgern wurden einige ärmliche Erquickungen gereicht; denn der Italiener liebt nicht, zu geben. Sie zogen hierauf kleine geweihte Zettel hervor, worauf zu sehen das Bild der heiligen drei Könige nebst lateinischen Gebeten zur Verehrung. Die guten Menschen baten mich, die kleine Gesellschaft damit zu beschenken und ihr den hohen Wert dieser Blätter begreiflich zu machen. Dies gelang mir auch ganz gut; denn als die beiden Männer sehr verlegen schienen, wie sie in dem großen Venedig das zur Aufnahme der Pilger bestimmte Kloster ausfinden sollten, so versprach der gerührte Steuermann, wenn sie landeten, wollte er einem Burschen sogleich einen Dreier geben, damit er sie zu jenem entfernt gelegenen Orte geleitete. Sie würden zwar, setzte er vertraulich hinzu, sie würden dort wenig Trost finden: die Anstalt, sehr groß angelegt, um ich weiß nicht wieviel Pilger zu fassen, sei gegenwärtig ziemlich zusammengegangen und die Einkünfte würden eben anders verwendet.

So unterhalten, waren wir die schöne Brenta herunter gekommen, manchen herrlichen Garten, manchen herrlichen Palast hinter uns lassend, wohlhabende, belebte Ortschaften an der Küste mit flüchtigem Blick beschauend. Als wir nun in die Lagunen einfuhren, umschwärmten mehrere Gondeln sogleich das Schiff. Ein Lombard, in Venedig wohl bekannt, forderte mich auf, ihm Gesellschaft zu leisten, damit wir geschwinder drinne wären und der Doganenqual entgingen. Einige, die uns abhalten wollten, wußte er mit einem mäßigen Trinkgeld zu beseitigen, und so schwammen wir bei einem heitern Sonnenuntergang schnell unserm Ziel entgegen.

Den 29sten, Michaelistag, abends.

Von Venedig ist schon viel erzählt und gedruckt, daß ich mit Beschreibung nicht umständlich sein will, ich sage nur, wie es mir entgegenkömmt. Was sich mir aber vor allem andern aufdringt, ist abermals das Volk, eine große Masse, ein notwendiges, unwillkürliches Dasein.

Dies Geschlecht hat sich nicht zum Spaß auf diese Inseln geflüchtet, es war keine Willkür, welche die Folgenden trieb, sich mit ihnen zu vereinigen; die Not lehrte sie ihre Sicherheit in der unvorteilhaftesten Lage suchen, die ihnen nachher so vorteilhaft ward und sie klug machte, als noch die ganze nördliche Welt im Düstern gefangen lag; ihre Vermehrung, ihr Reichtum war notwendige Folge. Nun drängten sich die Wohnungen enger und enger, Sand und Sumpf wurden durch Felsen ersetzt, die Häuser suchten die Luft, wie Bäume, die geschlossen stehen, sie mußten an Höhe zu gewinnen suchen, was ihnen an Breite abging. Auf jede

Spanne des Bodens geizig und gleich anfangs in enge Räume gedrängt, ließen sie zu Gassen nicht mehr Breite, als nötig war, eine Hausreihe von der gegenüberstehenden zu trennen und dem Bürger notdürftige Durchgänge zu erhalten. Übrigens war ihnen das Wasser statt Straße, Platz und Spaziergang. Der Venezianer mußte eine neue Art von Geschöpf werden, wie man denn auch Venedig nur mit sich selbst vergleichen kann. Der große, schlangenförmig gewundene Kanal weicht keiner Straße in der Welt, dem Raum vor dem Markusplatze kann wohl nichts an die Seite gesetzt werden. Ich meine den großen Wasserspiegel, der diesseits von dem eigentlichen Venedig im halben Mond umfaßt wird. Über der Wasserfläche sieht man links die Insel St. Giorgio Maggiore, etwas weiter rechts die Giudecca und ihren Kanal, noch weiter rechts die Dogane und die Einfahrt in den Canal Grande, wo uns gleich ein paar ungeheure Marmortempel entgegenleuchten. Dies sind mit wenigen Zügen die Hauptgegenstände, die uns in die Augen fallen, wenn wir zwischen den zwei Säulen des Markusplatzes hervortreten. Die sämtlichen Aus- und Ansichten sind so oft in Kupfer gestochen, daß die Freunde davon sich gar leicht einen anschaulichen Begriff machen können.

Nach Tische eilte ich, mir erst einen Eindruck des Ganzen zu versichern, und warf mich ohne Begleiter, nur die Himmelsgegenden merkend, ins Labyrinth der Stadt, welche, obgleich durchaus von Kanälen und Kanälchen durchschnitten, durch Brücken und Brückchen wieder zusammenhängt. Die Enge und Gedrängtheit des Ganzen denkt man nicht, ohne es gesehen zu haben. Gewöhnlich kann man die Breite der Gasse mit ausgereckten Armen entweder ganz oder beinahe messen, in den engsten stößt man schon mit den Ellbogen an, wenn man die Hände in die Seite stemmt; es gibt wohl breitere, auch hie und da ein Plätzchen, verhältnismäßig aber kann alles enge genannt werden.

Ich fand leicht den großen Kanal und die Hauptbrücke Rialto; sie besteht aus einem einzigen Bogen von weißem Marmor. Von oben herunter ist es eine große Ansicht, der Kanal gesäet voll Schiffe, die alles Bedürfnis vom festen Lande herbeiführen und hier hauptsächlich anlegen und ausladen, dazwischen wimmelt es von Gondeln. Besonders heute, als am Michaelisfeste, gab es einen Anblick wunderschön lebendig; doch um diesen einigermaßen darzustellen, muß ich etwas weiter ausholen.

Die beiden Hauptteile von Venedig, welche der große Kanal trennt, werden durch die einzige Brücke Rialto miteinander verbunden, doch ist auch für mehrere Kommunikation gesorgt, welche in offenen Barken an bestimmten Überfahrtspunkten geschieht. Nun sah es heute sehr gut aus, als die wohlgekleideten, doch mit einem schwarzen Schleier bedeckten Frauen sich viele zusammen übersetzen ließen, um zu der Kirche des gefeierten Erzengels zu gelangen. Ich verließ die Brücke und begab mich an einen solchen Überfahrtspunkt, die Aussteigenden genau zu betrachten. Ich habe sehr schöne Gesichter und Gestalten darunter gefunden.

Nachdem ich müde geworden, setzte ich mich in eine Gondel, die engen Gassen verlassend, und fuhr, mir das entgegengesetzte Schauspiel zu bereiten, den nördlichen Teil des großen Kanals durch, um die Insel der heiligen Klara, in die Lagunen, den Kanal der Giudecca herein, bis gegen den Markusplatz, und war nun auf einmal ein Mitherr des Adriatischen Meeres, wie jeder Venezianer sich fühlt, wenn er sich in seine Gondel legt. Ich gedachte dabei meines guten Vaters in Ehren, der nichts Besseres wußte, als von diesen Dingen zu erzählen. Wird mir's nicht auch so gehen? Alles, was mich umgibt, ist würdig, ein großes respektables Werk versammelter Menschenkraft, ein herrliches Monument, nicht eines Gebieters, sondern eines Volks. Und wenn auch ihre Lagunen sich nach und nach ausfüllen, böse Dünste über dem Sumpfe schweben, ihr Handel geschwächt, ihre Macht gesunken ist, so wird die ganze Anlage der Republik und ihr Wesen nicht einen Augenblick dem Beobachter weniger ehrwürdig sein. Sie unterliegt der Zeit, wie alles, was ein erscheinendes Dasein hat.

Den 30. September.

Gegen Abend verlief ich mich wieder ohne Führer in die entferntesten Quartiere der Stadt. Die hiesigen Brücken sind alle mit Treppen angelegt, damit Gondeln und auch wohl größere Schiffe bequem unter den Bogen hinfahren. Ich suchte mich in und aus diesem Labyrinthe zu finden, ohne irgend jemand zu fragen, mich abermals nur nach der Himmelsgegend richtend. Man entwirrt sich wohl endlich, aber es ist ein unglaubliches Gehecke ineinander, und meine Manier, sich recht sinnlich davon zu überzeugen, die beste. Auch habe ich mir bis an die letzte bewohnte Spitze der Einwohner Betragen, Lebensart, Sitte und Wesen gemerkt; in jedem Quartiere sind sie anders beschaffen. Du lieber Gott! was doch der Mensch für ein armes, gutes Tier ist!

Sehr viele Häuserchen stehen unmittelbar in den Kanälen, doch gibt es hie und da schön gepflasterte Steindämme, auf denen man zwischen Wasser, Kirchen und Palästen gar angenehm hin und wider spaziert. Lustig und erfreulich ist der lange Steindamm an der nördlichen Seite, von welchem die Inseln, besonders Murano, das Venedig im kleinen, geschaut werden. Die Lagunen dazwischen sind von vielen Gondeln belebt.

Den 30. September, abends.

Heute habe ich abermals meinen Begriff von Venedig erweitert, indem ich mir den Plan verschaffte. Als ich ihn einigermaßen studiert, bestieg ich den Markusturm, wo sich dem Auge ein einziges Schauspiel darstellt. Es war um Mittag und heller Sonnenschein, daß ich ohne Perspektiv Nähen und Fernen genau erkennen konnte. Die Flut bedeckte die Lagunen, und als ich den Blick nach dem sogenannten Lido wandte (es ist ein schmaler Erdstreif, der die Lagunen schließt), sah ich zum erstenmal das Meer und einige Segel darauf. In den Lagunen selbst liegen Galeeren und Fregatten, die zum Ritter Emo stoßen sollten, der den Algierern den Krieg macht, die aber wegen ungünstiger Winde liegenbleiben. Die paduanischen und vicentinischen Berge und das Tiroler Gebirge schließen zwischen Abend und Mitternacht das Bild ganz trefflich schön.

Den 1. Oktober.

Ich ging und besah mir die Stadt in mancherlei Rücksichten, und da es eben Sonntag war, fiel mir die große Unreinlichkeit der Straßen auf, worüber ich meine Betrachtungen anstellen mußte. Es ist wohl eine Art von Polizei in diesem Artikel, die Leute schieben den Kehrig in die Ecken, auch sehe ich große Schiffe hin und wider fahren, die an manchen Orten stille liegen und das Kehrig mitnehmen, Leute von den Inseln umher, welche des Düngers bedürfen; aber es ist in diesen Anstalten weder Folge noch Strenge, und desto unverzeihlicher die Unreinlichkeit der Stadt, da sie ganz zur Reinlichkeit angelegt worden, so gut als irgendeine holländische.

Alle Straßen sind geplattet, selbst die entferntesten Quartiere wenigstens mit Backsteinen auf der hohen Kante ausgesetzt, wo es nötig, in der Mitte ein wenig erhaben, an der Seite Vertiefungen, das Wasser aufzufassen und in bedeckte Kanäle zu leiten. Noch andere architektonische Vorrichtungen der ersten wohlüberdachten Anlage zeugen von der Absicht trefflicher Baumeister, Venedig zu der reinsten Stadt zu machen, wie sie die sonderbarste ist. Ich konnte nicht unterlassen, gleich im Spazierengehen eine Anordnung deshalb zu entwerfen und einem Polizeivorsteher, dem es Ernst wäre, in Gedanken vorzuarbeiten. So hat man immer Trieb und Lust, vor fremden Türen zu kehren.

Den 2. Oktober 1786.

Vor allem eilte ich in die Carità: ich hatte in des Palladio Werken gefunden, daß er hier ein Klostergebäude angegeben, in welchem er die Privatwohnung der reichen und gastfreien Alten darzustellen gedachte. Der sowohl im Ganzen als in seinen einzelnen Teilen trefflich gezeichnete Plan machte mir unendliche Freude, und ich hoffte ein Wunderwerk zu finden; aber ach! es ist kaum der zehnte Teil ausgeführt; doch auch dieser Teil seines himmlischen Genius würdig, eine Vollkommenheit in der Anlage und eine Genauigkeit in der Ausführung, die ich noch nicht kannte. Jahrelang sollte man in Betrachtung so eines Werks zubringen. Mich dünkt, ich habe nichts Höheres, nichts Vollkommneres gesehen, und glaube, daß ich mich nicht irre. Denke man sich aber auch den trefflichen Künstler, mit dem innern Sinn fürs Große und Gefällige geboren, der erst mit unglaublicher Mühe sich an den Alten heranbildet, um sie alsdann durch sich wiederherzustellen. Dieser findet Gelegenheit, einen Lieblingsgedanken auszuführen, ein Kloster, so vielen Mönchen zur Wohnung, so vielen Fremden zur Herberge bestimmt, nach der Form eines antiken Privatgebäudes aufzurichten.

Die Kirche stand schon, aus ihr tritt man in ein Atrium von korinthischen Säulen, man ist entzückt und vergißt auf einmal alles Pfaffentum. An der einen Seite findet man die Sakristei, an der andern ein Kapitelzimmer, daneben die schönste Wendeltreppe von der Welt, mit offener, weiter Spindel, die steinernen Stufen in die Wand gemauert und so geschichtet, daß eine die andere trägt; man wird nicht müde, sie auf- und abzusteigen; wie schön sie geraten sei, kann man daraus abnehmen, daß sie Palladio selbst für wohlgeraten angibt. Aus dem Vorhof tritt man in den innern großen Hof. Von dem Gebäude, das ihn umgeben sollte, ist leider nur die linke Seite aufgeführt, drei Säulenordnungen übereinander, auf der Erde Hallen, im ersten Stock ein Bogengang vor den Zellen hin, der obere Stock Mauer mit Fenstern. Doch diese Beschreibung muß durch den Anblick der Risse gestärkt werden. Nun ein Wort von der Ausführung.

Nur die Häupter und Füße der Säulen und die Schlußsteine der Bogen sind von gehauenem Stein, das übrige alles, ich darf nicht sagen von Backsteinen, sondern von gebranntem Ton. Solche Ziegeln kenne ich gar nicht. Fries und Karnies sind auch daraus, die Glieder der Bogen gleichfalls, alles teilweise gebrannt, und das Gebäude zuletzt nur mit wenig Kalk zusammengesetzt. Es steht wie aus einem Guß. Wäre das Ganze fertig geworden, und man sähe es reinlich abgerieben und gefärbt, es müßte ein himmlischer Anblick sein.

Jedoch die Anlage war zu groß, wie bei so manchem Gebäude der neuern Zeit. Der Künstler hatte nicht nur vorausgesetzt, daß man das jetzige Kloster abreißen, sondern auch anstoßende Nachbarshäuser kaufen werde, und da mögen Geld und Lust ausgegangen sein. Du liebes Schicksal, daß du so manche Dummheit begünstigt und verewigt hast, warum ließest du dieses Werk nicht zustande kommen!

Den 3. Oktober.

Die Kirche Il Redentore, ein schönes, großes Werk von Palladio, die Fassade lobenswürdiger als die von St. Giorgio. Diese mehrmals in Kupfer gestochenen Werke müßte man vor sich sehen, um das Gesagte verdeutlichen zu können. Hier nur wenige Worte.

Palladio war durchaus von der Existenz der Alten durchdrungen und fühlte die Kleinheit und Enge seiner Zeit wie ein großer Mensch, der sich nicht hingeben, sondern das übrige soviel als möglich nach seinen edlen Begriffen umbilden will. Er war unzufrieden, wie ich aus gelinder Wendung seines Buches schließe, daß man bei christlichen Kirchen nach der Form der alten Basiliken zu bauen fortfahre, er suchte deshalb seine heiligen Gebäude der alten Tempelform zu nähern; daher entstanden gewisse Unschicklichkeiten, die mir bei Il Redentore glücklich beseitigt, bei St. Giorgio aber zu auffallend erscheinen. Volkmann sagt etwas davon, trifft aber den Nagel nicht auf den Kopf.

Inwendig ist Il Redentore gleichfalls köstlich, alles, auch die Zeichnung der Altäre, von Palladio; leider die Nischen, die mit Statuen ausgefüllt werden sollten, prangen mit flachen, ausgeschnittenen, gemalten Brettfiguren.

Den 3. Oktober.

Dem heiligen Franziskus zu Ehren hatten die Patres Capucini einen Seitenaltar mächtig ausgeputzt; man sah nichts von Stein als die korinthischen Kapitäle; alles übrige schien mit einer geschmackvollen prächtigen Stickerei nach Art der Arabesken überzogen, und zwar so artig, als man nur etwas zu sehen wünschte. Besonders wunderte ich mich über die breiten, goldgestickten Ranken und Laubwerke. Ich ging näher und fand einen recht hübschen Betrug. Alles, was ich für Gold gehalten hatte, war breit gedrücktes Stroh, nach schönen Zeichnungen auf Papier geklebt, der Grund mit lebhaften Farben angestrichen, und das so mannigfaltig und geschmackvoll, daß dieser Spaß, dessen Material gar nichts wert war, und der wahrscheinlich im Kloster selbst ausgeführt wurde, mehrere tausend Taler müßte gekostet haben, wenn er echt hätte sein sollen. Man könnte es gelegentlich wohl nachahmen.

Auf einem Uferdamme im Angesicht des Wassers bemerkte ich schon einigemal einen geringen Kerl, welcher einer größern oder kleinern Anzahl von Zuhörern im venezianischen Dialekt Geschichten erzählte; ich kann leider nichts davon verstehen, es lacht aber kein Mensch, nur selten lächelt das Auditorium, das meist aus der ganz niedern Klasse besteht. Auch hat der Mann nichts Auffallendes noch Lächerliches in seiner Art, vielmehr etwas sehr Gesetztes, zugleich eine bewunderungswürdige Mannigfaltigkeit und Präzision, welche auf Kunst und Nachdenken hinwiesen, in seinen Gebärden.

Den 3. Oktober.

Den Plan in der Hand suchte ich mich durch die wunderlichsten Irrgänge bis zur Kirche der Mendicanti zu finden. Hier ist das Konservatorium, welches gegenwärtig den meisten Beifall hat. Die Frauenzimmer führten ein Oratorium hinter dem Gitter auf, die Kirche war voll Zuhörer, die Musik sehr schön, und herrliche Stimmen. Ein Alt sang den König Saul, die Hauptperson des Gedichtes. Von einer solchen Stimme hatte ich gar keinen Begriff; einige Stellen der Musik waren unendlich schön, der Text vollkommen singbar, so italienisch Latein, daß man an manchen Stellen lachen muß; die Musik aber findet hier ein weites Feld.

Es wäre ein trefflicher Genuß gewesen, wenn nicht der vermaledeite Kapellmeister den Takt mit einer Rolle Noten wider das Gitter und so unverschämt geklappt hätte, als habe er mit Schuljungen zu tun, die er eben unterrichtete; und die Mädchen hatten das Stück oft wiederholt, sein Klatschen war ganz unnötig und zerstörte allen Eindruck, nicht anders, als wenn einer, um uns eine schöne Statue begreiflich zu machen, ihr Scharlachläppchen auf die Gelenke klebte. Der fremde Schall hebt alle Harmonie auf. Das ist nun ein Musiker, und er hört es nicht, oder er will vielmehr, daß man seine Gegenwart durch eine Unschicklichkeit vernehmen soll, da es besser wäre, er ließe seinen Wert an der Vollkommenheit der Ausführung erraten. Ich weiß, die Franzosen haben es an der Art, den Italienern hätte ich es nicht zugetraut, und das Publikum scheint daran gewöhnt.

Es ist nicht das einzige Mal, daß es sich einbilden läßt, das gerade gehöre zum Genuß, was den Genuß verdirbt.

Den 3. Oktober.

Gestern abend Oper zu St. Moses (denn die Theater haben ihren Namen von der Kirche, der sie am nächsten liegen); nicht recht erfreulich! Es fehlt dem Poëm, der Musik, den Sängern eine innere Energie, welche allein eine solche Darstellung auf den höchsten Punkt treiben kann. Man konnte von keinem Teil sagen, er sei schlecht; aber nur die zwei Frauen ließen sich's angelegen sein, nicht sowohl gut zu agieren als sich zu produzieren und zu gefallen. Das ist denn immer etwas. Es sind zwei schöne Figuren, gute Stimmen, artige, muntere, gätliche Persönchen. Unter den Männern dagegen keine Spur von innerer Gewalt und Lust, dem Publikum etwas aufzuheften, sowie keine entschieden glänzende Stimme.

Das Ballett, von elender Erfindung, ward im ganzen ausgepfiffen, einige treffliche Springer und Springerinnen jedoch, welche letztere sich es zur Pflicht rechneten, die Zuschauer mit jedem schönen Teil ihres Körpers bekannt zu machen, wurden weidlich beklatscht.

Den 3. Oktober.

Heute dagegen sah ich eine andere Komödie, die mich mehr gefreut hat. Im herzoglichen Palast hörte ich eine Rechtssache öffentlich verhandeln; sie war wichtig und zu meinem Glück in den Ferien vorgenommen. Der eine Advokat war alles, was ein übertriebener Buffo nur sein sollte. Figur dick, kurz, doch beweglich, ein ungeheuer vorspringendes Profil, eine Stimme wie Erz und eine Heftigkeit, als wenn es ihm aus tiefstem Grunde des Herzens Ernst wäre, was er sagte. Ich nenne dies eine Komödie, weil alles wahrscheinlich schon fertig ist, wenn diese öffentliche Darstellung geschieht; die Richter wissen, was sie sprechen sollen, und die Partei weiß, was sie zu erwarten hat. Indessen gefällt mir diese Art unendlich besser als unsere Stuben- und Kanzleihockereien. Und nun von den Umständen und wie artig, ohne Prunk, wie natürlich alles zugeht, will ich suchen einen Begriff zu geben.

In einem geräumigen Saal des Palastes saßen an der einen Seite die Richter im Halbzirkel. Gegen ihnen über, auf einem Katheder, der mehrere Personen nebeneinander fassen konnte, die Advokaten beider Parteien, unmittelbar vor demselben, auf einer Bank, Kläger und Beklagte in eigner Person. Der Advokat des Klägers war von dem Katheder herabgestiegen, denn die heutige Sitzung war zu keiner Kontrovers bestimmt. Die sämtlichen Dokumente für und wider, obgleich schon gedruckt, sollten vorgelesen werden.

Ein hagerer Schreiber in schwarzem, kümmerlichem Rocke, ein dickes Heft in der Hand, bereitete sich, die Pflicht des Lesenden zu erfüllen. Von Zuschauern und Zuhörern war übrigens der Saal gedrängt voll. Die Rechtsfrage selbst sowie die Personen, welche sie betraf, mußten den Venezianern höchst bedeutend scheinen.

Fideikommisse haben in diesem Staat die entschiedenste Gunst, ein Besitztum, welchem einmal dieser Charakter aufgeprägt ist, behält ihn für ewige Zeiten, es mag durch irgend eine Wendung oder Umstand vor mehrern hundert Jahren veräußert worden, durch viele Hände gegangen sein, zuletzt, wenn die Sache zur Sprache kommt, behalten die Nachkommen der ersten Familie recht, und die Güter müssen herausgegeben werden.

Diesmal war der Streit höchst wichtig, denn die Klage ging gegen den Doge selbst, oder vielmehr gegen seine Gemahlin, welche denn auch in Person auf dem Bänkchen, vom Kläger nur durch einen kleinen Zwischenraum getrennt, in ihren Zendal gehüllt, dasaß. Eine Dame von gewissem Alter, edlem Körperbau, wohlgebildetem Gesicht, auf welchem ernste, ja, wenn man will, etwas verdrießliche Züge zu sehen waren. Die Venezianer bildeten sich viel darauf ein, daß die Fürstin in ihrem eignen Palast vor dem Gericht und ihnen erscheinen müsse.

Der Schreiber fing zu lesen an, und nun ward mir erst deutlich, was ein im Angesicht der Richter unfern des Katheders der Advokaten hinter einem kleinen Tische auf einem niedern Schemel sitzendes Männchen, besonders aber die Sanduhr bedeute, die er vor sich niedergelegt hatte. Solange nämlich der Schreiber liest, so lange läuft die Zeit nicht, dem Advokaten aber, wenn er dabei sprechen will, ist nur im ganzen eine gewisse Frist gegönnt. Der Schreiber liest, die Uhr liegt, das Männchen hat die Hand daran. Tut der Advokat den Mund auf, so steht auch die Uhr schon in der Höhe, die sich sogleich niedersenkt, sobald er schweigt. Hier ist nun die große Kunst, in den Fluß der Vorlesung hineinzureden, flüchtige Bemerkungen zu machen, Aufmerksamkeit zu erregen und zu fordern. Nun kommt der kleine Saturn in die größte Verlegenheit. Er ist genötigt, den horizontalen und vertikalen Stand der Uhr jeden Augenblick zu verändern, er befindet sich im Fall der bösen Geister im Puppenspiel, die auf das schnell wechselnde „Berlicke! Berlocke!" des mutwilligen Hanswursts nicht wissen, wie sie gehen oder kommen sollen.

Wer in Kanzleien hat kollationieren hören, kann sich eine Vorstellung von dieser Vorlesung machen, schnell, eintönig, aber doch artikuliert und deutlich genug. Der kunstreiche Advokat weiß nun durch Scherze die Langeweile zu unterbrechen, und das Publikum ergötzt sich an seinen Späßen in ganz unmäßigem Gelächter. Eines Scherzes muß ich gedenken, des auffallendsten unter denen, die ich verstand. Der Vorleser rezitierte soeben ein Dokument, wodurch einer jener unrechtmäßig geachteten Besitzer über die fraglichen Güter disponierte. Der Advokat hieß ihn langsamer lesen, und als er die Worte deutlich aussprach: „Ich schenke, ich vermache!", fuhr der Redner heftig auf den Schreiber los und rief: „Was willst du schenken? was vermachen? du armer ausgehungerter Teufel! gehört dir doch gar nichts in der Welt an. Doch", fuhr er fort, indem er sich zu besinnen schien, „war doch jener erlauchte Besitzer in eben dem Fall, er wollte schenken, wollte vermachen, was ihm so wenig gehörte als dir." Ein unendlich Gelächter schlug auf, doch sogleich nahm die Sanduhr die horizontale Lage wieder ein. Der Vorleser summte fort, machte dem Advokaten ein flämisch Gesicht; doch das sind alles verabredete Späße.

Den 4. Oktober.

Gestern war ich in der Komödie, Theater St. Lukas, die mir viel Freude gemacht hat; ich sah ein extemporiertes

Stück in Masken, mit viel Naturell, Energie und Bravour aufgeführt. Freilich sind sie nicht alle gleich; der Pantalon sehr brav, die eine Frau, stark und wohlgebaut, keine außerordentliche Schauspielerin, spricht exzellent und weiß sich zu betragen. Ein tolles Sujet, demjenigen ähnlich, das bei uns unter dem Titel „Der Verschlag" behandelt ist. Mit unglaublicher Abwechslung unterhielt es mehr als drei Stunden. Doch ist auch hier das Volk wieder die Base, worauf dies alles ruht, die Zuschauer spielen mit, und die Menge verschmilzt mit dem Theater in ein Ganzes. Den Tag über auf dem Platz und am Ufer, auf den Gondeln und im Palast, der Käufer und Verkäufer, der Bettler, der Schiffer, die Nachbarin, der Advokat und sein Gegner, alles lebt und treibt und läßt sich es angelegen sein, spricht und beteuert, schreit und bietet aus, singt und spielt, flucht und lärmt. Und abends gehen sie ins Theater und sehen und hören das Leben ihres Tages, künstlich zusammengestellt, artiger aufgestutzt, mit Märchen durchflochten, durch Masken von der Wirklichkeit abgerückt, durch Sitten genähert. Hierüber freun sie sich kindisch, schreien wieder, klatschen und lärmen. Von Tag zu Nacht, ja von Mitternacht zu Mitternacht ist immer alles ebendasselbe.

Ich habe aber auch nicht leicht natürlicher agieren sehen als jene Masken, so wie es nur bei einem ausgezeichnet glücklichen Naturell durch längere Übung erreicht werden kann.

Da ich das schreibe, machen sie einen gewaltigen Lärm auf dem Kanal unter meinem Fenster, und Mitternacht ist vorbei. Sie haben im Guten und Bösen immer etwas zusammen.

Den 4. Oktober.

Öffentliche Redner habe ich nun gehört: drei Kerle auf dem Platze und Ufersteindamme, jeden nach seiner Art Geschichten erzählend, sodann zwei Sachwalter, zwei Prediger, die Schauspieler, worunter ich besonders den Pantalon rühmen muß, alle diese haben etwas Gemeinsames, sowohl weil sie von ein und derselben Nation sind, die, stets öffentlich lebend, immer in leidenschaftlichem Sprechen begriffen ist, als auch weil sie sich untereinander nachahmen. Hiezu kommt noch eine entschiedene Gebärdensprache, mit welcher sie die Ausdrücke ihrer Intentionen, Gesinnungen und Empfindungen begleiten.

Heute, am Fest des heiligen Franziskus, war ich in seiner Kirche alle Vigne. Des Kapuziners laute Stimme ward von dem Geschrei der Verkäufer vor der Kirche wie von einer Antiphone begleitet; ich stand in der Kirchtüre zwischen beiden, und es war wunderlich genug zu hören.

Den 5. Oktober.

Heute früh war ich im Arsenal, mir immer interessant genug, da ich noch kein Seewesen kenne und hier die untere Schule besuchte; denn freilich sieht es hier nach einer alten Familie aus, die sich noch rührt, obgleich die beste Zeit der Blüte und der Früchte vorüber ist. Da ich denn auch den Handwerkern nachgehe, habe ich manches Merkwürdige gesehen und ein Schiff von vierundachtzig Kanonen, dessen Gerippe fertig steht, bestiegen.

Ein gleiches ist vor sechs Monaten an der Riva de' Schiavoni bis aufs Wasser verbrannt, die Pulverkammer war nicht sehr gefüllt, und da sie sprang, tat es keinen großen Schaden. Die benachbarten Häuser büßten ihre Scheiben ein.

Das schönste Eichenholz, aus Istrien, habe ich verarbeiten sehen und dabei über den Wachstum dieses werten Baumes meine stillen Betrachtungen angestellt. Ich kann nicht genug sagen, was meine sauer erworbene Kenntnis natürlicher Dinge, die doch der Mensch zuletzt als Materialien braucht und in seinen Nutzen verwendet, mir überall hilft, um mir das Verfahren der Künstler und Handwerker zu erklären; so ist mir auch die Kenntnis der Gebirge und des daraus genommenen Gesteins ein großer Vorsprung in der Kunst.

Den 5. Oktober.

Um mit einem Worte den Begriff des Bucentaur auszusprechen, nenne ich ihn eine Prachtgaleere. Der ältere, von dem wir noch Abbildungen haben, rechtfertigt diese Benennung noch mehr als der gegenwärtige, der uns durch seinen Glanz über seinen Ursprung verblendet.

Ich komme immer auf mein Altes zurück. Wenn dem Künstler ein echter Gegenstand gegeben ist, so kann er etwas Echtes leisten. Hier war ihm aufgetragen, eine Galeere zu bilden, die wert wäre, die Häupter der Republik am feierlichsten Tage zum Sakrament ihrer hergebrachten Meerherrschaft zu tragen, und diese Aufgabe ist fürtrefflich ausgeführt. Das Schiff ist ganz Zierat, also darf man nicht sagen: mit Zierat überladen, ganz verguldetes Schnitzwerk, sonst zu keinem Gebrauch, eine wahre Monstranz, um dem Volke seine Häupter recht herrlich zu zeigen. Wissen wir doch: das Volk, wie es gern seine Hüte schmückt, will auch seine Obern prächtig und geputzt sehen. Dieses Prunkschiff ist ein rechtes Inventarienstück, woran man sehen kann, was die Venezianer waren und sich zu sein dünkten.

Den 5. Oktober, nachts.

Ich komme noch lachend aus der Tragödie und muß diesen Scherz gleich auf dem Papier befestigen. Das Stück war nicht schlimm, der Verfasser hatte alle tragischen Matadore zusammengesteckt, und die Schauspieler hatten gut spielen. Die meisten Situationen waren bekannt, einige neu und ganz glücklich. Zwei Väter, die sich hassen, Söhne und Töchter aus diesen getrennten Familien, leidenschaftlich übers Kreuz verliebt, ja das eine Paar heimlich verheiratet. Es ging wild und grausam zu, und nichts blieb zuletzt übrig, um die jungen Leute glücklich zu machen, als daß die beiden Väter sich erstachen, worauf unter lebhaftem Händeklatschen der Vorhang fiel. Nun ward aber das Klatschen heftiger, nun wurde „Fuora" gerufen und das so lange, bis sich die zwei Hauptpaare bequemten, hinter dem Vorhang hervorzukriechen, ihre Bücklinge zu machen und auf der andern Seite wieder abzugehen.

Das Publikum war noch nicht befriedigt, es klatschte fort und rief: „I morti!" Das dauerte so lange, bis die zwei Toten auch herauskamen und sich bückten, da denn einige Stimmen riefen: „Bravi i morti!" Sie wurden durch Klatschen lange festgehalten, bis man ihnen gleichfalls endlich abzugehen erlaubte. Diese Posse gewinnt für den Augen- und Ohrenzeugen unendlich, der das „Bravo! Bravi!", das die

Italiener immer im Munde führen, so in den Ohren hat wie ich, und dann auf einmal auch die Toten mit diesem Ehrenwort anrufen hört.

„Gute Nacht!“, so können wir Nordländer zu jeder Stunde sagen, wenn wir im Finstern scheiden, der Italiener sagt: „Felicissima notte!“ nur einmal, und zwar wenn das Licht in das Zimmer gebracht wird, indem Tag und Nacht sich scheiden, und da heißt es denn etwas ganz anderes. So unübersetzlich sind die Eigenheiten jeder Sprache; denn vom höchsten bis zum tiefsten Wort bezieht sich alles auf Eigentümlichkeiten der Nation, es sei nun in Charakter, Gesinnungen oder Zuständen.

Den 6. Oktober.

Die Tragödie gestern hat mich manches gelehrt. Erstlich habe ich gehört, wie die Italiener ihre eilfsilbigen Iamben behandeln und deklamieren, dann habe ich begriffen, wie klug Gozzi die Masken mit den tragischen Figuren verbunden hat. Das ist das eigentliche Schauspiel für dieses Volk; denn es will auf eine krude Weise gerührt sein, es nimmt keinen innigen, zärtlichen Anteil am Unglücklichen, es freut sie nur, wenn der Held gut spricht; denn aufs Reden halten sie viel, sodann aber wollen sie lachen oder etwas Albernes vornehmen.

Ihr Anteil am Schauspiel ist nur als an einem Wirklichen. Da der Tyrann seinem Sohne das Schwert reichte und forderte, daß dieser seine eigne gegenüberstehende Gemahlin umbringen sollte, fing das Volk laut an, sein Mißvergnügen über diese Zumutung zu beweisen, und es fehlte nicht viel, so wäre das Stück unterbrochen worden. Sie verlangten, der Alte sollte sein Schwert zurücknehmen, wodurch denn freilich die folgenden Situationen des Stücks wären aufgehoben worden. Endlich entschloß sich der bedrängte Sohn, trat ins Proszenium und bat demütig, sie möchten sich nur noch einen Augenblick gedulden, die Sache werde noch ganz nach Wunsch ablaufen. Künstlerisch genommen aber war diese Situation nach den Umständen albern und unnatürlich, und ich lobte das Volk um sein Gefühl.

Jetzt verstehe ich besser die langen Reden und das viele

Hin- und Herdissertieren im griechischen Trauerspiele. Die Athenienser hörten noch lieber reden und verstanden sich noch besser darauf als die Italiener; vor den Gerichtsstellen, wo sie den ganzen Tag lagen, lernten sie schon etwas.

Den 6. Oktober.

An den ausgeführten Werken Palladios, besonders an den Kirchen, habe ich manches Tadelnswürdige neben dem Köstlichsten gefunden. Wenn ich nun so bei mir überlegte, inwiefern ich recht oder unrecht hätte gegen einen solchen außerordentlichen Mann, so war es, als ob er dabei stünde und mir sagte: „Das und das habe ich wider Willen gemacht, aber doch gemacht, weil ich unter den gegebenen Umständen nur auf diese Weise meiner höchsten Idee am nächsten kommen konnte."

Mir scheint, so viel ich auch darüber denke, er habe bei Betrachtung der Höhe und Breite einer schon bestehenden Kirche, eines ältern Hauses, wozu er Fassaden errichten sollte, nur überlegt: „Wie gibst du diesen Räumen die größte Form? Im einzelnen mußt du wegen eintretenden Bedürfnisses etwas verrücken oder verpfuschen, da oder dort wird eine Unschicklichkeit entstehen, aber das mag sein, das Ganze wird einen hohen Stil haben, und du wirst dir zur Freude arbeiten."

Und so hat er das größte Bild, das er in der Seele trug, auch dahin gebracht, wo es nicht ganz paßte, wo er es im einzelnen zerknittern und verstümmeln mußte.

Der Flügel in der Carità dagegen muß uns deshalb von so hohem Werte sein, weil der Künstler freie Hand hatte und seinem Geist unbedingt folgen durfte. Wäre das Kloster fertig geworden, so stünde vielleicht in der ganzen gegenwärtigen Welt kein vollkommeneres Werk der Baukunst.

Wie er gedacht und wie er gearbeitet, wird mir immer klarer, je mehr ich seine Werke lese und dabei betrachte, wie er die Alten behandelt; denn er macht wenig Worte, sie sind aber alle gewichtig. Das vierte Buch, das die antiken Tempel darstellt, ist eine rechte Einleitung, die alten Reste mit Sinn zu beschauen.

Den 6. Oktober.

Gestern abend sah ich „Elektra“ von Crébillon auf dem Theater St. Crisostomo, nämlich übersetzt. Was mir das Stück abgeschmackt vorkam, und wie es mir fürchterliche Langeweile machte, kann ich nicht sagen.

Die Akteurs sind übrigens brav und wissen das Publikum mit einzelnen Stellen abzuspeisen. Orest hat allein drei verschiedene Erzählungen, poetisch aufgestutzt, in einer Szene. Elektra, ein hübsches Weibchen, von mittlerer Größe und Stärke und fast französischer Lebhaftigkeit, einem guten Anstand, spricht die Verse schön, nur betrug sie sich von Anfang bis zu Ende toll, wie es leider die Rolle verlangt. Indessen habe ich doch wieder gelernt. Der italienische, immer eilfsilbige Iambe hat für die Deklamation große Unbequemlichkeit, weil die letzte Silbe durchaus kurz ist und wider Willen des Deklamators in die Höhe schlägt.

Den 6. Oktober.

Heute früh war ich bei dem Hochamte, welchem der Doge jährlich an diesem Tage wegen eines alten Siegs über die Türken in der Kirche der heiligen Justina beiwohnen muß. Wenn an dem kleinen Platz die vergoldeten Barken landen, die den Fürsten und einen Teil des Adels bringen, seltsam gekleidete Schiffer sich mit rot gemalten Rudern bemühen, am Ufer die Geistlichkeit, die Brüderschaften mit angezündeten, auf Stangen und tragbare silberne Leuchter gesteckten Kerzen stehen, drängen, wogen und warten, dann mit Teppichen beschlagene Brücken aus den Fahrzeugen ans Land gestreckt werden, zuerst die langen violetten Kleider der Savj, dann die langen roten der Senatoren sich auf dem Pflaster entfalten, zuletzt der Alte, mit goldener phrygischer Mütze geschmückt, im längsten goldenen Talar mit dem Hermelinmantel aussteigt, drei Diener sich seiner Schleppe bemächtigen, alles auf einem kleinen Platz vor dem Portal einer Kirche, vor deren Türen die Türkenfahnen gehalten werden, so glaubt man auf einmal eine alte gewirkte Tapete zu sehen, aber recht gut gezeichnet und koloriert. Mir nordischem Flüchtling hat diese Zeremonie viele Freude gemacht. Bei uns, wo alle Feierlichkeiten kurzröckig sind, und wo die größte, die man sich denken kann, mit dem Gewehr auf der Schulter begangen wird, möchte so etwas nicht am Ort sein. Aber hierher gehören diese Schleppröcke, diese friedlichen Begehungen.

Der Doge ist ein gar schön gewachsener und schön gebildeter Mann, der krank sein mag, sich aber nur noch so, um der Würde willen, unter dem schweren Rocke gerade hält. Sonst sieht er aus wie der Großpapa des ganzen Geschlechts und ist gar hold und leutselig; die Kleidung steht sehr gut, das Käppchen unter der Mütze beleidigt nicht, indem es, ganz fein und durchsichtig, auf dem weißesten, klarsten Haar von der Welt ruht.

Etwa funfzig Nobili in langen dunkelroten Schleppkleidern waren mit ihm, meist schöne Männer, keine einzige vertrackte Gestalt, mehrere groß, mit großen Köpfen, denen die blonden Lockenperücken wohl ziemten; vorgebaute Gesichter, weiches, weißes Fleisch, ohne schwammig und widerwärtig auszusehen, vielmehr klug, ohne Anstrengung, ruhig, ihrer selbst gewiß, Leichtigkeit des Daseins und durchaus eine gewisse Fröhlichkeit.

Wie sich alles in der Kirche rangiert hatte und das Hochamt anfing, zogen die Brüderschaften zur Haupttüre herein und zur rechten Seitentüre wieder hinaus, nachdem sie Paar für Paar das Weihwasser empfangen und sich gegen den Hochaltar, den Dogen und den Adel geneigt hatten.

Den 6. Oktober.

Auf heute abend hatte ich mir den famosen Gesang der Schiffer bestellt, die den Tasso und Ariost auf ihre eignen Melodien singen. Dieses muß wirklich bestellt werden, es kommt nicht gewöhnlich vor, es gehört vielmehr zu den halb verklungenen Sagen der Vorzeit. Bei Mondenschein bestieg ich eine Gondel, den einen Sänger vorn, den andern hinten; sie fingen ihr Lied an und sangen abwechselnd Vers für Vers. Die Melodie, welche wir durch Rousseau kennen, ist eine Mittelart zwischen Choral und Rezitativ, sie behält immer denselbigen Gang, ohne Takt zu haben; die Modulation ist auch dieselbige, nur verändern sie nach dem Inhalt des Verses mit einer Art von Deklamation sowohl Ton als

Maß; der Geist aber, das Leben davon, läßt sich begreifen, wie folgt.

Auf welchem Wege sich die Melodie gemacht hat, will ich nicht untersuchen, genug, sie paßt gar trefflich für einen müßigen Menschen, der sich etwas vormoduliert und Gedichte, die er auswendig kann, solchem Gesang unterschiebt.

Mit einer durchdringenden Stimme — das Volk schätzt Stärke vor allem — sitzt er am Ufer einer Insel, eines Kanals auf einer Barke und läßt sein Lied schallen, so weit er kann. Über den stillen Spiegel verbreitet sich's. In der Ferne vernimmt es ein anderer, der die Melodie kennt, die Worte versteht und mit dem folgenden Verse antwortet; hierauf erwidert der erste, und so ist einer immer das Echo des andern. Der Gesang währt Nächte durch, unterhält sie, ohne zu ermüden. Je ferner sie also voneinander sind, desto reizender kann das Lied werden: wenn der Hörer alsdann zwischen beiden steht, so ist er am rechten Flecke.

Um dieses mich vernehmen zu lassen, stiegen sie am Ufer der Giudecca aus, sie teilten sich am Kanal hin, ich ging zwischen ihnen auf und ab, so daß ich immer den verließ, der zu singen anfangen sollte, und mich demjenigen wieder näherte, der aufgehört hatte. Da ward mir der Sinn des Gesangs erst aufgeschlossen. Als Stimme aus der Ferne klingt es höchst sonderbar, wie eine Klage ohne Trauer; es ist darin etwas unglaublich, bis zu Tränen Rührendes. Ich schrieb es meiner Stimmung zu; aber mein Alter sagte: „È singolare, come quel canto intenerisce, e molto più, quando è più ben cantato.“ Er wünschte, daß ich die Weiber vom Lido, besonders die von Malamocco und Pelestrina hören möchte, auch diese sängen den Tasso auf gleiche und ähnliche Melodien. Er sagte ferner: „Sie haben die Gewohnheit, wenn ihre Männer aufs Fischen ins Meer sind, sich ans Ufer zu setzen und mit durchdringender Stimme abends diese Gesänge erschallen zu lassen, bis sie auch von ferne die Stimme der Ihrigen vernehmen und sich so mit ihnen unterhalten.“ Ist das nicht sehr schön? Und doch läßt sich wohl denken, daß ein Zuhörer in der Nähe wenig Freude an solchen Stimmen haben möchte, die mit den Wellen des Meeres kämpfen. Menschlich aber und wahr wird der Begriff dieses Gesanges, lebendig wird die Melodie, über deren tote Buchstaben wir uns sonst den Kopf zerbrochen haben. Gesang ist es eines Einsamen in die Ferne und Weite, damit ein anderer, Gleichgestimmter höre und antworte.

Den 8. Oktober.

Den Palast Pisani Moretta besuchte ich wegen eines köstlichen Bildes von Paul Veronese. Die weibliche Familie des Darius kniet vor Alexandern und Hephästion, die voranknieende Mutter hält den letztern für den König, er lehnt es ab und deutet auf den rechten. Man erzählt das Märchen, der Künstler sei in diesem Palast gut aufgenommen und längere Zeit ehrenvoll bewirtet worden, dagegen habe er das Bild heimlich gemalt und als Geschenk zusammengerollt unter das Bett geschoben. Es verdient allerdings, einen besondern Ursprung zu haben, denn es gibt einen Begriff von dem ganzen Werte des Meisters. Seine große Kunst, ohne einen allgemeinen Ton, der über das ganze Stück gezogen wäre, durch kunstreich verteiltes Licht und Schatten und ebenso weislich abwechselnde Lokalfarben die köstlichste Harmonie hervorzubringen, ist hier recht sichtbar, da das Bild vollkommen erhalten und frisch wie von gestern vor uns steht; denn freilich, sobald ein Gemälde dieser Art gelitten hat, wird unser Genuß sogleich getrübt, ohne daß wir wissen, was die Ursache sei.

Wer mit dem Künstler wegen des Kostüms rechten wollte, der dürfte sich nur sagen, es habe eine Geschichte des sechzehnten Jahrhunderts gemalt werden sollen, und so ist alles abgetan. Die Abstufung von der Mutter durch Gemahlin und Töchter ist höchst wahr und glücklich; die jüngste Prinzeß, ganz am Ende knieend, ist ein hübsches Mäuschen und hat ein gar artiges, eigensinniges, trotziges Gesichtchen; ihre Lage scheint ihr gar nicht zu gefallen.

Zum 8. Oktober.

Meine alte Gabe, die Welt mit Augen desjenigen Malers zu sehen, dessen Bilder ich mir eben eingedrückt, brachte mich auf einen eignen Gedanken. Es ist offenbar, daß sich das Auge nach den Gegenständen bildet, die es von Jugend auf erblickt, und so muß der venezianische Maler alles klarer und heiterer sehn als andere Menschen. Wir, die wir auf einem bald schmutzkotigen, bald staubigen, farblosen, die Widerscheine verdüsternden Boden und vielleicht gar in engen Gemächern leben, können einen solchen Frohblick aus uns selbst nicht entwickeln.

Als ich bei hohem Sonnenschein durch die Lagunen fuhr und auf den Gondelrändern die Gondoliere, leicht schwebend, buntbekleidet, rudernd, betrachtete, wie sie auf der hellgrünen Fläche sich in der blauen Luft zeichneten, so sah ich das beste, frischeste Bild der venezianischen Schule. Der Sonnenschein hob die Lokalfarben blendend hervor, und die Schattenseiten waren so licht, daß sie verhältnismäßig wieder zu Lichtern hätten dienen können. Ein Gleiches galt von den Widerscheinen des meergrünen Wassers. Alles war hell in hell gemalt, so daß die schäumende Welle und die Blitzlichter darauf nötig waren, um das Tüpfchen aufs i zu setzen.

Tizian und Paul hatten diese Klarheit im höchsten Grade, und wo man sie in ihren Werken nicht findet, hat das Bild verloren oder ist aufgemalt.

Die Kuppeln und Gewölbe der Markuskirche nebst ihren Seitenflächen, alles ist bilderreich, alles bunte Figuren auf goldenem Grunde, alles musivische Arbeit; einige sind recht gut, andere gering, je nachdem die Meister waren, die den Karton verfertigten.

Es fiel mir recht aufs Herz, daß doch alles auf die erste Erfindung ankommt, und daß diese das rechte Maß, den wahren Geist habe, da man mit viereckigen Stückchen Glas, und hier nicht einmal auf die sauberste Weise, das Gute sowohl als das Schlechte nachbilden kann. Die Kunst, welche dem Alten seine Fußboden bereitete, dem Christen seine Kirchenhimmel wölbte, hat sich jetzt auf Dosen und Armbänder verkrümelt. Diese Zeiten sind schlechter, als man denkt.

Den 8. Oktober.

In dem Hause Farsetti ist eine kostbare Sammlung von Abgüssen der besten Antiken. Ich schweige von denen, die ich von Mannheim her und sonst schon gekannt, und erwähne nur neuere Bekanntschaften. Eine Kleopatra in kolossaler Ruhe, die Aspis um den Arm geschlungen und in den Tod hinüberschlafend, ferner die Mutter Niobe, die ihre jüngste Tochter mit dem Mantel vor den Pfeilen des Apollo deckt, sodann einige Gladiatoren, ein in seinen Flügeln ruhender Genius, sitzende und stehende Philosophen. Es sind Werke, an denen sich die Welt Jahrtausende freuen und bilden kann, ohne den Wert des Künstlers durch Gedanken zu erschöpfen.

Viele bedeutende Büsten versetzen mich in die alten herrlichen Zeiten. Nur fühle ich leider, wie weit ich in diesen Kenntnissen zurück bin, doch es wird vorwärts gehen, wenigstens weiß ich den Weg. Palladio hat mir ihn auch dazu und zu aller Kunst und Leben geöffnet. Es klingt das vielleicht ein wenig wunderlich, aber doch nicht so paradox, als wenn Jakob Böhme bei Erblickung einer zinnernen Schüssel durch Einstrahlung Jovis über das Universum erleuchtet wurde. Auch steht in dieser Sammlung ein Stück des Gebälks vom Tempel des Antonins und der Faustina in Rom. Die vorspringende Gegenwart dieses herrlichen Architekturgebildes erinnerte mich an das Kapitäl des Pantheon in Mannheim. Das ist freilich etwas anderes als unsere kauzenden, auf Kragsteinlein übereinander geschichteten Heiligen der gotischen Zierweisen, etwas anderes als unsere Tabakspfeifensäulen, spitze Türmlein und Blumenzacken; diese bin ich nun, Gott sei Dank, auf ewig los!

Noch will ich einiger Werke der Bildhauerkunst erwähnen, die ich diese Tage her, zwar nur im Vorbeigehen, aber doch mit Erstaunen und Erbauung betrachtet: zwei ungeheure Löwen von weißem Marmor vor dem Tore des Arsenals; der eine sitzt aufgerichtet, auf die Vorderpfoten gestemmt, der andere liegt — herrliche Gegenbilder, von lebendiger Mannigfaltigkeit. Sie sind so groß, daß sie alles umher klein machen, und daß man selbst zunichte würde, wenn erhabene Gegenstände uns nicht erhüben. Sie sollen aus der besten griechischen Zeit und vom Piräeus in den glänzenden Tagen der Republik hierher gebracht sein.

Aus Athen mögen gleichfalls ein paar Basreliefe stammen in dem Tempel der heiligen Justina, der Türkenbesiegerin, eingemauert, aber leider durch Kirchstühle einigermaßen verfinstert. Der Küster machte mich aufmerksam darauf, weil die Sage gehe, daß Tizian seine unendlich schönen Engel im Bilde, die Ermordung des heiligen Petrus Martyr vorstellend, darnach geformt habe. Es sind Genien, welche sich mit Attributen der Götter schleppen, freilich so schön, daß es allen Begriff übersteigt.

Sodann betrachtete ich mit ganz eignem Gefühl die nackte kolossale Statue des Marcus Agrippa in dem Hofe eines Palastes; ein sich ihm zur Seite heraufschlängelnder Delphin deutet auf einen Seehelden. Wie doch eine solche heroische Darstellüng den reinen Menschen Göttern ähnlich macht!

Die Pferde auf der Markuskirche besah ich in der Nähe. Von unten hinauf bemerkt man leicht, daß sie fleckig sind, teils einen schönen gelben Metallglanz haben, teils kupfergrünlich angelaufen. In der Nähe sieht und erfährt man, daß sie ganz verguldet waren, und sieht sie über und über mit Striemen bedeckt, da die Barbaren das Gold nicht abfeilen, sondern abhauen wollten. Auch das ist gut, so blieb wenigstens die Gestalt.

Ein herrlicher Zug Pferde! Ich möchte einen rechten Pferdekenner darüber reden hören. Was mir sonderbar scheint, ist, daß sie in der Nähe schwer und unten vom Platz leicht wie die Hirsche aussehen.

Den 8. Oktober.

Ich fuhr heute früh mit meinem Schutzgeiste aufs Lido, auf die Erdzunge, welche die Lagunen schließt und sie vom Meere absondert. Wir stiegen aus und gingen quer über die Zunge. Ich hörte ein starkes Geräusch, es war das Meer, und ich sah es bald, es ging hoch gegen das Ufer, indem es sich zurückzog, es war um Mittag, Zeit der Ebbe. So habe ich denn auch das Meer mit Augen gesehen und bin auf der schönen Tenne, die es weichend zurückläßt, ihm nachgegangen. Da hätte ich mir die Kinder gewünscht, um der Muscheln willen; ich habe, selbst kindisch, ihrer genug aufgelesen, doch widme ich sie zu einigem Gebrauch, ich möchte von der Feuchtigkeit des Tintenfisches, die hier so häufig wegfließt, etwas eintrocknen.

Auf dem Lido, nicht weit vom Meer, liegen Engländer begraben und weiterhin Juden, die beiderseits in geweihtem

Boden nicht ruhen sollten. Ich fand das Grab des edlen Konsul Smith und seiner ersten Frauen; ich bin ihm mein Exemplar des Palladio schuldig und dankte ihm auf seinem ungeweihten Grabe dafür.

Und nicht allein ungeweiht, sondern halbverschüttet ist das Grab. Das Lido ist immer nur wie eine Düne anzusehen; der Sand wird dorthin geführt, vom Winde hin und her getrieben, aufgehäuft, überall angedrängt. In weniger Zeit wird man das ziemlich erhöhte Monument kaum wiederfinden können.

Das Meer ist doch ein großer Anblick! Ich will sehen, in einem Fischerkahn eine Fahrt zu tun; die Gondeln wagen sich nicht hinaus.

Den 8. Oktober.

Am Meere habe ich auch verschiedene Pflanzen gefunden, deren ähnlicher Charakter mir ihre Eigenschaften näher kennen ließ; sie sind alle zugleich mastig und streng, saftig und zäh, und es ist offenbar, daß das alte Salz des Sandbodens, mehr aber die salzige Luft ihnen diese Eigenschaften gibt; sie strotzen von Säften wie Wasserpflanzen, sie sind fest und zäh wie Bergpflanzen; wenn ihre Blätterenden eine Neigung zu Stacheln haben, wie Disteln tun, sind sie gewaltig spitz und stark. Ich fand einen solchen Busch Blätter, es schien mir unser unschuldiger Huflattich, hier aber mit scharfen Waffen bewaffnet, und das Blatt wie Leder, so auch die Samenkapseln, die Stiele, alles mastig und fett. Ich bringe Samen mit und eingelegte Blätter (Eryngium maritimum).

Der Fischmarkt und die unendlichen Seeprodukte machen mir viel Vergnügen; ich gehe oft darüber und beleuchte die unglücklichen aufgehaschten Meeresbewohner.

Den 9. Oktober.

Ein köstlicher Tag, vom Morgen bis in die Nacht! Ich fuhr bis Pelestrina gegen Chiozza über, wo die großen Baue sind, Murazzi genannt, welche die Republik gegen das Meer aufführen läßt. Sie sind von gehauenen Steinen und sollen eigentlich die lange Erdzunge, Lido genannt, welche die

Lagunen von dem Meere trennt, vor diesem wilden Elemente schützen.

Die Lagunen sind eine Wirkung der alten Natur. Erst Ebbe, Flut und Erde gegeneinander arbeitend, dann das allmähliche Sinken des Urgewässers waren Ursache, daß am obern Ende des adriatischen Meeres sich eine ansehnliche Sumpfstrecke befindet, welche, von der Flut besucht, von der Ebbe zum Teil verlassen wird. Die Kunst hat sich der höchsten Stellen bemächtigt, und so liegt Venedig, von hundert Inseln zusammengruppiert und von hunderten umgeben. Zugleich hat man mit unglaublicher Anstrengung und Kosten tiefe Kanäle in den Sumpf gefurcht, damit man auch zur Zeit der Ebbe mit Kriegsschiffen an die Hauptstellen gelangen könne. Was Menschenwitz und Fleiß vor alters ersonnen und ausgeführt, muß Klugheit und Fleiß nun erhalten. Das Lido, ein langer Erdstreif, trennt die Lagunen von dem Meere, welches nur an zwei Orten hereintreten kann, bei dem Kastell nämlich und am entgegengesetzten Ende, bei Chiozza. Die Flut tritt gewöhnlich des Tages zweimal herein, und die Ebbe bringt das Wasser zweimal hinaus, immer durch denselben Weg in denselben Richtungen. Die Flut bedeckt die innern morastigen Stellen und läßt die erhöhteren, wo nicht trocken, doch sichtbar.

Ganz anders wäre es, wenn das Meer sich neue Wege suchte, die Erdzunge angriffe und nach Willkür hinein und heraus flutete. Nicht gerechnet, daß die Örtchen auf dem Lido, Pelestrina, St. Peter und andere, untergehen müßten, so würden auch jene Kommunikationskanäle ausgefüllt und, indem das Wasser alles durcheinander schlemmte, das Lido zu Inseln, die Inseln, die jetzt dahinter liegen, zu Erdzungen verwandelt werden. Dieses zu verhüten, müssen sie das Lido verwahren, was sie können, damit das Element nicht dasjenige willkürlich angreifen, hinüber und herüber werfen möge, was die Menschen schon in Besitz genommen, dem sie schon zu einem gewissen Zweck Gestalt und Richtung gegeben haben.

Bei außerordentlichen Fällen, wenn das Meer übermäßig wächst, ist es besonders gut, daß es nur an zwei Orten herein darf und das übrige geschlossen bleibt, es kann also doch nicht mit der größten Gewalt eindringen und muß sich in einigen Stunden dem Gesetz der Ebbe unterwerfen und seine Wut mindern.

Übrigens hat Venedig nichts zu besorgen; die Langsamkeit, mit der das Meer abnimmt, gibt ihr Jahrtausende Zeit, und sie werden schon, den Kanälen klug nachhelfend, sich im Besitz zu erhalten suchen.

Wenn sie ihre Stadt nur reinlicher hielten, welches so notwendig als leicht ist und wirklich auf die Folge von Jahrhunderten von großer Konsequenz. Nun ist zwar bei großer Strafe verboten, nichts in die Kanäle zu schütten, noch Kehrig hineinzuwerfen; einem schnell einfallenden Regenguß aber ist's nicht untersagt, allen den in die Ecken geschobnen Kehrig aufzurühren, in die Kanäle zu schleppen, ja, was noch schlimmer ist, in die Abzüge zu führen, die nur zum Abfluß des Wassers bestimmt sind, und sie dergestalt zu verschlemmen, daß die Hauptplätze in Gefahr sind, unter Wasser zu stehen. Selbst einige Abzüge auf dem kleinen Markusplatze, die, wie auf dem großen, gar klug angelegt sind, habe ich verstopft und voll Wasser gesehen.

Wenn ein Tag Regenwetter einfällt, ist ein unleidlicher Kot, alles flucht und schimpft, man besudelt beim Auf- und Absteigen der Brücken die Mäntel, die Tabarros, womit man sich ja das ganze Jahr schleppt, und da alles in Schuh und Strümpfen läuft, bespritzt man sich und schilt, denn man hat sich nicht mit gemeinem, sondern beizendem Kot besudelt. Das Wetter wird wieder schön, und kein Mensch denkt an Reinlichkeit. Wie wahr ist es gesagt: das Publikum beklagt sich immer, daß es schlecht bedient sei, und weiß es nicht anzufangen, besser bedient zu werden. Hier, wenn der Souverän wollte, könnte alles gleich getan sein.

Den 9. Oktober.

Heute abend ging ich auf den Markusturm; denn da ich neulich die Lagunen in ihrer Herrlichkeit zur Zeit der Flut von oben gesehen, wollt' ich sie auch zur Zeit der Ebbe in ihrer Demut schauen, und es ist notwendig, diese beiden Bilder zu verbinden, wenn man einen richtigen Begriff haben will. Es sieht sonderbar aus, ringsum überall Land erscheinen zu sehen, wo vorher Wasserspiegel war. Die Inseln sind nicht mehr Inseln, nur höher bebaute Flecke eines großen graugrünlichen Morastes, den schöne Kanäle durchschneiden. Der sumpfige Teil ist mit Wasserpflanzen bewachsen und muß sich auch dadurch nach und nach erheben, obgleich Ebbe und Flut beständig daran rupfen und wühlen und der Vegetation keine Ruhe lassen.

Ich wende mich mit meiner Erzählung nochmals ans Meer, dort habe ich heute die Wirtschaft der Seeschnecken, Patellen und Taschenkrebse gesehen und mich herzlich darüber gefreut. Was ist doch ein Lebendiges für ein köstliches, herrliches Ding! Wie abgemessen zu seinem Zustande, wie wahr, wie seiend! Wieviel nützt mir nicht mein bißchen Studium der Natur, und wie freue ich mich, es fortzusetzen! Doch ich will, da es sich mitteilen läßt, die Freunde nicht mit bloßen Ausrufungen anreizen.

Die dem Meere entgegengebauten Mauerwerke bestehen erst aus einigen steilen Stufen, dann kommt eine sacht ansteigende Fläche, sodann wieder eine Stufe, abermals eine sanft ansteigende Fläche, dann eine steile Mauer mit einem oben überhängenden Kopfe. Diese Stufen, diese Flächen hinan steigt nun das flutende Meer, bis es in außerordentlichen Fällen endlich oben an der Mauer und deren Vorsprung zerschellt.

Dem Meere folgen seine Bewohner, kleine eßbare Schnecken, einschalige Patellen, und was sonst noch beweglich ist, besonders die Taschenkrebse. Kaum aber haben diese Tiere an den glatten Mauern Besitz genommen, so zieht sich schon das Meer weichend und schwellend, wie es gekommen, wieder zurück. Anfangs weiß das Gewimmel nicht, woran es ist, und hofft immer, die salzige Flut soll wiederkehren; allein sie bleibt aus, die Sonne sticht und trocknet schnell, und nun geht der Rückzug an. Bei dieser Gelegenheit suchen die Taschenkrebse ihren Raub. Wunderlicher und komischer kann man nichts sehen als die Gebärden dieser aus einem runden Körper und zwei langen Scheren bestehenden Geschöpfe; denn die übrigen Spinnenfüße sind nicht bemerklich. Wie auf stelzenartigen Armen schreiten sie einher, und sobald eine Patelle sich unter ihrem

Schild vom Flecke bewegt, fahren sie zu, um die Schere in den schmalen Raum zwischen der Schale und dem Boden zu stecken, das Dach umzukehren und die Auster zu verschmausen. Die Patelle zieht sachte ihren Weg hin, saugt sich aber gleich fest an den Stein, sobald sie die Nähe des Feindes merkt. Dieser gebärdet sich nun wunderlich um das Dächelchen herum, gar zierlich und affenhaft; aber ihm fehlt die Kraft, den mächtigen Muskel des weichen Tierchens zu überwältigen, er tut auf diese Beute Verzicht, eilt auf eine andere wandernde los, und die erste setzt ihren Zug sachte fort. Ich habe nicht gesehen, daß irgendein Taschenkrebs zu seinem Zweck gelangt wäre, ob ich gleich den Rückzug dieses Gewimmels stundenlang, wie sie die beiden Flächen und die dazwischen liegenden Stufen hinabschlichen, beobachtet habe.

Den 10. Oktober.

Nun endlich kann ich denn auch sagen, daß ich eine Komödie gesehen habe! Sie spielten heut' auf dem Theater St. Lukas „Le Baruffe Chiozzotte", welches allenfalls zu übersetzen wäre: „Die Rauf- und Schreihändel von Chiozza". Die Handelnden sind lauter Seeleute, Einwohner von Chiozza, und ihre Weiber, Schwestern und Töchter. Das gewöhnliche Geschrei dieser Leute im Guten und Bösen, ihre Händel, Heftigkeit, Gutmütigkeit, Plattheit, Witz, Humor und ungezwungene Manieren, alles ist gar brav nachgeahmt. Das Stück ist noch von Goldoni, und da ich erst gestern in jener Gegend war und mir Stimmen und Betragen der See- und Hafenleute noch im Aug' und Ohr widerschien und widerklang, so machte es gar große Freude, und ob ich gleich manchen einzelnen Bezug nicht verstand, so konnte ich doch dem Ganzen recht gut folgen. Der Plan des Stücks ist folgender: Die Einwohnerinnen von Chiozza sitzen auf der Reede vor ihren Häusern, spinnen, stricken, nähen, klippeln wie gewöhnlich; ein junger Mensch geht vorüber und grüßt eine freundlicher als die übrigen, sogleich fängt das Sticheln an, dies hält nicht Maße, es schärft sich und wächst bis zum Hohne, steigert sich zu Vorwürfen, eine Unart überbietet die andere, eine heftige Nachbarin platzt mit der Wahrheit heraus, und nun ist Schelten, Schimpfen, Schreien auf einmal losgebunden, es fehlt nicht an entschiedenen Beleidigungen, so daß die Gerichtspersonen sich einzumischen genötigt sind.

Im zweiten Akt befindet man sich in der Gerichtsstube; der Aktuarius an der Stelle des abwesenden Podestà, der als Nobile nicht auf dem Theater hätte erscheinen dürfen, der Aktuarius also läßt die Frauen einzeln vorfordern; dieses wird dadurch bedenklich, daß er selbst in die erste Liebhaberin verliebt ist und, sehr glücklich, sie allein zu sprechen, anstatt sie zu verhören, ihr eine Liebeserklärung tut. Eine andere, die in den Aktuarius verliebt ist, stürzt eifersüchtig herein, der aufgeregte Liebhaber der ersten gleichfalls, die übrigen folgen, neue Vorwürfe häufen sich, und nun ist der Teufel in der Gerichtsstube los wie vorher auf dem Hafenplatz.

Im dritten Akt steigert sich der Scherz, und das Ganze endet mit einer eiligen, notdürftigen Auflösung. Der glücklichste Gedanke jedoch ist in einem Charakter ausgedrückt, der sich folgendermaßen darstellt.

Ein alter Schiffer, dessen Gliedmaßen, besonders aber die Sprachorgane, durch eine von Jugend auf geführte harte Lebensart stockend geworden, tritt auf als Gegensatz des beweglichen, schwätzenden, schreiseligen Volkes, er nimmt immer erst einen Anlauf durch Bewegung der Lippen und Nachhelfen der Hände und Arme, bis er denn endlich, was er gedacht, herausstößt. Weil ihm dieses aber nur in kurzen Sätzen gelingt, so hat er sich einen lakonischen Ernst angewöhnt, dergestalt, daß alles, was er sagt, sprüchwörtlich oder sententios klingt, wodurch denn das übrige wilde, leidenschaftliche Handeln gar schön ins Gleichgewicht gesetzt wird.

Aber auch so eine Lust habe ich noch nie erlebt, als das Volk laut werden ließ, sich und die Seinigen so natürlich vorstellen zu sehen. Ein Gelächter und Gejauchze von Anfang bis zu Ende. Ich muß aber auch gestehen, daß die Schauspieler es vortrefflich machten. Sie hatten sich nach Anlage der Charaktere in die verschiedenen Stimmen geteilt, welche unter dem Volke gewöhnlich vorkommen. Die erste Aktrice war allerliebst, viel besser als neulich in Heldentracht und Leidenschaft. Die Frauen überhaupt, besonders aber diese, ahmten Stimme, Gebärden und Wesen des Volks aufs anmutigste nach. Großes Lob verdient der Verfasser, der aus nichts den angenehmsten Zeitvertreib gebildet hat. Das kann man aber auch nur unmittelbar seinem eignen lebenslustigen Volk. Es ist durchaus mit einer geübten Hand geschrieben.

Von der Truppe Sacchi, für welche Gozzi arbeitete, und die übrigens zerstreut ist, habe ich die Smeraldina gesehen, eine kleine, dicke Figur, voller Leben, Gewandtheit und guten Humors. Mit ihr sah ich den Brighella, einen hagern, wohlgebauten, besonders in Mienen- und Händespiel trefflichen Schauspieler. Diese Masken, die wir fast nur als Mumien kennen, da sie für uns weder Leben noch Bedeutung haben, tun hier gar zu wohl als Geschöpfe dieser Landschaft. Die ausgezeichneten Alter, Charaktere und Stände haben sich in wunderlichen Kleidern verkörpert, und wenn man selbst den größten Teil des Jahrs mit der Maske herumläuft, so findet man nichts natürlicher, als daß da droben auch schwarze Gesichter erscheinen.

Den 11. Oktober.

Und weil die Einsamkeit in einer so großen Menschenmasse denn doch zuletzt nicht recht möglich sein will, so bin ich mit einem alten Franzosen zusammengekommen, der kein Italienisch kann, sich wie verraten und verkauft fühlt und mit allen Empfehlungsschreiben doch nicht recht weiß, woran er ist. Ein Mann von Stande, sehr guter Lebensart, der aber nicht aus sich heraus kann; er mag stark in den Funfzigen sein und hat zu Hause einen siebenjährigen Knaben, von dem er bänglich Nachrichten erwartet. Ich habe ihm einige Gefälligkeiten erzeigt, er reist durch Italien bequem, aber geschwind, um es doch einmal gesehen zu haben, und mag sich gern im Vorbeigehen soviel wie möglich unterrichten; ich gebe ihm Auskunft über manches. Als ich mit ihm von Venedig sprach, fragte er mich, wie lange ich hier sei, und als er hörte, nur vierzehn Tage und zum erstenmal, versetzte er: „Il paraît que vous n'avez pas perdu votre temps.“ Das ist das erste Testimonium meines Wohlverhaltens, das ich aufweisen kann. Er ist nun acht Tage hier und geht morgen fort. Es war mir köstlich, einen recht eingefleischten Versailler in der Fremde zu sehen. Der reist nun auch! Und ich betrachte mit Erstaunen, wie man reisen kann, ohne etwas außer sich gewahr zu werden, und er ist in seiner Art ein recht gebildeter, wackrer, ordentlicher Mann.

Den 12. Oktober.

Gestern gaben sie zu St. Lukas ein neues Stück: „L’Inglicismo in Italia“. Da viele Engländer in Italien leben, so ist es natürlich, daß ihre Sitten bemerkt werden, und ich dachte hier zu erfahren, wie die Italiener diese reichen und ihnen so willkommenen Gäste betrachten; aber es war ganz und gar nichts. Einige glückliche Narrenszenen wie immer, das übrige aber zu schwer und ernstlich gemeint, und denn doch keine Spur von englischem Sinn, die gewöhnlichen italienischen sittlichen Gemeinsprüche, und auch nur auf das Gemeinste gerichtet.

Auch gefiel es nicht und war auf dem Punkt, ausgepfiffen zu werden; die Schauspieler fühlten sich nicht in ihrem Elemente, nicht auf dem Platze von Chiozza. Da dies das letzte Stück ist, was ich hier sehe, so scheint es, mein Enthusiasmus für jene Nationalrepräsentation sollte noch durch diese Folie erhöht werden.

Nachdem ich zum Schluß mein Tagebuch durchgegangen, kleine Schreibtafelbemerkungen eingeschaltet, so sollen die Akten inrotuliert und den Freunden zum Urteilsspruch zugeschickt werden. Schon jetzt finde ich manches in diesen Blättern, das ich näher bestimmen, erweitern und verbessern könnte; es mag stehen als Denkmal des ersten Eindrucks, der, wenn er auch nicht immer wahr wäre, uns doch köstlich und wert bleibt. Könnte ich nur den Freunden einen Hauch dieser leichtern Existenz hinübersenden! Jawohl ist dem Italiener das ultramontane eine dunkle Vorstellung, auch mir kommt das Jenseits der Alpen nun düster vor; doch winken freundliche Gestalten immer aus dem Nebel. Nur das Klima würde mich reizen, diese Gegenden jenen vorzuziehen; denn Geburt und Gewohnheit sind mächtige Fesseln.

Ich möchte hier nicht leben, wie überall an keinem Orte, wo ich unbeschäftigt wäre; jetzt macht mir das Neue unendlich viel zu schaffen. Die Baukunst steigt wie ein alter Geist aus dem Grabe hervor, sie heißt mich ihre Lehren wie die Regeln einer ausgestorbenen Sprache studieren, nicht um sie auszuüben oder mich in ihr lebendig zu erfreuen, sondern nur um die ehrwürdige, für ewig abgeschiedene Existenz der vergangenen Zeitalter in einem stillen Gemüte zu verehren. Da Palladio alles auf Vitruv bezieht, so habe ich mir auch die Ausgabe des Galiani angeschafft; allein dieser Foliante lastet in meinem Gepäck wie das Studium desselben auf meinem Gehirn. Palladio hat mir durch seine Worte und Werke, durch seine Art und Weise des Denkens und Schaffens den Vitruv schon nähergebracht und verdolmetscht, besser als die italienische Übersetzung tun kann. Vitruv liest sich nicht so leicht, das Buch ist an sich schon düster geschrieben und fordert ein kritisches Studium. Dessenungeachtet lese ich es flüchtig durch, und es bleibt mir mancher würdige Eindruck. Besser zu sagen: ich lese es wie ein Brevier, mehr aus Andacht als zur Belehrung. Schon bricht die Nacht zeitiger ein und gibt Raum zum Lesen und Schreiben.

Gott sei Dank, wie mir alles wieder lieb wird, was mir von Jugend auf wert war! Wie glücklich befinde ich mich, daß ich den alten Schriftstellern wieder näherzutreten wage! Denn jetzt darf ich es sagen, darf meine Krankheit und Torheit bekennen. Schon einige Jahre her durft' ich keinen lateinischen Autor ansehen, nichts betrachten, was mir ein Bild Italiens erneute. Geschah es zufällig, so erduldete ich die entsetzlichsten Schmerzen. Herder spottete oft über mich, daß ich all mein Latein aus dem Spinoza lerne, denn er hatte bemerkt, daß dies das einzige lateinische Buch war, das ich las; er wußte aber nicht, wie sehr ich mich vor den Alten hüten mußte, wie ich mich in jene abstrusen Allgemeinheiten nur ängstlich flüchtete. Noch zuletzt hat mich die Wielandsche Übersetzung der „Satiren“ höchst unglücklich gemacht; ich hatte kaum zwei gelesen, so war ich schon verrückt.

Hätte ich nicht den Entschluß gefaßt, den ich jetzt ausführe, so wär' ich rein zugrunde gegangen: zu einer solchen

Reife war die Begierde, diese Gegenstände mit Augen zu sehen, in meinem Gemüt gestiegen. Die historische Kenntnis förderte mich nicht, die Dinge standen nur eine Hand breit von mir ab; aber durch eine undurchdringliche Mauer geschieden. Es ist mir wirklich auch jetzt nicht etwa zumute, als wenn ich die Sachen zum erstenmal sähe, sondern als ob ich sie wiedersähe. Ich bin nur kurze Zeit in Venedig und habe mir die hiesige Existenz genugsam zugeeignet und weiß, daß ich, wenn auch einen unvollständigen, doch einen ganz klaren und wahren Begriff mit wegnehme.

Venedig, den 14. Oktober, 2 Stunden in der Nacht.

In den letzten Augenblicken meines Hierseins: denn es geht sogleich mit dem Kurierschiffe nach Ferrara. Ich verlasse Venedig gern; denn um mit Vergnügen und Nutzen zu bleiben, müßte ich andere Schritte tun, die außer meinem Plan liegen; auch verläßt jedermann nun diese Stadt und sucht seine Gärten und Besitzungen auf dem festen Lande. Ich habe indes gut aufgeladen und trage das reiche, sonderbare, einzige Bild mit mir fort.

FERRARA BIS ROM

Den 16. Oktober, früh, auf dem Schiffe.

Meine Reisegesellschaft, Männer und Frauen, ganz leidliche und natürliche Menschen, liegen noch alle schlafend in der Kajüte. Ich aber, in meinen Mantel gehüllt, blieb auf dem Verdeck die beiden Nächte. Nur gegen Morgen ward es kühl. Ich bin nun in den fünfundvierzigsten Grad wirklich eingetreten und wiederhole mein altes Lied: dem Landesbewohner wollt' ich alles lassen, wenn ich nur wie Dido so viel Klima mit Riemen umspannen könnte, um unsere Wohnungen damit einzufassen. Es ist denn doch ein ander Sein. Die Fahrt bei herrlichem Wetter war sehr angenehm, die Aus- und Ansichten einfach, aber anmutig. Der Po, ein freundlicher Fluß, zieht hier durch große Plainen, man sieht nur seine bebuschten und bewaldeten Ufer, keine Fernen. Hier wie an der Etsch sah ich alberne Wasserbaue, die kindisch und schädlich sind wie die an der Saale.

Ferrara, den 16. nachts.

Heute früh sieben Uhr deutschen Zeigers hier angelangt, bereite ich mich, morgen wieder wegzugehen. Zum erstenmal überfällt mich eine Art von Unlust in dieser großen und schönen, flachgelegenen, entvölkerten Stadt. Dieselben Straßen belebte sonst ein glänzender Hof, hier wohnte Ariost unzufrieden, Tasso unglücklich, und wir glauben uns zu erbauen, wenn wir diese Stätte besuchen. Ariosts Grabmal enthält viel Marmor, schlecht ausgeteilt. Statt Tassos Gefängnis zeigen sie einen Holzstall oder Kohlengewölbe, wo er gewiß nicht aufbewahrt worden ist. Auch weiß im Hause kaum jemand mehr, was man will. Endlich besinnen sie sich um des Trinkgeldes willen. Es kommt mir vor, wie Doktor Luthers Tintenklecks, den der Kastellan von Zeit zu Zeit wieder auffrischt. Die meisten Reisenden haben doch etwas Handwerkspurschenartiges und sehen sich gern nach solchen Wahrzeichen um. Ich war ganz mürrisch geworden, so daß ich an einem schönen akademischen Institut, welches ein aus Ferrara gebürtiger Kardinal gestiftet und bereichert, wenig teilnahm, doch erquickten mich einige alte Denkmale im Hofe.

Sodann erheiterte mich der gute Einfall eines Malers. Johannes der Täufer vor Herodes und Herodias. Der Prophet in seinem gewöhnlichen Wüstenkostüme deutet heftig auf die Dame. Sie sieht ganz gelassen den neben ihr sitzenden Fürsten, und der Fürst still und klug den Enthusiasten an. Vor dem Könige steht ein Hund, weiß, mittelgroß, unter dem Rock der Herodias hingegen kommt ein kleiner Bologneser hervor, welche beide den Propheten anbellen. Mich dünkt, das ist recht glücklich gedacht.

Cento, den 17. abends.

In einer bessern Stimmung als gestern schreibe ich aus Guercins Vaterstadt. Es ist aber auch ein ganz anderer Zustand. Ein freundliches, wohlgebautes Städtchen von ungefähr fünftausend Einwohnern, nahrhaft, lebendig, reinlich, in einer unübersehlich bebauten Plaine. Ich bestieg nach meiner Gewohnheit sogleich den Turm. Ein Meer von Pappelspitzen, zwischen denen man in der Nähe kleine Bauerhöfchen erblickt, jedes mit seinem eignen Feld umgeben. Köstlicher Boden, ein mildes Klima. Es war ein Herbstabend, wie wir unserm Sommer selten einen verdanken. Der Himmel, den ganzen Tag bedeckt, heiterte sich auf, die Wolken warfen sich nord- und südwärts an die Gebirge, und ich hoffe einen schönen morgenden Tag.

Hier sah ich die Apenninen, denen ich mich nähere, zum erstenmal. Der Winter dauert hier nur Dezember und Januar, ein regniger April, übrigens nach Beschaffenheit der Jahreszeit gut Wetter. Nie anhaltender Regen; doch war dieser September besser und wärmer als ihr August. Die Apenninen begrüßte ich freundlich im Süden, denn ich habe der Flächen bald genug. Morgen schreibe ich dort an ihrem Fuße.

Guercino liebte seine Vaterstadt, wie überhaupt die Italiener diesen Lokalpatriotismus im höchsten Sinne hegen und pflegen, aus welchem schönen Gefühl so viel köstliche Anstalten, ja die Menge Ortsheilige entsprungen sind. Unter jenes Meisters Leitung entstand nun hier eine Malerakademie. Er hinterließ mehrere Bilder, an denen sich noch der Bürger freut, die es aber auch wert sind.

Guercin ist ein heiliger Name, und im Munde der Kinder wie der Alten.

Sehr lieb war mir das Bild, den auferstandenen Christus vorstellend, der seiner Mutter erscheint. Vor ihm knieend, blickt sie auf ihn mit unbeschreiblicher Innigkeit. Ihre Linke berührt seinen Leib gleich unter der unseligen Wunde, die das ganze Bild verdirbt. Er hat seine linke Hand um ihren Hals gelegt und biegt sich, um sie bequemer anzusehen, ein wenig mit dem Körper zurück. Dieses gibt der Figur etwas, ich will nicht sagen Gezwungenes, aber doch Fremdes. Dessenungeachtet bleibt sie unendlich angenehm. Der still-traurige Blick, mit dem er sie ansieht, ist einzig, als wenn ihm die Erinnerung seiner und ihrer Leiden, durch die Auferstehung nicht gleich geheilt, vor der edlen Seele schwebte. Strange hat das Bild gestochen; ich wünschte, daß meine Freunde wenigstens diese Kopie sähen.

Darauf gewann eine Madonna meine Neigung. Das Kind verlangt nach der Brust, sie zaudert schamhaft, den Busen zu entblößen. Natürlich, edel, köstlich und schön.

Ferner eine Maria, die dem vor ihr stehenden und nach den Zuschauern gerichteten Kinde den Arm führt, daß es mit aufgehobenen Fingern den Segen austeile. Ein im Sinn der katholischen Mythologie sehr glücklicher und oft wiederholter Gedanke.

Guercin ist ein innerlich braver, männlich gesunder Maler, ohne Roheit. Vielmehr haben seine Sachen eine zarte moralische Grazie, eine ruhige Freiheit und Großheit, dabei etwas Eignes, daß man seine Werke, wenn man einmal das Auge darauf gebildet hat, nicht verkennen wird. Die Leichtigkeit, Reinlichkeit und Vollendung seines Pinsels setzt in Erstaunen. Er bedient sich besonders schöner, ins Braunrote gebrochener Farben zu seinen Gewändern. Diese harmonieren gar gut mit dem Blauen, das er auch gerne anbringt.

Die Gegenstände der übrigen Bilder sind mehr oder weniger unglücklich. Der gute Künstler hat sich gemartert und doch Erfindung und Pinsel, Geist und Hand verschwendet und verloren. Mir ist aber sehr lieb und wert, daß ich auch diesen schönen Kunstkreis gesehen habe, obgleich ein solches Vorüberrennen wenig Genuß und Belehrung gewährt.

Bologna, den 18. Oktober, nachts.

Heute früh, vor Tage, fuhr ich von Cento weg und gelangte bald genug hieher. Ein flinker und wohlunterrichteter Lohnbediente, sobald er vernahm, daß ich nicht lange zu verweilen gedächte, jagte mich durch alle Straßen, durch so viel Paläste und Kirchen, daß ich kaum in meinem Volkmann anzeichnen konnte, wo ich gewesen war, und wer weiß, ob ich mich künftig bei diesen Merkzeichen aller der Sachen erinnere. Nun gedenke ich aber ein paar lichter Punkte, an denen ich wahrhafte Beruhigung gefühlt.

Zuerst also die Cäcilia von Raffael! Es ist, was ich zum voraus wußte, nun aber mit Augen sah: er hat eben immer gemacht, was andere zu machen wünschten, und ich möchte jetzt nichts darüber sagen, als daß es von ihm ist. Fünf Heilige nebeneinander, die uns alle nichts angehen, deren Existenz aber so vollkommen dasteht, daß man dem Bilde eine Dauer für die Ewigkeit wünscht, wenn man gleich zufrieden ist, selbst aufgelöst zu werden. Um ihn aber recht zu erkennen, ihn recht zu schätzen und ihn wieder auch nicht ganz als einen Gott zu preisen, der wie Melchisedek ohne Vater und ohne Mutter erschienen wäre, muß man seine Vorgänger, seine Meister ansehen. Diese haben auf dem festen Boden der Wahrheit Grund gefaßt, sie haben die breiten Fundamente emsig, ja ängstlich gelegt und miteinander wetteifernd die Pyramide stufenweis in die Höhe gebaut, bis er zuletzt, von allen diesen Vorteilen unterstützt, von dem himmlischen Genius erleuchtet, den letzten Stein des Gipfels aufsetzte, über und neben dem kein anderer stehen kann.

Das historische Interesse wird besonders rege, wenn man die Werke der ältern Meister betrachtet. Francesco Francia ist ein gar respektabler Künstler, Peter von Perugia ein so braver Mann, daß man sagen möchte, eine ehrliche deutsche Haut. Hätte doch das Glück Albrecht Dürern tiefer nach Italien geführt! In München habe ich ein paar Stücke von ihm gesehen von unglaublicher Großheit. Der arme Mann, wie er sich in Venedig verrechnet und mit den Pfaffen einen Akkord macht, bei dem er Wochen und Monate verliert! Wie er auf seiner niederländischen Reise gegen seine herrlichen Kunstwerke, womit er sein Glück zu machen hoffte, Papageien eintauscht und, um das Trinkgeld zu sparen, die Domestiken porträtiert, die ihm einen Teller Früchte bringen! Mir ist so ein armer Narr von Künstler unendlich rührend, weil es im Grunde auch mein Schicksal ist, nur daß ich mir ein klein wenig besser zu helfen weiß.

Gegen Abend rettete ich mich endlich aus dieser alten, ehrwürdigen, gelehrten Stadt, aus der Volksmenge, die in den gewölbten Lauben, welche man fast durch alle Straßen verbreitet sieht, geschützt vor Sonne und Witterung, hin und her wandeln, gaffen, kaufen und ihre Geschäfte treiben kann. Ich bestieg den Turm und ergötzte mich an der freien Luft. Die Aussicht ist herrlich! Im Norden sieht man die paduanischen Berge, sodann die Schweizer, Tiroler, Friauler Alpen, genug, die ganze nördliche Kette, diesmal im Nebel. Gegen Westen ein unbegrenzter Horizont, aus dem nur die Türme von Modena herausragen. Gegen Osten eine gleiche Ebene, bis ans adriatische Meer, welches man bei Sonnenaufgang gewahr wird. Gegen Süden die Vorhügel der Apenninen, bis an ihre Gipfel bepflanzt, bewachsen, mit Kirchen, Palästen, Gartenhäusern besetzt, wie die vicentinischen Hügel. Es war ein ganz reiner Himmel, kein Wölkchen, nur am Horizont eine Art Höherauch. Der Türmer versicherte, daß nunmehro seit sechs Jahren dieser Nebel nicht aus der Ferne komme. Sonst habe er durch das Sehrohr die Berge von Vicenza mit ihren Häusern und Kapellen gar wohl entdecken können, jetzt bei den hellsten Tagen nur selten. Und dieser Nebel legt sich denn vorzüglich an die nördliche Kette und macht unser liebes Vaterland zum wahren Cimmerien. Der Mann ließ mich auch die gesunde Lage und Luft der Stadt daran bemerken, daß ihre Dächer wie neu aussähen und kein Ziegel durch Feuchtigkeit und Moos angegriffen sei. Man muß gestehen, die Dächer sind alle rein und schön, aber die Güte der Ziegeln mag auch etwas dazu beitragen, wenigstens in alten Zeiten hat man solche in diesen Gegenden kostbar gebrannt.

Der hängende Turm ist ein abscheulicher Anblick, und doch höchst wahrscheinlich, daß er mit Fleiß so gebaut worden. Ich erkläre mir diese Torheit folgendermaßen.

In den Zeiten der städtischen Unruhen ward jedes große Gebäude zur Festung, aus der jede mächtige Familie einen Turm erhob. Nach und nach wurde dies zu einer Lust- und Ehrensache, jeder wollte auch mit einem Turm prangen, und als zuletzt die graden Türme gar zu alltäglich waren, so baute man einen schiefen. Auch haben Architekt und Besitzer ihren Zweck erreicht, man sieht an den vielen graden schlanken Türmen hin und sucht den krummen. Ich war nachher oben auf demselben. Die Backsteinschichten liegen horizontal. Mit gutem, bindendem Kitt und eisernen Ankern kann man schon tolles Zeug machen.

Bologna, den 19. Oktober, abends.

Meinen Tag habe ich bestmöglichst angewendet, um zu sehen und wiederzusehen, aber es geht mit der Kunst wie mit dem Leben: je weiter man hineinkommt, je breiter wird sie. An diesem Himmel treten wieder neue Gestirne hervor, die ich nicht berechnen kann und die mich irremachen: die Carracci, Guido, Dominichin, in einer spätern glücklichern Kunstzeit entsprungen; sie aber wahrhaft zu genießen, gehört Wissen und Urteil, welches mir abgeht und nur nach und nach erworben werden kann. Ein großes Hindernis der reinen Betrachtung und der unmittelbaren Einsicht sind die meist unsinnigen Gegenstände der Bilder, über die man toll wird, indem man sie verehren und lieben möchte.

Es ist, als da sich die Kinder Gottes mit den Töchtern der Menschen vermählten, daraus entstanden mancherlei Ungeheuer. Indem der himmlische Sinn des Guido, sein Pinsel, der nur das Vollkommenste, was geschaut werden kann, hätte malen sollen, dich anzieht, so möchtest du gleich die Augen von den abscheulich dummen, mit keinen Scheltworten der Welt genug zu erniedrigenden Gegenständen wegkehren, und so geht es durchaus; man ist immer auf der Anatomie, dem Rabensteine, dem Schindanger, immer Leiden des Helden, niemals Handlung, nie ein gegenwärtig Interesse, immer etwas phantastisch von außen Erwartetes. Entweder Missetäter oder Verzückte, Verbrecher oder Narren, wo denn der Maler, um sich zu retten, einen nackten Kerl, eine hübsche Zuschauerin herbeischleppt, allenfalls seine geistlichen Helden als Gliedermänner traktiert und ihnen recht schöne Faltenmäntel überwirft. Da ist nichts, was einen menschlichen Begriff gäbe! Unter zehn Sujets nicht eins, das man hätte malen sollen, und das eine hat der Künstler nicht von der rechten Seite nehmen dürfen.

Das große Bild von Guido in der Kirche der Mendicanti ist alles, was man malen, aber auch alles, was man Unsinniges bestellen und dem Künstler zumuten kann. Es ist ein Votivbild. Ich glaube, der ganze Senat hat es gelobt und auch erfunden. Die beiden Engel, die wert wären, eine Psyche in ihrem Unglück zu trösten, müssen hier —

Der heilige Proclus, eine schöne Figur; aber dann die andern, Bischöfe und Pfaffen! Unten sind himmlische Kinder, die mit Attributen spielen. Der Maler, dem das Messer an der Kehle saß, suchte sich zu helfen, wie er konnte, er mühte sich ab, nur um zu zeigen, daß nicht er der Barbar sei. Zwei nackte Figuren von Guido: ein Johannes in der Wüste, ein Sebastian, wie köstlich gemalt, und was sagen sie? der eine sperrt das Maul auf, und der andere krümmt sich.

Betrachte ich in diesem Unmut die Geschichte, so möchte ich sagen: der Glaube hat die Künste wieder hervorgehoben, der Aberglaube hingegen ist Herr über sie geworden und hat sie abermals zugrunde gerichtet.

Nach Tische etwas milder und weniger anmaßlich gestimmt als heute früh, bemerkte ich folgendes in meine Schreibtafel: Im Palast Tanari ist ein berühmtes Bild von Guido, die säugende Maria vorstellend, über Lebensgröße, der Kopf, als wenn ihn ein Gott gemalt hätte; unbeschreiblich ist der Ausdruck, mit welchem sie auf den säugenden Knaben heruntersieht. Mir scheint es eine stille, tiefe Duldung, nicht als wenn sie ein Kind der Liebe und Freude, sondern ein untergeschobenes himmlisches Wechselkind nur so an sich zehren ließe, weil es nun einmal nicht anders ist, und sie in tiefster Demut gar nicht begreift, wie sie dazu kommt. Der übrige Raum ist durch ein ungeheures Gewand ausgefüllt, welches die Kenner höchlich preisen; ich wußte nicht recht, was ich daraus machen sollte. Auch sind die Farben dunkler geworden; das Zimmer und der Tag waren nicht die hellsten.

Unerachtet der Verwirrung, in der ich mich befinde, fühle ich doch schon, daß Übung, Bekanntschaft und Neigung mir schon in diesen Irrgärten zu Hülfe kommen. So sprach mich eine Beschneidung von Guercin mächtig an, weil ich den Mann schon kenne und liebe. Ich verzieh den unleidlichen Gegenstand und freute mich an der Ausführung. — Gemalt, was man sich denken kann, alles daran respektabel und vollendet, als wenn's Emaille wäre.

Und so geht mir's denn wie Bileam, dem konfusen Propheten, welcher segnete, da er zu fluchen gedachte, und dies würde noch öfter der Fall sein, wenn ich länger verweilte.

Trifft man denn gar wieder einmal auf eine Arbeit von Raffael, oder die ihm wenigstens mit einiger Wahrscheinlichkeit zugeschrieben wird, so ist man gleich vollkommen geheilt und froh. So habe ich eine heilige Agathe gefunden, ein kostbares, obgleich nicht ganz wohl erhaltenes Bild. Der Künstler hat ihr eine gesunde, sichere Jungfräulichkeit gegeben, doch ohne Kälte und Roheit. Ich habe mir die Gestalt wohl gemerkt und werde ihr im Geist meine „Iphigenie“ vorlesen und meine Heldin nichts sagen lassen, was diese Heilige nicht aussprechen möchte.

Da ich nun wieder einmal dieser süßen Bürde gedenke, die ich auf meiner Wanderung mit mir führe, so kann ich nicht verschweigen, daß zu den großen Kunst- und Naturgegenständen, durch die ich mich durcharbeiten muß, noch eine wundersame Folge von poetischen Gestalten hindurchzieht, die mich beunruhigen. Von Cento herüber wollte ich meine Arbeit an „Iphigenia“ fortsetzen, aber was geschah? Der Geist führte mir das Argument der „Iphigenia von Delphi“ vor die Seele, und ich mußte es ausbilden. So kurz als möglich sei es hier verzeichnet:

Elektra, in gewisser Hoffnung, daß Orest das Bild der Taurischen Diana nach Delphi bringen werde, erscheint in dem Tempel des Apoll und widmet die grausame Axt, die so viel Unheil in Pelops' Hause angerichtet, als schließliches Sühnopfer dem Gotte. Zu ihr tritt, leider, einer der Griechen und erzählt, wie er Orest und Pylades nach Tauris begleitet, die beiden Freunde zum Tode führen sehen und sich glücklich gerettet. Die leidenschaftliche Elektra kennt sich selbst nicht und weiß nicht, ob sie gegen Götter oder Menschen ihre Wut richten soll.

Indessen sind Iphigenie, Orest und Pylades gleichfalls zu Delphi angekommen. Iphigeniens heilige Ruhe kontrastiert gar merkwürdig mit Elektrens irdischer Leidenschaft, als die beiden Gestalten wechselseitig unerkannt zusammentreffen. Der entflohene Grieche erblickt Iphigenien, erkennt die Priesterin, welche die Freunde geopfert, und entdeckt es Elektren. Diese ist im Begriff, mit demselbigen Beil, welches sie dem Altar wieder entreißt, Iphigenien zu ermorden, als eine glückliche Wendung dieses letzte schreckliche Übel von den Geschwistern abwendet. Wenn diese Szene gelingt, so ist nicht leicht etwas Größeres und Rührenderes auf dem Theater gesehen worden. Wo soll man aber Hände und Zeit hernehmen, wenn auch der Geist willig wäre!

Indem ich mich nun in dem Drang einer solchen Überfüllung des Guten und Wünschenswerten geängstigt fühle, so muß ich meine Freunde an einen Traum erinnern, der mir, es wird eben ein Jahr sein, bedeutend genug schien. Es träumte mir nämlich, ich landete mit einem ziemlich großen Kahn an einer fruchtbaren, reich bewachsenen Insel, von der mir bewußt war, daß daselbst die schönsten Fasanen zu haben seien. Auch handelte ich sogleich mit den Einwohnern um solches Gefieder, welches sie auch sogleich häufig, getötet, herbeibrachten. Es waren wohl Fasanen, wie aber der Traum alles umzubilden pflegt, so erblickte man lange, farbig beaugte Schweife, wie von Pfauen oder seltenen Paradiesvögeln. Diese brachte man mir schockweise ins Schiff, legte sie mit den Köpfen nach innen, so zierlich gehäuft, daß die langen, bunten Federschweife, nach außen hängend, im Sonnenglanz den herrlichsten Schober bildeten, den man sich denken kann, und zwar so reich, daß für den Steuernden und die Rudernden kaum hinten und vorn geringe Räume verblieben. So durchschnitten wir die ruhige Flut, und ich nannte mir indessen schon die Freunde, denen ich von diesen bunten Schätzen mitteilen wollte. Zuletzt in einem großen Hafen landend, verlor ich mich zwischen ungeheuer bemasteten Schiffen, wo ich von Verdeck auf Verdeck stieg, um meinem kleinen Kahn einen sichern Landungsplatz zu suchen.

An solchen Wahnbildern ergötzen wir uns, die, weil sie aus uns selbst entspringen, wohl Analogie mit unserm übrigen Leben und Schicksalen haben müssen.

Nun war ich auch in der berühmten wissenschaftlichen Anstalt, das Institut oder die Studien genannt. Das große Gebäude, besonders der innere Hof, sieht ernsthaft genug aus, obgleich nicht von der besten Baukunst. Auf den Treppen und Korridors fehlt es nicht an Stukko- und Freskozierden; alles ist anständig und würdig, und über die mannigfaltigen schönen und wissenswerten Dinge, die hier zusammengebracht worden, erstaunt man billig, doch will es einem Deutschen dabei nicht wohl zumute werden, der eine freiere Studienweise gewohnt ist.

Mir fiel eine frühere Bemerkung hier wieder in die Gedanken, daß sich der Mensch im Gange der alles verändernden Zeit so schwer losmacht von dem, was eine Sache zuerst gewesen, wenn ihre Bestimmung in der Folge sich auch verändert. Die christlichen Kirchen halten noch immer an der Basilikenform, wenngleich die Tempelgestalt vielleicht dem Kultus vorteilhafter wäre. Wissenschaftliche Anstalten haben noch das klösterliche Ansehn, weil in solchen frommen Bezirken die Studien zuerst Raum und Ruhe gewannen. Die Gerichtssäle der Italiener sind so weit und hoch, als das Vermögen einer Gemeinde zureicht, man glaubt, auf dem Marktplatze unter freiem Himmel zu sein, wo sonst Recht gesprochen wurde. Und bauen wir nicht noch immer die größten Theater mit allem Zubehör unter ein Dach, als wenn es die erste Meßbude wäre, die man auf kurze Zeit von Brettern zusammenschlug? Durch den ungeheuern Zudrang der Wißbegierigen um die Zeit der Reformation wurden die Schüler in Bürgerhäuser getrieben, aber wie lange hat es nicht gedauert, bis wir unsere Waisenhäuser auftaten und den armen Kindern diese so notwendige Welterziehung verschafften!

Bologna, den 20. abends.

Diesen heitern schönen Tag habe ich ganz unter freiem Himmel zugebracht. Kaum nahe ich mich den Bergen, so werde ich schon wieder vom Gestein angezogen. Ich komme mir vor wie Antäus, der sich immer neu gestärkt fühlt, je kräftiger man ihn mit seiner Mutter Erde in Berührung bringt.

Ich ritt nach Paderno, wo der sogenannte Bologneser Schwerspat gefunden wird, woraus man die kleinen Kuchen bereitet, welche kalziniert im Dunkeln leuchten, wenn sie vorher dem Lichte ausgesetzt gewesen, und die man hier kurz und gut Fosfori nennt.

Auf dem Wege fand ich schon ganze Felsen Fraueneis zu Tage anstehend, nachdem ich ein sandiges Tongebirg hinter mir gelassen hatte. Bei einer Ziegelhütte geht ein Wasserriß hinunter, in welchen sich viele kleinere ergießen. Man glaubt zuerst, einen aufgeschwemmten Lehmhügel zu sehen, der vom Regen ausgewaschen wäre, doch konnte ich bei näherer Betrachtung von seiner Natur so viel entdecken: das feste Gestein, woraus dieser Teil des Gebirges besteht, ist ein sehr feinblättriger Schieferton, welcher mit Gips abwechselt. Das schiefrige Gestein ist so innig mit Schwefelkies gemischt, daß es, von Luft und Feuchtigkeit berührt, sich ganz und gar verändert. Es schwillt auf, die Lagen verlieren sich, es entsteht eine Art Letten, muschlig, zerbröckelt, auf den Flächen glänzend wie Steinkohlen. Nur an großen Stücken, deren ich mehrere zerschlug und beide Gestalten deutlich wahrnahm, konnte man sich von dem Übergange, von der Umbildung überzeugen. Zugleich sieht man die muschligen Flächen mit weißen Punkten beschlagen, manchmal sind gelbe Partieen drin; so zerfällt nach und nach die ganze Oberfläche, und der Hügel sieht wie ein verwitterter Schwefelkies im großen aus. Es finden sich unter den Lagen auch härtere, grüne und rote. Schwefelkies hab' ich in dem Gestein auch öfters angeflogen gefunden.

Nun stieg ich in den Schluchten des bröcklig aufgelösten Gebirgs hinauf, wie sie von den letzten Regengüssen durchwaschen waren, und fand zu meiner Freude den gesuchten Schwerspat häufig, meist in unvollkommener Eiform, an mehreren Stellen des eben zerfallenden Gebirgs hervorschauen, teils ziemlich rein, teils noch von dem Ton, in welchem er stak, genau umgeben. Daß es keine Geschiebe seien,

5. Der Markusplatz in Venedig. Zeichnung von Canaletto

davon kann man sich beim ersten Anblick überzeugen. Ob sie gleichzeitig mit der Schiefertonlage, oder ob sie erst bei Aufblähung oder Zersetzung derselben entstanden, verdient eine nähere Untersuchung. Die von mir aufgefundenen Stücke nähern sich, größer oder kleiner, einer unvollkommenen Eigestalt, die kleinsten gehen auch wohl in eine undeutliche Kristallform über. Das schwerste Stück, welches ich gefunden, wiegt siebzehn Lot. Auch fand ich in demselbigen Ton lose, vollkommene Gipskristalle. Nähere Bestimmung werden Kenner an den Stücken, die ich mitbringe, zu entwickeln wissen. Und ich wäre nun also schon wieder mit Steinen belastet! Ein Achtelszentner dieses Schwerspats habe ich aufgepackt.

Den 20. Oktober in der Nacht.

Wieviel hätte ich noch zu sagen, wenn ich alles gestehen wollte, was mir an diesem schönen Tage durch den Kopf ging. Aber mein Verlangen ist stärker als meine Gedanken. Ich fühle mich unwiderstehlich vorwärts gezogen, nur mit Mühe sammle ich mich an dem Gegenwärtigen. Und es scheint, der Himmel erhört mich. Es meldet sich ein Vetturin gerade nach Rom, und so werde ich übermorgen unaufhaltsam dorthin abgehen. Da muß ich denn wohl heute und morgen nach meinen Sachen sehn, manches besorgen und wegarbeiten.

Lojano auf den Apenninen, den 21. Oktober, abends.

Ob ich mich heute selbst aus Bologna getrieben, oder ob ich daraus gejagt worden, wüßte ich nicht zu sagen. Genug, ich ergriff mit Leidenschaft einen schnellern Anlaß, abzureisen. Nun bin ich hier in einem elenden Wirtshause in Gesellschaft eines päpstlichen Offiziers, der nach Perugia, seiner Vaterstadt, geht. Als ich mich zu ihm in den zweirädrigen Wagen setzte, machte ich ihm, um etwas zu reden, das Kompliment, daß ich als ein Deutscher, der gewohnt sei, mit Soldaten umzugehen, sehr angenehm finde, nun mit einem päpstlichen Offizier in Gesellschaft zu reisen. — „Nehmt mir nicht übel“, versetzte er darauf, „Ihr könnt wohl eine Neigung zum Soldatenstande haben, denn ich höre, in Deutschland ist alles Militär; aber was mich betrifft, obgleich unser Dienst sehr läßlich ist, und ich in Bologna, wo ich in Garnison stehe, meiner Bequemlichkeit vollkommen pflegen kann, so wollte ich doch, daß ich diese Jacke los wäre und das Gütchen meines Vaters verwaltete. Ich bin aber der jüngere Sohn, und so muß ich mir's gefallen lassen."

Den 22. abends.

Giredo, auch ein kleines Nest auf den Apenninen, wo ich mich recht glücklich fühle, meinen Wünschen entgegenreisend. Heute gesellten sich reitend ein Herr und eine Dame zu uns, ein Engländer mit einer sogenannten Schwester. Ihre Pferde sind schön, sie reisen aber ohne Bedienung, und der Herr macht, wie es scheint, zugleich den Reitknecht und den Kammerdiener. Sie finden überall zu klagen, man glaubt, einige Blätter im Archenholz zu lesen.

Die Apenninen sind mir ein merkwürdiges Stück Welt. Auf die große Fläche der Regionen des Pos folgt ein Gebirg, das sich aus der Tiefe erhebt, um zwischen zwei Meeren südwärts das feste Land zu endigen. Wäre die Gebirgsart nicht zu steil, zu hoch über der Meeresfläche, nicht so sonderbar verschlungen, daß Ebbe und Flut vor alten Zeiten mehr und länger hätten hereinwirken, größere Flächen bilden und überspülen können, so wäre es eins der schönsten Länder in dem herrlichsten Klima, etwas höher als das andere Land. So aber ist's ein seltsam Gewebe von Bergrücken gegeneinander; oft sieht man gar nicht ab, wohin das Wasser seinen Ablauf nehmen will. Wären die Täler besser ausgefüllt, die Flächen mehr glatt und überspült, so könnte man das Land mit Böhmen vergleichen, nur daß die Berge auf alle Weise einen andern Charakter haben. Doch muß man sich keine Bergwüste, sondern ein meist bebautes, obgleich gebirgiges Land vorstellen. Kastanien kommen hier sehr schön, der Weizen ist trefflich und die Saat schon hübsch grün. Immergrüne Eichen mit kleinen Blättern stehen am Wege, um die Kirchen und Kapellen aber schlanke Zypressen.

Gestern abend war das Wetter trübe, heute ist's wieder hell und schön.

6. Der Minervatempel in Assisi. Aquarell von Ruhl

Den 25. abends. Perugia.

Zwei Abende habe ich nicht geschrieben. Die Herbergen waren so schlecht, daß an kein Auslegen eines Blattes zu denken war. Auch fängt es mir an, ein bißchen verworren zu werden; denn seit der Abreise von Venedig spinnt sich der Reiserocken nicht so schön und glatt mehr ab.

Den Dreiundzwanzigsten früh, unserer Uhr um zehne, kamen wir aus den Apenninen hervor und sahen Florenz liegen in einem weiten Tal, das unglaublich bebaut und ins Unendliche mit Villen und Häusern besät ist.

Die Stadt hatte ich eiligst durchlaufen, den Dom, das Baptisterium. Hier tut sich wieder eine ganz neue, mir unbekannte Welt auf, an der ich nicht verweilen will. Der Garten Boboli liegt köstlich. Ich eilte so schnell heraus als hinein.

Der Stadt sieht man den Volksreichtum an, der sie erbaut hat; man erkennt, daß sie sich einer Folge von glücklichen Regierungen erfreute. Überhaupt fällt es auf, was in Toskana gleich die öffentlichen Werke, Wege, Brücken für ein schönes grandioses Ansehen haben. Es ist hier alles zugleich tüchtig und reinlich, Gebrauch und Nutzen mit Anmut sind beabsichtigt, überall läßt sich eine belebende Sorgfalt bemerken. Der Staat des Papstes hingegen scheint sich nur zu erhalten, weil ihn die Erde nicht verschlingen will.

Wenn ich neulich von den Apenninen sagte, was sie sein könnten, das ist nun Toskana: weil es so viel tiefer lag, so hat das alte Meer recht seine Schuldigkeit getan und tiefen Lehmboden aufgehäuft. Er ist hellgelb und leicht zu verarbeiten. Sie pflügen tief, aber noch recht auf die ursprüngliche Art: ihr Pflug hat keine Räder, und die Pflugschar ist nicht beweglich. So schleppt sie der Bauer, hinter seinen Ochsen gebückt, einher und wühlt die Erde auf. Es wird bis fünfmal gepflügt, wenigen und nur sehr leichten Dünger streuen sie mit den Händen. Endlich säen sie den Weizen, dann häufen sie schmale Sotteln auf, dazwischen entstehen tiefe Furchen, alles so gerichtet, daß das Regenwasser ablaufen muß. Die Frucht wächst nun auf den Sotteln in die Höhe, in den Furchen gehen sie hin und her, wenn sie jäten. Diese Verfahrungsart ist begreiflich, wo Nässe zu fürchten ist; warum sie es aber auf den schönsten Gebreiten tun, kann ich nicht einsehen. Diese Betrachtung machte ich bei Arezzo, wo sich eine herrliche Plaine auftut. Reiner kann man kein Feld sehen, nirgends auch nur eine Erdscholle, alles klar wie gesiebt. Der Weizen gedeiht hier recht schön, und er scheint hier alle seiner Natur gemäßen Bedingungen zu finden. Das zweite Jahr bauen sie Bohnen für die Pferde, die hier keinen Hafer bekommen. Es werden auch Lupinen gesäet, die jetzt schon vortrefflich grün stehen und im März Früchte bringen. Auch der Lein hat schon gekeimt, er bleibt den Winter über und wird durch den Frost nur dauerhafter.

Die Ölbäume sind wunderliche Pflanzen; sie sehen fast wie Weiden, verlieren auch den Kern, und die Rinde klafft auseinander. Aber sie haben dessenungeachtet ein festeres Ansehn. Man sieht auch dem Holze an, daß es langsam wächst und sich unsäglich fein organisiert. Das Blatt ist weidenartig, nur weniger Blätter am Zweige. Um Florenz an den Bergen ist alles mit Ölbäumen und Weinstöcken bepflanzt, dazwischen wird das Erdreich zu Körnern benutzt. Bei Arezzo und so weiter läßt man die Felder freier. Ich finde, daß man dem Efeu nicht genug abwehrt, der den Ölbäumen und andern schädlich ist, da es so ein leichtes wäre, ihn zu zerstören. Wiesen sieht man gar nicht. Man sagt, das türkische Korn zehre den Boden aus; seitdem es eingeführt worden, habe der Ackerbau in anderm Betracht verloren. Ich glaube es wohl bei dem geringen Dünger.

Heute abend habe ich von meinem Hauptmann Abschied genommen, mit der Versicherung, mit dem Versprechen, ihn auf meiner Rückreise in Bologna zu besuchen. Er ist ein wahrer Repräsentant vieler seiner Landsleute. Hier einiges, das ihn besonders bezeichnet. Da ich oft still und nachdenklich war, sagte er einmal: „Che pensa! non deve mai pensar l'uomo, pensando s'invecchia.“ Das ist verdolmetscht: „Was denkt Ihr viel! der Mensch muß niemals denken, denkend altert man nur.“ Und nach einigem Gespräch: „Non deve fermarsi l'uomo in una sola cosa, perchè allora divien matto; bisogna aver mille cose, una confusione nella testa.“ Auf deutsch: „Der Mensch muß sich nicht auf eine einzige Sache heften, denn da wird er toll, man muß tausend Sachen, eine Konfusion im Kopfe haben.“

Der gute Mann konnte freilich nicht wissen, daß ich eben darum still und nachdenkend war, weil eine Konfusion von alten und neuen Gegenständen mir den Kopf verwirrte. Die Bildung eines solchen Italieners wird man noch klarer aus folgendem erkennen. Da er wohl merkte, daß ich Protestant sei, sagte er nach einigem Umschweif, ich möchte ihm doch gewisse Fragen erlauben, denn er habe so viel Wunderliches von uns Protestanten gehört, worüber er endlich einmal Gewißheit zu haben wünsche. „Dürft ihr denn", so fragte er, „mit einem hübschen Mädchen auf einem guten Fuß leben, ohne mit ihr gerade verheiratet zu sein? — erlauben euch das eure Priester?" Ich erwiderte darauf: „Unsere Priester sind kluge Leute, welche von solchen Kleinigkeiten keine Notiz nehmen. Freilich, wenn wir sie darum fragen wollten, so würden sie es uns nicht erlauben." — „Ihr braucht sie also nicht zu fragen?" rief er aus. „O ihr Glücklichen! und da ihr ihnen nicht beichtet, so erfahren sie's nicht." Hierauf erging er sich in Schelten und Mißbilligen seiner Pfaffen und in dem Preise unserer seligen Freiheit. — „Was jedoch die Beichte betrifft", fuhr er fort, „wie verhält es sich damit? Man erzählt uns, daß alle Menschen, auch die keine Christen sind, dennoch beichten müssen; weil sie aber in ihrer Verstockung nicht das Rechte treffen können, so beichten sie einem alten Baume, welches denn freilich lächerlich und gottlos genug ist, aber doch beweist, daß sie die Notwendigkeit der Beichte anerkennen." Hierauf erklärte ich ihm unsere Begriffe von der Beichte und wie es dabei zugehe. Das kam ihm sehr bequem vor, er meinte aber, es sei ungefähr ebensogut, als wenn man einem Baum beichtete. Nach einigem Zaudern ersucht' er mich sehr ernsthaft, über einen andern Punkt ihm redlich Auskunft zu geben, er habe nämlich aus dem Munde eines seiner Priester, der ein wahrhafter Mann sei, gehört, daß wir unsere Schwestern heiraten dürften, welches denn doch eine starke Sache sei. Als ich diesen Punkt verneinte und ihm einige menschliche Begriffe von unserer Lehre beibringen wollte, mochte er nicht sonderlich darauf merken, denn es kam ihm zu alltäglich vor, und er wandte sich zu einer neuen Frage: — „Man versichert uns", sagte er, „daß Friedrich der Große, welcher so viele Siege selbst über die Gläubigen davongetragen und die Welt mit seinem Ruhm erfüllt, daß er, den jedermann für einen Ketzer hält, wirklich katholisch sei und vom Papste die Erlaubnis habe, es zu verheimlichen; denn er kommt, wie man weiß, in keine eurer Kirchen, verrichtet aber seinen Gottesdienst in einer unterirdischen Kapelle mit zerknirschtem Herzen, daß er die heilige Religion nicht öffentlich bekennen darf; denn freilich, wenn er das täte, würden ihn seine Preußen, die ein bestialisches Volk und wütende Ketzer sind, auf der Stelle totschlagen, wodurch denn der Sache nicht geholfen wäre. Deswegen hat ihm der heilige Vater jene Erlaubnis gegeben, dafür er denn aber auch die alleinseligmachende Religion im stillen so viel ausbreitet und begünstigt als möglich." Ich ließ das alles gelten und erwiderte nur: da es ein großes Geheimnis sei, könnte freilich niemand davon Zeugnis geben. Unsere fernere Unterhaltung war ungefähr immer von derselben Art, so daß ich mich über die kluge Geistlichkeit wundern mußte, welche alles abzulehnen und zu entstellen sucht, was den dunkeln Kreis ihrer herkömmlichen Lehre durchbrechen und verwirren könnte.

Ich verließ Perugia an einem herrlichen Morgen und fühlte die Seligkeit, wieder allein zu sein. Die Lage der Stadt ist schön, der Anblick des Sees höchst erfreulich. Ich habe mir die Bilder wohl eingedrückt. Der Weg ging erst hinab, dann in einem frohen, an beiden Seiten in der Ferne von Hügeln eingefaßten Tale hin, endlich sah ich Assisi liegen.

Aus Palladio und Volkmann wußte ich, daß ein köstlicher Tempel der Minerva, zu Zeiten Augusts gebaut, noch vollkommen erhalten dastehe. Ich verließ bei Madonna del Angelo meinen Vetturin, der seinen Weg nach Foligno verfolgte, und stieg unter einem starken Wind nach Assisi hinauf, denn ich sehnte mich, durch die für mich so einsame Welt eine Fußwanderung anzustellen. Die ungeheueren Substruktionen der babylonisch übereinander getürmten Kirchen, wo der heilige Franziskus ruht, ließ ich links mit Abneigung, denn ich dachte mir, daß darin die Köpfe so wie mein Hauptmannskopf gestempelt würden. Dann fragte ich einen hübschen Jungen nach der Maria della Minerva; er begleitete mich die Stadt hinauf, die an einen Berg gebaut ist. Endlich gelangten wir in die eigentliche alte Stadt, und siehe, das löblichste Werk stand vor meinen Augen, das erste vollständige Denkmal der alten Zeit, das ich erblickte. Ein bescheidener Tempel, wie er sich für eine so kleine Stadt schickte, und doch so vollkommen, so schön gedacht, daß er überall glänzen würde. Nun vorerst von seiner Stellung! Seitdem ich in Vitruv und Palladio gelesen, wie man Städte bauen, Tempel und öffentliche Gebäude stellen müsse, habe ich einen großen Respekt vor solchen Dingen. Auch hierin waren die Alten so groß im Natürlichen. Der Tempel steht auf der schönen mittlern Höhe des Berges, wo eben zwei Hügel zusammentreffen, auf dem Platz, der noch jetzt „der Platz" heißt. Dieser steigt selbst ein wenig an, und es kommen auf demselben vier Straßen zusammen, die ein sehr gedrücktes Andreaskreuz machen, zwei von unten herauf, zwei von oben herunter. Wahrscheinlich standen zur alten Zeit die Häuser noch nicht, die jetzt, dem Tempel gegenüber gebaut, die Aussicht versperren. Denkt man sie weg, so blickte man gegen Mittag in die reichste Gegend, und zugleich würde Minervens Heiligtum von allen Seiten her gesehen. Die Anlage der Straßen mag alt sein; denn sie folgen aus der Gestalt und dem Abhange des Berges. Der Tempel steht nicht in der Mitte des Platzes, aber so gerichtet, daß er dem von Rom Heraufkommenden verkürzt gar schön sichtbar wird. Nicht allein das Gebäude sollte man zeichnen, sondern auch die glückliche Stellung.

An der Fassade konnte ich mich nicht satt sehen, wie genialisch konsequent auch hier der Künstler gehandelt. Die Ordnung ist korinthisch, die Säulenweiten etwas über zwei Model. Die Säulenfüße und die Platten darunter scheinen auf Piedestalen zu stehen, aber es scheint auch nur; denn der Sockel ist fünfmal durchschnitten, und jedesmal gehen fünf Stufen zwischen den Säulen hinauf, da man denn auf die Fläche gelangt, worauf eigentlich die Säulen stehen, und von welcher man auch in den Tempel hineingeht. Das Wagstück, den Sockel zu durchschneiden, war hier am rechten Platze, denn da der Tempel am Berge liegt, so hätte die Treppe, die zu ihm hinaufführte, viel zu weit vorgelegt werden müssen und würde den Platz verengt haben. Wieviel Stufen noch unterhalb gelegen, läßt sich nicht bestimmen; sie sind außer wenigen verschüttet und zugepflastert. Ungern riß ich mich von dem Anblick los und nahm mir vor, alle Architekten auf dieses Gebäude aufmerksam zu machen, damit uns ein genauer Riß davon zukäme. Denn was Überlieferung für ein schlechtes Ding sei, mußte ich dieses Mal wieder bemerken. Palladio, auf den ich alles vertraute, gibt zwar dieses Tempels Bild, er kann ihn aber nicht selbst gesehen haben, denn er setzt wirklich Piedestale auf die Fläche, wodurch die Säulen unmäßig in die Höhe kommen und ein garstiges palmyrisches Ungeheuer entsteht, anstatt daß in der Wirklichkeit ein ruhiger, lieblicher, das Auge und den Verstand befriedigender Anblick erfreut. Was sich durch die Beschauung dieses Werks in mir entwickelt, ist nicht auszusprechen und wird ewige Früchte bringen. Ich ging am schönsten Abend die römische Straße bergab, im Gemüt zum schönsten beruhiget, als ich hinter mir rauhe, heftige Stimmen vernahm, die untereinander stritten. Ich vermutete, daß es die Sbirren sein möchten, die ich schon in der Stadt bemerkt hatte. Ich ging gelassen vor mich hin und horchte hinterwärts. Da konnte ich nun gar bald bemerken, daß es auf mich gemünzt sei. Vier solcher Menschen, zwei davon mit Flinten bewaffnet, in unerfreulicher Gestalt, gingen vor mir vorbei, brummten, kehrten nach einigen Schritten zurück und umgaben mich. Sie fragten, wer ich wäre und was ich hier täte. Ich erwiderte, ich sei ein Fremder, der seinen Weg über Assisi zu Fuße mache, indessen der Vetturin nach Foligno fahre. Dies kam ihnen nicht wahrscheinlich vor, daß jemand einen Wagen bezahle und zu Fuße gehe. Sie fragten, ob ich im Gran Convento gewesen sei. Ich verneinte dies und versicherte ihnen, ich kenne das Gebäude von alten Zeiten her. Da ich aber ein Baumeister sei, habe ich diesmal nur die Maria della Minerva in Augenschein genommen, welches, wie sie wüßten, ein musterhaftes Gebäude sei. Das leugneten sie nicht, nahmen aber sehr übel, daß ich dem Heiligen meine Aufwartung nicht gemacht, und gaben ihren Verdacht zu erkennen, daß wohl mein Handwerk sein möchte, Kontrebande einzuschwärzen. Ich zeigte ihnen das Lächerliche, daß ein Mensch, der allein auf der Straße gehe, ohne Ranzen, mit leeren Taschen, für einen Kontrebandisten gehalten werden solle. Darauf erbot ich mich, mit ihnen nach der Stadt zurück und zum Podestà zu gehen, ihm meine Papiere vorzulegen, da er mich denn als einen ehrenvollen Fremden anerkennen werde. Sie brummten hierauf und meinten, es sei nicht nötig, und als ich mich immerfort mit entschiedenem Ernst betrug, entfernten sie sich endlich wieder nach der Stadt zu. Ich sah ihnen nach. Da gingen nun diese rohen Kerle im Vordergrunde, und hinter ihnen her blickte mich die liebliche Minerva noch einmal sehr freundlich und tröstend an, dann schaute ich links auf den tristen Dom des heiligen Franziskus und wollte meinen Weg verfolgen, als einer der Unbewaffneten sich von der Truppe sonderte und ganz freundlich auf mich los kam. Grüßend sagte er sogleich: „Ihr solltet, mein Herr Fremder, wenigstens mir ein Trinkgeld geben, denn ich versichere, daß ich Euch alsobald für einen braven Mann gehalten und dies laut gegen meine Gesellen erklärt habe. Das sind aber Hitzköpfe und gleich oben hinaus und haben keine Weltkenntnis. Auch werdet Ihr bemerkt haben, daß ich Euren Worten zuerst Beifall und Gewicht gab." Ich lobte ihn deshalb und ersuchte ihn, ehrenhafte Fremde, die nach Assisi sowohl wegen der Religion als wegen der Kunst kämen, zu beschützen; besonders die Baumeister, die zum Ruhme der Stadt den Minerventempel, den man noch niemals recht gezeichnet und in Kupfer gestochen, nunmehro messen und abzeichnen wollten. Er möchte ihnen zur Hand gehen, da sie sich denn gewiß dankbar erweisen würden, und somit drückte ich ihm einige Silberstücke in die Hand, die ihn über seine Erwartung erfreuten. Er bat mich, ja wiederzukommen, besonders müsse ich das Fest des Heiligen nicht versäumen, wo ich mich mit größter Sicherheit erbauen und vergnügen sollte. Ja, wenn es mir, als einem hübschen Manne, wie billig, um ein hübsches Frauenzimmer zu tun sei, so könne er mir versichern, daß die schönste und ehrbarste Frau von ganz Assisi auf seine Empfehlung mich mit Freuden aufnehmen werde. Er schied nun beteurend, daß er noch heute abend bei dem Grabe des Heiligen meiner in Andacht gedenken und für meine fernere Reise beten wolle. So trennten wir uns, und mir war sehr wohl, mit der Natur und mit mir selbst wieder allein zu sein. Der Weg nach Foligno war einer der schönsten und anmutigsten Spaziergänge, die ich jemals zurückgelegt. Vier volle Stunden an einem Berge hin, rechts ein reichbebautes Tal.

Mit den Vetturinen ist es eine leidige Fahrt; das Beste, daß man ihnen bequem zu Fuße folgen kann. Von Ferrara lass' ich mich nun immer bis hieher so fortschleppen. Dieses Italien, von Natur höchlich begünstiget, blieb in allem Mechanischen und Technischen, worauf doch eine bequemere und frischere Lebensweise gegründet ist, gegen alle Länder unendlich zurück. Das Fuhrwerk der Vetturine, welches noch Sedia, ein Sessel, heißt, ist gewiß aus den alten Tragsesseln entstanden, in welchen sich Frauen, ältere und vornehmere Personen von Maultieren tragen ließen. Statt des hintern Maultiers, das man hervor neben die Gabel spannte, setzte man zwei Räder unter, und an keine weitere Verbesserung ward gedacht. Man wird wie vor Jahrhunderten noch immer fortgeschaukelt, und so sind sie in ihren Wohnungen und allem.

Wenn man die erste poetische Idee, daß die Menschen meist unter freiem Himmel lebten und sich gelegentlich manchmal aus Not in Höhlen zurückzogen, noch realisiert sehen will, so muß man die Gebäude hier herum, besonders auf dem Lande, betreten, ganz im Sinn und Geschmack der Höhlen. Eine so unglaubliche Sorglosigkeit haben sie, um über dem Nachdenken nicht zu veralten. Mit unerhörtem Leichtsinn versäumen sie, sich auf den Winter, auf längere Nächte vorzubereiten, und leiden deshalb einen guten Teil des Jahres wie die Hunde. Hier in Foligno, in einer völlig homerischen Haushaltung, wo alles um ein auf der Erde brennendes Feuer in einer großen Halle versammelt ist, schreit und lärmt, am langen Tische speist, wie die Hochzeit von Kana gemalt wird, ergreife ich die Gelegenheit, dieses zu schreiben, da einer ein Tintenfaß holen läßt, woran ich unter solchen Umständen nicht gedacht hätte. Aber man sieht auch diesem Blatt die Kälte und die Unbequemlichkeit meines Schreibtisches an.

Jetzt fühl' ich wohl die Verwegenheit, unvorbereitet und unbegleitet in dieses Land zu gehen. Mit dem verschiedenen Gelde, den Vetturinen, den Preisen, den schlechten Wirtshäusern ist es eine tagtägliche Not, daß einer, der zum ersten Male wie ich allein geht und ununterbrochnen Genuß hoffte und suchte, sich unglücklich genug fühlen müßte. Ich habe nichts gewollt, als das Land sehen, auf welche Kosten es sei, und wenn sie mich auf Ixions Rad nach Rom schleppen, so will ich mich nicht beklagen.

Terni, den 27. Oktober, abends.

Wieder in einer Höhle sitzend, die vor einem Jahr vom Erdbeben gelitten; das Städtchen liegt in einer köstlichen Gegend, die ich auf einem Rundgange um dasselbe her mit Freuden beschaute, am Anfang einer schönen Plaine zwischen Bergen, die alle noch Kalk sind. Wie Bologna drüben, so ist Terni hüben an den Fuß des Gebirgs gesetzt.

Nun da der päpstliche Soldat mich verlassen, ist ein Priester mein Gefährte. Dieser scheint schon mehr mit seinem Zustande zufrieden und belehrt mich, den er freilich schon als Ketzer erkennt, auf meine Fragen sehr gern von dem Ritus und andern dahin gehörigen Dingen. Dadurch, daß ich immer wieder unter neue Menschen komme, erreiche ich durchaus meine Absicht; man muß das Volk nur untereinander reden hören, was das für ein lebendiges Bild des ganzen Landes gibt. Sie sind auf die wunderbarste Weise sämtlich Widersacher, haben den sonderbarsten Provinzial- und Stadteifer, können sich alle nicht leiden, die Stände sind in ewigem Streit, und das alles mit immer lebhafter gegenwärtiger Leidenschaft, daß sie einem den ganzen Tag Komödie geben und sich bloßstellen, und doch fassen sie zugleich wieder auf und merken gleich, wo der Fremde sich in ihr Tun und Lassen nicht finden kann.

Spoleto hab' ich bestiegen und war auf der Wasserleitung, die zugleich Brücke von einem Berg zu einem andern ist. Die zehen Bogen, welche über das Tal reichen, stehen von Backsteinen ihre Jahrhunderte so ruhig da, und das Wasser quillt immer noch in Spoleto an allen Orten und Enden. Das ist nun das dritte Werk der Alten, das ich sehe, und immer derselbe große Sinn. Eine zweite Natur, die zu bürgerlichen Zwecken handelt, das ist ihre Baukunst, so steht das Amphitheater, der Tempel und der Aquadukt. Nun fühle ich erst, wie mir mit Recht alle Willkürlichkeiten verhaßt waren, wie z. B. der Winterkasten auf dem Weißenstein, ein Nichts um Nichts, ein ungeheurer Konfektaufsatz, und so mit tausend andern Dingen. Das steht nun alles totgeboren da, denn was nicht eine wahre innere Existenz hat, hat kein Leben und kann nicht groß sein und nicht groß werden.

Was bin ich nicht den letzten acht Wochen schuldig geworden an Freuden und Einsicht; aber auch Mühe hat mich's genug gekostet. Ich halte die Augen nur immer offen und drücke mir die Gegenstände recht ein. Urteilen möchte ich gar nicht, wenn es nur möglich wäre.

San Crocefisso, eine wunderliche Kapelle am Wege, halte ich nicht für den Rest eines Tempels, der am Orte stand, sondern man hat Säulen, Pfeiler, Gebälke gefunden und zusammengeflickt, nicht dumm, aber toll. Beschreiben läßt sich's gar nicht, es ist wohl irgendwo in Kupfer gestochen.

Und so wird es einem denn doch wunderbar zumute, daß uns, indem wir bemüht sind, einen Begriff des Altertums zu erwerben, nur Ruinen entgegenstehen, aus denen man sich nun wieder das kümmerlich aufzuerbauen hätte, wovon man noch keinen Begriff hat.

Mit dem, was man klassischen Boden nennt, hat es eine andere Bewandtnis. Wenn man hier nicht phantastisch verfährt, sondern die Gegend real nimmt, wie sie daliegt, so ist sie doch immer der entscheidende Schauplatz, der die größten Taten bedingt, und so habe ich immer bisher den geologischen und landschaftlichen Blick benutzt, um Einbildungskraft und Empfindung zu unterdrücken und mir ein freies, klares Anschauen der Lokalität zu erhalten. Da schließt sich denn auf eine wundersame Weise die Geschichte lebendig an, und man begreift nicht, wie einem geschieht, und ich fühle die größte Sehnsucht, den Tacitus in Rom zu lesen.

Das Wetter darf ich auch nicht ganz hintansetzen. Da ich von Bologna die Apenninen heraufkam, zogen die Wolken noch immer nach Norden, späterhin veränderten sie ihre Richtung und zogen nach dem trasimenischen See. Hier blieben sie hangen, zogen auch wohl gegen Mittag. Statt also daß die große Plaine des Po den Sommer über alle Wolken nach dem Tiroler Gebirg schickt, sendet sie jetzt einen Teil nach den Apenninen, daher mag die Regenzeit kommen.

Man fängt nun an, die Oliven abzulesen. Sie tun es hier mit den Händen, an andern Orten schlagen sie mit Stöcken drein. Kommt ein frühzeitiger Winter, so bleiben die übrigen bis gegen das Frühjahr hängen. Heute habe ich auf sehr steinigem Boden die größten, ältesten Bäume gesehen.

Die Gunst der Musen wie die der Dämonen besucht uns nicht immer zur rechten Zeit. Heute ward ich aufgeregt, etwas auszubilden, was gar nicht an der Zeit ist. Dem Mittelpunkte des Katholizismus mich nähernd, von Katholiken umgeben, mit einem Priester in eine Sedie eingesperrt, indem ich mit reinstem Sinn die wahrhafte Natur und die edle Kunst zu beobachten und aufzufassen trachte, trat mir so lebhaft vor die Seele, daß vom ursprünglichen Christentum alle Spur verloschen ist; ja, wenn ich mir es in seiner Reinheit vergegenwärtigte, so wie wir es in der Apostelgeschichte sehen, so mußte mir schaudern, was nun auf jenen gemütlichen Anfängen ein unförmliches, ja barockes Heidentum lastet. Da fiel mir der ewige Jude wieder ein, der Zeuge aller dieser wundersamen Ent- und Aufwicklungen gewesen und so einen wunderlichen Zustand erlebte, daß Christus selbst, als er zurückkommt, um sich nach den Früchten seiner Lehre umzusehen, in Gefahr gerät, zum zweitenmal gekreuzigt zu werden. Jene Legende: „Venio iterum crucifigi" sollte mir bei dieser Katastrophe zum Stoff dienen.

Dergleichen Träume schweben mir vor. Denn aus Ungeduld, weiter zu kommen, schlafe ich angekleidet und weiß nichts Hübscheres, als vor Tag aufgeweckt zu werden, mich schnell in den Wagen zu setzen und zwischen Schlaf und Wachen dem Tag entgegen zu fahren und dabei die ersten besten Phantasiebilder nach Belieben walten zu lassen.

Città Castellana, den 28. Oktober.

Den letzten Abend will ich nicht fehlen. Es ist noch nicht acht Uhr und alles schon zu Bette; so kann ich noch zu guter

Letzt des Vergangenen gedenken und mich aufs nächst Künftige freuen. Heute war ein ganz heiterer, herrlicher Tag, der Morgen sehr kalt, der Tag klar und warm, der Abend etwas windig, aber sehr schön.

Von Terni fuhren wir sehr früh aus; Narni kamen wir hinauf, ehe es Tag war, und so habe ich die Brücke nicht gesehen. Täler und Tiefen, Nähen und Fernen, köstliche Gegenden, alles Kalkgebirg, auch nicht eine Spur eines andern Gesteins.

Otricoli liegt auf einem der von den ehemaligen Strömungen zusammengeschwemmten Kieshügel und ist von Lava gebaut, jenseits des Flusses hergeholt.

Sobald man über die Brücke hinüber ist, findet man sich im vulkanischen Terrain, es sei nun unter wirklichen Laven oder unter früherm Gestein, durch Röstung und Schmelzung verändert. Man steigt einen Berg herauf, den man für graue Lava ansprechen möchte. Sie enthält viele weiße, granatförmig gebildete Kristalle. Die Chaussee, die von der Höhe nach Città Castellana geht, von eben diesem Stein, sehr schön glatt gefahren, die Stadt auf vulkanischen Tuff gebaut, in welchem ich Asche, Bimsstein und Lavastücke zu entdecken glaubte. Vom Schlosse ist die Aussicht sehr schön; der Berg Soracte steht einzeln gar malerisch da, wahrscheinlich ein zu den Apenninen gehöriger Kalkberg. Die vulkanisierenden Strecken sind viel niedriger als die Apenninen, und nur das durchreißende Wasser hat aus ihnen Berge und Felsen gebildet, da denn herrlich malerische Gegenstände, überhangende Klippen und sonstige landschaftliche Zufälligkeiten gebildet werden.

Morgen abend also in Rom. Ich glaube es noch jetzt kaum, und wenn dieser Wunsch erfüllt ist, was soll ich mir nachher wünschen? ich wüßte nichts, als daß ich mit meinem Fasanenkahn glücklich zu Hause landen und meine Freunde gesund, froh und wohlwollend antreffen möge.

ROM

Rom, den 1. November 1786.

Endlich kann ich den Mund auftun und meine Freunde mit Frohsinn begrüßen. Verziehen sei mir das Geheimnis und die gleichsam unterirdische Reise hierher. Kaum wagte ich mir selbst zu sagen, wohin ich ging, selbst unterwegs fürchtete ich noch, und nur unter der Porta del Popolo war ich mir gewiß, Rom zu haben.

Und laßt mich nun auch sagen, daß ich tausendmal, ja beständig eurer gedenke in der Nähe der Gegenstände, die ich allein zu sehen niemals glaubte. Nur da ich jedermann mit Leib und Seele in Norden gefesselt, alle Anmutung nach diesen Gegenden verschwunden sah, konnte ich mich entschließen, einen langen, einsamen Weg zu machen und den Mittelpunkt zu suchen, nach dem mich ein unwiderstehliches Bedürfnis hinzog. Ja, die letzten Jahre wurde es eine Art von Krankheit, von der mich nur der Anblick und die Gegenwart heilen konnte. Jetzt darf ich es gestehen; zuletzt durft' ich kein lateinisch Buch mehr ansehen, keine Zeichnung einer italienischen Gegend. Die Begierde, dieses Land zu sehen, war überreif: da sie befriedigt ist, werden mir Freunde und Vaterland erst wieder recht aus dem Grunde lieb und die Rückkehr wünschenswert, ja um desto wünschenswerter, da ich mit Sicherheit empfinde, daß ich so viele Schätze nicht zu eignem Besitz und Privatgebrauch mitbringe, sondern daß sie mir und andern durchs ganze Leben zur Leitung und Fördernis dienen sollen.

Rom, den 1. November 1786.

Ja, ich bin endlich in dieser Hauptstadt der Welt angelangt! Wenn ich sie in guter Begleitung, angeführt von einem recht verständigen Manne, vor funfzehn Jahren gesehen hätte, wollte ich mich glücklich preisen. Sollte ich sie aber allein, mit eignen Augen sehen und besuchen, so ist es gut, daß mir diese Freude so spät zuteil ward.

Über das Tiroler Gebirg bin ich gleichsam weggeflogen. Verona, Vicenz, Padua, Venedig habe ich gut, Ferrara, Cento, Bologna flüchtig und Florenz kaum gesehen. Die Begierde, nach Rom zu kommen, war so groß, wuchs so sehr mit jedem Augenblicke, daß kein Bleiben mehr war, und ich mich nur drei Stunden in Florenz aufhielt. Nun bin ich hier und ruhig und, wie es scheint, auf mein ganzes Leben beruhigt. Denn es geht, man darf wohl sagen, ein neues Leben an, wenn man das Ganze mit Augen sieht, das man teilweise in- und auswendig kennt. Alle Träume meiner Jugend seh' ich nun lebendig; die ersten Kupferbilder, deren ich mich erinnere (mein Vater hatte die Prospekte von Rom auf einem Vorsaale aufgehängt), seh' ich nun in Wahrheit, und alles, was ich in Gemälden und Zeichnungen, Kupfern und Holzschnitten, in Gips und Kork schon lange gekannt, steht nun beisammen vor mir; wohin ich gehe, finde ich eine Bekanntschaft in einer neuen Welt; es ist alles, wie ich mir's dachte, und alles neu. Ebenso kann ich von meinen Beobachtungen, von meinen Ideen sagen. Ich habe keinen ganz neuen Gedanken gehabt, nichts ganz fremd gefunden, aber die alten sind so bestimmt, so lebendig, so zusammenhängend geworden, daß sie für neu gelten können.

Da Pygmalions Elise, die er sich ganz nach seinen Wünschen geformt und ihr so viel Wahrheit und Dasein gegeben hatte, als der Künstler vermag, endlich auf ihn zukam und sagte: „Ich bin's!", wie anders war die Lebendige als der gebildete Stein!

Wie moralisch heilsam ist mir es dann auch, unter einem ganz sinnlichen Volke zu leben, über das so viel Redens und Schreibens ist, das jeder Fremde nach dem Maßstabe beurteilt, den er mitbringt. Ich verzeihe jedem, der sie tadelt und schilt; sie stehn zu weit von uns ab, und als Fremder mit ihnen zu verkehren, ist beschwerlich und kostspielig.

Rom, den 3. November.

Einer der Hauptbeweggründe, die ich mir vorspiegelte, um nach Rom zu eilen, war das Fest Allerheiligen, der erste November; denn ich dachte, geschieht dem einzelnen Heiligen so viel Ehre, was wird es erst mit allen werden. Allein wie sehr betrog ich mich! Kein auffallend allgemeines Fest hatte die römische Kirche beliebt, und jeder Orden mochte im besondern das Andenken seines Patrons im stillen feiern;

7. Der Ponte Salaro bei Rom. Radierung von Mechau

denn das Namensfest und der ihm zugeteilte Ehrentag ist's eigentlich, wo jeder in seiner Glorie erscheint.

Gestern aber, am Tage Allerseelen, gelang mir's besser. Das Andenken dieser feiert der Papst in seiner Hauskapelle auf dem Quirinal. Jedermann hat freien Zutritt. Ich eilte mit Tischbein auf den Monte Cavallo. Der Platz vor dem Palaste hat was ganz eignes Individuelles, so unregelmäßig als grandios und lieblich. Die beiden Kolossen erblickt' ich nun! Weder Auge noch Geist sind hinreichend, sie zu fassen. Wir eilten mit der Menge durch den prächtig geräumigen Hof eine übergeräumige Treppe hinauf. In diesen Vorsälen, der Kapelle gegenüber, in der Ansicht der Reihe von Zimmern, fühlt man sich wunderbar unter einem Dache mit dem Statthalter Christi.

Die Funktion war angegangen, Papst und Kardinäle schon in der Kirche. Der heilige Vater, die schönste, würdigste Männergestalt, Kardinäle von verschiedenem Alter und Bildung.

Mich ergriff ein wunderbar Verlangen, das Oberhaupt der Kirche möge den goldenen Mund auftun und, von dem unaussprechlichen Heil der seligen Seelen mit Entzücken sprechend, uns in Entzücken versetzen. Da ich ihn aber vor dem Altare sich nur hin und her bewegen sah, bald nach dieser, bald nach jener Seite sich wendend, sich wie ein gemeiner Pfaffe gebärdend und murmelnd, da regte sich die protestantische Erbsünde, und mir wollte das bekannte und gewohnte Meßopfer hier keineswegs gefallen. Hat doch Christus schon als Knabe durch mündliche Auslegung der Schrift und in seinem Jünglingsleben gewiß nicht schweigend gelehrt und gewirkt; denn er sprach gern, geistreich und gut, wie wir aus den Evangelien wissen. Was würde der sagen, dacht' ich, wenn er hereinträte und sein Ebenbild auf Erden summend und hin und wider wankend anträfe? Das „Venio iterum crucifigi!“ fiel mir ein, und ich zupfte meinen Gefährten, daß wir ins Freie der gewölbten und gemalten Säle kämen.

Hier fanden wir eine Menge Personen die köstlichen Gemälde aufmerksam betrachtend, denn dieses Fest Allerseelen ist auch zugleich das Fest aller Künstler in Rom. Ebenso wie die Kapelle ist der ganze Palast und die sämtlichen Zimmer jedem zugänglich und diesen Tag für viele Stunden frei und offen, man braucht kein Trinkgeld zu geben und wird von dem Kastellan nicht gedrängt.

Die Wandgemälde beschäftigten mich, und ich lernte da neue, mir kaum dem Namen nach bekannte treffliche Männer kennen, so wie z. B. den heitern Karl Maratti schätzen und lieben.

Vorzüglich willkommen aber waren mir die Meisterstücke der Künstler, deren Art und Weise ich mir schon eingeprägt hatte. Ich sah mit Bewunderung die heilige Petronilla von Guercin, ehmals in St. Peter, wo nun eine musivische Kopie anstatt des Originals aufgestellt ist. Der Heiligen Leichnam wird aus dem Grabe gehoben und dieselbe Person neubelebt in der Himmelshöhe von einem göttlichen Jüngling empfangen. Was man auch gegen diese doppelte Handlung sagen mag, das Bild ist unschätzbar.

Noch mehr erstaunte ich vor einem Bilde von Tizian. Es überleuchtet alle, die ich gesehen habe. Ob mein Sinn schon geübter, oder ob es wirklich das vortrefflichste sei, weiß ich nicht zu unterscheiden. Ein ungeheures Meßgewand, das von Stickerei, ja von getriebenen Goldfiguren starrt, umhüllt eine ansehnliche bischöfliche Gestalt. Den massiven Hirtenstab in der Linken, blickt er entzückt in die Höhe, mit der Rechten hält er ein Buch, woraus er soeben eine göttliche Berührung empfangen zu haben scheint. Hinter ihm eine schöne Jungfrau, die Palme in der Hand, mit lieblicher Teilnahme nach dem aufgeschlagenen Buche hinschauend. Ein ernster Alter dagegen zur Rechten, dem Buche ganz nahe, scheint er dessen nicht zu achten: die Schlüssel in der Hand, mag er sich wohl eigenen Aufschluß zutrauen. Dieser Gruppe gegenüber ein nackter, wohlgebildeter, gebundener, von Pfeilen verletzter Jüngling, vor sich hinsehend, bescheiden ergeben. In dem Zwischenraume zwei Mönche, Kreuz und Lilie tragend, andächtig gegen die Himmlischen gekehrt. Denn oben offen ist das halbrunde Gemäuer, das sie sämtlich umschließt. Dort bewegt sich in höchster Glorie eine herabwärts teilnehmende Mutter. Das lebendig muntere Kind in ihrem Schoße reicht mit heiterer Gebärde einen Kranz her-

8. Der Monte Cavallo in Rom. Radierung von Piranesi

über, ja scheint ihn herunterzuwerfen. Auf beiden Seiten schweben Engel, Kränze schon im Vorrat haltend. Über allen aber und über dreifachem Strahlenkreise waltet die himmlische Taube, als Mittelpunkt und Schlußstein zugleich.

Wir sagen uns: hier muß ein heiliges altes Überliefertes zum Grunde liegen, daß diese verschiedenen, unpassenden Personen so kunstreich und bedeutungsvoll zusammengestellt werden konnten. Wir fragen nicht nach wie und warum, wir lassen es geschehen und bewundern die unschätzbare Kunst.

Weniger unverständlich, aber doch geheimnisvoll ist ein Wandbild von Guido in seiner Kapelle. Die kindlich lieblichste, frömmste Jungfrau sitzt still vor sich hin und näht, zwei Engel ihr zur Seite erwarten jeden Wink, ihr zu dienen. Daß jugendliche Unschuld und Fleiß von den Himmlischen bewacht und geehrt werde, sagt uns das liebe Bild. Es bedarf hier keiner Legende, keiner Auslegung.

Nun aber zu Milderung des künstlerischen Ernstes ein heiteres Abenteuer: Ich bemerkte wohl, daß mehrere deutsche Künstler, zu Tischbein als Bekannte tretend, mich beobachteten und sodann hin und wider gingen. Er, der mich einige Augenblicke verlassen hatte, trat wieder zu mir und sagte: „Da gibt's einen großen Spaß! Das Gerücht, Sie seien hier, hatte sich schon verbreitet, und die Künstler wurden auf den einzigen unbekannten Fremden aufmerksam. Nun ist einer unter uns, der schon längst behauptet, er sei mit Ihnen umgegangen, ja er wollte mit Ihnen in freundschaftlichem Verhältnis gelebt haben, woran wir nicht so recht glauben wollten. Dieser ward aufgefordert, Sie zu betrachten und den Zweifel zu lösen, er versicherte aber kurz und gut, Sie seien es nicht und an dem Fremden keine Spur Ihrer Gestalt und Aussehns. So ist doch wenigstens das Inkognito für den Moment gedeckt, und in der Folge gibt es etwas zu lachen."

Ich mischte mich nun freimütiger unter die Künstlerschar und fragte nach den Meistern verschiedener Bilder, deren Kunstweise mir noch nicht bekannt geworden. Endlich zog mich ein Bild besonders an, den heiligen Georg, den Drachenüberwinder und Jungfrauenbefreier, vorstellend. Niemand konnte mir den Meister nennen. Da trat ein kleiner, bescheidener, bisher lautloser Mann hervor und belehrte mich, es sei von Pordenone, dem Venezianer, eines seiner besten Bilder, an dem man sein ganzes Verdienst erkenne. Nun konnt' ich meine Neigung gar wohl erklären: das Bild hatte mich angemutet, weil ich, mit der venezianischen Schule schon näher bekannt, die Tugenden ihrer Meister besser zu schätzen wußte.

Der belehrende Künstler ist Heinrich Meyer, ein Schweizer, der mit einem Freunde namens Cölla seit einigen Jahren hier studiert, die antiken Büsten in Sepia vortrefflich nachbildet und in der Kunstgeschichte wohl erfahren ist.

Rom, den 7. November.

Nun bin ich sieben Tage hier, und nach und nach tritt in meiner Seele der allgemeine Begriff dieser Stadt hervor. Wir gehn fleißig hin und wider, ich mache mir die Plane des alten und neuen Roms bekannt, betrachte die Ruinen, die Gebäude, besuche ein und die andere Villa, die größten Merkwürdigkeiten werden ganz langsam behandelt, ich tue nur die Augen auf und seh' und geh' und komme wieder, denn man kann sich nur in Rom auf Rom vorbereiten.

Gestehen wir jedoch, es ist ein saures und trauriges Geschäft, das alte Rom aus dem neuen herauszuklauben, aber man muß es denn doch tun und zuletzt eine unschätzbare Befriedigung hoffen. Man trifft Spuren einer Herrlichkeit und einer Zerstörung, die beide über unsere Begriffe gehen. Was die Barbaren stehenließen, haben die Baumeister des neuen Roms verwüstet.

Wenn man so eine Existenz ansieht, die zweitausend Jahre und darüber alt ist, durch den Wechsel der Zeiten so mannigfaltig und vom Grund aus verändert und doch noch derselbe Boden, derselbe Berg, ja oft dieselbe Säule und Mauer, und im Volke noch die Spuren des alten Charakters, so wird man ein Mitgenosse der großen Ratschlüsse des Schicksals, und so wird es dem Betrachter von Anfang schwer, zu entwickeln, wie Rom auf Rom folgt, und nicht allein das neue auf das alte, sondern die verschiedenen Epochen des alten und neuen selbst aufeinander. Ich suche nur erst selbst die halbverdeckten Punkte herauszufühlen, dann lassen sich erst die schönen Vorarbeiten recht vollständig nutzen; denn seit dem funfzehnten Jahrhundert bis auf unsere Tage haben sich treffliche Künstler und Gelehrte mit diesen Gegenständen ihr ganzes Leben durch beschäftigt.

Und dieses Ungeheure wirkt ganz ruhig auf uns ein, wenn wir in Rom hin und her eilen, um zu den höchsten Gegenständen zu gelangen. Anderer Orten muß man das Bedeutende aufsuchen, hier werden wir davon überdrängt und überfüllt. Wie man geht und steht, zeigt sich ein landschaftliches Bild aller Art und Weise, Paläste und Ruinen, Gärten und Wildnis, Fernen und Engen, Häuschen, Ställe, Triumphbögen und Säulen, oft alles zusammen so nah, daß es auf ein Blatt gebracht werden könnte. Man müßte mit tausend Griffeln schreiben, was soll hier eine Feder! und dann ist man abends müde und erschöpft vom Schauen und Staunen.

Den 7. November 1786.

Verzeihen mir jedoch meine Freunde, wenn ich künftig wortkarg erfunden werde; während eines Reisezugs rafft man unterwegs auf, was man kann, jeder Tag bringt etwas Neues, und man eilt, auch darüber zu denken und zu urteilen. Hier aber kömmt man in eine gar große Schule, wo ein Tag so viel sagt, daß man von dem Tage nichts zu sagen wagen darf. Ja, man täte wohl, wenn man, jahrelang hier verweilend, ein pythagoreisches Stillschweigen beobachtete.

An demselben.

Ich bin recht wohl. Das Wetter ist, wie die Römer sagen, brutto; es geht ein Mittagwind, Scirocco, der täglich mehr oder weniger Regen herbeiführt; ich kann aber diese Witterung nicht unangenehm finden, es ist warm dabei, wie es bei uns im Sommer regnichte Tage nicht sind.

Den 7. November.

Tischbeins Talente sowie seine Vorsätze und Kunstabsichten lerne ich nun immer mehr kennen und schätzen. Er legte mir seine Zeichnungen und Skizzen vor, welche sehr viel Gutes geben und verkünden. Durch den Aufenthalt bei Bodmer sind seine Gedanken auf die ersten Zeiten des menschlichen Geschlechts geführt worden, da, wo es sich auf die Erde gesetzt fand und die Aufgabe lösen sollte, Herr der Welt zu werden.

Als geistreiche Einleitung zu dem Ganzen bestrebte er sich, das hohe Alter der Welt sinnlich darzustellen. Berge, mit herrlichen Wäldern bewachsen, Schluchten, von Wasserbächen ausgerissen, ausgebrannte Vulkane, kaum noch leise dampfend. Im Vordergrund ein mächtiger in der Erde übriggebliebener Stock eines vieljährigen Eichbaums, an dessen halbentblößten Wurzeln ein Hirsch die Stärke seines Geweihes versucht, so gut gedacht als lieblich ausgeführt.

Dann hat er auf einem höchst merkwürdigen Blatte den Mann zugleich als Pferdebändiger und allen Tieren der Erde, der Luft und des Wassers, wo nicht an Stärke, doch an List überlegen dargestellt. Die Komposition ist außerordentlich schön, als Ölbild müßte es eine große Wirkung tun. Eine Zeichnung davon müssen wir notwendig in Weimar besitzen. Sodann denkt er an eine Versammlung der alten, weisen und geprüften Männer, wo er Gelegenheit nehmen wird, wirkliche Gestalten darzustellen. Mit dem größten Enthusiasmus aber skizziert er an einer Schlacht, wo sich zwei Parteien Reiterei wechselseitig mit gleicher Wut angreifen, und zwar an einer Stelle, wo eine ungeheure Felsschlucht sie trennt, über welche das Pferd nur mit größter Anstrengung hinübersetzen kann. An Verteidigung ist hier nicht zu denken. Kühner Angriff, wilder Entschluß, Gelingen oder Sturz in den Abgrund. Dieses Bild wird ihm Gelegenheit geben, die Kenntnisse, die er von dem Pferde, dessen Bau und Bewegung besitzt, auf eine sehr bedeutende Weise zu entfalten.

Diese Bilder sodann und eine Reihe von folgenden und eingeschalteten wünscht er durch einige Gedichte verknüpft, welche dem Dargestellten zur Erklärung dienten, und denen er dagegen wieder durch bestimmte Gestalten Körper und Reiz verliehe.

Der Gedanke ist schön, nur müßte man freilich mehrere Jahre zusammen sein, um ein solches Werk auszuführen.

Den 7. November.

Die Logen von Raffael und die großen Gemälde der „Schule von Athen“ etc. hab’ ich nur erst einmal gesehen, und da ist’s, als wenn man den Homer aus einer zum Teil verloschenen, beschädigten Handschrift heraus studieren sollte. Das Vergnügen des ersten Eindrucks ist unvollkommen, nur wenn man nach und nach alles recht durchgesehn und studiert hat, wird der Genuß ganz. Am erhaltensten sind die Deckenstücke der Logen, die biblische Geschichten vorstellen, so frisch wie gestern gemalt, zwar die wenigsten von Raffaels eigner Hand, doch aber gar trefflich nach seinen Zeichnungen und unter seiner Aufsicht.

Den 7. November.

Ich habe manchmal in früherer Zeit die wunderliche Grille gehabt, daß ich mir sehnlichst wünschte, von einem wohlunterrichteten Manne, von einem kunst- und geschichtskundigen Engländer nach Italien geführt zu werden; und nun hat sich das alles indessen schöner gebildet, als ich hätte ahnen können. Tischbein lebte so lange hier als mein herzlicher Freund, er lebte hier mit dem Wunsche, mir Rom zu zeigen; unser Verhältnis ist alt durch Briefe, neu durch Gegenwart; wo hätte mir ein werterer Führer erscheinen können? Ist auch meine Zeit nur beschränkt, so werde ich doch das Möglichste genießen und lernen.

Und bei allem dem seh’ ich voraus, daß ich wünschen werde, anzukommen, wenn ich weggehe.

Den 8. November.

Mein wunderliches und vielleicht grillenhaftes Halbinkognito bringt mir Vorteile, an die ich nicht denken konnte. Da sich jedermann verpflichtet, zu ignorieren, wer ich sei, und also auch niemand mit mir von mir reden darf, so bleibt den Menschen nichts übrig, als von sich selbst oder von Gegenständen zu sprechen, die ihnen interessant sind, dadurch erfahr’ ich nun umständlich, womit sich ein jeder beschäftigt, oder was irgend Merkwürdiges entsteht und hervorgeht. Hofrat Reiffenstein fand sich auch in diese Grille; da er aber den Namen, den ich angenommen hatte, aus einer besondern Ursache nicht leiden konnte, so baronisierte er mich geschwind, und ich heiße nun der Baron gegen Rondanini über, dadurch bin ich bezeichnet genug, um so mehr, als der Italiener die Menschen nur nach den Vornamen oder Spitznamen benennet. Genug, ich habe meinen Willen und entgehe der unendlichen Unbequemlichkeit, von mir und meinen Arbeiten Rechenschaft geben zu müssen.

Den 9. November.

Manchmal stehe ich wie einen Augenblick still und überschaue die höchsten Gipfel des schon Gewonnenen. Sehr gerne blicke ich nach Venedig zurück, auf jenes große Dasein, dem Schoße des Meeres wie Pallas aus dem Haupte Jupiters entsprossen. Hier hat mich die Rotonda, so die äußere wie die innere, zu einer freudigen Verehrung ihrer Großheit bewogen. In St. Peter habe ich begreifen lernen, wie die Kunst sowohl als die Natur alle Maßvergleichung aufheben kann. Und so hat mich Apoll von Belvedere aus der Wirklichkeit hinausgerückt. Denn wie von jenen Gebäuden die richtigsten Zeichnungen keinen Begriff geben, so ist es hier mit dem Original von Marmor gegen die Gipsabgüsse, deren ich doch sehr schöne früher gekannt habe.

Den 10. November 1786.

Ich lebe nun hier mit einer Klarheit und Ruhe, von der ich lange kein Gefühl hatte. Meine Übung, alle Dinge, wie sie sind, zu sehen und abzulesen, meine Treue, das Auge licht sein zu lassen, meine völlige Entäußerung von aller Prätention kommen mir einmal wieder recht zustatten und machen mich im stillen höchst glücklich. Alle Tage ein neuer merkwürdiger Gegenstand, täglich frische, große, seltsame Bilder und ein Ganzes, das man sich lange denkt und träumt, nie mit der Einbildungskraft erreicht.

Heute war ich bei der Pyramide des Cestius und abends auf dem Palatin, oben auf den Ruinen der Kaiserpaläste, die wie Felsenwände dastehn. Hievon läßt sich nun freilich nichts überliefern! Wahrlich, es gibt hier nichts Kleines, wenn auch wohl hier und da etwas Scheltenswertes und Abgeschmacktes; doch auch ein solches hat teil an der allgemeinen Großheit genommen.

Kehr' ich nun in mich selbst zurück. wie man doch so gern tut bei jeder Gelegenheit, so entdecke ich ein Gefühl, das mich unendlich freut, ja, das ich sogar auszusprechen wage. Wer sich mit Ernst hier umsieht und Augen hat zu sehen, muß solid werden, er muß einen Begriff von Solidität fassen, der ihm nie so lebendig ward.

Der Geist wird zur Tüchtigkeit gestempelt, gelangt zu einem Ernst ohne Trockenheit, zu einem gesetzten Wesen mit Freude. Mir wenigstens ist es, als wenn ich die Dinge dieser Welt nie so richtig geschätzt hätte als hier. Ich freue mich der gesegneten Folgen auf mein ganzes Leben.

Und so laßt mich aufraffen, wie es kommen will, die Ordnung wird sich geben. Ich bin nicht hier, um nach meiner Art zu genießen; befleißigen will ich mich der großen Gegenstände, lernen und mich ausbilden, ehe ich vierzig Jahre alt werde.

Den 11. November.

Heut' hab' ich die Nymphe Egeria besucht, dann die Rennbahn des Caracalla, die zerstörten Grabstätten längs der Via Appia und das Grab der Metella, das einem erst einen Begriff von solidem Mauerwerk gibt. Diese Menschen arbeiteten für die Ewigkeit, es war auf alles kalkuliert, nur auf den Unsinn der Verwüster nicht, dem alles weichen mußte. Recht sehnlich habe ich dich herzugewünscht. Die Reste der großen Wasserleitung sind höchst ehrwürdig. Der schöne, große Zweck, ein Volk zu tränken durch eine so ungeheure Anstalt! Abends kamen wir ans Coliseo, da es schon dämmrig war. Wenn man das ansieht, scheint wieder alles andre klein, es ist so groß, daß man das Bild nicht in der Seele behalten kann; man erinnert sich dessen nur kleiner wieder, und kehrt man dahin zurück, kommt es einem aufs neue größer vor.

Frascati, den 15. November.

Die Gesellschaft ist zu Bette, und ich schreibe noch aus der Tuschmuschel, aus welcher gezeichnet worden ist. Wir haben ein paar schöne, regenfreie Tage hier gehabt, warm und freundlichen Sonnenschein, daß man den Sommer nicht vermißt. Die Gegend ist sehr angenehm, der Ort liegt auf einem Hügel, vielmehr an einem Berge, und jeder Schritt bietet dem Zeichner die herrlichsten Gegenstände. Die Aussicht ist unbegrenzt, man sieht Rom liegen und weiter die See, an der rechten Seite die Gebirge von Tivoli und so fort. In dieser lustigen Gegend sind Landhäuser recht zur Lust angelegt, und wie die alten Römer schon hier ihre Villen hatten, so haben vor hundert Jahren und mehr reiche und übermütige Römer ihre Landhäuser auch auf die schönsten Flecke gepflanzt. Zwei Tage gehn wir schon hier herum, und es ist immer etwas Neues und Reizendes.

Und doch läßt sich kaum sagen, ob nicht die Abende noch vergnügter als der Tag hingehen. Sobald die stattliche Wirtin die messingene dreiarmige Lampe auf den großen runden Tisch gesetzt und „Felicissima notte!" gesagt hat, versammelt sich alles im Kreise und legt die Blätter vor, welche den Tag über gezeichnet und skizziert worden. Darüber spricht man, ob der Gegenstand hätte günstiger aufgenommen werden sollen, ob der Charakter getroffen ist, und was solche erste allgemeine Fordernisse sind, wovon man sich schon bei dem ersten Entwurf Rechenschaft geben kann. Hofrat Reiffenstein weiß diese Sitzungen durch seine Einsicht und Autorität zu ordnen und zu leiten. Diese löbliche Anstalt aber schreibt sich eigentlich von Philipp Hackert her, welcher höchst geschmackvoll die wirklichen Aussichten zu zeichnen und auszuführen wußte. Künstler und Liebhaber, Männer und Frauen, Alte und Junge ließ er nicht ruhen, er munterte jeden auf, nach seinen Gaben und Kräften sich gleichfalls zu versuchen, und ging mit gutem Beispiel vor. Diese Art, eine Gesellschaft zu versammeln und zu unterhalten, hat Hofrat Reiffenstein nach der Abreise jenes Freundes treulich fortgesetzt, und wir finden, wie löblich es sei, den tätigen Anteil eines jeden zu wecken. Die Natur und Eigenschaft der verschiedenen Gesellschaftsglieder tritt auf eine anmutige Weise hervor. Tischbein z. B. sieht als Historienmaler die Landschaft ganz anders an als der Landschaftszeichner. Er findet bedeutende Gruppen und andere anmutige, vielsagende Gegenstände da, wo ein anderer nichts gewahr würde, und so glückt es ihm auch, manchen menschlichen naiven Zug zu erhaschen, es sei nun an Kindern, Landleuten, Bettlern und andern dergleichen Naturmenschen, oder auch an Tieren, die er mit wenigen charakteristischen Strichen gar glücklich darzustellen weiß und dadurch der Unterhaltung immer neuen angenehmen Stoff unterlegt.

Will das Gespräch ausgehen, so wird gleichfalls nach Hackerts Vermächtnis in Sulzers „Theorie" gelesen, und wenn man gleich von einem höhern Standpunkte mit diesem Werke nicht ganz zufrieden sein kann, so bemerkt man doch mit Vergnügen den guten Einfluß auf Personen, die auf einer mittlern Stufe der Bildung stehen.

Rom, den 17. November.

Wir sind zurück! Heute nacht fiel ein entsetzlicher Regenguß mit Donner und Blitzen, nun regnet es fort und ist immer warm dabei.

Ich aber kann nur mit wenig Worten das Glück dieses Tages bezeichnen. Ich habe die Freskogemälde von Dominichin in Andrea della Valle, ingleichen die Farnesische Galerie von Carracci gesehen. Freilich zuviel für Monate, geschweige für einen Tag.

Den 18. November.

Es ist wieder schön Wetter, ein heller, freundlicher, warmer Tag.

Ich sah in der Farnesina die Geschichte der Psyche, deren farbige Nachbildungen so lange meine Zimmer erheitern, dann zu St. Peter in Montorio die „Verklärung" von Raffael. Alles alte Bekannte, wie Freunde, die man sich in der Ferne durch Briefwechsel gemacht hat, und die man nun von Angesicht sieht. Das Mitleben ist doch ganz was anders, jedes wahre Verhältnis und Mißverhältnis spricht sich sogleich aus.

Auch finden sich aller Orten und Enden herrliche Sachen, von denen nicht so viel Redens ist, die nicht so oft durch Kupfer und Nachbildungen in die Welt gestreut sind. Hievon bringe ich manches mit, gezeichnet von guten jungen Künstlern.

Den 18. November.

Daß ich mit Tischbein schon so lange durch Briefe in dem besten Verhältnis stehe, daß ich ihm so manchen Wunsch, sogar ohne Hoffnung, nach Italien zu kommen, mitgeteilt, machte unser Zusammentreffen sogleich fruchtbar und erfreulich. Er hatte immer an mich gedacht und für mich gesorgt. Auch was die Steine betrifft, mit welchen die Alten und Neuen gebaut, ist er vollkommen zu Hause, er hat sie recht gründlich studiert, wobei ihm sein Künstlerauge und die Künstlerlust an sinnlichen Dingen sehr zustatten kommt. Eine für mich ausgewählte Sammlung von Musterstücken hat er vor kurzem nach Weimar abgesendet, die mich bei meiner Zurückkunft freundlich empfangen soll. Ein bedeutender Nachtrag hat sich indessen gefunden. Ein Geistlicher, der sich jetzt in Frankreich aufhält und über die antiken Steinarten ein Werk auszuarbeiten dachte, erhielt durch die Gunst der Propagande ansehnliche Stücke Marmor von der Insel Paros. Diese wurden hier zu Musterstücken verschnitten, und zwölf verschiedene Stücke auch für mich beiseitegelegt vom feinsten bis zum gröbsten Korn, von der größten Reinheit und dann minder und mehr mit Glimmer gemischt, jene zur Bildhauerei, diese zur Architektur anwendbar. Wie viel eine genaue Kenntnis des Materials, worin die Künste gearbeitet, zu ihrer Beurteilung hilft, fällt genugsam in die Augen.

Gelegenheit gibt's genug, dergleichen hier zusammenzuschleppen. Auf den Ruinen des Neronischen Palastes gingen wir durch frisch aufgehäufelte Artischockenländer und konnten uns nicht enthalten, die Taschen vollzustecken von Granit, Porphyr und Marmortäfelchen, die zu Tausenden hier herumliegen und von der alten Herrlichkeit der damit überkleideten Wände noch als unerschöpfliche Zeugen gelten.

Zum 18. November.

Nun muß ich aber auch von einem wunderbaren problematischen Bilde sprechen, das sich auf jene trefflichen Dinge noch immer gut sehen läßt.

Schon vor mehrern Jahren hielt sich hier ein Franzos auf, als Liebhaber der Kunst und Sammler bekannt. Er kommt zum Besitz eines antiken Gemäldes auf Kalk, niemand weiß woher; er läßt das Bild durch Mengs restaurieren und hat es als ein geschätztes Werk in seiner Sammlung. Winckelmann spricht irgendwo mit Enthusiasmus davon. Es stellt den Ganymed vor, der dem Jupiter eine Schale Wein reicht und dagegen einen Kuß empfängt. Der Franzose stirbt und hinterläßt das Bild seiner Wirtin als antik. Mengs stirbt und sagt auf seinem Todbette, es sei nicht antik, er habe es gemalt. Und nun streitet alles gegeneinander. Der eine behauptet, es sei von Mengs zum Scherz nur so leicht hingemacht, der andere Teil sagt, Mengs habe nie so etwas machen können, ja es sei beinahe für Raffael zu schön. Ich habe es gestern gesehn und muß sagen, daß ich auch nichts Schöneres kenne als die Figur Ganymeds, Kopf und Rücken, das andere ist viel restauriert. Indessen ist das Bild diskreditiert, und die arme Frau will niemand von dem Schatz erlösen.

Den 20. November 1786.

Da uns die Erfahrung genugsam belehrt, daß man zu Gedichten jeder Art Zeichnungen und Kupfer wünscht, ja der Maler selbst seine ausführlichsten Bilder der Stelle irgendeines Dichters widmet, so ist Tischbeins Gedanke höchst beifallswürdig, daß Dichter und Künstler zusammenarbeiten sollten, um gleich vom Ursprunge herauf eine Einheit zu bilden. Die Schwierigkeit würde um vieles freilich vermindert, wenn es kleine Gedichte wären, die sich leicht übersehen und fördern ließen.

Tischbein hat auch hiezu sehr angenehme idyllische Gedanken, und es ist wirklich sonderbar, daß die Gegenstände, die er auf diese Weise bearbeitet wünscht, von der Art sind, daß weder dichtende noch bildende Kunst, jede für sich, zur Darstellung hinreichend wären. Er hat mir davon auf unsern Spaziergängen erzählt, um mir Lust zu machen, daß ich mich darauf einlassen möge. Das Titelkupfer zu unserm gemeinsamen Werke ist schon entworfen; fürchtete ich mich nicht, in etwas Neues einzugehen, so könnte ich mich wohl verführen lassen.

Rom, den 22. November 1786, am Cäcilienfeste.

Das Andenken dieses glücklichen Tages muß ich durch einige Zeilen lebhaft erhalten und, was ich genossen, wenigstens historisch mitteilen. Es war das schönste, ruhigste Wetter, ein ganz heiterer Himmel und warme Sonne. Ich ging mit Tischbein nach dem Petersplatze, wo wir erst auf und ab gehend und, wenn es uns zu warm wurde, im Schatten des großen Obelisks, der eben für zwei breit genug geworfen wird, spazierten und Trauben verzehrten, die wir in der Nähe gekauft hatten. Dann gingen wir in die Sixtinische Kapelle, die wir auch hell und heiter, die Gemälde wohlerleuchtet fanden. Das „Jüngste Gericht" und die mannigfaltigen Gemälde der Decke, von Michelangelo, teilten unsere Bewunderung. Ich konnte nur sehen und anstaunen. Die innere Sicherheit und Männlichkeit des Meisters, seine Großheit geht über allen Ausdruck. Nachdem wir alles wieder und wieder gesehen, verließen wir dieses Heiligtum und gingen nach der Peterskirche, die von dem heitern Himmel das schönste Licht empfing und in allen Teilen hell und klar erschien. Wir ergötzten uns als genießende Menschen an der Größe und der Pracht, ohne durch allzu eklen und zu verständigen Geschmack uns diesmal irremachen zu lassen, und unterdrückten jedes schärfere Urteil. Wir erfreuten uns des Erfreulichen.

Endlich bestiegen wir das Dach der Kirche, wo man das Bild einer wohlgebauten Stadt im kleinen findet. Häuser und Magazine, Brunnen, (dem Ansehn nach) Kirchen und einen großen Tempel, alles in der Luft, und schöne Spaziergänge dazwischen. Wir bestiegen die Kuppel und besahen die hellheitere Gegend der Apenninen, den Berg Soracte, nach Tivoli die vulkanischen Hügel, Frascati, Castel Gandolfo und die Plaine und weiter das Meer. Nahe vor uns die ganze Stadt Rom in ihrer Breite und Weite, mit ihren Bergpalästen, Kuppeln etc. Es rührte sich keine Luft, und in dem kupfernen Knopf war es heiß wie in einem Treibhause. Nachdem wir das alles beherzigt hatten, stiegen wir herab und ließen uns die Türen zu den Gesimsen der Kuppel, des Tambours und des Schiffs aufschließen; man kann um selbe herumgehen und diese Teile und die Kirche von oben betrachten.

Als wir auf dem Gesimse des Tambours standen, ging der Papst unten in der Tiefe vorbei, seine Nachmittagsandacht zu halten. Es fehlte uns also nichts zur Peterskirche. Wir stiegen völlig wieder herab, nahmen in einem benachbarten Gasthofe ein fröhliches, frugales Mahl und setzten unsern Weg nach der Cäcilienkirche fort.

Viele Worte würde ich brauchen, um die Auszierung der ganz mit Menschen angefüllten Kirche zu beschreiben. Man sah eben keinen Stein der Architektur mehr. Die Säulen waren mit rotem Samt überzogen und mit goldenen Tressen umwunden, die Kapitäle mit gesticktem Samt in ungefährer Kapitälform, so alle Gesimse und Pfeiler behangen und bedeckt. Alle Zwischenräume der Mauern mit lebhaft gemalten Stücken bekleidet, daß die ganze Kirche mit Mosaik ausgelegt schien, und über zweihundert Wachskerzen brannten um und neben dem Hochaltar, so daß die ganze eine Wand mit Lichtern besetzt und das Schiff der Kirche vollkommen erleuchtet war. Die Seitengänge und Seitenaltäre ebenso geziert und erhellt. Gegen dem Hochaltar über, unter der Orgel, zwei Gerüste, auch mit Samt überzogen, auf deren einem die Sänger, auf dem andern die Instrumente standen, die anhaltend Musik machten. Die Kirche war voll gedrängt.

Eine schöne Art musikalischer Aufführung hört' ich hier. Wie man Violin- oder andere Konzerte hat, so führen sie Konzerte mit Stimmen auf, daß die eine Stimme, der Sopran z. B., herrschend ist und solo singt, das Chor von Zeit zu Zeit einfällt und ihn begleitet, es versteht sich, immer mit dem ganzen Orchester. Es tut gute Wirkung. — Ich muß endigen, wie wir den Tag enden mußten. Den Abend gelangten wir noch ans Opernhaus, wo eben die „Litiganti“ aufgeführt wurden, und hatten des Guten so viel genossen, daß wir vorübergingen.

Den 23. November.

Damit es mir denn aber doch mit meinem beliebten Inkognito nicht wie dem Vogel Strauß ergehe, der sich für versteckt hält, wenn er den Kopf verbirgt, so gebe ich auf gewisse Weise nach, meine alte These immerfort behauptend. Den Fürsten von Liechtenstein, den Bruder der mir so werten

Gräfin Harrach, habe ich gern begrüßt und einigemal bei ihm gespeist, und konnte bald merken, daß diese meine Nachgiebigkeit mich weiter führen würde, und so kam es auch. Man hatte mir von dem Abbate Monti präludiert, von seinem „Aristodem“, einer Tragödie, die nächstens gegeben werden sollte. Der Verfasser, sagte man, wünsche sie mir vorzulesen und meine Meinung darüber zu hören. Ich ließ die Sache fallen, ohne sie abzulehnen, endlich fand ich einmal den Dichter und einen seiner Freunde beim Fürsten, und das Stück ward vorgelesen.

Der Held ist, wie bekannt, ein König von Sparta, der sich wegen allerlei Gewissensskrupel selbst entleibt, und man gab mir auf eine artige Weise zu verstehen, der Verfasser des „Werthers“ würde wohl nicht übel finden, wenn er in diesem Stücke einige Stellen seines trefflichen Buches benutzt finde. Und so konnte ich selbst in den Mauern von Sparta den erzürnten Manen des unglücklichen Jünglings nicht entgehen.

Das Stück hat einen sehr einfachen, ruhigen Gang, die Gesinnungen wie die Sprache sind, dem Gegenstande gemäß, kräftig und doch weichmütig. Die Arbeit zeugt von einem sehr schönen Talente.

Ich verfehlte nicht, nach meiner Weise, freilich nicht nach der italienischen, alles Gute und Lobenswürdige des Stücks herauszuheben, womit man zwar leidlich zufrieden war, aber doch mit südlicher Ungeduld etwas mehr verlangte. Besonders sollte ich weissagen, was von dem Effekt des Stücks auf das Publikum zu hoffen sei. Ich entschuldigte mich mit meiner Unkunde des Landes, der Vorstellungsart und des Geschmacks, war aber aufrichtig genug, hinzuzusetzen, daß ich nicht recht einsehe, wie die verwöhnten Römer, die ein komplettes Lustspiel von drei Akten und eine komplette Oper von zwei Akten als Zwischenspiel oder eine große Oper mit ganz fremdartigen Balletts als Intermezz zu sehen gewohnt seien, sich an dem edlen, ruhigen Gang einer ununterbrochen fortgehenden Tragödie ergötzen könnten. Alsdann schien mir auch der Gegenstand des Selbstmordes ganz außer dem Kreise italienischer Begriffe zu liegen. Daß man andere totschlage, davon hätte ich fast Tag für Tag zu hören, daß man sich aber selbst das liebe Leben raube, oder es

9. Der Petersplatz in Rom. Radierung von Piranesi

nur für möglich hielte, davon sei mir noch nichts vorgekommen.

Hierauf ließ ich mich gern umständlich unterrichten, was gegen meinen Unglauben einzuwenden sein möchte, und ergab mich sehr gern in die plausibeln Argumente, versicherte auch, daß ich nichts mehr wünsche, als das Stück aufführen zu sehen und demselben mit einem Chor von Freunden den aufrichtigsten, lautesten Beifall zu zollen. Diese Erklärung wurde freundlichst aufgenommen, und ich hatte alle Ursache, diesmal mit meiner Nachgiebigkeit zufrieden zu sein — wie denn Fürst Liechtenstein die Gefälligkeit selbst ist und mir Gelegenheit geschafft hat, mit ihm gar manche Kunstschätze zu sehen, wozu besondere Erlaubnis der Besitzer und also eine höhere Einwirkung nötig ist.

Dagegen aber reichte mein guter Humor nicht hin, als die Tochter des Prätendenten das fremde Murmeltier gleichfalls zu sehen verlangte. Das habe ich abgelehnt und bin ganz entschieden wieder untergetaucht.

Und doch ist das auch nicht die ganz rechte Art, und ich fühle hier sehr lebhaft, was ich schon früher im Leben bemerken konnte, daß der Mensch, der das Gute will, sich ebenso tätig und rührig gegen andere verhalten müsse als der Eigennützige, der Kleine, der Böse. Einsehen läßt sich's gut; es ist aber schwer in diesem Sinne handeln.

Den 24. November.

Von der Nation wüßte ich nichts weiter zu sagen, als daß es Naturmenschen sind, die unter Pracht und Würde der Religion und der Künste nicht ein Haar anders sind, als sie in Höhlen und Wäldern auch sein würden. Was allen Fremden auffällt, und was heute wieder die ganze Stadt reden, aber auch nur reden macht, sind die Totschläge, die gewöhnlich vorkommen. Viere sind schon in unserm Bezirk in diesen drei Wochen ermordet worden. Heute ward ein braver Künstler Schwendimann, ein Schweizer, Medailleur, der letzte Schüler von Hedlinger, überfallen, völlig wie Winckelmann. Der Mörder, mit dem er sich herumbalgte, gab ihm an die zwanzig Stiche, und da die Wache hinzukam, erstach sich der Bösewicht selbst. Das ist sonst hier nicht Mode. Der Mörder erreicht eine Kirche, und so ist's gut.

Und so sollte ich denn, um auch Schatten in meine Gemälde zu bringen, von Verbrechen und Unheil, Erdbeben und Wasserflut einiges melden, doch setzt das gegenwärtige Ausbrechen des Feuers des Vesuvs die meisten Fremden hier in Bewegung, und man muß sich Gewalt antun, um nicht mit fortgerissen zu werden. Diese Naturerscheinung hat wirklich etwas Klapperschlangenartiges und zieht die Menschen unwiderstehlich an. Es ist in dem Augenblick, als wenn alle Kunstschätze Roms zunichte würden; die sämtlichen Fremden durchbrechen den Lauf ihrer Betrachtungen und eilen nach Neapel. Ich aber will ausharren in Hoffnung, daß der Berg noch etwas für mich aufheben wird.

Den 1. Dezember.

Moritz ist hier, der uns durch „Anton Reiser" und die „Wanderungen nach England" merkwürdig geworden. Es ist ein reiner, trefflicher Mann, an dem wir viel Freude haben.

Den 1. Dezember.

Hier in Rom, wo man so viel Fremde sieht, die nicht alle der höheren Kunst wegen diese Hauptstadt der Welt besuchen, sondern auch wohl auf andere Art unterhalten sein wollen, ist man auf allerlei vorbereitet. Es gibt so gewisse Halbkünste, welche Handgeschicklichkeit und Handwerkslust verlangen, worin man es hier sehr weit gebracht hat und die Fremden gern mit ins Interesse zieht.

Dahin gehört die Wachsmalerei, die einen jeden, der sich einigermaßen mit Wasserfarben abgegeben hat, durch ihre Vorarbeiten und Vorbereitungen, sodann zuletzt durch das Einbrennen, und was sonst noch dazu gehört, mechanisch beschäftigen und einen oft geringen Kunstwert durch die Neuheit des Unternehmens erhöhen kann. Es gibt geschickte Künstler, die hierin Unterricht geben und unter dem Vorwand der Anleitung oft das Beste bei der Sache tun, so daß zuletzt, wenn das von Wachs erhöhte und glänzende Bild in goldenem Rahmen erscheint, die schöne Schülerin ganz überrascht von ihrem unbewußten Talent dasteht.

10. Das Pantheon in Rom. Radierung nach Barbault

Eine andere artige Beschäftigung ist, hohlgeschnittene Steine in einen feinen Ton abzudrucken, welches auch wohl mit Medaillen geschieht, wo beide Seiten zugleich nachgebildet werden.

Mehr Geschick, Aufmerksamkeit und Fleiß erfordert denn endlich das Verfertigen der Glaspasten selbst. Zu allen diesen Dingen hat Hofrat Reiffenstein in seinem Hause oder wenigstens in seinen nächsten Umgebungen die nötigen Gerätschaften und Anstalten.

Den 2. Dezember.

Zufällig habe ich hier Archenholzens „Italien" gefunden. Wie so ein Geschreibe am Ort selbst zusammenschrumpft, eben als wenn man das Büchlein auf Kohlen legte, daß es nach und nach braun und schwarz würde, die Blätter sich krümmten und in Rauch aufgingen. Freilich hat er die Sachen gesehen; aber um eine großtuige, verachtende Manier gelten zu machen, besitzt er viel zu wenig Kenntnisse und stolpert lobend und tadelnd.

Rom, den 2. Dezember 1786.

Das schöne, warme, ruhige Wetter, das nur manchmal von einigen Regentagen unterbrochen wird, ist mir zu Ende Novembers ganz was Neues. Wir gebrauchen die gute Zeit in freier Luft, die böse im Zimmer, überall findet sich etwas zum Freuen, Lernen und Tun.

Am 28. November kehrten wir zur Sixtinischen Kapelle zurück, ließen die Galerie aufschließen, wo man den Plafond näher sehen kann; man drängt sich zwar, da sie sehr eng ist, mit einiger Beschwerlichkeit und mit anscheinender Gefahr an den eisernen Stäben weg, deswegen auch die Schwindligen zurückbleiben: alles wird aber durch den Anblick des größten Meisterstücks ersetzt. Und ich bin in dem Augenblicke so für Michelangelo eingenommen, daß mir nicht einmal die Natur auf ihn schmeckt, da ich sie doch nicht mit so großen Augen wie er sehen kann. Wäre nur ein Mittel, sich solche Bilder in der Seele recht zu fixieren! Wenigstens was ich von Kupfern und Zeichnungen nach ihm erobern kann, bring' ich mit.

Wir gingen von da auf die Logen Raffaels, und kaum darf ich sagen, daß man diese nicht ansehen durfte. Das Auge war von jenen großen Formen und der herrlichen Vollendung aller Teile so ausgeweitet und verwöhnt, daß man die geistreichen Spielereien der Arabesken nicht ansehen mochte, und die biblischen Geschichten, so schön sie sind, hielten auf jene nicht Stich. Diese Werke nun öfter gegeneinander zu sehen, mit mehr Muße und ohne Vorurteil zu vergleichen, muß eine große Freude gewähren; denn anfangs ist doch alle Teilnahme nur einseitig.

Von da schlichen wir, fast bei zu warmem Sonnenschein, auf die Villa Pamfili, wo sehr schöne Gartenpartien sind, und blieben bis an den Abend. Eine große, mit immergrünen Eichen und hohen Pinien eingefaßte flache Wiese war ganz mit Maßlieben übersäet, die ihre Köpfchen alle nach der Sonne wendeten; nun gingen meine botanischen Spekulationen an, denen ich den andern Tag auf einem Spaziergange nach dem Monte Mario, der Villa Melini und Villa Madama weiter nachhing. Es ist gar interessant, zu bemerken, wie eine lebhaft fortgesetzte und durch starke Kälte nicht unterbrochene Vegetation wirkt; hier gibt's keine Knospen, und man lernt erst begreifen, was eine Knospe sei. Der Erdbeerbaum (arbutus unedo) blüht jetzt wieder, indem seine letzten Früchte reif werden, und so zeigt sich der Orangenbaum mit Blüten, halb und ganz reifen Früchten (doch werden letztere Bäume, wenn sie nicht zwischen Gebäuden stehen, nun bedeckt). Über die Zypresse, den respektabelsten Baum, wenn er recht alt und wohl gewachsen ist, gibt's genug zu denken. Ehstens werd' ich den botanischen Garten besuchen und hoffe, da manches zu erfahren. Überhaupt ist mit dem neuen Leben, das einem nachdenkenden Menschen die Betrachtung eines neuen Landes gewährt, nichts zu vergleichen. Ob ich gleich noch immer derselbe bin, so mein' ich, bis aufs innerste Knochenmark verändert zu sein.

Für diesmal schließ' ich und werde das nächste Blatt einmal ganz von Unheil, Mord, Erdbeben und Unglück anfüllen, daß doch auch Schatten in meine Gemälde komme.

Den 3. Dezember.

Die Witterung hat bisher meist von sechs zu sechs Tagen abgewechselt. Zwei ganz herrliche, ein trüber, zwei bis drei

Regentage und dann wieder schöne. Ich suche jeden nach seiner Art aufs beste zu nutzen.

Doch immer sind mir noch diese herrlichen Gegenstände wie neue Bekanntschaften. Man hat nicht mit ihnen gelebt, ihnen ihre Eigentümlichkeiten nicht abgewonnen. Einige reißen uns mit Gewalt an sich, daß man eine Zeitlang gleichgültig, ja ungerecht gegen andere wird. So hat z. B. das Pantheon, der Apoll von Belvedere, einige kolossale Köpfe und neuerlich die Sixtinische Kapelle so mein Gemüt eingenommen, daß ich daneben fast nichts mehr sehe. Wie will man sich aber, klein wie man ist und ans Kleine gewohnt, diesem Edlen, Ungeheuren, Gebildeten gleichstellen? Und wenn man es einigermaßen zurechtrücken möchte, so drängt sich abermals eine ungeheure Menge von allen Seiten zu, begegnet dir auf jedem Schritt, und jedes fordert für sich den Tribut der Aufmerksamkeit. Wie will man sich da herausziehen? Anders nicht, als daß man es geduldig wirken und wachsen läßt und fleißig auf das merkt, was andere zu unsern Gunsten gearbeitet haben.

Winckelmanns Kunstgeschichte, übersetzt von Fea, die neue Ausgabe, ist ein sehr brauchbares Werk, das ich gleich angeschafft habe und hier am Orte in guter, auslegender und belehrender Gesellschaft sehr nützlich finde.

Auch die römischen Altertümer fangen mich an zu freuen. Geschichte, Inschriften, Münzen, von denen ich sonst nichts wissen mochte, alles drängt sich heran. Wie mir's in der Naturgeschichte erging, geht es auch hier, denn an diesen Ort knüpft sich die ganze Geschichte der Welt an, und ich zähle einen zweiten Geburtstag, eine wahre Wiedergeburt, von dem Tage, da ich Rom betrat.

Den 5. Dezember.

In den wenigen Wochen, da ich hier bin, habe ich schon manchen Fremden kommen und gehen sehen und mich über die Leichtigkeit verwundert, mit welcher so viele diese würdigen Gegenstände behandeln. Gott sei Dank, daß mir von diesen Zugvögeln künftig keiner mehr imponiert, wenn er mir im Norden von Rom spricht, keiner mir die Eingeweide mehr erregt; denn ich hab's doch auch gesehn und weiß schon einigermaßen, woran ich bin.

Den 8. Dezember.

Wir haben mitunter die schönsten Tage. Der Regen, der von Zeit zu Zeit fällt, macht Gras und Gartenkräuter grün. Die immergrünen Bäume stehen auch hier hin und wieder, so daß man das abgefallene Laub der übrigen kaum vermißt. In den Gärten stehen Pomeranzenbäume voller Früchte, aus der Erde wachsend und unbedeckt.

Von einer sehr angenehmen Spazierfahrt, die wir ans Meer machten, und von dem Fischfang daselbst dachte ich umständlich zu erzählen, als abends der gute Moritz hereinreitend den Arm brach, indem sein Pferd auf dem glatten römischen Pflaster ausglitschte. Das zerstörte die ganze Freude und brachte in unsern kleinen Zirkel ein böses Hauskreuz.

Rom, den 13. Dezember.

Wie herzlich freut es mich, daß ihr mein Verschwinden so ganz, wie ich wünschte, genommen habt. Versöhnt mir nun auch jedes Gemüt, das daran dürfte Anstoß genommen haben. Ich habe niemand kränken wollen und kann nun auch nichts sagen, um mich zu rechtfertigen. Gott behüte mich, daß ich jemals mit den Prämissen zu diesem Entschlusse einen Freund betrübe.

Ich erhole mich nun hier nach und nach von meinem salto mortale und studiere mehr, als daß ich genieße. Rom ist eine Welt, und man braucht Jahre, um sich nur erst drinnen gewahr zu werden. Wie glücklich find' ich die Reisenden, die sehen und gehn.

Heute früh fielen mir Winckelmanns Briefe, die er aus Italien schrieb, in die Hand. Mit welcher Rührung hab' ich sie zu lesen angefangen! Vor einunddreißig Jahren, in derselben Jahreszeit kam er, ein noch ärmerer Narr als ich, hierher, ihm war es auch so deutsch Ernst um das Gründliche und Sichere der Altertümer und der Kunst. Wie brav und gut arbeitete er sich durch! Und was ist mir nun aber auch das Andenken dieses Mannes auf diesem Platze!

Außer den Gegenständen der Natur, die in allen ihren Teilen wahr und konsequent ist, spricht doch nichts so laut als die Spur eines guten, verständigen Mannes, als die echte Kunst, die ebenso folgerecht ist als jene. Hier in Rom kann man das recht fühlen, wo so manche Willkürlichkeit gewütet hat, wo so mancher Unsinn durch Macht und Geld verewigt worden.

Eine Stelle in Winckelmanns Brief an Franken freute mich besonders: „Man muß alle Sachen in Rom mit einem gewissen Phlegma suchen, sonst wird man für einen Franzosen gehalten. In Rom, glaub' ich, ist die hohe Schule für alle Welt, und auch ich bin geläutert und geprüft."

Das Gesagte paßt recht auf meine Art, den Sachen hier nachzugehn, und gewiß, man hat außer Rom keinen Begriff, wie man hier geschult wird. Man muß sozusagen wiedergeboren werden, und man sieht auf seine vorigen Begriffe wie auf Kinderschuhe zurück. Der gemeinste Mensch wird hier zu etwas, wenigstens gewinnt er einen ungemeinen Begriff, wenn es auch nicht in sein Wesen übergehen kann.

Dieser Brief kommt euch zum neuen Jahre, alles Glück zum Anfange, vor Ende sehn wir uns wieder, und das wird keine geringe Freude sein. Das vergangene war das wichtigste meines Lebens; ich mag nun sterben oder noch eine Weile dauern, in beiden Fällen war es gut. Jetzt noch ein Wort an die Kleinen.

Den Kindern mögt ihr folgendes lesen oder erzählen: Man merkt den Winter nicht, die Gärten sind mit immergrünen Bäumen bepflanzt, die Sonne scheint hell und warm, Schnee sieht man nur auf den entferntesten Bergen gegen Norden. Die Zitronenbäume, die in den Gärten an den Wänden gepflanzt sind, werden nun nach und nach mit Decken von Rohr überdeckt, die Pomeranzenbäume aber bleiben frei stehen. Es hängen viele Hunderte der schönsten Früchte an so einem Baum, der nicht wie bei uns beschnitten und in einen Kübel gepflanzt ist, sondern in der Erde frei und froh in einer Reihe mit seinen Brüdern steht. Man kann sich nichts Lustigeres denken als einen solchen Anblick. Für ein geringes Trinkgeld ißt man deren so viel man will. Sie sind schon jetzt recht gut, im März werden sie noch besser sein.

Neulich waren wir am Meere und ließen einen Fischzug tun; da kamen die wunderlichsten Gestalten zum Vorschein, an Fischen, Krebsen und seltsamen Unformen; auch der Fisch, der dem Berührenden einen elektrischen Schlag gibt.

Den 20. Dezember.

Und doch ist das alles mehr Mühe und Sorge als Genuß. Die Wiedergeburt, die mich von innen heraus umarbeitet, wirkt immer fort. Ich dachte wohl, hier was Rechts zu lernen; daß ich aber so weit in die Schule zurückgehen, daß ich so viel verlernen, ja durchaus umlernen müßte, dachte ich nicht. Nun bin ich aber einmal überzeugt und habe mich ganz hingegeben, und je mehr ich mich selbst verleugnen muß, desto mehr freut es mich. Ich bin wie ein Baumeister, der einen Turm aufführen wollte und ein schlechtes Fundament gelegt hatte; er wird es noch beizeiten gewahr und bricht gern wieder ab, was er schon aus der Erde gebracht hat, seinen Grundriß sucht er zu erweitern, zu veredeln, sich seines Grundes mehr zu versichern, und freut sich schon im voraus der gewissern Festigkeit des künftigen Baues. Gebe der Himmel, daß bei meiner Rückkehr auch die moralischen Folgen an mir zu fühlen sein möchten, die mir das Leben in einer weitern Welt gebracht hat. Ja, es ist zugleich mit dem Kunstsinn der sittliche, welcher große Erneuerung leidet.

Doktor Münter ist hier, von seiner Reise nach Sizilien zurückkehrend, ein energischer, heftiger Mann, seine Zwecke kenne ich nicht. Er wird im Mai zu euch kommen und mancherlei zu erzählen wissen. Er reiste zwei Jahr in Italien. Mit den Italienern ist er unzufrieden, welche die bedeutenden Empfehlungsschreiben, die er mitgebracht, und die ihm manches Archiv, manche geheime Bibliothek eröffnen sollten, nicht genugsam respektiert, so daß er nicht völlig zu seinen Wünschen gelangt.

Schöne Münzen hat er gesammelt und besitzt, wie er mir sagte, ein Manuskript, welches die Münzwissenschaft auf scharfe Kennzeichen, wie die Linnéschen sind, zurückführt. Herder erkundigt sich wohl mehr darum, vielleicht wird eine Abschrift erlaubt. So etwas zu machen, ist möglich, gut, wenn es gemacht ist, und wir müssen doch auch, früh oder spat, in dieses Fach ernstlicher hinein.

Den 25. Dezember.

Ich fange nun schon an, die besten Sachen zum zweitenmal zu sehen, wo denn das erste Staunen sich in ein Mitleben und reineres Gefühl des Wertes der Sache auflöst. Um den höchsten Begriff dessen, was die Menschen geleistet haben, in sich aufzunehmen, muß die Seele erst zur vollkommenen Freiheit gelangen.

Der Marmor ist ein seltsames Material, deswegen ist Apoll von Belvedere im Urbilde so grenzenlos erfreulich, denn der höchste Hauch des lebendigen, jünglingsfreien, ewig jungen Wesens verschwindet gleich im besten Gipsabguß.

Gegen uns über im Palast Rondanini steht eine Medusenmaske, wo in einer hohen und schönen Gesichtsform über Lebensgröße das ängstliche Starren des Todes unsäglich trefflich ausgedrückt ist. Ich besitze schon einen guten Abguß, aber der Zauber des Marmors ist nicht übriggeblieben. Das edle Halbdurchsichtige des gelblichen, der Fleischfarbe sich nähernden Steins ist verschwunden. Der Gips sieht immer dagegen kreidenhaft und tot.

Und doch, was für eine Freude bringt es, zu einem Gipsgießer hineinzutreten, wo man die herrlichen Glieder der Statuen einzeln aus der Form hervorgehen sieht und dadurch ganz neue Ansichten der Gestalten gewinnt. Alsdann erblickt man nebeneinander, was sich in Rom zerstreut befindet, welches zur Vergleichung unschätzbar dienlich ist. Ich habe mich nicht enthalten können, den kolossalen Kopf eines Jupiters anzuschaffen. Er steht meinem Bette gegenüber, wohl beleuchtet, damit ich sogleich meine Morgenandacht an ihn richten kann, und der uns bei aller seiner Großheit und Würde das lustigste Geschichtchen veranlaßt hat.

Unserer alten Wirtin schleicht gewöhnlich, wenn sie das Bett zu machen hereinkommt, ihre vertraute Katze nach. Ich saß im großen Saale und hörte die Frau drinne ihr Geschäft treiben. Auf einmal, sehr eilig und heftig gegen ihre Gewohnheit, öffnet sie die Türe und ruft mich, eilig zu kommen und ein Wunder zu sehen. Auf meine Frage, was es sei, erwiderte sie, die Katze bete Gott-Vater an. Sie habe diesem Tiere wohl längst angemerkt, daß es Verstand habe wie ein Christ, dieses aber sei doch ein großes Wunder. Ich eilte, mit eigenen Augen zu sehen, und es war wirklich wunderbar genug. Die Büste steht auf einem hohen Fuße, und der Körper ist weit unter der Brust abgeschnitten, so daß also der Kopf in die Höhe ragt. Nun war die Katze auf den Tisch gesprungen, hatte ihre Pfoten dem Gott auf die Brust gelegt, und reichte mit ihrer Schnauze, indem sie die Glieder möglichst ausdehnte, gerade bis an den heiligen Bart, den sie mit der größten Zierlichkeit beleckte und sich weder durch die Interjektion der Wirtin noch durch meine Dazwischenkunft im mindesten stören ließ. Der guten Frau ließ ich ihre Verwundrung, erklärte mir aber diese seltsame Katzenandacht dadurch, daß dieses scharf riechende Tier wohl das Fett möchte gespürt haben, das sich aus der Form in die Vertiefungen des Bartes gesenkt und dort verhalten hatte.

Den 29. Dezember 1786.

Von Tischbein muß ich noch vieles erzählen und rühmen, wie ganz original deutsch er sich aus sich selbst herausbildete, sodann aber dankbar melden, daß er die Zeit seines zweiten Aufenthalts in Rom über für mich gar freundschaftlich gesorgt hat, indem er mir eine Reihe Kopien nach den besten Meistern fertigen ließ, einige in schwarzer Kreide, andere in Sepia und Aquarell, die erst in Deutschland, wo man von den Originalen entfernt ist, an Wert gewinnen und mich an das Beste erinnern werden.

Auf seiner Künstlerlaufbahn, da er sich erst zum Porträt bestimmte, kam Tischbein mit bedeutenden Männern, besonders auch zu Zürich, in Berührung und hat an ihnen sein Gefühl gestärkt und seine Einsicht erweitert.

Den zweiten Teil der „Zerstreuten Blätter" brachte ich mit hieher und war doppelt willkommen. Wie gut dies Büchlein auch bei wiederholtem Lesen wirkt, sollte wohl Herder zu seiner Belohnung recht umständlich erfahren. Tischbein wollte gar nicht begreifen, wie man so etwas habe schreiben können, ohne in Italien gewesen zu sein.

Den 29. Dezember.

In diesem Künstlerwesen lebt man wie in einem Spiegelzimmer, wo man auch wider Willen sich selbst und andere oft wiederholt sieht. Ich bemerkte wohl, daß Tischbein mich öfters aufmerksam betrachtete, und nun zeigt sich's, daß er mein Porträt zu malen gedenkt. Sein Entwurf ist fertig, er hat die Leinwand schon aufgespannt. Ich soll in Lebensgröße als Reisender, in einen weißen Mantel gehüllt, in freier Luft auf einem umgestürzten Obelisken sitzend, vorgestellt werden, die tief im Hintergrunde liegenden Ruinen der Campagna di Roma überschauend. Es gibt ein schönes Bild, nur zu groß für unsere nordischen Wohnungen. Ich werde wohl wieder dort unterkriechen, das Porträt aber wird keinen Platz finden.

Den 29. Dezember.

Wieviel Versuche man übrigens macht, mich aus meiner Dunkelheit herauszuziehen, wie die Poeten mir schon ihre Sachen vorlesen oder vorlesen lassen, wie es nur von mir abhinge, eine Rolle zu spielen, irrt mich nicht und ist mir unterhaltend genug, da ich schon abgepaßt habe, wo es in Rom hinaus will. Denn die vielen kleinen Zirkel zu den Füßen der Herrscherin der Welt deuten hie und da auf etwas Kleinstädtisches.

Ja, es ist hier wie allenthalben, und was mit mir und durch mich geschehen könnte, macht mir schon Langeweile, ehe es geschieht. Man muß sich zu einer Partei schlagen, ihre Leidenschaften und Kabalen verfechten helfen, Künstler und Dilettanten loben, Mitwerber verkleinern, sich von Großen und Reichen alles gefallen lassen. Diese sämtliche Litanei, um derentwillen man aus der Welt laufen möchte, sollte ich hier mitbeten und ganz ohne Zweck?

Nein, ich gehe nicht tiefer, als nur um das auch zu kennen und dann auch von dieser Seite zu Hause zufrieden zu sein und mir und andern alle Lust in die liebe weite Welt zu benehmen. Ich will Rom sehen, das bestehende, nicht das mit jedem Jahrzehnt vorübergehende. Hätte ich Zeit, ich wollte sie besser anwenden. Besonders liest sich Geschichte von hier aus ganz anders als an jedem Orte der Welt. Anderwärts liest man von außen hinein, hier glaubt man, von innen hinaus zu lesen, es lagert sich alles um uns her und geht wieder aus von uns. Und das gilt nicht allein von der römischen Geschichte, sondern von der ganzen Weltgeschichte. Kann ich doch von hier aus die Eroberer bis an die Weser und bis an den Euphrat begleiten oder, wenn ich ein Maulaffe sein will, die zurückkehrenden Triumphatoren in der heiligen Straße erwarten, indessen habe ich mich von Korn- und Geldspenden genährt und nehme behaglich teil an aller dieser Herrlichkeit.

Den 2. Januar 1787.

Man mag zugunsten einer schriftlichen und mündlichen Überlieferung sagen, was man will, in den wenigsten Fällen ist sie hinreichend, denn den eigentlichen Charakter irgendeines Wesens kann sie doch nicht mitteilen, selbst nicht in geistigen Dingen. Hat man aber erst einen sichern Blick getan, dann mag man gerne lesen und hören, denn das schließt sich an an den lebendigen Eindruck; nun kann man denken und beurteilen.

Ihr habt mich oft ausgespottet und zurückziehen wollen, wenn ich Steine, Kräuter und Tiere mit besonderer Neigung aus gewissen entschiedenen Gesichtspunkten betrachtete: nun richte ich meine Aufmerksamkeit auf den Baumeister, Bildhauer und Maler und werde mich auch hier finden lernen.

Den 6. Januar.

Eben komme ich von Moritz, dessen geheilter Arm heute aufgebunden worden. Es steht und geht recht gut. Was ich diese vierzig Tage bei diesem Leidenden als Wärter, Beichtvater und Vertrauter, als Finanzminister und geheimer Sekretär erfahren und gelernt, mag uns in der Folge zugute kommen. Die fatalsten Leiden und die edelsten Genüsse gingen diese Zeit her immer einander zur Seite.

Zu meiner Erquickung habe ich gestern einen Ausguß des kolossalen Junokopfes, wovon das Original in der Villa Ludovisi steht, in den Saal gestellt. Es war dieses meine erste Liebschaft in Rom, und nun besitz' ich sie. Keine Worte geben eine Ahnung davon. Es ist wie ein Gesang Homers.

Ich habe aber auch für die Zukunft die Nähe einer so guten Gesellschaft wohl verdient, denn ich kann nun vermelden, daß „Iphigenia“ endlich fertig geworden ist, d. h. daß sie in zwei ziemlich gleichlautenden Exemplaren vor mir auf dem Tische liegt, wovon das eine nächstens zu euch wandern soll. Nehmt es freundlich auf, denn freilich steht nicht auf dem Papiere, was ich gesollt, wohl aber kann man erraten, was ich gewollt habe.

Ihr beklagtet euch schon einigemal über dunkle Stellen meiner Briefe, die auf einen Druck hindeuten, den ich unter den herrlichsten Erscheinungen erleide. Hieran hatte diese griechische Reisegefährtin nicht geringen Anteil, die mich zur Tätigkeit nötigte, wenn ich hätte schauen sollen.

Ich erinnerte mich jenes trefflichen Freundes, der sich auf eine große Reise eingerichtet hatte, die man wohl eine Entdeckungsreise hätte nennen können. Nachdem er einige Jahre darauf studiert und ökonomisiert, fiel es ihm zuletzt noch ein, die Tochter eines angesehenen Hauses zu entführen, weil er dachte, es ging' in einem hin.

Ebenso frevelhaft entschloß ich mich, „Iphigenien“ nach Karlsbad mitzunehmen. An welchem Orte ich mich besonders mit ihr unterhalten, will ich kürzlich aufzeichnen.

Als ich den Brenner verließ, nahm ich sie aus dem größten Paket und steckte sie zu mir. Am Gardasee, als der gewaltige Mittagswind die Wellen ans Ufer trieb, wo ich wenigstens so allein war als meine Heldin am Gestade von Tauris, zog ich die ersten Linien der neuen Bearbeitung, die ich in Verona, Vicenz, Padua, am fleißigsten aber in Venedig fortsetzte. Sodann aber geriet die Arbeit in Stocken, ja, ich ward auf eine neue Erfindung geführt, nämlich „Iphigenia auf Delphi“ zu schreiben, welches ich auch sogleich getan hätte, wenn nicht die Zerstreuung und ein Pflichtsgefühl gegen das ältere Stück mich abgehalten hätte.

In Rom aber ging die Arbeit in geziemender Stetigkeit fort. Abends beim Schlafengehen bereitete ich mich aufs morgende Pensum, welches denn sogleich beim Erwachen angegriffen wurde. Mein Verfahren dabei war ganz einfach: ich schrieb das Stück ruhig ab und ließ es Zeile vor Zeile, Period vor Period regelmäßig erklingen. Was daraus entstanden ist, werdet ihr beurteilen. Ich habe dabei mehr gelernt als getan. Mit dem Stücke selbst erfolgen noch einige Bemerkungen.

Den 6. Januar.

Daß ich auch einmal wieder von kirchlichen Dingen rede, so will ich erzählen, daß wir die Christnacht herumschwärmten und die Kirchen besuchten, wo Funktionen gehalten werden. Eine besonders ist sehr besucht, deren Orgel und Musik überhaupt so eingerichtet ist, daß zu einer Pastoralmusik nichts an Klängen abgeht, weder die Schalmeien der Hirten, noch das Zwitschern der Vögel, noch das Blöken der Schafe.

Am ersten Christfeste sah ich den Papst und die ganze Klerisei in der Peterskirche, da er zum Teil vor dem Thron, zum Teil vom Thron herab das Hochamt hielt. Es ist ein einziges Schauspiel in seiner Art, prächtig und würdig genug, ich bin aber im protestantischen Diogenismus so alt geworden, daß mir diese Herrlichkeit mehr nimmt als gibt; ich möchte auch wie mein frommer Vorfahre zu diesen geistlichen Weltüberwindern sagen: „Verdeckt mir doch nicht die Sonne höherer Kunst und reiner Menschheit.“

Heute, als am Dreikönigsfeste, habe ich die Messe nach griechischem Ritus vortragen sehen und hören. Die Zeremonien scheinen mir stattlicher, strenger, nachdenklicher und doch populärer als die lateinischen.

Auch da hab' ich wieder gefühlt, daß ich für alles zu alt bin, nur fürs Wahre nicht. Ihre Zeremonien und Opern, ihre Umgänge und Ballette, es fließt alles wie Wasser von einem Wachstuchmantel an mir herunter. Eine Wirkung der Natur hingegen wie der Sonnenuntergang, von Villa Madama gesehen, ein Werk der Kunst wie die viel verehrte Juno machen tiefen und bleibenden Eindruck.

Nun graut mir schon vor dem Theaterwesen. Die nächste Woche werden sieben Bühnen eröffnet. Anfossi ist selbst hier und gibt „Alexander in Indien“; auch wird ein „Cyrus“ gegeben und die „Eroberung von Troja“ als Ballett. Das wäre was für die Kinder.

Den 10. Januar.

Hier folgt denn also das Schmerzenskind, denn dieses Beiwort verdient „Iphigenia“, aus mehr als einem Sinne. Bei Gelegenheit, daß ich sie unsern Künstlern vorlas, strich ich verschiedene Zeilen an, von denen ich einige nach meiner Überzeugung verbesserte, die andern aber stehenlasse, ob vielleicht Herder ein paar Federzüge hineintun will. Ich habe mich daran ganz stumpf gearbeitet.

Denn warum ich die Prosa seit mehreren Jahren bei meinen Arbeiten vorzog, daran war doch eigentlich schuld, daß unsere Prosodie in der größten Unsicherheit schwebt, wie denn meine einsichtigen, gelehrten, mitarbeitenden Freunde die Entscheidung mancher Fragen dem Gefühl, dem Geschmack anheimgaben, wodurch man denn doch aller Richtschnur ermangelte.

„Iphigenia“ in Jamben zu übersetzen, hätte ich nie gewagt, wäre mir in Moritzens „Prosodie“ nicht ein Leitstern erschienen. Der Umgang mit dem Verfasser, besonders während seines Krankenlagers, hat mich noch mehr darüber aufgeklärt, und ich ersuche die Freunde, darüber mit Wohlwollen nachzudenken.

Es ist auffallend, daß wir in unserer Sprache nur wenige Silben finden, die entschieden kurz oder lang sind. Mit den andern verfährt man nach Geschmack oder Willkür. Nun hat Moritz ausgeklügelt, daß es eine gewisse Rangordnung der Silben gebe, und daß die dem Sinne nach bedeutendere gegen eine weniger bedeutende lang sei und jene kurz mache, dagegen aber auch wieder kurz werden könne, wenn sie in die Nähe von einer andern gerät, welche mehr Geistesgewicht hat. Hier ist denn doch ein Anhalten, und wenn auch damit nicht alles getan wäre, so hat man doch indessen einen Leitfaden, an dem man sich hinschlingen kann. Ich habe diese Maxime öfters zu Rate gezogen und sie mit meiner Empfindung übereinstimmend getroffen.

Da ich oben von einer Vorlesung sprach, so muß ich doch auch, wie es damit zugegangen, kürzlich erwähnen. Diese jungen Männer, an jene früheren, heftigen, vordringenden Arbeiten gewöhnt, erwarteten etwas Berlichingisches und konnten sich in den ruhigen Gang nicht gleich finden; doch verfehlten die edlen und reinen Stellen nicht ihre Wirkung. Tischbein, dem auch diese fast gänzliche Entäußerung der Leidenschaft kaum zu Sinne wollte, brachte ein artiges Gleichnis oder Symbol zum Vorschein. Er verglich es einem Opfer, dessen Rauch, von einem sanften Luftdruck niedergehalten, an der Erde hinzieht, indessen die Flamme freier nach der Höhe zu gewinnen sucht. Er zeichnete dies sehr hübsch und bedeutend. Das Blättchen lege ich bei.

Und so hat mich denn diese Arbeit, über die ich bald hinauszukommen dachte, ein völliges Vierteljahr unterhalten und aufgehalten, mich beschäftigt und gequält. Es ist nicht das erste Mal, daß ich das Wichtigste nebenher tue, und wir wollen darüber nicht weiter grillisieren und rechten.

Einen hübschen geschnittenen Stein lege ich bei, ein Löwchen, dem eine Bremse vor der Nase schnurrt. Die Alten liebten diesen Gegenstand und haben ihn oft wiederholt. Ich wünsche, daß ihr damit künftig eure Briefe siegelt, damit durch diese Kleinigkeit eine Art von Kunstecho von euch zu mir herüberschalle.

Den 13. Januar 1787.

Wieviel hätte ich jeden Tag zu sagen, und wie sehr hält mich Anstrengung und Zerstreuung ab, ein kluges Wort aufs Papier zu bringen. Dazu kommen noch die frischen Tage, wo es überall besser ist als in den Zimmern, die ohne Ofen und Kamin uns nur zum Schlafen oder Mißbehagen aufnehmen. Einige Vorfälle der letzten Woche darf ich jedoch nicht unberührt lassen.

Im Palaste Giustiniani steht eine Minerva, die meine ganze Verehrung hat. Winckelmann gedenkt ihrer kaum, wenigstens nicht an der rechten Stelle, und ich fühle mich nicht würdig genug, über sie etwas zu sagen. Als wir die Statue besahen und uns lang dabei aufhielten, erzählte uns die Frau des Kustode, es sei dieses ein ehmals heiliges Bild gewesen, und die Inglesi, welche von dieser Religion seien, pflegten es noch zu verehren, indem sie ihm die eine Hand küßten, die auch wirklich ganz weiß war, da die übrige Statue bräunlich ist. Auch setzte sie hinzu, eine Dame dieser Religion sei vor kurzem dagewesen, habe sich auf die Knie

11. Tischbein, Selbstbildnis. Zeichnung

niedergeworfen und die Statue angebetet. Eine so wunderliche Handlung habe sie, eine Christin, nicht ohne Lachen ansehen können und sei zum Saal hinausgelaufen, um nicht loszuplatzen. Da ich auch von der Statue nicht weg wollte, fragte sie mich, ob ich etwa eine Schöne hätte, die diesem Marmor ähnlich sähe, daß er mich so sehr anzöge. Das gute Weib kannte nur Anbetung und Liebe, aber von der reinen Bewunderung eines herrlichen Werkes, von der brüderlichen Verehrung eines Menschengeistes konnte sie keinen Begriff haben. Wir freuten uns über das englische Frauenzimmer und gingen weg mit der Begier, umzukehren, und ich werde gewiß bald wieder hingehen. Wollen meine Freunde ein näheres Wort hören, so lesen sie, was Winckelmann vom hohen Stil der Griechen sagt. Leider führt er dort diese Minerva nicht an. Wenn ich aber nicht irre, so ist sie von jenem hohen, strengen Stil, da er in den schönen übergeht, die Knospe, indem sie sich öffnet, und nun eine Minerva, deren Charakter eben dieser Übergang so wohl ansteht!

Nun von einem Schauspiel anderer Art! Am Dreikönigstage, am Feste des Heils, das den Heiden verkündigt worden, waren wir in der Propaganda. Dort ward in Gegenwart dreier Kardinäle und eines großen Auditorii erst eine Rede gehalten, an welchem Orte Maria die drei Magos empfangen, im Stalle oder wo sonst? Dann nach verlesenen einigen lateinischen Gedichten ähnliches Gegenstandes traten bei dreißig Seminaristen nach und nach auf und lasen kleine Gedichte, jeder in seiner Landessprache: Malabarisch, Epirotisch, Türkisch, Moldauisch, Elenisch, Persisch, Kolchisch, Hebräisch, Arabisch, Syrisch, Koptisch, Sarazenisch, Armenisch, Hibernisch, Madagaskarisch, Isländisch, Boisch, Ägyptisch, Griechisch, Isaurisch, Äthiopisch etc. und mehrere, die ich nicht verstehen konnte. Die Gedichtchen schienen, meist im Nationalsilbenmaße verfaßt, mit der Nationaldeklamation vorgetragen zu werden; denn es kamen barbarische Rhythmen und Töne hervor. Das Griechische klang, wie ein Stern in der Nacht erscheint. Das Auditorium lachte unbändig über die fremden Stimmen, und so ward auch diese Vorstellung zur Farce.

Nun noch ein Geschichtchen, wie lose man im heiligen

Rom das Heilige behandelt. Der verstorbene Kardinal Albani war in einer solchen Festversammlung, wie ich sie eben beschrieben. Einer der Schüler fing in einer fremden Mundart an, gegen die Kardinäle gewendet: „Gnaja! gnaja!“, so daß es ungefähr klang wie „Canaglia! canaglia!“. Der Kardinal wendete sich zu seinen Mitbrüdern und sagte: „Der kennt uns doch!“

Den 13. Januar.

Wieviel tat Winckelmann nicht, und wieviel ließ er uns zu wünschen übrig! Mit den Materialien, die er sich zueignete, hatte er so geschwind gebaut, um unter Dach zu kommen. Lebte er noch, und er könnte noch frisch und gesund sein, so wäre er der erste, der uns eine Umarbeitung seines Werks gäbe. Was hätte er nicht noch beobachtet, was berichtigt, was benutzt, das von andern nach seinen Grundsätzen getan und beobachtet, neuerdings ausgegraben und entdeckt worden. Und dann wäre der Kardinal Albani tot, dem zuliebe er manches geschrieben und vielleicht manches verschwiegen hat.

Den 15. Januar 1787.

Und so ist denn endlich auch „Aristodem“, und zwar sehr glücklich und mit dem größten Beifall, aufgeführt. Da Abbate Monti zu den Hausverwandten des Nepoten gehört und in den obern Ständen sehr geschätzt ist, so war von daher alles Gute zu hoffen. Auch sparten die Logen ihren Beifall nicht. Das Parterre war gleich von vornherein durch die schöne Diktion des Dichters und die treffliche Rezitation der Schauspieler gewonnen, und man versäumte keine Gelegenheit, seine Zufriedenheit an den Tag zu legen. Die deutsche Künstlerbank zeichnete sich dabei nicht wenig aus, und es war diesmal ganz am Platze, da sie überhaupt ein wenig vorlaut ist.

Der Verfasser war zu Hause geblieben, voller Sorge wegen des Gelingens des Stücks, von Akt zu Akt kamen günstige Botschaften, welche nach und nach seine Besorglichkeit in die größte Freude verwandelten. Nun fehlt es nicht an Wiederholung der Vorstellung, und alles ist in dem

12. Der Apoll vom Belvedere. Zeichnung von Bouchardon

besten Gleise. So kann man durch die entgegengesetztesten Dinge, wenn nur jedes sein ausgesprochenes Verdienst hat, den Beifall der Menge sowohl als der Kenner erwerben.

Aber die Vorstellung war auch sehr löblich, und der Hauptakteur, der das ganze Stück ausfüllt, sprach und spielte vortrefflich: man glaubte einen der alten Kaiser auftreten zu sehen. Sie hatten das Kostüm, das uns an den Statuen so sehr imponiert, recht gut in Theaterpracht übersetzt, und man sah dem Schauspieler an, daß er die Antiken studiert hatte.

Den 16. Januar.

Ein großer Kunstverlust steht Rom bevor. Der König von Neapel läßt den Herkules Farnese in seine Residenz bringen. Die Künstler trauern sämtlich, indessen werden wir bei dieser Gelegenheit etwas sehen, was unsern Vorfahren verborgen blieb.

Gedachte Statue nämlich vom Kopf bis an die Knie und sodann die unteren Füße mit dem Sockel, worauf sie stehen, wurde auf farnesischem Grund und Boden gefunden, die Beine aber, vom Knie bis an die Knöchel, fehlten und wurden durch Wilhelm Porta ersetzt. Auf diesen steht er nun bis auf den heutigen Tag. Indessen waren auf borghesischem Grund und Boden die echten alten Beine gefunden worden, die man denn auch in der Borghesischen Villa aufgestellt sah.

Gegenwärtig gewinnt es Prinz Borghese über sich und verehrt diese köstlichen Reste dem König von Neapel. Die Beine des Porta werden abgenommen, die echten an die Stelle gesetzt, und man verspricht sich, ob man gleich mit jenen bisher ganz wohl zufrieden gewesen, nunmehr eine ganz neue Anschauung und mehr harmonischen Genuß.

Den 18. Januar.

Gestern, als am Feste des heiligen Antonius Abbas, machten wir uns einen lustigen Tag, es war das schönste Wetter von der Welt, hatte die Nacht Eis gefroren, und der Tag war heiter und warm.

Es läßt sich bemerken, daß alle Religionen, die entweder ihren Kultus oder ihre Spekulationen ausdehnten, zuletzt dahin gelangen mußten, daß sie auch die Tiere einigermaßen geistlicher Begünstigungen teilhaft werden ließen. Sankt Anton, der Abt oder Bischof, ist Patron der vierfüßigen Geschöpfe, sein Fest ein saturnalischer Feiertag für die sonst belasteten Tiere sowie für ihre Wärter und Lenker. Alle Herrschaften müssen heute zu Hause bleiben oder zu Fuß gehen, man verfehlt niemals, bedenkliche Geschichten zu erzählen, wie ungläubige Vornehme, welche ihre Kutscher an diesem Tage zu fahren genötigt, durch große Unfälle gestraft worden.

Die Kirche liegt an einem so weitschichtigen Platz, daß er beinahe für öde gelten könnte, heute ist er aber auf das lustigste belebt, Pferde und Maultiere, deren Mähnen und Schweife mit Bändern schön, ja prächtig eingeflochten zu schauen, werden vor die kleine, von der Kirche etwas abstehende Kapelle geführt, wo ein Priester, mit einem großen Wedel versehen, das Weihwasser, das in Butten und Kübeln vor ihm steht, nicht schonend, auf die muntern Geschöpfe derb losspritzt, manchmal sogar schalkhaft, um sie zu reizen. Andächtige Kutscher bringen größere oder kleinere Kerzen, die Herrschaften senden Almosen und Geschenke, damit die kostbaren, nützlichen Tiere ein Jahr über vor allem Unfall sicher bleiben mögen. Esel und Hornvieh, ihren Besitzern ebenso nützlich und wert, nehmen gleichfalls an diesem Segen ihr beschieden Teil.

Nachher ergötzten wir uns an einer großen Wanderung unter einem so glücklichen Himmel, umgeben von den interessantesten Gegenständen, denen wir doch diesmal wenig Aufmerksamkeit schenkten, vielmehr Lust und Scherz in voller Maße walten ließen.

Den 19. Januar.

So hat denn der große König, dessen Ruhm die Welt erfüllte, dessen Taten ihn sogar des katholischen Paradieses wert machten, endlich auch das Zeitliche gesegnet, um sich mit den Heroen seinesgleichen im Schattenreiche zu unterhalten. Wie gern ist man still, wenn man einen solchen zur Ruh' gebracht hat.

Heute machten wir uns einen guten Tag, besahen einen

Teil des Kapitols, den ich bisher vernachlässigt, dann setzten wir über die Tiber und tranken spanischen Wein auf einem neugelandeten Schiffe. In dieser Gegend will man Romulus und Remus gefunden haben, und so kann man wie an einem doppelt und dreifachen Pfingstfeste zugleich vom heiligen Kunstgeiste, von der mildesten Atmosphäre, von antiquarischen Erinnerungen und von süßem Weine trunken werden.

Den 20. Januar.

Was im Anfang einen frohen Genuß gewährte, wenn man es oberflächlich hinnahm, das drängt sich hernach beschwerlich auf, wenn man sieht, daß ohne gründliche Kenntnis doch auch der wahre Genuß ermangelt.

Auf Anatomie bin ich so ziemlich vorbereitet, und ich habe mir die Kenntnis des menschlichen Körpers bis auf einen gewissen Grad nicht ohne Mühe erworben. Hier wird man durch die ewige Betrachtung der Statuen immerfort, aber auf eine höhere Weise hingewiesen. Bei unserer medizinisch-chirurgischen Anatomie kommt es bloß darauf an, den Teil zu kennen, und hierzu dient auch wohl ein kümmerlicher Muskel. In Rom aber wollen die Teile nichts heißen, wenn sie nicht zugleich eine edle, schöne Form darbieten.

In dem großen Lazarett San Spirito hat man den Künstlern zulieb einen sehr schönen Muskelkörper dergestalt bereitet, daß die Schönheit desselben in Verwunderung setzt. Er könnte wirklich für einen geschundenen Halbgott, für einen Marsyas gelten.

So pflegt man auch nach Anleitung der Alten das Skelett nicht als eine künstlich zusammengereihte Knochenmasse zu studieren, vielmehr zugleich mit den Bändern, wodurch es schon Leben und Bewegung erhält.

Sage ich nun, daß wir auch abends Perspektiv studieren, so zeigt es doch wohl, daß wir nicht müßig sind. Bei allem dem aber hofft man immer mehr zu tun, als wirklich geschieht.

Den 22. Januar.

Von dem deutschen Kunstsinn und dem dortigen Kunstleben kann man wohl sagen: man hört läuten, aber nicht zusammenklingen. Bedenke ich jetzt, was für herrliche Sachen in unserer Nachbarschaft sind, und wie wenig sie von mir genutzt worden, so möchte ich verzweifeln, und dann kann ich mich wieder auf den Rückweg freuen, wenn ich hoffen kann, jene Meisterwerke zu erkennen, an denen ich nur herumtappte.

Doch auch in Rom ist zu wenig für den gesorgt, dem es Ernst ist, ins Ganze zu studieren. Er muß alles aus unendlichen, obgleich überreichen Trümmern zusammenstoppeln. Freilich ist's wenigen Fremden reiner Ernst, etwas Rechts zu sehen und zu lernen. Sie folgen ihren Grillen, ihrem Dünkel, und das merken sich alle diejenigen wohl, die mit Fremden zu tun haben. Jeder Führer hat Absichten, jeder will irgendeinen Handelsmann empfehlen, einen Künstler begünstigen, und warum sollte er es nicht? Denn schlägt der Unerfahrne nicht das Vortrefflichste aus, das man ihm anbietet?

Einen außerordentlichen Vorteil hätte es der Betrachtung bringen können, ja es wäre ein eignes Museum entstanden, wenn die Regierung, die doch erst die Erlaubnis geben muß, wenn ein Altertum ausgeführt werden soll, fest darauf bestanden hätte, daß jedesmal ein Abguß geliefert werden müsse. Hätte aber auch ein Papst solch einen Gedanken gehabt, alles hätte sich widersetzt, denn man wäre in wenigen Jahren erschrocken über Wert und Würde solcher ausgeführten Dinge, wozu man die Erlaubnis in einzelnen Fällen heimlich und durch allerlei Mittel zu erlangen weiß.

Den 22. Januar.

Schon früher, aber besonders bei der Aufführung des „Aristodem", erwachte der Patriotismus unserer deutschen Künstler. Sie unterließen nicht, Gutes von meiner „Iphigenia" zu reden, einzelne Stellen wurden wieder verlangt, und ich fand mich zuletzt zu einer Wiederholung des Ganzen genötigt. Auch da entdeckte ich manche Stelle, die mir gelenker aus dem Munde ging, als sie auf dem Papier stand. Freilich ist die Poesie nicht fürs Auge gemacht.

Dieser gute Ruf erscholl nun bis zu Reiffenstein und Angelika, und da sollte ich denn meine Arbeit abermals produzieren. Ich erbat mir einige Frist, trug aber sogleich die Fabel und den Gang des Stücks mit einiger Umständlichkeit vor. Mehr, als ich glaubte, gewann sich diese Darstellung die Gunst gedachter Personen, auch Herr Zucchi, von dem ich es am wenigsten erwartet, nahm recht freien und wohlempfundenen Anteil. Dieses klärt sich aber dadurch sehr gut auf, daß das Stück sich der Form nähert, die man im Griechischen, Italienischen, Französischen längst gewohnt ist, und welche demjenigen noch immer am besten zusagt, welcher sich an die englischen Kühnheiten noch nicht gewöhnt hat.

Rom, den 25. Januar 1787.

Nun wird es mir immer schwerer, von meinem Aufenthalte in Rom Rechenschaft zu geben; denn wie man die See immer tiefer findet, je weiter man hineingeht, so geht es auch mir in Betrachtung dieser Stadt.

Man kann das Gegenwärtige nicht ohne das Vergangene erkennen, und die Vergleichung von beiden erfordert mehr Zeit und Ruhe. Schon die Lage dieser Hauptstadt der Welt führt uns auf ihre Erbauung zurück. Wir sehen bald, hier hat sich kein wanderndes, großes, wohlgeführtes Volk niedergelassen und den Mittelpunkt eines Reichs weislich festgesetzt; hier hat kein mächtiger Fürst einen schicklichen Ort zum Wohnsitz einer Kolonie bestimmt. Nein, Hirten und Gesindel haben sich hier zuerst eine Stätte bereitet, ein paar rüstige Jünglinge haben auf dem Hügel den Grund zu Palästen der Herren der Welt gelegt, an dessen Fuß sie die Willkür des Ausrichters zwischen Morast und Schilf einst hinlegte. So sind die sieben Hügel Roms nicht Erhöhungen gegen das Land, das hinter ihnen liegt, sie sind es gegen die Tiber und gegen das uralte Bette der Tiber, was Campus Martius ward. Erlaubt mir das Frühjahr weitere Exkursionen, so will ich die unglückliche Lage ausführlicher schildern. Schon jetzt nehm' ich den herzlichsten Anteil an dem Jammergeschrei und den Schmerzen der Weiber von Alba, die ihre Stadt zerstören sehn und den schönen, von einem klugen Anführer gewählten Platz verlassen müssen, um an den Nebeln der Tiber teilzunehmen, den elenden Hügel

Coelius zu bewohnen und von da nach ihrem verlassenen Paradiese zurückzusehn. Ich kenne noch wenig von der Gegend, aber ich bin überzeugt, kein Ort der ältern Völker lag so schlecht als Rom, und da die Römer endlich alles verschlungen hatten, mußten sie wieder mit ihren Landhäusern hinaus und an die Plätze der zerstörten Städte rücken, um zu leben und das Leben zu genießen.

Den 25. Januar.

Zu einer recht friedlichen Betrachtung gibt es Anlaß, wie viele Menschen hier im stillen leben, und wie sich jeder nach seiner Weise beschäftigt. Wir sahen bei einem Geistlichen, der ohne großes angebornes Talent sein Leben der Kunst widmete, sehr interessante Kopien trefflicher Gemälde, die er in Miniatur nachgebildet hat. Sein vorzüglichstes nach dem Abendmahl des Leonhard da Vinci in Mailand. Der Moment ist genommen, da Christus den Jüngern, mit denen er vergnügt und freundschaftlich zu Tische sitzt, erklärt und sagt: „Aber doch ist einer unter euch, der mich verrät."

Man hofft einen Kupferstich entweder nach dieser Kopie oder nach andern, mit denen man sich beschäftigt. Es wird das größte Geschenk sein, wenn eine treue Nachbildung im großen Publikum erscheint.

Vor einigen Tagen besuchte ich den Pater Jacquier, einen Franziskaner, auf Trinità de' Monti. Er ist Franzos von Geburt, durch mathematische Schriften bekannt, hoch in Jahren, sehr angenehm und verständig. Er kannte zu seiner Zeit die besten Männer, und hat sogar einige Monate bei Voltaire zugebracht, der ihn sehr in Affektion nahm.

Und so habe ich noch mehr gute, solide Menschen kennen lernen, dergleichen sich hier unzählige befinden, die ein pfäffisches Mißtrauen auseinander hält. Der Buchhandel gibt keine Verbindung, und die literarischen Neuigkeiten sind selten fruchtbar.

Und so geziemt es dem Einsamen, die Einsiedler aufzusuchen. Denn seit der Aufführung des „Aristodems", zu dessen Gunsten wir uns wirklich tätig erwiesen hatten, führte man mich abermals in Versuchung; es lag aber nur zu klar am Tage, daß es nicht um mich zu tun sei, man wollte seine

Partei verstärken, mich als Instrument brauchen, und wenn ich hätte hervorgehen und mich erklären wollen, hätte ich auch als Phantom eine kurze Rolle gespielt. Nun aber, da sie sehen, daß mit mir nichts anzufangen ist, lassen sie mich gehn, und ich wandle meinen sichern Weg fort.

Ja, meine Existenz hat einen Ballast bekommen, der ihr die gehörige Schwere gibt; ich fürchte mich nun nicht mehr vor den Gespenstern, die so oft mit mir spielten. Seid auch gutes Muts, ihr werdet mich oben halten und mich zu euch zurückziehen.

Den 28. Januar 1787.

Zwei Betrachtungen, die durch alles durchgehen, welchen sich hinzugeben man jeden Augenblick aufgefordert wird, will ich, da sie mir klar geworden, zu bezeichnen nicht verfehlen.

Zuerst also wird man bei dem ungeheuern und doch nur trümmerhaften Reichtum dieser Stadt, bei jedem Kunstgegenstande aufgefordert, nach der Zeit zu fragen, die ihm das Dasein gegeben. Durch Winckelmann sind wir dringend aufgeregt, die Epochen zu sondern, den verschiedenen Stil zu erkennen, dessen sich die Völker bedienten, den sie in Folge der Zeiten nach und nach ausgebildet und zuletzt wieder verbildet. Hievon überzeugte sich jeder wahre Kunstfreund. Anerkennen tun wir alle die Richtigkeit und das Gewicht der Forderung.

Aber wie nun zu dieser Einsicht gelangen! Vorgearbeitet nicht viel, der Begriff richtig und herrlich aufgestellt, aber das Einzelne im ungewissen Dunkel. Eine vieljährige entschiedene Übung des Auges ist nötig, und man muß erst lernen, um fragen zu können. Da hilft kein Zaudern und Zögern, die Aufmerksamkeit auf diesen wichtigen Punkt ist nun einmal rege, und jeder, dem es Ernst ist, sieht wohl ein, daß auch in diesem Felde kein Urteil möglich ist, als wenn man es historisch entwickeln kann.

Die zweite Betrachtung beschäftigt sich ausschließlich mit der Kunst der Griechen und sucht zu erforschen, wie jene unvergleichlichen Künstler verfuhren, um aus der menschlichen Gestalt den Kreis göttlicher Bildung zu entwickeln, welcher vollkommen abgeschlossen ist und worin kein Hauptcharakter so wenig als die Übergänge und Vermittlungen fehlen. Ich habe eine Vermutung, daß sie nach eben den Gesetzen verfuhren, nach welchen die Natur verfährt und denen ich auf der Spur bin. Nur ist noch etwas anders dabei, das ich nicht auszusprechen wüßte.

Den 2. Februar 1787.

Von der Schönheit, im vollen Mondschein Rom zu durchgehen, hat man, ohne es gesehen zu haben, keinen Begriff. Alles Einzelne wird von den großen Massen des Lichts und Schattens verschlungen, und nur die größten, allgemeinsten Bilder stellen sich dem Auge dar. Seit drei Tagen haben wir die hellsten und herrlichsten Nächte wohl und vollständig genossen. Einen vorzüglich schönen Anblick gewährt das Coliseo. Es wird nachts zugeschlossen, ein Eremit wohnt darin an einem Kirchelchen, und Bettler nisten in den verfallenen Gewölben. Sie hatten auf flachem Boden ein Feuer angelegt, und eine stille Luft trieb den Rauch erst auf der Arena hin, daß der untere Teil der Ruinen bedeckt war und die ungeheuern Mauern oben drüber finster herausragten; wir standen am Gitter und sahen dem Phänomen zu, der Mond stand hoch und heiter. Nach und nach zog sich der Rauch durch die Wände, Lücken und Öffnungen, ihn beleuchtete der Mond wie einen Nebel. Der Anblick war köstlich. So muß man das Pantheon, das Kapitol beleuchtet sehn, den Vorhof der Peterskirche und andere große Straßen und Plätze. Und so haben Sonne und Mond, eben wie der Menschengeist, hier ein ganz anderes Geschäft als anderer Orten, hier, wo ihrem Blick ungeheure und doch gebildete Massen entgegenstehn.

Den 13. Februar.

Eines Glücksfalls muß ich erwähnen, obgleich eines geringen. Doch alles Glück, groß oder klein, ist von einer Art und immer erfreulich. Auf Trinità de' Monti wird der Grund zum neuen Obelisk gegraben, dort oben ist alles aufgeschüttetes Erdreich von Ruinen der Gärten des Lucullus, die nachher an die Kaiser kamen. Mein Perückenmacher geht frühe dort vorbei und findet im Schutte ein flach Stück gebrannten Ton mit einigen Figuren, wäscht's und zeigt es uns. Ich eigne es mir gleich zu. Es ist nicht gar eine Hand groß und scheint von dem Rande einer großen Schüssel zu sein. Es stehn zwei Greifen an einem Opfertische, sie sind von der schönsten Arbeit und freuen mich ungemein. Stünden sie auf einem geschnittenen Stein, wie gern würde man damit siegeln!

Von vielen andern Sachen sammelt's sich auch um mich, und nichts Vergebliches oder Leeres, welches hier unmöglich wäre; alles unterrichtend und bedeutend. Am liebsten ist mir denn aber doch, was ich in der Seele mitnehme, und was, immer wachsend, sich immer vermehren kann.

Den 15. Februar.

Vor meiner Abreise nach Neapel konnte ich einer nochmaligen Vorlesung meiner „Iphigenia" nicht entgehen. Madam Angelika und Hofrat Reiffenstein waren die Zuhörer, und selbst Herr Zucchi hatte darauf gedrungen, weil es der Wunsch seiner Gattin war; er arbeitete indes an einer großen architektonischen Zeichnung, die er in Dekorationsart vortrefflich zu machen versteht. Er war mit Clerisseau in Dalmatien, hatte sich überhaupt mit ihm assoziiert, zeichnete die Figuren zu den Gebäuden und Ruinen, die jener herausgab, und lernte dabei so viel Perspektive und Effekt, daß er sich in seinen alten Tagen auf eine würdige Weise auf dem Papier damit vergnügen kann.

Die zarte Seele Angelika nahm das Stück mit unglaublicher Innigkeit auf; sie versprach mir, eine Zeichnung daraus aufzustellen, die ich zum Andenken besitzen sollte. Und nun gerade, als ich mich von Rom zu scheiden bereite, werde ich auf eine zarte Weise mit diesen wohlwollenden Personen verbunden. Es ist mir zugleich ein angenehmes und schmerzliches Gefühl, wenn ich mich überzeuge, daß man mich ungern wegläßt.

Den 16. Februar 1787.

Die glückliche Ankunft der „Iphigenia" ward mir auf eine überraschende und angenehme Weise verkündigt. Auf dem

Wege nach der Oper brachte man mir den Brief von wohlbekannter Hand, und diesmal doppelt willkommen mit dem Löwchen gesiegelt, als vorläufiges Wahrzeichen des glücklich angelangten Pakets. Ich drängte mich in das Opernhaus und suchte mir mitten unter dem fremden Volk einen Platz unter dem großen Lüster zu verschaffen. Hier fühlte ich mich nun so nah an die Meinigen gerückt, daß ich hätte aufhüpfen und sie umarmen mögen. Herzlich dank' ich, daß mir die nackte Ankunft gemeldet worden, möget ihr euer Nächstes mit einem guten Worte des Beifalls begleiten!

Hier folgt das Verzeichnis, wie die Exemplare, die ich von Göschen zu erwarten habe, unter die Freunde verteilt werden sollen, denn ob es mir gleich ganz gleichgültig ist, wie das Publikum diese Sachen betrachtet, so wünscht' ich doch, dadurch meinen Freunden einige Freude bereitet zu haben.

Man unternimmt nur zuviel. Denke ich an meine vier letzten Bände im ganzen, so möchte mir schwindelnd werden, ich muß sie einzeln angreifen, und so wird es gehn.

Hätte ich nicht besser getan, nach meinem ersten Entschluß diese Dinge fragmentarisch in die Welt zu schicken und neue Gegenstände, an denen ich frischeren Anteil nehme, mit frischem Mut und Kräften zu unternehmen? Tät' ich nicht besser, „Iphigenia auf Delphi" zu schreiben, als mich mit den Grillen des „Tasso" herumzuschlagen? und doch habe ich auch dahinein schon zuviel von meinem Eignen gelegt, als daß ich es fruchtlos aufgeben sollte.

Ich habe mich auf den Vorsaal ans Kamin gesetzt, und die Wärme eines diesmal gut genährten Feuers gibt mir frischen Mut, ein neues Blatt anzufangen; denn es ist doch gar zu schön, daß man mit seinen neusten Gedanken soweit in die Ferne reichen, ja seine nächsten Umgebungen durch Worte dorthin versetzen kann. Das Wetter ist ganz herrlich, die Tage nehmen merklich zu, Lorbeeren und Buchsbäume blühen, auch die Mandelbäume. Heute früh überraschte mich ein wundersamer Anblick, ich sah von ferne hohe, stangenähnliche Bäume, über und über von dem schönsten Violett bekleidet. Bei näherer Untersuchung war es der Baum, in unsern Treibhäusern unter dem Namen Judenbaum bekannt, dem Botaniker als cercis siliquastrum. Seine violetten Schmetterlingsblumen bringt er unmittelbar aus dem Stamme hervor. Abgeholzt den letzten Winter waren die Stangen, die ich vor mir sah, aus deren Rinde die wohlgebildete und gefärbte Blume zu Tausenden hervorbrach. Die Maßlieben dringen wie Ameisen aus dem Boden, Krokus und Adonis erscheinen seltner, aber desto zierlicher und zierender.

Was wird mir nicht erst das mittägigere Land für Freuden und Kenntnisse geben, aus denen für mich neue Resultate hervortreten! Es ist mit natürlichen Dingen wie mit der Kunst; es ist so viel drüber geschrieben, und jeder, der sie sieht, kann sie doch wieder in neue Kombination setzen.

Denke ich an Neapel, ja gar nach Sizilien, so fällt es einem sowohl in der Erzählung als in Bildern auf, daß in diesen Paradiesen der Welt sich zugleich die vulkanische Hölle so gewaltsam auftut und seit Jahrtausenden die Wohnenden und Genießenden aufschreckt und irremacht.

Doch schlage ich mir die Hoffnung jener vielbedeutenden Ansichten gern aus dem Sinne, um vor meiner Abreise die alte Hauptstadt der Welt noch recht zu benutzen.

Seit vierzehn Tagen bin ich von Morgen bis in die Nacht in Bewegung; was ich noch nicht gesehn, such' ich auf. Das Vorzüglichste wird zum zweiten- und drittenmal betrachtet, und nun ordnet sich's einigermaßen. Denn indem die Hauptgegenstände an ihre rechte Stelle kommen, so ist für viele mindere dazwischen Platz und Raum. Meine Liebschaften reinigen und entscheiden sich, und nun erst kann mein Gemüt dem Größeren und Echtesten mit gelassener Teilnahme sich entgegenheben.

Dabei findet man denn wohl den Künstler beneidenswert, der durch Nachbildung und Nachahmung auf alle Weise jenen großen Intentionen sich mehr nähert, sie besser begreift als der bloß Beschauende und Denkende. Doch muß am Ende jeder tun, was er vermag, und so spanne ich denn alle Segel meines Geistes auf, um diese Küsten zu umschiffen.

Das Kamin ist diesmal recht durchgewärmt und die schönsten Kohlen aufgehäuft, welches bei uns selten geschieht, weil nicht leicht jemand Lust und Zeit hat, dem Kaminfeuer ein paar Stunden Aufmerksamkeit zu widmen, und so will ich denn dieses schöne Klima benutzen, um einige Bemerkungen aus meiner Schreibtafel zu retten, die schon halb verloschen sind.

Am zweiten Februar begaben wir uns in die Sixtinische Kapelle zur Funktion, bei welcher die Kerzen geweiht werden. Ich fand mich gleich sehr unbehaglich und zog mit den Freunden bald wieder hinaus. Denn ich dachte: das sind ja grade die Kerzen, welche seit dreihundert Jahren diese herrlichen Gemälde verdüstern, und das ist ja eben der Weihrauch, der mit heiliger Unverschämtheit die einzige Kunstsonne nicht nur umwölkt, sondern von Jahr zu Jahren mehr trübe macht und zuletzt gar in Finsternis versenkt.

Darauf suchten wir das Freie und kamen nach einem großen Spaziergange auf St. Onofrio, wo Tasso in einem Winkel begraben liegt. Auf der Klosterbibliothek steht seine Büste. Das Gesicht ist von Wachs, und ich glaube gern, daß es über seinen Leichnam abgeformt sei. Nicht ganz scharf und hie und da verdorben, deutet es doch im ganzen mehr als irgendein anderes seiner Bildnisse auf einen talentvollen, zarten, feinen, in sich geschlossenen Mann.

Soviel für diesmal. Jetzt will ich an des ehrlichen Volkmanns zweiten Teil, der Rom enthält, um auszuziehen, was ich noch nicht gesehn habe. Ehe ich nach Neapel reise, muß die Ernte wenigstens niedergemäht sein; sie in Garben zu binden, werden auch schon gute Tage kommen.

Den 17. Februar.

Das Wetter ist unglaublich und unsäglich schön, den ganzen Februar bis auf vier Regentage ein reiner, heller Himmel, gegen Mittag fast zu warm. Nun sucht man das Freie, und wenn man bisher sich nur mit Göttern und Helden abgeben mochte, so tritt die Landschaft auf einmal wieder in ihre Rechte, und man heftet sich an die Umgebungen, die der herrlichste Tag belebt. Manchmal erinnere ich mich, wie der Künstler in Norden den Strohdächern und verfallenen Schlössern etwas abzugewinnen sucht, wie man sich an Bach und Busch und zerbröckeltem Gestein herumdrückt, um eine malerische Wirkung zu erhaschen, und ich komme mir ganz wunderbar vor, um so mehr, als jene Dinge nach so langer Gewohnheit einem noch immer ankleben; nun habe ich mir aber seit vierzehn Tagen einen Mut gefaßt und bin mit kleinen Blättern hinausgegangen durch die Tiefen und Höhen der Villen und habe mir ohne viel Besinnens kleine auffallende, wahrhaft südliche und römische Gegenstände entworfen und suche nun mit Hülfe des guten Glücks ihnen Licht und Schatten zu geben. Es ist ganz eigen, daß man deutlich sehen und wissen kann, was gut und besser ist; will man sich's aber zueignen, so schwindet's gleichsam unter den Händen, und wir greifen nicht nach dem Rechten, sondern nach dem, was wir zu fassen gewohnt sind. Nur durch geregelte Übung könnte man vorwärts kommen, wo aber sollte ich Zeit und Sammlung finden! Indessen fühle ich mich denn doch durch das leidenschaftliche, vierzehntägige Streben um vieles gebessert.

Die Künstler belehren mich gerne, denn ich fasse geschwind. Nun ist aber das Gefaßte nicht gleich geleistet; etwas schnell zu begreifen, ist ja ohnehin die Eigenschaft des Geistes, aber etwas recht zu tun, dazu gehört die Übung des ganzen Lebens.

Und doch soll der Liebhaber, so schwach er auch nachstrebt, sich nicht abschrecken lassen. Die wenigen Linien, die ich aufs Papier ziehe, oft übereilt, selten richtig, erleichtern mir jede Vorstellung von sinnlichen Dingen, denn man erhebt sich ja eher zum Allgemeinen, wenn man die Gegenstände genauer und schärfer betrachtet.

Mit dem Künstler nur muß man sich nicht vergleichen, sondern nach seiner eigenen Art verfahren; denn die Natur hat für ihre Kinder gesorgt, der Geringste wird nicht, auch durch das Dasein des Trefflichsten, an seinem Dasein gehindert: „Ein kleiner Mann ist auch ein Mann!" Und dabei wollen wir's denn bewenden lassen.

Ich habe zweimal das Meer gesehn, erst das adriatische, dann das mittelländische, nur gleichsam zum Besuch. In Neapel wollen wir bekannter werden. Es rückt alles auf einmal in mir herauf; warum nicht früher, warum nicht wohlfeiler! Wie viele tausend Sachen, manche ganz neu und von vornen, hätte ich mitzuteilen!

Den 17. Februar 1787.

Abends nach verklungener Karnevalstorheit.

Ich lasse bei meiner Abreise Moritzen ungern allein. Er ist auf gutem Wege, doch wie er für sich geht, so sucht er sich gleich beliebte Schlupfwinkel. Ich habe ihn aufgemuntert, an Herdern zu schreiben, der Brief liegt bei, ich wünsche eine Antwort, die etwas Dienliches und Hülfreiches enthalte. Es ist ein sonderbar guter Mensch, er wäre viel weiter, wenn er von Zeit zu Zeit Personen gefunden hätte, fähig und liebevoll genug, ihn über seinen Zustand aufzuklären. Gegenwärtig kann er kein gesegneteres Verhältnis anknüpfen, als wenn ihm Herder erlaubt, manchmal zu schreiben. Er beschäftigt sich mit einem lobenswürdigen antiquarischen Unternehmen, das wohl verdient, gefördert zu werden. Freund Herder wird nicht leicht eine Mühe besser angewendet und gute Lehre kaum in einen fruchtbarern Boden gelegt haben.

Das große Porträt, welches Tischbein von mir unternommen, wächst schon aus der Leinwand heraus. Der Künstler hat sich durch einen fertigen Bildhauer ein kleines Modell von Ton machen lassen, welches gar zierlich mit einem Mantel drapiert worden. Darnach malt er fleißig, denn es sollte freilich vor unserer Abreise nach Neapel schon auf einen gewissen Punkt gebracht sein, und es gehört schon Zeit dazu, eine so große Leinwand mit Farben auch nur zu bedecken.

Den 19. Februar.

Das Wetter fährt fort, über allen Ausdruck schön zu sein; heute war ein Tag, den ich mit Schmerzen unter den Narren zubrachte. Mit Anbruch der Nacht erholte ich mich auf der Villa Medicis; Neumond ist eben vorbei, und neben der zarten Mondsichel konnte ich die ganze dunkle Scheibe fast mit bloßen Augen, durchs Perspektiv ganz deutlich sehn. Über der Erde schwebt ein Duft des Tags über, den man nur aus Gemälden und Zeichnungen des Claude kennt, das Phänomen in der Natur aber nicht leicht so schön sieht als hier. Nun kommen mir Blumen aus der Erde, die ich noch nicht kenne, und neue Blüten von den Bäumen; die Mandeln blühen und machen eine neue luftige Erscheinung zwischen den dunkelgrünen Eichen; der Himmel ist wie ein hellblauer Taft, von der Sonne beschienen. Wie wird es erst in Neapel sein! Wir finden das meiste schon grün. Meine botanischen Grillen bekräftigen sich an allem diesen, und ich bin auf dem Wege, neue schöne Verhältnisse zu entdecken, wie die Natur, solch ein Ungeheueres, das wie nichts aussieht, aus dem Einfachen das Mannigfaltigste entwickelt.

Der Vesuv wirft Steine und Asche aus, und bei Nacht sieht man den Gipfel glühen. Gebe uns die wirkende Natur einen Lavafluß! Nun kann ich kaum erwarten, bis auch diese großen Gegenstände mir eigen werden.

Den 20. Februar, Aschermittwoch.

Nun ist der Narrheit ein Ende. Die unzähligen Lichter gestern abend waren noch ein toller Spektakel. Das Karnaval in Rom muß man gesehen haben, um den Wunsch völlig loszuwerden, es je wieder zu sehen. Zu schreiben ist davon gar nichts, bei einer mündlichen Darstellung möchte es allenfalls unterhaltend sein. Was man dabei unangenehm empfindet, daß die innere Fröhlichkeit den Menschen fehlt und es ihnen an Gelde mangelt, das bißchen Lust, was sie noch haben mögen, auszulassen. Die Großen sind ökonomisch und halten zurück, der Mittelmann unvermögend, das Volk lahm. An den letzten Tagen war ein unglaublicher Lärm, aber keine Herzensfreude. Der Himmel, so unendlich rein und schön, blickte so edel und unschuldig auf diese Possen.

Da man aber doch das Nachbilden hier nicht lassen kann, so sind zur Lust der Kinder Masken des Karnavals und römische eigentümliche Kleidungen gezeichnet, dann mit Farben angestrichen worden, da sie denn ein fehlendes Kapitel des „Orbis pictus“ den lieben Kleinen ersetzen mögen.

Den 21. Februar 1787.

Ich benutze die Augenblicke zwischen dem Einpacken, um noch einiges nachzuholen. Morgen gehn wir nach Neapel. Ich freue mich auf das Neue, das unaussprechlich schön sein soll, und hoffe, in jener paradiesischen Natur wieder neue

Freiheit und Lust zu gewinnen, hier im ernsten Rom wieder an das Studium der Kunst zu gehen.

Das Einpacken wird mir leicht, ich tue es mit leichterem Herzen als vor einem halben Jahre, da ich mich von allem loslöste, was mir so lieb und wert war. Ja, es ist schon ein halbes Jahr, und von den vier Monaten, in Rom zugebracht, habe ich keinen Augenblick verloren, welches zwar viel heißen will, aber doch nicht zuviel gesagt ist.

Daß „Iphigenia“ angekommen, weiß ich; möge ich am Fuße des Vesuvs erfahren, daß ihr eine gute Aufnahme zuteil geworden.

Mit Tischbein, der so einen herrlichen Blick in Natur als Kunst hat, diese Reise zu machen, ist für mich von der größten Wichtigkeit; doch können wir als echte Deutsche uns doch nicht losmachen von Vorsätzen und Aussichten auf Arbeit. Das schönste Papier ist gekauft, und wir nehmen uns vor, darauf zu zeichnen, obgleich die Menge, die Schönheit und der Glanz der Gegenstände höchst wahrscheinlich unserm guten Willen Grenzen setzt.

Eins habe ich über mich gewonnen, daß ich von meinen poetischen Arbeiten nichts mitnehme als „Tasso“ allein, zu ihm habe ich die beste Hoffnung. Wüßt' ich nun, was ihr zu „Iphigenien“ sagt, so könnte mir dies zur Leitung dienen, denn es ist doch eine ähnliche Arbeit, der Gegenstand fast noch beschränkter als jener und will im einzelnen noch mehr ausgearbeitet sein; doch weiß ich noch nicht, was es werden kann, das Vorhandene muß ich ganz zerstören, das hat zu lange gelegen, und weder die Personen, noch der Plan, noch der Ton haben mit meiner jetzigen Ansicht die mindeste Verwandtschaft.

Beim Aufräumen fallen mir einige eurer lieben Briefe in die Hand, und da treffe ich beim Durchlesen auf den Vorwurf, daß ich mir in meinen Briefen widerspreche. Das kann ich zwar nicht merken, denn was ich geschrieben habe, schicke ich gleich fort, es ist mir aber selbst sehr wahrscheinlich, denn ich werde von ungeheuern Mächten hin und wider geworfen, und da ist es wohl natürlich, daß ich nicht immer weiß, wo ich stehe.

Man erzählt von einem Schiffer, der, von einer stürmischen Nacht auf der See überfallen, nach Hause zu steuern trachtete. Sein Söhnchen, in der Finsternis an ihn geschmiegt, fragte: „Vater, was ist denn das für ein närrisches Lichtchen dort, das ich bald über uns, bald unter uns sehe?“ Der Vater versprach ihm die Erklärung des andern Tags, und da fand es sich, daß es die Flamme des Leuchtturms gewesen, die einem von wilden Wogen auf und nieder geschaukelten Auge bald unten, bald oben erschien.

Auch ich steure auf einem leidenschaftlich bewegten Meere dem Hafen zu, und halte ich die Glut des Leuchtturms nur scharf im Auge, wenn sie mir auch den Platz zu verändern scheint, so werde ich doch zuletzt am Ufer genesen.

Bei der Abreise fällt einem doch immer jedes frühere Scheiden und auch das künftige letzte unwillkürlich in den Sinn, und mir drängt sich, diesmal stärker als sonst, dabei die Bemerkung auf, daß wir viel zu viel Voranstalten machen, um zu leben, denn so kehren auch wir, Tischbein und ich, so vielen Herrlichkeiten, sogar unserm wohlausgestatteten eignen Museum den Rücken. Da stehn nun drei Junonen zur Vergleichung nebeneinander, und wir verlassen sie, als wenn's keine wäre.

NEAPEL

Velletri, den 22. Februar 1787.

Bei guter Zeit sind wir hier angelangt. — Schon vorgestern verfinsterte sich das Wetter, die schönen Tage hatten uns trübe gebracht, doch deuteten einige Luftzeichen, daß es sich wieder zum Guten bequemen werde, wie es denn auch eintraf. Die Wolken trennen sich nach und nach, hier und da erschien der blaue Himmel, und endlich beleuchtete die Sonne unsere Bahn. Wir kamen durch Albano, nachdem wir vor Genzano an dem Eingang eines Parks gehalten hatten, den Prinz Chigi, der Besitzer, auf eine wunderliche Weise hält, nicht unterhält, deshalb auch nicht will, daß sich jemand darin umsehe. Hier bildet sich eine wahre Wildnis: Bäume und Gesträuche, Kräuter und Ranken wachsen, wie sie wollen, verdorren, stürzen um, verfaulen. Das ist alles recht und nur desto besser. Der Platz vor dem Eingang ist unsäglich schön. Eine hohe Mauer schließt das Tal, eine vergitterte Pforte läßt hineinblicken, dann steigt der Hügel aufwärts, wo dann oben das Schloß liegt. Es gäbe das größte Bild, wenn es ein rechter Künstler unternähme.

Nun darf ich nicht weiter beschreiben und sage nur, daß, als wir von der Höhe die Gebirge von Sezza, die pontinischen Sümpfe, das Meer und die Inseln erblickten, daß in dem Moment ein starker Streifregen über die Sümpfe nach dem Meer zog, Licht und Schatten, abwechselnd und bewegt, die öde Fläche gar mannigfaltig belebten. Sehr schön wirkten hiezu mehrere von der Sonne erleuchtete Rauchsäulen, die aus zerstreuten, kaum sichtbaren Hütten emporstiegen.

Velletri liegt sehr angenehm auf einem vulkanischen Hügel, der nur gegen Norden mit andern zusammenhängt, über drei Himmelsgegenden aber den freisten Anblick gewährt.

Nun besahen wir das Kabinett des Cavaliere Borgia, welcher, begünstigt durch die Verwandtschaft mit dem Kardinal und der Propaganda, treffliche Altertümer und sonstige Merkwürdigkeiten hier zusammenstellen konnte: ägyptische Götzen, aus dem härtesten Steine gebildet, kleine Metallfiguren früherer und späterer Zeit; in der Gegend ausgegrabene, aus Ton gebrannte, flach erhobene Bildwerke, durch welche veranlaßt man den alten Volskern einen eignen Stil zuschreiben will.

Von allerlei andern Raritäten besitzt das Museum mancherlei. Ich merkte mir zwei chinesische Tuschkästchen, wo auf den Stücken des einen die ganze Zucht der Seidenwürmer, auf dem andern der Reisbau vorgestellt ist, beides höchst naiv genommen und ausführlich gearbeitet. Das Kästchen sowie die Einwicklung desselben sind ausnehmend schön und dürfen sich neben dem von mir schon gelobten Buch auf der Bibliothek der Propaganda wohl sehen lassen.

Es ist freilich unverantwortlich, daß man diesen Schatz so nahe bei Rom hat und denselben nicht öfter besucht. Doch mag die Unbequemlichkeit einer jeden Ausflucht in diesen Gegenden und die Gewalt des römischen Zauberkreises zur Entschuldigung dienen. Als wir nach der Herberge gingen, riefen uns einige vor ihren Haustüren sitzende Weiber an, ob wir nicht auch Altertümer zu kaufen Lust hätten, und als wir uns darnach sehr begierig erwiesen, holten sie alte Kessel, Feuerzangen nebst anderem schlechten Hausgeräte und wollten sich zu Tod lachen, uns angeführt zu haben. Als wir uns deshalb entrüsteten, brachte unser Führer die Sache wieder ins gleiche; denn er versicherte, daß dieser Spaß hergebracht sei und daß alle Fremden denselben Tribut entrichten müßten.

Dies schreib' ich in einer sehr übeln Herberge und fühle in mir weder Kraft noch Behagen, weiter fortzufahren. Also die freundlichste gute Nacht!

Fondi, den 23. Februar 1787.

Schon früh um drei Uhr waren wir auf dem Wege. Als es tagte, fanden wir uns in den pontinischen Sümpfen, welche kein so übles Ansehn haben, als man sie in Rom gemeiniglich beschreibt. Man kann zwar ein so großes und weitläufiges Unternehmen, als die beabsichtigte Austrocknung ist, auf der Durchreise nicht beurteilen, allein es scheint mir doch, daß die Arbeiten, welche der Papst angeordnet, die gewünschten Endzwecke wenigstens zum größten Teil erreichen werden. Man denke sich ein weites Tal, das sich von

Norden nach Süden mit wenigem Falle hinzieht, ostwärts gegen die Gebirge zu vertieft, westwärts aber gegen das Meer zu erhöht liegt.

Der ganzen Länge nach in gerader Linie ist die alte Via Appia wiederhergestellt, an der rechten Seite derselben der Hauptkanal gezogen, und das Wasser fließt darin gelind hinab, dadurch ist das Erdreich der rechten Seite nach dem Meere zu ausgetrocknet und dem Feldbau überantwortet; soweit das Auge sehen kann, ist es bebaut oder könnte es werden, wenn sich Pächter fänden, einige Flecke ausgenommen, die allzutief liegen.

Die linke Seite nach dem Gebirg' zu ist schon schwerer zu behandeln. Zwar gehen Querkanäle unter der Chaussee in den Hauptkanal; da jedoch der Boden gegen die Berge zu abfällt, so kann er auf diese Weise nicht vom Wasser befreit werden. Man will, sagt man, einen zweiten Kanal am Gebirge herführen. Große Strecken, besonders gegen Terracina, sind mit Weiden und Pappeln angeflogen.

Eine Poststation besteht aus einer bloßen langen Strohhütte. Tischbein zeichnete sie und genoß zur Belohnung dafür ein Vergnügen, das nur er völlig zu genießen weiß. Auf dem abgetrockneten Terrain hatte sich ein Schimmel losgemacht, der, sich seiner Freiheit bedienend, auf dem braunen Boden wie ein Lichtstrahl hin und wider fuhr; wirklich war es ein herrlicher Anblick, durch Tischbeins Entzücken erst recht bedeutend.

Da, wo sonst der Ort Meza stand, hat der Papst ein großes und schönes Gebäude, als den Mittelpunkt der Fläche bezeichnend, aufrichten lassen. Der Anblick desselben vermehrt Hoffnung und Zutrauen für das ganze Unternehmen. Und so rückten wir immer fort, uns lebhaft unterhaltend, wohl eingedenk der Warnung, daß man auf diesem Wege nicht einschlafen dürfe, und freilich erinnerte uns der blaue Dunst, der schon in dieser Jahrszeit in gewisser Höhe über dem Boden schwebte, an eine gefährliche Luftschicht. Desto erfreulicher und erwünschter war uns die Felsenlage von Terracina, und kaum hatten wir uns daran vergnügt, als wir das Meer gleich davor erblickten. Kurz darauf ließ uns die andere Seite des Stadtberges ein Schauspiel neuer Vegetation sehen. Indianische Feigen trieben ihre großen, fetten Blätterkörper zwischen niedrigen, graulichgrünen Myrten, unter gelbgrünen Granatbäumen und fahlgrünen Olivenzweigen. Am Wege sahen wir neue, noch nie gesehene Blumen und Sträuche. Narzissen und Adonis blühten auf den Wiesen. Man behält das Meer eine Zeitlang rechts; die Kalkfelsen aber bleiben links in der Nähe. Diese sind die Fortsetzung der Apenninen, welche sich von Tivoli herziehen und ans Meer anschließen, wovon sie erst durch die Campagna di Roma, dann durch die frascatanischen, albanischen, velletrischen Vulkane und endlich durch die pontinischen Sümpfe getrennt wurden. Der Monte Circello, das Vorgebirg Terracina gegenüber, wo die pontinischen Sümpfe sich endigen, mag gleichfalls aus gereihten Kalkfelsen bestehen.

Wir verließen das Meer und kamen bald in die reizende Ebene von Fondi. Dieser kleine Raum fruchtbaren und bebauten Erdreichs, von einem nicht allzu rauhen Gebirg' umschlossen, muß jedermann anlachen. Noch hängt die Mehrzahl der Orangen an den Bäumen, die Saat steht grün, durchaus Weizen; Oliven auf den Äckern, das Städtchen im Grunde. Ein Palmbaum zeichnet sich aus und ward begrüßt. So viel für diesen Abend. Verzeihung der laufenden Feder. Ich muß schreiben, ohne zu denken, damit ich nur schreibe. Der Gegenstände sind zuviel, der Aufenthalt zu schlecht und doch meine Begierde allzugroß, einiges dem Papiere anzuvertrauen. Mit einbrechender Nacht kamen wir an, und es ist nun Zeit, Ruhe zu suchen.

St. Agata, den 24. Februar 1787.

In einer kalten Kammer muß ich Nachricht von einem schönen Tage geben. Als wir aus Fondi herausfuhren, ward es eben helle, und wir wurden sogleich durch die über die Mauern hängenden Pomeranzen auf beiden Seiten des Wegs begrüßt. Die Bäume hängen so voll, als man sich's nur denken kann. Obenher ist das junge Laub gelblich, unten aber und in der Mitte von dem saftigsten Grün. Mignon hatte wohl recht, sich dahin zu sehnen.

Dann fuhren wir durch wohlgeackerte und -bestellte Weizenfelder, in schicklichen Räumen mit Oliven bepflanzt. Der

Wind bewegte sie und brachte die silberne Unterfläche der Blätter ans Licht, die Äste bogen sich leicht und zierlich. Es war ein grauer Morgen, ein starker Nordwind versprach, alles Gewölk völlig zu vertreiben.

Dann zog der Weg im Tale hin, zwischen steinichten, aber gut gebauten Äckern, die Saat vom schönsten Grün. An einigen Orten sah man geräumige, runde, gepflasterte Plätze, mit niedrigen Mäuerchen umgeben; hier drischt man die Frucht sogleich aus, ohne sie in Garben nach Hause zu fahren. Das Tal ward schmäler, der Weg ging bergan, Kalkfelsen standen nackt an beiden Seiten. Der Sturm war heftiger hinter uns her. Es fielen Graupeln, die sehr langsam tauten.

Einige Mauern antiker Gebäude mit netzförmiger Arbeit überraschten uns. Auf der Höhe sind die Plätze felsig, doch mit Olivenbäumen bepflanzt, wo nur das geringste Erdreich sie aufnehmen konnte. Nun über eine Plaine mit Oliven, sodann durch ein Städtchen. Eingemauert fanden wir nun Altäre, antike Grabsteine, Fragmente aller Art in den Gartenumfriedigungen, dann trefflich gemauerte, jetzt aber mit Erdreich ausgefüllte Untergeschosse alter Landhäuser, nunmehr von Olivenwäldchen bewachsen. Dann erblickten wir den Vesuv, eine Rauchwolke auf seinem Scheitel.

Mola di Gaëta begrüßte uns abermals mit den reichsten Pomeranzenbäumen. Wir blieben einige Stunden. Die Bucht vor dem Städtchen gewährt eine der schönsten Aussichten, das Meer spült bis heran. Folgt das Auge dem rechten Ufer und erreicht es zuletzt das Hornende des halben Mondes, so sieht man auf einem Felsen die Festung Gaëta in mäßiger Ferne. Das linke Horn erstreckt sich viel weiter; erst sieht man eine Reihe Gebirge, dann den Vesuv, dann die Inseln. Ischia liegt fast der Mitte gegenüber.

Hier fand ich am Ufer die ersten Seesterne und Seeigel ausgespült. Ein schönes grünes Blatt, wie das feinste Velinpapier, dann aber merkwürdige Geschiebe: am häufigsten die gewöhnlichen Kalksteine, sodann aber auch Serpentin, Jaspis, Quarze, Kieselbreccien, Granite, Porphyre, Marmorarten, Glas von grüner und blauer Farbe. Die zuletzt genannten Steinarten sind schwerlich in dieser Gegend erzeugt, sind wahrscheinlich Trümmern alter Gebäude, und so sehen wir denn, wie die Welle vor unsern Augen mit den Herrlichkeiten der Vorwelt spielen darf. Wir verweilten gern und hatten unsere Lust an der Natur der Menschen, die sich beinahe als Wilde betrugen. Von Mola sich entfernend, hat man immer schöne Aussicht, wenn sich auch das Meer verliert. Der letzte Blick darauf ist eine liebliche Seebucht, die gezeichnet ward. Nun folgt gutes Fruchtfeld, mit Aloen eingezäunt. Wir erblickten eine Wasserleitung, die sich vom Gebirg' her nach unkenntlichen, verworrenen Ruinen zog.

Dann folgt die Überfahrt über den Fluß Garigliano. Man wandert sodann durch ziemlich fruchtbare Gegenden auf ein Gebirg' los. Nichts Auffallendes. Endlich der erste vulkanische Aschenhügel. Hier beginnt eine große, herrliche Gegend von Bergen und Gründen, über welche zuletzt Schneegipfel hervorragen. Auf der nähern Höhe eine lange, wohl in die Augen fallende Stadt. In dem Tal liegt St. Agata, ein ansehnlicher Gasthof, wo ein lebhaftes Feuer in einem Kamin, das als Kabinett angelegt ist, brannte. Indessen ist unsere Stube kalt, keine Fenster, nur Läden, und ich eile, zu schließen.

Neapel, den 25. Februar 1787.

Endlich auch hier glücklich und mit guten Vorbedeutungen angekommen. Von der Tagesreise nur so viel: St. Agata verließen wir mit Sonnenaufgang, der Wind blies heftig hinter uns her, und dieser Nordost hielt den ganzen Tag an. Erst Nachmittag ward er Herr von den Wolken; wir litten von Kälte.

Unser Weg ging wieder durch und über vulkanische Hügel, wo ich nur noch wenige Kalkfelsen zu bemerken glaubte. Endlich erreichten wir die Plaine von Capua, bald darnach Capua selbst, wo wir Mittag hielten. Nachmittag tat sich ein schönes, flaches Feld vor uns auf. Die Chaussee geht breit zwischen grünen Weizenfeldern durch, der Weizen ist wie ein Teppich und wohl spannenhoch. Pappeln sind reihenweis auf den Feldern gepflanzt, hoch ausgezweigt und Wein hinangezogen. So geht es bis Neapel hinein. Ein klarer, herrlich lockerer Boden und gut bearbeitet. Die Weinstöcke von ungewöhnlicher Stärke und Höhe, die Ranken wie Netze von Pappel zu Pappel schwebend.

Der Vesuv blieb uns immer zur linken Seite, gewaltsam dampfend, und ich war still für mich erfreut, daß ich diesen merkwürdigen Gegenstand endlich auch mit Augen sah. Der Himmel ward immer klärer, und zuletzt schien die Sonne recht heiß in unsere enge rollende Wohnung. Bei ganz rein heller Atmosphäre kamen wir Neapel näher; und nun fanden wir uns wirklich in einem andern Lande. Die Gebäude mit flachen Dächern deuten auf eine andere Himmelsgegend, inwendig mögen sie nicht sehr freundlich sein. Alles ist auf der Straße, sitzt in der Sonne, so lange sie scheinen will. Der Neapolitaner glaubt, im Besitz des Paradieses zu sein, und hat von den nördlichen Ländern einen sehr traurigen Begriff: „Sempre neve, case di legno, gran ignoranza, ma danari assai.“ Solch ein Bild machen sie sich von unserm Zustande. Zur Erbauung sämtlicher deutschen Völkerschaften heißt diese Charakteristik übersetzt: „Immer Schnee, hölzerne Häuser, große Unwissenheit; aber Geld genug.“

Neapel selbst kündigt sich froh, frei und lebhaft an, unzählige Menschen rennen durcheinander, der König ist auf der Jagd, die Königin guter Hoffnung, und so kann's nicht besser gehn.

Neapel, Montag, den 26. Februar.

„Alla Locanda del Sgr. Moriconi al Largo del Castello“. Unter dieser ebenso heiter als prächtig klingenden Aufschrift würden uns Briefe aus allen vier Teilen der Welt nunmehr auffinden. In der Gegend des am Meere liegenden großen Kastells erstreckt sich eine große Weitung, die man, obgleich von allen vier Seiten mit Häusern umgeben, nicht Platz, sondern Weite (largo) genannt hat, wahrscheinlicherweise von den ersten Zeiten her, da dieses noch ein unbegrenztes Feld war. Hier nun tritt an der einen Seite ein großes Eckhaus herein, und wir faßten Fuß in einem geräumigen Ecksaale, der einen freien und frohen Überblick über die immer bewegte Fläche gewährt. Ein eiserner Balkon zieht sich außen an mehrern Fenstern vorbei, selbst um die Ecke hin.

Man würde davon nicht wegkommen, wenn der scharfe Wind nicht äußerst fühlbar wäre.

Der Saal ist munter dekoriert, besonders aber die Decke, deren Arabesken in hundert Abteilungen schon die Nähe von Pompeji und Herculanum verkünden. Das wäre nun alles schön und gut, aber keine Feuerstätte, kein Kamin ist zu bemerken, und der Februar übt denn doch auch hier seine Rechte. Ich sehnte mich nach einiger Erwärmung.

Man brachte mir einen Dreifuß, von der Erde dergestalt erhöht, daß man die Hände bequem drüber halten konnte. Auf demselben war ein flaches Becken befestigt, dieses enthielt ganz zarte glühende Kohlen, gar glatt mit Asche bedeckt. Hier gilt es nun haushältig sein, wie wir es in Rom schon gelernt. Mit dem Ohr eines Schlüssels zieht man von Zeit zu Zeit die oberflächliche Asche behutsam weg, so daß von den Kohlen wieder etwas an die freie Luft gelange. Wollte man jedoch ungeduldig die Glut aufwühlen, so würde man einen Augenblick größere Wärme spüren, aber sehr bald die ganze Glut erschöpft haben, da denn das Becken abermals gegen Erlegung einer gewissen Summe zu füllen wäre.

Ich befand mich nicht ganz wohl und hätte freilich mehr Bequemlichkeit gewünscht. Eine Schilfmatte diente gegen die Einflüsse des Estrichs; Pelze sind nicht gewöhnlich, und ich entschloß mich, eine Schifferkutte, die wir aus Scherz mitgenommen hatten, anzuziehen, die mir gute Dienste leistete, besonders nachdem ich sie mit einem Kofferstrick um den Leib befestigt hatte, da ich mir denn als Mittelding zwischen Matrosen und Kapuziner sehr komisch vorkommen mußte. Tischbein, der von Besuchen bei Freunden zurückkehrte, konnte sich des Lachens nicht enthalten.

Neapel, den 27. Februar 1787.

Gestern bracht' ich den Tag in Ruhe zu, um eine kleine körperliche Unbequemlichkeit erst abzuwarten, heute ward geschwelgt und die Zeit mit Anschauung der herrlichsten Gegenstände zugebracht. Man sage, erzähle, male, was man will, hier ist mehr als alles. Die Ufer, Buchten und Busen des Meeres, der Vesuv, die Stadt, die Vorstädte, die Kastelle, die Lusträume! — Wir sind auch noch abends in die Grotte des Posilipo gegangen, da eben die untergehende Sonne zur andern Seite hereinschien. Ich verzieh es allen, die in Neapel von Sinnen kommen, und erinnerte mich mit Rührung meines Vaters, der einen unauslöschlichen Eindruck besonders von denen Gegenständen, die ich heut zum erstenmal sah, erhalten hatte. Und wie man sagt, daß einer, dem ein Gespenst erschienen, nicht wieder froh wird, so konnte man umgekehrt von ihm sagen, daß er nie ganz unglücklich werden konnte, weil er sich immer wieder nach Neapel dachte. Ich bin nun nach meiner Art ganz stille und mache nur, wenn's gar zu toll wird, große, große Augen.

Neapel, den 28. Februar 1787.

Heute besuchten wir Philipp Hackert, den berühmten Landschaftsmaler, der eines besondern Vertrauens, einer vorzüglichen Gnade des Königs und der Königin genießt. Man hat ihm einen Flügel des Palasts Francavilla eingeräumt, den er mit Künstlergeschmack möblieren ließ und mit Zufriedenheit bewohnt. Es ist ein sehr bestimmter, kluger Mann, der bei unausgesetztem Fleiß das Leben zu genießen versteht.

Dann gingen wir ans Meer und sahen allerlei Fische und wunderliche Gestalten aus den Wellen ziehen. Der Tag war herrlich, die Tramontane leidlich.

Neapel, den 1. März.

Schon in Rom hatte man meinem eigensinnigen Einsiedlersinne, mehr als mir lieb war, eine gesellige Seite abgewonnen. Freilich scheint es ein wunderlich Beginnen, daß man in die Welt geht, um allein bleiben zu wollen. So hatte ich denn auch dem Fürsten von Waldeck nicht widerstehen können, der mich aufs freundlichste einlud und durch Rang und Einfluß mir Teilnahme an manchem Guten verschaffte. Kaum waren wir in Neapel angekommen, wo er sich schon eine Zeitlang aufhielt, als er uns einladen ließ, mit ihm eine Fahrt nach Pozzuoli und der anliegenden Gegend zu machen. Ich dachte heute schon auf den Vesuv, Tischbein aber nötigt mich zu jener Fahrt, die, an und für sich angenehm, bei dem schönsten Wetter in Gesellschaft eines so vollkommenen und unterrichteten Fürsten sehr viel Freude und Nutzen verspricht. Auch haben wir schon in Rom eine schöne Dame gesehen, nebst ihrem Gemahl von dem Fürsten unzertrennlich; diese soll gleichfalls von der Partie sein, und man hofft alles Erfreuliche.

Auch bin ich dieser edlen Gesellschaft durch frühere Unterhaltung genauer bekannt. Der Fürst nämlich fragte bei unserer ersten Bekanntschaft, womit ich mich jetzt beschäftige, und meine „Iphigenia" war mir so gegenwärtig, daß ich sie einen Abend umständlich genug erzählen konnte. Man ging drauf ein; aber ich glaubte doch zu merken, daß man etwas Lebhafteres, Wilderes von mir erwartet hatte.

Abends.

Von dem heutigen Tage wäre schwerlich Rechenschaft zu geben. Wer hat es nicht erfahren, daß die flüchtige Lesung eines Buchs, das ihn unwiderstehlich fortriß, auf sein ganzes Leben den größten Einfluß hatte und schon die Wirkung entschied, zu der Wiederlesen und ernstliches Betrachten kaum in der Folge mehr hinzutun konnte. So ging es mir einst mit „Sakontala", und geht es uns mit bedeutenden Menschen nicht gleicherweise? Eine Wasserfahrt bis Pozzuoli, leichte Landfahrten, heitere Spaziergänge durch die wundersamste Gegend von der Welt. Unterm reinsten Himmel der unsicherste Boden. Trümmern undenkbarer Wohlhäbigkeit, zerlästert und unerfreulich. Siedende Wasser, Schwefel aushauchende Grüfte, dem Pflanzenleben widerstrebende Schlackenberge, kahle, widerliche Räume und dann doch zuletzt eine immer üppige Vegetation, eingreifend, wo sie nur irgend vermag, sich über alles Ertötete erhebend, um Landseen und Bäche umher, ja, den herrlichsten Eichwald an den Wänden eines alten Kraters behauptend.

Und so wird man zwischen Natur- und Völkerereignissen hin und wider getrieben. Man wünscht zu denken und fühlt sich dazu zu ungeschickt. Indessen lebt der Lebendige lustig fort, woran wir es denn auch nicht fehlen ließen. Gebildete Personen, der Welt und ihrem Wesen angehörend, aber auch, durch ernstes Geschick gewarnt, zu Betrachtungen aufgelegt. Unbegrenzter Blick über Land, Meer und Himmel, zurückgerufen in die Nähe einer liebenswürdigen jungen Dame, Huldigung anzunehmen gewohnt und geneigt.

Unter allem diesem Taumel jedoch verfehlt' ich nicht, manches anzumerken. Zu künftiger Redaktion wird die an Ort und Stelle benutzte Karte und eine flüchtige Zeichnung von Tischbein die beste Hülfe geben; heute ist mir nicht möglich, auch nur das mindeste hinzuzufügen.

Den 2. März

bestieg ich den Vesuv, obgleich bei trübem Wetter und umwölktem Gipfel. Fahrend gelangt' ich nach Resina, sodann auf einem Maultiere den Berg zwischen Weingärten hinauf; nun zu Fuß über die Lava vom Jahre Einundsiebenzig, die schon feines, aber festes Moos auf sich erzeugt hatte; dann an der Seite der Lava her. Die Hütte des Einsiedlers blieb mir links auf der Höhe. Ferner den Aschenberg hinauf, welches eine sauere Arbeit ist. Zwei Dritteile dieses Gipfels waren mit Wolken bedeckt. Endlich erreichten wir den alten, nun ausgefüllten Krater, fanden die neuen Laven von zwei Monaten vierzehn Tagen, ja, eine schwache von fünf Tagen schon erkaltet. Wir stiegen über sie an einem erst aufgeworfenen vulkanischen Hügel hinauf, er dampfte aus allen Enden. Der Rauch zog von uns weg, und ich wollte nach dem Krater gehn. Wir waren ungefähr funfzig Schritte in den Dampf hinein, als er so stark wurde, daß ich kaum meine Schuhe sehen konnte. Das Schnupftuch vorgehalten half nichts, der Führer war mir auch verschwunden, die Tritte auf den ausgeworfenen Lavabröckchen unsicher, ich fand für gut, umzukehren und mir den gewünschten Anblick auf einen heitern Tag und verminderten Rauch zu sparen. Indes weiß ich doch auch, wie schlecht es sich in solcher Atmosphäre Atem holt.

Übrigens war der Berg ganz still. Weder Flamme, noch Brausen, noch Steinwurf, wie er doch die ganze Zeit her trieb. Ich habe ihn nun rekognosziert, um ihn förmlich, sobald das Wetter gut werden will, zu belagern.

Die Laven, die ich fand, waren mir meist bekannte Gegenstände. Ein Phänomen hab' ich aber entdeckt, das mir sehr merkwürdig schien und das ich näher untersuchen, nach welchem ich mich bei Kennern und Sammlern erkundigen will. Es ist eine tropfsteinförmige Bekleidung einer vulkanischen Esse, die ehemals zugewölbt war, jetzt aber aufgeschlagen ist und aus dem alten, nun ausgefüllten Krater herausragt. Dieses feste, grauliche, tropfsteinförmige Gestein scheint mir durch Sublimation der allerfeinsten vulkanischen Ausdünstungen ohne Mitwirkung von Feuchtigkeit und ohne Schmelzung gebildet worden zu sein; es gibt zu weitern Gedanken Gelegenheit.

Heute, den dritten März, ist der Himmel bedeckt und ein Scirocco weht; zum Posttage gutes Wetter.

Sehr gemischte Menschen, schöne Pferde und wunderliche Fische habe ich hier übrigens schon genug gesehn.

Von der Lage der Stadt und ihren Herrlichkeiten, die so oft beschrieben und belobt sind, kein Wort. „Vedi Napoli e poi muori!“ sagen sie hier. „Siehe Neapel und stirb!“

Neapel, den 3. März.

Daß kein Neapolitaner von seiner Stadt weichen will, daß ihre Dichter von der Glückseligkeit der hiesigen Lage in gewaltigen Hyperbeln singen, ist ihnen nicht zu verdenken, und wenn auch noch ein paar Vesuve in der Nachbarschaft stünden. Man mag sich hier an Rom gar nicht zurückerinnern; gegen die hiesige freie Lage kommt einem die Hauptstadt der Welt im Tibergrunde wie ein altes, übelplaciertes Kloster vor.

Das See- und Schiffwesen gewährt auch ganz neue Zustände. Die Fregatte nach Palermo ging mit reiner, starker Tramontane gestern ab. Diesmal hat sie gewiß nicht über sechsunddreißig Stunden auf der Fahrt zugebracht. Mit welcher Sehnsucht sah ich den vollen Segeln nach, als das Schiff zwischen Capri und Kap Minerva durchfuhr und endlich verschwand. Wenn man jemand Geliebtes so fortfahren sähe, müßte man vor Sehnsucht sterben! Jetzt weht der Scirocco; wenn der Wind stärker wird, werden die Wellen um den Molo lustig genug sein.

Heute, als an einem Freitage, war die große Spazierfahrt des Adels, wo jeder seine Equipagen, besonders Pferde, produziert. Man kann unmöglich etwas Zierlicheres sehen als diese Geschöpfe hier; es ist das erste Mal in meinem Leben, daß mir das Herz gegen sie aufgeht.

Neapel, den 3. März.

Hier schick' ich einige gedrängte Blätter als Nachricht von dem Einstande, den ich hier gegeben. Auch ein an der Ecke angeschmauchtes Kuvert eures letzten Briefes zum Zeugnis, daß er mit auf dem Vesuv gewesen. Doch muß ich euch nicht, weder im Traume noch im Wachen, von Gefahr umgeben erscheinen; seid versichert, da, wo ich gehe, ist nicht mehr Gefahr als auf der Chaussee nach Belvedere. Die Erde ist überall des Herrn! kann man wohl bei dieser Gelegenheit sagen. Ich suche keine Abenteuer aus Vorwitz noch Sonderbarkeit, aber weil ich meist klar bin und dem Gegenstand bald seine Eigentümlichkeit abgewinne, so kann ich mehr tun und wagen als ein anderer. Nach Sizilien ist's nichts weniger als gefährlich. Vor einigen Tagen fuhr die Fregatte nach Palermo mit günstigem Nordostwind ab, sie ließ Capri rechts und hat gewiß den Weg in sechsunddreißig Stunden zurückgelegt. Drüben sieht es auch in der Wirklichkeit nicht so gefährlich aus, als man es in der Ferne zu machen beliebt.

Vom Erdbeben spürt man jetzt im untern Teile von Italien gar nichts, im obern ward neulich Rimini und naheliegende Orte beschädigt. Es hat wunderliche Launen, man spricht hier davon wie von Wind und Wetter und in Thüringen von Feuersbrünsten.

Mich freut, daß ihr nun mit der neuen Bearbeitung der „Iphigenia" euch befreundet; noch lieber wäre mir's, wenn euch der Unterschied fühlbarer geworden wäre. Ich weiß, was ich daran getan habe, und darf davon reden, weil ich es noch weiter treiben könnte. Wenn es eine Freude ist, das Gute zu genießen, so ist es eine größere, das Bessere zu empfinden, und in der Kunst ist das Beste gut genug.

Neapel, den 5. März.

Den zweiten Fastensonntag benutzten wir, von Kirche zu Kirche zu wandern. Wie in Rom alles höchst ernsthaft ist, so

13. Neapel. Kupferstich nach Vernet

treibt sich hier alles lustig und wohlgemut. Auch die neapolitanische Malerschule begreift man nur zu Neapel. Hier sieht man mit Verwunderung die ganze Vorderseite einer Kirche von unten bis oben gemalt, über der Türe Christus, der die Käufer und Verkäufer zum Tempel hinaustreibt, welche zu beiden Seiten, munter und zierlich erschreckt, die Treppen herunterpurzeln. Innerhalb einer andern Kirche ist der Raum über dem Eingang reichhaltig mit einem Freskogemälde geziert, die Vertreibung Heliodors vorstellend. Luca Giordano mußte sich freilich sputen, um solche Flächen auszufüllen. Auch die Kanzel ist nicht immer wie anderwärts ein Katheder, Lehrstuhl für eine einzelne Person, sondern eine Galerie, auf welcher ich einen Kapuziner hin und her schreiten und bald von dem einen, bald von dem andern Ende dem Volk seine Sündhaftigkeit vorhalten sah. Was wäre da nicht alles zu erzählen!

Aber weder zu erzählen noch zu beschreiben ist die Herrlichkeit einer Vollmondnacht, wie wir sie genossen, durch die Straßen über die Plätze wandelnd, auf der Chiaja, dem unermeßlichen Spaziergang, sodann am Meeresufer hin und wider. Es übernimmt einen wirklich das Gefühl von Unendlichkeit des Raums. So zu träumen ist denn doch der Mühe wert.

Neapel, den 5. März 1787.

Von einem trefflichen Manne, den ich diese Tage kennen gelernt, muß ich kürzlich das Allgemeinste erwähnen. Es ist Ritter Filangieri, bekannt durch sein Werk über die Gesetzgebung. Er gehört zu den ehrwürdigen jungen Männern, welche das Glück der Menschen und eine löbliche Freiheit derselben im Auge behalten. An seinem Betragen kann man den Soldaten, den Ritter und Weltmann erkennen, gemildert ist jedoch dieser Anstand durch den Ausdruck eines zarten sittlichen Gefühls, welches, über die ganze Person verbreitet, aus Wort und Wesen gar anmutig hervorleuchtet. Auch er ist seinem Könige und dessen Königreich im Herzen verbündet, wenn er auch nicht alles billigt, was geschieht; aber auch er ist gedrückt durch die Furcht vor Joseph dem Zweiten. Das Bild eines Despoten, wenn es auch nur in der Luft schwebt, ist edlen Menschen schon fürchterlich. Er sprach mit mir ganz offen, was Neapel von jenem zu fürchten habe. Er unterhält sich gern über Montesquieu, Beccaria, auch über seine eigenen Schriften, alles in demselben Geiste des besten Wollens und einer herzlichen jugendlichen Lust, das Gute zu wirken. Er mag noch in den Dreißigen stehen.

Gar bald machte er mich mit einem alten Schriftsteller bekannt, an dessen unergründlicher Tiefe sich diese neuern italienischen Gesetzfreunde höchlich erquicken und erbauen, er heißt Johann Baptista Vico, sie ziehen ihn dem Montesquieu vor. Bei einem flüchtigen Überblick des Buches, das sie mir als ein Heiligtum mitteilten, wollte mir scheinen, hier seien sibyllinische Vorahnungen des Guten und Rechten, das einst kommen soll oder sollte, gegründet auf ernste Betrachtungen des Überlieferten und des Lebens. Es ist gar schön, wenn ein Volk solch einen Ältervater besitzt; den Deutschen wird einst Hamann ein ähnlicher Kodex werden.

Neapel, den 6. März 1787.

Obgleich ungern, doch aus treuer Geselligkeit, begleitete Tischbein mich heute auf den Vesuv. Ihm, dem bildenden Künstler, der sich nur immer mit den schönsten Menschen- und Tierformen beschäftigt, ja das Ungeformte selbst, Felsen und Landschaften, durch Sinn und Geschmack vermenschlicht, ihm wird eine solche furchtbare, ungestalte Aufhäufung, die sich immer wieder selbst verzehrt und allem Schönheitsgefühl den Krieg ankündigt, ganz abscheulich vorkommen.

Wir fuhren auf zwei Kalessen, weil wir uns als Selbstführer durch das Gewühl der Stadt nicht durchzuwinden getrauten. Der Fahrende schreit unaufhörlich: „Platz, Platz!“, damit Esel, Holz oder Kehricht Tragende, entgegenrollende Kalessen, lastschleppende oder frei wandelnde Menschen, Kinder und Greise sich vorsehen, ausweichen, ungehindert aber der scharfe Trab fortgesetzt werde.

Der Weg durch die äußersten Vorstädte und Gärten sollte schon auf etwas Plutonisches hindeuten. Denn da es lange nicht geregnet, waren von dickem, aschgrauem Staube die von Natur immergrünen Blätter überdeckt, alle Dächer,

14. Der Krater des Vesuv. Kolorierte Radierung nach Fabris

Gurtgesimse und was nur irgend eine Fläche bot, gleichfalls übergraut, so daß nur der herrliche blaue Himmel und die hereinscheinende mächtige Sonne ein Zeugnis gab, daß man unter den Lebendigen wandle.

Am Fuße des steilen Hanges empfingen uns zwei Führer, ein älterer und ein jüngerer, beides tüchtige Leute. Der erste schleppte mich, der zweite Tischbein den Berg hinauf. Sie schleppten, sage ich; denn ein solcher Führer umgürtet sich mit einem ledernen Riemen, in welchen der Reisende greift und, hinaufwärts gezogen, sich an einem Stabe auf seinen eigenen Füßen desto leichter emporhilft.

So erlangten wir die Fläche, über welcher sich der Kegelberg erhebt, gegen Norden die Trümmer der Somma.

Ein Blick westwärts über die Gegend nahm wie ein heilsames Bad alle Schmerzen der Anstrengung und alle Müdigkeit hinweg, und wir umkreisten nunmehr den immer qualmenden, Stein und Asche auswerfenden Kegelberg. Solange der Raum gestattete, in gehöriger Entfernung zu bleiben, war es ein großes, geisterhebendes Schauspiel. Erst ein gewaltsamer Donner, der aus dem tiefsten Schlunde hervortönte, sodann Steine, größere und kleinere, zu Tausenden in die Luft geschleudert, von Aschenwolken eingehüllt. Der größte Teil fiel in den Schlund zurück. Die andern, nach der Seite zu getriebenen Brocken, auf die Außenseite des Kegels niederfallend, machten ein wunderbares Geräusch: erst plumpten die schwereren und hupften mit dumpfem Getön an die Kegelseite hinab, die geringeren klapperten hinterdrein, und zuletzt rieselte die Asche nieder. Dieses alles geschah in regelmäßigen Pausen, die wir durch ein ruhiges Zählen sehr wohl abmessen konnten.

Zwischen der Somma und dem Kegelberge ward aber der Raum enge genug, schon fielen mehrere Steine um uns her und machten den Umgang unerfreulich. Tischbein fühlte sich nunmehr auf dem Berge noch verdrießlicher, da dieses Ungetüm, nicht zufrieden, häßlich zu sein, auch noch gefährlich werden wollte.

Wie aber durchaus eine gegenwärtige Gefahr etwas Reizendes hat und den Widerspruchsgeist im Menschen auffordert, ihr zu trotzen, so bedachte ich, daß es möglich sein müsse, in der Zwischenzeit von zwei Eruptionen den Kegelberg hinauf an den Schlund zu gelangen und auch in diesem Zeitraum den Rückweg zu gewinnen. Ich ratschlagte hierüber mit den Führern unter einem überhängenden Felsen der Somma, wo wir, in Sicherheit gelagert, uns an den mitgebrachten Vorräten erquickten. Der jüngere getraute sich, das Wagestück mit mir zu bestehen, unsere Hutköpfe fütterten wir mit leinenen und seidenen Tüchern, wir stellten uns bereit, die Stäbe in der Hand, ich seinen Gürtel fassend.

Noch klapperten die kleinen Steine um uns herum, noch rieselte die Asche, als der rüstige Jüngling mich schon über das glühende Gerölle hinaufriß. Hier standen wir an dem ungeheuren Rachen, dessen Rauch eine leise Luft von uns ablenkte, aber zugleich das Innere des Schlundes verhüllte, der ringsum aus tausend Ritzen dampfte. Durch einen Zwischenraum des Qualmes erblickte man hie und da geborstene Felsenwände. Der Anblick war weder unterrichtend noch erfreulich, aber eben deswegen, weil man nichts sah, verweilte man, um etwas herauszusehen. Das ruhige Zählen war versäumt, wir standen auf einem scharfen Rande vor dem ungeheuern Abgrund. Auf einmal erscholl der Donner, die furchtbare Ladung flog an uns vorbei, wir duckten uns unwillkürlich, als wenn uns das vor den niederstürzenden Massen gerettet hätte; die kleineren Steine klapperten schon, und wir, ohne zu bedenken, daß wir abermals eine Pause vor uns hatten, froh, die Gefahr überstanden zu haben, kamen mit der noch rieselnden Asche am Fuße des Kegels an, Hüte und Schultern genugsam eingeäschert.

Von Tischbein aufs freundlichste empfangen, gescholten und erquickt, konnte ich nun den älteren und neueren Laven eine besondere Aufmerksamkeit widmen. Der betagte Führer wußte genau die Jahrgänge zu bezeichnen. Ältere waren schon mit Asche bedeckt und ausgeglichen, neuere, besonders die langsam geflossenen, boten einen seltsamen Anblick; denn indem sie, fortschleichend, die auf ihrer Oberfläche erstarrten Massen eine Zeitlang mit sich hinschleppen, so muß es doch begegnen, daß diese von Zeit zu Zeit stocken, aber, von den Glutströmen noch fortbewegt, übereinander geschoben, wunderbar zackig erstarrt verharren, seltsamer als im ähnlichen Fall die übereinander getriebenen Eisschollen. Unter diesem geschmolzenen wüsten Wesen fanden sich auch große Blöcke, welche, angeschlagen, auf dem frischen Bruch einer Urgebirgsart völlig ähnlich sehen. Die Führer behaupteten, es seien alte Laven des tiefsten Grundes, welche der Berg manchmal auswerfe.

Auf unserer Rückkehr nach Neapel wurden mir kleine Häuser merkwürdig, einstöckig, sonderbar gebaut, ohne Fenster, die Zimmer nur durch die auf die Straße gehende Türe erleuchtet. Von früher Tageszeit bis in die Nacht sitzen die Bewohner davor, da sie sich denn zuletzt in ihre Höhlen zurückziehen.

Die auf eine etwas verschiedene Weise am Abend tumultuierende Stadt entlockte mir den Wunsch, einige Zeit hier verweilen zu können, um das bewegliche Bild nach Kräften zu entwerfen. Es wird mir nicht so wohl werden.

Neapel, Mittwoch, den 7. März 1787.

Und so hat mir diese Woche Tischbein redlich einen großen Teil der Kunstschätze von Neapel gezeigt und ausgelegt. Er, ein trefflicher Tierkenner und Zeichner, machte mich schon früher aufmerksam auf einen Pferdekopf von Erz im Palast Colombrano. Wir gingen heute dahin. Dieser Kunstrest steht gerade der Torfahrt gegenüber im Hofe in einer Nische über einem Brunnen und setzt in Erstaunen; was muß das Haupt erst mit den übrigen Gliedern, zu einem Ganzen verbunden, für Wirkung getan haben! Das Pferd im ganzen war viel größer als die auf der Markuskirche, auch läßt hier das Haupt, näher und einzeln beschaut, Charakter und Kraft nur desto deutlicher erkennen und bewundern. Der prächtige Stirnknochen, die schnaubende Nase, die aufmerkenden Ohren, die starre Mähne! ein mächtig aufgeregtes, kräftiges Geschöpf.

Wir kehrten uns um, eine weibliche Statue zu bemerken, die über dem Torwege in einer Nische stand. Sie wird für die Nachbildung einer Tänzerin schon von Winckelmann gehalten, wie denn solche Künstlerinnen in lebendiger Bewegung auf das mannigfaltigste dasjenige vorstellen, was die bildenden Meister uns als erstarrte Nymphen und Göttinnen aufbewahren. Sie ist sehr leicht und schön, der Kopf war abgebrochen, ist aber gut wieder aufgesetzt, übrigens nichts daran versehrt, und verdiente wohl einen bessern Platz.

Neapel, den 9. März.

Heute erhalte ich die liebsten Briefe vom 16. Februar. Schreibet nur immer fort. Ich habe meine Zwischenposten wohl bestellt und werde es auch tun, wenn ich weitergehen sollte. Gar sonderbar kommt es mir vor, in so großer Entfernung zu lesen, daß die Freunde nicht zusammenkommen, und doch ist oft nichts natürlicher, als daß man nicht zusammenkommt, wenn man so nahe beisammen ist.

Das Wetter hat sich verdunkelt, es ist im Wechseln, das Frühjahr tritt ein, und wir werden Regentage haben. Noch ist der Gipfel des Vesuvs nicht heiter geworden, seit ich droben war. Diese letzten Nächte sah man ihn manchmal flammen, jetzt hält er wieder inne, man erwartet stärkeren Ausbruch.

Die Stürme dieser Tage haben uns ein herrliches Meer gezeigt, da ließen sich die Wellen in ihrer würdigen Art und Gestalt studieren; die Natur ist doch das einzige Buch, das auf allen Blättern großen Gehalt bietet. Dagegen gibt mir das Theater gar keine Freude mehr. Sie spielen hier in den Fasten geistliche Opern, die sich von den weltlichen in gar nichts unterscheiden, als daß keine Ballette zwischen den Akten eingeschaltet sind; übrigens aber so bunt als möglich. Im Theater St. Carlo führen sie auf: „Zerstörung von Jerusalem durch Nebukadnezar". Mir ist es ein großer Guckkasten; es scheint, ich bin für solche Dinge verdorben.

Heute waren wir mit dem Fürsten von Waldeck auf Capo di Monte, wo die große Sammlung von Gemälden, Münzen u. d. g. sich befindet, nicht angenehm aufgestellt, doch kostbare Sachen. Mir bestimmen und bestätigen sich nunmehr so viele Traditionsbegriffe. Was von Münzen, Gemmen, Vasen einzeln wie die gestutzten Zitronenbäume nach Norden kommt, sieht in Masse hier ganz anders aus, da, wo diese Schätze einheimisch sind. Denn wo Werke der Kunst rar sind, gibt auch die Rarität ihnen einen Wert, hier lernt man nur das Würdige schätzen.

Sie bezahlen jetzt großes Geld für die etrurischen Vasen, und gewiß finden sich schöne und treffliche Stücke darunter. Kein Reisender, der nicht etwas davon besitzen wollte. Man schlägt sein Geld nicht so hoch an als zu Hause, ich fürchte, selbst noch verführt zu werden.

Neapel, Freitag, den 9. März 1787.

Das ist das Angenehme auf Reisen, daß auch das Gewöhnliche durch Neuheit und Überraschung das Ansehen eines Abenteuers gewinnt. Als ich von Capo di Monte zurückkam, machte ich noch einen Abendbesuch bei Filangieri, wo ich auf dem Kanapee neben der Hausfrau ein Frauenzimmer sitzend fand, deren Äußeres mir nicht zu dem vertraulichen Betragen zu passen schien, dem sie sich ganz ohne Zwang hingab. In einem leichten, gestreiften, seidenen Fähnchen, den Kopf wunderlich aufgeputzt, sah die kleine, niedliche Figur einer Putzmacherin ähnlich, die, für die Zierde anderer sorgend, ihrem eigenen Aussehen wenig Aufmerksamkeit schenkt. Sie sind so gewohnt, ihre Arbeit bezahlt zu sehen, daß sie nicht begreifen, wie sie für sich selbst etwas gratis tun sollen. Durch meinen Eintritt ließ sie sich in ihrem Plaudern nicht stören und brachte eine Menge possierliche Geschichten vor, welche ihr dieser Tage begegnet oder vielmehr durch ihre Strudeleien veranlaßt worden.

Die Dame vom Hause wollte mir auch zum Wort verhelfen, sprach über die herrliche Lage von Capo di Monte und die Schätze daselbst. Das muntere Weibchen dagegen sprang in die Höhe und war, auf ihren Füßen stehend, noch artiger als zuvor. Sie empfahl sich, rannte nach der Türe und sagte mir im Vorbeigehen: „Filangieris kommen diese Tage zu mir zu Tische, ich hoffe, Sie auch zu sehen!" Fort war sie, ehe ich noch zusagen konnte. Nun vernahm ich, es sei die Prinzessin ***, mit dem Hause nah verwandt. Filangieris waren nicht reich und lebten in anständiger Einschränkung. So dacht' ich mir das Prinzeßchen auch, da ohnehin solche hohe Titel in Neapel nicht selten sind. Ich merkte mir den Namen, Tag und Stunde und zweifelte nicht, mich am rechten Orte zu gehöriger Zeit einzufinden.

Neapel, Sonntag, den 11. März 1787.

Da mein Aufenthalt in Neapel nicht lange dauern wird, so nehme ich gleich die entfernteren Punkte zuerst, das Nähere gibt sich. Mit Tischbein fuhr ich nach Pompeji, da wir denn alle die herrlichen Ansichten links und rechts neben uns liegen sahen, welche, durch so manche landschaftliche Zeichnung uns wohlbekannt, nunmehr in ihrem zusammenhängenden Glanze erschienen. Pompeji setzt jedermann wegen seiner Enge und Kleinheit in Verwunderung. Schmale Straßen, obgleich grade und an der Seite mit Schrittplatten versehen, kleine Häuser ohne Fenster, aus den Höfen und offenen Galerien die Zimmer nur durch die Türen erleuchtet. Selbst öffentliche Werke, die Bank am Tor, der Tempel, sodann auch eine Villa in der Nähe, mehr Modell und Puppenschrank als Gebäude. Diese Zimmer, Gänge und Galerien aber aufs heiterste gemalt, die Wandflächen einförmig, in der Mitte ein ausführliches Gemälde, jetzt meist ausgebrochen, an Kanten und Enden leichte und geschmackvolle Arabesken, aus welchen sich auch wohl niedliche Kinder- und Nymphengestalten entwickeln, wenn an einer andern Stelle aus mächtigen Blumengewinden wilde und zahme Tiere hervordringen. Und so deutet der jetzige ganz wüste Zustand einer erst durch Stein- und Aschenregen bedeckten, dann aber durch die Aufgrabenden geplünderten Stadt auf eine Kunst- und Bilderlust eines ganzen Volkes, von der jetzo der eifrigste Liebhaber weder Begriff, noch Gefühl, noch Bedürfnis hat.

Bedenkt man die Entfernung dieses Orts vom Vesuv, so kann die bedeckende vulkanische Masse weder durch ein Schleudern noch durch einen Windstoß hierher getrieben sein; man muß sich vielmehr vorstellen, daß diese Steine und Asche eine Zeitlang wolkenartig in der Luft geschwebt, bis sie endlich über diesem unglücklichen Orte niedergegangen.

Wenn man sich nun dieses Ereignis noch mehr versinnlichen will, so denke man allenfalls ein eingeschneites Bergdorf. Die Räume zwischen den Gebäuden, ja die zerdrückten

Gebäude selbst wurden ausgefüllt, allein Mauerwerk mochte hier und da noch herausstehen, als früher oder später der Hügel zu Weinbergen und Gärten benutzt wurde. So hat nun gewiß mancher Eigentümer, auf seinem Anteil niedergrabend, eine bedeutende Vorlese gehalten. Mehrere Zimmer fand man leer und in der Ecke des einen einen Haufen Asche, der mancherlei kleines Hausgeräte und Kunstarbeiten versteckte.

Den wunderlichen, halb unangenehmen Eindruck dieser mumisierten Stadt wuschen wir wieder aus den Gemütern, als wir, in der Laube zunächst des Meeres in einem geringen Gasthof sitzend, ein frugales Mahl verzehrten und uns an der Himmelsbläue, an des Meeres Glanz und Licht ergötzten, in Hoffnung, wenn dieses Fleckchen mit Weinlaub bedeckt sein würde, uns hier wiederzusehen und uns zusammen zu ergötzen.

Näher an der Stadt fielen mir die kleinen Häuser wieder auf, die als vollkommene Nachbildungen der pompejanischen dastehen. Wir erbaten uns die Erlaubnis, in eins hineinzutreten, und fanden es sehr reinlich eingerichtet. Nett geflochtene Rohrstühle, eine Kommode ganz vergoldet, mit bunten Blumen staffiert und lackiert, so daß nach so vielen Jahrhunderten, nach unzähligen Veränderungen diese Gegend ihren Bewohnern ähnliche Lebensart und Sitte, Neigungen und Liebhabereien einflößt.

Neapel, Montag, den 12. März.

Heute schlich ich beobachtend meiner Weise nach durch die Stadt und notierte mir viele Punkte zu dereinstiger Schilderung derselben, davon ich leider gegenwärtig nichts mitteilen kann. Alles deutet dahin, daß ein glückliches, die ersten Bedürfnisse reichlich anbietendes Land auch Menschen von glücklichem Naturell erzeugt, die ohne Kümmernis erwarten können, der morgende Tag werde bringen, was der heutige gebracht, und deshalb sorgenlos dahin leben. Augenblickliche Befriedigung, mäßiger Genuß, vorübergehender Leiden heiteres Dulden! — Von dem letzteren ein artiges Beispiel.

Der Morgen war kalt und feuchtlich, es hatte wenig geregnet. Ich gelangte auf einen Platz, wo die großen Quadern des Pflasters reinlich gekehrt erschienen. Zu meiner großen Verwunderung sah ich auf diesem völlig ebenen, gleichen Boden eine Anzahl zerlumpter Knaben im Kreise kauzend, die Hände gegen den Boden gewendet, als wenn sie sich wärmten. Erst hielt ich's für eine Posse, als ich aber ihre Mienen völlig ernsthaft und beruhigt sah wie bei einem befriedigten Bedürfnis, so strengte ich meinen Scharfsinn möglichst an, er wollte mich aber nicht begünstigen. Ich mußte daher fragen, was denn diese Äffchen zu der sonderbaren Positur verleite und sie in diesen regelmäßigen Kreis versammle.

Hierauf erfuhr ich, daß ein anwohnender Schmied auf dieser Stelle eine Radschiene heiß gemacht, welches auf folgende Weise geschieht. Der eiserne Reif wird auf den Boden gelegt und auf ihn im Kreise so viel Eichenspäne gehäuft, als man nötig hält, ihn bis auf den erforderlichen Grad zu erweichen. Das entzündete Holz brennt ab, die Schiene wird ums Rad gelegt und die Asche sorgfältig weggekehrt. Die dem Pflaster mitgeteilte Wärme benutzen sogleich die kleinen Huronen und rühren sich nicht eher von der Stelle, als bis sie den letzten warmen Hauch ausgesogen haben. Beispiele solcher Genügsamkeit und aufmerksamen Benutzens dessen, was sonst verlorenginge, gibt es hier unzählige. Ich finde in diesem Volk die lebhafteste und geistreichste Industrie, nicht um reich zu werden, sondern um sorgenfrei zu leben.

Abends.

Damit ich ja zur bestimmten Zeit heute bei dem wunderlichen Prinzeßchen wäre und das Haus nicht verfehlte, berief ich einen Lohnbedienten. Er brachte mich vor das Hoftor eines großen Palastes, und da ich ihr keine so prächtige Wohnung zutraute, buchstabierte ich ihm noch einmal aufs deutlichste den Namen; er versicherte, daß ich recht sei. Nun fand ich einen geräumigen Hof, einsam und still, reinlich und leer, von Haupt- und Seitengebäuden umgeben. Bauart die bekannte heitere neapolitanische, so auch die Färbung. Gegen mir über ein großes Portal und eine breite, gelinde Treppe. An beiden Seiten derselben hinaufwärts in kostbarer Livree Bedienten gereiht, die sich, wie ich an ihnen vorbeistieg, aufs tiefste bückten. Ich schien mir der Sultan in Wielands Feenmärchen und faßte mir nach dessen Beispiel ein Herz. Nun empfingen mich die höheren Hausbedienten, bis endlich der anständigste die Türe eines großen Saals eröffnete, da sich denn ein Raum vor mir auftat, den ich ebenso heiter, aber auch so menschenleer fand als das übrige. Beim Auf- und Abgehen erblickte ich in einer Seitengalerie etwa für vierzig Personen prächtig, dem Ganzen gemäß eine Tafel bereitet. Ein Weltgeistlicher trat herein; ohne mich zu fragen, wer ich sei, noch woher ich komme, nahm er meine Gegenwart als bekannt an und sprach von den allgemeinsten Dingen.

Ein Paar Flügeltüren taten sich auf, hinter einem ältlichen Herrn, der hereintrat, gleich wieder verschlossen. Der Geistliche ging auf ihn los, ich auch, wir begrüßten ihn mit wenigen höflichen Worten, die er mit bellenden, stotternden Tönen erwiderte, so daß ich mir keine Silbe des hottentottischen Dialekts enträtseln konnte. Als er sich ans Kamin gestellt, zog sich der Geistliche zurück und ich mit ihm. Ein stattlicher Benediktiner trat herein, begleitet von einem jüngeren Gefährten; auch er begrüßte den Wirt, auch er wurde angebellt, worauf er sich denn zu uns ans Fenster zurückzog. Die Ordensgeistlichen, besonders die eleganter gekleideten, haben in der Gesellschaft die größten Vorzüge; ihre Kleidung deutet auf Demut und Entsagung, indem sie ihnen zugleich entschiedene Würde verleiht. In ihrem Betragen können sie, ohne sich wegzuwerfen, unterwürfig erscheinen, und dann, wenn sie wieder strack auf ihren Hüften stehen, kleidet sie eine gewisse Selbstgefälligkeit sogar wohl, welche man allen übrigen Ständen nicht zugute gehen ließe. So war dieser Mann. Ich fragte nach Monte Cassino, er lud mich dahin und versprach mir die beste Aufnahme. Indessen hatte sich der Saal bevölkert: Offiziere, Hofleute, Weltgeistliche, ja sogar einige Kapuziner waren gegenwärtig. Vergebens suchte ich nach einer Dame, und daran sollte es denn auch nicht fehlen. Abermals ein Paar Flügeltüren taten sich auf und schlossen sich. Eine alte Dame war hereingetreten, wohl noch älter als der Herr, und nun gab mir die Gegenwart der Hausfrau die völlige Versicherung, daß ich in einem fremden Palast, unbekannt völlig den Bewohnern sei. Schon wurden die Speisen aufgetragen, und ich hielt mich in der Nähe der geistlichen Herren, um mit ihnen in das Paradies des Tafelzimmers zu schlüpfen, als auf einmal Filangieri mit seiner Gemahlin hereintrat, sich entschuldigend, daß er verspätet habe. Kurz darauf sprang Prinzeßchen auch in den Saal, fuhr unter Knicksen, Beugungen, Kopfnicken an allen vorbei auf mich los. „Es ist recht schön, daß Sie Wort halten!" rief sie, „setzen Sie sich bei Tafel zu mir, Sie sollen die besten Bissen haben. Warten Sie nur! ich muß mir erst den rechten Platz aussuchen, dann setzen Sie sich gleich an mich." So aufgefordert, folgte ich den verschiedenen Winkelzügen, die sie machte, und wir gelangten endlich zum Sitze, die Benediktiner gerade gegen uns über, Filangieri an meiner andern Seite. — „Das Essen ist durchaus gut", sagte sie, „alles Fastenspeisen, aber ausgesucht, das Beste will ich Ihnen andeuten. Jetzt muß ich aber die Pfaffen scheren. Die Kerls kann ich nicht ausstehen; sie hucken unserm Hause tagtäglich etwas ab. Was wir haben, sollten wir selbst mit Freunden verzehren!" — Die Suppe war herumgegeben, der Benediktiner aß mit Anstand. — „Bitte, sich nicht zu genieren, Hochwürden", rief sie aus, „ist etwa der Löffel zu klein? Ich will einen größern holen lassen, die Herren sind ein tüchtiges Maulvoll gewohnt." — Der Pater versetzte, es sei in ihrem fürstlichen Hause alles so vortrefflich eingerichtet, daß ganz andere Gäste als er eine vollkommenste Zufriedenheit empfinden würden.

Von den Pastetchen nahm sich der Pater nur eins, sie rief ihm zu, er möchte doch ein halb Dutzend nehmen! Blätterteig, wisse er ja, verdaue sich leicht genug. Der verständige Mann nahm noch ein Pastetchen, für die gnädige Attention dankend, als habe er den lästerlichen Scherz nicht vernommen. Und so mußte ihr auch bei einem derbern Backwerk Gelegenheit werden, ihre Bosheit auszulassen; denn als der Pater ein Stück anstach und es auf seinen Teller zog, rollte ein zweites nach. — „Ein drittes", rief sie, „Herr Pater, Sie scheinen einen guten Grund legen zu wollen!" — „Wenn so vortreffliche Materialien gegeben sind, hat der Baumeister leicht arbeiten!" versetzte der Pater. — Und so ging es immer fort, ohne daß sie eine andere Pause gemacht hätte, als mir gewissenhaft die besten Bissen zuzuteilen.

Ich sprach indessen mit meinem Nachbar von den ernstesten Dingen. Überhaupt habe ich Filangieri nie ein gleichgültiges Wort reden hören. Er gleicht darin wie in manchem andern unserm Freunde Georg Schlosser, nur daß er als Neapolitaner und Weltmann eine weichere Natur und einen bequemern Umgang hat.

Die ganze Zeit war den geistlichen Herren von dem Mutwillen meiner Nachbarin keine Ruhe gegönnt, besonders gaben ihr die zur Fastenzeit in Fleischgestalt verwandelten Fische unerschöpflichen Anlaß, gott- und sittenlose Bemerkungen anzubringen, besonders aber auch die Fleischeslust hervorzuheben und zu billigen, daß man sich wenigstens an der Form ergötze, wenn auch das Wesen verboten sei.

Ich habe mir noch mehr solcher Scherze gemerkt, die ich jedoch mitzuteilen nicht Mut habe. Dergleichen mag sich im Leben und aus einem schönen Munde noch ganz erträglich ausnehmen, schwarz auf weiß dagegen wollen sie mir selbst nicht mehr gefallen. Und dann hat freche Verwegenheit das Eigene, daß sie in der Gegenwart erfreut, weil sie in Erstaunen setzt, erzählt aber erscheint sie uns beleidigend und widerlich.

Das Dessert war aufgetragen, und ich fürchtete, nun gehe es immer so fort; unerwartet aber wandte sich meine Nachbarin ganz beruhigt zu mir und sagte: „Den Syrakuser sollen die Pfaffen in Ruhe verschlucken, es gelingt mir doch nicht, einen zu Tode zu ärgern, nicht einmal, daß ich ihnen den Appetit verderben könnte. Nun lassen Sie uns ein vernünftiges Wort reden! Denn was war das wieder für ein Gespräch mit Filangieri! Der gute Mann! er macht sich viel zu schaffen. Schon oft habe ich ihm gesagt: ‚Wenn ihr neue Gesetze macht, so müssen wir uns wieder neue Mühe geben, um auszusinnen, wie wir auch die zunächst übertreten können; bei den alten haben wir es schon weg.' Sehen Sie nur einmal, wie schön Neapel ist; die Menschen leben seit so vielen Jahren sorglos und vergnügt, und wenn von Zeit zu Zeit einmal einer gehängt wird, so geht alles übrige seinen herrlichen Gang.“ Sie tat mir hierauf den Vorschlag, ich solle nach Sorrent gehen, wo sie ein großes Gut habe, ihr Haushofmeister werde mich mit den besten Fischen und dem köstlichsten Milchkalbfleisch (mungana) herausfüttern. Die Bergluft und die himmlische Aussicht sollten mich von aller Philosophie kurieren, dann wollte sie selbst kommen, und von den sämtlichen Runzeln, die ich ohnehin zu früh einreißen lasse, solle keine Spur übrigbleiben, wir wollten zusammen ein recht lustiges Leben führen.

Neapel, den 13. März 1787.

Auch heute schreib' ich einige Worte, damit ein Brief den andern treibe. Es geht mir gut, doch seh' ich weniger, als ich sollte. Der Ort inspiriert Nachlässigkeit und gemächlich Leben, indessen wird mir das Bild der Stadt nach und nach runder.

Sonntag waren wir in Pompeji. — Es ist viel Unheil in der Welt geschehen, aber wenig, das den Nachkommen so viel Freude gemacht hätte. Ich weiß nicht leicht etwas Interessanteres. Die Häuser sind klein und eng, aber alle inwendig aufs zierlichste gemalt. Das Stadttor merkwürdig, mit den Gräbern gleich daran. Das Grab einer Priesterin als Bank im Halbzirkel mit steinerner Lehne, daran die Inschrift mit großen Buchstaben eingegraben. Über die Lehne hinaus sieht man das Meer und die untergehende Sonne. Ein herrlicher Platz, des schönen Gedankens wert.

Wir fanden gute, muntere neapolitanische Gesellschaft daselbst. Die Menschen sind durchaus natürlich und leicht gesinnt. Wir aßen zu Torre dell' Annunziata, zunächst des Meeres tafelnd. Der Tag war höchst schön, die Aussicht nach Castell a Mare und Sorrent nah und köstlich. Die Gesellschaft fühlte sich so recht an ihrem Wohnplatz, einige meinten, es müsse ohne den Anblick des Meers doch gar nicht zu leben sein. Mir ist schon genug, daß ich das Bild in der Seele habe, und mag nun wohl gelegentlich wieder in das Bergland zurückkehren.

Glücklicherweise ist ein sehr treuer Landschaftsmaler hier,

der das Gefühl der freien und reichen Umgebung seinen Blättern mitteilt. Er hat schon einiges für mich gearbeitet.

Die vesuvianischen Produkte hab' ich auch nun gut studiert; es wird doch alles anders, wenn man es in Verbindung sieht. Eigentlich sollt' ich den Rest meines Lebens auf Beobachtung wenden, ich würde manches auffinden, was die menschlichen Kenntnisse vermehren dürfte. Herdern bitte zu melden, daß meine botanischen Aufklärungen weiter und weiter gehen; es ist immer dasselbe Prinzip, aber es gehörte ein Leben dazu, um es durchzuführen. Vielleicht bin ich noch imstande, die Hauptlinien zu ziehen.

Nun freu' ich mich auf das Museum von Portici. Man sieht es sonst zuerst, wir werden es zuletzt sehen. Noch weiß ich nicht, wie es weiter mit mir werden wird: alles will mich auf Ostern nach Rom zurück haben. Ich will es ganz gehen lassen. Angelika hat aus meiner „Iphigenie" ein Bild zu malen unternommen; der Gedanke ist sehr glücklich, und sie wird ihn trefflich ausführen. Den Moment, da sich Orest in der Nähe der Schwester und des Freundes wiederfindet. Das, was die drei Personen hintereinander sprechen, hat sie in eine gleichzeitige Gruppe gebracht und jene Worte in Gebärden verwandelt. Man sieht auch hieran, wie zart sie fühlt und wie sie sich zuzueignen weiß, was in ihr Fach gehört. Und es ist wirklich die Achse des Stücks.

Lebt wohl und liebt mich! Hier sind mir die Menschen alle gut, wenn sie auch nichts mit mir anzufangen wissen; Tischbein dagegen befriedigt sie besser, er malt ihnen abends gleich einige Köpfe in Lebensgröße vor, wobei und worüber sie sich wie Neuseeländer bei Erblickung eines Kriegsschiffes gebärden. Hievon sogleich die lustige Geschichte:

Tischbein hat nämlich die große Gabe, Götter- und Heldengestalten in Lebensgröße und drüber mit der Feder zu umreißen. Er schraffiert wenig hinein und legt mit einem breiten Pinsel den Schatten tüchtig an, so daß der Kopf rund und erhaben dasteht. Die Beiwohnenden schauten mit Verwunderung, wie das so leicht ablief, und freuten sich recht herzlich darüber. Nun kam es ihnen in die Finger, auch so malen zu wollen; sie faßten die Pinsel und — malten sich Bärte wechselsweise und besudelten sich die Gesichter. Ist darin nicht etwas Ursprüngliches der Menschengattung? Und es war eine gebildete Gesellschaft in dem Hause eines Mannes, der selbst recht wacker zeichnet und malt. Man macht sich von diesem Geschlecht keine Begriffe, wenn man sie nicht gesehen hat.

Caserta, Mittwoch, den 14. März.

Bei Hackert in seiner höchst behaglichen Wohnung, die ihm in dem alten Schlosse gegönnt ist. Das neue, freilich ein ungeheurer Palast, escurialartig, ins Viereck gebaut, mit mehrern Höfen; königlich genug. Die Lage außerordentlich schön auf der fruchtbarsten Ebene von der Welt, und doch erstrecken sich die Gartenanlagen bis ans Gebirge. Da führt nun ein Aquädukt einen ganzen Strom heran, um Schloß und Gegend zu tränken, und die ganze Wassermasse kann, auf künstlich angelegte Felsen geworfen, zur herrlichsten Kaskade gebildet werden. Die Gartenanlagen sind schön und gehören recht in eine Gegend, welche ganz Garten ist.

Das Schloß, wahrhaft königlich, schien mir nicht genug belebt, und unsereinem können die ungeheuern leeren Räume nicht behaglich vorkommen. Der König mag ein ähnliches Gefühl haben, denn es ist im Gebirge für eine Anlage gesorgt, die, enger an den Menschen sich anschließend, zur Jagd- und Lebenslust geeignet ist.

Caserta, Donnerstag, den 15. März.

Hackert wohnt im alten Schlosse gar behaglich, es ist räumlich genug für ihn und Gäste. Immerfort beschäftigt mit Zeichnen oder Malen, bleibt er doch gesellig und weiß die Menschen an sich zu ziehen, indem er einen jeden zu seinem Schüler macht. Auch mich hat er ganz gewonnen, indem er mit meiner Schwäche Geduld hat, vor allen Dingen auf Bestimmtheit der Zeichnung, sodann auf Sicherheit und Klarheit der Haltung dringt. Drei Tinten stehen, wenn er tuscht, immer bereit, und indem er von hinten hervorarbeitet und eine nach der andern braucht, so entsteht ein Bild, man weiß nicht, woher es kommt. Wenn es nur so leicht auszuführen wäre, als es aussieht. Er sagte zu mir mit seiner gewöhnlichen bestimmten Aufrichtigkeit: „Sie haben Anlage, aber Sie können nichts machen. Bleiben Sie achtzehn Monat

15. Ausgrabung des Isistempels in Pompeji.
Kolorierte Radierung nach Fabris

bei mir, so sollen Sie etwas hervorbringen, was Ihnen und andern Freude macht.“ — Ist das nicht ein Text, über den man allen Dilettanten eine ewige Predigt halten sollte? Was sie mir fruchtet, wollen wir erleben.

Von dem besondern Vertrauen, womit ihn die Königin beehrt, zeugt nicht allein, daß er den Prinzessinnen praktischen Unterricht gibt, sondern vorzüglich, daß er über Kunst und was daran grenzt abends öfters zu belehrender Unterhaltung gerufen wird. Er legt dabei Sulzers Wörterbuch zum Grunde, woraus er nach Belieben und Überzeugung einen oder den andern Artikel wählt.

Ich mußte das billigen und dabei über mich selbst lächeln. Welch ein Unterschied ist nicht zwischen einem Menschen, der sich von innen aus auferbauen, und einem, der auf die Welt wirken und sie zum Hausgebrauch belehren will! Sulzers Theorie war mir wegen ihrer falschen Grundmaxime immer verhaßt, und nun sah ich, daß dieses Werk noch viel mehr enthielt, als die Leute brauchen. Die vielen Kenntnisse, die hier mitgeteilt werden, die Denkart, in welcher ein so wackrer Mann als Sulzer sich beruhigte, sollten die nicht für Weltleute hinreichend sein?

Mehrere vergnügte und bedeutende Stunden brachten wir bei dem Restaurator Andres zu, welcher, von Rom berufen, auch hier in dem alten Schlosse wohnt und seine Arbeiten, für die sich der König interessiert, emsig fortsetzt. Von seiner Gewandtheit, alte Bilder wiederherzustellen, darf ich zu erzählen nicht anfangen, weil man zugleich die schwere Aufgabe und die glückliche Lösung, womit sich diese eigene Handwerkskunst beschäftigt, entwickeln müßte.

Caserta, den 16. März 1787.

Die lieben Briefe vom 19. Februar kommen heute mir zur Hand, und gleich soll ein Wort dagegen abgehen. Wie gerne mag ich, an die Freunde denkend, zur Besinnung kommen.

Neapel ist ein Paradies, jedermann lebt in einer Art von trunkner Selbstvergessenheit. Mir geht es ebenso, ich erkenne mich kaum, ich scheine mir ein ganz anderer Mensch. Gestern dacht’ ich: „Entweder du warst sonst toll, oder du bist es jetzt.“

Die Reste des alten Capua und was sich daran knüpft, hab' ich nun von hier aus auch besucht.

In dieser Gegend lernt man erst verstehen, was Vegetation ist und warum man den Acker baut. Der Lein ist schon nah am Blühen und der Weizen anderthalb Spannen hoch. Um Caserta das Land völlig eben, die Äcker so gleich und klar gearbeitet wie Gartenbeete. Alles mit Pappeln besetzt, an denen sich die Rebe hinaufschlingt, und ungeachtet solcher Beschattung trägt der Boden noch die vollkommenste Frucht. Wenn nun erst das Frühjahr mit Gewalt eintritt! Bisher haben wir bei schöner Sonne sehr kalte Winde gehabt, das macht der Schnee in den Bergen.

In vierzehn Tagen muß sich's entscheiden, ob ich nach Sizilien gehe. Noch nie bin ich so sonderbar in einem Entschluß hin und her gebogen worden. Heute kommt etwas, das mir die Reise anrät, morgen ein Umstand, der sie abrät. Es streiten sich zwei Geister um mich.

Im Vertrauen zu den Freundinnen allein, nicht daß es die Freunde vernehmen! Ich merke wohl, daß es meiner „Iphigenie" wunderlich gegangen ist, man war die erste Form so gewohnt, man kannte die Ausdrücke, die man sich bei öfterm Hören und Lesen zugeeignet hatte; nun klingt das alles anders, und ich sehe wohl, daß im Grunde mir niemand für die unendlichen Bemühungen dankt. So eine Arbeit wird eigentlich nie fertig, man muß sie für fertig erklären, wenn man nach Zeit und Umständen das möglichste getan hat.

Doch das soll mich nicht abschrecken, mit „Tasso" eine ähnliche Operation vorzunehmen. Lieber würf' ich ihn ins Feuer, aber ich will bei meinem Entschluß beharren, und da es einmal nicht anders ist, so wollen wir ein wunderlich Werk daraus machen. Deshalb ist mir's ganz angenehm, daß es mit dem Abdruck meiner Schriften so langsam geht. Und dann ist es doch wieder gut, sich in einiger Ferne vom Setzer bedroht zu sehen. Wunderlich genug, daß man zu der freisten Handlung doch einige Nötigung erwartet, ja fordert.

Caserta, den 16. März 1787.

Wenn man in Rom gern studieren mag, so will man hier nur leben; man vergißt sich und die Welt, und für mich ist

16. Paestum. Kupferstich nach Chatelet

es eine wunderliche Empfindung, nur mit genießenden Menschen umzugehen. Der Ritter Hamilton, der noch immer als englischer Gesandter hier lebt, hat nun nach so langer Kunstliebhaberei, nach so langem Naturstudium den Gipfel aller Natur- und Kunstfreude in einem schönen Mädchen gefunden. Er hat sie bei sich, eine Engländerin von etwa zwanzig Jahren. Sie ist sehr schön und wohl gebaut. Er hat ihr ein griechisch Gewand machen lassen, das sie trefflich kleidet, dazu löst sie ihre Haare auf, nimmt ein paar Schals und macht eine Abwechslung von Stellungen, Gebärden, Mienen etc., daß man zuletzt wirklich meint, man träume. Man schaut, was so viele tausend Künstler gerne geleistet hätten, hier ganz fertig in Bewegung und überraschender Abwechslung. Stehend, knieend, sitzend, liegend, ernst, traurig, neckisch, ausschweifend, bußfertig, lockend, drohend, ängstlich etc., eins folgt aufs andere und aus dem andern. Sie weiß zu jedem Ausdruck die Falten des Schleiers zu wählen, zu wechseln, und macht sich hundert Arten von Kopfputz mit denselben Tüchern. Der alte Ritter hält das Licht dazu und hat mit ganzer Seele sich diesem Gegenstand ergeben. Er findet in ihr alle Antiken, alle schönen Profile der sizilianischen Münzen, ja den Belvederschen Apoll selbst. So viel ist gewiß, der Spaß ist einzig! Wir haben ihn schon zwei Abende genossen. Heute früh malt sie Tischbein.

Vom Personal des Hofs und den Verhältnissen, was ich erfahren und kombiniert, muß erst geprüft und geordnet werden. Heute ist der König auf die Wolfsjagd, man hofft, wenigstens fünfe zu erlegen.

Neapel, zum 17. März.

Wenn ich Worte schreiben will, so stehen mir immer Bilder vor Augen des fruchtbaren Landes, des freien Meeres, der duftigen Inseln, des rauchenden Berges, und mir fehlen die Organe, das alles darzustellen.

Hierzulande begreift man erst, wie es dem Menschen einfallen konnte, das Feld zu bauen, hier, wo der Acker alles bringt, und wo man drei bis fünf Ernten des Jahres hoffen kann. In den besten Jahren will man auf demselben Acker dreimal Mais gebaut haben.

Ich habe viel gesehen und noch mehr gedacht: die Welt eröffnet sich mehr und mehr, auch alles, was ich schon lange weiß, wird mir erst eigen. Welch ein früh wissendes und spät übendes Geschöpf ist doch der Mensch!

Nur schade, daß ich nicht in jedem Augenblick meine Beobachtungen mitteilen kann; zwar ist Tischbein mit mir, aber als Mensch und Künstler wird er von tausend Gedanken hin und her getrieben, von hundert Personen in Anspruch genommen. Seine Lage ist eigen und wunderbar, er kann nicht freien Teil an eines andern Existenz nehmen, weil er sein eignes Bestreben so eingeengt fühlt.

Und doch ist die Welt nur ein einfach Rad, in dem ganzen Umkreise sich gleich und gleich, das uns aber so wunderlich vorkommt, weil wir selbst mit herumgetrieben werden.

Was ich mir immer sagte, ist eingetroffen: daß ich so manche Phänomene der Natur und manche Verworrenheiten der Meinungen erst in diesem Lande verstehen und entwickeln lerne. Ich fasse von allen Seiten zusammen und bringe viel zurück, auch gewiß viel Vaterlandsliebe und Freude am Leben mit wenigen Freunden.

Über meine sizilianische Reise halten die Götter noch die Waage in Händen; das Zünglein schlägt herüber und hinüber.

Wer mag der Freund sein, den man mir so geheimnisvoll ankündigt? Daß ich ihn nur nicht über meiner Irr- und Inselfahrt versäume!

Die Fregatte von Palermo ist wieder zurück, heut über acht Tage geht sie abermals von hier ab; ob ich noch mitsegele, zur Karwoche nach Rom zurückkehre, weiß ich nicht. Noch nie bin ich so unentschieden gewesen; ein Augenblick, eine Kleinigkeit mag entscheiden.

Mit den Menschen geht mir es schon besser, man muß sie nur mit dem Krämergewicht, keineswegs mit der Goldwaage wiegen, wie es leider sogar oft Freunde untereinander aus hypochondrischer Grille und seltsamer Anforderung zu tun pflegen.

Hier wissen die Menschen gar nichts voneinander, sie merken kaum, daß sie nebeneinander hin und her laufen; sie rennen den ganzen Tag in einem Paradiese hin und wider, ohne sich viel umzusehen, und wenn der benachbarte Höllenschlund zu toben anfängt, hilft man sich mit dem Blute des heiligen Januarius, wie sich die übrige Welt gegen Tod und Teufel auch wohl mit — Blute hilft oder helfen möchte.

Zwischen einer so unzählbaren und rastlos bewegten Menge durchzugehen, ist gar merkwürdig und heilsam. Wie alles durcheinander strömt und doch jeder einzelne Weg und Ziel findet. In so großer Gesellschaft und Bewegung fühl' ich mich erst recht still und einsam; je mehr die Straßen toben, desto ruhiger werd' ich.

Manchmal gedenke ich Rousseaus und seines hypochondrischen Jammers, und doch wird mir begreiflich, wie eine so schöne Organisation verschoben werden konnte. Fühlt' ich nicht solchen Anteil an den natürlichen Dingen und säh' ich nicht, daß in der scheinbaren Verwirrung hundert Beobachtungen sich vergleichen und ordnen lassen, wie der Feldmesser mit einer durchgezogenen Linie viele einzelne Messungen probiert, ich hielte mich oft selbst für toll.

Neapel, den 18. März 1787.

Nun durften wir nicht länger säumen, Herkulanum und die ausgegrabene Sammlung in Portici zu sehen. Jene alte Stadt, am Fuße des Vesuvs liegend, war vollkommen mit Lava bedeckt, die sich durch nachfolgende Ausbrüche erhöhte, so daß die Gebäude jetzt sechzig Fuß unter der Erde liegen. Man entdeckte sie, indem man einen Brunnen grub und auf getäfelte Marmorfußböden traf. Jammerschade, daß die Ausgrabung nicht durch deutsche Bergleute recht planmäßig geschehen; denn gewiß ist bei einem zufällig räuberischen Nachwühlen manches edle Altertum vergeudet worden. Man steigt sechzig Stufen hinunter in eine Gruft, wo man das ehmals unter freiem Himmel stehende Theater bei Fackelschein anstaunt und sich erzählen läßt, was alles da gefunden und hinaufgeschafft worden.

In das Museum traten wir wohl empfohlen und wohl empfangen. Doch war auch uns irgend etwas aufzuzeichnen nicht erlaubt. Vielleicht gaben wir nur desto besser acht und versetzten uns desto lebhafter in die verschwundene Zeit, wo alle diese Dinge zu lebendigem Gebrauch und Genuß um die Eigentümer umherstanden. Jene kleinen Häuser und Zimmer in Pompeji erschienen mir nun zugleich enger und weiter; enger, weil ich sie mir von so viel würdigen Gegenständen vollgedrängt dachte, weiter, weil gerade diese Gegenstände nicht bloß als notdürftig vorhanden, sondern durch bildende Kunst aufs geistreichste und anmutigste verziert und belebt den Sinn erfreuen und erweitern, wie es die größte Hausgeräumigkeit nicht tun könnte.

Man sieht z. B. einen herrlich geformten Eimer, oben mit dem zierlichsten Rande, näher beschaut schlägt sich dieser Rand von zwei Seiten in die Höhe, man faßt die verbundenen Halbkreise als Handhabe und trägt das Gefäß auf das bequemste. Die Lampen sind nach Anzahl ihrer Dochte mit Masken und Rankenwerk verziert, so daß jede Flamme ein wirkliches Kunstgebilde erleuchtet. Hohe, schlanke, eherne Gestelle sind bestimmt, die Lampen zu tragen, aufzuhängende Lampen hingegen mit allerlei geistreich gedachten Figuren behängt, welche die Absicht, zu gefallen und zu ergötzen, sobald sie schaukeln und baumeln, sogar übertreffen.

In Hoffnung, wiederzukehren, folgten wir den Vorzeigenden von Zimmer zu Zimmer und haschten, wie es der Moment erlaubte, Ergötzung und Belehrung weg, so gut es sich schicken wollte.

Neapel, Montag, den 19. März 1787.

In den letzten Tagen hat sich ein neues Verhältnis näher angeknüpft. Nachdem in diesen vier Wochen Tischbein mir sein treues Geleit durch Natur- und Kunstgegenstände förderlich geleistet und wir gestern noch zusammen in Portici gewesen, ergab sich aus wechselseitiger Betrachtung, daß seine Kunstzwecke sowohl als diejenigen Geschäfte, die er, eine künftige Anstellung in Neapel hoffend, in der Stadt und bei Hofe zu betreiben pflichtig ist, mit meinen Absichten, Wünschen und Liebhabereien nicht zu verbinden seien. Er schlug mir daher, immer für mich besorgt, einen jungen Mann vor als beständigen Gesellschafter, den ich seit den ersten Tagen öfter sah, nicht ohne Teilnahme und Neigung. Es ist Kniep, der sich eine Zeitlang in Rom aufgehalten, sodann sich aber nach Neapel, in das eigentlichste Element des Landschafters, begeben hatte. Schon in Rom hörte ich ihn als einen geschickten Zeichner preisen, nur seiner Tätigkeit wollte man nicht gleiches Lob erteilen. Ich habe ihn schon ziemlich kennen gelernt und möchte diesen gerügten Mangel eher Unentschlossenheit nennen, die gewiß zu überwinden ist, wenn wir eine Zeitlang beisammen sind. Ein glücklicher Anfang bestätigt mir diese Hoffnung, und wenn es mir nach geht, sollen wir auf geraume Zeit gute Gesellen bleiben.

Neapel, zum 19. März.

Man darf nur auf der Straße wandeln und Augen haben, man sieht die unnachahmlichsten Bilder.

Am Molo, einer Hauptlärmecke der Stadt, sah ich gestern einen Pulcinell, der sich auf einem Brettergerüste mit einem kleinen Affen stritt, drüber einen Balkon, auf dem ein recht artiges Mädchen ihre Reize feilbot. Neben dem Affengerüste ein Wunderdoktor, der seine Arkana gegen alle Übel den bedrängten Gläubigen darbot; von Gerhard Dow gemalt, hätte solch ein Bild verdient, Zeitgenossen und Nachwelt zu ergötzen.

So war auch heute Fest des heiligen Josephs; er ist der Patron aller Frittaruolen, d. h. Gebacknesmacher, versteht sich Gebacknes im gröbsten Sinne. Weil nun immerfort starke Flammen unter schwarzem und siedendem Öl hervorschlagen, so gehört auch alle Feuerqual in ihr Fach; deswegen hatten sie gestern abend vor den Häusern mit Gemälden zum besten aufgeputzt: Seelen im Fegfeuer, Jüngste Gerichte glühten und flammten umher. Große Pfannen standen vor der Türe auf leicht gebauten Herden. Ein Gesell wirkte den Teig, ein anderer formte, zog ihn zu Kringlen und warf sie in die siedende Fettigkeit. An der Pfanne stand ein dritter, mit einem kleinen Bratspieße, er holte die Kringlen, wie sie gar wurden, heraus, schob sie einem vierten auf ein ander Spießchen, der sie den Umstehenden anbot; die beiden letzten waren junge Burschen mit blonden und lockenreichen Perücken, welches hier Engel bedeutet. Noch einige Figuren vollendeten die Gruppe, reichten Wein den Beschäftigten, tranken selbst und schrieen, die Ware zu loben; auch die Engel, die Köche, alle schrieen. Das Volk drängte sich herzu; denn alles Gebackene wird diesen Abend wohlfeiler gegeben und sogar ein Teil der Einnahme den Armen.

Dergleichen könnte man endlos erzählen; so geht es mit jedem Tage, immer etwas Neues und Tolleres, nur die Mannigfaltigkeit von Kleidern, die einem auf der Straße begegnet, die Menge Menschen in der einzigen Straße Toledo!

Und so gibt es noch manche originale Unterhaltung, wenn man mit dem Volke lebt; es ist so natürlich, daß man mit ihm natürlich werden könnte. Da ist z. B. der Pulcinell, die eigentliche Nationalmaske, der Harlekin, aus Bergamo, Hanswurst, aus Tirol gebürtig. Pulcinell nun, ein wahrhaft gelassener, ruhiger, bis auf einen gewissen Grad gleichgültiger, beinahe fauler und doch humoristischer Knecht. Und so findet man überall Kellner und Hausknecht. Mit dem unsrigen macht' ich mir heute eine besondere Lust, und es war weiter nichts, als daß ich ihn schickte, Papier und Federn zu holen. Halber Mißverstand, Zaudern, guter Wille und Schalkheit brachte die anmutigste Szene hervor, die man auf jedem Theater mit Glück produzieren könnte.

Neapel, Dienstag, den 20. März 1787.

Die Kunde einer soeben ausbrechenden Lava, die, für Neapel unsichtbar, nach Ottajano hinunterfließt, reizte mich, zum dritten Male den Vesuv zu besuchen. Kaum war ich am Fuße desselben aus meinem zweirädrigen, einpferdigen Fuhrwerk gesprungen, so zeigten sich schon jene beiden Führer, die uns früher hinaufbegleitet hatten. Ich wollte keinen missen und nahm den einen aus Gewohnheit und

Dankbarkeit, den andern aus Vertrauen, beide der mehreren Bequemlichkeit wegen mit mir.

Auf die Höhe gelangt, blieb der eine bei den Mänteln und Viktualien, der jüngere folgte mir, und wir gingen mutig auf einen ungeheuren Dampf los, der unterhalb des Kegelschlundes aus dem Berge brach; sodann schritten wir an dessen Seite her gelind hinabwärts, bis wir endlich unter klarem Himmel aus dem wilden Dampfgewölke die Lava hervorquellen sahen.

Man habe auch tausendmal von einem Gegenstande gehört, das Eigentümliche desselben spricht nur zu uns aus dem unmittelbaren Anschauen. Die Lava war schmal, vielleicht nicht breiter als zehn Fuß, allein die Art, wie sie eine sanfte, ziemlich ebene Fläche hinabfloß, war auffallend genug; denn indem sie während des Fortfließens an den Seiten und an der Oberfläche verkühlt, so bildet sich ein Kanal, der sich immer erhöht, weil das geschmolzene Material auch unterhalb des Feuerstroms erstarrt, welcher die auf der Oberfläche schwimmenden Schlacken rechts und links gleichförmig hinunterwirft, wodurch sich denn nach und nach ein Damm erhöht, auf welchem der Glutstrom ruhig fortfließt wie ein Mühlbach. Wir gingen neben dem ansehnlich erhöhten Damme her, die Schlacken rollten regelmäßig an den Seiten herunter bis zu unsern Füßen. Durch einige Lücken des Kanals konnten wir den Glutstrom von unten sehen und, wie er weiter hinabfloß, ihn von oben beobachten.

Durch die hellste Sonne erschien die Glut verdüstert, nur ein mäßiger Rauch stieg in die reine Luft. Ich hatte Verlangen, mich dem Punkte zu nähern, wo sie aus dem Berge bricht; dort sollte sie, wie mein Führer versicherte, sogleich Gewölb und Dach über sich her bilden, auf welchem er öfters gestanden habe. Auch dieses zu sehen und zu erfahren, stiegen wir den Berg wieder hinauf, um jenem Punkte von hintenher beizukommen. Glücklicherweise fanden wir die Stelle durch einen lebhaften Windzug entblößt, freilich nicht ganz, denn ringsum qualmte der Dampf aus tausend Ritzen, und nun standen wir wirklich auf der breiartig gewundenen, erstarrten Decke, die sich aber so weit vorwärts erstreckte, daß wir die Lava nicht konnten herausquellen sehen.

Wir versuchten noch ein paar Dutzend Schritte, aber der Boden ward immer glühender; sonneverfinsternd und erstickend wirbelte ein unüberwindlicher Qualm. Der vorausgegangene Führer kehrte bald um, ergriff mich, und wir entwanden uns diesem Höllenbrudel.

Nachdem wir die Augen an der Aussicht, Gaumen und Brust aber am Weine gelabt, gingen wir umher, noch andere Zufälligkeiten dieses mitten im Paradies aufgetürmten Höllengipfels zu beobachten. Einige Schlünde, die als vulkanische Essen keinen Rauch, aber eine glühende Luft fortwährend gewaltsam ausstoßen, betrachtete ich wieder mit Aufmerksamkeit. Ich sah sie durchaus mit einem tropfsteinartigen Material tapeziert, welches zitzen- und zapfenartig die Schlünde bis oben bekleidete. Bei der Ungleichheit der Essen fanden sich mehrere dieser herabhängenden Dunstprodukte ziemlich zur Hand, so daß wir sie mit unsern Stäben und einigen hakenartigen Vorrichtungen gar wohl gewinnen konnten. Bei dem Lavahändler hatte ich schon dergleichen Exemplare unter der Rubrik der wirklichen Laven gefunden, und ich freute mich, entdeckt zu haben, daß es vulkanischer Ruß sei, abgesetzt aus den heißen Schwaden, die darin enthaltenen verflüchtigten mineralischen Teile offenbarend.

Der herrlichste Sonnenuntergang, ein himmlischer Abend erquickten mich auf meiner Rückkehr; doch konnte ich empfinden, wie sinneverwirrend ein ungeheurer Gegensatz sich erweise. Das Schreckliche zum Schönen, das Schöne zum Schrecklichen, beides hebt einander auf und bringt eine gleichgültige Empfindung hervor. Gewiß wäre der Neapolitaner ein anderer Mensch, wenn er sich nicht zwischen Gott und Satan eingeklemmt fühlte.

Neapel, den 22. März 1787.

Triebe mich nicht die deutsche Sinnesart und das Verlangen, mehr zu lernen und zu tun als zu genießen, so sollte ich in dieser Schule des leichten und lustigen Lebens noch einige Zeit verweilen und mehr zu profitieren suchen. Es ist hier gar vergnüglich sein, wenn man sich nur ein klein wenig einrichten könnte. Die Lage der Stadt, die Milde des Klimas kann nie genug gerühmt werden, aber darauf ist auch der Fremde fast allein angewiesen.

Freilich wer sich Zeit nimmt, Geschick und Vermögen hat, kann sich auch hier breit und gut niederlassen. So hat sich Hamilton eine schöne Existenz gemacht und genießt sie nun am Abend seines Lebens. Die Zimmer, die er sich in englischem Geschmack einrichtete, sind allerliebst, und die Aussicht aus dem Eckzimmer vielleicht einzig. Unter uns das Meer, im Angesicht Capri, rechts der Posilipo, näher der Spaziergang Villa Reale, links ein altes Jesuitengebäude, weiterhin die Küste von Sorrent bis ans Kap Minerva. Dergleichen möcht' es wohl in Europa schwerlich zum zweiten Male geben, wenigstens nicht im Mittelpunkte einer großen, bevölkerten Stadt.

Hamilton ist ein Mann von allgemeinem Geschmack und, nachdem er alle Reiche der Schöpfung durchwandert, an ein schönes Weib, das Meisterstück des großen Künstlers, gelangt.

Und nun nach allem diesem und hundertfältigem Genuß locken mich die Sirenen jenseits des Meeres, und wenn der Wind gut ist, geh' ich mit diesem Briefe zugleich ab, er nordwärts, ich südwärts. Des Menschen Sinn ist unbändig, ich besonders bedarf der Weite gar sehr. Nicht sowohl das Beharren als ein schnelles Auffassen muß jetzt mein Augenmerk sein. Hab' ich einem Gegenstande nur die Spitze des Fingers abgewonnen, so kann ich mir die ganze Hand durch Hören und Denken wohl zueignen.

Seltsamerweise erinnert mich ein Freund in diesen Tagen an „Wilhelm Meister" und verlangt dessen Fortsetzung; unter diesem Himmel möchte sie wohl nicht möglich sein, vielleicht läßt sich von dieser Himmelsluft den letzten Büchern etwas mitteilen. Möge meine Existenz sich dazu genugsam entwickeln, der Stengel mehr in die Länge rücken und die Blumen reicher und schöner hervorbrechen. Gewiß, es wäre besser, ich käme gar nicht wieder, wenn ich nicht wiedergeboren zurückkommen kann.

Neapel, zum 22. März.

Heute sahen wir ein Bild von Correggio, das verkäuflich ist, zwar nicht vollkommen erhalten, das aber doch das glücklichste Gepräg des Reizes unausgelöscht mit sich führt. Es stellt eine Mutter Gottes vor, das Kind in dem Augenblicke, da es zwischen der Mutter Brust und einigen Birnen, die ihm ein Engelchen darreicht, zweifelhaft ist. Also eine „Entwöhnung Christi". Mir scheint die Idee äußerst zart, die Komposition bewegt, natürlich und glücklich, höchst reizend ausgeführt. Es erinnert sogleich an das „Verlöbnis der heiligen Katharina" und scheint mir unbezweifelt von Correggios Hand.

Neapel, Freitag, den 23. März 1787.

Nun hat sich das Verhältnis zu Kniep auf eine recht praktische Weise ausgebildet und befestigt. Wir waren zusammen in Pästum, woselbst er, so wie auf der Hin- und Herreise, mit Zeichnen sich auf das tätigste erwies. Die herrlichsten Umrisse sind gewonnen, ihn freut nun selbst dieses bewegte, arbeitsame Leben, wodurch ein Talent aufgeregt wird, das er sich selbst kaum zutraute. Hier gilt es resolut sein; aber gerade hier zeigt sich seine genaue und reinliche Fertigkeit. Das Papier, worauf gezeichnet werden soll, mit einem rechtwinkligen Viereck zu umziehen, versäumt er niemals, die besten englischen Bleistifte zu spitzen und immer wieder zu spitzen, ist ihm fast eine ebenso große Lust als zu zeichnen; dafür sind aber auch seine Konture, was man wünschen kann.

Nun haben wir folgendes verabredet. Von heute an leben und reisen wir zusammen, ohne daß er weiter für etwas sorgt als zu zeichnen, wie diese Tage geschehen. Alle Konture gehören mein, damit aber nach unserer Rückkehr daraus ein ferneres Wirken für ihn entspringe, so führt er eine Anzahl auszuwählender Gegenstände bis auf eine gewisse bestimmte Summe für mich aus; da sich denn indessen bei seiner Geschicklichkeit, bei der Bedeutsamkeit der zu erobernden Aussichten und sonst wohl das Weitere ergeben wird. Diese Einrichtung macht mich ganz glücklich, und jetzt erst kann ich von unserer Fahrt kurze Rechenschaft geben.

Auf dem zweirädrigen leichten Fuhrwerk sitzend und wechselsweise die Zügel führend, einen gutmütigen rohen Knaben hintenauf, rollten wir durch die herrliche Gegend, welche Kniep mit malerischem Auge begrüßte. Nun erreichten wir die Gebirgsschlucht, die man auf dem glattesten Fahrdamme durchrennend, an den köstlichsten Wald- und Felspartien vorbeifliegt. Da konnte denn Kniep zuletzt sich nicht enthalten, in der Gegend von Alla Cava einen prächtigen Berg, welcher sich gerade vor uns scharf am Himmel abzeichnete, nicht weniger die Seiten sowie den Fuß dieser Höhe reinlich und charakteristisch im Umriß aufs Papier zu befestigen. Wir freuten uns beide daran als an dem Einstand unserer Verbindung.

Ein gleicher Umriß ward abends aus den Fenstern von Salern genommen, welcher mich aller Beschreibung überheben wird, einer ganz einzig lieblichen und fruchtbaren Gegend. Wer wäre nicht geneigt gewesen, an diesem Orte zu studieren, zur schönen Zeit der blühenden hohen Schule? Beim frühsten Morgen fuhren wir auf ungebahnten, oft morastigen Wegen einem Paar schön geformten Bergen zu, wir kamen durch Bach und Gewässer, wo wir den nilpferdischen Büffeln in die blutroten wilden Augen sahen.

Das Land ward immer flacher und wüster, wenige Gebäude deuteten auf kärgliche Landwirtschaft. Endlich, ungewiß, ob wir durch Felsen oder Trümmer führen, konnten wir einige große länglich-viereckige Massen, die wir in der Ferne schon bemerkt hatten, als überbliebene Tempel und Denkmale einer ehemals so prächtigen Stadt unterscheiden. Kniep, welcher schon unterwegs die zwei malerischen Kalkgebirge umrissen, suchte sich schnell einen Standpunkt, von wo aus das Eigentümliche dieser völlig unmalerischen Gegend aufgefaßt und dargestellt werden könnte.

Von einem Landmanne ließ ich mich indessen in den Gebäuden herumführen; der erste Eindruck konnte nur Erstaunen erregen. Ich befand mich in einer völlig fremden Welt. Denn wie die Jahrhunderte sich aus dem Ernsten in das Gefällige bilden, so bilden sie den Menschen mit, ja sie erzeugen ihn so. Nun sind unsere Augen und durch sie unser ganzes inneres Wesen an schlankere Baukunst hinangetrieben und entschieden bestimmt, so daß uns diese stumpfen, kegelförmigen, enggedrängten Säulenmassen lästig, ja furchtbar erscheinen. Doch nahm ich mich bald zusammen, erinnerte mich der Kunstgeschichte, gedachte der Zeit, deren Geist solche Bauart gemäß fand, vergegenwärtigte mir den strengen Stil der Plastik, und in weniger als einer Stunde fühlte ich mich befreundet, ja ich pries den Genius, daß er mich diese so wohl erhaltenen Reste mit Augen sehen ließ, da sich von ihnen durch Abbildung kein Begriff geben läßt. Denn im architektonischen Aufriß erscheinen sie eleganter, in perspektivischer Darstellung plumper, als sie sind, nur wenn man sich um sie her, durch sie durch bewegt, teilt man ihnen das eigentliche Leben mit; man fühlt es wieder aus ihnen heraus, welches der Baumeister beabsichtigte, ja hineinschuf. Und so verbrachte ich den ganzen Tag, indessen Kniep nicht säumte, uns die genausten Umrisse zuzueignen. Wie froh war ich, von dieser Seite ganz unbesorgt zu sein und für die Erinnerung so sichere Merkzeichen zu gewinnen. Leider war keine Gelegenheit, hier zu übernachten, wir kehrten nach Salern zurück, und den andern Morgen ging es zeitig nach Neapel. Der Vesuv, von der Rückseite gesehn, in der fruchtbarsten Gegend; Pappeln pyramidalkolossal an der Chaussee im Vordergrunde. Dies war auch ein angenehmes Bild, das wir durch ein kurzes Stillhalten erwarben.

Nun erreichten wir eine Höhe; der größte Anblick tat sich vor uns auf. Neapel in seiner Herrlichkeit, die meilenlange Reihe von Häusern am flachen Ufer des Golfs hin, die Vorgebirge, Erdzungen, Felswände, dann die Inseln und dahinter das Meer war ein entzückender Anblick.

Ein gräßlicher Gesang, vielmehr Lustgeschrei und Freudegeheul des hintenaufstehenden Knaben erschreckte und störte mich. Heftig fuhr ich ihn an, er hatte noch kein böses Wort von uns gehört, er war der gutmütigste Junge.

Eine Weile rührte er sich nicht, dann klopfte er mir sachte auf die Schulter, streckte seinen rechten Arm mit aufgehobenem Zeigefinger zwischen uns durch und sagte: „Signor, perdonate! questa è la mia patria!" — Das heißt verdolmetscht: „Herr, verzeiht! Ist das doch mein Vaterland!" — Und so war ich zum zweiten Male überrascht. Mir armem Nordländer kam etwas Tränenartiges in die Augen!

Neapel, den 25. März 1787. Verkündigung Mariä.

Ob ich gleich empfand, daß Kniep sehr gern mit mir nach Sizilien gehe, so konnte ich doch bemerken, daß er ungern etwas zurückließ. Bei seiner Aufrichtigkeit blieb mir nicht lange verborgen, daß ihm ein Liebchen eng und treu verbunden sei. Wie sie zusammen bekannt geworden, war artig genug zu hören; wie sich das Mädchen bisher betragen, konnte für sie einnehmen; nun sollte ich sie aber auch sehen, wie hübsch sie sei. Hiezu war Anstalt getroffen, und zwar so, daß ich zugleich eine der schönsten Aussichten über Neapel genießen könnte. Er führte mich auf das flache Dach eines Hauses, von wo man besonders den untern Teil der Stadt nach dem Molo zu, den Golf, die Küste von Sorrent vollkommen übersehen konnte; alles weiter rechts Liegende verschob sich auf die sonderbarste Weise, wie man es, ohne auf diesem Punkte zu stehen, nicht leicht sehen wird. Neapel ist überall schön und herrlich.

Als wir nun die Gegend bewunderten, stieg, obgleich erwartet, doch unversehens ein gar artiges Köpfchen aus dem Boden hervor. Denn zu einem solchen Söller macht nur eine länglich viereckige Öffnung im Estrich, welche mit einer Falltüre zugedeckt werden kann, den Eingang. Und da nun das Engelchen völlig hervortrat, fiel mir ein, daß ältere Künstler die Verkündigung Mariä also vorstellen, daß der Engel eine Treppe heraufkömmt. Dieser Engel aber war nun wirklich von gar schöner Gestalt, hübschem Gesichtchen und einem guten, natürlichen Betragen. Es freute mich, unter dem herrlichen Himmel und im Angesicht der schönsten Gegend von der Welt meinen neuen Freund so glücklich zu sehen. Er gestand mir, als sie sich wieder entfernt hatte, daß er eben deshalb eine freiwillige Armut bisher getragen, weil er dabei sich zugleich ihrer Liebe erfreut und ihre Genügsamkeit schätzen lernen, nun sollten ihm auch seine bessern Aussichten und ein reichlicher Zustand vorzüglich deshalb wünschenswert sein, damit er auch ihr bessere Tage bereiten könne.

Neapel, zum 25. März.

Nach diesem angenehmen Abenteuer spazierte ich am Meere hin und war still und vergnüglich. Da kam mir eine gute Erleuchtung über botanische Gegenstände. Herdern bitte ich zu sagen, daß ich mit der Urpflanze bald zustande bin, nur fürchte ich, daß niemand die übrige Pflanzenwelt darin wird erkennen wollen. Meine famose Lehre von den Kotyledonen ist so sublimiert, daß man schwerlich wird weiter gehen können.

Neapel, den 26. März 1787.

Morgen geht dieser Brief von hier zu euch. Donnerstag den 29. geh' ich mit der Korvette, die ich, des Seewesens unkundig, in meinem vorigen Briefe zum Rang einer Fregatte erhob, endlich nach Palermo. Der Zweifel, ob ich reisen oder bleiben sollte, machte einen Teil meines hiesigen Aufenthaltes unruhig; nun, da ich entschlossen bin, geht es besser. Für meine Sinnesart ist diese Reise heilsam, ja notwendig. Sizilien deutet mir nach Asien und Afrika, und auf dem wundersamen Punkte, wohin so viele Radien der Weltgeschichte gerichtet sind, selbst zu stehen, ist keine Kleinigkeit.

Neapel habe ich nach seiner eignen Art behandelt; ich war nichts weniger als fleißig, doch hab' ich viel gesehen und mir einen allgemeinen Begriff von dem Lande, seinen Einwohnern und Zuständen gebildet. Bei der Wiederkehr soll manches nachgeholt werden; freilich nur manches, denn vor dem 29. Juni muß ich wieder in Rom sein. Hab' ich die heilige Woche versäumt, so will ich dort wenigstens den St.-Peters-Tag feiern. Meine sizilianische Reise darf mich nicht allzuweit von meiner ersten Absicht weglenken.

Vorgestern hatten wir ein gewaltiges Wetter mit Donner, Blitz und Regengüssen; jetzt hat sich's wieder ausgehellt, eine herrliche Tramontane weht herüber; bleibt sie beständig, so haben wir die schnellste Fahrt.

Gestern war ich mit meinem Gefährten, unser Schiff zu besehen und das Kämmerchen zu besuchen, das uns aufnehmen soll. Eine Seereise fehlte mir ganz in meinen Begriffen; diese kleine Überfahrt, vielleicht eine Küstenumschiffung wird meiner Einbildungskraft nachhelfen und mir die Welt erweitern. Der Kapitän ist ein junger, munterer Mann, das Schiff gar zierlich und nett, in Amerika gebaut, ein guter Segler.

17. Kniep in Neapel. Zeichnung von Tischbein

Hier fängt nun alles an, grün zu werden, in Sizilien find' ich es noch weiter. Wenn ihr diesen Brief erhaltet, bin ich auf der Rückreise und habe Trinakrien hinter mir. So ist der Mensch: immer springt er in Gedanken vor- und rückwärts; ich war noch nicht dort und bin schon wieder bei euch. Doch an der Verworrenheit dieses Briefes bin ich nicht schuld; jeden Augenblick werd' ich unterbrochen und möchte doch gern dieses Blatt zu Ende schreiben.

Soeben besuchte mich ein Marchese Berio, ein junger Mann, der viel zu wissen scheint. Er wollte den Verfasser des „Werther" doch auch kennen lernen. Überhaupt ist hier großer Drang und Lust nach Bildung und Wissen. Sie sind nur zu glücklich, um auf den rechten Weg zu kommen. Hätte ich nur mehr Zeit, so wollt' ich ihnen gern meine Zeit geben. Diese vier Wochen — was waren die gegen das ungeheure Leben! Nun gehabt euch wohl! Reisen lern' ich wohl auf dieser Reise, ob ich leben lerne, weiß ich nicht. Die Menschen, die es zu verstehen scheinen, sind in Art und Wesen zu sehr von mir verschieden, als daß ich auf dieses Talent sollte Anspruch machen können.

Lebet wohl und liebt mich, wie ich eurer von Herzen gedenke.

Neapel, den 28. März 1787.

Diese Tage gehen mir nun gänzlich mit Einpacken und Abschiednehmen, mit Besorgen und Bezahlen, Nachholen und Vorbereiten, sie gehen mir völlig verloren.

Der Fürst von Waldeck beunruhigte mich noch beim Abschied, denn er sprach von nichts weniger, als daß ich bei meiner Rückkehr mich einrichten sollte, mit ihm nach Griechenland und Dalmatien zu gehen. Wenn man sich einmal in die Welt macht und sich mit der Welt einläßt, so mag man sich ja hüten, daß man nicht entrückt oder wohl gar verrückt wird. Zu keiner Silbe weiter bin ich fähig.

Neapel, den 29. März 1787.

Seit einigen Tagen machte sich das Wetter ungewiß, heute, am bestimmten Tage der Abfahrt, ist es so schön als möglich. Die günstigste Tramontane, ein klarer Sonnenhimmel, unter dem man sich in die weite Welt wünscht. Nun sag' ich noch allen Freunden in Weimar und Gotha ein treues Lebewohl! Eure Liebe begleite mich, denn ich möchte ihrer wohl immer bedürfen. Heute nacht träumte ich mich wieder in meinen Geschäften. Es ist denn doch, als wenn ich mein Fasanenschiff nirgends als bei euch ausladen könnte. Möge es nur erst recht stattlich geladen sein!

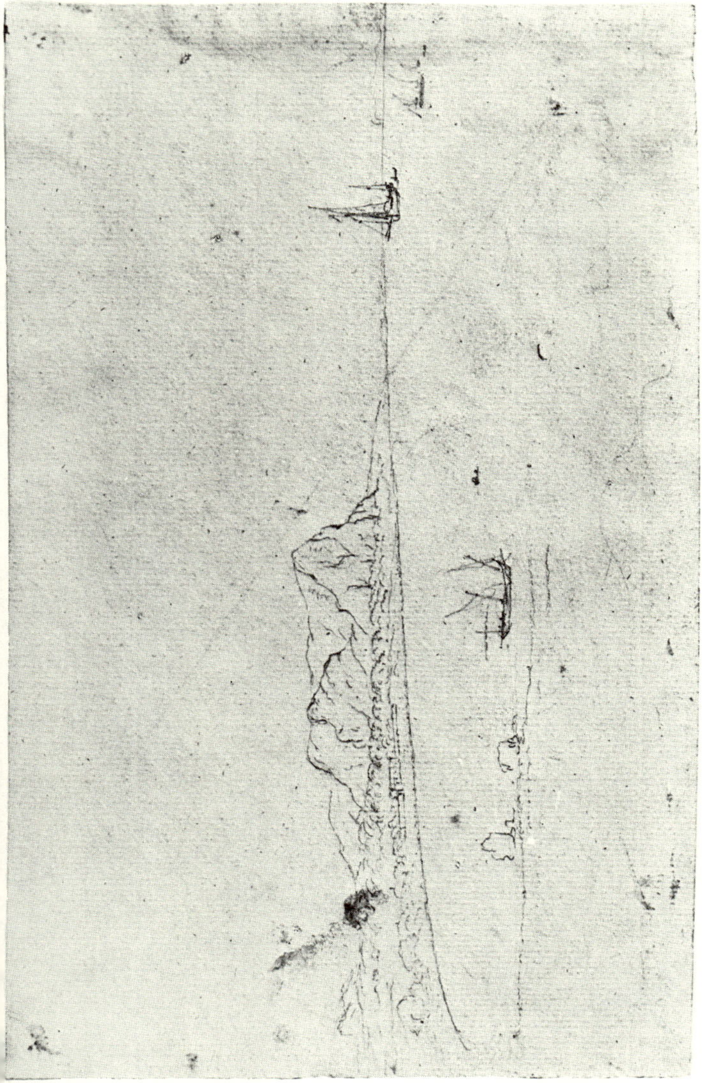

18. Die Bucht von Palermo. Zeichnung von Goethe

SIZILIEN

Seefahrt, Donnerstag, den 29. März.

Nicht wie bei dem letzten Abgange des Paketboots wehte diesmal ein förderlicher frischer Nordost, sondern leider von der Gegenseite ein lauer Südwest, der allerhinderlichste; und so erfuhren wir denn, wie der Seefahrer vom Eigensinne des Wetters und Windes abhängt. Ungeduldig verbrachten wir den Morgen bald am Ufer, bald im Kaffeehaus; endlich bestiegen wir zu Mittag das Schiff und genossen beim schönsten Wetter des herrlichsten Anblicks. Unfern vom Molo lag die Korvette vor Anker. Bei klarer Sonne eine dunstreiche Atmosphäre, daher die beschatteten Felsenwände von Sorrent vom schönsten Blau. Das beleuchtete, lebendige Neapel glänzte von allen Farben. Erst mit Sonnenuntergang bewegte sich das Schiff, jedoch nur langsam, von der Stelle, der Widerwind schob uns nach dem Posilipo und dessen Spitze hinüber. Die ganze Nacht ging das Schiff ruhig fort. Es war in Amerika gebaut, schnellsegelnd, inwendig mit artigen Kämmerchen und einzelnen Lagerstätten eingerichtet. Die Gesellschaft anständig munter: Operisten und Tänzer, nach Palermo verschrieben.

Freitag, den 30. März.

Bei Tagesanbruch fanden wir uns zwischen Ischia und Capri, ungefähr von letzterem eine Meile. Die Sonne ging hinter den Gebirgen von Capri und Capo Minerva herrlich auf. Kniep zeichnete fleißig die Umrisse der Küsten und Inseln und ihre verschiedenen Ansichten; die langsame Fahrt kam seiner Bemühung zustatten. Wir setzten mit schwachem und halbem Winde unsern Weg fort. Der Vesuv verlor sich gegen vier Uhr aus unsern Augen, als Capo Minerva und Ischia noch gesehen wurden. Auch diese verloren sich gegen Abend. Die Sonne ging unter ins Meer, begleitet von Wolken und einem langen, meilenweit reichenden Streifen, alles purpurglänzende Lichter. Auch dieses Phänomen zeichnete Kniep. Nun war kein Land mehr zu sehen, der Horizont ringsum ein Wasserkreis, die Nacht hell und schöner Mondschein.

Ich hatte doch dieser herrlichen Ansichten nur Augenblicke genießen können, die Seekrankheit überfiel mich bald. Ich begab mich in meine Kammer, wählte die horizontale Lage, enthielt mich außer weißem Brot und rotem Wein aller Speisen und Getränke und fühlte mich ganz behaglich. Abgeschlossen von der äußern Welt, ließ ich die innere walten, und da eine langsame Fahrt vorauszusehen war, gab ich mir gleich zu bedeutender Unterhaltung ein starkes Pensum auf. Die zwei ersten Akte des „Tasso“, in poetischer Prosa geschrieben, hatte ich von allen Papieren allein mit über See genommen. Diese beiden Akte, in Absicht auf Plan und Gang ungefähr den gegenwärtigen gleich, aber schon vor zehn Jahren geschrieben, hatten etwas Weichliches, Nebelhaftes, welches sich bald verlor, als ich nach neueren Ansichten die Form vorwalten und den Rhythmus eintreten ließ.

Sonnabend, den 31. März.

Die Sonne tauchte klar aus dem Meere herauf. Um sieben Uhr erreichten wir ein französisches Schiff, welches zwei Tage vor uns abgegangen war; um so viel besser segelten wir, und doch sahen wir noch nicht das Ende unserer Fahrt. Einigen Trost gab uns die Insel Ustica, doch leider zur Linken, da wir sie eben, wie auch Capri, hätten rechts lassen sollen. Gegen Mittag war uns der Wind ganz zuwider, und wir kamen nicht von der Stelle. Das Meer fing an, höher zu gehen, und im Schiffe war fast alles krank.

Ich blieb in meiner gewohnten Lage, das ganze Stück ward um und um, durch und durch gedacht. Die Stunden gingen vorüber, ohne daß ich ihre Einteilung bemerkt hätte, wenn nicht der schelmische Kniep, auf dessen Appetit die Wellen keinen Einfluß hatten, von Zeit zu Zeit, indem er mir Wein und Brot brachte, die treffliche Mittagstafel, die Heiterkeit und Anmut des jungen tüchtigen Kapitäns, dessen Bedauern, daß ich meine Portion nicht mitgenieße, zugleich schadenfroh gerühmt hätte. Ebenso gab ihm der Übergang von Scherz und Lust zu Mißbehagen und Krankheit und wie sich dieses bei einzelnen Gliedern der Gesellschaft gezeigt, reichen Stoff zu mutwilliger Schilderung.

Nachmittags vier Uhr gab der Kapitän dem Schiff eine

andere Richtung. Die großen Segel wurden wieder aufgezogen und unsere Fahrt gerade auf die Insel Ustica gerichtet, hinter welcher wir zu großer Freude die Berge von Sizilien erblickten. Der Wind besserte sich, wir fuhren schneller auf Sizilien los, auch kamen uns noch einige Inseln zu Gesichte. Der Sonnenuntergang war trübe, das Himmelslicht hinter Nebel versteckt. Den ganzen Abend ziemlich günstiger Wind. Gegen Mitternacht fing das Meer an, sehr unruhig zu werden.

Sonntag, den 1. April.

Um drei Uhr morgens heftiger Sturm. Im Schlaf und Halbtraum setzte ich meine dramatischen Plane fort, indessen auf dem Verdeck große Bewegung war. Die Segel mußten eingenommen werden, das Schiff schwebte auf den hohen Fluten. Gegen Anbruch des Tages legte sich der Sturm, die Atmosphäre klärte sich auf. Nun lag die Insel Ustica völlig links. Eine große Schildkröte zeigte man uns in der Weite schwimmend, durch unsere Fernröhre als ein lebendiger Punkt wohl zu erkennen. Gegen Mittag konnten wir die Küste Siziliens mit ihren Vorgebirgen und Buchten ganz deutlich unterscheiden, aber wir waren sehr unter den Wind gekommen, wir lavierten an und ab. Gegen Nachmittag waren wir dem Ufer näher. Die westliche Küste vom Lilybäischen Vorgebirge bis Capo Gallo sahen wir ganz deutlich, bei heiterem Wetter und hell scheinender Sonne.

Eine Gesellschaft von Delphinen begleitete das Schiff an beiden Seiten des Vorderteils und schossen immer voraus. Es war lustig anzusehen, wie sie bald, von den klaren durchscheinenden Wellen überdeckt, hinschwammen, bald mit ihren Rückenstacheln und Floßfedern, grün- und goldspielenden Seiten sich über dem Wasser springend bewegten.

Da wir weit unter dem Winde waren, fuhr der Kapitän gerade auf eine Bucht zu, gleich hinter Capo Gallo. Kniep versäumte die schöne Gelegenheit nicht, die mannigfaltigsten Ansichten ziemlich im Detail zu zeichnen. Mit Sonnenuntergang wendete der Kapitän das Schiff wieder dem hohen Meer zu und fuhr nordostwärts, um die Höhe von Palermo zu erreichen. Ich wagte mich manchmal aufs Verdeck, doch ließ ich meinen dichterischen Vorsatz nicht aus dem Sinne, und ich war des ganzen Stücks so ziemlich Herr geworden. Bei trüblichem Himmel heller Mondschein, der Widerschein auf dem Meer unendlich schön. Die Maler, um der Wirkung willen, lassen uns oft glauben, der Widerschein der Himmelslichter im Wasser habe zunächst dem Beschauer die größte Breite, wo er die größte Energie hat. Hier aber sah man am Horizont den Widerschein am breitesten, der sich wie eine zugespitzte Pyramide zunächst am Schiff in blinkenden Wellen endigte. Der Kapitän veränderte die Nacht noch einigemal das Manöver.

Montag, den 2. April, früh 8 Uhr,

fanden wir uns Palermo gegenüber. Dieser Morgen erschien für mich höchst erfreulich. Der Plan meines Dramas war diese Tage daher im Walfischbauch ziemlich gediehen. Ich befand mich wohl und konnte nun auf dem Verdeck die Küsten Siziliens mit Aufmerksamkeit betrachten. Kniep zeichnete emsig fort, und durch seine gewandte Genauigkeit wurden mehrere Streifen Papier zu einem sehr schätzbaren Andenken dieses verspäteten Landens.

Palermo, Montag, den 2. April 1787.

Endlich gelangten wir mit Not und Anstrengung nachmittags um drei Uhr in den Hafen, wo uns ein höchst erfreulicher Anblick entgegentrat. Völlig hergestellt, wie ich war, empfand ich das größte Vergnügen. Die Stadt gegen Norden gekehrt, am Fuß hoher Berge liegend; über ihr, der Tageszeit gemäß, die Sonne herüberscheinend. Die klaren Schattenseiten aller Gebäude sahen uns an, vom Widerschein erleuchtet. Monte Pellegrino rechts, seine zierlichen Formen im vollkommensten Lichte, links das weit hingestreckte Ufer mit Buchten, Landzungen und Vorgebirgen. Was ferner eine allerliebste Wirkung hervorbrachte, war das junge Grün zierlicher Bäume, deren Gipfel, von hinten erleuchtet, wie große Massen vegetabilischer Johanniswürmer vor den dunkeln Gebäuden hin und wider wogten. Ein klarer Duft blaute alle Schatten.

Anstatt ungeduldig ans Ufer zu eilen, blieben wir auf dem Verdeck, bis man uns wegtrieb; wo hätten wir einen gleichen

Standpunkt, einen so glücklichen Augenblick so bald wieder hoffen können!

Durch die wunderbare, aus zwei ungeheuern Pfeilern bestehende Pforte, die oben nicht geschlossen sein darf, damit der turmhohe Wagen der heiligen Rosalia an dem berühmten Feste durchfahren könne, führte man uns in die Stadt und sogleich links in einen großen Gasthof. Der Wirt, ein alter behaglicher Mann, von jeher Fremde aller Nationen zu sehen gewohnt, führte uns in ein großes Zimmer, von dessen Balkon wir das Meer und die Reede, den Rosalienberg und das Ufer überschauten, auch unser Schiff erblickten und unsern ersten Standpunkt beurteilen konnten. Über die Lage unseres Zimmers höchst vergnügt, bemerkten wir kaum, daß im Grunde desselben ein erhöhter Alkoven hinter Vorhängen versteckt sei, wo sich das weitläuftigste Bett ausbreitete, das, mit einem seidenen Thronhimmel prangend, mit den übrigen veralteten stattlichen Mobilien völlig übereinstimmte. Ein solches Prunkgemach setzte uns gewissermaßen in Verlegenheit, wir verlangten, herkömmlicherweise Bedingungen abzuschließen. Der Alte sagte dagegen, es bedürfe keiner Bedingung, er wünsche, daß es uns bei ihm wohl gefalle. Wir sollten uns auch des Vorsaals bedienen, welcher, kühl und luftig, durch mehrere Balkone lustig, gleich an unser Zimmer stieß.

Wir vergnügten uns an der unendlich mannigfaltigen Aussicht und suchten sie im einzelnen zeichnerisch und malerisch zu entwickeln, denn hier konnte man grenzenlos eine Ernte für den Künstler überschauen.

Der helle Mondschein lockte uns des Abends noch auf die Reede und hielt nach der Rückkehr uns noch eine lange Zeit auf dem Altan. Die Beleuchtung war sonderbar, Ruhe und Anmut groß.

Palermo, Dienstag, den 3. April 1787.

Unser erstes war, die Stadt näher zu betrachten, die sehr leicht zu überschauen und schwer zu kennen ist, leicht, weil eine meilenlange Straße vom untern zum obern Tor, vom Meere bis gegen das Gebirg' sie durchschneidet und diese ungefähr in der Mitte von einer andern abermals durchschnitten wird: was auf diesen Linien liegt, ist bequem zu finden; das Innere der Stadt hingegen verwirrt den Fremden, und er entwirrt sich nur mit Hülfe eines Führers in diesem Labyrinthe.

Gegen Abend schenkten wir unsere Aufmerksamkeit der Kutschenreihe der bekannten Fahrt vornehmerer Personen, welche sich zur Stadt hinaus auf die Reede begaben, um frische Luft zu schöpfen, sich zu unterhalten und allenfalls zu kourtoisieren.

Zwei Stunden vor Nacht war der Vollmond eingetreten und verherrlichte den Abend unaussprechlich. Die Lage von Palermo gegen Norden macht, daß sich Stadt und Ufer sehr wundersam gegen die großen Himmelslichter verhält, deren Widerschein man niemals in den Wellen erblickt. Deswegen wir auch heute an dem heitersten Tage das Meer dunkelblau, ernsthaft und zudringlich fanden, anstatt daß es bei Neapel von der Mittagsstunde an immer heiterer, lustiger und ferner glänzt.

Kniep hatte mich schon heute manchen Weg und manche Betrachtung allein machen lassen, um einen genauen Kontur des Monte Pellegrino zu nehmen, des schönsten aller Vorgebirge der Welt.

Palermo, den 3. April 1787.

Hier noch einiges zusammenfassend, nachträglich und vertraulich:

Wir fuhren Donnerstag, den 29. März, mit Sonnenuntergang von Neapel und landeten erst nach vier Tagen um drei Uhr im Hafen von Palermo. Ein kleines Diarium, das ich beilege, erzählt überhaupt unsere Schicksale. Ich habe nie eine Reise so ruhig angetreten als diese, habe nie eine ruhigere Zeit gehabt als auf der durch beständigen Gegenwind sehr verlängerten Fahrt, selbst auf dem Bette im engen Kämmerchen, wo ich mich die ersten Tage halten mußte, weil mich die Seekrankheit stark angriff. Nun denke ich ruhig zu euch hinüber; denn wenn irgend etwas für mich entscheidend war, so ist es diese Reise.

Hat man sich nicht ringsum vom Meere umgeben gesehen, so hat man keinen Begriff von Welt und von seinem

Verhältnis zur Welt. Als Landschaftszeichner hat mir diese große, simple Linie ganz neue Gedanken gegeben.

Wir haben, wie das Diarium ausweist, auf dieser kurzen Fahrt mancherlei Abwechslungen und gleichsam die Schicksale der Seefahrer im kleinen gehabt. Übrigens ist die Sicherheit und Bequemlichkeit des Paketboots nicht genug zu loben. Der Kapitän ist ein sehr braver und recht artiger Mann. Die Gesellschaft war ein ganzes Theater, gutgesittet, leidlich und angenehm. Mein Künstler, den ich bei mir habe, ist ein munterer, treuer, guter Mensch, der mit der größten Akkuratesse zeichnet; er hat alle Inseln und Küsten, wie sie sich zeigten, umrissen; es wird euch große Freude machen, wenn ich alles mitbringe. Übrigens hat er mir, die langen Stunden der Überfahrt zu verkürzen, das Mechanische der Wasserfarbenmalerei (Aquarell), die man in Italien jetzt sehr hoch getrieben hat, aufgeschrieben: versteht sich den Gebrauch gewisser Farben, um gewisse Töne hervorzubringen, an denen man sich, ohne das Geheimnis zu wissen, zu Tode mischen würde. Ich hatte wohl in Rom manches davon erfahren, aber niemals im Zusammenhange. Die Künstler haben es in einem Lande ausstudiert wie Italien, wie dieses ist. Mit keinen Worten ist die dunstige Klarheit auszudrücken, die um die Küsten schwebte, als wir am schönsten Nachmittage gegen Palermo anfuhren. Die Reinheit der Konture, die Weichheit des Ganzen, das Auseinanderweichen der Töne, die Harmonie von Himmel, Meer und Erde. Wer es gesehen hat, der hat es auf sein ganzes Leben. Nun versteh' ich erst die Claude Lorrains und habe Hoffnung, auch dereinst in Norden aus meiner Seele Schattenbilder dieser glücklichen Wohnung hervorzubringen. Wäre nur alles Kleinliche so rein daraus weggewaschen als die Kleinheit der Strohdächer aus meinen Zeichenbegriffen. Wir wollen sehen, was diese Königin der Inseln tun kann.

Wie sie uns empfangen hat, habe ich keine Worte auszudrücken: mit frischgrünenden Maulbeerbäumen, immergrünendem Oleander, Zitronenhecken etc. In einem öffentlichen Garten stehn weite Beete von Ranunkeln und Anemonen. Die Luft ist mild, warm und wohlriechend, der

Wind lau. Der Mond ging dazu voll hinter einem Vorgebirge herauf und schien ins Meer; und diesen Genuß, nachdem man vier Tage und Nächte auf den Wellen geschwebt! Verzeiht, wenn ich mit einer stumpfen Feder aus einer Tuschmuschel, aus der mein Gefährte die Umrisse nachzieht, dieses hinkritzle. Es kommt doch wie ein Lispeln zu euch hinüber, indes ich allen, die mich lieben, ein ander Denkmal dieser meiner glücklichen Stunden bereite. Was es wird, sag' ich nicht, wann ihr es erhaltet, kann ich auch nicht sagen.

Palermo, Dienstag, den 3. April 1787.

Dieses Blatt sollte nun, meine Geliebten, euch des schönsten Genusses, insofern es möglich wäre, teilhaft machen; es sollte die Schilderung der unvergleichlichen, eine große Wassermasse umfassenden Bucht überliefern. Von Osten herauf, wo ein flächeres Vorgebirg weit in die See greift, an vielen schroffen, wohlgebildeten, waldbewachsenen Felsen hin bis an die Fischerwohnungen der Vorstädte herauf, dann an der Stadt selbst her, deren äußere Häuser alle nach dem Hafen schauen, wie unsere Wohnung auch, bis zu dem Tore, durch welches wir hereinkamen.

Dann geht es westwärts weiter fort an den gewöhnlichen Landungsplatz, wo kleinere Schiffe anlegen, bis zu dem eigentlichen Hafen an den Molo, die Station größerer Schiffe. Da erhebt sich nun, sämtliche Fahrzeuge zu schützen, in Westen der Monte Pellegrino in seinen schönen Formen, nachdem er ein liebliches, fruchtbares Tal, das sich bis zum jenseitigen Meer erstreckt, zwischen sich und dem eigentlichen festen Land gelassen.

Kniep zeichnete, ich schematisierte, beide mit großem Genuß, und nun, da wir fröhlich nach Hause kommen, fühlen wir beide weder Kräfte noch Mut, zu wiederholen und auszuführen. Unsere Entwürfe müssen also für künftige Zeiten liegenbleiben, und dieses Blatt gibt euch bloß ein Zeugnis unseres Unvermögens, diese Gegenstände genugsam zu fassen, oder vielmehr unserer Anmaßung, sie in so kurzer Zeit erobern und beherrschen zu wollen.

Palermo, Mittwoch, den 4. April 1787.

Nachmittags besuchten wir das fruchtreiche und angenehme Tal, welches die südlichen Berge herab an Palermo vorbeizieht, durchschlängelt von dem Fluß Oreto. Auch hier wird ein malerisches Auge und eine geschickte Hand gefordert, wenn ein Bild soll gefunden werden, und doch erhaschte Kniep einen Standpunkt, da, wo das gestemmte Wasser von einem halbzerstörten Wehr herunterfließt, beschattet von einer fröhlichen Baumgruppe, dahinter das Tal hinaufwärts die freie Aussicht und einige landwirtschaftliche Gebäude.

Die schönste Frühlingswitterung und eine hervorquellende Fruchtbarkeit verbreitete das Gefühl eines belebenden Friedens über das ganze Tal, welches mir der ungeschickte Führer durch seine Gelehrsamkeit verkümmerte, umständlich erzählend, wie Hannibal hier vormals eine Schlacht geliefert und was für ungeheure Kriegstaten an dieser Stelle geschehen. Unfreundlich verwies ich ihm das fatale Hervorrufen solcher abgeschiedenen Gespenster. Es sei schlimm genug, meinte ich, daß von Zeit zu Zeit die Saaten, wo nicht immer von Elefanten, doch von Pferden und Menschen zerstampft werden müßten. Man solle wenigstens die Einbildungskraft nicht mit solchem Nachgetümmel aus ihrem friedlichen Traume aufschrecken.

Er verwunderte sich sehr, daß ich das klassische Andenken an so einer Stelle verschmähte, und ich konnte ihm freilich nicht deutlich machen, wie mir bei einer solchen Vermischung des Vergangenen und des Gegenwärtigen zumute sei.

Noch wunderlicher erschien ich diesem Begleiter, als ich auf allen seichten Stellen, deren der Fluß gar viele trocken läßt, nach Steinchen suchte und die verschiedenen Arten derselben mit mir forttrug. Ich konnte ihm abermals nicht erklären, daß man sich von einer gebirgigen Gegend nicht schneller einen Begriff machen kann, als wenn man die Gesteinsarten untersucht, die in den Bächen herabgeschoben werden, und daß hier auch die Aufgabe sei, durch Trümmer sich eine Vorstellung von jenen ewig klassischen Höhen des Erdaltertums zu verschaffen.

Auch war meine Ausbeute aus diesem Flusse reich genug, ich brachte beinahe vierzig Stücke zusammen, welche sich freilich in wenige Rubriken unterordnen ließen. Das meiste war eine Gebirgsart, die man bald für Jaspis oder Hornstein, bald für Tonschiefer ansprechen konnte. Ich fand sie teils in abgerundeten, teils unförmigen Geschieben, teils rhombisch gestaltet, von vielerlei Farben. Ferner kamen viele Abänderungen des ältern Kalkes vor, nicht weniger Breccien, deren Bindemittel Kalk, die verbundenen Steine aber bald Jaspis, bald Kalk waren. Auch fehlte es nicht an Geschieben von Muschelkalk.

Die Pferde füttern sie mit Gerste, Häckerling und Kleien; im Frühjahr geben sie ihnen geschoßte grüne Gerste, um sie zu erfrischen, per rinfrescar, wie sie es nennen. Da sie keine Wiesen haben, fehlt es an Heu. Auf den Bergen gibt es einige Weide, auch auf den Äckern, da ein Drittel als Brache liegenbleibt. Sie halten wenig Schafe, deren Rasse aus der Barbarei kommt, überhaupt auch mehr Maultiere als Pferde weil jenen die hitzige Nahrung besser bekommt als diesen.

Die Plaine, worauf Palermo liegt, sowie außer der Stadt die Gegend Ai Colli, auch ein Teil der Bagaria, hat im Grunde Muschelkalk, woraus die Stadt gebaut ist, daher man denn auch große Steinbrüche in diesen Lagen findet. In der Nähe von Monte Pellegrino sind sie an einer Stelle über funfzig Fuß tief. Die untern Lager sind weißer von Farbe. Man findet darin viel versteinte Korallen und Schaltiere, vorzüglich große Pilgermuscheln. Das obere Lager ist mit rotem Ton gemischt und enthält wenig oder gar keine Muscheln. Ganz obenauf liegt roter Ton, dessen Lage jedoch nicht stark ist. Der Monte Pellegrino hebt sich aus allem diesem hervor; er ist ein älterer Kalk, hat viele Löcher und Spaltungen, welche, genau betrachtet, obgleich sehr unregelmäßig, sich doch nach der Ordnung der Bänke richten. Das Gestein ist fest und klingend.

Palermo, Donnerstag, den 5. April 1787.

Wir gingen die Stadt im besondern durch. Die Bauart gleicht meistens der von Neapel, doch stehen öffentliche

Monumente, z. B. Brunnen, noch weiter entfernt vom guten Geschmack. Hier ist nicht wie in Rom ein Kunstgeist, welcher die Arbeit regelt; nur von Zufälligkeiten erhält das Bauwerk Gestalt und Dasein. Ein von dem ganzen Inselvolke angestaunter Brunnen existierte schwerlich, wenn es in Sizilien nicht schönen, bunten Marmor gäbe, und wenn nicht gerade ein Bildhauer, geübt in Tiergestalten, damals Gunst gehabt hätte. Es wird schwerhalten, diesen Brunnen zu beschreiben. Auf einem mäßigen Platze steht ein rundes architektonisches Werk, nicht gar stockhoch, Sockel, Mauer und Gesims von farbigem Marmor; in die Mauer sind in einer Flucht mehrere Nischen angebracht, aus welchen, von weißem Marmor gebildet, alle Arten Tierköpfe auf gestreckten Hälsen herausschauen: Pferd, Löwe, Kamel, Elefant wechseln miteinander ab, und man erwartete kaum hinter dem Kreise dieser Menagerie einen Brunnen, zu welchem von vier Seiten durch gelassene Lücken marmorne Stufen hinaufführen, um das reichlich gespendete Wasser schöpfen zu lassen.

Etwas Ähnliches ist es mit den Kirchen, wo die Prachtliebe der Jesuiten noch überboten ward, aber nicht aus Grundsatz und Absicht, sondern zufällig, wie allenfalls ein gegenwärtiger Handwerker, Figuren- oder Laubschnitzer, Vergolder, Lackierer und Marmorierer gerade das, was er vermochte, ohne Geschmack und Leitung an gewissen Stellen anbringen wollte.

Dabei findet man eine Fähigkeit, natürliche Dinge nachzuahmen, wie denn z. B. jene Tierköpfe gut genug gearbeitet sind. Dadurch wird freilich die Bewunderung der Menge erregt, deren ganze Kunstfreude darin besteht, daß sie das Nachgebildete mit dem Urbilde vergleichbar findet.

Gegen Abend machte ich eine heitere Bekanntschaft, indem ich auf der langen Straße bei einem kleinen Handelsmanne eintrat, um verschiedene Kleinigkeiten einzukaufen. Als ich vor dem Laden stand, die Ware zu besehen, erhob sich ein geringer Luftstoß, welcher, längs der Straße herwirbelnd, einen unendlichen erregten Staub in alle Buden und Fenster sogleich verteilte. „Bei allen Heiligen! sagt mir“, rief ich aus, „woher kommt die Unreinlichkeit eurer Stadt, und ist derselben denn nicht abzuhelfen? Diese Straße wetteifert an Länge und Schönheit mit dem Corso zu Rom. An beiden Seiten Schrittsteine, die jeder Laden- und Werkstattbesitzer mit unablässigem Kehren reinlich hält, indem er alles in die Mitte hinunterschiebt, welche dadurch nur immer unreinlicher wird und euch mit jedem Windshauch den Unrat zurücksendet, den ihr der Hauptstraße zugewiesen habt. In Neapel tragen geschäftige Esel jeden Tag das Kehricht nach Gärten und Feldern, sollte denn bei euch nicht irgendeine ähnliche Einrichtung entstehen oder getroffen werden?"

„Es ist bei uns nun einmal, wie es ist", versetzte der Mann; „was wir aus dem Hause werfen, verfault gleich vor der Türe übereinander. Ihr seht hier Schichten von Stroh und Rohr, von Küchenabgängen und allerlei Unrat, das trocknet zusammen auf und kehrt als Staub zu uns zurück. Gegen den wehren wir uns den ganzen Tag. Aber seht, unsere schönen, geschäftigen, niedlichen Besen vermehren, zuletzt abgestumpft, nur den Unrat vor unsern Häusern."

Und lustig genommen, war es wirklich an dem. Sie haben niedliche Beschen von Zwergpalmen, die man mit weniger Abänderung zum Fächerdienst eignen könnte, sie schleifen sich leicht ab, und die stumpfen liegen zu Tausenden in der Straße. Auf meine wiederholte Frage, ob dagegen keine Anstalt zu treffen sei, erwiderte er, die Rede gehe im Volke, daß gerade die, welche für Reinlichkeit zu sorgen hätten, wegen ihres großen Einflusses nicht genötigt werden könnten, die Gelder pflichtmäßig zu verwenden, und dabei sei noch der wunderliche Umstand, daß man fürchte, nach weggeschafftem misthaftem Geströhde werde erst deutlich zum Vorschein kommen, wie schlecht das Pflaster darunter beschaffen sei, wodurch denn abermals die unredliche Verwaltung einer andern Kasse zutage kommen würde. Das alles aber sei, setzte er mit possierlichem Ausdruck hinzu, nur Auslegung von Übelgesinnten, er aber von der Meinung derjenigen, welche behaupten, der Adel erhalte seinen Karossen diese weiche Unterlage, damit sie des Abends ihre herkömmliche Lustfahrt auf elastischem Boden bequem vollbringen könnten. Und da der Mann einmal im Zuge war, bescherzte er noch mehrere Polizeimißbräuche, mir zu tröstlichem Beweis, daß der Mensch noch immer Humor genug hat, sich über das Unabwendbare lustig zu machen.

Palermo, den 6. April 1787.

Die heilige Rosalie, Schutzpatronin von Palermo, ist durch die Beschreibung, welche Brydone von ihrem Feste gegeben hat, so allgemein bekannt geworden, daß es den Freunden gewiß angenehm sein muß, etwas von dem Orte und der Stelle, wo sie besonders verehrt wird, zu lesen.

Der Monte Pellegrino, eine große Felsenmasse, breiter als hoch, liegt an dem nordwestlichen Ende des Golfs von Palermo. Seine schöne Form läßt sich mit Worten nicht beschreiben; eine unvollkommene Abbildung davon findet sich in dem „Voyage pittoresque de la Sicile". Er bestehet aus einem grauen Kalkstein der früheren Epoche. Die Felsen sind ganz nackt, kein Baum, kein Strauch wächst auf ihnen, kaum, daß die flachliegenden Teile mit etwas Rasen und Moos bedeckt sind.

In einer Höhle dieses Berges entdeckte man zu Anfang des vorigen Jahrhunderts die Gebeine der Heiligen und brachte sie nach Palermo. Ihre Gegenwart befreite die Stadt von der Pest, und Rosalie war seit diesem Augenblicke die Schutzheilige des Volks; man baute ihr Kapellen und stellte ihr zu Ehren glänzende Feierlichkeiten an.

Die Andächtigen wallfahrteten fleißig auf den Berg, und man erbaute mit großen Kosten einen Weg, der wie eine Wasserleitung auf Pfeilern und Bogen ruht und in einem Zickzack zwischen zwei Klippen hinaufsteigt.

Der Andachtsort selbst ist der Demut der Heiligen, welche sich dahin flüchtete, angemessener als die prächtigen Feste, welche man ihrer völligen Entäußerung von der Welt zu Ehren anstellte. Und vielleicht hat die ganze Christenheit, welche nun achtzehnhundert Jahre ihren Besitz, ihre Pracht, ihre feierlichen Lustbarkeiten auf das Elend ihrer ersten Stifter und eifrigsten Bekenner gründet, keinen heiligen Ort aufzuweisen, der auf eine so unschuldige und gefühlvolle Art verziert und verehrt wäre.

Wenn man den Berg erstiegen hat, wendet man sich um eine Felsenecke, wo man einer steilen Felswand nah gegenüber steht, an welcher die Kirche und das Kloster gleichsam festgebaut sind.

Die Außenseite der Kirche hat nichts Einladendes noch Versprechendes; man eröffnet die Türe ohne Erwartung, wird aber auf das wunderbarste überrascht, indem man hineintritt. Man befindet sich unter einer Halle, welche in der Breite der Kirche hinläuft und gegen das Schiff zu offen ist. Man sieht in derselben die gewöhnlichen Gefäße mit Weihwasser und einige Beichtstühle. Das Schiff der Kirche ist ein offner Hof, der an der rechten Seite von rauhen Felsen, auf der linken von einer Kontinuation der Halle zugeschlossen wird. Er ist mit Steinplatten etwas abhängig belegt, damit das Regenwasser ablaufen kann; ein kleiner Brunnen steht ungefähr in der Mitte.

Die Höhle selbst ist zum Chor umgebildet, ohne daß man ihr von der natürlichen rauhen Gestalt etwas genommen hätte. Einige Stufen führen hinauf: gleich steht der große Pult mit dem Chorbuche entgegen, auf beiden Seiten die Chorstühle. Alles wird von dem aus dem Hofe oder Schiff einfallenden Tageslicht erleuchtet. Tief hinten in dem Dunkel der Höhle steht der Hauptaltar in der Mitte.

Man hat, wie schon gesagt, an der Höhle nichts verändert; allein da die Felsen immer von Wasser träufeln, war es nötig, den Ort trocken zu halten. Man hat dieses durch bleierne Rinnen bewirkt, welche man an den Kanten der Felsen hergeführt und verschiedentlich miteinander verbunden hat. Da sie oben breit sind und unten spitz zulaufen, auch mit einer schmutzig grünen Farbe angestrichen sind, so sieht es fast aus, als wenn die Höhle inwendig mit großen Kaktusarten bewachsen wäre. Das Wasser wird teils seitwärts, teils hinten in einen klaren Behälter geleitet, woraus es die Gläubigen schöpfen und gegen allerlei Übel gebrauchen.

Da ich diese Gegenstände genau betrachtete, trat ein Geistlicher zu mir und fragte mich, ob ich etwa ein Genueser sei und einige Messen wollte lesen lassen. Ich versetzte ihm darauf, ich sei mit einem Genueser nach Palermo gekommen, welcher morgen als an einem Festtage heraufsteigen würde. Da immer einer von uns zu Hause bleiben müßte, wäre ich heute heraufgegangen, mich umzusehen. Er versetzte darauf,

19. Pferderennen beim Fest der hl. Rosalia in Palermo. Kupferstich nach Desprez

ich möchte mich aller Freiheit bedienen, alles wohl betrachten und meine Devotion verrichten. Besonders wies er mich an einen Altar, der links in der Höhle stand, als ein besonderes Heiligtum und verließ mich.

Ich sah durch die Öffnungen eines großen, aus Messing getriebenen Laubwerks Lampen unter dem Altar hervorschimmern, kniete ganz nahe davor hin und blickte durch die Öffnungen. Es war inwendig noch ein Gitterwerk von feinem geflochtenem Messingdraht vorgezogen, so daß man nur wie durch einen Flor den Gegenstand dahinter unterscheiden konnte.

Ein schönes Frauenzimmer erblickt' ich bei dem Schein einiger stillen Lampen.

Sie lag wie in einer Art von Entzückung, die Augen halb geschlossen, den Kopf nachlässig auf die rechte Hand gelegt, die mit vielen Ringen geschmückt war. Ich konnte das Bild nicht genug betrachten; es schien mir ganz besondere Reize zu haben. Ihr Gewand ist aus einem vergoldeten Blech getrieben, welches einen reich von Gold gewirkten Stoff gar gut nachahmt. Kopf und Hände, von weißem Marmor, sind, ich darf nicht sagen in einem hohen Stil, aber doch so natürlich und gefällig gearbeitet, daß man glaubt, sie müßte Atem holen und sich bewegen.

Ein kleiner Engel steht neben ihr und scheint ihr mit einem Lilienstengel Kühlung zuzuwehen.

Unterdessen waren die Geistlichen in die Höhle gekommen, hatten sich auf ihre Stühle gesetzt und sangen die Vesper.

Ich setzte mich auf eine Bank gegen dem Altar über und hörte ihnen eine Weile zu; alsdann begab ich mich wieder zum Altare, kniete nieder und suchte das schöne Bild der Heiligen noch deutlicher gewahr zu werden. Ich überließ mich ganz der reizenden Illusion der Gestalt und des Ortes.

Der Gesang der Geistlichen verklang nun in der Höhle, das Wasser rieselte in das Behältnis gleich neben dem Altare zusammen, die überhangenden Felsen des Vorhofs, des eigentlichen Schiffs der Kirche, schlossen die Szene noch mehr ein. Es war eine große Stille in dieser gleichsam wieder ausgestorbenen Wüste, eine große Reinlichkeit in einer wilden Höhle; der Flitterputz des katholischen, besonders sizilianischen Gottesdienstes, hier noch zunächst seiner natürlichen Einfalt; die Illusion, welche die Gestalt der schönen Schläferin hervorbrachte, auch einem geübten Auge noch reizend — genug, ich konnte mich nur mit Schwierigkeit von diesem Orte losreißen und kam erst in später Nacht wieder in Palermo an.

Palermo, Sonnabend, den 7. April 1787.

In dem öffentlichen Garten unmittelbar an der Reede brachte ich im stillen die vergnügtesten Stunden zu. Es ist der wunderbarste Ort von der Welt. Regelmäßig angelegt, scheint er uns doch feenhaft; vor nicht gar langer Zeit gepflanzt, versetzt er ins Altertum. Grüne Beeteinfassungen umschließen fremde Gewächse, Zitronenspaliere wölben sich zum niedlichen Laubengange, hohe Wände des Oleanders, geschmückt von tausend roten nelkenhaften Blüten, locken das Auge. Ganz fremde, mir unbekannte Bäume, noch ohne Laub, wahrscheinlich aus wärmern Gegenden, verbreiten seltsame Zweige. Eine hinter dem flachen Raum erhöhte Bank läßt einen so wundersam verschlungenen Wachstum übersehen und lenkt den Blick zuletzt auf große Bassins, in welchen Gold- und Silberfische sich gar lieblich bewegen, bald sich unter bemooste Röhren verbergen, bald wieder scharenweis, durch einen Bissen Brot gelockt, sich versammeln. An den Pflanzen erscheint durchaus ein Grün, das wir nicht gewohnt sind, bald gelblicher, bald blaulicher als bei uns. Was aber dem Ganzen die wundersamste Anmut verlieh, war ein starker Duft, der sich über alles gleichförmig verbreitete, mit so merklicher Wirkung, daß die Gegenstände, auch nur einige Schritte hintereinander entfernt, sich entschiedener hellblau voneinander absetzten, so daß ihre eigentümliche Farbe zuletzt verlorenging, oder wenigstens sehr überbläut sie sich dem Auge darstellten.

Welche wundersame Ansicht ein solcher Duft entfernteren Gegenständen, Schiffen, Vorgebirgen erteilt, ist für ein malerisches Auge merkwürdig genug, indem die Distanzen genau zu unterscheiden, ja zu messen sind; deswegen auch ein Spaziergang auf die Höhe höchst reizend ward. Man sah

20. Die Villa Palagonia in Bagheria. Aquatinta von Houel

keine Natur mehr, sondern nur Bilder, wie sie der künstlichste Maler durch Lasieren auseinander gestuft hätte.

Aber der Eindruck jenes Wundergartens war mir zu tief geblieben; die schwärzlichen Wellen am nördlichen Horizonte, ihr Anstreben an die Buchtkrümmungen, selbst der eigene Geruch des dünstenden Meeres, das alles rief mir die Insel der seligen Phäaken in die Sinne sowie ins Gedächtnis. Ich eilte sogleich, einen Homer zu kaufen, jenen Gesang mit großer Erbauung zu lesen und eine Übersetzung aus dem Stegreif Kniepen vorzutragen, der wohl verdiente, bei einem guten Glase Wein von seinen strengen heutigen Bemühungen behaglich auszuruhen.

Palermo, den 8. April 1787. Ostersonntag.

Nun aber ging die lärmige Freude über die glückliche Auferstehung des Herrn mit Tagesanbruch los. Petarden, Lauffeuer, Schläge, Schwärmer und dergleichen wurden kastenweis vor den Kirchtüren losgebrannt, indessen die Gläubigen sich zu den eröffneten Flügelpforten drängten. Glocken- und Orgelschall, Chorgesang der Prozessionen und der ihnen entgegnenden geistlichen Chöre konnten wirklich das Ohr derjenigen verwirren, die an eine so lärmende Gottesverehrung nicht gewöhnt waren.

Die frühe Messe war kaum geendigt, als zwei wohlgeputzte Laufer des Vizekönigs unsern Gasthof besuchten, in der doppelten Absicht, einmal den sämtlichen Fremden zum Feste zu gratulieren und dagegen ein Trinkgeld einzunehmen, mich sodann zur Tafel zu laden, weshalb meine Gabe etwas erhöht werden mußte.

Nachdem ich den Morgen zugebracht, die verschiedenen Kirchen zu besuchen und die Volksgesichter und Gestalten zu betrachten, fuhr ich zum Palast des Vizekönigs, welcher am obern Ende der Stadt liegt. Weil ich etwas zu früh gekommen, fand ich die großen Säle noch leer, nur ein kleiner, munterer Mann ging auf mich zu, den ich sogleich für einen Malteser erkannte.

Als er vernahm, daß ich ein Deutscher sei, fragte er, ob ich ihm Nachricht von Erfurt zu geben wisse, er habe daselbst einige Zeit sehr angenehm zugebracht. Auf seine Erkundigungen nach der von Dacherödischen Familie, nach dem Koadjutor von Dalberg konnte ich ihm hinreichende Auskunft geben, worüber er sehr vergnügt nach dem übrigen Thüringen fragte. Mit bedenklichem Anteil erkundigte er sich nach Weimar. „Wie steht es denn", sagte er, „mit dem Manne, der, zu meiner Zeit jung und lebhaft, daselbst Regen und schönes Wetter machte? Ich habe seinen Namen vergessen, genug aber, es ist der Verfasser des ‚Werthers'."

Nach einer kleinen Pause, als wenn ich mich bedächte, erwiderte ich: „Die Person, nach der Ihr Euch gefällig erkundigt, bin ich selbst!" — Mit dem sichtbarsten Zeichen des Erstaunens fuhr er zurück und rief aus: „Da muß sich viel verändert haben!" — „O ja!" versetzte ich, „zwischen Weimar und Palermo hab' ich manche Veränderung gehabt."

In dem Augenblick trat mit seinem Gefolge der Vizekönig herein und betrug sich mit anständiger Freimütigkeit, wie es einem solchen Herrn geziemt. Er enthielt sich jedoch nicht des Lächelns über den Malteser, welcher seine Verwunderung, mich hier zu sehen, auszudrücken fortfuhr. Bei Tafel sprach der Vizekönig, neben dem ich saß, über die Absicht meiner Reise und versicherte, daß er Befehl geben wolle, mich in Palermo alles sehen zu lassen und mich auf meinem Wege durch Sizilien auf alle Weise zu fördern.

Palermo, Montag, den 9. April 1787.

Heute den ganzen Tag beschäftigte uns der Unsinn des Prinzen Pallagonia, und auch diese Torheiten waren ganz etwas anders, als wir uns lesend und hörend vorgestellt. Denn bei der größten Wahrheitsliebe kommt derjenige, der vom Absurden Rechenschaft geben soll, immer ins Gedränge: er will einen Begriff davon überliefern, und so macht er es schon zu etwas, da es eigentlich ein Nichts ist, welches für etwas gehalten sein will. Und so muß ich noch eine andere allgemeine Reflexion vorausschicken, daß weder das Abgeschmackteste noch das Vortrefflichste ganz unmittelbar aus e i n e m Menschen, aus e i n e r Zeit hervorspringe, daß man vielmehr beiden mit einiger Aufmerksamkeit eine Stammtafel der Herkunft nachweisen könne.

Jener Brunnen in Palermo gehört unter die Vorfahren der Pallagonischen Raserei, nur daß diese hier, auf eignem Grund und Boden, in der größten Freiheit und Breite sich hervortut. Ich will den Verlauf des Entstehens zu entwickeln suchen.

Wenn ein Lustschloß in diesen Gegenden mehr oder weniger in der Mitte des ganzen Besitztums liegt und man also, um zu der herrschaftlichen Wohnung zu gelangen, durch gebaute Felder, Küchengärten und dergleichen landwirtschaftliche Nützlichkeiten zu fahren hat, erweisen sie sich haushälterischer als die Nordländer, die oft eine große Strecke guten Bodens zu einer Parkanlage verwenden, um mit unfruchtbarem Gesträuche dem Auge zu schmeicheln. Diese Südländer hingegen führen zwei Mauern auf, zwischen welchen man zum Schloß gelangt, ohne daß man gewahr werde, was rechts oder links vorgeht. Dieser Weg beginnt gewöhnlich mit einem großen Portal, wohl auch mit einer gewölbten Halle und endigt im Schloßhofe. Damit nun aber das Auge zwischen diesen Mauern nicht ganz unbefriedigt sei, so sind sie oben ausgebogen, mit Schnörkeln und Postamenten verziert, worauf allenfalls hie und da eine Vase steht. Die Flächen sind abgetüncht, in Felder geteilt und angestrichen. Der Schloßhof macht ein Rund von einstöckigen Häusern, wo Gesinde und Arbeitsleute wohnen; das viereckte Schloß steigt über alles empor.

Dies ist die Art der Anlage, wie sie herkömmlich gegeben ist, wie sie auch schon früher mag bestanden haben, bis der Vater des Prinzen das Schloß baute, zwar auch nicht in dem besten, aber doch erträglichem Geschmack. Der jetzige Besitzer aber, ohne jene allgemeinen Grundzüge zu verlassen, erlaubt seiner Lust und Leidenschaft zu mißgestaltetem, abgeschmacktem Gebilde den freisten Lauf, und man erzeigt ihm viel zuviel Ehre, wenn man ihm nur einen Funken Einbildungskraft zuschreibt.

Wir treten also in die große Halle, welche mit der Grenze des Besitztums selbst anfängt, und finden ein Achteck, sehr hoch zur Breite. Vier ungeheure Riesen mit modernen, zugeknöpften Gamaschen tragen das Gesims, auf welchem dem Eingang gerade gegenüber die heilige Dreieinigkeit schwebt.

Der Weg nach dem Schlosse zu ist breiter als gewöhnlich, die Mauer in einen fortlaufenden hohen Sockel verwandelt, auf welchem ausgezeichnete Basamente seltsame Gruppen in die Höhe tragen, indessen in dem Raum von einer zur andern mehrere Vasen aufgestellt sind. Das Widerliche dieser von den gemeinsten Steinhauern gepfuschten Mißbildungen wird noch dadurch vermehrt, daß sie aus dem losesten Muscheltuff gearbeitet sind; doch würde ein besseres Material den Unwert der Form nur desto mehr in die Augen setzen. Ich sagte vorhin Gruppen und bediente mich eines falschen, an dieser Stelle uneigentlichen Ausdrucks; denn diese Zusammenstellungen sind durch keine Art von Reflexion oder auch nur Willkür entstanden, sie sind vielmehr zusammengewürfelt. Jedesmal drei bilden den Schmuck eines solchen viereckten Postaments, indem ihre Basen so eingerichtet sind, daß sie zusammen in verschiedenen Stellungen den viereckigen Raum ausfüllen. Die vorzüglichste besteht gewöhnlich aus zwei Figuren, und ihre Base nimmt den größten vordern Teil des Piedestals ein; diese sind meistenteils Ungeheuer von tierischer und menschlicher Gestalt. Um nun den hintern Raum der Piedestalfläche auszufüllen, bedarf es noch zweier Stücke; das von mittlerer Größe stellt gewöhnlich einen Schäfer oder eine Schäferin, einen Kavalier oder eine Dame, einen tanzenden Affen oder Hund vor. Nun bleibt auf dem Piedestal noch eine Lücke: diese wird meistens durch einen Zwerg ausgefüllt, wie denn überall dieses Geschlecht bei geistlosen Scherzen eine große Rolle spielt.

Daß wir aber die Elemente der Tollheit des Prinzen Pallagonia vollständig überliefern, geben wir nachstehendes Verzeichnis. Menschen: Bettler, Bettlerinnen, Spanier, Spanierinnen, Mohren, Türken, Buckelige, alle Arten Verwachsene, Zwerge, Musikanten, Pulcinelle, antik kostümierte Soldaten, Götter, Göttinnen, altfranzösisch Gekleidete, Soldaten mit Patrontaschen und Gamaschen, Mythologie mit fratzenhaften Zutaten: Achill und Chiron mit Pulcinell. Tiere: nur Teile derselben, Pferd mit Menschenhänden, Pferdekopf auf Menschenkörper, entstellte Affen, viele Drachen und Schlangen, alle Arten von Pfoten an

Figuren aller Art, Verdoppelungen, Verwechslungen der Köpfe. Vasen: alle Arten von Monstern und Schnörkeln, die unterwärts zu Vasenbäuchen und Untersätzen endigen.

Denke man sich nun dergleichen Figuren schockweise verfertigt und ganz ohne Sinn und Verstand entsprungen, auch ohne Wahl und Absicht zusammengestellt, denke man sich diesen Sockel, diese Piedestale und Unformen in einer unabsehbaren Reihe, so wird man das unangenehme Gefühl mit empfinden, das einen jeden überfallen muß, wenn er durch diese Spitzruten des Wahnsinns durchgejagt wird.

Wir nähern uns dem Schlosse und werden durch die Arme eines halbrunden Vorhofs empfangen; die entgegenstehende Hauptmauer, wodurch das Tor geht, ist burgartig angelegt. Hier finden wir eine ägyptische Figur eingemauert, einen Springbrunnen ohne Wasser, ein Monument, zerstreut umherliegende Vasen, Statuen, vorsätzlich auf die Nase gelegt. Wir treten in den Schloßhof und finden das herkömmliche, mit kleinen Gebäuden umgebene Rund in kleineren Halbzirkeln ausgebogt, damit es ja an Mannigfaltigkeit nicht fehle.

Der Boden ist größtenteils mit Gras bewachsen. Hier stehen wie auf einem verfallenen Kirchhofe seltsam geschnörkelte Marmorvasen vom Vater her, Zwerge und sonstige Ungestalten aus der neuern Epoche zufällig durcheinander, ohne daß sie bis jetzt einen Platz finden können; sogar tritt man vor eine Laube, vollgepfropft von alten Vasen und anderem geschnörkeltem Gestein.

Das Widersinnige einer solchen geschmacklosen Denkart zeigt sich aber im höchsten Grade darin, daß die Gesimse der kleinen Häuser durchaus schief nach einer oder der andern Seite hinhängen, so daß das Gefühl der Wasserwaage und des Perpendikels, das uns eigentlich zu Menschen macht und der Grund aller Eurhythmie ist, in uns zerrissen und gequält wird. Und so sind denn auch diese Dachreihen mit Hydern und kleinen Büsten, mit musizierenden Affenchören und ähnlichem Wahnsinn verbrämt. Drachen, mit Göttern abwechselnd, ein Atlas, der statt der Himmelskugel ein Weinfaß trägt.

Gedenkt man sich aber aus allem diesem in das Schloß zu retten, welches, vom Vater erbaut, ein relativ vernünftiges äußeres Ansehen hat, so findet man nicht weit vor der Pforte den lorbeerbekränzten Kopf eines römischen Kaisers auf einer Zwerggestalt, die auf einem Delphin sitzt.

Im Schlosse selbst nun, dessen Äußeres ein leidliches Innere erwarten läßt, fängt das Fieber des Prinzen schon wieder zu rasen an. Die Stuhlfüße sind ungleich abgesägt, so daß niemand Platz nehmen kann, und vor den sitzbaren Stühlen warnt der Kastellan, weil sie unter ihren Sammetpolstern Stacheln verbergen. Kandelaber von chinesischem Porzellan stehen in den Ecken, welche, näher betrachtet, aus einzelnen Schalen, Ober- und Untertassen und dergleichen zusammengekittet sind. Kein Winkel, wo nicht irgendeine Willkür hervorblickte. Sogar der unschätzbare Blick über die Vorgebirge ins Meer wird durch farbige Scheiben verkümmert, welche durch einen unwahren Ton die Gegend entweder verkälten oder entzünden. Eines Kabinetts muß ich noch erwähnen, welches aus alten vergoldeten, zusammengeschnittenen Rahmen aneinander getäfelt ist. Alle die hundertfältigen Schnitzmuster, alle die verschiedenen Abstufungen einer ältern oder jüngern, mehr oder weniger bestaubten und beschädigten Vergoldung bedecken hier, hart aneinander gedrängt, die sämtlichen Wände und geben den Begriff von einem zerstückelten Trödel.

Die Kapelle zu beschreiben, wäre allein ein Heftchen nötig. Hier findet man den Aufschluß über den ganzen Wahnsinn, der nur in einem bigotten Geiste bis auf diesen Grad wuchern konnte. Wie manches Fratzenbild einer irregeleiteten Devotion sich hier befinden mag, geb' ich zu vermuten, das Beste jedoch will ich nicht vorenthalten. Flach an der Decke nämlich ist ein geschnitztes Kruzifix von ziemlicher Größe befestigt, nach der Natur angemalt, lackiert mit untermischter Vergoldung. Dem Gekreuzigten in den Nabel ist ein Haken eingeschraubt, eine Kette aber, die davon herabhängt, befestigt sich in den Kopf eines knieend betenden, in der Luft schwebenden Mannes, der, angemalt und lackiert wie alle übrigen Bilder der Kirche, wohl ein Sinnbild der ununterbrochenen Andacht des Besitzers darstellen soll.

Übrigens ist der Palast nicht ausgebaut: ein großer, von

dem Vater bunt und reich angelegter, aber doch nicht widerlich verzierter Saal war unvollendet geblieben; wie denn der grenzenlose Wahnsinn des Besitzers mit seinen Narrheiten nicht zu Rande kommen kann.

Kniepen, dessen Künstlersinn innerhalb dieses Tollhauses zur Verzweiflung getrieben wurde, sah ich zum erstenmal ungeduldig; er trieb mich fort, da ich mir die Elemente dieser Unschöpfung einzeln zu vergegenwärtigen und zu schematisieren suchte. Gutmütig genug zeichnete er zuletzt noch eine von den Zusammenstellungen, die einzige, die noch wenigstens eine Art von Bild gab. Sie stellt ein Pferdweib auf einem Sessel sitzend, gegen einem unterwärts altmodisch gekleideten, mit Greifenkopf, Krone und großer Perücke gezierten Kavalier Karte spielend vor und erinnert an das nach aller Tollheit noch immer höchst merkwürdige Wappen des Hauses Pallagonia: ein Satyr hält einem Weibe, das einen Pferdekopf hat, einen Spiegel vor.

Palermo, Dienstag, den 10. April 1787.

Heute fuhren wir bergauf nach Monreale. Ein herrlicher Weg, welchen der Abt jenes Klosters zur Zeit eines überschwenglichen Reichtums angelegt hat; breit, bequemen Anstiegs, Bäume hie und da, besonders aber weitläufige Spring- und Röhrenbrunnen, beinah pallagonisch verschnörkelt und verziert, desungeachtet aber Tiere und Menschen erquickend.

Das Kloster San Martin, auf der Höhe liegend, ist eine respektable Anlage. Ein Hagestolz allein, wie man am Prinzen Pallagonia sieht, hat selten etwas Vernünftiges hervorgebracht, mehrere zusammen hingegen die allergrößten Werke, wie Kirchen und Klöster zeigen. Doch wirkten die geistlichen Gesellschaften wohl nur deswegen so viel, weil sie noch mehr als irgendein Familienvater einer unbegrenzten Nachkommenschaft gewiß waren.

Die Mönche ließen uns ihre Sammlungen sehen. Von Altertümern und natürlichen Sachen verwahren sie manches Schöne. Besonders fiel uns auf eine Medaille mit dem Bilde einer jungen Göttin, das Entzücken erregen mußte. Gern hätten uns die guten Männer einen Abdruck mitgegeben, es war aber nichts bei Handen, was zu irgend einer Art von Form tauglich gewesen wäre.

Nachdem sie uns alles vorgezeigt, nicht ohne traurige Vergleichung der vorigen und gegenwärtigen Zustände, brachten sie uns in einen angenehmen kleinen Saal, von dessen Balkon man eine liebliche Aussicht genoß; hier war für uns beide gedeckt, und es fehlte nicht an einem sehr guten Mittagessen. Nach dem aufgetragenen Dessert trat der Abt herein, begleitet von seinen ältesten Mönchen, setzte sich zu uns und blieb wohl eine halbe Stunde, in welcher Zeit wir manche Frage zu beantworten hatten. Wir schieden aufs freundlichste. Die jüngern begleiteten uns nochmals in die Zimmer der Sammlung und zuletzt nach dem Wagen.

Wir fuhren mit ganz andern Gesinnungen nach Hause als gestern. Heute hatten wir eine große Anstalt zu bedauern, die eben zu der Zeit versinkt, indessen an der andern Seite ein abgeschmacktes Unternehmen mit frischem Wachstum hervorsteigt.

Der Weg nach San Martin geht das ältere Kalkgebirg' hinauf. Man zertrümmert die Felsen und brennt Kalk daraus, der sehr weiß wird. Zum Brennen brauchen sie eine starke, lange Grasart, in Bündeln getrocknet. Hier entsteht nun die Calcara. Bis an die steilsten Höhen liegt roter Ton angeschwemmt, der hier die Dammerde vorstellt, je höher, je röter, wenig durch Vegetation geschwärzt. Ich sah in der Entfernung eine Grube fast wie Zinnober.

Das Kloster steht mitten im Kalkgebirg', das sehr quellenreich ist. Die Gebirge umher sind wohlbebaut.

Palermo, Mittwoch, den 11. April 1787.

Nachdem wir nun zwei Hauptpunkte außerhalb der Stadt betrachtet, begaben wir uns in den Palast, wo der geschäftige Laufer die Zimmer und ihren Inhalt vorzeigte. Zu unserm großen Schrecken war der Saal, worin die Antiken sonst aufgestellt sind, eben in der größten Unordnung, weil man eine neue architektonische Dekoration im Werke hatte. Die Statuen waren von ihren Stellen weggenommen, mit Tüchern verhängt, mit Gerüsten verstellt, so daß wir trotz allem guten Willen unseres Führers und einiger Bemühung der Handwerksleute doch nur einen sehr unvollständigen Begriff davon erwerben konnten. Am meisten war mir um die zwei Widder von Erz zu tun, welche, auch unter diesen Umständen gesehen, den Kunstsinn höchlich erbauten. Sie sind liegend vorgestellt, die eine Pfote vorwärts, als Gegenbilder die Köpfe nach verschiedenen Seiten gekehrt; mächtige Gestalten aus der mythologischen Familie, Phrixus und Helle zu tragen würdig. Die Wolle nicht kurz und kraus, sondern lang und wellenartig herabfallend, mit großer Wahrheit und Eleganz gebildet, aus der besten griechischen Zeit. Sie sollen in dem Hafen von Syrakus gestanden haben.

Nun führte uns der Laufer außerhalb der Stadt in Katakomben, welche, mit architektonischem Sinn angelegt, keineswegs zu Grabplätzen benutzte Steinbrüche sind. In einem ziemlich verhärteten Tuff und dessen senkrecht gearbeiteter Wand sind gewölbte Öffnungen und innerhalb dieser Särge ausgegraben, mehrere übereinander, alles aus der Masse, ohne irgendeine Nachhülfe von Mauerwerk. Die oberen Särge sind kleiner, und in den Räumen über den Pfeilern sind Grabstätten für Kinder angebracht.

Palermo, Donnerstag, den 12. April 1787.

Man zeigte uns heute das Medaillenkabinett des Prinzen Torremuzza. Gewissermaßen ging ich ungern hin. Ich verstehe von diesem Fach zu wenig, und ein bloß neugieriger Reisender ist wahren Kennern und Liebhabern verhaßt. Da man aber doch einmal anfangen muß, so bequemte ich mich und hatte davon viel Vergnügen und Vorteil. Welch ein Gewinn, wenn man auch nur vorläufig übersieht, wie die alte Welt mit Städten übersäet war, deren kleinste, wo nicht eine ganze Reihe der Kunstgeschichte, wenigstens doch einige Epochen derselben uns in köstlichen Münzen hinterließ. Aus diesen Schubkasten lacht uns ein unendlicher Frühling von Blüten und Früchten der Kunst, eines in höherem Sinne geführten Lebensgewerbes und was nicht alles noch mehr hervor. Der Glanz der sizilischen Städte, jetzt verdunkelt, glänzt aus diesen geformten Metallen wieder frisch entgegen.

Leider haben wir andern in unserer Jugend nur die Familienmünzen besessen, die nichts sagen, und die Kaisermünzen, welche dasselbe Profil bis zum Überdruß wiederholen: Bilder von Herrschern, die eben nicht als Musterbilder der Menschheit zu betrachten sind. Wie traurig hat man nicht unsere Jugend auf das gestaltlose Palästina und auf das gestaltverwirrende Rom beschränkt! Sizilien und Neugriechenland läßt mich nun wieder ein frisches Leben hoffen.

Daß ich über diese Gegenstände mich in allgemeine Betrachtungen ergehe, ist ein Beweis, daß ich noch nicht viel davon verstehen gelernt habe; doch das wird sich mit dem übrigen nach und nach schon geben.

Palermo, Donnerstag, den 12. April 1787.

Heute am Abend ward mir noch ein Wunsch erfüllt, und zwar auf eigene Weise. Ich stand in der großen Straße auf den Schrittsteinen, an jenem Laden mit dem Kaufherrn scherzend; auf einmal tritt ein Laufer, groß, wohlgekleidet, an mich heran, einen silbernen Teller rasch vorhaltend, worauf mehrere Kupferpfennige, wenige Silberstücke lagen. Da ich nicht wußte, was es heißen solle, so zuckte ich, den Kopf duckend, die Achseln, das gewöhnliche Zeichen, wodurch man sich lossagt, man mag nun Antrag oder Frage nicht verstehen, oder nicht wollen. Ebenso schnell, als er gekommen, war er fort, und nun bemerkte ich auf der entgegengesetzten Seite der Straße seinen Kameraden in gleicher Beschäftigung.

Was das bedeute, fragte ich den Handelsmann, der mit bedenklicher Gebärde, gleichsam verstohlen, auf einen langen, hagern Herrn deutete, welcher in der Straßenmitte, hofmäßig gekleidet, anständig und gelassen über den Mist einherschritt. Frisiert und gepudert, den Hut unter dem Arm, in seidenem Gewande, den Degen an der Seite, ein nettes Fußwerk mit Steinschnallen geziert: so trat der Bejahrte ernst und ruhig einher; aller Augen waren auf ihn gerichtet.

„Dies ist der Prinz Pallagonia", sagte der Händler, „welcher von Zeit zu Zeit durch die Stadt geht und für die in der Barbarei gefangenen Sklaven ein Lösegeld zusammenheischt. Zwar beträgt dieses Einsammeln niemals viel, aber der Gegenstand bleibt doch im Andenken, und oft vermachen diejenigen, welche bei Lebzeiten zurückhielten, schöne Summen zu solchem Zweck. Schon viele Jahre ist der Prinz Vorsteher dieser Anstalt und hat unendlich viel Gutes gestiftet!“

„Statt auf die Torheiten seines Landsitzes“, rief ich aus, „hätte er hierher jene großen Summen verwenden sollen. Kein Fürst in der Welt hätte mehr geleistet.“

Dagegen sagte der Kaufmann: „Sind wir doch alle so! Unsere Narrheiten bezahlen wir gar gerne selbst, zu unsern Tugenden sollen andere das Geld hergeben.“

Palermo, Freitag, den 13. April 1787.

Vorgearbeitet in dem Steinreiche Siziliens hat uns Graf Borch sehr emsig, und wer nach ihm gleichen Sinnes die Insel besucht, wird ihm recht gern Dank zollen. Ich finde es angenehm sowie pflichtmäßig, das Andenken eines Vorgängers zu feiern. Bin ich doch nur ein Vorfahr von künftigen andern, im Leben wie auf der Reise!

Die Tätigkeit des Grafen scheint mir übrigens größer als seine Kenntnisse; er verfährt mit einem gewissen Selbstbehagen, welches dem bescheidenen Ernst zuwider ist, mit welchem man wichtige Gegenstände behandeln sollte. Indessen ist sein Heft in Quart, ganz dem sizilianischen Steinreich gewidmet, mir von großem Vorteil, und ich konnte, dadurch vorbereitet, die Steinschleifer mit Nutzen besuchen, welche, früher mehr beschäftigt, zur Zeit als Kirchen und Altäre noch mit Marmor und Achaten überlegt werden mußten, das Handwerk doch noch immer forttreiben. Bei ihnen bestellte ich Muster von weichen und harten Steinen; denn so unterscheiden sie Marmor und Achate hauptsächlich deswegen, weil die Verschiedenheit des Preises sich nach diesem Unterschiede richtet. Doch wissen sie außer diesen beiden sich noch viel mit einem Material, einem Feuererzeugnis ihrer Kalköfen. In diesen findet sich nach dem Brande eine Art Glasfluß, welcher von der hellsten blauen Farbe zur dunkelsten, ja zur schwärzesten übergeht. Diese Klumpen werden wie anderes Gestein in dünne Tafeln geschnitten, nach der Höhe ihrer Farbe und Reinheit geschätzt und anstatt Lapislazuli beim Furnieren von Altären, Grabmälern und andern kirchlichen Verzierungen mit Glück angewendet.

Eine vollständige Sammlung, wie ich sie wünsche, ist nicht fertig, man wird sie mir erst nach Neapel schicken. Die Achate sind von der größten Schönheit, besonders diejenigen, in welchen unregelmäßige Flecken von gelbem oder rotem Jaspis mit weißem, gleichsam gefrornem Quarze abwechseln und dadurch die schönste Wirkung hervorbringen.

Eine genaue Nachahmung solcher Achate, auf der Rückseite dünner Glasscheiben durch Lackfarben bewirkt, ist das einzige Vernünftige, was ich aus dem pallagonischen Unsinn jenes Tages herausfand. Solche Tafeln nehmen sich zur Dekoration schöner aus als der echte Achat, indem dieser aus vielen kleinen Stücken zusammengesetzt werden muß, bei jenen hingegen die Größe der Tafeln vom Architekten abhängt. Dieses Kunststück verdiente wohl, nachgeahmt zu werden.

Palermo, den 13. April 1787.

Italien ohne Sizilien macht gar kein Bild in der Seele: hier ist erst der Schlüssel zu allem.

Vom Klima kann man nicht Gutes genug sagen; jetzt ist's Regenzeit, aber immer unterbrochen; heute donnert und blitzt es, und alles wird mit Macht grün. Der Lein hat schon zum Teil Knoten gewonnen, der andere Teil blüht. Man glaubt in den Gründen kleine Teiche zu sehen, so schön blaugrün liegen die Leinfelder unten. Der reizenden Gegenstände sind unzählige! Und mein Geselle ist ein exzellenter Mensch, der wahre Hoffegut, so wie ich redlich den Treufreund fortspiele. Er hat schon recht schöne Konture gemacht und wird noch das Beste mitnehmen. Welche Aussicht, mit meinen Schätzen dereinst glücklich nach Hause zu kommen!

Vom Essen und Trinken hierzuland hab' ich noch nichts gesagt, und doch ist es kein kleiner Artikel. Die Gartenfrüchte sind herrlich, besonders der Salat von Zartheit und Geschmack wie eine Milch; man begreift, warum ihn die Alten Lactuca genannt haben. Das Öl, der Wein alles sehr gut, und sie könnten noch besser sein, wenn man auf ihre

Bereitung mehr Sorgfalt verwendete. Fische die besten, zartesten. Auch haben wir diese Zeit her sehr gut Rindfleisch gehabt, ob man es gleich sonst nicht loben will.

Nun vom Mittagsessen ans Fenster! auf die Straße! Es ward ein Missetäter begnadigt, welches immer zu Ehren der heilbringenden Osterwoche geschieht. Eine Brüderschaft führt ihn bis unter einen zum Schein aufgebauten Galgen, dort muß er vor der Leiter eine Andacht verrichten, die Leiter küssen und wird dann wieder weggeführt. Es war ein hübscher Mensch vom Mittelstande, frisiert, einen weißen Frack, weißen Hut, alles weiß. Er trug den Hut in der Hand, und man hätte ihm hie und da nur bunte Bänder anheften dürfen, so konnte er als Schäfer auf jede Redoute gehen.

Palermo, den 13. und 14. April 1787.

Und so sollte mir denn kurz vor dem Schlusse ein sonderbares Abenteuer beschert sein, wovon ich sogleich umständliche Nachricht erteile.

Schon die ganze Zeit meines Aufenthalts hörte ich an unserm öffentlichen Tische manches über Cagliostro, dessen Herkunft und Schicksale reden. Die Palermitaner waren darin einig, daß ein gewisser Joseph Balsamo, in ihrer Stadt geboren, wegen mancherlei schlechter Streiche berüchtigt und verbannt sei. Ob aber dieser mit dem Grafen Cagliostro nur eine Person sei, darüber waren die Meinungen geteilt. Einige, die ihn ehemals gesehen hatten, wollten seine Gestalt in jenem Kupferstiche wiederfinden, der bei uns bekannt genug ist und auch nach Palermo gekommen war.

Unter solchen Gesprächen berief sich einer der Gäste auf die Bemühungen, welche ein palermitanischer Rechtsgelehrter übernommen, diese Sache ins klare zu bringen. Er war durch das französische Ministerium veranlaßt worden, dem Herkommen eines Mannes nachzuspüren, welcher die Frechheit gehabt hatte, vor dem Angesichte Frankreichs, ja man darf wohl sagen der Welt, bei einem wichtigen und gefährlichen Prozesse die albernsten Märchen vorzubringen.

Es habe dieser Rechtsgelehrte, erzählte man, den Stammbaum des Joseph Balsamo aufgestellt und ein erläuterndes Memoire mit beglaubigten Beilagen nach Frankreich abgeschickt, wo man wahrscheinlich davon öffentlichen Gebrauch machen werde.

Ich äußerte den Wunsch, diesen Rechtsgelehrten, von welchem außerdem viel Gutes gesprochen wurde, kennen zu lernen, und der Erzähler erbot sich, mich bei ihm anzumelden und zu ihm zu führen.

Nach einigen Tagen gingen wir hin und fanden ihn mit seinen Klienten beschäftigt. Als er diese abgefertigt und wir das Frühstück genommen hatten, brachte er ein Manuskript hervor, welches den Stammbaum Cagliostros, die zu dessen Begründung nötigen Dokumente in Abschrift und das Konzept eines Memoire enthielt, das nach Frankreich abgegangen war.

Er legte mir den Stammbaum vor und gab mir die nötigen Erklärungen darüber, wovon ich hier so viel anführe, als zu leichterer Einsicht nötig ist.

Joseph Balsamos Urgroßvater mütterlicher Seite war Matthäus Martello. Der Geburtsname seiner Urgroßmutter ist unbekannt. Aus dieser Ehe entsprangen zwei Töchter, eine namens Maria, die an Joseph Bracconeri verheiratet und Großmutter Joseph Balsamos ward. Die andere, namens Vincenza, verheiratete sich an Joseph Cagliostro, der von einem kleinen Orte La Noara, acht Meilen von Messina, gebürtig war. Ich bemerke hier, daß zu Messina noch zwei Glockengießer dieses Namens leben. Diese Großtante war in der Folge Pate bei Joseph Balsamo; er erhielt den Taufnamen ihres Mannes und nahm endlich auswärts auch den Zunamen Cagliostro von seinem Großonkel an.

Die Eheleute Bracconeri hatten drei Kinder: Felicitas, Matthäus und Antonin.

Felicitas ward an Peter Balsamo verheiratet, den Sohn eines Bandhändlers in Palermo, Antonin Balsamo, der vermutlich von jüdischem Geschlecht abstammte. Peter Balsamo, der Vater des berüchtigten Josephs, machte Bankerott und starb in seinem fünfundvierzigsten Jahre. Seine Witwe, welche noch gegenwärtig lebt, gab ihm außer dem benannten Joseph noch eine Tochter, Johanna Joseph-Maria, welche an Johann Baptista Capitummino verheiratet wurde, der mit ihr drei Kinder zeugte und starb.

Das Memoire, welches uns der gefällige Verfasser vorlas und mir auf mein Ersuchen einige Tage anvertraute, war auf Taufscheine, Ehekontrakte und andere Instrumente gegründet, die mit Sorgfalt gesammelt waren. Es enthielt ungefähr die Umstände (wie ich aus einem Auszug, den ich damals gemacht, ersehe), die uns nunmehr aus den römischen Prozeßakten bekannt geworden sind, daß Joseph Balsamo anfangs Juni 1743 zu Palermo geboren, von Vincenza Martello, verheirateter Cagliostro, aus der Taufe gehoben sei, daß er in seiner Jugend das Kleid der Barmherzigen Brüder genommen, eines Ordens, der besonders Kranke verpflegt, daß er bald viel Geist und Geschick für die Medizin gezeigt, doch aber wegen seiner übeln Aufführung fortgeschickt worden, daß er in Palermo nachher den Zauberer und Schatzgräber gemacht.

Seine große Gabe, alle Hände nachzuahmen, ließ er nicht unbenutzt (so fährt das Memoire fort). Er verfälschte oder verfertigte vielmehr ein altes Dokument, wodurch das Eigentum einiger Güter in Streit geriet. Er kam in Untersuchung, ins Gefängnis, entfloh und ward ediktaliter zitiert. Er reiste durch Kalabrien nach Rom, wo er die Tochter eines Gürtlers heiratete. Von Rom kehrte er nach Neapel unter dem Namen Marchese Pellegrini zurück. Er wagte sich wieder nach Palermo, ward erkannt, gefänglich eingezogen und kam nur auf eine Weise los, die wert ist, daß ich sie umständlich erzähle.

Der Sohn eines der ersten sizilianischen Prinzen und großen Güterbesitzers, eines Mannes, der an dem neapolitanischen Hofe ansehnliche Stellen bekleidete, verband mit einem starken Körper und einer unbändigen Gemütsart allen Übermut, zu dem sich der Reiche und Große ohne Bildung berechtigt glaubt.

Donna Lorenza wußte ihn zu gewinnen, und auf ihn baute der verstellte Marchese Pellegrini seine Sicherheit. Der Prinz zeigte öffentlich, daß er dies angekommene Paar beschütze; aber in welche Wut geriet er, als Joseph Balsamo auf Anrufen der Partei, welche durch seinen Betrug Schaden gelitten, abermals ins Gefängnis gebracht wurde! Er versuchte verschiedene Mittel, ihn zu befreien, und da sie ihm nicht gelingen wollten, drohte er im Vorzimmer des Präsidenten, den Advokaten der Gegenpartei aufs grimmigste zu mißhandeln, wenn er nicht sogleich die Verhaftung des Balsamo wieder aufhöbe. Als der gegenseitige Sachwalter sich weigerte, ergriff er ihn, schlug ihn, warf ihn auf die Erde, trat ihn mit Füßen und war kaum von mehreren Mißhandlungen abzuhalten, als der Präsident selbst auf den Lärm herauseilte und Frieden gebot.

Dieser, ein schwacher, abhängiger Mann, wagte nicht, den Beleidiger zu bestrafen; die Gegenpartei und ihr Sachwalter wurden kleinmütig, und Balsamo ward in Freiheit gesetzt, ohne daß bei den Akten sich eine Registratur über seine Loslassung befindet, weder wer sie verfügt, noch wie sie geschehen.

Bald darauf entfernte er sich von Palermo und tat verschiedene Reisen, von welchen der Verfasser nur unvollständige Nachrichten geben konnte.

Das Memoire endigte sich mit einem scharfsinnigen Beweise, daß Cagliostro und Balsamo ebendieselbe Person sei, eine These, die damals schwerer zu behaupten war, als sie es jetzt ist, da wir von dem Zusammenhang der Geschichte vollkommen unterrichtet sind.

Hätte ich nicht damals vermuten müssen, daß man in Frankreich einen öffentlichen Gebrauch von jenem Aufsatz machen würde, daß ich ihn vielleicht bei meiner Zurückkunft schon gedruckt anträfe, so wäre es mir erlaubt gewesen, eine Abschrift zu nehmen und meine Freunde und das Publikum früher von manchen interessanten Umständen zu unterrichten.

Indessen haben wir das meiste und mehr, als jenes Memoire enthalten konnte, von einer Seite her erfahren, von der sonst nur Irrtümer auszuströmen pflegten. Wer hätte geglaubt, daß Rom einmal zur Aufklärung der Welt, zur völligen Entlarvung eines Betrügers so viel beitragen sollte, als es durch die Herausgabe jenes Auszugs aus den Prozeßakten geschehen ist! Denn obgleich diese Schrift weit interessanter sein könnte und sollte, so bleibt sie doch immer ein schönes Dokument in den Händen eines jeden Vernünftigen, der es mit Verdruß ansehen mußte, daß Betrogene, Halbbetrogene und Betrüger diesen Menschen und seine Possenspiele jahrelang verehrten, sich durch die Gemeinschaft mit ihm über andere erhoben fühlten und von der Höhe ihres gläubigen Dünkels den gesunden Menschenverstand bedauerten, wo nicht geringschätzten.

Wer schwieg nicht gern während dieser Zeit? und auch nur jetzt, nachdem die ganze Sache geendigt und außer Streit gesetzt ist, kann ich es über mich gewinnen, zu Komplettierung der Akten dasjenige, was mir bekannt ist, mitzuteilen.

Als ich in dem Stammbaume so manche Personen, besonders Mutter und Schwester, noch als lebend angegeben fand, bezeigte ich dem Verfasser des Memoire meinen Wunsch, sie zu sehen und die Verwandten eines so sonderbaren Menschen kennen zu lernen. Er versetzte, daß es schwer sein werde, dazu zu gelangen, indem diese Menschen, arm, aber ehrbar, sehr eingezogen lebten, keine Fremden zu sehen gewohnt seien, und der argwöhnische Charakter der Nation sich aus einer solchen Erscheinung allerlei deuten werde; doch er wolle mir seinen Schreiber schicken, der bei der Familie Zutritt habe und durch den er die Nachrichten und Dokumente, woraus der Stammbaum zusammengesetzt worden, erhalten.

Den folgenden Tag erschien der Schreiber und äußerte wegen des Unternehmens einige Bedenklichkeiten. „Ich habe“, sagte er, „bisher immer vermieden, diesen Leuten wieder unter die Augen zu treten; denn um ihre Ehekontrakte, Taufscheine und andere Papiere in die Hände zu bekommen und von selbigen legale Kopien machen zu können, mußte ich mich einer eigenen List bedienen. Ich nahm Gelegenheit, von einem Familienstipendio zu reden, das irgendwo vakant war, machte ihnen wahrscheinlich, daß der junge Capitummino sich dazu qualifiziere, daß man vor allen Dingen einen Stammbaum aufsetzen müsse, um zu sehen, inwiefern der Knabe Ansprüche darauf machen könne; es werde freilich nachher alles auf Negoziation ankommen, die ich übernehmen wolle, wenn man mir einen billigen Teil der zu erhaltenden Summe für meine Bemühungen verspräche. Mit Freuden willigten die guten Leute in alles; ich erhielt die nötigen Papiere, die Kopien wurden genommen, der Stammbaum ausgearbeitet, und seit der Zeit hüte ich mich, vor ihnen zu erscheinen. Noch vor einigen Wochen wurde mich die alte Capitummino gewahr, und ich wußte mich nur mit der Langsamkeit, womit hier dergleichen Sachen vorwärts gehen, zu entschuldigen."

So sagte der Schreiber. Da ich aber von meinem Vorsatz nicht abging, wurden wir nach einiger Überlegung dahin einig, daß ich mich für einen Engländer ausgeben und der Familie Nachrichten von Cagliostro bringen sollte, der eben aus der Gefangenschaft der Bastille nach London gegangen war.

Zur gesetzten Stunde, es mochte etwa drei Uhr nach Mittag sein, machten wir uns auf den Weg. Das Haus lag in dem Winkel eines Gäßchens, nicht weit von der Hauptstraße, il Cassaro genannt. Wir stiegen eine elende Treppe hinauf und kamen sogleich in die Küche. Eine Frau von mittlerer Größe, stark und breit, ohne fett zu sein, war beschäftigt, das Küchengeschirr aufzuwaschen. Sie war reinlich gekleidet und schlug, als wir hineintraten, das eine Ende der Schürze hinauf, um vor uns die schmutzige Seite zu verstecken. Sie sah meinen Führer freudig an und sagte: „Signor Giovanni, bringen Sie uns gute Nachrichten? Haben Sie etwas ausgerichtet?"

Er versetzte: „In unserer Sache hat mir's noch nicht gelingen wollen; hier ist aber ein Fremder, der einen Gruß von Ihrem Bruder bringt und Ihnen erzählen kann, wie er sich gegenwärtig befindet."

Der Gruß, den ich bringen sollte, war nicht ganz in unserer Abrede; indessen war die Einleitung einmal gemacht. — „Sie kennen meinen Bruder?" fragte sie. — „Es kennt ihn ganz Europa", versetzte ich; „und ich glaube, es wird Ihnen angenehm sein, zu hören, daß er sich in Sicherheit und wohl befindet, da Sie bisher wegen seines Schicksals gewiß in Sorgen gewesen sind." — „Treten Sie hinein", sagte sie, „ich folge Ihnen gleich"; und ich trat mit dem Schreiber in das Zimmer.

Es war so groß und hoch, daß es bei uns für einen Saal gelten würde; es schien aber auch beinah die ganze Wohnung der Familie zu sein. Ein einziges Fenster erleuchtete die großen Wände, die einmal Farbe gehabt hatten und auf denen schwarze Heiligenbilder in goldenen Rahmen herumhingen. Zwei große Betten ohne Vorhänge standen an der einen Wand, ein braunes Schränkchen, das die Gestalt eines Schreibtisches hatte, an der andern. Alte, mit Rohr durchflochtene Stühle, deren Lehnen ehmals vergoldet gewesen, standen daneben, und die Backsteine des Fußbodens waren an vielen Stellen tief ausgetreten. Übrigens war alles reinlich, und wir näherten uns der Familie, die am andern Ende des Zimmers an dem einzigen Fenster versammelt war.

Indes mein Führer der alten Balsamo, die in der Ecke saß, die Ursache unsers Besuchs erklärte und seine Worte wegen der Taubheit der guten Alten mehrmals laut wiederholte, hatte ich Zeit, das Zimmer und die übrigen Personen zu betrachten. Ein Mädchen von ungefähr sechzehn Jahren, wohlgewachsen, deren Gesichtszüge durch die Blattern undeutlich geworden waren, stand am Fenster; neben ihr ein junger Mensch, dessen unangenehme, durch die Blattern entstellte Bildung mir auch auffiel. In einem Lehnstuhl saß oder lag vielmehr gegen dem Fenster über eine kranke, sehr ungestaltete Person, die mit einer Art Schlafsucht behaftet schien.

Als mein Führer sich deutlich gemacht hatte, nötigte man uns zum Sitzen. Die Alte tat einige Fragen an mich, die ich mir aber mußte dolmetschen lassen, eh' ich sie beantworten konnte, da mir der sizilianische Dialekt nicht geläufig war.

Ich betrachtete indessen die alte Frau mit Vergnügen. Sie war von mittlerer Größe, aber wohlgebildet; über ihre regelmäßigen Gesichtszüge, die das Alter nicht entstellt hatte, war der Friede verbreitet, dessen gewöhnlich die Menschen genießen, die des Gehörs beraubt sind; der Ton ihrer Stimme war sanft und angenehm.

Ich beantwortete ihre Fragen, und meine Antworten mußten ihr auch wieder verdolmetscht werden.

Die Langsamkeit unserer Unterredung gab mir Gelegenheit, meine Worte abzumessen. Ich erzählte ihr, daß ihr Sohn in Frankreich losgesprochen worden und sich gegenwärtig in England befinde, wo er wohl aufgenommen sei. Ihre Freude, die sie über diese Nachrichten äußerte, war mit Ausdrücken einer herzlichen Frömmigkeit begleitet, und da sie nun etwas lauter und langsamer sprach, konnt' ich sie eher verstehen.

Indessen war ihre Tochter hereingekommen und hatte sich zu meinem Führer gesetzt, der ihr das, was ich erzählt hatte, getreulich wiederholte. Sie hatte eine reinliche Schürze vorgebunden und ihre Haare in Ordnung unter das Netz gebracht. Je mehr ich sie ansah und mit ihrer Mutter verglich, desto auffallender war mir der Unterschied beider Gestalten. Eine lebhafte, gesunde Sinnlichkeit blickte aus der ganzen Bildung der Tochter hervor; sie mochte eine Frau von vierzig Jahren sein. Mit muntern blauen Augen sah sie klug umher, ohne daß ich in ihrem Blick irgendeinen Argwohn spüren konnte. Indem sie saß, versprach ihre Figur mehr Länge, als sie zeigte, wenn sie aufstand; ihre Stellung war determiniert, sie saß mit vorwärts gebogenem Körper und die Hände auf die Kniee gelegt. Übrigens erinnerte mich ihre mehr stumpfe als scharfe Gesichtsbildung an das Bildnis ihres Bruders, das wir in Kupfer kennen. Sie fragte mich verschiedenes über meine Reise, über meine Absicht, Sizilien zu sehen, und war überzeugt, daß ich gewiß zurückkommen und das Fest der heiligen Rosalie mit ihnen feiern würde.

Da indessen die Großmutter wieder einige Fragen an mich getan hatte und ich ihr zu antworten beschäftigt war, sprach die Tochter halblaut mit meinem Gefährten, doch so, daß ich Anlaß nehmen konnte, zu fragen, wovon die Rede sei. Er sagte darauf, Frau Capitummino erzähle ihm, daß ihr Bruder ihr noch vierzehn Unzen schuldig sei; sie habe bei seiner schnellen Abreise von Palermo versetzte Sachen für ihn eingelöset; seit der Zeit aber weder etwas von ihm gehört, noch Geld, noch irgendeine Unterstützung von ihm erhalten, ob er gleich, wie sie höre, große Reichtümer besitze und einen fürstlichen Aufwand mache. Ob ich nicht über mich nehmen wolle, nach meiner Zurückkunft ihn auf eine gute Weise an die Schuld zu erinnern und eine Unterstützung für sie auszuwirken, ja, ob ich nicht einen Brief mitnehmen oder allenfalls bestellen wolle. Ich erbot mich dazu. Sie fragte, wo ich wohne, wohin sie mir den Brief zu schicken habe. Ich lehnte ab, meine Wohnung zu sagen, und erbot mich, den andern Tag gegen Abend den Brief selbst abzuholen.

Sie erzählte mir darauf ihre mißliche Lage; sie sei eine Witwe mit drei Kindern, von denen das eine Mädchen im Kloster erzogen werde; die andere sei hier gegenwärtig und ihr Sohn eben in die Lehrstunde gegangen. Außer diesen drei Kindern habe sie ihre Mutter bei sich, für deren Unterhalt sie sorgen müsse, und überdies habe sie aus christlicher Liebe die unglückliche kranke Person zu sich genommen, die ihre Last noch vergrößere; alle ihre Arbeitsamkeit reiche kaum hin, sich und den Ihrigen das Notdürftige zu verschaffen. Sie wisse zwar, daß Gott diese guten Werke nicht unbelohnt lasse, seufze aber doch sehr unter der Last, die sie schon so lange getragen habe.

Die jungen Leute mischten sich auch ins Gespräch, und die Unterhaltung wurde lebhafter. Indem ich mit den andern sprach, hört' ich, daß die Alte ihre Tochter fragte, ob ich denn auch wohl ihrer heiligen Religion zugetan sei. Ich konnte bemerken, daß die Tochter auf eine kluge Weise der Antwort auszuweichen suchte, indem sie, soviel ich verstand, der Mutter bedeutete, daß der Fremde gut für sie gesinnt zu sein schiene, und daß es sich wohl nicht schicke, jemanden sogleich über diesen Punkt zu befragen.

Da sie hörten, daß ich bald von Palermo abreisen wollte, wurden sie dringender und ersuchten mich, daß ich doch ja wiederkommen möchte; besonders rühmten sie die paradiesischen Tage des Rosalienfestes, dergleichen in der ganzen Welt nicht müsse gesehen und genossen werden.

Mein Begleiter, der schon lange Lust gehabt hatte, sich zu entfernen, machte endlich der Unterredung durch seine Gebärden ein Ende, und ich versprach, den andern Tag gegen Abend wiederzukommen und den Brief abzuholen. Mein Begleiter freute sich, daß alles so glücklich gelungen sei, und wir schieden zufrieden voneinander.

Man kann sich den Eindruck denken, den diese arme, fromme, wohlgesinnte Familie auf mich gemacht hatte. Meine Neugierde war befriedigt, aber ihr natürliches und gutes Betragen hatte einen Anteil in mir erregt, der sich durch Nachdenken noch vermehrte.

Sogleich aber entstand in mir die Sorge wegen des folgenden Tags. Es war natürlich, daß diese Erscheinung, die sie im ersten Augenblick überrascht hatte, nach meinem Abschiede manches Nachdenken bei ihnen erregen mußte. Durch den Stammbaum war mir bekannt, daß noch mehrere von der Familie lebten; es war natürlich, daß sie ihre Freunde zusammenberiefen, um sich in ihrer Gegenwart dasjenige wiederholen zu lassen, was sie tags vorher mit Verwunderung von mir gehört hatten. Meine Absicht hatte ich erreicht, und es blieb mir nur noch übrig, dieses Abenteuer auf eine schickliche Weise zu endigen. Ich begab mich daher des andern Tags gleich nach Tische allein in ihre Wohnung. Sie verwunderten sich, da ich hineintrat. Der Brief sei noch nicht fertig, sagten sie, und einige ihrer Verwandten wünschten mich auch kennen zu lernen, welche sich gegen Abend einfinden würden.

Ich versetzte, daß ich morgen früh schon abreisen müsse, daß ich noch Visiten zu machen, auch einzupacken habe und also lieber früher als gar nicht hätte kommen wollen.

Indessen trat der Sohn herein, den ich des Tags vorher nicht gesehen hatte. Er glich seiner Schwester an Wuchs und Bildung. Er brachte den Brief, den man mir mitgeben wollte, den er, wie es in jenen Gegenden gewöhnlich ist, außer dem Hause bei einem der öffentlich sitzenden Notarien hatte schreiben lassen. Der junge Mensch hatte ein stilles, trauriges und bescheidenes Wesen, erkundigte sich nach seinem Oheim, fragte nach dessen Reichtum und Ausgaben und setzte traurig hinzu, warum er seine Familie doch so ganz vergessen haben möchte. „Es wäre unser größtes Glück", fuhr er fort, „wenn er einmal hieher käme und sich unserer annehmen wollte; aber", fuhr er fort, „wie hat er Ihnen entdeckt, daß er noch Anverwandte in Palermo habe? Man sagt, daß er uns überall verleugne und sich für einen Mann von großer Geburt ausgebe." Ich beantwortete diese Frage, welche durch die Unvorsichtigkeit meines Führers bei unserm ersten Eintritt veranlaßt worden war, auf eine Weise, die es wahrscheinlich machte, daß der Oheim, wenn er gleich gegen das Publikum Ursache habe, seine Abkunft zu verbergen, doch gegen seine Freunde und Bekannten kein Geheimnis daraus mache.

Die Schwester, welche während dieser Unterredung herbeigetreten war und durch die Gegenwart des Bruders, wahrscheinlich auch durch die Abwesenheit des gestrigen Freundes mehr Mut bekam, fing gleichfalls an, sehr artig und lebhaft zu sprechen. Sie baten sehr, sie ihrem Onkel, wenn ich ihm schriebe, zu empfehlen; ebensosehr aber, wenn ich diese Reise durchs Königreich gemacht, wiederzukommen und das Rosalienfest mit ihnen zu begehen.

Die Mutter stimmte mit den Kindern ein. „Mein Herr", sagte sie, „ob es sich zwar eigentlich nicht schickt, da ich eine erwachsene Tochter habe, fremde Männer in meinem Hause zu sehen, und man Ursache hat, sich sowohl vor der Gefahr als der Nachrede zu hüten, so sollen Sie uns doch immer willkommen sein, wenn Sie in diese Stadt zurückkehren."

„O ja", versetzten die Kinder, „wir wollen den Herrn beim Feste herumführen, wir wollen ihm alles zeigen, wir wollen uns auf die Gerüste setzen, wo wir die Feierlichkeit am besten sehen können. Wie wird er sich über den großen Wagen und besonders über die prächtige Illumination freuen!"

Indessen hatte die Großmutter den Brief gelesen und wieder gelesen. Da sie hörte, daß ich Abschied nehmen wollte, stand sie auf und übergab mir das zusammengefaltete Papier. „Sagen Sie meinem Sohn", fing sie mit einer edlen Lebhaftigkeit, ja einer Art von Begeisterung an, „sagen Sie meinem Sohn, wie glücklich mich die Nachricht gemacht hat, die Sie mir von ihm gebracht haben! sagen Sie ihm, daß ich ihn so an mein Herz schließe" — hier streckte sie die Arme auseinander und drückte sie wieder auf ihre Brust zusammen —, „daß ich täglich Gott und unsere heilige Jungfrau für ihn im Gebet anflehe, daß ich ihm und seiner Frau meinen Segen gebe, und daß ich nur wünsche, ihn vor meinem Ende noch einmal mit diesen Augen zu sehen, die so viele Tränen über ihn vergossen haben."

Die eigne Zierlichkeit der italienischen Sprache begünstigte die Wahl und die edle Stellung dieser Worte, welche noch überdies von lebhaften Gebärden begleitet wurden, womit jene Nation über ihre Äußerungen einen unglaublichen Reiz zu verbreiten gewohnt ist.

Ich nahm nicht ohne Rührung von ihnen Abschied. Sie reichten mir alle die Hände, die Kinder geleiteten mich hinaus, und indes ich die Treppe hinunterging, sprangen sie auf den Balkon des Fensters, das aus der Küche auf die Straße ging, riefen mir nach, winkten mir Grüße zu und wiederholten, daß ich ja nicht vergessen möchte, wiederzukommen. Ich sah sie noch auf dem Balkon stehen, als ich um die Ecke herumging.

Ich brauche nicht zu sagen, daß der Anteil, den ich an dieser Familie nahm, den lebhaften Wunsch in mir erregte, ihr nützlich zu sein und ihrem Bedürfnis zu Hülfe zu kommen. Sie war nun durch mich abermals hintergangen, und ihre Hoffnungen auf eine unerwartete Hülfe waren durch die Neugierde des nördlichen Europas auf dem Wege, zum zweitenmal getäuscht zu werden.

Mein erster Vorsatz war, ihnen vor meiner Abreise jene vierzehn Unzen zuzustellen, die ihnen der Flüchtling schuldig geblieben, und durch die Vermutung, daß ich diese Summe von ihm wiederzuerhalten hoffte, mein Geschenk zu bedecken; allein als ich zu Hause meine Rechnung machte, meine Kasse und Papiere überschlug, sah ich wohl, daß in einem Lande, wo durch den Mangel von Kommunikation die Entfernung gleichsam ins Unendliche wächst, ich mich selbst in Verlegenheit setzen würde, wenn ich mir anmaßte, die Ungerechtigkeit eines frechen Menschen durch eine herzliche Gutmütigkeit zu verbessern.

Gegen Abend trat ich noch zu meinem Handelsmanne und fragte ihn, wie denn das Fest morgen ablaufen werde, da eine große Prozession durch die Stadt ziehen und der Vizekönig selbst das Heiligste zu Fuß begleiten solle. Der geringste Windstoß müsse ja Gott und Menschen in die dickste Staubwolke verhüllen.

Der muntere Mann versetzte, daß man in Palermo sich gern auf ein Wunder verlasse. Schon mehrmals in ähnlichen Fällen sei ein gewaltsamer Platzregen gefallen und habe die meist abhängige Straße wenigstens zum Teil rein abgeschwemmt und der Prozession reinen Weg gebahnt. Auch diesmal hege man die gleiche Hoffnung nicht ohne Grund, denn der Himmel überziehe sich und verspreche Regen auf die Nacht.

Palermo, Sonntag, den 15. April 1787.

Und so geschah es denn auch! der gewaltsamste Regenguß fiel vergangene Nacht vom Himmel. Sogleich morgens eilte ich auf die Straße, um Zeuge des Wunders zu sein. Und es war wirklich seltsam genug. Der zwischen den beiderseitigen Schrittsteinen eingeschränkte Regenstrom hatte das leichteste Kehricht die abhängige Straße herunter, teils nach dem Meere, teils in die Abzüge, insofern sie nicht verstopft waren, fortgetrieben, das gröbere Geströhde wenigstens von einem Orte zum andern geschoben und dadurch wundersame, reine Mäander auf das Pflaster gezeichnet. Nun waren hundert und aber hundert Menschen mit Schaufeln, Besen und Gabeln dahinterher, diese reinen Stellen zu erweitern und in Zusammenhang zu bringen, indem sie die noch übriggebliebenen Unreinigkeiten bald auf diese, bald auf jene Seite häuften. Daraus erfolgte denn, daß die Prozession, als sie begann, wirklich einen reinlichen Schlangenweg durch den Morast gebahnt sah und sowohl die sämtliche langbekleidete Geistlichkeit als der nettfüßige Adel, den Vizekönig an der Spitze, ungehindert und unbesudelt durchschreiten konnte. Ich glaubte die Kinder Israel zu sehen, denen durch Moor und Moder von Engelshand ein trockner Pfad bereitet wurde, und veredelte mir in diesem Gleichnisse den unerträglichen Anblick, so viel andächtige und anständige Menschen durch eine Allee von feuchten Kothaufen durchbeten und durchprunken zu sehen.

Auf den Schrittsteinen hatte man nach wie vor reinlichen Wandel, im Innern der Stadt hingegen, wohin uns die Absicht, verschiedenes bis jetzt Vernachlässigtes zu sehen, gerade heute gehen hieß, war es fast unmöglich, durchzukommen, obgleich auch hier das Kehren und Aufhäufen nicht versäumt war.

Diese Feierlichkeit gab uns Anlaß, die Hauptkirche zu besuchen und ihre Merkwürdigkeiten zu betrachten, auch, weil wir einmal auf den Beinen waren, uns nach andern Gebäuden umzusehen; da uns denn ein maurisches, bis jetzt wohlerhaltenes Haus gar sehr ergötzte — nicht groß, aber mit schönen, weiten und wohlproportionierten, harmonischen Räumen; in einem nördlichen Klima nicht eben bewohnbar, im südlichen ein höchst willkommener Aufenthalt. Die Baukundigen mögen uns davon Grund- und Aufriß überliefern.

Auch sahen wir in einem unfreundlichen Lokal verschiedene Reste antiker marmorner Statuen, die wir aber zu entziffern keine Geduld hatten.

Palermo, Montag, den 16. April 1787.

Da wir uns nun selbst mit einer nahen Abreise aus diesem Paradies bedrohen müssen, so hoffte ich, heute noch im öffentlichen Garten ein vollkommenes Labsal zu finden, mein Pensum in der „Odyssee" zu lesen und auf einem Spaziergang nach dem Tale am Fuße des Rosalienbergs den Plan der „Nausikaa" weiter durchzudenken und zu versuchen, ob diesem Gegenstande eine dramatische Seite abzugewinnen sei. Dies alles ist, wo nicht mit großem Glück, doch mit vielem Behagen geschehen. Ich verzeichnete den Plan und konnte nicht unterlassen, einige Stellen, die mich besonders anzogen, zu entwerfen und auszuführen.

Palermo, Dienstag, den 17. April 1787.

Es ist ein wahres Unglück, wenn man von vielerlei Geistern verfolgt und versucht wird! Heute früh ging ich mit dem festen, ruhigen Vorsatz, meine dichterischen Träume fortzusetzen, nach dem öffentlichen Garten, allein eh' ich mich's versah, erhaschte mich ein anderes Gespenst, das mir schon diese Tage nachgeschlichen. Die vielen Pflanzen, die ich sonst nur in Kübeln und Töpfen, ja die größte Zeit des Jahres nur hinter Glasfenstern zu sehen gewohnt war, stehen hier froh und frisch unter freiem Himmel, und indem sie ihre Bestimmung vollkommen erfüllen, werden sie uns deutlicher. Im Angesicht so vielerlei neuen und erneuten Gebildes fiel mir die alte Grille wieder ein, ob ich nicht unter dieser Schar die Urpflanze entdecken könnte. Eine solche muß es denn doch geben! Woran würde ich sonst erkennen, daß dieses oder jenes Gebilde eine Pflanze sei, wenn sie nicht alle nach einem Muster gebildet wären?

Ich bemühte mich zu untersuchen, worin denn die vielen

abweichenden Gestalten voneinander unterschieden seien. Und ich fand sie immer mehr ähnlich als verschieden, und wollte ich meine botanische Terminologie anbringen, so ging das wohl, aber es fruchtete nicht, es machte mich unruhig, ohne daß es mir weiterhalf. Gestört war mein guter poetischer Vorsatz, der Garten des Alcinous war verschwunden, ein Weltgarten hatte sich aufgetan. Warum sind wir Neueren doch so zerstreut, warum gereizt zu Forderungen, die wir nicht erreichen noch erfüllen können!

Alcamo, Mittwoch, den 18. April 1787.

Beizeiten ritten wir aus Palermo. Kniep und der Vetturin hatten sich beim Ein- und Aufpacken vortrefflich erwiesen. Wir zogen langsam die herrliche Straße hinauf, die uns schon beim Besuch auf San Martino bekannt geworden, und bewunderten abermals eine der Prachtfontänen am Wege, als wir auf die mäßige Sitte dieses Landes vorbereitet wurden. Unser Reitknecht nämlich hatte ein kleines Weinfäßchen am Riemen umgehängt, wie unsere Marketenderinnen pflegen, und es schien für einige Tage genugsam Wein zu enthalten. Wir verwunderten uns daher, als er auf eine der vielen Springröhren losritt, den Pfropf eröffnete und Wasser einlaufen ließ. Wir fragten mit wahrhaft deutschem Erstaunen, was er da vorhabe, ob das Fäßchen nicht voll Wein sei, worauf er mit großer Gelassenheit erwiderte, er habe ein Drittel davon leer gelassen, und weil niemand ungemischten Wein trinke, so sei es besser, man mische ihn gleich im ganzen, da vereinigten sich die Flüssigkeiten besser und man sei ja nicht sicher, überall Wasser zu finden. Indessen war das Fäßchen gefüllt, und wir mußten uns diesen altorientalischen Hochzeitsgebrauch gefallen lassen.

Als wir nun hinter Monreale auf die Höhen gelangten, sahen wir wunderschöne Gegenden, mehr im historischen als ökonomischen Stil. Wir blickten rechter Hand bis ans Meer, das zwischen den wundersamsten Vorgebirgen über baumreiche und baumlose Gestade seine schnurgerade Horizontallinie hinzog und so, entschieden ruhig, mit den wilden Kalkfelsen herrlich kontrastierte. Kniep enthielt sich nicht, deren in kleinem Format mehrere zu umreißen.

Nun sind wir in Alcamo, einem stillen, reinlichen Städtchen, dessen wohleingerichteter Gasthof als eine schöne Anstalt zu rühmen ist, da man von hier aus den abseits und einsam belegenen Tempel von Segesta bequem besuchen kann.

Alcamo, Donnerstag, den 19. April 1787.

Die gefällige Wohnung in einem ruhigen Bergstädtchen zieht uns an, und wir fassen den Entschluß, den ganzen Tag hier zuzubringen. Da mag denn vor allen Dingen von gestrigen Ereignissen die Rede sein. Schon früher leugnete ich des Prinzen Pallagonia Originalität; er hat Vorgänger gehabt und Muster gefunden. Auf dem Wege nach Monreale stehen zwei Ungeheuer an einer Fontäne und auf dem Geländer einige Vasen, völlig, als wenn sie der Fürst bestellt hätte.

Hinter Monreale, wenn man den schönen Weg verläßt und ins steinichte Gebirge kommt, liegen oben auf dem Rücken Steine im Weg, die ich ihrer Schwere und Anwitterung nach für Eisenstein hielt. Alle Landesflächen sind bebaut und tragen besser oder schlechter. Der Kalkstein zeigte sich rot, die verwitterte Erde an solchen Stellen desgleichen. Diese rote, tonig-kalkige Erde ist weit verbreitet, der Boden schwer, kein Sand darunter, trägt aber trefflichen Weizen. Wir fanden alte, sehr starke, aber verstümmelte Ölbäume.

Unter dem Obdach einer luftigen, an der schlechten Herberge vorgebauten Halle erquickten wir uns an einem mäßigen Imbiß. Hunde verzehrten begierig die weggeworfenen Schalen unserer Würste, ein Betteljunge vertrieb sie und speiste mit Appetit die Schalen der Äpfel, die wir verzehrten, dieser aber ward gleichfalls von einem alten Bettler verjagt. Handwerksneid ist überall zu Hause. In einer zerlumpten Toga lief der alte Bettler hin und wider als Hausknecht oder Kellner. So hatte ich auch schon früher gesehen, daß, wenn man etwas von einem Wirte verlangt, was er gerade nicht im Hause hat, so läßt er es durch einen Bettler beim Krämer holen.

Doch sind wir gewöhnlich vor einer so unerfreulichen Bedienung bewahrt, da unser Vetturin vortrefflich ist — Stallknecht, Cicerone, Garde, Einkäufer, Koch und alles.

Auf den höheren Bergen findet sich noch immer der Ölbaum, Caruba, Fraxinus. Ihr Feldbau ist auch in drei Jahre geteilt. Bohnen, Getreide und Ruhe, wobei sie sagen: „Mist tut mehr Wunder als die Heiligen." Der Weinstock wird sehr niedrig gehalten.

Die Lage von Alcamo ist herrlich auf der Höhe in einiger Entfernung vom Meerbusen, die Großheit der Gegend zog uns an. Hohe Felsen, tiefe Täler dabei, aber Weite und Mannigfaltigkeit. Hinter Monreale rückt man in ein schönes doppeltes Tal, in dessen Mitte sich noch ein Felsrücken herzieht. Die fruchtbaren Felder stehen grün und still, indes auf dem breiten Wege wildes Gebüsch und Staudenmassen wie unsinnig von Blüten glänzt: der Linsenbusch, ganz gelb von Schmetterlingsblumen überdeckt, kein grünes Blatt zu sehen, der Weißdorn, Strauß an Strauß, die Aloen rücken in die Höhe und deuten auf Blüten, reiche Teppiche von amarantrotem Klee, die Insektenophrys, Alpenröslein, Hyazinthen mit geschlossenen Glocken, Borraß, Allien, Asphodelen.

Das Wasser, das von Segesta herunterkommt, bringt außer Kalksteinen viele Hornsteingeschiebe, sie sind sehr fest, dunkelblau, rot, gelb, braun, von den verschiedensten Schattierungen. Auch anstehend als Gänge fand ich Horn- oder Feuersteine in Kalkfelsen, mit Sahlband von Kalk. Von solchem Geschiebe findet man ganze Hügel, ehe man nach Alcamo kommt.

Segesta, den 20. April 1787.

Der Tempel von Segesta ist nie fertig geworden, und man hat den Platz um denselben nie verglichen, man ebnete nur den Umkreis, worauf die Säulen gegründet werden sollten; denn noch jetzt stehen die Stufen an manchen Orten neun bis zehn Fuß in der Erde, und es ist kein Hügel in der Nähe, von dem Steine und Erdreich hätten herunterkommen können. Auch liegen die Steine in ihrer meist natürlichen Lage, und man findet keine Trümmer darunter.

Die Säulen stehen alle; zwei, die umgefallen waren, sind neuerdings wieder hergestellt. Inwiefern die Säulen Sockel haben sollten, ist schwer zu bestimmen und ohne Zeichnung nicht deutlich zu machen. Bald sieht es aus, als wenn die Säule auf der vierten Stufe stände, da muß man aber wieder eine Stufe zum Innern des Tempels hinab, bald ist die oberste Stufe durchschnitten, dann sieht es aus, als wenn die Säulen Basen hätten, bald sind diese Zwischenräume wieder ausgefüllt, und da haben wir wieder den ersten Fall. Der Architekt mag dies genauer bestimmen.

Die Nebenseiten haben zwölf Säulen ohne die Ecksäulen, die vordere und hintere Seite sechs mit den Ecksäulen. Die Zapfen, an denen man die Steine transportiert, sind an den Stufen des Tempels ringsum nicht weggehauen, zum Beweis, daß der Tempel nicht fertig geworden. Am meisten zeugt davon aber der Fußboden: derselbe ist von den Seiten herein an einigen Orten durch Platten angegeben, in der Mitte aber steht noch der rohe Kalkfels höher als das Niveau des angelegten Bodens; er kann also nie geplattet gewesen sein. Auch ist keine Spur von innerer Halle. Noch weniger ist der Tempel mit Stuck überzogen gewesen, daß es aber die Absicht war, läßt sich vermuten: an den Platten der Kapitäle sind Vorsprünge, wo sich vielleicht der Stuck anschließen sollte. Das Ganze ist aus einem travertinähnlichen Kalkstein gebaut, jetzt sehr verfressen. Die Restauration von 1781 hat dem Gebäude sehr wohl getan. Der Steinschnitt, der die Teile zusammenfügt, ist einfach, aber schön. Die großen besonderen Steine, deren Riedesel erwähnt, konnt' ich nicht finden, sie sind vielleicht zu Restauration der Säulen verbraucht worden.

Die Lage des Tempels ist sonderbar: am höchsten Ende eines weiten, langen Tales, auf einem isolierten Hügel, aber doch noch von Klippen umgeben, sieht er über viel Land in eine weite Ferne, aber nur ein Eckchen Meer. Die Gegend ruht in trauriger Fruchtbarkeit, alles bebaut und fast nirgends eine Wohnung. Auf blühenden Disteln schwärmten unzählige Schmetterlinge. Wilder Fenchel stand acht bis neun Fuß hoch verdorret von vorigem Jahr her so reichlich und in scheinbarer Ordnung, daß man es für die Anlage einer Baumschule hätte halten können. Der Wind sauste in den Säulen wie in einem Walde, und Raubvögel schwebten schreiend über dem Gebälke.

Die Mühseligkeit, in den unscheinbaren Trümmern eines Theaters herumzusteigen, benahm uns die Lust, die Trümmer der Stadt zu besuchen. Am Fuße des Tempels finden

21. Segesta. Kupferstich von Chatelet

sich große Stücke jenes Hornsteins, und der Weg nach Alcamo ist mit unendlichen Geschieben desselben gemischt. Hiedurch kommt ein Anteil Kieselerde in den Boden, wodurch er lockerer wird. An frischem Fenchel bemerkte ich den Unterschied der unteren und oberen Blätter, und es ist doch nur immer dasselbe Organ, das sich aus der Einfachheit zur Mannigfaltigkeit entwickelt. Man gätet hier sehr fleißig, die Männer gehen wie bei einem Treibjagen das ganze Feld durch. Insekten lassen sich auch sehen. In Palermo hatte ich nur Gewürm bemerkt, Eidechsen, Blutegel, Schnecken, nicht schöner gefärbt als unsere, ja nur grau.

Castel Vetrano, Sonnabend, den 21. April 1787.

Von Alcamo auf Castel Vetrano kommt man am Kalkgebirge her über Kieshügel. Zwischen den steilen, unfruchtbaren Kalkbergen weite, hüglige Täler, alles bebaut, aber fast kein Baum. Die Kieshügel voll großer Geschiebe, auf alte Meeresströmungen hindeutend; der Boden schön gemischt, leichter als bisher, wegen des Anteils von Sand. Salemi blieb uns eine Stunde rechts, hier kamen wir über Gipsfelsen, dem Kalke vorliegend, das Erdreich immer trefflicher gemischt. In der Ferne sieht man das westliche Meer. Im Vordergrund das Erdreich durchaus hüglig. Wir fanden ausgeschlagne Feigenbäume, was aber Lust und Bewunderung erregte, waren unübersehbare Blumenmassen, die sich auf dem überbreiten Wege angesiedelt hatten und in großen, bunten, aneinander stoßenden Flächen sich absonderten und wiederholten. Die schönsten Winden, Hibiscus und Malven, vielerlei Arten Klee herrschten wechselsweise, dazwischen das Allium, Galegagesträuche. Und durch diesen bunten Teppich wand man sich reitend hindurch, denen sich kreuzenden unzähligen schmalen Pfaden nachfolgend. Dazwischen weidet schönes rotbraunes Vieh, nicht groß, sehr nett gebaut, besonders zierliche Gestalt der kleinen Hörner.

Die Gebirge in Nordost stehen alle reihenweis, ein einziger Gipfel, Cuniglione, ragt aus der Mitte hervor. Die Kieshügel zeigen wenig Wasser, auch müssen wenig Regengüsse hier niedergehen, man findet keine Wasserrisse, noch sonst Verschwemmtes.

In der Nacht begegnete mir ein eignes Abenteuer. Wir hatten uns in einem freilich nicht sehr zierlichen Lokal sehr müde auf die Betten geworfen, zu Mitternacht wach' ich auf und erblicke über mir die angenehmste Erscheinung: einen Stern, so schön, als ich ihn nie glaubte gesehen zu haben. Ich erquicke mich an dem lieblichen, alles Gute weissagenden Anblick, bald aber verschwindet mein holdes Licht und läßt mich in der Finsternis allein. Bei Tagesanbruch bemerkte ich erst die Veranlassung dieses Wunders; es war eine Lücke im Dach, und einer der schönsten Sterne des Himmels war in jenem Augenblick durch meinen Meridian gegangen. Dieses natürliche Ereignis jedoch legten die Reisenden mit Sicherheit zu ihren Gunsten aus.

Sciacca, den 22. April 1787.

Der Weg hieher, mineralogisch uninteressant, geht immerfort über Kieshügel. Man gelangt ans Ufer des Meers, dort ragen mitunter Kalkfelsen hervor. Alles flache Erdreich unendlich fruchtbar, Gerste und Hafer von dem schönsten Stande; Salsola Kali gepflanzt; die Aloen haben schon höhere Fruchtstämme getrieben als gestern und ehegestern. Die vielerlei Kleearten verließen uns nicht. Endlich kamen wir an ein Wäldchen, buschig, die höheren Bäume nur einzeln; endlich auch Pantoffelholz!

Girgenti, den 23. April. Abends.

Von Sciacca hieher starke Tagereise. Gleich vor genanntem Orte betrachteten wir die Bäder; ein heißer Quell dringt aus dem Felsen mit sehr starkem Schwefelgeruch, das Wasser schmeckt sehr salzig, aber nicht faul. Sollte der Schwefeldunst nicht im Augenblick des Hervorbrechens sich erzeugen? Etwas höher ist ein Brunnen, kühl, ohne Geruch. Ganz oben liegt das Kloster, wo die Schwitzbäder sind, ein starker Dampf steigt davon in die reine Luft.

Das Meer rollt hier nur Kalkgeschiebe, Quarz und Hornstein sind abgeschnitten. Ich beobachtete die kleinen Flüsse; Calata Bellotta und Macasoli bringen auch nur Kalkgeschiebe, Platani gelben Marmor und Feuersteine, die ewigen Begleiter dieses edlern Kalkgesteins. Wenige Stückchen

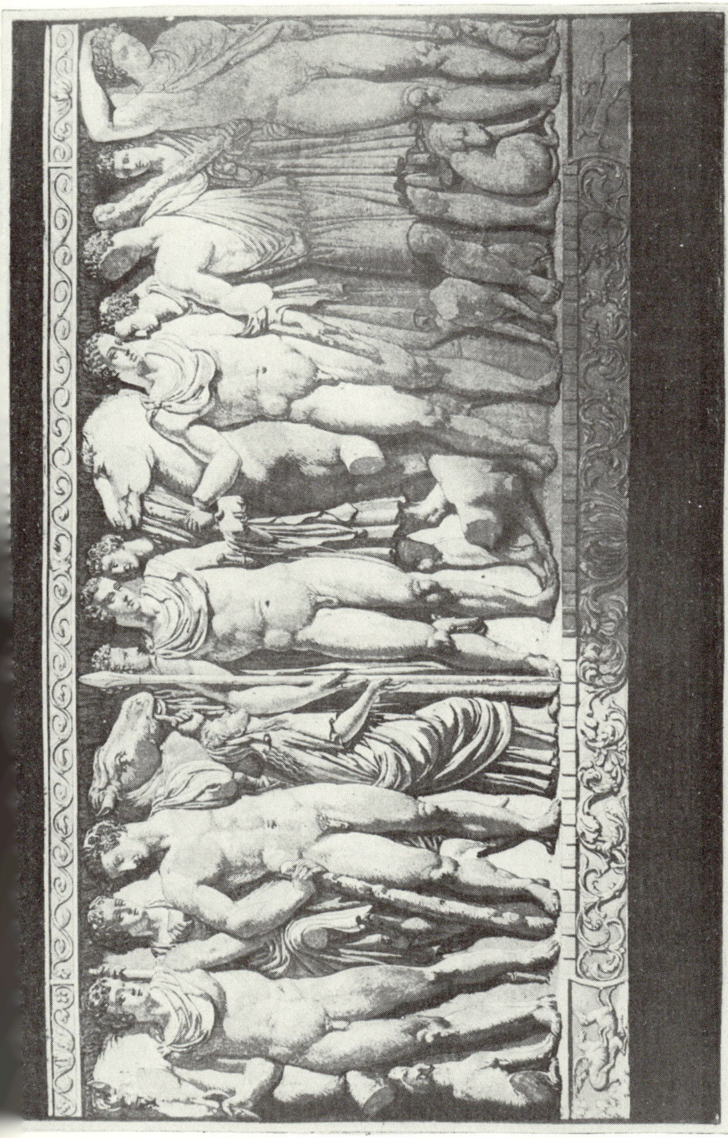

22. Der Phädrasarkophag in Agrigent. Aquatinta von Houel

Lava machten mich aufmerksam, allein ich vermute hier in der Gegend nichts Vulkanisches, ich denke vielmehr, es sind Trümmer von Mühlsteinen, oder zu welchem Gebrauch man solche Stücke aus der Ferne geholt hat. Bei Monte allegro ist alles Gips: dichter Gips und Fraueneis, ganze Felsen vor und zwischen dem Kalk. Die wunderliche Felsenlage von Calata Bellotta!

Girgenti, Dienstag, den 24. April 1787.

So ein herrlicher Frühlingsblick wie der heutige bei aufgehender Sonne ward uns freilich nie durchs ganze Leben. Auf dem hohen, uralten Burgraume liegt das neue Girgenti, in einem Umfang, groß genug, um Einwohner zu fassen. Aus unsern Fenstern erblicken wir den weiten und breiten sanften Abhang der ehemaligen Stadt, ganz von Gärten und Weinbergen bedeckt, unter deren Grün man kaum eine Spur ehemaliger großer bevölkerten Stadtquartiere vermuten dürfte. Nur gegen das mittägige Ende dieser grünenden und blühenden Fläche sieht man den Tempel der Konkordia hervorragen, in Osten die wenigen Trümmer des Junotempels; die übrigen, mit den genannten in grader Linie gelegenen Trümmer anderer heiliger Gebäude bemerkt das Auge nicht von oben, sondern eilt weiter südwärts nach der Strandfläche, die sich noch eine halbe Stunde bis gegen das Meer erstreckt. Versagt ward heute, uns in jene so herrlich grünenden, blühenden, fruchtversprechenden Räume zwischen Zweige und Ranken hinabzubegeben, denn unser Führer, ein kleiner guter Weltgeistlicher, ersuchte uns, vor allen Dingen diesen Tag der Stadt zu widmen.

Erst ließ er uns die ganz wohlgebauten Straßen beschauen, dann führte er uns auf höhere Punkte, wo sich der Anblick durch größere Weite und Breite noch mehr verherrlichte, sodann zum Kunstgenuß in die Hauptkirche. Diese enthält einen wohlerhaltenen Sarkophag, zum Altar gerettet: Hippolyt mit seinen Jagdgesellen und Pferden wird von der Amme Phädras aufgehalten, die ihm ein Täfelchen zustellen will. Hier war die Hauptabsicht, schöne Jünglinge darzustellen, deswegen auch die Alte, ganz klein und zwergenhaft, als ein Nebenwerk, das nicht stören soll, dazwischen gebildet ist.

Mich dünkt, von halberhabener Arbeit nichts Herrlichers gesehen zu haben, zugleich vollkommen erhalten. Es soll mir einstweilen als ein Beispiel der anmutigsten Zeit griechischer Kunst gelten.

In frühere Epochen wurden wir zurückgeführt durch Betrachtung einer köstlichen Vase von bedeutender Größe und vollkommener Erhaltung. Ferner schienen sich manche Reste der Baukunst in der neuen Kirche hie und da untergesteckt zu haben.

Da es hier keine Gasthöfe gibt, so hatte uns eine freundliche Familie Platz gemacht und einen erhöhten Alkoven an einem großen Zimmer eingeräumt. Ein grüner Vorhang trennte uns und unser Gepäck von den Hausgliedern, welche in dem großen Zimmer Nudeln fabrizierten, und zwar von der feinsten, weißesten und kleinsten Sorte, davon diejenigen am teuersten bezahlt werden, die, nachdem sie erst in die Gestalt von gliedslangen Stiften gebracht sind, noch von spitzen Mädchenfingern einmal in sich selbst gedreht, eine schneckenhafte Gestalt annehmen. Wir setzten uns zu den hübschen Kindern, ließen uns die Behandlung erklären und vernahmen, daß sie aus dem besten und schwersten Weizen, Grano forte genannt, fabriziert würden. Dabei kommt viel mehr Handarbeit als Maschinen- und Formwesen vor. Und so hatten sie uns denn auch das trefflichste Nudelgericht bereitet, bedauerten jedoch, daß grade von der allervollkommensten Sorte, die außer Girgent, ja, außer ihrem Hause nicht gefertigt werden könnte, nicht einmal ein Gericht vorrätig sei. An Weiße und Zartheit schienen diese ihresgleichen nicht zu haben.

Auch den ganzen Abend wußte unser Führer die Ungeduld zu besänftigen, die uns hinabwärts trieb, indem er uns abermals auf die Höhe zu herrlichen Aussichtspunkten führte und uns dabei die Übersicht der Lage gab alle der Merkwürdigkeiten, die wir morgen in der Nähe sehen sollten.

Girgenti, Mittwoch, den 25. April 1787.

Mit Sonnenaufgang wandelten wir nun hinunter, wo sich bei jedem Schritt die Umgebung malerischer anließ. Mit dem Bewußtsein, daß es zu unserm Besten gereiche, führte uns der kleine Mann unaufhaltsam quer durch die reiche Vegetation an tausend Einzelheiten vorüber, wovon jede das Lokal zu idyllischen Szenen darbot. Hierzu trägt die Ungleichheit des Bodens gar vieles bei, der sich wellenförmig über verborgene Ruinen hinbewegt, die um so eher mit fruchtbarer Erde überdeckt werden konnten, als die vormaligen Gebäude aus einem leichten Muscheltuff bestanden. Und so gelangten wir an das östliche Ende der Stadt, wo die Trümmer des Junotempels jährlich mehr verfallen, weil eben der lockre Stein von Luft und Witterung aufgezehrt wird. Heute sollte nur eine kursorische Beschauung angestellt werden, aber schon wählte sich Kniep die Punkte, von welchen aus er morgen zeichnen wollte.

Der Tempel steht gegenwärtig auf einem verwitterten Felsen; von hier aus erstreckten sich die Stadtmauern gerade ostwärts auf einem Kalklager hin, welches senkrecht über dem flachen Strande, den das Meer früher und später, nachdem es diese Felsen gebildet und ihren Fuß bespült, verlassen hatte. Teils aus den Felsen gehauen, teils aus denselben erbaut waren die Mauern, hinter welchen die Reihe der Tempel hervorragte. Kein Wunder also, daß der untere, der aufsteigende und der höchste Teil von Girgenti zusammen von dem Meere her einen bedeutenden Anblick gewährte.

Der Tempel der Konkordia hat so vielen Jahrhunderten widerstanden; seine schlanke Baukunst nähert ihn schon unserm Maßstabe des Schönen und Gefälligen, er verhält sich zu denen von Pästum wie Göttergestalt zum Riesenbilde. Ich will mich nicht beklagen, daß der neuere löbliche Vorsatz, diese Monumente zu erhalten, geschmacklos ausgeführt worden, indem man die Lücken mit blendend weißem Gips ausbesserte; dadurch steht dieses Monument auch auf gewisse Weise zertrümmert vor dem Auge; wie leicht wäre es gewesen, dem Gips die Farbe des verwitterten Steins zu geben! Sieht man freilich den so leicht sich bröckelnden Muschelkalk der Säulen und Mauern, so wundert man sich, daß er noch so lange gehalten. Aber die Erbauer, hoffend auf eine ähnliche Nachkommenschaft, hatten deshalb Vorkehrung getroffen: man findet noch Überreste eines feinen Tünchs an den Säulen, der zugleich dem Auge schmeicheln und die Dauer verbürgen sollte.

Die nächste Station ward sodann bei den Ruinen des Jupitertempels gehalten. Dieser liegt weit gestreckt, wie die Knochenmasse eines Riesengerippes inner- und unterhalb mehrerer kleinen Besitzungen, von Zäunen durchschnitten, von höhern und niedern Pflanzen durchwachsen. Alles Gebildete ist aus diesen Schutthaufen verschwunden außer einem ungeheueren Triglyph und einem Stück einer demselben proportionierten Halbsäule. Jenen maß ich mit ausgespannten Armen und konnte ihn nicht erklaftern, von der Kannelierung der Säule hingegen kann dies einen Begriff geben, daß ich, darin stehend, dieselbe als eine kleine Nische ausfüllte, mit beiden Schultern anstoßend. Zweiundzwanzig Männer, im Kreise nebeneinander gestellt, würden ungefähr die Peripherie einer solchen Säule bilden. Wir schieden mit dem unangenehmen Gefühle, daß hier für den Zeichner gar nichts zu tun sei.

Der Tempel des Herkules hingegen ließ noch Spuren vormaliger Symmetrie entdecken. Die zwei Säulenreihen, die den Tempel hüben und drüben begleiteten, lagen in gleicher Richtung wie auf einmal zusammen hingelegt, von Norden nach Süden; jene einen Hügel hinaufwärts, diese hinabwärts. Der Hügel mochte aus der zerfallenen Zelle entstanden sein. Die Säulen, wahrscheinlich durch das Gebälk zusammengehalten, stürzten auf einmal, vielleicht durch Sturmwut niedergestreckt, und sie liegen noch regelmäßig, in die Stücke, aus denen sie zusammengesetzt waren, zerfallen. Dieses merkwürdige Vorkommen genau zu zeichnen, spitzte Kniep schon in Gedanken seine Stifte.

Der Tempel des Äskulap, von dem schönsten Johannisbrotbaum beschattet und in ein kleines feldwirtschaftliches Haus beinahe eingemauert, bietet ein freundliches Bild.

Nun stiegen wir zum Grabmal Therons hinab und erfreuten uns der Gegenwart dieses so oft nachgebildet gesehenen Monuments, besonders da es uns zum Vordergrunde diente einer wundersamen Ansicht; denn man schaute von Westen nach Osten an dem Felslager hin, auf welchem die lückenhaften Stadtmauern sowie durch sie und über ihnen die Reste der Tempel zu sehen waren. Unter Hackerts kunstreicher Hand ist diese Ansicht zum erfreulichen Bilde geworden; Kniep wird einen Umriß auch hier nicht fehlen lassen.

Girgenti, Donnerstag, den 26. April 1787.

Als ich erwachte, war Kniep schon bereit, mit einem Knaben, der ihm den Weg zeigen und die Pappen tragen sollte, seine zeichnerische Reise anzutreten. Ich genoß des herrlichsten Morgens am Fenster, meinen geheimen, stillen, aber nicht stummen Freund an der Seite. Aus frommer Scheu habe ich bisher den Namen nicht genannt des Mentors, auf den ich von Zeit zu Zeit hinblicke und hinhorche; es ist der treffliche von Riedesel, dessen Büchlein ich wie ein Brevier oder Talisman am Busen trage. Sehr gern habe ich mich immer in solchen Wesen bespiegelt, die das besitzen, was mir abgeht, und so ist es grade hier: ruhiger Vorsatz, Sicherheit des Zwecks, reinliche, schickliche Mittel, Vorbereitung und Kenntnis, inniges Verhältnis zu einem meisterhaft Belehrenden, zu Winckelmann; dies alles geht mir ab und alles übrige, was daraus entspringt. Und doch kann ich mir nicht feind sein, daß ich das zu erschleichen, zu erstürmen, zu erlisten suche, was mir während meines Lebens auf dem gewöhnlichen Wege versagt war. Möge jener treffliche Mann in diesem Augenblick mitten in dem Weltgetümmel empfinden, wie ein dankbarer Nachfahr seine Verdienste feiert, einsam in dem einsamen Orte, der auch für ihn so viel Reize hatte, daß er sogar hier, vergessen von den Seinigen und ihrer vergessend, seine Tage zuzubringen wünschte.

Nun durchzog ich die gestrigen Wege mit meinem kleinen geistlichen Führer, die Gegenstände von mehrern Seiten betrachtend und meinen fleißigen Freund hie und da besuchend.

Auf eine schöne Anstalt der alten mächtigen Stadt machte mich mein Führer aufmerksam. In den Felsen und Gemäuermassen, welche Girgenti zum Bollwerk dienten, finden sich Gräber, wahrscheinlich den Tapfern und Guten zur Ruhestätte bestimmt. Wo konnten diese schöner, zu eigener Glorie und zu ewig lebendiger Nacheiferung, beigesetzt werden!

In dem weiten Raume zwischen den Mauern und dem Meere finden sich noch die Reste eines kleinen Tempels, als christliche Kapelle erhalten. Auch hier sind Halbsäulen mit den Quaderstücken der Mauer aufs schönste verbunden, und beides, ineinander gearbeitet, höchst erfreulich dem Auge. Man glaubt genau den Punkt zu fühlen, wo die dorische Ordnung ihr vollendetes Maß erhalten hat.

Manches unscheinbare Denkmal des Altertums ward obenhin angesehen, sodann mit mehr Aufmerksamkeit die jetzige Art, den Weizen unter der Erde in großen ausgemauerten Gewölben zu verwahren. Über den bürgerlichen und kirchlichen Zustand erzählte mir der gute Alte gar manches. Ich hörte von nichts, was nur einigermaßen in Aufnahme wäre. Das Gespräch schickte sich recht gut zu den unaufhaltsam verwitternden Trümmern.

Die Schichten des Muschelkalks fallen alle gegen das Meer. Wundersam von unten und hinten ausgefressene Felsbänke, deren Oberes und Vorderes sich teilweise erhalten, so daß sie wie herunterhängende Fransen aussehen. Haß auf die Franzosen, weil sie mit den Barbaresken Frieden haben und man ihnen schuld gibt, sie verrieten die Christen an die Ungläubigen.

Vom Meere her war ein antikes Tor in Felsen gehauen. Die noch bestehenden Mauern stufenweis auf den Felsen gegründet. Unser Cicerone hieß Don Michael Vella, Antiquar, wohnhaft bei Meister Gerio in der Nähe von St. Maria.

Die Puffbohnen zu pflanzen, verfahren sie folgendermaßen: Sie machen in gehöriger Weite voneinander Löcher in die Erde, darein tun sie eine Handvoll Mist, sie erwarten Regen, und dann stecken sie die Bohnen. Das Bohnenstroh verbrennen sie, mit der daraus entstehenden Asche waschen sie die Leinwand. Sie bedienen sich keiner Seife. Auch die äußern Mandelschalen verbrennen sie und bedienen sich derselben statt Soda. Erst waschen sie die Wäsche mit Wasser und dann mit solcher Lauge.

Die Folge ihres Fruchtbaus ist Bohnen, Weizen, Tumenia, das vierte Jahr lassen sie es zur Wiese liegen. Unter

Bohnen werden hier die Puffbohnen verstanden. Ihr Weizen ist unendlich schön. Tumenia, deren Namen sich von „bimenia“ oder „trimenia“ herschreiben soll, ist eine herrliche Gabe der Ceres: es ist eine Art von Sommerkorn, das in drei Monaten reif wird. Sie säen es vom ersten Januar bis zum Juni, wo es denn immer zur bestimmten Zeit reif ist. Sie braucht nicht viel Regen, aber starke Wärme; anfangs hat sie ein sehr zartes Blatt, aber sie wächst dem Weizen nach und macht sich zuletzt sehr stark. Das Korn säen sie im Oktober und November, es reift im Juni. Die im November gesäte Gerste ist den ersten Juni reif, an der Küste schneller, in Gebirgen langsamer.

Der Lein ist schon reif. Der Akanth hat seine prächtigen Blätter entfaltet. Salsola fruticosa wächst üppig.

Auf unbebauten Hügeln wächst reichlicher Esparsett. Er wird teilweis verpachtet und bündelweis in die Stadt gebracht. Ebenso verkaufen sie bündelweis den Hafer, den sie aus dem Weizen ausgäten.

Sie machen artige Einteilungen mit Rändchen in dem Erdreich, wo sie Kohl pflanzen wollen, zum Behuf der Wässerung.

An den Feigen waren alle Blätter heraus, und die Früchte hatten angesetzt. Sie werden zu Johanni reif, dann setzt der Baum noch einmal an. Die Mandeln hingen sehr voll; ein gestutzter Karubenbaum trug unendliche Schoten. Die Trauben zum Essen werden an Lauben gezogen, durch hohe Pfeiler unterstützt. Melonen legen sie im März, die im Juni reifen. In den Ruinen des Jupitertempels wachsen sie munter ohne eine Spur von Feuchtigkeit.

Der Vetturin aß mit größtem Appetit rohe Artischocken und Kohlrabi; freilich muß man gestehen, daß sie viel zärter und saftiger sind als wie bei uns. Wenn man durch Äcker kommt, so lassen die Bauern z. B. junge Puffbohnen essen, soviel man will.

Als ich auf schwarze, feste Steine aufmerksam ward, die einer Lava glichen, sagte mir der Antiquar, sie seien vom

Ätna, auch am Hafen oder vielmehr Landungsplatz stünden solche.

Der Vögel gibt's hierzulande nicht viel: Wachteln. Die Zugvögel sind: Nachtigallen, Lerchen und Schwalben. Rinnine, kleine schwarze Vögel, die aus der Levante kommen, in Sizilien hecken und weiter gehen oder zurück. Ridene, kommen im Dezember und Januar aus Afrika, fallen auf dem Akragas nieder, und dann ziehen sie sich in die Berge.

Von der Vase des Doms noch ein Wort. Auf derselben steht ein Held in völliger Rüstung gleichsam als Ankömmling vor einem sitzenden Alten, der durch Kranz und Szepter als König bezeichnet ist. Hinter diesem steht ein Weib, das Haupt gesenkt, die linke Hand unter dem Kinn; aufmerksam nachdenkende Stellung. Gegenüber hinter dem Helden ein Alter, gleichfalls bekränzt, er spricht mit einem spießtragenden Manne, der von der Leibwache sein mag. Der Alte scheint den Helden eingeführt zu haben und zu der Wache zu sagen: „Laßt ihn nur mit dem König reden, es ist ein braver Mann."

Das Rote scheint der Grund dieser Vase, das Schwarze darauf gesetzt. Nur an dem Frauengewande scheint Rot auf Schwarz zu sitzen.

Girgenti, Freitag, den 27. April 1787.

Wenn Kniep alle Vorsätze ausführen will, muß er unablässig zeichnen, indes ich mit meinem alten kleinen Führer umherziehe. Wir spazierten gegen das Meer, von woher sich Girgenti, wie uns die Alten versichern, sehr gut ausgenommen habe. Der Blick ward in die Wellenweite gezogen, und mein Führer machte mich aufmerksam auf einen langen Wolkenstreif, der südwärts, einem Bergrücken gleich, auf der Horizontallinie aufzuliegen schien: dies sei die Andeutung der Küste von Afrika, sagte er. Mir fiel indes ein anderes Phänomen als seltsam auf; es war aus leichtem Gewölk ein schmaler Bogen, welcher, mit dem einen Fuß auf Sizilien aufstehend, sich hoch am blauen, übrigens ganz reinen Himmel hinwölbte und mit dem andern Ende in Süden auf dem Meer zu ruhen schien. Von der niedergehenden Sonne gar schön gefärbt und wenig Bewegung zeigend, war er dem Auge eine so seltsame als erfreuliche Erscheinung. Es stehe dieser Bogen, versicherte man mir, gerade in der Richtung nach Malta und möge wohl auf dieser Insel seinen andern Fuß niedergelassen haben, das Phänomen komme manchmal vor. Sonderbar genug wäre es, wenn die Anziehungskraft der beiden Inseln gegeneinander sich in der Atmosphäre auf diese Art kundtäte.

Durch dieses Gespräch ward bei mir die Frage wieder rege, ob ich den Vorsatz, Malta zu besuchen, aufgeben sollte. Allein die schon früher überdachten Schwierigkeiten und Gefahren blieben noch immer dieselben, und wir nahmen uns vor, unsern Vetturin bis Messina zu dingen.

Dabei aber sollte wieder nach einer gewissen eigensinnigen Grille gehandelt werden. Ich hatte nämlich auf dem bisherigen Wege in Sizilien wenig kornreiche Gegenden gesehen, sodann war der Horizont überall von nahen und fernen Bergen beschränkt, so daß es der Insel ganz an Flächen zu fehlen schien und man nicht begriff, wie Ceres dieses Land so vorzüglich begünstigt haben sollte. Als ich mich darnach erkundigte, erwiderte man mir, daß ich, um dieses einzusehen, statt über Syrakus, quer durchs Land gehen müsse, wo ich denn der Weizenstriche genug antreffen würde. Wir folgten dieser Lockung, Syrakus aufzugeben, indem uns nicht unbekannt war, daß von dieser herrlichen Stadt wenig mehr als der prächtige Name geblieben sei. Allenfalls war sie von Catania aus leicht zu besuchen.

Caltanisetta, Sonnabend, den 28. April 1787.

Heute können wir denn endlich sagen, daß uns ein anschaulicher Begriff geworden, wie Sizilien den Ehrennamen einer Kornkammer Italiens erlangen können. Eine Strecke, nachdem wir Girgent verlassen, fing der fruchtbare Boden an. Es sind keine großen Flächen, aber sanft gegeneinander laufende Berg- und Hügelrücken, durchgängig mit Weizen und Gerste bestellt, die eine ununterbrochene Masse von Fruchtbarkeit dem Auge darbieten. Der diesen Pflanzen geeignete Boden wird so genutzt und so geschont, daß man nirgends einen Baum sieht, ja, alle die kleinen Ortschaften und Wohnungen liegen auf Rücken der Hügel, wo eine hinstreichende Reihe Kalkfelsen den Boden ohnehin unbrauchbar macht. Dort wohnen die Weiber das ganze Jahr, mit Spinnen und Weben beschäftigt, die Männer hingegen bringen zur eigentlichen Epoche der Feldarbeit nur Sonnabend und Sonntag bei ihnen zu, die übrigen Tage bleiben sie unten und ziehen sich nachts in Rohrhütten zurück. Und so war denn unser Wunsch bis zum Überdruß erfüllt, wir hätten uns Triptolems Flügelwagen gewünscht, um dieser Einförmigkeit zu entfliehen.

Nun ritten wir bei heißem Sonnenschein durch diese wüste Fruchtbarkeit und freuten uns, in dem wohlgelegenen und wohlgebauten Caltanisetta zuletzt anzukommen, wo wir jedoch abermals vergeblich um eine leidliche Herberge bemüht waren. Die Maultiere stehen in prächtig gewölbten Ställen, die Knechte schlafen auf dem Klee, der den Tieren bestimmt ist, der Fremde aber muß seine Haushaltung von vorn anfangen. Ein allenfalls zu beziehendes Zimmer muß erst gereinigt werden. Stühle und Bänke gibt es nicht, man sitzt auf niedrigen Böcken von starkem Holz, Tische sind auch nicht zu finden.

Will man jene Böcke in Bettfüße verwandeln, so geht man zum Tischler und borgt so viel Bretter, als nötig sind, gegen eine gewisse Miete. Der große Juchtensack, den uns Hackert geliehen, kam diesmal sehr zugute und ward vorläufig mit Häckerling angefüllt.

Vor allem aber mußte wegen des Essens Anstalt getroffen werden. Wir hatten unterwegs eine Henne gekauft, der Vetturin war gegangen, Reis, Salz und Spezereien anzuschaffen, weil er aber nie hier gewesen, so blieb lange unerörtert, wo denn eigentlich gekocht werden sollte, wozu in der Herberge selbst keine Gelegenheit war. Endlich bequemte sich ein ältlicher Bürger, Herd und Holz, Küchen- und Tischgeräte gegen ein billiges herzugeben und uns, indessen gekocht würde, in der Stadt herumzuführen, endlich auf den Markt, wo die angesehensten Einwohner nach antiker Weise umhersaßen, sich unterhielten und von uns unterhalten sein wollten.

Wir mußten von Friederich dem Zweiten erzählen, und ihre Teilnahme an diesem großen Könige war so lebhaft, daß wir seinen Tod verhehlten, um nicht durch eine so unselige Nachricht unsern Wirten verhaßt zu werden.

Caltanisetta, Sonnabend, den 28. April 1787.

Geologisches, nachträglich. Von Girgent die Muschelkalkfelsen hinab zeigt sich ein weißliches Erdreich, das sich nachher erklärt: man findet den älteren Kalk wieder und Gips unmittelbar daran. Weite flache Täler, Fruchtbau bis an die Gipfel, oft darüber weg; älterer Kalk mit verwittertem Gips gemischt. Nun zeigt sich ein loseres, gelbliches, leicht verwitterndes neues Kalkgestein: in den geackerten Feldern kann man dessen Farbe deutlich erkennen, die oft ins Dunklere, ja ins Violette zieht. Etwas über halben Weg tritt der Gips wieder hervor. Auf demselben wächst häufig ein schön violettes, fast rosenrotes Sedum und an den Kalkfelsen ein schönes gelbes Moos.

Jenes verwitterliche Kalkgestein zeigt sich öfters wieder, am stärksten gegen Caltanisetta, wo es in Lagern liegt, die einzelne Muscheln enthalten; dann zeigt sich's rötlich, beinahe wie Mennige, mit wenigem Violett, wie oben bei San Martino bemerkt worden.

Quarzgeschiebe habe ich nur etwa auf halbem Wege in einem Tälchen gefunden, das, an drei Seiten geschlossen, gegen Morgen und also gegen das Meer zu offenstand.

Links in der Ferne war der hohe Berg bei Camerata merkwürdig und ein anderer wie ein gestutzter Kegel. Die große Hälfte des Wegs kein Baum zu sehen. Die Frucht stand herrlich, obgleich nicht so hoch wie zu Girgent und am Meeresufer, jedoch so rein als möglich; in den unabsehbaren Weizenäckern kein Unkraut. Erst sahen wir nichts als grünende Felder, dann gepflügte, an feuchtlichen Örtern ein Stückchen Wiese. Hier kommen auch Pappeln vor. Gleich hinter Girgent fanden wir Äpfel und Birnen, übrigens an den Höhen und in der Nähe der wenigen Ortschaften etwas Feigen.

Diese dreißig Miglien, nebst allem, was ich rechts und links erkennen konnte, ist älterer und neuerer Kalk, dazwischen

Gips. Der Verwitterung und Verarbeitung dieser drei untereinander hat das Erdreich seine Fruchtbarkeit zu verdanken. Wenig Sand mag es enthalten, es knirscht unter den Zähnen. Eine Vermutung wegen des Flusses Achates wird sich morgen bestätigen.

Die Täler haben eine schöne Form, und ob sie gleich nicht ganz flach sind, so bemerkt man doch keine Spur von Regengüssen, nur kleine Bäche, kaum merklich, rieseln hin, denn alles fließt gleich unmittelbar nach dem Meere. Wenig roter Klee ist zu sehen, die niedrige Palme verschwindet auch sowie alle Blumen und Sträuche der südwestlichen Seite. Den Disteln ist nur erlaubt, sich der Wege zu bemächtigen, alles andere gehört der Ceres an. Übrigens hat die Gegend viel Ähnliches mit deutschen hügeligen und fruchtbaren Gegenden, z. B. mit der zwischen Erfurt und Gotha, besonders wenn man nach den Gleichen hinsieht. Sehr vieles mußte zusammenkommen, um Sizilien zu einem der fruchtbarsten Länder der Welt zu machen.

Man sieht wenig Pferde auf der ganzen Tour, sie pflügen mit Ochsen, und es besteht ein Verbot, keine Kühe und Kälber zu schlachten. Ziegen, Esel und Maultiere begegneten uns viele. Die Pferde sind meist Apfelschimmel mit schwarzen Füßen und Mähnen, man findet die prächtigsten Stallräume mit gemauerten Bettstellen. Das Land wird zu Bohnen und Linsen gedüngt, die übrigen Feldfrüchte wachsen nach dieser Sömmerung. In Ähren geschoßte, noch grüne Gerste in Bündeln, roter Klee desgleichen werden dem Vorbeireitenden zu Kauf angeboten.

Auf dem Berg über Caltanisetta fand sich fester Kalkstein mit Versteinerungen: die großen Muscheln lagen unten, die kleinen obenauf. Im Pflaster des Städtchens fanden wir Kalkstein mit Pektiniten.

Zum 28. April 1787.

Hinter Caltanisetta senken sich die Hügel jäh herunter in mancherlei Täler, die ihre Wasser in den Fluß Salso ergießen. Das Erdreich ist rötlich, sehr tonig, vieles lag unbestellt, auf dem bestellten die Früchte ziemlich gut, doch, mit den vorigen Gegenden verglichen, noch zurück.

Castro Giovanni, Sonntag, den 29. April 1787.

Noch größere Fruchtbarkeit und Menschenöde hatten wir heute zu bemerken. Regenwetter war eingefallen und machte den Reisezustand sehr unangenehm, da wir durch mehrere stark angeschwollene Gewässer hindurch mußten. Am Fiume Salso, wo man sich nach einer Brücke vergeblich umsieht, überraschte uns eine wunderliche Anstalt. Kräftige Männer waren bereit, wovon immer zwei und zwei das Maultier mit Reiter und Gepäck in die Mitte faßten und so durch einen tiefen Stromteil hindurch bis auf eine große Kiesfläche führten; war nun die sämtliche Gesellschaft hier beisammen, so ging es auf eben diese Weise durch den zweiten Arm des Flusses, wo die Männer denn abermals durch Stemmen und Drängen das Tier auf dem rechten Pfade und im Stromzug aufrecht erhielten. An dem Wasser her ist etwas Buschwerk, das sich aber landeinwärts gleich wieder verliert. Der Fiume Salso bringt Granit, einen Übergang in Gneis, breccierten und einfarbigen Marmor.

Nun sahen wir den einzeln stehenden Bergrücken vor uns, worauf Castro Giovanni liegt und welcher der Gegend einen ernsten, sonderbaren Charakter erteilt. Als wir den langen, an der Seite sich hinanziehenden Weg ritten, fanden wir den Berg aus Muschelkalk bestehend; große, nur kalzinierte Schalen wurden aufgepackt. Man sieht Castro Giovanni nicht eher, als bis man ganz oben auf den Bergrücken gelangt; denn es liegt am Felsabhang gegen Norden. Das wunderliche Städtchen selbst, der Turm, links in einiger Entfernung das Örtchen Caltascibetta stehen gar ernsthaft gegeneinander. In der Plaine sah man die Bohnen in voller Blüte, wer hätte sich aber dieses Anblicks erfreuen können! Die Wege waren entsetzlich, noch schrecklicher, weil sie ehemals gepflastert gewesen, und es regnete immer fort. Das alte Enna empfing uns sehr unfreundlich: ein Estrichzimmer mit Läden ohne Fenster, so daß wir entweder im Dunkeln sitzen, oder den Sprühregen, dem wir soeben entgangen waren, wieder erdulden mußten. Einige Überreste unseres Reisevorrats wurden verzehrt, die Nacht kläglich zugebracht. Wir taten ein feierliches Gelübde, nie wieder nach einem mythologischen Namen unser Wegeziel zu richten.

Montag, den 30. April 1787.

Von Castro Giovanni herab führt ein rauher, unbequemer Stieg, wir mußten die Pferde führen. Die Atmosphäre vor uns tief herab mit Wolken bedeckt, wobei sich ein wunderbar Phänomen in der größten Höhe sehen ließ. Es war weiß und grau gestreift und schien etwas Körperliches zu sein; aber wie käme das Körperliche in den Himmel! Unser Führer belehrte uns, diese unsere Verwunderung gelte einer Seite des Ätna, welche durch die zerrissenen Wolken durchsehe: Schnee und Bergrücken abwechselnd bildeten die Streifen, es sei nicht einmal der höchste Gipfel.

Des alten Enna steiler Felsen lag nun hinter uns, wir zogen durch lange, lange, einsame Täler; unbebaut und unbewohnt lagen sie da, dem weidenden Vieh überlassen, das wir schön braun fanden, nicht groß, mit kleinen Hörnern, gar nett, schlank und munter wie die Hirschchen. Diese guten Geschöpfe hatten zwar Weide genug, sie war ihnen aber doch durch ungeheure Distelmassen beengt und nach und nach verkümmert. Diese Pflanzen finden hier die schönste Gelegenheit, sich zu besamen und ihr Geschlecht auszubreiten, sie nehmen einen unglaublichen Raum ein, der zur Weide von ein paar großen Landgütern hinreichte. Da sie nicht perennieren, so wären sie jetzt, vor der Blüte niedergemäht, gar wohl zu vertilgen.

Indessen wir nun diese landwirtlichen Kriegsplane gegen die Disteln ernstlich durchdachten, mußten wir zu unserer Beschämung bemerken, daß sie doch nicht ganz unnütz seien. Auf einem einsam stehenden Gasthofe, wo wir fütterten, waren zugleich ein Paar sizilianische Edelleute angekommen, welche quer durch das Land eines Prozesses wegen nach Palermo zogen. Mit Verwundrung sahen wir diese beiden ernsthaften Männer mit scharfen Taschenmessern vor einer solchen Distelgruppe stehen und die obersten Teile dieser emporstrebenden Gewächse niederhauen; sie faßten alsdann diesen stachligen Gewinn mit spitzen Fingern, schälten den Stengel und verzehrten das Innere desselben mit Wohlgefallen. Damit beschäftigten sie sich eine lange Zeit, indessen wir uns an Wein, diesmal ungemischt, und gutem Brot erquickten. Der Vetturin bereitete

23. *Gebälkfragment vom Zeustempel in Agrigent. Gouache von Houel*

uns dergleichen Stengelmark und versicherte, es sei eine gesunde, kühlende Speise, sie wollte uns aber so wenig schmecken als der rohe Kohlrabi zu Segeste.

Unterwegs, den 30. April.

In das Tal gelangt, wodurch der Fluß St. Paolo sich schlängelt, fanden wir das Erdreich rötlich schwarz und verwitterlichen Kalk; viel Brache, sehr weite Felder, schönes Tal, durch das Flüßchen sehr angenehm. Der gemischte gute Lehmboden ist mitunter zwanzig Fuß tief und meistens gleich. Die Aloen hatten stark getrieben. Die Frucht stand schön, doch mitunter unrein und, gegen die Mittagseite berechnet, weit zurück. Hie und da kleine Wohnungen; kein Baum als unmittelbar unter Castro Giovanni. Am Ufer des Flusses viel Weide, durch ungeheure Distelmassen eingeschränkt. Im Flußgeschiebe das Quarzgestein wieder, teils einfach, teils breccienartig.

Molimenti, ein neues Örtchen, sehr klug in der Mitte schöner Felder angelegt, am Flüßchen St. Paolo. Der Weizen stand in der Nähe ganz unvergleichlich, schon den zwanzigsten Mai zu schneiden. Die ganze Gegend zeigt noch keine Spur von vulkanischem Wesen, auch selbst der Fluß führt keine dergleichen Geschiebe. Der Boden, gut gemischt, eher schwer als leicht, ist im ganzen kaffeebraun-violettlich anzusehen. Alle Gebirge links, die den Fluß einschließen, sind Kalk- und Sandstein, deren Abwechselung ich nicht beobachten konnte, welche jedoch, verwitternd, die große, durchaus gleiche Fruchtbarkeit des untern Tals bereitet haben.

Dienstag, den 1. Mai 1787.

Durch ein so ungleich angebautes, obwohl von der Natur zu durchgängiger Fruchtbarkeit bestimmtes Tal ritten wir einigermaßen verdrießlich herunter, weil nach so viel ausgestandenen Unbilden unsern malerischen Zwecken gar nichts entgegenkam. Kniep hatte eine recht bedeutende Ferne umrissen, weil aber der Mittel- und Vordergrund gar zu abscheulich war, setzte er, geschmackvoll scherzend, ein Poussinsches Vorderteil daran, welches ihm nichts kostete und das Blatt zu einem ganz hübschen Bildchen machte.

Wieviel malerische Reisen mögen dergleichen Halbwahrheiten enthalten.

Unser Reitmann versprach, um unser mürrisches Wesen zu begütigen, für den Abend eine gute Herberge, brachte uns auch wirklich in einen vor wenig Jahren gebauten Gasthof, der auf diesem Wege, gerade in gehöriger Entfernung von Catania gelegen, dem Reisenden willkommen sein mußte, und wir ließen es uns bei einer leidlichen Einrichtung seit zwölf Tagen wieder einigermaßen bequem werden. Merkwürdig aber war uns eine Inschrift, an die Wand bleistiftlich mit schönen englischen Schriftzügen geschrieben; sie enthielt folgendes: „Reisende, wer ihr auch seid, hütet euch in Catania vor dem Wirtshause zum goldenen Löwen; es ist schlimmer, als wenn ihr Kyklopen, Sirenen und Skyllen zugleich in die Klauen fielet." Ob wir nun schon dachten, der wohlmeinende Warner möchte die Gefahr etwas mythologisch vergrößert haben, so setzten wir uns doch fest vor, den Goldenen Löwen zu vermeiden, der uns als ein so grimmiges Tier angekündigt war. Als uns daher der Maultiertreibende befragte, wo wir in Catania einkehren wollten, so versetzten wir: „Überall, nur nicht im Löwen!", worauf er den Vorschlag tat, da vorliebzunehmen, wo er seine Tiere unterstelle, nur müßten wir uns daselbst auch verköstigen, wie wir es schon bisher getan. Wir waren alle zufrieden: dem Rachen des Löwen zu entgehen, war unser einziger Wunsch.

Gegen Ibla Major melden sich Lavageschiebe, welche das Wasser von Norden herunterbringt. Über der Fähre findet man Kalkstein, welcher allerlei Arten Geschiebe, Hornstein, Lava und Kalk verbunden hat, dann verhärtete vulkanische Asche, mit Kalktuff überzogen. Die gemischten Kieshügel dauern immer fort bis gegen Catania, bis an dieselben und über dieselben finden sich Lavaströme des Ätna. Einen wahrscheinlichen Krater läßt man links. (Gleich unter Molimenti rauften die Bauern den Flachs.) Wie die Natur das Bunte liebt, läßt sie hier sehen, wo sie sich an der schwarzblaugrauen Lava erlustigt; hochgelbes Moos überzieht sie, ein schön rotes Sedum wächst üppig darauf, andere schöne

24. *Die Monti Rossi am Aetna. Aquatinta von Houel*

violette Blumen. Eine sorgsame Kultur beweist sich an den Kaktuspflanzungen und Weinranken. Nun drängen sich ungeheure Lavaflüsse heran. Motta ist ein schöner, bedeutender Fels. Hier stehen die Bohnen als sehr hohe Stauden. Die Äcker sind veränderlich, bald sehr kiesig, bald besser gemischt.

Der Vetturin, der diese Frühlingsvegetation der Südostseite lange nicht gesehen haben mochte, verfiel in großes Ausrufen über die Schönheit der Frucht und fragte uns mit selbstgefälligem Patriotismus, ob es in unsern Landen auch wohl solche gäbe. Ihr ist hier alles aufgeopfert, man sieht wenig, ja gar keine Bäume. Allerliebst war ein Mädchen von prächtiger, schlanker Gestalt, eine ältere Bekanntschaft unseres Vetturins, die seinem Maultiere gleichlief, schwatzte und dabei mit solcher Zierlichkeit als möglich ihren Faden spann. Nun fingen gelbe Blumen zu herrschen an. Gegen Misterbianco standen die Kaktus schon wieder in Zäunen; Zäune aber, ganz von diesen wundersam gebildeten Gewächsen, werden in der Nähe von Catania immer regelmäßiger und schöner.

Catania, Mittwoch, den 2. Mai 1787.

In unserer Herberge befanden wir uns freilich sehr übel. Die Kost, wie sie der Maultierknecht bereiten konnte, war nicht die beste. Eine Henne, in Reis gekocht, wäre dennoch nicht zu verachten gewesen, hätte sie nicht ein unmäßiger Safran so gelb als ungenießbar gemacht. Das unbequemste Nachtlager hätte uns beinahe genötigt, Hackerts Juchtensack wieder hervorzuholen, deshalb sprachen wir morgens zeitig mit dem freundlichen Wirte. Er bedauerte, daß er uns nicht besser versorgen könne: „Da drüben aber ist ein Haus, wo Fremde gut aufgehoben sind und alle Ursache haben, zufrieden zu sein.“ — Er zeigte uns ein großes Eckhaus, von welchem die uns zugekehrte Seite viel Gutes versprach. Wir eilten sogleich hinüber, fanden einen rührigen Mann, der sich als Lohnbedienter angab und in Abwesenheit des Wirts uns ein schönes Zimmer neben einem Saal anwies, auch zugleich versicherte, daß wir aufs billigste bedient werden sollten. Wir erkundigten uns ungesäumt hergebrachterweise, was für Quartier, Tisch, Wein, Frühstück und sonstiges Bestimmbare zu bezahlen sei. Das war alles billig, und wir schafften eilig unsere Wenigkeiten herüber, sie in die weitläufigen vergoldeten Kommoden einzuordnen. Kniep fand zum ersten Male Gelegenheit, seine Pappe auszubreiten; er ordnete seine Zeichnungen, ich mein Bemerktes. Sodann, vergnügt über die schönen Räume, traten wir auf den Balkon des Saals, der Aussicht zu genießen. Nachdem wir diese genugsam betrachtet und gelobt, kehrten wir um nach unsern Geschäften, und siehe! da droben über unserm Haupte ein großer goldener Löwe. Wir sahen einander bedenklich an, lächelten und lachten. Von nun an aber blickten wir umher, ob nicht irgendwo eins der Homerischen Schreckbilder hervorschauen möchte.

Nichts dergleichen war zu sehen, dagegen fanden wir im Saal eine hübsche junge Frau, die mit einem Kinde von etwa zwei Jahren herumtändelte, aber sogleich von dem beweglichen Halbwirt derb ausgescholten dastand: sie solle sich hinweg verfügen! hieß es, sie habe hier nichts zu tun. — „Es ist doch hart, daß du mich fortjagst", sagte sie, „das Kind ist zu Hause nicht zu begütigen, wenn du weg bist, und die Herren erlauben mir gewiß, in deiner Gegenwart das Kleine zu beruhigen." Der Gemahl ließ es dabei nicht bewenden, sondern suchte sie fortzuschaffen, das Kind schrie in der Türe ganz erbärmlich, und wir mußten zuletzt ernstlich verlangen, daß das hübsche Madamchen dabliebe.

Durch den Engländer gewarnt, war es keine Kunst, die Komödie zu durchschauen, wir spielten die Neulinge, die Unschuldigen, er aber machte seine liebreiche Vaterschaft auf das beste gelten. Das Kind wirklich war am freundlichsten mit ihm, wahrscheinlich hatte es die angebliche Mutter unter der Türe gekneipt.

Und so war sie auch in der größten Unschuld dageblieben, als der Mann wegging, ein Empfehlungsschreiben an den Hausgeistlichen des Prinzen Biscaris zu überbringen. Sie dahlte fort, bis er zurückkam und anzeigte, der Abbé würde selbst erscheinen, uns von dem Näheren zu unterrichten.

Catania, Donnerstag, den 3. Mai 1787.

Der Abbé, der uns gestern abend schon begrüßt hatte, erschien heute zeitig und führte uns in den Palast, welcher auf einem hohen Sockel einstöckig gebaut ist, und zwar sahen wir zuerst das Museum, wo marmorne und eherne Bilder, Vasen und alle Arten solcher Altertümer beisammenstehen. Wir hatten abermals Gelegenheit, unsere Kenntnisse zu erweitern, besonders aber fesselte uns der Sturz eines Jupiters, dessen Abguß ich schon aus Tischbeins Werkstatt kannte und welcher größere Vorzüge besitzt, als wir zu beurteilen vermochten. Ein Hausgenosse gab die nötigste historische Auskunft, und nun gelangten wir in einen großen, hohen Saal. Die vielen Stühle an den Wänden umher zeugten, daß große Gesellschaft sich manchmal hier versammle. Wir setzten uns in Erwartung einer günstigen Aufnahme. Da kamen ein Paar Frauenzimmer herein und gingen der Länge nach auf und ab. Sie sprachen angelegentlich miteinander. Als sie uns gewahrten, stand der Abbé auf, ich desgleichen, wir neigten uns. Ich fragte, wer sie seien, und erfuhr, die Jüngere sei die Prinzessin, die Ältere eine edle Catanierin. Wir hatten uns wieder gesetzt, sie gingen auf und ab, wie man auf einem Marktplatze tun würde.

Wir wurden zum Prinzen geführt, der, wie man mir schon bemerkt hatte, uns seine Münzsammlung aus besonderem Vertrauen vorwies, da wohl früher seinem Herrn Vater und auch ihm nachher bei solchem Vorzeigen manches abhanden gekommen und seine gewöhnliche Bereitwilligkeit dadurch einigermaßen vermindert worden. Hier konnte ich nun schon etwas kenntnisreicher scheinen, indem ich mich bei Betrachtung der Sammlung des Prinzen Torremuzza belehrt hatte. Ich lernte wieder und half mir an jenem dauerhaften Winckelmannischen Faden, der uns durch die verschiedenen Kunstepochen durchleitet, so ziemlich hin. Der Prinz, von diesen Dingen völlig unterrichtet, da er keine Kenner, aber aufmerksame Liebhaber vor sich sah, mochte uns gern in allem, wornach wir forschten, belehren.

Nachdem wir diesen Betrachtungen geraume Zeit, aber doch noch immer zu wenig gewidmet, standen wir im Begriff, uns zu beurlauben, als er uns zu seiner Frau Mutter führte, woselbst die übrigen kleineren Kunstwerke zu sehen waren.

Wir fanden eine ansehnliche, natürlich edle Frau, die uns mit den Worten empfing: „Sehen Sie sich bei mir um, meine

Herren, Sie finden hier alles noch, wie es mein seliger Gemahl gesammelt und geordnet hat. Dies danke ich der Frömmigkeit meines Sohnes, der mich in seinen besten Zimmern nicht nur wohnen, sondern auch hier nicht das geringste entfernen oder verrücken läßt, was sein seliger Herr Vater anschaffte und aufstellte; wodurch ich den doppelten Vorteil habe, sowohl auf die so lange Jahre her gewohnte Weise zu leben, als auch wie von jeher die trefflichen Fremden zu sehen und näher zu kennen, die, unsere Schätze zu betrachten, von so weiten Orten herkommen."

Sie schloß uns darauf selbst den Glasschrank auf, worin die Arbeiten in Bernstein aufbewahrt standen. Der sizilianische unterscheidet sich von dem nordischen darin, daß er von der durchsichtigen und undurchsichtigen Wachs- und Honigfarbe durch alle Abschattungen eines gesättigten Gelbs bis zum schönsten Hyazinthrot hinansteigt. Urnen, Becher und andere Dinge waren daraus geschnitten, wozu man große, bewundernswürdige Stücke des Materials mitunter voraussetzen mußte. An diesen Gegenständen sowie an geschnittenen Muscheln, wie sie in Trapani gefertigt werden, ferner an ausgesuchten Elfenbeinarbeiten hatte die Dame ihre besondere Freude und wußte dabei manche heitere Geschichte zu erzählen. Der Fürst machte uns auf die ernsteren Gegenstände aufmerksam, und so flossen einige Stunden vergnügt und belehrend vorüber.

Indessen hatte die Fürstin vernommen, daß wir Deutsche seien, sie fragte daher nach Herrn von Riedesel, Bartels, Münter, welche sie sämtlich gekannt und, ihren Charakter und Betragen gar wohl unterscheidend, zu würdigen wußte. Wir trennten uns ungern von ihr, und sie schien uns ungern wegzulassen. Dieser Inselzustand hat doch immer etwas Einsames, nur durch vorübergehende Teilnahme aufgefrischt und erhalten.

Uns führte der Geistliche alsdann in das Benediktinerkloster, in die Zelle eines Bruders, dessen bei mäßigem Alter trauriges und in sich zurückgezogenes Ansehn wenig frohe Unterhaltung versprach. Er war jedoch der kunstreiche Mann, der die ungeheure Orgel dieser Kirche allein zu bändigen wußte. Als er unsere Wünsche mehr erraten als vernommen, erfüllte er sie schweigend; wir begaben uns in die sehr geräumige Kirche, die er, das herrliche Instrument bearbeitend, bis in den letzten Winkel mit leisestem Hauch sowohl als gewaltsamsten Tönen durchsäuselte und durchschmetterte.

Wer den Mann nicht vorher gesehen, hätte glauben müssen, es sei ein Riese, der solche Gewalt ausübe; da wir aber seine Persönlichkeit schon kannten, bewunderten wir nur, daß er in diesem Kampf nicht schon längst aufgerieben sei.

Catania, Freitag, den 4. Mai 1787.

Bald nach Tische kam der Abbé mit einem Wagen, da er uns den entferntern Teil der Stadt zeigen sollte. Beim Einsteigen ereignete sich ein wundersamer Rangstreit. Ich war zuerst eingestiegen und hätte ihm zur linken Hand gesessen, er, einsteigend, verlangte ausdrücklich, daß ich herumrücken und ihn zu meiner Linken nehmen sollte; ich bat ihn, dergleichen Zeremonien zu unterlassen. „Verzeiht", sagte er, „daß wir also sitzen, denn wenn ich meinen Platz zu Eurer Rechten nehme, so glaubt jedermann, daß ich mit Euch fahre, sitze ich aber zur Linken, so ist es ausgesprochen, daß Ihr mit mir fahrt, mit mir nämlich, der ich Euch im Namen des Fürsten die Stadt zeige." Dagegen war freilich nichts einzuwenden, und also geschah es.

Wir fuhren die Straßen hinaufwärts, wo die Lava, welche 1669 einen großen Teil dieser Stadt zerstörte, noch bis auf unsere Tage sichtbar blieb. Der starre Feuerstrom ward bearbeitet wie ein anderer Fels, selbst auf ihm waren Straßen vorgezeichnet und teilweise gebaut. Ich schlug ein unbezweifeltes Stück des Geschmolzenen herunter, bedenkend, daß vor meiner Abreise aus Deutschland schon der Streit über die Vulkanität der Basalte sich entzündet hatte. Und so tat ich's an mehrern Stellen, um zu mancherlei Abänderungen zu gelangen.

Wären jedoch Einheimische nicht selbst Freunde ihrer Gegend, nicht selbst bemüht, entweder eines Vorteils oder der Wissenschaft willen, das, was in ihrem Revier merkwürdig ist, zusammenzustellen, so müßte der Reisende sich lang vergebens quälen. Schon in Neapel hatte mich der Lavenhändler sehr gefördert, hier in einem weit höheren Sinne der Ritter Gioeni. Ich fand in seiner reichen, sehr galant aufgestellten Sammlung die Laven des Ätna, die Basalte am Fuß desselben, verändertes Gestein, mehr oder weniger zu erkennen; alles wurde freundlichst vorgezeigt. Am meisten hatte ich Zeolithe zu bewundern aus den schroffen, im Meere stehenden Felsen unter Jaci.

Als wir den Ritter um die Mittel befragten, wie man sich benehmen müsse, um den Ätna zu besteigen, wollte er von einer Wagnis nach dem Gipfel, besonders in der gegenwärtigen Jahreszeit, gar nichts hören. „Überhaupt", sagte er, nachdem er uns um Verzeihung gebeten, „die hier ankommenden Fremden sehen die Sache für allzu leicht an; wir andern Nachbarn des Berges sind schon zufrieden, wenn wir ein paarmal in unserm Leben die beste Gelegenheit abgepaßt und den Gipfel erreicht haben. Brydone, der zuerst durch seine Beschreibung die Lust nach diesem Feuergipfel entzündet, ist gar nicht hinaufgekommen; Graf Borch läßt den Leser in Ungewißheit, aber auch er ist nur bis auf eine gewisse Höhe gelangt, und so könnte ich von mehrern sagen. Für jetzt erstreckt sich der Schnee noch allzuweit herunter und breitet unüberwindliche Hindernisse entgegen. Wenn Sie meinem Rate folgen mögen, so reiten Sie morgen bei guter Zeit bis an den Fuß des Monte Rosso, besteigen Sie diese Höhe; Sie werden von da des herrlichsten Anblicks genießen und zugleich die alte Lava bemerken, welche dort, 1669 entsprungen, unglücklicherweise sich nach der Stadt hereinwälzte. Die Aussicht ist herrlich und deutlich; man tut besser, sich das übrige erzählen zu lassen."

Catania, Sonnabend, den 5. Mai 1787.

Folgsam dem guten Rate, machten wir uns zeitig auf den Weg und erreichten, auf unsern Maultieren immer rückwärts schauend, die Region der durch die Zeit noch ungebändigten Laven. Zackige Klumpen und Tafeln starrten uns entgegen, durch welche nur ein zufälliger Pfad von den Tieren gefunden wurde. Auf der ersten bedeutenden Höhe hielten wir still. Kniep zeichnete mit großer Präzision, was hinaufwärts vor uns lag: die Lavenmassen im Vordergrunde, den Doppelgipfel des Monte Rosso links, gerade über uns die Wälder von Nicolosi, aus denen der beschneite, wenig rauchende Gipfel hervorstieg. Wir rückten dem roten Berge näher, ich stieg hinauf: er ist ganz aus rotem vulkanischem Grus, Asche und Steinen zusammengehäuft. Um die Mündung hätte sich bequem herumgehen lassen, hätte nicht ein gewaltsam stürmender Morgenwind jeden Schritt unsicher gemacht; wollte ich nur einigermaßen fortkommen, so mußte ich den Mantel ablegen, nun aber war der Hut jeden Augenblick in Gefahr, in den Krater getrieben zu werden und ich hinterdrein. Deshalb setzte ich mich nieder, um mich zu fassen und die Gegend zu überschauen; aber auch diese Lage half mir nichts: der Sturm kam gerade von Osten her über das herrliche Land, das nah und fern bis ans Meer unter mir lag. Den ausgedehnten Strand von Messina bis Syrakus mit seinen Krümmungen und Buchten sah ich vor Augen, entweder ganz frei oder durch Felsen des Ufers nur wenig bedeckt. Als ich ganz betäubt wieder herunterkam, hatte Kniep im Schauer seine Zeit gut angewendet und mit zarten Linien auf dem Papier gesichert, was der wilde Sturm mich kaum sehen, viel weniger festhalten ließ.

In dem Rachen des Goldenen Löwen wieder angelangt, fanden wir den Lohnbedienten, den wir nur mit Mühe uns zu begleiten abgehalten hatten. Er lobte, daß wir den Gipfel aufgegeben, schlug aber für morgen eine Spazierfahrt auf dem Meere zu den Felsen von Jaci andringlich vor: das sei die schönste Lustpartie, die man von Catania aus machen könne! Man nehme Trank und Speise mit, auch wohl Gerätschaften, um etwas zu wärmen. Seine Frau erbiete sich, dieses Geschäft zu übernehmen. Ferner erinnerte er sich des Jubels, wie Engländer wohl gar einen Kahn mit Musik zur Begleitung genommen hätten, welche Lust über alle Vorstellung sei.

Die Felsen von Jaci zogen mich heftig an, ich hatte großes Verlangen, mir so schöne Zeolithe herauszuschlagen, als ich bei Gioeni gesehen. Man konnte ja die Sache kurz fassen, die Begleitung der Frau ablehnen. Aber der warnende Geist des Engländers behielt die Oberhand, wir taten auf die Zeolithe

Verzicht und dünkten uns nicht wenig wegen dieser Enthaltsamkeit.

Catania, Sonntag, den 6. Mai 1787.

Unser geistlicher Begleiter blieb nicht aus. Er führte uns, die Reste alter Baukunst zu sehen, zu welchen der Beschauer freilich ein starkes Restaurationstalent mitbringen muß. Man zeigte die Reste von Wasserbehältern, einer Naumachie und andere dergleichen Ruinen, die aber bei der vielfachen Zerstörung der Stadt durch Laven, Erdbeben und Krieg dergestalt verschüttet und versenkt sind, daß Freude und Belehrung nur dem genauesten Kenner altertümlicher Baukunst daraus entspringen kann.

Eine nochmalige Aufwartung beim Prinzen lehnte der Pater ab, und wir schieden beiderseits mit lebhaften Ausdrücken der Dankbarkeit und des Wohlwollens.

Taormina, Montag, den 7. Mai 1787.

Gott sei Dank, daß alles, was wir heute gesehen, schon genugsam beschrieben ist, mehr aber noch, daß Kniep sich vorgenommen hat, morgen den ganzen Tag oben zu zeichnen. Wenn man die Höhe der Felsenwände erstiegen hat, welche unfern des Meeresstrandes in die Höhe steilen, findet man zwei Gipfel durch ein Halbrund verbunden. Was dies auch von Natur für eine Gestalt gehabt haben mag, die Kunst hat nachgeholfen und daraus den amphitheatralischen Halbzirkel für Zuschauer gebildet; Mauern und andere Angebäude von Ziegelsteinen, sich anschließend, supplierten die nötigen Gänge und Hallen. Am Fuße des stufenartigen Halbzirkels erbaute man die Szene quer vor, verband dadurch die beiden Felsen und vollendete das ungeheuerste Natur- und Kunstwerk.

Setzt man sich nun dahin, wo ehmals die obersten Zuschauer saßen, so muß man gestehen, daß wohl nie ein Publikum im Theater solche Gegenstände vor sich gehabt. Rechts zur Seite auf höheren Felsen erheben sich Kastelle, weiter unten liegt die Stadt, und obschon diese Baulichkeiten aus neueren Zeiten sind, so standen doch vor alters wohl eben dergleichen auf derselben Stelle. Nun sieht man an dem ganzen langen Gebirgsrücken des Ätna hin, links das Meerufer bis nach Catania, ja Syrakus; dann schließt der ungeheure, dampfende Feuerberg das weite, breite Bild, aber nicht schrecklich, denn die mildernde Atmosphäre zeigt ihn entfernter und sanfter, als er ist.

Wendet man sich von diesem Anblick in die an der Rückseite der Zuschauer angebrachten Gänge, so hat man die sämtlichen Felswände links, zwischen denen und dem Meere sich der Weg nach Messina hinschlingt. Felsgruppen und Felsrücken im Meere selbst, die Küste von Kalabrien in der weitesten Ferne, nur mit Aufmerksamkeit von gelind sich erhebenden Wolken zu unterscheiden.

Wir stiegen gegen das Theater hinab, verweilten in dessen Ruinen, an welchen ein geschickter Architekt seine Restaurationsgabe wenigstens auf dem Papier versuchen sollte, unternahmen sodann, uns durch die Gärten eine Bahn nach der Stadt zu brechen. Allein hier erfuhren wir, was ein Zaun von nebeneinander gepflanzten Agaven für ein undurchdringliches Bollwerk sei: durch die verschränkten Blätter sieht man durch und glaubt auch hindurchdringen zu können, allein die kräftigen Stacheln der Blattränder sind empfindliche Hindernisse; tritt man auf ein solches kolossales Blatt, in Hoffnung, es werde uns tragen, so bricht es zusammen, und anstatt hinüber ins Freie zu kommen, fallen wir einer Nachbarpflanze in die Arme. Zuletzt entwickelten wir uns doch diesem Labyrinthe, genossen weniges in der Stadt, konnten aber vor Sonnenuntergang von der Gegend nicht scheiden. Unendlich schön war es zu beobachten, wie diese in allen Punkten bedeutende Gegend nach und nach in Finsternis versank.

Unter Taormina, am Meer, Dienstag, den 8. Mai 1787.

Kniepen, mir vom Glück zugeführt, kann ich nicht genug preisen, da er mich einer Bürde entledigt, die mir unerträglich wäre, und mich meiner eigenen Natur wiedergibt. Er ist hinaufgegangen, im einzelnen zu zeichnen, was wir obenhin betrachtet. Er wird seine Bleistifte manchmal spitzen, und ich sehe nicht, wie er fertig werden will. Das hätte ich nun auch alles wiedersehen können! Erst wollte ich mit hinaufgehen, dann aber reizte mich's, hier zu bleiben, die Enge sucht' ich wie der Vogel, der sein Nest bauen möchte. In einem schlechten, verwahrlosten Bauergarten habe ich mich auf Orangenäste gesetzt und mich in Grillen vertieft. Orangenäste, worauf der Reisende sitzt, klingt etwas wunderbar, wird aber ganz natürlich, wenn man weiß, daß der Orangenbaum, seiner Natur überlassen, sich bald über der Wurzel in Zweige trennt, die mit der Zeit zu entschiedenen Ästen werden.

Und so saß ich, den Plan zu „Nausikaa" weiter denkend, eine dramatische Konzentration der „Odyssee". Ich halte sie nicht für unmöglich, nur müßte man den Grundunterschied des Drama und der Epopöe recht ins Auge fassen.

Kniep ist herabgekommen und hat zwei ungeheure Blätter, reinlichst gezeichnet, zufrieden und vergnügt zurückgebracht. Beide wird er zum ewigen Gedächtnis an diesen herrlichen Tag für mich ausführen.

Zu vergessen ist nicht, daß wir auf dieses schöne Ufer unter dem reinsten Himmel von einem kleinen Altan herabschauten, Rosen erblickten und Nachtigallen hörten. Diese singen hier, wie man uns versichert, sechs Monate hindurch.

Aus der Erinnerung

War ich nun durch die Gegenwart und Tätigkeit eines geschickten Künstlers und durch eigne, obgleich nur einzelne und schwächere Bemühungen gewiß, daß mir von den interessantesten Gegenden und ihren Teilen feste, wohlgewählte Bilder, im Umriß und nach Belieben auch ausgeführt, bleiben würden, so gab ich um so mehr einem nach und nach auflebenden Drange nach: die gegenwärtige herrliche Umgebung, das Meer, die Inseln, die Häfen, durch poetische würdige Gestalten zu beleben und mir auf und aus diesem Lokal eine Komposition zu bilden, in einem Sinne und in einem Ton, wie ich sie noch nicht hervorgebracht. Die Klarheit des Himmels, der Hauch des Meeres, die Düfte, wodurch die Gebirge mit Himmel und Meer gleichsam in *ein* Element aufgelöst wurden, alles dies gab Nahrung meinen Vorsätzen; und indem ich in jenem schönen öffentlichen Garten zwischen blühenden Hecken von Oleander, durch Lauben von fruchttragenden Orangen- und Zitronenbäumen wandelte und zwischen andern Bäumen und Sträuchen, die mir unbekannt waren, verweilte, fühlte ich den fremden Einfluß auf das allerangenehmste.

Ich hatte mir, überzeugt, daß es für mich keinen bessern Kommentar zur „Odyssee" geben könne als eben gerade diese lebendige Umgebung, ein Exemplar verschafft und las es nach meiner Art mit unglaublichem Anteil. Doch wurde ich gar bald zu eigner Produktion angeregt, die, so seltsam sie auch im ersten Augenblicke schien, mir doch immer lieber ward und mich endlich ganz beschäftigte. Ich ergriff nämlich den Gedanken, den Gegenstand der Nausikaa als Tragödie zu behandeln.

Es ist mir selbst nicht möglich, abzusehen, was ich daraus würde gemacht haben, aber ich war über den Plan bald mit mir einig. Der Hauptsinn war der: in der Nausikaa eine treffliche, von vielen umworbene Jungfrau darzustellen, die, sich keiner Neigung bewußt, alle Freier bisher ablehnend behandelt, durch einen seltsamen Fremdling aber gerührt, aus ihrem Zustand heraustritt und durch eine voreilige Äußerung ihrer Neigung sich kompromittiert, was die Situation vollkommen tragisch macht. Diese einfache Fabel sollte durch den Reichtum der subordinierten Motive und besonders durch das Meer- und Inselhafte der eigentlichen Ausführung und des besondern Tons erfreulich werden.

Der erste Akt begann mit dem Ballspiel. Die unerwartete Bekanntschaft wird gemacht, und die Bedenklichkeit, den Fremden nicht selbst in die Stadt zu führen, wird schon ein Vorbote der Neigung.

Der zweite Akt exponierte das Haus des Alcinous, die Charaktere der Freier, und endigte mit Eintritt des Ulysses.

Der dritte war ganz der Bedeutsamkeit des Abenteurers gewidmet, und ich hoffte, in der dialogierten Erzählung seiner Abenteuer, die von den verschiedenen Zuhörern sehr verschieden aufgenommen werden, etwas Künstliches und Erfreuliches zu leisten. Während der Erzählung erhöhen sich die Leidenschaften, und der lebhafte Anteil Nausikaas an dem Fremdling wird durch Wirkung und Gegenwirkung endlich hervorgeschlagen.

Im vierten Akte betätigt Ulysses außer der Szene seine Tapferkeit, indessen die Frauen zurückbleiben und der Neigung, der Hoffnung und allen zarten Gefühlen Raum lassen. Bei den großen Vorteilen, welche der Fremdling davonträgt, hält sich Nausikaa noch weniger zusammen und kompromittiert sich unwiderruflich mit ihren Landsleuten. Ulyß, der, halb schuldig, halb unschuldig, dieses alles veranlaßt, muß sich zuletzt als einen Scheidenden erklären, und es bleibt dem guten Mädchen nichts übrig, als im fünften Akte den Tod zu suchen.

Es war in dieser Komposition nichts, was ich nicht aus eignen Erfahrungen nach der Natur hätte ausmalen können. Selbst auf der Reise, selbst in Gefahr, Neigungen zu erregen, die, wenn sie auch kein tragisches Ende nehmen, doch schmerzlich genug, gefährlich und schädlich werden können; selbst in dem Falle, in einer so großen Entfernung von der Heimat abgelegne Gegenstände, Reiseabenteuer, Lebensvorfälle zu Unterhaltung der Gesellschaft mit lebhaften Farben auszumalen, von der Jugend für einen Halbgott, von gesetztern Personen für einen Aufschneider gehalten zu werden, manche unverdiente Gunst, manches unerwartete Hindernis zu erfahren; das alles gab mir ein solches Attachement an diesen Plan, an diesen Vorsatz, daß ich darüber meinen Aufenthalt zu Palermo, ja den größten Teil meiner übrigen sizilianischen Reise verträumte. Weshalb ich denn auch von allen Unbequemlichkeiten wenig empfand, da ich mich auf dem überklassischen Boden in einer poetischen Stimmung fühlte, in der ich das, was ich erfuhr, was ich sah, was ich bemerkte, was mir entgegenkam, alles auffassen und in einem erfreulichen Gefäß bewahren konnte.

Nach meiner löblichen oder unlöblichen Gewohnheit schrieb ich wenig oder nichts davon auf, arbeitete aber den größten Teil bis aufs letzte Detail im Geiste durch, wo es denn, durch nachfolgende Zerstreuungen zurückgedrängt, liegengeblieben, bis ich gegenwärtig nur eine flüchtige Erinnerung davon zurückrufe.

Den 8. Mai. Auf dem Wege nach Messina.

Man hat hohe Kalkfelsen links. Sie werden farbiger und machen schöne Meerbusen; dann folgt eine Art Gestein, das man Tonschiefer oder Grauwacke nennen möchte. In den Bächen finden sich schon Granitgeschiebe. Die gelben Äpfel des Solanum, die roten Blüten des Oleanders machen die Landschaft lustig. Der Fiume Nisi bringt Glimmerschiefer sowie auch die folgenden Bäche.

Mittwoch, den 9. Mai 1787.

Vom Ostwinde bestürmt, ritten wir zwischen dem rechter Hand wogenden Meere und den Felswänden hin, an denen wir vorgestern oben herab gesehen hatten, diesen Tag beständig mit dem Wasser im Kampfe; wir kamen über unzählige Bäche, unter welchen ein größerer, Nisi, den Ehrentitel eines Flusses führt; doch diese Gewässer sowie das Gerölle, das sie mitbringen, waren leichter zu überwinden als das Meer, das heftig stürmte und an vielen Stellen über den Weg hinweg bis an die Felsen schlug und zurück auf die Wanderer spritzte. Herrlich war das anzusehen, und die seltsame Begebenheit ließ uns das Unbequeme übertragen.

Zugleich sollte es nicht an mineralogischer Betrachtung fehlen. Die ungeheuren Kalkfelsen, verwitternd, stürzen herunter, deren weiche Teile, durch die Bewegung der Wellen aufgerieben, die zugemischten, festeren übriglassen, und so ist der ganze Strand mit bunten, hornsteinartigen Feuersteinen überdeckt, wovon mehrere Muster aufgepackt worden.

Messina, Donnerstag, den 10. Mai 1787.

Und so gelangten wir nach Messina, bequemten uns, weil wir keine Gelegenheit kannten, die erste Nacht in dem Quartier des Vetturins zuzubringen, um uns den andern Morgen nach einem bessern Wohnort umzusehen. Dieser Entschluß gab gleich beim Eintritt den fürchterlichsten Begriff einer zerstörten Stadt; denn wir ritten eine Viertelstunde lang an Trümmern nach Trümmern vorbei, ehe wir zur Herberge kamen, die, in diesem ganzen Revier allein wieder aufgebaut, aus den Fenstern des obern Stocks nur eine zackige Ruinenwüste übersehen ließ. Außer dem Bezirk dieses Gehöftes spürte man weder Mensch noch Tier, es war nachts eine furchtbare Stille. Die Türen ließen sich weder verschließen noch verriegeln, auf menschliche Gäste war man hier so wenig eingerichtet als in ähnlichen Pferdewohnungen, und doch schliefen wir ruhig auf einer Matratze, welche der dienstfertige Vetturin dem Wirte unter dem Leibe weggeschwatzt hatte.

Freitag, den 11. Mai 1787.

Heute trennten wir uns von dem wackern Führer, ein gutes Trinkgeld belohnte seine sorgfältigen Dienste. Wir schieden freundlich, nachdem er uns vorher noch einen Lohnbedienten verschafft, der uns gleich in die beste Herberge bringen und alles Merkwürdige von Messina vorzeigen sollte. Der Wirt, um seinen Wunsch, uns loszuwerden, schleunigst erfüllt zu sehen, half Koffer und sämtliches Gepäck auf das schnellste in eine angenehme Wohnung schaffen, näher dem belebten Teile der Stadt, das heißt, außerhalb der Stadt selbst. Damit aber verhält es sich folgendermaßen. Nach dem ungeheuren Unglück, das Messina betraf, blieb nach zwölftausend umgekommenen Einwohnern für die übrigen dreißigtausend keine Wohnung: die meisten Gebäude waren niedergestürzt, die zerrissenen Mauern der übrigen gaben einen unsichern Aufenthalt; man errichtete daher eiligst im Norden von Messina auf einer großen Wiese eine Bretterstadt, von der sich am schnellsten derjenige einen Begriff macht, der zu Meßzeiten den Römerberg zu Frankfurt, den Markt zu Leipzig durchwanderte, denn alle Kramläden und Werkstätte sind gegen die Straße geöffnet, vieles ereignet sich außerhalb. Daher sind nur wenig größere Gebäude, auch nicht sonderlich gegen das Öffentliche verschlossen, indem die Bewohner manche Zeit unter freiem Himmel zubringen. So wohnen sie nun schon drei Jahre, und diese Buden-, Hütten-, ja Zeltwirtschaft hat auf den Charakter der Einwohner entschiedenen Einfluß. Das Entsetzen über jenes ungeheure Ereignis, die Furcht vor einem ähnlichen treibt sie, der Freuden des Augenblicks mit gutmütigem Frohsinn zu genießen. Die Sorge vor neuem Unheil ward am einundzwanzigsten April, also ungefähr vor zwanzig Tagen, erneuert, ein merklicher Erdstoß erschütterte den Boden abermals. Man zeigte uns eine kleine Kirche, wo eine Masse Menschen, gerade in dem Augenblick zusammengedrängt, diese Erschütterung empfanden. Einige Personen, die darin gewesen, schienen sich von ihrem Schrecken noch nicht erholt zu haben.

Beim Aufsuchen und Betrachten dieser Gegenstände leitete uns ein freundlicher Konsul, der, unaufgefordert, vielfache Sorge für uns trug — in dieser Trümmerwüste mehr als irgendwo dankbar anzuerkennen. Zugleich auch, da er vernahm, daß wir bald abzureisen wünschten, machte er uns einem französischen Kauffahrer bekannt, der im Begriff stehe, nach Neapel zu segeln. Doppelt erwünscht, da die weiße Flagge vor den Seeräubern sichert.

Eben hatten wir unserm gütigen Führer den Wunsch zu erkennen gegeben, eine der größern, obgleich auch nur einstöckigen Hütten inwendig, ihre Einrichtung und extemporierte Haushaltung zu sehen, als ein freundlicher Mann sich an uns anschloß, der sich bald als französischer Sprachmeister bezeichnete, welchem der Konsul nach vollbrachtem Spaziergange unsern Wunsch, solch ein Gebäude zu sehen, eröffnete, mit dem Ersuchen, uns bei sich einzuführen und mit den Seinigen bekannt zu machen.

Wir traten in die mit Brettern beschlagene und gedeckte Hütte. Der Eindruck war völlig wie der jener Meßbuden, wo man wilde Tiere oder sonstige Abenteuer für Geld sehen läßt: das Zimmerwerk an den Wänden wie am Dache sichtbar, ein grüner Vorhang sonderte den vordern Raum, der, nicht gedielt, tennenartig geschlagen schien. Stühle und Tische befanden sich da, nichts weiter von Hausgeräte. Erleuchtet war der Platz von oben durch zufällige Öffnungen der Bretter. Wir diskurierten eine Zeitlang, und ich betrachtete mir die grüne Hülle und das darüber sichtbare innere Dachgebälke, als auf einmal hüben und drüben des Vorhangs ein paar allerliebste Mädchenköpfchen neugierig herausguckten, schwarzäugig, schwarzlockig, die aber, sobald sie sich bemerkt sahen, wie der Blitz verschwanden, auf Ansuchen des Konsuls jedoch nach so viel verflossener Zeit, als nötig war, sich anzuziehen, auf wohlgeputzten und niedlichen Körperchen wieder hervortraten und sich mit ihren bunten Kleidern gar zierlich vor dem grünen Teppich ausnahmen. Aus ihren Fragen konnten wir wohl merken, daß sie uns für fabelhafte Wesen aus einer andern Welt hielten, in welchem liebenswürdigen Irrtum sie unsere Antworten nur mehr bestärken mußten. Auf eine heitere Weise malte der Konsul unsere märchenhafte Erscheinung aus; die Unterhaltung war sehr angenehm, schwer, sich zu trennen. Vor der Tür erst fiel uns auf, daß wir die innern Räume nicht gesehen und die Hauskonstruktion über die Bewohnerinnen vergessen hatten.

Messina, Sonnabend, den 12. Mai 1787.

Der Konsul unter andern sagte, daß es, wo nicht unumgänglich nötig, doch wohlgetan sei, dem Gouverneur aufzuwarten, der, ein wunderlicher alter Mann, nach Laune und Vorurteil ebensogut schaden als nutzen könne; dem Konsul werde es zu Gunsten gerechnet, wenn er bedeutende Fremde vorstelle, auch wisse der Ankömmling nie, ob er dieses Mannes auf eine oder andere Weise bedürfe. Dem Freunde zu Gefallen ging ich mit.

Ins Vorzimmer tretend, hörten wir drinne ganz entsetzlichen Lärm, ein Laufer mit Pulcinellgebärden raunte dem Konsul ins Ohr: „Böser Tag! gefährliche Stunde!“ Doch traten wir hinein und fanden den uralten Gouverneur, uns den Rücken zugewandt, zunächst des Fensters an einem Tische sitzen. Große Haufen vergelbter alter Briefschaften lagen vor ihm, von denen er die unbeschriebenen Blätter mit größter Gelassenheit abschnitt und seinen haushältischen Charakter dadurch zu erkennen gab. Während dieser friedlichen Beschäftigung schalt und fluchte er fürchterlich auf einen anständigen Mann los, der seiner Kleidung nach mit Malta verwandt sein konnte und sich mit vieler Gemütsruhe und Präzision verteidigte, wozu ihm jedoch wenig Raum blieb. Der Gescholtene und Angeschriene suchte mit Fassung einen Verdacht abzulehnen, den der Gouverneur, so schien es, auf ihn als einen ohne Befugnis mehrmals An- und Abreisenden mochte geworfen haben, der Mann berief sich auf seine Pässe und bekannten Verhältnisse in Neapel. Dies aber half alles nichts, der Gouverneur zerschnitt seine alten Briefschaften, sonderte das weiße Papier sorgfältig und tobte fortwährend.

Außer uns beiden standen noch etwa zwölf Personen in einem weiten Kreise, dieses Tiergefechtes Zeugen, uns wahrscheinlich den Platz an der Türe beneidend, als gute Gelegenheit, wenn der Erzürnte allenfalls den Krückenstock erheben und dreinschlagen sollte. Die Gesichtszüge des Konsuls hatten sich bei dieser Szene merklich verlängert; mich tröstete des Laufers possenhafte Nähe, der draußen vor der Schwelle hinter mir allerlei Faxen schnitt, mich, wenn ich manchmal umblickte, zu beruhigen, als habe das so viel nicht zu bedeuten.

Auch entwirrte sich der gräßliche Handel noch ganz gelinde, der Gouverneur schloß damit, es halte ihn zwar nichts ab, den Betretenen einzustecken und in Verwahrung zappeln zu lassen, allein es möge diesmal hingehen, er solle die paar bestimmten Tage in Messina bleiben, alsdann aber sich fortpacken und niemals wiederkehren. Ganz ruhig, ohne die Miene zu verändern, beurlaubte sich der Mann, grüßte anständig die Versammlung und uns besonders, die er durchschneiden mußte, um zur Türe zu gelangen. Als der Gouverneur, ihm noch etwas nachzuschelten, sich ingrimmig umkehrte, erblickte er uns, faßte sich sogleich, winkte dem Konsul, und wir traten an ihn heran.

Ein Mann von sehr hohem Alter, gebückten Hauptes, unter grauen, struppigen Augenbrauen schwarze, tiefliegende Blicke hervorsendend; nun ein ganz anderer als kurz zuvor. Er hieß mich zu sich sitzen, fragte, in seinem Geschäft ununterbrochen fortfahrend, nach mancherlei, worüber ich ihm Bescheid gab, zuletzt fügte er hinzu, ich sei, so lange ich hier bliebe, zu seiner Tafel geladen. Der Konsul, zufrieden wie ich, ja noch zufriedener, weil er die Gefahr, der wir entronnen, besser kannte, flog die Treppe hinunter, und mir war alle Lust vergangen, dieser Löwenhöhle je wieder nah zu treten.

Messina, Sonntag, den 13. Mai 1787.

Zwar bei hellstem Sonnenschein in einer angenehmern Wohnung erwachend, fanden wir uns doch immer in dem unseligen Messina. Einzig unangenehm ist der Anblick der sogenannten Palazzata, einer sichelförmigen Reihe von wahrhaften Palästen, die wohl in der Länge einer Viertelstunde die Reede einschließen und bezeichnen. Alles waren steinerne, vierstockige Gebäude, von welchen mehrere Vorderseiten bis aufs Hauptgesims noch völlig stehen, andere bis auf den dritten, zweiten, ersten Stock heruntergebrochen sind, so daß diese ehemalige Prachtreihe nun aufs widerlichste zahnlückig erscheint und auch durchlöchert; denn der blaue Himmel schaut beinahe durch alle Fenster. Die inneren eigentlichen Wohnungen sind sämtlich zusammengestürzt.

An diesem seltsamen Phänomen ist Ursache, daß nach der von Reichen begonnenen architektonischen Prachtanlage weniger begüterte Nachbarn, mit dem Scheine wetteifernd, ihre alten, aus größern und kleinern Flußgeschieben und vielem Kalk zusammengekneteten Häuser hinter neuen, aus Quaderstücken aufgeführten Vorderseiten versteckten. Jenes an sich schon unsichere Gefüge mußte, von der ungeheuern Erschütterung aufgelöst und zerbröckelt, zusammenstürzen; wie man denn unter manchen bei so großem Unglück vorgekommenen wunderbaren Rettungen auch folgendes erzählt: der Bewohner eines solchen Gebäudes sei im furchtbaren Augenblick gerade in die Mauervertiefung eines Fensters getreten, das Haus aber hinter ihm völlig zusammengestürzt; und so habe er, in der Höhe gerettet, den Augenblick seiner Befreiung aus diesem luftigen Kerker beruhigt abgewartet. Daß jene aus Mangel naher Bruchsteine so schlechte Bauart hauptsächlich schuld an dem völligen Ruin der Stadt gewesen, zeigt die Beharrlichkeit solider Gebäude. Der Jesuiten Kollegium und Kirche, von tüchtigen Quadern aufgeführt, stehen noch unverletzt in ihrer anfänglichen Tüchtigkeit. Dem sei aber, wie ihm wolle, Messinas Anblick ist äußerst verdrießlich und erinnert an die Urzeiten, wo Sikaner und Sikuler diesen unruhigen Erdboden verließen und die westliche Küste Siziliens bebauten.

Und so brachten wir unsern Morgen zu, gingen dann, im Gasthof ein frugales Mahl zu verzehren. Wir saßen noch ganz vergnügt beisammen, als der Bediente des Konsuls atemlos hereinsprang und mir verkündigte, der Gouverneur lasse mich in der ganzen Stadt suchen; er habe mich zur

Tafel geladen, und nun bleibe ich aus. Der Konsul lasse mich aufs inständigste bitten, auf der Stelle hinzugehen, ich möchte gespeist haben oder nicht, möchte aus Vergessenheit oder aus Vorsatz die Stunde versäumt haben. Nun fühlte ich erst den unglaublichen Leichtsinn, womit ich die Einladung des Zyklopen aus dem Sinne geschlagen, froh, daß ich das erste Mal entwischt. Der Bediente ließ mich nicht zaudern, seine Vorstellungen waren die dringendsten und triftigsten: der Konsul riskiere, hieß es, daß jener wütende Despot ihn und die ganze Nation auf den Kopf stelle.

Indessen ich nun Haare und Kleider zurechte putzte, faßte ich mir ein Herz und folgte mit heiterm Sinne meinem Führer, Odysseus, den Patron, anrufend und mir seine Vorsprache bei Pallas Athene erbittend.

In der Höhle des Löwen angelangt, ward ich vom lustigen Laufer in einen großen Speisesaal geführt, wo etwa vierzig Personen, ohne daß man einen Laut vernommen hätte, an einer länglichrunden Tafel saßen. Der Platz zur Rechten des Gouverneurs war offen, wohin mich der Laufer geleitete.

Nachdem ich den Hausherrn und die Gäste mit einer Verbeugung gegrüßt, setzte ich mich neben ihn, entschuldigte mein Außenbleiben mit der Weitläuftigkeit der Stadt und dem Irrtum, in welchen mich die ungewöhnliche Stundenzahl schon mehrmals geführt. Er versetzte mit glühendem Blick, man habe sich in fremden Landen nach den jedesmaligen Gewohnheiten zu erkundigen und zu richten. Ich erwiderte, dies sei jederzeit mein Bestreben, nur hätte ich gefunden, daß bei den besten Vorsätzen man gewöhnlich die ersten Tage, wo uns ein Ort noch neu und die Verhältnisse unbekannt seien, in gewisse Fehler verfalle, welche unverzeihlich scheinen müßten, wenn man nicht die Ermüdung der Reise, die Zerstreuung durch Gegenstände, die Sorge für ein leidliches Unterkommen, ja sogar für eine weitere Reise als Gründe der Entschuldigung möchte gelten lassen.

Er fragte darauf, wie lange ich hier zu bleiben gedächte. Ich versetzte, daß ich mir einen recht langen Aufenthalt wünsche, damit ich ihm die Dankbarkeit für die mir erwiesene Gunst durch die genaueste Befolgung seiner Befehle und Anordnungen betätigen könnte. Nach einer Pause fragte er sodann, was ich in Messina gesehen habe. Ich erzählte kürzlich meinen Morgen mit einigen Bemerkungen und fügte hinzu, daß ich am meisten bewundert die Reinlichkeit und Ordnung in den Straßen dieser zerstörten Stadt. Und wirklich war bewunderungswürdig, wie man die sämtlichen Straßen von Trümmern gereinigt, indem man den Schutt in die zerfallenen Mauerstätten selbst geworfen, die Steine dagegen an die Häuser angereiht und dadurch die Mitte der Straßen frei, dem Handel und Wandel offen wieder übergeben. Hiebei konnte ich dem Ehrenmanne mit der Wahrheit schmeicheln, indem ich ihm versicherte, daß alle Messineser dankbar erkennten, diese Wohltat seiner Vorsorge schuldig zu sein. — „Erkennen sie es", brummte er, „haben sie doch früher genug über die Härte geschrien, mit der man sie zu ihrem Vorteile nötigen mußte." Ich sprach von weisen Absichten der Regierung, von höhern Zwecken, die erst später eingesehen und geschätzt werden könnten, und dergleichen. Er fragte, ob ich die Jesuitenkirche gesehen habe, welches ich verneinte; worauf er mir denn zusagte, daß er mir sie wolle zeigen lassen, und zwar mit allem Zubehör.

Während diesem durch wenige Pausen unterbrochenen Gespräche sah ich die übrige Gesellschaft in dem tiefsten Stillschweigen, nicht mehr sich bewegen als nötig, die Bissen zum Munde zu bringen. Und so standen sie, als die Tafel aufgehoben und der Kaffee gereicht war, wie Wachspuppen rings an den Wänden. Ich ging auf den Hausgeistlichen los, der mir die Kirche zeigen sollte, ihm zum voraus für seine Bemühungen zu danken; er wich zur Seite, indem er demütig versicherte, die Befehle Ihro Exzellenz habe er ganz allein vor Augen. Ich redete darauf einen jungen, nebenstehenden Fremden an, dem es auch, ob er gleich ein Franzose war, nicht ganz wohl in seiner Haut zu sein schien; denn auch er war verstummt und erstarrt wie die ganze Gesellschaft, worunter ich mehrere Gesichter sah, die der gestrigen Szene mit dem Malteserritter bedenklich beigewohnt hatten.

Der Gouverneur entfernte sich, und nach einiger Zeit sagte mir der Geistliche, es sei nun an der Stunde, zu gehen.

Ich folgte ihm, die übrige Gesellschaft hatte sich stille, stille verloren. Er führte mich an das Portal der Jesuitenkirche, das nach der bekannten Architektur dieser Väter prunkhaft und wirklich imposant in die Luft steht. Ein Schließer kam uns schon entgegen und lud zum Eintritt, der Geistliche hingegen hielt mich zurück mit der Weisung, daß wir zuvor auf den Gouverneur zu warten hätten. Dieser fuhr auch bald heran, hielt auf dem Platze unfern der Kirche und winkte, worauf wir drei ganz nah an seinem Kutschenschlag uns vereinigten. Er gebot dem Schließer, daß er mir nicht allein die Kirche in allen ihren Teilen zeigen, sondern auch die Geschichte der Altäre und anderer Stiftungen umständlich erzählen solle; ferner habe er auch die Sakristeien aufzuschließen und mich auf alles das darin enthaltene Merkwürdige aufmerksam zu machen. Ich sei ein Mann, den er ehren wolle, der alle Ursache haben solle, in seinem Vaterlande rühmlich von Messina zu sprechen. „Versäumen Sie nicht“, sagte er darauf, zu mir gewandt, mit einem Lächeln, insofern seine Züge dessen fähig waren, „versäumen Sie nicht, so lange Sie hier sind, zur rechten Stunde an Tafel zu kommen, Sie sollen immer wohl empfangen sein.“ Ich hatte kaum Zeit, ihm hierauf verehrlich zu erwidern. Der Wagen bewegte sich fort.

Von diesem Augenblick an ward auch der Geistliche heiterer, wir traten in die Kirche. Der Kastellan, wie man ihn wohl in diesem entgottesdiensteten Zauberpalaste nennen dürfte, schickte sich an, die ihm scharf empfohlene Pflicht zu erfüllen, als der Konsul und Kniep in das leere Heiligtum hereinstürzten, mich umarmten und eine leidenschaftliche Freude ausdrückten, mich, den sie schon in Gewahrsam geglaubt, wiederzusehen. Sie hatten in Höllenangst gesessen, bis der gewandte Laufer, wahrscheinlich vom Konsul gut pensioniert, einen glücklichen Ausgang des Abenteuers unter hundert Possen erzählte, worauf denn ein erheiternder Frohsinn sich über die beiden ergoß, die mich sogleich aufsuchten, als die Aufmerksamkeit des Gouverneurs wegen der Kirche ihnen bekannt geworden.

Indessen standen wir vor dem Hochaltare, die Auslegung alter Kostbarkeiten vernehmend. Säulen von Lapislazuli, durch bronzene, vergoldete Stäbe gleichsam kanneliert, nach florentinischer Art eingelegte Pilaster und Füllungen; die prächtigen sizilianischen Achate in Überfluß, Erz und Vergoldung sich wiederholend und alles verbindend.

Nun war es aber eine wunderbare kontrapunktische Fuge, wenn Kniep und der Konsul die Verlegenheit des Abenteuers, der Vorzeiger dagegen die Kostbarkeiten der noch wohl erhaltenen Pracht verschränkt vortrugen, beide von ihrem Gegenstand durchdrungen; wobei ich denn das doppelte Vergnügen hatte, den Wert meines glücklichen Entkommens zu fühlen und zugleich die sizilianischen Gebirgsprodukte, um die ich mir schon manche Mühe gegeben, architektonisch angewendet zu sehen.

Die genaue Kenntnis der einzelnen Teile, woraus dieser Prunk zusammengesetzt war, verhalf mir zur Entdeckung, daß der sogenannte Lapislazuli jener Säulen eigentlich nur Calcara sei, aber freilich von so schöner Farbe, als ich sie noch nicht gesehn, und herrlich zusammengefügt. Aber auch so blieben diese Säulen noch immer ehrwürdig; denn es setzt eine ungeheure Menge jenes Materials voraus, um Stücke von so schöner und gleicher Farbe aussuchen zu können, und dann ist die Bemühung des Schneidens, Schleifens und Polierens höchst bedeutend. Doch was war jenen Vätern unüberwindlich?

Der Konsul hatte indessen nicht aufgehört, mich über mein bedrohliches Schicksal aufzuklären. Der Gouverneur nämlich, mit sich selbst unzufrieden, daß ich von seinem gewaltsamen Betragen gegen den Quasi-Malteser gleich beim ersten Eintritt Zeuge gewesen, habe sich vorgenommen, mich besonders zu ehren, und sich darüber einen Plan festgesetzt, dieser habe durch mein Außenbleiben gleich zu Anfang der Ausführung einen Strich erlitten. Nach langem Warten sich endlich zur Tafel setzend, habe der Despot sein ungeduldiges Mißvergnügen nicht verbergen können, und die Gesellschaft sei in Furcht gestanden, entweder bei meinem Kommen oder nach aufgehobener Tafel eine Szene zu erleben.

Indessen suchte der Küster immer wieder das Wort zu erhaschen, öffnete die geheimen Räume, nach schönen Verhältnissen gebaut, anständig, ja prächtig verziert, auch war darin noch manches bewegliche Kirchengeräte übriggeblieben, dem Ganzen gemäß geformt und geputzt. Von edeln Metallen sah ich nichts, so wenig als von ältern und neuern echten Kunstwerken.

Unsere italienisch-deutsche Fuge, denn Pater und Küster psalmodierten in der ersten, Kniep und Konsul in der zweiten Sprache, neigte sich zu Ende, als ein Offizier sich zu uns gesellte, den ich bei Tafel gesehen. Er gehörte zum Gefolge des Gouverneurs. Dies konnte wieder einige Besorgnis erregen, besonders da er sich erbot, mich an den Hafen zu führen, wo er mich an Punkte bringen wolle, die Fremden sonst unzugänglich seien. Meine Freunde sahen sich an, ich ließ mich jedoch nicht abhalten, allein mit ihm zu gehen. Nach einigen gleichgültigen Gesprächen begann ich, ihn zutraulich anzureden, und gestand, bei Tafel gar wohl bemerkt zu haben, daß mehrere stille Beisitzer mir durch ein freundliches Zeichen zu verstehen gegeben, daß ich nicht unter weltfremden Menschen allein, sondern unter Freunden, ja Brüdern mich befinde und deshalb nichts zu besorgen habe. Ich halte für Pflicht, ihm zu danken und um Erstattung gleichen Danks an die übrigen Freunde zu ersuchen. Hierauf erwiderte derselbe, daß sie mich um so mehr zu beruhigen gesucht, als sie bei Kenntnis der Gemütsart ihres Vorgesetzten für mich eigentlich nichts befürchtet hätten; denn eine Explosion wie die gegen den Malteser sei nur selten, und gerade wegen einer solchen mache sich der würdige Greis selbst Vorwürfe, hüte sich lange, lebe dann eine Weile in einer sorglosen Sicherheit seiner Pflicht, bis er denn endlich, durch einen unerwarteten Vorfall überrascht, wieder zu neuen Heftigkeiten hingerissen werde. Der wackere Freund setzte hinzu, daß ihm und seinen Genossen nichts wünschenswerter wäre, als mit mir sich genauer zu verbinden, weshalb ich die Gefälligkeit haben möchte, mich näher zu bezeichnen, wozu sich heute nacht die beste Gelegenheit finden werde. Ich wich diesem Verlangen höflich aus, indem ich ihn bat, mir eine Grille zu verzeihen: ich wünsche nämlich, auf Reisen bloß als Mensch angesehen zu werden, könne ich als ein solcher Vertrauen erregen und

Teilnahme erlangen, so sei es mir angenehm und erwünscht; in andere Verhältnisse einzugehen, verböten mir mancherlei Gründe.

Überzeugen wollt' ich ihn nicht, denn ich durfte ja nicht sagen, was eigentlich mein Grund war. Merkwürdig genug aber schien mir's, wie schön und unschuldig die wohldenkenden Männer unter einem despotischen Regiment sich zu eignem und zu der Fremdlinge Schutz verbündet hatten. Ich verhehlte ihm nicht, daß ich ihre Verhältnisse zu andern deutschen Reisenden recht wohl kenne, verbreitete mich über die löblichen Zwecke, die erreicht werden sollten, und setzte ihn immer mehr in Erstaunen über meine vertrauliche Hartnäckigkeit. Er versuchte alles mögliche, mich aus meinem Inkognito hervorzuziehen, welches ihm nicht gelang, teils weil ich, einer Gefahr entronnen, mich nicht zwecklos in eine andere begeben konnte, teils weil ich gar wohl bemerkte, die Ansichten dieser wackern Insulaner seien von den meinigen so sehr verschieden, daß ihnen mein näherer Umgang weder Freude noch Trost bringen könne.

Dagegen wurden abends mit dem teilnehmenden und tätigen Konsul noch einige Stunden verbracht, der denn auch die Szene mit dem Malteser aufklärte. Es sei dieser zwar kein eigentlicher Abenteurer, aber ein unruhiger Ortswechsler. Der Gouverneur, aus einer großen Familie, wegen Ernst und Tüchtigkeit verehrt, wegen bedeutender Dienste geschätzt, stehe doch im Rufe unbegrenzten Eigenwillens, zaumloser Heftigkeit und ehernen Starrsinns. Argwöhnisch als Greis und Despot, mehr besorgt als überzeugt, daß er Feinde bei Hofe habe, hasse er solche hin und wider ziehende Figuren, die er durchaus für Spione halte. Diesmal sei ihm der Rotrock in die Quer gekommen, da er nach einer ziemlichen Pause sich wieder einmal im Zorn habe ergehen müssen, um die Leber zu befreien.

Messina und auf der See, Montag, den 13. Mai 1787.

Beide wir erwachten mit gleicher Empfindung, verdrießlich, daß wir, durch den ersten wüsten Anblick von Messina zur Ungeduld gereizt, uns entschlossen hatten, mit dem französischen Kauffahrer die Rückfahrt abzuschließen. Nach dem glücklich beendigten Abenteuer mit dem Gouverneur, bei dem Verhältnis zu wackern Männern, denen ich mich nur näher zu bezeichnen brauchte, aus dem Besuch bei meinem Bankier, der auf dem Lande in der angenehmsten Gegend wohnte, ließ sich für einen längern Aufenthalt in Messina das Angenehmste hoffen. Kniep, von ein paar hübschen Kindern wohl unterhalten, wünschte nichts mehr als die längere Dauer des sonst verhaßten Gegenwindes. Indessen war die Lage unangenehm, alles mußte gepackt bleiben und wir jeden Augenblick bereit sein, zu scheiden.

So geschah denn auch dieser Aufruf gegen Mittag, wir eilten an Bord und fanden unter der am Ufer versammelten Menge auch unsern guten Konsul, von dem wir dankbar Abschied nahmen. Der gelbe Laufer drängte sich auch herbei, seine Ergötzlichkeiten abzuholen. Dieser ward nun belohnt und beauftragt, seinem Herrn unsere Abreise zu melden und mein Außenbleiben von Tafel zu entschuldigen. — „Wer absegelt, ist entschuldigt!" rief er aus; sodann mit einem seltsamen Sprung sich umkehrend, war er verschwunden.

Im Schiffe selbst sah es nun anders aus als auf der neapolitanischen Korvette; doch beschäftigte uns bei allmählicher Entfernung vom Ufer die herrliche Ansicht des Palastzirkels, der Zitadelle, der hinter der Stadt aufsteigenden Berge. Kalabrien an der andern Seite. Nun der freie Blick in die Meerenge nord- und südwärts, bei einer ausgedehnten, an beiden Seiten schön beuferten Breite. Als wir dieses nach und nach anstaunten, ließ man uns links in ziemlicher Ferne einige Bewegung im Wasser, rechts aber etwas näher einen vom Ufer sich auszeichnenden Felsen bemerken, jene als Charybdis, diesen als Scylla. Man hat sich bei Gelegenheit beider in der Natur so weit auseinander stehenden, von dem Dichter so nah zusammengerückten Merkwürdigkeiten über die Fabelei der Poeten beschwert und nicht bedacht, daß die Einbildungskraft aller Menschen durchaus Gegenstände, wenn sie sich solche bedeutend vorstellen will, höher als breit imaginiert und dadurch dem Bilde mehr Charakter, Ernst und Würde verschafft. Tausendmal habe ich klagen hören, daß ein durch Erzählung gekannter Gegenstand in der Gegenwart nicht mehr befriedige; die Ursache hievon ist immer dieselbe: Einbildung und Gegenwart verhalten sich wie Poesie und Prosa, jene wird die Gegenstände mächtig und steil denken, diese sich immer in die Fläche verbreiten. Landschaftsmaler des sechzehnten Jahrhunderts, gegen die unsrigen gehalten, geben das auffallendste Beispiel. Eine Zeichnung von Jodocus Momper neben einem Kniepschen Kontur würde den ganzen Kontrast sichtbar machen.

Mit solchen und ähnlichen Gesprächen unterhielten wir uns, indem selbst für Kniep die Küsten, welche zu zeichnen er schon Anstalt getroffen hatte, nicht reizend genug waren.

Mich aber befiel abermals die unangenehme Empfindung der Seekrankheit, und hier war dieser Zustand nicht wie bei der Überfahrt durch bequeme Absonderung gemildert; doch fand sich die Kajüte groß genug, um mehrere Personen einzunehmen, auch an guten Matratzen war kein Mangel. Ich nahm die horizontale Stellung wieder an, in welcher mich Kniep gar vorsorglich mit rotem Wein und gutem Brot ernährte. In dieser Lage wollte mir unsere ganze sizilianische Reise in keinem angenehmen Lichte erscheinen. Wir hatten doch eigentlich nichts gesehen, als durchaus eitle Bemühungen des Menschengeschlechts, sich gegen die Gewaltsamkeit der Natur, gegen die hämische Tücke der Zeit und gegen den Groll ihrer eigenen feindseligen Spaltungen zu erhalten. Die Karthager, Griechen und Römer und so viele nachfolgende Völkerschaften haben gebaut und zerstört. Selinunt liegt methodisch umgeworfen; die Tempel von Girgenti niederzulegen, waren zwei Jahrtausende nicht hinreichend, Catania und Messina zu verderben, wenige Stunden, wo nicht gar Augenblicke. Diese wahrhaft seekranken Betrachtungen eines auf der Woge des Lebens hin und wider Geschaukelten ließ ich nicht Herrschaft gewinnen.

Auf der See, Dienstag, den 13. Mai 1787.

Meine Hoffnung, diesmal schneller nach Neapel zu gelangen, oder von der Seekrankheit eher befreit zu sein, war nicht eingetroffen. Verschiedenemal versuchte ich, durch Kniep angeregt, auf das Verdeck zu treten, allein der Genuß eines so mannigfaltigen Schönen war mir versagt, nur einige

Vorfälle ließen mich meinen Schwindel vergessen. Der ganze Himmel war mit einem weißlichen Wolkendunst umzogen, durch welchen die Sonne, ohne daß man ihr Bild hätte unterscheiden können, das Meer überleuchtete, welches die schönste Himmelsbläue zeigte, die man nur sehen kann. Eine Schar Delphine begleitete das Schiff, schwimmend und springend blieben sie ihm immer gleich. Mich deucht, sie hatten das aus der Tiefe und Ferne ihnen als ein schwarzer Punkt erscheinende Schwimmgebäude für irgendeinen Raub und willkommene Zehrung gehalten. Vom Schiff aus wenigstens behandelte man sie nicht als Geleitsmänner, sondern wie Feinde: einer ward mit dem Harpun getroffen, aber nicht herangebracht.

Der Wind blieb ungünstig, den unser Schiff, in verschiedenen Richtungen fortstreichend, nur überlisten konnte. Die Ungeduld hierüber ward vermehrt, als einige erfahrne Reisende versicherten, weder Hauptmann noch Steuerer verstünden ihr Handwerk, jener möge wohl als Kaufmann, dieser als Matrose gelten, für den Wert so vieler Menschen und Güter seien sie nicht geeignet einzustehen.

Ich ersuchte diese übrigens braven Personen, ihre Besorgnisse geheimzuhalten. Die Anzahl der Passagiere war groß, darunter Weiber und Kinder von verschiedenem Alter, denn alles hatte sich auf das französische Fahrzeug gedrängt, die Sicherheit der weißen Flagge vor Seeräubern, sonst nichts weiter bedenkend. Ich stellte vor, daß Mißtrauen und Sorge jeden in die peinlichste Lage versetzen würde, da bis jetzt alle in der farb- und wappenlosen Leinwand ihr Heil gesehen.

Und wirklich ist zwischen Himmel und Meer dieser weiße Zipfel als entscheidender Talisman merkwürdig genug. Wie sich Abfahrende und Zurückbleibende noch mit geschwungenen weißen Taschentüchern begrüßen und dadurch wechselseitig ein sonst nie zu empfindendes Gefühl der scheidenden Freundschaft und Neigung erregen, so ist hier in dieser einfachen Fahne der Ursprung geheiligt; eben als wenn einer sein Taschentuch an eine Stange befestigte, um der ganzen Welt anzukündigen, es komme ein Freund über Meer.

Mit Wein und Brot von Zeit zu Zeit erquickt zum Verdruß des Hauptmanns, welcher verlangte, daß ich essen sollte, was ich bezahlt hatte, konnte ich doch auf dem Verdeck sitzen und an mancher Unterhaltung teilnehmen. Kniep wußte mich zu erheitern, indem er nicht wie auf der Korvette, über die vortreffliche Kost triumphierend, meinen Neid zu erregen suchte, mich vielmehr diesmal glücklich pries, daß ich keinen Appetit habe.

Montag, den 14. Mai 1787.

Und so war der Nachmittag vorbeigegangen, ohne daß wir unsern Wünschen gemäß in den Golf von Neapel eingefahren wären. Wir wurden vielmehr immer westwärts getrieben, und das Schiff, indem es sich der Insel Capri näherte, entfernte sich immer mehr von dem Kap Minerva. Jedermann war verdrießlich und ungeduldig, wir beiden aber, die wir die Welt mit malerischen Augen betrachteten, konnten damit sehr zufrieden sein; denn bei Sonnenuntergang genossen wir des herrlichsten Anblicks, den uns die ganze Reise gewährt hatte. In dem glänzendsten Farbenschmuck lag Kap Minerva mit den daranstoßenden Gebirgen vor unsern Augen, indes die Felsen, die sich südwärts hinabziehen, schon einen blaulichen Ton angenommen hatten. Vom Kap an zog sich die ganze erleuchtete Küste bis Sorrent hin. Der Vesuv war uns sichtbar, eine ungeheure Dampfwolke über ihm aufgetürmt, von der sich ostwärts ein langer Streif weit hinzog, so daß wir den stärksten Ausbruch vermuten konnten. Links lag Capri, steil in die Höhe strebend; die Formen seiner Felswände konnten wir durch den durchsichtigen bläulichen Dunst vollkommen unterscheiden. Unter einem ganz reinen, wolkenlosen Himmel glänzte das ruhige, kaum bewegte Meer, das bei einer völligen Windstille endlich wie ein klarer Teich vor uns lag. Wir entzückten uns an dem Anblick, Kniep trauerte, daß alle Farbenkunst nicht hinreiche, diese Harmonie wiederzugeben, so wie der feinste englische Bleistift die geübteste Hand nicht in den Stand setze, diese Linien nachzuziehen. Ich dagegen, überzeugt, daß ein weit geringeres Andenken, als dieser geschickte Künstler zu erhalten vermochte, in der Zukunft höchst wünschenswert sein würde, ich ermunterte ihn, Hand und Auge zum letztenmal anzustrengen; er ließ sich bereden und lieferte eine der genausten Zeichnungen, die er nachher kolorierte und ein Beispiel zurückließ, daß bildlicher Darstellung das Unmögliche möglich wird. Den Übergang vom Abend zur Nacht verfolgten wir mit ebenso begierigen Augen. Capri lag nun ganz finster vor uns, und zu unserm Erstaunen entzündete sich die vesuvische Wolke sowie auch der Wolkenstreif, je länger, je mehr, und wir sahen zuletzt einen ansehnlichen Strich der Atmosphäre im Grunde unseres Bildes erleuchtet, ja, wetterleuchten.

Über diese uns so willkommenen Szenen hatten wir unbemerkt gelassen, daß uns ein großes Unheil bedrohe; doch ließ uns die Bewegung unter den Passagieren nicht lange in Ungewißheit. Sie, der Meeresereignisse kundiger als wir, machten dem Schiffsherrn und seinem Steuermanne bittre Vorwürfe; daß über ihre Ungeschicklichkeit nicht allein die Meerenge verfehlt sei, sondern auch die ihnen anvertraute Personenzahl, Güter und alles umzukommen in Gefahr schwebe. Wir erkundigten uns nach der Ursache dieser Unruhe, indem wir nicht begriffen, daß bei völliger Windstille irgendein Unheil zu befürchten sei. Aber eben diese Windstille machte jene Männer trostlos. „Wir befinden uns", sagten sie, „schon in der Strömung, die sich um die Insel bewegt und durch einen sonderbaren Wellenschlag so langsam als unwiderstehlich nach dem schroffen Felsen hinzieht, wo uns auch nicht ein Fußbreit Vorsprung oder Bucht zur Rettung gegeben ist."

Aufmerksam durch diese Reden, betrachteten wir nun unser Schicksal mit Grauen; denn obgleich die Nacht die zunehmende Gefahr nicht unterscheiden ließ, so bemerkten wir doch, daß das Schiff, schwankend und schwippend, sich den Felsen näherte, die immer finsterer vor uns standen, während über das Meer hin noch ein leichter Abendschimmer verbreitet lag. Nicht die geringste Bewegung war in der Luft zu bemerken: Schnupftücher und leichte Bänder wurden von jedem in die Höhe und ins Freie gehalten, aber keine Andeutung eines erwünschten Hauches zeigte sich. Die Menge ward immer lauter und wilder. Nicht etwa betend knieten die Weiber mit ihren Kindern auf dem Verdeck, sondern weil der Raum zu eng war, sich darauf zu bewegen, lagen sie gedrängt aneinander. Sie noch mehr als die Männer, welche besonnen auf Hülfe und Rettung dachten, schalten und tobten gegen den Kapitän. Nun ward ihm alles vorgeworfen, was man auf der ganzen Reise schweigend zu erinnern gehabt: für teures Geld einen schlechten Schiffsraum, geringe Kost, ein zwar nicht unfreundliches, aber doch stummes Betragen. Er hatte niemand von seinen Handlungen Rechenschaft gegeben, ja, selbst noch den letzten Abend ein hartnäckiges Stillschweigen über seine Manœuvres beobachtet. Nun hieß er und der Steuermann hergelaufene Krämer, die ohne Kenntnis der Schiffskunst sich aus bloßem Eigennutz den Besitz eines Fahrzeuges zu verschaffen gewußt und nun durch Unfähigkeit und Ungeschicklichkeit alle, die ihnen anvertraut, zugrunde richteten. Der Hauptmann schwieg und schien immer noch auf Rettung zu sinnen; mir aber, dem von Jugend auf Anarchie verdrießlicher gewesen als der Tod selbst, war es unmöglich, länger zu schweigen. Ich trat vor sie hin und redete ihnen zu, mit ungefähr ebensoviel Gemütsruhe als den Vögeln von Malcesine. Ich stellte ihnen vor, daß gerade in diesem Augenblick ihr Lärmen und Schreien denen, von welchen noch allein Rettung zu hoffen sei, Ohr und Kopf verwirrten, so daß sie weder denken noch sich untereinander verständigen könnten. „Was euch betrifft", rief ich aus, „kehrt in euch selbst zurück und dann wendet euer brünstiges Gebet zur Mutter Gottes, auf die es ganz allein ankommt, ob sie sich bei ihrem Sohne verwenden mag, daß er für euch tue, was er damals für seine Apostel getan, als auf dem stürmenden See Tiberias die Wellen schon in das Schiff schlugen, der Herr aber schlief, der jedoch, als ihn die Trost- und Hülflosen aufweckten, sogleich dem Winde zu ruhen gebot, wie er jetzt der Luft gebieten kann, sich zu regen, wenn es anders sein heiliger Wille ist."

Diese Worte taten die beste Wirkung. Eine unter den Frauen, mit der ich mich schon früher über sittliche und geistliche Gegenstände unterhalten hatte, rief aus: „Ah! il Barlamé! benedetto il Barlamé!" und wirklich fingen sie, da sie ohnehin schon auf den Knieen lagen, ihre Litaneien mit mehr als herkömmlicher Inbrunst leidenschaftlich zu beten an. Sie konnten dies mit desto größerer Beruhigung tun, als die Schiffsleute noch ein Rettungsmittel versuchten, das wenigstens in die Augen fallend war: sie ließen das Boot hinunter, das freilich nur sechs bis acht Männer fassen konnte, befestigten es durch ein langes Seil an das Schiff, welches die Matrosen durch Ruderschläge nach sich zu ziehen kräftig bemüht waren. Auch glaubte man einen Augenblick, daß sie es innerhalb der Strömung bewegten, und hoffte es bald aus derselben herausgerettet zu sehen. Ob aber gerade diese Bemühungen die Gegengewalt der Strömung vermehrt, oder wie es damit beschaffen sein mochte, so ward mit einmal an dem langen Seile das Boot und seine Mannschaft im Bogen rückwärts nach dem Schiffe geschleudert, wie die Schmitze einer Peitsche, wenn der Fuhrmann einen Zug tut. Auch diese Hoffnung ward aufgegeben! — Gebet und Klagen wechselten ab, und der Zustand wuchs um so schauerlicher, da nun oben auf den Felsen die Ziegenhirten, deren Feuer man schon längst gesehen hatte, hohl aufschrien, da unten strande das Schiff! Sie riefen einander noch viel unverständliche Töne zu, in welchen einige, mit der Sprache bekannt, zu vernehmen glaubten, als freuten sie sich auf manche Beute, die sie am andern Morgen aufzufischen gedächten. Sogar der tröstliche Zweifel, ob denn auch wirklich das Schiff dem Felsen sich so drohend nähere, war leider nur zu bald gehoben, indem die Mannschaft zu großen Stangen griff, um das Fahrzeug, wenn es zum Äußersten käme, damit von den Felsen abzuhalten, bis denn endlich auch diese brächen und alles verloren sei. Immer stärker schwankte das Schiff, die Brandung schien sich zu vermehren, und meine durch alles dieses wiederkehrende Seekrankheit drängte mir den Entschluß auf, hinunter in die Kajüte zu steigen. Ich legte mich halb betäubt auf meine Matratze, doch aber mit einer gewissen angenehmen Empfindung, die sich vom See Tiberias herzuschreiben schien; denn ganz deutlich schwebte mir das Bild aus Merians Kupferbibel vor Augen. Und so bewährt sich die Kraft aller sinnlich-sittlichen Eindrücke jedesmal am stärksten, wenn der Mensch ganz auf sich selbst zurückgewiesen ist. Wie lange ich so in halbem Schlafe gelegen, wüßte ich nicht zu sagen, aufgeweckt aber ward ich durch ein gewaltsames Getöse über mir; ich konnte deutlich vernehmen, daß es die großen Seile waren, die man auf dem Verdeck hin und wider schleppte, dies gab mir Hoffnung, daß man von den Segeln Gebrauch mache. Nach einer kleinen Weile sprang Kniep herunter und kündigte mir an, daß man gerettet sei, der gelindeste Windshauch habe sich erhoben; in dem Augenblick sei man bemüht gewesen, die Segel aufzuziehen, er selbst habe nicht versäumt, Hand anzulegen. Man entferne sich schon sichtbar vom Felsen, und obgleich noch nicht völlig außer der Strömung, hoffe man nun doch, sie zu überwinden. Oben war alles stille; sodann kamen mehrere der Passagiere, verkündigten den glücklichen Ausgang und legten sich nieder.

Als ich früh am vierten Tage unserer Fahrt erwachte, befand ich mich frisch und gesund, so wie ich auch bei der Überfahrt zu eben dieser Epoche gewesen war; so daß ich also auf einer längern Seereise wahrscheinlich mit einer dreitägigen Unpäßlichkeit meinen Tribut würde bezahlt haben.

Vom Verdeck sah ich mit Vergnügen die Insel Capri in ziemlicher Entfernung zur Seite liegen und unser Schiff in solcher Richtung, daß wir hoffen konnten, in den Golf hineinzufahren, welches denn auch bald geschah. Nun hatten wir die Freude, nach einer ausgestandenen harten Nacht dieselben Gegenstände, die uns abends vorher entzückt hatten, in entgegengesetztem Lichte zu bewundern. Bald ließen wir jene gefährliche Felseninsel hinter uns. Hatten wir gestern die rechte Seite des Golfs von weitem bewundert, so erschienen nun auch die Kastelle und die Stadt gerade vor uns, sodann links der Posilipo und die Erdzungen, die sich bis gegen Procida und Ischia erstreckten. Alles war auf dem Verdeck, voran ein für seinen Orient sehr eingenommener griechischer Priester, der den Landesbewohnern, die ihr herrliches Vaterland mit Entzücken begrüßten, auf ihre Frage, wie sich denn Neapel zu Konstantinopel verhalte, sehr pathetisch antwortete: „Anche questa è una città!" — „Auch dieses ist eine Stadt!" — Wir langten zur rechten

Zeit im Hafen an, umsummt von Menschen; es war der lebhafteste Augenblick des Tages. Kaum waren unsere Koffer und sonstigen Gerätschaften ausgeladen und standen am Ufer, als gleich zwei Lastträger sich derselben bemächtigten, und kaum hatten wir ausgesprochen, daß wir bei Moriconi logieren würden, so liefen sie mit dieser Last wie mit einer Beute davon, so daß wir ihnen durch die menschenreichen Straßen und über den bewegten Platz nicht mit den Augen folgen konnten. Kniep hatte das Portefeuille unter dem Arm, und wir hätten wenigstens die Zeichnungen gerettet, wenn jene Träger, weniger ehrlich als die neapolitanischen armen Teufel, uns um dasjenige gebracht hätten, was die Brandung verschont hatte.

NEAPEL

An Herder

Neapel, den 17. Mai 1787.

Hier bin ich wieder, meine Lieben, frisch und gesund. Ich habe die Reise durch Sizilien leicht und schnell getrieben, wenn ich wiederkomme, sollt Ihr beurteilen, wie ich gesehen habe. Daß ich sonst so an den Gegenständen klebte und haftete, hat mir nun eine unglaubliche Fertigkeit verschafft, alles gleichsam vom Blatt wegzuspielen, und ich finde mich recht glücklich, den großen, schönen, unvergleichbaren Gedanken von Sizilien so klar, ganz und lauter in der Seele zu haben. Nun bleibt meiner Sehnsucht kein Gegenstand mehr im Mittag, da ich auch gestern von Pästum zurückgekommen bin. Das Meer und die Inseln haben mir Genuß und Leiden gegeben, und ich kehre befriedigt zurück. Laßt mich jedes Detail bis zu meiner Wiederkehr aufsparen. Auch ist hier in Neapel kein Besinnens; diesen Ort werde ich Euch nun besser schildern, als es meine ersten Briefe taten. Den ersten Juni reise ich nach Rom, wenn mich nicht eine höhere Macht hindert, und Anfangs Juli denke ich von dort wieder abzugehen. Ich muß Euch so bald als möglich wiedersehen, es sollen gute Tage werden. Ich habe unsäglich aufgeladen und brauche Ruhe, es wieder zu verarbeiten.

Für alles, was Du Liebes und Gutes an meinen Schriften tust, danke ich Dir tausendmal, ich wünschte immer, etwas Besseres auch Dir zur Freude zu machen. Was mir auch von Dir begegnen wird und wo, soll mir willkommen sein, wir sind so nah in unsern Vorstellungsarten, als es möglich ist, ohne eins zu sein, und in den Hauptpunkten am nächsten. Wenn Du diese Zeit her viel aus Dir selbst geschöpft hast, so hab' ich viel erworben, und ich kann einen guten Tausch hoffen.

Ich bin freilich, wie Du sagst, mit meiner Vorstellung sehr ans Gegenwärtige geheftet, und je mehr ich die Welt sehe, desto weniger kann ich hoffen, daß die Menschheit je eine weise, kluge, glückliche Masse werden könne. Vielleicht ist unter den Millionen Welten eine, die sich dieses Vorzugs rühmen kann; bei der Konstitution der unsrigen bleibt mir so wenig für sie, als für Sizilien bei der seinigen zu hoffen.

In einem beiliegenden Blatte sag' ich etwas über den Weg nach Salerno und über Pästum selbst; es ist die letzte und, fast möcht' ich sagen, herrlichste Idee, die ich nun nordwärts vollständig mitnehme. Auch ist der mittlere Tempel nach meiner Meinung allem vorzuziehen, was man noch in Sizilien sieht.

Was den Homer betrifft, ist mir wie eine Decke von den Augen gefallen. Die Beschreibungen, die Gleichnisse etc. kommen uns poetisch vor und sind doch unsäglich natürlich, aber freilich mit einer Reinheit und Innigkeit gezeichnet, vor der man erschrickt. Selbst die sonderbarsten erlogenen Begebenheiten haben eine Natürlichkeit, die ich nie so gefühlt habe als in der Nähe der beschriebenen Gegenstände. Laß mich meinen Gedanken kurz so ausdrücken: sie stellten die Existenz dar, wir gewöhnlich den Effekt; sie schilderten das Fürchterliche, wir schildern fürchterlich; sie das Angenehme, wir angenehm u. s. w. Daher kommt alles Übertriebene, alles Manierierte, alle falsche Grazie, aller Schwulst. Denn wenn man den Effekt und auf den Effekt arbeitet, so glaubt man ihn nicht fühlbar genug machen zu können. Wenn, was ich sage, nicht neu ist, so hab' ich es doch bei neuem Anlaß recht lebhaft gefühlt. Nun ich alle diese Küsten und Vorgebirge, Golfe und Buchten, Inseln und Erdzungen, Felsen und Sandstreifen, buschige Hügel, sanfte Weiden, fruchtbare Felder, geschmückte Gärten, gepflegte Bäume, hängende Reben, Wolkenberge und immer heitere Ebnen, Klippen und Bänke und das alles umgebende Meer mit so vielen Abwechselungen und Mannigfaltigkeiten im Geiste gegenwärtig habe, nun ist mir erst die Odyssee ein lebendiges Wort.

Ferner muß ich Dir vertrauen, daß ich dem Geheimnis der Pflanzenzeugung und -organisation ganz nahe bin und daß es das einfachste ist, was nur gedacht werden kann. Unter diesem Himmel kann man die schönsten Beobachtungen machen. Den Hauptpunkt, wo der Keim steckt, habe ich ganz klar und zweifellos gefunden; alles übrige seh' ich auch schon im ganzen, und nur noch einige Punkte müssen bestimmter werden. Die Urpflanze wird das wunderlichste Geschöpf von der Welt, um welches mich die Natur selbst beneiden soll. Mit diesem Modell und dem Schlüssel dazu kann man alsdann noch Pflanzen ins Unendliche erfinden, die konsequent sein müssen, das heißt, die, wenn sie auch nicht existieren, doch existieren könnten und nicht etwa malerische oder dichterische Schatten und Scheine sind, sondern eine innerliche Wahrheit und Notwendigkeit haben. Dasselbe Gesetz wird sich auf alles übrige Lebendige anwenden lassen.

Neapel, den 18. Mai 1787.

Tischbein, der nach Rom wieder zurückgekehrt ist, hat, wie wir merken, hier in der Zwischenzeit so für uns gearbeitet, daß wir seine Abwesenheit nicht empfinden sollen. Er scheint seinen sämtlichen hiesigen Freunden so viel Zutrauen zu uns eingeflößt zu haben, daß sie sich alle offen, freundlich und tätig gegen uns erweisen, welches ich besonders in meiner gegenwärtigen Lage sehr bedarf, weil kein Tag vergeht, wo ich nicht jemand um irgendeine Gefälligkeit und Beistand anzurufen hätte. Soeben bin ich im Begriff, ein summarisches Verzeichnis aufzusetzen von dem, was ich noch zu sehen wünschte; da denn die Kürze der Zeit Meisterin bleiben und andeuten wird, was denn auch wirklich nachgeholt werden könne.

Neapel, den 22. Mai 1787.

Heute begegnete mir ein angenehmes Abenteuer, welches mich wohl zu einigem Nachdenken bewegen konnte und des Erzählens wert ist.

Eine Dame, die mich schon bei meinem ersten Aufenthalt vielfach begünstigt, ersuchte mich, abends Punkt fünf Uhr bei ihr einzutreffen: es wolle mich ein Engländer sprechen, der mir über meinen „Werther“ etwas zu sagen habe.

Vor einem halben Jahre würde hierauf, und wäre sie mir doppelt wert gewesen, gewiß eine abschlägige Antwort erfolgt sein; aber daran, daß ich zusagte, konnte ich wohl merken, meine sizilianische Reise habe glücklich auf mich gewirkt, und ich versprach zu kommen.

Leider aber ist die Stadt zu groß und der Gegenstände so viel, daß ich eine Viertelstunde zu spät die Treppe hinaufstieg und eben an der verschlossenen Türe auf der Schilfmatte stand, um zu klingeln, als die Türe schon aufging und ein schöner Mann in mittlern Jahren heraustrat, den ich sogleich für den Engländer erkannte. Er hatte mich kaum angesehen, als er sagte: „Sie sind der Verfasser des ‚Werther'!" Ich bekannte mich dazu und entschuldigte mich, nicht früher gekommen zu sein.

„Ich konnte nicht einen Augenblick länger warten", versetzte derselbe, „was ich Ihnen zu sagen habe, ist ganz kurz und kann ebensogut hier auf der Schilfmatte geschehen. Ich will nicht wiederholen, was Sie von Tausenden gehört, auch hat das Werk nicht so heftig auf mich gewirkt als auf andere; sooft ich aber daran denke, was dazu gehörte, um es zu schreiben, so muß ich mich immer aufs neue verwundern."

Ich wollte irgend etwas dankbar dagegen erwidern, als er mir ins Wort fiel und ausrief: „Ich darf keinen Augenblick länger säumen, mein Verlangen ist erfüllt, Ihnen dies selbst gesagt zu haben, leben Sie recht wohl und glücklich!" und so fuhr er die Treppe hinunter. Ich stand einige Zeit über diesen ehrenvollen Text nachdenkend und klingelte endlich, Die Dame vernahm mit Vergnügen unser Zusammentreffen und erzählte manches Vorteilhafte von diesem seltenen und seltsamen Manne.

Neapel, Freitag, den 25. Mai 1787.

Mein lockeres Prinzeßchen werde ich wohl nicht wiedersehen; sie ist wirklich nach Sorrent und hat mir die Ehre angetan, vor ihrer Abreise auf mich zu schelten, daß ich das steinichte und wüste Sizilien ihr habe vorziehen können. Einige Freunde gaben mir Auskunft über diese sonderbare Erscheinung. Aus einem guten, doch unvermögenden Hause geboren, im Kloster erzogen, entschloß sie sich, einen alten und reichen Fürsten zu heiraten, und man konnte sie um so eher dazu überreden, als die Natur sie zu einem zwar guten, aber zur Liebe völlig unfähigen Wesen gebildet hatte. In dieser reichen, aber durch Familienverhältnisse höchst beschränkten Lage suchte sie sich durch ihren Geist zu helfen und, da sie in Tun und Lassen gehindert war, wenigstens ihrem Mundwerk freies Spiel zu geben. Man versicherte mir, daß ihr eigentlichster Wandel ganz untadelig sei, daß sie sich aber fest vorgesetzt zu haben scheine, durch ein unbändiges Reden allen Verhältnissen ins Angesicht zu schlagen. Man bemerkte scherzend, daß keine Zensur ihre Diskurse, wären sie schriftlich verfaßt, könne durchgehen lassen, weil sie durchaus nichts vorbringe, als was Religion, Staat oder Sitten verletze.

Man erzählte die wunderlichsten und artigsten Geschichten von ihr, wovon eine hier stehen mag, ob sie gleich nicht die anständigste ist.

Kurz vor dem Erdbeben, das Kalabrien betraf, war sie auf die dortigen Güter ihres Gemahls gezogen. Auch in der Nähe ihres Schlosses war eine Baracke gebaut, das heißt ein hölzernes einstöckiges Haus, unmittelbar auf den Boden aufgesetzt; übrigens tapeziert, möbliert und schicklich eingerichtet. Bei den ersten Anzeigen des Erdbebens flüchtete sie dahin. Sie saß auf dem Sofa, Knötchen knüpfend, vor sich ein Nähtischchen, gegen ihr über ein Abbé, ein alter Hausgeistlicher. Auf einmal wogte der Boden, das Gebäude sank an ihrer Seite nieder, indem die entgegengesetzte sich emporhob, der Abbé und das Tischchen wurde also auch in die Höhe gehoben. „Pfui!“ rief sie, an der sinkenden Wand mit dem Kopfe gelehnt, „schickt sich das für einen so ehrwürdigen Mann? Ihr gebärdet Euch ja, als wenn Ihr auf mich fallen wolltet. Das ist ganz gegen alle Sitte und Wohlstand.“

Indessen hatte das Haus sich wieder niedergesetzt, und sie wußte sich vor Lachen nicht zu lassen über die närrische, lüsterne Figur, die der gute Alte sollte gespielt haben, und sie schien über diesen Scherz von allen Kalamitäten, ja dem großen Verlust, der ihre Familie und so viel tausend Menschen betraf, nicht das mindeste zu empfinden. Ein wundersam glücklicher Charakter, dem noch eine Posse gelingt, indem ihn die Erde verschlingen will.

Neapel, Sonnabend, den 26. Mai 1787.

Genau betrachtet, möchte man doch wohl gutheißen, daß es so viele Heilige gibt; nun kann jeder Gläubige den seinigen auslesen und mit vollem Vertrauen sich gerade an den wenden, der ihm eigentlich zusagt. Heute war der Tag des meinigen, den ich denn ihm zu Ehren nach seiner Weise und Lehre andächtig-munter beging.

Philippus Neri steht in hohem Ansehn und zugleich heiterm Andenken; man wird erbaut und erfreut, wenn man von ihm und von seiner hohen Gottesfurcht vernimmt, zugleich aber hört man auch von seiner guten Laune sehr viel erzählen. Seit seinen ersten Jugendjahren fühlte er die brünstigsten Religionstriebe, und im Laufe seines Lebens entwickelten sich in ihm die höchsten Gaben des religiösen Enthusiasmus: die Gabe des unwillkürlichen Gebets, der tiefen, wortlosen Anbetung, die Gabe der Tränen, der Ekstase und zuletzt sogar des Aufsteigens vom Boden und Schwebens über demselben, welches vor allen für das Höchste gehalten wird.

Zu so vielen geheimnisvollen, seltsamen Innerlichkeiten gesellte er den klarsten Menschenverstand, die reinste Würdigung oder vielmehr Abwürdigung der irdischen Dinge, den tätigsten Beistand, in leiblicher und geistlicher Not seinem Nebenmenschen gewidmet. Streng beobachtete er alle Obliegenheiten, wie sie auch an Festen, Kirchenbesuchen, Beten, Fasten und sonst von dem gläubigen, kirchlichen Manne gefordert werden. Ebenso beschäftigte er sich mit Bildung der Jugend, mit musikalischer und rednerischer Übung derselben, indem er nicht allein geistliche, sondern auch geistreiche Themata vorlegte und sonst aufregende Gespräche und Disputationen veranlaßte. Hiebei möchte denn wohl das Sonderbarste scheinen, daß er das alles aus eignem Trieb und Befugnis tat und leistete, seinen Weg viele Jahre stetig verfolgte, ohne zu irgendeinem Orden oder Kongregation zu gehören, ja ohne die geistliche Weihe zu haben.

Doch bedeutender muß es auffallen, daß gerade dies zu Luthers Zeit geschah, und daß mitten in Rom ein tüchtiger, gottesfürchtiger, energischer, tätiger Mann gleichfalls den Gedanken hatte, das Geistliche, ja das Heilige mit dem Weltlichen zu verbinden, das Himmlische in das Säkulum einzuführen und dadurch ebenfalls eine Reformation vorzubereiten. Denn hier liegt doch ganz allein der Schlüssel, der die Gefängnisse des Papsttums öffnen und der freien Welt ihren Gott wiedergeben soll.

Der päpstliche Hof jedoch, der einen so bedeutenden Mann in der Nähe, im Bezirk von Rom, unter seinem Gewahrsam hatte, ließ nicht nach, bis dieser, der ohnehin ein geistliches Leben führte, schon seine Wohnung in Klöstern nahm, daselbst lehrte, ermunterte, ja sogar, wo nicht einen Orden, doch eine freie Versammlung zu stiften im Begriff war, endlich beredet ward, die Weihe zu nehmen und alle die Vorteile damit zu empfangen, die ihm denn doch bisher auf seinem Lebenswege ermangelt hatten.

Will man auch seine körperliche wunderbare Erhebung über den Boden, wie billig, in Zweifel ziehen, so war er doch dem Geiste nach hoch über dieser Welt erhoben und deswegen ihm nichts so sehr zuwider als Eitelkeit, Schein, Anmaßung, gegen die er auch immer, als gegen die größten Hindernisse eines wahren gottseligen Lebens, kräftig wirkte, und zwar, wie uns manche Geschichte überliefert, immer mit gutem Humor.

Er befindet sich z. B. eben in der Nähe des Papstes, als diesem berichtet wird, daß in der Nähe von Rom eine Klosterfrau mit allerlei wunderlichen geistlichen Gaben sich hervortue. Die Wahrhaftigkeit dieser Erzählungen zu untersuchen, erhält Neri den Auftrag. Er setzt sich sogleich zu Maultier und ist bei sehr bösem Wetter und Weg bald im Kloster. Eingeführt, unterhält er sich mit der Äbtissin, die ihm von allen diesen Gnadenzeichen mit vollkommener Beistimmung genaueste Kenntnis gibt. Die geforderte Nonne tritt ein, und er, ohne sie weiter zu begrüßen, reicht ihr den kotigen Stiefel hin, mit dem Ansinnen, daß sie ihn ausziehen solle. Die heilige, reinliche Jungfrau tritt erschrocken zurück und gibt ihre Entrüstung über dieses Zumuten mit heftigen Worten zu erkennen. Neri erhebt sich ganz gelassen, besteigt sein Maultier und findet sich wieder vor dem Papst, ehe dieser es nur vermuten konnte; denn wegen Prüfung solcher Geistesgaben sind katholischen Beichtvätern bedeutende Vorsichtsmaßregeln aufs genaueste vorgeschrieben, weil die Kirche zwar die Möglichkeit solcher himmlischen Begünstigungen zugibt, aber die Wirklichkeit derselben nicht ohne die genaueste Prüfung zugesteht. Dem verwunderten Papste eröffnete Neri kürzlich das Resultat: „Sie ist keine Heilige“, ruft er aus, „sie tut keine Wunder! denn die Haupteigenschaft fehlt ihr, die Demut.“

Diese Maxime kann man als leitendes Prinzip seines ganzen Lebens ansehen; denn, um nur noch eins zu erzählen: als er die Kongregation der Padri dell' Oratorio gestiftet hatte, die sich bald ein großes Ansehn erwarb und gar vielen den Wunsch einflößte, Mitglied derselben zu werden, kam ein junger römischer Prinz, um Aufnahme bittend, welchem denn auch das Noviziat und die demselben angewiesene Kleidung zugestanden wurde. Da aber selbiger nach einiger Zeit um wirklichen Eintritt nachsuchte, hieß es, daß vorher noch einige Prüfungen zu bestehen seien; wozu er sich denn auch bereit erklärte. Da brachte Neri einen langen Fuchsschwanz hervor und forderte, der Prinz solle diesen sich hinten an das lange Röckchen anheften lassen und ganz ernsthaft durch alle Straßen von Rom gehen. Der junge Mann entsetzte sich, wie oben die Nonne, und äußerte, er habe sich gemeldet, nicht um Schande, sondern um Ehre zu erlangen. Da meinte denn Vater Neri, dies sei von ihrem Kreise nicht zu erwarten, wo die höchste Entsagung das erste Gesetz bleibe. Worauf denn der Jüngling seinen Abschied nahm.

In einem kurzen Wahlspruch hatte Neri seine Hauptlehre verfaßt: „Spernere mundum, spernere te ipsum, spernere te sperni.“ Und damit war freilich alles gesagt. Die beiden ersten Punkte bildet sich ein Hypochondrist wohl manchmal ein erfüllen zu können, um aber sich zum dritten zu bequemen, müßte man auf dem Wege sein, ein Heiliger zu werden.

Neapel, den 27. Mai 1787.

Die sämtlichen lieben Briefe vom Ende des vorigen Monats habe ich gestern alle auf einmal von Rom her durch Graf Fries erhalten und mir mit Lesen und Wiederlesen etwas Rechts zugute getan. Das sehnlich erwartete Schächtelchen war auch dabei, und ich danke tausendmal für alles.

Nun wird es aber bald Zeit, daß ich von hier flüchte; denn indem ich mir Neapel und seine Umgebungen noch recht zu guter Letzt vergegenwärtigen, den Eindruck erneuern und über manches abschließen möchte, so reißt der Strom des Tages mich fort, und nun schließen auch vorzügliche Menschen sich an, die ich als alte und neue Bekannte unmöglich so geradezu abweisen kann. Ich fand eine liebenswürdige Dame, mit der ich vorigen Sommer in Karlsbad die angenehmsten Tage verlebt hatte. Um wie manche Stunde betrogen wir die Gegenwart in heiterster Erinnerung. Alle die Lieben und Werten kamen wieder an die Reihe, vor allem der heitere Humor unseres teuren Fürsten. Sie besaß das Gedicht noch, womit ihn bei seinem Wegritt die Mädchen von Engelhaus überraschten. Es rief die lustigen Szenen alle zurück, die witzigen Neckereien und Mystifikationen, die geistreichen Versuche, das Vergeltungsrecht aneinander auszuüben. Schnell fühlten wir uns auf deutschem Boden in der besten deutschen Gesellschaft, eingeschränkt von Felswänden, durch ein seltsames Lokal zusammengehalten, mehr noch durch Hochachtung, Freundschaft und Neigung vereinigt. Sobald wir jedoch ans Fenster traten, rauschte der neapolitanische Strom wieder so gewaltsam an uns vorbei, daß jene friedlichen Erinnerungen nicht festzuhalten waren.

Der Bekanntschaft des Herzogs und der Herzogin von Ursel konnt' ich ebensowenig ausweichen. Treffliche Personen von hohen Sitten, reinem Natur- und Menschensinn, entschiedener Kunstliebe, Wohlwollen für Begegnende. Eine fortgesetzte und wiederholte Unterhaltung war höchst anziehend.

Hamilton und seine Schöne setzten gegen mich ihre Freundlichkeit fort. Ich speiste bei ihnen, und gegen Abend produzierte Miß Harte auch ihre musikalischen und melischen Talente.

Auf Antrieb Freund Hackerts, der sein Wohlwollen gegen mich steigert und mir alles Merkwürdige zur Kenntnis bringen möchte, führte uns Hamilton in sein geheimes Kunst- und Gerümpelgewölbe. Da sieht es denn ganz verwirrt aus; die Produkte aller Epochen zufällig durcheinander gestellt: Büsten, Torse, Vasen, Bronze, von sizilianischen Achaten allerlei Hauszierat, sogar ein Kapellchen, Geschnitztes, Gemaltes und was er nur zufällig zusammenkaufte. In einem langen Kasten an der Erde, dessen aufgebrochenen Deckel ich neugierig beiseiteschob, lagen zwei ganz herrliche Kandelaber von Bronze. Mit einem Wink machte ich Hackerten aufmerksam und lispelte ihm die Frage zu, ob diese nicht ganz denen in Portici ähnlich seien. Er winkte mir dagegen Stillschweigen; sie mochten sich freilich aus den pompejischen Grüften seitwärts hieher verloren haben. Wegen solcher und ähnlicher glücklicher Erwerbnisse mag der Ritter diese verborgenen Schätze nur wohl seinen vertrautesten Freunden sehen lassen.

Auffallend war mir ein aufrechtstehender, an der Vorderseite offener, inwendig schwarz angestrichener Kasten, von dem prächtigsten goldenen Rahmen eingefaßt. Der Raum groß genug, um eine stehende menschliche Figur aufzunehmen, und demgemäß erfuhren wir auch die Absicht. Der Kunst- und Mädchenfreund, nicht zufrieden, das schöne Gebild als bewegliche Statue zu sehen, wollte sich auch an ihr als an einem bunten, unnachahmbaren Gemälde ergötzen, und so hatte sie manchmal innerhalb dieses goldenen Rahmens, auf schwarzem Grund vielfarbig gekleidet, die antiken Gemälde von Pompeji und selbst neuere Meisterwerke nachgeahmt. Diese Epoche schien vorüber zu sein, auch war der Apparat schwer zu transportieren und ins rechte Licht zu setzen; uns konnte also ein solches Schauspiel nicht zuteil werden.

Hier ist der Ort, noch einer andern entschiedenen Liebhaberei der Neapolitaner überhaupt zu gedenken. Es sind die Krippchen (presepe), die man zu Weihnachten in allen Kirchen sieht, eigentlich die Anbetung der Hirten, Engel und Könige vorstellend, mehr oder weniger vollständig, reich und kostbar zusammen gruppiert. Diese Darstellung ist in dem heitern Neapel bis auf die flachen Hausdächer gestiegen; dort wird ein leichtes hüttenartiges Gerüste erbaut, mit immergrünen Bäumen und Sträuchen aufgeschmückt. Die Mutter Gottes, das Kind und die sämtlichen Umstehenden und Umschwebenden, kostbar ausgeputzt, auf welche Garderobe das Haus große Summen verwendet. Was aber das Ganze unnachahmlich verherrlicht, ist der Hintergrund, welcher den Vesuv mit seinen Umgebungen einfaßt.

Da mag man nun manchmal auch lebendige Figuren zwischen die Puppen mit eingemischt haben, und nach und nach ist eine der bedeutendsten Unterhaltungen hoher und reicher Familien geworden, zu ihrer Abendergötzung auch weltliche Bilder, sie mögen nun der Geschichte oder der Dichtkunst angehören, in ihren Palästen aufzuführen.

Darf ich mir eine Bemerkung erlauben, die freilich ein wohlbehandelter Gast nicht wagen sollte, so muß ich gestehen, daß mir unsere schöne Unterhaltende doch eigentlich als ein geistloses Wesen vorkommt, die wohl mit ihrer Gestalt bezahlen, aber durch keinen seelenvollen Ausdruck der Stimme, der Sprache sich geltend machen kann. Schon ihr Gesang ist nicht von zusagender Fülle.

Und so mag es sich auch am Ende mit jenen starren Bildern verhalten. Schöne Personen gibt's überall, tiefempfindende, zugleich mit günstigen Sprachorganen versehene viel seltener, am allerseltensten solche, wo zu allem diesen noch eine einnehmende Gestalt hinzutritt.

Auf Herders dritten Teil freu' ich mich sehr. Hebet mir ihn auf, bis ich sagen kann, wo er mir begegnen soll. Er wird gewiß den schönen Traumwunsch der Menschheit, daß es dereinst besser mit ihr werden solle, trefflich ausgeführt haben. Auch, muß ich selbst sagen, halt' ich es für wahr, daß die Humanität endlich siegen wird, nur fürcht' ich, daß zu gleicher Zeit die Welt ein großes Hospital und einer des andern humaner Krankenwärter sein werde.

Neapel, den 28. Mai 1787.

Der gute und so brauchbare Volkmann nötigt mich, von Zeit zu Zeit von seiner Meinung abzugehen. Er spricht z. B., daß dreißig- bis vierzigtausend Müßiggänger in Neapel zu finden wären, und wer spricht's ihm nicht nach! Ich vermutete zwar sehr bald nach einiger erlangter Kenntnis des südlichen Zustandes, daß dies wohl eine nordische Ansicht sein möchte, wo man jeden für einen Müßiggänger hält, der sich nicht den ganzen Tag ängstlich abmüht. Ich wendete deshalb vorzügliche Aufmerksamkeit auf das Volk, es mochte sich bewegen oder in Ruhe verharren, und konnte zwar sehr viel übelgekleidete Menschen bemerken, aber keine unbeschäftigten.

Ich fragte deswegen einige Freunde nach den unzähligen Müßiggängern, welche ich doch auch wollte kennen lernen; sie konnten mir aber solche ebensowenig zeigen, und so ging ich, weil die Untersuchung mit Betrachtung der Stadt genau zusammenhing, selbst auf die Jagd aus.

Ich fing an, mich in dem ungeheuren Gewirre mit den verschiedenen Figuren bekannt zu machen, sie nach ihrer Gestalt, Kleidung, Betragen, Beschäftigung zu beurteilen und zu klassifizieren. Ich fand diese Operation hier leichter als irgendwo, weil der Mensch sich hier mehr selbst gelassen ist und sich seinem Stande auch äußerlich gemäß bezeigt.

Ich fing meine Beobachtung bei früher Tageszeit an, und alle die Menschen, die ich hie und da stillstehen oder ruhen fand, waren Leute, deren Beruf es in dem Augenblick mit sich brachte.

Die Lastträger, die an verschiedenen Plätzen ihre privilegierten Stände haben und nur erwarten, bis sich jemand ihrer bedienen will; die Kalessaren, ihre Knechte und Jungen, die bei den einspännigen Kaleschen auf den großen Plätzen stehen, ihre Pferde besorgen und einem jeden, der sie verlangt, zu Diensten sind; Schiffer, die auf dem Molo ihre Pfeife rauchen; Fischer, die an der Sonne liegen, weil vielleicht ein ungünstiger Wind weht, der ihnen auf das Meer auszufahren verbietet. Ich sah auch wohl noch manche hin und wider gehen, doch trug meist ein jeder ein Zeichen seiner Tätigkeit mit sich. Von Bettlern war keiner zu bemerken als ganz alte, völlig unfähige und krüppelhafte Menschen. Je mehr ich mich umsah, je genauer ich beobachtete, desto weniger konnt' ich, weder von der geringen noch von der mittlern Klasse, weder am Morgen noch den größten Teil des Tages, ja, von keinem Alter und Geschlecht, eigentliche Müßiggänger finden.

Ich gehe in ein näheres Detail, um das, was ich behaupte, glaubwürdiger und anschaulicher zu machen. Die kleinsten Kinder sind auf mancherlei Weise beschäftigt. Ein großer Teil derselben trägt Fische zum Verkauf von Santa Lucia in die Stadt; andere sieht man sehr oft in der Gegend des Arsenals, oder wo sonst etwas gezimmert wird, wobei es Späne gibt, auch am Meere, welches Reiser und kleines Holz auswirft, beschäftigt, sogar die kleinsten Stückchen in Körbchen aufzulesen. Kinder von einigen Jahren, die nur auf der Erde so hinkriechen in Gesellschaft älterer Knaben von fünf bis sechs Jahren, befassen sich mit diesem kleinen Gewerbe. Sie gehen nachher mit den Körbchen tiefer in die Stadt und setzen sich mit ihren kleinen Holzportionen gleichsam zu Markte. Der Handwerker, der kleine Bürger kauft es ihnen ab, brennt es auf seinem Dreifuß zu Kohlen, um sich daran zu erwärmen, oder verbraucht es in seiner sparsamen Küche.

Andere Kinder tragen das Wasser der Schwefelquellen, welches besonders im Frühjahr sehr stark getrunken wird, zum Verkauf herum. Andere suchen einen kleinen Gewinn, indem sie Obst, gesponnenen Honig, Kuchen und Zuckerware einkaufen und wieder als kindische Handelsleute den übrigen Kindern anbieten und verkaufen; allenfalls, nur um ihren Teil daran umsonst zu haben. Es ist wirklich artig anzusehen, wie ein solcher Junge, dessen ganzer Kram und Gerätschaft in einem Brett und Messer besteht, eine Wassermelone oder einen halben gebratenen Kürbis herumträgt, wie sich um ihn eine Schar Kinder versammelt, wie er sein Brett niedersetzt und die Frucht in kleine Stücke zu zerteilen anfängt. Die Käufer spannen sehr ernsthaft, ob sie auch für ihr klein Stückchen Kupfergeld genug erhalten sollen, und der kleine Handelsmann traktiert gegen die Begierigen die Sache ebenso bedächtig, damit er ja nicht um ein Stückchen betrogen werde. Ich bin überzeugt, daß man bei längerem Aufenthalt noch manche Beispiele solches kindischen Erwerbes sammeln könnte.

Eine sehr große Anzahl von Menschen, teils mittlern Alters, teils Knaben, welche meistenteils sehr schlecht gekleidet sind, beschäftigen sich, das Kehricht auf Eseln aus der Stadt zu bringen. Das nächste Feld um Neapel ist nur ein Küchengarten, und es ist eine Freude, zu sehen, welche unsägliche Menge von Küchengewächsen alle Markttage hereingeschafft wird und wie die Industrie der Menschen sogleich die überflüssigen, von den Köchen verworfenen Teile wieder in die Felder bringt, um den Zirkel der Vegetation zu beschleunigen. Bei der unglaublichen Konsumtion von Gemüse machen wirklich die Strünke und Blätter von

25. Schiff vor Capri. Zeichnung von Kniep

Blumenkohl, Broccoli, Artischocken, Kohl, Salat, Knoblauch einen großen Teil des neapolitanischen Kehrichts aus; diesen wird denn auch besonders nachgestrebt. Zwei große biegsame Körbe hängen auf dem Rücken eines Esels und werden nicht allein ganz voll gefüllt, sondern noch auf jeden mit besonderer Kunst ein Haufen aufgetürmt. Kein Garten kann ohne einen solchen Esel bestehen. Ein Knecht, ein Knabe, manchmal der Patron selbst eilen des Tags so oft als möglich nach der Stadt, die ihnen zu allen Stunden eine reiche Schatzgrube ist. Wie aufmerksam diese Sammler auf den Mist der Pferde und Maultiere sind, läßt sich denken. Ungern verlassen sie die Straße, wenn es Nacht wird, und die Reichen, die nach Mitternacht aus der Oper fahren, denken wohl nicht, daß schon vor Anbruch des Tages ein emsiger Mensch sorgfältig die Spuren ihrer Pferde aufsuchen wird. Man hat mir versichert, daß ein paar solche Leute, die sich zusammentun, sich einen Esel kaufen und einem größern Besitzer ein Stückchen Krautland abpachten, durch anhaltenden Fleiß in dem glücklichen Klima, in welchem die Vegetation niemals unterbrochen wird, es bald so weit bringen, daß sie ihr Gewerbe ansehnlich erweitern.

Ich würde zu weit aus meinem Wege gehen, wenn ich hier von der mannigfaltigen Krämerei sprechen wollte, welche man mit Vergnügen in Neapel wie in jedem andern großen Orte bemerkt; allein ich muß doch hier von den Herumträgern sprechen, weil sie der letztern Klasse des Volks besonders angehören. Einige gehen herum mit Fäßchen Eiswasser, Gläsern und Zitronen, um überall gleich Limonade machen zu können, einen Trank, den auch der Geringste nicht zu entbehren vermag; andere mit Kredenztellern, auf welchen Flaschen mit verschiedenen Likören und Spitzgläsern in hölzernen Ringen vor dem Fallen gesichert stehen; andere tragen Körbe allerlei Backwerks, Näscherei, Zitronen und anderes Obst umher, und es scheint, als wolle jeder das große Fest des Genusses, das in Neapel alle Tage gefeiert wird, mitgenießen und vermehren.

Wie diese Art Herumträger geschäftig sind, so gibt es noch eine Menge kleine Krämer, welche gleichfalls herumgehen und ohne viele Umstände auf einem Brett, in einem

Schachteldeckel ihre Kleinigkeiten, oder auf Plätzen geradezu auf flacher Erde ihren Kram ausbieten. Da ist nicht von einzelnen Waren die Rede, die man auch in größern Läden fände, es ist der eigentliche Trödelkram. Kein Stückchen Eisen, Leder, Tuch, Leinewand, Filz u. s. w., das nicht wieder als Trödelware zu Markte käme und das nicht wieder von einem oder dem andern gekauft würde. Noch sind viele Menschen der niedern Klasse bei Handelsleuten und Handwerkern als Beiläufer und Handlanger beschäftigt.

Es ist wahr, man tut nur wenig Schritte, ohne einem sehr übelgekleideten, ja sogar einem zerlumpten Menschen zu begegnen, aber dies ist deswegen noch kein Faulenzer, kein Tagedieb! Ja, ich möchte fast das Paradoxon aufstellen, daß zu Neapel verhältnismäßig vielleicht noch die meiste Industrie in der ganz niedern Klasse zu finden sei. Freilich dürfen wir sie nicht mit einer nordischen Industrie vergleichen, die nicht allein für Tag und Stunde, sondern am guten und heitern Tage für den bösen und trüben, im Sommer für den Winter zu sorgen hat. Dadurch, daß der Nordländer zur Vorsorge, zur Einrichtung von der Natur gezwungen wird, daß die Hausfrau einsalzen und räuchern muß, um die Küche das ganze Jahr zu versorgen, daß der Mann den Holz- und Fruchtvorrat, das Futter für das Vieh nicht aus der Acht lassen darf u. s. w., dadurch werden die schönsten Tage und Stunden dem Genuß entzogen und der Arbeit gewidmet. Mehrere Monate lang entfernt man sich gern aus der freien Luft und verwahrt sich in Häusern vor Sturm, Regen, Schnee und Kälte; unaufhaltsam folgen die Jahreszeiten aufeinander, und jeder, der nicht zugrunde gehen will, muß ein Haushälter werden. Denn es ist hier gar nicht die Frage, ob er entbehren *wolle*; er darf nicht entbehren wollen, er *kann* nicht entbehren wollen, denn er kann nicht entbehren; die Natur zwingt ihn, zu schaffen, vorzuarbeiten. Gewiß haben diese Naturwirkungen, welche sich Jahrtausende gleich bleiben, den Charakter der in so manchem Betracht ehrwürdigen nordischen Nationen bestimmt. Dagegen beurteilen wir die südlichen Völker, mit welchen der Himmel so gelinde umgegangen ist, aus unserm Gesichtspunkte zu streng. Was Herr von Pauw in seinen „Recherches sur les

5. *Überführung der herculanensischen Antiken nach Neapel. Kupferstich nach Desprez*

Grecs“ bei Gelegenheit, da er von den zynischen Philosophen spricht, zu äußern wagt, paßt völlig hierher. Man mache sich, glaubt er, von dem elenden Zustande solcher Menschen nicht den richtigsten Begriff; ihr Grundsatz, alles zu entbehren, sei durch ein Klima sehr begünstigt, das alles gewährt. Ein armer, uns elend scheinender Mensch könne in den dortigen Gegenden die nötigsten und nächsten Bedürfnisse nicht allein befriedigen, sondern die Welt aufs schönste genießen; und ebenso möchte ein sogenannter neapolitanischer Bettler die Stelle eines Vizekönigs in Norwegen leicht verschmähen und die Ehre ausschlagen, wenn ihm die Kaiserin von Rußland das Gouvernement von Sibirien übertragen wollte.

Gewiß würde in unsern Gegenden ein zynischer Philosoph schlecht ausdauern, dahingegen in südlichen Ländern die Natur gleichsam dazu einladet. Der zerlumpte Mensch ist dort noch nicht nackt; derjenige, der weder ein eigenes Haus hat, noch zur Miete wohnt, sondern im Sommer unter den Überdächern, auf den Schwellen der Paläste und Kirchen, in öffentlichen Hallen die Nacht zubringt und sich bei schlechtem Wetter irgendwo gegen ein geringes Schlafgeld untersteckt, ist deswegen noch nicht verstoßen und elend; ein Mensch noch nicht arm, weil er nicht für den andern Tag gesorgt hat. Wenn man nur bedenkt, was das fischreiche Meer, von dessen Produkten sich jene Menschen gesetzmäßig einige Tage der Woche nähren müssen, für eine Masse von Nahrungsmitteln anbietet; wie allerlei Obst und Gartenfrüchte zu jeder Jahreszeit in Überfluß zu haben sind; wie die Gegend, worin Neapel liegt, den Namen Terra di Lavoro (nicht das Land der *Arbeit*, sondern das Land des *Ackerbaues*) sich verdienet hat und die ganze Provinz den Ehrentitel der *glücklichen Gegend* (Campagna felice) schon Jahrhunderte trägt, so läßt sich wohl begreifen, wie leicht dort zu leben sein möge.

Überhaupt würde jenes Paradoxon, welches ich oben gewagt habe, zu manchen Betrachtungen Anlaß geben, wenn jemand ein ausführliches Gemälde von Neapel zu schreiben unternehmen sollte; wozu denn freilich kein geringes Talent und manches Jahr Beobachtung erforderlich sein möchte.

Man würde alsdann im ganzen vielleicht bemerken, daß der sogenannte Lazarone nicht um ein Haar untätiger ist als alle übrigen Klassen, zugleich aber auch wahrnehmen, daß alle in ihrer Art nicht arbeiten, um bloß zu leben, sondern um zu genießen, und daß sie sogar bei der Arbeit des Lebens froh werden wollen. Es erklärt sich hiedurch gar manches: daß die Handwerker beinahe durchaus gegen die nordischen Länder sehr zurück sind; daß Fabriken nicht zustande kommen; daß außer Sachwaltern und Ärzten in Verhältnis zu der großen Masse von Menschen wenig Gelehrsamkeit angetroffen wird, so verdiente Männer sich auch im einzelnen bemühen mögen; daß kein Maler der neapolitanischen Schule jemals gründlich gewesen und groß geworden ist; daß sich die Geistlichen im Müßiggange am wohlsten sein lassen und auch die Großen ihre Güter meist nur in sinnlichen Freuden, Pracht und Zerstreuung genießen mögen.

Ich weiß wohl, daß dies viel zu allgemein gesagt ist und daß die Charakterzüge jeder Klasse nur erst nach einer genauern Bekanntschaft und Beobachtung rein gezogen werden können, allein im ganzen würde man doch, glaube ich, auf diese Resultate treffen.

Ich kehre wieder zu dem geringen Volke in Neapel zurück. Man bemerkt bei ihnen, wie bei frohen Kindern, denen man etwas aufträgt, daß sie zwar ihr Geschäft verrichten, aber auch zugleich einen Scherz aus dem Geschäft machen. Durchgängig ist diese Klasse von Menschen eines sehr lebhaften Geistes und zeigt einen freien, richtigen Blick. Ihre Sprache soll figürlich, ihr Witz sehr lebhaft und beißend sein. Das alte Atella lag in der Gegend von Neapel, und wie ihr geliebter Pulcinell noch jene Spiele fortsetzt, so nimmt die ganz gemeine Klasse von Menschen noch jetzt Anteil an dieser Laune.

Plinius im fünften Kapitel des dritten Buchs seiner „Naturgeschichte" hält Kampanien allein einer weitläufigen Beschreibung wert. „So glücklich, anmutig, selig sind jene Gegenden", sagt er, „daß man erkennt, an diesem Ort habe die Natur sich ihres Werks erfreut. Denn diese Lebensluft, diese immer heilsame Milde des Himmels, so fruchtbare

Felder, so sonnige Hügel, so unschädliche Waldungen, so schattige Haine, so nutzbare Wälder, so luftige Berge, so ausgebreitete Saaten, solch eine Fülle von Reben und Ölbäumen, so edle Wolle der Schafe, so fette Nacken der Stiere, so viel Seen, so ein Reichtum von durchwässernden Flüssen und Quellen, so viele Meere, so viele Hafen! Die Erde selbst, die ihren Schoß überall dem Handel eröffnet und, gleichsam dem Menschen nachzuhelfen begierig, ihre Arme in das Meer hinausstreckt.

Ich erwähne nicht die Fähigkeiten der Menschen, ihre Gebräuche, ihre Kräfte und wie viele Völker sie durch Sprache und Hand überwunden haben.

Von diesem Lande fällten die Griechen, ein Volk, das sich selbst unmäßig zu rühmen pflegte, das ehrenvollste Urteil, indem sie einen Teil davon Großgriechenland nannten."

Neapel, den 29. Mai 1787.

Eine ausgezeichnete Fröhlichkeit erblickt man überall mit dem größten teilnehmenden Vergnügen. Die vielfarbigen bunten Blumen und Früchte, mit welchen die Natur sich ziert, scheinen den Menschen einzuladen, sich und alle seine Gerätschaften mit so hohen Farben als möglich auszuputzen. Seidene Tücher und Binden, Blumen auf den Hüten schmükken einen jeden, der es einigermaßen vermag. Stühle und Kommoden in den geringsten Häusern sind auf vergoldetem Grund mit bunten Blumen geziert; sogar die einspännigen Kaleschen hochrot angestrichen, das Schnitzwerk vergoldet, die Pferde davor mit gemachten Blumen, hochroten Quasten und Rauschgold ausgeputzt. Manche haben Federbüsche, andere sogar kleine Fähnchen auf den Köpfen, die sich im Laufe nach jeder Bewegung drehen. Wir pflegen gewöhnlich die Liebhaberei zu bunten Farben barbarisch und geschmacklos zu nennen, sie kann es auch auf gewisse Weise sein und werden, allein unter einem recht heitern und blauen Himmel ist eigentlich nichts bunt, denn nichts vermag den Glanz der Sonne und ihren Widerschein im Meer zu überstrahlen. Die lebhafteste Farbe wird durch das gewaltige Licht gedämpft, und weil alle Farben, jedes Grün der Bäume und Pflanzen, das gelbe, braune, rote Erdreich in völliger Kraft auf das

Auge wirken, so treten dadurch selbst die farbigen Blumen und Kleider in die allgemeine Harmonie. Die scharlachnen Westen und Röcke der Weiber von Nettuno, mit breitem Gold und Silber besetzt, die andern farbigen Nationaltrachten, die gemalten Schiffe, alles scheint sich zu beeifern, unter dem Glanze des Himmels und des Meeres einigermaßen sichtbar zu werden.

Und wie sie leben, so begraben sie auch ihre Toten; da stört kein schwarzer, langsamer Zug die Harmonie der lustigen Welt.

Ich sah ein Kind zu Grabe tragen. Ein rotsammetner, großer, mit Gold breit gestickter Teppich überdeckte eine breite Bahre, darauf stand ein geschnitztes, stark vergoldetes und versilbertes Kästchen, worin das weißgekleidete Tote mit rosenfarbnen Bändern ganz überdeckt lag. Auf den vier Ecken des Kästchens waren vier Engel, ungefähr jeder zwei Fuß hoch, angebracht, welche große Blumenbüschel über das ruhende Kind hielten, und, weil sie unten nur an Drähten befestigt waren, sowie die Bahre sich bewegte, wackelten und mild belebende Blumengerüche auszustreuen schienen. Die Engel schwankten um desto heftiger, als der Zug sehr über die Straßen wegeilte und die vorangehenden Priester und die Kerzenträger mehr liefen als gingen.

Es ist keine Jahreszeit, wo man sich nicht überall von Eßwaren umgeben sähe, und der Neapolitaner freut sich nicht allein des Essens, sondern er will auch, daß die Ware zum Verkauf schön aufgeputzt sei.

Bei Santa Lucia sind die Fische nach ihren Gattungen meist in reinlichen und artigen Körben, Krebse, Austern, Scheiden, kleine Muscheln, jedes besonders aufgetischt und mit grünen Blättern unterlegt. Die Läden von getrocknetem Obst und Hülsenfrüchten sind auf das mannigfaltigste herausgeputzt. Die ausgebreiteten Pomeranzen und Zitronen von allen Sorten, mit dazwischen hervorstechendem grünem Laub, dem Auge sehr erfreulich. Aber nirgends putzen sie mehr als bei den Fleischwaren, nach welchen das Auge des Volks besonders lüstern gerichtet ist, weil der Appetit durch periodisches Entbehren nur mehr gereizt wird.

In den Fleischbänken hängen die Teile der Ochsen, Kälber, Schöpse niemals aus, ohne daß neben dem Fett zugleich die Seite oder die Keule stark vergoldet sei. Es sind verschiedne Tage im Jahr, besonders die Weihnachtsfeiertage, als Schmausfeste berühmt; alsdann feiert man eine allgemeine Cocagna, wozu sich fünfhunderttausend Menschen das Wort gegeben haben. Dann ist aber auch die Straße Toledo und neben ihr mehrere Straßen und Plätze auf das appetitlichste verziert. Die Butiken, wo grüne Sachen verkauft werden, wo Rosinen, Melonen und Feigen aufgesetzt sind, erfreuen das Auge auf das allerangenehmste. Die Eßwaren hängen in Girlanden über die Straßen hinüber; große Paternoster von vergoldeten, mit roten Bändern geschnürten Würsten; welsche Hähne, welche alle eine rote Fahne unter dem Bürzel stecken haben. Man versicherte, daß deren dreißigtausend verkauft worden, ohne die zu rechnen, welche die Leute im Hause gemästet hatten. Außer diesem werden noch eine Menge Esel, mit grüner Ware, Kapaunen und jungen Lämmern beladen, durch die Stadt und über den Markt getrieben, und die Haufen Eier, welche man hier und da sieht, sind so groß, daß man sich ihrer niemals so viel beisammen gedacht hat. Und nicht genug, daß alles dieses verzehret wird: alle Jahre reitet ein Polizeidiener mit einem Trompeter durch die Stadt und verkündet auf allen Plätzen und Kreuzwegen, wieviel tausend Ochsen, Kälber, Lämmer, Schweine u. s. w. der Neapolitaner verzehrt habe. Das Volk höret aufmerksam zu, freut sich unmäßig über die großen Zahlen, und jeder erinnert sich des Anteils an diesem Genusse mit Vergnügen.

Was die Mehl- und Milchspeisen betrifft, welche unsere Köchinnen so mannigfaltig zu bereiten wissen, ist für jenes Volk, das sich in dergleichen Dingen gerne kurz faßt und keine wohleingerichtete Küche hat, doppelt gesorgt. Die Makkaroni, ein zarter, stark durchgearbeiteter, gekochter, in gewisse Gestalten gepreßter Teig von feinem Mehle, sind von allen Sorten überall um ein geringes zu haben. Sie werden meistens nur in Wasser abgekocht, und der geriebene Käse schmälzt und würzt zugleich die Schüssel. Fast an der Ecke jeder großen Straße sind die Backwerkverfertiger mit ihren Pfannen voll siedenden Öls, besonders an Fasttagen, beschäftigt, Fische und Backwerk einem jeden nach seinem Verlangen sogleich zu bereiten. Diese Leute haben einen unglaublichen Abgang, und viele tausend Menschen tragen ihr Mittag- und Abendessen von da auf einem Stückchen Papier davon.

Neapel, den 30. Mai 1787.

Nachts durch die Stadt spazierend, gelangt' ich zum Molo. Dort sah ich mit einem Blick den Mond, den Schein desselben auf den Wolkensäumen, den sanft bewegten Abglanz im Meere, heller und lebhafter auf dem Saum der nächsten Welle. Und nun die Sterne des Himmels, die Lampen des Leuchtturms, das Feuer des Vesuvs, den Widerschein davon im Wasser und viele einzelne Lichter ausgesät über die Schiffe. Eine so mannigfaltige Aufgabe hätt' ich wohl von Van der Neer gelöst sehen mögen.

Neapel, Donnerstag, den 31. Mai 1787.

Ich hatte das römische Fronleichnamfest und dabei besonders die nach Raffael gewirkten Teppiche so fest in den Sinn gefaßt, daß ich mich alle diese herrlichen Naturerscheinungen, ob sie schon in der Welt ihresgleichen nicht haben können, keineswegs irren ließ, sondern die Anstalten zur Reise hartnäckig fortsetzte. Ein Paß war bestellt, ein Vetturin hatte mir den Mietpfennig gegeben; denn es geschieht dort zur Sicherheit der Reisenden umgekehrt als bei uns. Kniep war beschäftigt, sein neues Quartier zu beziehen, an Raum und Lage viel besser als das vorige.

Schon früher, als diese Veränderung im Werke war, hatte mir der Freund einigemal zu bedenken gegeben, es sei doch unangenehm und gewissermaßen unanständig, wenn man in ein Haus ziehe und gar nichts mitbringe; selbst ein Bettgestell flöße den Wirtsleuten schon einigen Respekt ein. Als wir nun heute durch den unendlichen Trödel der Kastellweitung hindurchgingen, sah ich so ein paar eiserne Gestelle, bronzeartig angestrichen, welche ich sogleich feilschte und meinem Freund als künftigen Grund zu einer ruhigen und soliden Schlafstätte verehrte. Einer der allezeit fertigen

Träger brachte sie nebst den erforderlichen Brettern in das neue Quartier, welche Anstalt Kniepen so sehr freute, daß er sogleich von mir weg und hier einzuziehen gedachte, große Reißbretter, Papier und alles Nötige schnell anzuschaffen besorgt war. Einen Teil der Konturen, in beiden Sizilien gezogen, übergab ich ihm nach unserer Verabredung.

Neapel, den 1. Juni 1787.

Die Ankunft des Marquis Lucchesini hat meine Abreise auf einige Tage weiter geschoben; ich habe viel Freude gehabt, ihn kennen zu lernen. Er scheint mir einer von denen Menschen zu sein, die einen guten moralischen Magen haben, um an dem großen Welttische immer mitgenießen zu können; anstatt daß unsereiner wie ein wiederkäuendes Tier sich zuzeiten überfüllt und dann nichts weiter zu sich nehmen kann, bis er eine wiederholte Kauung und Verdauung geendigt hat. Sie gefällt mir auch recht wohl, sie ist ein wackres deutsches Wesen.

Ich gehe nun gern aus Neapel, ja, ich muß fort. Diese letzten Tage überließ ich mich der Gefälligkeit, Menschen zu sehen; ich habe meist interessante Personen kennen lernen und bin mit den Stunden, die ich ihnen gewidmet, sehr zufrieden, aber noch vierzehn Tage, so hätte es mich weiter und weiter und abwärts von meinem Zwecke geführt. Und dann wird man hier immer untätiger. Seit meiner Rückkunft von Pästum habe ich außer den Schätzen von Portici wenig gesehen, und es bleibt mir manches zurück, um dessentwillen ich nicht den Fuß aufheben mag. Aber jenes Museum ist auch das *A* und Ω aller Antiquitätensammlungen; da sieht man recht, was die alte Welt an freudigem Kunstsinn voraus war, wenn sie gleich in strenger Handwerksfertigkeit weit hinter uns zurückblieb.

Zum 1. Juni 1787.

Der Lohnbediente, welcher mir den ausgefertigten Paß zustellte, erzählte zugleich, meine Abreise bedauernd, daß eine starke Lava, aus dem Vesuv hervorgebrochen, ihren Weg nach dem Meere zu nehme; an steileren Abhängen des

Berges sei sie beinahe schon herab und könne wohl in einigen Tagen das Ufer erreichen. Nun befand ich mich in der größten Klemme. Der heutige Tag ging auf Abschiedsbesuche hin, die ich so vielen wohlwollenden und befördernden Personen schuldig war; wie es mir morgen ergehen wird, sehe ich schon. Einmal kann man sich auf seinem Wege den Menschen doch nicht völlig entziehen, was sie uns aber auch nutzen und zu genießen geben, sie reißen uns doch zuletzt von unsern ernstlichen Zwecken zur Seite hin, ohne daß wir die ihrigen fördern. Ich bin äußerst verdrießlich.

Abends.

Auch meine Dankbesuche waren nicht ohne Freude und Belehrung, man zeigte mir noch manches freundlich vor, was man bisher verschoben oder versäumt. Cavaliere Venuti ließ mich sogar noch verborgene Schätze sehen. Ich betrachtete abermals mit großer Verehrung seinen, obgleich verstümmelten, doch unschätzbaren Ulysses. Er führte mich zum Abschied in die Porzellanfabrik, wo ich mir den Herkules möglichst einprägte und mir an den kampanischen Gefäßen die Augen noch einmal recht voll sah.

Wahrhaft gerührt und freundschaftlich Abschied nehmend, vertraute er mir dann noch zuletzt, wo ihn eigentlich der Schuh drücke, und wünschte nichts mehr, als daß ich noch eine Zeitlang mit ihm verweilen könnte. Mein Bankier, bei dem ich gegen Tischzeit eintraf, ließ mich nicht los; das wäre nun alles schön und gut gewesen, hätte nicht die Lava meine Einbildungskraft an sich gezogen. Unter mancherlei Beschäftigungen, Zahlungen und Einpacken kam die Nacht heran, ich aber eilte schnell nach dem Molo.

Hier sah ich nun alle die Feuer und Lichter und ihre Widerscheine, nur bei bewegtem Meer noch schwankender; den Vollmond in seiner ganzen Herrlichkeit neben dem Sprühfeuer des Vulkans, und nun die Lava, die neulich fehlte, auf ihrem glühenden ernsten Wege. Ich hätte noch hinausfahren sollen, aber die Anstalten waren zu weitschichtig, ich wäre erst am Morgen dort angekommen. Den Anblick, wie ich ihn genoß, wollte ich mir durch Ungeduld nicht verderben, ich blieb auf dem Molo sitzen, bis mir ungeachtet des Zu- und Abströmens der Menge, ihres Deutens, Erzählens, Vergleichens, Streitens, wohin die Lava strömen werde, und was dergleichen Unfug noch mehr sein mochte, die Augen zufallen wollten.

Neapel, Sonnabend, den 2. Juni 1787.

Und so hätte ich auch diesen schönen Tag zwar mit vorzüglichen Personen vergnüglich und nützlich, aber doch ganz gegen meine Absichten und mit schwerem Herzen zugebracht. Sehnsuchtsvoll blickte ich nach dem Dampfe, der, den Berg herab langsam nach dem Meer ziehend, den Weg bezeichnete, welchen die Lava stündlich nahm. Auch der Abend sollte nicht frei sein. Ich hatte versprochen, die Herzogin von Giovane zu besuchen, die auf dem Schlosse wohnte, wo man mich denn viele Stufen hinauf durch manche Gänge wandern ließ, deren oberste verengt waren durch Kisten, Schränke und alles Mißfällige eines Hofgarderobewesens. Ich fand in einem großen und hohen Zimmer, das keine sonderliche Aussicht hatte, eine wohlgestaltete junge Dame von sehr zarter und sittlicher Unterhaltung. Als einer gebornen Deutschen war ihr nicht unbekannt, wie sich unsere Literatur zu einer freieren, weit umherblickenden Humanität gebildet; Herders Bemühungen und was ihnen ähnelte, schätzte sie vorzüglich, auch Garvens reiner Verstand hatte ihr aufs innigste zugesagt. Mit den deutschen Schriftstellerinnen suchte sie gleichen Schritt zu halten, und es ließ sich wohl bemerken, daß es ihr Wunsch sei, eine geübte und belobte Feder zu führen. Dahin bezogen sich ihre Gespräche und verrieten zugleich die Absicht, auf die Töchter des höchsten Standes zu wirken; ein solches Gespräch kennt keine Grenzen. Die Dämmerung war schon eingebrochen, und man hatte noch keine Kerzen gebracht. Wir gingen im Zimmer auf und ab, und sie, einer durch Läden verschlossenen Fensterseite sich nähernd, stieß einen Laden auf, und ich erblickte, was man in seinem Leben nur einmal sieht. Tat sie es absichtlich, mich zu überraschen, so erreichte sie ihren Zweck vollkommen. Wir standen an einem Fenster des oberen Geschosses, der Vesuv gerade vor uns; die herabfließende Lava, deren Flamme bei längst niedergegangener

Sonne schon deutlich glühte und ihren begleitenden Rauch schon zu vergolden anfing; der Berg gewaltsam tobend, über ihm eine ungeheure feststehende Dampfwolke, ihre verschiedenen Massen bei jedem Auswurf blitzartig gesondert und körperhaft erleuchtet. Von da herab bis gegen das Meer ein Streif von Gluten und glühenden Dünsten; übrigens Meer und Erde, Fels und Wachstum deutlich in der Abenddämmerung, klar, friedlich, in einer zauberhaften Ruhe. Dies alles mit einem Blick zu übersehen und den hinter dem Bergrücken hervortretenden Vollmond als die Erfüllung des wunderbarsten Bildes zu schauen, mußte wohl Erstaunen erregen.

Dies alles konnte von diesem Standpunkt das Auge mit einmal fassen, und wenn es auch die einzelnen Gegenstände zu mustern nicht imstande war, so verlor es doch niemals den Eindruck des großen Ganzen. War unser Gespräch durch dieses Schauspiel unterbrochen, so nahm es eine desto gemütlichere Wendung. Wir hatten nun einen Text vor uns, welchen Jahrtausende zu kommentieren nicht hinreichen. Je mehr die Nacht wuchs, desto mehr schien die Gegend an Klarheit zu gewinnen; der Mond leuchtete wie eine zweite Sonne; die Säulen des Rauchs, dessen Streifen und Massen durchleuchtet bis ins einzelne deutlich, ja, man glaubte mit halbweg bewaffnetem Auge die glühend ausgeworfenen Felsklumpen auf der Nacht des Kegelberges zu unterscheiden. Meine Wirtin, so will ich sie nennen, weil mir nicht leicht ein köstlichers Abendmahl zubereitet war, ließ die Kerzen an die Gegenseite des Zimmers stellen, und die schöne Frau, vom Monde beleuchtet, als Vordergrund dieses unglaublichen Bildes, schien mir immer schöner zu werden, ja ihre Lieblichkeit vermehrte sich besonders dadurch, daß ich in diesem südlichen Paradiese eine sehr angenehme deutsche Mundart vernahm. Ich vergaß, wie spät es war, so daß sie mich zuletzt aufmerksam machte, sie müsse mich, wiewohl ungerne, entlassen, die Stunde nahe schon, wo ihre Galerien klostermäßig verschlossen würden. Und so schied ich zaudernd von der Ferne und von der Nähe, mein Geschick segnend, das mich für die widerwillige Artigkeit des Tages noch schön am Abend belohnt hatte.

Unter den freien Himmel gelangt, sagte ich mir vor, daß ich in der Nähe dieser größern Lava doch nur die Wiederholung jener kleinern würde gesehen haben, und daß mir ein solcher Überblick, ein solcher Abschied aus Neapel nicht anders als auf diese Weise hätte werden können. Anstatt nach Hause zu gehen, richtete ich meine Schritte nach dem Molo, um das große Schauspiel mit einem andern Vordergrund zu sehen; aber ich weiß nicht, ob die Ermüdung nach einem so reichen Tage oder ein Gefühl, daß man das letzte, schöne Bild nicht verwischen müsse, mich wieder nach Moriconi zurückzog, wo ich denn auch Kniepen fand, der aus seinem neu bezognen Quartier mir einen Abendbesuch abstattete. Bei einer Flasche Wein besprachen wir unsere künftigen Verhältnisse; ich konnte ihm zusagen, daß er, sobald ich etwas von seinen Arbeiten in Deutschland vorzeigen könne, gewiß dem trefflichen Herzog Ernst von Gotha empfohlen sein und von dort Bestellungen erhalten würde. Und so schieden wir mit herzlicher Freude, mit sicherer Aussicht künftiger wechselseitig wirkender Tätigkeit.

Neapel, Sonntag, den 3. Juni 1787. Dreieinigkeitsfest.

Und so fuhr ich denn durch das unendliche Leben dieser unvergleichlichen Stadt, die ich wahrscheinlich nicht wiedersehen sollte, halb betäubt hinaus; vergnügt jedoch, daß weder Reue noch Schmerz hinter mir blieb. Ich dachte an den guten Kniep und gelobte ihm auch in der Ferne meine beste Vorsorge.

An den äußersten Polizeischranken der Vorstadt störte mich einen Augenblick ein Marqueur, der mir freundlich ins Gesicht sah, aber schnell wieder hinwegsprang. Die Zollmänner waren noch nicht mit dem Vetturin fertig geworden, als aus der Kaffeebudentüre, die größte chinesische Tasse voll schwarzen Kaffee auf einem Präsentierteller tragend, Kniep heraustrat. Er nahte sich dem Wagenschlag langsam mit einem Ernst, der, von Herzen gehend, ihn sehr gut kleidete. Ich war erstaunt und gerührt, eine solche erkenntliche Aufmerksamkeit hat nicht ihresgleichen. „Sie haben“, sagte er, „mir so viel Liebes und Gutes, auf mein ganzes Leben Wirksames erzeigt, daß ich Ihnen hier ein Gleichnis anbieten möchte, was ich Ihnen verdanke.“

Da ich in solchen Gelegenheiten ohnehin keine Sprache habe, so brachte ich nur sehr lakonisch vor, daß er durch seine Tätigkeit mich schon zum Schuldner gemacht und durch Benutzung und Bearbeitung unserer gemeinsamen Schätze mich noch immer mehr verbinden werde.

Wir schieden, wie Personen selten voneinander scheiden, die sich zufällig auf kurze Zeit verbunden. Vielleicht hätte man viel mehr Dank und Vorteil vom Leben, wenn man sich wechselsweise gerade heraus spräche, was man voneinander erwartet. Ist das geleistet, so sind beide Teile zufrieden, und das Gemütliche, was das Erste und Letzte von allem ist, erscheint als reine Zugabe.

Unterwegs, am 4., 5. und 6. Juni.

Da ich diesmal allein reise, habe ich Zeit genug, die Eindrücke der vergangenen Monate wieder hervorzurufen; es geschieht mit vielem Behagen. Und doch tritt gar oft das Lückenhafte der Bemerkungen hervor, und wenn die Reise dem, der sie vollbracht hat, in einem Flusse vorüberzuziehen scheint und in der Einbildungskraft als eine stetige Folge hervortritt, so fühlt man doch, daß eine eigentliche Mitteilung unmöglich sei. Der Erzählende muß alles einzeln hinstellen: wie soll daraus in der Seele des Dritten ein Ganzes gebildet werden?

Deshalb konnte mir nichts Tröstlicheres und Erfreulicheres begegnen als die Versicherungen eurer letzten Briefe, daß ihr euch fleißig mit Italien und Sizilien beschäftigt, Reisebeschreibungen leset und Kupferwerke betrachtet; das Zeugnis, daß dadurch meine Briefe gewinnen, ist mein höchster Trost. Hättet ihr es früher getan oder ausgesprochen, ich wäre noch eifriger gewesen, als ich war. Daß treffliche Männer wie Bartels, Münter, Architekten verschiedener Nationen vor mir hergingen, die gewiß äußere Zwecke sorgfältiger verfolgten als ich, der ich nur die innerlichsten im Auge hatte, hat mich oft beruhigt, wenn ich alle meine Bemühungen für unzulänglich halten mußte.

Überhaupt, wenn jeder Mensch nur als ein Supplement aller übrigen zu betrachten ist und am nützlichsten und liebenswürdigsten erscheint, wenn er sich als einen solchen gibt, so muß dieses vorzüglich von Reiseberichten und Reisenden gültig sein. Persönlichkeit, Zwecke, Zeitverhältnisse, Gunst und Ungunst der Zufälligkeiten, alles zeigt sich bei einem jeden anders. Kenn' ich seine Vorgänger, so werd' ich auch an ihm mich freuen, mich mit ihm behelfen, seinen Nachfolger erwarten und diesem, wäre mir sogar inzwischen das Glück geworden, die Gegend selbst zu besuchen, gleichfalls freundlich begegnen.

ZWEITER RÖMISCHER AUFENTHALT

vom Juni 1787 bis April 1788

„Longa sit huic aetas dominaeque potentia terrae,
Sitque sub hac oriens occiduusque dies.“

JUNI

KORRESPONDENZ

Rom, den 8. Juni 1787.

Vorgestern bin ich glücklich wieder hier angelangt, und gestern hat der feierliche Fronleichnamstag mich sogleich wieder zum Römer eingeweiht. Gern will ich gestehen, meine Abreise von Neapel machte mir einige Pein; nicht sowohl die herrliche Gegend als eine gewaltige Lava hinter mir lassend, die von dem Gipfel aus ihren Weg nach dem Meere zu nahm, die ich wohl hätte in der Nähe betrachten, deren Art und Weise, von der man so viel gelesen und erzählt hat, ich in meine Erfahrungen hätte mit aufnehmen sollen.

Heute jedoch ist meine Sehnsucht nach dieser großen Naturszene schon wieder ins gleiche gebracht; nicht sowohl das fromme Festgewirre, das bei einem imposanten Ganzen doch hie und da durch abgeschmacktes Einzelne den innern Sinn verletzt, sondern die Anschauung der Teppiche nach Raffaels Kartonen hat mich wieder in den Kreis höherer Betrachtungen zurückgeführt. Die vorzüglichsten, die ihm am gewissesten ihren Ursprung verdanken, sind zusammen ausgebreitet, andere, wahrscheinlich von Schülern, Zeit- und Kunstgenossen erfundene, schließen sich nicht unwürdig an und bedecken die grenzenlosen Räume.

Rom, den 16. Juni.

Laßt mich auch wieder, meine Lieben, ein Wort zu euch reden. Mir geht es sehr wohl, ich finde mich immer mehr in mich zurück und lerne unterscheiden, was mir eigen und was mir fremd ist. Ich bin fleißig und nehme von allen Seiten ein und wachse von innen heraus. Diese Tage war ich in Tivoli und habe eins der ersten Naturschauspiele gesehen. Es ge-

27. Goethe auf zurückgelehntem Stuhl. Zeichnung von Tischbein

hören die Wasserfälle dort mit den Ruinen und dem ganzen Komplex der Landschaft zu denen Gegenständen, deren Bekanntschaft uns im tiefsten Grunde reicher macht.

Am letzten Posttage habe ich versäumt zu schreiben. In Tivoli war ich sehr müde vom Spazierengehen und vom Zeichnen in der Hitze. Ich war mit Herrn Hackert draußen, der eine unglaubliche Meisterschaft hat, die Natur abzuschreiben und der Zeichnung gleich eine Gestalt zu geben. Ich habe in diesen wenigen Tagen viel von ihm gelernt.

Weiter mag ich gar nichts sagen. Das ist wieder ein Gipfel irdischer Dinge. Ein sehr komplizierter Fall in der Gegend bringt die herrlichsten Wirkungen hervor.

Herr Hackert hat mich gelobt und getadelt und mir weiter geholfen. Er tat mir halb im Scherz, halb im Ernst den Vorschlag, achtzehn Monate in Italien zu bleiben und mich nach guten Grundsätzen zu üben; nach dieser Zeit, versprach er mir, sollte ich Freude an meinen Arbeiten haben. Ich sehe auch wohl, was und wie man studieren muß, um über gewisse Schwierigkeiten hinauszukommen, unter deren Last man sonst sein ganzes Leben hinkriecht.

Noch eine Bemerkung. Jetzt fangen erst die Bäume, die Felsen, ja Rom selbst an, mir lieb zu werden; bisher hab' ich sie immer nur als fremd gefühlt; dagegen freuten mich geringe Gegenstände, die mit denen Ähnlichkeit hatten, die ich in der Jugend sah. Nun muß ich auch erst hier zu Hause werden, und doch kann ich's nie so innig sein als mit jenen ersten Gegenständen des Lebens. Ich habe verschiednes bezüglich auf Kunst und Nachahmung bei dieser Gelegenheit gedacht.

Während meiner Abwesenheit hatte Tischbein ein Gemälde von Daniel von Volterra im Kloster an der Porta del Popolo entdeckt; die Geistlichen wollten es für tausend Skudi hergeben, welche Tischbein als Künstler nicht aufzutreiben wußte. Er machte daher an Madame Angelika durch Meyer den Vorschlag, in den sie willigte, gedachte Summe auszahlte, das Bild zu sich nahm und später Tischbein die ihm kontraktmäßige Hälfte um ein Namhaftes abkaufte. Es war ein vortreffliches Bild, die Grablegung vorstellend, mit vielen Figuren. Eine von Meyer darnach sorgfältig hergestellte Zeichnung ist noch vorhanden.

Rom, den 20. Juni.

Nun hab' ich hier schon wieder treffliche Kunstwerke gesehen, und mein Geist reinigt und bestimmt sich. Doch brauchte ich wenigstens noch ein Jahr allein in Rom, um nach meiner Art den Aufenthalt nutzen zu können, und ihr wißt, ich kann nichts auf andre Art. Jetzt, wenn ich scheide, werde ich nur wissen, welcher Sinn mir noch nicht aufgegangen ist, und so sei es denn eine Weile genug.

Der Herkules Farnese ist fort, ich hab' ihn noch auf seinen echten Beinen gesehen, die man ihm nach so langer Zeit wiedergab. Nun begreift man nicht, wie man die ersten, von Porta, hat so lange gut finden können. Es ist nun eins der vollkommensten Werke alter Zeit. In Neapel wird der König ein Museum bauen lassen, wo alles, was er von Kunstsachen besitzt, das Herkulanische Museum, die Gemälde von Pompeji, die Gemälde von Capo di Monte, die ganze farnesische Erbschaft, vereinigt aufgestellt werden sollen. Es ist ein großes und schönes Unternehmen. Unser Landsmann Hackert ist die erste Triebfeder dieses Werks. Sogar der Toro Farnese soll nach Neapel wandern und dort auf der Promenade aufgestellt werden. Könnten sie die Carraccische Galerie aus dem Palaste mitnehmen, sie täten's auch.

Rom, den 27. Juni.

Ich war mit Hackert in der Galerie Colonna, wo Poussins, Claudes, Salvator Rosas Arbeiten zusammen hängen. Er sagte mir viel Gutes und gründlich Gedachtes über diese Bilder, er hat einige davon kopiert und die andern recht aus dem Fundament studiert. Es freute mich, daß ich im allgemeinen bei den ersten Besuchen in der Galerie eben dieselbe Vorstellung gehabt hatte. Alles, was er mir sagte, hat meine Begriffe nicht geändert, sondern nur erweitert und bestimmt. Wenn man nun gleich wieder die Natur ansehn und wieder finden und lesen kann, was jene gefunden und mehr oder weniger nachgeahmt haben, das muß die Seele erweitern, reinigen und ihr zuletzt den höchsten anschauenden Begriff von Natur und Kunst geben. Ich will auch nicht mehr ruhen, bis mir nichts mehr Wort und Tradition, sondern lebendiger Begriff ist. Von Jugend auf war mir dieses mein Trieb und

28. Blick vom Pincio in Rom. Zeichnung von Goethe

meine Plage, jetzt, da das Alter kommt, will ich wenigstens das Erreichbare erreichen und das Tunliche tun, da ich so lange verdient und unverdient das Schicksal des Sisyphus und Tantalus erduldet habe.

Bleibt in der Liebe und Glauben an mich. Mit den Menschen hab' ich jetzt ein leidlich Leben und eine gute Art Offenheit, ich bin wohl und freue mich meiner Tage.

Tischbein ist sehr brav, doch fürchte ich, er wird nie in einen solchen Zustand kommen, in welchem er mit Freude und Freiheit arbeiten kann. Mündlich mehr von diesem auch wunderbaren Menschen. Mein Porträt wird glücklich, es gleicht sehr, und der Gedanke gefällt jedermann; Angelika malt mich auch, daraus wird aber nichts. Es verdrießt sie sehr, daß es nicht gleichen und werden will. Es ist immer ein hübscher Bursche, aber keine Spur von mir.

Rom, den 30. Juni.

Das große Fest St. Peter und Paul ist endlich auch herangekommen; gestern haben wir die Erleuchtung der Kuppel und das Feuerwerk vom Kastell gesehn. Die Erleuchtung ist ein Anblick wie ein ungeheures Märchen, man traut seinen Augen nicht. Da ich neuerdings nur die Sachen und nicht wie sonst bei und mit den Sachen sehe, was nicht da ist, so müssen mir so große Schauspiele kommen, wenn ich mich freuen soll. Ich habe auf meiner Reise etwa ein halb Dutzend gezählt, und dieses darf allerdings unter den ersten stehn. Die schöne Form der Kolonnade, der Kirche und besonders der Kuppel erst in einem feurigen Umrisse und, wenn die Stunde vorbei ist, in einer glühenden Masse zu sehn, ist einzig und herrlich. Wenn man bedenkt, daß das ungeheure Gebäude in diesem Augenblick nur zum Gerüste dient, so wird man wohl begreifen, daß etwas Ähnliches in der Welt nicht sein kann. Der Himmel war rein und hell, der Mond schien und dämpfte das Feuer der Lampen zum angenehmen Schein, zuletzt aber, wie alles durch die zweite Erleuchtung in Glut gesetzt wurde, ward das Licht des Mondes ausgelöscht. Das Feuerwerk ist wegen des Ortes schön, doch lange nicht verhältnismäßig zur Erleuchtung. Heute abend sehen wir beides noch einmal.

Auch das ist vorüber. Es war ein schöner klarer Himmel und der Mond voll, dadurch ward die Erleuchtung sanfter, und es sah ganz aus wie ein Märchen. Die schöne Form der Kirche und der Kuppel gleichsam in einem feurigen Aufriß zu sehen, ist ein großer und reizender Anblick.

Rom, Ende Juni.

Ich habe mich in eine zu große Schule begeben, als daß ich geschwind wieder aus der Lehre gehen dürfte. Meine Kunstkenntnisse, meine kleinen Talente müssen hier ganz durchgearbeitet, ganz reif werden, sonst bring' ich wieder euch einen halben Freund zurück, und das Sehnen, Bemühen, Krabbeln und Schleichen geht von neuem an. Ich würde nicht fertig werden, wenn ich euch erzählen sollte, wie mir auch wieder alles diesen Monat hier geglückt ist, ja, wie mir alles auf einem Teller ist präsentiert worden, was ich nur gewünscht habe. Ich habe ein schönes Quartier, gute Hausleute. Tischbein geht nach Neapel, und ich beziehe sein Studium, einen großen kühlen Saal. Wenn ihr mein gedenkt, so denkt an mich als an einen Glücklichen; ich will oft schreiben, und so sind und bleiben wir zusammen.

Auch neue Gedanken und Einfälle hab' ich genug, ich finde meine erste Jugend bis auf Kleinigkeiten wieder, indem ich mir selbst überlassen bin, und dann trägt mich die Höhe und Würde der Gegenstände wieder so hoch und weit, als meine letzte Existenz nur reicht. Mein Auge bildet sich unglaublich, und meine Hand soll nicht ganz zurückbleiben. Es ist nur ein Rom in der Welt, und ich befinde mich hier wie der Fisch im Wasser und schwimme oben wie eine Stückkugel im Quecksilber, die in jedem andern Fluidum untergeht. Nichts trübt die Atmosphäre meiner Gedanken, als daß ich mein Glück nicht mit meinen Geliebten teilen kann. Der Himmel ist jetzt herrlich heiter, so daß Rom nur morgens und abends einigen Nebel hat. Auf den Gebirgen aber, Albano, Castello, Frascati, wo ich vergangene Woche drei Tage zubrachte, ist eine immer heitre reine Luft. Da ist eine Natur zu studieren.

Bemerkung

Indem ich nun meine Mitteilungen den damaligen Zuständen, Eindrücken und Gefühlen gemäß einrichten möchte und daher aus eigenen Briefen, welche freilich mehr als irgendeine spätere Erzählung das Eigentümliche des Augenblicks darstellen, die allgemein interessanten Stellen auszuziehen anfange, so find' ich auch Freundesbriefe mir unter der Hand, welche hiezu noch vorzüglicher dienen möchten. Deshalb ich denn solche briefliche Dokumente hie und da einzuschalten mich entschließe und hier sogleich damit beginne, von dem aus Rom scheidenden, in Neapel anlangenden Tischbein die lebhaftesten Erzählungen einzuführen. Sie gewähren den Vorteil, den Leser sogleich in jene Gegenden und in die unmittelbarsten Verhältnisse der Personen zu versetzen, besonders auch den Charakter des Künstlers aufzuklären, der so lange bedeutend gewirkt, und, wenn er auch mitunter gar wunderlich erscheinen mochte, doch immer so in seinem Bestreben als in seinem Leisten ein dankbares Erinnern verdient.

Tischbein an Goethe

Neapel, den 10. Juli 1787.

Unsere Reise von Rom bis Capua war sehr glücklich und angenehm. In Albano kam Hackert zu uns; in Velletri speisten wir bei Kardinal Borgia und besahen dessen Museum, zu meinem besondern Vergnügen, weil ich manches bemerkte, das ich im ersten Mal übergangen hatte. Um drei Uhr nachmittags reisten wir wieder ab, durch die pontinischen Sümpfe, die mir dieses Mal auch viel besser gefielen als im Winter, weil die grünen Bäume und Hecken diesen großen Ebenen eine anmutige Verschiedenheit geben. Wir fanden uns kurz vor der Abenddämmerung in Mitte der Sümpfe, wo die Post wechselt. Während der Zeit aber, als die Postillons alle Beredsamkeit anwendeten, uns Geld abzunötigen, fand ein mutiger Schimmelhengst Gelegenheit, sich loszureißen und fortzurennen; das gab ein Schauspiel, welches uns viel Vergnügen machte. Es war ein schneeweißes schönes Pferd von prächtiger Gestalt; er zerriß die Zügel, womit er angebunden war, hackte mit den Vorderfüßen nach dem, der ihn aufhalten wollte, schlug hinten aus und machte ein solches Geschrei mit Wiehern, daß alles aus Furcht beiseitetrat. Nun sprang er übern Graben und galoppierte über das Feld, beständig schnaubend und wiehernd. Schweif und Mähnen flatterten hoch in die Luft auf, und seine Gestalt in freier Bewegung war so schön, daß alles ausrief: „O che bellezze! che bellezze!“ Dann lief er nah an einem andern Graben hin und wider und suchte eine schmale Stelle, um überzuspringen und zu den Fohlen und Stuten zu kommen, deren viele hundert jenseits weideten. Endlich gelang es ihm, hinüberzuspringen, und nun setzte er unter die Stuten, die ruhig graseten. Die erschraken vor seiner Wildheit und seinem Geschrei, liefen in langer Reihe und flohen über das flache Feld vor ihm hin; er aber immer hinterdrein, indem er aufzuspringen versuchte.

Endlich trieb er eine Stute abseits; die eilte nun auf ein ander Feld zu einer andern zahlreichen Versammlung von Stuten. Auch diese, von Schrecken ergriffen, schlugen hinüber zu dem ersten Haufen. Nun war das Feld schwarz von Pferden, wo der weiße Hengst immer drunter herumsprang, alles in Schrecken und Wildheit. Die Herde lief in langen Reihen auf dem Felde hin und her, es sauste die Luft und donnerte die Erde, wo die Kraft der schweren Pferde überhinflog. Wir sahen lange mit Vergnügen zu, wie der Trupp von so vielen Hunderten auf dem Feld herumgaloppierte, bald in einem Klump, bald geteilt, jetzt zerstreut einzeln umherlaufend, bald in langen Reihen über den Boden hinrennend.

Endlich beraubte uns die Dunkelheit der einbrechenden Nacht dieses einzigen Schauspiels, und als der klarste Mond hinter den Bergen aufstieg, verlosch das Licht unsrer angezündeten Laternen. Doch da ich mich lange an seinem sanften Schein vergnügt hatte, konnte ich mich des Schlafs nicht mehr erwehren, und mit aller Furcht vor der ungesunden Luft schlief ich länger als eine Stunde und erwachte nicht eher, bis wir zu Terracina ankamen, wo wir die Pferde wechselten.

Hier waren die Postillons sehr artig, wegen der Furcht, welche ihnen der Marchese Lucchesini eingejagt hatte; sie gaben uns die besten Pferde und Führer, weil der Weg zwischen den großen Klippen und dem Meer gefährlich ist. Hier sind schon manche Unglücke geschehen, besonders nachts, wo die Pferde leicht scheu werden. Während des Anspannens und indessen man den Paß an die letzte römische Wache vorzeigte, ging ich zwischen den hohen Felsen und dem Meer spazieren und erblickte den größten Effekt: der dunkle Fels vom Mond glänzend erleuchtet, der eine lebhaft flimmernde Säule in das blaue Meer warf und bis auf die am Ufer schwankenden Wellen heranflimmerte.

Da oben auf der Zinne des Berges im dämmernden Blau lagen die Trümmer von Genserichs zerfallener Burg; sie machte mich an vergangene Zeiten denken, ich fühlte des unglücklichen Konradins Sehnsucht, sich zu retten, wie des Cicero und des Marius, die sich alle in dieser Gegend geängstigt hatten.

Schön war es nun fernerhin an dem Berg, zwischen den großen herabgerollten Felsenklumpen am Saume des Meers im Mondenlicht herzufahren. Deutlich beleuchtet waren die Gruppen der Olivenbäume, Palmen und Pinien bei Fondi; aber die Vorzüge der Zitronenwälder vermißte man, sie stehen nur in ihrer ganzen Pracht, wenn die Sonne auf die goldglänzenden Früchte scheint. Nun ging es über den Berg, wo die vielen Oliven- und Johannisbrotbäume stehen, und es war schon Tag geworden, als wir bei den Ruinen der antiken Stadt, wo die vielen Überbleibsel von Grabmälern sind, ankamen. Das größte darunter soll dem Cicero errichtet worden sein, eben an dem Ort, wo er ermordet worden. Es war schon einige Stunden Tag, als wir an den erfreulichen Meerbusen zu Mola di Gaeta ankamen. Die Fischer mit ihrer Beute kehrten schon wieder zurück, das machte den Strand sehr lebhaft. Einige trugen die Fische und Meerfrüchte in Körben weg, die andern bereiteten die Garne schon wieder auf einen künftigen Fang. Von da fuhren wir nach Garigliano, wo Cavaliere Venuti graben läßt. Hier verließ uns Hackert, denn er eilte nach Caserta, und wir gingen abwärts von der Straße herunter an das Meer, wo ein Frühstück für uns bereitet war, welches wohl für ein Mittagessen gelten konnte. Hier waren die ausgegrabenen Antiken aufgehoben, die aber jämmerlich zerschlagen sind. Unter andern schönen Sachen findet sich ein Bein von einer Statue, die dem Apoll von Belvedere nicht viel nachgeben mag. Es wär' ein Glück, wenn man das übrige dazu fände.

Wir hatten uns aus Müdigkeit etwas schlafen gelegt, und da wir wieder erwachten, fanden wir uns in Gesellschaft einer angenehmen Familie, die in dieser Gegend wohnt und hierher gekommen war, um uns ein Mittagsmahl zu geben; welche Aufmerksamkeit wir freilich Herrn Hackert schuldig sein mochten, der sich aber schon entfernt hatte. Es stand also wieder aufs neue ein Tisch bereitet; ich aber konnte nicht essen noch sitzenbleiben, so gut auch die Gesellschaft war, sondern ging am Meer spazieren zwischen den Steinen, worunter sich sehr wunderliche befanden, besonders vieles durch Meerinsekten durchlöchert, deren einige aussahen wie ein Schwamm.

Hier begegnete mir auch etwas recht Vergnügliches: ein Ziegenhirt trieb an den Strand des Meeres; die Ziegen kamen in das Wasser und kühlten sich ab. Nun kam auch der Schweinehirt dazu, und unter der Zeit, daß die beiden Herden sich in den Wellen erfrischten, setzten sich beide Hirten in den Schatten und machten Musik; der Schweinehirt auf einer Flöte, der Ziegenhirt auf dem Dudelsack. Endlich ritt ein erwachsener Knabe nackend heran und ging so tief in das Wasser, so tief, daß das Pferd mit ihm schwamm. Das sah nun gar schön aus, wenn der wohlgewachsene Junge so nah ans Ufer kam, daß man seine ganze Gestalt sah, und er sodann wieder in das tiefe Meer zurückkehrte, wo man nichts weiter sah als den Kopf des schwimmenden Pferdes, ihn aber bis an die Schultern.

Um drei Uhr nachmittags fuhren wir weiter, und als wir Capua drei Meilen hinter uns gelassen hatten, es war schon eine Stunde in der Nacht, zerbrachen wir das Hinterrad unsres Wagens. Das hielt uns einige Stunden auf, um ein andres an die Stelle zu nehmen. Da aber dieses geschehen war und wir abermals einige Meilen zurückgelegt hatten, brach die Achse. Hierüber wurden wir sehr verdrießlich; wir waren so nah bei Neapel und konnten doch unsre Freunde nicht sprechen. Endlich langten wir einige Stunden nach

Mitternacht daselbst an, wo wir noch so viele Menschen auf der Straße fanden, als man in einer andern Stadt kaum um Mittag findet.

Hier hab' ich nun alle unsre Freunde gesund und wohl angetroffen, die sich alle freuten, dasselbe von Ihnen zu hören. Ich wohne bei Herrn Hackert im Hause; vorgestern war ich mit Ritter Hamilton zu Pausilipo auf seinem Lusthause. Da kann man denn freilich nichts Herrlicheres auf Gottes Erdboden schauen. Nach Tische schwammen ein Dutzend Jungen in dem Meere, das war schön anzusehen. Die vielen Gruppen und Stellungen, welche sie in ihren Spielen machten! Er bezahlt sie dafür, damit er jeden Nachmittag diese Lust habe. Hamilton gefällt mir außerordentlich wohl; ich sprach vieles mit ihm, sowohl hier im Haus, als auch da wir auf dem Meer spazierenfuhren. Es freute mich außerordentlich, so viel von ihm zu erfahren, und hoffe noch viel Gutes von diesem Manne. Schreiben Sie mir doch die Namen Ihrer übrigen hiesigen Freunde, damit ich auch sie kennen lernen und grüßen kann. Bald sollen Sie mehreres von hier vernehmen. Grüßen Sie alle Freunde, besonders Angelika und Reiffenstein.

N. S. Ich finde es in Neapel sehr viel heißer als in Rom, nur mit dem Unterschied, daß die Luft gesünder ist und auch beständig etwas frischer Wind weht, aber die Sonne hat viel mehr Kraft; die ersten Tage war es mir fast unerträglich. Ich habe bloß von Eis- und Schneewasser gelebt.

Später, ohne Datum.

Gestern hätt' ich Sie in Neapel gewünscht: einen solchen Lärmen, eine solche Volksmenge, die nur da war, um Eßwaren einzukaufen, hab' ich in meinem Leben nicht gesehen; aber auch so viele dieser Eßwaren sieht man nie wieder beisammen. Von allen Sorten war die große Straße Toledo fast bedeckt. Hier bekommt man erst eine Idee von einem Volk, das in einer so glücklichen Gegend wohnt, wo die Jahreszeit täglich Früchte wachsen läßt. Denken Sie sich, daß heute 500000 Menschen im Schmausen begriffen sind und das auf Neapolitaner Art. Gestern und heute war ich an einer Tafel, wo gefressen ist worden, daß ich erstaunt bin; ein sündiger

Überfluß war da. Kniep saß auch dabei und übernahm sich so, von allen den leckern Speisen zu essen, daß ich fürchtete, er platze; aber ihn rührte es nicht, und er erzählte dabei immer von dem Appetit, den er auf dem Schiff und in Sizilien gehabt habe, indessen Sie für Ihr gutes Geld, teils aus Übelbefinden, teils aus Vorsatz, gefastet und so gut als gehungert.

Heute ist schon alles aufgefressen worden, was gestern verkauft wurde, und man sagt, morgen sei die Straße wieder so voll, als sie gestern war. Toledo scheint ein Theater, wo man den Überfluß zeigen will. Die Butiken sind alle ausgeziert mit Eßwaren, die sogar über die Straße in Girlanden hinüberhängen, die Würstchen zum Teil vergoldet und mit roten Bändern gebunden; die welschen Hahnen haben alle eine rote Fahne im Hintern stecken, deren sind gestern dreißigtausend verkauft worden, dazu rechne man die, welche die Leute im Hause fett machen. Die Zahl der Esel mit Kapaunen beladen sowie der andern mit kleinen Pomeranzen belastet, die großen auf dem Pflaster aufgeschütteten Haufen solcher Goldfrüchte erschreckten einen. Aber am schönsten möchten doch die Butiken sein, wo grüne Sachen verkauft werden, und die, wo Rosinentrauben, Feigen und Melonen ausgesetzt sind: alles so zierlich zur Schau geordnet, daß es Auge und Herz erfreut. Neapel ist ein Ort, wo Gott häufig seinen Segen gibt für alle Sinne.

Später, ohne Datum.

Hier haben Sie eine Zeichnung von den Türken, die hier gefangen liegen. Der „Herkules", wie es erst hieß, hat sie nicht genommen, sondern ein Schiff, welches die Korallenfischer begleitete. Die Türken sahen dieses christliche Fahrzeug und machten sich dran, um es wegzunehmen, aber sie fanden sich betrogen; denn die Christen waren stärker, und so wurden sie überwältigt und gefangen hierher geführt. Es waren dreißig Mann auf dem christlichen Schiffe, vierundzwanzig auf dem türkischen; sechs Türken blieben im Gefechte, einer ist verwundet; von den Christen ist kein einziger geblieben, die Madonna hat sie beschützt.

Der Schiffer hat eine große Beute gemacht; er fand sehr

viel Geld und Waren, Seidenzeug und Kaffee, auch einen reichen Schmuck, welcher einer jungen Mohrin gehörte.

Es war merkwürdig, die vielen tausend Menschen zu sehen, welche Kahn an Kahn dahinfuhren, um die Gefangenen zu beschauen, besonders die Mohrin. Es fanden sich verschiedene Liebhaber, die sie kaufen wollten und viel Geld boten, aber der Kapitän will sie nicht weggeben.

Ich fuhr alle Tage hin und fand einmal den Ritter Hamilton und Miß Hart, die sehr gerührt war und weinte. Da das die Mohrin sah, fing sie auch an zu weinen; die Miß wollte sie kaufen, der Kapitän aber hartnäckig sie nicht hergeben. Jetzo sind sie nicht mehr hier; die Zeichnung besagt das Weitere.

NACHTRAG

Päpstliche Teppiche

Die große Aufopferung, zu der ich mich entschloß, eine von dem Gipfel des Bergs bis beinahe ans Meer herabströmende Lava hinter mir zu lassen, ward mir durch den erreichten Zweck reichlich vergolten, durch den Anblick der Teppiche, welche, am Fronleichnamstag aufgehängt, uns an Raffael, seine Schüler, seine Zeit auf das glänzendste erinnerten.

In den Niederlanden hatte das Teppichwirken mit stehendem Zettel, Hautelisse genannt, sich schon auf den höchsten Grad erhoben. Es ist mir nicht bekannt geworden, wie sich nach und nach die Fertigung der Teppiche entwickelt und gesteigert hat. In dem zwölften Jahrhundert mag man noch die einzelnen Figuren durch Stickerei oder auf sonst eine Weise fertig gemacht und sodann durch besonders gearbeitete Zwischenstücke zusammengesetzt haben. Dergleichen finden wir noch über den Chorstühlen alter Domkirchen, und hat die Arbeit etwas Ähnliches mit den bunten Fensterscheiben, welche auch zuerst aus ganz kleinen farbigen Glasstückchen ihre Bilder zusammengesetzt haben. Bei den Teppichen vertrat Nadel und Faden das Lot und die Zinnstäbchen. Alle frühen Anfänge der Kunst und Technik sind von dieser Art; wir haben kostbare chinesische Teppiche, auf gleiche Weise gefertigt, vor Augen gehabt.

Wahrscheinlich durch orientalische Muster veranlaßt, hatte man in den handels- und prachtreichen Niederlanden zu Anfang des sechzehnten Jahrhunderts diese kunstreiche Technik schon aufs Höchste getrieben; dergleichen Arbeiten gingen schon wieder nach dem Orient zurück und waren gewiß auch in Rom bekannt, wahrscheinlich nach unvollkommenen, in byzantinischem Sinne gemodelten Mustern und Zeichnungen. Der große und in manchem, besonders auch ästhetischem Sinn freie Geist Leo X. mochte nun auch, was er auf Wänden abgebildet sah, gleichmäßig frei und groß in seiner Umgebung auf Teppichen erblicken, und auf seine Veranlassung fertigte Raffael die Kartone: glücklicherweise solche Gegenstände, welche Christi Bezug zu seinen Aposteln, sodann aber die Wirkungen solcher begabten Männer nach dem Heimgange des Meisters vorstellten.

Am Fronleichnamstage nun lernte man erst die wahre Bestimmung der Teppiche kennen, hier machten sie Kolonnaden und offene Räume zu prächtigen Sälen und Wandelgängen, und zwar indem sie das Vermögen des begabtesten Mannes uns entschieden vor Augen stellen und uns das glücklichste Beispiel geben, wo Kunst und Handwerk in beiderseitiger Vollendung sich auf ihrem höchsten Punkte lebendig begegnen.

Die Raffaelischen Kartone, wie sie bis jetzt in England verwahrt sind, bleiben noch immer die Bewunderung der Welt; einige rühren gewiß von dem Meister allein her, andere mögen nach seinen Zeichnungen, seiner Angabe, andere sogar erst nachdem er abgeschieden war, gefertigt sein. Alles bezeugte große übereintreffende Kunstbestimmung, und die Künstler aller Nationen strömten hier zusammen, um ihren Geist zu erheben und ihre Fähigkeiten zu steigern.

Dies gibt uns Veranlassung, über die Tendenz der deutschen Künstler zu denken, welche Hochschätzung und Neigung gegen seine ersten Werke hinzog und wovon schon damals leise Spuren sich bemerken ließen.

Mit einem talentreichen zarten Jüngling, der im Sanften, Anmutigen, Natürlichen verweilt, fühlt man sich in jeder Kunst näher verwandt, man wagt es zwar nicht, sich mit ihm zu vergleichen, doch im stillen mit ihm zu wetteifern, von sich zu hoffen, was er geleistet hat.

Nicht mit gleichem Behagen wenden wir uns an den vollendeten Mann; denn wir ahnen die furchtbaren Bedingungen, unter welchen allein sich selbst das entschiedenste Naturell zum Letztmöglichen des Gelingens erheben kann, und wollen wir nicht verzweifeln, so müssen wir uns zurückwenden und uns mit dem Strebenden, dem Werdenden vergleichen.

Dies ist die Ursache, warum die deutschen Künstler Neigung, Verehrung, Zutrauen zu dem Älteren, Unvollkommenen wendeten, weil sie sich daneben auch für etwas halten konnten und sich mit der Hoffnung schmeicheln durften, das in ihrer Person zu leisten, wozu dennoch eine Folge von Jahrhunderten erforderlich gewesen.

Kehren wir zu Raffaels Kartonen zurück und sprechen aus, daß sie alle männlich gedacht sind; sittlicher Ernst, ahnungsvolle Größe walten überall, und obgleich hie und da geheimnisvoll, werden sie doch denjenigen durchaus klar, welche von dem Abschiede des Erlösers und den wundervollen Gaben, die er seinen Jüngern hinterließ, aus den heiligen Schriften genugsam unterrichtet sind.

Nehmen wir vor allen die Beschämung und Bestrafung des Ananias vor Augen, da uns denn jederzeit der kleine, dem Mark Anton nicht unbillig zugeschriebene Kupferstich, nach einer ausführlichen Zeichnung Raffaels, die Nachbildung der Kartone von Dorigny und die Vergleichung beider hinlänglichen Dienst leisten.

Wenig Kompositionen wird man dieser an die Seite setzen können; hier ist ein großer Begriff, eine in ihrer Eigentümlichkeit höchst wichtige Handlung in ihrer vollkommensten Mannigfaltigkeit auf das klarste dargestellt.

Die Apostel als fromme Gabe das Eigentum eines jeden, in den allgemeinen Besitz dargebracht, erwartend; die heranbringenden Gläubigen auf der einen, die empfangenden Dürftigen auf der andern Seite, und in der Mitte der Defraudierende gräßlich bestraft: eine Anordnung, deren Symmetrie aus dem Gegebenen hervorgeht und welche wieder durch die Erfordernisse des Darzustellenden nicht sowohl verborgen als belebt wird; wie ja die unerläßliche symmetrische Proportion des menschlichen Körpers erst durch mannigfaltige Lebensbewegung eindringliches Interesse gewinnt.

Wenn nun bei Anschauung dieses Kunstwerkes der Bemerkungen kein Ende sein würde, so wollen wir hier nur noch ein wichtiges Verdienst dieser Darstellung auszeichnen. Zwei männliche Personen, welche herankommend zusammengepackte Kleidungsstücke tragen, gehören notwendig zu Ananias; aber wie will man hieraus erkennen, daß ein Teil davon zurückgeblieben und dem Gemeingut unterschlagen worden? Hier werden wir aber auf eine junge hübsche Weibsperson aufmerksam gemacht, welche mit einem heitern Gesichte aus der rechten Hand Geld in die linke zählt; und sogleich erinnern wir uns an das edle Wort: „Die Linke soll nicht wissen, was die Rechte gibt", und zweifeln nicht, daß hier Saphira gemeint sei, welche das den Aposteln einzureichende Geld abzählt, um noch einiges zurückzubehalten, welches ihre heiter listige Miene anzudeuten scheint. Dieser Gedanke ist erstaunenswürdig und furchtbar, wenn man sich ihm hingibt. Vor uns der Gatte, schon verrenkt und bestraft am Boden in gräßlicher Zuckung sich windend; wenig hinterwärts, das Vorgehende nicht gewahr werdend, die Gattin, sicher arglistig sinnend, die Göttlichen zu bevorteilen, ohne Ahnung, welchem Schicksal sie entgegengeht. Überhaupt steht dieses Bild als ein ewiges Problem vor uns da, welches wir immer mehr bewundern, je mehr uns dessen Auflösung möglich und klar wird. Die Vergleichung des Mark-Antonischen Kupfers, nach einer gleich großen Zeichnung Raffaels, und des größeren von Dorigny, nach dem Karton, führt uns abermals in die Tiefe der Betrachtung, mit welcher Weisheit ein solches Talent bei einer zweiten Behandlung derselben Komposition Veränderungen und Steigerungen zu bewirken gewußt hat. Bekennen wir gern, daß ein solches Studium uns zu den schönsten Freuden eines langen Lebens gedient hat.

JULI

KORRESPONDENZ

Rom, den 5. Juli 1787.

Mein jetziges Leben sieht einem Jugendtraume völlig ähnlich, wir wollen sehen, ob ich bestimmt bin, ihn zu genießen, oder zu erfahren, daß auch dieses, wie so vieles andre, nur eitel ist. Tischbein ist fort, sein Studium aufgeräumt, ausgestäubt und ausgewaschen, so daß ich nun gerne drin sein mag. Wie nötig ist's, in der jetzigen Zeit ein angenehmes Zuhause zu haben. Die Hitze ist gewaltig. Morgens mit Sonnenaufgang steh' ich auf und gehe nach der Acqua acetosa, einem Sauerbrunnen, ungefähr eine halbe Stunde von dem Tor, an dem ich wohne, trinke das Wasser, das wie ein schwacher Schwalbacher schmeckt, in diesem Klima aber schon sehr wirksam ist. Gegen acht Uhr bin ich wieder zu Hause und bin fleißig auf alle Weise, wie es die Stimmung nur geben will. Ich bin recht wohl. Die Hitze schafft alles Flußartige weg und treibt, was Schärfe im Körper ist, nach der Haut, und es ist besser, daß ein Übel jückt, als daß es reißt und zieht. Im Zeichnen fahr' ich fort, Geschmack und Hand zu bilden, ich habe Architektur angefangen ernstlicher zu treiben, es wird mir alles erstaunend leicht (das heißt der Begriff, denn die Ausübung erfordert ein Leben). Was das Beste war: ich hatte keinen Eigendünkel und keine Prätension, ich hatte nichts zu verlangen, als ich herkam. Und nun dringe ich nur drauf, daß mir nichts Name, nichts Wort bleibe. Was schön, groß, ehrwürdig gehalten wird, will ich mit eignen Augen sehn und erkennen. Ohne Nachahmung ist dies nicht möglich. Nun muß ich mich an die Gipsköpfe setzen. (Die rechte Methode wird mir von Künstlern angedeutet. Ich halte mich zusammen, was möglich ist.) Am Anfang der Woche konnt' ich's nicht absagen, hier und da zu essen. Nun wollen sie mich hier- und dahin haben; ich lasse es vorübergehn und bleibe in meiner Stille. Moritz, einige Landsleute im Hause, ein wackerer Schweizer sind mein gewöhnlicher Umgang. Zu Angelika und Rat Reiffenstein geh' ich auch; überall mit meiner nachdenklichen Art, und niemand ist, dem ich mich eröffnete. Lucchesini ist wieder hier, der alle Welt sieht und den man sieht wie alle Welt. Ein Mann, der sein Metier recht macht, wenn ich mich nicht sehr irre. Nächstens schreib' ich dir von einigen Personen, die ich bald zu kennen hoffe.

„Egmont" ist in der Arbeit, und ich hoffe, er wird geraten. Wenigstens hab' ich immer unter dem Machen Symptome gehabt, die mich nicht betrogen haben. Es ist recht sonderbar, daß ich so oft bin abgehalten worden, das Stück zu endigen, und daß es nun in Rom fertig werden soll. Der erste Akt ist ins Reine und zur Reife, es sind ganze Szenen im Stücke, an die ich nicht zu rühren brauche.

Ich habe über allerlei Kunst so viel Gelegenheit zu denken, daß mein „Wilhelm Meister" recht anschwillt. Nun sollen aber die alten Sachen voraus weg; ich bin alt genug, und wenn ich noch etwas machen will, darf ich mich nicht säumen. Wie du dir leicht denken kannst, hab' ich hundert neue Dinge im Kopfe, und es kommt nicht aufs Denken, es kommt aufs Machen an; das ist ein verwünschtes Ding, die Gegenstände hinzusetzen, daß sie nun einmal so und nicht anders dastehen. Ich möchte nun recht viel von der Kunst sprechen, doch ohne die Kunstwerke was will man sagen? Ich hoffe, über manche Kleinheit wegzurücken, drum gönnt mir meine Zeit, die ich hier so wunderbar und sonderbar zubringe, gönnt mir sie durch den Beifall eurer Liebe.

Ich muß diesmal schließen und wider Willen eine leere Seite schicken. Die Hitze des Tages war groß, und gegen Abend bin ich eingeschlafen.

Rom, den 9. Juli.

Ich will künftig einiges die Woche über schreiben, daß nicht die Hitze des Posttags oder ein andrer Zufall mich hindre, euch ein vernünftiges Wort zu sagen. Gestern hab' ich vieles gesehen und wieder gesehen, ich bin vielleicht in zwölf Kirchen gewesen, wo die schönsten Altarblätter sind.

Dann war ich mit Angelika bei dem Engländer Moore, einem Landschaftsmaler, dessen Bilder meist trefflich gedacht sind. Unter andern hat er eine Sündflut gemalt, das etwas Einziges ist. Anstatt daß andere ein offnes Meer genommen haben, das immer nur die Idee von einem weiten, aber nicht hohen Wasser gibt, hat er ein geschlossenes hohes Bergtal vorgestellt, in welches die immer steigenden Wasser endlich auch hereinstürzen. Man sieht an der Form der Felsen, daß der Wasserstand sich dem Gipfel nähert, und dadurch, daß es hinten quervor zugeschlossen ist, die Klippen alle steil sind, macht es einen fürchterlichen Effekt. Es ist gleichsam nur grau in grau gemalt, das schmutzige aufgewühlte Wasser, der triefende Regen verbinden sich aufs innigste, das Wasser stürzt und trieft von den Felsen, als wenn die ungeheuren Massen sich auch in dem allgemeinen Elemente auflösen wollten, und die Sonne blickt wie ein trüber Mond durch den Wasserflor durch, ohne zu erleuchten, und doch ist es nicht Nacht. In der Mitte des Vordergrundes ist eine flache isolierte Felsenplatte, auf die sich einige hülflose Menschen retten in dem Augenblick, daß die Flut heranschwillt und sie bedecken will. Das Ganze ist unglaublich gut gedacht. Das Bild ist groß. Es kann 7—8 Fuß lang und 5—6 Fuß hoch sein. Von den andern Bildern, einem herrlich schönen Morgen, einer trefflichen Nacht, sag' ich gar nichts.

Drei volle Tage war Fest auf Ara coeli wegen der Beatifikation zweier Heiligen aus dem Orden des heiligen Franziskus. Die Dekoration der Kirche, Musik, Illumination und Feuerwerk des Nachts zog eine große Menge Volks dahin. Das nah gelegene Kapitol war mit erleuchtet und die Feuerwerke auf dem Platz des Kapitols abgebrannt. Das Ganze zusammen machte sich sehr schön, obgleich es nur ein Nachspiel von St. Peter war. Die Römerinnen zeigen sich bei dieser Gelegenheit, von ihren Männern oder Freunden begleitet, des Nachts weiß gekleidet mit einem schwarzen Gürtel und sind schön und artig. Auch ist im Korso jetzt des Nachts häufiger Spaziergang und Fahrt, da man des Tags nicht aus dem Hause geht. Die Hitze ist sehr leidlich und diese Tage her immer ein kühles Windchen wehend. Ich halte mich in meinem kühlen Saale und bin still und vergnügt.

Ich bin fleißig, mein „Egmont" rückt sehr vor. Sonderbar ist's, daß sie eben jetzt in Brüssel die Szene spielen, wie ich sie vor zwölf Jahren aufschrieb, man wird vieles jetzt für Pasquill halten.

Rom, den 16. Juli.

Es ist schon weit in der Nacht, und man merkt es nicht, denn die Straße ist voll Menschen, die singend, auf Zithern und Violinen spielend, miteinander wechselnd, auf und ab gehn. Die Nächte sind kühl und erquickend, die Tage nicht unleidlich heiß.

Gestern war ich mit Angelika in der Farnesina, wo die Fabel der Psyche gemalt ist. Wie oft und unter wie manchen Situationen hab' ich die bunten Kopien dieser Bilder in meinen Zimmern mit euch angesehn! Es fiel mir recht auf, da ich sie eben durch jene Kopien fast auswendig weiß. Dieser Saal oder vielmehr Galerie ist das Schönste, was ich von Dekoration kenne, so viel auch jetzt dran verdorben und restauriert ist.

Heute war Tierhetze in dem Grabmal des August. Dieses große, inwendig leere, oben offene, ganz runde Gebäude ist jetzt zu einem Kampfplatz, zu einer Ochsenhetze eingerichtet wie eine Art Amphitheater. Es wird vier- bis fünftausend Menschen fassen können. Das Schauspiel selbst hat mich nicht sehr erbaut.

Dienstag, den 17. Juli, war ich abends bei Albacini, dem Restaurator antiker Statuen, um einen Torso zu sehen, den sie unter den farnesinischen Besitzungen, die nach Neapel gehen, gefunden haben. Es ist ein Torso eines sitzenden Apolls und hat an Schönheit vielleicht nicht seinesgleichen, wenigstens kann er unter die ersten Sachen gesetzt werden, die vom Altertum übrig sind.

Ich speiste bei Graf Fries; Abbate Casti, der mit ihm reist, rezitierte eine seiner Novellen, „Der Erzbischof von Prag", die nicht sehr ehrbar, aber außerordentlich schön, in Ottave rime, geschrieben ist. Ich schätzte ihn schon als den Verfasser meines beliebten „Re Teodoro in Venezia". Er hat nun einen „Re Teodoro in Corsica" geschrieben, wovon ich den ersten Akt gelesen habe, auch ein ganz allerliebstes Werk.

Graf Fries kauft viel und hat unter andern eine Madonna von Andrea del Sarto für 600 Zechinen gekauft. Im vergangenen März hatte Angelika schon 450 drauf geboten, hätte auch das Ganze dafür gegeben, wenn ihr attenter Gemahl nicht etwas einzuwenden gehabt hätte. Nun reut sie's beide. Es ist ein unglaublich schön Bild, man hat keine Idee von so etwas, ohne es gesehn zu haben.

Und so kommt tagtäglich etwas Neues zum Vorschein, was, zu dem Alten und Bleibenden gesellt, ein großes Vergnügen gewährt. Mein Auge bildet sich gut aus, mit der Zeit könnte ich Kenner werden.

Tischbein beschwert sich in einem Briefe über die entsetzliche Hitze in Neapel. Hier ist sie auch stark genug. Am Dienstag soll es so heiß gewesen sein, als Fremde es nicht in Spanien und Portugal empfunden.

„Egmont" ist schon bis in den vierten Akt gediehen, ich hoffe, er soll euch Freude machen. In drei Wochen denke ich fertig zu sein, und ich schicke ihn gleich an Herdern ab.

Gezeichnet und illuminiert wird auch fleißig. Man kann nicht aus dem Hause gehn, nicht die kleinste Promenade machen, ohne die würdigsten Gegenstände zu treffen. Meine Vorstellung, mein Gedächtnis füllt sich voll unendlich schöner Gegenstände.

Rom, den 20. Juli.

Ich habe recht diese Zeit her zwei meiner Kapitalfehler, die mich mein ganzes Leben verfolgt und gepeinigt haben, entdecken können. Einer ist, daß ich nie das Handwerk einer Sache, die ich treiben wollte oder sollte, lernen mochte. Daher ist gekommen, daß ich mit so viel natürlicher Anlage so wenig gemacht und getan habe. Entweder es war durch die Kraft des Geistes gezwungen, gelang oder mißlang, wie Glück und Zufall es wollten, oder wenn ich eine Sache gut und mit Überlegung machen wollte, war ich furchtsam und konnte nicht fertig werden. Der andere, nah verwandte Fehler ist, daß ich nie so viel Zeit auf eine Arbeit oder Geschäft wenden mochte, als dazu erfordert wird. Da ich die Glückseligkeit genieße, sehr viel in kurzer Zeit denken und kombinieren zu können, so ist mir eine schrittweise Ausführung nojos und unerträglich. Nun, dächt' ich, wäre Zeit und Stunde da, sich zu korrigieren. Ich bin im Land der Künste, laßt uns das Fach durcharbeiten, damit wir für unser übriges Leben Ruh' und Freude haben und an was anders gehen können.

Rom ist ein herrlicher Ort dazu. Nicht allein die Gegenstände aller Art sind hier, sondern auch Menschen aller Art, denen es Ernst ist, die auf den rechten Wegen gehen, mit denen man sich unterhaltend gar bequem und schleunig weiter bringen kann. Gott sei Dank, ich fange an, von andern lernen und annehmen zu können.

Und so befinde ich mich an Leib und Seele wohler als jemals! Möchtet ihr es an meinen Produktionen sehen und meine Abwesenheit preisen. Durch das, was ich mache und denke, häng' ich mit euch zusammen, übrigens bin ich freilich sehr allein und muß meine Gespräche modifizieren. Doch das ist hier leichter als irgendwo, weil man mit jedem etwas Interessantes zu reden hat.

Mengs sagt irgendwo vom Apoll von Belvedere, daß eine Statue, die zu gleich großem Stil mehr Wahrheit des Fleisches gesellte, das Größte wäre, was der Mensch sich denken könnte. Und durch jenen Torso eines Apolls oder Bacchus, dessen ich schon gedacht, scheint sein Wunsch, seine Prophezeiung erfüllt zu sein. Mein Auge ist nicht genug gebildet, um in einer so delikaten Materie zu entscheiden; aber ich bin selbst geneigt, diesen Rest für das Schönste zu halten, was ich je gesehn habe. Leider ist es nicht allein nur Torso, sondern auch die Epiderm ist an vielen Orten weggewaschen, er muß unter einer Traufe gestanden haben.

Sonntags, den 22. Juli,

aß ich bei Angelika; es ist nun schon hergebracht, daß ich ihr Sonntagsgast bin. Vorher fuhren wir nach dem Palast Barberini, den trefflichen Leonard da Vinci und die Geliebte des Raffaels, von ihm selbst gemalt, zu sehen. Mit Angelika ist es gar angenehm, Gemälde zu betrachten, da ihr Auge sehr gebildet und ihre mechanische Kunstkenntnis so groß ist. Dabei ist sie sehr für alles Schöne, Wahre, Zarte empfindlich und unglaublich bescheiden.

Nachmittags war ich beim Chevalier d'Agincourt, einem reichen Franzosen, der seine Zeit und sein Geld anwendet, eine Geschichte der Kunst von ihrem Verfall bis zur Auflebung zu schreiben. Die Sammlungen, die er gemacht hat, sind höchst interessant. Man sieht, wie der Menschengeist während der trüben und dunkeln Zeit immer geschäftig war. Wenn das Werk zusammenkömmt, wird es sehr merkwürdig sein.

Jetzt habe ich etwas vor, daran ich viel lerne; ich habe eine Landschaft erfunden und gezeichnet, die ein geschickter Künstler, Dies, in meiner Gegenwart koloriert; dadurch gewöhnt sich Auge und Geist immer mehr an Farbe und Harmonie. Überhaupt geht es gut fort, ich treibe nur, wie immer, zuviel. Meine größte Freude ist, daß mein Auge sich an sichern Formen bildet und sich an Gestalt und Verhältnis leicht gewöhnt und dabei mein alt Gefühl für Haltung und Ganzes recht lebhaft wiederkehrt. Auf Übung käme nun alles an.

Montag, den 23. Juli,

bestieg ich abends die Trajanische Säule, um des unschätzbaren Anblicks zu genießen. Von dort oben herab, bei untergehender Sonne, nimmt sich das Koliseum ganz herrlich aus, das Kapitol ganz nahe, der Palatin dahinter, die Stadt, die sich anschließt. Ich ging erst spät und langsam durch die Straßen zurück. Ein merkwürdiger Gegenstand ist der Platz von Monte Cavallo mit dem Obelisk.

Dienstag, den 24. Juli.

Nach der Villa Patrizzi, um die Sonne untergehen zu sehen, der frischen Luft zu genießen, meinen Geist recht mit dem Bilde der großen Stadt anzufüllen, durch die langen Linien meinen Gesichtskreis auszuweiten und zu vereinfachen, durch die vielen schönen und mannigfaltigen Gegenstände zu bereichern. Diesen Abend sah ich den Platz der Antoninischen Säule, den Palast Chigi vom Mond erleuchtet, und die Säule, von Alter schwarz, vor dem helleren Nachthimmel, mit einem weißen glänzenden Piedestal. Und wie viel andere unzählige schöne einzelne Gegenstände trifft man auf so einer Promenade an. Aber wie viel dazu gehört, sich nur einen geringen Teil von allem diesem zuzueignen! Es gehört ein Menschenleben dazu, ja das Leben vieler Menschen, die immer stufenweis voneinander lernen.

Mittwoch, den 25. Juli.

Ich war mit dem Grafen Fries, die Gemmensammlung des Prinzen von Piombino zu sehen.

Freitag, den 27sten.

Übrigens helfen mir alle Künstler, alt und jung, um mein Talentchen zuzustutzen und zu erweitern. In der Perspektiv und Baukunst bin ich vorgerückt, auch in der Komposition der Landschaft. An den lebendigen Kreaturen hängt's noch, da ist ein Abgrund, doch wäre mit Ernst und Applikation hier auch weiterzukommen.

Ich weiß nicht, ob ich ein Wort von dem Konzert sagte, das ich zu Ende voriger Woche gab. Ich lud diejenigen Personen dazu, die mir hier manches Vergnügen verschafft haben, und ließ durch die Sänger der komischen Oper die besten Stücke der letzten Intermezzen aufführen. Jedermann war vergnügt und zufrieden.

Nun ist mein Saal schön aufgeräumt und aufgeputzt; es lebt sich bei der großen Wärme aufs angenehmste darin. Wir haben einen trüben, einen Regentag, ein Donnerwetter, nun einige heitere, nicht sehr heiße Tage gehabt.

Sonntag, den 29. Juli 1787,

war ich mit Angelika in dem Palast Rondanini. Ihr werdet euch aus meinen ersten römischen Briefen einer Meduse erinnern, die mir damals schon so sehr einleuchtete, jetzt nun aber mir die größte Freude gibt. Nur einen Begriff zu haben, daß so etwas in der Welt ist, daß so etwas zu machen möglich war, macht einen zum doppelten Menschen. Wie gern sagt' ich etwas drüber, wenn nicht alles, was man über so ein Werk sagen kann, leerer Windhauch wäre. Die Kunst ist deshalb da, daß man sie sehe, nicht davon spreche, als höchstens in ihrer Gegenwart. Wie schäme ich mich alles Kunstgeschwätzes, in das ich ehmals einstimmte. Wenn es möglich ist, einen guten Gipsabguß von dieser Meduse zu haben, so bring' ich ihn mit, doch sie müßte neu geformt werden. Es sind einige hier zu Kaufe, die ich nicht möchte; denn sie verderben mehr die Idee, als daß sie uns den Begriff gäben und erhielten. Besonders ist der Mund unaussprechlich und unnachahmlich groß.

Montag, den 30 sten,

blieb ich den ganzen Tag zu Hause und war fleißig. „Egmont“ ruckt zum Ende, der vierte Akt ist so gut wie fertig. Sobald er abgeschrieben ist, schick' ich ihn mit der reitenden Post. Welche Freude wird mir's sein, von euch zu hören, daß ihr dieser Produktion einigen Beifall gebt! Ich fühle mich recht jung wieder, da ich das Stück schreibe; möchte es auch auf den Leser einen frischen Eindruck machen. Abends war ein kleiner Ball in dem Garten hinter dem Hause, wozu wir auch eingeladen wurden. Ungeachtet jetzt keine Jahrszeit des Tanzes ist, so war man doch ganz lustig. Die italienischen Mäuschen haben ihre Eigentümlichkeiten, vor zehn Jahren hätten einige passieren können, nun ist diese Ader vertrocknet, und es gab mir diese kleine Feierlichkeit kaum so viel Interesse, um sie bis ans Ende auszuhalten. Die Mondnächte sind ganz unglaublich schön; der Aufgang, eh' sich der Mond durch die Dünste heraufgearbeitet hat, ganz gelb und warm, come il sole d'Inghilterra, die übrige Nacht klar und freundlich. Ein kühler Wind, und alles fängt an zu leben. Bis gegen Morgen sind immer Partien auf der Straße, die singen und spielen, man hört mancherlei Duette, so schön und schöner als in einer Oper oder Konzert.

Dienstag, den 31. Juli,

wurden einige Mondscheine aufs Papier gebracht, dann sonst allerlei gute Kunst getrieben. Abends ging ich mit einem Landsmann spazieren, und wir stritten über den Vorzug von Michelangelo und Raffael; ich hielt die Partie des ersten, er des andern, und wir schlossen zuletzt mit einem gemeinschaftlichen Lob auf Leonard da Vinci. Wie glücklich bin ich, daß nun alle diese Namen aufhören, Namen zu sein, und lebendige Begriffe des Wertes dieser trefflichen Menschen nach und nach vollständig werden.

Nachts in die komische Oper. Ein neues Intermezz, „L'Impresario in angustie“, ist ganz vortrefflich und wird uns manche Nacht unterhalten, so heiß es auch im Schauspiele sein mag. Ein Quintett, da der Poeta sein Stück vorliest, der Impresar und die prima donna auf der einen Seite ihm Beifall geben, der Komponist und die seconda donna auf der andern ihn tadeln, worüber sie zuletzt in einen allgemeinen Streit geraten, ist gar glücklich. Die als Frauenzimmer verkleideten Kastraten machen ihre Rollen immer besser und gefallen immer mehr. Wirklich für eine kleine Sommertruppe, die sich nur so zusammengefunden hat, ist sie recht artig. Sie spielen mit einer großen Natürlichkeit und gutem Humor. Von der Hitze stehen die armen Teufel erbärmlich aus.

BERICHT

Juli

Um Nachstehendes, welches ich nunmehr einzuführen gedenke, schicklicherweise vorzubereiten, halte für nötig, einige Stellen aus dem vorigen Bande, welche dort, im Lauf der Ereignisse, der Aufmerksamkeit möchten entgangen sein, hier einzuschalten und die mir so wichtige Angelegenheit den Freunden der Naturwissenschaft dadurch abermals zu empfehlen.

Palermo, Dienstag, den 17. April 1787.

Es ist ein wahres Unglück, wenn man von vielerlei Geistern verfolgt und versucht wird! Heute früh ging ich mit dem festen, ruhigen Vorsatz, meine dichterischen Träume fortzusetzen, nach dem öffentlichen Garten, allein eh' ich mich's versah, erhaschte mich ein anderes Gespenst, das mir schon diese Tage nachgeschlichen. Die vielen Pflanzen, die ich sonst nur in Kübeln und Töpfen, ja die größte Zeit des Jahres nur hinter Glasfenstern zu sehen gewohnt war, stehen hier froh und frisch unter freiem Himmel, und indem sie ihre Bestimmung vollkommen erfüllen, werden sie uns deutlicher. Im Angesicht so vielerlei neuen und erneuten Gebildes fiel mir die alte Grille wieder ein, ob ich nicht unter dieser Schar die Urpflanze entdecken könnte. Eine solche muß es denn doch geben! Woran würde ich sonst erkennen, daß dieses oder jenes Gebilde eine Pflanze sei, wenn sie nicht alle nach einem Muster gebildet wären?

Ich bemühte mich, zu untersuchen, worin denn die vielen abweichenden Gestalten voneinander unterschieden seien.

Und ich fand sie immer mehr ähnlich als verschieden, und wollte ich meine botanische Terminologie anbringen, so ging das wohl, aber es fruchtete nicht, es machte mich unruhig, ohne daß es mir weiterhalf. Gestört war mein guter poetischer Vorsatz, der Garten des Alcinous war verschwunden, ein Weltgarten hatte sich aufgetan. Warum sind wir Neueren doch so zerstreut, warum gereizt zu Forderungen, die wir nicht erreichen noch erfüllen können!

Neapel, den 17. Mai 1787.

Ferner muß ich dir vertrauen, daß ich dem Geheimnis der Pflanzenzeugung und -organisation ganz nahe bin, und daß es das Einfachste ist, was nur gedacht werden kann. Unter diesem Himmel kann man die schönsten Beobachtungen machen. Den Hauptpunkt, wo der Keim steckt, habe ich ganz klar und zweifellos gefunden, alles übrige seh' ich auch schon im ganzen, und nur noch einige Punkte müssen bestimmter werden. Die Urpflanze wird das wunderlichste Geschöpf von der Welt, um welches mich die Natur selbst beneiden soll. Mit diesem Modell und dem Schlüssel dazu kann man alsdann noch Pflanzen ins Unendliche erfinden, die konsequent sein müssen, das heißt: die, wenn sie auch nicht existieren, doch existieren könnten und nicht etwa malerische oder dichterische Schatten und Scheine sind, sondern eine innerliche Wahrheit und Notwendigkeit haben. Dasselbe Gesetz wird sich auf alles übrige Lebendige anwenden lassen.

So viel aber sei hier, ferneres Verständnis vorzubereiten, kürzlich ausgesprochen: Es war mir nämlich aufgegangen, daß in demjenigen Organ der Pflanze, welches wir als Blatt gewöhnlich anzusprechen pflegen, der wahre Proteus verborgen liege, der sich in allen Gestaltungen verstecken und offenbaren könne. Vorwärts und rückwärts ist die Pflanze immer nur Blatt, mit dem künftigen Keime so unzertrennlich vereint, daß man eins ohne das andere nicht denken darf. Einen solchen Begriff zu fassen, zu ertragen, ihn in der Natur aufzufinden, ist eine Aufgabe, die uns in einen peinlich süßen Zustand versetzt.

STÖRENDE NATURBETRACHTUNGEN

Wer an sich erfahren hat, was ein reichhaltiger Gedanke heißen will, er sei nun aus uns selbst entsprungen oder von andern mitgeteilt und eingeimpft, wird gestehen, was dadurch für eine leidenschaftliche Bewegung in unserm Geiste hervorgebracht werde, wie wir uns begeistert fühlen, indem wir alles dasjenige in Gesamtheit vorausahnen, was in der Folge sich mehr und mehr entwickeln, wozu das Entwickelte weiter führen soll. Dieses bedenkend, wird man mir zugestehen, daß ich von einem solchen Gewahrwerden wie von einer Leidenschaft eingenommen und getrieben worden, und, wo nicht ausschließlich, doch durch alles übrige Leben hindurch mich damit beschäftigen müssen.

So sehr nun auch diese Neigung mich innerlichst ergriffen hatte, so war doch an kein geregeltes Studium nach meiner Rückkehr in Rom zu denken; Poesie, Kunst und Altertum, jedes forderte mich gewissermaßen ganz, und ich habe in meinem Leben nicht leicht operosere, mühsamer beschäftigte Tage zugebracht. Männern vom Fach wird es vielleicht gar zu naiv vorkommen, wenn ich erzähle, wie ich tagtäglich in einem jeden Garten, auf Spaziergängen, kleinen Lustfahrten mich der neben mir bemerkten Pflanzen bemächtigte. Besonders bei der eintretenden Samenreife war es mir wichtig, zu beobachten, wie manche davon an das Tageslicht hervortraten. So wendete ich meine Aufmerksamkeit auf das Keimen des während seines Wachstums unförmlichen Cactus opuntia und sah mit Vergnügen, daß er ganz unschuldig dikotyledonisch sich in zwei zarten Blättchen enthüllte, sodann aber bei fernerem Wuchse sich die künftige Unform entwickelte.

Auch mit Samenkapseln begegnete mir etwas Auffallendes; ich hatte derselben mehrere von Acanthus mollis nach Hause getragen und in einem offenen Kästchen niedergelegt; nun geschah es in einer Nacht, daß ich ein Knistern hörte und bald darauf das Umherspringen an Decke und Wände, wie von kleinen Körpern. Ich erklärte mir's nicht gleich, fand aber nachher meine Schoten aufgesprungen und die Samen umher zerstreut. Die Trockne des Zimmers hatte die Reife bis zu solcher Elastizität in wenigen Tagen vollendet.

Unter den vielen Samen, die ich auf diese Weise beobachtete, muß ich einiger noch erwähnen, weil sie zu meinem Andenken kürzer oder länger in dem alten Rom fortwuchsen. Pinienkerne gingen gar merkwürdig auf, sie huben sich wie in einem Ei eingeschlossen empor, warfen aber diese Haube bald ab und zeigten in einem Kranze von grünen Nadeln schon die Anfänge ihrer künftigen Bestimmung.

Galt das Bisherige der Fortpflanzung durch Samen, so ward ich auf die Fortpflanzung durch Augen nicht weniger aufmerksam gemacht, und zwar durch Rat Reiffenstein, der auf allen Spaziergängen, hier und dort einen Zweig abreißend, bis zur Pedanterie behauptete, in die Erde gesteckt, müsse jeder sogleich fortwachsen. Zum entscheidenden Beweis zeigte er dergleichen Stecklinge gar wohl angeschlagen in seinem Garten. Und wie bedeutend ist nicht in der Folgezeit eine solche allgemein versuchte Vermehrung für die botanische Gärtnerei geworden, die ich ihm wohl zu erleben gewünscht hätte.

Am auffallendsten war mir jedoch ein strauchartig in die Höhe gewachsener Nelkenstock. Man kennt die gewaltige Lebens- und Vermehrungskraft dieser Pflanze; Auge ist über Auge an ihren Zweigen gedrängt, Knoten in Knoten hineingetrichtert; dieses wird nun hier durch Dauer gesteigert und die Augen aus unerforschlicher Enge zur höchstmöglichen Entwickelung getrieben, so daß selbst die vollendete Blume wieder vier vollendete Blumen aus ihrem Busen hervorbrachte.

Zur Aufbewahrung dieser Wundergestalt kein Mittel vor mir sehend, unternahm ich es, sie genau zu zeichnen, wobei ich immer zu mehrerer Einsicht in den Grundbegriff der Metamorphose gelangte. Allein die Zerstreuung durch so vielerlei Obliegenheiten ward nur desto zudringlicher, und mein Aufenthalt in Rom, dessen Ende ich voraussah, immer peinlicher und belasteter.

Nachdem ich mich nun so geraume Zeit ganz im stillen gehalten und von aller höheren zerstreuenden Gesellschaft fern geblieben, begingen wir einen Fehler, der die Aufmerksamkeit des ganzen Quartiers, nicht weniger der nach neuen und seltsamen Vorfällen sich umschauenden Sozietät auf uns richtete. Die Sache verhielt sich aber also: Angelika kam nie ins Theater, wir untersuchten nicht, aus welcher Ursache; aber da wir als leidenschaftliche Bühnenfreunde in ihrer Gegenwart die Anmut und Gewandtheit der Sänger sowie die Wirksamkeit der Musik unseres Cimarosa nicht genugsam zu rühmen wußten und nichts sehnlicher wünschten, als sie solcher Genüsse teilhaftig zu machen, so ergab sich eins aus dem andern, daß nämlich unsere jungen Leute, besonders Bury, der mit den Sängern und Musikverwandten in dem besten Vernehmen stand, es dahin brachte, daß diese sich in heiterer Gesinnung erboten, auch vor uns, ihren leidenschaftlichen Freunden und entschieden Beifall Gebenden, gelegentlich einmal in unserm Saale Musik machen und singen zu wollen. Dergleichen Vorhaben, öfters besprochen, vorgeschlagen und verzögert, gelangte doch endlich nach dem Wunsche der jüngern Teilnehmer zur fröhlichen Wirklichkeit. Konzertmeister Kranz, ein geübter Violinist, in herzogl. weimarischen Diensten, der sich in Italien auszubilden Urlaub hatte, gab zuletzt durch seine unvermutete Ankunft eine baldige Entscheidung. Sein Talent legte sich auf die Waage der Musiklustigen, und wir sahen uns in den Fall versetzt, Madam Angelika, ihren Gemahl, Hofrat Reiffenstein, die Herren Jenkins, Volpato und wem wir sonst eine Artigkeit schuldig waren, zu einem anständigen Feste einladen zu können. Juden und Tapezier hatten den Saal geschmückt, der nächste Kaffeewirt die Erfrischungen übernommen, und so ward ein glänzendes Konzert aufgeführt in der schönsten Sommernacht, wo sich große Massen von Menschen unter den Fenstern versammelten und, als wären sie im Theater gegenwärtig, die Gesänge gehörig beklatschten.

Ja, was das Auffallendste war, ein großer mit einem Orchester von Musikfreunden besetzter Gesellschaftswagen, der soeben durch die nächtliche Stadt seine Lustrunde zu machen beliebte, hielt unter unsern Fenstern stille, und nachdem er den obern Bemühungen lebhaften Beifall geschenkt hatte, ließ sich eine wackre Baßstimme vernehmen, die eine der beliebtesten Arien eben der Oper, welche wir stückweise vortrugen, von allen Instrumenten begleitet, hinzugesellte. Wir erwiderten den vollsten Beifall, das Volk klatschte mit drein, und jedermann versicherte, an so mancher Nachtlust, niemals aber an einer so vollkommenen, zufällig gelungenen teilgenommen zu haben.

Auf einmal nun zog unsere zwar anständige, aber doch stille Wohnung dem Palast Rondanini gegenüber die Aufmerksamkeit des Korso auf sich. Ein reicher Mylordo, hieß es, müsse da eingezogen sein, niemand aber wußte ihn unter den bekannten Persönlichkeiten zu finden und zu entziffern. Freilich, hätte ein dergleichen Fest sollen mit barem Gelde geleistet werden, so würde dasjenige, was hier von Künstlern Künstlern zuliebe geschah und mit mäßigem Aufwand zur Ausführung zu bringen war, bedeutende Kosten verursacht haben. Wir setzten nun zwar unser voriges stilles Leben fort, konnten aber das Vorurteil von Reichtum und vornehmer Geburt nicht mehr von uns ablehnen.

Zu einer lebhaftern Geselligkeit gab die Ankunft des Grafen Fries jedoch neuen Anlaß. Er hatte den Abbate Casti bei sich, welcher durch Vorlesung seiner damals noch ungedruckten galanten Erzählungen große Lust erregte; sein heiterer freier Vortrag schien jene geistreichen, übermäßig genialen Darstellungen vollkommen ins Leben zu bringen. Wir bedauerten nur, daß ein so gutgesinnter reicher Kunstliebhaber nicht immer von den zuverlässigsten Menschen bedient werde. Der Ankauf eines untergeschobenen geschnittenen Steines machte viel Reden und Verdruß. Er konnte sich indessen über den Ankauf einer schönen Statue gar wohl erfreuen, die einen Paris, nach der Auslegung anderer einen Mithras, vorstellte. Das Gegenbild steht jetzt im Museo Pio-Clementino, beide waren zusammen in einer Sandgrube gefunden worden. Doch waren es nicht die Unterhändler in Kunstgeschäften allein, die ihm auflauerten, er hatte manches Abenteuer zu bestehen; und da er sich überhaupt in der heißen Jahrszeit nicht zu schonen wußte, so konnt' es nicht fehlen, daß er von mancherlei Übeln angefallen wurde, welche die letzten Tage seines Aufenthalts verbitterten. Mir aber war es um so schmerzlicher, als ich seiner Gefälligkeit gar manches schuldig geworden; wie ich denn auch die treffliche Gemmensammlung des Prinzen von Piombino mit ihm zu betrachten günstige Gelegenheit fand.

Beim Grafen Fries fanden sich außer den Kunsthändlern auch wohl derart Literatoren, wie sie hier in Abbétracht herumwandern. Mit diesen war kein angenehmes Gespräch. Kaum hatte man von nationaler Dichtung zu sprechen angefangen und sich über ein und andern Punkt zu belehren gesucht, so mußte man unmittelbar und ohne weiteres die Frage vernehmen, ob man Ariost oder Tasso, welchen von beiden man für den größten Dichter halte. Antwortete man: Gott und der Natur sei zu danken, daß sie zwei solche vorzügliche Männer einer Nation gegönnt, deren jeder uns nach Zeit und Umständen, nach Lagen und Empfindungen die herrlichsten Augenblicke verliehen, uns beruhigt und entzückt — dies vernünftige Wort ließ niemand gelten. Nun wurde derjenige, für den man sich entschieden hatte, hoch und höher gehoben, der andere tief und tiefer dagegen herabgesetzt. Die ersten Male sucht' ich die Verteidigung des Herabgesetzten zu übernehmen und seine Vorzüge geltend zu machen; dies aber verfing nicht, man hatte Partei ergriffen und blieb auf seinem Sinne. Da nun ebendasselbe immerfort und fort sich wiederholte und es mir zu ernst war, um dialektisch über dergleichen Gegenstände zu kontroversieren, so vermied ich ein solches Gespräch, besonders da ich merkte, daß es nur Phrasen waren, die man, ohne eigentliches Interesse an dem Gegenstande zu finden, aussprach und behauptete.

Viel schlimmer aber war es, wenn Dante zur Sprache kam. Ein junger Mann von Stande und Geist und wirklichem Anteil an jenem außerordentlichen Manne nahm meinen Beifall und Billigung nicht zum besten auf, indem er ganz unbewunden versicherte, jeder Ausländer müsse Verzicht tun auf das Verständnis eines so außerordentlichen Geistes, dem ja selbst die Italiener nicht in allem folgen könnten. Nach einigen Hin- und Widerreden verdroß es mich denn doch zuletzt, und ich sagte, ich müsse bekennen, daß ich geneigt sei, seinen Äußerungen Beifall zu geben; denn ich habe nie begreifen können, wie man sich mit diesen Gedichten beschäftigen möge. Mir komme die „Hölle“ ganz abscheulich vor, das „Fegefeuer“ zweideutig und das „Paradies“ langweilig; womit er sehr zufrieden war, indem er daraus ein Argument für seine Behauptung zog: dies eben beweise, daß ich nicht die Tiefe und Höhe dieser Gedichte zum Verständnis bringen könne. Wir schieden als die besten Freunde; er versprach mir sogar einige schwere Stellen, über die er lange nachgedacht und über deren Sinn er endlich mit sich einig geworden sei, mitzuteilen und zu erklären.

Leider war die Unterhaltung mit Künstlern und Kunstfreunden nicht erbaulicher. Man verzieh jedoch endlich andern den Fehler, den man an sich bekennen mußte. Bald war es Raffael, bald Michelangelo, dem man den Vorzug gab, woraus denn am Schluß nur hervorging, der Mensch sei ein so beschränktes Wesen, daß, wenn sein Geist sich auch dem Großen geöffnet habe, er doch niemals die Großheiten verschiedener Art ebenmäßig zu würdigen und anzuerkennen Fähigkeit erlange.

Wenn wir Tischbeins Gegenwart und Einfluß vermißten, so hielt er uns dagegen durch sehr lebendige Briefe möglichst schadlos. Außer manchen geistreich aufgefaßten wunderlichen Vorfällen und genialen Ansichten erfuhren wir das Nähere durch Zeichnung und Skizze von einem Gemälde, mit welchem er sich daselbst hervortat. In halben Figuren sah man darauf Oresten, wie er am Opferaltar von Iphigenien erkannt wird und die ihn bisher verfolgenden Furien soeben entweichen. Iphigenie war das wohlgetroffene Bildnis der Lady Hamilton, welche damals auf dem höchsten Gipfel der Schönheit und des Ansehens glänzte. Auch eine der Furien war durch die Ähnlichkeit mit ihr veredelt, wie sie denn überhaupt als Typus für alle Heroinen, Musen und Halbgöttinnen gelten mußte. Ein Künstler, der dergleichen vermochte, war in dem bedeutenden geselligen Kreise eines Ritter Hamilton sehr wohl aufgenommen.

AUGUST

KORRESPONDENZ

Den 1. August 1787.

Den ganzen Tag fleißig und still wegen der Hitze. Meine beste Freude bei der großen Wärme ist die Überzeugung, daß ihr auch einen guten Sommer in Deutschland haben werdet. Hier das Heu einführen zu sehen, ist die größte Lust, da es in dieser Zeit gar nicht regnet und so der Feldbau nach Willkür behandelt werden kann, wenn sie nur Feldbau hätten.

Abends ward in der Tiber gebadet, in wohlangelegten sichern Badhäuschen; dann auf Trinità de' Monti spaziert und frische Luft im Mondschein genossen. Die Mondscheine sind hier, wie man sie sich denkt oder fabelt.

Der vierte Akt von „Egmont" ist fertig, im nächsten Brief hoff' ich dir den Schluß des Stückes anzukündigen.

Den 11. August.

Ich bleibe noch bis künftige Ostern in Italien. Ich kann jetzt nicht aus der Lehre laufen. Wenn ich aushalte, komme ich gewiß so weit, daß ich meinen Freunden mit mir Freude machen kann. Ihr sollt immer Briefe von mir haben, meine Schriften kommen nach und nach, so habt ihr den Begriff von mir als eines abwesend Lebenden, da ihr mich so oft als einen gegenwärtig Toten bedauert habt.

„Egmont" ist fertig und wird zu Ende dieses Monats abgehen können. Alsdann erwarte ich mit Schmerzen euer Urteil.

Kein Tag vergeht, daß ich nicht in Kenntnis und Ausübung der Kunst zunehme. Wie eine Flasche sich leicht füllt, die man oben offen unter das Wasser stößt, so kann man hier leicht sich ausfüllen, wenn man empfänglich und bereitet ist; es drängt das Kunstelement von allen Seiten zu.

Den guten Sommer, den ihr habt, konnte ich hier voraussagen. Wir haben ganz gleichen reinen Himmel und am hohen Tag entsetzliche Hitze, der ich in meinem kühlen Saale ziemlich entgehe. September und Oktober will ich auf dem Lande zubringen und nach der Natur zeichnen. Viel-

29. *Angelika Kauffmann, Selbstbildnis. Zeichnung*

leicht geh' ich wieder nach Neapel, um Hackerts Unterricht zu genießen. Er hat mich in vierzehn Tagen, die ich mit ihm auf dem Lande war, weiter gebracht, als ich in Jahren für mich würde vorgerückt sein. Noch schicke ich dir nichts und halte ein Dutzend kleine Skizzchen zurück, um dir auf einmal etwas Gutes zu senden.

Diese Woche ist still und fleißig hingegangen. Besonders hab' ich in der Perspektiv manches gelernt. Verschaffelt, ein Sohn des Mannheimer Direktors, hat diese Lehre recht durchgedacht und teilt mir seine Kunststücke mit. Auch sind einige Mondscheine aufs Brett gekommen und ausgetuscht worden, nebst einigen andern Ideen, die fast zu toll sind, als daß man sie mitteilen sollte.

Rom, den 11. August 1787.

Ich habe der Herzogin einen langen Brief geschrieben und ihr geraten, die Reise nach Italien noch ein Jahr zu verschieben. Geht sie im Oktober, so kommt sie gerade zur Zeit in dies schöne Land, wenn sich das Wetter umkehrt, und sie hat einen bösen Spaß. Folgt sie mir in diesem und andrem, so kann sie Freude haben, wenn das Glück gut ist. Ich gönne ihr herzlich diese Reise.

Es ist sowohl für mich als für andere gesorgt, und die Zukunft wollen wir geruhig erwarten. Niemand kann sich umprägen und niemand seinem Schicksale entgehn. Aus eben diesem Briefe wirst du meinen Plan sehn und ihn hoffentlich billigen. Ich wiederhole hier nichts.

Ich werde oft schreiben und den Winter durch immer im Geiste unter euch sein. Tasso kommt nach dem neuen Jahre. Faust soll auf seinem Mantel als Kurier meine Ankunft melden. Ich habe alsdann eine Hauptepoche zurückgelegt, rein geendigt, und kann wieder anfangen und eingreifen, wo es nötig ist. Ich fühle mir einen leichtern Sinn und bin fast ein andrer Mensch als vorm Jahr.

Ich lebe in Reichtum und Überfluß alles dessen, was mir eigens lieb und wert ist, und habe erst diese paar Monate meine Zeit hier recht genossen. Denn es legt sich nun auseinander, und die Kunst wird mir wie eine zweite Natur, die gleich der Minerva aus dem Haupte Jupiters, so aus dem

Haupte der größten Menschen geboren worden. Davon sollt ihr in der Folge tagelang, wohl jahrelang unterhalten werden.

Ich wünsche euch allen einen guten September. Am Ende Augusts, wo alle unsre Geburtstage zusammentreffen, will ich eurer fleißig gedenken. Wie die Hitze abnimmt, geh' ich aufs Land, dort zu zeichnen, indes tu' ich, was in der Stube zu tun ist, und muß oft pausieren. Abends besonders muß man sich vor Verkältung in acht nehmen.

Rom, den 18. August 1787.

Diese Woche hab' ich einigermaßen von meiner nordischen Geschäftigkeit nachlassen müssen, die ersten Tage waren gar zu heiß. Ich habe also nicht so viel getan, als ich wünschte. Nun haben wir seit zwei Tagen die schönste Tramontane und eine gar freie Luft. September und Oktober müssen ein paar himmlische Monate werden.

Gestern fuhr ich vor Sonnenaufgang nach Acqua acetosa; es ist wirklich zum Närrischwerden, wenn man die Klarheit, die Mannigfaltigkeit, duftige Durchsichtigkeit und himmlische Färbung der Landschaft, besonders der Fernen ansieht.

Moritz studiert jetzt die Antiquitäten und wird sie zum Gebrauch der Jugend und zum Gebrauch eines jeden Denkenden vermenschlichen und von allem Büchermoder und Schulstaub reinigen. Er hat eine gar glückliche richtige Art, die Sachen anzusehn, ich hoffe, daß er sich auch Zeit nehmen wird, gründlich zu sein. Wir gehen des Abends spazieren, und er erzählt mir, welchen Teil er des Tags durchgedacht, was er in den Autoren gelesen, und so füllt sich auch diese Lücke aus, die ich bei meinen übrigen Beschäftigungen lassen müßte und nur spät und mit Mühe nachholen könnte. Ich sehe indes Gebäude, Straßen, Gegend, Monumente an, und wenn ich abends nach Hause komme, wird ein Bild, das mir besonders aufgefallen, unterm Plaudern aufs Papier gescherzt. Ich lege dir eine solche Skizze von gestern abend bei. Es ist die ungefähre Idee, wenn man von hinten das Kapitol heraufkommt.

Mit der guten Angelika war ich Sonntags die Gemälde des Prinzen Aldobrandini, besonders einen trefflichen Leonard da Vinci zu sehen. Sie ist nicht glücklich, wie sie es zu

30. Castel Gandolfo. Radierung von Mechau

sein verdiente bei dem wirklich großen Talent und bei dem Vermögen, das sich täglich mehrt. Sie ist müde, auf den Kauf zu malen, und doch findet ihr alter Gatte es gar zu schön, daß so schweres Geld für oft leichte Arbeit einkommt. Sie möchte nun sich selbst zur Freude, mit mehr Muße, Sorgfalt und Studium arbeiten und könnte es. Sie haben keine Kinder, können ihre Interessen nicht verzehren, und sie verdient täglich auch mit mäßiger Arbeit noch genug hinzu. Das ist nun aber nicht und wird nicht. Sie spricht sehr aufrichtig mit mir, ich hab' ihr meine Meinung gesagt, hab' ihr meinen Rat gegeben und muntre sie auf, wenn ich bei ihr bin. Man rede von Mangel und Unglück, wenn die, welche genug besitzen, es nicht brauchen und genießen können! Sie hat ein unglaubliches und als Weib wirklich ungeheures Talent. Man muß sehen und schätzen, was sie macht, nicht das, was sie zurückläßt. Wie vieler Künstler Arbeiten halten Stich, wenn man rechnen will, was fehlt!

Und so, meine Lieben, wird mir Rom, das römische Wesen, Kunst und Künstler immer bekannter, und ich sehe die Verhältnisse ein, sie werden mir nah und natürlich, durchs Mitleben und Hin- und Herwandeln. Jeder bloße Besuch gibt falsche Begriffe. Sie möchten mich auch hier aus meiner Stille und Ordnung bringen und in die Welt ziehen, ich wahre mich, so gut ich kann. Verspreche, verzögre, weiche aus, verspreche wieder und spiele den Italiener mit den Italienern. Der Kardinal Staatssekretär, Buoncompagni, hat mir es gar zu nahe legen lassen, ich werde aber ausweichen, bis ich halb September aufs Land gehe. Ich scheue mich vor den Herren und Damen wie vor einer bösen Krankheit, es wird mir schon weh, wenn ich sie fahren sehe.

Rom, den 23. August 1787.

Euren lieben Brief Nr. 24 erhielt ich vorgestern, eben als ich nach dem Vatikan ging, und habe ihn unterwegs und in der Sixtinischen Kapelle aber- und abermals gelesen, sooft ich ausruhte von dem Sehen und Aufmerken. Ich kann euch nicht ausdrücken, wie sehr ich euch zu mir gewünscht habe, damit ihr nur einen Begriff hättet, was ein einziger und ganzer Mensch machen und ausrichten kann; ohne die Sixtinische Kapelle gesehen zu haben, kann man sich keinen anschauenden Begriff machen, was ein Mensch vermag. Man hört und liest von viel großen und braven Leuten, aber hier hat man es noch ganz lebendig über dem Haupte, vor den Augen. Ich habe mich viel mit euch unterhalten und wollte, es stünde alles auf dem Blatte. Ihr wollt von mir wissen! Wie vieles könnt' ich sagen! denn ich bin wirklich umgeboren und erneuert und ausgefüllt. Ich fühle, daß sich die Summe meiner Kräfte zusammenschließt, und hoffe noch etwas zu tun. Über Landschaft und Architektur habe ich diese Zeit her ernstlich nachgedacht, auch einiges versucht und sehe nun, wo es damit hinaus will, auch wie weit es zu bringen wäre.

Nun hat mich zuletzt das A und O aller uns bekannten Dinge, die menschliche Figur, angefaßt, und ich sie, und ich sage: „Herr, ich lasse dich nicht, du segnest mich denn, und sollt' ich mich lahm ringen." Mit dem Zeichnen geht es gar nicht, und ich habe also mich zum Modellieren entschlossen, und das scheint rücken zu wollen. Wenigstens bin ich auf einen Gedanken gekommen, der mir vieles erleichtert. Es wäre zu weitläufig, es zu detaillieren, und es ist besser zu tun als zu reden. Genug, es läuft darauf hinaus, daß mich nun mein hartnäckig Studium der Natur, meine Sorgfalt, mit der ich in der komparierenden Anatomie zu Werke gegangen bin, nunmehr in den Stand setzen, in der Natur und den Antiken manches im ganzen zu sehen, was den Künstlern im einzelnen aufzusuchen schwer wird, und das sie, wenn sie es endlich erlangen, nur für sich besitzen und andern nicht mitteilen können.

Ich habe alle meine physiognomischen Kunststückchen, die ich aus Pik auf den Propheten in den Winkel geworfen, wieder hervorgesucht, und sie kommen mir gut zu passe. Ein Herkuleskopf ist angefangen; wenn dieser glückt, wollen wir weitergehen.

So entfernt bin ich jetzt von der Welt und allen weltlichen Dingen, es kommt mir recht wunderbar vor, wenn ich eine Zeitung lese. Die Gestalt dieser Welt vergeht, ich möchte mich nur mit dem beschäftigen, was bleibende Verhältnisse sind, und so nach der Lehre des *** meinem Geiste erst die Ewigkeit verschaffen.

Gestern sah ich bei Ch. v. Worthley, der eine Reise nach Griechenland, Ägypten etc. gemacht hat, viele Zeichnungen. Was mich am meisten interessierte, waren Zeichnungen nach Basreliefs, welche im Fries des Tempels der Minerva zu Athen sind, Arbeiten des Phidias. Man kann sich nichts Schöneres denken als die wenigen einfachen Figuren. Übrigens war wenig Reizendes an den vielen gezeichneten Gegenständen; die Gegenden waren nicht glücklich, die Architektur besser.

Lebe wohl für heute. Es wird meine Büste gemacht, und das hat mir drei Morgen dieser Woche gekostet.

Den 28. August 1787.

Mir ist diese Tage manches Gute begegnet, und heute zum Feste kam mir Herders Büchlein voll würdiger Gottesgedanken. Es war mir tröstlich und erquicklich, sie in diesem Babel, der Mutter so vieles Betrugs und Irrtums, so rein und schön zu lesen, und zu denken, daß doch jetzt die Zeit ist, wo sich solche Gesinnungen, solche Denkarten verbreiten können und dürfen. Ich werde das Büchlein in meiner Einsamkeit noch oft lesen und beherzigen, auch Anmerkungen dazu machen, welche Anlaß zu künftigen Unterredungen geben können.

Ich habe diese Tage immer weiter um mich gegriffen in Betrachtung der Kunst, und übersehe nun fast das ganze Pensum, das mir zu absolvieren bleibt; und wenn es absolviert ist, ist noch nichts getan. Vielleicht gibt's andern Anlaß, dasjenige leichter und besser zu tun, wozu Talent und Geschick bestimmt.

Die französische Akademie hat ihre Arbeiten ausgestellt; es sind interessante Sachen drunter. Pindar, der die Götter um ein glückliches Ende bittet, fällt in die Arme eines Knaben, den er sehr liebt, und stirbt. Es ist viel Verdienst in dem Bilde. Ein Architekt hat eine gar artige Idee ausgeführt, er hat das jetzige Rom von einer Seite gezeichnet, wo es sich mit allen seinen Teilen gut ausnimmt. Dann hat er auf einem andern Blatte das alte Rom vorgestellt, als wenn man es aus demselben Standpunkt sähe. Die Orte, wo die alten Monumente gestanden, weiß man, ihre Form auch meistens, von vielen stehen noch die Ruinen. Nun hat er alles Neue weggetan und das Alte wiederhergestellt, wie es etwa zu Zeiten Diokletians ausgesehen haben mag, und mit ebensoviel Geschmack als Studium, und allerliebst gefärbt.

Was ich tun kann, tu' ich, und häufe so viel von allen diesen Begriffen und Talenten auf mich, als ich schleppen kann, und bringe auf diese Weise doch das Reellste mit.

Hab' ich dir schon gesagt, daß Trippel meine Büste arbeitet? Der Fürst von Waldeck hat sie bei ihm bestellt. Er ist schon meist fertig, und es macht ein gutes Ganze. Sie ist in einem sehr soliden Stil gearbeitet. Wenn das Modell fertig ist, wird er eine Gipsform darüber machen und dann gleich den Marmor anfangen, welchen er dann zuletzt nach dem Leben auszuarbeiten wünscht; denn was sich in dieser Materie tun läßt, kann man in keiner andern erreichen.

Angelika malt jetzt ein Bild, das sehr glücken wird: die Mutter der Gracchen, wie sie einer Freundin, welche ihre Juwelen auskramte, ihre Kinder als die besten Schätze zeigt. Es ist eine natürliche und sehr glückliche Komposition.

Wie schön ist es, zu säen, damit geerntet werde! Ich habe hier durchaus verschwiegen, daß heute mein Geburtstag sei, und dachte beim Aufstehen: sollte mir denn von Hause nichts zur Feier kommen? Und siehe, da wird mir euer Paket gebracht, das mich unsäglich erfreut. Gleich setzte ich mich hin, es zu lesen, und bin nun zu Ende und schreibe gleich meinen herzlichsten Dank nieder.

Nun möchte ich denn erst bei euch sein, da sollte es an ein Gespräch gehen, zu Ausführung einiger angedeuteten Punkte. Genug, das wird uns auch werden, und ich danke herzlich, daß eine Säule gesetzt ist, von welcher an wir nun unsre Meilen zählen können. Ich wandle starken Schrittes in den Gefilden der Natur und Kunst herum und werde dir mit Freuden von da aus entgegenkommen.

Ich habe es heute nach Empfang deines Briefes noch einmal durchgedacht und muß darauf beharren: mein Kunststudium, mein Autorwesen, alles fordert noch diese Zeit. In der Kunst muß ich es so weit bringen, daß alles anschauende

Kenntnis werde, nichts Tradition und Name bleibe, und ich zwinge es in diesem halben Jahre, auch ist es nirgends als in Rom zu zwingen. Meine Sächelchen (denn sie kommen mir sehr im Diminutiv vor) muß ich wenigstens mit Sammlung und Freudigkeit enden.

Dann zieht mich alles nach dem Vaterlande zurück. Und wenn ich auch ein isoliertes, privates Leben führen sollte, habe ich so viel nachzuholen und zu vereinigen, daß ich für zehn Jahre keine Ruhe sehe.

In der Naturgeschichte bring' ich dir Sachen mit, die du nicht erwartest. Ich glaube dem Wie der Organisation sehr nahe zu rücken. Du sollst diese Manifestationen (nicht Fulgurationen) unsres Gottes mit Freuden beschauen und mich belehren, wer in der alten und neuen Zeit dasselbe gefunden, gedacht, es von eben der Seite oder aus einem wenig abweichenden Standpunkte betrachtet.

BERICHT

August

Zu Anfang dieses Monats reifte bei mir der Vorsatz, noch den nächsten Winter in Rom zu bleiben; Gefühl und Einsicht, daß ich aus diesem Zustande noch völlig unreif mich entfernen, auch daß ich nirgends solchen Raum und solche Ruhe für den Abschluß meiner Werke finden würde, bestimmten mich endlich; und nun, als ich solches nach Hause gemeldet hatte, begann ein Zeitraum neuer Art.

Die große Hitze, welche sich nach und nach steigerte und einer allzu raschen Tätigkeit Ziel und Maß gab, machte solche Räume angenehm und wünschenswert, wo man seine Zeit nützlich in Ruh' und Kühlung zubringen konnte. Die Sixtinische Kapelle gab hiezu die schönste Gelegenheit. Gerade zu dieser Zeit hatte Michelangelo aufs neue die Verehrung der Künstler gewonnen; neben seinen übrigen großen Eigenschaften sollt' er sogar auch im Kolorit nicht übertroffen worden sein, und es wurde Mode, zu streiten, ob er oder Raffael mehr Genie gehabt. Die Transfiguration des letzteren wurde mitunter sehr strenge getadelt und die Disputa das beste seiner Werke genannt; wodurch sich denn schon die später aufgekommene Vorliebe für Werke der alten Schule ankündigte, welche der stille Beobachter nur für ein Symptom halber und unfreier Talente betrachten und sich niemals damit befreunden konnte.

Es ist so schwer, ein großes Talent zu fassen, geschweige denn zwei zugleich. Wir erleichtern uns dieses durch Parteilichkeit; deshalb denn die Schätzung von Künstlern und Schriftstellern immer schwankt und einer oder der andere immer ausschließlich den Tag beherrscht. Mich konnten dergleichen Streitigkeiten nicht irremachen, da ich sie auf sich beruhen ließ und mich mit unmittelbarer Betrachtung alles Werten und Würdigen beschäftigte. Diese Vorliebe für den großen Florentiner teilte sich von den Künstlern gar bald auch den Liebhabern mit, da denn auch gerade zu jener Zeit Bury und Lips Aquarellkopien in der Sixtinischen Kapelle für Grafen Fries zu fertigen hatten. Der Kustode ward gut bezahlt, er ließ uns durch die Hintertür neben dem Altar hinein, und wir hauseten darin nach Belieben. Es fehlte nicht an einiger Nahrung, und ich erinnere mich, ermüdet von großer Tageshitze, auf dem päpstlichen Stuhle einem Mittagsschlaf nachgegeben zu haben.

Sorgfältige Durchzeichnungen der unteren Köpfe und Figuren des Altarbildes, die man mit der Leiter erreichen konnte, wurden gefertigt, erst mit weißer Kreide auf schwarze Florrahmen, dann mit Rötel auf große Papierbogen durchgezeichnet.

Ebnermaßen ward denn auch, indem man sich nach dem Ältern hinwendete, Leonard da Vinci berühmt, dessen hochgeschätztes Bild, Christus unter den Pharisäern, in der Galerie Aldobrandini ich mit Angelika besuchte. Es war herkömmlich geworden, daß sie Sonntag um Mittag mit ihrem Gemahl und Rat Reiffenstein bei mir vorfuhr und wir sodann mit möglichster Gemütsruhe uns durch eine Backofenhitze in irgendeine Sammlung begaben, dort einige Stunden verweilten und sodann zu einer wohlbesetzten Mittagstafel bei ihr einkehrten. Es war vorzüglich belehrend, mit diesen drei Personen, deren eine jede in ihrer Art theoretisch, praktisch, ästhetisch und technisch gebildet war, sich in Gegenwart so bedeutender Kunstwerke zu besprechen

Ritter Worthley, der aus Griechenland zurückgekommen war, ließ uns wohlwollend seine mitgebrachten Zeichnungen sehen, unter welchen die Nachbildungen der Arbeiten des Phidias im Fronton der Akropolis einen entschiedenen und unauslöschlichen Eindruck in mir zurückließen, der um desto stärker war, als ich, durch die mächtigen Gestalten des Michelangelo veranlaßt, dem menschlichen Körper mehr als bisher Aufmerksamkeit und Studium zugewendet hatte.

Eine bedeutende Epoche jedoch in dem regsamen Kunstleben machte die Ausstellung der französischen Akademie zu Ende des Monats. Durch Davids „Horatier" hatte sich das Übergewicht auf die Seite der Franzosen hingeneigt. Tischbein wurde dadurch veranlaßt, seinen „Hektor, der den Paris in Gegenwart der Helena auffordert", lebensgroß anzufangen. Durch Drouais, Gagneraux, Desmarais, Gauffier, St. Ours erhält sich nunmehr der Ruhm der Franzosen, und Boquet erwirbt als Landschaftsmaler im Sinne Poussins einen guten Namen.

Indessen hatte Moritz sich um die alte Mythologie bemüht; er war nach Rom gekommen, um nach früherer Art durch eine Reisebeschreibung sich die Mittel einer Reise zu verschaffen. Ein Buchhändler hatte ihm Vorschuß geleistet; aber bei seinem Aufenthalt in Rom wurde er bald gewahr, daß ein leichtes loses Tagebuch nicht ungestraft verfaßt werden könne. Durch tagtägliche Gespräche, durch Anschauen so vieler wichtiger Kunstwerke regte sich in ihm der Gedanke, eine Götterlehre der Alten in rein menschlichem Sinne zu schreiben und solche mit belehrenden Umrissen nach geschnittenen Steinen künftig herauszugeben Er arbeitete fleißig daran, und unser Verein ermangelte nicht, sich mit demselben einwirkend darüber zu unterhalten.

Eine höchst angenehme, belehrende Unterhaltung, mit meinen Wünschen und Zwecken unmittelbar zusammentreffend, knüpfte ich mit dem Bildhauer Trippel in seiner Werkstatt an, als er meine Büste modellierte, welche er für den Fürsten von Waldeck in Marmor ausarbeiten sollte. Gerade zum Studium der menschlichen Gestalt, und um über ihre Proportionen als Kanon und als abweichender Charakter aufgeklärt zu werden, war nicht wohl unter andern Bedingungen zu kommen. Dieser Augenblick ward auch doppelt interessant dadurch, daß Trippel von einem Apollokopf Kenntnis erhielt, der sich in der Sammlung des Palasts Giustiniani bisher unbeachtet befunden hatte. Er hielt denselben für eins der edelsten Kunstwerke und hegte Hoffnung, ihn zu kaufen, welches jedoch nicht gelang. Diese Antike ist seitdem berühmt geworden und später an Herrn von Pourtalès nach Neufchatel gekommen.

Aber wie derjenige, der sich einmal zur See wagt, durch Wind und Wetter bestimmt wird, seinen Lauf bald dahin, bald dorthin zu nehmen, so erging es auch mir. Verschaffelt eröffnete einen Kurs der Perspektive, wo wir uns des Abends versammelten und eine zahlreiche Gesellschaft auf seine Lehren horchte und sie unmittelbar ausübte. Das Vorzüglichste war dabei, daß man gerade das Hinreichende und nicht zuviel lernte.

Aus dieser kontemplativ tätigen, geschäftigen Ruhe hätte man mich gerne herausgerissen. Das unglückliche Konzert war in Rom, wo das Hin- und Widerreden des Tags wie an kleinen Orten herkömmlich ist, vielfach besprochen; man war auf mich und meine schriftstellerischen Arbeiten aufmerksam geworden; ich hatte die „Iphigenie“ und sonstiges unter Freunden vorgelesen, worüber man sich gleichfalls besprach. Kardinal Buoncompagni verlangte, mich zu sehen, ich aber hielt fest in meiner wohlbekannten Einsiedelei, und ich konnte dies um so eher, als Rat Reiffenstein fest und eigensinnig behauptete, da ich mich durch ihn nicht habe präsentieren lassen, so könne es kein anderer tun. Dies gereichte mir sehr zum Vorteil, und ich benutzte immer sein Ansehn, um mich in einmal gewählter und ausgesprochener Abgeschiedenheit zu erhalten.

SEPTEMBER

KORRESPONDENZ

Den 1. September 1787.

Heute, kann ich sagen, ist „Egmont“ fertig geworden; ich habe diese Zeit her immer noch hier und da daran gearbeitet. Ich schicke ihn über Zürich, denn ich wünsche, daß Kayser

Zwischenakte dazu und was sonst von Musik nötig ist, komponieren möge. Dann wünsch' ich euch Freude daran.

Meine Kunststudien gehen sehr vorwärts, mein Prinzip paßt überall und schließt mir alles auf. Alles, was Künstler nur einzeln mühsam zusammensuchen müssen, liegt nun zusammen offen und frei vor mir. Ich sehe jetzt, wie viel ich nicht weiß, und der Weg ist offen, alles zu wissen und zu begreifen.

Moritzen hat Herders Gotteslehre sehr wohl getan, er zählt gewiß Epoche seines Lebens davon, er hat sein Gemüt dahin geneigt und war durch meinen Umgang vorbereitet, er schlug gleich wie wohl getrocknet Holz in lichte Flammen.

Rom, den 3. September.

Heute ist es jährig, daß ich mich aus Karlsbad entfernte. Welch ein Jahr! und welch eine sonderbare Epoche für mich dieser Tag, des Herzogs Geburtstag und ein Geburtstag für mich zu einem neuen Leben. Wie ich dieses Jahr genutzt, kann ich jetzt weder mir noch andern berechnen; ich hoffe, es wird die Zeit kommen, die schöne Stunde, da ich mit euch alles werde summieren können.

Jetzt gehn hier erst meine Studien an, und ich hätte Rom gar nicht gesehen, wenn ich früher weggegangen wäre. Man denkt sich gar nicht, was hier zu sehen und zu lernen ist; auswärts kann man keinen Begriff davon haben.

Ich bin wieder in die ägyptischen Sachen gekommen. Diese Tage war ich einigemal bei dem großen Obelisk, der noch zerbrochen zwischen Schutt und Kot in einem Hofe liegt. Es war der Obelisk des Sesostris, in Rom zu Ehren des Augusts aufgerichtet, und stand als Zeiger der großen Sonnenuhr, die auf dem Boden des Campus Martius gezeichnet war. Dieses älteste und herrlichste vieler Monumente liegt nun da zerbrochen, einige Seiten (wahrscheinlich durchs Feuer) verunstaltet. Und doch liegt es noch da, und die unzerstörten Seiten sind noch frisch, wie gestern gemacht und von der schönsten Arbeit (in ihrer Art). Ich lasse jetzt eine Sphinx der Spitze und die Gesichter von Sphinxen, Menschen, Vögeln abformen und in Gips gießen. Diese unschätzbaren Sachen muß man besitzen, besonders da man sagt, der Papst wolle ihn aufrichten lassen, da man denn die Hieroglyphen nicht mehr erreichen kann. So will ich es auch mit den besten hetrurischen Sachen tun u. s. w. Nun modelliere ich nach diesen Bildungen in Ton, um mir alles recht eigen zu machen.

Den 5. September.

Ich muß an einem Morgen schreiben, der ein festlicher Morgen für mich wird. Denn heute ist „Egmont“ eigentlich recht völlig fertig geworden. Der Titel und die Personen sind geschrieben und einige Lücken, die ich gelassen hatte, ausgefüllt worden; nun freu' ich mich schon zum voraus auf die Stunde, in welcher ihr ihn erhalten und lesen werdet. Es sollen auch einige Zeichnungen beigelegt werden.

Den 6. September.

Ich hatte mir vorgenommen, euch recht viel zu schreiben und auf den letzten Brief allerlei zu sagen, nun bin ich unterbrochen worden, und morgen geh' ich nach Frascati. Dieser Brief muß Sonnabends fort, und nun sag' ich nur noch zum Abschied wenige Worte. Wahrscheinlich habt ihr jetzt auch schönes Wetter, wie wir es unter diesem freieren Himmel genießen. Ich habe immer neue Gedanken, und da die Gegenstände um mich tausendfach sind, so wecken sie mich bald zu dieser, bald zu jener Idee. Von vielen Wegen rückt alles gleichsam auf einen Punkt zusammen, ja, ich kann sagen, daß ich nun Licht sehe, wo es mit mir und meinen Fähigkeiten hinaus will; so alt muß man werden, um nur einen leidlichen Begriff von seinem Zustande zu haben. Es sind also die Schwaben nicht allein, die vierzig Jahre brauchen, um klug zu werden.

Ich höre, daß Herder nicht wohl ist, und bin darüber in Sorge, ich hoffe bald bessere Nachrichten zu vernehmen.

Mir geht es immer an Leib und Seele gut, und fast kann ich hoffen, radikaliter kuriert zu werden; alles geht mir leicht von der Hand, und manchmal kommt ein Hauch der Jugendzeit, mich anzuwehen. „Egmont“ geht mit diesem Brief ab, wird aber später kommen, weil ich ihn auf die fahrende Post gebe. Recht neugierig und verlangend bin ich, was ihr dazu sagen werdet.

Vielleicht wäre gut, mit dem Druck bald anzufangen. Es würde mich freuen, wenn das Stück so frisch ins Publikum käme. Seht, wie ihr das einrichtet, ich will mit dem Rest des Bandes nicht zurückbleiben.

Der „Gott" leistet mir die beste Gesellschaft. Moritz ist dadurch wirklich aufgebaut worden, es fehlte gleichsam nur an diesem Werke, das nun als Schlußstein seine Gedanken schließt, die immer auseinander fallen wollten. Es wird recht brav. Mich hat er aufgemuntert, in natürlichen Dingen weiter vorzudringen, wo ich denn, besonders in der Botanik, auf ein ἓν καὶ πᾶν gekommen bin, das mich in Erstaunen setzt; wie weit es um sich greift, kann ich selbst noch nicht sehn.

Mein Prinzip, die Kunstwerke zu erklären und das auf einmal aufzuschließen, woran Künstler und Kenner sich schon seit der Wiederherstellung der Kunst zersuchen und zerstudieren, find' ich bei jeder Anwendung richtiger. Eigentlich ist's auch ein Kolumbisches Ei. Ohne zu sagen, daß ich einen solchen Kapitalschlüssel besitze, sprech' ich nun die Teile zweckmäßig mit den Künstlern durch und sehe, wie weit sie gekommen sind, was sie haben und wo es widerstößt. Die Türe hab' ich offen und stehe auf der Schwelle und werde leider mich von da aus nur im Tempel umsehen können und wieder scheiden.

So viel ist gewiß, die alten Künstler haben ebenso große Kenntnis der Natur und einen ebenso sichern Begriff von dem, was sich vorstellen läßt und wie es vorgestellt werden muß, gehabt als Homer. Leider ist die Anzahl der Kunstwerke der ersten Klasse gar zu klein. Wenn man aber auch diese sieht, so hat man nichts zu wünschen, als sie recht zu erkennen und dann in Friede hinzufahren. Diese hohen Kunstwerke sind zugleich als die höchsten Naturwerke von Menschen nach wahren und natürlichen Gesetzen hervorgebracht worden. Alles Willkürliche, Eingebildete fällt zusammen, da ist die Notwendigkeit, da ist Gott.

In einigen Tagen werde ich die Arbeiten eines geschickten Architekten sehen, der selbst in Palmyra war und die Gegenstände mit großem Verstand und Geschmack gezeichnet hat. Ich gebe gleich Nachricht davon und erwarte mit Verlangen eure Gedanken über diese wichtigen Ruinen.

Freut euch mit mir, daß ich glücklich bin, ja, ich kann wohl sagen, ich war es nie in dem Maße: mit der größten Ruhe und Reinheit eine eingeborne Leidenschaft befriedigen zu können und von einem anhaltenden Vergnügen einen dauernden Nutzen sich versprechen zu dürfen, ist wohl nichts Geringes. Könnte ich meinen Geliebten nur etwas von meinem Genuß und meiner Empfindung mitteilen.

Ich hoffe, die trüben Wolken am politischen Himmel sollen sich zerstreuen. Unsre modernen Kriege machen viele unglücklich, indessen sie dauern, und niemand glücklich, wenn sie vorbei sind.

Den 12. September 1787.

Es bleibt wohl dabei, meine Lieben, daß ich ein Mensch bin, der von der Mühe lebt. Diese Tage her habe ich wieder mehr gearbeitet als genossen. Nun geht die Woche zu Ende und ihr sollt ein Blatt haben.

Es ist ein Leid, daß die Aloe in Belvedere eben das Jahr meiner Abwesenheit wählt, um zu blühen. In Sizilien war ich zu früh, hier blüht dies Jahr nur eine, nicht groß, und sie steht so hoch, daß man nicht dazu kann. Es ist allerdings ein indianisch Gewächs auch in diesen Gegenden nicht recht zu Hause.

Des Engländers Beschreibungen machen mir wenig Freude. Die Geistlichen müssen sich in England sehr in acht nehmen, dagegen haben sie auch das übrige Publikum in der Flucht. Der freie Engländer muß in sittlichen Schriften sehr eingeschränkt einhergehn.

Die Schwanzmenschen wundern mich nicht, nach der Beschreibung ist es etwas sehr Natürliches. Es stehen weit wunderbarere Sachen täglich vor unsern Augen, die wir nicht achten, weil sie nicht so nah mit uns verwandt sind.

Daß B. wie mehr Menschen, die kein Gefühl echter Gottesverehrung während ihres Lebens gehabt haben, in ihrem Alter fromm werden, wie man's heißt, ist auch recht gut, wenn man nur sich nicht mit ihnen erbauen soll.

Einige Tage war ich in Frascati mit Rat Reiffenstein, Angelika kam Sonntags, uns abzuholen. Es ist ein Paradies.

„Erwin und Elmire“ ist zur Hälfte schon umgeschrieben. Ich habe gesucht dem Stückchen mehr Interesse und Leben zu verschaffen und habe den äußerst platten Dialog ganz weggeschmissen. Es ist Schülerarbeit oder vielmehr Sudelei. Die artigen Gesänge, worauf sich alles dreht, bleiben alle, wie natürlich.

Die Künste werden auch fortgetrieben, daß es saust und braust.

Meine Büste ist sehr gut geraten; jedermann ist damit zufrieden. Gewiß ist sie in einem schönen und edlen Stil gearbeitet, und ich habe nichts dagegen, daß die Idee, als hätte ich so ausgesehen, in der Welt bleibt. Sie wird nun gleich in Marmor angefangen und zuletzt auch in den Marmor nach der Natur gearbeitet. Der Transport ist so lästig, sonst schickte ich gleich einen Abguß; vielleicht einmal mit einem Schiffstransport, denn einige Kisten werd' ich doch zuletzt zusammenpacken.

Ist denn Kranz noch nicht angekommen, dem ich eine Schachtel für die Kinder mitgab?

Sie haben jetzt wieder eine gar graziose Operette auf dem Theater in Valle, nachdem zwei jämmerlich verunglückt waren. Die Leute spielen mit viel Lust, und es harmoniert alles zusammen. Nun wird es bald aufs Land gehen. Es hat einigemal geregnet, das Wetter ist abgekühlt, und die Gegend macht sich wieder grün.

Von der großen Eruption des Ätna werden euch die Zeitungen gesagt haben oder sagen.

Den 15. September.

Nun hab' ich auch Trencks Leben gelesen. Es ist interessant genug, und lassen sich Reflexionen genug darüber machen.

Mein nächster Brief wird meine Bekanntschaft mit einem merkwürdigen Reisenden erzählen, die ich morgen machen soll.

Freuet euch übrigens meines hiesigen Aufenthalts! Rom ist mir nun ganz familiär, und ich habe fast nichts mehr drin, was mich überspannte. Die Gegenstände haben mich nach und nach zu sich hinaufgehoben. Ich genieße immer reiner, immer mit mehr Kenntnis, das gute Glück wird immer weiter helfen.

Hier liegt ein Blatt bei, das ich, abgeschrieben, den Freunden mitzuteilen bitte. Auch darum ist der Aufenthalt in Rom so interessant, weil es ein Mittelpunkt ist, nach dem sich so vieles hinzieht. Die Sachen des Cassas sind außerordentlich schön. Ich habe ihm manches in Gedanken gestohlen, das ich euch mitbringen will.

Ich bin immer fleißig. Nun hab' ich ein Köpfchen nach Gips gezeichnet, um zu sehen, ob mein Prinzipium Stich hält. Ich finde, es paßt vollkommen und erleichtert erstaunend das Machen. Man wollte nicht glauben, daß ich's gemacht habe, und doch ist es noch nichts. Ich sehe nun wohl, wie weit sich's mit Applikation bringen ließe.

Montag geht es wieder nach Frascati. Ich will sorgen, daß doch heute über acht Tage ein Brief abgehen kann. Dann werd' ich wohl nach Albano gehen. Es wird recht fleißig nach der Natur gezeichnet werden. Ich mag nun von gar nichts mehr wissen, als etwas hervorzubringen und meinen Sinn recht zu üben. Ich liege an dieser Krankheit von Jugend auf krank, und gebe Gott, daß sie sich einmal auflöse.

Den 22. September.

Gestern war eine Prozession, wo sie das Blut des heiligen Franziskus herumtrugen; ich spekulierte auf Köpfe und Gesichter, indes die Reihen von Ordensgeistlichen vorbeizogen.

Ich habe mir eine Sammlung von zweihundert der besten Antikengemmen-Abdrücke angeschafft. Es ist das Schönste, was man von alter Arbeit hat, und zum Teil sind sie auch wegen der artigen Gedanken gewählt. Man kann von Rom nichts Kostbareres mitnehmen, besonders da die Abdrücke so außerordentlich schön und scharf sind.

Wie manches Gute werd' ich mitbringen, wenn ich mit meinem Schiffchen zurückkehre, doch vor allem ein fröhliches Herz, fähiger, das Glück, was mir Liebe und Freundschaft zudenkt, zu genießen. Nur muß ich nichts wieder unternehmen, was außer dem Kreise meiner Fähigkeit liegt, wo ich mich nur abarbeite und nichts fruchte.

31. Die Maecenasvilla in Tivoli. Zeichnung von Hackert

Den 22. September.

Noch ein Blatt, meine Lieben, muß ich euch mit dieser Post eilig schicken. Heute war mir ein sehr merkwürdiger Tag. Briefe von vielen Freunden, von der Herzogin-Mutter, Nachricht von meinem gefeierten Geburtsfeste und endlich meine Schriften.

Es ist mir wirklich sonderbar zumute, daß diese vier zarten Bändchen, die Resultate eines halben Lebens, mich in Rom aufsuchen. Ich kann wohl sagen: es ist kein Buchstabe drin, der nicht gelebt, empfunden, genossen, gelitten, gedacht wäre, und sie sprechen mich nun alle desto lebhafter an. Meine Sorge und Hoffnung ist, daß die vier folgenden nicht hinter diesen bleiben. Ich danke euch für alles, was ihr an diesen Blättern getan habt, und wünsche euch auch Freude bringen zu können. Sorgt auch für die folgenden mit treuen Herzen!

Ihr vexiert mich über die Provinzen, und ich gestehe, der Ausdruck ist sehr uneigentlich. Da kann man aber sehen, wie man sich in Rom angewöhnt, alles grandios zu denken. Wirklich schein' ich mich zu nationalisieren, denn man gibt den Römern schuld, daß sie nur von cose grosse wissen und reden mögen.

Ich bin immer fleißig und halte mich nun an die menschliche Figur. O wie weit und lang ist die Kunst, und wie unendlich wird die Welt, wenn man sich nur einmal recht ans Endliche halten mag.

Dienstag, den 25., geh' ich nach Frascati und werde auch dort mühen und arbeiten. Es fängt nun an zu gehen. Wenn es nur einmal recht ginge.

Mir ist aufgefallen, daß in einer großen Stadt, in einem weiten Kreis auch der Ärmste, der Geringste sich empfindet, und an einem kleinen Orte der Beste, der Reichste sich nicht fühlen, nicht Atem schöpfen kann.

Frascati, den 28. September 1787.

Ich bin hier sehr glücklich, es wird den ganzen Tag bis in die Nacht gezeichnet, gemalt, getuscht, geklebt, Handwerk und Kunst recht ex professo getrieben. Rat Reiffenstein, mein Wirt, leistet Gesellschaft, und wir sind munter und lustig. Abends werden die Villen im Mondschein besucht, und sogar im Dunkeln die frappantesten Motive nachgezeichnet. Einige haben wir aufgejagt, die ich nur einmal auszuführen wünsche. Nun hoff' ich, daß auch die Zeit des Vollendens kommen wird. Die Vollendung liegt nur zu weit, wenn man weit sieht.

Gestern fuhren wir nach Albano und wieder zurück; auch auf diesem Wege sind viele Vögel im Fluge geschossen worden. Hier, wo man recht in der Fülle sitzt, kann man sich was zugute tun, auch brenne ich recht vor Leidenschaft, mir alles zuzueignen, und ich fühle, daß sich mein Geschmack reinigt, nach dem Maße, wie meine Seele mehr Gegenstände faßt. Wenn ich nur statt all des Redens einmal etwas Gutes schicken könnte! Einige Kleinigkeiten gehen mit einem Landsmann an euch ab.

Wahrscheinlich hab' ich die Freude, Kaysern in Rom zu sehen. So wird sich denn auch noch die Musik zu mir gesellen, um den Reihen zu schließen, den die Künste um mich ziehen, gleichsam als wollten sie mich verhindern, nach meinen Freunden zu sehen. Und doch darf ich kaum das Kapitel berühren, wie sehr allein ich mich oft fühle, und welche Sehnsucht mich ergreift, bei euch zu sein. Ich lebe doch nur im Grunde im Taumel weg, will und kann nicht weiter denken.

Mit Moritz hab' ich recht gute Stunden, und habe angefangen, ihm mein Pflanzensystem zu erklären, und jedesmal in seiner Gegenwart aufzuschreiben, wie weit wir gekommen sind. Auf diese Art konnt' ich allein etwas von meinen Gedanken zu Papier bringen. Wie faßlich aber das Abstrakteste von dieser Vorstellungsart wird, wenn es mit der rechten Methode vorgetragen wird und eine vorbereitete Seele findet, seh' ich an meinem neuen Schüler. Er hat eine große Freude daran und ruckt immer selbst mit Schlüssen vorwärts. Doch auf alle Fälle ist's schwer zu schreiben und unmöglich aus dem bloßen Lesen zu begreifen, wenn auch alles noch so eigentlich und scharf geschrieben wäre.

So lebe ich denn glücklich, weil ich in dem bin, was meines Vaters ist. Grüßt alle, die mir's gönnen und mir direkt oder indirekt helfen, mich fördern und erhalten!

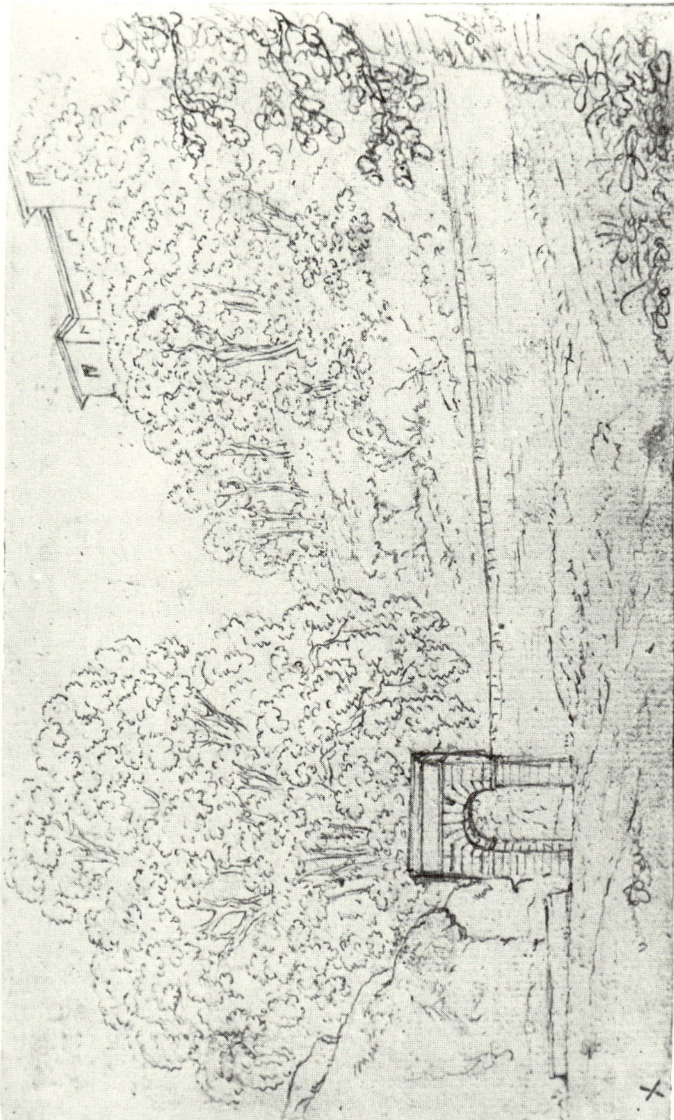

32. Eingang zur Villa Chigi in Ariccia. Zeichnung von Goethe

BERICHT

September

Der dritte September war mir heute doppelt und dreifach merkwürdig, um ihn zu feiern. Es war der Geburtstag meines Fürsten, welcher eine treue Neigung mit so mannigfaltigem Guten zu erwidern wußte; es war der Jahrestag meiner Hegire von Karlsbad, und noch durfte ich nicht zurückschauen, was ein so bedeutend durchlebter, völlig fremder Zustand auf mich gewirkt, mir gebracht und verliehen; wie mir auch nicht Raum zu vielem Nachdenken übrigblieb.

Rom hat den eignen großen Vorzug, daß es als Mittelpunkt künstlerischer Tätigkeit anzusehen ist. Gebildete Reisende sprechen ein, sie sind ihrem kürzeren oder längeren Aufenthalte hier gar vieles schuldig; sie ziehen weiter, wirken und sammeln, und wenn sie bereichert nach Hause kommen, so rechnen sie sich's zur Ehre und Freude, das Erworbene auszulegen und ein Opfer der Dankbarkeit ihren entfernten und gegenwärtigen Lehrern darzubringen.

Ein französischer Architekt mit Namen Cassas kam von seiner Reise in den Orient zurück; er hatte die wichtigsten alten Monumente, besonders die noch nicht herausgegebenen, gemessen, auch die Gegenden, wie sie anzuschauen sind, gezeichnet, nicht weniger alte zerfallene und zerstörte Zustände bildlich wiederhergestellt und einen Teil seiner Zeichnungen, von großer Präzision und Geschmack, mit der Feder umrissen und mit Aquarellfarben belebt dem Auge dargestellt.

1. Das Serail von Konstantinopel von der Seeseite mit einem Teil der Stadt und der Sophienmoschee. Auf der reizendsten Spitze von Europa ist der Wohnort des Großherrn so lustig angebaut, als man es nur denken kann. Hohe und immer respektierte Bäume stehen in großen, meist verbundenen Gruppen hintereinander, darunter sieht man nicht etwa große Mauern und Paläste, sondern Häuschen, Gitterwerke, Gänge, Kiosken, ausgespannte Teppiche, so häuslich, klein und freundlich durcheinander gemischt, daß es eine Lust ist. Da die Zeichnung mit Farben ausgeführt

ist, macht es einen gar freundlichen Effekt. Eine schöne Strecke Meer bespült die so bebaute Küste. Gegenüber liegt Asien, und man sieht in die Meerenge, die nach den Dardanellen führt. Die Zeichnung ist bei sieben Fuß lang und drei bis vier hoch.

2. Generalaussicht der Ruinen von Palmyra, in derselben Größe.

Er zeigte uns vorher einen Grundriß der Stadt, wie er ihn aus den Trümmern herausgesucht.

Eine Kolonnade, auf eine italienische Meile lang, ging vom Tore durch die Stadt bis zum Sonnentempel, nicht in ganz gerader Linie, sie macht in der Mitte ein sanftes Knie. Die Kolonnade war von vier Säulenreihen, die Säule zehn Diameter hoch. Man sieht nicht, daß sie oben bedeckt gewesen; er glaubt, es sei durch Teppiche geschehen. Auf der großen Zeichnung erscheint ein Teil der Kolonnade noch aufrecht stehend im Vordergrunde. Eine Karawane, die eben quer durchzieht, ist mit vielem Glück angebracht. Im Hintergrunde steht der Sonnentempel, und auf der rechten Seite zieht sich eine große Fläche hin, auf welcher einige Janitscharen in Karriere forteilen. Das sonderbarste Phänomen ist: eine blaue Linie wie eine Meereslinie schließt das Bild. Er erklärte es uns, daß der Horizont der Wüste, der in der Ferne blau werden muß, so völlig wie das Meer den Gesichtskreis schließt, daß es ebenso in der Natur das Auge trügt, wie es uns im Bilde anfangs getrogen, da wir doch wußten, daß Palmyra vom Meer entfernt genug sei.

3. Gräber von Palmyra.

4. Restauration des Sonnentempels zu Balbeck, auch eine Landschaft mit den Ruinen, wie sie stehen.

5. Die große Moschee zu Jerusalem, auf den Grund des Salomonischen Tempels gebaut.

6. Ruinen eines kleinen Tempels in Phönizien.

7. Gegend am Fuße des Bergs Libanon, anmutig, wie man sich denken mag. Ein Pinienwäldchen, ein Wasser, daran Hängeweiden und Gräber drunter, der Berg in der Entfernung.

8. Türkische Gräber. Jeder Grabstein trägt den Hauptschmuck des Verstorbenen, und da sich die Türken durch

den Kopfschmuck unterscheiden, so sieht man gleich die Würde des Begrabenen. Auf den Gräbern der Jungfrauen werden Blumen mit großer Sorgfalt erzogen.

9. Ägyptische Pyramide mit dem großen Sphinxkopfe. Er sei, sagt Cassas, in einen Kalkfelsen gehauen, und weil derselbe Sprünge gehabt und Ungleichheiten, habe man den Koloß mit Stuck überzogen und gemalt, wie man noch in den Falten des Kopfschmuckes bemerke. Eine Gesichtspartie ist etwa zehn Schuh hoch. Auf der Unterlippe hat er bequem spazieren können.

10. Eine Pyramide, nach einigen Urkunden, Anlässen und Mutmaßungen restauriert. Sie hat von vier Seiten vorspringende Hallen mit danebenstehenden Obelisken; nach den Hallen gehen Gänge hin, mit Sphinxen besetzt, wie sich solche noch in Oberägypten befinden. Es ist diese Zeichnung die ungeheuerste Architekturidee, die ich zeitlebens gesehen, und ich glaube nicht, daß man weiter kann.

Abends, nachdem wir alle diese schönen Sachen mit behaglicher Muße betrachtet, gingen wir in die Gärten auf dem Palatin, wodurch die Räume zwischen den Ruinen der Kaiserpaläste urbar und anmutig gemacht worden. Dort auf einem freien Gesellschaftsplatze, wo man unter herrlichen Bäumen die Fragmente verzierter Kapitäler, glatter und kannelierter Säulen, zerstückte Basreliefe und was noch der Art im weiten Kreise umhergelegt hatte, wie man sonsten Tische, Stühle und Bänke zu heiterer Versammlung im Freien anzubringen pflegt — dort genossen wir der reizenden Zeit nach Herzenslust, und als wir die mannigfaltigste Aussicht mit frisch gewaschenen und gebildeten Augen bei Sonnenuntergang überschauten, mußten wir gestehen, daß dieses Bild auf alle die andern, die man uns heute gezeigt, noch recht gut anzusehen sei. In demselbigen Geschmack von Cassas gezeichnet und gefärbt, würde es überall Entzücken erregen. Und so wird uns durch künstlerische Arbeiten nach und nach das Auge so gestimmt, daß wir für die Gegenwart der Natur immer empfänglicher und für die Schönheiten, die sie darbietet, immer offener werden.

Nun aber mußte des nächsten Tages uns zu scherzhaften Unterhaltungen dienen, daß gerade das, was wir bei dem

Künstler Großes und Grenzenloses gesehen, uns in eine niedrige, unwürdige Enge zu begeben veranlassen sollte. Die herrlichen ägyptischen Denkmale erinnerten uns an den mächtigen Obelisk, der auf dem Marsfelde, durch August errichtet, als Sonnenweiser diente, nunmehr aber in Stücken, umzäunt von einem Bretterverschlag, in einem schmutzigen Winkel auf den kühnen Architekten wartete, der ihn aufzuerstehen berufen möchte. (NB. Jetzt ist er auf dem Platz Monte Citorio wieder aufgerichtet und dient wie zur Römerzeit abermals als Sonnenweiser.) Er ist aus dem echtesten ägyptischen Granit gehauen, überall mit zierlichen naiven Figuren, obgleich in dem bekannten Stil, übersäet. Merkwürdig war es, als wir neben der sonst in die Luft gerichteten Spitze standen, auf den Zuschärfungen derselben Sphinx nach Sphinxen auf das zierlichste abgebildet zu sehen, früher keinem menschlichen Auge, sondern nur den Strahlen der Sonne erreichbar. Hier tritt der Fall ein, daß das Gottesdienstliche der Kunst nicht auf einen Effekt berechnet ist, den es auf den menschlichen Anblick machen soll. Wir machten Anstalt, diese heiligen Bilder abgießen zu lassen, um das bequem nah vor Augen zu sehen, was sonst gegen die Wolkenregion hinaufgerichtet war.

In dem widerwärtigen Raume, worin wir uns mit dem würdigsten Werke befanden, konnten wir uns nicht entbrechen, Rom als ein Quodlibet anzusehen, aber als ein einziges in seiner Art: denn auch in diesem Sinne hat diese ungeheure Lokalität die größten Vorzüge. Hier brachte der Zufall nichts hervor, er zerstörte nur; alles auf den Füßen Stehende ist herrlich, alles Zertrümmerte ist ehrwürdig, die Unform der Ruinen deutet auf uralte Regelmäßigkeit, welche sich in neuen großen Formen der Kirchen und Paläste wieder hervortat.

Jene bald gefertigten Abgüsse brachten in Erinnerung, daß in der großen Dehnischen Pastensammlung, wovon die Abdrücke im ganzen und teilweise verkäuflich waren, auch einiges Ägyptische zu sehen sei; und wie sich denn eins aus dem andern ergibt, so wählte ich aus gedachter Sammlung die vorzüglichsten und bestellte solche bei den Inhabern. Solche Abdrücke sind der größte Schatz und ein Fundament, das der in seinen Mitteln beschränkte Liebhaber zu künftigem großen mannigfaltigen Vorteil bei sich niederlegen kann.

Die vier ersten Bände meiner Schriften bei Göschen waren angekommen und das Prachtexemplar sogleich in die Hände Angelikas gegeben, die daran ihre Muttersprache aufs neue zu beloben Ursach' zu finden glaubte.

Ich aber durfte den Betrachtungen nicht nachhängen, die sich mir bei dem Rückblick auf meine früheren Tätigkeiten lebhaft aufdrangen. Ich wußte nicht, wie weit der eingeschlagene Weg mich führen würde, ich konnte nicht einsehen, inwiefern jenes frühere Bestreben gelingen und wiefern der Erfolg dieses Sehnens und Wandelns die aufgewendete Mühe belohnen würde.

Aber es blieb mir auch weder Zeit noch Raum, rückwärts zu schauen und zu denken. Die über organische Natur, deren Bilden und Umbilden mir gleichsam eingeimpften Ideen erlaubten keinen Stillstand, und indem mir Nachdenkendem eine Folge nach der andern sich entwickelte, so bedurfte ich zu eigner Ausbildung täglich und stündlich irgendeiner Art von Mitteilung. Ich versuchte es mit Moritz und trug ihm, soviel ich vermochte, die Metamorphose der Pflanzen vor; und er, ein seltsames Gefäß, das, immer leer und inhaltsbedürftig, nach Gegenständen lechzte, die er sich aneignen könnte, griff redlich mit ein, dergestalt wenigstens, daß ich meine Vorträge fortzusetzen Mut behielt.

Hier aber kam uns ein merkwürdiges Buch, ich will nicht fragen, ob zustatten, aber doch zu bedeutender Anregung: Herders Werk, das, unter einem lakonischen Titel, über Gott und göttliche Dinge die verschiedenen Ansichten in Gesprächsform vorzutragen bemüht war. Mich versetzte diese Mitteilung in jene Zeiten, wo ich an der Seite des trefflichen Freundes über diese Angelegenheiten mich mündlich zu unterhalten oft veranlaßt war. Wundersam jedoch kontrastierte dieser in den höchsten frommen Betrachtungen versierende Band mit der Verehrung, zu der uns das Fest eines besondern Heiligen aufrief.

Am 21. September ward das Andenken des heiligen Franziskus gefeiert und sein Blut in langgedehnter Prozession von Mönchen und Gläubigen in der Stadt umhergetragen. Aufmerksam ward ich bei dem Vorbeiziehen so vieler Mönche, deren einfache Kleidung das Auge nur auf die Betrachtung des Kopfes hinzog. Es war mir auffallend, daß eigentlich Haar und Bart dazu gehören, um sich von dem männlichen Individuum einen Begriff zu machen. Erst mit Aufmerksamkeit, dann mit Erstaunen musterte ich die vor mir vorüberziehende Reihe und war wirklich entzückt, zu sehen, daß ein Gesicht, von Haar und Bart in einen Rahmen eingefaßt, sich ganz anders ausnahm, als das bartlose Volk umher. Und ich konnte nun wohl finden, daß dergleichen Gesichter, in Gemälden dargestellt, einen ganz unnennbaren Reiz auf den Beschauer ausüben mußten.

Hofrat Reiffenstein, welcher sein Amt, Fremde zu führen und zu unterhalten, gehörig ausstudiert hatte, konnte freilich im Laufe seines Geschäfts nur allzubald gewahr werden, daß Personen, welche wenig mehr nach Rom bringen als Lust zu sehen und sich zu zerstreuen, mitunter an der grimmigsten Langweile zu leiden haben, indem ihnen die gewohnte Ausfüllung müßiger Stunden in einem fremden Lande durchaus zu fehlen pflegt. Auch war dem praktischen Menschenkenner gar wohl bekannt, wie sehr ein bloßes Beschauen ermüde, und wie nötig es sei, seine Freunde durch irgendeine Selbsttätigkeit zu unterhalten und zu beruhigen. Zwei Gegenstände hatte er sich deshalb ausersehn, worauf er ihre Geschäftigkeit zu richten pflegte: die Wachsmalerei und die Pastenfabrikation. Jene Kunst, eine Wachsseife zum Bindemittel der Farben anzuwenden, war erst vor kurzem wieder in den Gang gekommen, und da es in der Kunstwelt hauptsächlich darum zu tun ist, die Künstler auf irgendeine Weise zu beschäftigen, so gibt eine neue Art, das Gewohnte zu tun, immer wieder frische Aufmerksamkeit und lebhaften Anlaß, etwas, was man auf die alte Weise zu unternehmen nicht Lust hätte, in einer neuen zu versuchen.

Das kühne Unternehmen, für die Kaiserin Katharine die Raffaelschen Logen in einer Kopie zu verwirklichen und die Wiederholung sämtlicher Architektur mit der Fülle ihrer Zieraten in Petersburg möglich zu machen, ward durch diese neue Technik begünstigt, ja, wäre vielleicht ohne dieselbe nicht auszuführen gewesen. Man ließ dieselben Felder, Wandteile, Sockel, Pilaster, Kapitäler, Gesimse aus den stärksten Bohlen und Klötzen eines dauerhaften Kastanienholzes verfertigen, überzog sie mit Leinwand, welche grundiert sodann der Enkaustik zur sichern Unterlage diente. Dieses Werk, womit sich besonders Unterberger nach Anleitung Reiffensteins mehrere Jahre beschäftigt hatte, mit großer Gewissenhaftigkeit ausgeführt, war schon abgegangen, als ich ankam, und es konnte mir nur, was von jenem großen Unternehmen übrigblieb, bekannt und anschaulich werden.

Nun aber war durch eine solche Ausführung die Enkaustik zu hohen Ehren gelangt; Fremde von einigem Talent sollten praktisch damit bekannt werden; zugerichtete Farbengarnituren waren um leichten Preis zu haben; man kochte die Seife selbst, genug, man hatte immer etwas zu tun und zu kramen, wo sich nur ein müßiger loser Augenblick zeigte. Auch mittlere Künstler wurden als Lehrende und Nachhelfende beschäftigt, und ich habe wohl einigemal Fremde gesehen, welche ihre römischen enkaustischen Arbeiten höchst behaglich als selbstverfertigt einpackten und mit zurück ins Vaterland nahmen.

Die andere Beschäftigung, Pasten zu fabrizieren, war mehr für Männer geeignet. Ein großes altes Küchengewölbe im Reiffensteinischen Quartier gab dazu die beste Gelegenheit. Hier hatte man mehr als nötigen Raum zu einem solchen Geschäft. Die refraktäre, in Feuer unschmelzbare Masse wurde aufs zarteste pulverisiert und durchgesiebt, der daraus geknetete Teig in Pasten eingedruckt, sorgfältig getrocknet und sodann, mit einem eisernen Ring umgeben, in die Glut gebracht, ferner die geschmolzene Glasmasse darauf gedruckt, wodurch doch immer ein kleines Kunstwerk zum Vorschein kam, das einen jeden freuen mußte, der es seinen eignen Fingern zu verdanken hatte.

Hofrat Reiffenstein, welcher mich zwar willig und geschäftig in diese Tätigkeiten eingeführt hatte, merkte gar bald, daß mir eine fortgesetzte Beschäftigung der Art nicht zusagte, daß mein eigentlicher Trieb war, durch Nachbildung von Natur- und Kunstgegenständen Hand und Augen möglichst zu steigern. Auch war die große Hitze kaum vorübergegangen, als er mich schon in Gesellschaft von einigen Künstlern nach Frascati führte, wo man in einem wohleingerichteten Privathause Unterkommen und das nächste Bedürfnis fand und nun, den ganzen Tag im Freien, sich abends gern um einen großen Ahorntisch versammelte. Georg Schütz, ein Frankfurter, geschickt, ohne eminentes Talent, eher einem gewissen anständigen Behagen als anhaltender künstlerischer Tätigkeit ergeben, weswegen ihn die Römer auch il Barone nannten, begleitete mich auf meinen Wanderungen und ward mir vielfach nützlich. Wenn man bedenkt, daß Jahrhunderte hier im höchsten Sinne architektonisch gewaltet, daß auf übriggebliebenen mächtigen Substruktionen die künstlerischen Gedanken vorzüglicher Geister sich hervorgehoben und den Augen dargestellt, so wird man begreifen, wie sich Geist und Aug' entzücken müssen, wenn man unter jeder Beleuchtung diese vielfachen horizontalen und tausend vertikalen Linien unterbrochen und geschmückt wie eine stumme Musik mit den Augen auffaßt, und wie alles, was klein und beschränkt in uns ist, nicht ohne Schmerz erregt und ausgetrieben wird. Besonders ist die Fülle der Mondscheinbilder über alle Begriffe, wo das einzeln Unterhaltende, vielleicht störend zu Nennende durchaus zurücktritt und nur die großen Massen von Licht und Schatten ungeheuer anmutige, symmetrisch harmonische Riesenkörper dem Auge entgegentragen. Dagegen fehlte es denn auch abends nicht an unterrichtender, oft aber auch neckischer Unterhaltung.

So darf man nicht verschweigen, daß junge Künstler, die Eigenheiten des wackern Reiffensteins, die man Schwachheiten zu nennen pflegt, kennend und bemerkend, darüber sich oft im stillen scherzhaft und spottend unterhielten. Nun war eines Abends der Apoll von Belvedere als eine unversiegbare Quelle künstlerischer Unterhaltung wieder zum Gespräch gelangt, und bei der Bemerkung, daß die Ohren an diesem trefflichen Kopfe doch nicht sonderlich gearbeitet seien, kam die Rede ganz natürlich auf die Würde und Schönheit dieses Organs, die Schwierigkeit, ein schönes in der Natur zu finden und es künstlerisch ebenmäßig nachzubilden. Da nun Schütz wegen seiner hübschen Ohren bekannt war, ersuchte ich ihn, mir bei der Lampe zu sitzen, bis ich das vorzüglich gut gebildete, es war ohne Frage das rechte, sorgfältig abgezeichnet hätte. Nun kam er mit seiner starren Modellstellung gerade dem Rat Reiffenstein gegenüber zu sitzen, von welchem er die Augen nicht abwenden konnte noch durfte. Jener fing nun an, seine wiederholt angepriesenen Lehren vorzutragen: man müßte sich nämlich nicht gleich unmittelbar an das Beste wenden, sondern erst bei den Carraccis anfangen, und zwar in der Farnesischen Galerie, dann zum Raffael übergehen und zuletzt den Apoll von Belvedere so oft zeichnen, bis man ihn auswendig kenne, da denn nicht viel Weiteres zu wünschen und zu hoffen sein würde.

Der gute Schütz ward von einem solchen innerlichen Anfall von Lachen ergriffen, den er äußerlich kaum zu bergen wußte, welche Pein sich immer vermehrte, je länger ich ihn in ruhiger Stellung zu halten trachtete. So kann sich der Lehrer, der Wohltäter immer wegen seines individuellen, unbillig aufgenommenen Zustandes einer spöttischen Undankbarkeit erwarten.

Eine herrliche, obgleich nicht unerwartete Aussicht ward uns aus den Fenstern der Villa des Fürsten Aldobrandini, der, gerade auf dem Lande gegenwärtig, uns freundlich einlud und uns in Gesellschaft seiner geistlichen und weltlichen Hausgenossen an einer gut besetzten Tafel festlich bewirtete. Es läßt sich denken, daß man das Schloß dergestalt angelegt hat, die Herrlichkeit der Hügel und des flachen Landes mit einem Blick übersehen zu können. Man spricht viel von Lusthäusern; aber man müßte von hier aus umherblicken, um sich zu überzeugen, daß nicht leicht ein Haus lustiger gelegen sein könne.

Hier aber finde ich mich gedrängt, eine Betrachtung einzufügen, deren ernste Bedeutung ich wohl empfehlen darf. Sie gibt Licht über das Vorgetragene und verbreitet's über das Folgende; auch wird mancher gute, sich heranbildende Geist Anlaß daher zur Selbstprüfung gewinnen.

Lebhaft vordringende Geister begnügen sich nicht mit dem Genusse, sie verlangen Kenntnis. Diese treibt sie zur

Selbsttätigkeit, und wie es ihr nun auch gelingen möge, so fühlt man zuletzt, daß man nichts richtig beurteilt, als was man selbst hervorbringen kann. Doch hierüber kommt der Mensch nicht leicht ins klare, und daraus entstehen gewisse falsche Bestrebungen, welche um desto ängstlicher werden, je redlicher und reiner die Absicht ist. Indes fingen mir in dieser Zeit an Zweifel und Vermutungen aufzusteigen, die mich mitten in diesen angenehmen Zuständen beunruhigten; denn ich mußte bald empfinden, daß der eigentliche Wunsch und die Absicht meines Hierseins schwerlich erfüllt werden dürfte.

Nunmehr aber, nach Verlauf einiger vergnügter Tage, kehrten wir nach Rom zurück, wo wir durch eine neue, höchst anmutige Oper im hellen, vollgedrängten Saal für die vermißte Himmelsfreiheit entschädigt werden sollten. Die deutsche Künstlerbank, eine der vordersten im Parterre, war wie sonst dicht besetzt, und auch diesmal fehlte es nicht an Beifallklatschen und Rufen, um sowohl wegen der gegenwärtigen als vergangenen Genüsse unsre Schuldigkeit abzutragen. Ja, wir hatten es erreicht, daß wir durch ein künstliches, erst leiseres, dann stärkeres, zuletzt gebietendes Zitti-Rufen jederzeit mit dem Ritornell einer eintretenden beliebten Arie oder sonst gefälligen Partie das ganze laut schwätzende Publikum zum Schweigen brachten, weshalb uns denn unsere Freunde von oben die Artigkeit erwiesen, die interessantesten Exhibitionen nach unsrer Seite zu richten.

OKTOBER

KORRESPONDENZ

Frascati, den 2. Oktober.

Ich muß beizeiten ein Blättchen anfangen, wenn ihr es zur rechten Zeit erhalten sollt. Eigentlich hab' ich viel und nicht viel zu sagen. Es wird immerfort gezeichnet, und ich denke dabei im stillen an meine Freunde. Diese Tage empfand ich wieder viel Sehnsucht nach Hause, vielleicht eben, weil es mir hier so wohl geht und ich doch fühle, daß mir mein Liebstes fehlt.

Ich bin in einer recht wunderlichen Lage und will mich eben zusammennehmen, jeden Tag nutzen, tun, was zu tun ist, und so diesen Winter durch arbeiten.

Ihr glaubt nicht, wie nützlich, aber auch wie schwer es mir war, dieses ganze Jahr absolut unter fremden Menschen zu leben, besonders da Tischbein — dies sei unter uns gesagt — nicht so einschlug, wie ich hoffte. Es ist ein wirklich guter Mensch, aber er ist nicht so rein, so natürlich, so offen wie seine Briefe. Seinen Charakter kann ich nur mündlich schildern, um ihm nicht unrecht zu tun, und was will eine Schilderung heißen, die man so macht! Das Leben eines Menschen ist sein Charakter. Nun hab' ich Hoffnung, Kaysern zu besitzen, dieser wird mir zu großer Freude sein. Gebe der Himmel, daß sich nichts dazwischen stelle!

Meine erste Angelegenheit ist und bleibt, daß ich es im Zeichnen zu einem gewissen Grade bringe, wo man mit Leichtigkeit etwas macht und nicht wieder zurücklernt, noch so lange still steht, wie ich wohl leider die schönste Zeit des Lebens versäumt habe. Doch muß man sich selbst entschuldigen. Zeichnen, um zu zeichnen, wäre wie reden, um zu reden. Wenn ich nichts auszudrücken habe, wenn mich nichts anreizt, wenn ich würdige Gegenstände erst mühsam aufsuchen muß, ja, mit allem Suchen sie kaum finde, wo soll da der Nachahmungstrieb herkommen? In diesen Gegenden muß man zum Künstler werden, so dringt sich alles auf, man wird voller und voller und gezwungen, etwas zu machen. Nach meiner Anlage und meiner Kenntnis des Weges bin ich überzeugt, daß ich hier in einigen Jahren sehr weit kommen müßte.

Ihr verlangt, meine Lieben, daß ich von mir selbst schreibe, und seht, wie ich's tue; wenn wir wieder zusammenkommen, sollt ihr gar manches hören. Ich habe Gelegenheit gehabt, über mich selbst und andre, über Welt und Geschichte viel nachzudenken, wovon ich manches Gute, wenngleich nicht Neue, auf meine Art mitteilen werde. Zuletzt wird alles im „Wilhelm" gefaßt und geschlossen.

Moritz ist bisher mein liebster Gesellschafter geblieben, ob ich gleich bei ihm fürchtete und fast noch fürchte, er möchte aus meinem Umgange nur klüger und weder richtiger, besser noch glücklicher werden, eine Sorge, die mich immer zurückhält, ganz offen zu sein.

Auch im allgemeinen mit mehreren Menschen zu leben, geht mir ganz gut. Ich sehe eines jeden Gemütsart und Handelsweise. Der eine spielt sein Spiel, der andre nicht, dieser wird vorwärts kommen, jener schwerlich. Einer sammelt, einer zerstreut. Einem genügt alles, dem andern nichts. Der hat Talent und übt's nicht, jener hat keins und ist fleißig etc. etc. Das alles sehe ich und mich mitten drin; es vergnügt mich und gibt mir, da ich keinen Teil an den Menschen, nichts an ihnen zu verantworten habe, keinen bösen Humor. Nur alsdann, meine Lieben, wenn jeder nach seiner Weise handelt und zuletzt noch prätendiert, daß ein Ganzes werden, sein und bleiben solle, es zunächst von mir prätendiert, dann bleibt einem nichts übrig, als zu scheiden oder toll zu werden.

Albano, den 5. Oktober 1787.

Ich will sehen, daß ich diesen Brief noch zur morgenden Post nach Rom schaffe, daß ich auf diesem Blatt nur den tausendsten Teil sage von dem, was ich zu sagen habe.

Eure Blätter hab' ich zu gleicher Zeit mit den „Zerstreuten", besser „gesammelten Blättern", den „Ideen" und den vier Saffianbänden erhalten, gestern, als ich im Begriff war, von Frascati abzufahren. Es ist mir nun ein Schatz auf die ganze Villeggiatur.

„Persepolis" habe ich gestern nacht gelesen. Es freut mich unendlich, und ich kann nichts dazusetzen, indem jene Art und Kunst nicht herübergekommen ist. Ich will nun die angeführten Bücher auf irgendeiner Bibliothek sehen und euch aufs neue danken. Fahret fort, ich bitte euch, oder fahret fort, weil ihr müßt, beleuchtet alles mit eurem Lichte!

Die „Ideen", die Gedichte sind noch nicht berührt. Meine Schriften mögen nun gehen, ich will treulich fortfahren. Die vier Kupfer zu den letzten Bänden sollen hier werden.

Mit den Genannten war unser Verhältnis nur ein gutmütiger Waffenstillstand von beiden Seiten, ich habe das wohl gewußt, nur was werden kann, kann werden. Es wird immer weitere Entfernung und endlich, wenn's recht gut geht, leise, lose Trennung werden. Der eine ist ein Narr, der voller Einfaltsprätensionen steckt. „Meine Mutter hat Gänse“ singt sich mit bequemerer Naivetät als ein: „Allein Gott in der Höh' sei Ehr.“ Er ist einmal auch ein —: „Sie lassen sich das Heu und Stroh, das Heu und Stroh nicht irren“ etc. etc. Bleibt von diesem Volke! der erste Undank ist besser als der letzte. Der andere denkt, er komme aus einem fremden Lande zu den Seinigen, und er kommt zu Menschen, die sich selbst suchen, ohne es gestehn zu wollen. Er wird sich fremd finden und vielleicht nicht wissen warum. Ich müßte mich sehr irren, oder die Großmut des Alcibiades ist ein Taschenspielerstreich des Züricher Propheten, der klug genug und gewandt genug ist, große und kleine Kugeln mit unglaublicher Behendigkeit einander zu substituieren, durcheinander zu mischen, um das Wahre und Falsche nach seinem theologischen Dichtergemüt gelten und verschwinden zu machen. Hole oder erhalte ihn der Teufel, der ein Freund der Lügen, Dämonologie, Ahnungen, Sehnsuchten etc. ist von Anfang!

Und ich muß ein neues Blatt nehmen und bitten, daß ihr lest, wie ich schreibe, mit dem Geiste mehr als den Augen, wie ich mit der Seele mehr als den Händen.

Fahre du fort, lieber Bruder, zu finden, zu vereinigen, zu dichten, zu schreiben, ohne dich um andre zu bekümmern. Man muß schreiben, wie man lebt, erst um sein selbst willen, und dann existiert man auch für verwandte Wesen.

Plato wollte keinen ἀγεωμέτρητον in seiner Schule leiden; wäre ich imstande, eine zu machen, ich litte keinen, der sich nicht irgendein Naturstudium ernst und eigentlich gewählt. Neulich fand ich in einer leidig apostolisch-kapuzinermäßigen Deklamation des Zürcher Propheten die unsinnigen Worte: „Alles, was Leben hat, lebt durch etwas außer sich.“ Oder so ungefähr klang's. Das kann nun so ein Heidenbekehrer hinschreiben, und bei der Revision zupft ihn der Genius nicht beim Ärmel. Nicht die ersten, simpelsten Naturwahrheiten haben sie gefaßt und möchten doch gar zu gern auf den Stühlen um den Thron sitzen, wo andre Leute hingehören oder keiner hingehört. Laßt das alles gut sein, wie ich auch tue, der ich es freilich jetzt leichter habe!

Ich möchte von meinem Leben keine Beschreibung machen, es sieht gar zu lustig aus. Vor allem beschäftigt mich das Landschaftszeichnen, wozu dieser Himmel und diese Erde vorzüglich einlädt. Sogar hab' ich einige Idyllen gefunden. Was werd' ich nicht noch alles machen! Das seh' ich wohl, unsereiner muß nur immer neue Gegenstände um sich haben, dann ist er geborgen.

Lebt wohl und vergnügt, und wenn es euch weh werden will, so fühlt nur recht, daß ihr beisammen seid und was ihr einander seid, indes ich, durch eignen Willen exiliert, mit Vorsatz irrend, zweckmäßig unklug, überall fremd und überall zu Hause, mein Leben mehr laufen lasse als führe und auf alle Fälle nicht weiß, wo es hinaus will.

Lebt wohl, empfehlt mich der Frau Herzogin. Ich habe mit Rat Reiffenstein in Frascati ihren ganzen Aufenthalt projektiert. Wenn alles gelingt, so ist's ein Meisterstück. Wir sind jetzt in Negotiation wegen einer Villa begriffen, welche gewissermaßen sequestriert ist und also vermietet wird, anstatt daß die andern entweder besetzt sind oder von den großen Familien nur aus Gefälligkeit abgetreten würden, dagegen man in Obligationen und Relationen gerät. Ich schreibe, sobald nur etwas Gewisseres zu sagen ist. In Rom ist auch ein schönes freiliegendes Quartier mit einem Garten für sie bereit. Und so wünscht' ich, daß sie sich überall zu Hause fände, denn sonst genießt sie nichts; die Zeit verstreicht, das Geld ist ausgegeben, und man sieht sich um wie nach einem Vogel, der einem aus der Hand entwischt ist. Wenn ich ihr alles einrichten kann, daß ihr Fuß an keinen Stein stoße, so will ich es tun.

Nun kann ich nicht weiter, wenngleich noch Raum da ist. Lebt wohl und verzeiht die Eilfertigkeit dieser Zeilen.

Castel Gandolfo, den 8. Oktober, eigentlich den 12ten, denn diese Woche ist hingegangen, ohne daß ich zum Schreiben kommen konnte. Also geht dieses Blättchen nur eilig nach Rom, daß es noch zu euch gelange.

Wir leben hier, wie man in Bädern lebt, nur mache ich

mich des Morgens beiseite, um zu zeichnen, dann muß man den ganzen Tag der Gesellschaft sein, welches mir denn auch ganz recht ist für diese kurze Zeit; ich sehe doch auch einmal Menschen ohne großen Zeitverlust und viele auf einmal.

Angelika ist auch hier und wohnt in der Nähe, dann sind einige muntere Mädchen, einige Frauen, Herr von Maron, Schwager von Mengs, mit der seinigen, teils im Hause, teils in der Nachbarschaft; die Gesellschaft ist lustig, und es gibt immer was zu lachen. Abends geht man in die Komödie, wo Pulcinell die Hauptperson ist, und trägt sich dann einen Tag mit den bonmots des vergangnen Abends. Tout comme chez nous — nur unter einem heitern, köstlichen Himmel. Heute hat sich ein Wind erhoben, der mich zu Hause hält. Wenn man mich außer mir selbst herausbringen könnte, müßten es diese Tage tun, aber ich falle immer wieder in mich zurück, und meine ganze Neigung ist auf die Kunst gerichtet. Jeden Tag geht mir ein neues Licht auf, und es scheint, als wenn ich wenigstens würde sehen lernen.

„Erwin und Elmire" ist so gut als fertig; es kommt auf ein paar schreibselige Morgen an; gedacht ist alles.

Herder hat mich aufgefordert, Forstern auf seine Reise um die Welt auch Fragen und Mutmaßungen mitzugeben. Ich weiß nicht, wo ich Zeit und Sammlung hernehmen soll, wenn ich es auch von Herzen gerne täte. Wir wollen sehen.

Ihr habt wohl schon kalte, trübe Tage, wir hoffen noch einen ganzen Monat zum Spazierengehn. Wie sehr mich Herders „Ideen" freuen, kann ich nicht sagen. Da ich keinen Messias zu erwarten habe, so ist mir dies das liebste Evangelium. Grüßt alles, ich bin in Gedanken immer mit euch, und liebt mich.

Den letzten Posttag, meine Lieben, habt ihr keinen Brief erhalten, die Bewegung in Castello war zuletzt gar zu arg, und ich wollte doch auch zeichnen. Es war wie bei uns im Bade, und da ich in einem Hause wohnte, das immer Zuspruch hat, so mußte ich mich drein geben. Bei dieser Gelegenheit habe ich mehr Italiener gesehen als bisher in einem Jahre, und bin auch mit dieser Erfahrung zufrieden.

Eine Mailänderin interessierte mich die acht Tage ihres Bleibens, sie zeichnete sich durch ihre Natürlichkeit, ihren Gemeinsinn, ihre gute Art sehr vorteilhaft vor den Römerinnen aus. Angelika war, wie sie immer ist, verständig, gut, gefällig, zuvorkommend. Man muß ihr Freund sein, man kann viel von ihr lernen, besonders arbeiten, denn es ist unglaublich, was sie alles endigt.

Diese letzten Tage war das Wetter kühl, und ich bin recht vergnügt, wieder in Rom zu sein.

Gestern abend, als ich zu Bette ging, fühlt' ich recht das Vergnügen, hier zu sein. Es war mir, als wenn ich mich auf einen recht breiten, sichern Grund niederlegte.

Über seinen „Gott" möcht' ich gern mit Herdern sprechen. Zu bemerken ist mir ein Hauptpunkt: man nimmt dieses Büchlein, wie andre, für Speise, da es eigentlich die Schüssel ist. Wer nichts hineinzulegen hat, findet sie leer. Laßt mich ein wenig weiter allegorisieren, und Herder wird meine Allegorie am besten erklären. Mit Hebel und Walzen kann man schon ziemliche Lasten fortbringen; die Stücke des Obelisks zu bewegen, brauchen sie Erdwinden, Flaschenzüge und so weiter. Je größer die Last oder je feiner der Zweck (wie z. E. bei einer Uhr), desto zusammengesetzter, desto künstlicher wird der Mechanismus sein und doch im Innern die größte Einheit haben. So sind alle Hypothesen oder vielmehr alle Prinzipien. — Wer nicht viel zu bewegen hat, greift zum Hebel und verschmäht meinen Flaschenzug, was will der Steinhauer mit einer Schraube ohne Ende? Wenn L. seine ganze Kraft anwendet, um ein Märchen wahr zu machen, wenn J. sich abarbeitet, eine hohle Kindergehirnempfindung zu vergöttern, wenn C. aus einem Fußboten ein Evangelist werden möchte, so ist offenbar, daß sie alles, was die Tiefen der Natur näher aufschließt, verabscheuen müssen. Würde der eine ungestraft sagen: Alles, was lebt, lebt durch etwas außer sich? würde der andere sich der Verwirrung der Begriffe, der Verwechslung der Worte von Wissen und Glauben, von Überlieferung und Erfahrung nicht schämen? würde der dritte nicht um ein paar Bänke tiefer hinunter müssen, wenn sie nicht mit aller Gewalt die Stühle um den Thron des Lamms aufzustellen bemüht wären; wenn sie nicht sich sorgfältig hüteten, den festen Boden der Natur zu betreten, wo jeder nur ist, was er ist, wo wir alle gleiche Ansprüche haben?

Halte man dagegen ein Buch wie den dritten Teil der „Ideen", sehe erst, was es ist, und frage sodann, ob der Autor es hätte schreiben können, ohne jenen Begriff von Gott zu haben? Nimmermehr; denn eben das Echte, Große, Innerliche, was es hat, hat es in, aus und durch jenen Begriff von Gott und der Welt.

Wenn es also irgendwo fehlt, so mangelt's nicht an der Ware, sondern an Käufern, nicht an der Maschine, sondern an denen, die sie zu brauchen wissen. Ich habe immer mit stillem Lächeln zugesehen, wenn sie mich in metaphysischen Gesprächen nicht für voll ansahen; da ich aber ein Künstler bin, so kann mir's gleich sein. Mir könnte vielmehr dran gelegen sein, daß das Prinzipium verborgen bliebe, aus dem und durch das ich arbeite. Ich lasse einem jeden seinen Hebel und bediene mich der Schraube ohne Ende schon lange, und nun mit noch mehr Freude und Bequemlichkeit.

Castel Gandolfo, den 12. Oktober 1787.

An Herder

Nur ein flüchtig Wort, und zuerst den lebhaftesten Dank für die „Ideen"! Sie sind mir als das liebenswerteste Evangelium gekommen, und die interessantesten Studien meines Lebens laufen alle da zusammen. Woran man sich so lange geplackt hat, wird einem nun so vollständig vorgeführt. Wie viel Lust zu allem Guten hast du mir durch dieses Buch gegeben und erneut! Noch bin ich erst in der Hälfte. Ich bitte dich, laß mir so bald als möglich die Stelle aus Camper, die du pag. 159 anführst, ganz ausschreiben, damit ich sehe, welche Regeln des griechischen Künstlerideals er ausgefunden hat. Ich erinnere mich nur an den Gang seiner Demonstration des Profils aus dem Kupfer. Schreibe mir dazu und exzerpiere mir sonst, was du mir nützlich dünkst, daß ich das Ultimum wisse, wie weit man in dieser Spekulation gekommen ist; denn ich bin immer das neugeborne

Kind. Hat Lavaters „Physiognomik“ etwas Kluges darüber? Deinem Aufruf wegen Forsters will ich gerne gehorchen, wenn ich gleich noch nicht recht sehe, wie es möglich ist; denn ich kann keine einzelnen Fragen tun, ich muß meine Hypothesen völlig auseinandersetzen und vortragen. Du weißt, wie sauer mir das schriftlich wird. Schreibe mir nur den letzten Termin, wann es fertig sein, und wohin es geschickt werden soll. Ich sitze jetzt im Rohre und kann vor Pfeifenschneiden nicht zum Pfeifen kommen. Wenn ich es unternehme, muß ich zum Diktieren mich wenden; denn eigentlich seh' ich es als einen Wink an. Es scheint, ich soll von allen Seiten mein Haus bestellen und meine Bücher schließen.

Was mir am schwersten sein wird, ist: daß ich absolut alles aus dem Kopfe nehmen muß, ich habe doch kein Blättchen meiner Kollektaneen, keine Zeichnung, nichts hab' ich bei mir, und alle neusten Bücher fehlen hier ganz und gar.

Noch vierzehn Tage bleib' ich wohl in Castello und treibe ein Badeleben. Morgens zeichne ich, dann gibt's Menschen auf Menschen. Es ist mir lieb, daß ich sie beisammen sehe, einzeln wäre es eine große Sekkatur. Angelika ist hier und hilft alles übertragen.

Der Papst soll Nachricht haben, Amsterdam sei von den Preußen eingenommen. Die nächsten Zeitungen werden uns Gewißheit bringen. Das wäre die erste Expedition, wo sich unser Jahrhundert in seiner ganzen Größe zeigt. Das heiß' ich eine sodezza! Ohne Schwertstreich, mit ein paar Bomben, und niemand, der sich der Sache weiter annimmt! Lebt wohl. Ich bin ein Kind des Friedens und will Friede halten für und für, mit der ganzen Welt, da ich ihn einmal mit mir selbst geschlossen habe.

Rom, den 27. Oktober 1787.

Ich bin in diesem Zauberkreise wieder angelangt und befinde mich gleich wieder wie bezaubert, zufrieden, stille hinarbeitend, vergessend alles, was außer mir ist, und die Gestalten meiner Freunde besuchen mich friedlich und freundlich. Diese ersten Tage hab' ich mit Briefschreiben zugebracht, habe die Zeichnungen, die ich auf dem Lande gemacht, ein wenig gemustert, die nächste Woche soll es an neue Arbeit gehn. Es ist zu schmeichelhaft, als daß ich es sagen dürfte, was mir Angelika für Hoffnungen über mein Landschaftszeichnen unter gewissen Bedingungen gibt. Ich will wenigstens fortfahren, um mich dem zu nähern, was ich wohl nie erreiche.

Ich erwarte mit Verlangen Nachricht, daß „Egmont" angelangt und wie ihr ihn aufgenommen. Ich habe doch schon geschrieben, daß Kayser herkommt? Ich erwarte ihn in einigen Tagen, mit der nun vollendeten Partitur unsrer Scapinereien. Du kannst denken, was das für ein Fest sein wird! Sogleich wird Hand an eine neue Oper gelegt, und „Claudine" mit „Erwin" in seiner Gegenwart, mit seinem Beirat verbessert.

Herders „Ideen" hab' ich nun durchgelesen und habe mich des Buches außerordentlich gefreut. Der Schluß ist herrlich, wahr und erquicklich, und er wird, wie das Buch selbst, erst mit der Zeit und vielleicht unter fremdem Namen den Menschen wohltun. Je mehr diese Vorstellungsart gewinnt, je glücklicher wird der nachdenkliche Mensch werden. Auch habe ich dieses Jahr unter fremden Menschen achtgegeben und gefunden, daß alle wirklich kluge Menschen mehr oder weniger, zärter oder gröber, darauf kommen und bestehen: daß der Moment alles ist, und daß nur der Vorzug eines vernünftigen Menschen darin bestehe: sich so zu betragen, daß sein Leben, insofern es von ihm abhängt, die möglichste Masse von vernünftigen, glücklichen Momenten enthalte.

Ich müßte wieder ein Buch schreiben, wenn ich sagen sollte, was ich bei dem und jenem Buch gedacht habe. Ich lese jetzt wieder Stellen, so wie ich sie aufschlage, um mich an jeder Seite zu ergötzen, denn es ist durchaus köstlich gedacht und geschrieben.

Besonders schön find' ich das griechische Zeitalter; daß ich am römischen, wenn ich mich so ausdrücken darf, etwas Körperlichkeit vermisse, kann man vielleicht denken, ohne daß ich es sage. Es ist auch natürlich. Gegenwärtig ruht in meinem Gemüt die Masse des, was der Staat war, an und für sich; mir ist er wie Vaterland etwas Ausschließendes. Und ihr müßtet im Verhältnis mit dem ungeheuern Weltganzen den Wert dieser einzelnen Existenz bestimmen, wo denn freilich vieles zusammenschrumpfte und in Rauch aufgehn mag.

So bleibt mir das Coliseo immer imposant, wenn ich gleich denke, zu welcher Zeit es gebaut worden, und daß das Volk, welches diesen ungeheuren Kreis ausfüllte, nicht mehr das altrömische Volk war.

Ein Buch über Malerei und Bildhauerkunst in Rom ist auch zu uns gekommen. Es ist ein deutsches Produkt und, was schlimmer ist, eines deutschen Kavaliers. Es scheint ein junger Mann zu sein, der Energie hat, aber voller Prätension steckt, der sich Mühe gegeben hat, herumzulaufen, zu notieren, zu hören, zu horchen, zu lesen. Er hat gewußt, dem Werke einen Anschein von Ganzheit zu geben, es ist darin viel Wahres und Gutes, gleich darneben Falsches und Albernes, Gedachtes und Nachgeschwätztes, Longueurs und Echappaden. Wer es auch in der Entfernung durchsieht, wird bald merken, welch monstroses Mittelding zwischen Kompilation und eigen gedachtem Werk dieses voluminose Opus geworden sei.

Die Ankunft „Egmonts“ erfreut und beruhigt mich, und ich verlange auf ein Wort darüber, das nun wohl unterwegs ist. Das Saffianexemplar ist angelangt, ich hab' es der Angelika gegeben. Mit Kaysers Oper wollen wir es klüger machen, als man uns geraten hat; euer Vorschlag ist sehr gut, wenn Kayser kommt, sollt ihr mehr hören.

Die Rezension ist recht im Stil des Alten, zuviel und zuwenig. Mir ist jetzt nur dran gelegen, zu machen, seitdem ich sehe, wie sich am Gemachten, wenn es auch nicht das Vollkommenste ist, Jahrtausende rezensieren, das heißt, etwas von seinem Dasein hererzählen läßt.

Jedermann verwundert sich, wie ich ohne Tribut durchgekommen bin; man weiß aber auch nicht, wie ich mich betragen habe. Unser Oktober war nicht der schönste, ob wir gleich himmlische Tage gehabt haben.

Es geht mit mir jetzt eine neue Epoche an. Mein Gemüt ist nun durch das viele Sehen und Erkennen so ausgeweitet, daß ich mich auf irgendeine Arbeit beschränken muß. Die Individualität eines Menschen ist ein wunderlich Ding, die meine hab' ich jetzt recht kennen lernen, da ich einerseits dieses Jahr bloß von mir selbst abgehangen habe und von der andern Seite mit völlig fremden Menschen umzugehen hatte.

BERICHT

Oktober

Zu Anfang dieses Monats bei mildem, durchaus heiterem, herrlichem Wetter genossen wir eine förmliche Villeggiatur in Castel Gandolfo, wodurch wir uns denn in die Mitte dieser unvergleichlichen Gegend eingeweiht und eingebürgert sahen. Herr Jenkins, der wohlhabende englische Kunsthändler, bewohnte daselbst ein sehr stattliches Gebäude, den ehemaligen Wohnsitz des Jesuitergenerals, wo es einer Anzahl von Freunden weder an Zimmern zu bequemer Wohnung, noch an Sälen zu heiterem Beisammensein, noch an Bogengängen zu munterem Lustwandel fehlte.

Man kann sich von einem solchen Herbstaufenthalte den besten Begriff machen, wenn man sich ihn wie den Aufenthalt an einem Badorte gedenkt. Personen ohne den mindesten Bezug aufeinander werden durch Zufall augenblicklich in die unmittelbarste Nähe versetzt. Frühstück und Mittagessen, Spaziergänge, Lustpartien, ernst- und scherzhafte Unterhaltung bewirken schnell Bekanntschaft und Vertraulichkeit; da es denn ein Wunder wäre, wenn, besonders hier, wo nicht einmal Krankheit und Kur eine Art von Diversion macht, hier im vollkommensten Müßiggange, sich nicht die entschiedensten Wahlverwandtschaften zunächst hervortun sollten. Hofrat Reiffenstein hatte für gut befunden, und zwar mit Recht, daß wir zeitig hinausgehen sollten, um zu unseren Spaziergängen und sonstigen artistischen Wanderungen ins Gebirg die nötige Zeit zu finden, ehe noch der Schwall der Gesellschaft sich herandrängte und uns zur Teilnahme an gemeinschaftlicher Unterhaltung aufforderte. Wir waren die ersten und versäumten nicht, uns in der Gegend, nach

Anleitung des erfahrenen Führers, zweckmäßig umzusehen, und ernteten davon die schönsten Genüsse und Belehrungen.

Nach einiger Zeit sah ich eine gar hübsche römische Nachbarin, nicht weit von uns im Korso wohnend, mit ihrer Mutter heraufkommen. Sie hatten beide seit meiner Mylordschaft meine Begrüßungen freundlicher als sonst erwidert, doch hatte ich sie nicht angesprochen, ob ich gleich an ihnen, wenn sie abends vor der Tür saßen, öfters nah genug vorbeiging; denn ich war dem Gelübde, mich durch dergleichen Verhältnisse von meinem Hauptzwecke nicht abhalten zu lassen, vollkommen treu geblieben. Nun aber fanden wir uns auf einmal wie völlig alte Bekannte; jenes Konzert gab Stoff genug zur ersten Unterhaltung, und es ist wohl nichts angenehmer als eine Römerin der Art, die sich in natürlichem Gespräch heiter gehen läßt und ein lebhaftes, auf die reine Wirklichkeit gerichtetes Aufmerken, eine Teilnahme mit anmutigem Bezug auf sich selbst in der wohlklingenden römischen Sprache schnell, doch deutlich vorträgt; und zwar in einer edlen Mundart, die auch die mittlere Klasse über sich selbst erhebt und dem Allernatürlichsten, ja dem Gemeinen einen gewissen Adel verleiht. Diese Eigenschaften und Eigenheiten waren mir zwar bekannt, aber ich hatte sie noch nie in einer so einschmeichelnden Folge vernommen.

Zu gleicher Zeit stellten sie mich einer jungen Mailänderin vor, die sie mitgebracht hatten, der Schwester eines Kommis von Herrn Jenkins, eines jungen Mannes, der wegen Fertigkeit und Redlichkeit bei seinem Prinzipal in großer Gunst stand. Sie schienen genau miteinander verbunden und Freundinnen zu sein.

Diese beiden Schönen, denn schön durfte man sie wirklich nennen, standen in einem nicht schroffen, aber doch entschiedenen Gegensatz; dunkelbraune Haare die Römerin, hellbraune die Mailänderin; jene braun von Gesichtsfarbe, diese klar, von zarter Haut; diese zugleich mit fast blauen Augen, jene mit braunen; die Römerin einigermaßen ernst, zurückhaltend, die Mailänderin von einem offnen, nicht sowohl ansprechenden, als gleichsam anfragenden Wesen. Ich saß bei einer Art Lottospiel zwischen beiden

Frauenzimmern und hatte mit der Römerin Kasse zusammen gemacht; im Laufe des Spiels fügte es sich nun, daß ich auch mit der Mailänderin mein Glück versuchte durch Wetten oder sonst. Genug, es entstand auch auf dieser Seite eine Art von Partnerschaft, wobei ich in meiner Unschuld nicht gleich bemerkte, daß ein solches geteiltes Interesse nicht gefiel, bis endlich nach aufgehobener Partie die Mutter, mich abseits findend, zwar höflich, aber mit wahrhaftem Matronenernst dem werten Fremden versicherte, daß, da er einmal mit ihrer Tochter in solche Teilnahme gekommen sei, es sich nicht wohl zieme, mit einer andern gleiche Verbindlichkeiten einzugehen; man halte es in einer Villeggiatur für Sitte, daß Personen, die sich einmal auf einen gewissen Grad verbunden, dabei in der Gesellschaft verharrten und eine unschuldig anmutige Wechselgefälligkeit durchführten. Ich entschuldigte mich aufs beste, jedoch mit der Wendung, daß es einem Fremden nicht wohl möglich sei, dergleichen Verpflichtungen anzuerkennen, indem es in unsern Landen herkömmlich sei, daß man den sämtlichen Damen der Gesellschaft, einer wie der andern, mit und nach der andern, sich dienstlich und höflich erweise, und daß dieses hier um desto mehr gelten werde, da von zwei so eng verbundenen Freundinnen die Rede sei.

Aber leider! indessen ich mich so auszureden suchte, empfand ich auf die wundersamste Weise, daß meine Neigung für die Mailänderin sich schon entschieden hatte, blitzschnell und eindringlich genug, wie es einem müßigen Herzen zu gehen pflegt, das in selbstgefälligem ruhigem Zutrauen nichts befürchtet, nichts wünscht, und das nun auf einmal dem Wünschenswertesten unmittelbar nahe kommt. Übersieht man doch in solchem Augenblicke die Gefahr nicht, die uns unter diesen schmeichelhaften Zügen bedroht.

Den nächsten Morgen fanden wir uns drei allein, und da vermehrte sich denn das Übergewicht auf die Seite der Mailänderin. Sie hatte den großen Vorzug vor ihrer Freundin, daß in ihren Äußerungen etwas Strebsames zu bemerken war. Sie beklagte sich nicht über vernachlässigte, aber allzu ängstliche Erziehung: „Man lehrt uns nicht schreiben“, sagte sie, „weil man fürchtet, wir würden die Feder zu Liebesbriefen benutzen; man würde uns nicht lesen lassen, wenn wir uns nicht mit dem Gebetbuch beschäftigen müßten; uns in fremden Sprachen zu unterrichten, daran wird niemand denken; ich gäbe alles darum, Englisch zu können. Herrn Jenkins mit meinem Bruder, Mad. Angelika, Herrn Zucchi, die Herren Volpato und Camuccini hör' ich oft sich untereinander englisch unterhalten mit einem Gefühl, das dem Neid ähnlich ist: und die ellenlangen Zeitungen da liegen vor mir auf dem Tische, es stehen Nachrichten darin aus der ganzen Welt, wie ich sehe, und ich weiß nicht, was sie bringen."

„Es ist desto mehr schade", versetzte ich, „da das Englische sich so leicht lernen läßt; Sie müßten es in kurzer Zeit fassen und begreifen. Machen wir gleich einen Versuch", fuhr ich fort, indem ich eins der grenzenlosen englischen Blätter aufhob, die häufig umherlagen.

Ich blickte schnell hinein und fand einen Artikel, daß ein Frauenzimmer ins Wasser gefallen, glücklich aber gerettet und den Ihrigen wiedergegeben worden. Es fanden sich Umstände bei dem Falle, die ihn verwickelt und interessant machten, es blieb zweifelhaft, ob sie sich ins Wasser gestürzt, um den Tod zu suchen, sowie auch, welcher von ihren Verehrern, der Begünstigte oder Verschmähte, sich zu ihrer Rettung gewagt. Ich wies ihr die Stelle hin und bat sie, aufmerksam darauf zu schauen. Darauf übersetzt' ich ihr erst alle Substantiva und examinierte sie, ob sie auch ihre Bedeutung wohl behalten. Gar bald überschaute sie die Stellung dieser Haupt- und Grundworte und machte sich mit dem Platz bekannt, den sie im Perioden eingenommen hatten. Ich ging darauf zu den einwirkenden, bewegenden, bestimmenden Worten über und machte nunmehr, wie diese das Ganze belebten, auf das heiterste bemerklich und katechisierte sie so lange, bis sie mir endlich unaufgefordert die ganze Stelle, als stünde sie italienisch auf dem Papiere, vorlas, welches sie nicht ohne Bewegung ihres zierlichen Wesens leisten konnte. Ich habe nicht leicht eine so herzlichgeistige Freude gesehen, als sie ausdrückte, indem sie mir für den Einblick in dieses neue Feld einen allerliebsten Dank aussprach. Sie konnte sich kaum fassen, indem sie die Möglichkeit gewahrte, die Erfüllung ihres sehnlichsten Wunsches so nahe und schon versuchsweise erreicht zu sehen.

Die Gesellschaft hatte sich vermehrt, auch Angelika war angekommen; an einer großen gedeckten Tafel hatte man ihr mich rechter Hand gesetzt, meine Schülerin stand an der entgegengesetzten Seite des Tisches und besann sich keinen Augenblick, als die übrigen sich um die Tafelplätze komplimentierten, um den Tisch herumzugehen und sich neben mir niederzulassen. Meine ernste Nachbarin schien dies mit einiger Verwunderung zu bemerken, und es bedurfte nicht des Blicks einer klugen Frau, um zu gewahren, daß hier was vorgegangen sein müsse und daß ein zeither bis zur trockenen Unhöflichkeit von den Frauen sich entfernender Freund wohl selbst sich endlich zahm und gefangen überrascht gesehen habe.

Ich hielt zwar äußerlich noch ziemlich gut stand, eine innere Bewegung aber gab sich wohl eher kund durch eine gewisse Verlegenheit, in der ich mein Gespräch zwischen den Nachbarinnen teilte, indem ich die ältere zarte, diesmal schweigsame Freundin belebend zu unterhalten und jene, die sich immer noch in der fremden Sprache zu ergehen schien und sich in dem Zustande befand desjenigen, der mit einem Mal, von dem erwünscht aufgehenden Lichte geblendet, sich nicht gleich in der Umgebung zu finden weiß, durch eine freundlich ruhige, eher ablehnende Teilnahme zu beschwichtigen suchte.

Dieser aufgeregte Zustand jedoch hatte sogleich die Epoche einer merkwürdigen Umwälzung zu erleben. Gegen Abend die jungen Frauenzimmer aufsuchend, fand ich die älteren Frauen in einem Pavillon, wo die herrlichste der Aussichten sich darbot; ich schweifte mit meinem Blick in die Runde, aber es ging vor meinen Augen etwas anders vor als das Landschaftlich-Malerische; es hatte sich ein Ton über die Gegend gezogen, der weder dem Untergang der Sonne noch den Lüften des Abends allein zuzuschreiben war. Die glühende Beleuchtung der hohen Stellen, die kühlende blaue Beschattung der Tiefe schien herrlicher als jemals in Öl oder Aquarell; ich konnte nicht genug hinsehen, doch fühlte ich, daß ich den Platz zu verlassen Lust hatte, um in teilnehmender kleiner Gesellschaft dem letzten Blick der Sonne zu huldigen.

Doch hatte ich leider der Einladung der Mutter und Nachbarinnen nicht absagen können, mich bei ihnen niederzulassen, besonders da sie mir an dem Fenster der schönsten Aussicht Raum gemacht hatten. Als ich auf ihre Reden merkte, konnt' ich vernehmen, daß von Ausstattung die Rede sei, einem immer wiederkehrenden und nie zu erschöpfenden Gegenstande. Die Erfordernisse aller Art wurden gemustert, Zahl und Beschaffenheit der verschiedenen Gaben, Grundgeschenke der Familie, vielfache Beiträge von Freunden und Freundinnen, teilweise noch ein Geheimnis, und was nicht alles in genauer Hererzählung die schöne Zeit hinnahm, mußte von mir geduldig angehört werden, weil die Damen mich zu einem späteren Spaziergang festgenommen hatten.

Endlich gelangte denn das Gespräch zu den Verdiensten des Bräutigams, man schilderte ihn günstig genug, wollte sich aber seine Mängel nicht verbergen, in getroster Hoffnung, daß diese zu mildern und zu bessern die Anmut, der Verstand, die Liebenswürdigkeit seiner Braut im künftigen Ehstande hinreichen werde.

Ungeduldig zuletzt, als eben die Sonne sich in das entfernte Meer niedersenkte und einen unschätzbaren Blick durch die langen Schatten und die zwar gedämpften, doch mächtigen Streiflichter gewährte, fragt' ich auf das bescheidenste, wer denn aber die Braut sei. Mit Verwunderung erwiderte man mir, ob ich denn das allgemein Bekannte nicht wisse; und nun erst fiel es ihnen ein, daß ich kein Hausgenosse, sondern ein Fremder sei.

Hier ist es freilich nun nicht nötig auszusprechen, welch Entsetzen mich ergriff, als ich vernahm, es sei eben die kurz erst so liebgewonnene Schülerin. Die Sonne ging unter, und ich wußte mich unter irgendeinem Vorwand von der Gesellschaft loszumachen, die, ohne es zu wissen, mich auf eine so grausame Weise belehrt hatte.

Daß Neigungen, denen man eine Zeitlang unvorsichtig nachgegeben, endlich aus dem Traume geweckt, in die schmerzlichsten Zustände sich umwandeln, ist herkömmlich und bekannt, aber vielleicht interessiert dieser Fall durch das Seltsame, daß ein lebhaftes wechselseitiges Wohlwollen in dem Augenblicke des Keimens zerstört wird und damit die Vorahnung alles des Glücks, das ein solches Gefühl sich in künftiger Entwickelung unbegrenzt vorspiegelt. Ich kam spät nach Hause, und des andern Morgens früh machte ich, meine Mappe unter dem Arm, einen weiteren Weg mit der Entschuldigung, nicht zur Tafel zu kommen.

Ich hatte Jahre und Erfahrungen hinreichend, um mich, obwohl schmerzhaft, doch auf der Stelle zusammenzunehmen. „Es wäre wunderbar genug", rief ich aus, „wenn ein wertherähnliches Schicksal dich in Rom aufgesucht hätte, um dir so bedeutende, bisher wohlbewahrte Zustände zu verderben."

Ich wendete mich abermals rasch zu der inzwischen vernachlässigten landschaftlichen Natur und suchte sie so treu als möglich nachzubilden, mehr aber gelang mir, sie besser zu sehen. Das wenige Technische, was ich besaß, reichte kaum zu dem unscheinbarsten Umriß hin, aber die Fülle der Körperlichkeit, die uns jene Gegend in Felsen und Bäumen, Auf- und Abstiegen, stillen Seen, belebten Bächen entgegenbringt, war meinem Auge beinahe fühlbarer als sonst, und ich konnte dem Schmerz nicht feind werden, der mir den innern und äußern Sinn in dem Grade zu schärfen geeignet war.

Von nun an aber hab' ich mich kurz zu fassen; die Menge von Besuchenden füllte das Haus und die Häuser der Nachbarschaft, man konnte sich ohne Affektation vermeiden, und eine wohlempfundene Höflichkeit, zu der uns eine solche Neigung stimmt, ist in der Gesellschaft überall gut aufgenommen. Mein Betragen gefiel, und ich hatte keine Unannehmlichkeiten, keinen Zwist außer ein einziges Mal mit dem Wirt, Herrn Jenkins. Ich hatte nämlich von einer weiten Berg- und Waldtour die appetitlichsten Pilze mitgebracht und sie dem Koch übergeben, der, über eine zwar seltene, aber in jenen Gegenden sehr berühmte Speise höchst vergnügt, sie aufs schmackhafteste zubereitet auf die Tafel gab. Sie schmeckten jedermann ganz herrlich, nur als zu meinen

Ehren verraten wurde, daß ich sie aus der Wildnis mitgebracht, ergrimmte unser englischer Wirt, obgleich nur im verborgenen, darüber, daß ein Fremder eine Speise zum Gastmahl beigetragen habe, von welcher der Hausherr nichts wisse, die er nicht befohlen und angeordnet; es zieme sich nicht wohl, jemanden an seiner eignen Tafel zu überraschen, Speisen aufzusetzen, von denen er nicht Rechenschaft geben könne. Dies alles mußte mir Rat Reiffenstein nach Tafel diplomatisch eröffnen, wogegen ich, der ich an ganz anderm Weh, als das sich von Schwämmen herleiten kann, innerlichst zu dulden hatte, bescheidentlich erwiderte, ich hätte vorausgesetzt, der Koch würde das dem Herrn melden, und versicherte, wenn mir wieder dergleichen Edulien unterwegs in die Hände kämen, solche unserm trefflichen Wirte selbst zur Prüfung und Genehmigung vorzulegen. Denn wenn man billig sein will, muß man gestehen, sein Verdruß entsprang daher, daß diese überhaupt zweideutige Speise ohne gehörige Untersuchung auf die Tafel gekommen war. Der Koch freilich hatte mir versichert und brachte auch dem Herrn ins Gedächtnis, daß dergleichen zwar nicht oft, aber doch immer, als besondere Rarität, mit großem Beifall in dieser Jahrszeit vorgesetzt worden.

Dieses kulinarische Abenteuer gab mir Anlaß, in stillem Humor zu bedenken, daß ich selbst, von einem ganz eignen Gifte angesteckt, in Verdacht gekommen sei, durch gleiche Unvorsichtigkeit eine ganze Gesellschaft zu vergiften.

Es war leicht, meinen gefaßten Vorsatz fortzuführen. Ich suchte sogleich den englischen Studien auszuweichen, indem ich mich morgens entfernte und meiner heimlich geliebten Schülerin niemals anders als im Zusammentritt von mehrern Personen zu nähern wußte.

Gar bald legte sich auch dieses Verhältnis in meinem so viel beschäftigten Gemüte wieder zurechte, und zwar auf eine sehr anmutige Weise; denn indem ich sie als Braut, als künftige Gattin ansah, erhob sie sich vor meinen Augen aus dem trivialen Mädchenzustande, und indem ich ihr nun eben dieselbe Neigung, aber in einem höhern uneigennützigen Begriff zuwendete, so war ich als einer, der ohnehin nicht mehr einem leichtsinnigen Jüngling glich, gar bald gegen sie in dem freundlichsten Behagen. Mein Dienst, wenn man eine freie Aufmerksamkeit so nennen darf, bezeichnete sich durchaus ohne Zudringlichkeit und beim Begegnen eher mit einer Art von Ehrfurcht. Sie aber, welche nun auch wohl wußte, daß ihr Verhältnis mir bekannt geworden, konnte mit meinem Benehmen vollkommen zufrieden sein. Die übrige Welt aber, weil ich mich mit jedermann unterhielt, merkte nichts oder hatte kein Arges daran, und so gingen Tage und Stunden einen ruhigen behaglichen Gang.

Von der mannigfaltigsten Unterhaltung wäre viel zu sagen. Genug, es war auch ein Theater daselbst, wo der von uns so oft im Karneval beklatschte Pulcinell, welcher die übrige Zeit sein Schusterhandwerk trieb und auch übrigens hier als ein anständiger kleiner Bürger erschien, uns mit seinen pantomimisch-mimisch-lakonischen Absurditäten aufs beste zu vergnügen und uns in die so höchst behagliche Nullität des Daseins zu versetzen wußte.

Briefe von Haus hatten mich indessen bemerken lassen, daß meine nach Italien so lang projektierte, immer verschobene und endlich so rasch unternommene Reise bei den Zurückgelassenen einige Unruhe und Ungeduld erregt, ja sogar den Wunsch, mir nachzufolgen und das gleiche Glück zu genießen, von dem meine heitern, auch wohl unterrichtenden Briefe den günstigsten Begriff gaben. Freilich in dem geistreichen und kunstliebenden Kreise unserer Herzogin Amalie war es herkömmlich, daß Italien jederzeit als das neue Jerusalem wahrer Gebildeten betrachtet wurde und ein lebhaftes Streben dahin, wie es nur Mignon ausdrücken konnte, sich immer in Herz und Sinn erhielt. Der Damm war endlich gebrochen, und es ergab sich nach und nach ganz deutlich, daß Herzogin Amalie mit ihrer Umgebung von einer, Herder und der jüngere Dalberg von der andern Seite über die Alpen zu gehen ernstliche Anstalt machten. Mein Rat war, sie möchten den Winter vorübergehen lassen, in der mittleren Jahreszeit bis Rom gelangen und sodann weiter nach und nach alles des Guten genießen, was die Umgegend der alten Weltstadt u. s. w., der untere Teil von Italien darbieten könnte.

Dieser mein Rat, redlich und sachgemäß, wie er war, bezog

sich denn doch auch auf meinen eigenen Vorteil. Merkwürdige Tage meines Lebens hatte ich bisher in dem fremdesten Zustande mit ganz fremden Menschen gelebt und mich eigentlich wieder frisch des humanen Zustands erfreut, dessen ich in zwar zufälligen, aber doch natürlichen Bezügen seit langer Zeit erst wieder gewahr wurde, da ein geschlossener heimatlicher Kreis, ein Leben unter völlig bekannten und verwandten Personen uns am Ende in die wunderlichste Lage versetzt. Hier ist es, wo durch ein wechselseitiges Dulden und Tragen, Teilnehmen und Entbehren ein gewisses Mittelgefühl von Resignation entsteht, daß Schmerz und Freude, Verdruß und Behagen sich in herkömmlicher Gewohnheit wechselseitig vernichten. Es erzeugt sich gleichsam eine Mittelzahl, die den Charakter der einzelnen Ergebnisse durchaus aufhebt, so daß man zuletzt im Streben nach Bequemlichkeit weder dem Schmerz noch der Freude sich mit freier Seele hingeben kann.

Ergriffen von diesen Gefühlen und Ahnungen, fühlte ich mich ganz entschieden, die Ankunft der Freunde in Italien nicht abzuwarten. Denn daß meine Art, die Dinge zu sehen, nicht sogleich die ihrige sein würde, konnte ich um so deutlicher wissen, als ich mich selbst seit einem Jahre jenen kimmerischen Vorstellungen und Denkweisen des Nordens zu entziehen gesucht und unter einem himmelblauen Gewölbe mich freier umzuschauen und zu atmen gewöhnt hatte. In der mittlern Zeit waren mir aus Deutschland kommende Reisende immerfort höchst beschwerlich; sie suchten das auf, was sie vergessen sollten, und konnten das, was sie schon lange gewünscht hatten, nicht erkennen, wenn es ihnen vor Augen lag. Ich selbst fand es noch immer mühsam genug, durch Denken und Tun mich auf dem Wege zu erhalten, den ich als den rechten anzuerkennen mich entschieden hatte.

Fremde Deutsche konnt' ich vermeiden, so nah verbundene, verehrte, geliebte Personen aber hätten mich durch eignes Irren und Halbgewahrwerden, ja, selbst durch Eingehen in meine Denkweise gestört und gehindert. Der nordische Reisende glaubt, er komme nach Rom, um ein Supplement seines Daseins zu finden, auszufüllen, was ihm

33. Eingang zum Museo Pio-Clementino im Vatican. Kupferstich

fehlt; allein er wird erst nach und nach mit großer Unbehaglichkeit gewahr, daß er ganz den Sinn ändern und von vorn anfangen müsse.

So deutlich nun auch ein solches Verhältnis mir erschien, so erhielt ich mich doch über Tag und Stunde weislich im ungewissen und fuhr unablässig fort in der sorgfältigsten Benutzung der Zeit. Unabhängiges Nachdenken, Anhören von andern, Beschauen künstlerischen Bestrebens, eigene praktische Versuche wechselten unaufhörlich oder griffen vielmehr wechselseitig ineinander ein.

Hiebei förderte mich besonders die Teilnahme Heinrich Meyers von Zürich, dessen Unterhaltung mir, obgleich seltener, günstig zustatten kam, indem er als ein fleißiger und gegen sich selbst strenger Künstler die Zeit besser anzuwenden wußte als der Kreis von jüngeren, die einen ernsten Fortschritt in Begriffen und Technik mit einem raschen lustigen Leben leichtmütig zu verbinden glaubten.

NOVEMBER

KORRESPONDENZ

Rom, den 3. November 1787.

Kayser ist angekommen, und ich habe drüber die ganze Woche nicht geschrieben. Er ist erst am Klavierstimmen, und nach und nach wird die Oper vorgetragen werden. Es macht seine Gegenwart wieder eine sonderbare anschließende Epoche, und ich sehe, man soll seinen Weg nur ruhig fortgehn, die Tage bringen das Beste wie das Schlimmste.

Die Aufnahme meines „Egmont" macht mich glücklich; und ich hoffe, er soll beim Wiederlesen nicht verlieren, denn ich weiß, was ich hineingearbeitet habe, und daß sich das nicht auf einmal herauslesen läßt. Das, was ihr daran lobt, habe ich machen wollen; wenn ihr sagt, daß es gemacht ist, so habe ich meinen Endzweck erreicht. Es war eine unsäglich schwere Aufgabe, die ich ohne eine ungemessene Freiheit des Lebens und des Gemüts nie zustande gebracht hätte. Man denke, was das sagen will: ein Werk vornehmen, was zwölf Jahre früher geschrieben ist, es vollenden, ohne es umzuschreiben. Die besondern Umstände der Zeit haben mir die Arbeit erschwert und erleichtert. Nun liegen noch so zwei Steine vor mir: „Faust“ und „Tasso“. Da die barmherzigen Götter mir die Strafe des Sisyphus auf die Zukunft erlassen zu haben scheinen, hoffe ich, auch diese Klumpen den Berg hinauf zu bringen. Bin ich einmal damit oben, dann soll es aufs neue angehn, und ich will mein möglichstes tun, euren Beifall zu verdienen, da ihr mir eure Liebe ohne mein Verdienst schenkt und erhaltet.

Was du von Klärchen sagst, verstehe ich nicht ganz und erwarte deinen nächsten Brief. Ich sehe wohl, daß dir eine Nuance zwischen der Dirne und der Göttin zu fehlen scheint. Da ich aber ihr Verhältnis zu Egmont so ausschließlich gehalten habe; da ich ihre Liebe mehr in den Begriff der Vollkommenheit des Geliebten, ihr Entzücken mehr in den Genuß des Unbegreiflichen, daß dieser Mann ihr gehört, als in die Sinnlichkeit setze; da ich sie als Heldin auftreten lasse; da sie im innigsten Gefühl der Ewigkeit der Liebe ihrem Geliebten nachgeht und endlich vor seiner Seele durch einen verklärenden Traum verherrlicht wird: so weiß ich nicht, wo ich die Zwischennuance hinsetzen soll, ob ich gleich gestehe, daß aus Notdurft des dramatischen Pappen- und Lattenwerks die Schattierungen, die ich oben herer-zähle, vielleicht zu abgesetzt und unverbunden, oder vielmehr durch zu leise Andeutungen verbunden sind; vielleicht hilft ein zweites Lesen, vielleicht sagt mir dein folgender Brief etwas Näheres.

Angelika hat ein Titelkupfer zum „Egmont“ gezeichnet, Lips gestochen, das wenigstens in Deutschland nicht gezeichnet, nicht gestochen worden wäre.

Rom, den 3. November.

Leider muß ich jetzt die bildende Kunst ganz zurücksetzen, denn sonst werde ich mit meinen dramatischen Sachen nicht fertig, die auch eine eigne Sammlung und ruhige Bearbeitung fordern, wenn etwas daraus werden soll. „Claudine“ ist nun in der Arbeit, wird sozusagen ganz neu ausgeführt und die alte Spreu meiner Existenz herausgeschwungen.

34. Raffael, Transfiguration. Kupferstich von Prestel

Rom, den 10. November.

Kayser ist nun da, und es ist ein dreifach Leben, da die Musik sich anschließt. Es ist ein trefflich guter Mann und paßt zu uns, die wir wirklich ein Naturleben führen, wie es nur irgend auf dem Erdboden möglich ist. Tischbein kommt von Neapel zurück, und da muß beider Quartier und alles verändert werden, doch bei unsern guten Naturen wird alles in acht Tagen wieder im Gleis sein.

Ich habe der Herzogin-Mutter den Vorschlag getan, sie soll mir erlauben, die Summe von zweihundert Zechinen nach und nach für sie in verschiedenen kleinen Kunstwerken auszugeben. Unterstütze diesen Vorschlag, wie du ihn in meinem Briefe findest, ich brauche das Geld nicht gleich, nicht auf einmal. Es ist dieses ein wichtiger Punkt, dessen ganzen Umfang du ohne große Entwicklung empfinden wirst, und du würdest die Notwendigkeit und Nützlichkeit meines Rats und Erbietens noch mehr erkennen, wenn du die Verhältnisse hier wüßtest, die vor mir liegen wie meine Hand. Ich bereite ihr durch Kleinigkeiten großes Vergnügen, und wenn sie die Sachen, die ich nach und nach machen lasse, hier findet, so stille ich die Begierde zu besitzen, die bei jedem Ankömmling, er sei, wer er wolle, entsteht, und welche sie nur mit einer schmerzlichen Resignation unterdrücken oder mit Kosten und Schaden befriedigen könnte. Es ließen sich davon noch Blätter vollschreiben.

Rom, den 10. November.

Daß mein „Egmont“ Beifall erhält, freut mich herzlich. Kein Stück hab’ ich mit mehr Freiheit des Gemüts und mit mehr Gewissenhaftigkeit vollbracht als dieses; doch fällt es schwer, wenn man schon anderes gemacht hat, dem Leser genugzutun; er verlangt immer etwas, wie das vorige war.

Rom, den 24. November.

Du fragst in deinem letzten Brief wegen der Farbe der Landschaft dieser Gegenden. Darauf kann ich dir sagen, daß sie bei heitern Tagen, besonders des Herbstes, so farbig ist, daß sie in jeder Nachbildung bunt scheinen muß. Ich hoffe, dir in einiger Zeit einige Zeichnungen zu schicken, die ein Deutscher macht, der jetzt in Neapel ist; die Wasserfarben bleiben so weit unter dem Glanz der Natur, und doch werdet ihr glauben, es sei unmöglich. Das Schönste dabei ist, daß die lebhaften Farben in geringer Entfernung schon durch den Luftton gemildert werden, und daß die Gegensätze von kalten und warmen Tönen (wie man sie nennt) so sichtbar dastehn. Die blauen klaren Schatten stechen so reizend von allem erleuchteten Grünen, Gelblichen, Rötlichen, Bräunlichen ab und verbinden sich mit der bläulich duftigen Ferne. Es ist ein Glanz und zugleich eine Harmonie, eine Abstufung im ganzen, wovon man nordwärts gar keinen Begriff hat. Bei euch ist alles entweder hart oder trüb, bunt oder eintönig. Wenigstens erinnere ich mich selten, einzelne Effekte gesehen zu haben, die mir einen Vorschmack von dem gaben, was jetzt täglich und stündlich vor mir steht. Vielleicht fände ich jetzt, da mein Auge geübter ist, auch nordwärts mehr Schönheiten.

Übrigens kann ich wohl sagen, daß ich nun fast die rechten geraden Wege zu allen bildenden Künsten vor mir sehe und erkenne, aber auch nun ihre Weiten und Fernen desto klarer ermesse. Ich bin schon zu alt, um von jetzt an mehr zu tun als zu pfuschen; wie es andre treiben, seh' ich auch, finde manchen auf dem guten Pfade, keinen mit großen Schritten. Es ist also auch damit wie mit Glück und Weisheit, davon uns die Urbilder nur vorschweben, deren Kleidsaum wir höchstens berühren.

Kaysers Ankunft, und bis wir uns ein wenig mit ihm in häusliche Ordnung setzten, hatte mich einigermaßen zurückgebracht, meine Arbeiten stockten. Jetzt geht es wieder, und meine Opern sind nahe, fertig zu sein. Er ist sehr brav, verständig, ordentlich, gesetzt, in seiner Kunst so fest und sicher, als man sein kann, einer von denen Menschen, durch deren Nähe man gesunder wird. Dabei hat er eine Herzensgüte, einen richtigen Lebens- und Gesellschaftsblick, wodurch sein übrigens strenger Charakter biegsamer wird und sein Umgang eine eigene Grazie gewinnt.

BERICHT

November

Nun aber bei dem stillen Gedanken an ein allmähliches Loslösen ward ein neues Anknüpfen durch die Ankunft eines wackeren früheren Freundes vorbereitet, des Christoph Kayser, eines gebornen Frankfurters, der zu gleicher Zeit mit Klingern und uns andern herangekommen war. Dieser, von Natur mit eigentümlichem musikalischem Talente begabt, hatte schon vor Jahren, indem er „Scherz, List und Rache" zu komponieren unternahm, auch eine zu „Egmont" passende Musik zu liefern begonnen. Ich hatte ihm von Rom aus gemeldet, das Stück sei abgegangen und eine Kopie in meinen Händen geblieben. Statt weitläufiger Korrespondenz darüber ward rätlich gefunden, er solle selbst unverzüglich herankommen; da er denn auch nicht säumend mit dem Kurier durch Italien hindurchflog, sehr bald bei uns eintraf und in den Künstlerkreis, der sein Hauptquartier im Korso, Rondanini gegenüber, aufgeschlagen hatte, sich freundlich aufgenommen sah.

Hier aber zeigte sich gar bald statt des so nötigen Sammelns und Einens neue Zerstreuung und Zersplitterung.

Vorerst gingen mehrere Tage hin, bis ein Klavier beigeschafft, probiert, gestimmt und nach des eigensinnigen Künstlers Willen und Wollen zurechtgerückt war, wobei denn immer noch etwas zu wünschen und zu fordern übrigblieb. Indessen belohnte sich baldigst der Aufwand von Mühe und Versäumnis durch die Leistungen eines sehr gewandten, seiner Zeit völlig gemäßen, die damaligen schwierigsten Werke leicht vortragenden Talentes. Und damit der musikalische Geschichtskenner sogleich wisse, wovon die Rede sei, bemerke ich, daß zu jener Zeit Schubart für unerreichbar gehalten, sodann auch, daß als Probe eines geübten Klavierspielers die Ausführungen von Variationen geachtet wurde, wo ein einfaches Thema, auf die künstlichste Weise durchgeführt, endlich durch sein natürliches Wiedererscheinen den Hörer zu Atem kommen ließ.

Die Symphonie zu „Egmont" brachte er mit, und so belebte sich von dieser Seite mein ferneres Bestreben, welches gegenwärtig mehr als jemals aus Notwendigkeit und Liebhaberei gegen das musikalische Theater gerichtet war.

„Erwin und Elmire“ sowie „Claudine von Villa Bella“ sollten nun auch nach Deutschland abgesendet werden; ich hatte mich aber durch die Bearbeitung „Egmonts“ in meinen Forderungen gegen mich selbst dergestalt gesteigert, daß ich nicht über mich gewinnen konnte, sie in ihrer ersten Form dahinzugeben. Gar manches Lyrische, das sie enthalten, war mir lieb und wert; es zeugte von vielen zwar töricht, aber doch glücklich verlebten Stunden, wie von Schmerz und Kummer, welchen die Jugend in ihrer unberatenen Lebhaftigkeit ausgesetzt bleibt. Der prosaische Dialog dagegen erinnerte zu sehr an jene französischen Operetten, denen wir zwar ein freundliches Andenken zu gönnen haben, indem sie zuerst ein heiteres singbares Wesen auf unser Theater herüberbrachten, die mir aber jetzt nicht mehr genügen wollten als einem eingebürgerten Italiener, der den melodischen Gesang durch einen rezitierenden und deklamatorischen wenigstens wollte verknüpft sehen.

In diesem Sinne wird man nunmehr beide Opern bearbeitet finden; ihre Kompositionen haben hie und da Freude gemacht, und so sind sie auf dem dramatischen Strom auch zu ihrer Zeit mit vorübergeschwommen.

Gewöhnlich schilt man auf die italienischen Texte, und das zwar in solchen Phrasen, wie einer dem andern nachsagen kann, ohne was dabei zu denken; sie sind freilich leicht und heiter, aber sie machen nicht mehr Forderungen an den Komponisten und an den Sänger, als inwieweit beide sich hinzugeben Lust haben. Ohne hierüber weitläufig zu sein, erinnere ich an den Text der „Heimlichen Heirat“; man kennt den Verfasser nicht, aber es war einer der geschicktesten, die in diesem Fache gearbeitet haben, wer er auch mag gewesen sein. In diesem Sinne zu handeln, in gleicher Freiheit nach bestimmten Zwecken zu wirken, war meine Absicht, und ich wüßte selbst nicht zu sagen, inwiefern ich mich meinem Ziel genähert habe.

Leider aber war ich mit Freund Kayser seit geraumer Zeit schon in einem Unternehmen befangen, das nach und nach immer bedenklicher und weniger ausführbar schien.

Man vergegenwärtige sich jene sehr unschuldige Zeit des deutschen Opernwesens, wo noch ein einfaches Intermezzo, wie die „Serva Padrona“ von Pergolese, Eingang und Beifall fand. Damals nun produzierte sich ein deutscher Buffo namens Berger, mit einer hübschen, stattlichen, gewandten Frau, welche in deutschen Städten und Ortschaften mit geringer Verkleidung und schwacher Musik im Zimmer mancherlei heitere, aufregende Vorstellungen gaben, die denn freilich immer auf Betrug und Beschämung eines alten verliebten Gecken auslaufen mochten.

Ich hatte mir zu ihnen eine dritte mittlere, leicht zu besetzende Stimme gedacht, und so war denn schon vor Jahren das Singspiel „Scherz, List und Rache“ entstanden, das ich an Kaysern nach Zürich schickte, welcher aber als ein ernster, gewissenhafter Mann das Werk zu redlich angriff und zu ausführlich behandelte. Ich selbst war ja schon über das Maß des Intermezzo hinausgegangen, und das kleinlich scheinende Sujet hatte sich in so viel Singstücke entfaltet, daß selbst bei einer vorübergehenden sparsamen Musik drei Personen kaum mit der Darstellung wären zu Ende gekommen. Nun hatte Kayser die Arien ausführlich nach altem Schnitt behandelt, und man darf sagen, stellenweise glücklich genug, wie nicht ohne Anmut des Ganzen.

Allein wie und wo sollte das zur Erscheinung kommen? Unglücklicherweise litt es nach frühern Mäßigkeitsprinzipien an einer Stimmenmagerkeit; es stieg nicht weiter als bis zum Terzett, und man hätte zuletzt die Theriaksbüchsen des Doktors gern beleben mögen, um ein Chor zu gewinnen. Alles unser Bemühen daher, uns im Einfachen und Beschränkten abzuschließen, ging verloren, als Mozart auftrat. Die „Entführung aus dem Serail“ schlug alles nieder, und es ist auf dem Theater von unserm so sorgsam gearbeiteten Stück niemals die Rede gewesen.

Die Gegenwart unseres Kaysers erhöhete und erweiterte nun die Liebe zur Musik, die sich bisher nur auf theatralische Exhibitionen eingeschränkt hatte. Er war sorgfältig, die Kirchenfeste zu bemerken, und wir fanden uns dadurch veranlaßt, auch die an solchen Tagen aufgeführten solennen

Musiken mit anzuhören. Wir fanden sie freilich schon sehr weltlich mit vollständigstem Orchester, obgleich der Gesang noch immer vorwaltete. Ich erinnere mich, an einem Cäcilientage zum ersten Male eine Bravourarie mit eingreifendem Chor gehört zu haben; sie tat auf mich eine außerordentliche Wirkung, wie sie solche auch noch immer, wenn dergleichen in den Opern vorkommt, auf das Publikum ausübt.

Nächst diesem hatte Kayser noch eine Tugend, daß er nämlich, weil ihm sehr um alte Musik zu tun war, ihm auch die Geschichte der Tonkunst ernstlich zu erforschen oblag, sich in Bibliotheken umsah; wie denn sein treuer Fleiß besonders in der Minerva gute Aufnahme und Fördernis gefunden hatte. Dabei aber hatte sein Bücherforschen den Erfolg, daß er uns auf die ältern Kupferwerke des sechzehnten Jahrhunderts aufmerksam machte und z. B. das „Speculum romanae magnificentiae“, die „Architekturen“ von Lomazzo, nichtweniger die späteren „Admiranda Romae“ und was sonst noch dergleichen sein mochte, in Erinnerung zu bringen nicht unterließ. Diese Bücher- und Blättersammlungen, zu denen wir andere denn auch wallfahrteten, haben besonders einen großen Wert, wenn man sie in guten Abdrücken vor sich sieht: sie vergegenwärtigen jene frühere Zeit, wo das Altertum mit Ernst und Scheu betrachtet und die Überbleibsel in tüchtigem Charakter ausgedrückt wurden. So näherte man sich z. B. den Kolossen, wie sie noch auf dem alten Fleck im Garten Colonna standen; die Halbruine des Septizoniums Severi gab noch den ungefähren Begriff von diesem verschwundenen Gebäude; die Peterskirche ohne Fassade, das große Mittel ohne Kuppel, der alte Vatikan, in dessen Hof noch Turniere gehalten werden konnten, alles zog in die alte Zeit zurück und ließ zugleich aufs deutlichste bemerken, was die zwei folgenden Jahrhunderte für Veränderungen hervorgerufen und ungeachtet bedeutender Hindernisse das Zerstörte herzustellen, das Versäumte nachzuholen getrachtet.

Heinrich Meyer von Zürich, dessen ich schon oft zu gedenken Ursach hatte, so zurückgezogen er lebte, so fleißig er war, fehlte doch nicht leicht, wo etwas Bedeutendes zu schauen, zu erfahren, zu lernen war; denn auch die übrigen suchten und wünschten ihn, indem er sich in Gesellschaft so bescheiden als lehrreich erwies. Er ging den sichern, von Winckelmann und Mengs eröffneten Pfad ruhig fort, und weil er in der Seidelmannischen Manier antike Büsten mit Sepia gar löblich darzustellen wußte, so fand niemand mehr Gelegenheit als er, die zarten Abstufungen der frühern und spätern Kunst zu prüfen und kennen zu lernen.

Als wir nun einen von allen Fremden, Künstlern, Kennern und Laien gleich gewünschten Besuch bei Fackelschein dem Museum sowohl des Vatikans als auch des Kapitols abzustatten Anstalt machten, so gesellte er sich uns zu; und ich finde unter meinen Papieren einen seiner Aufsätze, wodurch ein solcher genußreicher Umgang durch die herrlichsten Reste der Kunst, welcher meistenteils wie ein entzückender, nach und nach verlöschender Traum vor der Seele schwebt, auch in seinen vorteilhaften Einwirkungen auf Kenntnis und Einsicht eine bleibende Bedeutung erhält.

„Der Gebrauch, die großen römischen Museen, z. B. das Museo Pio-Clementino im Vatikan, das Kapitolinische etc., beim Licht von Wachsfackeln zu besehen, scheinet in den achtziger Jahren des vorigen Jahrhunderts noch ziemlich neu gewesen zu sein, indessen ist mir nicht bekannt, wann er eigentlich seinen Anfang genommen.

Vorteile der Fackelbeleuchtung: Jedes Stück wird nur einzeln, abgeschlossen von allen übrigen betrachtet, und die Aufmerksamkeit des Beschauers bleibt lediglich auf dasselbe gerichtet; dann erscheinen in dem gewaltigen wirksamen Fackellicht alle zarten Nuancen der Arbeit weit deutlicher, alle störenden Widerscheine (zumal bei glänzend polierten Statuen beschwerlich) hören auf, die Schatten werden entschiedener, die beleuchteten Teile treten heller hervor. Ein Hauptvorteil aber ist unstreitig der, daß ungünstig aufgestellte Stücke hierdurch das ihnen gebührende Recht erhalten. So konnte man z. B. den Laokoon in der Nische, wo er stand, nur bei Fackellicht recht sehen, weil kein unmittelbares Licht auf ihn fiel, sondern bloß ein Widerschein aus dem kleinen runden, mit einer Säulenhalle umgebenen Hof des Belvedere; dasselbe war der Fall mit dem Apollo und dem sogenannten Antinous (Merkur). Noch nötiger war Fackelbeleuchtung, um den Nil wie auch den Meleager zu sehen und ihre Verdienste schätzen zu können. Keiner andern Antike ist Fackelbeleuchtung so vorteilhaft als bei dem sogenannten Phocion, weil man nur dann, nicht aber bei gewöhnlichem Licht, indem er ungünstig aufgestellt ist, die wundersam zart durch das einfache Gewand durchscheinenden Teile des Körpers wahrnehmen kann. Schön nimmt sich auch der vortreffliche Sturz eines sitzenden Bacchus aus, ebenso das obere Teil einer Bacchusstatue mit schönem Kopf und die Halbfigur eines Triton, vor allen aber das Wunder der Kunst, der nie genug zu preisende berühmte Torso.

Die Denkmale im Kapitolinischen Museum sind zwar überhaupt weniger wichtig als die im Museo Pio-Clementino, doch gibt es einige von großer Bedeutung, und man tut wohl, um sich von ihren Verdiensten gehörig zu unterrichten, solche bei Fackelbeleuchtung zu sehen. Der sogenannte Pyrrhus, vortrefflich gearbeitet, steht auf der Treppe und erhält gar kein Tageslicht; auf der Galerie vor den Säulen steht eine schöne halbe Figur, die für eine bekleidete Venus gehalten wird, welche von drei Seiten schwaches Licht erhält. Die nackte Venus, die schönste Statue dieser Art in Rom, erscheint bei Tageslicht nicht zu ihrem Vorteil, da sie in einem Eckzimmer aufgestellt ist, und die sogenannte schön bekleidete Juno steht an der Wand zwischen Fenstern, wo sie bloß ein wenig Streiflicht erhält; auch der so berühmte Ariadnekopf im Miszellaneenzimmer wird außer bei Fackellicht nicht in seiner ganzen Herrlichkeit gesehen. Und so sind noch mehrere Stücke dieses Museums ungünstig aufgestellt, so daß Fackelbeleuchtung durchaus notwendig wird, wenn man solche recht sehen und nach Verdiensten schätzen soll.

Wie übrigens so vieles, was geschieht, um die Mode mitzumachen, zum Mißbrauch wird, so ist es auch mit der Fackelbeleuchtung. Sie kann nur in dem Falle Gewinn bringen, wenn verstanden wird, wozu sie nütze ist. Monumente zu sehen, die, wie vorhin von einigen berichtet worden, bloß verkümmertes Tageslicht erhalten, ist sie notwendig, indem alsdann Höhen und Tiefen und Übergang der Teile ineinander richtiger erkannt werden. Vornehmlich aber wird sie Werken aus der allerbesten Zeit der Kunst günstig sein (wenn nämlich der, welcher die Fackel führt, und der Beschauer wissen, worauf es ankömmt); sie wird die Massen derselben besser zeigen und die zartesten Nuancen der Arbeit hervorheben. Werke des alten Kunststils hingegen, die vom mächtigen, und selbst die vom hohen, haben nicht viel zu gewinnen, wenn sie anders sonst in hellem Lichte stehen. Denn da die Künstler damals noch des Lichts und Schattens nicht kundig waren, wie sollten sie für ihre Arbeiten auf Licht und Schatten gerechnet haben? So ist es auch mit spät gearbeiteten Werken, als die Künstler anfingen, nachlässiger zu werden, der Geschmack schon so weit gesunken war, daß auf Licht und Schatten in plastischen Werken nicht weiter geachtet, die Lehre von den Massen vergessen war. Wozu sollte Fackelbeleuchtung an Monumenten dieser Art dienen?“

Bei einer so feierlichen Gelegenheit ist es der Erinnerung gemäß, auch Herrn Hirts zu gedenken, der unserem Verein auf mehr als eine Weise nützlich und förderlich gewesen. Im Fürstenbergischen 1759 geboren, fand er nach zurückgelegten Studien der alten Schriftsteller einen unwiderstehlichen Trieb, sich nach Rom zu verfügen. Er war einige Jahre früher daselbst angekommen als ich und hatte sich auf die ernstlichste Weise mit alten und neuern Bau- und Bildwerken jeder Art bekannt gemacht und sich zu einem unterrichtenden Führer von wißbegierigen Fremden geeignet. Auch mir erwies er diese Gefälligkeit mit aufopfernder Teilnahme.

Sein Hauptstudium war die Baukunst, ohne daß er den klassischen Lokalitäten und so viel andern Merkwürdigkeiten seine Beachtung entzogen hätte. Seine theoretischen Ansichten über Kunst gaben in dem streit- und parteisüchtigen Rom vielfältige Gelegenheit zu lebhaften Diskussionen. Aus der Verschiedenheit der Ansichten kommen besonders dort, wo immer und überall von Kunst die Rede ist, gar mannigfaltig Hin- und Widerreden, wodurch der Geist in der Nähe so bedeutender Gegenstände lebhaftest angeregt und gefördert wird. Unsres Hirts Maxime ruhte auf Ableitungen griechischer und römischer Architektur von der ältesten notwendigsten Holzkonstruktion, worauf er denn Lob und Tadel der neuern Ausführung gründete und sich dabei der Geschichte und Beispiele geschickt zu bedienen wußte. Andere behaupteten dagegen, daß in der Baukunst wie in jeder andern geschmackvolle Fiktionen stattfänden, auf welche der Baukünstler niemals Verzicht tun dürfe, indem er sich in den mannigfaltigsten Fällen, die ihm vorkommen, bald auf diese, bald auf jene Weise zu helfen habe und von der strengen Regel abzuweichen genötigt sei.

In Absicht auf Schönheit geriet er auch oft mit andern Künstlern in Diskrepanz, indem er den Grund derselben ins Charakteristische legte, da ihm denn insofern diejenigen beipflichteten, welche sich überzeugt hielten, daß freilich der Charakter jedem Kunstwerk zum Grunde liegen müsse, die Behandlung aber dem Schönheitssinne und dem Geschmack anempfohlen sei, welche einen jeden Charakter in seiner Angemessenheit sowohl als in seiner Anmut darzustellen haben.

Weil aber die Kunst im Tun und nicht im Reden besteht, man aber dennoch immerfort mehr reden als tun wird, so begreift man leicht, daß dergleichen Unterhaltungen damals grenzenlos waren, wie sie es bis in die neusten Zeiten geblieben sind.

Wenn die differierenden Meinungen der Künstler zu gar mancherlei Unannehmlichkeiten, ja Entfernungen untereinander Gelegenheit gaben, so traf es sich auch wohl, obgleich selten, daß heitere Vorfälle sich bei solcher Gelegenheit ereigneten. Nachstehendes mag davon ein Beispiel sein.

Eine Anzahl Künstler hatten den Nachmittag im Vatikan zugebracht und gingen spät, um nicht den langen Weg durch die Stadt zu ihrem Quartier zu nehmen, zu dem Tor an der Kolonnade hinaus, an den Weinbergen her bis an die Tiber. Sie hatten sich unterwegs gestritten, kamen streitend ans Ufer und setzten auf der Überfahrt die Unterhaltung lebhaft fort. Nun wären sie, bei Ripetta aussteigend, in den Fall gekommen, sich zu trennen und die von beiden Seiten noch überflüssig vorhandenen Argumente in der Geburt erstickt zu sehen. Sie wurden also einig, beisammen zu bleiben und wieder hinüber und herüber zu fahren und auf der schwankenden Fähre ihrer Dialektik den ferneren Lauf zu lassen. Einmal aber fand sich diese Bewegung nicht hinreichend; sie waren einmal im Zuge und verlangten von dem Fährmann mehrmalige Wiederholung. Dieser auch ließ es sich wohl gefallen, indem ein jedesmaliges Herüber und Hinüber ihm von der Person einen Bajocco eintrug, einen ansehnlichen Gewinn, den er so spät nicht mehr zu erwarten hatte. Deshalb erfüllte er ganz stillschweigend ihr Verlangen; und da ihn sein Söhnchen mit Verwunderung fragte: „Was wollen sie denn damit?“, antwortet' er ganz ruhig: „Ich weiß nicht, aber sie sind toll.“

Ungefähr in dieser Zeit erhielt ich in einem Paket von Hause nachstehenden Brief:

„Monsieur, je ne suis pas étonné que vous ayez de mauvais lecteurs; tant de gens aiment mieux parler que sentir, mais il faut les plaindre et se féliciter de ne pas leur ressembler. — Oui, Monsieur, je vous dois la meilleure action de ma vie, par conséquent la racine de plusieurs autres, et pour moi votre livre est bon. Si j'avois le bonheur d'habiter le même pays que vous, j'irois vous embrasser et vous dire mon secret, mais malheureusement j'en habite un où personne ne croiroit au motif qui vient de me déterminer à cette démarche. Soyez satisfait, Monsieur, d'avoir pu, à 300 lieues de votre demeure, ramener le cœur d'un jeune homme à l'honnêteté et à la vertu, toute une famille va être tranquille, et mon cœur jouit d'une bonne action. Si j'avais des talens, des lumières ou un rang qui me fit influer sur le sort des hommes, je vous dirois mon nom, mais je ne suis rien et je sais ce que je ne voudrois être. Je souhaite, Monsieur, que vous soyez jeune, que vous ayez le goût d'écrire, que vous soyez l'époux d'une Charlotte qui n'avait point vu de Werther, et vous serez le plus heureux des hommes, car je crois que vous aimez la vertu.“

DEZEMBER

KORRESPONDENZ

Rom, den 1. Dezember.

So viel versichre ich dir: ich bin über die wichtigsten Punkte mehr als gewiß, und obgleich die Erkenntnis sich ins Unendliche erweitern könnte, so hab' ich doch vom Endlich-Unendlichen einen sichern, ja klaren und mitteilbaren Begriff.

Ich habe noch die wunderlichsten Sachen vor und halte mein Erkenntnisvermögen zurück, daß nur meine tätige Kraft einigermaßen fortkomme. Denn da sind herrliche Sachen und so begreiflich wie die Flachhand, wenn man sie nur gefaßt hat.

Rom, den 7. Dezember 1787.

Diese Woche ist mit Zeichnen zugebracht worden, da es mit der Dichtung nicht fort wollte; man muß sehen und suchen, alle Epochen zu nutzen. Unsere Hausakademie geht immer fort, und wir sind bemüht, den alten Aganthyr aus dem Schlafe zu wecken; die Perspektiv beschäftigt uns des Abends, und ich suche immer dabei einige Teile des menschlichen Körpers besser und sichrer zeichnen zu lernen. Es ist nur alles Gründliche gar zu schwer und verlangt große Applikation in der Ausübung.

Angelika ist gar lieb und gut, sie macht mich auf alle Weise zu ihrem Schuldner. Den Sonntag bringen wir zusammen zu, und in der Woche sehe ich sie abends einmal. Sie arbeitet so viel und so gut, daß man gar keinen Begriff hat, wie's möglich ist, und glaubt doch immer, sie mache nichts.

Rom, den 8. Dezember.

Wie sehr es mich ergötzt, daß dir mein Liedchen gefallen hat, glaubst du nicht, wie sehr es mich freut, einen Laut hervorzubringen, der in deine Stimmung trifft. Eben das wünscht' ich „Egmonten“, von dem du so wenig sagst und eher, daß dir daran etwas weh als wohl tut. O, wir wissen genug, daß wir eine so große Komposition schwer ganz rein stimmen können, es hat doch im Grunde niemand einen rechten Begriff von der Schwierigkeit der Kunst als der Künstler selbst.

Es ist weit mehr Positives, das heißt Lehrbares und Überlieferbares in der Kunst, als man gewöhnlich glaubt; und der mechanischen Vorteile, wodurch man die geistigsten Effekte (versteht sich immer mit Geist) hervorbringen kann, sind sehr viele. Wenn man diese kleinen Kunstgriffe weiß, ist vieles ein Spiel, was nach wunder was aussieht, und nirgends glaub' ich, daß man mehr lernen kann in Hohem und Niedrem als in Rom.

Rom, den 15. Dezember.

Ich schreibe dir späte, um nur etwas zu schreiben. Diese Woche hab' ich sehr vergnügt zugebracht. Es wollte die vorige Woche nicht gehen, weder mit einer noch andrer Arbeit, und da es am Montage so schön Wetter war und meine Kenntnis des Himmels mich gute Tage hoffen ließ, machte ich mich mit Kaysern und meinem zweiten Fritz auf die Beine und durchging von Dienstag bis heute abend die Plätze, die ich schon kannte, und verschiedene Seiten, die ich noch nicht kannte.

Dienstag abend erreichten wir Frascati, Mittwoch besuchten wir die schönsten Villen und besonders den köstlichen Antinous auf Monte Dragone. Donnerstag gingen wir von Frascati auf Monte Cavo über Rocca di Papa, wovon du einmal Zeichnungen haben sollst, denn Worte und Beschreibungen sind nichts; dann nach Albano herunter. Freitag schied Kayser von uns, dem es nicht ganz wohl war, und ich ging mit Fritz dem zweiten auf Aricia, Genzano, am See von Nemi her wieder auf Albano zurück. Heute sind wir auf Castel Gandolfo und Marino gegangen und von da nach Rom zurück. Das Wetter hat uns unglaublich begünstigt, es war fast das schönste Wetter des ganzen Jahrs. Außer den immergrünen Bäumen haben noch einige Eichen ihr Laub, auch junge Kastanien noch das Laub, wenngleich gelb. Es sind Töne in der Landschaft von der größten Schönheit, und die herrlichen großen Formen im nächtlichen Dunkel! Ich habe große Freude gehabt, die ich dir in der Ferne mitteile. Ich war sehr vergnügt und wohl.

Rom, den 21. Dezember.

Daß ich zeichne und die Kunst studiere, hilft dem Dichtungsvermögen auf, statt es zu hindern; denn schreiben muß man nur wenig, zeichnen viel. Dir wünsche ich nur den Begriff der bildenden Kunst mitteilen zu können, den ich jetzt habe; so subordiniert er auch noch ist, so erfreulich, weil er wahr ist und immer weiter deutet. Der Verstand und die Konsequenz der großen Meister ist unglaublich. Wenn ich bei meiner Ankunft in Italien wie neu geboren war, so fange ich jetzt an, wie neu erzogen zu sein.

Was ich bisher geschickt habe, sind nur leichtsinnige Versuche. Mit Thurneisen schicke ich eine Rolle, worauf das Beste fremde Sachen sind, die dich erfreuen werden.

Rom, den 25. Dezember.

Diesmal ist Christus unter Donner und Blitzen geboren worden, wir hatten gerade um Mitternacht ein starkes Wetter.

Der Glanz der größten Kunstwerke blendet mich nicht mehr, ich wandle nun im Anschauen, in der wahren unterscheidenden Erkenntnis. Wieviel ich hierin einem stillen, einsam fleißigen Schweizer, namens Meyer, schuldig bin, kann ich nicht sagen. Er hat mir zuerst die Augen über das Detail, über die Eigenschaften der einzelnen Formen aufgeschlossen, hat mich in das eigentliche M a c h e n initiiert. Er ist in wenigem genügsam und bescheiden. Er genießt die Kunstwerke eigentlich mehr als die großen Besitzer, die sie nicht verstehen, mehr als andere Künstler, die zu ängstlich von der Nachahmungsbegierde des Unerreichbaren getrieben werden. Er hat eine himmlische Klarheit der Begriffe und eine englische Güte des Herzens. Er spricht niemals mit mir, ohne daß ich alles aufschreiben möchte, was er sagt, so bestimmt, richtig, die einzige wahre Linie beschreibend sind seine Worte. Sein Unterricht gibt mir, was mir kein Mensch geben konnte, und seine Entfernung wird mir unersetzlich bleiben. In seiner Nähe, in einer Reihe von Zeit hoffe ich noch auf einen Grad im Zeichnen zu kommen, den ich mir jetzt selbst kaum denken darf. Alles, was ich in Deutschland lernte, vornahm, dachte, verhält sich zu seiner

35. Innenansicht von St. Peter. Gouache von Desprez

Leitung wie Baumrinde zum Kern der Frucht. Ich habe keine Worte, die stille, wache Seligkeit auszudrücken, mit der ich nun die Kunstwerke zu betrachten anfange; mein Geist ist erweitert genug, um sie zu fassen, und bildet sich immer mehr aus, um sie eigentlich schätzen zu können.

Es sind wieder Fremde hier, mit denen ich manchmal eine Galerie sehe; sie kommen mir wie Wespen in meinem Zimmer vor, die gegen die Fenster fahren und die helle Scheibe für Luft halten, dann wieder abprallen und an den Wänden summen.

In den schweigenden zurücktretenden Zustand mag ich einen Feind nicht wünschen. Und wie sonst für *krank* und *borniert* gehalten zu werden, geziemt mir weniger als jemals. Denke also, mein Lieber, tue, wirke das Beste für mich und erhalte mir mein Leben, das sonst, ohne jemanden zu nutzen, zugrunde geht. Ja, ich muß sagen, ich bin dieses Jahr moralisch sehr verwöhnt worden. Ganz abgeschnitten von aller Welt, hab' ich eine Zeitlang allein gestanden. Nun hat sich wieder ein enger Kreis um mich gezogen, die alle gut sind, alle auf dem *rechten Wege*, und das ist nur das Kennzeichen, daß sie es bei mir aushalten können, mich mögen, Freude in meiner Gegenwart finden, je mehr sie denkend und handelnd auf dem rechten Wege sind. Denn ich bin unbarmherzig, unduldsam gegen alle, die auf ihrem Wege schlendern oder irren und doch für Boten und Reisende gehalten werden wollen. Mit Scherz und Spott treib' ich's so lang, bis sie ihr Leben ändern oder sich von mir scheiden. Hier, versteht sich, ist nur von guten, graden Menschen die Rede, Halb- und Schiefköpfe werden gleich ohne Umstände mit der Wanne gesondert. Zwei Menschen danken mir schon ihre Sinnes- und Lebensänderung, ja dreie, und werden sie mir zeitlebens danken. Da, auf dem Punkte der Wirkung meines Wesens, fühl' ich die *Gesundheit* meiner Natur und ihre *Ausbreitung*; meine Füße werden nur krank in engen Schuhen, und ich sehe nichts, wenn man mich vor eine Mauer stellt.

BERICHT

Dezember

Der Monat Dezember war mit heiterem, ziemlich gleichem Wetter eingetreten, wodurch ein Gedanke rege ward, der einer guten frohen Gesellschaft viel angenehme Tage verschaffen sollte. Man sagte nämlich: Stellen wir uns vor, wir kämen soeben in Rom an und müßten als eilige Fremde geschwind von den vorzüglichsten Gegenständen uns unterrichten. Beginnen wir einen Umgang in diesem Sinne, damit das schon Bekannte möchte in Geist und Sinn wieder neu werden.

Die Ausführung des Gedankens ward alsobald begonnen und mit einiger Stetigkeit so ziemlich durchgesetzt; leider daß von manchem Guten, welches bei dieser Gelegenheit bemerkt und gedacht worden, nur wenig übriggeblieben. Briefe, Notizen, Zeichnungen und Entwürfe mangeln von dieser Epoche fast gänzlich, einiges werde jedoch hievon kürzlich mitgeteilt.

Unterhalb Roms, eine Strecke nicht weit von der Tiber, liegt eine mäßig große Kirche, „Zu den drei Brünnlein" genannt; diese sind, so erzählt man, bei Enthauptung des heiligen Paulus durch sein Blut hervorgerufen worden und quillen noch bis auf den heutigen Tag.

Ohnehin ist die Kirche niedrig gelegen, und da vermehren denn freilich die in ihrem Innern hervordringenden Röhrbrunnen eine dunstige Feuchtigkeit. Das Innere steht wenig geschmückt und beinahe verlassen, nur für einen seltenen Gottesdienst, reinlich, wenngleich moderhaft, gehegt und besorgt. Was ihr aber zur größten Zierde dient, sind Christus und seine Apostel, die Reihe her an den Pfeilern des Schiffs, nach Zeichnungen Raffaels farbig in Lebensgröße gemalt. Dieser außerordentliche Geist hat jene frommen Männer, die er sonst am rechten Orte in versammelter Schar als übereinstimmend gekleidet vorgeführt, hier, da jeder Einzelne abgesondert auftritt, jeden auch mit besonderer Auszeichnung abgebildet, nicht als wenn er im Gefolge des Herrn sich befände, sondern als wenn er nach der Heimfahrt desselben, auf seine eignen Füße gestellt, nunmehr seinem

36. Das Forum Romanum mit dem Saturntempel. Radierung nach Clérisseau

Charakter gemäß das Leben durchzuwirken und auszudulden habe.

Um uns aber von den Vorzügen dieser Bilder auch in der Ferne zu belehren, sind uns Nachbildungen der Originalzeichnungen von der treuen Hand Mark Antons übriggeblieben, welche uns öfters Gelegenheit und Anlaß gaben, unser Gedächtnis aufzufrischen und unsere Bemerkungen niederzuschreiben. Wir fügen den Auszug eines Aufsatzes bei, der in dem Jahre 1791 in den „Deutschen Merkur" aufgenommen worden.

„Die Aufgabe, einen verklärten Lehrer mit seinen zwölf ersten und vornehmsten Schülern, welche ganz an seinen Worten und an seinem Dasein hingen und größtenteils ihren einfachen Wandel mit einem Märtyrertode krönten, gebührend vorzustellen, hat er mit einer solchen Einfalt, Mannigfaltigkeit, Herzlichkeit und mit so einem reichen Kunstverständnis gelöst, daß wir diese Blätter für eins der schönsten Monumente seines glücklichen Daseins halten können.

Was uns von ihrem Charakter, Stande, Beschäftigung, Wandel und Tode in Schriften oder durch Traditionen übriggeblieben, hat er auf das zarteste benutzt und dadurch eine Reihe von Gestalten hervorgebracht, welche, ohne einander zu gleichen, eine innere Beziehung aufeinander haben. Wir wollen sie einzeln durchgehen, um unsre Leser auf die interessante Sammlung aufmerksam zu machen.

P e t r u s. Er hat ihn gerad' von vorne gestellt und ihm eine feste gedrungene Gestalt gegeben. Die Extremitäten sind bei dieser wie bei einigen andern Figuren ein wenig groß gehalten, wodurch die Figur etwas kürzer scheint. Der Hals ist kurz, und die kurzen Haare sind unter allen dreizehn Figuren am stärksten gekraust. Die Hauptfalten des Gewandes laufen in der Mitte des Körpers zusammen, das Gesicht sieht man wie die übrige Gestalt ganz von vorn. Die Figur ist in sich fest zusammengenommen und steht da wie ein Pfeiler, der eine Last zu tragen imstande ist.

P a u l u s ist auch stehend abgebildet, aber abgewendet, wie einer, der gehen will und nochmals zurücksieht; der Mantel ist aufgezogen und über den Arm, in welchem er das Buch hält, geschlagen; die Füße sind frei, es hindert sie nichts am Fortschreiten; Haare und Bart bewegen sich wie Flammen, und ein schwärmerischer Geist glüht auf dem Gesichte.

Johannes. Ein edler Jüngling mit langen, angenehmen, nur am Ende krausen Haaren. Er scheint zufrieden, ruhig, die Zeugnisse der Religion, das Buch und den Kelch, zu besitzen und vorzuzeigen. Es ist ein sehr glücklicher Kunstgriff, daß der Adler, indem er die Flügel hebt, das Gewand sogleich mit in die Höhe nimmt, und durch dieses Mittel die schön angelegten Falten in die vollkommenste Lage gesetzt werden.

Matthäus. Ein wohlhabender, behaglicher, auf seinem Dasein beruhender Mann. Die allzugroße Ruhe und Bequemlichkeit ist durch einen ernsthaften, beinahe scheuen Blick ins Gleichgewicht gebracht; die Falten, die über den Leib geschlagen sind, und der Geldbeutel geben einen unbeschreiblichen Begriff von behaglicher Harmonie.

Thomas ist eine der schönsten, in der größten Einfalt ausdruckvollsten Figuren. Er steht in seinen Mantel zusammengenommen, der auf beiden Seiten fast symmetrische Falten wirft, die aber durch ganz leise Veränderungen einander völlig unähnlich gemacht worden sind. Stiller, ruhiger, bescheidner kann wohl kaum eine Gestalt gebildet werden. Die Wendung des Kopfes, der Ernst, der beinahe traurige Blick, die Feinheit des Mundes harmonieren auf das schönste mit dem ruhigen Ganzen. Die Haare allein sind in Bewegung, ein unter einer sanften Außenseite bewegtes Gemüt anzuzeigen.

Jakobus major. Eine sanfte, eingehüllte, vorbeiwandelnde Pilgrimsgestalt.

Philippus. Man lege diesen zwischen die beiden vorhergehenden und betrachte den Faltenwurf aller drei nebeneinander, und es wird auffallen, wie reich, groß, breit die Falten dieser Gestalt gegen jene gehalten sind. So reich und vornehm sein Gewand ist, so sicher steht er, so fest hält er das Kreuz, so scharf sieht er darauf, und das Ganze scheint eine innere Größe, Ruhe und Festigkeit anzudeuten.

Andreas umarmt und liebkoset sein Kreuz mehr, als er es trägt; die einfachen Falten des Mantels sind mit großem Verstande geworfen.

Thaddäus. Ein Jüngling, der, wie es die Mönche auf der Reise zu tun pflegen, sein langes Überkleid in die Höhe nimmt, daß es ihn nicht im Gehen hindere. Aus dieser einfachen Handlung entstehen sehr schöne Falten. Er trägt die Partisane, das Zeichen seines Märtyrertodes, als einen Wanderstab in der Hand.

Matthias. Ein munterer Alter in einem durch höchst verstandene Faltenvermannigfaltigten einfachen Kleide lehnt sich auf einen Spieß, sein Mantel fällt hinterwärts herunter.

Simon. Die Falten des Mantels sowohl als des übrigen Gewandes, womit diese mehr von hinten als von der Seite zu sehende Figur bekleidet ist, gehören mit unter die schönsten der ganzen Sammlung, wie überhaupt in der Stellung, in der Miene, in dem Haarwuchse eine unbeschreibliche Harmonie zu bewundern ist.

Bartholomäus steht in seinen Mantel wild und mit großer Kunst kunstlos eingewickelt; seine Stellung, seine Haare, die Art, wie er das Messer hält, möchte uns fast auf die Gedanken bringen, er sei eher bereit, jemanden die Haut abzuziehen, als eine solche Operation zu dulden.

Christus zuletzt wird wohl niemanden befriedigen, der die Wundergestalt eines Gottmenschen hier suchen möchte. Er tritt einfach und still hervor, um das Volk zu segnen. Von dem Gewand, das von unten heraufgezogen ist, in schönen Falten das Knie sehen läßt und wider dem Leibe ruht, wird man mit Recht behaupten, daß es sich keinen Augenblick so erhalten könne, sondern gleich herunterfallen müsse. Wahrscheinlich hat Raffael supponiert, die Figur habe mit der rechten Hand das Gewand heraufgezogen und angehalten und lasse es in dem Augenblicke, indem sie den Arm zum Segnen aufhebt, los, so daß es eben niederfallen muß. Es wäre dieses ein Beispiel von dem schönen Kunstmittel, die kurz vorhergegangene Handlung durch den überbleibenden Zustand der Falten anzudeuten.“

Von diesem kleinen bescheidenen Kirchlein ist jedoch nicht weit zu dem größeren, dem hohen Apostel gewidmeten Denkmal: es ist die Kirche St. Paul vor den Mauern genannt, ein aus alten herrlichen Resten groß und kunstreich zusammengestelltes Monument. Der Eintritt in diese Kirche verleiht einen erhabenen Eindruck, die mächtigsten Säulenreihen tragen hohe gemalte Wände, welche, oben durch das verschränkte Zimmerwerk des Dachs geschlossen, zwar jetzt unserm verwöhnten Auge einen scheunenartigen Anblick geben, obschon das Ganze, wäre die Kontignation an festlichen Tagen mit Teppichen überspannt, von unglaublicher Wirkung sein müßte. Mancher wundersame Rest kolossaler höchst verzierter Architektur an Kapitälen findet sich hier anständig aufbewahrt, aus den Ruinen von dem ehmals nahe gelegenen, jetzo fast ganz verschwundenen Palast des Caracalla entnommen und gerettet.

Die Rennbahn sodann, die von diesem Kaiser noch jetzt den Namen führt, gibt uns, wennschon großenteils verfallen, doch noch einen Begriff eines solchen immensen Raumes. Stellte sich der Zeichner an den linken Flügel der zum Wettlauf Ausfahrenden, so hätte er rechts in der Höhe über den zertrümmerten Sitzen der Zuschauer das Grab der Cäcilia Metella mit dessen neueren Umgebungen, von wo aus die Linie der ehemaligen Sitze ins Grenzenlose hinausläuft und in der Ferne bedeutende Villen und Lusthäuser sich sehen lassen. Kehrt das Auge zurück, so kann es gerade vor sich die Ruinen der Spina noch gar wohl verfolgen, und derjenige, dem architektonische Phantasie gegeben ist, kann sich den Übermut jener Tage einigermaßen vergegenwärtigen. Der Gegenstand in Trümmern, wie er jetzt vor unsern Augen liegt, würde auf jeden Fall, wenn ein geistreicher und kenntnisgewandter Künstler es unternehmen wollte, immer noch ein angenehmes Bild geben, das freilich um das Doppelte länger als hoch sein müßte.

Die Pyramide des Cestius ward für diesmal mit den Augen von außen begrüßt, und die Trümmer der Antoninischen oder Caracallischen Bäder, von denen uns Piranesi so manches Effektreiche vorgefabelt, konnten auch dem malerisch gewöhnten Auge in der Gegenwart kaum einige Zufriedenheit geben. Doch sollte bei dieser Gelegenheit die Erinnerung an Hermann von Schwanefeld lebendig werden, welcher mit seiner zarten, das reinste Natur- und Kunstgefühl ausdrückenden Nadel diese Vergangenheiten zu beleben, ja, sie zu den anmutigsten Trägern des lebendig Gegenwärtigen umzuschaffen wußte.

Auf dem Platze vor St. Peter in Montorio begrüßten wir den Wasserschwall der Acqua Paola, welcher durch eines Triumphbogens Pforten und Tore in fünf Strömen ein großes verhältnismäßiges Becken bis an den Rand füllt. Durch einen von Paul V. wiederhergestellten Aquädukt macht diese Stromfülle einen Weg von fünfundzwanzig Miglien hinter dem See Bracciano her durch ein wunderliches, von abwechselnden Höhen gebotenes Zickzack bis an diesen Ort, versieht die Bedürfnisse verschiedener Mühlen und Fabriken, um sich zugleich in Trastevere zu verbreiten.

Hier nun rühmten Freunde der Baukunst den glücklichen Gedanken, diesen Wassern einen offen schaubaren triumphierenden Eintritt verschafft zu haben. Man wird durch Säulen und Bogen, durch Gesims und Attiken an jene Prachttore erinnert, wodurch ehmals kriegerische Überwinder einzutreten pflegten; hier tritt der friedlichste Ernährer mit gleicher Kraft und Gewalt ein und empfängt für die Mühen seines weiten Laufes sogleich Dank und Bewunderung. Auch sagen uns die Inschriften, daß Vorsehung und Wohltätigkeit eines Papstes aus dem Hause Borghese hier gleichsam einen ewigen ununterbrochenen stattlichen Einzug halten.

Ein kurz vorher eingetroffener Ankömmling aus Norden fand jedoch, man würde besser getan haben, rohe Felsen hier aufzutürmen, um diesen Fluten einen natürlichen Eintritt ans Tageslicht zu verschaffen. Man entgegnete ihm, daß dies kein Natur-, sondern ein Kunstwasser sei, dessen Ankunft man auf eine gleichartige Weise zu schmücken gar wohl berechtigt gewesen wäre.

Doch hierüber vereinigte man sich ebensowenig als über das herrliche Bild der Transfiguration, welches man in dem zunächst gelegenen Kloster gleich darauf anzustaunen Gelegenheit fand. Da war denn des Redens viel; der stillere Teil jedoch ärgerte sich, den alten Tadel von doppelter Handlung wiederholt zu sehen. Es ist aber nicht anders in der Welt, als daß eine wertlose Münze neben einer gehaltigen auch immer eine gewisse Art von Kurs behält, besonders da, wo man in der Kürze aus einem Handel zu scheiden und ohne viel Überlegung und Zaudern gewisse Differenzen auszugleichen gedenkt. Wundersam bleibt es indes immer, daß man an der großen Einheit einer solchen Konzeption jemals hat mäkeln dürfen. In Abwesenheit des Herren stellen trostlose Eltern einen besessenen Knaben den Jüngern des Heiligen dar; sie mögen schon Versuche gemacht haben, den Geist zu bannen; man hat sogar ein Buch aufgeschlagen, um zu forschen, ob nicht etwa eine überlieferte Formel gegen dieses Übel wirksam könne gefunden werden; aber vergebens. In diesem Augenblick erscheint der einzig Kräftige, und zwar verklärt, anerkannt von seinen großen Vorfahren, eilig deutet man hinauf nach solcher Vision als der einzigen Quelle des Heils. Wie will man nun das Obere und Untere trennen? Beides ist eins: unten das Leidende, Bedürftige, oben das Wirksame, Hülfreiche, beides aufeinander sich beziehend, ineinander einwirkend. Läßt sich denn, um den Sinn auf eine andere Weise auszusprechen, ein ideeller Bezug aufs Wirkliche von diesem lostrennen?

Die Gleichgesinnten bestärkten sich auch diesmal in ihrer Überzeugung; „Raffael", sagten sie zueinander, „zeichnete sich eben durch die Richtigkeit des Denkens aus, und der gottbegabte Mann, den man eben hieran durchaus erkennt, soll in der Blüte seines Lebens falsch gedacht, falsch gehandelt haben? Nein! er hat wie die Natur jederzeit recht, und gerade da am gründlichsten, wo wir sie am wenigsten begreifen."

Eine Verabredung wie die unsrige, einen flüchtigen Überblick von Rom sich in guter vereinigter Gesellschaft zu verschaffen, konnte nicht ganz, wie es wohl der Vorsatz gewesen, in völliger Abgesondertheit durchgeführt werden; ein und der andere fehlte, vielleicht zufällig abgehalten, wieder andere schlossen sich an, auf ihrem Wege dieses oder jenes Sehenswürdige zu betrachten. Dabei hielt jedoch der Kern zusammen und wußte bald aufzunehmen, bald abzusondern, bald zurückzubleiben, bald vorzueilen. Gelegentlich hatte man freilich gar wunderliche Äußerungen zu vernehmen. Es gibt eine gewisse Art von empirischem Urteil, welches seit längerer Zeit zumal durch englische und französische Reisende besonders in den Gang gekommen; man spricht sein augenblickliches unvorbereitetes Urteil aus, ohne nur irgend zu bedenken, daß jeder Künstler auf gar vielfache Weise bedingt ist, durch sein besonderes Talent, durch Vorgänger und Meister, durch Ort und Zeit, durch Gönner und Besteller. Nichts von allem dem, welches freilich zu einer reinen Würderung nötig wäre, kommt in Betrachtung, und so entsteht daraus ein gräßliches Gemisch von Lob und Tadel, von Bejahen und Verneinen, wodurch jeder eigentümliche Wert der fraglichen Gegenstände ganz eigentlich aufgehoben wird.

Unser guter Volkmann, sonst so aufmerksam und als Führer nützlich genug, scheint sich durchaus an jene fremden Urteiler gehalten zu haben, deswegen denn seine eigenen Schätzungen gar wunderlich hervortreten. Kann man sich z. B. unglücklicher ausdrücken, als er sich in der Kirche Maria della Pace vernehmen läßt?

„Über der ersten Kapelle hat Raffael einige Sibyllen gemalt, die sehr gelitten haben. Die Zeichnung ist richtig, aber die Zusammensetzung schwach, welches vermutlich dem unbequemen Platz beigemessen werden muß. Die zwote Kapelle ist nach des Michael Angelo Zeichnungen mit Arabesken geziert, die hoch geschätzt werden, aber nicht simpel genug sind. Unter der Kuppel bemerkt man drei Gemälde, das erste stellt die Heimsuchung der Maria von Karl Maratti vor, ist frostig gemalt, aber gut angeordnet; das andere die Geburt der Maria vom Kavalier Vanni, in der Manier des Peter von Cortona, und das dritte den Tod der Maria von Maria Morandi. Die Anordnung ist etwas verwirrt und fällt ins Rohe. Am Gewölbe über dem Chor hat Albani mit einem schwachen Kolorit die Himmelfahrt der Maria abgebildet. Die von ihm herrührenden Malereien an den Pfeilern unter der Kuppel sind besser geraten. Den Hof des zu dieser Kirche gehörigen Klosters hat Bramante angegeben."

Dergleichen unzulängliche, schwankende Urteile verwirren durchaus den Beschauer, der ein solches Buch zum Leitfaden erwählt. Manches ist denn aber auch ganz falsch, z. B. was hier von den Sibyllen gesagt ist. Raffael war niemals von dem Raume geniert, den ihm die Architektur darbot, vielmehr gehört zu der Großheit und Eleganz seines Genies, daß er jeden Raum auf das zierlichste zu füllen und zu schmücken wußte, wie er augenfällig in der Farnesine dargetan hat. Selbst die herrlichen Bilder der „Messe von Bolsena", der „Befreiung des gefangenen Petrus", des „Parnasses" wären ohne die wunderliche Beschränkung des Raumes nicht so unschätzbar geistreich zu denken. Ebenso ist auch hier in den Sibyllen die verheimlichte Symmetrie, worauf bei der Komposition alles ankommt, auf eine höchst geniale Weise obwaltend; denn wie in dem Organismus der Natur, so tut sich auch in der Kunst innerhalb der genausten Schranke die Vollkommenheit der Lebensäußerung kund.

Wie dem aber auch sei, so mag einem jeden die Art und Weise, Kunstwerke aufzunehmen, völlig überlassen bleiben. Mir ward bei diesem Umgang das Gefühl, der Begriff, die Anschauung dessen, was man im höchsten Sinne die Gegenwart des klassischen Bodens nennen dürfte. Ich nenne dies die sinnlich geistige Überzeugung, daß hier das Große war, ist und sein wird. Daß das Größte und Herrlichste vergehe, liegt in der Natur der Zeit und der gegeneinander unbedingt wirkenden sittlichen und physischen Elemente. Wir konnten in allgemeinster Betrachtung nicht traurig an dem Zerstörten vorübergehen, vielmehr hatten wir uns zu freuen, daß so viel erhalten, so viel wiederhergestellt war, prächtiger und übermäßiger, als es je gestanden.

Die Peterskirche ist gewiß so groß gedacht und wohl größer und kühner als einer der alten Tempel, und nicht allein was zweitausend Jahre vernichten sollten, lag vor unsern Augen, sondern zugleich was eine gesteigerte Bildung wieder hervorzubringen vermochte.

Selbst das Schwanken des Kunstgeschmackes, das Bestreben zum einfachen Großen, das Wiederkehren zum vervielfachten Kleineren, alles deutete auf Leben und Bewegung; Kunst- und Menschengeschichte standen synchronistisch vor unseren Augen.

Es darf uns nicht niederschlagen, wenn sich uns die Bemerkung aufdringt, das Große sei vergänglich; vielmehr wenn wir finden, das Vergangene sei groß gewesen, muß es uns aufmuntern, selbst etwas von Bedeutung zu leisten, das fortan unsre Nachfolger, und wär' es auch schon in Trümmer zerfallen, zu edler Tätigkeit aufrege, woran es unsre Vorvordern niemals haben ermangeln lassen.

Diese höchst belehrenden und geisterhebenden Anschauungen wurden, ich darf nicht sagen gestört und unterbrochen, aber doch mit einem schmerzlichen Gefühl durchflochten, das mich überallhin begleitete; ich erfuhr nämlich, daß der Bräutigam jener artigen Mailänderin, unter ich weiß nicht welchem Vorwande, sein Wort zurückgenommen und sich von seiner Versprochenen losgesagt habe. Wenn ich mich nun einerseits glücklich pries, meiner Neigung nicht nachgehangen und mich sehr bald von dem lieben Kinde zurückgezogen zu haben, wie denn auch nach genauster Erkundigung unter den Vorwänden jener Villeggiatur auch nicht im mindesten gedacht worden, so war es mir doch höchst empfindlich, das artige Bild, das mich bisher so heiter und freundlich begleitet hatte, nunmehr getrübt und entstellt zu sehen; denn ich vernahm sogleich, das liebe Kind sei aus Schrecken und Entsetzen über dieses Ereignis in ein gewaltsames Fieber verfallen, welches für ihr Leben fürchten lasse. Indem ich mich nun tagtäglich und die erste Zeit zweimal erkundigen ließ, hatte ich die Pein, daß meine Einbildungskraft sich etwas Unmögliches hervorzubringen bemüht war, jene heitern, dem offnen, frohen Tag allein gehörigen Züge, diesen Ausdruck unbefangenen, still vorschreitenden Lebens nunmehr durch Tränen getrübt, durch Krankheit entstellt und eine so frische Jugend durch inneres und äußeres Leiden so frühzeitig blaß und schmächtig zu denken.

In solcher Stimmung war freilich ein so großes Gegengewicht als eine Reihenfolge des Bedeutendsten, das teils dem Auge durch sein Dasein, teils der Einbildungskraft durch nie verschollene Würde genug zu tun gab, höchst ersehnt und nichts natürlicher, als das meiste davon mit inniger Trauer anzublicken.

Waren die alten Monumente nach so vielen Jahrhunderten meistens zu unförmlichen Massen zerfallen, so mußte man bei neueren aufrechtstehenden Prachtgebäuden gleichermaßen den Verfall so vieler Familien in der späteren Zeit bedauern, ja, selbst das noch frisch im Leben Erhaltene schien an einem heimlichen Wurm zu kranken; denn wie wollte sich das Irdische ohne eigentlich physische Kraft durch sittliche und religiose Stützen allein in unsern Tagen aufrecht erhalten? Und wie einem heiteren Sinn auch die Ruine wieder zu beleben, gleich einer frischen, unsterblichen Vegetation, verfallene Mauern und zerstreute Blöcke wieder mit Leben auszustatten gelingt, so entkleidet ein trauriger Sinn das lebendige Dasein von seinem schönsten Schmuck und möchte es uns gern als ein nacktes Gerippe aufdringen.

Auch zu einer Gebirgsreise, die wir noch vor Winters in heiterer Gesellschaft zu vollbringen gedachten, konnt' ich mich nicht entschließen, bis ich, einer erfolgten Besserung gewiß und durch sorgfältige Anstalten gesichert, Nachricht von ihrer Genesung auch an denen Orten erhalten sollte, wo ich sie so munter als liebenswürdig in den schönsten Herbsttagen kennen gelernt hatte.

Schon die ersten Briefe aus Weimar über „Egmont" enthielten einige Ausstellungen über dieses und jenes; hiebei erneute sich die alte Bemerkung, daß der unpoetische, in seinem bürgerlichen Behagen bequeme Kunstfreund gewöhnlich da einen Anstoß nimmt, wo der Dichter ein Problem aufzulösen, zu beschönigen oder zu verstecken gesucht hat. Alles soll, so will es der behagliche Leser, im natürlichen Gange fortgehen; aber auch das Ungewöhnliche kann natürlich sein, scheint es aber demjenigen nicht, der auf seinen eigenen Ansichten verharrt. Ein Brief dieses Inhalts war angekommen, ich nahm ihn und ging in die Villa Borghese; da mußt' ich denn lesen, daß einige Szenen für zu lang gehalten würden. Ich dachte nach, hätte sie aber auch jetzt nicht zu verkürzen gewußt, indem so wichtige Motive zu entwickeln waren. Was aber am meisten den Freundinnen tadelnswert schien, war das lakonische Vermächtnis, womit Egmont sein Klärchen an Ferdinand empfiehlt.

Ein Auszug aus meinem damaligen Antwortschreiben wird über meine Gesinnungen und Zustände den besten Aufschluß geben.

„Wie sehr wünscht' ich nun, auch euren Wunsch erfüllen und dem Vermächtnis Egmonts einige Modifikation geben zu können! Ich eilte an einem herrlichen Morgen mit eurem Briefe gleich in die Villa Borghese, dachte zwei Stunden den Gang des Stücks, die Charaktere, die Verhältnisse durch und konnte nichts finden, das ich abzukürzen hätte. Wie gern möcht' ich euch alle meine Überlegungen, mein Pro und Contra schreiben, sie würden ein Buch Papier füllen und eine Dissertation über die Ökonomie meines Stücks enthalten. Sonntags kam ich zu Angelika und legte ihr die Frage vor. Sie hat das Stück studiert und besitzt eine Abschrift davon. Möchtest du doch gegenwärtig gewesen sein, wie weiblich zart sie alles auseinander legte, und es darauf hinausging: daß das, was ihr noch mündlich von dem Helden erklärt wünschtet, in der Erscheinung implicite enthalten sei. Angelika sagte: da die Erscheinung nur vorstelle, was in dem Gemüte des schlafenden Helden vorgehe, so könne er mit keinen Worten stärker ausdrücken, wie sehr er sie liebe und schätze, als es dieser Traum tue, der das liebenswürdige Geschöpf nicht zu ihm herauf, sondern über ihn hinauf hebe. Ja, es wolle ihr wohl gefallen, daß der, welcher durch sein ganzes Leben gleichsam wachend geträumt, Leben und Liebe mehr als geschätzt, oder vielmehr nur durch den Genuß geschätzt, daß dieser zuletzt noch gleichsam träumend wache und uns still gesagt werde, wie tief die Geliebte in seinem Herzen wohne und welche vornehme und hohe Stelle sie darin einnehme. — Es kamen noch mehr Betrachtungen dazu, daß in der Szene mit Ferdinand Klärchens nur auf eine subordinierte Weise gedacht werden konnte, um das Interesse des Abschieds von dem jungen Freunde nicht zu schmälern, der ohnehin in diesem Augenblicke nichts zu hören noch zu erkennen imstande war."

MORITZ ALS ETYMOLOG

Schon längst hat ein weiser Mann das wahre Wort ausgesprochen: „Der Mensch, dessen Kräfte zu dem Notwendigen und Nützlichen nicht hinreichen, mag sich gern mit dem Unnötigen und Unnützen beschäftigen!" Vielleicht möchte nachstehendes von manchem auf diese Weise beurteilt werden.

Unser Geselle Moritz ließ nicht ab, jetzt, in dem Kreise der höchsten Kunst und schönsten Natur, über die Innerlichkeiten des Menschen, seine Anlagen und Entwickelungen fortwährend zu sinnen und zu spinnen; deshalb er denn auch sich mit dem Allgemeinen der Sprache vorzüglich beschäftigte.

Zu jener Zeit war in Gefolg der Herderischen Preisschrift „Über den Ursprung der Sprache" und in Gemäßheit der damaligen allgemeinen Denkweise die Vorstellung herrschend: das Menschengeschlecht habe sich nicht von einem Paare aus dem hohen Orient herab über die ganze Erde verbreitet, sondern zu einer gewissen merkwürdig produktiven Zeit des Erdballs sei, nachdem die Natur die verschiedenartigsten Tiere stufenweis hervorzubringen versucht, da und dort, in mancher günstigen Lage die Menschenart mehr oder weniger vollendet hervorgetreten. Ganz im innerlichsten Bezug auf seine Organe sowohl als seine Geistesfähigkeiten sei nun dem Menschen die Sprache angeboren. Hier bedürfe es keiner natürlichen Anleitung, so wenig als einer Überlieferung. Und in diesem Sinne gebe es eine allgemeine Sprache, welche zu manifestieren ein jeder autochthonische Stamm versucht habe. Die Verwandtschaft aller Sprachen liege in der Übereinstimmung der Idee, wonach die schaffende Kraft das menschliche Geschlecht und seinen Organismus gebildet. Daher komme denn, daß teils aus innerem Grundtriebe, teils durch äußere Veranlassung die sehr beschränkte Vokal- und Konsonantenzahl zum Ausdruck von Gefühlen und Vorstellungen richtig oder unrichtig angewendet worden; da es denn natürlich, ja notwendig sei, daß die verschiedensten Autochthonen teils zusammengetroffen, teils voneinander abgewichen und sich diese oder jene

Sprache in der Folge entweder verschlimmert oder verbessert habe. Was von den Stammworten gelte, gelte denn auch von den Ableitungen, wodurch die Bezüge der einzelnen Begriffe und Vorstellungen ausgedrückt und bestimmter bezeichnet werden. Dies möchte denn gut sein und als ein Unerforschliches, nie mit Gewißheit zu Bestimmendes auf sich beruhen.

Hierüber find' ich in meinen Papieren folgendes Nähere:

„Mir ist es angenehm, daß sich Moritz aus seiner brütenden Trägheit, aus dem Unmut und Zweifel an sich selbst zu einer Art von Tätigkeit wendet, denn da wird er allerliebst. Seine Grillenfängereien haben alsdann eine wahre Unterlage und seine Träumereien Zweck und Sinn. Jetzt beschäftigt ihn eine Idee, in welche ich auch eingegangen bin und die uns sehr unterhält. Es ist schwer, sie mitzuteilen, weil es gleich toll klingt. Doch will ich's versuchen:

Er hat ein Verstands- und Empfindungsalphabet erfunden, wodurch er zeigt, daß die Buchstaben nicht willkürlich, sondern in der menschlichen Natur gegründet sind und alle gewissen Regionen des inneren Sinnes angehören, welchen sie denn auch, ausgesprochen, ausdrücken. Nun lassen sich nach diesem Alphabete die Sprachen beurteilen, und da findet sich, daß alle Völker versucht haben, sich dem innern Sinn gemäß auszudrücken, alle sind aber durch Willkür und Zufall vom rechten Wege abgeleitet worden. Demzufolge suchen wir in den Sprachen die Worte auf, die am glücklichsten getroffen sind, bald hat's die eine, bald die andre; dann verändern wir die Worte, bis sie uns recht dünken, machen neue u. s. w. Ja, wenn wir recht spielen wollen, machen wir Namen für Menschen, untersuchen, ob diesem oder jenem sein Name gehöre etc. etc.

Das etymologische Spiel beschäftigt schon so viele Menschen, und so gibt es auch uns auf diese heitere Weise viel zu tun. Sobald wir zusammenkommen, wird es wie ein Schachspiel vorgenommen, und hunderterlei Kombinationen werden versucht, so daß, wer uns zufällig behorchte, uns für wahnsinnig halten müßte. Auch möchte ich es nur den allernächsten Freunden vertrauen. Genug, es ist das witzigste Spiel von der Welt und übt den Sprachsinn unglaublich."

PHILIPP NERI, DER HUMORISTISCHE HEILIGE

Philipp Neri, in Florenz geboren 1515, erscheint von Kindheit auf als ein folgsamer, sittlicher Knabe von kräftigen Anlagen. Sein Bildnis als eines solchen ist glücklicherweise aufbewahrt in des Fidanza „Teste Scelte", Tom. V, Bl. 31. Man wüßte sich keinen tüchtigern, gesündern, geradsinnigeren Knaben zu denken. Als Abkömmling einer edlen Familie wird er in allem Guten und Wissenswerten der Zeit gemäß unterrichtet und endlich, um seine Studien zu vollenden, man meldet nicht, in welchem Alter, nach Rom gesandt. Hier entwickelt er sich zum vollkommnen Jüngling; sein schönes Antlitz, seine reichen Locken zeichnen ihn aus; er ist anziehend und ablehnend zugleich, Anmut und Würde begleiten ihn überall.

Hier, zur traurigsten Zeit, wenige Jahre nach der grausamen Plünderung der Stadt, ergibt er sich, nach Vorgang und Beispiel vieler Edlen, ganz den Übungen der Frömmigkeit, und sein Enthusiasmus steigert sich mit den Kräften einer frischen Jugend. Unablässiges Besuchen der Kirchen, besonders der sieben Hauptkirchen, brünstiges Beten zu Herannötigung der Hülfe, fleißiges Beichten und Genuß des Abendmahls, Flehen und Ringen nach geistigen Gütern.

In solch einem enthusiastischen Momente wirft er sich einst auf die Stufen des Altars und zerbricht ein paar Rippen, welche, schlecht geheilt, ihm lebenslängliches Herzklopfen verursachen und die Steigerung seiner Gefühle veranlassen.

Um ihn versammeln sich junge Männer zu tätiger Sittlichkeit und Frömmigkeit, sie erweisen sich unermüdet, die Armen zu versorgen, die Kranken zu pflegen, und scheinen ihre Studien hintanzusetzen. Wahrscheinlich bedienen sie sich der Zuschüsse von Haus zu wohltätigen Zwecken, genug, sie geben und helfen immer und behalten nichts für sich, ja, er lehnt nachher ausdrücklich alle Beihülfe von den Seinigen ab, um dasjenige, was Wohltätigkeit ihnen zuweiset, an Bedürftige zu wenden und selbst zu darben.

Dergleichen fromme Handlungen waren jedoch zu herzlich und lebhaft, als daß man nicht hätte suchen sollen, sich zugleich auf eine geistliche und gefühlvolle Weise über die wichtigsten Gegenstände zu unterhalten. Die kleine Gesellschaft besaß noch kein eigenes Lokal, sie erbat sich's bald in diesem, bald in jenem Kloster, wo dergleichen leere Räume wohl zu finden sein mochten. Nach einem kurzen stillen Gebet ward ein Text der Heiligen Schrift verlesen, worüber ein und der andere sich, auslegend oder anwendend, in einer kurzen Rede vernehmen ließ. Man besprach sich auch wohl hierüber, alles in bezug auf unmittelbare Tätigkeit; dialektische und spitzfindige Behandlung war durchaus verboten. Die übrige Tageszeit ward immerfort einer aufmerksamen Versorgung der Kranken, dem Dienst in Hospitälern, dem Beistande der Armen und Notleidenden gewidmet.

Da bei diesen Verhältnissen keine Beschränkung vorwaltete und man ebensogut kommen als gehen konnte, so vermehrte sich die Zahl der Teilnehmenden ungemein, so wie sich denn auch jene Versammlung ernster und umgreifender beschäftigte. Auch aus den Leben der Heiligen ward vorgelesen, Kirchenväter und Kirchengeschichte stellenweise zu Rate gezogen, worauf denn vier der Teilnehmenden, jeder eine halbe Stunde, zu sprechen das Recht und Pflicht hatten.

Diese fromme tagtägliche, ja familiär-praktische Behandlung der höchsten Seelenangelegenheiten erregte immer mehr Aufmerksamkeit nicht allein unter Einzelnen, sondern sogar unter ganzen Körperschaften. Man verlegte die Versammlungen in die Kreuzgänge und Räume dieser und jener Kirche, der Zudrang vermehrte sich, besonders zeigte sich der Orden der Dominikaner dieser Art, sich zu erbauen, sehr geneigt und schloß sich zahlreich an die sich immer mehr ausbildende Schar an, welche durch die Kraft und den hohen Sinn ihres Anführers sich durchaus gleich und, wenn auch geprüft durch mancherlei Widerwärtigkeiten, auf demselben Pfade fortschreitend finden ließ.

Da nun aber nach dem hohen Sinne des trefflichen Vorgesetzten alle Spekulation verbannt, jede geregelte Tätigkeit aber aufs Leben gerichtet war, und das Leben sich ohne Heiterkeit nicht denken läßt, so wußte der Mann auch hierin den unschuldigen Bedürfnissen und Wünschen der Seinigen entgegenzukommen. Bei eintretendem Frühling führte er sie nach San Onofrio, welches, hoch und breit gelegen, in solchen Tagen die angenehmste Örtlichkeit anbot. Hier, wo bei der jungen Jahrszeit alles jung erscheinen sollte, trat nach stillen Gebeten ein hübscher Knabe hervor, rezitierte eine auswendig gelernte Predigt, Gebete folgten, und ein Chor besonders eingeladener Sänger ließ sich erfreulich und eindringlich zum Schlusse hören, welches um so bedeutender war, als die Musik damals weder ausgebreitet noch ausgebildet gefunden ward und hier vielleicht zum erstenmal ein religioser Gesang in freier Luft sich mitteilte.

Immer auf diese Weise fortwirkend, vermehrte sich die Kongregation und wuchs, so wie an Personenzahl, so an Bedeutung. Die Florentiner nötigten gleichsam ihren Landsmann, das von ihnen abhängige Kloster San Girolamo zu beziehen, wo denn die Anstalt sich immer mehr ausdehnte und auf gleiche Weise fortwirkte, bis ihnen endlich der Papst in der Nähe des Platzes Navona ein Kloster als eigentümlich anwies, welches, von Grund aus neu gebaut, eine gute Anzahl frommer Genossen aufnehmen konnte. Hier blieb es jedoch bei der früheren Einrichtung, Gotteswort, das will sagen heilig edle Gesinnungen dem gemeinen Verstande sowie dem gemeinen Alltagsleben anzunähern und eigen zu machen. Man versammelte sich nach wie vor, betete, vernahm einen Text, hörte darüber sprechen, betete und ward zuletzt durch Musik ergötzt, und was damals öfter, ja täglich geschah, geschieht jetzt noch Sonntags, und gewiß wird jeder Reisende, der nähere Kenntnis von dem heiligen Stifter genommen, sich künftighin, diesen unschuldigen Funktionen beiwohnend, vorzüglich erbauen, wenn er dasjenige, was wir vorgetragen haben und zunächst mitteilen, in Gemüt und Gedanke vorüberwalten läßt.

Hier sind wir nun in dem Falle, in Erinnerung zu bringen, daß diese ganze Anstalt noch immer ans Weltliche grenzte. Wie denn nur wenige unter ihnen sich dem eigentlichen Priesterstande gewidmet hatten und nur so viel geweihte Geistliche unter ihnen gefunden wurden, als nötig, Beichte zu sitzen und das Meßopfer zu verrichten. Und so war denn auch Philipp Neri selbst sechsunddreißig Jahre alt geworden, ohne sich zum Priestertum zu melden, denn er fand sich, wie es scheint, in seinem gegenwärtigen Zustande frei und weit mehr sich selbst überlassen, als er sich mit kirchlichen Banden gefesselt, als Glied der großen Hierarchie zwar hochgeehrt, aber doch beschränkt gefühlt hätte.

Allein von oben her ließ man es dabei nicht bewenden, sein Beichtvater machte es ihm zur Gewissenssache, die Weihe zu nehmen und in den Priesterstand zu treten. Und so geschah es auch; nun hatte die Kirche klüglich einen Mann in ihren Kreis eingeschlossen, der, unabhängigen Geistes bisher, auf einen Zustand losging, worin das Heilige mit dem Weltlichen, das Tugendsame mit dem Alltäglichen sich vereinigen und vertragen sollte. Diese Veränderung aber, der Übergang zur Priesterschaft, scheint auf sein äußeres Benehmen nicht im mindesten eingewirkt zu haben.

Er übt nur noch strenger als bisher jede Entäußerung und lebt in einem schlechten Klösterchen mit andern kümmerlich zusammen. So gibt er die bei großer Teurung ihm verehrten Brote einem andern Bedürftigern und setzt seinen Dienst gegen Unglückliche immer fort.

Aber auf sein Inneres hat das Priestertum einen merkwürdig steigernden Einfluß. Die Verpflichtung zum Meßopfer versetzt ihn in einen Enthusiasmus, in eine Ekstase, wo man den bisher so natürlichen Mann gänzlich verliert. Er weiß kaum, wohin er schreitet, er taumelt auf dem Wege und vor dem Altare. Hebt er die Hostie in die Höhe, so kann er die Arme nicht wieder herunterbringen; es scheint, als zöge ihn eine unsichtbare Kraft empor. Beim Eingießen des Weins zittert und schaudert er. Und wenn er nach vollendeter Wandlung dieser geheimnisvollen Gaben genießen soll, erzeigt er sich auf eine wunderliche, nicht auszusprechende schwelgerische Weise. Vor Leidenschaft beißt er in den Kelch, indes er ahnungsvoll das Blut zu schlürfen glaubt des kurz vorher gleichsam gierig verschlungenen Leibes. Ist aber dieser Taumel vorüber, so finden wir zwar immer einen leidenschaftlich wundersamen, aber immer höchst verständig praktischen Mann.

Ein solcher Jüngling, ein solcher Mann, so lebhaft und seltsam wirkend, mußte den Menschen wunderlich und mitunter gerade durch seine Tugenden beschwerlich und widerwärtig vorkommen. Wahrscheinlich ist ihm dieses in dem Laufe seines früheren Lebens oft begegnet; nachdem er aber zum Priester geweiht ist und sich so eng und kümmerlich, gleichsam als Gast in einem armseligen Kloster behilft, treten Widersacher auf, die ihn mit Spott und Hohn unablässig verfolgen.

Doch wir gehen weiter und sagen, er sei ein höchst ausgezeichneter Mensch gewesen, der aber das einem jeden dieser Art angeborne Herrische zu beherrschen und in Entsagung, Entbehrung, Wohltätigkeit, Demut und Schmach den Glanz seines Daseins zu verhüllen trachtete. Der Gedanke, vor der Welt als töricht zu erscheinen und dadurch in Gott und göttliche Dinge sich erst recht zu versenken und zu üben, war sein andauerndes Bestreben, wodurch er sich und sodann auch seine Schüler ausschließlich zu erziehen unternahm. Die Maxime des heiligen Bernhard:

„Spernere mundum,
Spernere neminem,
Spernere se ipsum,
Spernere se sperni."

schien ihn ganz durchdrungen zu haben, ja vielmehr aus ihm frisch wieder entwickelt zu sein.

Ähnliche Absichten, ähnliche Zustände nötigen den Menschen, in gleichen Maximen sich aufzuerbauen. Man kann gewiß sein, daß die erhabensten, innerlich stolzesten Menschen sich zu jenen Grundsätzen allein bequemen, indem sie das Widerwärtige einer dem Guten und Großen immer widerstrebenden Welt vorauszukosten und den bittern Kelch der Erfahrung, eh' er ihnen noch angeboten ist, bis auf den Grund zu leeren sich entschließen. Grenzenlos und in ununterbrochener Reihe machen jene Geschichtchen, wie er seine Schüler geprüft, deren viele bis auf uns gekommen sind, jeden lebenslustigen Menschen, der sie vernimmt, wirklich ungeduldig, so wie diese Gebote demjenigen, der ihnen gehorchen sollte, höchst schmerzlich und nahezu unerträglich fallen mußten. Deswegen denn auch nicht alle eine solche Feuerprobe bestanden.

Eh' wir aber uns auf dergleichen wunderbare und dem Leser gewissermaßen unwillkommne Erzählungen einlassen, wenden wir uns lieber noch einmal zu jenen großen Vorzügen, welche die Zeitgenossen ihm zugestehen und höchlich rühmen. Er habe, sagen sie, Kenntnisse und Bildung mehr von Natur als durch Unterricht und Erziehung erhalten; alles, was andere mühsam erwerben, sei ihm gleichsam eingegossen gewesen. Ferner habe er die große Gabe zu eigen gehabt, Geister zu unterscheiden, Eigenschaften und Fähigkeiten der Menschen zu würdigen und zu schätzen; zugleich habe er mit dem größten Scharfsinn die weltlichen Dinge durchdrungen, auf einen Grad, daß man ihm den Geist der Wahrsagung zuschreiben müssen. Auch ward ihm eine entschiedene Anziehungsgabe, welche auszudrükken die Italiener sich des schönen Wortes „attrattiva" bedienen, kräftig verliehen, die sich nicht allein auf Menschen erstreckte, sondern auch auf Tiere. Als Beispiel wird erzählt, daß der Hund eines Freundes sich ihm angeschlossen und durchaus gefolgt sei, auch bei dem ersten Besitzer, der ihn lebhaft zurückgewünscht und durch mancherlei Mittel ihn wieder zu gewinnen getrachtet, auf keine Weise verbleiben wollen, sondern sich immer zu dem anziehenden Manne zurückbegeben, sich niemals von ihm getrennt, vielmehr zuletzt nach mehreren Jahren in dem Schlafzimmer seines erwählten Herrn das Leben geendet habe. Dieses Geschöpf veranlaßt uns nun, auf jene Prüfungen, zu denen es selbst Gelegenheit gegeben, zurückzukommen. Es ist bekannt, daß Hundeführen, Hundetragen im Mittelalter überhaupt und wahrscheinlich auch in Rom höchst schimpflich gewesen. In dieser Rücksicht pflegte der fromme Mann jenes Tier an einer Kette durch die Stadt zu führen, auch mußten seine Schüler dasselbe auf den Armen durch die Straßen tragen und sich auf diese Weise dem Gelächter und Spott der Menge preisgeben.

Auch mutete er seinen Schülern und Genossen andere unwürdige Äußerlichkeiten zu. Einem jungen römischen Fürsten, welcher der Ehre, für ein Ordensglied zu gelten, mitgenießen wollte, wurde angesonnen, er solle mit einem hinten angehefteten Fuchsschwanze durch Rom spazieren, und, als er dies zu leisten sich weigerte, die Aufnahme in den Orden versagt. Einen andern schickte er ohne Überkleid und wieder einen mit zerrißnen Ärmeln durch die Stadt. Dieses letztern erbarmte sich ein Edelmann und bot ihm ein Paar neue Ärmel an, die der Jüngling ausschlug, nachher aber auf Befehl des Meisters dankbar abholen und tragen mußte. Beim Bau der neuen Kirche nötigte er die Seinen, gleich Taglöhnern die Materialien herbeizuschaffen und sie den Arbeitern zur Hand zu langen.

Gleichermaßen wußte er auch jedes geistige Behagen, das der Mensch an sich empfinden mochte, zu stören und zu vernichten. Wenn die Predigt eines jungen Mannes wohl zu gelingen und der Redner sich darin selbst zu gefallen schien, unterbrach er ihn in der Mitte des Worts, um an seiner Stelle weiterzusprechen, befahl auch wohl weniger fähigen Schülern, ungesäumt hinaufzutreten und zu beginnen, welche denn, so unerwartet angeregt, sich aus dem Stegreife besser als je zu erweisen das Glück hatten.

Man versetze sich in die zweite Hälfte des sechzehnten Jahrhunderts und den wüsten Zustand, in welchem Rom unter verschiedenen Päpsten wie ein aufgeregtes Element erschien, und man wird eher begreifen, daß ein solches Verfahren wirksam und mächtig sein mußte, indem es durch Neigung und Furcht, durch Ergebenheit und Gehorsam dem innersten Wollen des Menschen die große Gewalt verlieh, trotz allem Äußern sich zu erhalten, um allem, was sich ereignen konnte, zu widerstehen, da es befähigt, selbst dem Vernünftigen und Verständigen, dem Herkömmlichen und Schicklichen unbedingt zu entsagen.

Eine merkwürdige, obgleich schon bekannte Prüfungsgeschichte wird man hier wegen ihrer besondern Anmut nicht ungern wiederholt finden. Dem heiligen Vater war angekündigt, in einem Kloster auf dem Lande tue sich eine wunderwirkende Nonne hervor. Unser Mann erhält den Auftrag, eine für die Kirche so wichtige Angelegenheit näher zu untersuchen; er setzt sich auf sein Maultier, das Befohlene zu verrichten, kommt aber schneller zurück, als der heilige Vater es erwartet. Der Verwunderung seines geistlichen Gebieters begegnet Neri mit folgenden Worten:

„Heiligster Vater, diese tut keine Wunder, denn es fehlt ihr an der ersten christlichen Tugend, der Demut; ich komme durch schlimmen Weg und Wetter übel zugerichtet im Kloster an, ich lasse sie in Eurem Namen vor mich fordern, sie erscheint, und ich reiche ihr statt des Grußes den Stiefel hin, mit der Andeutung, sie solle mir ihn ausziehen. Entsetzt fährt sie zurück, und mit Schelten und Zorn erwidert sie mein Ansinnen; für was ich sie halte! ruft sie aus, die Magd des Herrn sei sie, aber nicht eines jeden, der daherkomme, um knechtische Dienste von ihr zu verlangen. Ich erhub mich gelassen, setzte mich wieder auf mein Tier, stehe wieder vor Euch, und ich bin überzeugt, Ihr werdet keine weitere Prüfung nötig finden." Lächelnd beließ es auch der Papst dabei, und wahrscheinlich ward ihr das fernere Wundertun untersagt.

Wenn er aber sich dergleichen Prüfungen gegen andere erlaubte, so mußte er solche von Männern erdulden, welche, gleichen Sinnes, den nämlichen Weg der Selbstverleugnung einschlugen. Ein Bettelmönch, der aber auch schon im Geruch der Heiligkeit stand, begegnet ihm in der gangbarsten Straße und bietet ihm einen Schluck aus der Weinflasche, die er vorsorglich mit sich führt. Philipp Neri bedenkt sich nicht einen Augenblick und setzt die langhalsige Korbflasche, den Kopf zurückbiegend, dreist an den Mund, indes das Volk laut lacht und spottet, daß zwei fromme Männer sich dergestalt zutrinken.

Philipp Neri, den es ungeachtet seiner Frömmigkeit und Ergebung einigermaßen durfte verdrossen haben, sagte darauf: „Ihr habt mich geprüft, nun ist die Reihe an mir", und drückte zugleich sein vierecktes Barett auf den Kahlkopf, welcher nun gleichfalls ausgelacht wurde, ganz ruhig fortging und sagte: „Wenn mir's einer vom Kopf nimmt, so mögt Ihr's haben." Neri nahm es ihm ab, und sie schieden.

Freilich dergleichen zu wagen und dennoch die größten sittlichen Wirkungen hervorzubringen, bedurfte es eines Mannes wie Philipp Neri, dessen Handlungen gar oft als Wunder anzusehen waren. Als Beichtiger machte er sich furchtbar und daher des größten Zutrauens würdig; er entdeckte seinen Beichtkindern Sünden, die sie verschwiegen,

Mängel, die sie nicht beachtet hatten; sein brünstiges ekstatisches Gebet setzte seine Umgebungen als übernatürlich in Erstaunen, in einen Zustand, in welchem die Menschen wohl auch durch ihre Sinne zu erfahren glauben, was ihnen die Einbildungskraft, angeregt durchs Gefühl, vorbilden mochte. Wozu denn noch kommt, daß das Wunderbare, ja das Unmögliche, erzählt und wieder erzählt, endlich vollkommen die Stelle des Wirklichen, des Alltäglichen einnimmt. Hierher gehört, daß man ihn nicht allein verschiedentlich während des Meßopfers vor dem Altare wollte emporgehoben gesehen haben, sondern daß sich auch Zeugnisse fanden, man habe ihn, knieend um das Leben eines gefährlichst Kranken betend, dergestalt von der Erde emporgehoben erblickt, daß er mit dem Haupte beinahe die Decke des Zimmers berührt.

Bei einem solchen durchaus dem Gefühl und der Einbildungskraft gewidmeten Zustande war es ganz natürlich, daß die Einmischung auch widerwärtiger Dämonen nicht ganz auszubleiben schien.

Oben zwischen dem verfallenen Gemäuer der Antoninischen Bäder sieht wohl einmal der fromme Mann in äffischer Ungestalt ein widerwärtiges Wesen herumhupfen, das aber auf sein Geheiß alsogleich zwischen Trümmern und Spalten verschwindet. Bedeutender jedoch als diese Einzelheit ist, wie er gegen seine Schüler verfährt, die ihn von seligen Erscheinungen, womit sie von der Mutter Gottes und andern Heiligen beglückt worden, mit Entzücken benachrichtigen. Er, wohl wissend, daß aus dergleichen Einbildungen ein geistlicher Dünkel, der schlimmste und hartnäckigste von allen, gewöhnlich entspringe, versichert sie deshalb, daß hinter dieser himmlischen Klarheit und Schönheit gewiß eine teuflische, häßliche Finsternis verborgen liege. Dieses zu erproben, gebietet er ihnen: bei der Wiederkehr einer so holdseligen Jungfrau ihr gerade ins Gesicht zu speien; sie gehorchen, und der Erfolg bewährt sich, indem auf der Stelle eine Teufelslarve hervortritt.

Der große Mann mag dieses mit Bewußtsein oder, was wahrscheinlicher ist, aus tiefem Instinkt geboten haben; genug, er war sicher, daß jenes Bild, welches eine phantastische

Liebe und Sehnsucht hervorgerufen hatte, nun durch das entgegenwirkende Wagnis von Haß und Verachtung unmittelbar in eine Fratze sich verwandeln würde.

Ihn berechtigten jedoch zu einer so seltsamen Pädagogik die außerordentlichsten, zwischen den höchst geistigen und höchst körperlichen schwebend erscheinenden Naturgaben: Gefühl einer sich nahenden noch ungesehenen Person, Ahnung entfernter Begebenheiten, Bewußtsein der Gedanken eines vor ihm Stehenden, Nötigung anderer zu seinen Gedanken.

Diese und dergleichen Gaben sind unter mehreren Menschen ausgeteilt, mancher kann sich derselben ein und das anderemal rühmen, aber die ununterbrochene Gegenwart solcher Fähigkeiten, die in jedem Falle bereite Ausübung einer so staunenswürdigen Wirksamkeit, dies ist vielleicht nur in einem Jahrhundert zu denken, wo zusammengehaltene unzersplitterte Geistes- und Körperkräfte sich mit erstaunenswürdiger Energie hervortun konnten.

Betrachten wir aber eine solche nach unabhängigem grenzenlosen, geistigen Wirken sich hinsehnende und hingetriebene Natur, wie sie durch die streng umfassenden römisch-kirchlichen Bande sich wieder zusammengehalten fühlen muß.

Die Wirkungen des heiligen Xaverius unter den abgöttischen Heiden mögen freilich damals in Rom großes Aufsehen gemacht haben. Dadurch aufgeregt, fühlten Neri und einige seiner Freunde sich gleichfalls nach dem sogenannten Indien gezogen und wünschten mit päpstlicher Erlaubnis sich dorthin zu verfügen. Allein der wahrscheinlich von oben her wohl instruierte Beichtvater redete ihnen ab und gab zu bedenken, daß für gottselige, auf Besserung des Nächsten, auf Ausbreitung der Religion gerichtete Männer in Rom selbst ein genugsames Indien zu finden und ein würdiger Schauplatz für deren Tätigkeit offen sei. Man verkündigte ihnen, daß der großen Stadt selbst zunächst ein großes Unheil bevorstehen möchte, indem die drei Brunnen vor dem Tore St. Sebastian trüb und blutig seit einiger Zeit geflossen, welches als eine untrügliche Andeutung zu betrachten sei.

Mag also der würdige Neri und seine Gesellen, hiedurch beschwichtigt, innerhalb Roms ein wohltätiges wunderwirkendes Leben fortgesetzt haben, so viel ist gewiß, daß er von Jahr zu Jahr an Vertrauen und Achtung bei Großen und Kleinen, Alten und Jungen zugenommen.

Bedenke man nun die wundersame Komplikation der menschlichen Natur, in welcher sich die stärksten Gegensätze bereinigen, Materielles und Geistiges, Gewöhnliches und Unmögliches, Widerwärtiges und Entzückendes, Beschränktes und Grenzenloses, dergleichen aufzuführen man noch ein langes Register fortsetzen könnte; bedenke man einen solchen Widerstreit, wenn er in einem vorzüglichen Menschen sich ereignet und zutage tritt, wie er durch das Unbegreifliche, was sich aufdringt, den Verstand irre macht, die Einbildungskraft losbindet, den Glauben überflügelt, den Aberglauben berechtigt und dadurch den natürlichen Zustand mit dem unnatürlichsten in unmittelbare Berührung, ja zur Vereinigung bringt; gehe man mit diesen Betrachtungen an das weitläufig überlieferte Leben unseres Mannes, so wird es uns faßlich scheinen, was ein solcher, der beinahe ein ganzes Jahrhundert auf einem so großen Schauplatze in einem ungeheuern Elemente ununterbrochen und unablässig gewirkt, für einen Einfluß müsse erlangt haben. Die hohe Meinung von ihm ging so weit, daß man nicht allein von seinem gesunden, kräftigen Wirken Nutzen, Heil und seliges Gefühl sich zueignete, sondern daß sogar seine Krankheiten das Vertrauen vermehrten, indem man sie als Zeichen seines innigsten Verhältnisses zu Gott und dem Göttlichsten anzusehen sich bewogen fand. Hier begreifen wir nun, wie er schon lebend der Würde eines Heiligen entgegenging und sein Tod nur bekräftigen konnte, was ihm von den Zeitgenossen zugedacht und zugestanden war.

Deshalb auch, als man bald nach seinem Verscheiden, welches von noch mehr Wundern als sein Leben begleitet war, an Papst Clemens VIII. die Frage brachte, ob man mit der Untersuchung, dem sogenannten Prozeß, welcher einer Seligsprechung vorausgeht, den Anfang machen dürfe, dieser die Antwort erteilte: „Ich habe ihn immer für einen Heiligen gehalten und kann daher nichts dagegen einwenden, wenn ihn die Kirche im allgemeinen den Gläubigen als solchen erklären und vorstellen wird.“

Nun aber dürfte es auch der Aufmerksamkeit wert gehalten werden, daß er in der langen Reihe von Jahren, die ihm zu wirken gegönnt wurden, funfzehn Päpste erlebt, indem er, unter Leo X. geboren, unter Clemens VIII. seine Tage beschloß; daher er denn auch eine unabhängige Stellung gegen den Papst selbst zu behaupten sich anmaßte und als Glied der Kirche sich zwar ihren allgemeinen Anordnungen durchaus gleichstellte, aber im einzelnen sich nicht gebunden, ja sogar gebieterisch gegen das Oberhaupt der Kirche bewies. Nun läßt es sich denn auch erklären, daß er die Kardinalswürde durchaus abschlug und in seiner Chiesa nuova, gleich einem widerspenstigen Ritter in einer alten Burg, sich gegen den obersten Schutzherrn unartig zu betragen herausnahm.

Der Charakter jener Verhältnisse jedoch, wie sie sich am Ende des sechzehnten Jahrhunderts aus den früheren, roheren Zeiten seltsam genug gestaltet erhielten, kann durch nichts deutlicher vor Augen gestellt, eindringlicher dem Geiste dargebracht werden als durch ein Memorial, welches Neri kurz vor seinem Tode an den neuen Papst Clemens VIII. ergehen ließ, worauf eine gleich wunderliche Resolution erfolgte.

Wir sehen hieraus das auf eine andere Weise nicht zu schildernde Verhältnis eines bald achtzigjährigen, dem Rang eines Heiligen entgegengehenden Mannes zu einem bedeutenden, tüchtigen, während seiner mehrjährigen Regierung höchst achtbaren souveränen Oberhaupte der römisch-katholischen Kirche.

Memorial des Philipp Neri an Clemens VIII.

„Heiligster Vater! Und was für eine Person bin ich denn, daß die Kardinäle mich zu besuchen kommen, und besonders gestern abend die Kardinäle von Florenz und Cusano? Und weil ich ein bißchen Manna in Blättern nötig hatte, so ließ mir gedachter Kardinal von Florenz zwei Unzen von San Spirito holen, indem der Herr Kardinal in jenes Hospital eine große Quantität geschickt hatte. Er blieb auch bis zwei Stunden in die Nacht und sagte so viel Gutes von Ew.

Heiligkeit, viel mehr, als mir billig schien; denn da Sie Papst sind, so sollten Sie die Demut selber sein. Christus kam um sieben Uhr in der Nacht, sich mir einzuverleiben, und Ew. Heiligkeit könnte auch wohl einmal in unsre Kirche kommen. Christus ist Mensch und Gott und besucht mich gar manchmal. Ew. Heiligkeit ist nur ein bloßer Mensch, geboren von einem heiligen und rechtschaffenen Mann, jener aber von Gott Vater. Die Mutter von Ew. Heiligkeit ist Signora Agnesina, eine sehr gottesfürchtige Dame; aber jenes die Jungfrau aller Jungfrauen. Was hätte ich nicht alles zu sagen, wenn ich meiner Galle freien Lauf lassen wollte. Ich befehle Ew. Heiligkeit, daß Sie meinen Willen tun wegen eines Mädchens, das ich nach Torre de' specchi schaffen will. Sie ist die Tochter von Claudio Neri, dem Ew. Heiligkeit versprochen hat, daß Sie seine Kinder beschützen will; und da erinnere ich Sie, daß es hübsch ist, wenn ein Papst sein Wort hält. Deswegen übergeben Sie mir gedachtes Geschäft, und so, daß ich mich im Notfall Ihres Namens bedienen könne; um so mehr, da ich den Willen des Mädchens weiß und gewiß bin, daß sie durch göttliche Eingebung bewegt wird, und mit der größten Demut, die ich schuldig bin, küsse ich die heiligsten Füße."

Eigenhändige Resolution des Papsts, unter das Memorial geschrieben

„Der Papst sagt, daß dieser Aufsatz in seinem ersten Teil etwas vom Geiste der Eitelkeit enthält, indem er dadurch erfahren soll, daß die Kardinäle Dieselben so oft besuchen; wenn uns nicht etwa dadurch angedeutet werden soll, daß diese Herren geistlich gesinnt sind; welches man recht gut weiß. Daß Er nicht gekommen ist, Dieselben zu sehen, darauf sagt Er, daß es Ew. Ehrwürden nicht verdienen, da Sie das Kardinalat nicht haben annehmen wollen, das Ihnen so oft angetragen worden. Was den Befehl betrifft, so ist Er zufrieden, daß Dieselben mit Ihrer gewöhnlichen Befehlshaberei denen guten Müttern einen tüchtigen Filz geben, die es Denenselben nicht nach Ihrem Sinne machen. Nun befiehlt Er Denselben aber, daß Sie sich wahren und nicht

Beichte sitzen ohne seine Erlaubnis. Kommt aber unser Herr Dieselben besuchen, so bitten Sie für uns und für die dringendsten Notdurften der Christenheit."

JANUAR

KORRESPONDENZ

Rom, den 5. Januar 1788.

Verzeiht, wenn ich heute nur wenig schreibe. Dieses Jahr ist mit Ernst und Fleiß angefangen worden, und ich kann mich kaum umsehen.

Nach einem Stillstand von einigen Wochen, in denen ich mich leidend verhielt, habe ich wieder die schönsten, ich darf wohl sagen Offenbarungen. Es ist mir erlaubt, Blicke in das Wesen der Dinge und ihre Verhältnisse zu werfen, die mir einen Abgrund von Reichtum eröffnen. Diese Wirkungen entstehen in meinem Gemüte, weil ich immer lerne, und zwar von andern lerne. Wenn man sich selbst lehrt, ist die arbeitende und verarbeitende Kraft eins, und die Vorschritte müssen kleiner und langsamer werden.

Das Studium des menschlichen Körpers hat mich nun ganz. Alles andre verschwindet dagegen. Es ist mir damit durch mein ganzes Leben, auch jetzt wieder, sonderbar gegangen. Darüber ist nicht zu reden; was ich noch machen werde, muß die Zeit lehren.

Die Opern unterhalten mich nicht, nur das innig und ewig Wahre kann mich nun erfreuen.

Es spitzt sich bis gegen Ostern eine Epoche zu, das fühl' ich; was werden wird, weiß ich nicht.

Rom, den 10. Januar.

„Erwin und Elmire" kommt mit diesem Brief, möge dir das Stückchen auch Vergnügen machen! Doch kann eine Operette, wenn sie gut ist, niemals im Lesen genugtun; es muß die Musik erst dazu kommen, um den ganzen Begriff auszudrücken, den der Dichter sich vorstellte. „Claudine" kommt bald nach. Beide Stücke sind mehr gearbeitet, als man ihnen ansieht, weil ich erst recht mit Kaysern die Gestalt des Singspiels studiert habe.

Am menschlichen Körper wird fleißig fortgezeichnet, wie abends in der Perspektivstunde. Ich bereite mich zu meiner Auflösung, damit ich mich ihr getrosten Mutes hingebe, wenn die Himmlischen sie auf Ostern beschlossen haben. Es geschehe, was gut ist.

Das Interesse an der menschlichen Gestalt hebt nun alles andre auf. Ich fühle es wohl und wendete mich immer davon weg, wie man sich von der blendenden Sonne wegwendet, auch ist alles vergebens, was man außer Rom darüber studieren will. Ohne einen Faden, den man nur hier spinnen lernt, kann man sich aus diesem Labyrinthe nicht herausfinden. Leider wird mein Faden nicht lang genug, indessen hilft er mir doch durch die ersten Gänge.

Wenn es mit Fertigung meiner Schriften unter gleichen Konstellationen fortgeht, so muß ich mich im Laufe dieses Jahres in eine Prinzessin verlieben, um den „Tasso", ich muß mich dem Teufel ergeben, um den „Faust" schreiben zu können, ob ich mir gleich zu beiden wenig Lust fühle. Denn bisher ist's so gegangen. Um mir selbst meinen „Egmont" interessant zu machen, fing der römische Kaiser mit den Brabantern Händel an, und um meinen Opern einen Grad von Vollkommenheit zu geben, kam der Züricher Kayser nach Rom. Das heißt doch ein vornehmer Römer, wie Herder sagt, und ich finde es recht lustig, eine Endursache der Handlungen und Begebenheiten zu werden, welche gar nicht auf mich gerichtet sind. Das darf man Glück nennen. Also die Prinzessin und den Teufel wollen wir in Geduld abwarten.

Rom, den 10. Januar.

Hier kommt aus Rom abermals ein Pröbchen deutscher Art und Kunst, „Erwin und Elmire". Es ward eher fertig als „Claudine", doch wünsch' ich nicht, daß es zuerst gedruckt werde.

Du wirst bald sehen, daß alles aufs Bedürfnis der lyrischen Bühne gerechnet ist, das ich erst hier zu studieren Gelegenheit hatte: alle Personen in einer gewissen Folge, in einem gewissen Maß zu beschäftigen, daß jeder Sänger Ruhpunkte genug habe etc. Es sind hundert Dinge zu beobachten, welchen der Italiener allen Sinn des Gedichts aufopfert, ich wünsche, daß es mir gelungen sein möge, jene musikalisch-theatralischen Erfordernisse durch ein Stückchen zu befriedigen, das nicht ganz unsinnig ist. Ich hatte noch die Rücksicht, daß sich beide Operetten doch auch müssen lesen lassen, daß sie ihrem Nachbar „Egmont" keine Schande machten. Ein italienisch Opernbüchelchen liest kein Mensch, als am Abend der Vorstellung, und es in einen Band mit einem Trauerspiel zu bringen, würde hierzulande für ebenso unmöglich gehalten werden, als daß man deutsch singen könne.

Bei „Erwin" muß ich noch bemerken, daß du das trochäische Silbenmaß, besonders im zweiten Akt, öfter finden wirst; es ist nicht Zufall oder Gewohnheit, sondern aus italienischen Beispielen genommen. Dieses Silbenmaß ist zur Musik vorzüglich glücklich, und der Komponist kann es durch mehrere Takt- und Bewegungsarten dergestalt variieren, daß es der Zuhörer nie wiedererkennt. Wie überhaupt die Italiener auf glatte, einfache Silbenmaße und Rhythmen ausschließlich halten.

Der junge Camper ist ein Strudelkopf, der viel weiß, leicht begreift und über die Sachen hinfährt.

Glück zum vierten Teil der „Ideen"! Der dritte ist uns ein heilig Buch, das ich verschlossen halte; erst jetzt hat es Moritz zu lesen gekriegt, der sich glücklich preist, daß er in dieser Epoche der Erziehung des Menschengeschlechts lebt. Er hat das Buch recht gut gefühlt und war über das Ende ganz außer sich.

Wenn ich dich nur einmal für alle das Gute auf dem Kapitol bewirten könnte! Es ist einer meiner angelegensten Wünsche.

Meine titanischen Ideen waren nur Luftgestalten, die einer ernsteren Epoche vorspukten. Ich bin nun recht im Studio der Menschengestalt, welche das non plus ultra alles menschlichen Wissens und Tuns ist. Meine fleißige Vorbereitung im Studio der ganzen Natur, besonders die Osteologie, hilft mir starke Schritte machen. Jetzt seh' ich, jetzt genieß' ich erst das Höchste, was uns vom Altertum übrigblieb: die Statuen. Ja, ich sehe wohl ein, daß man ein ganzes Leben studieren kann und am Ende doch noch ausrufen möchte: „Jetzt seh' ich, jetzt genieß' ich erst."

Ich raffe alles mögliche zusammen, um Ostern eine gewisse Epoche, wohin mein Auge nun reicht, zu schließen, damit ich Rom nicht mit entschiedenem Widerwillen verlasse, und hoffe, in Deutschland einige Studien bequem und gründlich fortsetzen zu können, obgleich langsam genug. Hier trägt einen der Strom fort, sobald man nur das Schifflein bestiegen hat.

BERICHT

Januar

Cupido, loser, eigensinniger Knabe,
Du batst mich um Quartier auf einige Stunden!
Wie viele Tag' und Nächte bist du geblieben,
Und bist nun herrisch und Meister im Hause geworden.

Von meinem breiten Lager bin ich vertrieben,
Nun sitz' ich an der Erde Nächte, gequälet,
Dein Mutwill' schüret Flamm' auf Flamme des Herdes,
Verbrennet den Vorrat des Winters und senget mich Armen.

Du hast mir mein Gerät verstellt und verschoben,
Ich such' und bin wie blind und irre geworden.
Du lärmst so ungeschickt, ich fürchte, das Seelchen
Entflieht, um dir zu entfliehn, und räumet die Hütte.

Wenn man vorstehendes Liedchen nicht in buchstäblichem Sinne nehmen, nicht jenen Dämon, den man gewöhnlich Amor nennt, dabei denken, sondern eine Versammlung tätiger Geister sich vorstellen will, die das Innerste des Menschen ansprechen, auffordern, hin und wider ziehen und durch geteiltes Interesse verwirren, so wird man auf eine symbolische Weise an dem Zustande teilnehmen, in dem ich mich befand, und welchen die Auszüge aus Briefen und die bisherigen Erzählungen genugsam darstellen. Man wird zugestehen, daß eine große Anstrengung gefordert ward, sich gegen so vieles aufrechtzuerhalten, in Tätigkeit nicht zu ermüden und im Aufnehmen nicht lässig zu werden.

AUFNAHME IN DIE GESELLSCHAFT DER ARKADIER

Schon zu Ende des vorigen Jahrs ward ich mit einem Antrage bestürmt, den ich auch als Folge jenes unseligen Konzertes ansah, durch welches wir unser Inkognito leichtsinnigerweise enthüllt hatten. Es konnte jedoch andere Anlässe haben, daß man von mehreren Seiten her mich zu bestimmen suchte, mich in die „Arcadia“ als einen namhaften Schäfer aufnehmen zu lassen. Lange widerstand ich, mußte jedoch zuletzt den Freunden, die hierein etwas Besonderes zu setzen schienen, endlich nachgeben.

Im allgemeinen ist bekannt, was unter dieser Arkadischen Gesellschaft verstanden wird; doch ist es wohl nicht unangenehm, etwas darüber zu vernehmen.

Während dem Laufe des siebzehnten Jahrhunderts mag die italienische Poesie sich auf mancherlei Weise verschlimmert haben; denn gegen Ende dieses Zeitraums werfen ihr gebildete, wohlgesinnte Männer vor, sie habe den Gehalt, was man damals innere Schönheit nannte, völlig versäumt; auch sei sie in Absicht auf die Form, die äußere Schönheit, durchaus zu tadeln, denn sie habe mit barbarischen Ausdrücken, unleidlich harten Versen, fehlerhaften Figuren und Tropen, besonders mit fortlaufenden und ungemessenen Hyperbeln, Metonymien und Metaphern, auch ganz und gar das Anmutige und Süße verscherzt, welches man am Äußern zu schätzen sich erfreue.

Jene auf solchen Irrwegen Befangenen jedoch schalten, wie es zu gehen pflegt, das Echte und Fürtreffliche, damit ihre Mißbräuche fernerhin unangetastet gelten möchten. Welches denn doch zuletzt von gebildeten und verständigen Menschen nicht mehr erduldet werden konnte, dergestalt, daß im Jahr 1690 eine Anzahl umsichtiger und kräftiger Männer zusammentrat und einen andern Weg einzuschlagen sich beredete.

Damit aber ihre Zusammenkünfte nicht Aufsehen machen und Gegenwirkung veranlassen möchten, so wendeten sie sich ins Freie, in ländliche Gartenumgebungen, deren ja Rom selbst in seinen Mauern genugsame bezirkt und einschließt. Hiedurch ward ihnen zugleich der Gewinn, sich der Natur zu nähern und in frischer Luft den uranfänglichen Geist der Dichtkunst zu ahnen. Dort, an zufälligen Plätzen, lagerten sie sich auf dem Rasen, setzten sich auf architektonische Trümmer und Steinblöcke, wo sogar anwesende Kardinäle nur durch ein weicheres Kissen geehrt werden konnten. Hier besprachen sie sich untereinander von ihren Überzeugungen, Grundsätzen, Vorhaben; hier lasen sie Gedichte, in welchen man den Sinn des höheren Altertums, der edlen toskanischen Schule wieder ins Leben zu führen trachtete. Da rief denn einer in Entzücken aus: „Hier ist unser Arkadien!" Dies veranlaßte den Namen der Gesellschaft sowie das Idyllische ihrer Einrichtung. Keine Protektion eines großen und einflußreichen Mannes sollte sie schützen; sie wollten kein Oberhaupt, keinen Präsidenten zugeben. Ein Kustos sollte die arkadischen Räume öffnen und schließen und in den notwendigsten Fällen ihm ein Rat von zu wählenden Ältesten zur Seite stehn.

Hier ist der Name Crescimbeni ehrwürdig, welcher gar wohl als Mitstifter angesehen werden kann und als erster Kustos sein Amt mehrere Jahre treulich verrichtet, indem er über einen bessern, reinern Geschmack Wache hält und das Barbarische immer mehr zu verdrängen weiß.

Seine Dialogen über die Poesia volgare, welches nicht etwa Volkspoesie zu übersetzen ist, sondern Poesie, wie sie einer Nation wohl ansteht, wenn sie durch entschiedene wahre Talente ausgeübt, nicht aber durch Grillen und Eigenheiten einzelner Wirrköpfe entstellt wird, seine Dialogen, worin er die bessere Lehre vorträgt, sind offenbar eine Frucht arkadischer Unterhaltungen und höchst wichtig in Vergleich mit unserm neuen ästhetischen Bestreben. Auch die von ihm herausgegebenen Gedichte der „Arkadia" verdienen in diesem Sinne alle Aufmerksamkeit; wir erlauben uns dabei nur folgende Bemerkung.

Zwar hatten die werten Schäfer, im Freien auf grünem Rasen sich lagernd, der Natur hiedurch näherzukommen gedacht, in welchem Falle wohl Liebe und Leidenschaft ein menschlich Herz zu überschleichen pflegt; nun aber bestand die Gesellschaft aus geistlichen Herren und sonstigen würdigen Personen, die sich mit dem Amor jener römischen Triumvirn nicht einlassen durften, den sie deshalb ausdrücklich beseitigten. Hier also blieb nichts übrig, da dem Dichter die Liebe ganz unentbehrlich ist, als sich zu jener überirdischen und gewissermaßen platonischen Sehnsucht hinzuwenden, nicht weniger ins Allegorische sich einzulassen, wodurch denn ihre Gedichte einen ganz ehrsamen, eigentümlichen Charakter erhalten, da sie ohnehin ihren großen Vorgängern Dante und Petrarch hierin auf dem Fuße folgen konnten.

Diese Gesellschaft bestand, wie ich nach Rom gelangte, soeben hundert Jahr, und hatte sich ihrer äußern Form nach durch mancherlei Orts- und Gesinnungswechsel immer mit Anstand, wenn auch nicht in großem Ansehn erhalten; und man ließ nicht leicht einigermaßen bedeutende Fremde in Rom verweilen, ohne dieselben zur Aufnahme anzulocken, um so mehr, als der Hüter dieser poetischen Ländereien bloß dadurch sich bei einem mäßigen Einkommen erhalten konnte.

Die Funktion selbst aber ging folgendermaßen vor sich: In den Vorzimmern eines anständigen Gebäudes ward ich einem bedeutenden geistlichen Herrn vorgestellt, und er mir bekannt gemacht als derjenige, der mich einführen, meinen Bürgen gleichsam oder Paten vorstellen sollte. Wir traten in einen großen, bereits ziemlich belebten Saal und setzten uns in die erste Reihe von Stühlen, gerade in die Mitte einem aufgerichteten Katheder gegenüber. Es traten immer mehr Zuhörer heran; an meine leergebliebene Rechte fand sich ein stattlicher ältlicher Mann, den ich nach seiner Bekleidung und der Ehrfurcht, die man ihm erwies, für einen Kardinal zu halten hatte.

Der Kustode, vom Katheder herab, hielt eine allgemein einleitende Rede, rief mehrere Personen auf, welche sich teils in Versen, teils in Prosa hören ließen. Nachdem dieses eine gute Zeit gewährt, begann jener eine Rede, deren Inhalt und Ausführung ich übergehe, indem sie im ganzen mit dem Diplom zusammentraf, welches ich erhielt und hier nachzubringen gedenke. Hierauf wurde ich denn förmlich für einen der Ihrigen erklärt und unter großem Händeklatschen aufgenommen und anerkannt.

Mein sogenannter Pate und ich waren indessen aufgestanden und hatten uns mit vielen Verbeugungen bedankt. Er aber hielt eine wohlgedachte, nicht allzulange, sehr schickliche Rede, worauf abermals ein allgemeiner Beifall sich hören ließ, nach dessen Verschallen ich Gelegenheit hatte, den einzelnen zu danken und mich ihnen zu empfehlen. Das Diplom, welches ich den andern Tag erhielt, folgt hier im Original und ist, da es in jeder andern Sprache seine Eigentümlichkeit verlöre, nicht übersetzt worden. Indessen suchte ich den Kustode mit seinem neuen Hutgenossen auf das beste zufriedenzustellen.

C. U. C.

Nivildo Amarinzio
Custode generale d'Arcadia

Trovandosi per avventura a beare le sponde del Tebbro uno di quei Genj di prim' Ordine, ch' oggi fioriscono nella Germania qual' è l'Inclito ed Erudito Signor DE GOETHE Consigliere attuale di Stato di Sua Altezza Serenissima il Duca di Sassonia Weimar, ed avendo celato fra noi con filosofica moderazione la chiarezza della sua Nascità, de' suoi Ministerj, e della virtù sua, non ha potuto ascondere la luce, che hanno sparso le sue dottissime produzioni tanto in Prosa ch' in Poesia per cui si è reso celebre a tutto il Mondo Letterario. Quindi essendosi compiaciuto il suddetto rinomato Signor DE GOETHE d' intervenire in una delle pubbliche nostre Accademie, appena Egli comparve, come un nuovo astro di cielo straniero tra le nostre selve, ed in una delle nostre Geniali Adunanze, che gli Arcadi in gran numero convocati co' segni del più sincero giubilo ed applauso vollero distinguerlo come Autore di tante celebrate opere, con annoverarlo a viva voce tra i più illustri membri della loro Pastoral Società sotto il Nome di Megalio, e vollero altresi assegnare al Medesimo il possesso delle Campagne Melpomenie sacre alla Tragica Musa dichiarandolo coñ ciò Pastore Arcade di Numero. Nel tempo stesso il Ceto Universale commise al Custode Generale di registrare l'Atto pubblico e solenne di si applaudita annoverazione tra i fasti d'Arcadia, e di presentare al Chiarissimo Novello Compastore Megalio Melpomenio il presente Diploma in segno dell' altissima stima, che fa la nostra Pastorale Letteraria Repubblica de' chiari e nobili ingegni a perpetua memoria. Dato dalla Capanna del Serbatojo dentro il Bosco Parrasio alla Neomenia di Possideone Olimpiade DCXLI. Anno II. dalla Ristorazione d'Arcadia Olimpiade XXIV. Anno IV. Giorno lieto per General Chiamata.

Nivildo Amarinzio Custode Generale.

Das Siegel hat in einem Kranze, halb Lorbeer, halb Pinien, in der Mitte eine Pansflöte, darunter Gli Arcadi.	Corimbo Melicronio Florimonte Egiréo	Sotto- Custodi.

DAS RÖMISCHE KARNEVAL

Indem wir eine Beschreibung des Römischen Karnevals unternehmen, müssen wir den Einwurf befürchten, daß eine solche Feierlichkeit eigentlich nicht beschrieben werden könne. Eine so große lebendige Masse sinnlicher Gegenstände sollte sich unmittelbar vor dem Auge bewegen und von einem jeden nach seiner Art angeschaut und gefaßt werden.

Noch bedenklicher wird diese Einwendung, wenn wir selbst gestehen müssen, daß das Römische Karneval einem fremden Zuschauer, der es zum erstenmal sieht und nur sehen will und kann, weder einen ganzen noch einen erfreulichen Eindruck gebe, weder das Auge sonderlich ergötze, noch das Gemüt befriedige.

Die lange und schmale Straße, in welcher sich unzählige Menschen hin und wider wälzen, ist nicht zu übersehen; kaum unterscheidet man etwas in dem Bezirk des Getümmels, den das Auge fassen kann. Die Bewegung ist einförmig, der Lärm betäubend, das Ende der Tage unbefriedigend. Allein diese Bedenklichkeiten sind bald gehoben, wenn wir uns näher erklären; und vorzüglich wird die Frage sein, ob uns die Beschreibung selbst rechtfertigt.

Das Römische Karneval ist ein Fest, das dem Volke eigentlich nicht gegeben wird, sondern das sich das Volk selbst gibt.

Der Staat macht wenig Anstalten, wenig Aufwand dazu. Der Kreis der Freuden bewegt sich von selbst, und die Polizei regiert ihn nur mit gelinder Hand.

Hier ist nicht ein Fest, das wie die vielen geistlichen Feste Roms die Augen der Zuschauer blendete; hier ist kein Feuerwerk, das von dem Kastell Sankt Angelo einen einzigen überraschenden Anblick gewährte; hier ist keine Erleuchtung der Peterskirche und Kuppel, welche so viel Fremde aus allen Landen herbeilockt und befriedigt; hier ist keine glänzende Prozession, bei deren Annäherung das Volk beten und staunen soll; hier wird vielmehr nur ein Zeichen gegeben, daß jeder so töricht und toll sein dürfe, als er wolle, und daß außer Schlägen und Messerstichen fast alles erlaubt sei.

Der Unterschied zwischen Hohen und Niedern scheint einen Augenblick aufgehoben: alles nähert sich einander, jeder nimmt, was ihm begegnet, leicht auf, und die wechselseitige Frechheit und Freiheit wird durch eine allgemeine gute Laune im Gleichgewicht erhalten.

In diesen Tagen freuet sich der Römer noch zu unsern Zeiten, daß die Geburt Christi das Fest der Saturnalien und seiner Privilegien wohl um einige Wochen verschieben, aber nicht aufheben konnte.

Wir werden uns bemühen, die Freuden und den Taumel dieser Tage vor die Einbildungskraft unserer Leser zu bringen. Auch schmeicheln wir uns, solchen Personen zu dienen, welche dem Römischen Karneval selbst einmal beigewohnt und sich nun mit einer lebhaften Erinnerung jener Zeiten vergnügen mögen; nicht weniger solchen, welchen jene Reise noch bevorsteht und denen diese wenigen Blätter Übersicht und Genuß einer überdrängten und vorbeirauschenden Freude verschaffen können.

Der Korso

Das Römische Karneval versammelt sich in dem Korso. Diese Straße beschränkt und bestimmt die öffentliche Feierlichkeit dieser Tage. An jedem andern Platz würde es ein ander Fest sein; und wir haben daher vor allen Dingen den Korso selbst zu beschreiben.

Er führt den Namen wie mehrere lange Straßen italienischer Städte von dem Wettrennen der Pferde, womit zu Rom sich jeder Karnevalsabend schließt und womit an andern Orten andere Feierlichkeiten, als das Fest eines Schutzpatrons, ein Kirchweihfest, geendigt werden.

Die Straße geht von der Piazza del Popolo schnurgerade bis an den venezianischen Palast. Sie ist ungefähr viertehalbtausend Schritte lang und von hohen, meistenteils prächtigen Gebäuden eingefaßt. Ihre Breite ist gegen ihre Länge und gegen die Höhe der Gebäude nicht verhältnismäßig. An beiden Seiten nehmen Pflastererhöhungen für die Fußgänger ungefähr sechs bis acht Fuß weg. In der Mitte bleibt für die Wagen an den meisten Orten nur der Raum von zwölf bis vierzehn Schritten, und man sieht also leicht, daß höchstens drei Fuhrwerke sich in dieser Breite nebeneinander bewegen können.

Der Obelisk auf der Piazza del Popolo ist im Karneval die unterste Grenze dieser Straße; der venezianische Palast die obere.

Spazierfahrt im Korso

Schon alle Sonn- und Festtage eines Jahres ist der römische Korso belebt. Die vornehmern und reichern Römer fahren hier eine oder anderthalb Stunden vor Nacht in einer sehr zahlreichen Reihe spazieren; die Wagen kommen vom venezianischen Palast herunter, halten sich an der linken Seite, fahren, wenn es schön Wetter ist, an dem Obelisk vorbei, zum Tore hinaus und auf den Flaminischen Weg, manchmal bis Ponte molle.

Die früher oder später Umkehrenden halten sich an die andere Seite; so ziehen die beiden Wagenreihen in der besten Ordnung aneinander hin.

Die Gesandten haben das Recht, zwischen beiden Reihen auf und nieder zu fahren. Dem Prätendenten, der sich unter dem Namen eines Herzogs von Albanien in Rom aufhielt, war es gleichfalls zugestanden.

Sobald die Nacht eingeläutet wird, ist diese Ordnung unterbrochen; jeder wendet, wo es ihm beliebt, und sucht seinen nächsten Weg, oft zur Unbequemlichkeit vieler andern Equipagen, welche in dem engen Raum dadurch gehindert und aufgehalten werden.

Diese Abendspazierfahrt, welche in allen großen italienischen Städten brillant ist und in jeder kleinen Stadt, wäre es auch nur mit einigen Kutschen, nachgeahmt wird, lockt viele Fußgänger in den Korso; jedermann kommt, um zu sehen oder gesehen zu werden.

Das Karneval ist, wie wir bald bemerken können, eigentlich nur eine Fortsetzung oder vielmehr der Gipfel jener gewöhnlichen sonn- und festtägigen Freuden; es ist nichts Neues, nichts Fremdes, nichts Einziges, sondern es schließt sich nur an die römische Lebensweise ganz natürlich an.

Klima, geistliche Kleidungen

Ebensowenig fremd wird es uns scheinen, wenn wir nun bald eine Menge Masken in freier Luft sehen, da wir so manche Lebensszene unter dem heitern frohen Himmel das ganze Jahr durch zu erblicken gewohnt sind.

Bei einem jeden Feste bilden ausgehängte Teppiche, gestreute Blumen, übergespannte Tücher die Straßen gleichsam zu großen Sälen und Galerien um.

Keine Leiche wird ohne vermummte Begleitung der Brüderschaften zu Grabe gebracht; die vielen Mönchskleidungen gewöhnen das Auge an fremde und sonderbare Gestalten; es scheint das ganze Jahr Karneval zu sein, und die Abbaten in schwarzer Kleidung scheinen unter den übrigen geistlichen Masken die edlern Tabarros vorzustellen.

Erste Zeit

Schon von dem neuen Jahre an sind die Schauspielhäuser eröffnet, und das Karneval hat seinen Anfang genommen. Man sieht hie und da in den Logen eine Schöne, welche als Offizier ihre Epauletten mit größter Selbstzufriedenheit dem Volke zeigt. Die Spazierfahrt im Korso wird zahlreicher; doch die allgemeine Erwartung ist auf die letzten acht Tage gerichtet.

Vorbereitungen auf die letzten Tage

Mancherlei Vorbereitungen verkündigen dem Publikum diese paradiesischen Stunden.

Der Korso, eine von den wenigen Straßen in Rom, welche das ganze Jahr rein gehalten werden, wird nun sorgfältiger gekehrt und gereinigt. Man ist beschäftigt, das schöne, aus kleinen, viereckig zugehauenen, ziemlich gleichen Basaltstücken zusammengesetzte Pflaster, wo es nur einigermaßen abzuweichen scheint, auszuheben und die Basaltkeile wieder neu instand zu setzen.

Außer diesem zeigen sich auch lebendige Vorboten. Jeder Karnevalsabend schließt sich, wie wir schon erwähnt haben, mit einem Wettrennen. Die Pferde, welche man zu diesem

Endzweck unterhält, sind meistenteils klein und werden wegen fremder Herkunft der besten unter ihnen Barberi genennt.

Ein solches Pferdchen wird mit einer Decke von weißer Leinwand, welche am Kopf, Hals und Leib genau anschließt und auf den Nähten mit bunten Bändern besetzt ist, vor dem Obelisk an die Stelle gebracht, wo es in der Folge auslaufen soll. Man gewöhnt es, den Kopf gegen den Korso gerichtet, eine Zeitlang stillzustehen, führt es alsdann sachte die Straße hin und gibt ihm oben am venezianischen Palast ein wenig Hafer, damit es ein Interesse empfinde, seine Bahn desto geschwinder zu durchlaufen.

Da diese Übung mit den meisten Pferden, deren oft funfzehn bis zwanzig an der Zahl sind, wiederholt und eine solche Promenade immer von einer Anzahl lustig schreiender Knaben begleitet wird, so gibt es schon einen Vorschmack von einem größern Lärm und Jubel, der bald folgen soll.

Ehemals nährten die ersten römischen Häuser dergleichen Pferde in ihren Marställen; man schätzte sich es zur Ehre, wenn ein solches den Preis davontragen konnte. Es wurden Wetten angestellt und der Sieg durch ein Gastmahl verherrlicht.

In den letzten Zeiten hingegen hat diese Liebhaberei sehr abgenommen, und der Wunsch, durch seine Pferde Ruhm zu erlangen, ist in die mittlere, ja in die unterste Klasse des Volks herabgestiegen.

Aus jenen Zeiten mag sich noch die Gewohnheit herschreiben, daß der Trupp Reiter, welcher, von Trompetern begleitet, in diesen Tagen die Preise in ganz Rom herumzeigt, in die Häuser der Vornehmen hineinreitet und nach einem geblasenen Trompeterstückchen ein Trinkgeld empfängt.

Der Preis bestehet aus einem etwa drittehalb Ellen langen und nicht gar eine Elle breiten Stück Gold- oder Silberstoff, das an einer bunten Stange wie eine Flagge befestigt schwebt und an dessen unterm Ende das Bild einiger rennender Pferde quer eingewirkt ist.

Es wird dieser Preis Palio genannt, und soviel Tage das Karneval dauert, so viele solcher Quasi-Standarten werden von dem erst erwähnten Zug durch die Straßen von Rom aufgezeigt.

Inzwischen fängt auch der Korso an, seine Gestalt zu verändern; der Obelisk wird nun die Grenze der Straße. Vor demselben wird ein Gerüste mit vielen Sitzreihen übereinander aufgeschlagen, welches gerade in den Korso hineinsieht. Vor dem Gerüste werden die Schranken errichtet, zwischen welche man künftig die Pferde zum Ablaufen bringen soll.

An beiden Seiten werden ferner große Gerüste gebaut, welche sich an die ersten Häuser des Korso anschließen und auf diese Weise die Straße in den Platz herein verlängern. An beiden Seiten der Schranken stehen kleine, erhöhte und bedeckte Bogen für die Personen, welche das Ablaufen der Pferde regulieren sollen.

Den Korso hinauf sieht man vor manchen Häusern ebenfalls Gerüste aufgerichtet. Die Plätze von Sankt Carlo und der Antoninischen Säule werden durch Schranken von der Straße abgesondert, und alles bezeichnet genug, daß die ganze Feierlichkeit sich in dem langen und schmalen Korso einschränken solle und werde.

Zuletzt wird die Straße in der Mitte mit Puzzolane bestreut, damit die wettrennenden Pferde auf dem glatten Pflaster nicht so leicht ausgleiten mögen.

Signal der vollkommnen Karnevalsfreiheit

So findet die Erwartung sich jeden Tag genährt und beschäftigt, bis endlich eine Glocke vom Kapitol bald nach Mittage das Zeichen gibt, es sei erlaubt, unter freiem Himmel töricht zu sein.

In diesem Augenblick legt der ernsthafte Römer, der sich das ganze Jahr sorgfältig vor jedem Fehltritt hütet, seinen Ernst und seine Bedächtigkeit auf einmal ab.

Die Pflasterer, die bis zum letzten Augenblicke gekläppert haben, packen ihr Werkzeug auf und machen der Arbeit scherzend ein Ende. Alle Balkone, alle Fenster werden nach und nach mit Teppichen behängt, auf den Pflastererhöhungen zu beiden Seiten der Straße werden Stühle herausgesetzt, die geringern Hausbewohner, alle Kinder sind auf der Straße, die nun aufhört, eine Straße zu sein; sie gleicht vielmehr einem großen Festsaal, einer ungeheuren ausgeschmückten Galerie.

Denn wie alle Fenster mit Teppichen behängt sind, so stehen auch alle Gerüste mit alten gewirkten Tapeten beschlagen; die vielen Stühle vermehren den Begriff von Zimmer, und der freundliche Himmel erinnert selten, daß man ohne Dach sei.

So scheint die Straße nach und nach immer wohnbarer. Indem man aus dem Hause tritt, glaubt man nicht im Freien und unter Fremden, sondern in einem Saale unter Bekannten zu sein.

Wache

Indessen daß der Korso immer belebter wird und unter den vielen Personen, die in ihren gewöhnlichen Kleidern spazieren, sich hier und da ein Pulcinell zeigt, hat sich das Militär vor der Porta del Popolo versammelt. Es zieht, angeführt von dem General zu Pferde, in guter Ordnung und neuer Montur mit klingendem Spiel den Korso herauf und besetzt sogleich alle Eingänge in denselben, errichtet ein paar Wachen auf den Hauptplätzen und übernimmt die Sorge für die Ordnung der ganzen Anstalt.

Die Verleiher der Stühle und Gerüste rufen nun emsig den Vorbeigehenden an: „Luoghi! Luoghi, Padroni! Luoghi!"

Masken

Nun fangen die Masken an, sich zu vermehren. Junge Männer, geputzt in Festtagskleidern der Weiber aus der untersten Klasse, mit entblößtem Busen und frecher Selbstgenügsamkeit, lassen sich meist zuerst sehen. Sie liebkosen die ihnen begegnenden Männer, tun gemein und vertraut mit den Weibern als mit ihresgleichen, treiben sonst, was ihnen Laune, Witz oder Unart eingeben.

Wir erinnern uns unter andern eines jungen Menschen, der die Rolle einer leidenschaftlichen, zanksüchtigen und auf keine Weise zu beruhigenden Frau vortrefflich spielte und so sich den ganzen Korso hinab zankte, jedem etwas anhängte, indes seine Begleiter sich alle Mühe zu geben schienen, ihn zu besänftigen.

Hier kommt ein Pulcinell gelaufen, dem ein großes Horn an bunten Schnüren um die Hüften gaukelt. Durch eine geringe Bewegung, indem er sich mit den Weibern unterhält, weiß er die Gestalt des alten Gottes der Gärten in dem heiligen Rom kecklich nachzuahmen, und seine Leichtfertigkeit erregt mehr Lust als Unwillen. Hier kommt ein anderer seinesgleichen, der, bescheidner und zufriedner, seine schöne Hälfte mit sich bringt.

Da die Frauen ebensoviel Lust haben, sich in Mannskleidern zu zeigen, als die Männer, sich in Frauenskleidern sehen zu lassen, so haben sie die beliebte Tracht des Pulcinells sich anzupassen nicht verfehlt, und man muß bekennen, daß es ihnen gelingt, in dieser Zwittergestalt oft höchst reizend zu sein.

Mit schnellen Schritten, deklamierend, wie vor Gericht, drängt sich ein Advokat durch die Menge; er schreit an die Fenster hinauf, packt maskierte und unmaskierte Spaziergänger an, droht einem jeden mit einem Prozeß, macht bald jenem eine lange Geschichtserzählung von lächerlichen Verbrechen, die er begangen haben soll, bald diesem eine genaue Spezifikation seiner Schulden. Die Frauen schilt er wegen ihrer Cicisbeen, die Mädchen wegen ihrer Liebhaber; er beruft sich auf ein Buch, das er bei sich führt, produziert Dokumente, und das alles mit einer durchdringenden Stimme und geläufigen Zunge. Er sucht jedermann zu beschämen und konfus zu machen. Wenn man denkt, er höre auf, so fängt er erst recht an; denkt man, er gehe weg, so kehrt er um; auf den einen geht er gerade los und spricht ihn nicht an, er packt einen andern, der schon vorbei ist; kommt nun gar ein Mitbruder ihm entgegen, so erreicht die Tollheit ihren höchsten Grad.

Aber lange können sie die Aufmerksamkeit des Publikums nicht auf sich ziehen; der tollste Eindruck wird gleich von Menge und Mannigfaltigkeit wieder verschlungen.

Besonders machen die Quacqueri zwar nicht so viel Lärm, doch ebensoviel Aufsehen als die Advokaten. Die Maske der

Quacqueri scheint so allgemein geworden zu sein durch die Leichtigkeit, auf dem Trödel altfränkische Kleidungsstücke finden zu können.

Die Haupterfordernisse dieser Maske sind, daß die Kleidung zwar altfränkisch, aber wohlerhalten und von edlem Stoff sei. Man sieht sie selten anders als mit Samt oder Seide bekleidet, sie tragen brokatene oder gestickte Westen, und der Statur nach muß der Quacquero dickleibig sein; seine Gesichtsmaske ist ganz, mit Pausbacken und kleinen Augen; seine Perücke hat wunderliche Zöpfchen; sein Hut ist klein und meistens bordiert.

Man siehet, daß sich diese Figur sehr dem Buffo caricato der komischen Oper nähert, und wie dieser meistenteils einen läppischen, verliebten, betrogenen Toren vorstellt, so zeigen sich auch diese als abgeschmackte Stutzer. Sie hüpfen mit großer Leichtigkeit auf den Zehen hin und her, führen große schwarze Ringe ohne Glas statt der Lorgnetten, womit sie in alle Wagen hineingucken, nach allen Fenstern hinaufblicken. Sie machen gewöhnlich einen steifen, tiefen Bückling, und ihre Freude, besonders wenn sie sich einander begegnen, geben sie dadurch zu erkennen, daß sie mit gleichen Füßen mehrmals gerade in die Höhe hüpfen und einen hellen, durchdringenden, unartikulierten Laut von sich geben, der mit den Konsonanten brr verbunden ist.

Oft geben sie sich durch diesen Ton das Zeichen, und die nächsten erwidern das Signal, so daß in kurzer Zeit dieses Geschrille den ganzen Korso hin und wider läuft.

Mutwillige Knaben blasen indes in große gewundne Muscheln und beleidigen das Ohr mit unerträglichen Tönen.

Man sieht bald, daß bei der Enge des Raums, bei der Ähnlichkeit so vieler Maskenkleidungen (denn es mögen immer einige hundert Pulcinelle und gegen hundert Quacqueri im Korso auf und nieder laufen) wenige die Absicht haben können, Aufsehn zu erregen oder bemerkt zu werden. Auch müssen diese früh genug im Korso erscheinen. Vielmehr geht ein jeder nur aus, sich zu vergnügen, seine Tollheit auszulassen und der Freiheit dieser Tage auf das beste zu genießen.

Besonders suchen und wissen die Mädchen und Frauen sich in dieser Zeit nach ihrer Art lustig zu machen. Jede sucht nur aus dem Hause zu kommen, sich, auf welche Art es sei, zu vermummen, und weil die wenigsten in dem Fall sind, viel Geld aufwenden zu können, so sind sie erfinderisch genug, allerlei Arten auszudenken, wie sie sich mehr verstecken als zieren.

Sehr leicht sind die Masken von Bettlern und Bettlerinnen zu schaffen; schöne Haare werden vorzüglich erfordert, dann eine ganz weiße Gesichtsmaske, ein irdenes Töpfchen an einem farbigen Bande, ein Stab und ein Hut in der Hand. Sie treten mit demütiger Gebärde unter die Fenster und vor jeden hin und empfangen statt Almosen Zuckerwerk, Nüsse und was man ihnen sonst Artiges geben mag.

Andere machen sich es noch bequemer, hüllen sich in Pelze oder erscheinen in einer artigen Haustracht nur mit Gesichtsmasken. Sie gehen meistenteils ohne Männer und führen als Off- und Defensivwaffe ein Besenchen, aus der Blüte eines Rohrs gebunden, womit sie teils die Überlästigen abwehren, teils auch, mutwillig genug, Bekannten und Unbekannten, die ihnen ohne Masken entgegenkommen, im Gesicht herumfahren.

Wenn einer, auf den sie es gemünzt haben, zwischen vier oder fünf solcher Mädchen hineinkommt, weiß er sich nicht zu retten. Das Gedränge hindert ihn zu fliehen, und wo er sich hinwendet, fühlt er die Besenchen unter der Nase. Sich ernstlich gegen diese oder andere Neckereien zu wehren, würde sehr gefährlich sein, weil die Masken unverletzlich sind und jede Wache ihnen beizustehen beordert ist.

Ebenso müssen die gewöhnlichen Kleidungen aller Stände als Masken dienen. Stallknechte mit ihren großen Bürsten kommen, einem jeden, wenn es ihnen beliebt, den Rücken auszukehren. Vetturine bieten ihre Dienste mit ihrer gewöhnlichen Zudringlichkeit an. Zierlicher sind die Masken der Landmädchen, Fraskatanerinnen, Fischer, Neapolitaner Schiffer, neapolitanischer Sbirren und Griechen.

Manchmal wird eine Maske vom Theater nachgeahmt. Einige machen sich's sehr bequem, indem sie sich in Teppiche oder Leintücher hüllen, die sie über dem Kopfe zusammenbinden.

Die weiße Gestalt pflegt gewöhnlich andern in den Weg zu treten und vor ihnen zu hüpfen und glaubt auf diese Weise ein Gespenst vorzustellen. Einige zeichnen sich durch sonderbare Zusammensetzungen aus, und der Tabarro wird immer für die edelste Maske gehalten, weil sie sich gar nicht auszeichnet.

Witzige und satirische Masken sind sehr selten, weil diese schon Endzweck haben und bemerkt sein wollen. Doch sah man einen Pulcinell als Hahnrei. Die Hörner waren beweglich, er konnte sie wie eine Schnecke heraus- und hineinziehen. Wenn er unter ein Fenster vor neu Verheiratete trat und ein Horn nur ein wenig sehen ließ, oder vor einem andern beide Hörner recht lang streckte und die an den obern Spitzen befestigten Schellen recht wacker klingelten, entstand auf Augenblicke eine heitere Aufmerksamkeit des Publikums und manchmal ein großes Gelächter.

Ein Zauberer mischt sich unter die Menge, läßt das Volk ein Buch mit Zahlen sehn und erinnert es an seine Leidenschaft zum Lottospiel.

Mit zwei Gesichtern steckt einer im Gedränge: man weiß nicht, welches sein Vorderteil, welches sein Hinterteil ist, ob er kommt, ob er geht.

Der Fremde muß sich auch gefallen lassen, in diesen Tagen verspottet zu werden. Die langen Kleider der Nordländer, die großen Knöpfe, die wunderlichen runden Hüte fallen den Römern auf, und so wird ihnen der Fremde eine Maske.

Weil die fremden Maler, besonders die, welche Landschaften und Gebäude studieren, in Rom überall öffentlich sitzen und zeichnen, so werden sie auch unter der Karnevalsmenge emsig vorgestellt und zeigen sich mit großen Portefeuillen, langen Surtouts und kolossalischen Reißfedern sehr geschäftig.

Die deutschen Bäckerknechte zeichnen sich in Rom gar oft betrunken aus, und sie werden auch mit einer Flasche Wein in ihrer eigentlichen oder auch etwas verzierten Tracht taumelnd vorgestellt.

Wir erinnern uns einer einzigen anzüglichen Maske. Es sollte ein Obelisk vor der Kirche Trinità de' Monti aufgerichtet werden. Das Publikum war nicht sehr damit zu-

37. Aufgang zum Kapitol. Zeichnung von Verschaffelt

frieden, teils weil der Platz eng ist, teils weil man dem kleinen Obelisk, um ihn in eine gewisse Höhe zu bringen, ein sehr hohes Piedestal unterbauen mußte. Es nahm daher einer den Anlaß, ein großes weißes Piedestal als Mütze zu tragen, auf welchem oben ein ganz kleiner rötlicher Obelisk befestigt war. An dem Piedestal standen große Buchstaben, deren Sinn vielleicht nur wenige errieten.

Kutschen

Indessen die Masken sich vermehren, fahren die Kutschen nach und nach in den Korso hinein, in derselben Ordnung, wie wir sie oben beschrieben haben, als von der sonn- und festtägigen Spazierfahrt die Rede war, nur mit dem Unterschied, daß gegenwärtig die Fuhrwerke, welche vom venezianischen Palast an der linken Seite herunterfahren, da, wo die Straße des Korso aufhört, wenden und sogleich an der andern Seite wieder herauffahren.

Wir haben schon oben angezeigt, daß die Straße, wenn man die Erhöhungen für die Fußgänger abrechnet, an den meisten Orten wenig über drei Wagenbreiten hat.

Die Seitenerhöhungen sind alle mit Gerüsten versperrt, mit Stühlen besetzt, und viele Zuschauer haben schon ihre Plätze eingenommen. An Gerüsten und Stühlen geht ganz nahe eine Wagenreihe hinunter und an der andern Seite hinauf. Die Fußgänger sind in eine Breite von höchstens acht Fuß zwischen den beiden Reihen eingeschlossen; jeder drängt sich hin- und herwärts, so gut er kann, und von allen Fenstern und Balkonen sieht wieder eine gedrängte Menge auf das Gedränge herunter.

In den ersten Tagen sieht man meist nur die gewöhnlichen Equipagen; denn jeder verspart auf die folgenden, was er Zierliches oder Prächtiges allenfalls aufführen will. Gegen Ende des Karnevals kommen mehr offene Wagen zum Vorschein, deren einige sechs Sitze haben: zwei Damen sitzen erhöht gegeneinander über, so daß man ihre ganze Gestalt sehen kann, vier Herren nehmen die vier übrigen Sitze der Winkel ein, Kutscher und Bediente sind maskiert, die Pferde mit Flor und Blumen geputzt.

Oft steht ein schöner, weißer, mit rosenfarbnen Bändern gezierter Pudel dem Kutscher zwischen den Füßen, an dem Geschirre klingen Schellen, und die Aufmerksamkeit des Publikums wird einige Augenblicke auf diesen Aufzug geheftet.

Man kann leicht denken, daß nur schöne Frauen sich so vor dem ganzen Volke zu erhöhen wagen, und daß nur die Schönste ohne Gesichtsmaske sich sehen läßt. Wo sich denn aber auch der Wagen nähert, der gewöhnlich langsam genug fahren muß, sind alle Augen darauf gerichtet, und sie hat die Freude, von manchen Seiten zu hören: „O quanto è bella!"

Ehemals sollen diese Prachtwagen weit häufiger und kostbarer, auch durch mythologische und allegorische Vorstellungen interessanter gewesen sein; neuerdings aber scheinen die Vornehmern, es sei nun aus welchem Grunde es wolle, verloren in dem Ganzen, das Vergnügen, das sie noch bei dieser Feierlichkeit finden, mehr genießen, als sich vor andern auszeichnen zu wollen.

Je weiter das Karneval vorrückt, desto lustiger sehen die Equipagen aus.

Selbst ernsthafte Personen, welche unmaskiert in den Wagen sitzen, erlauben ihren Kutschern und Bedienten, sich zu maskieren. Die Kutscher wählen meistenteils die Frauentracht, und in den letzten Tagen scheinen nur Weiber die Pferde zu regieren. Sie sind oft anständig, ja reizend gekleidet; dagegen macht denn auch ein breiter, häßlicher Kerl in völlig neumodischem Putz mit hoher Frisur und Federn eine große Karikatur; und wie jene Schönheiten ihr Lob zu hören hatten, so muß er sich gefallen lassen, daß ihm einer unter die Nase tritt und ihm zuruft: „O fratello mio, che brutta puttana sei!"

Gewöhnlich erzeigt der Kutscher einer oder einem paar seiner Freundinnen den Dienst, wenn er sie im Gedränge antrifft, sie auf den Bock zu heben. Diese sitzen denn gewöhnlich in Mannstracht an seiner Seite, und oft gaukeln dann die niedlichen Pulcinellbeinchen mit kleinen Füßchen und hohen Absätzen den Vorübergehenden um die Köpfe.

Ebenso machen es die Bedienten und nehmen ihre Freunde und Freundinnen hinten auf den Wagen, und es fehlt nichts,

38. Der Palatin. Zeichnung von Goethe

als daß sie sich noch wie auf die englischen Landkutschen oben auf den Kasten setzten.

Die Herrschaften selbst scheinen es gerne zu sehen, wenn ihre Wagen recht bepackt sind; alles ist in diesen Tagen vergönnt und schicklich.

Gedränge

Man werfe nun einen Blick über die lange und schmale Straße, wo von allen Balkonen und aus allen Fenstern über lang herabhängende bunte Teppiche gedrängte Zuschauer auf die mit Zuschauern angefüllten Gerüste, auf die langen Reihen besetzter Stühle an beiden Seiten der Straße herunterschauen. Zwei Reihen Kutschen bewegen sich langsam in dem mittlern Raum, und der Platz, den allenfalls eine dritte Kutsche einnehmen könnte, ist ganz mit Menschen ausgefüllt, welche nicht hin und wider gehen, sondern sich hin und wider schieben. Da die Kutschen, so lang als es nur möglich ist, sich immer ein wenig voneinander abhalten, um nicht bei jeder Stockung gleich aufeinander zu fahren, so wagen sich viele Fußgänger, um nur einigermaßen Luft zu schöpfen, aus dem Gedränge der Mitte zwischen die Räder des vorausfahrenden und die Deichsel und Pferde des nachfahrenden Wagens, und je größer die Gefahr und Beschwerlichkeit der Fußgänger wird, desto mehr scheint ihre Laune und Kühnheit zu steigen.

Da die meisten Fußgänger, welche zwischen den beiden Kutschenreihen sich bewegen, um ihre Glieder und Kleidungen zu schonen, die Räder und Achsen sorgfältig vermeiden, so lassen sie gewöhnlich mehr Platz zwischen sich und den Wagen, als nötig ist; wer nun mit der langsamen Masse sich fortzubewegen nicht länger ausstehen mag und Mut hat, zwischen den Rädern und Fußgängern, zwischen der Gefahr und dem, der sich davor fürchtet, durchzuschlüpfen, der kann in kurzer Zeit einen großen Weg zurücklegen, bis er sich wieder durch ein anderes Hindernis aufgehalten sieht.

Schon gegenwärtig scheint unsere Erzählung außer den Grenzen des Glaubwürdigen zu schreiten, und wir würden kaum wagen fortzufahren, wenn nicht so viele, die dem Römischen Karneval beigewohnt, bezeugen könnten, daß wir uns genau an der Wahrheit gehalten, und wenn es nicht ein Fest wäre, das sich jährlich wiederholt und das von manchem mit diesem Buche in der Hand künftig betrachtet werden wird.

Denn was werden unsere Leser sagen, wenn wir ihnen erklären, alles bisher Erzählte sei nur gleichsam der erste Grad des Gedränges, des Getümmels, des Lärmens und der Ausgelassenheit?

Zug des Gouverneurs und Senators

Indem die Kutschen sachte vorwärts rücken und, wenn es eine Stockung gibt, stille halten, werden die Fußgänger auf mancherlei Weise geplagt.

Einzeln reitet die Garde des Papstes durch das Gedränge hin und wider, um die zufälligen Unordnungen und Stokkungen der Wagen ins Geleis zu bringen, und indem einer den Kutschpferden ausweicht, fühlt er, ehe er sich's versieht, den Kopf eines Reitpferdes im Nacken; allein es folgt eine größere Unbequemlichkeit.

Der Gouverneur fährt in einem großen Staatswagen mit einem Gefolge von mehreren Kutschen durch die Mitte zwischen den beiden Reihen der übrigen Wagen durch. Die Garde des Papstes und die vorausgehenden Bedienten warnen und machen Platz, und dieser Zug nimmt für den Augenblick die ganze Breite ein, die kurz vorher den Fußgängern noch übrigblieb. Sie drängen sich, so gut sie können, zwischen die übrigen Wagen hinein und auf eine oder die andere Weise beiseite. Und wie das Wasser, wenn ein Schiff durchfährt, sich nur einen Augenblick trennt und hinter dem Steuerruder gleich wieder zusammenstürzt, so strömt auch die Masse der Masken und der übrigen Fußgänger hinter dem Zuge gleich wieder in eins zusammen. Nicht lange, so stört eine neue Bewegung die gedrängte Gesellschaft.

Der Senator rückt mit einem ähnlichen Zuge heran; sein großer Staatswagen und die Wagen seines Gefolges schwimmen wie auf den Köpfen der erdrückten Menge, und wenn jeder Einheimische und Fremde von der Liebenswürdigkeit des gegenwärtigen Senators, des Prinzen Rezzonico, eingenommen und bezaubert wird, so ist vielleicht dieses der einzige Fall, wo eine Masse von Menschen sich glücklich preist, wenn er sich entfernt.

Wenn diese beiden Züge der ersten Gerichts- und Polizeiherren von Rom, nur um das Karneval feierlich zu eröffnen, den ersten Tag durch den Korso gedrungen waren, fuhr der Herzog von Albanien täglich zu großer Unbequemlichkeit der Menge gleichfalls diesen Weg und erinnerte zur Zeit der allgemeinen Mummerei die alte Beherrscherin der Könige an das Fastnachtsspiel seiner königlichen Prätensionen. Die Gesandten, welche das gleiche Recht haben, bedienen sich dessen sparsam und mit einer humanen Diskretion.

Schöne Welt am Palast Ruspoli

Aber nicht allein durch diese Züge wird die Zirkulation des Korso unterbrochen und gehindert; am Palast Ruspoli und in dessen Nähe, wo die Straße um nichts breiter wird, sind die Pflasterwege an beiden Seiten mehr erhöht. Dort nimmt die schöne Welt ihren Platz, und alle Stühle sind bald besetzt oder besprochen. Die schönsten Frauenzimmer der Mittelklasse, reizend maskiert, umgeben von ihren Freunden, zeigen sich dort dem vorübergehenden neugierigen Auge. Jeder, der in die Gegend kommt, verweilt, um die angenehmen Reihen zu durchschauen; jeder ist neugierig, unter den vielen männlichen Gestalten, die dort zu sitzen scheinen, die weiblichen herauszusuchen und vielleicht in einem niedlichen Offizier den Gegenstand seiner Sehnsucht zu entdecken. Hier an diesem Flecke stockt die Bewegung zuerst, denn die Kutschen verweilen, so lange sie können, in dieser Gegend, und wenn man zuletzt halten soll, will man doch lieber in dieser angenehmen Gesellschaft bleiben.

Konfetti

Wenn unsere Beschreibung bisher nur den Begriff von einem engen, ja beinahe ängstlichen Zustande gegeben hat, so wird sie einen noch sonderbarern Eindruck machen, wenn wir ferner erzählen, wie diese gedrängte Lustbarkeit durch eine Art von kleinem, meist scherzhaftem, oft aber nur allzu ernstlichem Kriege in Bewegung gesetzt wird.

Wahrscheinlich hat einmal zufällig eine Schöne ihren vorbeigehenden guten Freund, um sich ihm unter der Menge und Maske bemerklich zu machen, mit verzuckerten Körnern angeworfen, da denn nichts natürlicher ist, als daß der Getroffene sich umkehre und die lose Freundin entdecke; dieses ist nun ein allgemeiner Gebrauch, und man sieht oft nach einem Wurfe ein Paar freundliche Gesichter sich einander begegnen. Allein man ist teils zu haushälterisch, um wirkliches Zuckerwerk zu verschwenden, teils hat der Mißbrauch desselben einen größern und wohlfeilern Vorrat nötig gemacht.

Es ist nun ein eignes Gewerbe, Gipszeltlein, durch den Trichter gemacht, die den Schein von Dragéen haben, in großen Körben zum Verkauf mitten durch die Menge zu tragen.

Niemand ist vor einem Angriff sicher; jedermann ist im Verteidigungszustande, und so entsteht aus Mutwillen oder Notwendigkeit bald hier, bald da ein Zweikampf, ein Scharmützel oder eine Schlacht. Fußgänger, Kutschenfahrer, Zuschauer aus Fenstern, von Gerüsten oder Stühlen greifen einander wechselsweise an und verteidigen sich wechselsweise.

Die Damen haben vergoldete und versilberte Körbchen voll dieser Körner, und die Begleiter wissen ihre Schönen sehr wacker zu verteidigen. Mit niedergelassenen Kutschenfenstern erwartet man den Angriff, man scherzt mit seinen Freunden und wehrt sich hartnäckig gegen Unbekannte.

Nirgends aber wird dieser Streit ernstlicher und allgemeiner als in der Gegend des Palasts Ruspoli. Alle Masken, die sich dort niedergelassen haben, sind mit Körbchen, Säckchen, zusammengebundnen Schnupftüchern versehen. Sie greifen öfter an, als sie angegriffen werden; keine Kutsche fährt ungestraft vorbei, ohne daß ihr nicht wenigstens einige Masken etwas anhängen. Kein Fußgänger ist vor ihnen sicher; besonders wenn sich ein Abbate im schwarzen

Rocke sehen läßt, werfen alle von allen Seiten auf ihn, und weil Gips und Kreide, wohin sie treffen, abfärben, so sieht ein solcher bald über und über weiß und grau punktiert aus. Oft aber werden die Händel sehr ernsthaft und allgemein, und man sieht mit Erstaunen, wie Eifersucht und persönlicher Haß sich freien Lauf lassen.

Unbemerkt schleicht sich eine vermummte Figur heran und trifft mit einer Hand voll Konfetti eine der ersten Schönheiten so heftig und so gerade, daß die Gesichtsmaske widerschallt und ihr schöner Hals verletzt wird. Ihre Begleiter zu beiden Seiten werden heftig aufgereizt, aus ihren Körbchen und Säckchen stürmen sie gewaltig auf den Angreifenden los; er ist aber so gut vermummt, zu stark geharnischt, als daß er ihre wiederholten Würfe empfinden sollte. Je sicherer er ist, desto heftiger setzt er seinen Angriff fort; die Verteidiger decken das Frauenzimmer mit den Tabarros zu, und weil der Angreifende in der Heftigkeit des Streits auch die Nachbarn verletzt und überhaupt durch seine Grobheit und Ungestüm jedermann beleidigt, so nehmen die Umhersitzenden teil an diesem Streit, sparen ihre Gipskörner nicht und haben meistenteils auf solche Fälle eine etwas größere Munition, ungefähr wie verzuckerte Mandeln, in Reserve, wodurch der Angreifende zuletzt so zugedeckt und von allen Seiten her überfallen wird, daß ihm nichts als die Retraite übrigbleibt, besonders wenn er sich verschossen haben sollte.

Gewöhnlich hat einer, der auf ein solches Abenteuer ausgeht, einen Sekundanten bei sich, der ihm Munition zusteckt, inzwischen daß die Männer, welche mit solchen Gipskonfetti handeln, während des Streits mit ihren Körben geschäftig sind und einem jeden, soviel Pfund er verlangt, eilig zuwiegen.

Wir haben selbst einen solchen Streit in der Nähe gesehn, wo zuletzt die Streitenden aus Mangel an Munition sich die vergoldeten Körbchen an die Köpfe warfen und sich durch die Warnungen der Wachen, welche selbst heftig mit getroffen wurden, nicht abhalten ließen.

Gewiß würde mancher solche Handel mit Messerstichen sich endigen, wenn nicht die an mehreren Ecken aufgezogenen Corden, die bekannten Strafwerkzeuge italienischer

Polizei, jeden mitten in der Lustbarkeit erinnerten, daß es in diesem Augenblicke sehr gefährlich sei, sich gefährlicher Waffen zu bedienen.

Unzählig sind diese Händel und die meisten mehr lustig als ernsthaft.

So kommt z. E. ein offner Wagen voll Pulcinellen gegen Ruspoli heran. Er nimmt sich vor, indem er bei den Zuschauern vorbeifährt, alle nacheinander zu treffen; allein unglücklicherweise ist das Gedränge zu groß, und er bleibt in der Mitte stecken. Die ganze Gesellschaft wird auf einmal eines Sinnes, und von allen Seiten hagelt es auf den Wagen los. Die Pulcinelle verschießen ihre Munition und bleiben eine gute Weile dem kreuzenden Feuer von allen Seiten ausgesetzt, so daß der Wagen am Ende ganz wie mit Schnee und Schloßen bedeckt, unter einem allgemeinen Gelächter und von Tönen des Mißbilligens begleitet, sich langsam entfernt.

Dialog am obern Ende des Korso

Indessen in dem Mittelpunkte des Korso diese lebhaften und heftigen Spiele einen großen Teil der schönen Welt beschäftigen, findet ein anderer Teil des Publikums an dem obern Ende des Korso eine andere Art von Unterhaltung.

Unweit der französischen Akademie tritt in spanischer Tracht mit Federhut, Degen und großen Handschuhen unversehens mitten aus den von einem Gerüste zuschauenden Masken der sogenannte Capitano des italienischen Theaters auf und fängt an, seine großen Taten zu Land und Wasser in emphatischem Ton zu erzählen. Es währt nicht lange, so erhebt sich gegen ihm über ein Pulcinell, bringt Zweifel und Einwendungen vor, und indem er ihm alles zuzugeben scheint, macht er die Großsprecherei jenes Helden durch Wortspiele und eingeschobene Plattheiten lächerlich.

Auch hier bleibt jeder Vorbeigehende stehen und hört dem lebhaften Wortwechsel zu.

Pulcinellenkönig

Ein neuer Aufzug vermehret oft das Gedränge. Ein Dutzend Pulcinelle tun sich zusammen, erwählen einen König, krönen ihn, geben ihm ein Zepter in die Hand, begleiten ihn mit Musik und führen ihn unter lautem Geschrei auf einem verzierten Wägelchen den Korso herauf. Alle Pulcinelle springen herbei, wie der Zug vorwärts geht, vermehren das Gefolge und machen sich mit Geschrei und Schwenken der Hüte Platz.

Alsdann bemerkt man erst, wie jeder diese allgemeine Maske zu vermannigfaltigen sucht.

Der eine trägt eine Perücke, der andere eine Weiberhaube zu seinem schwarzen Gesicht, der dritte hat statt der Mütze einen Käfig auf dem Kopfe, in welchem ein Paar Vögel, als Abbate und Dame gekleidet, auf den Stängelchen hin und wider hüpfen.

Nebenstraßen

Das entsetzliche Gedränge, das wir unsern Lesern soviel als möglich zu vergegenwärtigen gesucht haben, zwingt natürlicherweise eine Menge Masken aus dem Korso hinaus in die benachbarten Straßen. Da gehen verliebte Paare ruhiger und vertrauter zusammen, da finden lustige Gesellen Platz, allerlei tolle Schauspiele vorzustellen.

Eine Gesellschaft Männer in der Sonntagstracht des gemeinen Volkes, in kurzen Wämsern mit goldbesetzten Westen darunter, die Haare in ein lang herunterhängendes Netz gebunden, gehen mit jungen Leuten, die sich als Weiber verkleidet haben, hin und wider spazieren. Eine von den Frauen scheint hochschwanger zu sein, sie gehen friedlich auf und nieder. Auf einmal entzweien sich die Männer, es entstehet ein lebhafter Wortwechsel, die Frauen mischen sich hinein, der Handel wird immer ärger, endlich ziehen die Streitenden große Messer von versilberter Pappe und fallen einander an. Die Weiber halten sie mit gräßlichem Geschrei auseinander, man zieht den einen da-, den andern dorthin, die Umstehenden nehmen teil, als wenn es Ernst wäre, man sucht jede Partei zu besänftigen.

Indessen befindet sich die hochschwangere Frau durch den Schrecken übel; es wird ein Stuhl herbeigebracht, die übrigen Weiber stehen ihr bei, sie gebärdet sich jämmerlich, und ehe man sich's versieht, bringt sie zu großer Erlustigung der Umstehenden irgendeine unförmliche Gestalt zur Welt. Das Stück ist aus, und die Truppe zieht weiter, um dasselbe oder ein ähnliches Stück an einem andern Platze vorzustellen.

So spielt der Römer, dem die Mordgeschichten immer vor der Seele schweben, gern bei jedem Anlaß mit den Ideen von Ammazzieren. Sogar die Kinder haben ein Spiel, das sie „Chiesa" nennen, welches mit unserm „Frischauf in allen Ecken" übereinkommt, eigentlich aber einen Mörder vorstellt, der sich auf die Stufe einer Kirche geflüchtet hat; die übrigen stellen die Sbirren vor und suchen ihn auf allerlei Weise zu fangen, ohne jedoch den Schutzort betreten zu dürfen.

So geht es denn in den Seitenstraßen, besonders der Strada Babuino und auf dem Spanischen Platze, ganz lustig zu.

Auch kommen die Quacqueri zu Scharen, um ihre Galanterien freier anzubringen.

Sie haben ein Manöver, welches jeden zu lachen macht. Sie kommen zu zwölf Mann hoch ganz strack auf den Zehen mit kleinen und schnellen Schritten anmarschiert, formieren eine sehr gerade Fronte; auf einmal, wenn sie auf einen Platz kommen, bilden sie mit Rechts- oder Linksum eine Kolonne und trippeln nun hintereinander weg. Auf einmal wird mit Rechtsum die Fronte wiederhergestellt, und so geht's eine Straße hinein; dann, ehe man sich's versieht, wieder linksum: die Kolonne ist wie an einem Spieß zu einer Haustüre hineingeschoben, und die Toren sind verschwunden.

Abend

Nun geht es nach dem Abend zu, und alles drängt sich immer mehr in den Korso hinein. Die Bewegung der Kutschen stockt schon lange, ja, es kann geschehen, daß zwei Stunden vor Nacht schon kein Wagen mehr von der Stelle kann.

Die Garde des Papstes und die Wachen zu Fuß sind nun beschäftigt, alle Wagen, soweit es möglich, von der Mitte ab und in eine ganz gerade Reihe zu bringen, und es gibt bei der Menge hier mancherlei Unordnung und Verdruß. Da wird gehuft, geschoben, gehoben, und indem einer huft, müssen alle hinter ihm auch zurückweichen, bis einer zuletzt so in die Klemme kommt, daß er mit seinen Pferden in die Mitte hineinlenken muß. Alsdann geht das Schelten der Garde, das Fluchen und Drohen der Wache an.

Vergebens, daß der unglückliche Kutscher die augenscheinliche Unmöglichkeit dartut; es wird auf ihn hineingescholten und gedroht, und entweder es muß sich wieder fügen, oder wenn ein Nebengäßchen in der Nähe ist, muß er ohne Verschulden aus der Reihe hinaus. Gewöhnlich sind die Nebengäßchen auch mit haltenden Kutschen besetzt, die zu spät kamen und, weil der Umgang der Wagen schon ins Stocken geraten war, nicht mehr einrücken konnten.

Vorbereitung zum Wettrennen

Der Augenblick des Wettrennens der Pferde nähert sich nun immer mehr, und auf diesen Augenblick ist das Interesse so vieler tausend Menschen gespannt.

Die Verleiher der Stühle, die Unternehmer der Gerüste vermehren nun ihr anbietendes Geschrei: „Luoghi! Luoghi avanti! Luoghi nobili! Luoghi, Padroni!" Es ist darum zu tun, daß ihnen wenigstens in diesen letzten Augenblicken, auch gegen ein geringeres Geld, alle Plätze besetzt werden.

Und glücklich, daß hier und da noch Platz zu finden ist; denn der General reitet nunmehr mit einem Teil der Garde den Korso zwischen den beiden Reihen Kutschen herunter und verdrängt die Fußgänger von dem einzigen Raum, der ihnen noch übrigblieb. Jeder sucht alsdann noch einen Stuhl, einen Platz auf einem Gerüste, auf einer Kutsche, zwischen den Wagen oder bei Bekannten an einem Fenster zu finden, die denn nun alle von Zuschauern über und über strotzen.

Indessen ist der Platz vor dem Obelisk ganz vom Volke gereiniget worden und gewährt vielleicht einen der schönsten Anblicke, welche in der gegenwärtigen Welt gesehen werden können.

Die drei mit Teppichen behängten Fassaden der oben beschriebenen Gerüste schließen den Platz ein. Viele tausend Köpfe schauen übereinander hervor und geben das Bild eines alten Amphitheaters oder Zirkus. Über dem mittelsten Gerüste steigt die ganze Länge des Obelisken in die Luft; denn das Gerüste bedeckt nur sein Piedestal, und man bemerkt nun erst seine ungeheure Höhe, da er der Maßstab einer so großen Menschenmasse wird.

Der freie Platz läßt dem Auge eine schöne Ruhe, und man sieht die leeren Schranken mit dem vorgespannten Seile voller Erwartung.

Nun kommt der General den Korso herab, zum Zeichen, daß er gereiniget ist, und hinter ihm erlaubt die Wache niemanden, aus der Reihe der Kutschen hervorzutreten. Er nimmt auf einer der Logen Platz.

Abrennen

Nun werden die Pferde nach geloseter Ordnung von geputzten Stallknechten in die Schranken hinter das Seil geführt. Sie haben kein Zeug noch sonst eine Bedeckung auf dem Leibe. Man heftet ihnen hier und da Stachelkugeln mit Schnüren an den Leib und bedeckt die Stelle, wo sie spornen sollen, bis zum Augenblicke mit Leder, auch klebt man ihnen große Blätter Rauschgold an.

Sie sind meist schon wild und ungeduldig, wenn sie in die Schranken gebracht werden, und die Reitknechte brauchen alle Gewalt und Geschicklichkeit, um sie zurückzuhalten.

Die Begierde, den Lauf anzufangen, macht sie unbändig, die Gegenwart so vieler Menschen macht sie scheu. Sie hauen oft in die benachbarte Schranke hinüber, oft über das Seil, und diese Bewegung und Unordnung vermehrt jeden Augenblick das Interesse der Erwartung.

Die Stallknechte sind im höchsten Grade gespannt und aufmerksam, weil in dem Augenblicke des Abrennens die Geschicklichkeit des Loslassenden sowie zufällige Umstände zum Vorteile des einen oder des andern Pferdes entscheiden können.

Endlich fällt das Seil, und die Pferde rennen los.

Auf dem freien Platze suchen sie noch einander den Vorsprung abzugewinnen, aber wenn sie einmal in den engen Raum zwischen die beiden Reihen Kutschen hineinkommen, wird meist aller Wetteifer vergebens.

Ein paar sind gewöhnlich voraus, die alle Kräfte anstrengen. Ungeachtet der gestreuten Puzzolane gibt das Pflaster Feuer, die Mähnen fliegen, das Rauschgold rauscht, und kaum daß man sie erblickt, sind sie vorbei. Die übrige Herde hindert sich untereinander, indem sie sich drängt und treibt; spät kommt manchmal noch eins nachgesprengt, und die zerrissenen Stücke Rauschgold flattern einzeln auf der verlassenen Spur. Bald sind die Pferde allem Nachschauen verschwunden, das Volk drängt zu und füllt die Laufbahn wieder aus.

Schon warten andere Stallknechte am venezianischen Palaste auf die Ankunft der Pferde. Man weiß sie in einem eingeschlossenen Bezirk auf gute Art zu fangen und festzuhalten. Dem Sieger wird der Preis zuerkannt.

So endigt sich diese Feierlichkeit mit einem gewaltsamen, blitzschnellen, augenblicklichen Eindruck, auf den so viele tausend Menschen eine ganze Weile gespannt waren, und wenige können sich Rechenschaft geben, warum sie den Moment erwarteten, und warum sie sich daran ergötzten.

Nach der Folge unserer Beschreibung sieht man leicht ein, daß dieses Spiel den Tieren und Menschen gefährlich werden könne. Wir wollen nur einige Fälle anführen: Bei dem engen Raume zwischen den Wagen darf nur ein Hinterrad ein wenig herauswärts stehen und zufälligerweise hinter diesem Wagen ein etwas breiterer Raum sein. Ein Pferd, das mit den andern gedrängt herbeieilt, sucht den erweiterten Raum zu nutzen, springt vor und trifft gerade auf das herausstehende Rad.

Wir haben selbst einen Fall gesehen, wo ein Pferd von einem solchen Choc niederstürzte, drei der folgenden über das erste hinausfielen, sich überschlugen und die letzten glücklich über die gefallenen wegsprangen und ihre Reise fortsetzten.

Oft bleibt ein solches Pferd auf der Stelle tot, und mehrmals haben Zuschauer unter solchen Umständen ihr Leben eingebüßt. Ebenso kann ein großes Unheil entstehen, wenn die Pferde umkehren.

Es ist vorgekommen, daß boshafte, neidische Menschen einem Pferde, das einen großen Vorsprung hatte, mit dem Mantel in die Augen schlugen und es dadurch umzukehren und an die Seite zu rennen zwangen. Noch schlimmer ist es, wenn die Pferde auf dem venezianischen Platze nicht glücklich aufgefangen werden; sie kehren alsdann unaufhaltsam zurück, und weil die Laufbahn vom Volke schon wieder ausgefüllt ist, richten sie manches Unheil an, das man entweder nicht erfährt oder nicht achtet.

Aufgehobne Ordnung

Gewöhnlich laufen die Pferde mit einbrechender Nacht erst ab. Sobald sie oben bei dem venezianischen Palast angelangt sind, werden kleine Mörser gelöst; dieses Zeichen wird in der Mitte des Korso wiederholt und in der Gegend des Obelisken das letzte Mal gegeben.

In diesem Augenblicke verläßt die Wache ihren Posten, die Ordnung der Kutschenreihen wird nicht länger gehalten, und gewiß ist diese selbst für den Zuschauer, der ruhig an seinem Fenster steht, ein ängstlicher und verdrießlicher Zeitpunkt, und es ist wert, daß man einige Bemerkungen darüber mache.

Wir haben schon oben gesehen, daß die Epoche der einbrechenden Nacht, welche so vieles in Italien entscheidet, auch die gewöhnlichen sonn- und festtägigen Spazierfahrten auflöset. Dort sind keine Wachen und keine Garden, es ist ein altes Herkommen, eine allgemeine Konvention, daß man in gebührender Ordnung auf- und abfahre; aber sobald Ave Maria geläutet wird, läßt sich niemand sein Recht nehmen, umzukehren, wann und wie er will. Da nun die Umfahrt im Karneval in derselben Straße und nach ähnlichen Gesetzen geschieht, obgleich hier die Menge und andere Umstände einen großen Unterschied machen, so will sich doch niemand sein Recht nehmen lassen, mit einbrechender Nacht aus der Ordnung zu lenken.

Wenn wir nun auf das ungeheure Gedränge in dem Korso

zurückblicken und die für einen Augenblick nur gereinigte Rennbahn gleich wieder mit Volk überschwemmt sehen, so scheinet uns Vernunft und Billigkeit das Gesetz einzugeben, daß eine jede Equipage nur suchen solle, in ihrer Ordnung das nächste ihr bequeme Gäßchen zu erreichen und so nach Hause zu eilen.

Allein es lenken gleich nach abgeschossenen Signalen einige Wagen in die Mitte hinein, hemmen und verwirren das Fußvolk, und weil in dem engen Mittelraume es einem einfällt, hinunter-, dem andern, hinaufzufahren, so können beide nicht von der Stelle und hindern oft die Vernünftigern, die in der Reihe geblieben sind, auch vom Platze zu kommen.

Wenn nun gar ein zurückkehrendes Pferd auf einen solchen Knoten trifft, so vermehrt sich Gefahr, Unheil und Verdruß von allen Seiten.

Nacht

Und doch entwickelt sich diese Verwirrung, zwar später, aber meistens glücklich. Die Nacht ist eingetreten, und ein jedes wünscht sich zu einiger Ruhe Glück.

Theater

Alle Gesichtsmasken sind von dem Augenblick an abgelegt, und ein großer Teil des Publikums eilt nach dem Theater. Nur in den Logen sieht man allenfalls noch Tabarros und Damen in Maskenkleidern; das ganze Parterre zeigt sich wieder in bürgerlicher Tracht.

Die Theater Aliberti und Argentina geben ernsthafte Opern mit eingeschobenen Balletten; Valle und Capranica Komödien und Tragödien mit komischen Opern als Intermezzo; Pace ahmt ihnen, wiewohl unvollkommen, nach, und so gibt es bis zum Puppenspiel und zur Seiltänzerbude herunter noch manche subordinierte Schauspiele.

Das große Theater Tordenone, das einmal abbrannte, und, da man es wieder aufgebauet hatte, gleich zusammenstürzte, unterhält nun leider das Volk nicht mehr mit seinen Haupt- und Staatsaktionen und andern wunderbaren Vorstellungen.

Die Leidenschaft der Römer für das Theater ist groß und war ehemals in der Karnevalszeit noch heftiger, weil sie in dieser einzigen Epoche befriedigt werden konnte. Gegenwärtig ist wenigstens ein Schauspielhaus auch im Sommer und Herbst offen, und das Publikum kann seine Lust den größten Teil des Jahres durch einigermaßen befriedigen.

Es würde uns hier zu sehr von unserm Zwecke abführen, wenn wir uns in eine umständliche Beschreibung der Theater, und was die römischen allenfalls Besonderes haben möchten, hier einlassen wollten. Unsre Leser erinnern sich, daß an andern Orten von diesem Gegenstande gehandelt worden.

Festine

Gleichfalls werden wir von den sogenannten Festinen wenig zu erzählen haben; es sind dieses große maskierte Bälle, welche in dem schön erleuchteten Theater Aliberti einigemal gegeben werden.

Auch hier werden Tabarros sowohl von den Herren als Damen für die anständigste Maske gehalten, und der ganze Saal ist mit schwarzen Figuren angefüllt; wenige bunte Charaktermasken mischen sich drunter.

Desto größer ist die Neugierde, wenn sich einige edle Gestalten zeigen, die, wiewohl seltener, aus den verschiedenen Kunstepochen ihre Masken erwählen und verschiedene Statuen, welche sich in Rom befinden, meisterlich nachahmen.

So zeigen sich hier ägyptische Gottheiten, Priesterinnen, Bacchus und Ariadne, die tragische Muse, die Muse der Geschichte, eine Stadt, Vestalinnen, ein Konsul, mehr oder weniger gut und nach dem Kostüme ausgeführt.

Tanz

Die Tänze bei diesen Festen werden gewöhnlich in langen Reihen nach Art der englischen getanzt; nur unterscheiden sie sich dadurch, daß sie in ihren wenigen Touren meistenteils etwas Charakteristisches pantomimisch ausdrücken; zum Beispiel, es entzweien und versöhnen sich zwei Liebende, sie scheiden und finden sich wieder.

39. Römische Masken. Kolorierte Radierung von Schütz

Die Römer sind durch die pantomimischen Ballette an stark gezeichnete Gestikulation gewöhnt; sie lieben auch in ihren gesellschaftlichen Tänzen einen Ausdruck, der uns übertrieben und affektiert scheinen würde. Niemand wagt leicht zu tanzen, als wer es kunstmäßig gelernt hat; besonders wird der Menuett ganz eigentlich als ein Kunstwerk betrachtet und nur von wenigen Paaren gleichsam aufgeführt. Ein solches Paar wird dann von der übrigen Gesellschaft in einen Kreis eingeschlossen, bewundert und am Ende applaudiert.

Morgen

Wenn die galante Welt sich auf diese Weise bis an den Morgen erlustiget, so ist man bei anbrechendem Tage schon wieder in dem Korso beschäftiget, denselben zu reinigen und in Ordnung zu bringen. Besonders sorgt man, daß die Puzzolane in der Mitte der Straße gleich und reinlich ausgebreitet werde.

Nicht lange, so bringen die Stallknechte das Rennpferd, das sich gestern am schlechtesten gehalten, vor den Obelisk. Man setzt einen kleinen Knaben darauf, und ein anderer Reiter mit einer Peitsche treibt es vor sich her, so daß es alle seine Kräfte anstrengt, um seine Bahn so geschwind als möglich zurückzulegen.

Ungefähr zwei Uhr Nachmittag nach dem gegebenen Glockenzeichen beginnt jeden Tag der schon beschriebene Zirkel des Festes. Die Spaziergänger finden sich ein, die Wache zieht auf, Balkone, Fenster, Gerüste werden mit Teppichen behängt, die Masken vermehren sich und treiben ihre Torheiten, die Kutschen fahren auf und nieder, und die Straße ist mehr oder weniger gedrängt, je nachdem die Witterung oder andere Umstände günstig oder ungünstig ihren Einfluß zeigen. Gegen das Ende des Karnevals vermehren sich, wie natürlich, die Zuschauer, die Masken, die Wagen, der Putz und der Lärm. Nichts aber reicht an das Gedränge, an die Ausschweifungen des letzten Tages und Abends.

Letzter Tag

Meist halten die Kutschenreihen schon zwei Stunden vor Nacht stille, kein Wagen kann mehr von der Stelle, keiner aus den Seitengassen mehr hereinrücken. Die Gerüste und Stühle sind früher besetzt, obgleich die Plätze teuer gehalten werden; jeder sucht aufs baldigste unterzukommen, und man erwartet das Ablaufen der Pferde mit mehrerer Sehnsucht als jemals.

Endlich rauscht auch dieser Augenblick vorbei, die Zeichen werden gegeben, daß das Fest geendigt sei; allein weder Wagen, noch Masken, noch Zuschauer weichen aus der Stelle.

Alles ist ruhig, alles still, indem die Dämmerung sachte zunimmt.

Moccoli

Kaum wird es in der engen und hohen Straße düster, so siehet man hie und da Lichter erscheinen, an den Fenstern, auf den Gerüsten sich bewegen und in kurzer Zeit die Zirkulation des Feuers dergestalt sich verbreiten, daß die ganze Straße von brennenden Wachskerzen erleuchtet ist.

Die Balkone sind mit durchscheinenden Papierlaternen verziert, jeder hält seine Kerze zum Fenster heraus, alle Gerüste sind erhellt, und es sieht sich gar artig in die Kutschen hinein, an deren Decken oft kleine kristallne Armleuchter die Gesellschaft erhellen; indessen in einem andern Wagen die Damen mit bunten Kerzen in den Händen zur Betrachtung ihrer Schönheit gleichsam einzuladen scheinen.

Die Bedienten bekleben den Rand des Kutschendeckels mit Kerzchen, offne Wagen mit bunten Papierlaternen zeigen sich, unter den Fußgängern erscheinen manche mit hohen Lichterpyramiden auf den Köpfen, andere haben ihr Licht auf zusammengebundene Rohre gesteckt und erreichen mit einer solchen Rute oft die Höhe von zwei, drei Stockwerken.

Nun wird es für einen jeden Pflicht, ein angezündetes Kerzchen in der Hand zu tragen, und die Favoritverwün-

40. *‚Et in Arcadia ego‘. Aquarell von Reinhart*

schung der Römer „Sia ammazzato" hört man von allen Ecken und Enden wiederholen.

„Sia ammazzato chi non porta moccolo!" „Ermordet werde, der kein Lichtstümpfchen trägt!" ruft einer dem andern zu, indem er ihm das Licht auszublasen sucht. Anzünden und ausblasen und ein unbändiges Geschrei: „Sia ammazzato", bringt nun bald Leben und Bewegung und wechselseitiges Interesse unter die ungeheure Menge.

Ohne Unterschied, ob man Bekannte oder Unbekannte vor sich habe, sucht man nur immer das nächste Licht auszublasen oder das seinige wieder anzuzünden und bei dieser Gelegenheit das Licht des Anzündenden auszulöschen. Und je stärker das Gebrüll „Sia ammazzato" von allen Enden widerhallt, desto mehr verliert das Wort von seinem fürchterlichen Sinn, desto mehr vergißt man, daß man in Rom sei, wo diese Verwünschung um einer Kleinigkeit willen in kurzem an einem und dem andern erfüllt werden kann.

Die Bedeutung des Ausdrucks verliert sich nach und nach gänzlich. Und wie wir in andern Sprachen oft Flüche und unanständige Worte zum Zeichen der Bewunderung und Freude gebrauchen hören, so wird „Sia ammazzato" diesen Abend zum Losungswort, zum Freudengeschrei, zum Refrain aller Scherze, Neckereien und Komplimente.

So hören wir spotten: „Sia ammazzato il Signore Abbate che fa l'amore." Oder einen vorbeigehenden guten Freund anrufen: „Sia ammazzato il Signore Filippo." Oder Schmeichelei und Kompliment damit verbinden: „Sia ammazzata la bella Principessa! Sia ammazzata la Signora Angelica, la prima pittrice del secolo."

Alle diese Phrasen werden heftig und schnell mit einem langen haltenden Ton auf der vorletzten oder drittletzten Silbe ausgerufen. Unter diesem unaufhörlichen Geschrei geht das Ausblasen und Anzünden der Kerzen immer fort. Man begegne jemanden im Haus, auf der Treppe, es sei eine Gesellschaft im Zimmer beisammen, aus einem Fenster ans benachbarte, überall sucht man über den andern zu gewinnen und ihm das Licht auszulöschen.

Alle Stände und Alter toben gegeneinander, man steigt auf die Tritte der Kutschen, kein Hängeleuchter, kaum die

Laternen sind sicher, der Knabe löscht dem Vater das Licht aus und hört nicht auf zu schreien: „Sia ammazzato il Signore Padre!" Vergebens, daß ihm der Alte diese Unanständigkeit verweist; der Knabe behauptet die Freiheit dieses Abends und verwünscht nur seinen Vater desto ärger. Wie nun an beiden Enden des Korso sich bald das Getümmel verliert, desto unbändiger häuft sich's nach der Mitte zu, und dort entsteht ein Gedränge, das alle Begriffe übersteigt, ja, das selbst die lebhafteste Erinnerungskraft sich nicht wieder vergegenwärtigen kann.

Niemand vermag sich mehr von dem Platze, wo er steht oder sitzt, zu rühren; die Wärme so vieler Menschen, so vieler Lichter, der Dampf so vieler immer wieder ausgeblasenen Kerzen, das Geschrei so vieler Menschen, die nur um desto heftiger brüllen, je weniger sie ein Glied rühren können, machen zuletzt selbst den gesundesten Sinn schwindeln; es scheint unmöglich, daß nicht manches Unglück geschehen, daß die Kutschpferde nicht wild, nicht manche gequetscht, gedruckt oder sonst beschädigt werden sollten.

Und doch weil sich endlich jeder weniger oder mehr hinweg sehnt, jeder ein Gäßchen, an das er gelangen kann, einschlägt oder auf dem nächsten Platze freie Luft und Erholung sucht, löst sich diese Masse auch auf, schmilzt von den Enden nach der Mitte zu, und dieses Fest allgemeiner Freiheit und Losgebundenheit, dieses moderne Saturnal endigt sich mit einer allgemeinen Betäubung.

Das Volk eilt nun, sich bei einem wohlbereiteten Schmause an dem bald verbotenen Fleische bis Mitternacht zu ergötzen, die feinere Welt nach den Schauspielhäusern, um dort von den sehr abgekürzten Theaterstücken Abschied zu nehmen, und auch diesen Freuden macht die herannahende Mitternachtsstunde ein Ende.

Aschermittwoch

So ist denn ein ausschweifendes Fest wie ein Traum, wie ein Märchen vorüber, und es bleibt dem Teilnehmer vielleicht weniger davon in der Seele zurück als unsern Lesern, vor deren Einbildungskraft und Verstand wir das Ganze in seinem Zusammenhange gebracht haben.

Wenn uns während des Laufs dieser Torheiten der rohe Pulcinell ungebührlich an die Freuden der Liebe erinnert, denen wir unser Dasein zu danken haben, wenn eine Baubo auf öffentlichem Platze die Geheimnisse der Gebärerin entweiht, wenn so viele nächtlich angezündete Kerzen uns an die letzte Feierlichkeit erinnern, so werden wir mitten unter dem Unsinne auf die wichtigsten Szenen unsers Lebens aufmerksam gemacht.

Noch mehr erinnert uns die schmale, lange, gedrängt volle Straße an die Wege des Weltlebens, wo jeder Zuschauer und Teilnehmer mit freiem Gesicht oder unter der Maske vom Balkon oder vom Gerüste nur einen geringen Raum vor und neben sich übersieht, in der Kutsche oder zu Fuße nur Schritt vor Schritt vorwärts kommt, mehr geschoben wird als geht, mehr aufgehalten wird als willig stille steht, nur eifriger dahin zu gelangen sucht, wo es besser und froher zugeht, und dann auch da wieder in die Enge kommt und zuletzt verdrängt wird.

Dürfen wir fortfahren, ernsthafter zu sprechen, als es der Gegenstand zu erlauben scheint, so bemerken wir, daß die lebhaftesten und höchsten Vergnügen, wie die vorbeifliegenden Pferde, nur einen Augenblick uns erscheinen, uns rühren und kaum eine Spur in der Seele zurücklassen, daß Freiheit und Gleichheit nur in dem Taumel des Wahnsinns genossen werden können, und daß die größte Lust nur dann am höchsten reizt, wenn sie sich ganz nahe an die Gefahr drängt und lüstern ängstlich-süße Empfindungen in ihrer Nähe genießet.

Und so hätten wir, ohne selbst daran zu denken, auch unser Karneval mit einer Aschermittwochsbetrachtung geschlossen, wodurch wir keinen unsrer Leser traurig zu machen fürchten. Vielmehr wünschen wir, daß jeder mit uns, da das Leben im ganzen wie das Römische Karneval unübersehlich, ungenießbar, ja bedenklich bleibt, durch diese unbekümmerte Maskengesellschaft an die Wichtigkeit jedes augenblicklichen, oft gering scheinenden Lebensgenusses erinnert werden möge.

FEBRUAR

KORRESPONDENZ

Rom, den 1. Februar.

Wie froh will ich sein, wenn die Narren künftigen Dienstag abend zur Ruhe gebracht werden. Es ist eine entsetzliche Sekkatur, andere toll zu sehen, wenn man nicht selbst angesteckt ist.

Soviel als möglich war, habe ich meine Studien fortgesetzt, auch ist „Claudine" gerückt, und wenn nicht alle Genii ihre Hülfe versagen, so geht heute über acht Tage der dritte Akt an Herdern ab, und so wäre ich den fünften Band los. Dann geht eine neue Not an, worin mir niemand raten noch helfen kann. „Tasso" muß umgearbeitet werden, was da steht, ist zu nichts zu brauchen, ich kann weder so endigen noch alles wegwerfen. Solche Mühe hat Gott den Menschen gegeben!

Der sechste Band enthält wahrscheinlich „Tasso", „Lila", „Jery und Bätely", alles um- und ausgearbeitet, daß man es nicht mehr kennen soll.

Zugleich habe ich meine kleinen Gedichte durchgesehen und an den achten Band gedacht, den ich vielleicht vor dem siebenten herausgebe. Es ist ein wunderlich Ding, so ein Summa Summarum seines Lebens zu ziehen. Wie wenig Spur bleibt doch von einer Existenz zurück!

Hier sekkieren sie mich mit den Übersetzungen meines „Werthers" und zeigen mir sie und fragen, welches die beste sei und ob auch alles wahr sei! Das ist nun ein Unheil, was mich bis nach Indien verfolgen würde.

Rom, den 6. Februar.

Hier ist der dritte Akt „Claudinens"; ich wünsche, daß er dir nur die Hälfte so wohl gefallen möge, als ich vergnügt bin, ihn geendigt zu haben. Da ich nun die Bedürfnisse des lyrischen Theaters genauer kenne, habe ich gesucht, durch manche Aufopferungen dem Komponisten und Akteur entgegenzuarbeiten. Das Zeug, worauf gestickt werden soll, muß weite Fäden haben, und zu einer komischen Oper muß es absolut wie Marli gewoben sein. Doch hab' ich bei dieser wie bei „Erwin“ auch fürs Lesen gesorgt. Genug, ich habe getan, was ich konnte.

Ich bin recht still und rein und, wie ich euch schon versichert habe, jedem Ruf bereit und ergeben. Zur bildenden Kunst bin ich zu alt, ob ich also ein bißchen mehr oder weniger pfusche, ist eins. Mein Durst ist gestillt, auf dem rechten Wege bin ich der Betrachtung und des Studiums, mein Genuß ist friedlich und genügsam. Zu dem allen gebt mir euern Segen. Ich habe nichts Näheres nun, als meine drei letzten Teile zu endigen. Dann soll's an „Wilhelm“ u. s. w.

Rom, den 9. Februar.

Die Narren haben noch Montag und Dienstag was Rechts gelärmt. Besonders Dienstag abends, wo die Raserei mit den Moccoli in völligem Flor war. Mittwochs dankte man Gott und der Kirche für die Fasten. Auf kein Festin (so nennen sie die Redouten) bin ich gekommen, ich bin fleißig, was nur mein Kopf halten will. Da der fünfte Band absolviert ist, will ich nur einige Kunststudien durcharbeiten, dann gleich an den sechsten gehn. Ich habe diese Tage das Buch Leonards da Vinci über die Malerei gelesen und begreife jetzt, warum ich nie etwas darin habe begreifen können.

O wie finde ich die Zuschauer so glücklich! die dünken sich so klug, sie finden sich was Rechts. So auch die Liebhaber, die Kenner. Du glaubst nicht, was das ein behägliches Volk, indes der gute Künstler immer kleinlaut bleibt. Ich habe aber auch neuerdings einen Ekel, jemanden urteilen zu hören, der nicht selbst arbeitet, daß ich es nicht ausdrücken kann. Wie der Tabaksdampf macht mich eine solche Rede auf der Stelle unbehäglich.

Angelika hat sich das Vergnügen gemacht und zwei Gemälde gekauft. Eins von Tizian, das andere von Paris Bourdon. Beide um einen hohen Preis. Da sie so reich ist, daß sie ihre Renten nicht verzehrt und jährlich mehr dazu verdient, so ist es lobenswürdig, daß sie etwas anschafft, das ihr Freude macht, und solche Sachen, die ihren Kunsteifer erhöhen. Gleich sobald sie die Bilder im Hause hatte, fing sie an, in einer neuen Manier zu malen, um zu versuchen, wie man gewisse Vorteile jener Meister sich eigen machen könne.

Sie ist unermüdet, nicht allein zu arbeiten, sondern auch zu studieren. Mit ihr ist's eine große Freude, Kunstsachen zu sehen.

Kayser geht auch als ein wackrer Künstler zu Werke. Seine Musik zu „Egmont“ avanciert stark. Noch habe ich nicht alles gehört. Mir scheint jedes dem Endzweck sehr angemessen.

Er wird auch: „Cupido kleiner loser“ etc. komponieren. Ich schicke dir's gleich, damit es oft zu meinem Andenken gesungen werde. Es ist auch mein Leibliedchen.

Der Kopf ist mir wüste vom vielen Schreiben, Treiben und Denken. Ich werde nicht klüger, fordere zuviel von mir und lege mir zuviel auf.

Rom, den 16. Februar.

Mit dem preußischen Kurier erhielt ich vor einiger Zeit einen Brief von unserm Herzog, der so freundlich, lieb, gut und erfreulich war, als ich nicht leicht einen erhalten. Da er ohne Rückhalt schreiben konnte, so beschrieb er mir die ganze politische Lage, die seinige und so weiter. Über mich selbst erklärte er sich auf das liebreichste.

Rom, den 22. Februar.

Wir haben diese Woche einen Fall gehabt, der das ganze Chor der Künstler in Betrübnis setzt. Ein Franzose namens Drouais, ein junger Mensch von etwa 25 Jahren, einziger Sohn einer zärtlichen Mutter, reich und schön gebildet, der unter allen studierenden Künstlern für den hoffnungsvollsten gehalten ward, ist an den Blattern gestorben. Es ist eine allgemeine Trauer und Bestürzung. Ich habe in seinem verlassenen Studio die lebensgroße Figur eines Philoktets gesehen, welcher mit einem Flügel eines erlegten Raubvogels den Schmerz seiner Wunde wehend kühlt. Ein schön gedachtes Bild, das in der Ausführung viel Verdienste hat, aber nicht fertig geworden.

Ich bin fleißig und vergnügt und erwarte so die Zukunft. Täglich wird mir's deutlicher, daß ich eigentlich zur Dichtkunst geboren bin, und daß ich die nächsten zehen Jahre, die ich höchstens noch arbeiten darf, dieses Talent exkolieren und noch etwas Gutes machen sollte, da mir das Feuer der Jugend manches ohne großes Studium gelingen ließ. Von meinem längern Aufenthalt in Rom werde ich den Vorteil haben, daß ich auf das Ausüben der bildenden Kunst Verzicht tue.

Angelika macht mir das Kompliment, daß sie wenige in Rom kenne, die besser in der Kunst sähen als ich. Ich weiß recht gut, wo und was ich noch nicht sehe, und fühle wohl, daß ich immer zunehme, und was zu tun wäre, um immer weiter zu sehn. Genug, ich habe schon jetzt meinen Wunsch erreicht: in einer Sache, zu der ich mich leidenschaftlich getragen fühle, nicht mehr blind zu tappen.

Ein Gedicht, „Amor als Landschaftsmaler", schick' ich dir ehstens und wünsche ihm gut Glück. Meine kleinen Gedichte hab' ich gesucht in eine gewisse Ordnung zu bringen, sie nehmen sich wunderlich aus. Die Gedichte auf Hans Sachs und auf Miedings Tod schließen den achten Band und so meine Schriften für diesmal. Wenn sie mich indessen bei der Pyramide zur Ruhe bringen, so können diese beiden Gedichte statt Personalien und Parentation gelten.

Morgen frühe ist päpstliche Kapelle, und die famosen alten Musiken fangen an, die nachher in der Karwoche auf den höchsten Grad des Interesse steigen. Ich will nun jeden Sonntag frühe hin, um mit dem Stil bekannt zu werden. Kayser, der diese Sachen eigentlich studiert, wird mir den Sinn wohl darüber aufschließen. Wir erwarten mit jeder Post ein gedrucktes Exemplar der Gründonnerstagsmusik von Zürich, wo sie Kayser zurückließ. Sie wird alsdann erst am Klavier gespielt und dann in der Kapelle gehört.

BERICHT

Februar

Wenn man einmal zum Künstler geboren ist und gar mancher Gegenstand der Kunstanschauung zusagt, so kam diese mir auch mitten unter dem Gewühl der Fastnachtstorheiten und Absurditäten zu Gunsten. Es war das zweite Mal, daß ich das Karneval sah, und es mußte mir bald auffallen, daß dieses Volksfest wie ein anderes wiederkehrendes Leben und Weben seinen entschiedenen Verlauf hatte.

Dadurch ward ich nun mit dem Getümmel versöhnt, ich sah es an als ein anderes bedeutendes Naturerzeugnis und Nationalereignis; ich interessierte mich dafür in diesem Sinne, bemerkte genau den Gang der Torheiten und wie das alles doch in einer gewissen Form und Schicklichkeit ablief. Hierauf notierte ich mir die einzelnen Vorkommnisse der Reihe nach, welche Vorarbeit ich später zu dem soeben eingeschalteten Aufsatz benutzte, bat auch zugleich unsern Hausgenossen, Georg Schütz, die einzelnen Masken flüchtig zu zeichnen und zu kolorieren, welches er mit seiner gewohnten Gefälligkeit durchführte.

Diese Zeichnungen wurden nachher durch Melchior Krause von Frankfurt am Main, Direktor des freien Zeicheninstituts zu Weimar, in Quarto radiert und nach den Originalen illuminiert zur ersten Ausgabe bei Unger, welche sich selten macht.

Zu vorgemeldeten Zwecken mußte man sich denn mehr, als sonst geschehen wäre, unter die verkappte Menge hinunter drängen, welche denn trotz aller künstlerischen Ansicht oft einen widerwärtigen unheimlichen Eindruck machte. Der Geist, an die würdigen Gegenstände gewöhnt, mit denen man das ganze Jahr in Rom sich beschäftigte, schien immer einmal gewahr zu werden, daß er nicht recht an seinem Platze sei.

Aber für den innern bessern Sinn sollte doch das Erquicklichste bereitet sein. Auf dem venezianischen Platz, wo manche Kutschen, eh' sie sich den bewegten Reihen wieder anschließen, die Vorbeiwallenden sich zu beschauen pflegen, sah ich den Wagen der Mad. Angelika und trat an den Schlag, sie zu begrüßen. Sie hatte sich kaum freundlich zu mir herausgeneigt, als sie sich zurückbog, um die neben ihr sitzende, wieder genesene Mailänderin mir sehen zu lassen. Ich fand sie nicht verändert; denn wie sollte sich eine gesunde Jugend nicht schnell wiederherstellen; ja, ihre Augen schienen frischer und glänzender mich anzusehen, mit einer Freudigkeit, die mich bis ins Innerste durchdrang. So blieben wir eine Zeitlang ohne Sprache, als Mad. Angelika das Wort nahm und, indessen jene sich vorbog, zu mir sagte: „Ich muß nur den Dolmetscher machen, denn ich sehe, meine junge Freundin kommt nicht dazu, auszusprechen, was sie so lange gewünscht, sich vorgesetzt und mir öfters wiederholt hat, wie sehr sie Ihnen verpflichtet ist für den Anteil, den Sie an ihrer Krankheit, ihrem Schicksal genommen. Das erste, was ihr beim Wiedereintritt in das Leben tröstlich geworden, heilsam und wiederherstellend auf sie gewirkt, sei die Teilnahme ihrer Freunde und besonders die Ihrige gewesen, sie habe sich auf einmal wieder aus der tiefsten Einsamkeit unter so vielen guten Menschen in dem schönsten Kreise gefunden."

„Das ist alles wahr", sagte jene, indem sie über die Freundin her mir die Hand reichte, die ich wohl mit der meinigen, aber nicht mit meinen Lippen berühren konnte.

Mit stiller Zufriedenheit entfernt' ich mich wieder in das Gedräng der Toren, mit dem zartesten Gefühl von Dankbarkeit gegen Angelika, die sich des guten Mädchens gleich nach dem Unfalle tröstend anzunehmen gewußt und, was in Rom selten ist, ein bisher fremdes Frauenzimmer in ihren edlen Kreis aufgenommen hatte, welches mich um so mehr rührte, als ich mir schmeicheln durfte, mein Anteil an dem guten Kinde habe hierauf nicht wenig eingewirkt.

Der Senator von Rom, Graf Rezzonico, war schon früher, aus Deutschland zurückkehrend, mich zu besuchen gekommen. Er hatte eine innige Freundschaft mit Herrn und Frau von Diede errichtet und brachte mir angelegentliche Grüße von diesen werten Gönnern und Freunden; aber ich lehnte, wie herkömmlich, ein näheres Verhältnis ab, sollte aber doch endlich unausweichlich in diesen Kreis gezogen werden.

Jene genannten Freunde, Herr und Frau von Diede, machten ihrem werten Lebensgenossen einen Gegenbesuch, und ich konnte mich um so weniger entbrechen, mancherlei Art von Einladungen anzunehmen, als die Dame, wegen des Flügelspiels berühmt, in einem Konzerte auf der kapitolinischen Wohnung des Senators sich hören zu lassen willig war und man unsern Genossen Kayser, dessen Geschicklichkeit ruchbar geworden, zu einer Teilnahme an jenen Exhibitionen schmeichelhaft eingeladen hatte. Die unvergleichliche Aussicht bei Sonnenuntergang aus den Zimmern des Senators nach dem Coliseo zu mit allem dem, was sich von den andern Seiten anschließt, verlieh freilich unserm Künstlerblick das herrlichste Schauspiel, dem man sich aber nicht hingeben durfte, um es gegen die Gesellschaft an Achtung und Artigkeit nicht fehlen zu lassen. Frau von Diede spielte sodann, sehr große Vorzüge entwickelnd, ein bedeutendes Konzert, und man bot bald darauf unserm Freunde den Platz an, dessen er sich denn auch ganz würdig zu machen schien, wenn man dem Lobe trauen darf, das er einerntete. Abwechselnd ging es eine Weile fort, auch wurde von einer Dame eine Lieblingsarie vorgetragen, endlich aber, als die Reihe wieder an Kaysern kam, legte er ein anmutiges Thema zum Grunde und variierte solches auf die mannigfaltigste Weise.

Alles war gut vonstatten gegangen, als der Senator mir im Gespräch manches Freundliche sagte, doch aber nicht bergen konnte und mit jener weichen venezianischen Art halb bedauernd versicherte, er sei eigentlich von solchen Variationen kein Freund, werde hingegen von den ausdrucksvollen Adagios seiner Dame jederzeit ganz entzückt.

Nun will ich gerade nicht behaupten, daß mir jene sehnsüchtigen Töne, die man im Adagio und Largo hinzuziehen pflegt, jemals seien zuwider gewesen, doch aber liebt' ich in der Musik immer mehr das Aufregende, da unsere eigenen Gefühle, unser Nachdenken über Verlust und Mißlingen uns nur allzuoft herabzuziehen und zu überwältigen drohen.

Unserm Senator dagegen konnt' ich keineswegs verargen, ja ich mußte ihm aufs freundlichste gönnen, daß er solchen Tönen gern sein Ohr lieh, die ihn vergewisserten, er bewirte in dem herrlichsten Aufenthalte der Welt eine so sehr geliebte und hochverehrte Freundin.

Für uns andere, besonders deutsche Zuhörer blieb es ein unschätzbarer Genuß, in dem Augenblicke, wo wir eine treffliche, längst gekannte verehrte Dame, in den zartesten Tönen sich auf dem Flügel ergehend, vernahmen, zugleich hinab vom Fenster in die einzigste Gegend von der Welt zu schauen und in dem Abendglanz der Sonne mit weniger Wendung des Hauptes das große Bild zu überblicken, das sich linker Hand vom Bogen des Septimius Severus das Campo Vaccino entlang bis zum Minerven- und Friedenstempel erstreckte, um dahinter das Koliseum hervorschauen zu lassen, in dessen Gefolge man dann das Auge rechts wendend, an den Bogen des Titus vorbeigleitend in dem Labyrinthe der palatinischen Trümmer und ihrer durch Gartenkultur und wilde Vegetation geschmückten Einöde sich zu verwirren und zu verweilen hatte.

(Eine im Jahre 1824 von Fries und Thürmer gezeichnete und gestochene nordwestliche Übersicht von Rom, genommen von dem Turme des Kapitols, bitten wir hiernächst zu überschauen; sie ist einige Stockwerke höher und nach den neueren Ausgrabungen gefaßt, aber im Abendlichte und Beschattung, wie wir sie damals gesehen, wobei denn freilich die glühende Farbe mit ihren schattig-blauen Gegensätzen und allem dem Zauber, der daraus entspringt, hinzuzudenken wäre.)

Sodann hatten wir in diesen Stunden als Glück zu schätzen, das herrlichste Bild, welches Mengs vielleicht je gemalt hat, das Porträt Clemens' XIII. Rezzonico, der unsern Gönner, den Senator, als Nepoten an diesen Posten gesetzt, mit Ruhe zu beschauen, von dessen Wert ich zum Schluß eine Stelle aus dem Tagebuch unseres Freundes anführe:

„Unter den von Mengs gemalten Bildnissen, da, wo seine Kunst sich am tüchtigsten bewährte, ist das Bildnis des Papstes Rezzonico. Der Künstler hat in diesem Werk die Venezianer im Kolorit und in der Behandlung nachgeahmt und sich eines glücklichen Erfolgs zu erfreuen; der Ton des Kolorits ist wahr und warm und der Ausdruck des Gesichtes belebt und geistreich; der Vorhang von Goldstoff, auf dem sich der Kopf und das Übrige der Figur schön abheben, gilt für ein gewagtes Kunststück in der Malerei, gelang aber vortrefflich, indem das Bild dadurch ein reiches harmonisches, unser Auge angenehm rührendes Ansehn erhält."

MÄRZ

KORRESPONDENZ

Rom, den 1. März.

Sonntags gingen wir in die Sixtinische Kapelle, wo der Papst mit den Kardinälen der Messe beiwohnte. Da die letzteren wegen der Fastenzeit nicht rot, sondern violett gekleidet waren, gab es ein neues Schauspiel. Einige Tage vorher hatte ich Gemälde von Albert Dürer gesehen und freute mich nun, so etwas im Leben anzutreffen. Das Ganze zusammen war einzig groß und doch simpel, und ich wundere mich nicht, wenn Fremde, die eben in der Karwoche, wo alles zusammentrifft, hereinkommen, sich kaum fassen können. Die Kapelle selbst kenne ich recht gut, ich habe vorigen Sommer drin zu Mittag gegessen und auf des Papstes Thron Mittagsruhe gehalten und kann die Gemälde fast auswendig, und doch, wenn alles beisammen ist, was zur Funktion gehört, so ist es wieder was anders, und man findet sich kaum wieder.

Es ward ein altes Motett, von einem Spanier Morales komponiert, gesungen, und wir hatten den Vorschmack von dem, was nun kommen wird. Kayser ist auch der Meinung, daß man diese Musik nur hier hören kann und sollte, teils weil nirgends Sänger ohne Orgel und Instrument auf einen solchen Gesang geübt sein könnten, teils weil er zum antiken Inventario der päpstlichen Kapelle und zu dem Ensemble der Michelangelos, des Jüngsten Gerichts, der Propheten und biblischen Geschichte einzig passe. Kayser wird dereinst über alles dieses bestimmte Rechnung ablegen. Er ist ein großer Verehrer der alten Musik und studiert sehr fleißig alles, was dazu gehört.

So haben wir eine merkwürdige Sammlung Psalmen im Hause; sie sind in italienische Verse gebracht und von einem venezianischen Nobile, Benedetto Marcello, zu Anfang dieses Jahrhunderts in Musik gesetzt. Er hat bei vielen die Intonation der Juden, teils der spanischen, teils der deutschen, als Motiv angenommen, zu andern hat er alte griechische Melodien zugrunde gelegt und sie mit großem Verstand, Kunstkenntnis und Mäßigkeit ausgeführt. Sie sind teils als

Solo, Duett, Chor gesetzt und unglaublich original, ob man gleich sich erst einen Sinn dazu machen muß. Kayser schätzt sie sehr und wird einige daraus abschreiben. Vielleicht kann man einmal das ganze Werk haben, das Venedig 1724 gedruckt ist und die ersten fünfzig Psalmen enthält. Herder soll doch aufstellen, er sieht vielleicht in einem Katalogus dies interessante Werk.

Ich habe den Mut gehabt, meine drei letzten Bände auf einmal zu überdenken, und ich weiß nun genau, was ich machen will; gebe nun der Himmel Stimmung und Glück, es zu machen.

Es war eine reichhaltige Woche, die mir in der Erinnerung wie ein Monat vorkommt.

Zuerst ward der Plan zu „Faust" gemacht, und ich hoffe, diese Operation soll mir geglückt sein. Natürlich ist es ein ander Ding, das Stück jetzt oder vor funfzehn Jahren ausschreiben, ich denke, es soll nichts dabei verlieren, besonders da ich jetzt glaube, den Faden wieder gefunden zu haben. Auch was den Ton des Ganzen betrifft, bin ich getröstet; ich habe schon eine neue Szene ausgeführt, und wenn ich das Papier räuchre, so, dächt' ich, sollte sie mir niemand aus den alten herausfinden. Da ich durch die lange Ruhe und Abgeschiedenheit ganz auf das Niveau meiner eignen Existenz zurückgebracht bin, so ist es merkwürdig, wie sehr ich mir gleiche und wie wenig mein Innres durch Jahre und Begebenheiten gelitten hat. Das alte Manuskript macht mir manchmal zu denken, wenn ich es vor mir sehe. Es ist noch das erste, ja in den Hauptszenen gleich so ohne Konzept hingeschrieben, nun ist es so gelb von der Zeit, so vergriffen (die Lagen waren nie geheftet), so mürbe und an den Rändern zerstoßen, daß es wirklich wie das Fragment eines alten Kodex aussieht, so daß ich, wie ich damals in eine frühere Welt mich mit Sinnen und Ahnden versetzte, ich mich jetzt in eine selbst gelebte Vorzeit wieder versetzen muß.

Auch ist der Plan von „Tasso" in Ordnung und die vermischten Gedichte zum letzten Bande meist ins Reine geschrieben. „Des Künstlers Erdewallen" soll neu ausgeführt und dessen „Apotheose" hinzugetan werden. Zu diesen

Jugendeinfällen habe ich nun erst die Studien gemacht, und alles Detail ist mir nun recht lebendig. Ich freue mich auch darauf und habe die beste Hoffnung zu den drei letzten Bänden, ich sehe sie im ganzen schon vor mir stehen und wünsche mir nur Muße und Gemütsruhe, um nun Schritt vor Schritt das Gedachte auszuführen.

Zur Stellung der verschiedenen kleinen Gedichte habe ich mir deine Sammlungen der „Zerstreuten Blätter" zum Muster dienen lassen und hoffe zur Verbindung so disparater Dinge gute Mittel gefunden zu haben, wie auch eine Art, die allzu individuellen und momentanen Stücke einigermaßen genießbar zu machen.

Nach diesen Betrachtungen ist die neue Ausgabe von Mengsens Schriften ins Haus gekommen, ein Buch, das mir jetzt unendlich interessant ist, weil ich die sinnlichen Begriffe besitze, die notwendig vorausgehen müssen, um nur eine Zeile des Werks recht zu verstehen. Es ist in allem Sinne ein trefflich Buch, man liest keine Seite ohne entschiedenen Nutzen. Auch seinen „Fragmenten über die Schönheit", welche manchem so dunkel scheinen, habe ich glückliche Erleuchtungen zu danken.

Ferner habe ich allerlei Spekulationen über Farben gemacht, welche mir sehr anliegen, weil das der Teil ist, von dem ich bisher am wenigsten begriff. Ich sehe, daß ich mit einiger Übung und anhaltendem Nachdenken auch diesen schönen Genuß der Weltoberfläche mir werde zueignen können.

Ich war einen Morgen in der Galerie Borghese, welche ich in einem Jahr nicht gesehen hatte, und fand zu meiner Freude, daß ich sie mit viel verständigern Augen sah. Es sind unsägliche Kunstschätze in dem Besitz des Fürsten.

Rom, den 7. März.

Eine gute, reiche und stille Woche ist wieder vorbei. Sonntags versäumten wir die päpstliche Kapelle, dagegen sah ich mit Angelika ein sehr schönes Gemälde, das billig für Correggio gehalten wird.

Ich sah die Sammlung der Akademie St. Luca, wo Raffaels Schädel ist. Diese Reliquie scheint mir ungezweifelt.

Ein trefflicher Knochenbau, in welchem eine schöne Seele bequem spazieren konnte. Der Herzog verlangt einen Abguß davon, den ich wahrscheinlich werde verschaffen können. Das Bild, das von ihm gemalt ist und in gleichem Saale hängt, ist seiner wert.

Auch habe ich das Kapitol wieder gesehen und einige andere Sachen, die mir zurückblieben, vorzüglich Cavaceppis Haus, das ich immer versäumt hatte zu sehen. Unter vielen köstlichen Sachen haben mich vorzüglich ergötzt zwei Abgüsse der Köpfe von den Kolossalstatuen auf dem Monte Cavallo. Man kann sie bei Cavaceppi in der Nähe in ihrer ganzen Größe und Schönheit sehn. Leider daß der beste durch Zeit und Witterung fast einen Strohhalm dick der glatten Oberfläche des Gesichts verloren hat und in der Nähe wie von Pocken übel zugerichtet aussieht.

Heute waren die Exequien des Kardinal Visconti in der Kirche St. Carlo. Da die päpstliche Kapelle zum Hochamt sang, gingen wir hin, die Ohren auf morgen recht auszuwaschen. Es ward ein Requiem gesungen zu zwei Sopranen, das Seltsamste, was man hören kann. NB. Auch dabei war weder Orgel noch andere Musik.

Welch ein leidig Instrument die Orgel sei, ist mir gestern abend in dem Chor von St. Peter recht aufgefallen, man begleitete damit den Gesang bei der Vesper; es verbindet sich so gar nicht mit der Menschenstimme und ist so gewaltig. Wie reizend dagegen in der Sixtinischen Kapelle, wo die Stimmen allein sind.

Das Wetter ist seit einigen Tagen trübe und gelind. Der Mandelbaum hat größtenteils verblüht und grünt jetzt, nur wenige Blüten sind auf den Gipfeln noch zu sehen. Nun folgt der Pfirsichbaum, der mit seiner schönen Farbe die Gärten ziert. Viburnum Tinus blüht auf allen Ruinen, die Attichbüsche in den Hecken sind alle ausgeschlagen und andere, die ich nicht kenne. Die Mauern und Dächer werden nun grüner, auf einigen zeigen sich Blumen. In meinem neuen Kabinett, wohin ich zog, weil wir Tischbein von Neapel erwarten, habe ich eine mannigfaltige Aussicht in unzählige Gärtchen und auf die hinteren Galerien vieler Häuser. Es ist gar zu lustig.

Ich habe angefangen, ein wenig zu modellieren. Was den Erkenntnispunkt betrifft, gehe ich sehr rein und sicher fort, in Anwendung der tätigen Kraft bin ich ein wenig konfus. So geht es mir wie allen meinen Brüdern.

Rom, den 14. März.

Die nächste Woche ist hier nichts zu denken noch zu tun, man muß dem Schwall der Feierlichkeiten folgen. Nach Ostern werde ich noch einiges sehen, was mir zurückblieb, meinen Faden ablösen, meine Rechnung machen, meinen Bündel packen und mit Kaysern davonziehn. Wenn alles geht, wie ich wünsche und vorhabe, bin ich Ende Aprils in Florenz. Inzwischen hört ihr noch von mir.

Sonderbar war es, daß ich auf äußere Veranlassung verschiedene Maßregeln nehmen mußte, welche mich in neue Verhältnisse setzten, wodurch mein Aufenthalt in Rom immer schöner, nützlicher und glücklicher ward. Ja, ich kann sagen, daß ich die höchste Zufriedenheit meines Lebens in diesen letzten acht Wochen genossen habe und nun wenigstens einen äußersten Punkt kenne, nach welchem ich das Thermometer meiner Existenz künftig abmessen kann.

Diese Woche hat sich ungeachtet des üblen Wetters gut gehalten. Sonntags hörten wir in der Sixtinischen Kapelle ein Motett von Palestrina. Dienstag wollte uns das Glück, daß man zu Ehren einer Fremden verschiedene Teile der Karwochsmusik in einem Saale sang. Wir hörten sie also mit größter Bequemlichkeit und konnten uns, da wir sie so oft am Klavier durchsangen, einen vorläufigen Begriff davon machen. Es ist ein unglaublich großes simples Kunstwerk, dessen immer erneuerte Darstellung sich wohl nirgends als an diesem Orte und unter diesen Umständen erhalten konnte. Bei näherer Betrachtung fallen freilich mancherlei Handwerksburschentraditionen, welche die Sache wunderbar und unerhört machen, weg, mit allem dem bleibt es etwas Außerordentliches und ist ein ganz neuer Begriff. Kayser wird dereinst Rechenschaft davon ablegen können. Er wird die Vergünstigung erhalten, eine Probe in der Kapelle anzuhören, wozu sonst niemand gelassen wird.

Ferner habe ich diese Woche einen Fuß modelliert nach

vorgängigem Studio der Knochen und Muskeln und werde von meinem Meister gelobt. Wer den ganzen Körper so durchgearbeitet hätte, wäre um ein gutes Teil klüger; versteht sich in Rom, mit allen Hülfsmitteln und dem mannigfaltigen Rat der Verständigen. Ich habe einen Skelettfuß, eine schöne auf die Natur gegossene Anatomie, ein halb Dutzend der schönsten antiken Füße, einige schlechte, jene zur Nachahmung, diese zur Warnung, und die Natur kann ich auch zu Rate ziehen, in jeder Villa, in die ich trete, finde ich Gelegenheit, nach diesen Teilen zu sehen, Gemälde zeigen mir, was Maler gedacht und gemacht haben. Drei, vier Künstler kommen täglich auf mein Zimmer, deren Rat und Anmerkung ich nutze, unter welchen jedoch, genau besehen, Heinrich Meyers Rat und Nachhülfe mich am meisten fördert. Wenn mit diesem Winde auf diesem Elemente ein Schiff nicht von der Stelle käme, so müßte es keine Segel oder einen wahnsinnigen Steuermann haben. Bei der allgemeinen Übersicht der Kunst, die ich mir gemacht habe, war es mir sehr notwendig, nun mit Aufmerksamkeit und Fleiß an einzelne Teile zu gehn. Es ist angenehm, auch im Unendlichen vorwärts zu kommen.

Ich fahre fort, überall herumzugehen und vernachlässigte Gegenstände zu betrachten. So war ich gestern zum erstenmal in Raffaels Villa, wo er an der Seite seiner Geliebten den Genuß des Lebens aller Kunst und allem Ruhm vorzog. Es ist ein heilig Monument. Der Fürst Doria hat sie akquiriert und scheint sie behandeln zu wollen, wie sie es verdient. Raffael hat seine Geliebte achtundzwanzigmal auf die Wand porträtiert in allerlei Arten von Kleidern und Kostüme; selbst in den historischen Kompositionen gleichen ihr die Weiber. Die Lage des Hauses ist sehr schön. Es wird sich artiger davon erzählen lassen, als sich's schreibt. Man muß das ganze Detail bemerken.

Dann ging ich in die Villa Albani und sah mich nur im allgemeinen darin um. Es war ein herrlicher Tag. Heute nacht hat es sehr geregnet, jetzt scheint die Sonne wieder, und vor meinem Fenster ist ein Paradies. Der Mandelbaum ist ganz grün, die Pfirsichblüten fangen schon an abzufallen, und die Zitronenblüten brechen auf dem Gipfel des Baumes auf.

Mein Abschied von hier betrübt drei Personen innigst. Sie werden nie wieder finden, was sie an mir gehabt haben, ich verlasse sie mit Schmerzen. In Rom hab' ich mich selbst zuerst gefunden, ich bin zuerst übereinstimmend mit mir selbst glücklich und vernünftig geworden, und als einen solchen haben mich diese dreie in verschiedenem Sinne und Grade gekannt, besessen und genossen.

Rom, den 22. März.

Heute geh' ich nicht nach St. Peter und will ein Blättchen schreiben. Nun ist auch die heilige Woche mit ihren Wundern und Beschwerden vorüber, morgen nehmen wir noch eine Benediktion auf uns, und dann wendet sich das Gemüt ganz zu einem andern Leben.

Ich habe durch Gunst und Mühe guter Freunde alles gesehen und gehört, besonders ist die Fußwaschung und die Speisung der Pilger nur durch großes Drängen und Drücken zu erkaufen.

Die Kapellmusik ist undenkbar schön. Besonders das „Miserere" von Allegri und die sogenannten „Improperien", die Vorwürfe, welche der gekreuzigte Gott seinem Volke macht. Sie werden Karfreitags frühe gesungen. Der Augenblick, wenn der aller seiner Pracht entkleidete Papst vom Thron steigt, um das Kreuz anzubeten, und alles übrige an seiner Stelle bleibt, jedermann still ist, und das Chor anfängt: „Populus meus, quid feci tibi?", ist eine der schönsten unter allen merkwürdigen Funktionen. Das soll nun alles mündlich ausgeführt werden, und was von Musik transportabel ist, bringt Kayser mit. Ich habe nach meinem Wunsch alles, was an den Funktionen genießbar war, genossen und über das übrige meine stillen Betrachtungen angestellt. Effekt, wie man zu sagen pflegt, hat nichts auf mich gemacht, nichts hat mir eigentlich imponiert, aber bewundert hab' ich alles, denn das muß man ihnen nachsagen, daß sie die christlichen Überlieferungen vollkommen durchgearbeitet haben. Bei den päpstlichen Funktionen, besonders in der Sixtinischen Kapelle, geschieht alles, was am katholischen Gottesdienste sonst unerfreulich erscheint, mit großem Geschmack und vollkommner Würde. Es kann aber auch nur da geschehen, wo seit Jahrhunderten alle Künste zu Gebote standen.

Das Einzelne davon würde jetzt nicht zu erzählen sein. Hätte ich nicht in der Zwischenzeit auf jene Veranlassung wieder stille gehalten und an ein längeres Bleiben geglaubt, so könnt' ich nächste Woche fort. Doch auch das gereicht mir zum besten. Ich habe diese Zeit wieder viel studiert, und die Epoche, auf die ich hoffte, hat sich geschlossen und geründet. Es ist zwar immer eine sonderbare Empfindung, eine Bahn, auf der man mit starken Schritten fortgeht, auf einmal zu verlassen, doch muß man sich darein finden und nicht viel Wesens machen. In jeder großen Trennung liegt ein Keim von Wahnsinn, man muß sich hüten, ihn nachdenklich auszubrüten und zu pflegen.

Schöne Zeichnungen hab' ich von Neapel erhalten, von Kniep, dem Maler, der mich nach Sizilien begleitet hat. Es sind schöne liebliche Früchte meiner Reise und für euch die angenehmsten; denn was man einem vor die Augen bringen kann, gibt man ihm am sichersten. Einige drunter sind, dem Ton der Farbe nach, ganz köstlich geraten, und ihr werdet kaum glauben, daß jene Welt so schön ist.

Soviel kann ich sagen, daß ich in Rom immer glücklicher geworden bin, daß noch mit jedem Tage mein Vergnügen wächst; und wenn es traurig scheinen möchte, daß ich eben scheiden soll, da ich am meisten verdiente, zu bleiben, so ist es doch wieder eine große Beruhigung, daß ich so lang habe bleiben können, um auf den Punkt zu gelangen.

Soeben steht der Herr Christus mit entsetzlichem Lärm auf. Das Kastell feuert ab, alle Glocken läuten, und an allen Ecken und Enden hört man Petarden, Schwärmer und Lauffeuer. Um eilf Uhr morgens.

BERICHT

März

Es ist uns erinnerlich, wie Philippus Neri den Besuch der sieben Hauptkirchen Roms sich öfters zur Pflicht gemacht und dadurch von der Inbrunst seiner Andacht einen deutlichen Beweis gegeben. Hier nun aber ist zu bemerken, daß eine Wallfahrt zu gedachten Kirchen von jedem Pilger, der zum Jubiläum herankommt, notwendig gefordert wird und wirklich wegen der weitentfernten Lage dieser Stationen, insofern der Weg an einem Tage zurückgelegt werden soll, einer abermaligen anstrengenden Reise wohl gleichzuachten ist.

Jene sieben Kirchen aber sind: St. Peter, Santa Maria Maggiore, San Lorenzo außer den Mauern, San Sebastian, San Johann im Lateran, Santa Croce in Jerusalem, San Paul vor den Mauern.

Einen solchen Umgang nun vollführen auch einheimische fromme Seelen in der Karwoche, besonders am Karfreitag. Da man aber zu dem geistlichen Vorteil, welchen die Seelen durch den damit verknüpften Ablaß erwerben und genießen, noch einen leiblichen Genuß hinzugetan, so wird in solcher Hinsicht Ziel und Zweck noch reizender.

Wer nämlich nach vollbrachter Wallfahrt mit gehörigen Zeugnissen zum Tore von San Paul endlich wieder hereintritt, erhält daselbst ein Billet, um an einem frommen Volksfeste in der Villa Mattei an bestimmten Tagen teilnehmen zu können. Dort erhalten die Eingelassenen eine Kollation von Brot, Wein, etwas Käse oder Eiern; die Genießenden sind dabei im Garten umher gelagert, vornehmlich in dem kleinen daselbst befindlichen Amphitheater. Gegenüber in dem Kasino der Villa findet sich die höhere Gesellschaft zusammen; Kardinäle, Prälaten, Fürsten und Herren, um sich an dem Anblick zu ergötzen und somit auch ihren Teil an der Spende, von der Familie Mattei gestiftet, hinzunehmen.

Wir sahen eine Prozession von etwa zehn- bis zwölfjährigen Knaben herankommen, nicht im geistlichen Gewand, sondern wie es etwa Handwerkslehrlingen am Festtage zu erscheinen geziemen möchte, in Kleidern gleicher Farbe, gleichen Schnitts, paarweise, es konnten ihrer vierzig sein. Sie sangen und sprachen ihre Litaneien fromm vor sich hin und wandelten still und züchtig.

Ein alter Mann von kräftigem handwerksmäßigen Ansehn ging an ihnen her und schien das Ganze zu ordnen und zu leiten. Auffallend war es, die vorüberziehende wohlgekleidete Reihe durch ein halb Dutzend bettelhafte, barfuß und zerlumpt einhergehende Kinder geschlossen zu sehen, welche jedoch in gleicher Zucht und Sitte dahinwandelten. Erkundigung deshalb gab uns zu vernehmen: Dieser Mann, ein Schuster von Profession und kinderlos, habe sich früher bewogen gefühlt, einen armen Knaben auf- und in die Lehre zu nehmen, mit Beistand von Wohlwollenden ihn zu kleiden und weiterzubringen. Durch ein solches gegebenes Beispiel sei es ihm gelungen, andere Meister zu gleicher Aufnahme von Kindern zu bewegen, die er ebenfalls zu befördern alsdann besorgt gewesen. Auf diese Weise habe sich ein kleines Häuflein gesammelt, welches er zu gottesfürchtigen Handlungen, um den schädlichen Müßiggang an Sonn- und Feiertagen zu verhüten, ununterbrochen angehalten, ja sogar den Besuch der weit auseinander liegenden Hauptkirchen an einem Tage von ihnen gefordert. Auf diese Weise nun sei diese fromme Anstalt immer gewachsen; er verrichte seine verdienstlichen Wanderungen nach wie vor, und weil sich zu einer so augenfällig nutzbaren Anstalt immer mehr hinzudrängen, als aufgenommen werden könnten, so bediene er sich des Mittels, um die allgemeine Wohltätigkeit zu erregen, daß er die noch zu versorgenden, zu bekleidenden Kinder seinem Zuge anschließe, da es ihm denn jedesmal gelinge, zur Versorgung eines und des andern hinreichende Spende zu erhalten.

Während wir uns hievon unterrichteten, war einer der älteren und bekleideten Knaben auch in unsere Nähe gekommen, bot uns einen Teller und verlangte mit gutgesetzten Worten für die nackten und sohlenlosen bescheiden eine Gabe. Er empfing sie nicht nur von uns gerührten Fremden reichlich, sondern auch von den anstehenden sonst pfennigkargen Römern und Römerinnen, die einer mäßigen Spende mit viel Worten segnender Anerkennung jenes Verdienstes noch ein frommes Gewicht beizufügen nicht unterließen.

Man wollte wissen, daß der fromme Kindervater jedesmal seine Pupillen an jener Spende teilnehmen lasse, nachdem sie sich durch vorhergegangene Wanderung erbaut, wobei es denn niemals an leidlicher Einnahme zu seinem edlen Zwecke fehlen kann.

ÜBER DIE BILDENDE NACHAHMUNG DES SCHÖNEN,

von Karl Philipp Moritz. Braunschweig 1788.

Unter diesem Titel ward ein Heft von kaum vier Bogen gedruckt, wozu Moritz das Manuskript nach Deutschland geschickt hatte, um seinen Verleger über den Vorschuß einer Reisebeschreibung nach Italien einigermaßen zu beschwichtigen. Freilich war eine solche nicht so leicht als die einer abenteuerlichen Fußwanderung durch England niederzuschreiben.

Gedachtes Heft aber darf ich nicht unerwähnt lassen; es war aus unsern Unterhaltungen hervorgegangen, welche Moritz nach seiner Art benutzt und ausgebildet. Wie es nun damit auch sei, so kann es geschichtlich einiges Interesse haben, um daraus zu ersehen, was für Gedanken sich in jener Zeit vor uns auftaten, welche, späterhin entwickelt, geprüft, angewendet und verbreitet, mit der Denkweise des Jahrhunderts glücklich zusammentrafen.

Einige Blätter aus der Mitte des Vortrags mögen hier eingeschaltet stehen, vielleicht nimmt man hievon Veranlassung, das Ganze wieder abzudrucken.

„Der Horizont der tätigen Kraft aber muß bei dem bildenden Genie so weit wie die Natur selber sein: das heißt, die Organisation muß so fein gewebt sein und so unendlich viele Berührungspunkte der allumströmenden Natur darbieten, daß gleichsam die äußersten Enden von allen Verhältnissen der Natur im großen, hier im kleinen sich nebeneinander stellend, Raum genug haben, um sich einander nicht verdrängen zu dürfen.

Wenn nun eine Organisation von diesem feinern Gewebe bei ihrer völligen Entwicklung auf einmal in der dunklen Ahndung ihrer tätigen Kraft ein Ganzes faßt, das weder in ihr Auge noch in ihr Ohr, weder in ihre Einbildungskraft noch in ihre Gedanken kam, so muß notwendig eine Unruhe, ein Mißverhältnis zwischen den sich wägenden Kräften so lange entstehen, bis sie wieder in ihr Gleichgewicht kommen.

Bei einer Seele, deren bloß tätige Kraft schon das edle große Ganze der Natur in dunkler Ahndung faßt, kann die deutlich erkennende Denkkraft, die noch lebhafter darstellende Einbildungskraft und der am hellsten spiegelnde äußre Sinn mit der Betrachtung des einzelnen im Zusammenhange der Natur sich nicht mehr begnügen.

Alle die in der tätigen Kraft bloß dunkel geahndeten Verhältnisse jenes großen Ganzen müssen notwendig auf irgendeine Weise entweder sichtbar, hörbar oder doch der Einbildungskraft faßbar werden; und um dies zu werden, muß die Tatkraft, worin sie schlummern, sie nach sich selber, aus sich selber bilden. — Sie muß alle jene Verhältnisse des großen Ganzen und in ihnen das höchste Schöne wie an den Spitzen seiner Strahlen in einen Brennpunkt fassen. — Aus diesem Brennpunkte muß sich nach des Auges gemessener Weite ein zartes und doch getreues Bild des höchsten Schönen ründen, das die vollkommensten Verhältnisse des großen Ganzen der Natur ebenso wahr und richtig wie sie selbst in seinem kleinen Umfang faßt.

Weil nun aber dieser Abdruck des höchsten Schönen notwendig an etwas haften muß, so wählt die bildende Kraft, durch ihre Individualität bestimmt, irgendeinen sichtbaren, hörbaren oder doch der Einbildungskraft faßbaren Gegenstand, auf den sie den Abglanz des höchsten Schönen im verjüngenden Maßstabe überträgt. — Und weil dieser Gegenstand wiederum, wenn er wirklich, was er darstellt, wäre, mit dem Zusammenhange der Natur, die außer sich selber kein wirklich eigenmächtiges Ganze duldet, nicht ferner bestehen könnte, so führet uns dies auf den Punkt, wo wir schon einmal waren: daß jedesmal das innre Wesen erst in die Erscheinung sich verwandeln müsse, ehe es durch die Kunst zu einem für sich bestehenden Ganzen gebildet werden und ungehindert die Verhältnisse des großen Ganzen der Natur in ihrem völligen Umfange spiegeln kann.

Da nun aber jene großen Verhältnisse, in deren völligem Umfange eben das Schöne liegt, nicht mehr unter das Gebiet der Denkkraft fallen, so kann auch der lebendige Begriff von der bildenden Nachahmung des Schönen nur im Gefühl der tätigen Kraft, die es hervorbringt, im ersten Augenblick der Entstehung stattfinden, wo das Werk, als schon vollendet, durch alle Grade seines allmählichen Werdens in dunkler Ahndung auf einmal vor die Seele tritt und in diesem Moment der ersten Erzeugung gleichsam vor seinem wirklichen Dasein da ist; wodurch alsdann auch jener unnennbare Reiz entsteht, welcher das schaffende Genie zur immerwährenden Bildung treibt.

Durch unser Nachdenken über die bildende Nachahmung des Schönen, mit dem reinen Genuß der schönen Kunstwerke selbst vereint, kann zwar etwas jenem lebendigen Begriff Näherkommendes in uns entstehen, das den Genuß der schönen Kunstwerke uns erhöht. — Allein da unser höchster Genuß des Schönen dennoch sein Werden aus unsrer eignen Kraft unmöglich mit in sich fassen kann, so bleibt der einzige höchste Genuß desselben immer dem schaffenden Genie, das es hervorbringt, selber, und das Schöne hat daher seinen höchsten Zweck in seiner Entstehung, in seinem Werden schon erreicht; unser Nachgenuß desselben ist nur eine Folge seines Daseins — und das bildende Genie ist daher im großen Plane der Natur zuerst um sein selbst, und dann erst um unsertwillen da; weil es nun einmal außer ihm noch Wesen gibt, die selbst nicht schaffen und bilden, aber doch das Gebildete, wenn es einmal hervorgebracht ist, mit ihrer Einbildungskraft umfassen können.

Die Natur des Schönen besteht ja eben darin, daß sein innres Wesen außer den Grenzen der Denkkraft, in seiner Entstehung, in seinem eignen Werden liegt. Eben darum, weil die Denkkraft beim Schönen nicht mehr fragen kann, warum es schön sei, ist es schön. — Denn es mangelt ja der Denkkraft völlig an einem Vergleichungspunkte, wornach sie das Schöne beurteilen und betrachten könnte. Was gibt es noch für einen Vergleichungspunkt für das echte Schöne, als mit dem Inbegriff aller harmonischen Verhältnisse des großen Ganzen der Natur, die keine Denkkraft umfassen kann? Alles einzelne, hin und her in der Natur zerstreute Schöne ist ja nur insofern schön, als sich dieser Inbegriff aller Verhältnisse jenes großen Ganzen mehr oder weniger darin offenbart. Es kann also nie zum Vergleichungspunkte für das Schöne der bildenden Künste, ebensowenig als der wahren Nachahmung des Schönen zum Vorbilde dienen; weil das höchste Schöne im Einzelnen der Natur immer noch nicht schön genug für die stolze Nachahmung der großen und majestätischen Verhältnisse des allumfassenden Ganzen der Natur ist. Das Schöne kann daher nicht erkannt, es muß hervorgebracht — oder empfunden werden.

Denn weil in gänzlicher Ermangelung eines Vergleichungspunktes einmal das Schöne kein Gegenstand der Denkkraft ist, so würden wir, insofern wir es nicht selbst hervorbringen können, auch seines Genusses ganz entbehren müssen, indem wir uns nie an etwas halten könnten, dem das Schöne näher käme als das Minderschöne — wenn nicht etwas die Stelle der hervorbringenden Kraft in uns ersetzte, das ihr so nahe wie möglich kömmt, ohne doch sie selbst zu sein: — dies ist nun, was wir Geschmack oder Empfindungsfähigkeit für das Schöne nennen, die, wenn sie in ihren Grenzen bleibt, den Mangel des höhern Genusses bei der Hervorbringung des Schönen durch die ungestörte Ruhe der stillen Betrachtung ersetzen kann.

Wenn nämlich das Organ nicht fein genug gewebt ist, um dem einströmenden Ganzen der Natur so viele Berührungspunkte darzubieten, als nötig sind, um alle ihre großen Verhältnisse vollständig im kleinen abzuspiegeln, und uns noch ein Punkt zum völligen Schluß des Zirkels fehlt, so können wir statt der Bildungskraft nur Empfindungsfähigkeit für das Schöne haben: jeder Versuch, es außer uns wieder darzustellen, würde uns mißlingen und uns desto unzufriedner mit uns selber machen, je näher unser Empfindungsvermögen für das Schöne an das uns mangelnde Bildungsvermögen grenzt.

Weil nämlich das Wesen des Schönen eben in seiner Vollendung in sich selbst besteht, so schadet ihm der letzte fehlende Punkt so viel als tausend, denn er verrückt alle übrigen Punkte aus der Stelle, in welche sie gehören. — Und ist dieser Vollendungspunkt einmal verfehlt, so verlohnt ein Werk der Kunst nicht der Mühe des Anfangs und der Zeit seines Werdens; es fällt unter das Schlechte bis zum Unnützen herab, und sein Dasein muß notwendig durch die Vergessenheit, worin es sinkt, sich wieder aufheben.

Ebenso schadet auch dem in das feinere Gewebe der Organisation gepflanzten Bildungsvermögen der letzte zu seiner Vollständigkeit fehlende Punkt so viel als tausend. — Der höchste Wert, den es als Empfindungsvermögen haben könnte, kömmt bei ihm als Bildungskraft ebensowenig wie der geringste in Betrachtung. Auf dem Punkte, wo das Empfindungsvermögen seine Grenzen überschreitet, muß es notwendig unter sich selber sinken, sich aufheben und vernichten.

Je vollkommener das Empfindungsvermögen für eine gewisse Gattung des Schönen ist, um desto mehr ist es in Gefahr, sich zu täuschen, sich selbst für Bildungskraft zu nehmen und auf die Weise durch tausend mißlungene Versuche seinen Frieden mit sich selbst zu stören.

Es blickt z. B. beim Genuß des Schönen in irgendeinem Werke der Kunst zugleich durch das Werden desselben in die bildende Kraft, die es schuf, hindurch; und ahndet dunkel den höhern Grad des Genusses eben dieses Schönen im Gefühl dieser Kraft, die mächtig genug war, es aus sich selbst hervorzubringen.

Um sich nun diesen höhern Grad des Genusses, welchen sie an einem Werke, das einmal schon da ist, unmöglich haben kann, auch zu verschaffen, strebt die einmal zu lebhaft gerührte Empfindung vergebens, etwas Ähnliches aus sich selbst hervorzubringen, haßt ihr eignes Werk, verwirft es und verleidet sich zugleich den Genuß alle des Schönen, das außer ihr schon da ist, und woran sie nun eben deswegen, weil es ohne ihr Zutun da ist, keine Freude findet.

Ihr einziger Wunsch und Streben ist, des ihr versagten höhern Genusses, den sie nur dunkel ahndet, teilhaftig zu werden: in einem schönen Werke, das ihr sein Dasein dankt, mit dem Bewußtsein von eigner Bildungskraft sich selbst zu spiegeln. —

Allein sie wird ihres Wunsches ewig nicht gewährt, weil Eigennutz ihn erzeugte und das Schöne sich nur um sein selbst willen von der Hand des Künstlers greifen und willig und folgsam von ihm sich bilden läßt.

Wo sich nun in den schaffenwollenden Bildungstrieb sogleich die Vorstellung vom Genuß des Schönen mischt, den es, wenn es vollendet ist, gewähren soll; und wo diese Vorstellung der erste und stärkste Antrieb unsrer Tatkraft wird, die sich zu dem, was sie beginnt, nicht in und durch sich selbst gedrungen fühlt, da ist der Bildungstrieb gewiß nicht rein: der Brennpunkt oder Vollendungspunkt des Schönen fällt in die Wirkung über das Werk hinaus; die Strahlen gehen auseinander; das Werk kann sich nicht in sich selber ründen.

Dem höchsten Genuß des aus sich selbst hervorgebrachten Schönen sich so nah zu dünken und doch darauf Verzicht zu tun, scheint freilich ein harter Kampf — der dennoch äußerst leicht wird, wenn wir aus diesem Bildungstriebe, den wir uns einmal zu besitzen schmeicheln, um doch sein Wesen zu veredeln, jede Spur des Eigennutzes, die wir noch finden, tilgen und jede Vorstellung des Genusses, den uns das Schöne, das wir hervorbringen wollen, wenn es nun da sein wird, durch das Gefühl unsrer eignen Kraft gewähren soll, soviel wie möglich zu verbannen suchen, so daß, wenn wir auch mit dem letzten Atemzuge es erst vollenden könnten, es dennoch zu vollenden strebten. —

Behält alsdann das Schöne, das wir ahnden, bloß an und für sich selbst, in seiner Hervorbringung, noch Reiz genug, unsre Tatkraft zu bewegen, so dürfen wir getrost unserm Bildungstriebe folgen, weil er echt und rein ist. —

Verliert sich aber mit der gänzlichen Hinwegdenkung des Genusses und der Wirkung auch der Reiz, so bedarf es ja keines Kampfes weiter, der Frieden in uns ist hergestellt, und das nun wieder in seine Rechte getretene Empfindungsvermögen eröffnet sich zum Lohne für sein bescheidnes Zurücktreten in seine Grenzen dem reinsten Genuß des Schönen, der mit der Natur seines Wesens bestehen kann.

Freilich kann nun der Punkt, wo Bildungs- und Empfindungskraft sich scheidet, so äußerst leicht verfehlt und überschritten werden, daß es gar nicht zu verwundern ist, wenn immer tausend falsche, angemaßte Abdrücke des höchsten Schönen gegen einen echten durch den falschen Bildungstrieb in den Werken der Kunst entstehen.

Denn da die echte Bildungskraft sogleich bei der ersten Entstehung ihres Werks auch schon den ersten, höchsten Genuß desselben als ihren sichern Lohn in sich selber trägt und sich nur dadurch von dem falschen Bildungstriebe unterscheidet, daß sie den allerersten Moment ihres Anstoßes durch sich selber und nicht durch die Ahndung des Genusses von ihrem Werke erhält; und weil in diesem Moment der Leidenschaft die Denkkraft selbst kein richtiges Urteil fällen kann, so ist es fast unmöglich, ohne eine Anzahl mißlungner Versuche dieser Selbsttäuschung zu entkommen.

Und selbst auch diese mißlungnen Versuche sind noch nicht immer ein Beweis von Mangel an Bildungskraft, weil diese selbst da, wo sie echt ist, oft eine ganz falsche Richtung nimmt, indem sie vor ihre Einbildungskraft stellen will, was vor ihr Auge, oder vor ihr Auge, was vor ihr Ohr gehört.

Eben weil die Natur die inwohnende Bildungskraft nicht immer zur völligen Reife und Entwicklung kommen oder sie einen falschen Weg einschlagen läßt, auf dem sie sich nie entwickeln kann, so bleibt das echte Schöne selten.

Und weil sie auch aus dem angemaßten Bildungstriebe das Gemeine und Schlechte ungehindert entstehen läßt, so unterscheidet sich eben dadurch das echte Schöne und Edle durch seinen seltenen Wert vom Schlechten und Gemeinen. —

In dem Empfindungsvermögen bleibt also stets die Lücke, welche nur durch das Resultat der Bildungskraft sich ausfüllt. — Bildungskraft und Empfindungsfähigkeit verhalten sich zueinander wie Mann und Weib. Denn auch die Bildungskraft ist bei der ersten Entstehung ihres Werks im Moment des höchsten Genusses zugleich Empfindungsfähigkeit und erzeugt wie die Natur den Abdruck ihres Wesens aus sich selber.

Empfindungsvermögen sowohl als Bildungskraft sind also in dem feinern Gewebe der Organisation gegründet, insofern dieselbe in allen ihren Berührungspunkten von den Verhältnissen des großen Ganzen der Natur ein vollständiger oder doch fast vollständiger Abdruck ist.

Empfindungskraft sowohl als Bildungskraft umfassen mehr als Denkkraft, und die tätige Kraft, worin sich beide gründen, faßt zugleich auch alles, was die Denkkraft faßt, weil sie von allen Begriffen, die wir je haben können, die ersten Anlässe, stets sie aus sich herausspinnend, in sich trägt.

Insofern nun diese tätige Kraft alles, was nicht unter das Gebiet der Denkkraft fällt, hervorbringend in sich faßt, heißet sie Bildungskraft: und insofern sie das, was außer den Grenzen der Denkkraft liegt, der Hervorbringung sich entgegenneigend, in sich begreift, heißt sie Empfindungskraft.

Bildungskraft kann nicht ohne Empfindung und tätige Kraft, die bloß tätige Kraft hingegen kann ohne eigentliche Empfindungs- und Bildungskraft, wovon sie nur die Grundlage ist, für sich allein stattfinden.

Insofern nun diese bloß tätige Kraft ebenfalls in dem feinern Gewebe der Organisation sich gründet, darf das Organ nur überhaupt in allen seinen Berührungspunkten ein Abdruck der Verhältnisse des großen Ganzen sein, ohne daß eben der Grad der Vollständigkeit erfordert würde, welche die Empfindungs- und Bildungskraft voraussetzt.

Von den Verhältnissen des großen Ganzen, das uns umgibt, treffen nämlich immer so viele in allen Berührungspunkten unsres Organs zusammen, daß wir dies große Ganze dunkel in uns fühlen, ohne es doch selbst zu sein. Die in unser Wesen hineingesponnenen Verhältnisse jenes Ganzen streben, sich nach allen Seiten wieder auszudehnen; das Organ wünscht sich nach allen Seiten bis ins Unendliche fortzusetzen. Es will das umgebende Ganze nicht nur in sich spiegeln, sondern, soweit es kann, selbst dies umgebende Ganze sein.

Daher ergreift jede höhere Organisation ihrer Natur nach die ihr untergeordnete und trägt sie in ihr Wesen über. Die Pflanze den unorganisierten Stoff durch bloßes Werden und Wachsen; das Tier die Pflanzen durch Werden, Wachsen und Genuß; der Mensch verwandelt nicht nur Tier und Pflanze durch Werden, Wachsen und Genuß in sein innres Wesen, sondern faßt zugleich alles, was seiner Organisation sich unterordnet, durch die unter allen am hellsten geschliffne, spiegelnde Oberfläche seines Wesens, in den Umfang seines Daseins auf und stellt es, wenn sein Organ sich bildend in sich selbst vollendet, verschönert außer sich wieder dar.

Wo nicht, so muß er das, was um ihn her ist, durch Zerstörung in den Umfang seines wirklichen Daseins ziehn und verheerend um sich greifen, so weit er kann, da einmal die reine unschuldige Beschauung seinen Durst nach ausgedehntem wirklichem Dasein nicht ersetzen kann.“

APRIL

KORRESPONDENZ

Rom, den 10. April.

Noch bin ich in Rom mit dem Leibe, nicht mit der Seele. Sobald der Entschluß fest war, abzugehen, hatte ich auch kein Interesse mehr, und ich wäre lieber schon vierzehn Tage fort. Eigentlich bleibe ich noch um Kaysers willen und um Burys willen. Ersterer muß noch einige Studien absolvieren, die er nur hier in Rom machen kann, noch einige Musikalien sammeln; der andere muß noch die Zeichnung zu einem Gemälde nach meiner Erfindung ins reine bringen, dabei er meines Rats bedarf.

Doch hab' ich den 21. oder 22. April zur Abreise festgesetzt.

Rom den 11., April.

Die Tage vergehn, und ich kann nichts mehr tun. Kaum mag ich noch etwas sehen; mein ehrlicher Meyer steht mir noch bei, und ich genieße noch zuletzt seines unterrichtenden Umgangs. Hätte ich Kaysern nicht bei mir, so hätte ich jenen mitgebracht. Wenn wir ihn nur ein Jahr gehabt hätten, so wären wir weit genug gekommen. Besonders hätte er bald über alle Skrupel im Köpfezeichnen hinausgeholfen.

Ich war mit meinem guten Meyer diesen Morgen in der französischen Akademie, wo die Abgüsse der besten Statuen des Altertums beisammenstehn. Wie könnt' ich ausdrücken, was ich hier wie zum Abschied empfand? In solcher Gegenwart wird man mehr, als man ist; man fühlt, das Würdigste, womit man sich beschäftigen sollte, sei die menschliche Gestalt, die man hier in aller mannigfaltigen Herrlichkeit gewahr wird. Doch wer fühlt bei einem solchen Anblick nicht alsobald, wie unzulänglich er sei; selbst vorbereitet steht man wie vernichtet. Hatte ich doch Proportion, Anatomie, Regelmäßigkeit der Bewegung mir einigermaßen zu verdeutlichen gesucht, hier aber fiel mir nur zu sehr auf, daß die Form zuletzt alles einschließe, der Glieder Zweckmäßigkeit, Verhältnis, Charakter und Schönheit.

Rom, den 14. April.

Die Verwirrung kann wohl nicht größer werden! Indem ich nicht abließ, an jenem Fuß fortzumodellieren, ging mir auf, daß ich nunmehr „Tasso" unmittelbar angreifen müßte, zu dem sich denn auch meine Gedanken hinwendeten, ein willkommener Gefährte zur bevorstehenden Reise. Dazwischen wird eingepackt, und man sieht in solchem Augenblicke erst, was man alles um sich versammelt und zusammengeschleppt hat.

BERICHT

April

Meine Korrespondenz der letzten Wochen bietet wenig Bedeutendes; meine Lage war zu verwickelt zwischen Kunst und Freundschaft, zwischen Besitz und Bestreben, zwischen einer gewohnten Gegenwart und einer wieder neu anzugewöhnenden Zukunft. In diesen Zuständen konnten meine Briefe wenig enthalten; die Freude, meine alten geprüften Freunde wiederzusehen, war nur mäßig ausgesprochen, der Schmerz des Loslösens dagegen kaum verheimlicht. Ich fasse daher in gegenwärtigen nachträglichen Bericht manches zusammen und nehme nur das auf, was aus jener Zeit mir teils durch andere Papiere und Denkmale bewahrt, teils in der Erinnerung wieder hervorzurufen ist.

Tischbein verweilte noch immer in Neapel, ob er schon seine Zurückkunft im Frühling wiederholt angekündigt hatte. Es war sonst mit ihm gut leben, nur ein gewisser Tik ward auf die Länge beschwerlich. Er ließ nämlich alles, was er zu tun vorhatte, in einer Art Unbestimmtheit, wodurch er oft ohne eigentlich bösen Willen andere zu Schaden und Unlust brachte. So erging es mir nun auch in diesem Falle; ich mußte, wenn er zurückkehrte, um uns alle bequem logiert zu sehen, das Quartier verändern, und da die obere Etage unsers Hauses eben leer ward, säumte ich nicht, sie zu mieten und sie zu beziehen, damit er bei seiner Ankunft in der untern alles bereit fände.

Die oberen Räume waren den unteren gleich, die hintere Seite jedoch hatte den Vorteil einer allerliebsten Aussicht über den Hausgarten und die Gärten der Nachbarschaft, welche, da unser Haus ein Eckhaus war, sich nach allen Seiten ausdehnte.

Hier sah man nun die verschiedensten Gärten, regelmäßig durch Mauern getrennt, in unendlicher Mannigfaltigkeit gehalten und bepflanzt; dieses grünende und blühende Paradies zu verherrlichen, trat überall die einfach edle Baukunst hervor: Gartensäle, Balkone, Terrassen, auch auf den höhern Hinterhäuschen eine offne Loge, dazwischen alle Baum- und Pflanzenarten der Gegend.

In unserm Hausgarten versorgte ein alter Weltgeistlicher eine Anzahl wohlgehaltener Zitronenbäume von mäßiger Höhe in verzierten Vasen von gebrannter Erde, welche im Sommer der freien Luft genossen, im Winter jedoch im Gartensaale verwahrt standen. Nach vollkommen geprüfter Reife wurden die Früchte sorgfältig abgenommen, jede einzeln in weiches Papier gewickelt, so zusammengepackt und versendet. Sie sind wegen besonderer Vorzüge im Handel beliebt. Eine solche Orangerie wird als ein kleines Kapital in bürgerlichen Familien betrachtet, wovon man alle Jahre die gewissen Interessen zieht.

Dieselbigen Fenster, aus welchen man so viel Anmut beim klarsten Himmel ungestört betrachtete, gaben auch ein vortreffliches Licht zu Beschauung malerischer Kunstwerke. Soeben hatte Kniep verschiedene Aquarellzeichnungen, ausgeführt nach Umrissen, die er auf unsrer Reise durch Sizilien sorgfältig zog, verabredetermaßen eingesendet, die nunmehr bei dem günstigsten Licht allen Teilnehmenden zu Freude und Bewunderung gereichten. Klarheit und luftige Haltung ist vielleicht in dieser Art keinem besser gelungen als ihm, der sich mit Neigung gerade hierauf geworfen hatte. Die Ansicht dieser Blätter bezauberte wirklich, denn man glaubte, die Feuchte des Meers, die blauen Schatten der Felsen, die gelbrötlichen Töne der Gebirge, das Verschweben der Ferne in dem glanzreichsten Himmel wieder zu sehen, wieder zu empfinden. Aber nicht allein diese Blätter erschienen in solchem Grade günstig, jedes Gemälde, auf dieselbe Staffelei, an denselben Ort gestellt, erschien wirksamer und auffallender; ich erinnere mich, daß einigemal, als ich ins Zimmer trat, mir ein solches Bild wie zauberisch entgegenwirkte.

Das Geheimnis einer günstigen oder ungünstigen, direkten oder indirekten atmosphärischen Beleuchtung war damals noch nicht entdeckt, sie selbst aber durchaus gefühlt, angestaunt und als nur zufällig und unerklärbar betrachtet.

Diese neue Wohnung gab nun Gelegenheit, eine Anzahl von Gipsabgüssen, die sich nach und nach um uns gesammelt hatten, in freundlicher Ordnung und gutem Lichte aufzustellen, und man genoß jetzt erst eines höchst würdigen Besitzes. Wenn man, wie in Rom der Fall ist, sich immerfort in Gegenwart plastischer Kunstwerke der Alten befindet, so fühlt man sich wie in Gegenwart der Natur vor einem Unendlichen, Unerforschlichen. Der Eindruck des Erhabenen, des Schönen, so wohltätig er auch sein mag, beunruhigt uns, wir wünschen unsre Gefühle, unsre Anschauung in Worte zu fassen: dazu müßten wir aber erst erkennen, einsehen, begreifen; wir fangen an zu sondern, zu unterscheiden, zu ordnen, und auch dieses finden wir, wo nicht unmöglich, doch höchst schwierig, und so kehren wir endlich zu einer schauenden und genießenden Bewunderung zurück.

Überhaupt aber ist dies die entschiedenste Wirkung aller Kunstwerke, daß sie uns in den Zustand der Zeit und der Individuen versetzen, die sie hervorbrachten. Umgeben von antiken Statuen, empfindet man sich in einem bewegten Naturleben, man wird die Mannigfaltigkeit der Menschengestaltung gewahr und durchaus auf den Menschen in seinem reinsten Zustande zurückgeführt, wodurch denn der Beschauer selbst lebendig und rein menschlich wird. Selbst die Bekleidung, der Natur angemessen, die Gestalt gewissermaßen noch hervorhebend, tut im allgemeinen Sinne wohl. Kann man dergleichen Umgebung in Rom tagtäglich genießen, so wird man zugleich habsüchtig darnach; man verlangt, solche Gebilde neben sich aufzustellen, und gute Gipsabgüsse als die eigentlichsten Faksimiles geben hiezu die beste Gelegenheit. Wenn man des Morgens die Augen aufschlägt, fühlt man sich von dem Vortrefflichsten gerührt; alles unser Denken und Sinnen ist von solchen Gestalten begleitet, und es wird dadurch unmöglich, in Barbarei zurückzufallen.

Den ersten Platz bei uns behauptete Juno Ludovisi, um desto höher geschätzt und verehrt, als man das Original nur selten, nur zufällig zu sehen bekam und man es für ein Glück achten mußte, sie immerwährend vor Augen zu haben; denn keiner unsrer Zeitgenossen, der zum erstenmal vor sie hintritt, darf behaupten, diesem Anblick gewachsen zu sein.

Noch einige kleinere Junonen standen zur Vergleichung neben ihr, vorzüglich Büsten Jupiters und, um anderes zu übergehen, ein guter alter Abguß der Medusa Rondanini; ein wundersames Werk, das, den Zwiespalt zwischen Tod und Leben, zwischen Schmerz und Wollust ausdrückend, einen unnennbaren Reiz wie irgendein anderes Problem über uns ausübt.

Doch erwähn' ich noch eines Herkules Anax, so kräftig und groß, als verständig und mild; sodann eines allerliebsten Merkur, deren beider Originale sich jetzt in England befinden.

Halberhobene Arbeiten, Abgüsse von manchen schönen Werken gebrannter Erde, auch die ägyptischen, von dem Gipfel des großen Obelisk genommen, und was nicht sonst an Fragmenten, worunter einige marmorne waren, standen wohl eingereiht umher.

Ich spreche von diesen Schätzen, welche nur wenige Wochen in die neue Wohnung gereiht standen, wie einer, der sein Testament überdenkt, den ihn umgebenden Besitz mit Fassung, aber doch gerührt ansehen wird. Die Umständlichkeit, die Bemühung und Kosten und eine gewisse Unbehülflichkeit in solchen Dingen hielten mich ab, das Vorzüglichste sogleich nach Deutschland zu bestimmen. Juno Ludovisi war der edlen Angelika zugedacht, weniges andere den nächsten Künstlern, manches gehörte noch zu den Tischbeinischen Besitzungen, anderes sollte unangetastet bleiben und von Bury, der das Quartier nach mir bezog, nach seiner Weise benutzt werden.

Indem ich dieses niederschreibe, werden meine Gedanken in die frühsten Zeiten hingeführt und die Gelegenheiten hervorgerufen, die mich anfänglich mit solchen Gegenständen bekannt machten, meinen Anteil erregten, bei einem völlig ungenügenden Denken einen überschwenglichen Enthusiasmus hervorriefen und die grenzenlose Sehnsucht nach Italien zur Folge hatten.

In meiner frühsten Jugend ward ich nichts Plastisches in meiner Vaterstadt gewahr; in Leipzig machte zuerst der gleichsam tanzend auftretende, die Zimbeln schlagende Faun einen tiefen Eindruck, so daß ich mir den Abguß noch jetzt in seiner Individualität und Umgebung denken kann. Nach einer langen Pause ward ich auf einmal in das volle Meer gestürzt, als ich mich von der Mannheimer Sammlung in dem von oben wohlbeleuchteten Saale plötzlich umgeben sah.

Nachher fanden sich Gipsgießer in Frankfurt ein, sie hatten sich mit manchen Originalabgüssen über die Alpen begeben, welche sie sodann abformten und die Originale für einen leidlichen Preis abließen. So erhielt ich einen ziemlich guten Laokoons-Kopf, Niobes Töchter, ein Köpfchen, später für eine Sappho angesprochen, und noch sonst einiges. Diese edlen Gestalten waren eine Art von heimlichem Gegengift, wenn das Schwache, Falsche, Manierierte über mich zu gewinnen drohte. Eigentlich aber empfand ich immer innerliche Schmerzen eines unbefriedigten, sich aufs Unbekannte beziehenden, oft gedämpften und immer wieder auflebenden Verlangens. Groß war der Schmerz daher, als ich, aus Rom scheidend, von dem Besitz des endlich Erlangten, sehnlichst Gehofften mich lostrennen sollte.

Die Gesetzlichkeit der Pflanzenorganisation, die ich in Sizilien gewahr worden, beschäftigte mich zwischen allem durch, wie es Neigungen zu tun pflegen, die sich unsres Innern bemächtigen und sich zugleich unsern Fähigkeiten angemessen erzeigen. Ich besuchte den botanischen Garten, welcher, wenn man will, in seinem veralteten Zustande geringen Reiz ausübte, auf mich aber doch, dem vieles, was er dort vorfand, neu und unerwartet schien, einen günstigen

Einfluß hatte. Ich nahm daher Gelegenheit, manche seltenere Pflanzen um mich zu versammeln und meine Betrachtungen darüber fortzusetzen, sowie die von mir aus Samen und Kernen erzogenen fernerhin pflegend zu beobachten.

In diese letzten besonders wollten bei meiner Abreise mehrere Freunde sich teilen. Ich pflanzte den schon einigermaßen erwachsenen Piniensprößling, Vorbildchen eines künftigen Baumes, bei Angelika in den Hausgarten, wo er durch manche Jahre zu einer ansehnlichen Höhe gedieh, wovon mir teilnehmende Reisende zu wechselseitigem Vergnügen, wie auch von meinem Andenken an jenem Platze, gar manches zu erzählen wußten. Leider fand der nach dem Ableben jener unschätzbaren Freundin eintretende neue Besitzer es unpassend, auf seinen Blumenbeeten ganz unörtlich Pinien hervorwachsen zu sehen. Späterhin fanden wohlwollende, darnach forschende Reisende die Stelle leer und hier wenigstens die Spur eines anmutigen Daseins ausgelöscht.

Glücklicher waren einige Dattelpflanzen, die ich aus Kernen gezogen hatte. Wie ich denn überhaupt die merkwürdige Entwicklung derselben durch Aufopferung mehrerer Exemplare von Zeit zu Zeit beobachtete; die überbliebenen, frisch aufgeschossenen übergab ich einem römischen Freunde, der sie in einen Garten der Sixtinischen Straße pflanzte, wo sie noch am Leben sind, und zwar bis zur Manneshöhe herangewachsen, wie ein erhabener Reisende mir zu versichern die Gnade hatte. Mögen sie den Besitzern nicht unbequem werden und fernerhin zu meinem Andenken grünen, wachsen und gedeihen!

Auf dem Verzeichnisse, was vor der Abreise von Rom allenfalls nachzuholen sein möchte, fanden sich zuletzt sehr disparate Gegenstände, die Cloaca Massima und die Katakomben bei St. Sebastian. Die erste erhöhte wohl noch den kolossalen Begriff, wozu uns Piranesi vorbereitet hatte; der Besuch des zweiten Lokals geriet jedoch nicht zum besten, denn die ersten Schritte in diese dumpfigen Räume erregten mir alsobald ein solches Mißbehagen, daß ich sogleich wieder ans Tageslicht hervorstieg und dort im Freien in einer ohnehin unbekannten, fernen Gegend der Stadt die Rückkunft der übrigen Gesellschaft abwartete, welche, gefaßter als ich, die dortigen Zustände getrost beschauen mochte.

In dem großen Werke „Roma sotterranea, di Antonio Bosio Romano“ belehrt' ich mich lange Zeit nachher umständlich von allem dem, was ich dort gesehen oder auch wohl nicht gesehen hätte, und glaubte mich dadurch hinlänglich entschädigt.

Eine andere Wallfahrt wurde dagegen mit mehr Nutzen und Folge unternommen: es war zu der Akademie S. Luca, dem Schädel Raffaels unsre Verehrung zu bezeigen, welcher dort als ein Heiligtum aufbewahrt wird, seitdem er aus dem Grabe dieses außerordentlichen Mannes, das man bei einer baulichen Angelegenheit eröffnet hatte, daselbst entfernt und hierher gebracht worden.

Ein wahrhaft wundersamer Anblick! Eine so schön als nur denkbar zusammengefaßte und abgerundete Schale, ohne eine Spur von jenen Erhöhungen, Beulen und Buckeln, welche, später an andern Schädeln bemerkt, in der Gallischen Lehre zu so mannigfaltiger Bedeutung geworden sind. Ich konnte mich von dem Anblick nicht losreißen und bemerkte beim Weggehen, wie bedeutend es für Natur- und Kunstfreunde sein müßte, einen Abguß davon zu haben, wenn es irgend möglich wäre. Hofrat Reiffenstein, dieser einflußreiche Freund, gab mir Hoffnung und erfüllte sie nach einiger Zeit, indem er mir wirklich einen solchen Abguß nach Deutschland sendete, dessen Anblick mich noch oft zu den mannigfaltigsten Betrachtungen aufruft.

Das liebenswürdige Bild von des Künstlers Hand, St. Lucas, dem die Mutter Gottes erscheint, damit er sie in ihrer vollen göttlichen Hoheit und Anmut wahr und natürlich darstellen möge, gewährte den heitersten Anblick. Raffael selbst, noch jung, steht in einiger Entfernung und sieht dem Evangelisten bei der Arbeit zu. Anmutiger kann man wohl nicht einen Beruf, zu dem man sich entschieden hingezogen fühlt, ausdrücken und bekennen.

Peter von Cortona war ehmals der Besitzer dieses Werks und hat solches der Akademie vermacht. Es ist freilich an manchen Stellen beschädigt und restauriert, aber doch immer ein Gemälde von bedeutendem Wert.

In diesen Tagen jedoch ward ich durch eine ganz eigene Versuchung geprüft, die meine Reise zu verhindern und mich in Rom aufs neue zu fesseln drohte. Es kam nämlich von Neapel Herr Antonio Rega, Künstler und ebenfalls Kunsthändler, zu Freund Meyer, ihm vertraulich ankündigend, er sei mit einem Schiffe hier angekommen, welches draußen an Ripa grande liege, wohin er ihn mitzugehen hiedurch einlade, denn er habe auf demselben eine bedeutende antike Statue, jene Tänzerin oder Muse, welche in Neapel im Hofe des Palasts Caraffa Colombrano nebst andern in einer Nische seit undenklichen Jahren gestanden und durchaus für ein gutes Werk gehalten worden sei. Er wünsche diese zu verkaufen, aber in der Stille, und frage deshalb an, ob nicht etwa Herr Meyer selbst oder einer seiner vertrauten Freunde sich zu diesem Handel entschließen könnte. Er biete das edle Kunstwerk zu einem auf alle Fälle höchst mäßigen Preise von dreihundert Zechinen, welche Forderung sich ohne Frage erhöhen möchte, wenn man nicht in Betracht der Verkäufer und des Käufers mit Vorsicht zu verfahren Ursache hätte.

Mir ward die Sache sogleich mitgeteilt, und wir eilten selbdritte zu dem von unsrer Wohnung ziemlich entfernten Landungsplatz. Rega hub sogleich ein Brett von der Kiste, die auf dem Verdeck stand, und wir sahen ein allerliebstes Köpfchen, das noch nie vom Rumpfe getrennt gewesen, unter freien Haarlocken hervorblickend, und nach und nach aufgedeckt eine lieblich bewegte Gestalt, im anständigsten Gewande, übrigens wenig versehrt und die eine Hand vollkommen gut erhalten.

Sogleich erinnerten wir uns recht gut, sie an Ort und Stelle gesehen zu haben, ohne zu ahnen, daß sie uns je so nah kommen könnte.

Hier nun fiel uns ein, und wem hätte es nicht einfallen sollen: „Gewiß“, sagten wir, „wenn man ein ganzes Jahr mit bedeutenden Kosten gegraben hätte und zuletzt auf einen solchen Schatz gestoßen wäre, man hätte sich höchst glücklich gefunden.“ Wir konnten uns kaum von der Betrachtung losreißen, denn ein so reines, wohlerhaltenes Altertum in einem leicht zu restaurierenden Zustande kam uns wohl niemals zu Gesicht. Doch schieden wir zuletzt mit Vorsatz und Zusage, baldigste Antwort vernehmen zu lassen.

Wir waren beiderseits in einem wahrhaften Kampf begriffen, es schien uns in mancher Betrachtung unrätlich, diesen Ankauf zu machen; wir entschlossen uns daher, den Fall der guten Frau Angelika zu melden, als wohl vermögend zum Ankauf und durch ihre Verbindung zu Restauration und sonstigen Vorkommenheiten hinlänglich geeignet. Meyer übernahm die Meldung, wie früher die wegen des Bildes von Daniel von Volterra, und wir hofften deshalb das beste Gelingen. Allein die umsichtige Frau, mehr aber noch der ökonomische Gemahl lehnten das Geschäft ab, indem sie wohl auf Malereien bedeutende Summen verwendeten, sich aber auf Statuen einzulassen keineswegs den Entschluß fassen könnten.

Nach dieser ablehnenden Antwort wurden wir nun wieder zu neuer Überlegung aufgeregt; die Gunst des Glückes schien ganz eigen; Meyer betrachtete den Schatz noch einmal und überzeugte sich, daß das Bildwerk nach seinen Gesamtzeichen wohl als griechische Arbeit anzuerkennen sei, und zwar geraume Zeit vor Augustus hinauf, vielleicht bis an Hiero II. geordnet werden könnte.

Den Kredit hatte ich wohl, dieses bedeutende Kunstwerk anzuschaffen, Rega schien sogar auf Stückzahlung eingehen zu wollen, und es war ein Augenblick, wo wir uns schon im Besitz des Bildnisses und solches in unserm großen Saal wohlbeleuchtet aufgestellt zu sehen glaubten.

Wie aber denn doch zwischen einer leidenschaftlichen Liebesneigung und einem abzuschließenden Heiratskontrakt noch manche Gedanken sich einzudringen pflegen, so war es auch hier, und wir durften ohne Rat und Zustimmung unsrer edlen Kunstverwandten, des Herrn Zucchi und seiner wohlmeinenden Gattin, eine solche Verbindung nicht unternehmen, denn eine Verbindung war es im ideell-pygmalionischen Sinne, und ich leugne nicht, daß der Gedanke, dieses Wesen zu besitzen, bei mir tiefe Wurzel gefaßt hatte. Ja, als ein Beweis, wie sehr ich mir hierin schmeichelte, mag das Bekenntnis gelten, daß ich dieses Ereignis als einen Wink höherer Dämonen ansah, die mich in Rom festzuhalten und alle Gründe, die mich zum Entschluß der Abreise vermocht, auf das tätigste niederzuschlagen gedächten.

Glücklicherweise waren wir schon in den Jahren, wo die Vernunft dem Verstand in solchen Fällen zu Hülfe zu kommen pflegt, und so mußte denn Kunstneigung, Besitzeslust und was ihnen sonst beistand, Dialektik und Aberglaube, vor den guten Gesinnungen weichen, welche die edle Freundin Angelika mit Sinn und Wohlwollen an uns zu wenden die Geneigtheit hatte. Bei ihren Vorstellungen traten daher aufs klarste die sämtlichen Schwierigkeiten und Bedenklichkeiten an den Tag, die sich einem solchen Unternehmen entgegenstellten. Ruhige, bisher den Kunst- und Altertumstudien sich widmende Männer griffen auf einmal in den Kunsthandel ein und erregten die Eifersucht der zu solchem Geschäft herkömmlich Berechtigten. Die Schwierigkeiten der Restauration seien mannigfaltig, und es frage sich, inwiefern man dabei werde billig und redlich bedient werden. Wenn ferner bei der Absendung auch alles in möglichster Ordnung gehe, so könnten doch wegen der Erlaubnis der Ausfuhr eines solchen Kunstwerkes am Schluß noch Hindernisse entstehen, und was alsdann noch wegen der Überfahrt und des Anlandens und Ankommens zu Hause alles noch für Widerwärtigkeiten zu befürchten seien. Über solche Betrachtungen, hieß es, gehe der Handelsmann hinaus, sowohl Mühe als Gefahr setze sich in einem großen Ganzen ins Gleichgewicht, dagegen sei ein einzelnes Unternehmen dieser Art auf jede Weise bedenklich.

Durch solche Vorstellungen wurde denn nach und nach Begierde, Wunsch und Vorsatz gemildert, geschwächt, doch niemals ganz ausgelöscht, besonders da sie endlich zu großen Ehren gelangte; denn sie steht gegenwärtig im Museo Pio-Clementino in einem kleinen angebauten, aber mit dem Museum in Verbindung stehenden Kabinett, wo im Fußboden die wunderschönen Mosaiken von Masken und Laubgewinden eingesetzt sind. Die übrige Gesellschaft von

Statuen in jenem Kabinett besteht 1) aus der auf der Ferse sitzenden Venus, an deren Base der Name des Bupalus eingegraben steht; 2) ein sehr schöner kleiner Ganymedes; 3) die schöne Statue eines Jünglings, dem, ich weiß nicht ob mit Recht, der Name Adonis beigelegt wird; 4) ein Faun aus Rosso Antico; 5) der ruhig stehende Discobolus.

Visconti hat im dritten, gedachtem Museum gewidmeten Bande dieses Denkmal beschrieben, nach seiner Weise erklärt und auf der dreißigsten Tafel abbilden lassen; da denn jeder Kunstfreund mit uns bedauern kann, daß es uns nicht gelungen, sie nach Deutschland zu schaffen und sie irgendeiner vaterländischen großen Sammlung hinzuzugesellen.

Man wird es natürlich finden, daß ich bei meinen Abschiedsbesuchen jene anmutige Mailänderin nicht vergaß. Ich hatte die Zeit her von ihr manches Vergnügliche gehört: wie sie mit Angelika immer vertrauter geworden und sich in der höhern Gesellschaft, wohin sie dadurch gelangt, gar gut zu benehmen wisse. Auch konnte ich die Vermutung nähren und den Wunsch, daß ein wohlhabender junger Mann, welcher mit Zucchis im besten Vernehmen stand, gegen ihre Anmut nicht unempfindlich und ernstere Absichten durchzuführen nicht abgeneigt sei.

Nun fand ich sie im reinlichen Morgenkleide, wie ich sie zuerst in Castel Gandolfo gesehen; sie empfing mich mit offner Anmut und drückte mit natürlicher Zierlichkeit den wiederholten Dank für meine Teilnahme gar liebenswürdig aus. „Ich werd' es nie vergessen“, sagte sie, „daß ich, aus Verwirrung mich wieder erholend, unter den anfragenden geliebten und verehrten Namen auch den Eurigen nennen hörte; ich forschte mehrmals, ob es denn auch wahr sei. Ihr setztet Eure Erkundigungen durch mehrere Wochen fort, bis endlich mein Bruder Euch besuchend für uns beide danken konnte. Ich weiß nicht, ob er's ausgerichtet hat, wie ich's ihm auftrug, ich wäre gern mitgegangen, wenn sich's geziemte.“ Sie fragte nach dem Weg, den ich nehmen wollte, und als ich ihr meinen Reiseplan vorerzählte, versetzte sie: „Ihr seid glücklich, so reich zu sein, daß Ihr Euch dies nicht zu versagen braucht; wir andern müssen uns in die Stelle finden, welche Gott und seine Heiligen uns angewiesen. Schon lange seh' ich vor meinem Fenster Schiffe kommen und abgehen, ausladen und einladen; das ist unterhaltend, und ich denke manchmal, woher und wohin das alles?" Die Fenster gingen gerade auf die Treppen von Ripetta, die Bewegung war eben sehr lebhaft.

Sie sprach von ihrem Bruder mit Zärtlichkeit, freute sich, seine Haushaltung ordentlich zu führen, ihm möglich zu machen, daß er bei mäßiger Besoldung noch immer etwas zurück in einem vorteilhaften Handel anlegen könne; genug, sie ließ mich zunächst mit ihren Zuständen durchaus vertraut werden. Ich freute mich ihrer Gesprächigkeit; denn eigentlich macht' ich eine gar wunderliche Figur, indem ich schnell alle Momente unsres zarten Verhältnisses vom ersten Augenblick an bis zum letzten mir wieder vorzurollen gedrängt war. Nun trat der Bruder herein, und der Abschied schloß sich in freundlicher, mäßiger Prosa.

Als ich vor die Türe kam, fand ich meinen Wagen ohne den Kutscher, den ein geschäftiger Knabe zu holen lief. Sie sah heraus zum Fenster des Entresols, den sie in einem stattlichen Gebäude bewohnten; es war nicht gar hoch, man hätte geglaubt, sich die Hand reichen zu können.

„Man will mich nicht von Euch wegführen, seht Ihr", rief ich aus, „man weiß, so scheint es, daß ich ungern von Euch scheide."

Was sie darauf erwiderte, was ich versetzte, den Gang des anmutigsten Gespräches, das, von allen Fesseln frei, das Innere zweier sich nur halbbewußt Liebenden offenbarte, will ich nicht entweihen durch Wiederholung und Erzählung; es war ein wunderbares, zufällig eingeleitetes, durch innern Drang abgenötigtes lakonisches Schlußbekenntnis der unschuldigsten und zartesten wechselseitigen Gewogenheit, das mir auch deshalb nie aus Sinn und Seele gekommen ist.

Auf eine besonders feierliche Weise sollte jedoch mein Abschied aus Rom vorbereitet werden; drei Nächte vorher stand der volle Mond am klarsten Himmel, und ein Zauber, der sich dadurch über die ungeheure Stadt verbreitet, so oft empfunden, ward nun aufs eindringlichste fühlbar. Die großen Lichtmassen, klar, wie von einem milden Tage beleuchtet, mit ihren Gegensätzen von tiefen Schatten, durch Reflexe manchmal erhellt, zur Ahnung des Einzelnen, setzen uns in einen Zustand wie von einer andern, einfachern, größern Welt.

Nach zerstreuenden, mitunter peinlich zugebrachten Tagen macht' ich den Umgang mit wenigen Freunden einmal ganz allein. Nachdem ich den langen Korso, wohl zum letztenmal, durchwandert hatte, bestieg ich das Kapitol, das wie ein Feenpalast in der Wüste dastand. Die Statue Mark Aurels rief den Kommandeur in „Don Juan" zur Erinnerung und gab dem Wanderer zu verstehen, daß er etwas Ungewöhnliches unternehme. Dessenungeachtet ging ich die hintere Treppe hinab. Ganz finster, finstern Schatten werfend, stand mir der Triumphbogen des Septimius Severus entgegen; in der Einsamkeit der Via Sacra erschienen die sonst so bekannten Gegenstände fremdartig und geisterhaft. Als ich aber den erhabenen Resten des Koliseums mich näherte und in dessen verschlossenes Innere durchs Gitter hineinsah, darf ich nicht leugnen, daß mich ein Schauer überfiel und meine Rückkehr beschleunigte.

Alles Massenhafte macht einen eignen Eindruck zugleich als erhaben und faßlich, und in solchen Umgängen zog ich gleichsam ein unübersehbares Summa Summarum meines ganzen Aufenthaltes. Dieses, in aufgeregter Seele tief und groß empfunden, erregte eine Stimmung, die ich heroisch-elegisch nennen darf, woraus sich in poetischer Form eine Elegie zusammenbilden wollte.

Und wie sollte mir gerade in solchen Augenblicken Ovids Elegie nicht ins Gedächtnis zurückkehren, der, auch verbannt, in einer Mondnacht Rom verlassen sollte. „Cum repeto noctem!" seine Rückerinnerung, weit hinten am Schwarzen Meere, im trauer- und jammervollen Zustande, kam mir nicht aus dem Sinn, ich wiederholte das Gedicht, das mir teilweise genau im Gedächtnis hervorstieg, aber mich wirklich an eigner Produktion irre werden ließ und hinderte; die auch, später unternommen, niemals zustande kommen konnte.

Wandelt von jener Nacht mir das traurige Bild vor die Seele,
Welche die letzte für mich ward in der römischen Stadt,
Wiederhol' ich die Nacht, wo des Teuren so viel mir zurückblieb,
Gleitet vom Auge mir noch jetzt eine Träne herab.
Und schon ruhten bereits die Stimmen der Menschen und Hunde,
Luna, sie lenkt' in der Höh' nächtliches Rossegespann.
Zu ihr schaut' ich hinan, sah dann kapitolische Tempel,
Welchen umsonst so nah unsere Laren gegrenzt. —

Cum subit illius tristissima noctis imago,
Quae mihi supremum tempus in Urbe fuit;
Cum repeto noctem, qua tot mihi cara reliqui;
Labitur ex oculis nunc quoque gutta meis.
Iamque quiescebant voces hominumque canumque:
Lunaque nocturnos alta regebat equos.
Hanc ego suspiciens, et ab hac Capitolia cernens,
Quae nostro frustra iuncta fuere Lari. —

KOMMENTARTEIL

NACHWORT

DIE REISE

Meine titanischen Ideen waren nur Luftgestalten,
die einer ernsteren Epoche vorspukten.
10. Januar 1788

I

„Von früher Jugend an war der Gedancke Rom zu sehen in seine Seele geprägt und ich kan mir die Freuden sehr lebhaft dencken, die Er jetzt fühlt in dem Genuß der Meisterwercke der Vorwelt – auf sein gantzes Leben muß ihn das ergötzen – auch seine Freunde werden mit genüssen, den Er hat die Gabe zimlich lebendig die Dinge darzustellen": diese Worte der Frau Rat an die Herzogin Amalia, die mütterlich wissend die tiefe Wirkung der Reise auf Goethes ganzes Leben und das so starke Teilnehmenlassen der Freunde an den eigenen Erlebnissen voraussagen, lenken unseren Blick zurück in Goethes Vaterhaus. In der Tat ist hier der Grund zu Goethes Italienliebe gelegt worden. Die Erinnerungen an des Vaters Italienfahrt im Jahre 1740, die römischen Prospekte, mit denen der Vater einen Vorsaal ausgeschmückt hatte, die Landkarte, auf der man die Route seiner Reise verfolgen konnte, das schöne Gondelmodell von Venedig, die kleine Marmor- und Naturaliensammlung, die er von dort mitgebracht hatte, und nicht zuletzt die immer erneuerten Erzählungen haben die Phantasie des Knaben nachhaltig bestimmt. Italienische Sprache und Musik sind ihm früh vertraut gewesen, vermittelt durch den alten, heiteren italienischen Sprachmeister Giovinazzi, der dem Vater bei der Redaktion seiner italienisch verfaßten Reisebeschreibung, des „Viaggio in Italia", behilflich war. Diese Eindrücke hatte die jugendliche Phantasie freilich überhöht und übertrieben. *Die Hauptsache ist* – so schrieb Goethe aus Vicenza in seinem Reisetagebuch für Charlotte v. Stein –, *daß alle diese Gegenstände, die nun schon über 30 Jahre auf meine Imagination abwesend gewürckt haben und also alle zu hoch stehn, nun in den ordentlichen Cammer und Haus Ton der Coexistenz heruntergestimmt werden.* (24. Sept. 1786) Hier wird gleich am Anfang der Reise ein Motiv deutlich, das für Goethes Verhalten in Italien immer bezeichnender werden sollte. Goethe sucht nicht die Illusion, sondern die Wahrheit. Er hält sich ruhig, *damit die Gegenstände keine erhöhte Seele finden, sondern die Seele erhöhen.* (Ebd.) Rom brachte ihm die Einsicht, daß das Wahre mehr ist, als *alle erhöhende und verschönernde Imagination* sich auszudenken vermag (Briefe HA 2, S. 19).

So früh der Gedanke, Italien sehen zu wollen, von Goethe Besitz ergriffen hatte und so oft die Versuchung, ihn in die Tat umzusetzen, an ihn herantrat, Goethe, der sein ganzes Leben von Schicksalsmächten bestimmt sah, wollte gerade hier dem Schicksal nicht vorgreifen. *Nur nicht über's Jahr* – so schrieb er aus Straßburg im Anblick der Raffaelteppiche, von seiner Sehnsucht übermannt –, *das ist mir zu früh; ich habe die Kenntnisse noch nicht, die ich brauche, es fehlt mir noch viel. Paris soll meine Schule seyn, Rom meine Universität* (Briefe HA Bd. 1, S. 107.) Zweimal hat er auf dem Sankt Gotthard gestanden, ohne dem Lockruf zu folgen. Erst mußte die Begierde überreif sein, ehe er sich entschloß, den *langen einsamen Weg zu machen. Gedenck an mich in dieser wichtigen Epoche meines Lebens* – so schrieb er beim endlichen Aufbruch vom Brenner an Charlotte v. Stein –, *von hier fließen die Wasser nach Deutschland und nach Welschland diesen hoff ich morgen zu folgen.* (Tagebücher WA Bd. 1, S. 162.)

II

Seit dem Beginn des 17. Jahrhunderts hatte der Strom der Italienfahrer aus den Ländern diesseits der Alpen, Frankreich, England, Deutschland, eingesetzt. Im 18. Jahrhundert hatte er noch zugenommen. „Where can a man learn more knowledge than in Rome? where all languages are spoken, all sciences are taught, the ablest men of Europe meet, all the best records are found, all wits appear as upon their true theatre, all forraign ambassadors render themselves, all Nuncios at their return to Rome unload themselves of the observations they have made abroad; and where every stone almost is a book; every statue a master; every inscription a lesson, every antichamber an Academy?" – so lesen wir in Lassels Voyage of Italy aus dem Jahre 1670. Damit war das Thema angeschlagen, das deutlich genug noch in des jungen Goethe Worten nachklingt. Man besuchte Rom, um seine Kenntnisse zu erweitern, um zu lernen und sich zu bilden. Erst Winckelmann wollte mehr. Auch bei ihm heißt es: „In Rom, glaub' ich, ist die hohe Schule für alle Welt", aber mit einer bezeichnenden Wendung ins Subjektive fährt er fort: „und auch ich bin geläutert und geprüft". An die Stelle bloßer Wissensvermehrung tritt bei ihm die verwandelnde Kraft eines tiefen Erlebnisses. „Ich bin nach Rom gekommen, denjenigen, die Rom nach mir sehen werden, die Augen ... zu öffnen." (an Berendis 1756)

In diesen Strom der Italienfahrer gehört auch Goethe hinein. Durch die Erinnerungen seines Vaters und die „Historisch-kritischen Nachrichten" seines Reiseführers Volkmann, die er mit sich führte und die ihm Weg und Richtung bis in die Kunstsammlungen hinein vorschrieben, war er mit dem Geist vertraut, den Lassels Worte widerspiegeln. Freilich kannte er durch seinen Lehrer Oeser in Leipzig auch schon

Winckelmann, wenngleich ihm seine Schriften zunächst merkwürdig, rätselhaft, ja sibyllinisch erschienen waren. Erst in Rom lernte er sie wirklich zu enträtseln, wurde er sein Schüler. Wir dürfen sagen, daß Winckelmann keinen größeren als ihn gehabt hat.

So notwendig es ist, Goethes Reise zunächst vor diesen Hintergrund der traditionellen Italienreisen zu rücken, so spüren wir doch sehr bald, wie sehr sie sich gegen ihn abhebt. Wenn schon bei Winckelmann die Bildung auf den Menschen bezogen wird, so ist bei Goethe die Selbstbildung der eigentliche Zweck seiner Reise. Wir sind gezwungen, nach dem Menschen, nicht nur nach dem Liebhaber des Schönen oder nach dem Gelehrten zu fragen, um den Schlüssel des Verständnisses zu finden.

III

Ich kämpfte ... mit Todt und Leben und keine Zunge spricht aus was in mir vorging, dieser Sturz hat mich zu mir selbst gebracht. (Briefe Bd. 2, S. 34) – *Komme ich leiblich und geistlich davon, überwältigt meine Natur, mein Geist, mein Glück, diese Krise, so ersetz ich dir tausendfältig was zu ersetzen ist.* (Briefe Bd. 2, S. 44) Wir sehen hier in Abgründe der Lebensproblematik. Wie sollen wir sie verstehen?

Mochte der Gedanke, Italien kennen zu lernen, von früh an seine Phantasie bewegen, so hatten doch die entscheidenden Erlebnisse und Erfahrungen seiner Sturm-und-Drang-Jahre ihm Italien zunächst eher entfremdet als nahegebracht. Das Wunder der eigenen Schöpferkraft, die Begegnung mit dem Straßburger Münster, die Entdeckung Dürers, der Umgang mit Shakespeare und Ossian, das alles hatte ihm eine Welt eröffnet, deren Zugang nicht Italien, sondern das eigene Herz war. *Nicht in Rom, in Magna Graecia, | Dir im Herzen ist die Wonne da.* (WA Bd. 2, S. 191) Der Satz *Die Kunst ist lange bildend, eh' sie schön ist, und doch so wahre, große Kunst, ja, oft wahrer und größer als die schöne selbst* (Bd. 12, S. 13) schließt zwar weder die antike noch die italienische Kunst aus, aber auch er ist doch deutlich gegen die Lehre der Allgemeingültigkeit und Vorbildlichkeit des Südens gerichtet.

Den Anspruch des Subjektiven, der hier verfochten worden war, hat Goethe niemals wieder preisgegeben. Dennoch blieb er nicht bei ihm stehen. Je tiefer sich ihm als Dichter das Labyrinth des menschlichen Herzens erschloß und je mehr er als Forscher in die Welt der Individuation eindrang, um so lebhafter wurde sein Bedürfnis, das Individuelle, ohne seine Eigenheit zu schwächen, in den Zusammenhang eines größeren Ganzen wieder einzuordnen. Gerade die Kraft des Subjektiven war es, die ihn wieder an die Grenze eines ehrfürchtig anerkannten Objektiven führte. *Heil den unbekannten höhern Wesen, die wir ahnen!* (Bd. 1, S. 147)

Auch in seinem Leben hatte Goethe schon vor Italien begonnen, Bindung, nicht mehr Freiheit zu suchen. Aus dem unruhigen Wanderer zwischen Darmstadt und Homburg war der Weimarische Minister, war der Freund und Erzieher eines Herzogs geworden. Charlotte v. Stein hatte ihm das *Glück der nächsten Nähe* (Bd. 1, S. 373) geschenkt.

Hier aber war es zum Konflikt gekommen, dessen Gefährlichkeit aus den oben angeführten Briefstellen überdeutlich wird. Das Lebensideal, das Goethe in seinen ersten Weimarer Jahren zu verwirklichen strebte, konnte den Forderungen und Ansprüchen seines Ich auf die Dauer nicht genügen. Bindung an die Gesellschaft, als deren Glied er sich fühlte, und Recht des schöpferischen Eigenlebens waren nicht in Einklang zu bringen. Aus Rom schrieb er später: *Meine Lage wird die glücklichste seyn, sobald ich an mich allein dencke, wenn ich das, was ich solang für meine Pflicht gehalten, aus meinem Gemüthe verbanne und mich recht überzeuge: daß der Mensch das Gute das ihm widerfährt, wie einen glücklichen Raub dahinnehmen und sich weder um Rechts noch Lincks, vielweniger um das Glück und Unglück eines Ganzen bekümmern soll.* (Briefe Bd. 2, S. 45) An den Herzog schrieb er kurz vor der Rückkehr nach Weimar: *Ich habe mich in dieser anderthalbjährigen Einsamkeit selbst wiedergefunden: aber als was? – Als Künstler!* (Briefe Bd. 2, S. 85) D. h. aber, daß er nunmehr nur noch als Gast, nicht als Diener an der Seite seines Herzogs leben wollte.

Auch das Verhältnis zu Charlotte v. Stein, so viel Seligkeit es gab, war von diesem Konflikt tief überschattet. In der Buchveröffentlichung der *Italienischen Reise* steht davon nichts. Aber in den Originalbriefen an die Geliebte aus Italien strömen Liebesbeteuerung, Werbung und Klage in bewegenden Worten und geben der Bemühung um das Gültige, Wahre, Gesetzmäßige, Klassische, das seine italienischen Tage füllte, den dunkel leidvollen Klang persönlichster Lebensnot. Charlotte war ihm Führerin auf seinem Wege von der Freiheit zur Bindung gewesen. Ihr Bund war auf innerster Übereinstimmung gegründet.

Gewiß, ich wäre schon so ferne, ferne,
So weit die Welt nur offen liegt gegangen,
Bezwängen mich nicht übermächt'ge Sterne,
Die mein Geschick an deines angehangen. (Bd. 1, S. 127)

Aber diesem Bund fehlte die angemessene Form, oder besser, die Form, die er fand und finden konnte, war immer nur Flucht, nicht Wahrheit.

Leb' ich doch stets um derentwillen,
Um derentwillen ich nicht leben soll. – (Bd. 1, S. 124)
Ach, so drückt mein Schicksal mich,
Daß ich nach dem Unmöglichen strebe. (Bd. 1, S. 125)

In Italien bricht diese Not noch einmal mit voller Macht aus ihm heraus: *An dir häng ich mit allen Fasern meines Wesens. Es ist entsetzlich was mich oft Erinnerungen zerreisen. Ach liebe Lotte du weißt nicht welche Gewalt ich mir angethan habe und anthue und daß der Gedancke dich nicht zu besitzen mich doch im Grunde, ich mags nehmen und stellen und legen wie ich will aufreibt und aufzehrt. Ich mag meiner Liebe zu dir Formen geben welche ich will, immer immer – Verzeih mir daß ich dir wieder einmal sage was so lange stockt und verstummt.* (Briefe Bd. 2, S. 50)

Das Wiedergewahrwerden eines Objektiven hatte Goethe den alten italienischen Traum wieder nahegebracht. Natur und Kunst des Südens hatten die Verklärung zurückgewonnen, die sie in seinen Jugendtagen gehabt hatten. Die Ahnung, daß im Süden die Spannung zwischen Leben und Form weniger fühlbar sei, daß es dort leichter sein würde, in der Form selbst das Geheimnis des Lebens zu finden, Natur und Kunst in ihrem inneren Zusammenhang einzusehen, mußte seine Sehnsucht lebhaft beflügeln. Dennoch bedurfte es erst jenes Konfliktes, um Goethe zum Aufbruch zu bewegen. *Nur die höchste Nothwendigkeit konnte mich zwingen, den Entschluß zu fassen* (Tgb. 27. Okt. 86. WA Tgb. Bd. 1, S. 326) So wurde seine Reise zur Flucht – aber nicht, um dem Konflikt auszuweichen, sondern um ihn zu überwinden. Goethe dachte nicht an Trennung, weder vom Herzog noch von der Geliebten. Dem Herzog bot er auf neuer Grundlage erneut seine Dienste an: *Ich kann nur sagen: Herr hie bin ich, mache aus deinem Knecht was du willst. Jeder Platz, jedes Plätzchen die Sie mir aufheben, sollen mir lieb seyn, ich will gerne gehen und kommen, niedersitzen und aufstehn.* (Briefe Bd. 2, S. 85 f.) An Charlotte schrieb er: *Laß uns keinen andern Gedancken haben als unser Leben miteinander zu endigen,* schrieb er ferner das tiefsinnige Wort: *Ich habe in der Welt nichts zu suchen als das Gefundne.* (Briefe Bd. 2, S. 40)

IV

Hatte der Jüngling Goethe gesagt: *Rom soll meine Universität seyn,* (Briefe Bd. 1, S. 107) so suchte also der reife Goethe mehr und Tieferes: eine *Umwandlung sein selbst* (Briefe Bd. 2, S. 43, 29), die *tätige Kraft* und *Erkenntnisvermögen* (S. 444, 10 f.) in gleicher Weise umschließt. *Ich zähle einen zweyten Geburtstag, eine wahre Wiedergeburt von dem Tage da ich Rom betrat,* (Briefe Bd. 2, S. 25) so heißt es schon bald, und der Wunsch *recht wiedergeboren und gebildet zu werden* (Briefe Bd. 2, S. 36) kehrt immer wieder.

Die Selbsterziehung betraf einmal das Menschliche. Am Anfang heißt es: *Mir ists wie einem Kinde, das erst wieder leben lernen muß.* Wenig später: *Ich kan dir nicht sagen was ich schon die kurze Zeit an Menschlichkeit gewonnen habe.* (Tgb. WA 1, S. 230) Und schließlich: *Schon habe ich viele Ideen auf denen ich fest hielt, die mich und andre unglücklich machten hingegeben und bin um vieles freyer. Täglich werf ich eine neue Schaale ab und hoffe als ein Mensch wiederzukehren.* (Briefe Bd. 2, S. 40)

Selbsterziehung bedeutet aber für den reifen Goethe, den Goethe der Metamorphosenlehre, nicht allein Bildung von innen, sondern ebensosehr Bildung durch Begegnung mit der Außenwelt. Dieses Doppelte: die Ausweitung, Vertiefung und Steigerung des eigenen Lebensgefühles durch Aneignung und Durchdringung eines ganz neuen Außen – einer neuen Natur, neuer menschlicher Verhältnisse, einer neuen Kultur –, das ist das großartige und wunderbare Schauspiel seiner Italienreise. *Mit dem neuen Leben, das einem nachdenkenden Menschen die Betrachtung eines neuen Landes gewährt, ist nichts zu vergleichen. Ob ich gleich noch immer derselbe bin, so mein' ich, bis aufs innerste Knochenmark verändert zu sein* (an Charlotte v. Stein 2. Dez. 86)

Daß dieses neue Land Italien war, gibt dieser Begegnung freilich erst ihr eigentliches Gewicht. Goethe fand hier, was ihm die Tradition schon früh verheißen hatte (ohne daß seine Erfahrung es zunächst hätte bestätigen können), was er später selbst gesucht und im Norden nicht hatte finden können, was aber seines Lebens Sehnsucht, Leidenschaft und Ziel geworden war, das Klassische. Er gewann in Italien die Anschauung dessen, was er *im höchsten Sinne die Gegenwart des klassischen Bodens* nannte. *Ich nenne dies die sinnlich geistige Überzeugung, daß hier das Große war, ist und sein wird* (S. 456). In der Anschauung dieses Klassischen liegt das Glück, das Goethe in Italien genossen hat und das sich dem Leser seiner Briefe so unmittelbar mitteilt. *Ich lebe nun hier mit einer Klarheit und Ruhe* – so schreibt er bald nach seiner Ankunft in Rom –, *von der ich lange kein Gefühl hatte. Meine Übung, alle Dinge wie sie sind zu sehen und abzulesen, meine Treue, das Auge licht sein zu lassen, meine völlige Entäußerung von aller Prätention kommen mir einmal wieder recht zustatten und machen mich im stillen höchst glücklich. Alle Tage ein neuer merkwürdiger Gegenstand, täglich frische, große, seltsame Bilder und ein Ganzes, das man sich lange denkt und träumt, nie mit der Einbildungskraft erreicht* (S. 134)

V

In der *Metamorphose der Pflanzen* blickt Goethe später auf jene glücklichen italienischen Jahre zurück. Er sagt: *Im Laufe von zwei vergangenen Jahren hatte ich ununterbrochen beobachtet, gesammelt, gedacht, jede meiner Anlagen auszubilden gesucht. Wie die begünstigte griechische Nation verfahren und die höchste Kunst im eignen Nationalkreise zu entwickeln, hatte ich bis auf einen gewissen Grad einzusehen gelernt, sodaß ich hoffen konnte nach und nach das Ganze zu überschauen, und mir einen reinen, vorurteilsfreien Kunstgenuß zu bereiten. Ferner glaubte ich der Natur abgemerkt zu haben wie sie gesetzlich zu Werke gehe, um lebendiges Gebild, als Muster alles künstlichen hervorzubringen. Das dritte was mich beschäftigte waren die Sitten der Völker. An ihnen zu lernen, wie aus dem Zusammentreffen von Notwendigkeit und Willkür, von Antrieb und Wollen, von Bewegung und Widerstand ein drittes hervorgeht, was weder Kunst noch Natur, sondern beides zugleich ist, notwendig und zufällig, absichtlich und blind. Ich verstehe die menschliche Gesellschaft.* (Bd. 13, S. 102)

In diesen Sätzen haben wir den Gedankenertrag seiner Reise in knappster Form zusammen. Natur, menschliche Gesellschaft und Kunst: das sind die drei großen Gegenstände, die den italienischen Goethe beschäftigt haben und die wir uns in ihrem Zusammenhang klar machen müssen.

Goethes Anteil an den natürlichen Dingen umfaßte gleichmäßig Meteorologie, Geologie, Mineralogie und Botanik. Tagebücher und Briefe sind voll von einfach ruhigen Beobachtungen, die nichts bezwecken, als die Erscheinungen in ihrer Individualität und Vielfalt aufzufassen und zu durchdringen. Seine besondere Teilnahme gilt der organischen Natur, in der er sich dem Geheimnis des Lebens am nächsten weiß. Am Lido angesichts der *Wirtschaft der Seeschnecken und Taschenkrebse* (S. 93) entringt sich ihm der Jubelruf: *Was ist doch ein Lebendiges, für ein köstlich herrliches Ding. Wie abgemessen zu seinem Zustand, wie wahr! wie seiend!* (S. 93) Man muß empfinden, wie hier das Individuelle nicht als Abweichung von der Idee, sondern als *Zweck sein selbst* mit Liebe umfaßt wird.

Freilich bleibt Goethe beim Einzelnen nicht stehen. Er vergleicht und ordnet. Er steigt (um Worte aus Schillers berühmtem Brief zu gebrauchen) „von der einfachen Organisation, Schritt für Schritt zu der mehr verwickelten hinauf, um endlich die verwickeltste von allen, den Menschen, genetisch aus den Materialien des ganzen Naturgebäudes zu erbauen". Ja, er geht noch weiter. Er sucht die Natur in ihrer Werkstatt selbst zu belauschen. Hier nun beobachten wir gerade in Italien einen entscheidenden Wandel seiner Auffassung. In Padua, Neapel, Palermo glaubt er die Urpflanze noch finden zu können. *Eine solche muß es denn doch geben! Woran würde ich sonst erkennen, daß dieses oder jenes Gebilde eine Pflanze sei, wenn sie nicht alle nach einem Muster gebildet wären.* (S. 266) Während seines zweiten Aufenthaltes in Rom kommt ihm dann aber die Erleuchtung, daß die Urpflanze nur eine ideelle Existenz habe. *Sage Herdern* – so schreibt er an Charlotte v. Stein –, *daß ich dem Geheimnis der Pflanzenzeugung und -organisation ganz nah bin und daß es das Einfachste ist, was nur gedacht werden kann. Unter diesem Himmel kann man die schönsten Beobachtungen machen. Den Hauptpunkt, wo der Keim steckt, habe ich ganz klar und zweifellos gefunden; alles übrige seh ich auch schon im Ganzen, und nur noch einige Punkte müssen bestimmter werden. Die Urpflanze wird das wunderlichste Geschöpf von der Welt, um welches mich die Natur selbst beneiden soll. Mit diesem Modell und dem Schlüssel dazu kann man alsdann noch Pflanzen ins Unendliche erfinden, die konsequent sein müssen, d.h. die, wenn sie auch nicht existieren, doch existieren können und nicht etwa malerische oder dichterische Scheine sind, sondern eine innerliche Wahrheit und Notwendigkeit haben. Dasselbe Gesetz wird sich auf alles übrige Lebendige anwenden lassen.* (S. 323f.) In großartiger Kühnheit durchbricht Goethe hier die Schranken der Naturbetrachtung des 18. Jahrhunderts. Aus der Ergriffenheit seines Tones wird spürbar, daß es sich hier für ihn um ein religiöses Anliegen handelt.

Der Mensch, der verwickeltste der Naturorganisationen, beschäftigt Goethe zunächst als Natur. Nicht in der Geschichte oder der Theologie, sondern in der Natur hat Goethes Menschenbild seinen Ursprung. Anatomie und Osteologie stehen im Vordergrund. Schon zu Anfang der 80er Jahre hatte Goethe in Jena unter Anleitung von Loder Anatomie getrieben. 1785 hatte er die Abhandlung über den *Zwischenknochen* mehrerer Tiere geschrieben, in der er die Behauptung des Zwischenknochens beim Menschen aufgestellt hatte. In Rom pflegte er diese Studien weiter, und zwar unter Anleitung Gilles Adrian Campers, eines Sohnes des berühmten holländischen Anatomen, der wenige Jahre zuvor seine Behauptung des Zwischenknochens beim Menschen abgelehnt hatte (wie Goethe später sagte, *Arbeit und Bemühung lobte, sich freundlich erwies, aber nach wie vor versicherte: der Mensch habe kein os intermaxillare*). Nunmehr waren es nicht Anatomie und Osteologie getrennt, sondern war es vor allem der Aufbau der menschlichen Gestalt als lebendiger Organismus. Auch hier verdankt Goethe dem klassischen Boden seine *schönsten Offenbarungen. Das Interesse an der menschlichen Gestalt* – so schreibt er im Januar 1788 aus Rom – *hebt nun alles andre auf. Ich fühlte es wohl und wendete mich immer davon weg, wie man sich von der blendenden Sonne wegwendet, auch ist alles vergebens, was man außer Rom darüber studieren will.* (S. 476) Er zeichnet, und zwar nicht nur nach Naturabgüssen, sondern auch nach Kunstwerken: nach Michelangelo, der noch einmal stark in seinen Gesichtskreis tritt, und vor allem nach antiken Statuen. *Jetzt seh' ich, jetzt genieß' ich erst das Höchste, was uns vom Altertum übrig blieb, die Statuen.* (S. 477) Hier stehen wir an dem Punkt, wo Naturbetrachtung und Kunstbetrachtung unmittelbar ineinandergreifen.

Goethe sieht den Menschen aber nicht nur als Einzelwesen, sondern ebensosehr als Gemeinschaftswesen. Wie die menschliche Gestalt, so beschäftigt ihn das Leben des Volkes. Wo er kann, beobachtet er Betragen, Lebensart, Sitten und Wesen der Einwohner. Überall sucht er – bis in die Gebärdensprache hinein – das Eigentümliche und Charakteristische aufzufassen. Wie viele solcher Schilderungen gibt es in der *Italienischen Reise:* Gerichtsverhandlungen, Theatervorstellungen, Schul- und Akademiesitzungen, Treiben des Volkes in Läden, Märkten, Kirchen und Höfen! Das bedeutendste große Beispiel ist die Beschreibung des Römischen Karnevals. Goethe schildert später, wie ihm *mitten unter dem Gewühl der Fastnachtstorheiten und Absurditäten* bewußt wurde, *daß dieses Volksfest, wie ein anderes wiederkehrendes Leben und Weben, seinen entschiedenen Verlauf hatte.* (S. 519f.) Dadurch allein wurde es ihm wichtig. Er war mit dem Getümmel versöhnt und sah *es an als ein anderes bedeutendes Naturerzeugnis und Nationalereignis.* (S. 520).

Der Begriff des Volkes ist also von Goethes Menschenbild untrennbar. Gerade im Anfang seiner Reise häufen sich die Bemerkungen: *Die Haupt Idee die sich mir wieder hier aufdringt ist wieder Volck. Große Masse! und ein nothwendiges unwillkührliches Daseyn.* (Tgb. WA 1, S. 243) – *Das Volck interessiert mich unendlich. Doch ist immer wieder das Volck die Base worauf das alles steht. Das Ganze machts, nicht das einzelne. Auf dem Platz und am Ufer und auf den Gondeln und im Pallast. Der Käufer und Verkäufer, der Bettler der Schiffer die Nachbarinn, der Advokate und sein Gegner alles lebt und treibt und läßt sichs angelegen seyn und spricht und betheuert und schreyt und bietet aus und singt und schilt und flucht und lärmt.* (Tgb. WA 1, S. 259f.) – Auch hier muß man erkennen, daß Goethe Volk als Natur, nicht als Geschichte sieht. Notwendiges, unwillkürliches Dasein: es sind dieselben Begriffe, die er auch bei der Natur anwendet und die uns gleich als Hauptbegriffe seiner Kunstbetrachtung wiederbegegnen werden. Goethe studiert das italienische Volk und hofft, in ihm das Volk der homerischen Gedichte, das Urvolk wiederzufinden.

Zur Natur gehört auch Verfall und Tod: aber nicht als etwas von außen Eingreifendes, das das geschichtliche Leben abschneidet, sondern als *wechselnd Weben,* wie *Geburt und Grab.* (Bd. 3, S. 24) Aus Venedig schreibt er: *Wenn ihre Lagunen sich nach und nach ausfüllen und stinkken und ihr Handel geschwächt wird und ihre Macht gesunken ist, macht dieß mir die ganze Anlage der Republick und ihr Wesen nicht um einen Augenblick weniger ehrwürdig. Sie unterliegt der Zeit wie alles was ein erscheinendes Daseyn hat.* (Tgb. WA 1, S. 246)

In der *Italienischen Reise* ist oft von *Geschichte* die Rede. Aber sie muß immer in diesem naturhaften Sinne verstanden werden. Das Vergängliche (das Goethe nicht übersah) ist immer nur Gleichnis des Unvergänglichen. *Die Gestalt dieser Welt vergeht. Ich möchte mich nur noch mit den bleibenden Verhältnissen beschäftigen.* (S. 386f.)

Auch sein Romerlebnis ist nur von dieser Grundauffassung her zu verstehen. *Ich will Rom sehen, das bestehende, nicht das mit jedem Jahrzehnt vorübergehende.* (S. 153) – *An diesen Ort knüpft sich die ganze Geschichte der Welt an.* Goethe glaubt, hier die Geschichte *von innen hinaus* lesen zu können. (S. 154)

Es ist billig, von unserer modernen Geschichtsauffassung her diese Naturauffassung der Geschichte zu kritisieren und abzulehnen, billig, Goethe vorzurechnen, wie sehr diese Auffassung ihm den Zugang zu vielen Erscheinungen wie der Geschichte überhaupt so auch der italienischen Geschichte verwehrt hat (wir brauchen nur an das italienische Mittelalter, an die Spuren der Stauferherrschaft in Unteritalien u.a. zu denken). Wie viel wichtiger ist es, sich klar zu machen, daß Goethes Geschichtsauffassung das klassische Gegenstück seiner Natur- und Kunstauffassung ist und mit ihr ein geschlossenes, unlösliches Ganzes bildet! Wie viel wichtiger, anzuerkennen, was diese Auffassung leistet! *Hundertfältig steigen die Geister der Geschichte aus dem Grabe und zeigen mir ihre wahre Gestalt* (Tgb. 19. Okt. 86. WA Tgb. 1, S. 310), so schreibt er einmal, und wir spüren es immer wieder, wie sein Zauberblick das Vergangene gegenwärtig macht. Rom hat ihn gelehrt, die Geschichte in ihrem Wandel als Symbol der Dauer im Wechsel zu verstehen. *Gar manche bedeutende Stelle unserer Erdoberfläche* – so sagt er im Rückblick des Alters – *erinnert mitten in herrlicher Gegenwart an eine größere Vergangenheit, und vielleicht ist nirgends dieser Kontrast sichtbarer, fühlbarer als in Rom und dessen Umgegend; das Zerstörte ist ungeheuer, durch keine Einbildungskraft zu vergegenwärtigen, und doch auch erscheint das Wiederhergestellte, unsern Augen sich Darbietende gleichfalls ungeheuer.*

Würdige Prachtgebäude stürzen,
Mauer fällt, Gewölbe bleiben,
Daß nach tausendjähr'gem Treiben
Tor und Pfeiler sich verkürzen.
Dann beginnt das Leben wieder,
Boden mischt sich neuen Saaten,
Rank' auf Ranke senkt sich nieder;
Der Natur ist's wohlgeraten. (Wilhelm Tischbeins Idyllen)

Zum Menschen gehört auch die Kunst. Wie Goethes Menschenbild in seiner Naturauffassung gründet, so hat in ihr auch seine Kunstanschauung ihren Ursprung. *Indem der Mensch auf den Gipfel der Natur gestellt ist, so sieht er sich wieder als eine ganze Natur an, die in sich abermals einen Gipfel hervorzubringen hat. Dazu steigert er sich, indem er sich mit allen Vollkommenheiten und Tugenden durchdringt, Wahl, Ordnung, Harmonie und Bedeutung aufruft und sich endlich bis zur Produktion des Kunstwerks erhebt, das neben seinen übrigen Taten und Werken einen glänzenden Platz einnimmt. Ist es einmal hervorgebracht, steht es in seiner idealen Wirklichkeit vor der Welt, so bringt es eine dauernde Wirkung, es bringt die höchste hervor, denn indem es aus den gesamten Kräften sich geistig entwickelt, so nimmt es alles Herrliche, Verehrungs- und Liebenswürdige in sich auf, und erhebt, indem es die menschliche Gestalt beseelt, den Menschen über sich selbst, schließt seinen Lebens- und Tatenkreis ab und vergöttert ihn für die Gegenwart, in der das Vergangene und Künftige begriffen ist.* (Bd. 12, S. 103)

Goethe gibt von dem in seiner früheren Zeit gefundenen und leidenschaftlich verfochtenen Anspruch des Schöpferischen nichts preis, wendet aber das Subjektive, das deutlich genug nachklingt (er steigert sich, er durchdringt sich, er ruft auf usw.), ins Objektive, indem er den Menschen als Inbegriff und Repräsentanten der Natur auffaßt. Kunst ist nichts anderes als Natur auf ihrer höchsten Stufe. Im Kunstwerk verewigt sich das Werden zum Sein, ohne seine Spontaneität zu verlieren.

Diese Anschauung hat Goethe in Italien erworben. *Als ich zuerst nach Rom kam* – so schrieb er 1788 an den Herzog –, *bemerckt ich bald daß ich von Kunst eigentlich gar nichts verstand und daß ich biß dahin nur den allgemeinen Abglanz der Natur in den Kunstwercken bewundert und genossen hatte, hier that sich eine andre Natur, ein weiteres Feld der Kunst vor mir auf, ja ein Abgrund der Kunst, in den ich mit desto mehr Freude hineinschaute, als ich meinen Blick an die Abgründe der Natur gewöhnt hatte.* (Briefe Bd. 2, S. 79) Kunst ist also – so lautet seine neue Erkenntnis – nicht Abglanz der Natur, sondern Natur selbst. Auf ihrer höchsten Stufe (um die es Goethe allein zu tun ist) sind Leben und Form identisch. Damit ist nun aber auch von der Seite der Kunst der Punkt erreicht, in dem Natur- und Kunstbetrachtung in einander übergehen.

Goethe spricht mehrfach von seinem *Prinzip*, von dem *Kapitalschlüssel*, von dem *Columbisch Ei* (S. 395) – in Worten, die das Geheimnisvolle durchscheinen lassen. Er will auch hier das *Wahre in seinen einfachsten Elementen* aufsuchen. Es kann nicht zweifelhaft sein, was er meint. Hatte er von der Urpflanze gesagt: *dasselbe Gesetz wird sich auf alles übrige Lebendige anwenden lassen* (S. 324), so ist sein Kunstprinzip nichts anderes als das Urgesetz der Natur auf die Kunst übertragen. *Diese hohen Kunstwerke* – so lauten seine zusammenfassenden Worte, und er meint damit die Kunstwerke der ersten Klasse, deren Anzahl leider gar zu klein sei – *sind zugleich als die höchsten Naturwerke von Menschen nach wahren und natürlichen Gesetzen hervorgebracht worden. Alles Willkürliche, Eingebildete fällt zusammen, da ist die Notwen-*

digkeit, da ist Gott. (S. 395) Hier scheut sich als Goethe nicht, den Namen *Gott* auszusprechen. Schon bei der Betrachtung seiner Naturauffassung hatten wir gesagt, daß die Grenze zur Metaphysik überschritten worden ist. Die Wertbegriffe der Kunst sind die gleichen wie die der Natur und der menschlichen Gesellschaft: natürlich, wahr, gesetzlich notwendig, nicht willkürlich, nicht bloß eingebildet. Der Ring des Klassischen ist geschlossen. Mit den Worten seiner Jugend gesprochen hat das Schöne über das Charakteristische gesiegt. Freilich bleibt – darin liegt das Neue der Goetheschen Anschauung und sein tiefer Unterschied gegen die Tradition, insbesondere gegen Winckelmann – das Charakteristische immer die Bedingung der Schönheit.

Dieser Unterschied wird besonders bei dem Verhältnis zum einzelnen Werk deutlich. Goethes Auswahl unterscheidet sich – mit bezeichnenden Ausnahmen – nicht sehr von der Auswahl Winckelmanns oder seines Führers Volkmann. Dennoch: wie viel gegenstands- und stoffnäher, wie viel individueller sind seine Beschreibungen! Der Wunsch, sich nicht auf die Tradition zu verlassen, sondern Auge und Hand selbst zu bilden, um dem individuellen Kern des Werkes (der Einheit von Materie, Inhalt und Form) nahe zu kommen, kehrt immer wieder. *Wie anders sehe ich gegen die erste Zeit, was würde es in Jahren sein.* (Briefe Bd. 2, S. 42, 34) – *Ich spreche nicht aus wie glücklich ich bin, daß ich da zu sehen anfange, wo ich Zeitlebens nur getappt habe.* (Briefe Bd. 2, S. 77, 35) Original und Kopie, Marmor und Gips – für Winckelmanns alles Stoffliche überfliegenden Idealismus gleichgültig – werden in ihrem Wert genau geschieden. Die besonderen Gesetze der verschiedenen Kunstgattungen (Baukunst, Plastik, Malerei) werden genau beobachtet – es würde im Rahmen dieser Einführung zu weit führen, darüber im einzelnen zu berichten (vgl. des Verfassers „Goethe-Studien", 1972, S. 89–131). Auch die Farbenlehre, deren systematische Ausarbeitung erst späterer Zeit angehört, geht, wie Goethe in der *Confession des Verfassers* selber beschrieben hat, in ihrem Anfang auf jene italienischen Jahre zurück. *Ferner habe ich* – so schreibt er im März 1788 – *allerlei Spekulationen über Farben gemacht, welche mir sehr anliegen, weil das der Teil ist, von dem ich bisher am wenigsten begriff. Ich sehe, daß ich mit einiger Übung und anhaltendem Nachdenken auch diesen schönen Genuß der Weltoberfläche mir werde zueignen können.* (S. 526)

Die Blickrichtung auf das Individuelle mußte ihm auch die Kunstgeschichte wichtig machen. Wie groß ist der Raum, den kunstgeschichtliche Erwägungen in seinem Denken einnehmen! *Die Fähigkeit ähnliche Verhältnisse zu entdecken* – so schreibt er an Herder –, *wenn sie auch noch soweit auseinander liegen, und die Genesen der Dinge aufzuspüren hilft mir auch hier auserordentlich, und wenn ich Zeit hätte alle Kunstwercke mir recht zu vergegenwärtigen und sie alsdann miteinander zu *vergleichen, wollte ich ohne große Gelehrsamkeit der Geschichte der Kunst manchen Vorteil bringen.* (29. Dez. 86. Briefe HA 2, S. 36) Hier wird wieder deutlich, daß sein Naturdenken der Schlüssel auch zu seinem Geschichtsdenken ist. Das Pragmatische hat niemals Selbstwert, sondern wird immer auf jene Wachstumsgesetze zurückbezogen, die für Natur und Geschichte im Grunde die gleichen sind. Sie freilich müssen immer berücksichtigt werden. So ist der Satz zu verstehen: *Jeder, dem es ernst ist, sieht ... ein, daß auch in diesem Felde kein Urteil möglich ist, als wenn man es historisch entwickeln kann.* (S. 167)

Natur, Gesellschaft, Kunst sind nur verschiedene Stufen und Formen des Lebens, und dieses Leben ist das gleiche, dessen schöpferischen Pulsschlag Goethe in sich selbst fühlt. So führt alle Wendung nach außen den Dichter letztlich immer wieder in sich selbst zurück. Erkenntnis und tätige Kraft stehen in innigem Bezug. Jeder Gewinn an Natur- oder Kunsterkenntnis ist zugleich ein Gewinn an Selbstbildung, an Steigerung des Daseinsgefühles. *O meine Liebe* – so schreibt er an Charlotte v. Stein –, *was ist das größte des Menschenthuns und treibens. Mir da ich ein Künstler bin, ist das liebste daran daß alles das dem Künstler Gelegenheit giebt zu zeigen was in ihm ist und unbekannte Harmonien aus den Tiefen der Existenz an das Tageslicht zu bringen.* (19. Okt. 1786. Tgb. WA 1, S. 308f.)

Dieser Bezug von innen und außen mußte auch seiner Dichtung zugute kommen. Über seine Natur- und Kunststudien dürfen wir ja den eigentlichen Zweck seiner Reise, in der römischen Abgeschiedenheit die erste Gesamtausgabe seiner Schriften zum Abschluß zu bringen, nicht aus den Augen verlieren. *Da ich mir vornahm meine Fragmente drukken zu lassen, hielt ich mich für todt, wie froh will ich seyn, wenn ich mich durch Vollendung des angefangnen wieder als Lebendig legitimieren kann,* schrieb er an den Herzog. (12. Dez. 86. Briefe WA 8, S. 83)

Goethe redigierte in Italien seine alten Frankfurter Singspiele *Erwin und Elmire* und *Claudine von Villa Bella. Iphigenie* wurde in Verse umgegossen, *Egmont* wurde *an einem festlichen Morgen* abgeschlossen, *Tasso* und *Faust* hoffte er vollenden zu können. *Tasso kommt nach dem neuen Jahre. Faust soll auf seinem Mantel als Courier meine Ankunft melden. Ich habe alsdann eine Hauptepoche zurückgelegt, rein geendigt, und kann wieder anfangen und eingreifen, wo es nötig ist.* Neue Pläne wurden gemacht: *Iphigenie auf Delphos, Ulysses auf Phäa, Nausikaa.* Sie blieben liegen, aber die Fragmente zeigen, wie sehr sie aus Goethes innerstem Herzblut genährt sind. *Heute früh* – so schreibt er aus Bologna – *hatt ich das Glück von Cento herüberfahrend, zwischen Schlaf und Wachen den Plan zur Iphigenie auf Delphos rein zu finden. Es giebt einen fünften Ackt und eine Wiedererkennung dergleichen nicht viel sollen aufzuweisen seyn. Ich habe selbst drüber geweint wie ein*

Kind und an der Behandlung soll man hoff ich das Tramontane erkennen. (Tgb. WA 1, S. 304)

Die Arbeit an seiner Dichtung geschieht mit dem gleichen Ernst und der gleichen Hingabe wie seine Natur- und Kunststudien. Auch für den Dichter gilt das Wort von der Wiedergeburt. Wie Natur- und Kunststudien ihn das Geheimnis der Form als Garantie des Lebens lehrten, so deutet auch in seiner Dichtung die strengere Form auf ein tieferes, volleres Leben. Das Fertige wird aufgelöst, der Prozeß der Bildung setzt noch einmal in seinem innersten Punkt ein. Die überlieferte Sprache vermag die neuen Erfahrungen, Ahnungen und Einsichten nicht mehr zu fassen. Dem Dichter – so hat er selber später einmal gesagt – müßte die *Sprache der Geister* zur Verfügung stehen. Solche *Sprache der Geister* glauben wir in den schönsten seiner zugleich seelenvollen und zu strenger Form gebändigten italienischen Verse zu hören.

Goethe fand sich in Italien nicht nur als Dichter wieder. Er rang auch darum, des bildnerischen Ausdrucks mächtig zu werden, ja, das Ringen um die Ausübung der bildenden Kunst gewann streckenweise über alle anderen Beschäftigungen die Oberhand. Unter Anleitung von Tischbein, Hackert, Heinrich Meyer, Verschaffelt studierte er nach wohldurchdachtem Plan Architektur und Perspektive, Komposition und Farbengebung der Landschaft, Zeichnen nach der landschaftlichen Natur und endlich *das A und O aller uns bekannten Dinge, die menschliche Figur.* (S. 386) Noch im August 1787 schreibt er mitten in seiner leidenschaftlichen Bemühung: *Herr, ich lasse dich nicht, du segnest mich denn, und sollt' ich mich lahm ringen.* (Ebd.) Schließlich resignierte er, und nun – so spät – erkennt der Dichter des *Werther*, des *Faust* und der *Iphigenie*, daß er *eigentlich zur Dichtkunst* (S. 518) geboren sei. Eckermann gegenüber hat er später sein Unvermögen erläutert. *Wenn ich etwas zeichnete, so fehlte es mir an genugsamem Trieb für das Körperliche; ich hatte eine gewisse Furcht, die Gegenstände auf mich eindringend zu machen, vielmehr war das Schwächere, das Mäßige nach meinem Sinn. Machte ich eine Landschaft und kam ich aus den schwachen Fernen durch die Mittelgründe heran, so fürchtete ich immer, dem Vordergrund die gehörige Kraft zu geben, und so tat denn mein Bild nie die rechte Wirkung.* (10. April 1829) Wir sehen aus dieser kühlen Selbstkritik, daß es dem bildenden Künstler Goethe versagt blieb, eine eigene Sprache auszubilden. Welcher Unterschied, ja Abgrund zwischen ihm und dem Dichter! Freilich kam seine bildnerische Bemühung dem Dichter und Forscher zugute. *Die Gegenständlichkeit meiner Poesie* – so hat er ebenfalls zu Eckermann gesagt – *bin ich denn doch jener großen Aufmerksamkeit und Übung des Auges schuldig geworden.* (20. April 1825)

VI

Am 3. September 1786 stahl Goethe sich heimlich aus der Karlsbader Gesellschaft fort. Am 8. September treffen wir ihn auf dem Brenner, am 10. ist er in Trient. Verona, Vicenza, Venedig, Padua sind die ersten italienischen Stationen. Vicenza und Venedig bringen das große Palladio-Erlebnis, der Botanische Garten zu Padua die erste große Bestätigung seiner botanischen Ideen. Oberitalien wird durchflogen. In Florenz ist er nur drei Stunden. *Mir läuft die Welt unter den Füßen fort und eine unsägliche Leidenschaft treibt mich weiter.* (19. Okt. 86. Tgb. WA 1, S. 305) Erst in Rom, das er am 29. Oktober erreicht, atmet er auf, fühlt sich von seiner *ungeheuren Leidenschaft und Krankheit geheilt* und gewinnt *Vorrath auf Jahre lang auszubilden und zu completiren.* (6. Jan. 87. Briefe WA 8, S. 119)

Zunächst gedachte er außer Rom nur noch Neapel zu sehen. Erst allmählich – immer wieder schwankend und die Geliebte, die Freunde um Rat und Zustimmung fragend – reiften in ihm Gedanke und Wunsch, auch Sizilien kennen zu lernen und den römischen Aufenthalt zu verlängern. So ging es am 22. Februar 1787 nach Neapel, am 29. März nach Sizilien weiter. Dem einsam-ernsten Studium in Rom folgten Monate heiterer, freier Hingabe an Land und Menschen im Süden. *Ich bin nun nach meiner Art ganz stille und mache nur, wenn's gar zu toll wird, große, große Augen. – Daß ich sonst so an den Gegenständen klebte und haftete, hat mir nun eine unglaubliche Fertigkeit verschafft, alles gleichsam vom Blatt wegzuspielen, und ich finde mich recht glücklich, den großen, schönen, unvergleichbaren Gedanken von Sizilien so klar, ganz und lauter in der Seele zu haben.* (S. 322)

In Rom, wohin er am 7. Juni 1787 wieder zurückkehrt, beginnt dann aufs neue die *große Schule: Meine Kunstkenntnisse, meine kleinen Talente müssen hier ganz durchgearbeitet, ganz reif werden, sonst bring' ich wieder euch einen halben Freund zurück, und das Sehnen, Bemühen, Krabbeln und Schleichen geht von neuem an* (S. 354), so rechtfertigt er den Freunden Grund und Aufgabe seines zweiten römischen Aufenthaltes, der fast noch ein Jahr dauerte.

Goethe reiste nicht als Weimarischer Minister, sondern inkognito als „Filippo Miller, Tedesco, Pittore". Wo es möglich war, ging er gesellschaftlichen Verpflichtungen aus dem Wege. Um so enger schloß er sich wenigen Vertrauten an: Angelica Kauffmann, Karl Philipp Moritz, den er bei seinem Unfall hingebend pflegte, Wilhelm Tischbein, Heinrich Meyer, Friedrich Bury, Johann Georg Schütz, Christoph Heinrich Kniep. Den Freunden war er Freund, Helfer und Erzieher. *Ein enger Kreis hat sich um mich gezogen, die alle gut sind, alle auf dem rechten Wege, und das ist nur das Kennzeichen, daß sie es bei mir aushalten können, mich mögen, Freude in meiner Gegenwart finden, je mehr sie denkend und handelnd auf dem rechten Wege sind. Denn ich bin unbarmherzig, unduldsam gegen alle, die auf ihrem Wege schlendern oder irren und doch für Boten und Reisende gehalten werden wollen. Mit Schmerz und Spott treib' ich's so lang, bis sie ihr Leben ändern oder sich von mir scheiden.* (S. 447)

Diese starke, im Grunde sittliche Wirkung von Goethes Gegenwart spiegeln die Briefe wider, die dem Scheidenden nach Weimar nachreisen. Es ist ergreifend, sie zu lesen. ,,Meines Lebens bestes Glück ist dahin", so klagte Heinrich Meyer und traf damit die Gefühle aller.

Goethes Abschied von Rom war der Abschied von einer Hauptepoche seines Lebens. Was er gelitten, als er Rom verließ, das fassen die großartigen Schlußseiten seines Buches zusammen. Im *Tasso* und spät noch in der Abschiedsszene des *Zweiten Buches* von *Wilhelm Meisters Wanderjahre* klingt die leidenschaftliche Bewegung in unverminderter Stärke wider. *In jeder großen Trennung* – so lautet ein dunkel tiefsinniges Wort aus seinen letzten römischen Tagen – *liegt ein Keim von Wahnsinn, man muß sich hüten, ihn nachdenklich auszubrüten und zu pflegen.* (S. 531)

Die Rückreise trat Goethe zusammen mit dem Musiker Kayser am 23. April 1788 an. Am 6. Mai traf er in Florenz ein, wo er mehrere Tage blieb. Von Kunstsachen scheint er dort neben den Antiken vor allem die älteren Meister angesehen zu haben. *Ich kennen nun die Urväter recht genau und so lernt man ihre Schüler und Nachfolger erst kennen und schätzen.* (An Herzog Carl August 6. Mai 1788) Man wird hier vor allem an die Fresken in der Brancaccikapelle von S. Maria del Carmine von Masaccio zu denken haben, über den er später (im *Anhang* der Lebensbeschreibung des *Benvenuto Cellini*) den monumentalen Satz schrieb: *Masaccio steht groß und einzig in seiner Zeit.* Vom 22. bis 28. Mai war Goethe in Mailand, vielleicht auch am Lago Maggiore und auf den Borromeischen Inseln. In Mailand sah er Leonardos Abendmahl. Es war ihm ein *rechter Schlußstein in das Gewölbe der Kunstbegriffe. – Es ist in seiner Art ein einzig Bild und man kan nichts mit vergleichen.* (Briefe HA Bd. 2, S. 93) Über Como, Chiavenna, den Splügenpaß, Chur ging es dann nach Konstanz weiter. Am 18. Juni 1788 traf Goethe wieder in Weimar ein – eindreiviertel Jahr nachdem er es verlassen.

DIE VERÖFFENTLICHUNG

I

Goethe hatte schon früh an die Veröffentlichung seines italienischen Reisetagebuches gedacht. *Wenn du* – so schreibt er aus Venedig an

Charlotte v. Stein – *es nach und nach abschriebst, in Quart, aber gebrochene Blätter, verwandeltest das Du in Sie und liesest was dich allein angeht, oder du sonst denckst weg; so fänd ich wenn ich wiederkomme geleich ein Exemplar in das ich hinein korrigiren und das Ganze in Ordnung bringen könnte.* (14. Okt. 86. Briefe HA 2, S. 14) Nach seiner Rückkehr hatte er aber die Lust verloren. *Die Abschrift meines Reise-Journals* schreibt er Herder nach Italien – *gäbe ich höchst ungern aus Händen; meine Absicht war, sie ins Feuer zu werfen ... Es ist im Grunde sehr dummes Zeug, das mich jetzt anstinkt.* (Ende Juli 1788. WA Briefe 9, S. 8f.) Erst im Zusammenhang seiner Lebensdarstellung, also sehr viel später, gewannen die italienischen Aufzeichnungen als Quellen seiner Selbstbiographie sein Interesse zurück. Damit ist auch für uns der Gesichtspunkt gegeben, aus dem wir die *Italienische Reise* als Buch betrachten und beurteilen müssen.

Goethes *Italienische Reise* ist kein Reisebuch, kein Führer, dem sich – wie etwa Volkmanns Buch – der Italienfahrer anvertrauen soll. Sie ist Selbstdarstellung, ein Stück seiner Autobiographie. Ihr Thema ist Goethe – Goethe freilich in der Phase seiner für seine Zukunft entscheidenden Begegnung mit dem Süden. Ihre Wirkung auf den empfänglichen Leser ist weniger sachlich unterrichtend als erzieherisch sittlich. Welch großartiges Bild von Arbeit an sich selbst, von Wachstum und Begegnung, Verinnerlichung und Ausgreifen in die Breite, von Aufnahme und Fruchtbarmachung eines Fremden, dem er sich mit dem ganzen Reichtum seines Innern stellt! Wir erinnern uns seines biographischen Hauptaperçus, *daß zuletzt alles ethisch sei.* (WA 53, S. 384)

Im Erstdruck von 1816 und 1817 kam der autobiographische Charakter des Buches deutlich zum Ausdruck. Sein Titel hieß nicht *Italienische Reise,* sondern: *Aus meinem Leben. Zweiter Abteilung Erster und Zweiter Teil.* Erst die *Ausgabe letzter Hand* gab ihm 1829 den Titel *Italienische Reise.* Die „Erste Abteilung" ist *Dichtung und Wahrheit,* deren *dritter Teil* 1814 im Druck vorlag.

Ende 1813 und Frühjahr 1814 hören wir zuerst in Tagebüchern und Briefen Äußerungen über die Redaktion. Meyer, Riemer und Zelter werden herangezogen. Im Sommer 1814 schrieb Goethe an Cotta: *Die Italienische Reise war schon in dem ersten Frühjahr weit vorgerückt. Ich werde ihr den Rest dieses Sommers widmen, und sobald ich im September wieder nach Hause komme, kann der Druck angefangen werden und ununterbrochen fortgehen.* (Briefe HA 3, S. 269) Das war nun freilich nicht der Fall. Zwar gab Goethe die Absicht der Veröffentlichung nicht auf. An Sulpiz Boisserée schrieb er, er habe *glücklicherweise wenig Falsches zu bedauern, nur manches Einseitige zu belächeln.* (Briefe HA 3, S. 282) Aber die Ausführung stockte. Erst 1816 kam sie zu vorläufigem Abschluß. Juli 1816 erhielt der Verleger Frommann in Jena das

Manuskript des ersten Bandes. Oktober 1816 kam der Band heraus. Die Redaktion des zweiten Bandes mit der Schilderung von Neapel und Sizilien, 1815 begonnen, zögerte sich bis zum Jahre 1817 hin. Er erschien im Oktober 1817. Der dritte Band mit der Schilderung des zweiten römischen Aufenthaltes wurde 1819 in Angriff genommen, aber nur langsam gefördert. 1820, 1821, 1824 hören wir gelegentlich in den Tagebüchern davon. Erst 1829 – im Zusammenhang der Vorbereitung der *Ausgabe letzter Hand* – ging Goethe ernstlich an die Arbeit. Riemer, Eckermann, Göttling, vor allem wieder Heinrich Meyer wurden zu Rate gezogen. Im August 1829 war die erste Hälfte, im September die zweite Hälfte fertig. Ende des Jahres erschien dieser dritte Teil als 29. Band der *Ausgabe letzter Hand*, zugleich mit dem 27. und 28. Band, die die beiden ersten Teile der Reise umfaßten.

II

Waren für *Dichtung und Wahrheit* die Quellen – Kindheitsgeschichte der Mutter, alte Tagebücher, Bücher – nur Rohmaterial der ganz eigenen, das Wahre dichterisch erhöhenden Darstellung gewesen, so wechselte Goethe nun die Methode. *Dieses Büchlein* – so schrieb er 1814 an Zelter – *erhält dadurch einen eignen Charakter, daß Papiere zum Grunde liegen, die im Augenblick geschrieben worden. Ich hüte mich, so wenig als möglich daran zu ändern, ich lösche das Unbedeutende des Tages nur weg, so wie manche Wiederholung; auch läßt sich vieles, ohne dem Ganzen die Naivetät zu nehmen, besser ordnen und ausführlicher darstellen.* (27. Dez. 1814) Es handelt sich also bei der Veröffentlichung der *Italienischen Reise* weniger um eine Neuschöpfung als um eine Redaktion.

Goethe hat 1818 seine Papiere aus Neapel und Sizilien, 1829 seine Papiere des zweiten römischen Aufenthaltes verbrannt. Erhalten haben sich nur ganz wenige Briefe, darunter der schöne Abschiedsbrief an Charlotte v. Stein aus Palermo vom 18. April 1787 (Abdruck S. 651) den Goethe als Autograph an Zelter schenkte, ein großer Teil der Ausgabebücher, Notizbücher aus Rom und Sizilien, das Bruchstück eines Tagebuches aus Neapel und Sizilien und vor allem das Reisejournal mit den Briefen an Charlotte v. Stein und Herder und den sog. *ostensiblen* Briefen aus der Zeit vom Beginn der Reise bis zur Fahrt nach Neapel. Diese originalen Blätter sind für die Kenntnis des italienischen Goethe von unschätzbarer Bedeutung – man muß sie kennen, um die Reise ganz würdigen zu können.

Soweit wir die Redaktion durch Vergleich mit den vorhandenen Originalen noch zu beurteilen vermögen, finden Goethes Angaben aus seinem Brief an Zelter Bestätigung. Inhaltlich ist alles Nur-Persönliche (vor allem alles, was sein Verhältnis zu Charlotte v. Stein, die damals noch lebte, betrifft, ferner Anreden usw., auch persönliche Stimmungen) gestrichen, sind Umstellungen und Korrekturen vorgenommen, Verzahnungen und Übergänge hinzugefügt. Manches ist kürzer, manches ausführlicher erzählt, ja, novellistisch ausgeschmückt worden. Formal ist die Sprache geglättet. „Die Redaktion" – so sagt Erich Schmidt – „strebt nach Rundung und nach stärkeren Akzenten für die Hauptsachen, die gern an bedeutendere Stellen gerückt werden. Darum setzt Goethe in Verona gleich mit der Beschreibung der Arena ein, in Bologna mit Raphaels Hl. Caecilia. Die hastigen Verweise auf das Reisehandbuch sind entfernt" usw. usw. Besonders schön ist die Einführung Heinrich Meyers, dessen Name in den Originalbriefen nicht vorkommt (3. November 1786). Vieles ist freilich auch verlorengegangen. Eine so zarte Stelle wie die vom Abend des 27. September 1786 an Charlotte v. Stein finden wir in der Redaktion nicht mehr: *Wie gewöhnlich meine liebe wenn das Ave Maria della Sera gebetet wird wend ich meine Gedancken zu dir; ob ich mich gleich nicht so ausdrücken darf, denn sie sind den ganzen Tag bey dir. Ach daß wir doch recht wüßten was wir an einander haben wenn wir beysammen sind.* (WA Tgb. 1, S. 238)

Im großen und ganzen dürfen wir sagen, daß der erste Teil dem Reisejournal sehr getreu folgt und die beschwingte Stimmung jener ersten Wochen und Monate rein wiedergibt. Der zweite Teil (den wir nicht mehr mit Originalaufzeichnungen vergleichen können) verändert den Ton. Goethe tritt in Neapel und Sizilien aus seiner Isolierung heraus, nimmt stärkeren Anteil an seiner Umgebung. Landschaft, Menschen, Reisende werden lebendig. Man hat diesen Teil nüchterner genannt. Aber darf man es tun angesichts der großen neuen Eindrücke der nun fast griechischen Landschaft, denen Goethe sich mit offensten Organen hingibt und die seine Sprache noch einmal zugleich anschauungsgesättigter und seelenvoller machen? *Wenn ich Worte schreiben will* – heißt es einmal –, *so stehen mir immer Bilder vor Augen, des fruchtbaren Landes, des freien Meeres, der duftigen Inseln, des rauchenden Berges ...* (S. 209) Wie schön ist der Abschied von Neapel! Goethe besucht ein letztes Mal die Herzogin von Giovane, die auf dem kgl. Schloß wohnt. In der Abenddämmerung treten sie ans Fenster. Die Herzogin öffnet den Laden, *und ich erblickte, was man in seinem Leben nur einmal sieht. Tat sie es absichtlich, mich zu überraschen, so erreichte sie ihren Zweck vollkommen. Wir standen an einem Fenster des oberen Geschosses, der Vesuv gerade vor uns; die herab fließende Lava, deren Flamme bei längst niedergegangener Sonne schon deutlich glühte und ihren begleitenden Rauch schon zu vergolden anfing; der Berg gewaltsam tobend, über ihm eine ungeheure, feststehende Dampfwolke, ihre verschiedenen Massen bei jedem Auswurf blitzartig gesondert und körperhaft erleuchtet. Von da herab bis gegen das Meer ein Streif von*

Gluten und glühenden Dünsten; übrigens Meer und Erde, Fels und Wachstum deutlich in der Abenddämmerung, klar, friedlich, in einer zauberhaften Ruhe. Dies alles mit einem Blick zu übersehen und den hinter dem Bergrücken hervortretenden Vollmond als die Erfüllung des wunderbarsten Bildes zu schauen, mußte wohl Erstaunen erregen. (S. 345 f.)

Der *Zweite Römische Aufenthalt,* Jahrzehnte später geschrieben, muß als Werk für sich betrachtet werden. Die Komposition ist eine ganz andere geworden. *Die Briefe* – so hat Goethe während der Arbeit zu Eckermann gesagt –, *die ich während meines zweiten Aufenthaltes in Rom geschrieben, sind nicht der Art, um davon vorzüglichen Gebrauch machen zu können; sie enthalten zu viele Bezüge nach Haus, auf meine Weimarischen Verhältnisse, und zeigen zu wenig von meinem italienischen Leben. Aber es finden sich darin manche Äußerungen, die meinen damaligen inneren Zustand ausdrücken. Nun habe ich den Plan, solche Stellen auszuziehen und einzeln übereinander zu setzen und sie so meiner Erzählung einzuschalten, auf welche dadurch eine Art von Ton und Stimmung übergehen wird.* (10. April 1829) So wechseln Korrespondenz und Berichte. Die Korrespondenz setzt sich aus redigierten Originalbriefen zusammen. Die Berichte sind vollkommen neu, in dem Stil seiner Altersjahre verfaßt. Dazu kommen Einschiebsel: in sich abgeschlossene eigene Aufsätze wie *Das Römische Karneval* oder *Philipp Neri,* Aufsätze, die dennoch einen sachlichen und menschlichen Bezug zu Goethes römischer Existenz haben, fremde Aufzeichnungen, wie etwa Briefe Tischbeins aus Neapel, ein Aufsatz Heinrich Meyers über Fackelbeleuchtung antiker Statuen, Auszüge aus Moritz' Abhandlung über die „Bildende Nachahmung des Schönen" u. a. So sehr die erzählerische Einheit dieses letzten Teiles preisgegeben scheint, wie sich in dem Wechsel von Korrespondenz und Bericht der italienische und der späte Goethe begegnen und wie gleichsam über die Jahrzehnte hinweg die tiefere Einheit des Goetheschen Lebens sichtbar wird, das ist von großer Schönheit. Haben wir doch hier eine Arbeit des Achtzigjährigen vor uns! Einzelne Partien wie die auf mehrere Berichte verteilte zarte Novelle von der schönen Mailänderin oder der großartige Abschluß der Mondnacht auf dem Kapitol zeigen den Greis auf der Höhe seiner Gestaltungskraft.

III

Als Goethe daran ging, seine italienischen Papiere zu veröffentlichen, lag die Reise Jahrzehnte zurück. Was hatte er inzwischen erlebt, was durchmachen müssen! Der Bruch seines Verhältnisses zu Charlotte v. Stein, dessen Fortdauer der heißeste Wunsch seiner italienischen Briefe gewesen war, die Französische Revolution (*daß Freiheit und Gleich-*

heit nur in dem Taumel des Wahnsinns genossen werden können, heißt es ahnungsvoll im *Römischen Karneval* S. 515), der Bund mit Schiller und die Vereinsamung nach seinem Tod, die Franzosenzeit mit ihren Schrecken, das veränderte Verhältnis zum Herzog, Liebe und Tod Christianens: welche Wechselfälle des Lebens, die geeignet gewesen wären, den Glanz der italienischen Erinnerungen verblassen zu lassen! Dennoch kann davon keine Rede sein. Was aber trieb Goethe gerade damals dazu, sie wieder in die Gegenwart zurückzurufen?

Die Arbeit an der *Italienischen Reise* fällt in eine Zeit neu gesteigerter Produktivität und neuer Ausweitung seiner Natur. 1814 hatte er den „Divan" des Hafis kennen gelernt. Die Welt des Ostens, seit seiner Kindheit Gegenstand seiner Träume und Gedanken, wurde ihm lebendig.

Mag der Grieche seinen Ton
Zu Gestalten drücken,
An der eignen Hände Sohn
Steigern sein Entzücken;

Aber uns ist wonnereich
In den Euphrat greifen,
Und im flüss'gen Element
Hin und wider schweifen. (Bd. 2, S. 16)

Seine Phantasie entzündete sich, der *West-östliche Divan* begann zu entstehen. Goethe fand in der östlichen Form ein willkommenes Gefäß, den Erfahrungsertrag seines Alters zu sammeln. *Diese mohammedanische Religion, Mythologie, Sitte* – so schreibt er an Zelter – *geben Raum einer Poesie, wie sie meinen Jahren ziemt. Unbedingtes Ergeben in den unergründlichen Willen Gottes, heiterer Überblick des beweglichen, immer kreis- und spiralartig wiederkehrenden Erdetreibens, Liebe, Neigung, zwischen zwei Welten schwebend, alles Reale geläutert, sich symbolisch auflösend – Was will der Großpapa weiter?* (11. Mai 1820. Briefe HA Bd. 3, S. 477)

Im Sommer des gleichen Jahres fuhr er, statt wie in anderen Jahren nach Böhmen, in die Heimat, die er seit 17 Jahren nicht gesehen hatte. Diese Reise wurde ebenfalls zu einem tief nachwirkenden Erlebnis. Mit neuen Augen sah er Landschaft, Kultur und Geschichte. In Heidelberg lernte er die Sammlung Boisserée kennen. Die altdeutsche Kunst, seit seiner Straßburger Zeit vergessen, gewann sein künstlerisches und geschichtliches Interesse. 1815 wiederholte er die Reise, ließ sich wieder bezaubern, und nun kam noch die Erschütterung durch die Liebe zu Marianne Willemer hinzu. Das ist der biographische Hintergrund, vor den wir die Wiederaufnahme seiner italienischen Erinnerungen rücken müssen. Vor welchen großen neuen Erfahrungen und Erlebnissen mußten sie ihre Bedeutung bewähren!

Der Anlaß zur Veröffentlichung war freilich noch besonderer Art. Die altdeutsche Kunst, die Goethe in der Sammlung Boisserée als glänzende Vergangenheit entgegengetreten, und die von ihm mit Liebe und Ehrfurcht begrüßt worden war, sollte nach dem Willen der Romantiker wieder zur Gegenwart werden, ja, die Zukunft bestimmen. Hier sah der Klassiker Goethe das Werk seines Lebens bedroht. Sollten die Wiedergeburt, die er in Italien erlebt, und die er nie verleugnet hatte, die strenge Schule, der er sich unterworfen, der Gewinn, den er davongetragen hatte, vergeblich gewesen sein? So sehr er die *wahre, heilige Kunst* zu würdigen gelernt hatte, nun sah er eine *angemaßte heilige Kunst*, eine *frömmelnde Unkunst* (an Boisserée 27. Sept. 16) gefährlich Boden gewinnen. Sie rief seinen leidenschaftlichen Widerstand auf den Plan. 1816 veröffentlichte er in enger Zusammenarbeit mit seinem italienischen Freund Heinrich Meyer den Aufsatz *Neudeutsche religios-patriotische Kunst*, der zwischen ihm und den Romantikern das Tischtuch zerschnitt. Es war das gleiche Jahr, in dem der erste Band der *Italienischen Reise* herausgegeben wurde. Beide Schriften muß man also zusammen sehen. Seine italienischen Bekenntnisse hatten für ihn nicht nur historischen, sie hatten Gegenwartswert. Zugleich lag ihm daran, in der Darstellung seines Ringens noch einmal die Lebenstiefe und Bedeutung der Idee des Klassischen sichtbar zu machen. So gewann die *Italienische Reise* programmatischen Charakter.

IV

Die Aufnahme bei den Zeitgenossen war geteilt. Es war vorauszusehen, daß im romantischen Lager Widerstand laut wurde. Niebuhr schildert in einem Brief an Savigny, wie die deutschen Künstler in Rom, die damals gerade in der Casa Bartholdy mit den Fresken aus der Josefsgeschichte die neue romantische Epoche der deutschen Kunst einleiteten, im Palast der preußischen Gesandtschaft auf dem Kapitol zu gemeinsamer Lektüre zusammenkamen und die eben erschienene *Italienische Reise* lasen. „Als wir geschlossen hatten für dieses Mal und wir noch über das Gelesene redeten, nahm Cornelius das Wort und sagte, wie tief es ihn bekümmere, daß Goethe Italien so gesehen habe. Entweder habe ihm das Herz damals nie geschlagen, das reiche, warme Herz, es sei erstarrt gewesen, oder er habe es fest gekniffen. So ganz und garnicht das Erhabene an sich kommen zu lassen, das Ehrwürdige zu ehren; – aber das Mittelmäßige zu protegieren." Es war die romantische Gegenstimme.

Die schönste, tiefste, verständis-, ja, liebevollste Würdigung kam spät von dem alten Freunde Wilhelm v. Humboldt. In seiner Besprechung des *Zweiten Römischen Aufenthalts* sagt er: ,,Wir tun hier, was gewiß jeder längst aus Goethes Schriften versuchte, auf einem anderen Wege, gleichsam in der Werkstatt seiner Hervorbringung, mit neuer Bewunderung erfüllte Blicke in ein Leben, an welches sich in den meisten von uns großenteils das Beste und Höchste des Gedachten und Empfundenen anschließt."

Die *Italienische Reise* ist auch berücksichtigt in der Zusammenstellung ,,Goethe über seine autobiographischen Schriften" in Bd. 10.

ANMERKUNGEN

Motto

Auch ich in Arkadien stand als Motto auf den Titelblättern der beiden Bände der Erstausgabe von 1816 und 1817, wurde aber in der *Ausgabe letzter Hand* fortgelassen. Es ist die Übersetzung des lateinischen Wortes „Et in Arcadia ego". – Den Ursprung des lateinischen Wortes kennen wir nicht. Es findet sich zuerst auf einem frühen Gemälde Guercinos (1591–1666) in Rom, Galleria Corsini: Zwei junge Hirten betrachten erschrocken einen auf einem Mauerstück liegenden Totenkopf, der von einer Maus (Symbol der alles vertilgenden Zeit) benagt wird. Auf dem Mauerstück steht die Inschrift. Allgemein bekannt ist das Wort geworden durch zwei Bilder von Nicolas Poussin (1593 bis 1665): das eine, um 1626–28 entstanden, in Chatsworth, Sammlung Devonshire, das zweite, um 1630–35 entstanden, in Paris, Louvre. Das erste Bild verwandelt das Mauerstück Guercinos in einen Sarkophag, behält aber den Totenkopf noch bei. Das zweite gibt anstatt des Sarkophages ein antikes Grab und läßt den Totenkopf fort. In beiden Bildern suchen Hirten die in den Sarkophag bzw. das Grab gemeißelte Inschrift zu entziffern. Darstellungen des 18. Jhdts. in Frankreich, England und Deutschland (Adam Friedrich Oeser, Christian Reinhart, Daniel Chodowiecki, Wilhelm Kolbe). Das zweite Bild von Poussin ist im 18. Jahrhundert mehrfach (u. a. von Oeser) gestochen worden. – Die älteste deutsche Übersetzung des lateinischen Wortes scheint J. G. Jacobis „Winterreise" (1769) zu geben: „Wenn ich auf schönen Fluren einen Leichenstein antreffe mit der Überschrift: ‚Auch ich war in Arkadien', so zeig' ich den Leichenstein meinen Freunden, wir bleiben stehen, drücken uns die Hand und gehen weiter." Im Laufe des 18. Jahrhunderts finden wir es dann häufig. In Wielands „Pervonte" (1778) heißt es: „Und auch nicht eine dieser Schönen/Schien nach der Grabschrift sich zu sehnen:/Auch ich lebt' in Arkadia." Herder sagt in seinen „Ideen zur Philosophie der Geschichte der Menschheit" (Buch 7 Kap. 1): „Auch ich war in Arkadien ist die Grabschrift aller Lebendigen in der sich immer wieder verwandelnden, wiedergebärenden Schöpfung." Schillers „Resignation" von 1784 beginnt mit den Worten: „Auch ich war in Arkadien geboren." – Für die genannten Zitierungen gilt übereinstimmend, daß sie das Wort als Grabinschrift verstehen. Der Sinn hat aber eine Wandlung durchgemacht. Ursprünglich muß – wie Erwin Panofsky in seiner Deutung des Guercino-Bildes nachgewiesen hat – das Ego auf den Tod bezogen werden. Sinngemäß müßte also übersetzt werden: „Auch in Arkadien bin ich zur Stelle." Das gilt noch für Poussins Bilder. Poussins erster Biograph Giovanni Pietro Bellori (Vite dei Pittori, Scultori ed Architetti Moderni, Rom 1672) nennt das Pariser Bild: „La Felicità soggetta à la Morte" (Das Glück dem Tode unterworfen) und gibt folgende Erklärung: „cioè che il sepolcro si trova ancora in Arcadia, e che la morte ha luogo in mezzo le felicità" (das Grabmal steht auch in Arkadien, und der Tod ist auch inmitten des Glückes). Schon Poussins zweiter Biograph André Félibien (Entretiens sur les vies et les ouvrages des peintres, Bd. 4, 1685) wiederholt aber nicht nur Belloris Erklärung: „que la Mort se rencontre parmis les plus grandes félicitez", sondern erklärt abweichend: „par cette inscription on a voulu marquer que celui qui est dans cette sépulture a vécu en Arcadie" (durch diese Inschrift hat man sagen wollen, daß der Mensch, der in diesem Grabe liegt, in Arkadien gelebt hat). Diese zweite Erklärung, hat den Gebrauch des lateinischen Wortes in der deutschen Literatur des 18. Jahrhunderts bestimmt. Es soll also bedeuten: Alle Lebenden, auch die schon Abgeschiedenen, haben einmal Glück genossen oder waren (wiederum eine neue Wendung) wenigstens zum Glück geboren („Auch mir hat die Natur / An meiner Wiege Freude zugeschworen"). – Wann das Wort sich von der Bindung an das Grab gelöst hat, ist ungewiß. In Herders Gedicht „Die Erinnerung" (nach dem Spanischen) von 1787 ist es noch Grabinschrift. In dem Gedicht „Angedenken an Neapel" von 1789 dagegen ist vom Grab keine Rede mehr, und hier wird nun unter Arkadien Italien verstanden. In der gleichen Bedeutung wird das Wort bei Goethe gebraucht.

Arkadien als „geistige Landschaft" (Snell) ist eine Entdeckung Vergils, erneuert durch den Neapolitaner Jacopo Sannazaro (1458–1530) in seinem um 1480 geschriebenen Schäferroman „Arcadia". Goethe wurde im Januar 1788 in Rom in die Gesellschaft der Arkadier aufgenommen. – Vgl. A. Gercke, Auch ich war in Arkadien. Neue Jahrb. f. d. klass. Altert., Gesch. u. Lit. 24, 1921. – Henry Lemonnier, Les sources des „Bergers d'Arcadie". Revue de l'art ancien et moderne 1925. – Werner Weisbach, Et in Arcadia ego. Die Antike 1930. – Erwin Panofsky, Et in Arcadia ego. Philosophy and History Essays presented to Ernst Cassirer. Oxford 1936. – Erwin Panofsky, Et in Arcadia ego et le tombeau parlant, Gazette des Beaux-Arts, 1938. – Anthony Blunt, Poussins Et in arcadia ego, Art Bulletin 1938. – Bruno Snell, Arkadien, Die Entdeckung einer geistigen Landschaft. Antike und Abendland I, Hamburg 1945. Wiederholt in: B. Snell, Die Entdeckung des Geistes. Hamburg 1948. – Hellmuth Petriconi, Das neue Arkadien. Antike und Abendland III, Hamburg 1947. – Erwin Panofsky, The „Tomb in Arcady at the Fin de Siècle". Wallraf-Richartz Jb. 30, 1968. – Nicolaus Himmelmann-Wildschütz, Ein antikes Vorbild für Guercinos „Et in Arcadia ego"? Pantheon XXXI, 1973. – Max Denzler, Et in Arcadia ego. Reallex. z. dt. Kunstgesch., 62. Lieferung, 1969. – Gisela Bergsträsser, I. G. Reinharts Zeichnung „Et ego in Arcadia". – Kunst in Hessen und am Mittelrhein, 1–2, 1961/62. – Petra Maisak in: Goethe in Italien. 1986. S. 133–145. – Norbert Miller in Goethe, Münchner Ausg., Bd. 15, 1992, S. 802–810.

ITALIENISCHE REISE I

(S. 9–177)

Karlsbad bis auf den Brenner
3.–9. September 1786
(S. 9–22)

Zugrunde liegt: Reisetagebuch an Frau v. Stein. 1. Stück.

9,4. *Die Gesellschaft.* Goethe war seit dem 27. Juli in Karlsbad. Zu der Gesellschaft gehörte Ehepaar Herder. Charlotte v. Stein hatte Karlsbad am 14. August, der Herzog am 28. August verlassen.

9,10. Zwodau bei Falkenau an der Eger in Böhmen.

9,30. Tirschenreuth liegt an der Waldnab.

10,8. Vgl. Tagebücher, S. 11.

10,19. *Polder:* Deichland.

10,24. Vgl. C. W. Neumann, Goethe in Regensburg. Archiv für Literaturgeschichte Bd. 4. Goethe wohnte im ,,Weißen Lamm". Im Jesuitenkollegium wurden am 4. und 6. September aufgeführt: ,,Die sogenannte Menschenliebe, ein bürgerliches Trauerspiel in dreien Aufzügen" und ein Singspiel ,,Der lieblose Knecht".

10,31. Die Jesuiten haben seit 1589 das ehemalige Mittelmünster St. Paul übernommen. 1809 zerstört. Vgl. Walter Boll, Regensburg. München 1963, S. 35.

11,36. Gesteinsbruchstücke, die durch ein Bindemittel zusammengehalten sind.

12,8. Die Bildergalerie befand sich damals in dem von Kurfürst Karl Theodor (1777–1799) errichteten Galeriebau an der Nordseite des Hofgartens. Die Skizzen von Rubens sind eigenhändige Entwürfe zu der Gemäldefolge, die die Witwe König Heinrichs IV. von Frankreich, Maria de' Medici, 1622 für das neue Palais du Luxembourg bestellte. Sie sind heute Besitz der Alten Pinakothek, München. Die ausgeführten Gemälde in Paris, Louvre.

12,11. Merkwürdigerweise erwähnt Goethe in seinem Tagebuch nicht, daß er in der Kurfürstlichen Galerie Dürers „Apostel" gesehen hat. Auf sie insbesondere muß sich die Bemerkung, Bologna 18. Oktober, beziehen: *In München habe ich ein paar Stücke von ihm gesehen von unglaublicher Großheit* (103,35).

12,13. Nachbildung der 113 n. Chr. errichteten 39 m hohen Ehrensäule des Kaisers Trajan in Rom. Bez. und dat.: Ludwig Valadier und Barth. Hecher 1774–1780: Erworben von Kurfürst Karl Theodor auf seiner zweiten römischen Reise 1783. Die Nachbildung befindet sich jetzt in München, Schatzkammer der Residenz (Amtlicher Führer 1937, S. 160). – Goethe kannte das Modell durch Archenholz' Erwähnung. Vgl. Tagebücher, S. 19.

12,17. Antiquarium der Residenz, 1569 unter Herzog Albrecht V. (1550–1579) begonnen, 1586–1600 unter Herzog Wilhelm V. (1579–1597) durch Sustris umgebaut, eines der ältesten Museen nördlich der Alpen. Vgl. Amtlicher Führer 1937, S. 38ff., Tafel 7.

12,26. Das Naturalienkabinett befand sich in dem unter Herzog Wilhelm V. im Westen von München errichteten Jesuitenkollegium.

12,34. Einer der Türme der Frauenkirche.

12,36. Der sog. „schöne Turm", der in der Nähe Goethes Gasthof „Zum schwarzen Adler" in der Kaufingerstraße stand. Vgl. Holland, Goethe in München. Beilage zur Augsburger Allg. Zeitung, 27. August 1869.

13,22. Goethes Freund Karl Ludwig v. Knebel (1744–1834) hatte 1785 Tirol und Bayern bereist.

13,36. Benediktinerkloster Benediktbeuren, im 8. Jhdt. gegründet. Neubau von Kirche und Kloster in der 2. Hälfte des 17. Jhdts. Goethe hat offensichtlich die Kirche nicht betreten.

14,12. Vgl. Belsazer Hacquet, Physikalisch-politische Reise auf die Dinarischen, Julischen, Kärntner, Rätischen und Norischen Alpen, gemacht in den Jahren 1781 und 1783. 4 Bde. Leipzig 1785.

14,22. Benediktinerkloster Einsiedeln im Kanton Schwyz, 934 am Ort der Zelle des 861 ermordeten hl. Meinrad gegründet. Neubau des ganzen Klosters nach Plan und 1703 angefertigtem Modell von Caspar Moosbrugger 1704–1770.

14,24. Santiago di Compostella im Nordwesten Spaniens. Die Kathedrale mit dem Grab des Apostels Jacobus Maior, nach der Zerstörung durch die Araber am Ende des 10. Jhdts. in den Jahren zwischen 1075 und 1078 neu erbaut, ist nach Jerusalem und Rom der bedeutendste Wallfahrtsort der Christenheit.

16,15. Das Abenteuer an der Martinswand in Tirol gehört zu den seit dem 16. Jahrhundert immer wieder erzählten, auch von der bildenden Kunst dargestellten Episoden aus dem Leben Kaiser Maximilians (1459–1519). Vgl. dazu A. Busson, Die Sage von Maximilian auf der Martinswand und ihre Entstehung. Kaiserliche Akademie der Wissenschaften, Wien. Phil. Histor. Klasse, Bd. 116, 1888, S. 455ff. und A. Pigler, Barockthemen, Bd. II, Budapest 1956, S. 427f. – Goethe war die Sage seit seinen Studien zum *Götz von Berlichingen* und zur Faustsage bekannt.

16,21. Der Schwiegersohn des Wirts in Goethes *Mitschuldigen.*

16,23. Die Tatsache, daß Goethe in Innsbruck das Grabmal Kaiser Maximilians in der Hofkirche nicht besichtigt hat, zeigt, daß ihm damals Peter Vischer noch unbekannt war. Auf der Rückreise von Italien scheint er sich dagegen das Sebaldusgrab in Nürnberg angesehen zu haben. Vgl. Edwin Anhalt, Goethes kunstgeschichtliches Verhältnis zu Peter Vischer. Fränkische Monatshefte 1929. Auch bei seinem zweiten Aufenthalt in Innsbruck (5.–7. Juni 1790) hören wir nichts von Vischer.

17,14ff. Die Bemerkungen über Witterung usw. sind gegenüber dem Tagebuch nach Inhalt und Form durchgearbeitet. Vgl. dazu Goethes Aufsatz *Versuch einer Witterungslehre* 1825 und W. v. Wasielewsky, Goethes meteorologische Studien, Leipzig 1910. – Die Beobachtungen über die Wolken erinnern an den Monolog Fausts im *4. Akt* des *Zweiten Teils*: *Der Einsamkeiten tiefste schauend unter meinem Fuß* ... (Bd. 3, S. 304).

19,21. *Blende:* Mais, aus dem der Maisbrei (Polenta) gemacht wird. Vgl. 38,18f. – GWb 2, Sp. 774.

19,25ff. Vgl. hierzu Goethes Aufsatz *Der Verfasser teilt die Geschichte seiner botanischen Studien mit,* Fassung 1817 (Bd. 13, S. 153): *Linnés Terminologie, die Fundamenta, worauf das Kunstgebäude sich stützen sollte, Johann Geßners Dissertationen zu Erklärung Linnéischer Elemente, alles in Einem schmächtigen Hefte vereinigt, begleitete mich auf Wegen und Stegen.*

21,23. Goethes erste Sammlung seiner Schriften erschien 1787–1790 in 8 Bänden bei J. G. Göschen in Leipzig.

21,26. Chr. G. K. Vogel, später Kanzleirat in Weimar, Goethes Sekretär in Karlsbad. Briefe Bd. 1 S. 514,1 u. Register.

22,7f. Goethe hatte Aristophanes' „Vögel" übersetzt. Treufreund ist der eine Auswanderer.

22,39. Vgl. Brief an den Herzog vom 2. September 1786: *Die vier ersten Bände sind endlich in Ordnung; Herder hat mir unermüdlich treu beigestanden. Zu den vier letzten bedarf ich Muße und Stimmung; ich habe die Sache zu leicht genommen und sehe jetzt erst, was zu thun ist, wenn es keine Sudelei werden soll. Dieses Alles und noch viele zusammentreffende Umstände dringen und zwingen mich, in Gegenden der Welt mich zu verlieren, wo ich ganz unbekannt bin. Ich gehe ganz allein unter einem fremden Namen und hoffe von dieser etwas sonderbar scheinenden Unternehmung das Beste. Nur bitt ich lassen Sie Niemanden nichts merken, daß ich außenbleibe. Alle die mir mit- und untergeordnet sind, oder sonst mit mir in Verhältnis stehen, erwarten mich von Woche zu Woche, und es ist gut, daß das also bleibe und ich auch abwesend als ein immer Erwarteter wirke.* (Briefe Bd. 2, S. 9f.)

Vom Brenner bis Verona
9.–15. September 1786
(S. 23–39)

Zugrunde liegt: Reisetagebuch an Frau v. Stein. 2. Stück. Tagebücher, S. 39ff.

23,25f. In Wirklichkeit Eisackfluß.

23,28. Allart van Everdingen, geb. 1621 in Alkmaar, gest. 1675 in Amsterdam. Holländischer Landschaftsmaler. Über Goethes Besitz an Blättern van Everdingens vgl. Schuchardt, Goethes Kunstsammlungen I, S. 155. – Goethe-Handbuch Bd. 1, 1961, S. 2236–2238.

24,6. Muß heißen: westwärts.

24,19. *zaselig* = faserig. – Dt. Wb. 15, Sp. 315.

26,9. Joh. Heinr. Roos, 1631–1685, seit 1657 in Frankfurt. Goethe besaß 19 Kupferstiche mit Tiergruppen von ihm. Briefe HA 1, S. 328,4. – Schuchardt 1, S. 135f. – Thieme-Becker 28,579.

26,35. Es handelt sich um das Bild mit der Darstellung einer Konzilsitzung, 1633 von Elia Naurizio gemalt. Das Bild hängt in der Kirche S. Maria Maggiore, nicht, wie es nach dem Text den Anschein hat, in der Jesuitenkirche, von der im folgenden die Rede ist. Vgl. Tagebücher, S. 48. – Das Konzil fand 1545–1547, 1551/52 und 1562 in Trient statt.

26,37. Die Jesuitenkirche S. Francesco Saverio in Trient wurde 1701 nach Entwürfen des aus Trient gebürtigen Architekten, Malers und Perspektivtheoretikers Andrea Pozzo begonnen.

27,15. 1773 war der Jesuitenorden durch Papst Clemens XIV. aufgehoben worden.

27,32. Es handelt sich um den Palazzo Galasso, Via Roma, 1602 im Auftrag Georg Fuggers aus Augsburg nach Entwurf von Pietro Maria Bagnadori errichtet. Nach der Legende vom Teufel in einer einzigen Nacht aufgeführt, daher Palazzo del Diavolo genannt. Heute Palazzo Zambelli. Vgl. S. M. Prem, Goethes Fahrt durch Tirol.

28,26f. Vgl. hierzu Herbert Lehmann, Der Gardasee und sein Jahr. Die Erde, Zeitschrift der Gesellschaft für Erdkunde zu Berlin 1949.

29,2. Gräfin Aloysia Lanthieri, geb. v. Wagensperg aus Grätz gehörte zur Karlsbader Gesellschaft. Wieder erwähnt 330,5ff.

29,16. *Volkmann:* Goethes Reiseführer. Vgl. Verzeichnis der von Goethe benutzten Italienliteratur.

29,19. Vergil, Georgica 2, 160. Tagebücher, S. 52 steht richtig statt *resonans: assurgens.*

30,11. *der Bach:* Die Sarca.

31,8ff. Das gefährliche Abenteuer von Malcesine ist erst in der Buchausgabe so ausführlich geschildert. Im Tagebuch S. 55 nur kurze Andeutung. Vgl. dazu die ausführlichere Erzählung Goethes aus dem Februar 1804, die der jüngere Heinrich Voß wiedergibt (Goethes Gespräche hrsg. von Herwig, Bd. 1, S. 919f.). – Vgl. hierzu Festausgabe, Bd. 17, S. 577. – Münchner Ausg., Bd. 15, S. 821f.

32,6f. Goethe hatte den Treufreund in seinen *Vögeln* bei Aufführungen im Schlosse Ettersburg bei Weimar selbst gespielt. Treufreund weiß den Chor der Vögel zu beschwatzen und umzustimmen.

34,10f. Marco Bolongaro (1712–1779) war Begründer eines Handelshauses in Frankfurt a.M. Der Palast Bolongaro, 1772–1775 von J. J. Schneider als Teil der von Kurfürst Emmerich Joseph geplanten Neustadt erbaut, ist heute noch in Höchst vorhanden.

34,19. Über Goethes Beziehungen zu den Familien Allesina-Schweitzer und Brentano vgl. *Dichtung und Wahrheit, 13. Buch.* Johann Maria Allesina war verheiratet mit Franziska Clara Brentano, ihre einzige Tochter mit dem Kaufherrn v. Schweitzer. Ihre Enkel waren Jugendfreunde Goethes. Die Hochzeitsmedaille ist beschrieben im „Archiv für Frankfurts Gesch. und Kunst", Bd. 7, S. 37f. – Bd. 9, S. 586, 23 u. Anm.

37,21. *Wassergalle* erklärt Goethe Tagebücher, S. 59: *Der eine undeutliche Fus eines Regenbogens.* – Dt.Wb. 13, Sp. 2403.

37,30. Johann Jakob Ferber, Briefe aus Welschland über natürliche Merkwürdigkeiten dieses Landes. Prag 1773.

37,30. Über Hacquet vgl. Anm. zu 14,12.

37,37. *gätlich* = bequem. Tagebücher, S. 60: *apetitlich.*

37,38. Kleine Mineraliensammlungen, die der Ilmenauer Bergsekretär Johann Karl Wilhelm Voigt zusammenstellte und verkaufte.

38,7. *türkisches und Heidekorn:* Mais und Buchweizen.

38,26. *kachektisch:* von schlechter Gesundheit.

Verona bis Venedig
16.–28. September 1786
(S. 40–63)

Zugrunde liegt: Reisetagebuch an Frau v. Stein. 3. Stück. Tagebücher, S. 66ff.

40,3. Das Amphitheater zu Verona (Wegner, Abb. 50) dürfte in der 2. Hälfte des 1. Jhdts. n. Chr. erbaut worden sein. Vgl. L. Crema, L'Architettura Romana, Turin 1959, S. 205, Abb. 203.

40,9. Zu Ehren Kaiser Josephs II. (nicht I.) war 1771, zu Ehren des Papstes Pius VI. 1782 ein Stiergefecht im Amphitheater veranstaltet worden. Goethe wußte davon durch Archenholz, Bd. 2, S. 60f.

41,8. Die Inschrift aus dem Jahre 1569 lautet wörtlich: Hieronymo Marmoreo (nicht Maurigeno!) V. C. cuius incredibili studio, dum urbi praeest, quod temporis iniuria huic amphitheatro perierat, reddi coeptum est, Veronenses P. P. MDLXIX. Vgl. Düntzer, S. 636.

41,16. Die Porta stuppa oder Palio ist 1542–1551 von dem Veroneser Baumeister Michele Sanmicheli (1484–1559) errichtet worden. Von Vasari als ,,miracolo del Sanmicheli" bezeichnet. Seit 1866 ist sie geöffnet. Vgl. Eric Langenskiöld, Michele Sanmicheli, Upsala 1938, S. 133f. mit Abbildungen. – Porta stuppa = geschlossenes Tor. Die Deutung: del Palio ,,von dem Pferderennen, das dabey gehalten" bei Volkmann, Bd. 3, S. 688. – Palio (lat. pallium = Gewand) ist ein Stück Goldstoff, das als Preis galt.

41,32. Teatro Filarmonico, 1718 erbaut mit dem von Marchese Maffei 1719 begründeten Museo Lapidario.

41,33ff. Hier handelt es sich um das Museo Lapidario oder Museum Maffeianum, eine weiträumige Anlage mit drei Portiken, die der Marchese Maffei 1744 im Vorhof des Teatro Filarmonico geschaffen hat, um die Antiken Veronas und der Terra ferma Venedigs, nach Epochen getrennt, aufzustellen. Das Museum war das erste seiner Art in Europa. Über die Geschichte des Museum Maffeianum und Goethes Besuch vgl. Rodenwaldt. Dort auch Abbildungen des Museums und der von Goethe genannten Werke. Der Architekt der Fassade ist nicht bekannt, vielleicht war es ein Schüler Sanmichelis. – Goethe kannte die Sammlung nach den Kupferstichen in Maffeis Museum Veronense, Verona 1749 und Verona illustrata, Verona 1731. Um so wichtiger, wie er nun den Unterschied von Nachbildung und Original sieht. Hinter: *gewissen Handwerksunfähigkeit* heißt es im Tagebuch: *Die Kupfer nehmen das offt weg, sie verschönern, aber der Geist verfliegt* (S. 74). Tagebuch, S. 74 heißt es: *Bey den Grabmälern hab ich viel an Herdern gedacht.* Der Satz bezieht sich inbesondere auf Herders Abhandlung ,,Wie die Alten den Tod gebildet", die 1786 in 2. Auflage gedruckt worden war. – Rodenwaldt urteilt über Goethes Äußerungen: ,,Es gehörte ein divinatorischer Blick dazu, um das uns jetzt aus einer Fülle von Monumenten vertraute Wesen des klassischen attischen Grabreliefs in späten und geringen Nachfahren zu erkennen" (S. 28). Den Dreifuß aus Marmor vermutet Rodenwaldt in einem heute im Louvre befindlichen Exemplar. Vgl. auch Arnold von Salis, Antike und Renaissance, Zürich 1947. S. 202.

41,37. Francesco Scipione Marchese di Maffei, 1675–1755, Schriftsteller und Archäologe. Von ihm ,,Verona illustrata" (vier Teile, Verona 1731f.) und ,,Museo Veronese" 1749.

42,32. Goethe denkt hier wohl an das Grabmal Götzens von Berlichingen im Kloster Schönthal an der Jagst, dessen Abbildung er aus Götzens Lebensbeschreibung vom Jahre 1731 kannte.

43,10. Gran Guardia an der Piazza Brà. 1610 auf Veranlassung des damaligen venezianischen Statthalters Zuane Mocenigo begonnen. 1614 wurden die Arbeiten eingestellt. Nur das Untergeschoß und die acht westlichen Achsen des Piano nobile gehören der ersten Bauphase an. Ostteil des Obergeschosses, Treppenhaus und Stufen erst 1836–1853 ausgeführt. Seit 1869 Municipio.

43,17. Palazzo Grande, um 1365 errichtet, im 16. Jhdt. modernisiert. Sitz des venezianischen Statthalters. Das Säulenportal von 1530 wohl von Michele Sanmicheli.

44,13. *Lippen* = Plural von „der Lippen". Vgl. Grimm, Deutsches Wörterbuch, Bd. 6, Spalte 1058: „Lippen, m., der Fittig eines Rockes, der von der Taille abwärts gehende wehende Teil desselben, Rockflügel."

45,26ff. St. Giorgio in Braida, am linken Etschufer dem Dom gegenüber gelegen, ist 1477 anstelle einer älteren Kirche erbaut worden. Innere Vollendung 1543. Kuppel und unterer Teil des Campanile von Sanmicheli. Vgl. Langenskiöld, Pl. 52 B und S. 119f. – „Mannaregen" von Felice Brusasorci d.J. (um 1542–1605) aus dem Jahre 1605, vollendet von seinen Schülern. – „Wunder der fünf Brote" von Paolo Farinato (1524–1606) aus dem Jahre 1602/03. – „Hl. Ursula" von Giov. Francesco Caroto (um 1480–1555) aus dem Jahre 1535. – Auf die Bilder (heute im Presbyterium) macht Volkmann aufmerksam. – Diese ersten Bemerkungen über italienische Bilder der neueren Zeit zeigen schon klar, welche Bedeutung Goethe dem Problem des Gegenstandes gerade in der Malerei zumaß. Aus der ständigen Beschäftigung mit diesem Problem, von der die *Italienische Reise* noch öfter Zeugnis ablegt, ist dann später in Zusammenarbeit mit Heinrich Meyer die im ersten Band der *Propyläen* 1798 veröffentlichte Abhandlung *Über die Gegenstände in der bildenden Kunst* erwachsen. Vgl. Heinrich Meyer, Kleine Schriften zur bildenden Kunst. Deutsche Literaturdenkmale des 18. und 19. Jhdts., Bd. 25. Über die Bedeutung des Gegenstandsproblemes für Goethes Kunstanschauung vgl. v. Einem, Goethes Kunstphilosophie und Goethe und die bildende Kunst, in: Goethe-Studien, München 1972. Über Goethes Verhältnis zur Tradition bei diesem Problem vgl. Michéa, Voyage, S. 174.

45,29. Die von Goethe erwähnten riesigen Bilder des Presbyteriums weisen typologisch auf die Eucharistie: links der Mannaregen von Felice Brusasorci d.J. (um 1542–1605), 1605 begonnen, von seinen Schülern Ottino und Orbetto vollendet, rechts die Wunderbare Vermehrung der Brote von Paolo Farinati (1524–1606) aus den Jahren 1602/03.

46,6. Der Dom S. Maria Matricolare, um 1139 über einer älteren Kirche begonnen, 1184 im wesentlichen vollendet, ist im 15. Jahrhundert zur Halle umgebaut worden. Vgl. Wart Arslan, L'Architettura Romanica Veronese, Verona 1939, S. 108ff., T. LIVff. – Tizians „Himmelfahrt Mariae" um 1540 auf dem Altar der Kapelle von 1481. H. E. Wethey, Titian, I, Phaidon 1969, Pl. 43. – Es handelt sich hier um

Goethes erste Begegnung mit dem Hauptmeister der venezianischen Malerei des 16. Jhdts. Tizian wurde 1477 zu Pieve di Cadore in Friaul geboren und ist 1576 in Venedig gestorben. Er war Schüler Giovanni Bellinis und ist unter dem Einfluß Giorgiones weitergebildet worden.

46,10. Über die Galleria der Casa Gherardini vgl. Volkmann, Bd. 3, S. 700.

46,11. Alessandro Turchi, genannt Alessandro Veronese oder l'Orbetto, geb. 1578 in Verona, gest. 1649 in Rom. Schüler des Felice Brusasorci. Das Bild „Simon und Delila" befindet sich heute in Paris, Louvre.

46,22. Palazzo Canossa, von Michele Sanmicheli erbaut. Beginn um 1530. Vgl. Langenskiöld, S. 54 mit Abbildungen. – Das Danaebild nicht nachweisbar.

46,23f. Palazzo Bevilacqua, heute Sitz des R. Istituto Tecnico, von Michele Sanmicheli in den 30er Jahren des 16. Jhdts. erbaut. Vgl. Langenskiöld, S. 61 mit Abbildungen. – Jacopo Robusti gen. il Tintoretto, geb. 1518 in Venedig, gest. 1594 daselbst. Schüler Tizians, von Michelangelo und Parmeggianino beeinflußt, Hauptvertreter der künstlerischen Bewegung des „Manierismus" in Venedig. Bei dem „Paradies" handelt es sich um die wohl um 1579 anläßlich einer Konkurrenz entstandene großartige Skizze zu dem „Paradies" des Dogenpalastes in Venedig. Sie befindet sich seit 1799 in Paris, Louvre. Die Skizze ist abgebildet bei E. v. d. Bercken, Die Gemälde des Jacopo Tintoretto, München 1942, Abb. 169, das große „Paradies" Abb. 301. Goethes lobende Bemerkung ist für die Geschichte von Tintorettos Ruhm von besonderer Bedeutung.

46,38. Paolo Caliari gen. Veronese, geb. vermutlich 1528 in Verona, gest. 1588 in Venedig. Schüler des Antonio Badile in Verona, unter dem Einfluß des Paolo Morando gen. Cavazzola, des Tizian und Tintoretto weitergebildet. Eines der Bildnisse aus dem Palazzo Bevilacqua „Junge Frau mit einem Knaben an der Hand" befindet sich in Paris, Louvre. Vgl. Theodor Hetzer, Paolo Veronese, Römisches Jahrbuch für Kunstgeschichte IV, 1940.

47,1. Im Tagebuch, S. 82, heißt es noch: *Ein Endymion gefiel mir sehr wohl.* Der hingestreckte Niobide befindet sich heute in der Münchener Glyptothek (1811 durch Kronprinz Ludwig erworben). Vgl. Heinrich Brunn, Beschreibung der Glyptothek Königs Ludwigs I., München 1868. Römische Kopie. Stilistisch gehört das Stück mit den 1583 in der Nähe des Lateran in Rom ausgegrabenen 11 sog. Florentiner Niobiden zusammen. Die Gruppe, zu der auch die 88,1 erwähnte Niobe mit Tochter gehört, ist die römische Kopie eines griechischen Werkes wohl des 1. Jhdts. v. Chr. Vgl. G. Mansuelli, Galleria degli Uffizi. Le Sculture, I, (1968), S. 101ff. Nr. 70–89. H. Weber, Jahrb. des Dt. Archäol. Instituts, LXXV, 1960, S. 112ff.

47,9ff. Vgl. hierzu Goethes Aufsatz *Stundenmaß der Italiener* in Wielands „Merkur", Oktober 1788. – WA 32, S. 341–344.

50,18. Das *Liedchen von Marlborough* ist das Volkslied „Malbrough s'en va-t-en guerre", das man 1786 halb italienisch, halb französisch auf allen Straßen sang. Vgl. Goethes Aufsatz *Volksgesang* in Wielands „Merkur", 1789 (WA 32, S. 345–365) und die *2. Römische Elegie* (Bd. 1, S. 157f.):

So verfolgt das Liedchen „Malbrough" den reisenden Briten
Einst von Paris nach Livorn, dann von Livorno nach Rom,
Weiter nach Napel hinunter; und wär' er nach Smyrna gesegelt,
Malbrough! empfing ihn auch dort, Malbrough! im Hafen das Lied.

51,26. Der Giardino Giusti, terrassenartig am Hang eines Hügels aufsteigend, ist von der im 15. Jhdt. aus Florenz nach Verona ausgewanderten Familie Giusti angelegt worden.

52,8. *Festone* = Blumengewinde.

52,18. *Sörgel* = Hirse. Dt. Wb. 10,1 Sp. 1773.

52,26. Andrea Palladio, geb. 1508 in Padua, gest. 1580 daselbst, vorwiegend in Vicenza tätig, das nach ihm Città del Palladio heißt. Palladio ist der letzte in der mit Leon Battista Alberti beginnenden Reihe großer italienischer Baumeister, die aus dem eindringenden Studium der antiken Bauten und der antiken Schriften über die Baukunst (vor allem des Vitruv) die Grundlage für eine große, aus den Kräften der Alten gespeiste Architektur zu gewinnen suchten. In seiner Kunst verbindet sich römische Majestät und venezianischer Sinn für das Malerische. – Für Goethes Verständnis der Architektur wie für sein Selbstverständnis war die Begegnung mit Palladio von entscheidender Bedeutung. Palladio war für Goethe, als er nach Vicenza kam, kein Unbekannter mehr. Er kannte ihn aus Erzählungen seines Vaters (in dessen Viaggio in Italia der Name einen hellen Klang hat) und aus den heute noch auf der Weimarer Bibliothek befindlichen und mit großer Wahrscheinlichkeit schon vor Goethes Italienreise angeschafften Werken: Francesco Vendramini Mosca, Descrizione delle Architetture, Pitture e Scolture di Vicenza, 2 Bde., 1779, Il forestiere istruito delle cose più rare di Architettura di Vicenza, 1780 (von Bertotti Scamozzi, 2. Auflage) – und aus der umfassendsten Veröffentlichung über Palladio, des Bertotti Scamozzi Fabbriche e disegni di Andrea Palladio 1776–1783 (vgl. Tagebuch, S. 88 u. Brief an den Herzog vom 3. November 1786 aus Rom, Tagebuch, S. 352f.). Goethe kannte Palladio aber auch aus dem sog. Palladianismus. Hat doch Palladio wie kaum ein anderer italienischer Architekt die europäische Baukunst bis zu Goethes Zeit bestimmt. Der gesamte Klassizismus des 17. und 18. Jhdts. ruht auf dem Grunde seiner Kunst. Selbst die antike Baukunst (ihre Theorie und ihre Kunstübung) wurde mit seinen Augen gesehen. Der Palladianismus knüpfte unmittelbar an Palladio an und griff von Oberitalien nach England, Frankreich und Holland, ja, sogar bis nach Rußland über. In England hatte er in Inigo Jones (1573–1652) und Christopher Wren (1623–1723) seine bedeutendsten Vertreter. Im Laufe des 18. Jhdts. drang er von England nach Deutschland und wurde hier aus einer Nebenströmung des Barock zu einer Gegenbewegung gegen den Barock. Die bedeutendsten Vertreter dieses deutschen Palladianismus sind der erste Architekt Friedrichs des Großen, Georg Wenzeslaus v. Knobelsdorff (1699–1753) und vor allem Friedrich Wilhelm v. Erdmannsdorff (1736–1800), der 1769–1773 für Winckelmanns Gönner und Freund, den Fürsten Leopold Friedrich Franz von Anhalt und Dessau das Schloß in Wörlitz erbaute, ein Werk des reinsten Palladianismus. Goethe war 1776 und 1778 in Wörlitz und ist mit Erdmannsdorff 1780 in Leipzig zusammen gewesen. Dieser zeitgenössische Bezug darf als Voraussetzung für Goethes Verhältnis zu Palladio ebenfalls nicht übersehen werden. Dennoch bedurfte es erst der persönlichen Begegnung in Vicenza, um Palladio zu einem so tiefgreifenden künstlerischen Erlebnis werden zu lassen, dem wir auf dem Gebiet der bildenden Kunst nur das Raffael- und das Griechenerlebnis vergleichen können. – Goethe fand in Palladio eine Widerspiegelung seines eigenen Selbst. Er entdeckte in Palladio den großen Dichter, *der aus Wahrheit und Lüge ein Drittes bildet, dessen erborgtes Dasein uns bezaubert.* Diese Entdeckung ist aber nicht nur der Schlüssel für Goethes Bewunderung, sondern auch der Schlüssel für ein echtes Verständnis von Palladios Kunst. „Nur wer ihn, wie Goethe als Dichter begreift, begreift ihn ganz. Denn das ist das Entscheidende an seiner Kunst, daß er die mit aller Treue aus der Antike aufgenommenen Elemente mit vollkommener Freiheit je nach Ort und Gelegenheit zu Bildern zusammenfügt, die nur in seinem Geiste erwachsen sind" (Graf Vitzthum). Daß diese Freiheit durch Palladios zeitliche Zugehörigkeit zur Stilepoche des Manierismus bedingt, ja, beschränkt war, daß seiner (nicht anders als Goethes) Kunst nicht nur ein klassisches, sondern auch ein antiklassisches Element innewohnt, das ist freilich eine kunstgeschichtliche Erkenntnis, die Goethe noch nicht gehabt hat, auch nicht haben konnte. Aber Goethes Einsicht in die schöpferische Genialität des Künstlers führt tiefer an Palladio heran als die unverständliche Herabsetzung des „erfindungsleeren Schülers Vitruvs" (Erich Schmidt), wie wir sie häufig genug in der neueren Goetheliteratur finden. – Das Palladioerlebnis ist ferner für Goethe von entscheidender Bedeutung, weil ihm vor seinen Werken zuerst die Architektur als Raumschöpfung aufgegangen ist. Die reifste Frucht dieses Erlebnisses ist der Aufsatz *Baukunst* 1795. Vgl. ferner Tagebuch, S. 128f. und 145f. und den Brief an Heinrich Meyer vom 30. Dezember 1795: *Je mehr man den Palladio studiert, je unbegreiflicher wird einem das Genie, die Meisterschaft, der Reichthum, die Versatilität und Grazie dieses Mannes. Im Einzelnen mag manches gegen seine Kühnheit zu erinnern seyn, im Ganzen sind seine Werke eine Gränzlinie, die niemand ausfüllt und die so bald überschritten ist.* – Über Palladio vgl. Loukomski, Andrea Palladio, Paris 1927, Antonio M. dalla Pozza, Palladio, Vicenza 1943, Rudolf Wittkower, Principles of Palladio's Architecture I u. II. Journal of the Warburg Institute VII u. VIII, Herbert Pée, Die Palastbauten des Andrea Palladio, Würzburg 1941 und Richard Zürcher, Stilprobleme der italienischen Baukunst des Cinquecento, Basel 1947. – Über Goethes Verhältnis zu Palladio vgl. Michéa, Voyage, S. 219ff. und v. Einem, Beiträge zu Goethes Kunstauffassung sowie Harald Keller, Goethe, Palladio und England. – Vgl. ferner Corpus Palladianum, Vicenza, seit 1968 sechs Bände. – Jb. d. Wiener Goethe-Ver. 91, 1987, S. 137–141.

52,26. *ein sehr artiges Büchlein.* Vielleicht Pietro Baldarini, Descrizione delle Architetture e Sculture di Vicenza. Vicenza 1779. – In Goethes Bibliothek befinden sich heute noch: Giovanni Montenari, Del Teatro Olimpico in Vicenza. Padua 1733. (Ruppert 2358) und: Ottavio Bertotti Scamozzi, Il forestiere istruito ... Vicenza 1761. (Ruppert 2217).

53,9. Das *Olympische Theater* ist 1580 nach Vitruvs Vorschriften über das antike Theater von Palladio für die 1556 gegründete Accademia Olimpica entworfen und 1585 (nach Palladios Tod) von Vincenzo Scamozzi (1552–1616) vollendet worden. Vgl. Cornelius Gurlitt, Andrea Palladio (italienische Ausgabe), Torino 1921, T. 110–112.

53,25f. Wie Treufreund in Goethes *Vögeln.*

53,32. Die *Basilika* ist die Umbauung des 1444–1457 anstelle eines älteren Palastes errichteten Palazzo della Ragione mit zwei Stockwerken offener Bogenhallen. 1549 von Palladio begonnen. Erst 1617 vollendet. Corpus Palladianum, Bd. II.

54,3f. „Les trois sultanes ou Soliman II" ist ein Lustspiel in Versen von Favart. Vgl. Lessing, Hamburgische Dramaturgie, Stück 33. – „Die Entführung aus dem Serail", Libretto von Gottlob Stephanie nach C. F. Bretzners „Belmont und Constanze". Musik von Mozart, 1782. Goethe schrieb später aus Rom über seine Bemühung um das Singspiel: *Alles unser Bemühen ..., uns im Einfachen und Beschränkten abzuschließen, ging verloren, als Mozart auftrat. Die „Entführung aus dem Serail" schlug alles nieder, und es ist auf dem Theater von unserm so sorgsam gearbeiteten Stück (Scherz, List und Rache) niemals die Rede gewesen* (S. 437,29–33)

54,25. Dr. Turra, ein Arzt und Sammler in Vicenza. Vgl. über ihn Giacomo Zanella, Ricordi di nozze, Vicenza 1863 in seiner Einleitung Wolfgango Goethe a Vicenza nel Settembre del 1786.

55,2. Ottavio Bertotti Scamozzi aus Vicenza, geb. 1719 in Vicenza, gest. 1790 daselbst. Seine Palladioausgabe in 4 Bänden kaufte Goethe in Venedig. Vgl. über ihn Michéa, Voyage, S. 232.

55,7. Die sog. Casa di Palladio, in Wirklichkeit Cas Cogollo, ist weder ein Werk Palladios noch sein Wohnhaus. Sie wurde 1563 oder 1564 begonnen. A. M. dalla Pozza, Palladio, Vicenza 1943, S. 149, Fig. 43.

55,19f. Die Rotonda, ein Hauptwerk Palladios, ist 1550 für Paolo Almerico begonnen, 1606 von Vincenzo Scamozzi (1552–1616) vollendet worden. Seit 1591 im Besitz der Familie Capra. Corpus Palladianum, Bd. I. Am 19. September schreibt Goethe an Charlotte v. Stein über die Rotonda: *hier konnte der Baumeister machen was er wollte und er hats beynahe ein wenig zu toll gemacht. Doch hab ich auch hier sein herrliches Genie zu bewundern Gelegenheit gefunden. Er hat es so gemacht um die Gegend zu zieren, von weiten nimmt sich's ganz köstlich aus, in der Nähe habe ich einige unterthänige Scrupel* (Tagebuch).

56,10ff. Marcus Capra, Gabriels Sohn, der dies Gebäude dem engsten Erstgeburtsgrade unterstellt hat, zugleich mit allen Einkünften, Feldern, Tälern und Hügeln diesseits der großen Straße dem ewigen Gedächtnis befehlend, während er selbst duldet und Enthaltsamkeit übt. „Sustine et abstine“: Wichtige Lebensmaxime der Stoa.

56,24. Die Accademia Olimpica ist 1556 zur Pflege gelehrter Studien gegründet worden. Vgl. dazu Zanella. Das Problem der Erfindung und Nachahmung in den schönen Künsten hat die neuere Kunsttheorie in Anknüpfung an die Antike seit der Renaissance häufig beschäftigt. Auch in Goethes Kunstlehre spielt es eine entscheidende Rolle.

57,30. Das Castello Porto-Colleoni in Thiene ist in den 70er Jahren des 15. Jhdts. zu einer Villa umgebaut worden.

58,17. *Zendal:* Vgl. 44,14.

58,22. Das Tagebuch verzeichnet in Vicenza noch den Besuch der 1702 gegründeten Biblioteca Comunale Bertoliana (S. 103), von S. Corona mit der Epiphanie von Paolo Veronese (S. 105), von Madonna del Monte (S. 104) und der Villa Valmarana mit den Fresken Tiepolos (1696–1770). Goethes Äußerungen über den letzten großen Vertreter der venezianischen Malerei, der mit seiner Wirksamkeit noch 20 Jahre in Goethes Leben hineinragt und erst 5 Jahre vor Goethes Übersiedlung nach Weimar gestorben war, sind von besonderer Bedeutung: *Heut sah ich die Villa Valmarana die Tiepolo dekorirt und allen seinen Tugenden und Fehlern freyen Lauf gelassen hat. Der hohe Styl gelang ihm nicht wie der natürliche, und in diesem letzten sind köstliche Sachen da, im Ganzen aber als Dekoration gar fröhlich und brav* (S. 101). Die Fresken der „Palazzina“ aus der Ilias des Homer, der Aeneis des Vergil, dem Orlando Furioso des Ariost und der Gerusalemme liberata des Tasso sind 1757 von Giambattista Tiepolo, die Fresken des Gästehauses (der Forestiera) von Tiepolos Sohn Domenico geschaffen worden. Goethes Unterscheidung von hohem und natürlichem Stil ist durch die italienische Forschung bestätigt worden. Vgl. Antonio Morassi, Tiepolo, Die Villa Valmarana. Zürich und Mailand o. J. (1949). – Wichtig die Bemerkung vom 22. September, Tagebuch, S. 98: *Ich war lange willens Verona oder Vicenz dem Mignon zum Vaterland zu geben. Aber es ist ohne allen Zweifel Vicenz, ich muß auch darum einige Tage länger hier bleiben.* Es wurde dann aber ein Ort am Lago Maggiore.

58,38f. Observatorium der Universität.

59,12. Die Originalausgabe von Andrea Palladio, I quattro libri dell' Architettura war 1570 in Venedig in 2 Bänden erschienen. Der Neudruck, den Goethe in Padua erworben hat, ist zwischen 1770 und 1780 hergestellt worden. Goethes Exemplar mit Bleistifteintragungen auf S. 101–104 des 4. Bdes. ist noch in Weimar vorhanden. Moderne Ausgabe durch Cornelius Gurlitt. Auch dieses Werk hat die größte Bedeutung für Goethe gewonnen. Am 30. September schreibt er an Charlotte v. Stein: *in Padua fand ich erst das Buch, jetzt studier ich's und es fallen mir wie Schuppen von den Augen, der Nebel geht auseinander und ich erkenne die Gegenstände. Auch als Buch ist es ein großes Werk* (Tagebücher, WA 1, S. 250). – Ruppert Nr. 2362.

59,16. Über den Konsul Joseph Smith (1682–1770) vgl. Michéa, Voyage, S. 239 und W. Franz, Jb. d. fr. dt. Hochstifts, 1973.

59,20f. Es handelt sich hier um die 1778 von Pietro Brandolese begründete Universitätsbuchhandlung. Die Szene im Buchladen spielt nach dem Tagebuch (S. 104f.) in Vicenza.

60,6. Pietro Bembo (1470–1547) aus Venedig, Kardinal und zeitweise Sekretär des Papstes Leo X. Berühmter Humanist. Von ihm die Grabinschrift Raffaels im Pantheon zu Rom. Das Grabmal Bembos aus dem Jahre 1547 von Sanmicheli steht im Mittelschiff des Santo zu Padua. Die Büste aus dem gleichen Jahr ist von Danese Cattaneo (um 1509–1573). Vgl. Giulio Ferrari, La tomba nell' arte Italiana, Milano o. J., T. CXXI a.

60,12. Die Universität ist 1222 gegründet worden, hatte aber zunächst keine eigenen Räume. Das Hauptgebäude, „il Bo", stammt aus dem Jahre 1492. Die Front von 1552–1601 nach Entwürfen von Andrea Moroni. Der Innenhof gehört zu den schönsten Schöpfungen der Paduaner Renaissancearchitektur, vermutlich ebenfalls nach Entwurf von Moroni. Das runde, in mehreren Rängen aufsteigende anatomische Theater (eine Holzkonstruktion) von 1591.

60,22. Der botanische Garten, der älteste in Europa, ist 1545 angelegt worden. Vgl. Tagebuch, S. 114: *Schöne Bestätigungen meiner botanischen Ideen hab ich wieder gefunden.* – Über die Bedeutung von Goethes Besuch des Botanischen Gartens für die Ausbildung seiner

Metamorphose der Pflanzen vgl. *Geschichte meines botanischen Studiums.* Bd. 13, S. 162,32.

61,1. Der Prato della Valle, seit dem Mittelalter eines der Zentren des städtischen Lebens, ist 1775 neu gestaltet worden. In der Mitte, von einem Kanal eingefaßt, die sog. Isola Memmia. Am Kanal in zwei Reihen 78 Statuen berühmter Professoren und Schüler der Paduaner Universiät.

61,5. *Fiera* = Markthalle.

61,19. König Gustav III. von Schweden.

61,21. Der spätere Kaiser Leopold II.

61,34ff. Scuola di Sant' Antonio neben Sant' Antonio, 1427 errichtet. Von Tizian drei Fresken aus der Geschichte des hl. Antonius: 1. Das Zeugnis des neugeborenen Kindes. 2. Die Heilung des jähzornigen Jünglings. 3. Der eifersüchtige Ehemann. Die Fresken sind 1511 gemalt. Tietze, Abb. 8, 9, 11, 12. Im Tagebuch, S. 111 heißt es mit stärkerer Betonung: *Die Bilder von Titian wundernswürdig wie sie der alten deutschen holbeinischen Manier nah kommen. Von der sich jenseits der Alpen keiner erhohlt hat. Eine erstaunende alles versprechende Wahrheit ist drin. Sie haben mich, wie überhaupt mehr alte Gemälde viel zu dencken gemacht.*

62,4. Giovanni Battista Piazzetta, geb. 1683 in Venedig, gest. 1754 daselbst. Schüler A. Molinaris in Venedig und G. M. Crespis in Bologna. An den Werken Guercinos weitergebildet. Piazzetta ist der eigentliche Begründer der venezianischen Malerei des 18. Jahrhunderts. Die „Enthauptung Johannis des Täufers" von 1744 befindet sich heute im Santo. Vgl. Ridolfo Pallucchini, L'arte di Giambattista Piazzetta, Bologna 1934, Fig. 58.

62,17. Die Augustinerkirche Eremitani ist 1276 begonnen und 1360 vollendet worden. Die Fresken Andrea Mantegnas aus dem Leben der Heiligen Jacobus und Christophorus befinden sich in der Cappella Santi Jacopo e Christophoro. Auftrag 1448 an Nicolò Pizzolo (1421 bis 1453), Giovanni d'Allemagna (gest. 1450), Antonio Vivarini (um 1415 bis 1476/84) und Mantegna. Auf Mantegna allein sind zurückzuführen: Taufe des Hermogenes, Verurteilung des hl. Jacobus, der Gang des hl. Jacobus zur Richtstätte, die Hinrichtung des hl. Jacobus, die Marter des hl. Christophorus, die Fortschaffung des Leichnams des hl. Christophorus und die Himmelfahrt Mariae. Vgl. Erika Tietze-Conrat, Mantegna, London 1956, S. 193f. – Andrea Mantegna, geb. 1431 in Vicenza, gest. 1506 in Mantua. Schüler Francesco Squarciones zu Padua, weitergebildet durch den Einfluß seines Schwiegervaters Jacopo Bellini und des Studiums der Antike. Hauptmeister der paduanischen Schule des 15. Jhdts. – Goethes Bemerkungen über Mantegna sind von hohem kunstgeschichtlichem Wert. Während sein Führer Volkmann die

Fresken noch als „gotisch und sehr manieriert" aburteilt, hat Goethe die eigenwüchsige Kraft Mantegnas und die geschichtliche Bedeutung seiner Kunst klar erkannt. Dem Verehrer Dürers mußte diese Kunst besonders zusagen. 1820 hat Goethe seiner Bewunderung für Mantegna erneut Ausdruck verliehen. Vgl. *Tag- und Jahreshefte* und seinen Aufsatz *Triumphzug von Mantegna.* – Es ist tief bedauerlich, daß Goethe eine ähnlich starke persönliche Begegnung in der Cappella dell' Arena mit Giottos berühmten Fresken versagt geblieben ist. Die Bemerkung Tagebuch, S. 109: *Marie von Giotto hab ich nicht finden können* darf nicht auf die Arenakapelle bezogen werden, wie es Helmut Prang, S. 76 tut. Goethe notiert hier ausdrücklich Volkmann p. 642, wo es heißt: „Im rechten Kreuzgange" (des Doms) „sieht man eine Maria von Giotto (?), dem Wiederhersteller der Malerkunst." – Bd. 12, S. 182–202.

62,22f. *derb*: kräftig, tüchtig (ohne tadelnden Sinn); *umschrieben*: fest begrenzt, genau dargestellt.

62,32. Der Palazzo della Ragione ist 1218–1219 als Gerichtsgebäude erbaut worden. Der Audienzsaal wurde nach einem Brande von 1420 umgebaut. Er enthält wichtige astrologische Fresken des späten 14. und 15. Jhdts., die aber von Goethe nicht erwähnt werden.

63,6f. Santa Giustina, Kirche des 5.–6. Jhdts., nach Zerstörung durch Erdbeben 1119 neu erbaut, 1502 abgerissen. Die jetzige Kirche (nach 1521) mit 8 Kuppeln.

Venedig
28. September–14. Oktober 1786
(S. 64–99)

Zugrunde liegt: Reisetagebuch an Frau v. Stein. 4. Stück. Tagebücher, S. 117ff.

64,15. Johann Caspar Goethe bereiste 1740 Italien. Sein Reisetagebuch „Viaggio in Italia" (Original im Goethe-Schiller-Archiv in Weimar) liegt in einer zweibändigen kommentierten Ausgabe von Arturo Farinelli, Roma 1932, vor. Über den Besuch in Venedig vgl. Lettera I–XIV. Vgl. Rudolf Glaser, Goethes Vater.

64,22ff. Das heutige Hotel Vittoria, nordwestlich vom Marcusplatz gelegen. Der *schmale Kanal*: ein Seitenkanal des Rio Memmo, die *einbogige Brücke*: der Ponte dei Fuseri, das *Gäßchen*: der Calle dei Fuseri. Vgl. Tausig, Goethes Wohnhaus in Venedig. Chronik des Wiener Goethe-Vereins, Bd. 24, Nr. 5.

64,28. Das Paket sollte die Tagebücher an Frau v. Stein und die *Iphigenie* enthalten, deren Umarbeitung Goethe in Venedig beenden wollte.

Vgl. Briefe an Seidel vom 18. September und 14. Oktober 1786 und an Charlotte v. Stein vom 14. Oktober 1786.

64,36. Die Fahrt nach Venedig ist im Tagebuch nur ganz kurz erwähnt.

65,26. Den Dreikönigsschrein im Kölner Dom.

66,20. Geprägt nach der Wiener Konvention 1753.

68,13f. Langgestreckte Insel südlich der Stadt.

68,19. Die beiden griechischen Säulen sind 1174 auf der Piazzetta aufgestellt. Die eine trägt den geflügelten Löwen, das Symbol des hl. Marcus, die andere den hl. Theodor auf einem Krokodil. Vgl. Tagebuch, S. 125.

68,35f. Der Ponte Rialto in seiner heutigen Gestalt ist 1588–1592 erbaut. Vorher (seit 1264) Holzbrücke.

69,12. S. Michele auf einer Insel nördlich der Stadt. Die Kirche ist 1469–1478 von Mauro Coducci erbaut. Vgl. Luigi Angelini, Le opere in Venezia di Mauro Coducci, Milano 1945.

69,20. Die Insel der hl. Clara im Westen der Stadt gehört heute zum Stadtteil südlich vom Canal Grande.

69,24f. Tagebuch, S. 123 heißt es: *meines armen Vaters.*

70,31. Admiral der Venezianer im Kriege gegen Tunis.

71,24. S. Maria della Carità, 1442–1454 von Bartolomeo Buon (gest. 1464) erbaut. Daneben Scuola Grande della Carità, 1260 gegründet, und der von Palladio seit 1560 erbaute, 1630 nach einem Brande veränderte Convento di S. Maria della Carità. Von Palladio: eine Seite des Kreuzgangs mit einer Loggia, ein Saal und eine Wendeltreppe. Corpus Palladianum, Bd. VI. – Seit 1806 Accademia di Belle Arti. Vgl. Tagebuch, S. 170. Volkmann berichtet nichts über die Schöpfung Palladios.

72,27. *Karnies* = Krönung des Dachgesimses.

73,2. Il Redentore auf der Insel Giudecca, 1576 nach Befreiung von einer Pest gelobt. Letztes großes Werk von Palladio, 1577 begonnen, 1592 geweiht. Franziskanerkirche. Corpus Palladianum, III.

73,3. S. Giorgio auf der Insel San Giorgio Maggiore, Neubau durch Palladio 1565–1580. Nach Palladios Plänen 1610 von Scamozzi vollendet. Pläne bei Gurlitt, T. 96–97.

73,17. Volkmann, Bd. 3, S. 569 tadelt das Mißverhältnis der beiden Säulenordnungen und die zu hohe und schmale Tür.

73,24f. Mit dem zu Ehren des hl. Franz geschmückten Seitenaltar ist ein Altar in Il Redentore gemeint, nicht, wie in der Festausgabe, S. 582 vermutet, in der Kirche S. Francesco della Vigna. Vgl. auch Tagebuch, S. 136.

74,14. S. Niccolò dei Mendicoli, seit 7. Jhdt. bekannt, Teile aus 14. Jhdt. Einschneidende Veränderungen um 1580. Vgl. Paul Winter, Goethe erlebt Kirchenmusik in Italien.

75,24. Der Dogenpalast, sonst von Goethe nicht erwähnt. Tagebuch, S. 124 nennt die Fassade *das sonderbarste was der Menschen Geist glaub ich hervorgebracht hat.* Tagebuch, S. 137: *Vom Herzogl. Pallast den ich heute früh sah sollt ich noch mehr sagen. Vielleicht morgen. Es ist alles im Flug geschossen wie du siehst. Aber es bleibt in einem feinen Aug und Herzen.* Tagebuch, S. 139 erwähnt das Paradies von Tintoretto in der Sala del Gran Consiglio von 1588–1590: *Aber reicht nicht an Geist an jenes in der Casi Bevi l'aqua zu Verona. Eine Bemerckung glaube ich zu machen daß Tintoretten kleinere Figuren besser gerieten als große, daß er da ganz der Grazie und Leichtigkeit seiner Natur sich überlassen konnte und daß ein größer Maas ihn genirte.* Vgl. v. d. Bercken, S. 87, Abb. 301–302. Tagebuch, S. 140: *Die übrigen Gemählde im Pallast hab ich alle gesehn und mir sie erklären lassen, und habe wenigstens ein Bild in der Seele vom ganzen und von den merkwürdigsten Gegenständen.* Tagebuch, S. 142 erwähnt er einen *köstlichen Albrecht Dürer* in einem Zimmer neben der Sala del Consiglio de' Dieci. Nach Moritz Thausing, Albrecht Dürer, 1876, S. 271 handelt es sich um ein niederländisches Bild „Ecce homo". – Vgl. ferner Tagebuch, S. 151.

75,25 ff. Die Schilderung der Sitzung ist gegenüber dem Tagebuch erweitert. Eine Federzeichnung Goethes stellt den Advokaten Reccaini dar. Tagebuch, S. 134. Vgl. Goethes Gespräch mit Friedrich August Wolf vom 28. Mai 1795 und mit Soret vom 31. Januar 1830. – Doge war Paolo Renieri (1779–1789). Seine Gemahlin Margarete Dalmaz, ehemals Seiltänzerin, wurde von der Regierung als Dogaressa nicht anerkannt. Vgl. dazu Molmenti, La Dogaressa di Venezia, Turin 1855. Vgl. ferner: „Etwas vom venezianischen Carneval aus einem Brief des Herrn Gr. an einen seiner Freunde zu W." Wielands Teutscher Merkur, Mai 1789.

77,12 f. Kasperles Ruf im Puppenspiel „Doktor Faust".

77,37 ff. Heute Teatro Goldoni im Zentrum der Stadt. Die *Masken* sind die stehenden Figuren des italienischen Lustspiels, der *Pantalon* die Charaktermaske des gutmütigen Alten.

78,6. „Der Verschlag oder: Hier wird Versteckens gespielt." Ein Lustspiel in 3 Aufzügen nach Calderon von Joh. Chr. Bock, 1781.

79,5 f. S. Francesco della Vigna im Nordosten der Stadt. 1534 von Jacopo Sansovino (1486–1570) erbaut. Vgl. Francesco Sapori, Jacopo Tatti detto il Sansovino. Roma 1928. T. C u. CI. Fassade von Palladio 1568–1572. Vgl. dazu Tagebuch, S. 142: *Diese Kirche ist auch von Palladio auf eine alte gepfropft, und die sonderbaren Widersprüche, deren ich gestern gedachte, zeigen sich auch hier.* – Plan Gurlitt, T. 102.

79,11. Die 1104 gegründete Staatswerft, die im 15. und 16. Jhdt. 1600 Arbeiter beschäftigte. Das Hauptportal, 1460 errichtet, ist der erste Frührenaissancebau Venedigs.

79,33. Der Bucentoro, den Goethe sah, 1728 erbaut, 1797 durch Napoleon vernichtet, war der letzte der Republik Venedig. Modell im Museum des Arsenals.

80,5. Tag der Himmelfahrt Christi. Der Doge fuhr mit dem venezianischen Adel auf das Meer hinaus, um sich durch die Versenkung eines Ringes immer aufs neue mit dem Meere zu vermählen.

80,16. Nach Jubiläumsausgabe „La punizione del prezipizio" von Carlo Graf Gozzi (1720–1806).

83,2. Von Prosper Jolyot de Crébillon, d. Ä. (1674–1762).

83,3. Das jetzige Teatro Malibran an der Kirche S. Giovanni Crisostomo.

83,19ff. Sieg von Lepanto am 7. Oktober 1571. Der Bericht im Tagebuch, S. 154f. hat auch das richtige Datum 7. *Oktober*. – S. Giustina im Osten der Stadt, seit Napoleon I. Kaserne, heute Istituto Tecnico. – Savj sind die 16 Minister der Republik.

84,10. Tagebuch, S. 155 heißt es richtiger: *Läppchen.*

84,27. Vgl. hierzu das Fragment *Volksgesang. Venedig* in Wielands Teutschem Merkur 1789 und *Wilhelm Meisters Wanderjahre* Buch 2, Kap. 7.

84,34. Aus Rousseau, Les Consolations des Misères de ma vie ou Recueil d'Airs, Romances et Duos. Paris 1780. Vgl. dazu Michéa, Voyage, S. 64ff.

85,27f. Goethes Lohnbedienter (vgl. Tagebuch, S. 140). „Es ist sonderbar, wie jener Gesang weich macht, und um so mehr, je besser er gesungen wird."

85,29. Malamocco und Pelestrina sind Orte südlich von Venedig auf den Inseln, die die Lagune abschließen.

86,6ff. Palazzo Pisani Moretta, am linken Ufer des Canale Grande gelegen, nicht, wie Festausgabe, S. 584 irrtümlich annimmt, der Palazzo Pisano, jetzt Liceo Civico musicale bei S. Stefano. Das Bild von Paolo Veronese „Die Familie des Darius vor Alexander" befindet sich heute in London, National Gallery. Vgl. Antoine Orliac, Veronese, Paris 1939, T. 147. Ein Entwurf in Weimar (Orliac, T. 146). Das „Märchen" nach Volkmann, Bd. 3, S. 536f.

86,33ff. Der Abschnitt *Zum 8. Oktober* steht nicht im Tagebuch. Über S. Marco im Tagebuch, S. 124 das harte Urteil: *Die Bauart ist jeden Unsinns werth der jemals drinne gelehrt oder getrieben worden seyn mag. Ich pflege mir die Facade zum Scherz als einen kolossalen Taschenkrebs zu dencken. Wenigstens getrau ich mir irgend ein ungeheures Schaalthier nach diesen Maßen zu bilden.* Zu S. Marco vgl. Otto Demus, The Church of S. Marco in Venice, Washington 1960.

87,34. Palazzo Farsetti am Canale Grande, aus dem 12.–13. Jhdt., jetzt Municipio. Über den Begründer der Antikensammlung Filippo

Farsetti und ihre Geschichte vgl. Haarhaus, Bd. 1, S. 130f. – Goethe kannte den berühmten Antikensaal in der kurfürstlichen Residenz zu Mannheim von seinen Besuchen 1769 und 1771 (der Besuch 1771 in *Dichtung und Wahrheit, 11. Buch* geschildert). Vgl. H. Sitte, Im Mannheimer Antikensaal. Jb. d. G.Ges. 1934. – Bd. 9, S. 500,30 u. Anm.

87,37ff. Es handelt sich um die schlafende Ariadne, jetzt in der Galleria delle Statue des Vatikan. Die richtige Bestimmung durch J. J. Winckelmann. Die Aspis (Natter) ist das Armband. Römische Kopie einer Statue des 2. Jhdts. v. Chr. Vgl. Helbig, 4. Aufl. 1963, Bd. 1, Nr. 144.

88,1. Zur Niobe mit ihrer jüngsten Tochter, Florenz, Uffizien, vgl. Anm. zu 47,1. Über dieses Werk heißt es in Goethes Bemerkungen zu seiner Übersetzung von Diderots „Versuch über die Malerei“: *So wie die Kunst Centauren erschafft, so kann sie uns auch jungfräuliche Mütter vorlügen, ja es ist ihre Pflicht. Die Matrone Niobe, Mutter von vielen erwachsenen Kindern ist mit dem ersten Reiz jungfräulicher Brüste gebildet.*

88,14. Abraham von Franckenberg berichtet in seiner Lebensbeschreibung des Theosophen Jakob Böhme (1575–1624), wie Böhme „anno 1600, als im 25. Jahre seines Alters, zum andernmal vom göttlichen Licht ergriffen, und mit seinem gestirnten Seelengeiste durch einen jählichen Anblick eines zinnernen Gefäßes (als des lieblich jovialen Scheins) zu dem innersten Grunde oder Centro der geheimen Natur eingeführet; da er als in etwas zweifelhaft, um solche vermeinte Phantasie aus dem Gemüte zu schlagen, zu Görlitz vor dem Neißtore (allwo er an der Brücken seine Wohnung gehabt) ins Grüne gegangen, und dort nichtsdestoweniger solchen empfangenen Blick je länger je mehr und klarer empfunden, als daß er vermittels der angebildeten Signaturen oder Figuren, Lineamenten und Farben, allen Geschöpfen gleichsam in das Herz und in die innerste Natur hineinsehen können . . ., wodurch er mit großen Freuden überschüttet stillegeschwiegen, Gott gelobet, seiner Hausgeschäfte und Kinderzucht wahrgenommen und mit jedermann fried- und freundlich umgegangen und von solchem seinem empfangenen Lichte und inneren Wandel mit Gott und der Natur, wenig oder nichts gegen jemanden gedacht“. Diese Geschichte wurde in dem mystischen und religionsgeschichtlichen Schrifttum immer wieder erzählt und war Goethe wohl dadurch bekannt. Bei Gottfried Arnold, Kirchen- und Ketzer-Historie, 1699, Teil 2, Kap. 19,4. Für eine direkte Beschäftigung Goethes mit Böhme haben wir kein Zeugnis.

88,19. Vgl. hierzu *Dichtung und Wahrheit,* Dritter Teil, 11. Buch über Goethes Besuch des Mannheimer Antikensaales nach der Rückkehr aus Straßburg. Bd. 9, S. 502: *Ich fand den Abguß eines Kapitells der Rotonde, und ich leugne nicht, daß beim Anblick jener so ungeheu-*

ren als eleganten Akanthblätter mein Glaube an die nordische Baukunst etwas zu wanken anfing. Dazu Kommentar Bd. 9 zu 500,30.

88,17ff. Der Tempel an der Via Sacra des Forum Romanum, den der Kaiser Antoninus Pius zu Ehren seiner verstorbenen Gattin, der älteren Faustina, stiftete und der 161 n. Chr. dem Herrscherpaar gemeinsam geweiht wurde. In frühchristlicher Zeit wurde die Kirche S. Lorenzo in Miranda in ihn eingebaut. Goethes Zeichnung des Tempels bei Wegner, Abb. 63. Der Tempel in den Berichten aus Rom nicht erwähnt. Der Ausfall gegen die Gotik steht nicht im Tagebuch. Vgl. dazu die wichtige Stelle in Sulpiz Boisserées Tagebuch über Goethes Besuch in Wiesbaden vom 8. August 1815: „Italienische Reise. Freude an der Architektur rein persönliche Leidenschaft für Palladio, bis ins crasseste nichts als Palladio und nichts als Palladio freylich lebt er in Vicenza und Venedig in seinen Werken und Würksamkeit noch im lebendigsten Andenken. Wuth und Haß gegen die gothische Architektur läßt diese Stelle wegen mir weg, daß ich sehe, welch ein braver Kerl er sey." Eduard Firmenich-Richartz, Die Brüder Boisserée, I, Jena 1916, S. 403.

88,27f. *Zwei ungeheure Löwen:* der hockende Löwe stand ursprünglich an der Hafeneinfahrt des Piräus, später in der Bucht des Piräus, der liegende in der Nähe des Theseion. Beide Löwen sind 1688 von Francesco Morosini als Kriegsbeute nach Venedig gebracht worden. Am Sockel des hockenden Löwen steht die Inschrift: Franciscus Maurocenus Peloponnesiacus expugnatis Athenis marmorea leonum simulacra triumphali manu e Piraeo direpta in patriam transtulit futura Veneti leonis, quae fuerunt Minervae Atticae monumenta. Vgl. Johann Friedrich Crome, Goethe und die griechischen Löwen in Venedig. In: Goethe, Bd. 23, 1961; Enc. arte antica, VII, 1966, S. 1130, Nr. 3 und 4. – Zum Erotenrelief: Ricci, Ausonia 4, 1910, S. 252ff. A. Schmitt, Münchner Jahrb. f. bildende Kunst 11, 1960, S. 124, Nr. 10, Abb. 76. – Zu den Rossen von S. Marco: Enc. arte antica VII, S. 1128, Nr. 1 (J. Baldassare).

Vgl. 20. *Venezianisches Epigramm:*

Ruhig am Arsenal stehn zwei altgriechische Löwen;
Klein wird neben dem Paar Pforte, wie Turm und Kanal.
Käme die Mutter der Götter herab, es schmiegten sich beide
Vor den Wagen, und sie freute sich ihres Gespanns.
Aber nun ruhen sie traurig; der neue geflügelte Kater
Schnurrt überall, und ihn nennet Venedig Patron.

88,36. Es handelt sich hier aller Wahrscheinlichkeit nach um die beiden schon in Fra Francesco Colonnas Hypnerotomachia Poliphili 1499 erwähnten römischen Reliefs vom sog. „Thron des Saturn" mit der Darstellung von Putten, die die Attribute des Saturn tragen. Sie stammen aus S. Vitale in Ravenna. Am 14. Jhdt. waren sie an einer Hausfassade in Venedig eingemauert. Im 16. Jhdt. wurden sie nach S. Maria dei Miracoli, 1811 ins Archäologische Museum übertragen. Vgl. Giulio Lorenzetti, Venezia, Milano 1944, S. 696, und Hans Tietze, Tizian, Bd. 1, T. XIb. – Andere Stücke des Thrones in Paris, Louvre. – Die *Sage*, daß Tizian in seinem 1528–1530 für den Hochaltar von S. Giovanni e Paolo gemalten (1867 durch Brand zerstörten) Werk „Die Ermordung des hl. Petrus Martyr" die Engel nach diesen Reliefs geformt habe, steht zuerst bei Carlo Ridolfi, „Le Maraviglie del' Arte", 1646–1648 (Neuausgabe von Detlev Freiherr v. Hadeln, Berlin 1914, Bd. 1, S. 168). Hier heißt es von den Engeln Tizians: „Quali ritrasse da un getto di Cupidine, che si crede opera di Fidia, e si tiene dall' universale, che non si possino meglio comporre, proponendosi egli tal' hora l'imitatione delle cose celebri antiche, molto bene da lui conosciute ..." 1771 zitiert Antonio Maria Zanetti im 2. Bande seiner „Pittura Veneziana" den Passus Ridolfis und fügt hinzu: „e certo Tiziano aveva in mente quei bassi rilievi che stanno nella chiesa di S. Maria dei Miracoli ...". – Goethe spricht hier irrtümlich von der Kirche S. Giustina (1640 von Baldassare Longhena erbaut). In Goethes Tagebuch April 1790 heißt es dagegen richtig: „Maria dei Miracoli, unter der Orgel zwei Basreliefs von Kindern, welche den Szepter Jupiters tragen und ein Schwert." Tagebücher, Cotta, I, S. 333.

89,6. Zum Marcus Agrippa: Vgl. G. Traversari, Museo Archeologico di Venezia I. Ritratti, 1968, Nr. 13 A. – Fleming S. Johansen, Analecta Romana Instituti Danici VI, 1971, S. 17ff.

89,7. Im Tagebuch nicht erwähnt. Die Statue, bis 1823 im Palazzo Grimani, jetzt im Museo Archeologico (Procuratie Nuove).

89,11. Die Rosse von S. Marco, römische Bronzestatuen des 2. oder 3. Jhdts. n. Chr., wurden 1204 als Siegesbeute von Konstantinopel nach Venedig überführt und dort über dem Hauptportal von S. Marco aufgestellt. Vgl. Kluge-Lehmann-Hartleben, Die römischen Großbronzen, II, Berlin u. Leipzig 1927, S. 77; The Horses of San Marco, hrsg. von G. Perocco, London 1979.

89,32. Fritz v. Stein und Herders Kinder.

90,34. *Chiozza* ist venezianischer Dialekt, eigentlich Chioggia, am südlichen Ende der Lagune.

91,18. Forte S. Nicolò auf dem Lido. Die Lagune hat aber vier Einfahrten.

92,4. Die Bemerkung ist gegen Archenholz, Bd. 2, S. 50 gerichtet, der gesagt hatte, daß Venedig in zwei Jahrhunderten unbewohnbar sein würde.

92,14. Die Piazzetta vor dem Dogenpalast.

92,18. *Tabarros* = lange ärmellose Radmäntel, besonders während des Karnevals getragen. Vgl. Tagebuch, S. 141.

93,39. *Patellen* = Muscheln mit einer Schale. Tagebuch, S. 166.

94,26. Carlo Goldoni (1707–1793), der Erneuerer des italienischen Lustspieles.

96,9ff. Antonio Sacchi, geb. 1708, berühmt als Harlekin, lebte damals schon nicht mehr. Carlo Gozzi (1720–1806) führte für ihn die Masken wieder ein, die Goldoni verdrängt hatte. Smeraldina ist die Charaktermaske des Kammerkätzchens, Brighella die des Schlaumeiers.

97,27. *inrotulieren* = alte juristische Bezeichnung für das Versenden der Akten vom Unter- zum Obergericht.

98,3. Über diese Stelle vgl. Herbert v. Einem, Goethe-Studien, S. 140.

98,9. Marcus Vitruvius Pollio, römischer Architekt und Architekturtheoretiker des 1. Jhdts. v. Chr. Seine dem Kaiser Augustus gewidmeten „Zehn Bücher über Architektur" waren, wie sich mehrfach belegen läßt, dem frühen und hohen Mittelalter noch bekannt. Im 15. Jhdt. entdeckte der italienische Humanist Poggio in der Klosterbibliothek von St. Gallen eine Abschrift des Werkes wieder. Seit dieser Zeit wandte sich das Interesse der Renaissancearchitekten in steigendem Maße dem römischen Baumeister zu. Leon Battista Albertis großes Hauptwerk „De re aedificatoria" ist in Anlage und Inhalt ein „erneuerter Vitruv" (Julius v. Schlosser). Der erste Neudruck gehört zu den Wiegendrucken des Quattrocento. 1521 erschien die erste italienische Übersetzung durch Cesariano. Im 16. Jhdt. wurde Vitruvs Werk dann zur Bibel der Architekten. Um 1538 wurde zum Studium Vitruvs in Rom die Accademia della Virtù gegründet. Palladio weist schon im Vorwort seines Architekturwerkes auf Vitruv als den eigentlichen Führer und Lehrmeister hin und bezieht sich im Lauf seiner Arbeit immer wieder auf ihn. Die von Goethe benutzte Ausgabe des Bernardus Galiani mit italienischer Übersetzung ist 1758/59 in Neapel erschienen. Das Exemplar befindet sich noch in Weimar. – Ruppert Nr. 1461.

98,35. Die Wielandsche Übersetzung der Satiren des Horaz war im Sommer 1786 erschienen.

99,19. Wichtige Erwähnungen des Tagebuches, die später gestrichen worden sind: S. 134f.: S. Maria della Salute, 1631 von Baldassare Longhena (1598–1682) begonnen, 1687 geweiht: *Das Ganze bis in's einzelne Muster über Muster eines schlechten Geschmacks, eine Kirche die Werth ist, das Wunder drinne geschehn.* – S. 135: Hochzeit zu Kana von Jacopo Tintoretto, 1561 (v. d. Bercken, S. 53ff., Abb. 88), Deckengemälde von Tizian: Opfer Abrahams und David und Goliath (ursprünglich für S. Spirito in Isola gemalt, wohl zwischen 1541 und 1544 entstanden. 1656 aus der aufgehobenen Kirche nach der Salute übertragen. Tietze, Bd. 2, Abb. 155–157. Die übrigen Bilder Tizians von Goethe nicht erwähnt). – S. 137: Chiesa dei Gesuati. Deckengemälde von Tiepolo, Stiftung des Rosenkranzes, 1739 (Antonio Morassi, Tiepolo, 1943, T. 57). –

S. 156: Scuola di S. Marco: *Schöne Gemählde von Tintorett. den ich lange lieb habe und immer mehr lieb gewinne.* Es handelt sich um folgende Werke: Die Errettung des Sklaven durch den hl. Markus, 1548, heute Venedig, Akademie (v. d. Bercken, T. 34–35), Die Bergung des Leichnams des hl. Markus, um 1562–64, heute Venedig, Akademie (v. d. Bercken, T. 96), Die Auffindung des Leichnams des hl. Markus, um 1563–64, heute Mailand, Brera (v. d. Bercken, T. 98), Traum des hl. Markus, heute Venedig, Akademie (vgl. v. d. Bercken, S. 88). – S. 159: Scuola di S. Rocco mit besonderer Betonung der von Tintoretto in den Jahren 1560–1588 geschaffenen 56 Gemälde (v. d. Bercken, T. 234–287). Er erwähnt die großen Gemälde des Hauptsaales (Sala del Pianterreno) und die große Kreuzigung in der Sala dell' Albergo: *Hier sind auch große Figuren, trefflich gemahlt und die Stücke gut gedacht; aber die Gemählde würden alle mehr Reitz haben wenn sie kleiner wären. Die Gestalten sind ihm, wenn ich so sagen darf, in einem kleineren Formate erschienen und er hat sie nur nach dem Maasstabe vergrößert, ohne ihre innerliche Natur vergrößern zu können. – Seine Gestalten, seine Compositionen haben nicht die Sodezza* (Gesetztheit) *welche zu großen Figuren erfordert wird. Sie beschäfftigen das Auge angenehm und geben einen fröhlichen Begriff in einem kleinen Maasstab, aber sie haben nicht innerlichen Gehalt genug um einen so großen Raum einzunehmen um uns mit ihrer Gegenwart zu imponiren. So ist zum Exempel nicht genug daß eine Figur kolossal sey, wenn sie 9 oder 10 Fus hat, ihre Natur muß kolossal seyn, sie muß mir nicht durch ihr Maas, sie muß mir durch ihre Existenz imponiren, daß ich nicht an sie reiche, wenn ich mich auch selbst vergrößre. In dem Saale halt ich das Abendmal, neben dem Altar für das beste Stück, wenigstens war es mir das gefälligste. Er hat den tisch zurückgesetzt und vorwärts einen großen Bettler und ein Weib auf Stufen sitzend angebracht. alle HinterGründe und die Figuren darauf haben eine unbeschreibliche Vaghezza* (Anmut). – Die Bemerkung Goethes ist für die geschichtliche Würdigung Tintorettos von hohem Wert. Volkmann urteilt über die Bilder sehr kühl. Vom Abendmahl sagt er nur, daß es „garnicht edel angeordnet" sei. Freilich wird die Leugnung der Monumentalität der wahren Natur Tintorettos in keiner Weise gerecht.

Ferrara bis Rom
15.–29. Oktober 1786
(S. 100–124)

Zugrunde liegt: Reisetagebuch an Frau v. Stein. 5. Stück. Tagebücher, S. 179ff.

100,5. Der Wasserweg von Volkmann empfohlen. Vgl. dazu Haarhaus, Bd. 1, S. 162ff.

100,22. Ferrara gehörte damals zum Kirchenstaat. Die Entvölkerung spielt auch in anderen Italienschriften jener Zeit eine Rolle.

100,23ff. Ariost (1474–1533) lebte von 1517 bis zu seinem Tode am Hofe Alfons' I. (1505–1534). Tasso (1544–1595) lebte von 1565 bis 1586 am Hofe Alfons' II. (1559–1597). Das Grabmal Ariosts befand sich zu Goethes Zeit noch in der Kirche S. Benedetto. 1801 wurde es mit den Gebeinen auf Befehl des französischen Generals Miollis in die Universitätsbibliothek übertragen. Ariosts Wohnhaus mit der schönen Inschrift: „Parva sed apta mihi, sed nulli obnoxia, sed non sordida, parta meo sed tamen aere domus" scheint Goethe nicht gesehen zu haben.

100,26f. Tassos Gefängnis im Hospital S. Anna. Dort ist er von 1579 an als Geisteskranker festgehalten worden. Bei Volkmann, Bd. 3, S. 489 heißt es: „Der Dichter mochte mit der Schwester des Herzogs Alphonsus, Eleonora, eine mehr als poetische Bekanntschaft gemacht haben, deswegen ließ ihn dieser bey Seite schaffen ..." Goethe führte damals die beiden ersten Akte der Prosafassung seines *Tasso* bei sich.

100,31. Auf der Wartburg bei Eisenach.

100,35ff. Palazzo dell' Università, 1610 von Alessandro Balbi (2. H. 16. Jhdts.) und Giov. Battista Aleotti (um 1546–1636) erbaut. Die Sarkophage stehen noch heute im Universitätshof.

101,2. Das Bild „Johannes der Täufer vor Herodes und Herodias" von dem ferrareser Maler Carlo Bononi (1569–1632) befindet sich in S. Benedetto in der ersten Kapelle des rechten Seitenschiffs. Volkmann, Bd. 3, S. 487 sagt, daß Herodes und Herodias Bildnisse Alfonsos II. und seiner Maitresse Laura Eustochia seien.

101,10. Der Umweg über Cento wird von Volkmann empfohlen. Volkmann gibt die Einwohnerzahl mit 4000 Seelen an.

101,12. Giovanni Francesco Barbieri, gen. Il Guercino, geb. 1591 in Cento, gest. 1666 in Bologna. Beeinflußt von Lodovico Carracci. Hauptmeister der bologneser Malerschule. In der hohen Schätzung der bologneser Schule steht Goethe durchaus in der Tradition der klassischen Kunstlehre. Für uns liegt Guercinos Bedeutung wesentlich in seinen Frühwerken, deren dekorativer Aufbau und warmes Kolorit für die Entwicklung der italienischen Barockmalerei wichtig gewesen sind.

102,3. Das Bild „Noli me tangere", Ende der 20er Jahre des 17. Jhdts.

entstanden, damals in der Kirche del Nome di Dio, heute in der 1839 gegründeten Pinacoteca Comunale. – Der Engländer Robert Strange (1721–1792) ist einer der besten Stecher des 18. Jhdts. Winckelmann nannte ihn „den größten Künstler unserer und vielleicht aller Zeiten in seiner Kunst". Vgl. Carl Justi, Winckelmann und seine Zeitgenossen, Bd. 2, Leipzig 1898, S. 349.

102,17. Die Madonna befand sich damals im Jesuiterkollegium. Vgl. Volkmann, Bd. 3, S. 482.

102,20. Dieses Bild vermutlich „bey den Kapuzinern außer der Stadt". Vgl. Volkmann, Bd. 3, S. 484.

103,1. Unter *„18. Oktober Bologna. Abends."* steht im Tagebuch, S. 184 die wichtige Stelle: *Ich habe eben einen Entschluß gefaßt der mich sehr beruhigt. Ich will nur durch Florenz durchgehn und grade auf Rom. Ich habe keinen Genuß an nichts, biß jenes erste Bedürfniß gestillt ist, gestern in Cento, heute hier, ich eile nur gleichsam ängstlich vorbei daß mir die Zeit verstreichen möge und dann mögt ich, wenn es des Himmels Wille ist zu Allerheiligen in Rom seyn um das große Fest am rechten Orte zu sehn und also einige Tage voraus, da bleibt mir nichts übrig als ich muß Florenz liegen lassen und es auf einer frohen Rückreise mit geöffneten Augen sehn.*

103,11. Raffaello Santi, geb. 1483 in Urbino, gest. 1520 in Rom. Schüler seines Vaters Giovanni Santi, später des Pietro Perugino. Weitergebildet an den Werken des Leonardo und Fra Bartolomeo. – Die „Hl. Cäcilie", 1513 für S. Giovanni in Monte bestellt, vermutlich aber erst nach Raffaels für 1515 annehmbarem Aufenthalt in Bologna gemalt, befand sich zu Goethes Zeit in der großen, der hl. Cäcilie geweihten Kapelle des Querschiffes der Kirche. Sie wurde 1798 nach Paris gebracht. 1815 nach Bologna zurückgekehrt, fand sie ihren Platz in der Pinakothek. Der Originalrahmen mit einer Kopie noch in der Kapelle. Das Original hat durch Restaurierung sehr stark gelitten. Hauptwerk aus Raffaels römischer Zeit. Vgl. Luitpold Dussler, Raffael, München 1966, Nr. 10. – Die Begegnung mit Raffael in Italien berührt, wie die Begegnung mit Palladio, den innersten Kern von Goethes Wesen. *Zwey Menschen* – so schreibt Goethe am 19. Oktober 1786 an Charlotte v. Stein (Tagebuch, S. 190, diese wichtige Stelle hat Goethe bei der Redaktion fortgelassen) – *denen ich das Beywort groß ohnbedingt gebe, hab ich näher kennen lernen Palladio und Raphael. Es war an ihnen nicht ein Haarbreit willkührliches, nur daß sie die Gränzen und Gesetze ihrer Kunst im Höchsten Grade kannten und mit leichtigkeit sich darinn bewegten, sie ausübten, macht sie so groß.* Goethe trat Raffael nicht als Kunstkenner gegenüber, der das fertige Werk nach feststehenden ästhetischen Kategorien beurteilt (wie wir es in der Raffaelliteratur des 17. und 18. Jhdts. finden), sondern sah zuerst Raffael als Gestalt. Er stieß durch das Geschaffene zu dem Schöpfer vor und gewann auf diese Weise eine ganz neue Tiefe der Beurteilung auch des Geschaffenen. Bei Volkmann, Bd. 1, S. 415 heißt es über die hl. Cäcilie: „Die Anordnung in dem Gemälde scheint etwas fehlerhaft, denn die Cäcilia, der hl. Johannes und Paulus stehen in einer Linie. Man stößt sich auch an die Unwahrscheinlichkeit, weil diese Personen nicht zu einer Zeit gelebt haben; ein gemeiner Fehler der italienischen Maler." Wie anders Goethe, obwohl auch ihn der christliche Vorwurf als solcher kalt läßt: *Fünf Heilige nebeneinander, die uns alle nichts angehen, deren Existenz aber so vollkommen dasteht, daß man dem Bilde eine Dauer für die Ewigkeit wünscht, wenn man gleich zufrieden ist, selbst aufgelöst zu werden.* – Goethes Kategorien sind künstlerisch-sittlicher Natur. Gesetz und Freiheit, nicht als Gegensätze, sondern als Einheit, wie er ihnen in den Bildungen der Natur nachspürte und wie er sie selbst in seinem Leben und in seiner Kunst suchte, fand er in Raffael in hoher Vollendung. Die eigene innerste Erfahrung befähigte ihn dabei, auch das Dämonische in Raffael, das in zeitgenössischen Äußerungen über den Künstler so deutlich zum Ausdruck kommt, als Bedingung seiner Größe nicht zu verkennen. *Wir ahnen* – so heißt es in dem Aufsatz *Päpstliche Teppiche*, S. 363 – *die furchtbaren Bedingungen, unter welchen allein sich selbst das entschiedenste Naturell zum Letztmöglichen des Gelingens erheben kann.* In solcher Weise war über Raffael noch niemals gesprochen worden. – Goethe kannte Raffael von frühauf. Bei seinem ersten Besuch der Dresdener Galerie im Jahre 1766 fand er aber noch keinen persönlichen Zugang zu ihm. *Was ich nicht als Natur ansehen* – so schreibt er im *8. Buch* von *Dichtung und Wahrheit* über jenen Dresdener Besuch –, *an die Stelle der Natur setzen, mit einem bekannten Gegenstand vergleichen konnte, war auf mich nicht wirksam.* Erst in Straßburg kam es zu wirklicher Begegnung. Dort sah er ein Exemplar der raffaelischen Teppiche, das man von Paris gebracht hatte, um einige Säle zum Empfang der Marie Antoinette auf ihrer Fahrt von Wien nach Paris zu schmükken. *Das weiß ich* – so schrieb er an Langer 29. April 1770 –, *daß ich von dem Augenblicke an, da ich sie zum ersten sah, eine neue Epoque meiner Kenntnisse rechnen werde. Es ist ein Abgrund von Kunst so ein Stück,* und er ruft aus: *Nach Italien, Langer! Nach Italien!* Ein Zukunftswunsch freilich, denn noch fühlt er sich nicht reif genug für eine solche Fahrt. – War es zunächst nur die Stärke der bildnerischen Kraft und die Echtheit des Gefühles, die Goethe in Raffael nicht anders als in Dürer, Rembrandt und Rubens bewunderte, so kam, je älter er wurde, die Einsicht in die persönlichen und geschichtlichen inneren und äußeren Bedingungen der raffaelischen Kunst vertiefend hinzu. Dafür ist gerade die Äußerung über das Bild der hl. Cäcilie der wichtigste frühe Beleg. Goethe lernte nicht nur die Kraft, sondern auch die Weisheit des Künstlers verstehen. In seinem Aufsatz *Päpstliche Teppiche* (S. 364) bekennt er, daß ihr Studium ihm *zu den schönsten Freuden eines langen Lebens gedient hat.* In dem Aufsatz *Antik und modern* preist Goethe das Talent, *das uns aus der ersten Quelle das frischeste Wasser entgegensendet,* und schließt: *Er gräzisiert nirgends; fühlt, denkt, handelt aber durchaus wie ein Grieche.* – Vgl. hierzu Herman Grimm, ,,Raphaels Ruhm in vier Jahrhunderten" in der 2. Auflage seines Werkes über Raffael, 1886, und Michéa, Voyage, S. 388ff.

103,20. Vgl. Epistel an die Ebräer, Kap. 7: Vergleichung Christi mit Melchisedek. Vers 3: ,,Ohne Vater, ohne Mutter, ohne Geschlecht, und hat weder Anfang der Tage noch Ende des Lebens."

103,31. Francesco Raibolini, gen. Il Francia, geb. um 1450 in Bologna, gest. 1517 daselbst. Schüler des Francesco Cossa aus Ferrara. Später unter dem Einfluß des Lorenzo Costa und des Perugino. Hauptmeister der bologneser Malerschule des 15. Jhdts. Werke von ihm heute in der Sala del Francia der Pinakothek in Bologna.

103,32. Pietro Vanucci, gen. Il Perugino, geb. kurz nach 1450 in Città della Pieve, gest. 1523 zu Castella Fontignano bei Perugia. Schüler des Fiorenzo di Lorenzo in Perugia und des Andrea del Verrocchio in Florenz. Hauptmeister der umbrischen Malerschule des 15. Jhdts. Lehrer Raffaels. Goethe sah von Perugino in S. Giovanni in Monte die um 1500 gemalte ,,Madonna in der Glorie mit vier Heiligen", heute in der Sala di Raffaello der Pinakothek. Vgl. Walter Bombe, Perugino. Des Meisters Gemälde. Stuttgart und Berlin 1914, T. 91 und 92.

103,34ff. Goethe konnte in München von Dürer die ,,Beweinung Christi", den ,,Paumgärtner Altar", die ,,Lucrezia", die ,,Vier Apostel" und das Bildnis Jacob Fuggers sehen, erwähnt diese Bilder aber im Tagebuch nicht. Über Dürers Aufenthalt in Venedig, der ihm in Italien nicht gegenwärtig war, hat er sich später durch die Dürerbiographie von Cramer (1809) orientiert. Vgl. dazu v. Einem, Goethe-Studien, S. 26. Dürers Niederländisches Tagebuch kannte er aus der Teilveröffentlichung im ,,Journal für Kunstgeschichte und allgemeine Literatur" von C. G. v. Murr, Nürnberg 1779 und 1781. – Die Besteller von Dürers ,,Rosenkranzfest" waren nicht, wie es nach Goethe scheint, Pfaffen, sondern die deutschen Kaufherren in Venedig.

104,12. Torre degli Asinelli, zwischen 1109 und 1119 errichtet.

104, 37. Der unvollendete Torre dei Gariserdi oder La Garisenda, aus der gleichen Zeit wie der Torre degli Asinelli. Der Turm senkte sich während des Baus. Zwischen 1351 und 1360 zum Teil abgetragen. – Vgl. Dante, Inferno, XXXI, 136.

105,18. Lodovico Carracci, geb. 1555 in Bologna, gest. 1619 daselbst. – Agostino Carracci, geb. 1557 in Bologna, gest. 1602 in Parma. – Annibale Carracci, geb. 1560 in Bologna, gest. 1609 in Rom. – Lodovico war das Haupt der Carracciwerkstatt in Bologna und damit der für die Entwicklung der italienischen Barockmalerei so wichtigen bologneser Malerschule. Sein Vetter Annibale, der eigentliche Reformator der italienischen Monumentalmalerei, war zunächst sein Schüler. Seit 1595 lebte er in Rom. Zu seinen römischen Schülern gehören Guido Reni, geb. 1575 in Calvenzano bei Bologna, gest. 1642 in Bologna, und Domenico Zampieri, gen. Il Domenichino, geb. 1581 in Bologna, gest. 1641 in Neapel.

105,25. Vgl. 1. Buch Mosis, Kap. 6, Vers 2–4.

106,6. Das große Bild von Guido Reni „Madonna della Pietà", ein Hauptwerk des Künstlers, ist 1614–1616 im Auftrag des Senates der Stadt Bologna für S. Maria della Pietà oder dei Mendicanti gemalt worden. Es stellt in seinem oberen Teil Marias Klage um den Leichnam Christi, in seinem unteren Teil die Fürbitte der Schutzheiligen Bolognas Petronius, Dominicus, Carolus Borromaeus, Franciscus von Assisi und Proculus für die Stadt dar. Zu ihren Füßen, von Putten mit den Attributen der Heiligen umgeben, das Modell der Stadt. – Das Bild befindet sich seit Ende des 18. Jhdts. in der Pinakothek. Vgl. Max v. Böhn, Guido Reni, Bielefeld 1910, Abb. 12.

106,17. Das Bild „Johannes in der Wüste" befand sich nach Volkmann, Bd. 1, S. 421 im Palast Zambeccari, wird dort aber nicht Guido, sondern richtig seinem Schüler Simone Cantarini (1612–1648) zugeschrieben. Es befindet sich heute in der Pinakothek (Enrico Mauceri, La regia Pinacoteca di Bologna, Roma 1935, S. 95. Abb. S. 96). Das Bild „Sebastian" befindet sich seit Ende des 18. Jhdts. in der Pinakothek. Vgl. Cesare Garboli, Guido Reni, Milano 1971, Nr. 77.

106,26. Vermutlich identisch mit dem Bild der stillenden Maria in New York, Privatbesitz. Vgl. Cesare Gnudi und Gian Carlo Cavalli, Guido Reni. Firenze 1955, Kat. Nr. 66, T. 120.

107,4. Das Bild, 1646 gemalt, damals auf dem Hochaltar von Gesù e Maria, befindet sich heute im Museum zu Lyon. Der Oberteil mit der Darstellung Gottvaters in der Pinakothek zu Bologna.

107,9. Vgl. 4. Buch Mosis, Kap. 22–24.

107,15. Vgl. Friedrich Leopold Graf zu Stolberg, Reise in Deutschland, der Schweiz, Italien und Sizilien in den Jahren 1791–92: „Im Pallaste Ranuzzi ist eine hl. Agatha von Rafael, welche mir lieber ist als die viel berühmtere Cecilia. Jene hat den vollen Ausdruck erhabner Ruhe, mit weiblicher Anmut verbunden, welche kein Maler so wie Rafael darzustellen weiß." Nach Brandeis handelt es sich um ein Bild Guercinos „Agatha im Gefängnis". Das Bild ist nicht nachweisbar.

107,30. Der Plan der *Iphigenie in Delphi* ist erst in der Redaktion hinzugefügt worden. Tagebuch, S. 186 heißt es: *Heute früh hatt ich das Glück von Cento herüberfahrend zwischen Schlaf und Wachen den Plan zur Iphigenie auf Delphos rein zu finden. Es giebt einen fünften Ackt und eine Wiedererkennung dergleichen nicht viel sollen aufzuweisen seyn. Ich habe selbst drüber geweint wie ein Kind und an der Behandlung soll man hoff ich das Tramontane erkennen.* Vgl. hierzu Scherer, S. 161ff., Tagebücher, S. 394 und Joseph Brock, Hygins Fabeln in der deutschen Literatur, München 1913, S. 322ff.

108,18. Zum Fasanentraum vgl. Tagebuch, S. 188.

109,4ff. Zum Institut gehörten damals eine Akademie der Wissenschaften, eine Bibliothek, eine Sternwarte, eine Anatomie, ein Naturalienkabinett, eine Malerakademie usw. *Das große Gebäude* ist der Palazzo Celesi, in den 1803 die Universität überführt worden ist.

109,32. In Weimar wurde das Waisenhaus 1784 „aufgetan", um die Waisenkinder in Bürgerhäusern unterzubringen.

110,2. Antäus, Sohn der Gäa. Herakles überwand ihn, indem es ihm gelang, seine Berührung mit der Erde aufzuheben.

110,5ff. Der Schuhmacher Casciorolas hatte im Jahre 1602 das Leuchten des bologneser Steins entdeckt. Vgl. dazu *Die Leiden des jungen Werther, 1. Buch, 18. Julius.* – Vgl. ferner die erweiterte Fassung dieses Abschnittes aus den 90er Jahren in W. A. Bd. 30, S. 291ff.

110,7. *kalziniert* = mit verbrennbaren Stoffen angeglüht.

110,10. *Fraueneis* = durchsichtiger Gips, Marienglas.

110,22. *Letten* = Ton.

111,10. Vgl. *Gesteinbildung,* W. A., II. Abt., Bd. 10, S. 15f. und *Sammlung von Gebirgsarten auf der Italienischen Reise,* ebd. Bd. 13, S. 379. – Schr. zur Naturwiss., Leopoldina-Ausg. Bd. 1, S. 132ff.

111,30. Nach dem Tagebuch, S. 201 und 208: *Graf Cesare.*

112,16. Archenholz hatte Italien gegen England herabgesetzt. Dagegen Jagemann im „Deutschen Museum", 1786. Archenholz erwiderte im „Deutschen Museum", 1786 und in der 2. Aufl. seines Werkes, Teil 5, 1787.

113,11. Goethe hat sich nur drei Stunden in Florenz aufgehalten. Auf der Rückreise im Mai 1788 war er mehrere Tage dort und scheint neben den Antiken vor allem die älteren Meister angesehen zu haben. Darüber sein Brief an Herzog Carl August 6. Mai 1788.

113,34. *Sottel:* schmales Stück Ackerland. Dt. Wb. 10,1 Sp. 1819.

114,26ff. Das Gespräch mit dem Hauptmann ist in der Redaktion eingefügt worden.

116,23. Trasimenischer See.

116,29. S. Maria degli Angeli, 1569–1640 nach Vignolas Plänen über der Portiuncula und der Sterbezelle des hl. Franziskus von Assisi errichtet.

116,34f. Die Grabeskirche des hl. Franz wurde 1228–1253 in gotischem Stil als Doppelkirche erbaut. In der Krypta das Grab des Heiligen. Die Kirche ist neben ihrer Bedeutung als Wallfahrtsort berühmt durch ihre Fresken aus der römischen, florentinischen und sienesischen Schule (Cavallinischule, Cimabue, Giotto, Giottoschule, Simone Martini u. a.).

116,38. Der später zur Kirche umgebaute Minervatempel, wohl aus der 2. Hälfte des 1. Jhdts. n. Chr. Wegner, Abb. 47; Crema, L'Architettura Romana, Turin 1959, S. 277, Abb. 319 und Enc. arte antica I, 1958, S. 741. – Die Begegnung mit dem Minervatempel in Assisi ist Goethes erste große Begegnung mit antiker Baukunst. Wieder hören wir die gleichen Kriterien wie bei Palladio und Raffael: *so groß im Natürlichen* und Tagebuch, S. 206: *Dieses ist eben der alten Künstler Wesen, das ich nun mehr anmuthe als jemals, daß sie wie die Natur sich überall zu finden wußten und doch etwas wahres etwas lebendiges hervorzubringen wußten.* Daß diese Richtung auf die Naturgemäßheit Goethe an einer positiven Wertung der mittelalterlichen Kunst hinderte, wird man gerade in Assisi angesichts der großartigen Grabeskirche besonders schmerzlich empfinden.

117,31. *Model* = Durchmesser der Säule.

118,12. Goethe kannte die Ruinen des großen Baalstempels zu Palmyra aus den Kupferstichen des Werkes von Wood, Bouverie und Dawkins „Ruins of Palmyra", London 1753 ff.

118,21 ff. Das Abenteuer mit dem päpstlichen Polizisten ist ein Einschiebsel der Redaktion. Vgl. Tagebuch, S. 216 f.

121,8. Ixion wurde für seine frevelhafte Liebe zu der Gottesmutter Hera in der Unterwelt auf ein feuriges Rad gebunden.

121,33. Die *Wasserleitung*, der Ponte delle Torri, der den Monte Luco mit dem Stadthügel verbindet, ist wahrscheinlich eine augusteische Anlage, die vermutlich im 7. Jhdt. durch die Langobarden erneuert worden ist. Wegner, Abb. 46.

122,5. Das Oktogon der Wilhelmshöher Parkanlagen bei Kassel.

122,15. Vermutlich S. Salvatore, der sog. Tempel des Clitumnus. Ein Werk der zweiten Hälfte des 8. Jahrhunderts. Vgl. Friedrich Wilhelm Deichmann, Die Entstehungszeit von Salvatorkirche und Clitumnustempel bei Spoleto. Mitteilungen des Deutschen Archäologischen Institutes, Röm. Abt., 1943.

123,23. Vgl. hierzu Tagebuch, S. 196, den Anhang des *15. Buches* von *Dichtung und Wahrheit* und die Fragmente des *Ewigen Juden*. Vgl. ferner J. Minor, Goethes Fragmente vom ewigen Juden und vom wiederkehrenden Heiland. Stuttgart und Berlin 1904, S. 178 ff.

123,28. Die Legende berichtet: Dem aus dem Gefängnis entweichenden Petrus begegnet Christus. Petrus fragt: Domine, quo vadis? Herr, wohin gehst du? Christus antwortet: Venio iterum crucifigi. Ich gehe, mich zum zweitenmal kreuzigen zu lassen. Darauf kehrt Petrus ins

Gefängnis zurück. An der Via Appia in Rom ist über dem Schauplatz dieser Legende die kleine Kirche Domine quo vadis errichtet worden.

124,6. Die römische Nerabrücke, von Kaiser Augustus für die Via Flaminia erbaut.

124,13. Die Brücke hinter Otricoli ist der ebenfalls von Kaiser Augustus für die Via Flaminia erbaute Ponte Felice bei Borghetto, 1589 von Papst Sixtus V. erneuert.

Rom
29. Oktober 1786 – 21. Februar 1787
(S. 125–177)

Zugrunde liegen Briefe an den Herzog Karl August, an Herders, an Frau v. Stein und an den Freundeskreis in Weimar.

November 1786

125,2. Goethe war am 29. Oktober in Rom angekommen und hatte in dem heute noch bestehenden Albergo dell'Orso (Ecke von Via di Monte Brianzo und Via dell'Orso) Wohnung genommen, der nach der Tradition schon Dante, Rabelais und Montaigne beherbergt hatte. Hier fand die erste Begegnung mit dem Maler Wilhelm Tischbein statt, zu dem er gleich hatte schicken lassen (Tagebuch 29. Okt.). Tischbein schreibt am 14. Mai 1821 an Goethe: „Aber nie habe ich größere Freude empfunden, als damals, wo ich Sie zum erstenmal sah, in der Locanda auf dem Weg nach S. Peter. Sie saßen in einem grünen Rock am Kamin, gingen mir entgegen und sagten: ich bin Goethe!" – Wilhelm Tischbein, ein Sproß der berühmten hessischen Künstlerfamilie, ist 1751 in Haina in Hessen geboren. Nach Lehr- und Wanderjahren durch Deutschland, Holland und zum ersten Mal Italien war er in den Jahren 1781/82 in Zürich tätig und fand hier im Kreise Lavaters und Bodmers entscheidende Anregungen. In den Jahren 1783–1787 war er in Rom. Hier vertiefte sich der schon in Zürich begonnene schriftliche Verkehr mit Goethe zu einer Freundschaft, von der Goethes erste römische Briefe rührendes Zeugnis ablegen. Tischbeins Egoismus ließ diese Freundschaft freilich später erkalten. Goethe hat darüber am 2. März 1789 einen sehr unmutigen Brief an Herder geschrieben, 1789–1799 war Tischbein Direktor der Kunstakademie in Neapel. Nach seiner Rückkehr nach Deutschland und neuen Wanderjahren berief ihn 1808 der kunstsinnige Herzog Peter von Oldenburg nach Eutin, wo er als Hofmaler bis zu seinem Tod 1829 lebte. Die Beziehungen zu Goethe belebten sich seit dem Jahre 1817 wieder. 1821 kam es endlich zu der schon in Italien geträumten Zusammenarbeit von Maler und Dichter, Tischbein schickte Goethe aquarellierte Skizzen seiner Idyllenbilder. Goethe begleitete sie mit Versen und Bildbeschreibungen. Zu den Idyllen vgl. Goethes Brief vom 20. November 1786 (S. 139) und die von Erich Trunz besorgte Ausgabe in seinem Band „Studien zu Goethes Alterswerken", Frankfurt 1971, S. 7–74. (Mit Kommentar.) Vgl. ferner Franz Landsberger, Wilhelm Tischbein. Leipzig 1908. – Am 30. Oktober zog Goethe in Tischbeins Wohnung am Corso.

125,7. Die Porta del Popolo ist das nördliche Tor Roms, durch das die Fremden früher die Ewige Stadt betraten. Fassade außen von Nanni di Baccio Bigi 1561/1563 erneuert, innen von Bernini 1655. Änderung der Seiten 1879. Vgl. Nash, II, S. 210, Abb. 949–952.

126,9. Über die Prospekte von Rom, *gestochen von einigen geschickten Vorgängern des Piranesi,* vgl. *Dichtung und Wahrheit, Buch 1* (Bd. 9, S. 14, 12ff.). Sie befinden sich heute in Weimar im Goethehaus.

126,20. Vgl. Ovids Metamorphosen, Buch 10, V. 243ff. Der Name Elise zuerst bei Johann Jacob Bodmer in seiner Erzählung „Pygmalion und Elise". 1747.

126,31ff. Der Brief ist in der Redaktion hinzugefügt worden als Denkmal für Goethes treuen Freund und kunstgeschichtlichen Berater Meyer. Der Maler und Kunstschriftsteller Johann Heinrich Meyer ist 1760 in Stäfa am Züricher See geboren. Er war seit 1784 in Italien. 1792 wurde er von Goethe als Leiter der Zeichenschule nach Weimar berufen. 1795–1797 war er ein zweites Mal in Italien. Er starb 1832 in Weimar.

127,5. Der Palazzo del Quirinale, auf der Höhe des Quirinals gelegen, war bis zum Jahre 1870 Sitz der Päpste. 1574 unter Gregor XIII. begonnen, im 17. Jhdt. unter Clemens XII. vollendet. Hauptportal von Bernini. Vgl. G. Briganti, Il Palazzo del Quirinale, 1962.

127,6ff. Der Monte Cavallo ist die Piazza del Quirinale. Die beiden Kolosse sind die sog. Rossebändiger oder Dioskuren, 5,60 m hohe Marmorfiguren, die, schon dem Mittelalter bekannt (vgl. Itinerarium des Klosters Einsiedeln und Mirabilia urbis Romae), von Papst Sixtus V. 1589 auf der Piazza del Quirinale ihre Aufstellung gefunden haben. Neuaufstellung unter Papst Pius VI. 1787 zu seiten des Obelisken vom Augusteum. 1817 fügte Papst Pius VII. die kreisrunde Brunnenschale vom Forum hinzu. Die stark ergänzten Gruppen sind eklektische Neuschöpfungen der späteren Kaiserzeit, die Inschriften „Opus Fidiae" und „Opus Praxitelis" spätantik. Sie wurden unter Sixtus V. erneuert und in die Postamente Pius' VI. eingefügt. Vgl. Nash, II, S. 442, Abb. 1244 und Nachtrag. Zu den Vermutungen über die antike Aufstellung der Dioskuren, ihr Schicksal im Mittelalter sowie zur Geschichte ihrer Aufstellung seit dem 16. Jhdt., vor allem Fr. Matz – Fr. v. Duhn, Antike Bildwerke in Rom, Bd. I, Leipzig 1881, S. 260ff.; P. Hoffmann in: Capitolium 25, 1965, Heft 11, S. 7ff. Dazu die Zeichnungen und Stiche bei G. Briganti, Il Palazzo del Quirinale, Abb. 1–6, 13, 14, 16, 23. Vgl. auch H. Sichtermann in: Propyläen-Kunstgeschichte, Bd. II, 1967, Nr. 275.

127,16. Papst Pius VI. (1775–1799) aus dem Hause Braschi. Vgl. über ihn Jules Gendry, Pie VI. 2 Bde., Paris 1905. Sein Denkmal 1822 von Antonio Canova in der Confessio vor dem Hochaltar von S. Peter in Rom.

128,7. Carlo Maratti, 1625 zu Camerano (Marken) geboren, gest. 1713 in Rom. Schüler des Andrea Sacchi. Maratti setzte die klassizistische Kunstrichtung der Carracci im späteren 17. Jhdt. fort und war der letzte Vertreter des monumentalen Kirchenbildes in Rom. Mengs nannte sein Verdienst, daß die Malerei in Rom nicht wie in anderen Orten in den Abgrund geglitten sei. Maratti schuf 1657 für die Galleria des Quirinalpalastes das eine Hauptbild der „Anbetung der Hirten“ (in den 90er Jahren von ihm selbst überarbeitet). „Es ist eine in Querformat sehr reich und bewegt, aber ungemein übersichtlich und angenehm entwickelte Scene, mehr schwungvolle religiöse Zeremonie als Pastoralidylle, wie es dem weltlich-festlichen Milieu entspricht, für das sie geschaffen ward.“ (Hermann Voß, Die Malerei des Barock in Rom. Berlin o. J., S. 596. – Vgl. Volkmann, Bd. 2, S. 275.)

128,11. „Grablegung und Verherrlichung der hl. Petronilla“ von Guercino, 1621 als Altarbild für S. Peter gemalt. Heute in der Pinacoteca Capitolina. Abgeb. bei Max Goering, Italienische Malerei des 17. u. 18. Jhdts., Berlin 1936, T. 42. Die doppelte Handlung von Volkmann, Bd. 2, S. 276 kritisiert. In der unteren Bildhälfte ist nicht (wie Volkmann und Goethe noch annahmen) die Erhebung der Heiligen aus dem Grabe, sondern vielmehr ihre Grablegung dargestellt. – Vgl. hierzu Michéa, Voyage, S. 169 u. 171.

128,18. Madonna von S. Niccolò de' Frari, vermutlich in den 40er Jahren des 16. Jhdts. für S. Niccolò in Venedig gemalt. 1770 nach Rom verbracht. Heute in der Vatikanischen Pinakothek. Vgl. Tietze, Tizian, Abb. 145/46. Der obere halbrunde Abschluß, den Goethe noch sah, fehlt heute. Die Beschreibung gehört zu Goethes schönsten Bildinterpretationen überhaupt. Vgl. v. Einem, Tizians Madonna mit sechs Heiligen im Vatikan. Wallraf-Richartz-Jahrbuch, Bd. XXXIII, 1971.

129,13. Die Cappella dell'Annunziata im Quirinal ist 1610 mit Fresken aus dem Leben der Maria von Guido Reni ausgemalt worden. – Ein anderes Hauptwerk Guido Renis, das ca. 1613 vollendete Deckenbild der „Aurora“ im Casino des Palazzo Rospigliosi-Pallavicini, hat Goethe nach Ausweis des Tagebuches (S. 404) am 1. Februar 1787 gesehen. Es wird aber in der *Italienischen Reise* nirgends erwähnt.

129,39. Der hl. Georg, heute in der Vatikanischen Pinakothek. Auf Grund der (späteren) Bezeichnung A. Reg. Pord. P. früher Pordenone zugeschrieben; gilt jetzt allgemein als Werk des Tizianschülers Paris Bordone (1500–1571). Vgl. Guida della Pinacoteca Vaticana, 1933, Nr. 354.

130,28f. Erinnerung an den Spottvers auf Papst Urban VIII. (1623–1644) aus dem Hause Barberini: Quod non fecerunt barbari, fecerunt Barberini.

132,2. Tischbein hatte bei seinem Aufenthalt in Zürich Bodmers Epen „Die Sündflut", „Noah", „Jakob und Joseph" kennen gelernt. Der Gedanke der „Herrschaft des Menschen über die Natur" ist als Zyklus niemals zur Ausführung gekommen. Das *höchst merkwürdige Blatt* (Z. 14) stellt die „Stärke des Mannes" dar. Tischbein führte es 1790 in Neapel als Aquarell und 1821 in großem Format als Ölbild für den kleinen Saal des Eutiner Schlosses aus. Das Aquarell abgeb. im Katalog der Wilhelm-Tischbein-Gedächtnisausstellung, Oldenburg, 1930, Abb. 21. Eine ausführliche Beschreibung der „Stärke des Mannes" findet sich in einem Briefe Tischbeins an Merck aus Rom vom 30. August 1787. Vgl. „Briefe aus Mercks Nachlaß", hrsg. von K. Wagner, Leipzig 1847, Bd. 3. S. 271ff. – Vgl. Nachtrag S. 728.

133,2. Die *Logen von Raffael* sind die Loggien, die den Cortile di S. Damaso im Vatikan umziehen. Der westliche Flügel von Bramante 1513 begonnen, von Raffael 1518, die Dekoration nach seinen Entwürfen von Schülern 1519 vollendet. Sog. „Bibel Raffaels". Die Gemälde der Kuppelgewölbe von Giulio Romano, Francesco Penni, Perin del Vaga, Polidoro da Caravaggio u. a. schildern Szenen des Alten und Neuen Testamentes. Die Ornamente in Malerei und Stuck (von Giovanni da Udine) sind durch die Ornamente in den Ende des 15. Jhdts. wiederentdeckten Gemächern, die zu Neros Goldenem Haus gehörten und später von Trajan in die Fundamente seiner Thermen einbezogen wurden („grotte", daher Grottesken), angeregt worden. Vgl. Goethes Aufsatz *Von Arabesken,* Merkur, 1789. Vgl. ferner Arnold v. Salis, Antike und Renaissance, Zürich 1946, S. 35ff. Zu den ‚Grotesken' neuerdings N. Dacos, La découverte de la domus aurea et la formation des grottesques à la Renaissance, London 1969.

133,3. Die „Schule von Athen" ist eines der großen Wandbilder der sog. Stanza della Segnatura im Vatikan, die von Raffael in den Jahren 1509–1511 mit allegorischen Darstellungen der Theologie, Philosophie, Poesie und Gerechtigkeit ausgemalt worden ist. Es ist auffällig, wie wenig in der *Italienischen Reise* von Raffaels Stanzen die Rede ist. Schuld daran mag der schlechte Zustand der Fresken im 18. Jhdt. sein. Schon 1527 hatten die Landsknechte des Connétable von Bourbon in den Räumen gehaust. Die notwendig gewordene Restaurierung durch Sebastiano del Piombo hielt Tizian für noch schlimmer als die Schädigung durch die deutschen Soldaten. 1702 erfolgte eine neue Restaurierung durch Carlo Maratti. Klagen über den schlechten Zustand finden sich in der Romliteratur (auch bei Volkmann) öfter. „Zu Goethes Zeit" – so schreibt Herman Grimm in seinem Essay „Die Schule von Athen" – „hatten Schmutz und unverschämte Manipulationen der Copisten sie in traurigen Zustand versetzt." Vgl. ferner Michéa, Voyage, S. 173. So ist Goethes Satz verständlich: *Da ist's, als wenn man den Homer aus einer zum Teil verloschenen, beschädigten Handschrift heraus studieren sollte.* Dennoch hat Goethe sich mit den Stanzen genau beschäftigt und gerade dem Verhältnis von Bild und Raum seine Aufmerksamkeit geschenkt. Vgl. *Bericht Dezember 1787.* In der *Geschichte der Farbenlehre (Überliefertes)* hat er sich bei der berühmten Charakteristik von Platon und Aristoteles ausdrücklich auf Raffaels „Schule von Athen" bezogen (Bd. 14, S. 55, 20–22).

133,36. Johann Friedrich Reiffenstein (1719–1793), gothaischer und russischer Hofrat, Freund Winckelmanns, lebte seit 1763 in Rom. Vgl. über ihn Friedrich Noack in GJb. 30, 1909, S. 131–140 u. 31, 1910, S. 169–179.

133,37ff. Goethes angenommener Name war Jean Philippe Möller, Kaufmann aus Leipzig. Im „Stato delle Anime" von S. Maria del Popolo ist Goethe 1787 als Filippo Miller, tedesco, pittore 32 eingetragen. Vgl. Noack, G.Jb., Bd. 25, S. 191. – Goethes und Tischbeins Wohnung am Corso befand sich dem Palazzo Rondanini gegenüber.

134,8. Nach Tagebuch, S. 217: *7. November.*

134,13ff. Die *Rotonda* ist das Pantheon, der gewaltige, unter Kaiser Hadrian errichtete Kuppelbau, die Erneuerung eines älteren Baues, den (worauf die Inschrift am Giebel hinweist) der Konsul Agrippa 27 v. Chr. als Heiligtum aller Gottheiten geweiht und der zu dem Komplex seiner Thermen gehört hatte. Einziger als Ganzes erhaltener Monumentalbau der Antike in Rom. Seit 609 christliche Kirche S. Maria dei Martiri. „Im Innern überwältigt vor allem die Einheit und Schönheit des Oberlichtes, welches den riesigen Rundbau mit seinen Strahlen und Reflexen so wunderbar anfüllt. Die Gleichheit von Höhe und Durchmesser, gewiß an sich kein durchgehendes Gesetz der Kunst, wirkt doch hier als geheimnisvoller Reiz mit." (Jakob Burckhardt.) Vgl. G. Lugli, I Monumenti antichi di Roma, III, S. 123ff., K. de Fine Licht, The Rotonda in Rome, Jütland Archeological Society Publ. VIII. Im Tagebuch, S. 218 wird die innere Großheit des Pantheon gegen die äußere Größe der Peterskirche abgesetzt. Dieser wertende Vergleich ist in der Redaktion fallen gelassen worden. – Der die konstantinische Basilika ersetzende Neubau von S. Peter ist unter Papst Julius II. 1506 begonnen und 1626 unter Papst Urban VIII. geweiht worden. Bramante, Raffael, Michelangelo, Maderna sind in der Reihe der Baumeister die wichtigsten. – Der Apoll von Belvedere ist die römische Kopie eines griechischen Originals der Zeit um 330 v. Chr. und vermutlich ein Werk des Leochares. Er ist Ende des 15. Jhdts. gefunden worden. Vgl. J. J. Winckelmann, Gesch. d. Kunst d. Alterthums, S. 392–394. – Wegner, Abb. 18. Helbig, 4. Aufl., Bd. I, S. 226. – Goethe kannte den Apoll nach dem Abguß der Mannheimer Antikensammlung, also seit Oktober 1769. 1782 schenkte ihm der Herzog von Gotha einen Abguß des Kopfes. An die Freunde schreibt er am 7. November 1786 (Tagebücher, S. 218): *So viel ich auch Abgüsse gesehn habe, selbst ein gutes Bruststück besitze; so glaubt man doch die Statue nie gesehn zu haben.* Hier zuerst ist Goethe die Bedeutung des Marmors als Materiales bildender Kunst aufgegangen. Vgl. dazu v. Einem, Goethe-Studien, S. 111.

134,32. Die *Pyramide des Cestius* ist das Grabmal eines C. Cestius augusteischer Zeit an der Porta S. Paolo. Dazu neuerdings: Nash, II, S. 321, Abb. 1087–1089. Zu Goethes Zeichnungen vgl. auch B. Neutsch, Mitteilungen des Deutschen Archäologischen Instituts, Römische Abt., LXX, 1963, S. 162 ff., mit Abb. – Vgl. Nachtrag S. 728.

134,33. Der Palatin, einer der sieben Hügel Roms, südlich an das Forum Romanum anschließend, ist als Stätte der Roma quadrata des Romulus die eigentliche Urzelle der Weltstadt. Noch im späten Altertum zeigte man hier die Hütte des Romulus, die Höhle der Wölfin, die Romulus und Remus gesäugt hat, die Tempel der Königszeit. In republikanischer Zeit wohnten auf dem Palatin vornehme Bürger, wie Hortensius, Cicero, Clodius u. a. Kaiser Augustus wurde auf dem Palatin geboren. Er hat dann den Hügel zur kaiserlichen Residenz erhoben, indem er dort einen großen Palast, einen Apollotempel und die Bibliotheken anlegte. Die späteren Kaiser bis zu Septimius Severus vergrößerten und verschönerten die augusteischen Anlagen. Noch Odoaker und Theoderich haben auf dem Palatin gewohnt. Später nisteten sich in die verfallenden Trümmer Klöster und Festungen ein. Papst Paul III. (1534–1550) legte auf dem Hügel die Farnesischen Gärten an, *wodurch die Räume zwischen den Ruinen der Kaiserpaläste urbar und anmutig gemacht worden* (S. 403). So sah noch Goethe den Palatin, obwohl schon seit dem Anfang des 18. Jhdts. Ausgrabungen stattfanden. Erst die systematischen Ausgrabungen seit 1870 haben die Farnesischen Gärten zerstört. Vgl. Nash, II, S. 163, Abb. 884–894.

135,18. Die „Grotte" der angeblich König Numa Pompilius nahestehenden Nymphe vor Porta San Sebastiano ist ein Nymphäum des 2. Jhdts. n. Chr. Vgl. Enc. arte antica, VI, 1965, S. 873, Nr. 5.

135,19. Mit der *Rennbahn des Caracalla* ist der Circus des Maxentius, des Gegenkaisers Konstantins d. Gr., gemeint. 309 von Maxentius erbaut und seinem jungverstorbenen Sohn Romulus gewidmet. Der Name des Erbauers ist erst 1825 inschriftlich bekannt geworden. Vgl. Enc. arte antica VI, 1965, S. 874, Nr. 11.

135,20. Die Via Appia, die regina viarum, ist 312 v. Chr. von dem Censor Appius Claudius angelegt worden und führte zunächst von Rom bis Capua. Um 190 v. Chr. ist sie bis Benevent und Brindisi verlängert worden. Zu beiden Seiten Gräberreihen. Das wichtigste das Grabmal der Cäcilia Metella, vermutlich der Schwiegertochter des Triumvirn Crassus, ein Rundbau von 20 m Durchmesser auf viereckiger Basis aus der Mitte des 1. Jhdts. v. Chr. Im 13. Jhdt. Turm des Kastells der Caëtani. Wegner, Abb. 45. – Zur Via Appia allgemein: Enc. arte antica VI, 1967, S. 872 ff. und La Via Appia, a cura di F. Castagnoli, A. M. Colini, G. Macchia, Istituto di Studi Romani (ohne Datum, wohl 1975), mit zahlreichen Abbildungen und biographischen Angaben.

135,24f. Die Bogenreihen der antiken Acqua Marcia und Acqua Claudia, die man von der Via Appia sieht.

135,27. Das Coliseo, das Amphitheater der flavischen Herrscher, von Vespasian nach 70 begonnen, von Titus 80 n. Chr. eingeweiht, von Domitian vollendet, ist eine der stolzesten Ruinen Roms. Im Mittelalter z. T. Festung, später Steinbruch, aus dessen Material Paläste und Kirchen erbaut wurden. Im 18. und 19. Jhdt. durch Kapellen geweiht. Vgl. Nash I, S. 17, Abb. 5 ff. Goethe kannte das Kolosseum von einem Stich im Vaterhaus (*Dichtung und Wahrheit, 1. Buch*). – Tagebuch, S. 219 nennt noch die Bäder des Diokletian.

135,33. In Frascati am Nordabhang der Albanerberge hatte Hofrat Reiffenstein eine Sommerwohnung.

136,24f. Philipp Hackert, geb. 1737 in Prenzlau, gest. 1807 in Florenz, Landschaftsmaler. 1768–1786 in Rom, 1786–1799 in Neapel als Kammermaler des Königs Ferdinand IV. von Neapel, von 1799 bis zu seinem Tode in Florenz. Goethe lernte ihn in Neapel kennen und gab 1811, auf Hackerts Wunsch, seine Lebensbeschreibung heraus. – In Goethes Werken, Briefen und Tagebüchern oft genannt. Bd. 14, Namenregister; und HA Briefe Bd. 4, Register. – Vgl. Nachtrag S. 728.

137,8. Johann Georg Sulzer (1720–1779) ist der Verfasser der „Allgemeinen Theorie der schönen Wissenschaften und Künste". Leipzig 1771–1774. Goethe hatte den Artikel „Die schönen Künste in ihrem Ursprung, ihrer wahren Natur und besten Anwendung", der als Sonderschrift 1772 herausgekommen war, in den „Frankfurter Gelehrten Anzeigen" des gleichen Jahres scharf abgelehnt. Noch in *Dichtung und Wahrheit* sagt er: *moralische Zwecke vom Künstler fordern, heißt ihm sein Handwerk verderben.* (Bd. 9, S. 539,38.) – Bd. 12, S. 15–20.

137,19. S. Andrea della Valle, 1591 begonnen, vollendet und geweiht 1650. Die Fassade von Carlo Maderno und Carlo Rainaldi, 1665. Domenichino malte in den Jahren 1624–1628 Chorwölbung und Kuppelzwikkel aus. In der Chorwölbung: Johannes d. T. zeigt Petrus und Andreas den Heiland, Berufung Petri und Andreae, Andreae Gang zur Richtstätte und sein Martyrium. In den Kuppelzwickeln die vier Evangelisten. Vgl. Hermann Voß, Die Malerei des Barock in Rom. Berlin o. J., T. 204–209.

137,19. Die Ausmalung der sog. Galleria in dem von Giacomo della Porta erbauten Flügel des Palazzo Farnese ist das Hauptwerk Annibale Carraccis aus den Jahren von ca. 1597 bis 1604. Thema der Ausmalung ist der Triumph der Liebe im Weltall nach Motiven der antiken Mythologie. Vgl. John Rupert Martin, The Farnese Gallery. Princeton 1965.

137,25. Villa Farnesina, für den römischen Bankier Agostino Chigi von Baldassare Peruzzi (1481–1537) in den Jahren 1508–1511 erbaut (nach Vasari „non murato ma nato") und von Raffael, Perin del Vaga, Giulio Romano, Peruzzi, Sodoma und Giovanni da Udine ausgemalt. Raffael vollendete um 1514 nach Philostrat eigenhändig das Fresko „Triumph der Galatea" in der Halle (das Gegenstück des Polyphemfreskos von Sebastiano del Piombo) und entwarf die von Schülerhand 1517 vollendeten Fresken nach dem Märchen von Amor und Psyche des Apulejus für die Decke der Galerie. Goethe erwähnt merkwürdigerweise das Fresko der Galatea nicht. Er besaß Kupferstiche davon (Schuchhardt I Nr. 642–643) und nennt es in seinem Aufsatz *Philostrats Gemälde* (WA 49,1 S. 107), wo auch das Polyphemfresko erwähnt wird. Von der Psychegeschichte besaß er 10 handkolorierte Kupferstiche von Nicolas Dorigny aus dem Jahre 1693, die noch heute im „Gelben Saal" seines Hauses hängen. Vgl. Fritz Saxl, La Fede astrologica di Agostino Chigi. Roma 1934, Arnold v. Salis, Antike und Renaissance. Zürich 1947, S. 190ff. und Christoph Luitpold Frommel, Die Farnesina und Peruzzis architektonisches Frühwerk. Berlin 1961.

137,27. Die „Verklärung Christi" (Transfiguration), Raffaels letzte Schöpfung, entstand im Auftrag des Kardinals Giulio de' Medici (des späteren Papstes Clemens VII.) für die Kathedrale seines Bischofssitzes in Narbonne. Im wesentlichen muß sie bei Raffaels Tod vollendet gewesen sein (in der unteren Hälfte Mitwirkung Giulio Romanos bei der Ausführung, nicht bei der Komposition). Das Bild blieb „wegen des Todes Raffaels" in Rom: zunächst in der Cancelleria, seit 1523 in S. Pietro in Montorio, wo es den Hochaltar schmückte. Hier hat es Goethe gesehen. 1797 brachten die Franzosen es nach Paris. 1815 kehrte es nach Rom zurück und kam in die Pinakothek des Vatikans. Vgl. v. Einem, Raffaels Transfiguration. Goethes tiefsinnige Deutung: *Zweiter Römischer Aufenthalt, Bericht Dezember 1787* (S. 453). – Es fällt auf, daß Goethe Bramantes Tempietto im Klosterhof von S. Pietro in Montorio keine Aufmerksamkeit geschenkt hat, obwohl ihn Palladio im 4. Buch seines Werkes behandelt hat.

138,11. *ausgewählte Sammlung.* Goethe hat auch später in Italien Mineralien gesammelt. Vgl. Nachtrag.

138,17. Die Congregatio de propaganda fide, von Papst Gregor XV. 1622 gegründete Gesellschaft zur Verbreitung des Katholizismus. Vgl. dazu *13. Januar 1787.* – Dem Material der bildenden Kunst galt Goethes lebhaftes Interesse. Vgl. seinen Aufsatz *Material der bildenden Kunst* von 1788: *Kein Kunstwerk ist unbedingt, wenn es auch der größte und geübteste Künstler verfertigt: er mag sich noch so sehr zum Herrn der Materie machen, in welcher er arbeitet, so kann er doch ihre Natur nicht verändern.* Vgl. hierzu v. Einem, Goethe-Studien. München 1972. S. 102f. u. 110f. (Vorher: Studium Generale 1949.)

138,27. Die domus aurea zwischen Palatin und Esquilin, von Nero nach dem Brande Roms im Jahre 64 angelegt, nach seinem Tode wieder verfallen. Vgl. Arnold v. Salis, Antike und Renaissance, Zürich 1947, S. 35ff. G. Lugli, Roma antica, 1946, S. 358f. – Vgl. Nash, I, S. 339, Abb. 405–421. – 1506 wurde in einem Saal des Goldenen Hauses die Laokoongruppe gefunden.

138,34ff. *problematischen Bilde.* Vgl. C. Justi, Winckelmann und seine Zeitgenossen, II, S. 314 und Honisch, Nr. 86. Das Fresko befindet sich in Rom, Gall. Nazionale d'Arte Antica. Winckelmanns Lob in Geschichte der Kunst des Alterthums, Buch VII, Kap. 3, und Brief an Wiedevelt vom 9. 12. 1760 (Ausgabe Rehm, II, S. 377). – Von Pelzel, Art Bulletin 1972, Casanova zugewiesen, von St. Röttgen, Arte Illustrata 1973, erneut Mengs zugeschrieben. – Der Franzose: Ritter Diel v. Marsilly (1761 in Rom gest.), seine Wirtin eine Engländerin Smith.

139,22. Es handelt sich hier um Tischbeins Plan der Idyllen. Vgl. Anmerkung zu 125,2. – Der Abschnitt gehört erst der Redaktion an. Daß aber der Idyllenplan damals ernsthaft verhandelt worden ist, zeigt der von Goethe erwähnte Entwurf des Titelblattes im Weimarer Goethemuseum. Tischbein hat das Idyllenwerk erst sehr viel später – 1819/20 – ausgeführt (Originale im Museum zu Oldenburg). Zusammenstellung der Bilder, Beschreibungen, Gedichte und des Briefwechsels in: Erich Trunz, Studien zu Goethes Alterswerken. 1971.

140,6ff. Der Petersplatz mit den 1656–57 erbauten Kolonnaden Lorenzo Berninis (1598–1680) hatte des jungen Goethe Unwillen erregt. Im Hymnus auf Erwin von Steinbach heißt es: *umzirkeltest den Vorhof der Peterskirche mit Marmorgängen, die nirgends hin noch her führen, daß Mutter Natur, die das Ungehörige und Unnötige verachtet und haßt, deinen Pöbel trieb, ihre Herrlichkeit zu öffentlichen Kloaken zu prostituieren, daß ihr die Augen wegwendet und die Nasen zuhaltet vorm Wunder der Welt.* (Bd. 12, S. 8,30ff.) Jetzt lehrte ihn die Begegnung an Ort und Stelle die Begründung der künstlerischen Form im Leben selbst erkennen. Das *Auf- und Abgehen* versteht man erst ganz, wenn man die Reflexion von 1827 über Orpheus als Städtebauer hinzunimmt. Hier heißt es – nicht zufällig mit den gleichen Worten –: *Man gewöhne sich, in Sankt Peter auf und ab zu gehen, und man wird ein Analogon desjenigen empfinden, was wir auszusprechen gewagt* (*Maximen und Reflexionen.* Bd. 12, S. 474 in Nr. 776). Goethe war nunmehr in der Lage, das Raumschöpferische des Platzes zu würdigen. Das gleiche gilt für das Innere der Peterskirche. Goethe verschließt sich hier deutlich gegen jede Kritik, die er noch am 7. Nov. (Tagebuch, S. 218) selbst geübt hatte, und gibt sich dem Raumeindruck hin. – Der große Obelisk, durch Kaiser Caligula von Heliopolis nach Rom gebracht und in dem sog. neronischen Circus aufgestellt, seitlich der alten Petersbasilika wiederaufgefunden und neu aufgerichtet, seit 1586 an seiner jetzigen Stelle in der Mitte des Petersplatzes.

140,10f. Die Sixtinische Kapelle wurde als päpstliche Kapelle unter Papst Sixtus IV. in den Jahren 1473–1484 erbaut. Seitenwände, Decke und Altarwand tragen Freskenschmuck. Die Fresken der Seitenwände, von den bedeutendsten Monumentalmalern der späteren Frührenaissance (u. a. Botticelli, Ghirlandajo, Perugino, Signorelli, Pinturicchio) gemalt, stellen in strenger Parallele Szenen des Alten und Neuen Testamentes dar. Michelangelo gab in der Decke die notwendige Ergänzung. War dort der Weg der gefallenen Menschheit sub lege und sub gratia geschildert worden, so gab Michelangelo den Zustand ante legem: die Weltschöpfung als den eigentlichen Ausgangspunkt des Weltendramas. In den Propheten und Sibyllen stellte er den Strom der durch die Zeit fortgesetzten Offenbarung dar. Das Fresko der Altarwand gibt den großartigen Abschluß: das Jüngste Gericht. Die Fresken der Wände entstanden in den Jahren 1481–83, Michelangelos Deckengemälde zwischen 1508 und 1512, das Jüngste Gericht erst in den Jahren 1534–1541. *Ohne die Sixtinische Kapelle gesehen zu haben* – urteilte Goethe später –, *kann man sich keinen anschauenden Begriff machen, was ein Mensch vermag.* – Michelangelo Buonarotti ist 1475 in Caprese (im oberen Tibertal) geboren und 1564 in Rom gestorben. „Michelangelo steht" – so sagt Carl Justi in den Neuen Beiträgen zu Michelangelo – „als Mensch und Künstler so scharf umrissen und durchmodelliert vor uns wie im Abbilde seines Greisenhaupts: er scheint nicht zu verkennen in der Einheit des Charakters wie in der Mannigfaltigkeit und Harmonie seiner Manifestationen. Man braucht nur von diesen Zügen eines seiner Meisterwerke zu gedenken, und man glaubt ihn zu verstehen wie einen alten Bekannten. Aber sobald man von irgendeiner Seite in seine Erscheinung einzudringen versucht, gewahrt man bald in diesem so geschlossenen Wesen dunkle Tiefen und auffallende Kontraste, und die Rätsel mehren sich, wenn man unternimmt, sie aufzulösen. Mit welchen Werkzeugen der Analyse man ihm beizukommen sucht: mag man ihn als Persönlichkeit betrachten oder im zeitlichen Zusammenhang, ästhetisch oder historisch, überall trifft man auf diese Widersprüche, ja, der

Versuch einer Charakteristik gestaltet sich als deren Darlegung, wo Hinreißendes und Abstoßendes, Unheimliches und Liebenswürdiges, Nacht und Licht unaufhörlich wechseln. Die Farbe seiner herrschenden Stimmung hat vielleicht ihren letzten Grund in diesen Widersprüchen: daß er sie ertragen hat, ist nicht das letzte Zeugnis seiner außergewöhnlichen Geisteskraft." Die Beurteilung Michelangelos durch die Nachwelt ist – bedingt durch diese Außerordentlichkeit seiner Natur – keineswegs immer eindeutig gewesen. In die Stimmen der Bewunderung, die niemals verklungen sind, mischen sich schon früh Stimmen der Furcht vor seiner Gewaltsamkeit und der Ablehnung des von ihm eingeschlagenen Weges. Noch zu Lebzeiten des Meisters hatte der Venezianer Lodovico Dolce in seinem Dialogo della Pittura von 1557 die Kritik eröffnet, Michelangelo Mangel an Zartheit und Einförmigkeit seiner Menschentypen vorgeworfen und Raffael als den Überlegenen gepriesen. Die klassizistische Kunstlehre des 17. und 18. Jhdts. (in Italien vor allem Giovanni Pietro Bellori, in Frankreich Roland Fréart de Chambray, Félibien, Roger des Piles u. a.) hatte diese Kritik zum Dogma erhoben: Michelangelo, so groß er sein möge, sei der Verderber der Kunst. Raffael verdanke nicht ihm, sondern der Antike seinen großen Stil. Dieses Dogma hat auch in Deutschland Eingang gefunden. Michelangelo – so schreibt Winckelmann 1764 an seinen Freund Riedesel – „hat zu dem verderbten Geschmack in der Bildhauerei die Brücken angelegt und gebaut". Solange man für das Kunstschaffen objektive Gesetze und Regeln glaubte aufstellen zu können und die großen Werke der Vergangenheit als Stilmuster wertete, hatte dieses Dogma Gültigkeit und Berechtigung. Als aber die Kunstbeurteilung ihr Interesse der schöpferischen Leistung des Künstlers zuwandte, mußte es fallen. Damit war die Voraussetzung für ein neues positives Michelangeloverständnis gewonnen (wenn es auch nur langsam und beiläufig Wirklichkeit wurde). Nicht zufällig war der Stürmer und Dränger Johann Heinrich Füßli ein begeisterter Apostel Michelangelos. Er zuerst lenkte die Aufmerksamkeit auf die Großartigkeit von Michelangelos Erfindungen. „Ein Bettler" – so heißt es bei ihm – „wird unter seiner Hand zum Patriarchen der Armut erhoben; der Höcker seines Zwerges hat einen Anstrich von Würde, seine weiblichen Figuren sind Formen zur Geschlechtsvermehrung; seine Kinder tragen schon den Keim des Mannes in sich; seine Männer sind ein Riesenstamm." Auch Wilhelm Tischbein wurde in Rom überwältigt durch das „Gefühl, das der Künstler für große Form gehabt hat". Aus den gleichen inneren Voraussetzungen erwuchs Goethes Verständnis. Seine Andacht zum Schöpferischen mußte, sobald einmal die Begegnung vollzogen war, in Michelangelos Kunst die kräftigste Nahrung finden. Die Begegnung geschah, wie die Briefe vom 22. November und 2. Dezember ausweisen, in der Sixtinischen Kapelle vor den Deckenbildern und dem Jüngsten Gericht. Von den Skulpturen und Architekturen Michelangelos hören wir in der *Italienischen Reise* nichts. Der „Moses" in S. Pietro in Vincoli hat sich freilich seiner Einbildungskraft so sehr bemächtigt, daß er noch in dem 1830 entstandenen Aufsatz *Christus nebst zwölf alt- und neutestamentlichen Figuren, den Bildhauern vorgeschlagen* bekennt, er könne sich die Gestalt dieses Heroen nicht anders als sitzend vorstellen (kurze Erwähnung 3. Dez. 1787 Tagebuch. W. A. Bd. 32, S. 479). – In der Bewunderung der Sixtinischen Kapelle scheint uns an der Schwelle zur Klassik noch einmal der junge Goethe entgegenzutreten. Handelt es sich hier bloß um ein vorübergehendes Überwältigtwerden, das sich in Widerspruch zu den vor den Werken Raffaels, Palladios und der Griechen bereits gewonnenen klassischen Überzeugungen setzt? Es könnte zunächst so scheinen. Noch im Juli 1787 ergriff er für Michelangelo gegen Raffael Partei. Dennoch bleiben, wenn man die Summe seiner italienischen Kunsterlebnisse zieht, Raffael und die Griechen seine eigentlichen Führer. Ihnen gilt auch später seine immer erneute Zuwendung, während der Name Michelangelo nur noch gelegentlich (freilich mit hoher Auszeichnung) vorkommt. Trotzdem kann von einem Widerspruch keine Rede sein. Was Goethe zu Raffael, Palladio und den Griechen geführt hat, war die Naturgemäßheit ihres Schaffens. *Ich habe die Vermutung, daß sie nach eben den Gesetzen verfuhren, nach welchen die Natur verfährt.* Auch in Michelangelo sieht Goethe nicht Willkür, sondern Natur. Wenn er zunächst für seine Person verzweifelt, die Natur mit so großen Augen wie Michelangelo sehen zu können, so haben ihn doch während seines zweiten römischen Aufenthaltes gerade Michelangelos mächtige Gestalten veranlaßt, *dem menschlichen Körper mehr als bisher Aufmerksamkeit und Studium zuzuwenden (Bericht August 1787).* Der Begriff, in dem Goethe Michelangelos Wesen zusammenfaßt, ist der Begriff der *Großheit.* Er umschließt alles: die innere Sicherheit, die Männlichkeit, das Ungeheure. Es ist nicht zufällig der gleiche Begriff, mit dem er auch die Antike als Ganzes charakterisiert und der eigenen kleinen Zeit entgegenstellt. *Wie will man sich aber klein, wie man ist, und ans Kleine gewohnt, diesem Edlen Ungeheuren, Gebildeten gleichstellen! – Es gibt hier nichts Kleines, wenn auch wohl hier und da etwas Scheltenswertes und Abgeschmacktes; doch auch ein solches hat teil an der allgemeinen Großheit genommen. (10. November 1786.)* Den Begriff der Schönheit mußte Goethe freilich Michelangelo vorenthalten. – Vgl. v. Einem, Michelangelo. Berlin 1973. – Goethe besaß von Michelangelos Moses eine Bronzenachbildung (Schuchardt, II, Nr. 104). – v. Einem in Jb. d. Wiener Goethe-Ver. 88, 1984.

140,31 f. Das Sabinergebirge. Frascati und Castelgandolfo im Albanergebirge. *Plaine* = Campagna.

141,6. S. Cecilia in Trastevere, im 3.Jhdt. über antiken Gebäuden erbaut, darunter vielleicht dem Wohnhaus der Cäcilier, in das die Legende das Martyrium der vor 200 enthaupteten hl. Cäcilie verlegt. Der jetzige Bau aus dem 9.Jhdt. Turm aus dem 12.Jhdt. Durchgreifende Erneuerung 1725. Vgl. F. X. Zimmermann, Die Kirchen Roms, München 1935, Abb. 98.

141,30. *Opernhaus:* Teatro della Valle hinter dem Palazzo Valle und S. Andrea della Valle.

141,30. *Litiganti:* Oper von Giuseppe Sarti. Vgl. Nachtrag.

141,38. Fürst Wenzel Joseph von Liechtenstein (1767–1842) oder (eher) Fürst Philipp Joseph von Liechtenstein (1762–1802).

142,1. Marie Josephine Gräfin Harrach. Mit ihr war Goethe noch im August 1786 in Karlsbad zusammen gewesen.

142,4. Vincenzo Monti (1754–1828), Abbate und Sekretär des Neffen von Papst Pius VI., bis 1804 Professor der Beredsamkeit an der Brera in Mailand. Über ihn vgl. Paul Heyse, Italienische Dichter, I, S. 249. Über die Aufführung des „Aristodemo" vgl. Bericht vom *15. Januar 1787.* Vgl. Julius Hirschberg, G.Jb., Bd. 32, S. 193f.

142,11 muß heißen: „König von Messenien".

143,17. Charlotte Stuart (1753–1789), geb. Prinzessin von Albany, natürliche Tochter Karl Eduard Stuarts, des Grafen Albany, die seit 1785 in Italien war. Über den Prätendenten vgl. *Römisches Karneval, Spazierfahrt im Korso.* (S. 486,20)

143,35f. Kaspar Joseph Schwendimann (1741–1786). Der Bildhauer Alexander Trippel schildert den Tod in einem Brief ausführlich. Vgl. Witkowski, Jb. G.Ges., Bd. 8. – Johann Karl Hedlinger (1691–1771), berühmter Schweizer Medailleur.

Dezember 1786

144,16f. Karl Philipp Moritz, geb. in Hameln 1756, gest. in Berlin 1793. Ästhetiker, Prosodiker und Romanschriftsteller. Über seine Bedeutung für die Geistesgeschichte des 18. Jhdts. vgl. E. Neef, Karl Philipp Moritz. Zürich 1931 und Paul Menzer, Goethe, Moritz, Kant. „Goethe" 1942. Moritz hat seinen Aufenthalt in Italien in dem Werke „Reisen eines Deutschen in Italien 1786–1788", Berlin 1792/93 beschrieben. Von seiner Selbstbiographie „Anton Reiser" lagen 1785 drei Teile vor, der vierte erschien 1790. Die „Reisen eines Deutschen in England im Jahre 1782" sind 1783 in erster, 1785 in 2. Auflage erschienen. Goethe schrieb am 14. Dezember 1786 über Moritz an Charlotte v. Stein (nicht in die *Italienische Reise* aufgenommen, Tagebuch, S. 236): *Moritz ... erzählte mir ... Stücke aus Seinem Leben und ich erstaunte über die Ähnlichkeit mit dem Meinigen. Er ist wie ein jüngerer*

Bruder von mir, von derselben Art, nur da vom Schicksal verwahrlost und beschädigt, wo ich begünstigt und vorgezogen bin. Das machte mir einen sonderbaren Rückblick in mich selbst. Vgl. auch Brief vom 20. Januar 1787 (Tagebuch, S. 264). – Vgl. hierzu Ernst Beutler, Goethes Dichtung und Wahrheit. Einführung zum 10. Band der Gedenkausgabe, S. 12f. – S. 534,1ff. u. Anm.

144,27. Vgl. *Zweiter Römischer Aufenthalt, Bericht Dezember 1787* und Philipp Hackert, „Enkaustik".

145,6. *Glaspasten* = Nachbildungen von Steinen, Medaillen usw. in Glas.

145,7. Reiffenstein wohnte seit 1767 in der Via Gregoriana 30.

146,10. Die Villa Doria Pamphili oder Belrespiro, am rechten Tiberufer hinter dem Janiculus, ist 1650 angelegt worden. Es ist die größte Gartenanlage Roms.

146,16. Der Monte Mario im Nordwesten der Stadt, auf seiner Höhe die Villa Mellini (heute Astronomisch-Meteorologisches Observatorium). – Villa Madama, nördlich der Villa Mellini, nach Entwürfen Raffaels von Antonio da Sangallo d.J. (1485–1546) für Kardinal Giulio de'Medici errichtet, 1522 noch in Arbeit, unvollendet. Später im Besitz der Tochter Kaiser Karls V., der Herzogin Margarete von Parma.

146,27. Der Botanische Garten (Giardino dei Semplici) lag hinter der Acqua Paola auf dem Janiculus bei der Porta S. Pancrazio. Er war durch Papst Alexander VII. gestiftet worden, besteht aber heute nicht mehr. Goethe besuchte den Garten am 2. Februar 1787 (vgl. dazu Tagebuch, S. 404).

147,7f. Tagebuch, S. 324 heißt es: *die Fassade des Pantheon.*

147,12. Der Gedanke der Selbstbehauptung gegenüber dem Kunstwerk kehrt bei Goethe öfter wieder. Vgl. v. Einem, Goethe-Studien, S. 91f.

147,20. Winckelmanns Kunstgeschichte, italienisch von Carlo Fea, war 1786 in 2. Auflage erschienen. – Johann Joachim Winckelmann ist 1717 zu Stendal als Sohn eines Schuhmachers geboren. Nach dunklen Jahren als Lehrer und Bibliothekar kam er 1755 nach Rom, wo er zum Scrittore an der Vatikanischen Bibliothek und zum Prefetto delle Antichità di Roma aufstieg. 1768 ist er in Triest ermordet worden. Durch sein Hauptwerk „Die Geschichte der Kunst des Altertums", 1758 entworfen, 1763 zuerst erschienen, ist Winckelmann der eigentliche Begründer der Kunstwissenschaft in Deutschland geworden. Die beste Darstellung seines Lebens und Werkes vor dem Hintergrund der Kultur des 18. Jhdts. ist immer noch Carl Justis unvergleichliches dreibändiges Werk „Winckelmann und seine Zeitgenossen", 1. Aufl. 1866–1872. – Goethe hatte, wie er im *8. Buch von Dichtung und Wahrheit* schreibt, Winckelmanns Schriften schon in Leipzig durch seinen Lehrer Oeser kennen gelernt, *mit Andacht* in die Hände genommen, ja fleißig gelesen, *ob wir es gleich dabei nicht sehr genau nahmen: denn die Jugend will lieber angeregt als unterrichtet sein.* Von einer wirklichen Kenntnis Winckelmanns und von einem Einfluß auf ihn kann aber zunächst noch nicht gesprochen werden. Erst in Italien begann Goethe, sich mit Winckelmann ernsthaft zu beschäftigen. Die Briefe erlaubten ihm, Winckelmanns Italienerfahrungen mit den eigenen zu vergleichen und sich in dem Vorgänger widerzuspiegeln. Die „Geschichte der Kunst des Altertums" wurde ihm zu einer immer wieder aufgesuchten Quelle der Belehrung. Er nahm sie, wie er später zu Sulpiz Boisserée sagte, *zur Richtschnur auf seinen Wegen,* suchte zugleich aber, über sie hinauszudringen. Goethes Verehrung Winckelmanns blieb auch in späteren Jahren unverändert. 1805 gab er zusammen mit Heinrich Meyer, Carl Ludwig Fernow und Friedrich August Wolf das Werk *Winckelmann und sein Jahrhundert* heraus, das seine berühmte biographische Skizze enthält und allein durch seinen Titel die hohe Wertschätzung Winckelmanns bekundet. Das Werk ist als betontes Bekenntnis zu Winckelmanns Griechenbild zugleich eine Absage an den romantischen Zeitgeist, dem Goethes kunstpädagogische Bemühungen, die *Propyläen* und die Weimarischen Preisaufgaben, bereits erlegen waren. An der ersten deutschen Gesamtausgabe von Winckelmanns Werken durch Carl Ludwig Fernow nahm er lebhaften aktiven Anteil. – Wie sehr Goethe in Winckelmann nicht nur den großen Gelehrten, sondern den großen Menschen sah, zeigt sein Wort zu Eckermann: *Man lernt nichts, wenn man ihn lieset, aber man wird etwas.* (16. Febr. 1827)

148,12f. Über Moritz' Unfall vgl. Moritz, Bd. I, S. 160 und Bd. II, S. 343ff.

148,19. Im Brief an Herder vom 13. Dezember (Tagebücher, S. 327) heißt es: *Versöhnt mir Fr. v. Stein und den Herzog.*

148,30. Winckelmanns Briefe an seine Freunde. Hrsg. in 2 Teilen von K. Wilhelm Daßdorf. Dresden 1777 und 1780.

149,8. Brief an Franke vom 4. Februar 1758. Teil 1, S. 83. Über Franke vgl. Carl Justi, Winckelmann, Bd. 1, S. 189ff. Johann Michael Franke (1717–1775) war mit Winckelmann Bibliothekar des Grafen Bünau in Nöthnitz bei Dresden gewesen.

150,25. Friedrich Münter, der Vater der Dichterin Friederike Brun, Theologe und Altertumsforscher, ist 1761 in Gotha geboren und starb 1830 in Kopenhagen. Er war seit 1784 in Italien. Sein Buch „Nachrichten von Neapel und Sizilien auf einer Reise in den Jahren 1785 und 1786 gesammlet" erschien Kopenhagen 1790. Vgl. Brief an Herder vom 13. Dezember 1786 (Tagebücher, S. 329): *Er scheint toller wegzugehn als er gekommen ist.* Vgl. auch Brief an Herder vom 25. Januar 1787 (Tagebücher, S. 339).

151,14ff. Römische Kopie der frühen Kaiserzeit nach einem griechischen Original vom Ende des 5. Jhdts. v. Chr. Ludwig I. hat das Stück, das damals noch im Palazzo Rondanini war, 1814 für die Münchener Glyptothek erworben. Den erwähnten Abguß ließ Goethe in Rom zurück. Nach der Erwerbung des Stückes für München wünschte er sich einen neuen. Kronprinz Ludwig hat ihm daraufhin einen Abguß aus Rom verschafft und zum Geschenk gemacht. Vgl. Goethes Brief an Zelter vom 21. Januar 1826. Vgl. die weiteren Erwähnungen der Medusa *29. Juli 1787* und *Bericht April 1788*. Wegner, Abb. 14. Wichtig zum Verständnis der Medusa: E. Buschor, Medusa Rondanini, Sonderschriften des Deutschen Archäologischen Instituts Athen, 1958. Buschor sieht in der Medusa die Kopie des Schildbuckels der Athena Parthenos des Phidias. Vgl. H. v. Einem, Goethe und Michelangelo, Goethe-Jahrb. 1975. – Im Brief an Zelter spricht Goethe noch von *anderen herrlichen Kunstwerken* im Palazzo Rondanini. Er mag damals auch Michelangelos letztes Werk, die Pietà Rondanini, gesehen haben, die er freilich nicht als Werk Michelangelos erkannt haben wird. Sie war seit 1650 im Palazzo Rondanini (später Sanseverino), 1952 vom Castello Sforzesco in Mailand erworben.

151,28f. Vermutlich der Zeus von Otricoli, der bei Ausgrabungen des Papstes Pius VI. in Otricoli im Tibertal gefunden worden war und in der Sala Rotonda des Vatikans steht, eine Kopie der frühen römischen Kaiserzeit nach einem Werk des Bryaxis aus dem 4. Jhdt. v. Chr. Goethe ließ den Abguß ebenfalls in Rom zurück und erwarb 1813 einen neuen. Wegner, Abb. 16. Helbig, 4. Aufl., Bd. I, 33.

152,22f. Seit 24. Januar 1783.

152,33. Vgl. Brief an Herder vom 25. Januar 1787 (Tagebücher, S. 341). – Der zweite Teil von Herders „Zerstreuten Blättern" enthält Übersetzungen aus dem Griechischen und die Aufsätze „Nemesis. Ein lehrendes Sinnbild" und „Wie die Alten den Tod gebildet". Vgl. hierzu Scherer, Aufsätze über Goethe, Berlin 1886, S. 223f.

153,6. Bildnis Goethes in der Campagna, August 1787 vollendet. Von Tischbein dem Bankier Heigelin in Neapel verkauft. Aus dem Nachlaß von dessen Sohn in den Besitz des Frankfurter Bankiers Freiherrn v. Rothschild gekommen. Seit 1887 als Geschenk im Besitz des Städelschen Kunstinstitutes in Frankfurt a. M. Erste literarische Nachricht in Wielands Teutschem Merkur, 1788 (Brief Ludwig Stracks an Merck). Tagebücher, S. 244 heißt es: *Tischbein mahlt mich jetzo. Ich lasse ihn gehn, denn einem solchen Künstler muß man nicht einreden.* Friederike Brun (Tagebuch, Bd. 2, S. 151) sah das Bild am 22. Mai 1796 in Tischbeins Neapler Atelier: „Das Bild in Lebensgröße, worin der treffliche Physiognomiker den Adler Göthe im Moment der seltenen Ruhe glücklich erhascht hat." Schulte-Strathaus, Die Bildnisse Goethes, T. 65 u.

66. Goethe besaß eine erste Skizze (vgl. Goethe und Tischbein. Schriften der Goethe-Gesellschaft, Bd. 25, Blatt 7). Über eine Kopie, die nach Heinrich Meyers Urteil eine Gemeinschaftsarbeit von W. Tischbein, G. Schütz und Bury ist und die, aus dem Nachlaß Philipp Christoph Kaisers durch Dithelm Lavater dem Großherzog von Weimar geschenkt, heute das Weimarer Goethemuseum bewahrt, vgl. Karl Muthesius, Jb. G.Ges., 1926 mit bunter Tafel. – Herbert v. Einem, Der „Wanderer auf dem Obelisk". Zu Wilhelm Tischbeins „Goethe in der Campagna". In: „Kunst als Bedeutungsträger", Gedenkschrift für Günter Bandmann, Berlin 1978.

153,15. Der Brief vom 29. Dezember 1786 ist im Original (Tagebücher, S. 331f.) sehr viel ausführlicher. Folgendes wichtig: *Ich hab Zeither eine Pause im Sehen gemacht um das Gesehne würcken zu lassen. Nun fang ich wieder an und es geht trefflich. Das gesteh ich aber auch daß ich mich aller alten Ideen alles eignen Willens entäußere um recht wiedergebohren und neu gebildet zu werden. Die Fähigkeit ähnliche Verhältnisse zu entdecken, wenn sie auch noch soweit auseinander liegen, und die Genesen der dinge aufzuspüren hilft mir auch hier auserordentlich, und wenn ich Zeit hätte alle Kunstwercke mir recht zu vergegenwärtigen und sie alsdann miteinander zu vergleichen, wollte ich ohne große Gelehrsamkeit der Geschichte der Kunst manchen Vorteil bringen ... Nun ist mir du lieber alter Freund Baukunst und Bildhauerkunst und Mahlerey wie Mineralogie Botanick und Zoologie. Auch hab ich die Künste nun recht gepackt, ich lasse sie nun nicht fahren und weis doch gewiß daß ich nach keinem Phantom hasche.*

154,8. Die Via sacra, die über das Forum Romanum zum Kapitol führt und von den Triumphatoren beschritten wurde.

Januar 1787

154,26. Über Goethes Pflege vgl. Moritz, Bd. 2, S. 342f. Tischbein schrieb am 14. Mai 1821 an Goethe: „Ich habe Sie in tausend Abwechslungen gesehen, aber immer mit dem Zepter, der dem Aufwogen Ruhe gebot: als Sie vor Moritz auf den Knien lagen, ihn haltend ... und Sie ihm sein höllisches Fluchen mit sanften Freundesworten dämpften." (Schr. G. Ges., Bd. 25, S. 20.) – Im Originalbrief an Charlotte v. Stein vom 6. Januar 1787 (Briefe HA 2, S. 40) heißt es dann noch weiter: *Schon habe ich viel in meinem Innren gewonnen, schon habe ich viele Ideen auf denen ich fest hielt, die mich und andre unglücklich machten hingegeben und bin um vieles freyer. Täglich werf ich eine neue Schaale ab und hoffe als ein Mensch wiederzukehren. Hilf mir aber nun auch, und komme mir mit deiner Liebe entgegen, schreibe mir wieder von deinem Schreibtische und gedencke göttlich des vergangnen nicht, wenn du dich auch dessen erinnerst. Ich habe in der Welt nichts zu suchen als das Gefundene, nur daß ichs genießen lerne, das ist alles warum ich mich hier noch mehr hämmern und bearbeiten lasse.*

154,34. Weiblicher Kolossalkopf aus Marmor. Fundort und Datum des Fundes unbekannt. In der ersten Hälfte des 16. Jhdts. im Besitz des Kardinals Cesi nachweisbar; vgl. Christian Hülsen, Römische Antikengärten des 16. Jhdts. Heidelberg 1917, S. 35, Nr. 149. 1622 mit den übrigen Prachtstücken der Sammlung Cesi von Lodovico Ludovisi angekauft. Heute in Rom, Thermenmuseum. – Die Deutung auf Juno zuerst in einem Briefe Johann Heinrich Füßlis aus dem Jahre 1756: ,,Ich bemerke unter dieser Menge den einzigen kolossalischen Kopf der Juno, welcher an dem Eingang der Villa, auf dem nicht gar zu hohen Piedestal vor jedermanns Augen steht, und doch noch von keinem Reisebeschreiber, und selbst von keinem Mercurio errante ist bemerkt worden. Dieser Kopf ist der schönste in Marmor, welcher uns von der Königin der Götter übrig geblieben ist, und gibt uns die höchste Idee derselben.“ Winckelmanns Urteil in der Geschichte der Kunst des Altertums, 5. Buch, Kap. 2, § 7: ,,Der schönste Kopf der Juno in Marmor ist und bleibet der kolossalische Kopf dieser Göttin in der Villa Ludovisi.“ Von anderen Erwähnungen der Zeit ist vor allem die großartige Würdigung Schillers im 15. Brief seiner Schrift ,,Über die ästhetische Erziehung des Menschen“ hervorzuheben. – 1867 hat zuerst Alexander Conze die Deutung des Kopfes auf Juno angezweifelt und die Entstehung in der römischen Kaiserzeit behauptet. Nach der neuen Untersuchung von Andreas Rumpf, Antonia Augusta, Abhandlungen der Preuß. Akademie der Wissenschaften, Phil.-Hist. Klasse, Nr. 5, 1941, gehört der Kopf zu einer von Kaiser Claudius errichteten Kolossalstatue seiner Mutter, der Antonia Augusta. ,,Die Dichter und Denker des 18. u. 19. Jhdts. haben das Ethos des Kopfes vollkommen richtig verstanden, haben gefühlt, was der Künstler wollte, auch wenn sie den Namen nicht kannten ... Es ist das Bildnis der Frau aus der vom Schicksal und der Nachwelt so hart verfolgten Familie des Augustus, der – neben ihrer Mutter Octavia und ihrer Schwester Antonia maior – als einziger kein späterer Historiker ... ein Laster, geschweige denn ein Verbrechen nachsagen kann. Neben dem Adel ihrer Seele war sie aber auch durch ihre körperliche Anmut so ausgezeichnet, daß noch nach hundert Jahren Plutarch, wenn er sie von ihrer gleichnamigen Schwester unterscheiden wollte, sie einfach bezeichnete als die durch Tugend und Schönheit berühmte Antonia.“ (Rumpf, S. 35.) Wegner, Abb. 55. Helbig, 4. Aufl., Bd. III, Nr. 2341. – Goethe schenkte seinen Abguß bei seiner Abreise von Rom an Angelica Kauffmann. Der Abguß im Junozimmer des Goethehauses in Weimar ist ein Geschenk des Staatsrats Schultz an Goethe im Jahre 1823.

155,3. Über die Arbeit an der *Iphigenie* sind die Originalbriefe an Charlotte v. Stein und Herder zu vergleichen. (Bd. 5)

155,30f. *Iphigenie auf Delphi.* Ähnlich: *Iphigenie auf Tauris,* vorher *in Tauris* (WA 39, S. 321), also reine Ortsbezeichnung.

156,8. Gemeint ist die aus dem 8. Jhdt. stammende, im 18. Jhdt. barock erneuerte Kirche S. Apollinare bei der Piazza Navona.

156,17. *Diogenismus* = Bedürfnislosigkeit, Verachtung alles Äußerlichen, gebildet nach dem Zyniker Diogenes von Sinope (gest. wahrscheinlich 323 v. Chr.). – Briefe HA 2, S. 37,25.

156,33. In Rom wurde Theater nur gespielt in der Karnevalszeit vom 7. Januar bis Aschermittwoch.

156,34. Pasquale Anfossi (1729–1797), italienischer Opernkomponist und Kapellmeister.

156,37. Fritz v. Stein und Herders Kinder.

157,1. Die Absendung der *Iphigenie* erfolgte am 13. Januar. Vgl. Brief an Herder (Briefe Bd. 2, S. 41).

157,17. Karl Philipp Moritz, Versuch einer deutschen Prosodie. Berlin 1786. – In dem Brief an Herder vom 13. Januar ist von der Hilfestellung der Prosodie Moritzens keine Rede.

158,14. Vgl. Brief an Charlotte v. Stein vom 16. Dezember 1786 (Tagebücher, S. 238): *Ich schicke dir hier ein gar artig geschnitten Steinchen einen magischen Löwen vorstellend. Wenn du dir es zur beweglichen Nadel das Halstuch damit zuzustecken fassen ließest würde mir es Freude machen.* Charlotte v. Stein hat, wie spätere Briefe zeigen, den Stein als Petschaft benutzt, aber bald verloren.

158,28. Die Athena Giustiniani, die kaiserzeitliche Kopie einer griechischen Bronzestatue aus der Nachfolge des Phidias um die Wende vom 5. zum 4. Jhdt. v. Chr., wurde wahrscheinlich bei der Kirche Santa Maria sopra Minerva gefunden. Sie war zunächst im Besitz der Giustiniani und wurde später Eigentum des Fürsten Lucien Bonaparte. Von ihm erwarb sie im Jahre 1819 Papst Pius VII. für die Vatikanischen Sammlungen. Heute im Braccio Nuovo. Winckelmann erwähnt die Statue in seiner Geschichte der Kunst des Altertums (Ausgabe Fernow-Meyer) Bd. 4, S. 183 und Bd. 5, S. 162. Vgl. Wegner Abb. 13 und Helbig, 4. Aufl. Bd. I, Nr. 449.

159,13. Vgl. Winckelmann, Bd. 5, S. 235 ff. Diese Stelle ist das erste Zeugnis von Goethes selbständiger Kritik an Winckelmann.

159,21 ff. Der Palazzo di Propaganda Fide an der Piazza di Spagna wurde nach 1622 von Bernini erbaut. Die westliche Fassade von Francesco Borromini (1609–1667) aus den Jahren 1646–1666. – Vgl. zu dieser Stelle E. Littmann, Goethe in der Propaganda zu Rom. Jb. G.Ges., Bd. 9, S. 173 ff. *Malabarisch* = Sprache im südlichen Indien, *Epirotisch* = Albanisch, *Moldauisch* = Rumänisch, *Kolchisch* = Georgisch, *Kop-*

tisch = Ägyptisch, *Sarazenisch* = Berberisch, *Hibernisch* = Irisch, *Madagaskarisch* = Malaiisch, *Boisch* = Böhmisch, *Äthiopisch* = Abessinisch, *Isaurisch* = kleinasiatischer Dialekt.

160,4. *Gnaja* = betet an!

160,17. Alessandro Albani (1692–1779), Winckelmanns Freund, der Erbauer der Villa Albani bei Rom. Über ihn vgl. Goethe, *Winckelmann* und Justi, Winckelmann, Bd. 2, S. 280ff. – Im Originalbrief an Herder (Tagebücher, S. 336) heißt es noch weiter: *Ich Wandrer raffe auf was ich kann. Wie anders sehe ich gegen die erste Zeit. Was würde es in Jahren seyn.*

160,21. Über die Aufführung des „Aristodemo" von Abbate Monti vgl. Cart, S. 62.

160,23. Der Nepote (Neffe und Günstling des Papstes) war Luigi Braschi, Herzog von Nemi.

161,12f.,25. König von Neapel war damals Ferdinand I. von Bourbon (1759–1825). Die Bourbonen waren die Erben der Farnese. Der Herakles Farnese, 1540 in den Caracallathermen gefunden, für die er in doppelter Lebensgröße gearbeitet worden war, geht auf ein Bronzeoriginal des ausgehenden 4. Jhdts. v. Chr. zurück. Eine Replik im Palazzo Pitti in Florenz hat die Inschrift: Lysipp. Die Statue hatte bis zu ihrem Transport nach Neapel im Hof des Palazzo Farnese ihren Platz. Restaurierung nach einem Modell Michelangelos durch Guglielmo della Porta (gest. 1577) vorgenommen. – Marco Antonio III. Principe di Borghese (1730–1800).

161,32ff. Die Kirche S. Antonio Abbate liegt an der Piazza S. Maria Maggiore. Goethe hatte die Absicht, das Fest der Pferdeweihe in einem Aufsatz über die römischen Kirchenfeste zu beschreiben. Vgl. *Campagne in Frankreich* (Bd. 10, S. 343, 22f.).

162,4. *saturnalischer Feiertag* = fröhlicher Feiertag.

162,32. Friedrich d. Gr. war am 17. August 1786 gestorben. Goethe hatte den Tod schon in Karlsbad erfahren. Vgl. seinen Brief vom 23. August 1786 an Charlotte v. Stein. (Briefe HA Bd. 2, S. 8,1.)

163,1. Zu den damaligen Sammlungen auf dem Kapitol vgl. Volkmann, Bd. 2, S. 474ff. u. Stuart-Jones, A Catalogue of the Ancient Sculptures preserved in Municipal Collections of Rome, Bd. 1, Oxford 1912, Einleitung.

163,22. Das Ospedale di S. Spirito, gegründet unter Papst Innozenz III. (1198–1216), erneuert unter den Päpsten Sixtus IV. (1471–1484) und Benedikt XIV. (1740–1758), befindet sich im Borgo di S. Spirito.

163,35. Vgl. hierzu den Originalbrief an Charlotte v. Stein vom 25. Januar 1787 (Briefe Bd. 2, S. 46): *Ich erinnere mich noch wohl wie einem alle Menschen biß zur Verzweiflung imponieren, die aus Italien kommen, ich will euch keine Schmerzen, sondern Freuden, keine dunckle, sondern klare Begriffe mitbringen, euch nicht nur sagen: ich hab es gesehn, sondern es euch sehen machen.*

164,38. Angelica Kauffmann, geb. 1741 in Chur, gest. 1807 in Rom. 1766–1781 in London. 1781 heiratete sie den Maler Antonio Zucchi (1726–1795) und siedelte nach Venedig über. Seit 1782 dauernd in Rom. Gefeierte Bildnis- und Historienmalerin des empfindsamen Klassizismus. – Angelica Kauffmann. Ausstellungskatalog. Bregenz 1968. – NDB 11, S. 340–342.

165,10. *Englische Kühnheiten* = Shakespeare.

165,17. Goethe studierte damals Livius' Römische Geschichte. Vgl. Brief an Charlotte v. Stein vom 20. Januar 1787 (Tagebücher, S. 264).

165,26. Der Palatin.

165,28. Der Diener, der den Befehl ausrichtete, Romulus und Remus auszusetzen.

165,31f. Der Campus Martius, das Marsfeld, zieht sich vom heutigen Corso westlich bis zur Tiber hin. Seit Kaiser Augustus bebaut.

165,35. Alba Longa, am Monte Cavo im Albanergebirge gelegen, ist durch den König Tullus Hostilius zerstört worden.

166,15. Goethe hat das Abendmahl des Leonardo da Vinci auf seiner Rückreise in Mailand gesehen. Vgl. Brief an den Herzog vom 23. Mai 1788. Vgl. ferner seinen Aufsatz *Abendmahl von Leonard da Vinci zu Mailand* in „Über Kunst und Altertum", 1817 mit der gleichen Deutung. – Bd. 12, S. 164–168 u. Anm. – Briefe Bd. 2, S. 93.

166,23. François Jacquier (1711–1788), Physiker und Mathematiker, wohnte in dem französischen Franziskanerkloster der Kirche S. Trinità dei Monti.

Februar 1787

168,35ff. Der Obelisk vor Trinità dei Monti ist eine Nachahmung der römischen Kaiserzeit. Er stand früher in den Sallustianischen Gärten zwischen Via Sicilia und Via Toscana. 1789 ließ ihn Papst Pius VI. vor S. Trinità dei Monti aufstellen. Das Tonstück nicht mehr erhalten. Goethe scheint es 1831 der Malerin Luise Seidler gegeben zu haben. Vgl. Tagebücher, S. 422. Vgl. Nash, II, S. 144, Abb. 863–868.

169,16. Vgl. Brief vom 19. Februar an Charlotte v. Stein (Tagebücher, S. 286): *Ich habe sie gestern der Angelica vorgelesen und freute mich sehr über die gute Art wie sie das Gedicht empfand. Sie ist eine trefliche zarte, kluge, gute Frau, meine beste Bekanntschafft hier in Rom.*

169,21. Charles Louis Clerisseau (1722–1820), Maler und Architekt. Seine Zeichnungen aus Dalmatien wurden 1764 publiziert. Vgl. The Age of Neo-Classicism. London 1972, Nr. 1052–1053.

170,1. Nach dem erwähnten großen Lüster das 1732 errichtete Teatro Argentina an einer Seitenstraße des Corso. Volkmann, Bd. 2, S. 727, sagt, daß nur ein einziger Kronleuchter das Haus erleuchtet und in den Logen kein Licht gebrannt habe.

170,11f. Das *Verzeichnis* ist in einem römischen Notizheft erhalten. Vgl. Tagebücher, S. 443f. – Georg Joachim Göschen (1752–1828), Buchhändler in Leipzig, war der Verleger der ersten Gesamtausgabe.

171,29. Im Brief an Charlotte v. Stein vom 1. Februar heißt es noch weiter: *Erstaunend schwer ist es sehen zu lernen ohne selbst Hand anzulegen* (Tagebücher, S. 273).

172,4. 2. Februar ist Mariä Lichtmeß.

172,14ff. Kirche und Kloster S. Onofrio, 1419 zu Ehren des ägyptischen Einsiedlers Honuphrius am Abhang des Janiculus errichtet. Torquato Tasso starb hier 1595. Die *Büste* noch erhalten.

172,22. Goethes Notierungen zum 2. Bd. Volkmann sind Tagebücher, S. 423 ausführlich zitiert.

173,32. Zitat aus dem Prolog zum *Neueröffneten moralisch-politischen Puppenspiel. Das Jahrmarktsfest zu Plundersweilern.*

174,14. Gemeint sind die Vorarbeiten zu den Schriften Anthousa oder Roms Alterthümer. Ein Buch für die Menschheit, Berlin 1791, Wien und Prag 1801, 2 Bde., und Götterlehre oder Mythologische Dichtungen der Alten, Berlin 1791, 2. Aufl. 1795, für die Asmus Carstens die Stiche beisteuerte. Vgl. dazu *Zweiter Römischer Aufenthalt, 18. August 1787* und *Bericht August 1787*, ferner Alfred Kamphausen, Asmus Jakob Carstens, Neumünster 1941, S. 105ff.

174,31. Villa Medici auf dem Pincio, 1544–1560 erbaut für Kardinal Ricci di Montepulciano, später erworben von Alessandro Medici (Papst Leo XI.), dann Sitz der toskanischen Gesandtschaft beim Hl. Stuhl, kam 1803 im Tausch gegen den Palazzo Mancini in französischen Besitz und wurde Sitz der 1666 von Ludwig XIV. und Colbert gegründeten französischen Akademie. Vgl. I. P. Alaux, Académie de France, Paris 1933, 2 Bde.

174,34. *Duft* = Dunst.

174,35. Claude Gellée, gen. Claude le Lorrain, geb. 1600 in Chamagne bei Mirecourt an der Mosel, gest. 1682 inRom. Französischer Landschaftsmaler und Radierer, Schüler des Agostino Tassi in Rom, später von Paul Brill beeinflußt. Seit 1613 mit kurzen Unterbrechungen in Rom tätig. – Claude Lorrain ist mit Nicolas Poussin der Hauptvertreter der idealen Landschaftsmalerei des 17. Jhdts., in der sich strenge Tektonik des Aufbaus mit dem Zauber atmosphärischer Stimmung verbindet. Für ihn ist die Natur „eine Emanation des Lichtes, das er im Wechsel der Zeiten in all seinen wunderbaren Erscheinungen wiedergibt, immer im Hellen, Idyllischen und zugleich Großartigen und Weiten" (Walter Friedländer). Goethes Verhältnis zu Claude ist ebenso persönlich wie sein Verhältnis zu Palladio, Raffael und den Griechen. Er sieht in ihm ein Höchstes, zu dem die Landschaftsmalerei sich zu erheben vermag. *Im Claude Lorrain erklärt sich die Natur für ewig* (*Landschaftliche Malerei* Bd. 12, S. 218). Goethes Auffassung der italienischen Landschaft ist wesentlich durch Claude bestimmt. – Vgl. hierzu Karl Koetschau, Goethe und Claude Lorrain, Wallraf-Richartz-Jahrbuch 1930, Michéa, Voyage, S. 215 f. und Gaston Varenne, Goethe et Claude Lorrain, Revue de littérature comparée, 1932.

175,14. *Die unzähligen Lichter* sind die Moccoli. Vgl. *Römisches Karneval, Moccoli.*

175,31. „Orbis pictus" ist das mit Bildern ausgestattete lateinische Schulbuch des Pädagogen Comenius, 1657 erschienen, Goethe seit seiner Jugend vertraut. – Bd. 9, S. 35,5 u. Anm.

176,21. Vom *Tasso* waren zwei Akte aus den Jahren 1780 und 1781 in Prosa vorhanden.

ITALIENISCHE REISE II

(S. 178–349)

Zugrunde liegen: Neapolitanisches Tagebuch, das die Reise von Rom bis Neapel enthalten hat (vgl. Briefe an Charlotte v. Stein vom 19. und 21. Februar 1787), und Tagebücher und Briefe aus Neapel und Sizilien, die verschiedentlich erwähnt werden. Diese Quellen hat Goethe bald nach der Redaktion des 2. Teiles der *Italienischen Reise* vernichtet. Vgl. Tagebücher, S. XXII und 426. Das Erhaltene: Tagebücher, S. 289ff. und W.A., Bd. 31, S. 314ff.

Reise von Rom nach Neapel
22.–25. Februar 1787
(S. 178–184)

178,2. Tischbein beschreibt dieselbe Reise. Vgl. „Aus meinem Leben“, hrsg. von Carl Schiller, Braunschweig 1861, Bd. 2, S. 87ff.

178,2. Velletri am Südabhang des Albanergebirges, die alte Volskerstadt Velitrae.

178,10. Genzano liegt hinter Albano. Der Palazzo Chigi (früher Savelli) in Ariccia, von Bernini erneuert, unter Papst Alexander VII. (1655–1667) erweitert. Der Park noch heute sehenswert.

178,22f. Die Gebirge von Sezze sind die Monti Lepini. – Die *Inseln* sind die Ponzainseln.

178,33. Cavaliere Borgia war der Bruder des Kardinals Stefano Borgia, des Vorstehers der Propaganda. Das Museo Borgiano ist heute im Palazzo di Propaganda Fide. – Vgl. hierzu Goethes Brief an Herder vom 3. Februar 1787 (Tagebücher, S. 344).

179,10. Das *gelobte Buch* vorher nicht erwähnt.

179,31ff. Versuche, die Pontinischen Sümpfe durch Trockenlegung urbar zu machen, sind vor Papst Pius VI. schon von Theoderich, Bonifaz VII., Leo X. und Sixtus V. unternommen worden. Sie haben aber erst in den 30er Jahren unseres Jahrhunderts zu wirklichem Erfolg geführt.

180,21. Das Erlebnis mit dem Schimmel ist aus Tischbeins Brief vom 10. Juli 1787 an Goethe übernommen worden, den Goethe aus Rom im Juli 1787 an Charlotte v. Stein geschickt hat. Vgl. Tagebücher, S. 430. Goethe hat den Brief im *Zweiten Römischen Aufenthalt* abgedruckt.

181,1. Kakteenart mit eßbaren Früchten.

181,28. Letzte Poststation vor Neapel.
182,18. Itri.
182,24. Formia.
182,32. Ischia, Procida, Capri.
183,10. Reste der antiken Stadt Minturnae.
183,14f. Rocca Monfina.
183,17. Montagna del Matese.
183,18. Sessa, das antike Suessa Aurunca.

Neapel
25. Februar–29. März 1787
(S. 184–224)

184,22f. Ferdinand I. war ein leidenschaftlicher Jäger. Vgl. Goethe, *Philipp Hackert, Liebhaberei des Königs.* Seine Gemahlin Maria Caroline von Österreich, eine Schwester Kaiser Josephs II., schenkte 17 Kindern das Leben.

184,26. Über das Gasthaus am Castel Nuovo vgl. Benedetto Croce.

184,30. Castel Nuovo, am Meer gelegen, 1279–1282 durch Pierre d'Angicourt von Karl I. von Anjou erbaut, war die Residenz der Könige aus dem Hause Anjou und Aragonien und der spanischen Vizekönige.

186,1f. Die „Grotta Vecchia" wurde im 1. Jhdt. v. Chr. angelegt und vom 15.–19. Jhdt. erweitert. Merkwürdigerweise erwähnt Goethe das nahegelegene „Grab Vergils" nicht. Zur „Grotta Vecchia" und dem „Grab des Vergil": E. Kirsten, Süditalienkunde I, Campanien und seine Nachbarlandschaften, Heidelberg 1975, S. 162.

186,14. Hackert war 1785 Hofmaler des Königs geworden.

186,24. *Tramontane* = Nordwind.

186,30ff. Christian August von Waldeck (1744–1798), jüngerer Bruder des regierenden Fürsten, österreichischer General. Goethe hatte den Fürsten schon im Januar 1787 in Rom besucht. Im Brief vom 20. Januar an Charlotte v. Stein nennt er die schöne Dame das *„Schätzgen aus Karlsbad". Sie ist mit dem Bischoff von Prag verwandt und ihr alter Mann ist auch mit hier* (Tagebücher, S. 263). In Neapel wohnte der Fürst im Palast des Principe Vasto. In seinem Auftrag schuf Alexander Trippel die Arolser Goethebüste.

187,21. Sakuntala, das Drama des altindischen Dichters Kalidasa, dessen Vorspiel Anregungen zum *Vorspiel auf dem Theater* im *Faust* gab, lernte Goethe erst 1791 in der deutschen Übersetzung Georg Forsters kennen. Suphan, Goethe und Spinoza 1783–86 (Festschrift zu der zweiten Säkularfeier des Friedrichswerderschen Gymnasiums zu Berlin.

Berlin 1881. S. 192f.), äußerte die Vermutung, daß der ursprüngliche Text „S." gehabt und Spinoza gemeint habe. Es kann sich aber, da Goethe nachhaltig von der Sakuntala beeindruckt wurde (vgl. Bd. 1, S. 206 u. Anm.), auch um einen Zusatz der Redaktion handeln.

187,26f. Die *siedenden Wasser* gehören der Solfatara an, dem Krater eines halberloschenen Vulkans über Pozzuoli. Zu diesem Ausflug vgl. auch Tischbein, Aus meinem Leben, Bd. 2, S. 53.

187,31f. Der Jagdpark von Astroni im Norden der Solfatara.

188,7f. Nicht erhalten.

188,16. Die *Hütte des Einsiedlers* befand sich in der Nähe des 1839 erbauten meteorologischen Observatoriums. Später Osteria.

189,12. *Scirocco* = Südostwind.

189,28. In Wirklichkeit eine Korvette. Vgl. Brief vom *26. März 1787*.

189,32. Kap Minerva ist das alte Promonturium Minervae, heute Punta di Campanella genannt, die Spitze der Halbinsel von Sorrent.

190,6. *Einstand* = Leistung beim Antritt eines Amtes.

190,7. Vgl. hierzu den Brief Charlotte v. Steins an Knebel vom 26. März 1787.

191,3. S. Filippo Neri am Largo Gerolomini, 1592–1619 erbaut. Das Fresko „Vertreibung der Wechsler" von 1684 stammt von Luca Giordano (1632–1705). Vgl. Christoph Thoenes, Neapel und Umgebung. Reclams Kunstführer, Italien Bd. VI, Stuttgart 1971, S. 104ff.

191,7. Gesù Nuovo am Largo S. Trinità Maggiore, 1584–1601 erbaut. Die „Vertreibung des Heliodor" (das gleiche Thema, das Raffael in den Stanzen des Vatikan behandelt hat) über dem Portal des Mittelschiffes aus dem Jahre 1725 ist nicht von Luca Giordano, sondern von Francesco Solimena (1657–1743), dem führenden neapolitaner Maler des 18. Jhdts., einem Schüler des Luca Giordano, gemalt worden.

191,19. *Chiaja* = plaga, Strand, ist die breite Straße nach dem Posilipp.

191,27. Gaetano Filangieri (1752–1788), bedeutender Staatsrechtslehrer. Sein Hauptwerk, „La scienza della legislazione", erschien in 8 Bänden Neapel 1781–88. Über ihn vgl. Benedetto Croce, Figurine Goethiane. – Goethe nennt Filangieri noch in *Wilhelm Meisters Wanderjahren, 1. Buch, 6. Kap.* (Bd. 8, S. 66,31).

191,37f. Man fürchtete, daß Kaiser Joseph II., der Bruder der Königin von Neapel, Absichten auf Toskana und ganz Italien habe.

192,3. Filangieri bezeichnete Montesquieu (1689–1755), den Verfasser des zweibändigen Werkes „De l'esprit des lois", Genf 1748, als seinen Lehrer. – Cesare Marchese di Beccaria-Bonesano (1738–1794) war Professor für Staatsrecht an der Mailänder Akademie. Sein zweibändiges Hauptwerk „Dei delitti e delle pene" erschien in erster Auflage 1764.

192,10. Giovanni Battista Vico (1668–1744), Philosoph und Historiker, Professor in Neapel. Das *Buch* ist sein Hauptwerk „La scienza nuova", 1. Ausgabe 1725, 2. endgültige Ausgabe 1744. Kritische 3bändige Ausgabe der „Scienza nuova" von F. Nicolini in der Sammlung „Classici della filosofia moderna", Bari 1916. Deutsche Übertragung von Erich Auerbach, Berlin u. Leipzig 1924. Zu Vico vgl. Benedetto Croce, La filosofia di Giambattista Vico, Bari 1921 (deutsch von Erich Auerbach, Tübingen 1927); J. Chaix-Ruy, La formation de la pensée philosophique de G. B. Vico, 1943; Erich Auerbach, Vico und Herder, Deutsche Vierteljahrschrift für Literaturwissenschaft und Geistesgeschichte 1932; V. Rüfner, Die Geschichtsphilosophie G. Vicos, Bonn 1943 und I. Berlin, Vico and Herder. Two studies in the history of ideas, London 1976.

192,17. Für die Schriften Johann Georg Hamanns (1730–1788), des „Magus aus Norden", die er durch Herder in Straßburg kennen gelernt hatte, interessierte Goethe sich lebhaft. Über sein Verhältnis zu Hamann vgl. *Dichtung und Wahrheit, 12. Buch.* – Zu Hamann vgl. Rudolf Unger, Hamann und die Aufklärung, 2. Auflage, 2 Bde., Halle 1925 und Käte Nadler, Die deutsche Hamannforschung im 1. Drittel des 20. Jhdts., Deutsche Vierteljahrsschrift für Literaturwissenschaft und Geistesgeschichte 1937; S. A. Jørgensen, Johann Georg Hamann, Stuttgart 1976 und R. Wild (Hrsg.), J. G. Hamann, Darmstadt 1978 (Wege der Forschung. 511.). – Bd. 9, S. 512,21f. u. Anm.

193,12. Atrio del Cavallo, das sichelförmige Tal zwischen Vesuv und Monte Somma.

195,21f. Der kolossale *Pferdekopf* befindet sich seit 1809 im Nationalmuseum zu Neapel. Herkunft, Alter und Bestimmung waren lange rätselhaft. Handelt es sich um das Bruchstück eines antiken Bronzepferdes, das einst vor dem Poseidontempel und später im Hof der Hauptkirche von Neapel gestanden hat und an das sich die Sage vom Zauberpferd des Vergil knüpft? Handelt es sich um ein Geschenk des Lorenzo Medici an Diomede Caraffa Conte di Maddaloni? Ist der Kopf antik oder ein Werk Donatellos? Ist es ein Bruchstück oder ein für sich gearbeitetes Stück? Die Unsicherheit der Beurteilung zeigt Vasari (Le vite de' più eccellenti pittori, scultori ed architettori), der den Kopf in der 1. Aufl. seiner Donatellobiographie für antik hält, in der 2. Aufl. Donatello zuschreibt, aber hinzufügt: „Tanto bella, che molti la credono antica". – Die Frage der Herkunft ist durch Auffindung eines Briefes vom 12. Juli 1471 geklärt worden, in dem Diomede Caraffa dem Lorenzo Medici „del dono della testa di bronzo d'un cavallo" dankt, die er in seinem Hause aufgestellt habe (Vasari-Milanesi, Bd. 2, S. 409). – Zur Frage des Alters und der Bestimmung vgl. die ausführliche Abhandlung von Aldo de Rinaldis, Di un'antica testa di cavallo in bronzo attribuita a

Donatello, Bollettino d'Arte 1911. De Rinaldis hält den Kopf für das Bruchstück einer antiken Kolossalstatue, die er nach dem pompejanischen Fresko „Troilus und Achilleus" im Neapeler Museum (Bollettino d'Arte 1910, S. 209) rekonstruiert. – Späthellenistische Arbeit. Wegner, Abb. 29. – Der Palazzo Caraffa Colubrano, später Palazzo Santangelo, liegt an der Via San Biagio dei Librai bei S. Domenico Maggiore.

195,33. Die „Tänzerin", heute im Vatikan. Der Kopf nicht zugehörig. Wohl römisch-klassizistische Schöpfung nach einem Original aus dem Ende des 5. Jhdts. v. Chr. Winckelmanns Erwähnung: Geschichte der Kunst des Altertums, Buch 5, Kap. 3, § 6. – Die Figur wurde im April 1788 zu Schiff nach Rom gebracht und Goethe rang sehr mit dem Wunsche, sie für sich zu erwerben. Vgl. *Zweiter Römischer Aufenthalt, Bericht April 1788*. Durch Pius VI. für den Vatikan erworben. Wegner, Abb. 12. Helbig, 4. Aufl., Bd. I, Nr. 206.

196,28. Vgl. hierzu *Musikalische Anekdoten aus Italien.* Wielands Teutscher Merkur, 1789.

196,28f. Das Teatro S. Carlo ist 1737 erbaut und steht mit der Nordseite des Palazzo Reale in Verbindung. – Der Dichter des „Zerstörten Jerusalem" hieß Sernicola, der Komponist Giordaniello. Vgl. Benedetto Croce, Figurine Goethiane, S. 62.

196,31f. Palazzo Reale di Capodimonte, 1738 begonnen, 1839 vollendet. Seit 1957 Sitz des Museo Nazionale, das auch die Sammlung Farnese an Gemälden und Münzen enthält. Vgl. über das Schloß Carl Justi, Winckelmann, Bd. 2, S. 203ff. u. Thoenes, S. 399ff.

197,13. Filangieris Frau war eine geborene Gräfin Fremdel aus Preßburg, die von Maria Theresia als Erzieherin an den Hof von Neapel gesandt worden war. Die *Prinzessin* war die Schwester Filangieris, die mit dem damals 60jährigen Fürsten Filippo Fieschi Ravaschieri di Satriano verheiratet war. Vgl. hierzu Benedetto Croce, Figurine Goethiane, S. 7ff., S. 17f. und Volfango Goethe a Napoli. Anedotti e ritratti. 2. La Principessina ***, Napoli 1903.

198, 7. Die Ausgrabungen der beiden 63 n. Chr. durch ein Erdbeben schwer beschädigten und 79 durch den Ausbruch des Vesuv verschütteten Städte begannen in Herculaneum 1738, in Pompeji 1740. Die Funde kamen in das Museum von Portici, das Goethe in seinem Brief vom *1. Juni 1787* das *A und Ω aller Antiquitätensammlungen* nannte (S. 343). – Den Stand der Grabungen zur Zeit von Goethes Besuch der Stadt veranschaulicht Fr. Piranesi, Topografia delle Fabbriche scoperte nella città di Pompei, 1792, mit dem Nachdruck des 1785 zuerst veröffentlichten Planes, der die Grabungen bis 1780, vervollständigt bis 1792, wiedergibt. Vgl. H. Eschebach, Mitteilungen des Deutschen Archäologischen Instituts, Römische Abteilung, 17. Ergänzungsheft, 1970, S. 69. – Von den damals aufgedeckten Sehenswürdigkeiten hebt Goethe nur drei hervor: den Isistempel im Theaterviertel (vgl. A. Mau, Pompeji in Leben und Kunst, Leipzig 1908, S. 174ff.), die „Villa des Diomedes" (vgl. Mau, S. 376ff.), die Grabexedra der Mamia an der Straße vor dem Herculaner Tor (zur Gräberstraße Mau, S. 425ff., Th. Kraus und L. v. Matt, Pompeji und Herculaneum, DuMont Schauberg 1973, S. 96ff., Abb. 117, 131f., 136f.). – Zur Grabexedra der Priesterin Mamia: Auf der „Bank vor dem Tor", die wenige Jahre vor Goethes Besuch von Portici an ihre alte Stelle zurückversetzt worden war, saß zwei Jahre nach Goethe Herzogin Amalie, von Tischbein 1789 dort gemalt (Holzhauer, S. 349 mit Farbtafel). Wohl in Erinnerung an diese Besuche wird die Nachbildung der Bank im Park zu Weimar aufgestellt worden sein. Vgl. B. Neutsch, Pompeiana in Weimar, in: Neue Forschungen in Pompeji, hrsg. von B. Andreae und H. Kyrieleis, Recklinghausen 1975, S. 318. – Über das antike Pompeji und die Etappen seiner Wiederentdeckung orientieren neben zahlreichen anderen Publikationen: Th. Kraus und L. v. Matt, Pompeji und Heraculaneum, DuMont Schauberg 1973. Hier die Gräberstraße S. 96ff., Abb. 117, 131f., 136f. Eine ausführliche Liste der Literatur zur Geschichte der Grabungen und Forschungen von 1748–1973 findet sich in: Pompeji, Leben und Kunst in den Vesuvstädten, Kat. der Ausstellung in Villa Hügel, Essen 1973. Einen Überblick über die Stadt und ihre Geschichte gibt Th. Lorenz in: Reclams Kunstführer Italien, Bd. VI, 1971, S. 505ff. Aufschlußreich für den Umfang der Freilegungen zur Zeit Goethes ist eine Gegenüberstellung des Planes von Piranesi mit dem neuesten Stadtplan von H. Eschebach. Beilage zu dem Ergänzungsheft der Römischen Mitteilungen 1970.

198,15f. Die *Bank am Tor* ist das Grab der Priesterin Mamia vor dem Herculaner Tor zu Anfang der Gräberstraße. Vgl. Brief vom *13. März 1787*. – Der *Tempel* ist der Isistempel, die *Villa* die sog. Villa des Diomedes vor dem Herculaner Tor.

198,19f. Die Gemälde waren meist ausgebrochen und im Museum von Portici ausgestellt.

200,29. Vgl. hierzu Benedetto Croce, Figurine Goethiane, S. 19.

201,5. Vgl. Wielands „Wintermärchen" 1776, nach „Tausendundeiner Nacht" (Wielands Werke, Ausgabe Hempel, Bd. 4, S. 62f.).

201,34. Die Benediktinerabtei Monte Cassino zwischen Rom und Neapel, 529 vom hl. Benedikt gegründet, im zweiten Weltkrieg weitgehend zerstört.

203,9. Georg Schlosser (1739–1799), Goethes Schwager.

203,35ff. Vgl. Goethes Maxime: *Wenn man alle Gesetze studieren sollte, so hätte man gar keine Zeit, sie zu übertreten.* Schr. G.Ges., Bd. 21, Nr. 207 u. Anm. – Bd. 12, S. 544 Nr. 1354.

204,18. Vgl. Anm. zu 198,7.

204,22. Herculaner Tor.

204,24. Die *Inschrift* der Bank lautet: „Mamiae P. f. sacerdoti publicae locus sepulturae datus decurionum decreto" („Mamia, der Tochter des Publius, der Stadtpriesterin, wurde dieser Platz zum Begräbnis gegeben nach dem Beschluß der Ratsherren").

204,28. An diesem Ausflug beteiligten sich außer Tischbein Philipp Hackerts Bruder Georg und das Ehepaar Venuti. Im Weimarer Goethehaus ist eine Skizze Tischbeins erhalten: „Mutwillige Gesellschaft am Meeresufer, sie bombardiert sich mit Sand." Goethe ist darauf nicht mit dargestellt. Von ihm heißt es: „Goethe hatte sich vom Kampfe gesondert und klopfte Stücke von den Felsblöcken, welche hier liegen, um die Brandung zu brechen, und untersuchte die Steinarten." Vgl. v. Graevenitz, Italienische Reise, Nr. 51, S. 120. Zu Venuti vgl. Anmerkung zu 344, 14ff.

204,38. Christoph Heinrich Kniep, geb. 1748 in Hildesheim, gest. 1825 als Professor an der Akademie in Neapel. Vgl. über ihn Peltzer und Kruft. – Goethes Brief vom *19. März 1787*. – Vgl. Nachtrag.

205,12. In dem 1732–1752 errichteten Palazzo Reale in Portici wurde mit den seit 1738 in Herculaneum ausgegrabenen Antiken ein Museum eingerichtet, „das in der Welt nicht seinesgleichen hatte und Portici für lange Zeit zum Mekka der Antikenkenner machte" (Thoenes, S. 474). – Vgl. Neapel, 17. März (S. 211).

205,16. Vgl. *15. Februar 1787*. Angelicas Zeichnung heute im „Roten Deckenzimmer" des Goethehauses in Weimar. Vgl. v. Graevenitz, Italienische Reise, Nr. 110. Der Moment ist *3. Aufzug, 3. Auftritt*, V. 1310ff. (Bd. 5, S. 43).

205,30. Über die Geschichte im Hause des Marchese Venuti vgl. Tischbein, Aus meinem Leben, Bd. 2, S. 94.

206,6. Caserta, nördlich von Neapel. Das neue Schloß ist 1752 von Karl III. erbaut, heute Museum. Vgl. Carl Justi, Winckelmann, Bd. 2, S. 207f. und Thoenes, S. 387ff.

206,22. Das dreiviertel Stunde nördlich im Wildpark gelegene Casino Reale di S. Leucio. Vgl. Goethe, *Philipp Hackert*, Kap. *San Leocio* (WA 46, S. 301–306) und Thoenes, S. 614ff.

206,25. Vgl. *Philipp Hackert, Zeichenstunden.* (WA 46, S. 287ff.)

207,5. Maria Carolina, Gemahlin König Ferdinands IV. von Spanien. Ihr Bildnis von Anton Raffael Mengs im Schloß von Madrid (Kat. der Mengsausstellung Madrid 1929, Nr. 81, T. 38).

207,16. Vgl. *15. November 1786*, S. 137,8 u. Anm.

207,23. Friedrich Andres (Lebensdaten unbekannt), Schüler von Raffael Mengs, von Hackert dem König empfohlen, war Inspektor der Gemäldesammlung von Capodimonte. Vgl. Goethe, *Philipp Hackert, Gemälderestauration* (WA 46, S. 266f.).

208,1. Zum Amphitheater Enc. arte antica, II, 1959, S. 335.

208,18. Hier kann nur Charlotte v. Stein gemeint sein.

209,2. Sir William Hamilton (1730–1803), seit 1764 englischer Gesandter in Neapel. Vgl. Brian Fothergill, Sir William Hamilton. London 1969, deutsche Übersetzung München 1971. Vgl. ferner Adolf Greifenhagen, Nachklänge griechischer Vasenfunde im Klassizismus, Jahrbuch der Berliner Museen, Bd. 5, 1963.

209,5. Miß Emma Harte, eigentlich Lyon (1761 oder 1764 bis 1815), aus niedrigem Stande. Hamilton heiratete sie 1791. 1798 wurde sie Lord Nelsons Geliebte. In Calais verarmt gestorben. – Weiterhin erwähnt 217,17; 330,28; 361,14; 381,31. – Vgl. Benedetto Croce, Figurine Goethiane und Goethe a Napoli und H. Vollrat Schumacher, Liebe und Leben der Lady Hamilton, Berlin 1911 (mit vielen Bildern). Vgl. auch Patricia Jaffé, Lady Hamilton in Relation to the Art of her Time. Katalog Ausstellung Kenwood 1972.

210,7ff. Erste kritische Bemerkung über Tischbein. Vgl. Anmerkung zu 125,2.

210,24. Wer *der Freund* war, wissen wir nicht. Düntzer, S. 755 vermutet Johannes Müller, der in diplomatischer Mission im April 1787 Rom besuchte.

211,9. Gennaro, Bischof von Benevent. Er starb unter Diokletian den Märtyrertod. „In dem ihm geweihten Dome werden zwei Gefäße mit dem Blute des Heiligen aufbewahrt, das dreimal des Jahres durch Annäherung an das Haupt des Heiligen flüssig gemacht wird. Aber auch bei Vesuvausbrüchen wird diese Zeremonie zur Abwendung der Gefahr vorgenommen und das Blut in feierlicher Prozession durch die Stadt getragen“ (Robert Weber).

211,31. Goethes Angabe ist nicht richtig. Der österreichische General Fürst Elbeuf hatte 1709 einen Schacht (italienisch = pozzo) gegraben, um Altertümer zu finden, und war auf das Theater gestoßen.

212,5. Über den damaligen Bestand des Museums von Portici vgl. Volkmann, Bd. 3, S. 278–303. Goethe erwähnt merkwürdigerweise nicht die großen Bronzen, die Wandmalereien und Mosaiken.

213,23. *Pulcinell* = Hanswurst des neapolitanischen Volkstheaters.

213,27. Gerard Dou (1613–1675), Schüler Rembrandts, von Goethe hier als Vertreter der holländischen Genremalerei angeführt. Vgl. etwa sein Bild „Der Marktschreier“ in der Münchener Pinakothek.

213,30. Der Absatz über das Josephsfest ist dem Aufsatz *Lebensgenuß des Volkes in und um Neapel,* Wielands Teutscher Merkur, 1788, entnommen.

214,17. Hauptstraße Neapels von Süden nach Norden, 1536 vom Vizekönig Don Pedro del Toledo (1532–1553) angelegt. Seit 1870 „Via di Roma“.

214,31. Vgl. hierzu die erhaltenen Skizzen an Charlotte v. Stein: *Eilige Anmerkungen über den Vesuv. 19. März 1787.* WA Tgb. 1, S. 332 und Geothes Aquarell der ausbrechenden Lava bei v. Graevenitz, Italienische Reise, Nr. 59. – Corpus der Goethezeichnungen Bd. 2. 1960.

214,33. Nordöstlich vom Vesuv.

216,32. Goethe war vom 21.–23. März mit Kniep in Paestum.

217,5. Hamiltons Stadthaus über der heutigen Riviera di Chiaia. Das *Eckzimmer* von Wilhelm Tischbein, Aus meinem Leben, Bd. 2, S. 102f., ausführlich beschrieben. Außer diesem Stadthause besaß Hamilton am Posilipp noch ein Landhaus.

217,27. Wohl der Herzog. Vgl. Briefe an den Herzog vom 10. Februar und 11. August 1787. – Briefe HA Bd. 2, S. 63,12f. u. Anm.

217,37ff. *Bild von Correggio:* wohl Correggio „Madonna del Latte", seit 1872 im Szepmüveszeti Museum in Budapest. Vgl. Nachtrag. – Das Bild „Verlöbnis der hl. Katharina", heute Neapel, Museo Nazionale, sah Goethe in der Sammlung von Capodimonte. Gronau, Correggio, Gemälde, Berlin und Stuttgart 1907, T. 50.

218,15. Die Zeichnungen Knieps sind heute im Goethehaus in Weimar. Vgl. dazu Kruft.

219,5. Zwischen Neapel und Salerno.

219,6. Monte Liberatore.

219,15. Die Universität von Salerno war im Jahre 1050 gegründet worden und im Mittelalter die bedeutendste medizinische Hochschule Europas. 1812 ist sie aufgehoben worden.

219,24. In Paestum, der griechischen Pflanzstadt Poseidonia, stehen drei dorische Tempel, zwei ältere archaische, zwischen ihnen ein jüngerer aus der Zeit von 460–450 v. Chr., der sogenannte Poseidontempel. Er gehört zu den besterhaltenen griechischen Tempeln. – Vgl. Friedrich Krauß, Paestum, Berlin 1941 mit vielen Abbildungen. Zu den Tempeln in Paestum ferner: G. Gruben, Die Tempel der Griechen, Hirmer-Verlag 1966, S. 233, Abb. 175ff. und Taf. VII, sowie E. Kirsten, Süditalienkunde I, 1975, S. 363. – Winckelmann, der 1758 mit Volkmann Paestum besucht hatte („vielleicht bin ich und meine Gesellschaft der erste Deutsche, der da gewesen", berichtete er Mai 1758 an Berendis), behandelt sie im Vorbericht seiner „Anmerkungen über die Baukunst der Alten" 1761. Volkmann behandelt sie Bd. 3, S. 332ff. Vgl. Michéa, Voyage, S. 343ff. Goethe fand sich bei diesem ersten Besuch *in einer völlig fremden Welt.* Die Tempel erschienen ihm *lästig, ja furchtbar.* Im Mai 1787 kehrte er noch einmal nach Paestum zurück und fand nun hier *die letzte und, fast möcht ich sagen, herrlichste Idee, die ich nun nordwärts vollständig mitnehme.* (S. 323,4f.) Er hat diese Idee nicht wieder vergessen. Noch im *Zweiten Teil* des *Faust* (V. 6447f.) heißt es:

Der Säulenschaft, auch die Triglyphe klingt,
Ich glaube gar, der ganze Tempel singt.

222.5. *Kotyledonen* sind die Keimblätter der Phanerogamen (Blütenpflanzen). – Zu Goethes Metamorphosenlehre und seiner Idee der *Urpflanze* vgl. Bd. 13, S. 64–168 und die Anmerkungen von Dorothea Kuhn. Ferner in Bd. 1 S. 199–203 die Metamorphose-Gedichte und die Anmerkungen dazu.

223,9. Francesco Berio aus neapolitanischem Adel. Über ihn vgl. Benedetto Croce, Figurine Goethiane.

223,27. Der Plan des Fürsten von Waldeck kam nicht zur Ausführung. Der Fürst reiste im Mai 1787 mit Tischbein nach Rom zurück.

Sizilien
29. März–15. Mai 1787
(S. 225–321)

225–321. Goethe in Sicilia. A cura di Paolo Chiarini. Roma 1992. (302 S. mit zahlreichen Abb.) – Hanno-Walter Kruft, Goethe und Kniep in Sizilien. Jb. d. Sammlung Kippenberg 2, 1970, S. 201–327 mit 102 Abb.

226,9. *Die zwei ersten Akte des „Tasso“:* 1780 und 1781 geschrieben.

226,21. Die westlichste der Liparischen Inseln.

227,24. Nordwestlich von Palermo.

229,3f. Die *wunderbare Pforte* ist die 1582 begonnene, 1644 vollendete Porta Felice.

229,5f. Die hl. Rosalia, Nichte des Normannenkönigs Wilhelm II., ist die Schutzheilige von Palermo. Ihr Fest fällt auf den 11. bis 15. Juli.

229,7. Nach den Untersuchungen von G. Pittre, W. Goethe in Palermo nella primavera del 1787, Palermo 1908, ist Goethe nicht durch die Porta Felice, sondern durch die (heute verschwundene) Porta delle Legne eingezogen. Goethes Wohnung wäre die Casa Gramignani in der Straße Porto Salvo gewesen. Knieps Ansichten aus dem Fenster bei Peltzer, Nr. 16 und 17. – Kruft Abb. 10.

229,10. Der Monte Pellegrino.

229,36. Der sog. Toledo, wie in Neapel benannt nach Don Pedro di Toledo, die Hauptstraße Palermos.

231,37f. Villa Flora oder Giulia an der Marina, 1777 angelegt. Vgl. *7. April 1787.*

232,8. Das Trauerspiel *Nausikaa,* dessen Plan und Ausführung Goethe in Sizilien beschäftigte. Vgl. Bd. 5, S. 68–72 und dazu „Goethe über Nausikaa“ im Anmerkungsteil.

232,16. Monte Catalfano mit dem Kap Zafferano.

232,27. Die berühmte Conca d'Oro.

233,16. Schlacht bei Panormus 251 v. Chr., in der Caecilius Metellus den karthagischen Feldherrn Hasdrubal (nicht Hannibal) schlug. Knieps Zeichnung Peltzer, Nr. 20.

234,18. *Barbarei* = Berberei, der nordwestliche Teil Afrikas: Marokko, Algier, Tunis, Tripolis.

234,21. *Bagaria* ist die Landschaft um Bagaria oder Bagheria, eine Landschaft östlich von Palermo.

235,5. Der Brunnen auf der Piazza Pretoria vor dem Municipalpalast ist ein Werk der Florentiner Bildhauer Francesco Camilliani (gest. 1586) und Michele Naccherini (1535–1622), 1554–55 für die florentiner Villa des Vizekönigs Don Pedro geschaffen, 1575 nach Palermo überführt.

237,3. Dieser Abschnitt erschien zuerst im Oktoberheft 1788 von Wielands Teutschem Merkur als erstes Stück der *Auszüge aus einem Reisejournal.* Das erhaltene Schema abgedruckt Tagebücher, S. 292. Vgl. hierzu Michéa, Voyage, S. 351ff.

237,5. Patrick Brydone (1740–1818), Naturforscher. Er bereiste Italien in den Jahren 1767–71. Die Beschreibung des Rosalienfestes Bd. 2 seiner Briefe, S. 127ff. Vgl. Michéa, Voyage, S. 332.

237,13. Abbé de Saint Non, Voyage pittoresque ou description des Royaumes de Naples et de Sicile. 5 Foliobände, Paris 1781–86. Die unvollkommene Abbildung des Monte Pellegrino findet sich Bd. 4, I, S. 136, Nr. 55 und 56. Vgl. Michéa, Voyage, S. 337.

237,19. Am 15. Juli 1624.

237,28. Das Heiligtum der hl. Rosalie (Kirche und Kloster) ist 1625 errichtet worden. Die Statue, eine Arbeit des florentiner Bildhauers Gregorio Tedeschi (gest. 1634), ist ein Geschenk König Karls III. von Neapel.

240,7. Im „Merkur“ folgen hierauf noch zwei kurze Abschnitte, die den Aufsatz beschließen, abgedruckt Festausgabe, S. 613. Vgl. dazu Michéa, Voyage, S. 352.

241,8. Das Exemplar in Goethes Bibliothek erhalten: „Homeri opera, Tom. II, Odyssea, graece et latine curante Stephan. Berglero“. Patavii 1777. Nach Tagebücher, S. 404 fällt der Ankauf auf den 15. April. – Goethe hat in den 90er Jahren aus dem 7. Gesang der Odyssee die Beschreibung des Alkinoosgartens in Hexametern übersetzt. Vgl. Suphan, Homerisches aus Goethes Nachlaß. G.Jb., Bd. 22. – Goethes Bibliothek. Katalog von H. Ruppert. Weimar 1958. Nr. 1277.

241,15. *Petarden* = Feuerwerkskörper.

241,29f. Welches die *verschiedenen Kirchen* gewesen sind, entzieht sich unserer Kenntnis. Es fällt auf, daß Goethe weder die Cappella Palatina noch die Martorana erwähnt. Der Zugang zur normannischen und byzantinischen Kunst blieb ihm ebenso wie den übrigen Reisenden des 18. Jhdts. verschlossen. Vgl. Michéa, Voyage, S. 347f. Erst später hat er durch die Beschäftigung mit Séroux d'Agincourts ,,Histoire de l'art par les monuments depuis sa décadence au IV. siècle jusqu'à son renouvellement au XVI. siècle", Paris 1810–1823, für die byzantinische Kunst geschichtliches Verständnis gewonnen. Davon legt sein Aufsatz *Kunstschätze am Rhein, Main und Neckar* mit der Darstellung der niederrheinischen Malerschule und ihrer byzantinischen Voraussetzungen Zeugnis ab. – Die Kathedrale von Palermo hat er am 15. April besucht.

241,31. Vizekönig war von 1785 bis 1788 Francesco de'Aquino, Fürst von Caramanico. Der Palazzo Reale, zu dem auch die eben genannte Cappella Palatina gehört, an der Piazza della Vittoria gelegen, ist eine arabische Gründung des 9. Jhdts. Er wurde durch die Normannen erweitert und war unter den Hohenstaufen, vor allem unter Kaiser Friedrich II., ein Zentrum der abendländischen Kultur. Bis 1921 kannte man von den alten Teilen nur noch die Torre Pisana, die von Roger II. 1132–40 erbaute Cappella Palatina und die Sala di Rugiero.

241,35. Der *Malteser* war Graf Statella. Er war bald darauf in Weimar und bestellte an Charlotte v. Stein Grüße von Goethe. Vgl. Charlottes Brief an Charlotte v. Lengefeld vom 1. Juni 1787: ,,Stellen Sie sich vor, daß ich durch Goethe vom Graf Statella ein Compliment bekommen habe; er hat ihn bei dem Gouverneur von Sicilien gesehen." (,,Charlotte v. Schiller und ihre Freunde", hrsg. von Urlichs, II, Stuttgart, 1862, S. 259.)

242,1. Die *v. Dacherödische Familie* ist die Familie des Kammerpräsidenten Karl Friedrich v. Dacheröden in Erfurt, dessen Tochter Caroline 1791 Wilhelm v. Humboldt heiratete.

242,2. *Koadjutor v. Dalberg* ist Karl Theodor v. Dalberg (1744–1817). Er war seit 1772 kurmainzischer Statthalter in Erfurt. Seine Wahl zum Koadjutor erfuhr Goethe erst in Neapel. Vgl. Brief an Karl August vom 27. Mai 1787.

242,26f. Ferdinando Francesco II. Gravina, Cruylas ed Agliata, Principe di Palagonia (1722–1788). Seine Villa in La Bagheria östlich von Palermo. Vgl. Karl Lohmeyer, Palagonisches Barock. Frankfurt 1941–43 und DVjs, 1942. Lohmeyer hat zum ersten Mal den *Unsinn des Prinzen Pallagonia* vor dem Hintergrund des barocken Lebens gesehen und ist auf diese Weise zu neuer Wertung gekommen. Viele Abbildungen. Vgl. Michéa, Voyage, 349f. u. Kruft, 224ff., Abb. 23–26. Goethes Beschreibung fußt nicht nur auf den Notizen seines Besuches (Tagebuch, S. 293), sondern auch auf dem Werk des Patrick Brydone, Voyage en Sicile et à Malte, fait en l'année 1770, 2 Bde., Amsterdam 1776. – Weitere Goethe bekannte Literatur angegeben bei Kruft, Anm. 69. – Vgl. ferner George Levetine, Les monstres du Prince Palagonia, leurs critiques et leurs admirateurs, Gazette des Beaux-Arts 1964.

247,9. Vgl. Goethes Schema, Tagebücher, S. 293 f. und W. A., Bd. 31, S. 323 f.

247,11. Die Zeichnung von Kniep befindet sich in Weimar. Abgebildet bei Kruft S. 229.

247,19ff. Die Benediktinerabtei Monreale, südwestlich von Palermo gelegen, ist 1174 von Wilhelm II. gegründet worden. Auch hier fällt auf, daß Goethe dem Dom und seinem Mosaikenschmuck, einem Hauptwerk der normannischen und byzantinischen Kunst, keine Beachtung geschenkt hat. Der Erbauer des Weges ist der Erzbischof Testa von Monreale (Erzbischof seit 1760).

247,26. Das Benediktinerkloster San Martino delle Scale, eineinhalb Stunden weiter im Gebirge gelegen, ist im 6. Jhdt. von Papst Gregor d. Gr. gegründet worden. 820 durch die Araber zerstört, ist es 1346 wieder aufgebaut und 1770 erweitert worden. Heute landwirtschaftliche Erziehungsanstalt.

248,23. *Calcara* = Kalkgestein.

248,34. Die Umbauten, die der damalige Vizekönig 1787 vornehmen ließ, sind vielleicht die äußere Ursache gewesen, die Goethe gehindert hat, die Cappella Palatina zu besichtigen.

249,3. Von den beiden Widdern ist der eine während der Revolution 1848 zerstört worden. Der andere befindet sich heute im Museum zu Palermo. Es handelt sich um ein Originalwerk des beginnenden Hellenismus, das wahrscheinlich in Syrakus gefunden worden ist. Wegner, Abb. 30. – Kruft Abb. 30.

249,7. Phrixus und Helle waren die Kinder des böotischen Königs Athamas und seiner Gemahlin Nephele. Nephele raubte sie, um sie vor den Nachstellungen einer Nebengattin des Königs zu bewahren. Sie setzte die Kinder auf einen ihr von Hermes geschenkten geflügelten Widder, dessen Vlies golden war. Auf diesem Wundertier ritten Bruder und Schwester durch die Luft über Land und Meer. Helle, vom Schwindel überwältigt, fiel ins Meer, das nach ihr den Namen Hellespontus erhielt. Phrixus kam ins Land der Kolcher, opferte den Widder dem Zeus und gab das goldene Vlies dem König der Kolcher Aëtes zum Geschenk.

249,12f. Zu den 1785 entdeckten Katakomben vor Porta de'Ossuna J. Führer und V. Schultze, Archäologisches Jahrbuch, Ergänzungsheft VII, 1907, S. 220f., Abb. 84ff.

249,22f. Gabriele Lancelotto Castello, Principe di Torremuzza (1727–1794). Ein Teil seiner hervorragenden Sammlung antiker Münzen Siziliens befindet sich heute im Museo Nazionale zu Palermo. Der Fürst war Schriftsteller auf dem Gebiete der Numismatik und Inschriftenkunde. Er lebte meist auf seinem Landgut in Bagaria, und Goethe wird ihn nicht selbst kennen gelernt haben.

251,12f. Comte de Borch, Littologie sicilienne ou connaissance de la nature des pierres de la Sicile. Rom 1778. Vgl. Michéa, Voyage, S. 341.

252,28. *Hoffegut* und *Treufreund* sind die Gefährten in Goethes *Vögeln*.

252,37. *Lactuca* = Lattich, von lac, die Milch, abgeleitet.

253,14. Dem folgenden Abschnitt liegt zugrunde Goethes Aufsatz: *Des Joseph Balsamo, genannt Cagliostro, Stammbaum. Mit einigen Nachrichten von seiner in Palermo noch lebenden Familie,* Vortrag von 1792 in der Freitagsgesellschaft (vgl. G.Jb., Bd. 19), zuerst erschienen in Goethes *Neuen Schriften, Berlin, I, 1792.* – Alexander v. Cagliostro (1743–1795), der berüchtigtste Abenteurer des 18. Jhdts. Schiller benutzte seine Gestalt im „Geisterseher" (1789), Goethe im *Großkophta* (1791). – WA 31, S. 299–304. – Münchner Ausg. 4,2. 1986, S. 451–468.

253,26. Der *Kupferstich* in seinem „Mémoire justicatif", seiner in der Bastille zu Paris verfaßten Verteidigungsschrift.

253,29f. Der *Rechtsgelehrte* war Baron Antonio Vivona, Frankreichs Rechtsvertreter in Sizilien.

253,36f. Der *Stammbaum* ist von Goethe in seinem Aufsatz abgedruckt worden. Wiederabdruck Festausgabe, Bd. 17, S. 616. Vgl. Stephan Kekulé v. Stradonitz, Goethe als Genealog, Berlin 1900.

255,6f. Cagliostro wurde auf Befehl des Papstes zum Tode verurteilt, 1791 zu lebenslänglicher Haft auf dem Fort San Leone bei Urbino begnadigt, wo er 1795 starb. Ein Auszug der römischen Prozeßakten erschien in Rom 1791, eine deutsche Übersetzung von Christian Joseph Jagemann, dem Bibliothekar der Herzogin Amalie, Weimar 1791.

255,20. *ediktaliter zitiert* = durch öffentliche Aufforderung gesucht.

256,39. Zu den *Halbbetrogenen* gehörte auch Lavater. Vgl. dazu Goethe und Lavater, Briefe und Tagebücher, hrsg. von Heinrich Funck, Schr. G.Ges., Bd. 16, Weimar 1901, besonders S. 152f., 162, 166, 190, 215.

257,33. Joseph, der Schwestersohn Cagliostros.

257,36. *Negoziation* = energisches Betreiben.

258,4. Cagliostros Schwester.

262,21. Der Brief, den Goethe in Empfang nahm, ist in dem Aufsatz von 1792 in deutscher Übersetzung abgedruckt. Goethe hat die 14 Unzen von Weimar aus der Familie zugesandt. Vgl. auch darüber seinen Aufsatz von 1792. Wiederabdruck Festausgabe, Bd. 17, S. 617.

265,35f. Unter den *Merkwürdigkeiten* sind vermutlich 4 von Riedesel genannte römische Graburnen zu verstehen. Vgl. Michéa, Voyage, S. 349. Der Kathedrale selbst, einem Hauptwerk der normannischen Baukunst, und den Gräbern der deutschen Hohenstaufenkaiser Heinrich VI. und Friedrich II. hat Goethe keine Aufmerksamkeit geschenkt. Die Kathedrale ist 1185 durch den Erzbischof Gualtiero Offamilio

(Walter of the Mill) gegründet worden. 1781–1801 ist sie nach den Plänen des florentiner Baumeisters Ferdinando Fuga (1699–1781) umgebaut und mit einer Kuppel versehen worden. Vielleicht war dieser Umbau die äußere Ursache, daß Goethe die Kaisergräber nicht hat sehen können.

265,38. Das von dem Normannenkönig Wilhelm I. im 12. Jhdt. begonnene Lustschloß La Zisa vor Porta d'Ossuna. „C'est le premier contact avec l'orient du futur poète du West-Östlicher Diwan." Michéa, Voyage, S. 349.

266,6. Das ehemalige Jesuitenkollegium.

266,21. Vgl. hierzu *Geschichte meines botanischen Studiums*: *und so leuchtete mir am letzten Ziel meiner Reise, in Sizilien, die ursprüngliche Identität aller Pflanzenteile vollkommen ein.* (Bd. 13, S. 164,7)

267,10. Vom gleichen Tag hat sich der einzige Originalbrief Goethes aus Sizilien an Charlotte v. Stein erhalten: *Meine Liebe noch ein Wort des Abschieds aus Palermo. Ich kann dir nur wiederhohlen daß ich wohl und vergnügt bin und daß nun meine Reise eine Gestalt nimmt. In Neapel hätte sie zu stumpf aufgehört. Aus meinen Blättern siehst du nur einiges im Detail, vom Ganzen, von meinem Innersten und den glücklichen Folgen die ich fühle kann und mag ich nichts sagen. Dies ist ein unsäglich schönes Land, ob ich gleich nur ein Stückchen Küste davon kenne. Wie viel Freude macht mir mit jedem Tage mein bischen Wissen der natürlichen Dinge und wie viel mehr müßte ich wissen wenn meine Freude vollkommen seyn sollte. Was ich Euch bereite geräth mir glücklich, ich habe schon Freudenthränen vergossen, daß ich Euch Freude machen werde. Leb wohl Geliebteste mein Herz ist bey dir und jetzt da die Weite Ferne, die Abwesenheit alles gleichsam weg geläutert hat was die letzte Zeit über zwischen uns stockte so brennt und leuchtet die schöne Flamme der Liebe der treue, des Andenckens wieder fröhlich in meinem Herzen. Grüse Herders und alle. und gedencke mein.* (Briefe Bd. 2, S. 51 f.) Goethe schenkte diesen Brief am 16. Februar 1818 als Autograph an Zelter: *ein uralt Blättchen, das ich nicht verbrennen konnte, als ich alle Papiere, auf Neapel und Sicilien bezüglich, dem Feuer widmete. Es ist ein so hübsches Wort auf dem Wendepuncte des ganzen Abenteuers und giebt einen Dämmerschein rückwärts und vorwärts. Ich gönne es Dir! Bewahre es fromm. Was man doch artig ist, wenn wir jung sind.* – Vgl. Wolfgang Krönig, Alcamo, eine Stadt in Sizilien und ihr Historiograph. Zeitschrift für Kunstgeschichte, Bd. 42, 1979.

267,30. Anspielung auf die Hochzeit zu Kana.

268,9. Vgl. hierzu Tagebücher, S. 296f.

268,38. *Caruba* = Johannisbrot.

268,38. *Fraxinus* = Esche.

269,15. *Insektenophrys*, von Linné Ophrys insectifera benannt, deutsch Frauenträne, Fliegenorchis, Insektenorchis, weil ihre Blüte wie ein Insekt aussieht.

269,16. *Borraß* = Borretsch, Gurkenkraut. – *Allien* = Knoblauchgewächse. – *Asphodelen* = Liliengewächse.

269,17. Der Gaggera.

269,21. *Sahlband* =Gestein, das die verschiedenen Schichten trennt.

269,25. Vgl. hierzu Goethes Zeichnungen, Tagebücher, S. 298 ff. Der, wie Goethe richtig sah, unvollendete Tempel stammt aus dem 5. Jhdt. v. Chr. – Wegner, Abb. 3. – G. Gruben, Die Tempel der Griechen, München 1966, S. 306 und Abb. 233 f. – Kruft Abb. 32 u. 33.

269,34. 1781. Vgl. Anm. zu 270,38.

270,22. Johann Hermann v. Riedesel, Frh. v. Eisenbach (1740–1785), Reise durch Sizilien und Großgriechenland, 1771. Das Buch ist Winckelmann gewidmet. Neuausgabe in 2 Bdn., Darmstadt 1942. Das Werk war schon in der Bibliothek Johann Caspar Goethes und war Goethe seit seiner Straßburger Zeit vertraut (Morris, II, S. 48). – Vgl. Walther Rehm, Götterstille und Göttertrauer, Bern 1951, S. 201 ff.

270,38. Das heute ausgegrabene Theater von Segesta liegt etwa 10 Minuten vom Tempel entfernt auf einem Hügel.

271,12. Castel Vetrano, in der Südwestecke Siziliens gelegen, ist heute Ausgangspunkt für den Besuch von Selinunt. Die Reisenden des 18. Jhdts. pflegten ihren Weg von Segesta nach Trapani, Marsala, Mazzara, Selinunt und dann nach Castel Vetrano zu nehmen. Goethe verzichtete auf den Besuch der Tempelruinen von Selinunt und begab sich gleich nach Castel Vetrano.

271,27. *Hibiscus* = Ibisch, eine Malvazee. Zierstrauch aus dem Orient mit purpurnen Blüten.

271,29. *Galegagesträuche* = Schmetterlingsblütler.

272,14. Sciacca an der Südküste, hoch über dem Meer gelegen.

272,19. *Salsola Kali* = Salzkraut, eine Strandpflanze, aus der Soda gewonnen wird.

272,23. *Pantoffelholz* = Korkeiche.

272,24. Girgenti (heute Agrigento), das griechische Akagas, das römische Agrigentum, wurde 582 v. Chr. gegründet, 406 von den Karthagern zerstört und 210 v. Chr. von den Römern endgültig erobert.

272,26. Die *Bäder* von Sciacca sind die antiken Thermae Selinuntinae.

272,31. Das Karmeliterkloster auf dem Monte San Calogero. Die *Schwitzbäder*, die Stufe di San Calogero, befinden sich in Höhlen des Berges.

272,35 f. *Calata Bellotta*, heute Caltabellotta, ist eine 900 m hoch gelegene Stadt. Einen Fluß dieses Namens gibt es nicht. – *Macasoli*, heute Maccazzolo. – *Platani*, der antike Halikus.

273,4. Montalegro, heute verlassene Bergstadt.

273,11. Das neue Agrigento ist aus einer mittelalterlichen Festung entstanden.

273,26. Der *Führer* war der Antiquar Don Michael Vella.

273,32ff. Die *Hauptkirche* ist der im Nordwesten der modernen Stadt gelegene Dom, ein Bau des 13. Jhdts., der in späteren Jhdtn. umgearbeitet worden ist. – Der Hippolitussarkophag, ein attisches Werk des 3. nachchr. Jhdts., befindet sich heute im Museum der Kathedrale. Winckelmann, Monumenti inediti, 1767, II, S. 137, nennt ihn „vielleicht das schönste Basrelief, welches in Marmor aus dem Altertum bis in unsere Zeiten erhalten worden". In Riedesels „Reise durch Sicilien und Griechenland" stellt die Titelvignette von Salomon Geßner die rechte Schmalseite des Sarkophages dar. – Rodenwaldt (102. Winckelmannprogramm, S. 10) gibt mit Recht eine Verteidigung von Goethes Worten *warmer Begeisterung, die nachzuempfinden uns schwer wird*: „was Riedesel und Goethe in Rom an Sarkophagreliefs sahen, waren in überwältigender Mehrheit stadtrömische Arbeiten. Hier dagegen erblickten sie, und zwar in dem Vorzuge des isolierten Daseins und in einer Atmosphäre griechischer Kunst, ein Werk attischen Meißels, das seinem ganzen Wesen nach grundverschieden von römischen Monumenten war. Wir haben allmählich eingesehen, daß griechische Arbeiten, mögen sie noch so spät und gering sein, mehr von klassisch griechischer Art haben als selbst ältere und qualitätvollere römische Werke. Ein ununterbrochener Strom geht von der archaischen Kunst der Griechen bis zur byzantinischen Epoche, von den ältesten Apollines bis zu den jüngsten Ikonen. Intuitiv haben Riedesel und Goethe, die aus Rom kamen, an dem Sarkophag in Girgenti das Andersartige und Griechische empfunden, und Goethe hat eine bezeichnende Eigentümlichkeit gegenüber der Erzählungsfreude römischer Sarkophage erkannt, wenn er sagt: *hier war die Hauptabsicht, schöne Jünglinge darzustellen.*" – Die von Goethe beschriebene Seite bei Wegner, Abb. 59. Vgl. Carl Robert, Die antiken Sarkophagreliefs III, 2, Berlin 1904, S. 178ff., Nr. 152.

274,6. Der rotfigurige Krater korinthischer Form befindet sich ebenfalls im Museum der Kathedrale. Die Vorderseite stellt den Abschied eines zum Kriege gerüsteten Jünglings von seinem Vater, die Rückseite eine Gruppe stehender Jünglinge dar. Wegner, Abb. 37. Vgl. Goethes Beschreibung vom *26. April 1787*, S. 280,10–23.

274,8. Der Dom steht, so wird vermutet, an der Stelle eines Zeustempels.

275,9. Von dem gegen 450 v.Chr. erbauten „Junotempel" (seit dem 18. Jhdt. „Tempio di Giunone Lacinia") wurden 25 Säulen ganz, 9 halb aufgerichtet. Vgl. G. Gruben, Die Tempel der Griechen, S. 288, Abb. 222ff. – Kruft Abb. 36–38.

275,16. Es muß richtig heißen: westwärts.

275,25. Der Tempel der Konkordia – fälschlich so genannt nach einer heute im Museum befindlichen lateinischen Inschrift, die mit dem Tempel nichts zu tun hat – ist in den ersten Jahrzehnten nach der Mitte des 5. Jhdts. erbaut worden. Seine gute Erhaltung verdankt er seiner Umgestaltung zur christlichen Kirche S. Peter und Paul im 6. Jhdt. n. Chr. Erst 1748 wurde er von dem Principe di Torremuzza wieder in alten Formen hergestellt. Wegner, Abb. 2; vgl. Anm. zu 275,9.

276,4. Der „Jupitertempel", das Olympieion, wurde als Siegesdenkmal nach der Überwindung der Karthager durch den Tyrannen Theron 480 v. Chr. begonnen, aber nie vollendet. Es ist in seinen gewaltigen Ausmaßen und seinem Aufbau der von allen mutterländisch-griechischen Normen am stärksten abweichende dorische Tempel Westgriechenlands. 1802 hat man mit den Aufräumungsarbeiten begonnen. Leo v. Klenze schenkte Goethe 1828 ein eigenhändiges Gemälde der Ruine. Vgl. Goethes Brief an Klenze vom 3. Mai 1828 und seine Besprechung des Bildes *Südöstliche Ecke des Jupitertempels von Girgent, wie sie sich nach der Ausgrabung zeigt. Ölbild von L. v. Klenze, Königl. bayerischer Ober-Baudirektor* (W. A., Bd. 49, I, S. 387f.). – Vgl. Michéa, Voyage, S. 345 u. Anm. zu 275,9.

276,19. Der Tempel des Herkules ist der älteste Tempel von Agrigent aus dem Ende des 6. Jhdts. v. Chr. Gegenwärtig sind wieder 8 Säulen, davon 4 mit Kapitell aufgerichtet. Vgl. Anm. zu 275,9.

276,29. Knieps Zeichnungen vom 26. und 27. April bei Peltzer, Nr. 27–35, S. 251 und 255. Vgl. v. Graevenitz, Italienische Reise, Nr. 80 und 81. – Kruft Abb. 39–42.

276,31. Der kleine sog. Tempel des Äskulap aus dem 5. Jhdt. liegt vor den Mauern der alten Stadt. Vgl. Anm. zu 275,9.

276,34. Das sog. Grabmahl Therons (des 473 v. Chr. gestorbenen Tyrannen von Akragas) stammt in Wahrheit erst aus römischer Zeit. Knieps Zeichnung bei Peltzer, Nr. 34. Federskizze in Sepia von Goethe vgl. v. Graevenitz Nr. 82. – Kruft Abb. 45. – Corpus III, Nr. 31.

277,12. Vgl. Anmerkung zu S. 270, Z 22. – Goethes Dank kam zu spät. Riedesel war 1785 als preußischer Gesandter in Wien gestorben.

278,2. Es handelt sich um die Ruinen des kleinen Tempels der Ceres und Proserpina, in die in normannischer Zeit die kleine Kirche S. Biagio eingebaut worden ist. Vgl. Anm. zu 275,9.

278,23. Porta Aurea, das Südtor der alten Stadt, das zum Hafen führt.

279,14. *Salsola fruticosa* = buschiges Salzkraut.

279,15. *Esparsett* = Klee mit roten Schmetterlingsblüten, der in Kalkgegenden wächst.

279,25. *Karubenbaum* = Johannisbrotbaum.

280,7. *Ridene* = Wasserenten.

280,8. Der Fiume di Girgenti.

280,10. Vgl. 274,6. Goethe deutet hier das ruhige Beieinander in Handlung um.

281,29. Caltanisetta liegt nördlich von Agrigento.

282,10. Triptolemos, Königssohn in Eleusis, Liebling der Demeter, erhielt von Demeter einen mit geflügelten Drachen bespannten Wagen.

283,26. Monte Gemini, 1576 m hoch, einer der höchsten Berge der Insel.

284,4. Goethe kommt auf seine Vermutung über die Mündung des antiken Achates nicht wieder zurück.

284,16. Die *Gleichen* sind drei Burghügel bei Gotha.

284,26. *Sömmerung* = Sommerbestellung.

284,32. *Pektiniten* = versteinerte Kammuscheln.

285,1. *Castro Giovanni* ist das antike Enna, heute wieder Enna genannt, auf dem 935 m hohen Bergkegel Monte Canarello gelegen, uralte griechische Siedling und Zentrum des Demeterkultes, da hier nach der Sage Persephone von Hades geraubt worden ist. Die Unfreundlichkeit des Empfanges hat Goethe, der 1772 ein Monodrama *Proserpina* gedichtet hatte, leider die historische und mythologische Bedeutung dieses Städtchens gänzlich übersehen lassen.

285,28. *Caltascibetta* = Calascibetta, auf dem Monte Altesina gelegen, sarazenische Gründung aus dem Jahre 851.

287,33. Die Kniepsche Zeichnung Peltzer, Nr. 37 und Kruft Abb. 47. Beischrift: „Thal von Castel Giovanni nach Catania, der Hintergrund nach der Natur, der Mittel- und Vordergrund phantastisch".

287,36. Nicolas Poussin, geb. 1594 zu Villers bei Les Andelys in der Normandie, gest. 1665 in Rom. 1610–1612 Schüler des Quentin Varin zu Andelys, seit 1612 des Ferdinand Elle und Georges L'Allemand zu Paris. 1620 kam er zuerst nach Italien. Seit 1623 in Rom unter dem Einfluß Domenichinos und durch das Studium Raffaels und der Antike weitergebildet. Tätig in Rom und von 1640 bis 1642 als Peintre du Roy in Paris. – Nicolas Poussin ist der bedeutendste französische Maler des 17. Jhdts. und einer der Hauptvertreter der klassischen Richtung des Barock. Goethe denkt hier an den Landschaftsmaler, der zusammen mit Claude Lorrain der sog. idealen, d. h. streng komponierten Landschaft ihre höchste Form gegeben hat. – Ein Nachahmer Poussins war sein Schwager Gaspard Dughet, der 1613 als Sohn französischer Eltern in Rom geboren wurde und 1675 daselbst starb. Er nannte sich ebenfalls Poussin und genoß als Landschaftsmaler großen Ruf. Auch an ihn könnte Goethe hier denken.

288,27. *Ibla Major* = das heutige Paternò.

289,3. *Motto* = Motta Santa Anastasia auf einem Bergkegel mit normannischem Kastell.

289,15. Misterbianco (nach dem 1669 durch Erdbeben zerstörten Benediktinerkloster Monastero bianco) auf dem Rücken zweier Hügel gelegen.

289,19. Zu der Erzählung von dem Wirtshaus zum „Goldenen Löwen", die Goethe novellistisch ausgestaltet hat, vgl. Loewer, Goethes sizilianische Odyssee, Jb. G. Ges., Bd. 3, S. 110. – Vom 3.–14. Mai sind die Daten um einen Tag verschoben worden. Korrektur nach den W. A. Bd. 31 und 32 veröffentlichten Tagesregistern möglich. – Zur Frage der Daten vgl. den Abschnitt „Zur Textgestalt".

290,33. Vincenzo Principe di Biscari (geb. 1742) war der vornehmste und reichste Herr in Catania. Der *Hausgeistliche* ist der (von Borch, Bd. 1, S. 69 genannte) gelehrte Botaniker Abbate Sestini, dessen Descrizione del museo d'Antiquaria e del Gabinetto di Istoria naturale del Signore Principe di Biscari 1776 in erster, 1787 in zweiter Auflage erschien.

290,38. Der Palazzo Biscari an der Via Museo Biscari. Die Sammlung befindet sich mit Ausnahme der Waffen, Gemmen und Münzen, die nach dem Tode des Gründers ins Ausland kamen, seit 1932 im Museo Comunale. Vgl. Guido Libertini, Il Museo Biscari. Milano-Roma 1930.

291,6. Auf den Jupitertorso hatte zuerst Riedesel, S. 115f., aufmerksam gemacht, der ihn aber für einen Bacchus hielt. Die Deutung auf Jupiter bei Borch, Houel, Paine Knight, Bartels, Stolberg.

291,17. Die *Prinzessin* ist nach W. A., Bd. 32, S. 475 die Gemahlin des Principe Biscari.

291,36. Die Mutter des Fürsten war Anna Morso e Bonnano, eine Fürstin von Poggio Reale.

292,1f., 6. Der Vater war Ignazio Principe di Biscari (1719–1786).

292,27f. Riedesel war 1767 in Catania, Münter 1785 und 1786. – Johann Heinrich Bartels (1761–1850), Theologe und Jurist, später Bürgermeister von Hamburg, war 1786 in Catania und hat seine Reise in 3 Bdn. „Briefe über Calabrien und Sicilien", Göttingen 1787–1792, beschrieben.

292,34f. Die Kirche S. Nicolò ist in den Jahren 1693–1735 erbaut worden. Die Fassade unvollendet. Das zugehörige Kloster ist 1558–1578 erbaut und im 18. Jhdt. barock umgestaltet worden. 1866 als Kloster aufgehoben, heute Sitz verschiedener Schulen und Institute. Die riesige Orgel ist im 18. Jhdt. von Donato del Piano errichtet worden, der unter ihr begraben liegt. Sie umfaßt 5 Manuale, 72 Register und 2916 Pfeifen.

293,31. Goethe meint hier den Streit der „Vulkanisten" und „Neptunisten". A. F. v. Veltheim hatte 1786 den vulkanischen Ursprung des Basalts behauptet. Der Freiberger Mineralog und Geolog Werner dagegen hatte den Ozean als Grund aller geologischen Bildungen angesehen.

Goethe, der im übrigen den Neptunisten zuneigte, nahm eine vermittelnde Stellung ein. Vgl. Brief vom 26. Januar 1788 an C. G. Voigt und seinen Aufsatz *Vergleichsvorschläge, die Vulkanier und Neptunier über die Entstehung des Basalts zu vereinigen.* W. A., II. Abt., Bd. 9, S. 304ff. – Schr. z. Naturwiss. 1, 1947, S. 189–191. – GHb. „Basalt".

294,3. Der Ritter Giuseppe Gioeni war Professor der Naturgeschichte an der Universität Catania.

294,7. *Zeolith* = Kristallgebilde in vulkanischem Gestein.

294,8. Gemeint sind die 7 Scogli de'Ciclopi, nach der Sage die Felsen, die der geblendete Polyphem dem Odysseus nachwarf. Sie befinden sich nördlich Catanias bei Aci Castello.

294,18. Brydones Besteigung steht Bd. 1, S. 127ff., Borchs Bd. 1, S. 80ff. Über Reisende, die bis zum Gipfel gekommen sind, vgl. Festausgabe, Bd. 17, S. 625.

294,38. Knieps Zeichnung bei Peltzer, Nr. 39. Er hat sie 1788 in Sepia für Goethe ausgeführt. – Graevenitz Nr. 85. – Vgl. Nachtrag.

295,6. *Grus* = Geröll.

296,1. Auf der Weiterreise nach Taormina sind Goethe und Kniep doch noch nach Aci Castello gekommen. Knieps Zeichnung, Peltzer, Nr. 40. – Graevenitz, Italienische Reise, Nr. 86. – Kruft Abb. 51, 52.

296,16. Taormina ist das antike Tauromenium. Das berühmte Theater entstammt hellenistischer Zeit, wohl dem 2. Jhdt. v. Chr., die prunkvolle Schauarchitektur des Bühnenhauses der römischen Kaiserzeit. Wegner, Abb. 43.

298,14. Peltzer, Nr. 41 und 42. Die zweite Zeichnung, das Theater darstellend, von Kniep als Sepia ausgeführt, hängt gerahmt im „Deckenzimmer" des Goethehauses in Weimar. Vgl. v. Graevenitz, Ital. Reise, Nr. 87. – Kruft Abb. 53–56. – G. Striehl, Ch. H. Kniep. 1992. Abb. 48.

299,12f. Die Fragmente der *Nausikaa* abgedruckt Bd. 5, S. 68–72. Unter ihnen die herrlichen Verse, die Goethes Erlebnis der sizilianischen Landschaft am reinsten widerspiegeln:

> *Ein weißer Glanz ruht über Land und Meer,*
> *Und duftend schwebt der Äther ohne Wolken.* (V. 129f.)

301,2f. *Gelbe Äpfel des Solanum* = Tomaten.

301,31. Messina war im Februar und März 1783 durch ein Erdbeben fast ganz zerstört worden.

304,12. Gouverneur war seit 1783 ein Irländer, Feldmarschall Don Michele Odea.

308,19f. S. Gregorio. Die Kirche ist 1542 von Andrea Calamech, geb. 1514, erbaut worden.

310,17. *Calcara* = Kalkgestein.

313,31. Die hier geäußerten Gedanken hat Goethe in einer seiner letzten Abhandlungen, *Landschaftliche Malerei* (Bd. 12, S. 216–223), noch einmal aufgegriffen.

314,7. Joos de Momper d.J., geb. zu Antwerpen 1564, gest. daselbst 1635. Sohn und Schüler des Bartholomäus de Momper. Landschaftsmaler.

317,3. *eine der genausten Zeichnungen.* Kruft S. 255: „Das von Goethe beschriebene Blatt ist nicht erhalten, doch ist ein kleines, mit lavierter Tusche gezeichnetes Blatt an diesem Abend entstanden“ (Abb. 59).

317,24. Capri. Vgl. dazu den Brief an Herzog Karl August vom 27. Mai 1787. – Briefe HA 2, S. 55,4ff.

318,39. Wahrscheinlich der hl. Barlaam, der Bekehrer des indischen Prinzen Josaphat.

319,38. Folioausgabe der Lutherbibel mit 223 Kupferstichen von Matthäus Merian d. Ä. (1593–1650). Sie war Goethe bekannt aus seinem Elternhaus. Vgl. *Dichtung und Wahrheit, 1. Buch.* (Bd. 9, S. 35,6f. u. Anm.) Abbildung zu Markus 4,35–41 und Lukas 8,22–26. – Vgl. Nachtrag.

Neapel
16. Mai–6. Juni 1787
(S. 322–349)

323,3ff. Das *beiliegende Blatt* ist nicht in die *Italienische Reise* aufgenommen worden. – Zum *mittleren Tempel* Anmerkung zu S. 219,24. Hatte Goethe sich bei seinem ersten Besuch (vgl. *23. März 1787) zusammennehmen* müssen und nur auf dem Umwege kunstgeschichtlicher Einordnung Zugang zu der Größe der Tempel gewinnen können, die ihm zunächst völlig fremd, *lästig, ja furchtbar* erschienen waren, so hatte ihm nunmehr der sizilianische Aufenthalt den unmittelbaren Zugang geöffnet. – Ein Gleiches gilt für sein Verhältnis zu Homer. Es ist, als hätte nunmehr erst das Griechische wirklich von ihm Besitz ergriffen. Wie sehr freilich das, was sich Goethe hier in der unmittelbaren Begegnung und sinnlichen Erfahrung erschlossen hat, allgemein die Zeit bewegte, zeigt nichts deutlicher als die ganz ähnlichen Gedankengänge Schillers in seiner Abhandlung „Über naive und sentimentalische Dichtung“: „Sie empfanden natürlich, wir empfinden das Natürliche.“ Auch in Fernows „Römischen Studien“ finden wir den gleichen Gedanken: „Wir wollen bildende Kunst haben, die Griechen hatten sie wirklich“ (Bd. 1, S. 14).

323,34. Über die *Urpflanze* vgl. 222,2 und die Anm. zu 222,5.

324,12. Tischbein war Anfang Mai 1787 mit dem Prinzen Christian von Waldeck nach Rom gereist. Erst im Juli kehrte er nach Neapel zurück.

324,22. Am 19. Mai war Goethe mit Kniep in Pozzuoli. Vgl. Tagebücher, S. 289 und 425 und Goethes Aufsatz *Architektonisch-naturhistorisches Problem.* W. A., II. Abt., Bd. 10, S. 190f.

324,29. Vermutlich Filangieris Frau.

325,27. Gräfin Satriano, Filangieris Schwester. Sie wurde bald darauf wahnsinnig und starb im Irrsinn. Vgl. Benedetto Croce, Figurine Goethiane und Volfango Goethe a Napoli.

326,13. Das *Erdbeben, das Kalabrien betraf,* ist das gleiche, das Messina zerstörte.

327,5. Filippo Neri, 1515 in Florenz geboren, 1595 in Rom gestorben, empfing 1550 die Weihen und wurde 1622 heilig gesprochen. Er gründete 1575 den Orden der Oratorianer (Padri dell'Oratorio), der das Volk zu Gebet, Vorlesungen aus der hl. Schrift und den Märtyrerakten und zu Musik versammelte. Der Name „Oratorium" geht auf die Betsäle der Oratorianer zurück. – Vgl. S. 462ff.

329,8. Die Kongregation der Padri dell'Oratorio war eine Ordensgesellschaft von Weltgeistlichen.

329,26. In dem Aufsatz *Philipp Neri* (S. 462ff.) gibt Goethe als Quelle des Wahlspruches den hl. Bernhard von Clairvaux an. Er heißt hier: *Spernere mundum, spernere neminem, spernere se ipsum, spernere se sperni.* Varianten bei dem Lateindichter und Prediger Hildebert von Lavardin (ca. 1056–1133) und Hugo Sotovagina (Ende des 12. Jhs.):

„Spernere mundum, spernere sese, spernere nullum,
Spernere se sperni, quatuor hec bona sunt."

(Vgl. Ernst Robert Curtius, Europäische Literatur und lateinisches Mittelalter, Bern 1948, S. 502.) Zu Filippo Neri vgl. das 1785 in Florenz erschienene Werk von D. M. Manni, Intorno all'emendare alcuni punti delle vite scritte di S. Filippo Neri, das Goethe vermutlich vorgelegen hat.

329,31. Vgl. Brief an Charlotte v. Stein vom 25. Mai 1787. Tagebücher, S. 302.

329,34. Graf Joseph Johann v. Fries aus Wien. Goethe hatte ihn vermutlich in Karlsbad kennen gelernt. Vgl. Tagebücher, S. 426 (Schmidt).

329,35f. Das *Schächtelchen* enthielt einen Beutel von Frau v. Stein.

330,6. Vermutlich Aloysia, Gräfin v. Lanthieri.

330,11. Goethes Gedicht *An den Herzog Karl August. Abschied im Namen der Engelhäuser Bäuerinnen. Karlsbad, Ende August 1786.*

330,22f. Herzog und Herzogin von Ursel waren aus Brüssel. Vgl. Brief an Charlotte v. Stein vom 25. Mai 1787.

331,28. Zu den neapolitaner Krippen vgl. Rudolf Berliner, Denkmäler der Krippenkunst, Augsburg o.J. (ohne Text) und vor allem Giuseppe Morazzoni, Il praesepe Napoletano, Dedalc 1921.

332,19. Der dritte Teil von Herders „Ideen zur Philosophie der Geschichte der Menschheit" erschien Riga 1787.

332,27. Der Bericht vom *28. Mai* ist schon früher abgedruckt in dem Aufsatz *Neapel, Auszüge aus einem Reisejournal Nr. 5* in Wielands Teutschem Merkur 1788.

336,39f. Kornelius v. Pauw (1739–1799), Recherches sur les Grecs, 2 Bde., Berlin 1787. Die Stelle steht Bd. 2, S. 137f. Vgl. über v. Pauw Goethes Aufsatz *Campagne in Frankreich 1792* (Bd. 10, S. 312, 23–28).

338,29. *Das alte Atella,* nördlich von Neapel, war der Schauplatz in den campanischen Possen, den Fabulae Atellanae der Römer, Darstellungen des Volkslebens mit stehenden Charaktermasken.

339,17. Der Bericht vom *29. Mai* wiederholt den Aufsatz *Lebensgenuß des Volkes in und um Neapel, Auszüge aus einem Reisejournal Nr. 6* in Wielands Teutschem Merkur 1788.

340,4. Nettuno bei Anzio an der Küste von Latium.

341,1. Das Folgende geht auf einen Brief Tischbeins an Goethe aus Neapel zurück. Das Original dieses Briefes abgedruckt Tagebücher, S. 433f. Goethe nahm den Brief später in den *Zweiten Römischen Aufenthalt* auf. (S. 355–361)

341,6. Fest des neapolitanischen Karnevals, bei dem der König auf einem Gerüst dem Volk Fleisch und Wein zum besten gab. 1783 war dieses Fest abgeschafft worden.

342,6. Hieran schließt sich in dem Aufsatz im „Merkur" noch eine Schilderung des Josephsfestes.

342,7. Vgl. hierzu Brief an Charlotte v. Stein vom 8. Juni 1787, Briefe Bd. 2, S. 58.

342,16. Aert van der Neer, geb. 1603 in Amsterdam, gest. 1677 daselbst. Besonders berühmt durch seine Mondscheinlandschaften, Feuersbrünste und Lichteffekte.

342,18. Das Fronleichnamsfest fiel 1787 auf den 7. Juni. Vgl. Brief an Charlotte v. Stein vom 8. Juni 1787. Tagebücher, S. 307.

342,23. Goethes *Paß* zur Rückreise nach Rom für „Giovanni de Goethe de Weimar" vom 1. Juni 1787 ist faksimiliert bei v. Graevenitz, Italienische Reise, Nr. 99.

343,9. Girolamo Lucchesini (1751–1825), preußischer Staatsmann, der in diplomatischer Mission zum Papst geschickt worden war und in Weimar Herzog Karl August besucht hatte. Seine Frau Charlotte war eine geb. v. Tarrach. Goethe sah ihn später in Trier noch einmal. Vgl. *Campagne in Frankreich 1792* (Bd. 10, S. 297, 25ff.).

344,14ff. Marchese Domenico Venuti, geb. 1745 in Cortona, Sohn des Archäologen und ersten Leiters der Ausgrabungen in Herculaneum, Marchese Marcello Venuti (1700–1755). 1781–1799 Vorsteher der Porzellanmanufaktur in Capodimonte. Unter seiner Leitung nahm die Manufaktur die Pflege neuklassischer Formen und die Wiederholung antiker Statuen auf. Er selbst entwarf Modelle und lieferte Beschreibungen. Hervorragender Physiker und Chemiker, dem die Entdeckung einer Porzellanerde in Caprarola zugeschrieben wird. Seit 1799 in Rom. – Der *Ulysses* ist nicht nachweisbar. Vgl. hierzu Heinrich Meyers Brief vom 20. Januar 1789 an Goethe: „Der Cavaliere Venuti hat einen Kopf in Marmor von Ulysses, welcher außerordentlich schön ist. Aus der Heldenstirn leuchtet der Mut und die Weisheit und aus den nicht großen tiefliegenden Augen die List. Die feinen, dünnen Lippen sind der Überredung. Er hat eine Mütze auf, so wie er immer auf Basreliefs vorgestellt ist. So wie der Ajax im Museum den ganzen Charakter des homerischen Helden hat, so hat ihn auch dieser in seiner Art und übertrifft jenen an Güte der Arbeit gar weit. Schade, daß dieses schöne und rare Werk sehr verstümmelt und ohne Nase ist."

344,18. Die *Porzellanfabrik* befand sich auf Capodimonte. Sie ist 1806 von den Franzosen geschlossen worden.

345,12f. Giuliana Herzogin von Giovane (1766–1805), geb. Freiin v. Mudersbach aus Würzburg, in kurzer Ehe verheiratet mit dem Herzog Giovane di Girasole in Neapel, war damals Hofdame der Königin Maria Carolina. Seit 1785 war sie in Neapel, seit 1791 lebte sie am Wiener Hofe. Vgl. Benedetto Croce, Figurine Goethiane und Volfango Goethe a Napoli. Die Herzogin wohnte in Neapel im Königl. Schloß von Capodimonte.

345,23. Christian Garve (1742–1798), Popularphilosoph in Breslau.

347,12. Goethes Wohnung.

347,27. *Marqueur* = Zollbeamter.

348,30ff. Der Schluß gehört der Redaktion an. Zu Johann Heinrich Bartels vgl. Anmerkung zu 292, 27f. – Zu Friedrich Christian Münter vgl. Anmerkung zu 150, 25.

ZWEITER RÖMISCHER AUFENTHALT

vom Juni 1787 bis April 1788
(S. 350–556)

Von den zugrunde liegenden Niederschriften der italienischen Zeit haben sich nur wenige Briefe und Aufzeichnungen in Notizbüchern und auf losen Blättern erhalten. Vgl. Tagebücher und W. A., Bd. 32.

350,3f. Schlußverse aus dem Gebet des Romulus bei der Gründung Roms in Ovids „Fasten" (Buch 4, V. 831f.): „Langes Leben sei ihr beschieden und Macht zur Herrschaft über die Welt, und untertan sei ihr die aufgehende und untergehende Sonne."

Juni 1787
Korrespondenz

350,7. Vgl. Brief an Charlotte v. Stein vom 8. Juni 1787. Briefe Bd. 2, S. 58–60.

350,23. Raffaels zehn Kompositionen aus der Apostelgeschichte gehören zu den Hauptwerken seiner Spätzeit und zu den wichtigsten Werken der italienischen Hochrenaissance. Anton Springer hat sie die Parthenonskulpturen der neueren Kunst genannt. Die Originalkartons sind in den Jahren 1515/16 als Vorlagen für eine zur Bekleidung der unteren Wände der Sixtinischen Kapelle im Vatikan bestimmte Teppichfolge geschaffen worden. Die Teppiche (in Brüssel durch Pieter van Aelst unter Leitung des Bernard van Orley ausgeführt) sind 1519 ihrer Bestimmung übergeben worden. Auf der Epistelseite (rechts vom Altar) hingen die Geschichten des Paulus, auf der Evangelienseite (links vom Altar) die Petrusgeschichten und die Steinigung des Stephanus. Das Programm ist – indem es das Wirken der Kirche darstellt – durch das Gesamtprogramm der Kapelle bedingt. Vgl. Anm. zu 140, 10ff. Die Teppiche haben 1527 beim „Sacco di Roma" schweren Schaden gelitten. Sie wurden geraubt und kamen erst 1553 an ihren alten Platz zurück. In der Franzosenzeit (1798–1808) haben sie, bis sie nach Paris verbracht wurden, erneut abenteuerliche Schicksale durchmachen müssen. Heute hängen sie in der Vatikanischen Pinakothek. – Die Teppiche wurden von 1553 bis 1797 zu Fronleichnam öffentlich ausgestellt: zunächst vor S. Peter, „nachmals in der Gallerie von der Sala Regia nach der Kirche" (Passavant). Vgl. Francesco Maria Torriggio, Le sacre grotte Vaticane, Viterbo 1618, S. 142, Carl Ludwig Fernow, Römische Studien, Bd. 3, Zürich 1808, S. 118 und I. D. Passavant, Rafael von Urbino, Bd. 2,

Leipzig 1839, S. 233. – Andere Exemplare der Teppiche in Mantua, Palazzo Ducale, Berlin, Kaiser-Friedrich-Museum, Dresden, Gemäldegalerie, Madrid, Königl. Schloß, Hamptoncourt. Goethe hatte ein Exemplar bereits in Straßburg beim Empfang der Marie Antoinette gesehen. Vgl. *Dichtung und Wahrheit* (Bd. 9, 362, 30ff.). – Zum kunstgeschichtlichen Problem vgl. John White and John Shearman, Raphael's Tapestries and their Cartoons, The Art Bulletin XL, 1958. – John Shearman, Raphael's Cartoons in the Collection of Her Majesty. Phaidon 1972. – Dussler, S. 111ff.

351,5. Tivoli ist das antike Tibur, nordöstlich von Rom an den Wasserfällen des Anio gelegen. Die *Ruinen* sind der berühmte sog. ,,Sibyllentempel" (wohl ursprünglich ein Vestatempel) aus der Mitte des 1. Jhdts. v. Chr., ein Rundtempel korinthischer Ordnung und der etwa gleichzeitige, vielleicht etwas ältere sog. ,,Tempel des Tiburtus", ein Pseudoperipteros mit ionischen Säulen. – Goethe traf Moritz in Tivoli und blieb dort 14 Tage bei Francesco, dem Wirt der ,,Sibilla". – Hackert war damals mit Cavaliere Venuti im Auftrag König Ferdinands I. von Neapel in Rom in Sachen des Farnesischen Erbes. Vgl. Goethe, *Philipp Hackert, Farnesische Verlassenschaft.* Er kehrte im Juli 1787 (mit Tischbein und dem Cavaliere Venuti) nach Neapel zurück. – Die in Tivoli entstandenen Zeichnungen Goethes abgeb. bei v. Graevenitz, Ital. Reise, Nr. 102, 103, 111. – Corpus der Goethe-Zeichnungen. Bd. 2. 1960.

351,29ff. Daniele Ricciarelli, gen. Daniele da Volterra, geb. wohl 1509 in Volterra, gest. 1566 in Rom, Schüler Sodomas und Michelangelos. – Vgl. hierzu Angelica Kauffmann an Goethe am 8. August 1788 (Schr. G. Ges., Bd. 5, S. 46) und am 21. September 1788 (S. 59). Tischbein soll das Bild später zurückgekauft und mit nach Neapel genommen haben. Vgl. Francis A. Gerard, Angelica Kauffmann, London 1892, S. 221. Ernst Steinmann, Das Schicksal der Kreuzlegende des Daniello da Volterra, Monatshefte für Kunstwissenschaft 1919, S. 212, vermutet dagegen, daß es zunächst von hier an König Ferdinand von Neapel verkauft worden und mit einem 1803 im Palazzo Farnese in Rom nachweisbaren Bild identisch sei. Verbleib heute unbekannt. Die Aquarellkopie Meyers ist im Goethehaus in Weimar (Chr. Schuchardt, Goethes Kunstsammlungen, Jena 1848, Bd. 1, S. 254, Nr. 214).

352,9. Vgl. Anm. zu 161,12ff.

352,14. Vgl. hierzu Goethe, *Philipp Hackert, Studiengebäude.* Der Plan kam erst 1790 zur Ausführung, freilich ohne Hackerts Mithilfe. Das alte „Studiengebäude", ehedem Reiterkaserne und Universität, wurde zum Museo Reale Borbonico umgebaut, seit 1860 Museo Nazionale. – WA 46, S. 298–300.

352,20. Der ,,Farnesische Stier", die kaiserzeitliche Umbildung einer Marmorgruppe des Apollonios und Tauriskos aus der Mitte des

2. Jhdts. v. Chr. stellt die beiden Jünglinge Zethos und Amphion dar, die ihre böse Stiefmutter Dirke an die Hörner eines wilden Stieres binden. Die Gruppe, unter Papst Paul III. Farnese (1534–1549) im Dezember 1545 in den Caracallathermen gefunden, Hauptstück der Farnesischen Antikensammlung, stand im zweiten Hof des 1514 von Antonio da Sangallo d. J. begonnenen, von Michelangelo und Giacomo della Porta vollendeten Palazzo Farnese. Vgl. G. Lippold, Handbuch der griechischen Plastik (1950), S. 383 und L. Vlad Borelli, Enc. arte antica, Bd. VII, 1966, S. 951f., Abb. 1074. – Zum Palazzo Farnese: Herbert Siebenhüner, Wallraf-Richartz-Jahrbuch, Bd. XIV, 1952.

352,21f. Zur Carraccischen Galerie vgl. 137,19.

352,24. Die Galleria Colonna befindet sich im Palazzo Colonna an der Piazza SS. Apostoli. Die drei Festsäle, die die Gemäldesammlung aufnahmen, von Antonio del Grande im Auftrag des Kardinals Girolamo Colonna 1665 begonnen, 1703 eingeweiht.

353,8. Vgl. 153,6.

353,12f. Angelicas Goethebildnis (in den 40er Jahren von Ottilie v. Goethe erworben) hängt heute im Goethehaus in Weimar. Abb. v. Graevenitz, Italienische Reise, Nr. 109. Herder urteilte in einem Brief an seine Frau vom 27. Februar 1789 günstiger über das Bild: „Goethes Bild hat sie sehr zart ergriffen, zarter als er ist; daher die Welt über Unähnlichkeit schreiet, die aber wirklich im Bilde nicht existiert."

353,18f. Die Illumination der Peterskuppel und das Feuerwerk auf der Engelsburg (Girandola) findet am Peter-und-Pauls-Tag, dem 29. Juni, statt. Sie ist in der damaligen Reiseliteratur oft geschildert worden. Vgl. z. B. Fernow, Sitten- und Kulturgemälde von Rom, Gotha 1802, S. 74. Vgl. hierzu ferner Goethes Brief an Herders Kinder und Fritz v. Stein vom 30. Juni 1787.

354,16. Es ist dasselbe Quartier Corso Nr. 18, das Goethe auch bei seinem ersten römischen Aufenthalt bewohnt hatte.

354,18. *Studium* = Atelier.

Bemerkung – Tischbein an Goethe

355,1. Goethe hat Tischbeins Briefe in Orthographie, Grammatik und auch im Stil verbessert. Die Originale, die er am 14. und 28. Juli an Charlotte v. Stein schickte, sind im Wortlaut abgedruckt Schr. G.Ges. 2, S. 429ff. und WA Briefe Bd. 8, S. 400–406.

357,25f. Die *Ruinen der antiken Stadt* stammen von dem alten Formiae. Cicero hatte hier ein Landgut. Auf die Nachricht von seiner Ächtung im Jahre 43 v. Chr. wollte er fliehen, wurde aber von seinen Häschern gefaßt und getötet.

360,27. Die Zeichnung bei v. Graevenitz, Italienische Reise, Nr. 113.

Nachtrag – Päpstliche Teppiche

361,14. Der Aufsatz gehört der Zeit der Abfassung des *Zweiten römischen Aufenthaltes* (1829) an. Über das Studium der Kupfer nach den raffaelischen Kartons ist in Goethes Tagebuch vom 30. April und 1. Mai 1829 die Rede. – Raffaels Teppiche (heute Rom, Pinacoteca Vaticana) waren für die Capella Sistina bestimmt. Sie behandeln vier Szenen aus dem Leben des Petrus, sechs Szenen aus dem Leben des Paulus. Ihr Programm ist durch das Gesamtprogramm der päpstlichen Palastkapelle bestimmt. Auftraggebung durch Papst Leo X. vermutlich 1513/14. Die Teppiche wurden in der Werkstatt des Pieter van Aelst in Brüssel gewebt. Sieben der Kartons sind noch in London, Victoria-and-Albert-Museum, erhalten. Vgl. Dussler, S. 111 und Shearman 1972. – Zu den Kupfern nach Raffaels Kartons in Goethes Besitz vgl. Schuchardt, II, Nr. 590ff.

362,33ff. Mit den *deutschen Künstlern* ist die Gruppe der sog. ,,Nazarener" in Rom gemeint. Schon in dem von Heinrich Meyer in Zusammenarbeit mit Goethe für ,,Kunst und Altertum 1817" verfaßten Aufsatz ,,Neudeutsche religios-patriotische Kunst" heißt es: ,,Ein Bedenken erregendes Symptom aufkeimender Vorliebe für solche ältere Art äußerte sich ... darin, daß gar viele Künstler, zumal unter den jüngeren, Raphaels nie unterbrochenes Fortschreiten in der Kunst ableugneten, die Gemälde von der sogenannten zweiten Manier dieses Meisters, z. B. die Grablegung, die Disputa u. a. den später verfertigten vorziehen wollten." Goethe, der sich in Raffael selbst widerspiegelt, wertet nicht nur ästhetisch, sondern auch sittlich. Die Stelle von den *furchtbaren Bedingungen, unter welchen allein sich selbst das entschiedenste Naturell zum Letztmöglichen des Gelingens erheben kann,* gehört zu den tiefsten Äußerungen Goethes über bildende Kunst überhaupt.

363,23ff. Der Tod des Ananias nach Apostelgeschichte Kap. 5, V. 1–6. *Der kleine, dem Mark Anton nicht unbillig zugeschriebene Kupferstich, nach einer ausführlichen Zeichnung Raffaels,* ist von Agostino Veneziano vollendet worden. Vgl. Passavant, Bd. 2, S. 243. Der Stich von Nicolas Dorigny (1657–1746), der 1711 nach England berufen worden war, um die Kartons zu stechen, ist abgebildet bei Heinrich Wölfflin, Klassische Kunst, 7. Aufl., München 1924, S. 124. – Marcantonio Raimondi, der berühmteste Kupferstecher der italienischen Renaissance, durch den Raffaels Werk weit verbreitet worden ist, ist um 1480 bei Bologna geboren und zwischen 1527 und 1534 in Bologna gestorben. Raphaels Zeichnungen, Abt. IX. Bearbeitet von Konrad Oberhuber, Berlin 1972, S. 123.

Juli 1787
Korrespondenz

365,11f. Die Acqua Acetosa liegt vor der Porta del Popolo in einem 1661 von Lorenzo Bernini erbauten Brunnenhaus. Vgl. Goethes Zeichnung, v. Graevenitz, Italienische Reise, Nr. 124.

365,35. Fritz Bury (1763–1823). Von 1783–1799 in Italien. Er wohnte mit Goethe im gleichen Haus. – Zu Johann Georg Schütz vgl. Anmerkung zu 408,7. – Der wackere Schweizer ist Heinrich Meyer.

366,34. James Moore, geb. 1740 (?) in Edinburgh, gest. 1793 in Rom, Landschaftsmaler. Seit 1773 in Rom. Über ihn H. Meyer, „Entwurf einer Kunstgeschichte des 18. Jhdts." in Goethes *Winckelmann und sein Jahrhundert, Tübingen 1805,* S. 331 und 380. – Vgl. Nachtrag.

367,21. S. Maria Aracoeli, auf der Nordspitze des Kapitolhügels gelegen, an der Stelle, an der nach der Sage die Sibylle von Tibur dem Kaiser Augustus die Jungfrau mit dem Kind im Arm am Himmel gezeigt hat, während eine Stimme erscholl: „Haec est ara coeli", in frühchristlicher Zeit erbaut, im 13. Jhdt. durch die Franziskaner wiederhergestellt und erweitert. – Moritz, Bd. 2 S. 161ff., beschreibt eine Seligsprechung dreier Franziskaner in Aracoeli am 15. August 1787, der er mit *** (d. i. Goethe) beiwohnte.

367,37. Goethe denkt hier an die Unruhen gegen die Reformen Kaiser Josephs II. und der Regentin Marie Christine. Vor dem Palast der Regentin in Brüssel hatte sich das Volk zusammengeschart, um die Regentin zur Zurücknahme der Reformedikte zu bewegen.

368,9. Über Raffaels Psychefresken und die handkolorierten Dorignyschen Kupfer 137,25.

368,15. Der Rundbau des Augustusgrabmales in der Via de'Pontefici auf dem Gelände des alten Marsfeldes, der dem Kaiser Augustus und seiner Familie und den römischen Kaisern bis Nerva als Mausoleum diente, war im Mittelalter Festung. Zur Zeit des Papstes Paul III. (1534–1549) wandelten ihn die Soderini unter Benutzung der alten Mauerreste in einen Garten um und schmückten ihn mit Statuen. Vgl. den Stich des Etienne du Pérac, Ludwig von Pastor, Die Stadt Rom zu Ende der Renaissance, Freiburg 1925, S. 101. 1780 als Amphitheater eingerichtet. Seit dem 19. Jhdt. Konzertsaal. 1926–1930 systematische archäol. Untersuchungen, die die Krypta, die Grabstätte, wieder zugänglich machten. Dazu Nash, I, S. 38, Abb. 719–725.

368,21. Carlo Albacini d. Ä., ital. Bildhauer des 18. Jhdts., 1807 noch am Leben, bekannt als Restaurator antiker Statuen. Vgl. dazu Goethe, *Philipp Hackert, Farnesische Verlassenschaft.* Artemis Gedenkausgabe, Nr. 13, S. 553. – WA 46, S. 263–265.

368,24. Der *Torso* von übermenschlichen Maßen (Neapel, Museo Nazionale) stellt wahrscheinlich den ausruhenden Dionysos dar. Vermutlich griechisches Original aus dem frühen 3. Jhdt. v. Chr. Wegner, S. 62, Abb. 20. – Vgl. auch *20. Juli 1787*.

368,28ff. Abbate Giambattista Casti (1721–1803), seit 1782 Hofdichter Kaiser Josephs II. in Wien. Vgl. Giambattista Casti, Opere complete, Novella 34: ,,L'Arcivescovo di Praga", ,,Il re Teodoro in Venezia", dramma eroi-comico per musica. Der ,,Re Teodoro in Corsica" ist in die ,,Opere complete" nicht aufgenommen worden. Beide Werke sind Operntexte. Der ,,Re Teodoro in Venezia" ist von Giovanni Paisiello (1741–1816) komponiert worden. – Zu Graf Fries vgl. Anm. zu 329,34.

368,36f. Andrea del Sarto, geb. 1486 in Florenz, gest. daselbst 1530. – ,,Maria mit Kind und Johannes", ca. 1521 gemalt, 1787 von Graf Fries in Rom erworben, befindet sich seit 1937 in Ascott, Anthony de Rothschild Collection. Vgl. John Shearman, Andrea del Sarto. Oxford 1965, Nr. 58, Pl. 85a. – Nach John Freedberg, Andrea del Sarto. Cambridge (Mass.) 1963, Nr. 45 ,,excellent copy".

368,39. *Attent* = knauserig.

369,34. *nojos* = langweilig.

370,14. Bei Mengs, ,,Fragment eines zweyten Antwortsschreibens an Herrn Fabroni, die Gruppe der Niobe betreffend" heißt es: ,,Ich unterstehe mich zu behaupten, daß, wenn der Apoll im Belvedere das Fleischichte und die Weichheit des sogenannten Antinous in eben diesem Museo hätte, so würde er ohnstreitig noch weit schöner sein." (Hinterlassene Werke, hrsg. von Prange, Bd. 3, Halle 1786, S. 101.) Über den Torso vgl. Anmerkung zu 368,22.

370,27f. Der Palazzo Barberini an der Piazza Barberini ist 1625 von Carlo Maderno unter Mitwirkung Francesco Borrominis begonnen, 1633 von Lorenzo Bernini vollendet worden.

370,28f. Leonardo: hier handelt es sich um das heute Bernardo Luini (gest. 1532) zugeschriebene Bild ,,Eitelkeit und Bescheidenheit". v. Ramdohr, Bd. 2, S. 310, nennt es ,,eines der schönsten Gemälde von Leonardo da Vinci". Später war es im Besitz der Galleria Sciarra Colonna, Rom. Vgl. Eugène Müntz, Leonardo da Vinci, Bd. 2, London 1898, S. 245. Eine Wiederholung im Museum Ajaccio (Kat. 1830). – ,,Geliebte Raffaels": hier handelt es sich um die sog. ,,Fornarina", signiert ,,Raphael Urbinas", seit 1642 im Pal. Barberini, Rom (heute Galleria Nazionale). Die Konzeption geht sicherlich auf Raffael zurück, die Ausführung wohl von Giulio Romano um 1518. Vgl. Dussler, Nr. 116.

370,34. Jean Baptiste Louis Georges Seroux d'Agincourt (1730–1814), französischer Kunsthistoriker, der seit 1778 in Italien lebte. Sein Werk ,,Histoire de l'art par les monuments depuis sa décadence au IV. siècle jusqu'à son renouvellement au XVI. siècle", 1810–1823 in 6 Bdn. in Paris erschienen, ist ein Markstein in der Entwicklung der kunstgeschichtlichen Wissenschaft. Goethe hat es sehr geschätzt. Vgl.

seine Briefe vom 26. Januar und 16. Dezember 1816 an Sulpiz Boisserée, seine Aufsätze *Die Externsteine* und *Kunstschätze am Rhein, Main und Neckar.* – Vgl. Philipp Schweinfurth, Goethe und Seroux d'Agincourt. Revue de littérature comparée, Paris 1932, und Michéa, Voyage, S. 261–267. – Bd. 12, S. 149,21 u. 209,23.

371,6 Albert Christoph Dies, geb. 1755 in Hannover, gest. 1822 in Wien, Landschaftsmaler und Kupferstecher. Er lebte von 1775 bis 1796 in Rom.

371,15. Die Trajanssäule auf dem Trajansforum ist zu Ehren von Trajans Sieg über die Daker 107 n. Chr. durch den römischen Senat als reliefgeschmückte Siegessäule errichtet worden. Sie krönte ursprünglich ein Adler. Er wurde später durch die Statue des Kaisers in Panzer mit Feldherrnstab und Weltkugel ersetzt und die Siegessäule durch Beisetzung der Asche des Kaisers in goldener Urne zum Grabmonument. 1587 wurde auf der Säule das Standbild des Apostels Petrus aufgestellt. Vgl. Karl Lehmann-Hartleben, Die Trajanssäule. 2 Bde. Berlin u. Leipzig 1928, und Nash, I, S. 283ff., Abb. 334–337.

371,20. Vgl. 127,6.

371,23. Villa Patrizzi, vor der Porta Pia, heute bebaut.

371,29. Die Säule Marc Aurels auf der Piazza Colonna ist in Abhängigkeit von der Trajanssäule entstanden. Auch sie ist ein Siegesmonument. Die Reliefs feiern Marc Aurels Sieg über die Donauvölker 175 n. Chr. Die Säule war vermutlich geschmückt mit den Standbildern des Kaisers und seiner Gemahlin Faustina. Papst Sixtus V. ließ 1589 das Piedestal überkleiden und oben die Statue des Apostels Paulus aufstellen. Die Säule galt damals fälschlich für die Säule des Antonius Pius; vgl. E. v. Domaszewski und S. Calderini, Die Marcussäule auf Piazza Colonna in Rom, München 1896. – Nash, I, S. 276, Abb. 327–330. – Die Antoninus-Pius-Säule befand sich in der Nähe der Marc-Aurel-Säule. Ihre Basis kam im 17. Jhdt. durch Grabungen Papst Clemens' IX. zum Vorschein. Zu Goethes Zeit stand sie noch dort. Jetzt steht sie im Giardino della Pigna des Vatikan. Vgl. Nash, I, S. 270ff., Abb. 315–330.

371,29. Der Palazzo Chigi, an der Nordseite der Piazza Colonna, 1562 von Giacomo della Porta begonnen, von Carlo Maderno weitergeführt und von Vincenzo della Greca (um 1630) vollendet.

372,3. Der Palazzo Piombino lag der Piazza Colonna gegenüber am Corso, ist heute aber abgebrochen.

372,9. *Applikation* = Fleiß.

372,15. *Intermezzi* = operettenartige Zwischenspiele in den Zwischenakten der Schauspiele.

372,23. *Meduse.* Vgl. 151,14f.

373,26. Vgl. hierzu die Schilderung Heinrich Meyers in Eckermanns Gesprächen mit Goethe vom 14. April 1829, wie er, Bury, Lips und

Hirt immer wieder den Tiber von einem Ufer zum anderen überquert hätten, weil sie nicht eher das Wasser verlassen wollten, als bis sie sich über die Rangfolge Raffael – Michelangelo einig geworden wären.

373,33. Die *komische Oper* spielte im Teatro della Valle, dem einzigen Operntheater, in dem außerhalb der Karnevalszeit gespielt werden durfte.

373,33f. „L'Impresario in angustie" („Der Theaterdirektor in Ängsten") ist eine Oper von Domenico Cimarosa (1749–1801). Goethe hat den Stoff zu den *Theatralischen Abenteuern* verarbeitet. Vgl. Morris, G. Jb., Bd. 26, 1905, S. 3–28. – WA 53, S. 102–117, 468–475.

376,1ff. Vgl. hierzu *Der Verfasser teilt die Geschichte seiner botanischen Studien mit.* Bd. 13, S. 164ff.

Bericht

378,20. Johann Friedrich Kranz (1754–1807). Bis 1799 weimarischer Hofmusikus, dann Hofkapellmeister in Stuttgart. Goethe hatte ihn schon im Januar 1787 zu einem kleinen Konzert herangezogen.

378,26. Thomas Jenkins (1722–1798), Engländer, ursprünglich Maler, dann Kunsthändler und Bankier. Er führte in Rom und Castel Gandolfo ein großes Haus. In Rom wohnte er Goethe schräg gegenüber in der Casa Celli, Corso Nr. 504. Über Jenkins vgl. Thomas Ashby, Th. Jenkins in Rome, Papers of the British School at Rome, VI, 1913. – Giovanni Volpato (1733–1803), Kupferstecher. Von ihm stammen die berühmten Stiche nach Leonardo und Raffael.

379,21. Graf Fries kam aus Neapel.

379,28. Über diesen Ankauf berichtet Goethe ausführlich an den Herzog am 28. September 1787.

379,33. Das Museo Pio-Clementino wurde als Erweiterung der Antikensammlung des Belvedere von Papst Clemens XIV. 1771 begonnen und von Papst Pius VI. 1784 vollendet. Vgl. Deoclezio Redig de Campos, I Palazzi Vaticani. Bologna 1967, S. 228ff. – Vgl. auch Anmerkung zu 439,20ff.

380,31. Über Goethes Verhältnis zu Dante vgl. E. Sulger-Gebing, Goethe und Dante, Berlin 1897, A. Farinelli, Dante und Goethe, Florenz 1900, und Karl Voßler, Die Göttliche Komödie, Heidelberg 1907.

381,26. Tischbeins Gemälde ,,Orest und die Furien", 1788 in Neapel für den Prinzen Christian von Waldeck gemalt, befindet sich in Schloß Arolsen. Wilhelm-Tischbein-Gedächtnisausstellung, Oldenburg 1930, Nr. 220, Abb. 19. v. Graevenitz, Italienische Reise, Nr. 56. Vgl. ferner Ruland, Einige ältere Illustrationen zu Goethes ,,Iphigenie", G.Jb., Bd. 9. – Katalog ,,Goethe in Italien", 1986, S. 236.

August 1787
Korrespondenz

382,18. Vgl. hierzu den ausführlich begründenden Brief an den Herzog Karl August vom 11. August 1787. Er äußerte die Absicht, die Zeit bis Ende Oktober dem Zeichnen im Freien, bis Ende des Jahres der Ausführung der Zeichnungen, die ersten Monate des Jahres 1788 der menschlichen Gestalt widmen zu wollen. *Tasso* hoffte er bis Neujahr, *Faust* bis Ostern vollendet zu haben. – Briefe HA Bd. 2, S. 62–64.

383,4. Der Brief ist an Charlotte v. Stein gerichtet.

383,8. Maximilian v. Verschaffelt (1754–1818), Maler und Architekt, Sohn des Direktors der Zeichenakademie in Mannheim, Peter v. Verschaffelt. 1782–1793 in Rom. 1793 Nachfolger seines Vaters in Mannheim. Später in München Bau- und Gartendirektor (vermutlich Schöpfer der Anlage des „Englischen Gartens"). Als Goethe den Aufgang zum Kapitol aus einer ungewohnten Seitenansicht skizziert hatte (Corpus II, Nr. 43), zeichnete Verschaffelt dieselbe Ansicht und schenkte das Blatt Goethe. Es hängt gerahmt im Majolikazimmer. – WA 49,1 S. 424–426.

383,15. Der Brief an die Herzogin-Mutter ist nicht erhalten. Anna Amalia war von September 1788 bis Mai 1790 in Italien.

383,25. Der Brief ist an Herder gerichtet.

384,4. Herder hatte am 25. August, Goethe und Herders Sohn Gottfried am 28. August, der Herzog am 3. September, Wieland am 5. September Geburtstag.

384,20. Die Frucht dieser Studien war: Anthousa oder Roms Alterthümer. Ein Buch für die Menschheit, Berlin 1791, Wien und Prag 1801, 2 Bde., und seine Götterlehre, oder Mythologische Dichtungen der Alten, Berlin 1791 (mit Kupferstichen von Asmus Jacob Carstens), 2. Aufl. 1795.

384,33. Die *Skizze,* datiert *17. August,* abgeb. in Corpus der Goethezeichnungen Bd. 3, Abb. 42 und Hecht, Goethe als Zeichner 1982, Abb. 85. Analyse: Paul Stöcklein, Wege zum späten Goethe, 1949, S. 166ff.

384,37f. Der Prinz Aldobrandini war ein Prinz Borghese, der zweite Sohn des Hauses, der die Aldobrandinischen Bilder besaß. Sie befanden sich im Palazzo Borghese. Der angebliche Leonardo „Christus unter den Schriftgelehrten" ist 1800 nach England gekommen. Heute in London, National Gallery, als Luini. Martin Davies, National Gallery Catalogues, The earlier Italian Schools, S. 246ff., Nr. 18.

385,27. Principe Ignazio Lodovico di Buoncampagni war bis 1789 Kardinalstaatssekretär. Pastor, Gesch. d. Päpste, XVI, 3, S. 261.

385,33. Brief Nr. 24 von Charlotte v. Stein.

386,15. Freie Verwertung eines Briefs an Frau v. Stein, der später in Eckermanns Besitz kam. Briefe Bd. 2, S. 65f.

386,17f. Vgl. 1. Buch Mosis, Kap. 32, V. 26.

386,31. Physiognomische Zeichnungen bei v. Graevenitz, Italienische Reise und Corpus der Goethezeichnungen 3, Nr. 120ff.

386,32. Mit dem *Propheten* ist Lavater gemeint. Über Goethes Zerfall mit Lavater vgl. Heinrich Funck, Goethe und Lavater, Schr. G.Ges., Bd. 16, S. VIIIff.

386,38. Vgl. 1. Korinther, Kap. 7, V. 31.

387,1. Mit den 3 Kreuzen ist scherzhaft Spinoza gemeint. (Düntzer)

387,3. Chevalier Richard von Worthley, 1751 geb. auf der Insel Wight, gest. 1805, gab später die auf seinen Reisen von 1781 bis 1787 gesammelten Kunstschätze mit Erläuterungen von Visconti heraus: „Museum Worsleyanum", 2 Bde., London 1824. – Es handelt sich hier um Goethes erste Bekanntschaft mit den Parthenonskulpturen. Sie wurde später erneuert durch das Studium des Werkes von Thomas Bruce Earl of Elgin and Kincardine, The Elgin Marbles from the Temple of Minerva at Athens on sixty-one plates, Londen 1816. Seitdem ist seine Bewunderung nicht wieder verstummt. *Hier ist doch allein Gesetz und Evangelium beysammen,* schrieb er am 20. Juli 1817 an Sartorius aus Jena. 1819 erhielt er die großen Kohlezeichnungen von W. Landseer und W. Bewick, die die Gruppe der Tauschwestern und den Dionysos aus der Götterversammlung des Ostgiebels wiedergeben. Sie hängen heute im Treppenraum des Weimarer Goethehauses. Wegner, Abb. 8 und 9.

387,12. Vgl. 388,10.

387,16. „Gott. Einige Gespräche von J. G. Herder", Gotha 1787.

387,31. Die von Ludwig XIV. und Colbert 1666 gegründete *französische Akademie* in Rom befand sich damals im Palazzo Mancini auf dem Corso. Sie bestand aus einem Direktor und 12 Pensionären. Vgl. I. P. Alaux, Académie de France, Paris 1933, 2 Bde.

387,32. Der Maler des Pindarbildes ist Jean Baptiste Frédéric Desmarais, geb. 1756 in Paris, gest. 1813 in Carrara. 1786–1794 Pensionär in Rom. Vgl. über ihn Heinrich Meyer in seinem „Entwurf zu einer Kunstgeschichte des 18. Jhdts." in Goethe, *Winckelmann und sein Jahrhundert, Tübingen 1805,* und Goethe, *Philipp Hackert.*

387,35. Die Arbeiten der Schüler der franz. Akademie werden in der Ecole des beaux arts in Paris aufbewahrt. Vgl. H. Jordan, Topografie der Stadt Rom im Altertum I, Berlin 1878, S. 102. Ob die von Goethe genannten Blätter erhalten sind, hat noch nicht festgestellt werden können. Vgl. hierzu C. Scaccia Scarafoni, Le piante di Roma. Rom 1939.

388,10. Alexander Trippel, geb. 1744 in Schaffhausen, gest. 1793 in Rom. Seit 1778 lebte er dauernd in Rom. Bildhauer. 13 Jahre älter als

Antonio Canova, gehört er stilgeschichtlich mit ihm zusammen, nimmt ihn voraus, ja, kommt in seinen wenigen erhaltenen Werken dem neuen Stilideal des Klassizismus bereits näher als der Eklektizismus des Canova. Widriges Schicksal und früher Tod haben ihn nicht zu völliger Auswirkung kommen lassen, obwohl er gerade als Lehrer in Rom auf jüngere Künstler einen bedeutenden Einfluß geübt hat. – Goethe hatte ihn gleich nach seiner Ankunft in Rom kennen gelernt. Das Exemplar der Goethebüste für den Fürsten von Waldeck vollendete Trippel am 1. November 1787. Es befindet sich noch heute in Schloß Arolsen. Während ihres Italienaufenthaltes bestellte Herzogin Anna Amalia ein zweites Exemplar, das, im Frühjahr 1790 vollendet, die Weimarer Landesbibliothek besitzt.

388,19. Cornelia, Mutter der Gracchen. Drei Fassungen sind bekannt. Zwei von 1785 für George Bowles und die Königin von Neapel, eine für den Fürsten Poniatowsky. Bei dem von Goethe genannten Bild wird es sich um die Fassung für Poniatowsky handeln. Die Komposition von 1785 ist durch einen Stich von Francesco Bartolozzi bekannt. – V. Manners und G. C. Williamson, Angelica Kauffmann. London 1924. – Bettina Baumgärtel, Angelica Kauffmann. Bonn 1990.

388,36. Der Brief ist an Herder gerichtet.

389,12f. Anspielung auf Herders ,,Gott", der den Leibnizschen Ausdruck ,,Fulgurationen", um die Wirkung Gottes zu erklären, ablehnt (4. Gespräch, Theophron). Der Ausdruck *Manifestationen*, den Goethe dagegensetzt, ist echt goethesch und ebensowenig im Sinne Herders.

Bericht

389,35. Vgl. Anmerkung zu 137,27. – Vgl. ferner Hans Lutgens, Raffaels Transfiguration in der Kunstliteratur der letzten vier Jahrhunderte. Göttingen 1929.

390,1. Vgl. Anmerkung zu 362,33f.

390,15. Johann Heinrich Lips, geb. 1758 in Kloten bei Zürich, gest. 1817 in Zürich, Maler und Kupferstecher. 1782–1785 und 1786–1789 in Rom. Goethe berief ihn 1789 aus Zürich als Professor an die Zeichenschule nach Weimar. 1794 ging er nach Zürich zurück. – NDB 14.

390,23. Gemeint ist das „Jüngste Gericht" von Michelangelo.

391,11. Jacques Louis David, geb. 1748 in Paris, gest. 1825 in Brüssel, Hauptmeister der Historienmalerei des französischen Klassizismus. Sein Werk „Der Schwur der Horatier", 1782 in Paris unter dem Eindruck von Corneilles „Horace" entworfen, 1784 in Rom vollendet, löste die „révolution Davidienne" aus. Das Bild befindet sich heute in Paris, Louvre. Vgl. Richard Cantinelli, Jacques-Louis David. Paris u. Brüssel 1930. Pl. XVI. – Goethe-Handbuch 1, 1961, Sp. 1765ff.

391,13 f. Wilhelm Tischbeins „Hektor", für den Herzog Ernst II. von Gotha bestimmt, aber nicht vollendet, ist heute verschollen. Vgl. Goethes Brief an den Herzog von Gotha vom 6. Februar 1787 und Landsberger, Wilhelm Tischbein, Leipzig 1908, S. 68.

391,15 ff. Germain-Jean Drouais, geb. 1763 in Paris, gest. 1788 in Rom. Sein früher Tod wird S. 518 erzählt. Drouais' berühmtestes Bild „Marius, wie er in Minturnae den ausgesandten Mörder durch seinen Blick zurückschreckt" befindet sich heute in Paris, Louvre. – Bénigne Gagnereaux, geb. 1756 in Dijon, gest. 1795 in Florenz. Seit den 70er Jahren in Rom tätig. Sein berühmtestes Bild ist „Die Begegnung Gustavs III. von Schweden mit Pius VI. im Antikenkabinett des Vatikans", in 2 Exemplaren erhalten: im Nationalmuseum in Stockholm (1785) und im Rudolfinum in Prag (1786). – Über Desmarais vgl. 387,32. – Louis Gauffier, geb. 1761 in Rochefort, gest. 1801 in Livorno. 1784–1789 Pensionär der französischen Akademie in Rom. Historien- und Landschaftsmaler. – Jean Pierre Saint-Ours, geb. 1752 in Genf, gest. daselbst 1809. Historienmaler. Seine Hauptwerke befinden sich im Museum zu Genf. – Didier Boquet, geb. 1755 in Chantilly, gest. 1839 in Rom. Landschaftsmaler.

391,21 f. „Reisen eines Deutschen in England im Jahre 1782", Berlin 1783. Der *Buchhändler* war Joachim Heinrich Campe in Braunschweig. 1792 erschienen dann noch von Moritz „Reisen eines Deutschen in Italien in den Jahren 1786–1788".

392,3 ff. Der sog. „Apollo Pourtalès" ist schon in Joachim Sandrarts „Teutscher Akademie", Bd. 1, Nürnberg 1675, Pl. 14, als im Besitz der Giustiniani befindlich abgebildet worden. Er scheint dann später in Vergessenheit geraten zu sein. Seine Wiederentdeckung schildern u. a. Kotzebue, Bd. 3, S. 169, und Zoëga. Vgl. Düntzer, S. 849. Bei der Versteigerung der Sammlung Giustiniani in napoleonischer Zeit ist der Kopf in die Sammlung Pourtalès in Neufchâtel gekommen. Seit 1865 im Besitz des British Museum, London (Catalogue by Smith, London 1904, Nr. 1547). – Trippel scheint durch diese Antike Anregung für seine apollinische Goethebüste empfangen zu haben.

September 1787
Korrespondenz

392,37. Philipp Christoph Kayser (1755–1823), aus Frankfurt a.M., lebte als Komponist in Zürich. Goethe hatte ihm am 14. August 1787 geschrieben, er solle zum *Egmont* die notwendige Musik komponieren. Im November kam er nach Rom. – MGG 7, Sp. 770–772. – Pyritz, Goethe-Bibliographie, 1965, S. 272 f. – Briefe HA Bd. 1,2,4.

393,26. Der *große Obelisk* ist der Obelisk Psammetichs II. (594–589 v. Chr.) aus Heliopolis. Er wurde von Kaiser Augustus nach Rom gebracht und auf dem Marsfeld aufgestellt, wo er bis ins 9. Jhdt. aufrecht gestanden hat. 1748 ist er wiedergefunden und endlich 1789 von Papst Pius VI. auf der Piazza di Montecitorio aufgerichtet worden. Nash, II, S. 134, Abb. 851–854.

394,3. Vgl. hierzu Heinrich Meyer, „Über etrurische Monumente", *Propyläen* 1798.

394,17. In Frascati hatte Hofrat Reiffenstein eine Sommerwohnung.

394,35. Goethe hatte sich, da Kayser inzwischen geschrieben hatte, daß er nach Rom kommen wolle, entschlossen, den *Egmont* nach Weimar zu schicken. Für den Rest des Bandes waren die Singspiele *Claudine von Villa Bella* und *Erwin und Elmire* bestimmt.

395,8. *Es* ist Moritz' „Götterlehre".

395,11. Der Ausdruck Ἓν καὶ πᾶν („Eins und Alles"), auf den griechischen Philosophen Xenophanes von Kolophon (6. Jhdt. v. Chr.) zurückgehend, war Goethe gerade wieder durch Herders „Gott" (4. Gespräch) nahegebracht worden. Er kannte ihn aus der Zeit seiner durch Herder und Jacobi angeregten Spinozastudien. 1783 hatte Jacobi Herder seinen Brief an Moses Mendelssohn über sein Spinoza-Gespräch mit Lessing mitgeteilt. Lessing hatte sich in diesem Gespräch den Protest gegen die Transzendenz in Goethes Prometheusode zu eigen gemacht, sich zu Spinozas Pantheismus bekannt und gesagt: „Ἓν καὶ πᾶν! Eins und Alles! Ich weiß nichts anderes!" Gerade diese Äußerung wird in dem 4. Gespräch von Herders „Gott" zitiert. – Bei Goethe heißt Ἓν καὶ πᾶν hier so viel wie „letztes Prinzip".

395,35f. Palmyra in Syrien war 271 n. Chr. zerstört worden. Der *geschickte Architekt* war der französische Landschafts- und Architekturmaler, Zeichner und Radierer Louis François Cassas (1756–1827). Vgl. 398,6; 401,20.

396,8. Goethe denkt an den drohenden Krieg Preußens gegen Holland, der im September und Oktober 1787 zum Schutz des Erbstatthalters Wilhelm V. und seiner Gemahlin Wilhelmine, der Schwester des preußischen Königs Friedrich Wilhelm II., gegen die sog. „Patrioten" unternommen wurde. Auch Karl August von Weimar war daran beteiligt.

396,23, 33. Wer der *Engländer* und wer der *B.* ist, ist nicht zu ermitteln. Der Brief ist an Herder gerichtet.

396,28. Zu den *Schwanzmenschen* vgl. Nachtrag.

397,1. Zur Umgestaltung des Singspiels *Erwin und Elmire*, das in seiner ersten Fassung schon im Februar 1775 in Frankfurt vollendet worden war, vgl. Hermann Abert, Goethe und die Musik, Stuttgart 1922.

397,26. Die *große Eruption des Ätna* hatte am 18. Juli 1787 stattgefunden.

397,29. Freiherr Friedrich von der Trenck (1726–1794), Ordonnanzoffizier und Günstling Friedrichs d. Gr., später auf Grund einer Verleumdung in Haft gehalten. Er starb in Paris durch die Guillotine. 1786 erschienen in Berlin und Wien die 3 Bde. seiner ,,Merkwürdigen Lebensgeschichte".

398,3. Der Abschnitt *Hier liegt* ist einem Brief an Charlotte v. Stein vom 22. September entnommen.

398,3. Das *Blatt* ist der in Eckermanns Nachlaß erhaltene Brief vom 17. September 1787 mit der Beschreibung der Zeichnungen von Cassas, der dem Bericht S. 401 zugrunde liegt.

398,6. Wie aus dem Folgenden hervorgeht, handelt es sich hier um den schon erwähnten Architekten Cassas. Goethe lernte ihn am 16. September kennen.

398,27. Die *Sammlung* ist noch erhalten. Vgl. Chr. Schuchardt, Goethes Kunstsammlungen, Bd. 2, S. 344ff.

399,5. Über die Geburtstagsfeier in Goethes Garten, an der auch Schiller teilnahm und ,,Goethens Gesundheit in Rheinwein" trank, sind wir durch den Brief Schillers an Körner vom 29. August 1787 unterrichtet.

399,7. Es handelt sich um die vier ersten Bände der achtbändigen Ausgabe von Goethes Schriften bei G. I. Göschen, Leipzig 1787–1790. Vgl. Bd. 14, Bibliographie, Abschnitt 4a.

399,17. Goethe hatte an den Herzog am 11. August 1787 die Weimarischen Lande *Ihre Provinzen* genannt. – Briefe HA 2, S. 63, 29.

399,21. *cose grosse* = große Dinge.

399,27. Frascati, unterhalb des antiken Tusculum am Nordwesthang der Albanerberge gelegen, ist berühmt durch seine Villen: Villa Aldobrandini, 1598–1603 erbaut von Giacomo della Porta für den Kardinal Pietro Aldobrandini; Villa Falconieri, 1545–1548 im Auftrage des Bischofs Alessandro Rufini erbaut, von Borromini erweitert; Villa Mondragone, für Kardinal Altemps unter Papst Gregor XIII. (1572–1585) durch Giovanni Vasanzio erbaut, Loggia von Vignola; Villa Torlonia (vermutlich auf dem Gelände der Villa des Lucull), erbaut im 16. Jhdt.

400,15. Der Frankfurter Kaufmann Karl Wilhelm Thurneisen.

400,37f. Nach Ev. Luc. Kap. 2, V. 49.

Bericht

401,20f. Cassas hat seine Reise beschrieben in seinem unvollendet gebliebenen Werk ,,Voyage pittoresque de la Syrie, de la Phénicie usf.", Paris 1799. Ein Teil der hier genannten Zeichnungen ist in diesem Werk enthalten.

403,19f. Auf dem Palatin waren die von Papst Paul III. Farnese (1534–1549) angelegten Farnesischen Gärten, die Villa Farnese. Sie wurden bei der Aufdeckung der Kaiserpaläste nach 1870 zerstört. Vgl. Diego Angeli, Roma, Bd. 3, Bergamo 1933, Abb. S. 176.

404,34. *Dehnische Pastensammlung.* Der in Rom 1770 verstorbene Christian Dehn hatte mit Abgüssen antiker Gemmen gehandelt. – G. Femmel u. G. Heres, die Gemmen aus Goethes Sammlung. Lpz. 1977, S. 37f.

406,26. Die Wachsmalerei der Alten (Enkaustik) wie 144,27ff.

406,35. Christoph Unterberger (1732–1798) war ein Schüler von Raphael Mengs. Die Kopien der raffaelischen Logen für die Kaiserin Katharina von Rußland besitzt die Eremitage in Petersburg.

407,24. Die Küche des Palazzo Zuccari. Vgl. Werner Körte, Der Palazzo Zuccari in Rom. Leipzig 1935.

408,7. Johann Georg Schütz, geb. 1755 in Frankfurt a. M., gest. daselbst 1815. Landschaftsmaler, Goethes Landsmann aus Frankfurt. Er lebte von 1784 bis 1790 in Rom und war (wie Bury) Hausgenosse Goethes am Corso. Vgl. über ihn Adolf Feulner, Der junge Goethe und die Frankfurter Kunst, Frankfurt 1932.

408,30. Die *Eigenheiten* Reiffensteins hatten ihm den Beinamen „Dio Padre Omnipotente" eingetragen. Vgl. die Liste der *Unnamen,* Tagebücher, S. 471.

409,32. Goethe denkt hier an seine künstlerische Tätigkeit. Gerade bei seinem zweiten Aufenthalt in Rom hatte er noch einmal alle Kräfte nach diesem Ziel gespannt, um dann zu resignieren. Vgl. dazu v. Einem, Goethe-Studien, München 1972, S. 89–131.

410,21. *Zitto* = still!

410,22. *Ritornelli* heißen die instrumentalen Vor-, Zwischen- und Nachspiele von Arien.

410,26. *Exhibitionen* = Darbietungen.

Oktober 1787
Korrespondenz

411,6. Vgl. hierzu Goethes Brief an Herder nach Neapel vom 2. März 1789 mit einer ausführlichen Kritik Tischbeins. – Briefe HA 2, S. 111f.

412,4. Gerade hier mag Goethe Tischbein im Sinne haben.

412,21f. Herders „Dritte Sammlung" der „Zerstreuten Blätter", Gotha 1787, und der dritte Teil der „Ideen zur Philosophie der Geschichte der Menschheit", Riga und Leipzig 1787.

412,23. Die *Saffianbände* sind das Geschenkexemplar der Goetheschen *Schriften* für Angelica Kauffmann.

412,26ff. „Persepolis. Eine Mutmaßung" ist der Aufsatz IV aus der „Dritten Sammlung" der „Zerstreuten Blätter" über bildnerische Darstellungen aus den Altertümern von Persepolis. Die *angeführten Bücher* sind Reisebeschreibungen von Kämpfer, Chardin, Le Bruyn und Niebuhr.

412,32. Die *Gedichte* sind Jugendgedichte unter dem Titel „Bilder und Träume“ und „Blätter der Vorzeit. Dichtungen aus der morgenländischen Sage“ in der „Dritten Sammlung“ der „Zerstreuten Blätter“.

412,34. Zu den *vier Kupfern* der letzten Bände sollte Angelica die Zeichnungen liefern, Lips sie stechen.

412,36. Die *Genannten* sind Matthias Claudius, Fritz Heinrich Jacobi und Lavater.

413,3ff. *„Meine Mutter hat Gänse“:* Anfang eines kleinen Gedichts von Matthias Claudius, aus dem „Wandsbeker Boten“ 1772. – Dt. Nat. Lit. 50,2 S. 263 und 102,2 S. 111.

413,8. Der Satz ist nach Ev. Joh. Kap. 1, V. 11 gebildet worden.

413,13f. Goethe war der irrigen Meinung, daß Lavater die Beziehung Hamanns mit dem Gallitzinschen Kreise in Münster vermittelt habe, die aufzunehmen ihm Franz Bucholz (den Hamann seinen „Alkibiades“ nannte) ermöglicht hatte. – Der *Züricher Prophet* ist Lavater.

413,28. Nach dem Pythagoras zugeschriebenen Satz: Μηδεὶς ἀγεωμέτρητος εἰσίτω.

413,33f. Die Worte stehen in Lavaters Goethe gewidmeter Schrift: „Nathanael. Oder, die ebenso gewisse, als unerweisliche Göttlichkeit des Christentums. Für Nathanaele, Das ist, Für Menschen, mit geradem, gesundem, ruhigem, Truglosem Wahrheitssinne“, 1786. Sie lauten wörtlich: „Alles Leben lebt durch etwas außer sich; alles Leben hat ein Principium. Der Christus des Evangeliums ist das Principium alles unsterblichen Lebens.“ Über Goethes Verhältnis zu Lavater vgl. Funck, Schr. G.Ges., Bd. 16, S. 375. Dort Lavaters Widmung.

414,19. *Negotiation* = Unterhandlung.

414,20. *sequestriert* = gerichtlich in Beschlag genommen.

414,25. Villa Malta an der Porta Pinciana. Hier hat Anna Amalia während ihres Romaufenthaltes auch gewohnt.

414,34. Goethe war Gast Jenkins' in Castel Gandolfo.

415,7. Anton v. Maron, geb. 1733 in Wien, gest. 1808 in Rom. Maler. Er war verheiratet mit der Malerin Therese Concordia Mengs, der Schwester von Raphael Mengs.

415,22. Georg Forster (1754–1794) plante damals im Auftrage der Kaiserin Katharina von Rußland eine Weltreise, die aber nicht zustande kam.

415,32. Hier beginnt ein neuer Brief, der wieder aus Rom geschrieben worden ist, wohin Goethe kurz vor dem 23. Oktober zurückgekehrt war.

416,1. Maddalena Riggi. Vgl. 422,25f.

416,28 ff. *L., J., C.* = Lavater, Jacobi, Claudius.

416,39. Vgl. Offenbarung Johannis, Kap. 22, V. 3.

417,30. Vgl. „Ideen zur Philosophie der Geschichte der Menschheit, Dritter Teil", 13. Buch: „Der große anatomische Zeichner Camper hat deutlich erwiesen, auf welch ausgedachten Regeln das griechische Künstlerideal in seiner Form beruhe." Vgl. dazu Peter Camper, Sämtliche Kleinere Schriften, übersetzt von Herbell, Leipzig 1784, S. 18 ff. – Der Holländer Peter Camper, Professor der Medizin, Chirurgie und Anatomie, war einer der berühmtesten Anatomen seiner Zeit. Seit 1784 beschäftigt sich Goethe mit ihm. Durch seine Schüler Merck und Sömmerring hatte Camper 1785 Goethes Aufsatz *Über den Zwischenknochen mehrerer Tiere* im Manuskript kennengelernt, Goethes Beobachtungen im allgemeinen bestätigt, die Behauptung des Zwischenknochens beim Menschen aber abgelehnt. Vgl. Karl v. Bardeleben, Goethe als Anatom, G.Jb. Bd. 13 und Michéa, Voyage, S. 366 ff. und 369 ff. Vgl. ferner Wilhelm Dilthey, Aus der Zeit der Spinozastudien Goethes, Diltheys Schriften, Bd. 2, Leipzig und Berlin 1923, S. 413. – Bd. 13, S. 233,14 ff. – Bd. 14 Namenregister.

418,1. Vgl. Lavaters „Physiognomische Fragmente", Bd. 3, S. 40 ff.: „Über Ideale der Alten; schöne Natur; Nachahmung". Leipzig und Winterthur 1777.

418,22. *Sekkatur* = Plage.

418,24 f. *Amsterdam:* Kapitulation am 8. Okt. 1787.

418,28. *sodezza* = Beharrlichkeit.

419,1. Zu den *Zeichnungen* vgl. v. Graevenitz, Ital. Reise, Nr. 112, 138, 140, 142–144. – Corpus der Goethe-Zeichnungen, Bd. 2, 1960.

419,12. *Scapinereien* nach Scapin und Scapine in Goethes Singspiel *Scherz, List und Rache.*

419,13. Die *neue Oper* sollte *Die Mystifizierten* heißen. Den Stoff der Pariser „Halsbandgeschichte" verarbeitete Goethe später zum *Großkophta.*

419,35 ff. *das griechische Zeitalter:* gemeint ist aus Herders „Ideen" das 14. Buch, das die Kultur Griechenlands bis zur Spätantike darstellt. Im 15. Buch ist dann das Römerreich geschildert, hier äußert Goethe leise Kritik an Herders Darstellung. – Herder, Werke. Hrsg. von Suphan. Bd. 15.

420,10. Gemeint ist Friedrich Wilhelm Basilius v. Ramdohr (1757–1822), Über Malerei und Bildhauerarbeit in Rom für Liebhaber des Schönen in der Kunst, Leipzig 1787, 3 Teile. Die Schriften Ramdohrs gehören in die ältere Phase des aufklärerischen Klassizismus und haben bei Goethe und Schiller scharfe Kritik gefunden. Schiller spricht in einen Brief vom 7. September 1794 an Goethe von „närrischer Schreibart" und „horribler Philosophie".

420,26f. Rat und Vorschlag über *Kaysers Oper* sind unbekannt.

420,29. Goethe meint hier Wielands Anzeige der ersten vier Bände seiner *Schriften* im „Teutschen Merkur" 1787.

Bericht

421,14. Jenkins' Wohnung vor dem Eingang zum Dorf noch erhalten. Vgl. Noack, G. Jb., Bd. 24.

422,25f. Die *junge Mailänderin* ist Maddalena Riggi (1765–1825). Ihr Name (den Goethe nicht erwähnt) ist bekannt geworden durch einen Brief Angelica Kauffmanns an Goethe vom 1. November 1788. Über ihre Lebensschicksale vgl. Carletta, Goethe a Roma, III, La bella Milanese, Rom 1899, S. 39ff. Maddalena Riggi heiratete den Sohn des Kupferstechers Volpato, lebte noch in einer zweiten Ehe und hatte sieben Söhne und eine Tochter. Ihr Bildnis, gemalt von Angelica Kauffmann, ist in 2 Exemplaren vorhanden. Das eine seit 1953 im Frankfurter Goethe-Museum. Seitdem oft reproduziert. – Freies dt. Hochstift. Katalog der Gemälde. 1982. Taf. IV.

424,7. Camuccini, Sohn des Malers Vincenzo Camuccini, war Kunsthändler.

429,32. Domherr Johann Friedrich Hugo v. Dalberg (1752–1812), der Bruder des Erfurter Statthalters.

November 1787
Korrespondenz

431,23. Die Oper *Scherz, List und Rache.*

432,28. Das *Titelkupfer* von Angelica Kauffmann stellt Clärchen vor Egmont kniend dar. Es erschien im *5. Bd.* der Gesamtausgabe von Goethes *Schriften, Leipzig 1788.*

433,5f. Tischbein kam erst im März 1789. Vgl. Schr. G. Ges., Bd. 5, S. 144f.

433,26,32. Die Briefe vom *10.* und *24. Nobember* sind an Charlotte v. Stein gerichtet.

434,1. Christoph Heinrich Kniep.

434,30. Vgl. auch Goethe an den Herzog am 8. Dezember 1787.

Bericht

435,7. Friedrich Maximilian Klinger aus Frankfurt, der Dichter des „Sturm und Drang" war 1752 geboren. Vgl. *Dichtung und Wahrheit* (Bd. 10, S. 12, 2f.).

435,9. 1784.

435,11. Vgl. Goethes Brief an Kayser vom 14. August 1787.

435,31. Friedrich Christian Daniel Schubart (1739–1791), Dichter und Musiker, war 1787 aus seiner 10jährigen Haft auf Hohenasperg entlassen und zum Direktor der Hofmusik in Stuttgart ernannt worden.

435,37. *Symphonie* = Ouvertüre.

436,3. *Erwin und Elmire* war in der Urgestalt von Johann André in Offenbach komponiert worden (1741–1799), ferner 1776 von der Herzogin Anna Amalia, oft aufgeführt auf der Weimarer Liebhaberbühne, Bearbeitung von Max Friedländer, Leipzig 1921. – *Claudine* wurde in der neuen Gestalt komponiert von Reichardt. Vgl. Abert, Goethe und die Musik, Stuttgart 1922, S. 26ff.

436,30. „Il matrimonio segreto" von Cimarosa, 1792 zuerst in Wien aufgeführt. Der Textdichter ist Bertati.

437,1. Von dem Abschnitt *Man vergegenwärtige sich* bis ... *Rede gewesen* gibt es eine ältere Fassung. Vgl. W. A., Bd. 32, S. 404.

437,2f. Die „Serva Padrona", die „Magd als Herrin", von Giovanni Battista Pergolese (1710–1736) ist 1731 entstanden. Sie wird von nur zwei Personen gesungen. – *Intermezzi* waren ursprünglich Zwischenaktsunterhaltungen in Tragödien. Sie wurden dann zur Opera buffa erweitert.

437,4f. Der *deutsche Buffo* Anton Berger hatte im Februar 1777 in Weimar bei Hofe gespielt. Vgl. WA Tagebücher , Bd. 1, S. 32.

437,27. Aus den *Theriaksbüchsen* braut der Doktor im *2. Akt* des Singspiels Scapine, die sich krank stellt, einen Trank.

437,31. Mozarts „Entführung aus dem Serail" wurde 1782 zuerst in Wien, 1785 zuerst in Weimar aufgeführt.

438,3f. Zum Cäcilientage am 22. November 1787.

438,13. Die *Minerva* ist die 1698 von Kardinal Casanate gegründete Biblioteca Casanatense bei S. Maria sopra Minerva, heute noch eine der wichtigsten und größten in Rom, seit 1873 in staatlichem Besitz.

438,17. „Speculum Romanae magnificentiae" von Antonio Lafreri (um 1512–1577), Rom 1575. Vgl. dazu Christian Hülsen, Das Speculum Romanae magnificentiae des Antonio Lafreri in „Collectanea variae doctrinae", Olschki-Festschrift, München 1921.

438,17f. Des Giovanni Paolo Lomazzo (1538–1600) „Trattato dell' arte della pittura, scultura ed architettura", Milano 1584, der größte und ausführlichste Traktat des Manierismus. Vgl. Julius v. Schlosser, Die Kunstliteratur, Wien 1924, S. 352.

438,18. „Admiranda Romanarum antiquitatum", hrsg. von Giov. Pietro Bellori, Rom 1693.

438,26. Auf ihrem Fundplatz in der Nähe der Konstantinsthermen.

438,28. Von dem unter Kaiser Septimius Severus im Süden des Palatin errichteten sog. Septizonium Severi, der Prachtfassade eines Wasserwerkes, war bis zur Zeit des Papstes Sixtus V. (1585–1590) noch die aus drei

Stockwerken mit Säulenhallen bestehende Ostecke erhalten. Vgl. Christian Hülsen, Das Septizonium des Septimius Severus, Berlin 1886 (Programm zum Winckelmannsfest 46).

438,30. Langhaus und Fassade der Peterskirche wurden, in Abänderung des Zentralbauplanes Michelangelos, erst nach 1606 durch Carlo Maderno errichtet.

438,30. Bei Michelangelos Tod 1564 war die Kuppel von S. Peter erst bis zum Tambour gediehen. Die Einwölbung ist erst 1590 unter Abänderung des Modells von Michelangelo durch Giacomo della Porta vollendet worden. Vgl. dazu Herbert v. Einem, Michelangelo. Berlin 1973.

438,30ff. Der Palazzo del Vaticano, in seinen Ursprüngen auf das 5. Jhdt. zurückgehend, ist seit der Rückkehr der Päpste aus Avignon 1377 ständige päpstliche Residenz. Unter dem *alten Vatikan, in dessen Hof noch Turniere gehalten werden konnten,* ist der Zustand aus der Zeit vor Papst Sixtus V. (1585–1590) zu verstehen. Bramante hatte den in unmittelbarer Nähe von S. Peter am Fuße des vatikanischen Hügels von Nikolaus V. um 1450 begonnenen, von Sixtus IV. und Alexander VI. weitergeführten Neubau des Palastes mit dem von Innozenz VIII. (1484–1492) auf der Höhe des vatikanischen Hügels errichteten anmutigen Lusthaus, dem Belvedere, durch einen gewaltigen Hallenhof, den Cortile di Belvedere, verbunden. Antonio da Sangallo d. J., Baldassare Peruzzi und Michelangelo hatten sein Werk fortgesetzt und zu Ende geführt. Sixtus V. hat dann später durch den Querbau der Bibliothek die großartige Einheit dieses Hofes zerstört. Vgl. Dagobert Frey, Michelangelostudien, Wien 1920, und Christian Hülsen, Bramante und Palestrina, Hermann-Egger-Festschrift 1933. – Das Speculum Romanae magnificentiae gibt außer der 1574 datierten Ansicht des Cortile di Belvedere von Mario Cartaro drei Stiche, die das am 5. März 1565 aus Anlaß der Hochzeit des Grafen Annibale Altemps mit Ortensia Borromea im unteren Belvederehof abgehaltene Turnier zur Darstellung bringen. Vgl. Chr. Hülsen, Das Speculum ..., in „Collectanea variae doctrinae Leoni Olschki oblata", München 1921. – Zu den von Goethe genannten Stichwerken vgl. außerdem die römischen Skizzenbücher des Niederländers Marten van Heemskerk im Kupferstichkabinett Berlin, in 2 Bdn. hrsg. von Christian Hülsen und Hermann Egger, Berlin 1913–1916, und Hermann Egger, Römische Veduten, 2 Bde., Wien 1932 (hier auch der große Stadtplan von Dupérac 1577).

439,6. Josephus Johannes Crescentius Seydelmann (seit 1780 gewöhnlich Jacob Seydelmann genannt), geb. 1750 in Dresden, gest. daselbst 1829. 1772–1779 in Rom, wo er bei Mengs arbeitete. Berühmt durch seine Kopien in Sepia nach Antiken und neueren Italienern. Vgl. über ihn Heinrich Meyer, „Entwurf einer Kunstgeschichte des

18. Jhdts." in Goethe, *Winckelmann und sein Jahrhundert,* Tübingen 1805, S. 342.

439,20ff. Der Aufsatz war für die *Propyläen* bestimmt. Vgl. W. A. I. Abt. Bd. 47, S. 283. Über die *Fackelbeleuchtung* in Antikenmuseen, die in den damaligen Schriften (Moritz, Archenholz u. a.) öfter erwähnt wird, vgl. Paul Wolters, Illustrierter Katalog der Glyptothek München, 1912, S. 37. – Das Museo Pio-Clementino, nach Papst Clemens XIV. (1769–1774) und Papst Pius VI. (1775–1799) genannt, ist durch Ennio Quirino Visconti (1751–1818) aufgestellt und beschrieben worden. Vgl. E. Qu. Visconti, Il Museo Pio-Clementino, 7 Bde., Rom 1782–1807. Es wurde von Papst Pius VII. Chiaramonti (1800–1823) durch das Museo Chiaramonti und den Braccio Nuovo und von Papst Gregor XVI. (1831–1846) durch das Museo Etrusco Gregoriano erweitert. – Die Gruppe des trojanischen Poseidonpriesters Laokoon und seiner beiden Söhne, die sich vergeblich gegen die tödliche Umschlingung der Schlangen zu wehren suchen, ist ein späthellenistisches Werk der rhodischen Künstler Hagesandros, Polydoros und Athanodoros um 50 v. Chr. Sie wurde 1506 in den Titusthermen gefunden und gehört seitdem zu den Antiken, die die spätere Kunst und das spätere Kunstdenken am nachhaltigsten beeinflußt und beschäftigt haben. Goethe hat einen Abguß des Laokoonkopfes zuerst in Oesers Akademie in Leipzig gesehen. Bei seinem ersten Besuch des Mannheimer Antikensaales Ende Oktober 1769 hat er dann einen Abguß der ganzen Gruppe kennen gelernt. Er schreibt darüber am 30. November 1769 an Langer. Schon damals hat er seine Beobachtungen über die Gruppe schriftlich niedergelegt. August 1771 hat er sich bei seinem zweiten Besuch des Mannheimer Antikensaales erneut mit ihr beschäftigt. Davon berichtet er in *Dichtung und Wahrheit, 11. Buch.* Als reifes Ergebnis jahrzehntelanger Beschäftigung erschien 1798 in den *Propyläen* seine berühmte Abhandlung *Über Laokoon,* die seine Erfahrungen, Erkenntnisse und Überzeugungen zusammenfaßt und zu seinen tiefsten Äußerungen über bildende Kunst gehört. Merkwürdigerweise schweigt die *Italienische Reise* völlig über den Eindruck des Originals – ganz im Gegensatz zum Apoll von Belvedere. Zum Laokoon vgl. Walter Amelung, Die Skulpturen des Vatikanischen Museums, Bd. 2, Nr. 74, Wegner, Abb. 28 und Arnold v. Salis, Antike und Renaissance, Zürich 1947, S. 136ff. Vgl. ferner Lücken, Goethe und der Laokoon, Natalitium für Geffcken, Heidelberg 1931, und H. Keller, Goethe und das Laokoonproblem, Frauenfeld 1935; Helbig, 4. Aufl., I, 1963, Nr. 219. H. Sichtermann, Laokoon, Stuttgart, Reclam-Universalbibliothek Nr. 101, 1964. Zur Entfernung der Ergänzungen des 16. Jhdts. und zur jetzigen Rekonstruktion: F. Magi, Il ripristine del Laocoonte, Roma 1960. Die lange für gesichert gehaltene Datierung ins 1. Jhdt. v. Chr. ist in den letzten Jahrzehnten erschüttert worden zugunsten einer Ansetzung im 2. Jhdt. v. Chr. oder im späteren 1. Jhdt. n. Chr., zuletzt u. a. von Blankenhagen, Jahrbuch des Deutschen Archäologischen Instituts, Archäologischer Anzeiger 1969, S. 256f., R. Hampe, Sperlonga und Vergil, 1972, und A. Geyer, Nero und Laokoon, Archäologischer Anzeiger 1975, S. 265ff. – Zum Apoll von Belvedere vgl. S. 134. – Der *sog. Antinous (Merkur)*: Kopie nach Original aus dem Kreis des Praxiteles, 2. Hälfte des 4. Jhdts. Er wurde unter Papst Paul III. (1534–1549) in der Nähe der Engelsburg gefunden. Die richtige Bestimmung als Merkur geht auf Visconti zurück. Vgl. Helbig, 4. Aufl., Bd. I, Nr. 246. – Die Kolossalstatue des liegenden *Nil* wurde mit ihrem heute in Paris befindlichen Gegenstück des „Tiber" unter Papst Leo X. (1513–1521) bei S. Maria sopra Minerva gefunden. Sie gehört vermutlich zum Schmuck des in jener Gegend gelegenen Isistempels und ist die Kopie einer hellenistischen Arbeit. Vgl. Helbig, 4. Aufl., Bd. I, Nr. 440. – Der *Meleager* ist die römische Kopie nach einem Werke aus dem Umkreis des Skopas nach der Mitte des 4. Jhdts. und ist vor der Mitte des 16. Jhdts. vermutlich auf dem Janiculus gefunden worden. Vgl. Helbig, 4. Aufl., Bd. I, Nr. 97. – Der sogenannte *Phokion* (griechischer Feldherr des 4. Jhdts.) ist die Statue eines *Hermes* mit nicht zugehörigem Kopf eines griechischen Feldherrn. Kopie eines griechischen Originals aus der Mitte des 5. Jhdts. v. Chr. Die Statue wurde 1737 am Quirinal gefunden und kam 1780 in den Vatikan. Helbig, 4. Aufl., Bd. I, Nr. 502. – *„Sturz eines sitzenden Bacchus"* gilt heute als „Apollo". Kopie einer hellenistischen Arbeit, Fundort und Fundzeit unbekannt. Vgl. Amelung, Bd. 2, Nr. 419, T. 62. – Der *obere Teil einer Bacchusstatue mit schönem Kopf* ist die römische Kopie einer griechischen Arbeit des 4. Jhdts., gefunden unter Pius VI. (1775–1799) in Rom. Vgl. Amelung, Bd. 2, Nr. 258, T. 48. – Die *Halbfigur eines Triton* ist die Kopie eines Originales aus dem Umkreis des Skopas. Sie ist 1790 bei Tivoli gefunden, von Goethe also nicht gesehen worden. Vgl. Helbig, 4. Aufl., Bd. I, Nr. 118. – Der „*Torso* von Belvedere" ist ein Originalwerk des Atheners Apollonios aus der 2. Hälfte des 1. Jhdts. v. Chr. Wann und wo er gefunden worden ist, ist unbekannt. In den 30er Jahren des 15. Jhdts. ist er im Palazzo Colonna auf der Piazza S. S. Apostoli nachweisbar. Durch Papst Clemens VII. (1523–1534) in den Vatikan gebracht. Der Torso hat für Kunst und Kunstdenken eine ähnliche Bedeutung erlangt wie der „Laokoon" und der „Apoll von Belvedere" und gehört seit Michelangelo und Vasari zu den gefeiertsten Antiken. Berühmte Beschreibung durch Winckelmann in der „Geschichte der Kunst des Altertums". Wieder fällt auf, daß Goethe selbst über den Torso keine Aussagen macht. Vgl. G. Lippold, Handbuch der griechischen Plastik, 1950, S. 380, Taf. 134, 1. H. Ladendorf, Antikenstudium, 2. Aufl., S. 31. Arnold v. Salis, Antike und Renaissance, Zürich 1947,

S. 165ff. – Die Kapitolinische Antikensammlung ist die älteste öffentliche Antikensammlung überhaupt. Sie wurde 1471 durch Papst Sixtus IV. gegründet und durch Papst Clemens XII. (1730–1740) öffentlich zugänglich gemacht. Der *sog. Pyrrhus* ist eine um 100 n. Chr. geschaffene, stark ergänzte Kolossalstatue des Kriegsgottes Mars in prunkvollem, figürlich verzierten römischen Panzer. Sie wurde im 16. Jhdt. auf dem Nervaforum gefunden und befindet sich seit 1741 im Kapitolinischen Museum. Helbig, 4. Aufl., Bd. II, 1966, Nr. 1198. Die *bekleidete Venus* ist die obere Hälfte einer weiblichen Sitzfigur, Kopie eines griechischen Werks des frühen 4. Jhdts. v. Chr. Spätestens seit der Mitte des 18. Jhdts. im Kapitolinischen Museum. Die *nackte Venus* ist die berühmte „Kapitolinische Venus", die römische Kopie einer hellenistischen griechischen Statue in Anlehnung an die „knidische Aphrodite" des Praxiteles. Sie wurde unter Clemens X. (1660–1676) in Rom gefunden und kam 1750 in die Kapitol. Sammlungen. Vgl. Helbig, 4. Aufl., Bd. II, 1966, Nr. 1277. – Die *sog. schön bekleidete Juno* ist die Gewandstatue einer als Hera restaurierten Göttin, römische Kopie eines griechischen Originals aus dem Ende des 5. Jhdts., gefunden vor 1736 in Rom. Vgl. Stuart-Jones, Bd. 1, Salone Nr. 24, T. 70. – Der *Ariadnekopf* ist in Wirklichkeit der in mehreren Abwandlungen erhaltene Kopf einer Dionysosstatue. Er gilt heute als eine in hadrianischem Geschmack veränderte Kopie nach einem spätklassischen Werk. Vgl. Helbig, 4. Aufl., Bd. II. 1966, Nr. 1430.

441,22. Aloys Ludwig Hirt, geb. 1759 in Behla (Schwarzwald), gest. 1837 in Berlin. Archäologe und Kunsthistoriker. 1782–1796 in Rom. Seitdem in Berlin als Professor an der Akademie der Künste und Mitglied der Akademie der Wissenschaften, seit Gründung der Universität an dieser als o. Professor der Archäologie. Ein Verzeichnis der Hirtschen Schriften bei Ferdinand Denk, Das Kunstschöne und Charakteristische von Winckelmann bis Friedrich Schlegel, München 1925, S. 129f. – Vgl. zu diesem Abschnitt einen Entwurf W. A. Bd. 49, 2 S. 271. – Goethe hat in diesem Abschnitt sein Verhältnis zu Hirt aus gerecht abwägender wohlwollender Überschau zusammengefaßt, wie er es in ähnlichen Fällen auch in *Dichtung und Wahrheit* getan hat. Die These der Herkunft der griechischen Steinbaukunst aus der Holzarchitektur, die vor Hirt auch Winckelmann in seinen „Anmerkungen über die Baukunst der Alten", 1761, und in seinen „Anmerkungen über die Baukunst der alten Tempel zu Girgenti in Sizilien", 1762, ferner Christian Traugott Weinlig in seinen „Briefen über Rom verschiedenen, die Werke der Kunst usw. betreffenden Inhalts, nach Anleitung der davon vorhandenen Prospekte von Piranesi, Panini und andren berühmten Meistern", Dresden 1782–1787, Bd. 2, S. 12ff., Bd. 3, S. 87ff., vertreten hatten, hatte Goethe sich zu eigen gemacht. Vgl. seine beiden *Baukunst* überschriebenen Aufsätze von 1788 und 1795. In dem zweiten Aufsatz hatte Goethe dann aber, über Hirt und die frühere Architekturtheorie und -forschung weit hinausgreifend, jene Lehre von der *Fiktion* vorgetragen, von der hier die Rede ist. Unter *Fiktion* versteht Goethe den „poetischen" Teil der Baukunst. Die Baukunst, zwar keine nachahmende Kunst, sondern eine Kunst für sich, *kann*, so sagt Goethe, *auf ihrer höchsten Stufe der Nachahmung nicht entbehren; sie überträgt die Eigenschaften eines Materials zum Schein auf das andere, wie z.B. bei allen Säulenordnungen die Holzbaukunst nachgeahmt ist; sie überträgt die Eigenschaften eines Gebäudes aufs andere, wie sie z.B. Säulen und Pilaster mit Mauren verbindet.* Diese Lehre soll *gewissen Puristen begegnen, die auch in der Baukunst gern alles zu Prosa machen möchten.* (Bd. 12, S. 36f.) Ein solcher Purist war auch Hirt. – Hirts These, den Grund zur Schönheit im Charakteristischen zu suchen, machten sich Goethe und Schiller zu eigen, insoweit sie die Kritik von Winckelmann und Lessing enthielt. Sie hat, wie Goethe am 14. Juli 1797 an Heinrich Meyer schrieb, das Verdienst, daß sie *den Kunstwerken auch das Charakteristische und Leidenschaftliche als Stoff zuschreibt, welches durch den Mißverstand des Begriffes von Schönheit und göttlicher Ruhe allzusehr verdrängt worden war.* Aber den Versuch, das Kunstschöne mit der Wahrheit gleichzusetzen, hat Goethe unter beratender und aktiver Mitwirkung Schillers in seiner Novelle *Der Sammler und die Seinigen* (in der Hirt als der *Charakteristiker* vorkommt) und in seinem Aufsatz *Über Laokoon* kritisiert und verworfen. – Persönlich ist Goethe mit Hirt gut ausgekommen. Er hat ihn Wieland als Mitarbeiter des „Merkur" und Herder als Reisebegleiter empfohlen. Hirt hat ihn 1797 und 1817 in Weimar besucht. – Über Goethes Verhältnis zu Hirt vgl. v. Einem, C. L. Fernow, Berlin 1935, S. 173, und Goethe-Studien, S. 102.

442,31. Dieselbe Geschichte erzählt Heinrich Meyer in Eckermanns „Gesprächen mit Goethe" am 14. April 1829.

442,35. Porta Angelica bei den Kolonnaden, heute nicht mehr vorhanden.

443,1. Bei Porto di Ripetta, dem nördlichen Tiberhafen Roms, anstelle des heutigen Ponte Cavour.

443,11. Der *Bajocco* ist die Kupfermünze des Kirchenstaates, der zehnte Teil eines Paolo, der hundertste Teil eines Scudo.

Dezember 1787
Korrespondenz

444,4. An Herder gerichtet.

444,18. Der *alte Anganthyr* ist ein nordischer Held, der von seiner Tochter erweckt wird. Vgl. „Zaubergespräch Anganthyrs und Hervors", von Herder bearbeitet und in seinen ,,Volksliedern" herausgegeben.

444,30. An Charlotte v. Stein gerichtet. Das Liedchen ist nicht, wie Festausgabe, S. 653, annimmt, *Cupido, loser, eigensinniger Knabe* aus *Claudine,* das Goethe auf der Villeggiatur in Castel Gandolfo gedichtet und in den *2. Aufzug* der *Claudine* eingeschoben hat, sondern es sind die Verse (ebenfalls aus der *Claudine*)

Liebe schwärmt auf allen Wegen,
Treue wohnt für sich allein;
Liebe kommt euch rasch entgegen,
Aufgesucht will Treue sein.

Vgl. Charlotte v. Stein an Charlotte v. Lengefeld, 28. Dezember 1787 (Charlotte v. Schiller und ihre Freunde, Bd. 2, Stuttgart 1862, S. 260).

445,3. Vgl. S. 168, ferner den Brief an die Herzogin Luise vom 23. Dezember 1786 (H. A., Goethes Briefe, Bd. 2, S. 31): *Es ist viel Tradition bei den Kunstwerken, die Naturwerke sind immer wie ein erstausgesprochenes Wort Gottes.* Vgl. dazu v. Einem, Goethe-Studien, S. 121.

445,11. An Charlotte v. Stein gerichtet.

445,17. Fritz Bury im Gegensatz zu Charlottens Sohn Fritz.

445,23. Villa Mondragone in Frascati. Goethe war schon am 14. November 1786 dort gewesen. Vgl. Tagebücher, S. 403. Der Kolossalkopf des 130 n. Chr. im Nil ertrunkenen Hadrianlieblings Antinous, den Goethe aus Winckelmanns enthusiastischer Beurteilung (Geschichte der Kunst des Altertums, Buch 12, Kap. 1, § 17) kannte, befindet sich heute in Paris, Louvre. Wegner, Abb. 53. Goethe erwarb 1827 durch Vermittlung Friedrich Tiecks und Christian Rauchs aus dem Nachlaß Dr. Kohlrauschs einen Abguß, der heute im ,,Gelben Saal" des Goethehauses in Weimar steht. Goethe schrieb am 23. April 1828 an Tieck: *Es hat ... mit diesem Kopfe die Bewandniß wie mit einigen andern Antiken ..., daß sie nämlich, neben ihrem Kunstwerthe, mir gewisse Zustände vergegenwärtigen, gewisse Empfindungen erneuern, welche zu den besten und harmlosesten zu zählen sind, die uns das Leben gewähren kann. Und so macht ich denn in den schönsten heitersten Tagen des Dezembers 1787 mit einigen jungen Freunden eine Fußreise nach Frascati und in jene herrlichen Umgebungen; wir gelangten nach Mondragone und fanden in diesem wundersamen Feenschloß das kolossale Bild des Antinous. Bury, der sich in seiner heiteren Naivetät thätig und gefällig untrennbar zu mir hielt, zeichnete sorgfältig einen bis ohngefähr auf Lebensgröße verkleinten reinlichen Umriß, welcher sich noch bey mir erhielt und schon oft den Wunsch erregte, das edle Bild in seiner natürli-*

chen Größe und Großheit noch einmal vor mir zu sehen. Nach Empfang des Abgusses schrieb Goethe am 21. Mai 1828 an Zelter: *Habe ja die Gefälligkeit, Herrn Tieck sogleich wissen zu lassen, daß der Abguß des Antinous von Mondragone anheute zu meiner großen Erinnerungs-Erbauung glücklich angekommen. Ich hatte in Erwartung desselben, um Tag und Stunde noch mehr zu belasten, das Mährchen meines zweyten Aufenthalts in Rom zu dictiren angefangen.*

446,1. An Charlotte v. Stein gerichtet.

446,15. Vgl. Goethes Brief an den Herzog vom 29. 12. 1787.

446,20ff. Goethe scheint hier nicht mehr gegenwärtig gewesen zu sein, daß er Heinrich Meyer schon an früherer Stelle (S. 130) eingeführt hatte. Dennoch ist diese Stelle als Freundschaftszeichen von besonderem Wert.

447,14. Die Anrede: *mein Lieber* geht auf Herder.

447,30ff. Gemeint sind Moritz und Bury, der Dritte vielleicht Schütz. Vgl. die Briefe der Genannten in dem Band „Zur Nachgeschichte der Italienischen Reise", hrsg. von Otto Harnack. Schr. G. Ges., Bd. 5, Weimar 1890.

Bericht

448,20. S. Paolo alle Tre Fontane, vor der Porta S. Paolo, im 5. Jhdt. an der Stelle erbaut, wo der Apostel Paulus sein Martyrium erlitten hat und wo drei Quellen entsprossen waren. 1599 von Giacomo della Porta wiederhergestellt. Die Fresken befinden sich aber nicht in S. Paolo, sondern in der benachbarten Kirche S. Vincenzo e S. Anastasio, einer Gründung des 7. Jhdts., die im 13. Jhdt. wiederhergestellt worden ist. Sie haben die vermutlich nach verschiedenen Raffaelzeichnungen entworfenen Stiche Marc Antons „Christus und die zwölf Apostel" zum Vorbild. Zu diesen Stichen vgl. Henri Delaborde, Marc-Antoine Raimondi, Paris 1888, S. 282f. – Vgl. ferner Adam v. Bartsch, Le peintre graveur, XIV, 1875, Nr. 64–76 u. The Illustrated Bartsch, 26: The works of Marcantonio Raimondi, ed. by Konrad Oberhuber. New York 1978. T. 92–104. – Goethes Aufsatz erschien im Dezemberheft des „Merkur" 1789 unter dem Titel *Über Christus und die zwölf Apostel nach Raphael von Marc Anton gestochen und von Herrn Professor Langer in Düsseldorf copirt.* Artemis Gedenkausg., 13, S. 76ff.

451,33. Vgl. Lessings „Laokoon", Abschnitt XVIII.

451,38. Die fünfschiffige Basilika S. Paolo fuori le mura ist 386 n. Chr. durch die Kaiser Valentinian, Theodosius und Arkadius über dem Grab des Apostels Paulus errichtet worden. Vgl. Friedrich Wilhelm Deichmann, Frühchristliche Kirchen in Rom, Basel 1948. Goethe hat die Kirche noch im alten Zustande gesehen. In der Nacht vom 15.

zum 16. Juli 1823 ist sie durch einen Brand schwer mitgenommen, in den darauffolgenden Jahrzehnten (bis 1854) neu und reicher aufgebaut worden. Bei den *hohen gemalten Wänden* handelt es sich um die von Pietro Cavallini (ca. 1250 bis ca. 1334) gemalten Fresken aus der Apostelgeschichte und aus dem Alten Testament (diese unter Benutzung frühchristlicher Fresken des 5. Jhdts.). Vgl. dazu Joseph Garber, Wirkungen der frühchristlichen Gemäldecyclen der alten Peters- und Paulsbasilika in Rom, Berlin 1918. Aufnahmen vor der Zerstörung bei Nicolai, Della Basilica di S. Paolo, Roma 1815, und Rossini, Vedute di Roma, 1823. Die alte Kirche hatte einen offenen Dachstuhl. Heute reichvergoldete Kassettendecke. – Die Herkunft der Säulen ist keineswegs geklärt. Nach Meinung des 16. Jhdts. entstammen sie dem Grabmal des Kaisers Hadrian.

452,13. Circus des Maxentius vgl. S. 135,19. Goethe hat den hier beschriebenen Blick in einer Zeichnung festgehalten. Vgl. v. Graevenitz, Italienische Reise, Nr. 145.

452,23. *Spina* ist die den Circus quer durchschneidende Mauer, um die das Wettrennen geschah.

452,33. Giovanni Battista Piranesi, geb. 1720 wahrscheinlich in Mogliano bei Mestre, gest. 1778 in Rom. Kupferstecher, Radierer und Architekt. In seinen Hauptwerken, den zwischen 1745 und 1775 gearbeiteten „Vedute di Roma" und den in 4 Bdn. 1756 veröffentlichten „Antichità Romane", hat Piranesi wie kein anderer das alte und neue Rom als gewachsene historische Einheit verherrlicht. Für Goethes Romauffassung (auch für die Ausbildung seines Raumgefühles) ist Piranesi von entscheidender Bedeutung gewesen. Goethe besaß den 1. Band der „Antichità". – Zu Piranesi vgl. Albert Giesecke, Giovanni Battista Piranesi, Leipzig 1912, Henri Foçillon, Giovanni Battista Piranesi, 2 Bde., Paris 1918 und 1929, und A. M. Hind, Giovanni Battista Piranesi, London 1922. Zu Goethes Verhältnis zu Piranesi vgl. abweichend Michéa, Voyage, S. 214f. – Goethes Bibliothek. Von H. Ruppert. Nr. 2111.

452,37. Herman van Swanevelt, geb. um 1600 in Woerden bei Utrecht, gest. 1655 in Paris. Holländischer Landschafts- und Architekturmaler und Radierer. 1629–1638 in Rom tätig. Goethe denkt hier an die beiden Folgen „Diverses veues desseignées en la ville de Rome" (13 Blatt) und „Diverses veues dedans et dehors de Rome" (13 Blatt), 1653, die er selbst besaß.

453,4ff. Fontane Paola, 1612 von Papst Paul V. Borghese (1605–1621) nach Zeichnungen Fontanas und Madernos errichtet. Das *Becken* unter Papst Innozenz XII. (1691–1700) hinzugefügt.

453,9. Der *See Bracciano* ist der alte Lacus Sabatinus in Etrurien, nordwestlich von Rom.

453,12. *Trastevere* = Stadtteil Roms jenseits des Tibers.

453,32. Über Raffaels *Transfiguration* vgl. S. 137. Diese Stelle gehört zu Goethes tiefsten Bildausdeutungen und zeigt, wie wenig er in dogmatischen Vorurteilen befangen war. Nach seiner (freilich erst später formulierten) Gegenstandslehre mußte das Thema der Verklärung, wenn nicht unter die widerstreitenden, so doch unter die gleichgültigen Gegenstände fallen. Hier schweigt das Bedenken gegen den Gegenstand völlig. Der *alte Tadel von doppelter Handlung* ist zuerst von dem Engländer Richardson in seinem „Essay on the Theory of Painting", London 1715, erhoben und dann immer wieder (so von Falconet, Ramdohr, Volkmann u. a.) wiederholt worden. Goethe widerlegt diesen Tadel mit Argumenten, die nicht von außen an das Bild herangetragen, sondern aus ihm selbst entwickelt werden. – Vgl. Hans Lütgens, Raffaels Transfiguration in der Kunstliteratur der letzten vier Jahrhunderte, Göttingen 1929, Michéa, Voyage, S. 175, u. v. Einem, Die „Verklärung Christi" und die „Heilung des Besessenen" von Raffael, Akad. d. Wissensch. u. d. Literatur in Mainz, Abhdlg. d. geistes- und sozialwissenschaftl. Klasse, Jahrg. 1966, Nr. 5, Lütgens hat das Problem der Datierung dieser Stelle übersehen. Es scheint sicher, daß Goethe schon in Italien zu dieser Deutung kam. Die Formulierung in der hier gegebenen Form gehört aber erst der Niederschrift 1829 an.

455,13 ff. Bei den *fremden Urteilern* ist vor allem an den Astronomen Lalande zu denken, dessen „Voyage d'un François en Italie", Paris 1769 (unter Benutzung von Papieren des Abbé Gougenot) die wesentliche Grundlage von Volkmanns Buch ist. Vgl. Michéa, Voyage, S. 130f. und 143f. Die Stelle bei Volkmann steht Bd. 2, S. 373f.

455,17. S. Maria della Pace hinter der Piazza Navona, unter Papst Sixtus IV. (1471–1481) errichtet, unter Papst Alexander VII. (1655–1667) erweitert. Porticus von Pietro da Cortona, vgl. Günter Urban, Die Kirchenbaukunst des Quattrocento in Rom. Römisches Jahrbuch für Kunstgeschichte IX–X 1961/62 S. 176–219.

455,18 ff. Raffaels Sibyllen, im Auftrag des Agostino Chigi gemalt, wahrscheinlich 1514 vollendet, ein Hauptwerk seiner römischen Zeit, schmücken den Bogen der ersten Kapelle rechts. – Die „Messe von Bolsena" und die „Befreiung Petri" in der 1511–1514 ausgeschmückten Stanza d'Eliodoro des Vatikans mußten ebenso wie der „Parnaß" in der 1509–1511 ausgeschmückten Stanza della Segnatura auf die Fenster in der Wandfläche Rücksicht nehmen. – Die *verheimlichte Symmetrie* ist ein Grundgedanke der Goetheschen Kompositionslehre. In dem Aufsatz *Relief von Phigalia* heißt es: *Die Mitte darf nicht streng bezeichnet sein, und bei einer vollkommenen guten Komposition, sie sei plastisch, malerisch oder architektonisch, muß die Mitte leer sein oder unbedeutend, damit man sich mit den Seiten beschäftige, ohne zu denken, daß ihre Wirksamkeit irgendwoher entspringe.* (Bd. 12, S. 171,29) In diesem

Begriff wird der Zusammenhang von Goethes Kunst- und Naturanschauung besonders deutlich. – v. Einem, Goethe-Studien, S. 94.

455,21 ff. Die an die Chigikapelle anschließende Kapelle ist die Capella Cesi. Vgl. Günter Urban, Die Capella Cesi in S. Maria della Pace, Miscellanea Bibliotheca Hertzianae, München 1961 S. 213–238. Die Dekoration ist von Simone Mosca (1492–1553). Vgl. Henry Thode, Michelangelo, Kritische Untersuchungen, II, Berlin 1908, S. 188. – Die Kuppel schmückten nicht drei, sondern vier große Gemälde: „Heimsuchung" von Carlo Maratti (1625–1713), „Tempelgang Mariae" (stark erneuert) von Baldassare Peruzzi (1481–1536), „Geburt Mariae" von Raffaello Vanni (1587–1673), „Tod Mariae" von Giovanni Maria Morandi (1622–1717). Über dem Chor „Himmelfahrt Mariae" von Francesco Albani (1578–1660). – Der Kreuzgang von 1504 ist eins der ersten Werke Bramantes in Rom.

Moritz als Etymolog

460,2. Vgl. Baco von Verulam, De Dignitate et Augmentis Scientiarum, L. III, Cap. 6, p. 97: „Hoc enim habet ingenium humanum, ut cum ad solida non sufficiat, in supervacaneis se atterat." Goethe hat den Band „Francisci Baconi ... opera omnia ... uno volumine comprehensa", Frankfurt 1665, am 1. Dezember 1828 von der Weimarischen Bibliothek entliehen. – Vgl. Goethe, *Maximen und Reflexionen*, Schr.G.Ges. Bd. 21, S. 248. – Bd. 12, S. 539 Nr. 1302.

460,14f. Herders Preisschrift „Über den Ursprung der Sprache" war 1771 von der Berliner Akademie preisgekrönt und gedruckt worden. Vgl. dazu *Dichtung und Wahrheit* (Bd. 9, S. 406, 6ff.).

Philipp Neri, der humoristische Heilige

462,1. Vgl. S. 327,5 ff. Der Aufsatz wurde 1810 begonnen, 1829 (Mai bis Juli) beendet. Quellen: Pietro Giacomo Bacci, Vita di S. Filippo Neri. Roma 1745. (Ruppert Nr. 196) Und: Acta Sanctorum. Bd. 5. (Keudell Nr. 1992)

462,5. Paolo Fidanza (1731 bis um 1790), Teste scelte di personaggi illustri, T. 1–5, Rom 1757–1759. Goethe besaß das Werk (Ruppert, Nr. 2399).

462,16. Der Sacco di Roma 1527, die Plünderung der Stadt durch die deutschen und spanischen Söldner des Connétable von Bourbon.

464,1. S. Onofrio, 1419 zu Ehren des ägyptischen Einsiedlers Honuphrius gegründet, am Abhang des Janiculus.

464,14. S. Girolamo della Carità, an der Wohnstätte des hl. Hieronymus errichtet, im 17. Jhdt. von Domenico Castelli wiederhergestellt, Fassade von Rainaldi. – Neri wohnte hier seit seiner Priesterweihe 1551. Später erst bezog er das florentiner Kloster S. Giovanni.

464,17. S. Maria in Vallicella, 1575–1605 für den von Filippo Neri 1575 gegründeten Orden der Oratorianer von Matteo da Castello, Martino Longhi d. Ä., Giacomo della Porta und Fausto Rughesi erbaut. Links von der Kirche das Oratorio dei Filippini, 1637–1662 von Borromini erbaut.

467,9. Vgl. 1. Korinther, Kap. 12, V. 10.

470,20f. Die Thermen des Caracalla.

471,23. Franziskus Xaverius (1506–1552), der große Missionsreisen nach Brasilien, Indien und Japan unternahm.

471,35. In S. Paolo alle Tre Fontane.

473,11f. *Chiesa nuova:* S. Maria in Vallicella. Vgl. 464,17 u. Anm.

473,20. Filippo Neri starb am 26. Mai 1595.

473,29. Übertragung aus dem Italienischen wohl von Riemer (WA 32, 414).

Januar 1788
Korrespondenz

Die Januarkorrespondenz war erheblich größer, als es nach den hier mitgeteilten Briefen den Anschein hat. Vgl. Brieftabelle und W.A., Abt. IV, Bd. 8.

475,28. An Charlotte v. Stein gerichtet.

476,6. Damals war der Sohn des holländischen Anatomen Peter Camper (vgl. S. 417), Gilles Adrian Camper in Rom. Vgl. Goethes Brief vom 29. Dezember 1787 an den Herzog: *Der junge Camper ist hier und trägt uns die Lehre seines Vaters vor, welche sich trefflich an das höhere und höchste anschließt.* Vgl. dazu Michéa, Voyage, S. 368ff. und 371f.

476,30f. An Herder gerichtet. *Deutsche Art und Kunst* spielt auf die von Herder 1773 herausgegebenen Aufsätze „Von Deutscher Art und Kunst" an, zu denen Goethes Hymnus auf Erwin von Steinbach gehört.

477,23. Der 4. Teil von Herders „Ideen zur Philosophie der Geschichte der Menschheit" erschien erst 1791.

Bericht

478,12. *Cupido, loser ...* Goethe setzte diese Verse in die neue Fassung der *Claudine von Villa Bella,* an der er in Rom arbeitete (Ständchen im 2. Akt). Über den Erlebnis-Hintergrund kann man nur Vermutungen haben (die Römische Geliebte). – Eckermann 5., 6., 8. April 1829. – Vgl. Bd. 1, S. 237 u. Anm.

Aufnahme in die Gesellschaft der Arkadier

479,3. Goethes Aufnahme hatte bereits am 4. Januar 1787 stattgefunden. Fürst von Liechtenstein hatte ihn eingeführt. Goethe gibt die Geschichte der heute noch bestehenden „Arcadia" nach Volkmann, Bd. 2. Vgl. hierzu Noack, Goethe und die Arcadia, G.Jb., Bd. 25.

480,12. Dante und Petrarca.

480,21. Giovanni Maria Crescimbeni (1663–1728), Dichter und Literarhistoriker. 1690–1728 Kustode der „Arcadia". Seine Arbeiten über die Poesia volgare sind: „Istoria della volgar poesia", Rom 1698, „Trattato della bellezza della volgar poesia", Rom 1700, „Commentario intorno alla volgar poesia", 5 Bde., Rom 1702–1711.

480,34. „Le vite degli Arcadi illustri", 5 Bde., Rom 1708–1727.

481,3f. Die Dichter Catull, Tibull und Properz.

481,22. Über die Aufnahme Goethes vgl. Noack. Die Akten der „Arcadia" enhalten über sie kein Wort.

481,23. Die „Capanna del Serbatojo", die „Hütte des Winterhauses" der „Arcadia". Im Sommer tagten die Arkadier in dem ihnen gehörigen Bosco Parrasio auf dem Gianicolo, im Winter in der Stadtwohnung des Custode generale.

482,13. Kustode war damals der Abt Gioacchino Pizzi (1716 bis 1790), mit seinem Schäfernamen Nivildo Amarinzio genannt.

482,15. *C. U. C.* = Coetus Universi Consulto, nach Beschluß der gesamten Gesellschaft.

483,17. Goethe schickte das Patent am 27. Januar 1787 nach Weimar. Es befindet sich heute im Goethe-Nationalmuseum in Weimar.

Das Römische Karneval

Die Abhandlung, 1788 geschrieben, erschien zuerst 1789 als Buch mit 20 illuminierten Kupfertafeln, nach Zeichnungen von Georg Schütz durch Georg Melchior Kraus radiert und illuminiert, und wurde ohne die Tafeln 1790 im „Journal des Luxus und der Moden" wieder abgedruckt. Ein Teil der farbigen Zeichnungen von Schütz aus dem Nachlaß von Kraus befindet sich im Städelschen Kunstinistitut, Frankfurt am Main, vgl. Gerhard Bott, Herzogin Amalia von Sachsen-Weimar und die Freunde im Park der Villa d'Este in Tivoli, Miscellanea Bibliotecae Hertzianae, 1961, S. 488. Im Februarbericht hat Goethe angedeutet, was ihn zum Studium dieses Festes bewog: daß es *wie ein anderes wiederkehrendes Leben und Weben seinen entschiedenen Verlauf hatte.* Er erkannte es als *bedeutendes Naturerzeugnis und Nationalereignis.* Damit gewann es für ihn Lebensbedeutung, und er suchte, wie bei seinen Kunst- und Naturstudien, den geheimen Punkt zu fassen, in dem jenes wiederkehrende Leben in seiner Gesetzmäßigkeit und Freiheit seinen Ursprung hat. Vgl. hierzug *Tag- und Jahreshefte,* Abschnitt *1789.* (Bd. 10, S. 434, 10–18.) – Bibliophile Wiedergabe mit Nachwort von Harald Keller, Dortmund 1978.

485,7f. Die *Saturnalien* wurden im alten Rom am 17. Dezember gefeiert und in der Kaiserzeit bis zum 23. Dezember ausgedehnt. Die *Privilegien* waren Freiheit und Gleichheit der Menschen, wie sie im Zeitalter des Saturnus geherrscht haben sollen.

486,14. Die alte Via Flaminia, die nach Norden führte, 220 v. Chr. von dem Zensor C. Flaminius angelegt.

486,19. Ebenso der Statthalter von Rom (Governatore) und der oberste Richter (Senatore).

486,20. Karl Eduard Stuart (1720–1788), Enkel König Jakobs II. von England. Er wird der *Prätendent* genannt nach seinem mißglückten Versuch, 1745/46 in London zu landen und die Krone wiederzugewinnen.

488,2. *Barberi* = Rosse aus der Berberei in Nordafrika.

489,15f. Plätze vor S. Carlo al Corso und Piazza Colonna.

489,20. *Puzzolane* = weicher zerreibbarer Tuff.

490,23. „*Luoghi!*" = „Plätze!"

491,7. *Alter Gott der Gärten* = Priapus.

491,25. *Cicisbeen* = Hausfreunde.

491,38. *Quacqueri* = Quäker.

492,12. *Buffo caricato* = komischer Darsteller affektierter Rollen.

496,30f. „Bruder, was bist du für eine häßliche Dirne!"

499,3. Abbondio Faustino Rezzonico, seit 1765 Senator, Nepote von Papst Clemens XIII. Vgl. 521,25.

499,16. Palazzo Ruspoli an der Ecke des Corso und der Via de'Condotti, von Bartolommeo Ammanati (1511–1592) 1556 erbaut, 1586 von anderer Hand vollendet.

501,39. *Corden* = sog. „Schnellgalgen". Den Verbrechern wurden die Hände auf den Rücken gebunden, an den Armen Stricke befestigt und der Körper dann auf und ab geschnellt.

502,23. Vgl. Anmerkung zu 387,31.

502,26. Der *Capitano des italienischen Theaters* ist der miles gloriosus der lateinischen Posse.

504,8. *Ammazzieren* = ermorden.

505,21f. „*Luoghi avanti! Luoghi nobili!*" = „Vorderplätze! Feine Plätze!"

509,26. Das Teatro Aliberti auf der Via del Babuino ist nicht mehr vorhanden. Das Teatro Argentina auf der Via di Torre Argentina, 1732 erbaut, ist heute noch angesehen.

509,27. Teatro Capranica an der Piazza Capranica zwischen Montecitorio und Pantheon ist gegen 1900 aufgehoben worden.

509,29,32. Das Teatro della Pace bei der Piazza Navona ist nicht mehr vorhanden, ebensowenig das große Teatro Tordenone am Tiberufer an der Via di Tor di Nona.

510,10. Vgl. Goethes Aufsatz *Frauenrollen auf dem römischen Theater durch Männer gespielt,* „Merkur" 1788.

510,13. *Festine* = Bälle.

512,15. *Moccolo* = Lichtstumpf.

513,24f. „Ermordet werde der Herr Abt, der sich der Liebe hingibt!"

515,3. Baubo ist die Amme der Demeter, die die um ihre Tochter trauernde Mutter durch unanständige Späße zu erheitern versuchte.

515,24. Diese Worte erhalten ihr volles Gewicht, wenn man bedenkt, daß sie Anfang 1788, vor Ausbruch der Französischen Revolution, geschrieben worden sind.

Februar 1788
Korrespondenz

516,6. *Sekkatur:* Qual. 516,25 *sekkieren:* belästigen.

516,15f. Vgl. Prediger Salomo, Kap. I, V. 13 u. Kap. 3, V. 10.

516,25. Über die italienischen Übersetzungen des *Werther* vgl. Gnoli, Wolfgango Goethe a Roma, Nuova Antologia di Scienze, Lettere ed Arti, 1875. – Goedeke, Grundriß. Bd. 4, Abt. 3. 1912. S. 213–216.

516,29. An Herder, in Wirklichkeit am 9. Februar geschrieben.

516,37. *Marli* = gazeartiges Gewebe mit gitterartig voneinander abstehenden Fäden.

517,4f. Schon im Septemberbericht hatte Goethe angedeutet, daß ihm um jene Zeit *Zweifel und Vermutungen* aufstiegen, *der eigentliche Wunsch und die Absicht* seines Italienaufenthaltes, nämlich sich als bildender Künstler zu bestätigen, werde und könne nicht in Erfüllung gehen. Hier haben wir nunmehr die klare Einsicht. Am *22. Februar* heißt es dann endgültig: *Täglich wird mir's deutlicher, daß ich eigentlich zur Dichtkunst geboren bin ... Von meinem längern Aufenthalt in Rom werde ich den Vorteil haben, daß ich auf das Ausüben ... Verzicht tue.* An Stelle der Ausübung der bildenden Kunst tritt in Zukunft Betrachtung und Studium. Am 10. April 1829 ist Goethe im Gespräch mit Eckermann auf diese römische Einsicht zurückgekommen: *Was ich aber sagen wollte, ist dieses, daß ich in Italien in meinem vierzigsten Jahre klug genug war, um mich selber insoweit zu kennen, daß ich kein Talent zur bildenden Kunst habe und daß diese meine Tendenz eine falsche sei.* Vgl. hierzu v. Einem, Goethe-Studien, S. 89ff.

517,19ff. Leonardos berühmtes Malerbuch ist erst eineinhalb Jahrhunderte nach seinem Tode von Rafael Trichet Du Fresne herausgegeben worden: „Trattato della pittura di Lionardo da Vinci, nuovamente dato in luce con la vita dell' istesso autore scritta da Raff. du Fresnes", Paris 1651. Die älteste italienische Ausgabe erschien 1733 in Neapel, die zweite in Bologna 1786. Vgl. dazu Julius v. Schlosser, Die Kunstliteratur, Wien 1924, S. 140ff. – Welche Ausgabe Goethe gelesen und welche er vorher gekannt hat, entzieht sich unserer Kenntnis. 1818 hat er die wichtigste der Bearbeitungen des Leonardoschen Nachlasses aus dem 16. Jhdt., den berühmten Codex 1270 der Vaticana in der Ausgabe von Manzi, Rom 1817, kennengelernt. *Nur ein flüchtiger Blick, den ich hineintun konnte, überzeugt mich von dem großen Gewinn, der uns dabei zu Teil wird,* schreibt er darüber am 24. Februar 1818 an Heinrich Meyer.

517,31f. Paris Bordone, geb. 1500 in Treviso, gest. 1571 in Venedig, Schüler Tizians. Über beide Bilder ist nichts bekannt.

518,16. Der Brief des Herzogs ist nicht erhalten. Er hatte vorgeschlagen, Goethe solle noch länger in Italien bleiben und die Herzogin-Mutter in Rom erwarten. Goethes ablehnende Antwort vom 25. Januar 1788. Briefe Bd. 2, S. 78–83.

518,24ff. Über Drouais vgl. S. 391,15 u. die Anm. dazu. Sein Tod fällt auf den 13. Februar. Das Bild „Philoktet auf Lemnos" befindet sich im Museum zu Chartres.

519,13. *Amor als Landschaftsmaler,* Bd. I, S. 235. Entstanden wohl im Herbst 1787 in Castel Gandolfo.

519,16f. *Gedicht auf Hans Sachs: Erklärung eines alten Holzschnittes, vorstellend Hans Sachsens poetische Sendung,* Bd. I, S. 135. Entstanden 1776, in Rom sprachlich geglättet.

519,17. *Auf Miedings Tod,* Bd. I, S. 114. Entstanden 1782.

519,19. Pyramide des Cestius. Goethe hat im Februar 1788 sein Grab an der Cestiuspyramide gezeichnet. – Corpus der Goethezeichnungen Bd. 2, Abb. 332. – W. Hecht, Goethe als Zeichner. 1982. Abb. 91.

519,20. *Parentation* = Grabrede.

Bericht

520,15. Melchior Kraus, geb. 1733 oder 1737 in Frankfurt, gest. 1806 in Weimar. Über ihn vgl. die schöne Charakteristik Goethes in *Dichtung und Wahrheit* (Bd. 10, S. 171, 9ff.). Dazu Eberhard Freiherr von Schenk zu Schweinsberg, G. M. Kraus. Schr. G.Ges., 43. 1930. – G. M. Kraus. Katalog von Chr. Kröll. Düsseldorf 1983. – Thieme-Becker 21.

520,17. Johann Friedrich Unger (1753–1804), Buchhändler und Holzschneider in Berlin. Bei ihm erschienen 1792–1800 „Goethes Neue Schriften" in 7 Bdn. Über ihn vgl. Erhard Hölscher, Johann Friedrich Unger, Imprimatur, Bd. 6, Hamburg 1935. – Die erste Ausgabe führt den Titel *Das Römische Karneval. Berlin, gedruckt bey Johann Friedrich Unger. Weimar und Gotha. In Commission bey Carl Wilhelm Ettinger. 1789.* Die Auflage war bereits nach wenigen Monaten vergriffen.

521,25. Vgl. Anmerkung zu S. 499,3.

521,27f. Wilhelm Christoph von Diede zum Fürstenstein (1752–1807), dänischer Geheimrat, später Gesandter beim Reichstag in Regensburg, und Frau Luise, geb. Gräfin v. Callenberg aus dem Hause Muskau in Schlesien. Das Ehepaar war Goethe schon von Darmstadt her bekannt. – Vgl. Nachtrag.

521,36f. Die *kapitolinische Wohnung des Senators* war der Palazzo Senatorio, der mittlere der drei Paläste des Kapitols. Umbau des antiken sog. Tabulariums, des Archivs der Staatsgesetze und Verträge, im 12. Jahrhundert. Durch Michelangelo im Rahmen der Neugestaltung des Kapitols seit Ende der vierziger Jahre des 16. Jahrhunderts verändert, von Giacomo della Porta weitergeführt, von Girolamo Rainaldi 1612 vollendet. Vgl. Hans Sedlmayr, Epochen und Werke, Bd. II, Wien und München 1960, S. 45ff. und Herbert v. Einem, Michelangelo, Berlin 1973, Kap. XV.

523,3. Der Triumphbogen des Septimius Severus, damals noch halb verschüttet, ist erst 1803 durch Papst Pius VII. freigelegt worden.

523,4. *Campo Vaccino:* so nannte man das Forum, bevor es seit 1813 freigelegt wurde. Auf ihm wurden die Viehmärkte abgehalten.

523,4f. Seit alters nannte man die drei großen Bogen der von Maxentius 306–312 n. Chr. begonnenen, von seinem Gegner vollendeten Basilika Friedenstempel. Die Bezeichnung *Minerven- und Friedenstempel* ist ungewöhnlich und unzutreffend. Vgl. Christian Hülsen, Forum und Palatin. München, Wien und Berlin 1926, S. 57.

523,8f. Zu den Palatinischen Trümmern und den Farnesischen Gärten vgl. S. 134 und 403.

523,11ff. „Nordwestliche Übersicht von Rom, genommen von dem Turm des Capitol, E. F. e I. Th. dis. inc. in Roma 1824." Das Blatt hat Goethe besessen, vgl. Schuchardt, Goethes Kunstsammlungen, Bd. I, S. 142, Nr. 368. – Ernst Fries, geb. 1801 in Heidelberg, gest. 1833 in Karlsruhe. Schüler Friedrich Rottmanns. In Rom weitergebildet durch Josef Anton Koch und Martin von Rohden. Mit Karl Fohr und Karl Rottmann zur Gruppe der Heidelberger romantischen Landschaftsmaler gehörig. Vgl. Karl Lohmeyer, Heidelberger Maler der Romantik, Heidelberg 1935; Richard Benz und Arthur v. Schneider, Die Kunst der deutschen Romantik, München 1939. – Joseph Thürmer, geb. 1789 in München, gest. daselbst 1833. Architekt, Zeichner und Radierer. Schüler Karl v. Fischers in München. Seit 1832 o. Professor und Leiter der Bauschule an der Dresdner Akademie. Als solcher wichtiger Vorläufer Gottfried Sempers.

523,21f Clemens XIII. Rezzonico war 1758–1769 Papst. Mengs hat den Papst kurz nach 1758 zweimal gemalt. Ein Exemplar in der Pinakothek zu Bologna, das andere in der Ambrosiana in Mailand. Dieter

Honisch, Anton Raphael Mengs, Recklinghausen 1965, Nr. 76 und 80. – Goethe sah das Bologneser Exemplar (Honisch, Nr. 76).

523,25. Der *Freund* ist Heinrich Meyer. Vgl. *Entwurf einer Kunstgeschichte des 18. Jhdts.* in Goethe, *Winckelmann und sein Jahrhundert*, Tübingen 1805, S. 278.

März 1788
Korrespondenz

524,8. An welche Bilder Goethe hier denkt, ist nicht zu ermitteln.

524,13. Vgl. S. 140.

524,19. Cristobal Morales aus Sevilla (etwa 1500–1553), einer der größten Meister des spanischen Motetten- und Messestiles. Vgl. über ihn R. Mitjana, Cristobal Morales, Madrid 1920. – MGG 9, Sp. 553–563.

524,31. Bei diesen *Psalmen* handelt es sich um Paraphrasen über die ersten 50 Psalmen von Girolamo Ascanio Giustiniani, komponiert von Benedetto Marcello (1686–1739) aus Venedig: „Estro poetico-armonico", 8 Bde., Venedig 1724–1727. Vgl. E. Fondi, La vita e l'opera lett. del Benedetto Marcello, Roma 1909. – MGG 8, Sp. 1616–1619.

525,16. Der „Urfaust" war 1773–1775 entstanden.

525,20. Die *neue Szene* ist die Paktszene. Bd. 3, S. 52ff.

525,26. Das *alte Manuskript* ist nicht erhalten. Goethe hat es selbst vernichtet. Wir kennen den „Urfaust" nur in der Abschrift des Hoffräuleins Luise v. Göchhausen. Vgl. Werner Richter, Urfaust oder Ururfaust? Monatshefte University of Wisconsin, 1949.

525,38f. *Des Künstlers Erdewallen*: Bd. I, S. 63. Entstanden 1773 oder 1774. Die Neubearbeitung unterblieb. – *Künstlers Apotheose*: Bd. I, S. 68.

526,8. In der „Dritten Sammlung" von Herders „Zerstreuten Blättern" waren die Jugendgedichte unter dem Titel „Bilder und Träume" veröffentlicht.

526,13. Es muß sich hier um die von Carlo Fea besorgte Ausgabe Roma 1787 handeln. Diese Ausgabe hat Goethe aber nicht selbst besessen. In seiner Bibliothek ist nur die Ausgabe Azaras von 1780, die er, wie aus einem Brief an Knebel hervorgeht, schon 1782 gelesen hat. Vgl. Ruppert, Nr. 2415. – Bei den „Fragmenten über die Schönheit" handelt es sich um die „sogni sulla bellezza" und das „frammento di una nova opera sulla bellezza", deren Manuskripte Fea von Maron erhalten hat. Vgl. Fea, S. 85, Anm. A.

526,28. Die Galleria Borghese, ursprünglich im Palazzo Borghese, seit 1782 im Casino Borghese, ist eine der berühmtesten und schönsten Kunstsammlungen Roms. Sie ist durch Kardinal Scipione Borghese

(1576–1633) begründet worden und heute im Besitz des italienischen Staates.

526,36. Nicht nachweisbar.

526,37ff. Die Accademia di S. Luca ist 1553 eröffnet worden. Über ihre geschichtliche Stellung und Bedeutung vgl. Nikolaus Pevsner, Academies of Art. Past and Present. Cambridge 1940, S. 58ff. Sie hat heute ihren Sitz im Palazzo Carpegna in der Via Bonella. Die Galerie ist nicht bedeutend. Daß der in der Accademia aufbewahrte Schädel nicht Raffaels echter Schädel war, ergab die 1833 erfolgte Aufdeckung von Raffaels Grab im Pantheon. Vgl. darüber den ausführlichen Brief Friedrich Overbecks an Philipp Veit vom 18. September 1833, abgedruckt bei I. D. Passavant, Rafael von Urbino und sein Vater Giovanni Santi, Bd. I, Leipzig 1839, S. 562ff. Der Schädel in S. Luca ist der Schädel des Stifters der (seit 1539 bestehenden) congregazione dei virtuosi di S. Giuseppe di terra Santa del Panteon, eines Kanonikus der Rotonda (D. Desiderio d'Adjutorio). Der Gipsabguß nach dem Schädel in S. Luca ist noch im Goethe-Nationalmuseum erhalten. – Das *Bild* – „Der hl. Lucas malt die Madonna" – ist der Akademie von ihrem ersten Präsidenten Federigo Zuccari geschenkt und von ihm Raffael zugeschrieben worden. Es gilt heute als Raffaelschule. Vgl. Vincenzo Golzio, La Galleria e le Collezzioni della R. Accademia di San Luca in Roma. Rom A. XVIII. T. 67.

527,7f. Bartolommeo Cavaceppi, geb. um 1716 in Rom, gest. daselbst 1799. Gefeierter Restaurator antiker Skulpturen. Freund Winckelmanns, mit dem er 1768 nach Deutschland reiste und die Wörlitzer Schloßanlage des Fürsten Leopold Friedrich Franz von Anhalt und Dessau mit technisch hervorragenden Kopien nach Antiken schmückte. Sein um 1775 erbautes Haus liegt an der Ecke von Via del Babuino und Vicolo di Gesù e Maria. Seinen Besitz (darunter eine wichtige Sammlung von Handzeichnungen italienischer Meister) hinterließ er der Accademia S. Luca. 1768–1772 erschien sein 3bändiges Werk „Raccolta d' antiche statue, busti, teste cognite ed altre sculture antiche restaurate dal Cavaliere Bartolommeo Cavaceppi". Über ihn vgl. Carl Justi, Winckelmann, Bd. 2, S. 306f. und Symour Howard, Bartolommeo Cavaceppi, Chicago 1958.

527,16f. Kardinal Antonio Eugenio Visconti wurde in der Lombardenkirche S. Carlo al Corso beigesetzt.

527,32. *Viburnum Tinus* = Schneeball.

527,33. *Attichbüsche* = Holunderbüsche.

527,36. Goethe zog in den zweiten Stock desselben Hauses zu dem Bildhauer Giuseppe Ceracchi (geb. 1751), der 1802 als Mitglied einer Verschwörung gegen Napoleon in Paris hingerichtet worden ist. Nach Ceracchis Naturabgüssen scheint Goethe modelliert zu haben.

528,13. Der Herzog hatte Goethe aufgefordert, seine Mutter Anna Amalia in Italien zu erwarten.

528,23. Giovanni Pierluigi da Palestrina (ca. 1525–1594), der Begründer des für die neuere Kirchenmusik vorbildlichen sog. Palestrinastiles, wie er den kirchenmusikalischen Forderungen des Tridentiner Konziles entsprach. Vgl. K. G. Fellerer, Der Palestrinastil und seine Bedeutung in der vokalen Kirchenmusik des 18. Jhdts., 1929. – MGG 10, Sp. 658–706.

528,38. *Fuß.* Goethes Plastik ist nicht erhalten, geblieben aber entsprechende Zeichnungen. Reproduziert in: Corpus der Goethe-Zeichnungen Bd. 6 A Nr. 16–29. – Hecht Nr. 117.

529,24. Die sog. „Villa Raffaels", vor der Porta del Popolo in der Villa Borghese, ist weder von Raffael je besessen noch bewohnt worden. Wer ihr Erbauer und erster Besitzer war, wissen wir nicht. 1785 erwarb sie der Kardinal Giuseppe Doria von Marchese Olgiati. Später ging sie in den Besitz des Advokaten Nelli über. Zuletzt gehörte sie zum Park des Fürsten Borghese. Vorhalle und drei Zimmer des unteren Stockwerks waren in Fresko ausgeschmückt, z. T. aber erst um die Mitte des 16. Jhdts. Vgl. die ausführliche Beschreibung bei Passavant, Rafael, Bd. I, S. 287ff. und Bd. 2, S. 286ff. – Die Villa ist 1849 bei den römischen Unruhen zum größten Teil zerstört worden. Drei Fresken („Hochzeit des Vertumnus und der Pomona", „Allegorische Darstellung der Laster, die nach Scheiben schießen", „Alexanders Hochzeit mit Roxane") heute in der Galerie des Casino Borghese. – Zu *Raffaels Villa* vgl. ferner Goethe, *Von Arabesken* (WA 47, S. 235–241).

529,34. Villa Albani, jetzt Torlonia, vor Porta Salaria gelegen, von Kardinal Albani angelegt. Casino 1755–1762 von Carlo Marchionni erbaut. Vgl. J. Gauss, C. Marchionni, Köln-Graz 1967, S. 19ff. Dort die berühmte Antikensammlung des Kardinals aufgestellt. – Vgl. Carl Justi, Winckelmann, Bd. 2, S. 289. – Im Hauptsaal des Casinos das Deckenfresko „Apollo mit den Musen" von Anton Raphael Mengs, 1760–1761 gemalt, von Winckelmann überschwenglich gepriesen, das erste große Werk der Wende zum Klassizismus. Goethe erwähnt es in der *Italienischen Reise* nicht, wohl aber in dem *Historischen Teil* der *Farbenlehre.* – Goethe hatte die Villa schon am 8. November 1786 besucht. Vgl. Tagebücher, S. 403f.

530,1. *drei Personen.* In erster Linie denkt Goethe wohl an seine römische Geliebte, die er in der *Ital. Reise* nicht nennen wollte, die aber auf diese Weise gewissermaßen zwischen den Zeilen bedacht ist. Ihre Bedeutung für Goethe zeigen die *Römischen Elegien* (Bd. 1, S. 1, S. 157 bis 173) und ein Brief an Herzog Carl August vom 16. Februar 1788. – Bei den beiden anderen wird es sich wohl um Karl Philipp Moritz und Angelica Kauffmann handeln.

530,18f. Die musikalischen Aufführungen von Mittwoch bis Karfreitag in der Sixtinischen Kapelle. Das 9stimmige „Miserere" des Gregorio Allegri (1584–1652), das nicht kopiert werden durfte, hat Mozart nach dem Gehör aufgeschrieben.

530,19. Die „Improperien" (von „improperio" = Vorwurf) sind ein Werk Palestrinas aus dem Jahre 1560.

531,4. Zu *jener Veranlassung* vgl. 528, 13.

531,15. Vgl. dazu Knieps Brief an Goethe vom 21. März 1788. Zur Nachgeschichte der Italienischen Reise, Nr. 2, S. 2f. Vgl. ferner Kruft, S. 209ff. u. 259. Die Zeichnungen sind jetzt in Weimar.

531,29. *Kastell* = Engelsburg, das Mausoleum Kaiser Hadrians. 135 n. Chr. begonnen, 139 unter Antoninus Pius vollendet, Grabstätte der römischen Kaiser von Hadrian bis Septimius Severus. Später Festung und Gefängnis, heute Museo Artistico e Militare. Vgl. Rowland Pierce, The Mausoleum of Hadrian and the Pons Aelius, Journal of Roman Studies 1925 und Emilio Lavagnino, Castel Sant'Angelo, Roma 1950. – Nash, II, S. 44, Abb. 726–737. – *Petarden:* Feuerwerkskörper.

Bericht

532,7ff. S. Peter vgl. 134,15. – S. Maria Maggiore auf dem Esquilin ist von Papst Liberius (352–366) errichtet worden. In späteren Jhdten. vielfach erweitert und verändert, der Campanile von 1177. Die Südostfassade mit Vorhalle 1741–1743 von Ferdinando Fuga (1699–1784). – S. Lorenzo fuori le mura, vor Porta S. Lorenzo, im Osten der Stadt, die Grabeskirche des hl. Laurentius, ist von Kaiser Konstantin gegründet, im 6. und vor allem im 13. Jhdt. umgebaut worden. – S. Sebastiano, vor Porta Sebastiano, als „S. Sebastian bei den Katakomben" schon im 4. Jhdt. genannt. Die Katakomben bargen das Grab des hl. Sebastian (gest. 290) und während der valerianischen Christenverfolgung (258) die Gebeine der Apostel Petrus und Paulus. Der heutige Bau ist eine Erneuerung des 17. Jhdts. – S. Giovanni in Laterano ist eine Gründung Kaiser Konstantins. Er schenkte Grund- und Hausbesitz der römischen Familie der Laterani dem Papste Silvester I. (314–335). Im Lateranspalast haben die Päpste bis zum Exil von Avignon (1309–1377) ihre Residenz gehabt. Die Basilika (ursprünglich Christus, später den beiden Johannes geweiht) ist als „das Haupt und die Mutter aller Kirchen Roms und des Erdkreises" („omnium urbis et orbis ecclesiarum mater et caput") die älteste der christlichen römischen Basiliken. 1308 und 1368 durch Feuersbrunst stark zerstört. Im 15. Jhdt. Beginn der Wiederherstellung. Die Gestalt des Inneren heute durch den Umbau Francesco Borrominis (ca. 1650) bestimmt. Die Hauptfassade 1736 von Alessandro Galilei (1691–1736). – S. Croce in Gerusalemme, Gründung der Kaiserin Helena, die hier die Reliquien des hl. Kreuzes aus Jerusalem deponierte. Im 12. Jhdt. erneuert, im 14. und 15. Jhdt. erweitert. Die heutige Kirche ist ein nahezu vollständiger Neubau des 18. Jhdts. – S. Paolo vgl. S. 451f.

532,20. Villa Mattei, heute Villa Celimontana, mit herrlichem Blick auf das Albanergebirge, 1582 gegründet.

532,21. *Kollation* = Imbiß.

533,36. *Pupillen* von pupillo, Pflegekind.

534,1ff. Vgl. Anm. zu 144,16f. Neudruck: Moritz, Schriften zur Aesthetik u. Poetik, Tübingen 1962. Vgl. auch H. J. Schrimpf, Karl Philipp Moritz, Stuttgart 1980. – Moritz, Beitr. zur Ästhetik, hrsg. von H. J. Schrimpf u. Hans Adler, Mainz 1989.

April 1788
Korrespondenz

542,4. Die Abreise fiel auf den 23. April.

542,11. Vgl. dazu Brief Burys an Goethe vom 10. Mai 1788, Zur Nachgeschichte der Italienischen Reise, S. 12: „Nach Ihrer Abreise, weil es mir zu Hause nicht wohl war, ließ ich die Zeichnung vom Ulyss stehen ...; werde Ihnen künftig schreiben, ob ich das Bild von Ulyss anfange ..."

542,24. Über die *französische Akademie* vgl. 174,31.

Bericht

546,6. Zur *Juno Ludovisi* vgl. S. 154.

546,14. Zur *Medusa Rondanini* vgl. S. 151.

546,19,21. *Herkules* und *Merkur* nicht nachweisbar.

546,25. Zu den Abgüssen nach dem großen Obelisken vgl. S. 393.

547,10f. Vgl. hierzu *Dichtung und Wahrheit,* Bd. 9, S. 500,35. Der Faun, die römische Kopie einer griechischen Bronze um 140 v. Chr. Uffizien, Florenz. Wegner, Abb. 27. Mansuelli, Gallerie Uffici, Sculture I, 1958, Nr. 51. Goethe sah den Abguß auf der Akademie Oesers in der Pleissenburg.

547,14. Über Goethes Besuch der Mannheimer Antikensammlung vgl. Bd. 9, S. 500,30 u. Anm. – H. Sitte, Im Mannheimer Antikensaal, Jb. G.Ges., 1934.

548,8. Angelica Kauffmann wohnte von 1782 bis zu ihrem Tode 1807 in Raphael Mengs' Wohnung in der Via Sistina 72. Vgl. hierzu Goethes Aufsatz *Der Verfasser teilt die Geschichte seiner botanischen Studien mit,* Bd. 13, S. 165,20ff.

548,24f. Gemeint ist die Villa Malta. Ihr damaliger Besitzer war Giovanni Antonio Parmiggiani. Der *erhabene Reisende* ist König Ludwig I. von Bayern, der 1827 die Villa erwarb.

548,32. Die Cloaca maxima, die oberhalb des pons Aemilius („ponte rotto") in den Tiber mündet, wurde von den Tarquiniern zur Entwässerung des Forumbereiches angelegt und im 1. Jhdt. vor Chr. ausgebaut und eingewölbt. Vgl. Nash, I, S. 258, Abb. 301 ff.

548,33. Die Katakomben bei S. Sebastiano, einer der sieben Hauptkirchen Roms, an der Via Appia gelegen, bargen zeitweilig auch die Gebeine der Apostel Petrus und Paulus, die man z. Zt. der Christenverfolgung unter Valerianus 258 dorthin gebracht hatte.

548,34. Giovanni Battista Piranesi, Della Magnificenza ed Architettura dei Romani, 1761. Vgl. dazu Mostra di Giovanni Battista Piranesi. Bologna 1963, T. 116.

549,5 f. „Roma sotterranea" di Antonio Bosio Romano, 1632. Goethe hat es 1827 kennengelernt. Vgl. Tagebuch vom 9. Oktober 1827.

549,12. Zu Raffaels Schädel vgl. S. 526. Vgl. Brief Reiffensteins vom 10. 5. 1788 an Goethe. Otto Harnack, Zur Nachgeschichte der Italienischen Reise. Schriften der Goethe-Gesellschaft, Band 5, Weimar 1880, S. 14.

549,20 f. Die Schädellehre Franz Joseph Galls (1758–1828). Goethe lernte Gall 1805 in Halle kennen. – NDB 6, S. 42.

549,30. Zu dem Bild vgl. S. 527.

549,38. Nicht Pietro da Cortona, sondern Federigo Zuccari.

550,3 ff. Vgl. S. 195. – W.A., Bd. 32, S. 423 ff. gibt eine ältere Fassung der *Geschichte der Statue von Colombrano, Rom, den 11. März 1788*, die nach dem Tagebuch am 2. August 1819 geschrieben worden ist.

550,27. S. 196 war gesagt worden: *Der Kopf war abgebrochen, ist aber gut wieder aufgesetzt.* In der älteren Fassung heißt es: *Der abgebrochene Kopf paßte genau zu Hals und Rumpf.* In Wirklichkeit stellt der Kopf eine Mänade dar und gehört nicht zum Rumpf, sondern ist wesentlich jünger. Vgl. Anmerkung zu 195,33 ff.

551,14. Zu dem *Bilde* des Daniele da Volterra vgl. S. 351.

551,26. Hiero II. von Syrakus herrschte von 269 bis 215 v. Chr. Vgl. hierzu Meyers Brief an Goethe vom 20. August 1829. In Wirklichkeit ist das Urbild der Statue gegen Ende des 5. Jhdts. zu datieren.

551,39. Vgl. Ovid, Metamorphosen 10, 243 ff. Die Bezugnahme auf die Pygmalionsage findet sich bei Goethe öfter. Vgl. dazu v. Einem, Goethe-Studien, S. 111. Pygmalion suchte eine Statue zu beleben, um sie körperlich zu besitzen. Goethe wollte sich das Bildwerk im geistigen Sinne aneignen.

552,35. Der Abschnitt entstammt wörtlich dem Brief Heinrich Meyers vom 20. August 1829. Die Statue steht heute noch im Gabinetto delle Maschere, das nach den von Goethe erwähnten Fußbodenmosaiken aus der Villa Hadrians bei Tivoli genannt worden ist. Vgl. Walter

Amelung, Die Skulpturen des Vatikanischen Museums, Bd. 2, Berlin 1908, Nr. 425, T. 75.

553,2. Die im Bade kauernde Aphrodite, römische Kopie eines um 250 v. Chr. entstandenen Werkes des Doidalses. Die Inschrift „Bupalos" ist gefälscht. Vgl. Helbig, 4. Aufl., Bd. I, 1963, Nr. 205.

553,3. Statuette des vom Adler entführten Ganymed. 1780 vor Porta S. Giovanni gefunden. Verkleinerte Wiederholung hadrianischer Zeit nach einem spätklassischen oder frühhellenistischen Statuentypus, wahrscheinlich einem Werk des Leochares. – Vgl. Brunn-Bruckmann, Denkmäler griechischer und römischer Skulptur, T. 158, und Helbig, 4. Aufl., Bd. I, Nr. 323.

553,4. Eine Apollostatue aus dem 4. Jhdt. v. Chr. Er steht heute noch im Gabinetto delle Maschere. Walter Amelung, Nr. 443, T. 76.

553,5. Satyr aus rotem Marmor, der mit der Rechten eine Weintraube emporhält. Kaiserzeitliche Kopie einer hellenistischen Erfindung. – Vgl. Helbig, 4. Aufl., Bd. I, Nr. 214.

553,6. Der antretende Diskobol in der Sala della Biga des Vatikan 1771 gefunden, 1772 vom Vatikan erworben, ist die Kopie eines Werkes aus dem Umkreis des Polyklet. Helbig, 4. Aufl., Bd. I, Nr. 501.

553,7. Ennio Quirino Visconti (1751–1818), Il Museo Pio-Clementino, 7 Bde., Rom 1782–1807.

553,19. Der *wohlhabende junge Mann* war Giuseppe Volpato, der Sohn des Kupferstechers Giovanni Volpato. Vgl. S. 378,26.

554,5. Das Haus ist abgebildet bei Carletta, Goethe a Roma, S. 50.

555,11. Die überlebensgroße Bronzestatue Marc Aurels (das bedeutendste unter den erhaltenen Reiterstandbildern des Altertums) gehörte zu einem Siegesdenkmal, das der römische Senat 164 n. Chr. dem Kaiser Marc Aurel errichtet hat. Es fehlt heute am Denkmal der besiegte Barbar mit auf dem Rücken gefesselten Händen. Der ursprüngliche Standort des Denkmals ist unbekannt. Bis zum Jahre 1538 stand es vor dem Lateranspalast und galt als Denkmal des ersten christlichen Kaisers Konstantin. Seine heutige Aufstellung als Mittelpunkt des Kapitolplatzes hat Michelangelo durchgeführt. Vgl. Herbert Siebenhüner, Das Kapitol in Rom, München 1954, S. 69f. – Paul Künzle, Die Aufstellung des Reiters vom Lateran durch Michelangelo. Micellanea Bibliotecae Hertzianae 1961, S. 255ff. – Helbig, 4. Aufl., Bd. II, 1966, Nr. 1161. Herbert v. Einem, Michelangelo, Berlin 1973, Kap. XV.

555,12. Vgl. Mozart, Don Juan, 2. Akt, Verwandlung. Kirchhof. Mondschein. Das Denkmal des Komturs. – Mozarts „Don Juan" ist am 29. Oktober 1787 zuerst in Prag aufgeführt worden. Goethe hat die Oper sehr bewundert. Am 30. Dezember 1797 schrieb er an Schiller: *Ihre Hoffnung, die Sie von der Oper hatten, würden Sie neulich in Don Juan auf einen hohen Grad erfüllt gesehen haben; dafür steht aber auch dieses Stück ganz isoliert und durch Mozarts Tod ist alle Aussicht auf etwas Ähnliches vereitelt.* Vgl. auch seine Bemerkung zu Eckermann am 20. Juni 1831.

555,30f. *Ovids Elegie* ist aus den „Tristia" die dritte des 1. Buches. Die Übersetzung ist von Riemer: Vers 1–4 und 27–30. – Am 27. Dezember 1788 schrieb Goethe an Herder: *Daß meine römischen Freunde an mich denken, ist sehr billig; auch ich kann eine leidenschaftliche Erinnerung an jene Zeiten nicht aus meinem Herzen tilgen. Mit welcher Rührung ich des Ovids Verse oft wiederhole, kann ich Dir nicht sagen:*

Cum subit illius tristissima noctis imago,
Quae mihi supremum tempus in urbe fuit.

Ich fühle nur zu sehr, was ich verloren habe, seit ich mich aus jenem Elemente wieder hierher versetzt sehe. (Briefe Bd. 2, S. 106)

556,16. Am 31. August 1817 hatte Goethe einen anderen Abschluß seines römischen Aufenthaltes geschrieben. Er ist das älteste Stück der Bearbeitung des *Zweiten Römischen Aufenthaltes* und lautet nach der erhaltenen Handschrift (W. A., Bd. 32, S. 428ff.): *Bei meinem Abschied aus Rom empfand ich Schmerzen einer eigenen Art. Diese Hauptstadt der Welt, deren Bürger man eine Zeitlang gewesen, ohne Hoffnung der Rückkehr zu verlassen, giebt ein Gefühl, das sich durch Worte nicht überliefern läßt. Niemand vermag es zu theilen als wer es empfunden. Ich wiederholte mir in diesem Augenblicke immer und immer Ovids Elegie, die er dichtete, als die Erinnerung eines ähnlichen Schicksals ihn bis ans Ende der bewohnten Welt verfolgte. Jene Distichen wälzten sich zwischen meinen Empfindungen immer auf und ab.*

Cum subit illius tristissima noctis imago,
Quae mihi supremum tempus in Urbe fuit;
Cum repeto noctem, qua tot mihi cara reliqui;
Labitur ex oculis nunc quoque gutta meis.
Jamque quiescebant voces hominumque canumque:
Lunaque nocturnos alta regebat equos.
Hanc ego suspiciens, et ab hac Capitolia cernens,
Quae nostro frustra juncta fuere Lari;
Numina vicinis habitantia sedibus, inquam,
Jamque oculis nunquam templa videnda meis.

Nicht lange jedoch konnte ich mir jenen fremden Ausdruck eigner Empfindung wiederholen, als ich genöthigt war, ihn meiner Persönlichkeit, meiner Lage im besondersten anzueignen. Angebildet wurden jene Leiden den meinigen und auf der Reise beschäftigte mich dieses innere Thun manchen Tag und Nacht. Doch scheute ich mich auch nur eine Zeile zu schreiben, aus Furcht, der zarte Duft inniger Schmerzen möchte verschwinden. Ich mochte beinah nichts ansehen um mich in dieser süßen Qual nicht stören zu lassen. Doch gar bald drang sich mir auf wie herrlich die Ansicht der Welt sey, wenn wir sie mit gerührtem Sinne betrachten. Ich ermannte mich zu einer freieren poetischen Thätigkeit; der Gedanke an Tasso ward angeknüpft und ich bearbeitete die Stellen mit vorzüglicher Neigung, die mir in diesem Augenblick zunächst lagen. Den größten Theil meines Aufenthalts in Florenz verbrachte ich in den dortigen Lust- und Prachtgärten. Dort schrieb ich die Stellen die mir noch jetzt jene Zeit, jene Gefühle unmittelbar zurückrufen.

Dem Zustand dieser Lage ist allerdings jene Ausführlichkeit zuzuschreiben, womit das Stück theilweise behandelt ist und wodurch seine Erscheinung auf dem Theater beinah unmöglich ward. Wie mit Ovid dem Local nach, so konnte ich mich mit Tasso dem Schicksale nach vergleichen. Der schmerzliche Zug einer leidenschaftlichen Seele, die unwiderstehlich zu einer unwiderruflichen Verbannung hingezogen wird, geht durch das ganze Stück. Diese Stimmung verließ mich nicht auf der Reise trotz aller Zerstreuung und Ablenkung, und, sonderbar genug, als wenn harmonische Umgebungen mich immer begünstigen sollten, schloß sich nach meiner Rückkehr das Ganze bei einem zufälligen Aufenthalte zu Belvedere, wo so viele Erinnerungen bedeutender Momente mich umschwebten.

Weimar d. 31. August 17.

ZUR TEXTGESTALT

Erstdruck. Erstmalig gedruckt ist die *Italienische Reise* (S. 7–349 unserer Ausgabe) in 2 Bänden 1816 und 1817, und zwar hier noch ohne den späteren Titel, sondern unter dem Namen *Aus meinem Leben. Zweite Abteilung, erster Teil* (bzw.: *zweiter Teil)* mit daruntergesetztem Motto *Auch ich in Arkadien!* Das Werk ist hier also nur bezeichnet als Teil der großen Autobiographie. *Dichtung und Wahrheit* – Teil 1–3 waren 1811, 1812 und 1814 erschienen – hatte den Obertitel *Aus meinem Leben.* Um 1815 hatte Goethe wohl noch den Plan, seine Lebensgeschichte lückenlos bis zur Wiederkehr aus Italien zu schreiben.

Ausgabe letzter Hand. Der Abschnitt *Zweiter Römischer Aufenthalt* kam erst in der *Ausg. l. Hd.* 1829 hinzu. Die *Ausg. l. Hd.* hatte einen – nicht großen – Normalumfang für ihre einzelnen Bände festgesetzt. Ein so umfangreiches Werk wie das vorliegende erforderte daher 3 Bände. Deswegen numerierte Goethe: *Italienische Reise I* = Bd. 27 der *Ausg. l. Hd.* (in unserer Ausgabe S. 7–177) und *Italienische Reise II* = Bd. 28 der *Ausg. l. Hd.* (S. 178–349). Der anschließende 29. Band heißt dann *Zweiter Römischer Aufenthalt* (S. 350–556); dieser Teil ist also durch seinen Titel einerseits gegen das Vorige abgesetzt, anderseits angeschlossen (ähnlich wie im Stil). Goethe empfand aber das Ganze als ein einheitliches Werk. Zwar bildet der *Zweite Römische Aufenthalt* einen eigenen Abschnitt, aber die Zweiteilung innerhalb der *Italienischen Reise* ging nur auf die äußerliche Notwendigkeit der Verteilung auf zwei Bände zurück. Unser Druck hat deswegen bei den Seitentiteln nicht jedesmal vermerkt, ob es *I* oder *II* sei, denn das wäre eine Überbetonung einer bloßen Buchbindergliederung.

Fehler in den Goetheschen Drucken. Die Handschriften, welche Goethe zu dem Druck von 1816–17 und zu dem des *Zweiten Römischen Aufenthalts* 1829 in die Druckerei gab, waren wie alle seine Altersprosa seinen Schreibern diktiert, und diese haben mancherlei Fehler gemacht, die er bei der Korrektur übersah, denn er war bei der Durchsicht lässig, weil er ganz auf das Produzieren selbst gesammelt war. So ist unter der Hand des Schreibers aus *kimmerisch* (430,23) ein „chimärisch" geworden, statt *Kranze* (377,8) schrieb der Schreiber „Kreuze". Diese Fehler gingen in die Drucke ein.

Von dem Erstdruck 1816–17 wurden die Korrekturen nach der Sitte der Zeit nicht an den Verfasser gesandt, sondern nur in der Druckerei gelesen. Der Druck enthält zahlreiche Fehler; z. B. wurde aus *Knochenmasse* (163,28) „Knochenmaske", aus *fest* (90,20) wurde „fett" usw.

Die Erstausgabe wurde der *Ausg. l. Hd.* zugrunde gelegt, ohne daß Goethe sie vorher durchgesehen hatte. Alle ihre Fehler gingen also in diese über, und neue kamen hinzu, denn wieder wurden die Korrekturen nur in der Druckerei gelesen. Die *Ausg. l. Hd.* schreibt also z. B. statt *Force* (53,6) „Form"; statt *Theaterpracht* (161,8) „Theatertracht"; statt *Stimmen* (285,14) „Stämmen"; aus *von den Köchen* (334,36) wurde bei den deutschen Schreibern und Druckern „von der Köchin"; aus *nah* (404,21) wurde „noch".

Wissenschaftliche Neudrucke. Von diesen vielen Fehlern wurden einige im 19. Jahrhundert berichtigt, besonders durch Düntzers Texte in der Hempelschen Ausgabe, 1877, und in der Sammlung „Deutsche National-Literatur" (o. J., um

1890). Eine bedeutende Hilfe zur Textkritik waren Goethes Italienische Tagebücher, die 1886 als Band 2 der „Schriften der Goethegesellschaft" erschienen und dann 1887 als Band 1 der Tagebücher in der 3. Abteilung der Weimarer Ausgabe.

Handschriften sind außer den Tagebüchern nur für ganz kleine Teile erhalten. Stellenweise muß man also zu Konjekturen greifen. Eine grundlegend bereinigte Textgestalt brachte erst die Weimarer Ausgabe, Bd. 30–32, 1903–1906, die alle vorhandenen Materialien verglich.

Kleinere Ergänzungen brachten dann noch die Jubiläums-Ausgabe, Bd. 26–27, 1907, die Fest-Ausgabe, Bd. 17, 1925, und die Gedenk-Ausgabe des Artemis-Verlags, 1950. Aus dieser ist im vorliegenden Text die Form übernommen, welche sie der in der *Ausg. l. Hd.* völlig verwirrten Partie 132,33–37 gegeben hat.

Namen und Daten. In Goethes Drucken weichen die zahlreichen Orts- und Personenamen gelegentlich von der heutigen Schreibung ab, nicht selten aber auch von der damaligen italienischen; zum Teil deswegen, weil die Schreibweise im 18. Jahrhundert nicht einheitlich war; zum Teil auch, weil Goethe die Namen in seinen italienischen Tagebüchern und Briefen falsch schrieb und diese Fassungen dann in sein Buch übergingen. Die neueren Ausgaben – Düntzer, die Weimarer Ausgabe, Jubiläums-Ausgabe und Fest-Ausgabe – gleichen die Namen dem heutigen Gebrauch an. Die vorliegende Ausgabe ist ihnen im allgemeinen gefolgt, mit Ausnahme von Stellen, an denen die modernen Herausgeber stark von Goethe abweichen, z. B. bei 36,9 *Verdom*, wo neue Herausgeber – als Vermutung – *Gardone* eingesetzt haben. Das Register bringt die heutige Namensform, da der Leser unter dieser nachschlägt.

Mit den Daten hat Goethe es bei der Redaktion des Buches nicht immer genau genommen. Es kam ihm bei der Zusammenstellung darauf an, seine Entfaltung in der neuen Umwelt zu zeigen, den inneren Vorgang (und er hat in diesem Sinne wohl manches kompositorisch geordnet), aber nicht darauf, in bezug auf Tag und Stunde sachliche Richtigkeit in der Art eines Polizeiberichts zu erreichen. Für den Gehalt des Buches ist es gleichgültig, ob er am 10. oder am 11. September in Trient war. Neuere Ausgaben, welche die „richtigen" Daten einsetzten, stimmen dabei untereinander nicht immer überein. Deswegen ist davon abgesehen, nochmals neue Abweichungen zu schaffen, sondern möglichst nah bei Goethes Text geblieben. Doch ist auf die wichtigsten Datierungsversehen aufmerksam gemacht (26,32; 36,35; 83,17; 130,14; 297,31).

Textgestaltung. Dem vorliegenden Druck liegt die *Ausg. l. Hd.* zugrunde, doch unter Heranziehung der späteren wissenschaftlichen Ausgaben. Lesarten sind nur in einigen Fällen mitgeteilt. Einen reichen Lesartenapparat hat nur die Weim. Ausg.

Abkürzungen. Um der Kürze willen werden im folgenden die in der philologischen Wissenschaft üblichen Abkürzungen benutzt:

T = Goethes Tagebuch von der Italienischen Reise. (Gedruckt: Weimarer Ausgabe, 3. Abt., Bd. 1, S. 143–342.)

H = Handschrift. (Es gibt wenig Handschriften zur *Ital. Reise* außer T.)

E = Erstdruck. (Die Ausgaben von 1816–17.)

C^1 = Die Taschenausgabe der *Ausg. l. Hd.*, Bd. 27–29. (Da diese früher erschien als die Oktav-Ausgabe, wird sie immer zuerst genannt.)

C = Die Oktav-Ausgabe der *Ausg. l. Hd.* (Band- und seitengleich mit der Taschenausgabe.)

Dü = Düntzers Ausgabe in Kürschners „Deutscher Nationalliteratur", Bd. 102. = Goethes Werke, Bd. 21. (o. J., um 1890.)
W = Weimarer Ausgabe, Bd. 30–32. Weimar 1903–1906.
J = Cottasche Jubiläums-Ausgabe, Bd. 26–27, 1907.
F = Festausgabe, Bd. 17. 1925.
Ged. = Gedenkausgabe, Artemis-Verlag, Zürich, Bd. II. 1950.

Textliche Einzelheiten

7,2 *Auch ich in Arkadien!* nur in E, nicht in C^1 C 12,3 *Abach* Dü W J F *Aburg* C^1 C E 13,6 *Mittenwald* Dü W J F *Mittelwald* E C^1 C 14,15 *Walchensee* Dü W J F *Wallensee* E C^1 C 15,28 *Mittenwald* Dü W J F *Mittelwalde* E C^1 C 16,23 f. *wohlhäbig* T Dü W J F *wohltätig* E C^1 C 16,24 *Wilten* Dü W J F *Wilden* T E C^1 C 19,23 *Schönberg* W J F *Schemberg* C^1 C *Schenberg* Dü 20,25 *Elbogen* Dü W J F *Ellenbogen* T *Ellbogen* C^1 C 23,29 *Sterzing* T Dü W J F *Sterzingen* E C^1 C 23,31 *Mittewald* W J F *Mittenwald* T Dü *Mittelwald* E C^1 C 23,34 *Kollmann* F *Colman* E C^1 C *Collman* T Dü J *Collmann* W (Ebenso: 37,35; 38,2) 26,32 *10. September* E C^1 C; es muß aber der 11. September sein. 30,26 *Limone* T Dü W J F *Limona* E C^1 C 30,35 *Malcesine* W J F *Malsesine* E C^1 C *Malcésine* Dü (Ebenso: 30,38; 31,9; 31,28; 34,37; 35,8; 318,22) 34,19 *Allesina* Dü W J F *Alessina* E C^1 C 36,9 *Verdom* T E C^1 C *Gardom* Dü *Gardone* W J F 36,35 *10. September* E C^1 C; es muß der 14. September sein. 38,4 *Branzoll und Neumarkt* W J F *Brandzoll und Neumarkt* Dü *Brandsol und Neumark* E C^1 C 40,9 *Joseph dem Zweiten* Dü W J F *Joseph dem Ersten* E C^1 C 41,16f. *Porta stuppa oder del Palio* F *Porta Stupa oder del Pallio* T *Porta stupa oder del Pallio* E C^1 C *Porta stuppa oder del Pallio* Dü W J 45,19 *betriegen* ist die Goethesche Sprach- und Schreibform, z. B. *Tasso* 2546. – P. Fischer, Goethe-Wortschatz. Lpz. 1929. S. 112. 46,23 *Bevilacqua* C Dü W J F *Berilaqua* E C^1 46,24 *Tintorett* W J F *Tintoret* E C^1 C Dü. Die moderne Kunstwissenschaft schreibt *Tintoretto.* 53,6 *Force* T W J F *Form* E C^1 C Dü 54,25 und 54,33 *Turra* T Dü W J F *Tura* E C^1 C 62,18 *denen* T W J F *dem* E C^1 C Dü 67,35 *enger und enger* T W J F *empor und empor* E C^1 C Dü 71,8 *zur* T W J F *zu* E C^1 C Dü 73,24f. *Patres Capucini* Dü F *PP. Capuciner* T *Peters-Capuziner* E C^1 C *Patres Capuziner* W *Patres Kapuziner* J 75,6 *Poem* T J *Plan* E C^1 C Dü W F 83,17 *Den 6. Oktober* C^1 C W F *Den 5. Oktober* E *Abends* Dü, welcher bereits den vorhergehenden Abschnitt „den 7. Oktober früh" überschreibt und sich damit an beiden Stellen an T anschließt. Ohne Überschrift J, wo ebenfalls bereits über dem vorigen Abschnitt „Den 7. Oktober" steht. 88,19 *Kapitäl* Dü W J F *Kapital* E C^1 C 89,29 *Mittag, Zeit* T (WA III, Bd. I, S. 271) W J F *Mittagszeit* E C^1 C Dü 98,10 *Galiani* Dü W J F *Galliani* E C^1 C 99,3 *förderte* W J F *fördert* E C^1 C Dü, das Tagebuch hat: *ich konnte mit der historischen Erkenntnis nicht näher* (WA III, Bd. 1, S. 290). 100,19 *heute früh* T (Bd. 1, S. 298) *Heut' früh* J *Seit früh* E C^1 C Dü W F 102,15 *Strange* Dü W J F *Stränge* E C^1 C 104,28f. *legt ... macht* T (Bd. 1, S. 310) J *lege ... mache* E C^1 C Dü W F 105,36 *Verzückte* T (Bd. 1, S. 307) W J F *Verzuckte* E C^1 C Dü 111,25 *Lojano* Dü W J F *Logano* T E C^1 C 112,29 *glatt* T W J F *platt* E C^1 C Dü 114,5 *Bedingungen* J und im Apparat als Konjekturvorschlag W F *Bestimmungen* E C^1

C Dü. Im Tagebuch: *Der Weizen gedeiht aber schön, und es ist seiner Natur gemäß.* 114,16 *weniger* T E W J F *wenige* C^1 C Dü 114,27 *mit der Versicherung, mit dem Versprechen* E C^1 C Dü W F *mit der Versichrung* T (Bd. 1, S. 319) *mit dem Versprechen* J. Ich halte für möglich, daß Goethe zunächst aus dem Tagebuch diktierte *mit der Versicherung,* dann verbesserte *mit dem Versprechen* und daß der Schreiber vergaß, das erste durchzustreichen. 127,13 Goethe hebt durch Großschreibung hervor *unter Einem Dache.* In heutiger Schreibweise ist Sperrung ungefähr das Entsprechende, so Dü J F. 128,7 *Karl* Dü W J F *Carl* E C^1 C 130,14 *den 7. November* E C^1 C Dü *den 5. November* W J F. Düntzer läßt also *den 7. November* stehn, er ändert aber in der folgenden Zeile in *zehn Tage* gemäß dem Brief Goethes vom *7. November,* der beginnt *Ich bin nun zehen Tage hier ...* (WA IV, Bd. 8, S. 44). W J F belassen Goethes *sieben Tage,* ändern aber das Datum. 132,33–37 Diese Partie ist durch Goethes Schreiber und Drucker völlig verderbt. Sie lautet in C^1 und C: *Diese Bilder sodann und eine Reihe von folgenden und eingeschalteten wünscht er durch ein Gedicht verknüpft, welche dem Dargestellten zur Erklärung dienten und ihm dagegen wieder durch bestimmte Gestalten Körper und Reiz verliehen.* Alle modernen Ausgaben haben versucht, die Konstruktion zu bessern und den Sinn klarer auszudrücken, am einfachsten und besten wohl Beutlers in Ged. gegebene Textrevision. Ihr schließt sich unser Text an. 134,25 *licht* W F *Licht* E C^1 C Dü J 141,9 *Architektur* Brief vom *22. Nov. 86* (WA IV, Bd. 8, S. 65,2) Dü W J F *Architekten* E C^1 C 141,21 *Instrumente* E C^1 C Dü W F *Instrumenter* Brief vom *22. Nov. 86* (WA IV, Bd. 8, S. 65,16f.) J. Dazu: Fischer, Goethe-Wortschatz, S. 834: *Instrumenter* = Musiker (Instrumentalist) 141,38 und 143,11 *Liechtenstein* Dü W J F *Lichtenstein* E C^1 C 143,35 *Schwendimann* Dü W J F *Schwendeman* E C^1 C 143,36 *Hedlinger* Dü W J F *Hetlinger* E C^1 C 152,34 *und war* E C^1 C J *und er war* (Konjektur) Dü W F 156,32 *bleibenden* Brief vom *6. Jan. 87* (WA IV, Bd. 8, S. 118,14) W J F *belebenden* E C^1 C Dü 157,27 *weniger bedeutende* Dü W J F *wenig bedeutendere* E C^1 C *jene* alle Drucke außer Düntzer, der als Konjektur *diese* einsetzt. 158,7 *nach der Höhe* E C^1 C W J F *die Höhe* Dü. Dazu W im Apparat: „wahrscheinlich durch Vermengung zweier Redewendungen: *die Höhe zu gewinnen* und *nach der Höhe zu dringen*". 159,29 *Koptisch* Dü J *Cophtisch* E C^1 C *Kophtisch* W F 161,8 *Theaterpracht* Brief vom 18. 1. 87 (WA IV, Bd. 8, S. 142,9) W F *Theatertracht* E C^1 C Dü J 163,28 *Knochenmasse* Dü W J F *Knochenmaske* E C^1 C 164,10 *ist's* Brief (WA IV, Bd. 8, S. 153,24) Dü W J F *ist* E C^1 C 166,23 *Jacquier* Dü W J F *Jaquier* E C^1 C 168,35 *oben* Brief (WA IV, Bd. 8, S. 184,23) Dü W J F *eben* E C^1 C 175,1 *luftige* Brief (Bd. 8, S. 187,26) E C^1 C Dü J *lustige* W F 175,13–32 steht in E C^1 C am Ende des Abschnitts *Rom,* d.h. nach 177,22. Wegen des Datums sind beide Abschnitte in ihrer Stellung ausgetauscht durch Dü W J F 175,15 und 28 *Karnaval.* In Goethes Briefen aus Italien und ebenso in der *Ital. Reise* kommen die Formen *Carnaval* und *Carneval* nebeneinander vor. Darum die Verschiedenheit der Form 174,2 und 175,15 entsprechend E C^1 C. Die neueren Ausgaben normalisieren meist in *Karneval.* 179,21 *Tod* Dü J F *todt* E C^1 C W 182,24 und 183,5 *Mola* Dü W J F *Molo* E C^1 C 186,35 und 187,22f. *Pozzuoli* W J F *Puzzuol* E *Puzzuoli* C^1 C. Dü hat 186,35 *Pozzuoli,* 187,22f. *Puzzoli.* 189,37 *Freitage.* Düntzer bemerkt, daß der 3. März 1787 kein Freitag war, und stellt 189,18–190,3 hinter 188,9 mit dem Datum *den 2. März.* 207,23 *Andres* Dü W J F *Anders* E C^1 C 216,32 Hierzu W: „Das Datum dürfte irrig sein" (ebenso

217,36). 236,22 *stumpfen* C^1 C W Fischer, Goethe-Wortschatz, S. 611 *Stumpfen* (Subst.) E Dü J F 242,10 *Euch gefällig erkundigt* E Dü W J F *Euch erkundigt* C^1 C 251,13 *Borch* Dü W J F *Borck* E C^1 C 252,18 *13. April* W F ohne Datum an das vorige angeschlossen Dü J *12. April* E C^1 C 252,20 *ist erst der* E Dü W J F *ist der* C^1 C 254,23 *La Noara* H W J F *La Noava* E C^1 C Dü 254,30 *Antonin* H W J F *Antonia* E C^1 C *Antonino* Dü 254,34 *Vater* Dü W J F *Sohn* E C^1 C 255,3 *andere* H.W J F Das Wort fehlt in C^1 C Dü 258,38 *war so groß* Einzeldrucke des *Balsamo*-Aufsatzes und W F *war groß* C^1 C Dü J 261,14 *schon so lange* H Dü W J F *schon lange* C^1 C 263,38 *über ihre Äußerungen* fehlt in E C^1 C, eingesetzt von Dü W J F auf Grund von H 264,22 *durch den Mangel* H W F *durch Mangel* C^1 C Dü J 268,15 *ins* T (Bd. 1, S. 336,12) W F *in* E C^1 C Dü J 272,24 *23. April* E Dü W J F *22. April* C^1 C 272,35 *Calata Bellotta* W F *Calta Bellotta* E *Calta Bellota* C^1 *Calata Bellota* C *Caltabellota* Dü J (Ebenso 273,7; hier hat C^1 den Druckfehler *Belotta) Macasoli* Dü W J F *Maccasoli* E C^1 C 285,14 *Stemmen* Dü W J F *Stämmen* E C^1 C 296,16 *Montag, den 7. Mai* E C^1 C W Da von hier an bis zum Ende der Sizilien-Reise Datierungsfehler vorkommen, setzte Düntzer *Sonntag, den 6. Mai,* ebenso J und F 297,31 *Dienstag, den 8. Mai* W *Dienstag, den 7. Mai* E C^1 C *Montag, den 7. Mai* Dü J F 329,34 *Fries* C^1 C W F *Frieß* Dü J (Ebenso 368,28; 368,36; 372,2; 379,21; 380,6; 390,16) 333,19 *auf den großen* H W F *auf großen* E C^1 Dü J 334,5 *den* H W F *dem* E C^1 C Dü J 334,27 *kindischen* H W J F *kindlichen* E C^1 C Dü 334,36 *von den Köchen* H W J F *von der Köchin* E C^1 C Dü 335,3 *diesen* H W J F *diesem* E C^1 D Dü 335,28 *Gläsern* fehlt E C^1 C Dü, eingesetzt W J F (Konjektur) 336,34 *diese* H W F *die* E C^1 C Dü J 337,19 *Überdächern, auf* (mit Komma) W F ohne Komma E C^1 C Dü J 337,20 *in öffentlichen* E C^1 C Dü J *in den öffentlichen* W F 340,17 *hoch, angebracht, welche* H W F *hoch, welche* E C^1 C Dü J 340,23 *und die Kerzenträger* H W J F *und Kerzenträger* E C^1 C Dü 342,2 *Fasttagen* H W J F *Festtagen* E C^1 C Dü 345,13 *Giovane* Dü W J F *Giovine* E C^1 C 351,3 *Grunde* H W (im Apparat) J F *Grund* C^1 C Dü 351,31 *wollten* Dü W J F *wollen* C^1 C 356,8 *O che* Brief Tischbeins H W J F *che* C^1 C Dü 357,30 *Mola* Dü W J F *Molo* C^1 C 358,32 *Meilen* C^1 C Dü W J F *Miglien* H 360,23 *ausgesetzt* W F *aufgesetzt* H C^1 C Dü J 362,14 *begabten* C^1 Dü W J F *begabter* C 364,22 *verrenkt* W J F *versenkt* C^1 C Dü 371,20 *Straßen* Dü W J F *Straße* H C^1 C 374,24 *diese Tage* (wie schon 266,27) in Anschluß an Dü W J F *dieser Tage* C^1 C 376,2–377,36 hat Goethe in leicht veränderter Gestalt in seinen Aufsatz *Der Verfasser teilt die Geschichte seiner botanischen Studien mit* aufgenommen. Vgl. Bd. 13, S. 164,13–166,25. 379,20f *gab die Ankunft ... jedoch neuen Anlaß* W *gab die Ankunft ... Gelegenheit* H *gab sodann auch die Ankunft ... jedoch neuen Anlaß* C^1 C *gab sodann auch die Ankunft ... neuen Anlaß* J, noch anders bei Dü, der eine Wortumstellung vornimmt. 386,7 *stünde ... wollt* W J F *stände ... wollt'* C^1 C *stände ... wollt* Dü 389,2 *zwinge* W J F *zwing'* C^1 C Dü 389,4 *Diminutiv* C^1 J *Deminutiv* C Dü W F 391,15 *Desmarais* F *Desmarets* C^1 C *Desmarest* W *des Marés* Dü J 391,17 *Boquet* C^1 W F *Boguet* Dü J 392,8 *Pourtalès* Dü W J F *Portalis* C^1 C 395,24ff. genau nach C^1 C, nur daß dort – wie immer – *eben so* in 2 Wörtern geschrieben ist; gleichlautend Dü. Dagegen *und eben einen so sichern* W (unter Berufung auf H, S. 382) J F 398,18f. *nun von gar* W J F *nun gar* C^1 C Dü 401,33 *respektierte* W (unter Berufung auf H) J F *respective* C^1 C und Dü, der dazu die Anmerkung macht: „*respektive* = sich gleich gegenüberstehende". 402,35 *sich* W F *sie* C^1 C Dü J 404,25 *als ein einziges* H W J F *als einziges* C^1 C Dü 404,28 f. *alles auf den Füßen Stehende ist herrlich* von W eingesetzt auf Grund einer Handschrift (S. 382), fehlt in einer anderen Handschrift und in C^1 C Dü J 405,27 *Hier aber kam* W F *Hier kam* C^1 C Dü J 409,17 *kann sich der* H W J F *kann der* C^1 C Dü 415,2 *der Gesellschaft sein* in der Bedeutung von: der Gesellschaft gehören. Vgl. Fischer, Goethe-Wortschatz, S. 561. 415,32 schließt in C^1 C an den vorhergehenden Abschnitt an. Von W durch einen Strich getrennt – in unserer Ausgabe durch eine freie Zeile –, weil es ein neuer Brief ist. Da er – laut 416,9 – in Rom geschrieben ist, ordnen Dü und J ihn hinter 418,32 ein mit Datum *Rom, den 23. Oktober.* 420,24 *verlangen auf*: dazu Fischer, Goethe-Wortschatz, S. 685: „Goethe gebraucht für ‚nach' bei diesem Verb gewöhnlich die Präposition ‚auf'." 428,21 *als besondere Rarität* steht in unserem Text an der gleichen Stelle wie in W und F; steht in der Zeile davor zwischen *zwar* und *nicht oft* in C^1 C Dü J 434,21 f. Der Sinn des Satzes ist: Ich bin zu alt, als daß mir mehr gelingen könnte als dilettantisches Arbeiten. Ein paralleler Satz: 517,4–6. 435,21 *Zerstreuung und Zersplitterung* C^1 C Dü *Zerstreuung und Zeitsplitterung* W (auf Grund einer Handschrift) J F Selbst wenn *Zeitsplitterung* handschriftlich belegt ist, halte ich *Zersplitterung* aus klanglichen Gründen für gut möglich. 439,2 *denn auch die* W F *dem die* C^1 C Dü J 443,24 ff. *j'avois j'irois ...* usw. statt der heutigen Schreibweise *j'avais ... j'irais ...* usw. ist zu Goethes Zeit noch überwiegend. 447,20 *nur* W (unter Berufung auf eine Handschrift) J F *nun* C^1 C Dü 448,37 *Heimfahrt* W J F *Himmelfahrt* C^1 C Dü 462,1–475,3 wird in J hinter 349,9 eingeschaltet. Unsere Anordnung übereinstimmend mit C^1 C Dü W F 465,33 *gleichsam* H C^1 C J *gleichfalls* Dü W F 480,5 *zufälligen* H W J F *gefälligen* H C^1 C Dü 480,6 *dem* H W J F *den* C^1 C Dü 484,1–515,37 *Das Römische Karneval* erschien erstmalig als Einzeldruck 1789 im Verlag Unger in Berlin mit Radierungen von G. M. Kraus nach Zeichnungen von G. Schütz. (Neudruck: Inselverlag 1905.) Auf Grund dieses Erstdrucks haben Dü und W zahlreiche Berichtigungen zu C^1 C gebracht, welche in den neueren Ausgaben allgemein aufgenommen sind. Sie werden im folgenden nicht einzeln vermerkt, man kann sie aus W Bd. 32, S. 382 f. ersehen. 484,30 *Sankt Angelo* F *Sanct Angelo* C^1 W *Sant Angelo* Dü *Sant' Angelo* J 492,8 *Statur* Dü J *Natur* C^1 W F 494,38 *de' Monti* W J *del monte* C^1 *del monti* C *de' monti* Dü 520,15 *Krause* H C^1 C. Dazu Düntzer: „So schrieb Goethe immer den Namen seines ältern Landsmanns." und W im Apparat: „Goethe gebraucht zumeist diese weimarische Form." Dennoch haben Dü W J F im Text die Form *Kraus* 520,30 unser Text wie W J F *anschließen und die* H C^1 C 525,32 ff. Unser Text nach H C^1 C. Weil in Zeile 32 und 33 jeweils *ich* steht, lassen Dü W F das *ich* in Zeile 33, J das erste *ich* in Zeile 32 fort. 534,22–541,39. Diese aus Karl Philipp Moritz zitierte Stelle ist jetzt textkritisch ediert von H. J. Schrimpf: Moritz, Schriften zur Ästhetik und Poetik. Tübingen 1962. S. 76,1–83,11. Dazu Schrimpfs Lesartenverzeichnis S. 363–367, das jetzt zur Textgeschichte und Textkritik dieses Abschnitts zu vergleichen ist. 545,25 *aller* C^1 C Dü W F *alter* J 553,12 *großen* W J F fehlt C^1 C Dü.

VERZEICHNIS DER BILDTAFELN

Vorbemerkung

Die *Bildauswahl* erfolgte in der Absicht, Hauptgegenstände – auch mit Rücksicht auf den Kommentar – in möglichst gleichmäßiger Verteilung zur Anschauung zu bringen, dabei aber, wo es anging, allzu bekannte Illustrationen zu meiden und statt ihrer Material mitzuverwenden, das von den großen illustrierten Ausgaben der ‚Italienischen Reise' seltener oder noch nicht herangezogen wurde. Der zur Verfügung stehende Raum und die Erreichbarkeit und Reproduktionsfähigkeit der Vorlagen (vornehmlich Stiche und Zeichnungen) legten naturgemäß hier eine Beschränkung auf. Eine weitere Beschränkung war durch die Bevorzugung von Abbildungen gegeben, deren Entstehungszeit nicht zu weit von den Daten der Reise und ihrer Redaktion entfernt liegt, von Abbildungen besonders aus solchen Werken, die Goethe selbst bei der Abfassung benutzte und die teilweise – wie einige der hier wiedergegebenen Einzelblätter – in seinem Besitz waren (Bertotti-Scamozzi, Houel, Maffei, Richard de Saint-Non, Visconti; Kniep, Prestel, Tischbein). Von Goethes eigenen Zeichnungen haben nur wenige Beispiele Platz gefunden, darunter zwei, die er für die von ihm geplante illustrierte Ausgabe der ‚Italienischen Reise' ausgesucht hatte (Rom, Blick vom Pincio; Ariccia, Villa Chigi); mit ihnen soll auch auf die Rolle Tischbeins, Knieps, Hackerts, mit je einem oder zwei Blättern vertreten, für die Entwicklung seines Zeichenstils hingewiesen werden.

Ein Gedanke, der die vorliegende Auswahl mitbestimmte, war überdies, im Bilde dem Leser die Richtung des Weges anzudeuten, die Goethes Erfahrung des Landes *Italien,* seiner Monumente und Kunstwerke, charakterisiert – von der ersten Begegnung mit der ihm durch Publikationen nähergebrachten römischen und palladianischen Baukunst, der Landschaft der venezianischen Terraferma, den Szenerien Venedigs, dem Tempel in Assisi, einem ersten Beispiel antiker Säulenarchitektur und der römischen Campagna zu dem Erlebnis von Rom, der Dimensionen der barocken und antiken Stadt und des Klassischen überhaupt, das Goethe an Tischbeins Seite zumal in der antiken Skulptur entdecken wird. Dann der Süden, Neapel im Licht der Golflandschaft, der Vesuv mit seinen geologischen Phänomenen, Pompeji, die dorischen Tempel von Paestum, neuer und überraschender Aspekt der Antike, der sich erst auf der Sizilienreise voll erschließen wird: mit seinem Gefährten Kniep nimmt Goethe, selbst zeichnend, das Bild der Insel in sich auf, das ‚Palagonische' in Palermo und Bagheria, das Hellenische in Segesta und Agrigent, die grandiose Öde des Ätna. Schließlich zu Schiff – Kniep hält das drohende Capri auf einer Skizze fest – die Rückkehr in das „fröhliche" Neapel und das beginnende „Zu-Hause-sein" in Rom. Nun wird das Zeichnen, vor allem während des Aufenthalts in den Albaner Bergen und unter der Anleitung Hackerts, eine bedeutende Rolle spielen, wie der Umgang mit dem Kreis der Künstler, in dem die „zarte Seele" Angelica ein Mittelpunkt ist. Daneben jedoch tritt, in der späten, die Eindrücke der Reise systematisch verarbeitenden Redaktion des zweiten römischen Aufenthalts eindringlichst hervorgehoben, das museale Interesse, das gründliche Studium der bildenden Kunst, der Antiken im Museo Pio-Clementino etwa oder der Werke Raffaels, jene endgültige Fixierung des Rombilds, für welches hier neben Goethes eigenem Palatinblatt zwei zeitgenössische Veduten von Kapitol und Forum stehen. Den Beschluß bilden die Masken des nordländischen Fremden und des von Goethe selbst getragenen ‚Tabarro' und – in Reinharts Version – das ‚Et in Arcadia ego', das der ‚Italienischen Reise' als Motto vorangestellt ist. *Alste Horn*

1. Die Arena in Verona. Kupferstich (Sc. Maffei, Verona illustrata ... Parte quarta ... Degli anfiteatri e singolarmente del Veronese. Verona 1731, Taf. 3)
2. Die Villa Rotonda bei Vicenza. Kupferstich (O. Bertotti-Scamozzi, Le fabbriche e i disegni di Andrea Palladio ... Bd. 2, Vicenza ²1796, Taf. 2)
3. Der Brentakanal bei Padua. Zeichnung von G. A. Canaletto (1697–1768). Wien, Graphische Sammlung Albertina (Inv. 1858; Beschreibender Katalog der Handzeichnungen in der Graph. Samml. Albertina. 1. Zeichnungen der venezianischen Schule, Nr. 358; Constable, Canaletto, Nr. 676. Feder, Pinsel). Um 1742
4. Der Canal Grande in Venedig mit der Chiesa degli Scalzi und S. Simeone Piccolo. Kupferstich nach Canaletto (vor 1738) von G. B. Brustoloni (1712–1796). München, Staatliche Graphische Sammlung (Inv. 1962: 165). Um 1763
5. Der Markusplatz in Venedig. Zeichnung von G. A. Canaletto. Paris, Louvre. Cabinet des Dessins (Inv. 4794; Constable, Canaletto, Nr. 531. Feder, Pinsel). Um 1730
6. Der Minervatempel in Assisi. Aquarell von J. E. Ruhl (1796–1871). Kassel, Staatliche Kunstsammlungen (Klebeband ‚Ricordi d'Italia', Inv. 5410, Bl. 5). Um 1817/1819
7. Der Ponte Salaro bei Rom. Radierung von J. W. Mechau (1745–1808) (Malerisch-radierte Prospecte von Italien von Dies, Reinhart und Mechau. Nürnberg 1793, 3. Lieferung). Dat. 1793

Houel. Paris, Louvre. Cabinet des Dessins (Inv. 27157; Cat. École française 6, Nr. 4837). Um 1770/1780

24. Die Monti Rossi am Ätna. Aquatinta von J. P. L. Houel (Houel, Voyage pittoresque ... Bd. 2, Estampes. 1784, Taf. 120)

25. Schiff vor Capri. Zeichnung Chr. H. Kniep (1748–1825). Weimar, Stiftung Weimarer Klassik (Schuchardt 1, S. 271, Nr. 271/XVII. Feder, Pinsel. In Goethes Besitz). Mai 1787

26. Überführung der herculanensischen Antiken von Portici in den Palazzo degli Studi in Neapel. Kupferstich nach L. J. Desprez (Richard de Saint-Non, Voyage pittoresque ... Bd. 1/2, Estampes. 1782, Nr. 95)

27. Goethe auf zurückgelehntem Stuhl in seiner römischen Wohnung. Zeichnung von J. H. W. Tischbein. Weimar, Stiftung Weimarer Klassik (Schuchardt 1, S. 290, Nr. 79–60. Feder. In Goethes Besitz). 1787

28. Blick vom Pincio in Rom. Zeichnung von Goethe. Weimar, Stiftung Weimarer Klassik (Inv. 197; Femmel, Corpus 3, Nr. 21. Bleistift, Feder). Januar/Februar 1787

29. Angelica Kauffmann (1741–1807), Selbstbildnis. Zeichnung. Berlin, Staatliche Museen, Preußischer Kulturbesitz. Kupferstichkabinett (KdZ 8495. Bleistift, aquarelliert). Bez. „15 Mayus 1797"

30. Castel Gandolfo. Radierung von J. W. Mechau (Mahlerisch-radierte Prospecte ... 1793, 2. Lieferung). Dat. 1792

31. Die Maecenasvilla in Tivoli. Zeichnung von Ph. Hackert (1737–1807). Privatbesitz (Feder, Pinsel). Dat. 1781

32. Eingang zur Villa Chigi in Ariccia. Zeichnung von Goethe. Weimar, Stiftung Weimarer Klassik (Inv. 268; Femmel, Corpus 2, Nr. 242. Bleistift). Herbst 1787

33. Eingang zum Museo Pio-Clementino im Vatikan. Kupferstich (E. Qu. Visconti, Il Museo Pio-Clementino ... Bd. 2, Rom 1784, fol. XI v.)

34. Raffael, Transfiguration, Kupferstich von J. G. Prestel (1739–1808). München, Staatliche Graphische Sammlung (Inv. 29604, nach Zeichnung aus dem Praunschen Kabinett in Nürnberg. Ein Exemplar in Goethes Besitz, s. Schuchardt 1, S. 62, Nr. 586). Um 1780

35. Innenansicht von St. Peter. (‚La croix lumineuse pendant la Semaine Sainte'). Gouache von L. J. Desprez. Paris, Louvre. Cabinet des Dessins (Inv. 26219; Cat. École française 5, Nr. 3642. Feder, Pinsel, Gouache). Um 1787

36. Das Forum Romanum mit dem Tempel des Saturn (‚Intérieur du Temple de la Concorde'). Radierung nach Ch. L. Clérisseau (1721–1820) von D. Cunego (1726–1803) (Ch. L. Clérisseau, D. Cunego, Antiquités, o. O. u. J., Nr. 6). Um 1760/1770

37. Aufgang zum Kapitol. Zeichnung von M. Verschaffelt (1754–1818). Weimar, Stiftung Weimarer Klassik (Feder). 1787
38. Der Palatin. Zeichnung von Goethe. Weimar, Stiftung Weimarer Klassik (Inv. 160; Femmel, Corpus 3, Nr. 38. Bleistift, Pinsel). Sommer/Herbst 1787
39. Römische Masken, Nordländer, Tabarro. Handkolorierte Radierung von J. G. Schütz (1755–1813) (J. W. Goethe, Das Römische Carneval. Berlin 1789, Taf. 5)
40. ‚Et in Arcadia ego'. Aquarell von J. Chr. Reinhart (1761–1847). Düsseldorf, Goethe-Museum (Sammlung Redslob). Um 1785/1786

Nachweis der Aufnahmen

Berlin, Staatliche Museen, Preußischer Kulturbesitz, Kupferstichkabinett: Taf. 29
Düsseldorf, Goethe-Museum: Taf. 17, 40
Göttingen, Niedersächsische Staats- und Universitätsbibliothek: Taf. 1, 2, 7, 8, 9, 10, 13, 14, 15, 16, 19, 20, 21, 22, 24, 26, 30, 33, 36, 39
Kassel, Staatliche Kunstsammlungen: Taf. 6
München, Staatliche Graphische Sammlung: Taf. 4, 34
Paris, Louvre. Cabinet des Dessins. Clichés des Musées nationaux: Taf. 5, 12, 23, 35
Weimar, Stiftung Weimarer Klassik: Taf. 11, 18, 25, 27, 28, 32, 37, 38
Wien, Graphische Sammlung Albertina: Taf. 3
Privatbesitz: Taf. 31

BIBLIOGRAPHIE

Abkürzungen

Briefe = Goethes Briefe. Hamburger Ausgabe. 4 Bde. 1962–1967 u. ö.
Corpus = Corpus der Goethezeichnungen. 7 Bde. in 10 Teilen. Lpz. 1958–1973.
DVjs. = Deutsche Vierteljahrsschrift für Literaturwissenschaft und Geistesgeschichte.
Festausgabe = Goethes Werke. Festausgabe. Hrsg. v. R. Petsch. Bibliogr. Inst., Lpz. 1926. 18 Bde.
(Jb.) Goethe = Goethe, Vierteljahresschrift der Goethegesellschaft. Weimar 1936 bis 1971. 33 Bde.
GJb. = Goethe-Jahrbuch.
Graevenitz = Goethes Italienische Reise. Mit den Zeichnungen Goethes, seiner Freunde und Kunstgenossen. Hrsg. v. Georg v. Graevenitz, Leipzig 1912.
GWb = Goethe-Wörterbuch. Stuttgart 1966ff.
HA = Hamburger Ausgabe.
Helbig, 4. Aufl. = Wolfgang Helbig, Führer durch die öffentlichen Sammlungen klassischer Altertümer in Rom. 4. Aufl., Bd. I–IV, Tübingen 1963–1972.
Jb. d. fr. dt. Hochstifts = Jahrbuch des freien deutschen Hochstifts zu Frankfurt.
Jb. G. Ges. = Jahrbuch der Goethegesellschaft.
Kruft = Hanno-Walter Kruft, Goethe und Kniep in Sizilien. Jahrb. d. Sammlung Kippenberg 2, 1970, S. 201–327.
MGG = Die Musik in Geschichte u. Gegenwart. Hrsg. von Friedrich Blume. Kassel 1959–1973.
Nash = Ernest Nash, Bildlexikon zur Topographie des antiken Rom, Bd. I und II, Tübingen 1961/1962.
NDB = Neue Deutsche Biographie. Bln. 1953ff.
Ruppert = Goethes Bibliothek. Katalog von Hans Ruppert. Weimar 1958.
Schr. G. Ges. = Schriften der Goethegesellschaft.
Schuchardt = Christian Schuchardt, Goethes Kunstsammlungen 3 Bde., Jena 1848. – Neudruck: Hildesheim 1976.
Tagebücher = Tagebücher und Briefe Goethes aus Italien an Frau v. Stein und Herder. Hrsg. v. Erich Schmidt, Schr. G. Ges., Bd. 2. Weimar 1886.
Thieme-Becker = Allg. Lexikon der bildenden Künstler. Begründet von U. Thieme und F. Becker. 37 Bde. Lpz. 1907–1950.
WA oder Weim. Ausg. = Goethes Werke. Weimarer Ausgabe (Sophien-Ausgabe). 143 Bde. Weimar 1887–1919.

Erstdrucke

Aus meinem Leben. Von Goethe. Zweyter Abtheilung Erster Theil. Auch ich in Arcadien! Stuttgard und Tübingen, in der Cotta'schen Buchhandlung. 1816. – Aus meinem Leben. Von Goethe. Zweyter Abtheilung Zweyter Theil. Auch ich in Arcadien! Stuttgard und Tübingen, in der Cotta'schen Buchhandlung. 1817.

Goethe's Werke. Vollständige Ausgabe letzter Hand. Stuttgart und Tübingen, in der J. G. Cotta'schen Buchhandlung. 1827–30. In Bd. 27 und 28 (1829): Italiänische Reise I und II. In Bd. 29 (1829): Zweyter Aufenthalt in Rom.

Wichtigste spätere Ausgaben

Goethes Werke. Hrsg. im Auftrage der Großherzogin Sophie von Sachsen (Weimarer Ausgabe). Bd. 30 (1903) und 31 (1904): Italienische Reise, Bd. 32 (1906): Zweiter Römischer Aufenthalt. Hrsg. von Julius Wahle.

Goethes Sämtliche Werke. Jubiläumsausgabe. Bd. 26 und 27: Italienische Reise. Mit Einleitung und Anmerkungen von Ludwig Geiger. Stuttgart und Berlin. Cotta o. J. (1907).

Goethes Werke. Hrsg. v. Karl Alt u. a. Verlag Bong. Bln., Lpz. Wien, Stuttg. Bd. 25. Italienische Reise, Hrsg. v. W. Niemeyer (1911) und dazu der Anmerkungs-Band 2 (1922).

Goethes Werke. Festausgabe. Hrsg. von Robert Petsch. Bd. 17: Italienische Reise. Zweiter Römischer Aufenthalt. Bearbeitet von Robert Weber. Bibliographisches Institut. Leipzig o. J. (1925). Dem ausgezeichneten Kommentar dieser Ausgabe verdankt der Herausgeber wichtige Anregungen.

Johann Wolfgang Goethe. Gedenkausgabe der Werke, Briefe und Gespräche. Hrsg. von Ernst Beutler. Zürich, Artemisverlag. Bd. 11: Die Italienische Reise Hrsg. v. Ernst Beutler.

Johann Wolfgang Goethe, Sämtliche Werke. Münchner Ausgabe. Bd. 15. Italienische Reise. Hrsg. von Andreas Beyer und Norbert Miller. München 1992.

Johann Wolfgang Goethe, Sämtliche Werke. (Frankfurter Ausgabe.) Bd. 15,1 und 15,2. Italienische Reise. Hrsg. von Christoph Michel und Hans-Georg Dewitz. Frankfurt 1993.

Wichtigste Einzelausgaben

Goethes Italienische Reise. Mit Einleitung und Bericht über dessen Kunststudien und Kunstübungen bis zum Antritt derselben. Hrsg. von Christian Schuchart. Stuttgart 1862.

Goethes Italienische Reise. Mit den Zeichnungen Goethes, seiner Freunde und Kunstgenossen. Hrsg. von Georg v. Gravenitz. Leipzig, Inselverlag, 1912.

Goethes Italienische Reise. Mit Zeichnungen und Bildnissen Goethes. Hrsg. von H. Th. Kröber. 2 Bde. Leipzig 1913.

Goethes Italienische Reise. Hrsg. vom Goethe-Nationalmuseum Weimar. Leipzig, Inselverlag, 1925.

Goethes Italienische Reise, Illustrierte Ausgabe. Hrsg. von Alfred Kuhn. München, Bruckmann, 1925.

Goethes Italienische Reise. Hrsg. von Georg v. Graevenitz, 3 Bde. Berlin 1944.

J. W. Goethe, Viaggio in Italia. Tradotto e illustrato da Eugenio Zaniboni, Vol. 1–3, Bibliotheca Sansoniana Straniera. G. C. Sansoni, Firenze 1948.

Goethe: Italienische Reise. Mit 41 Farb- und 35 Schwarzweißabbildungen nach zeitgenöss. Bildern und 1 Handschr.-Facsimile, zusammengestellt von Giovanni Mardersteig. München 1960. (556 S.)

Johann Wolfgang Goethe, Italienische Reise. Mit einem Nachwort von Harald Keller. dtv Gesamtausgabe 25–26, München 1962.

Goethe, Reise-Tagebuch von Karlsbad nach Rom, 1786. Hrsg. und erläutert von Eberhard Haufe. Weimar 1972.

Johann Wolfgang Goethe. Italienische Reise. Mit Illustrationen von Goethe und seinen Zeitgenossen. Hrsg. von Jochen Golz. Rütten und Löning, Berlin 1976.

Quellen

Tagebücher und Briefe Goethes aus Italien an Frau v. Stein und Herder. Hrsg. von Erich Schmidt, Schr. G.Ges. Bd. 2. Weimar 1886. Danach Weim. Ausg., 3. Abt., Bd. 1 (Tagebücher) und 4. Abt., Bd. 8 (Briefe).

Paralipomena (Notizhefte und einzelne Blätter mit Aufzeichnungen von der Reise). Weim. Ausg., 1. Abt., Bd. 30, S. 296ff. Bd. 31, S. 314ff. Bd. 32, S. 434ff.

Auszüge aus einem Reise-Journal. „Teutscher Merkur", 1788. Enthält: 1. Rosalien Heiligthum. 2. Zur Theorie der bildenden Künste. 3. Stundenmaß der Italiäner. 4. Frauenrollen auf dem römischen Theater durch Männer gespielt. 5. Neapel. „Volkmanns historisch-kritische Nachrichten von Italien. Dritter Band." Lazaroni. 6. Plinius, Naturgeschichte, drittes Buch, fünftes Capitel. Lebensgenuß des Volkes in und um Neapel.

Fortsetzung der Auszüge aus dem Tagebuch eines Reisenden. „Teutscher Merkur", 1789. Enthält: 7. Einfache Nachahmung der Natur, Manier, Styl. 8. Arabesken. 9. Naturlehre – Volksgesang. 10. Naturlehre. Antwort. Ferner: Über Christus und die zwölf Apostel, nach Raphael von Marc-Anton gestochen und von Herrn Professor Langer in Düsseldorf copiert.

Das Römische Carneval. Berlin, gedruckt bey Johann Friedrich Unger. Weimar und Gotha. In Commission bey Carl Wilhelm Ettinger, 1789. Mit zwanzig Tafeln, gezeichnet von Georg Schütz, radiert und mit der Hand coloriert von Georg Melchior Kraus. – Neudruck Leipzig, Inselverlag, 1905 u. Dortmund 1978.

Göthe's neue Schriften. Mit Kupfern. Berlin. Bei Johann Friedrich Unger. Bd. 1 (1792). Hier Erstdruck von: Des Joseph Balsamo, genannt Cagliostro, Stammbaum. Mit einigen Nachrichten von seiner in Palermo noch lebenden Familie. – Wiederabdruck von „Das Römische Carneval".

Zur Nachgeschichte der Italienischen Reise. Goethes Briefwechsel mit Freunden und Kunstgenossen in Italien 1788–1790. Hrsg. von Otto Harnack. Schr. G.Ges., Bd. 5, Weimar 1890.

Ruppert, Hans, Goethes Bibliothek. Katalog. Weimar 1958.

Corpus der Goethezeichnungen. Bearbeitet von Gerhard Femmel. Bd. II u. III, Leipzig 1960 und 1965.

Heinrich Meyer, Geschichte der Kunst. Hrsg. von H. Holtzhauer und R. Schlichting. Weimar 1974. = Schr. G. Ges., 60.

Bibliographie

Goethe-Bibliographie. Begründet von Hans Pyritz, fortgeführt von Heinz Nicolai und Gerhard Burkhardt. Heidelberg 1965. Insbes. Nr. 2777–2830, 3133–3138, 3377–3379, 5299, 5339–5346, 5474–5490, 9994–10008.

Hermann, Helmut G.: Goethe-Bibliographie. Stuttg. 1991. = Reclam 8692. S. 279–283.

Von Goethe benutzte Italienliteratur

Addison, Joseph, Remarks on several parts of Italy in the years 1701/02/03. London 1705. 4. Aufl. 1733.
Agincourt, J. B. Seroux de, Histoire de l'Art par les monuments depuis sa décadence an IV. siècle jusqu'à son renouvellement au XVI. siècle. 6 Bde. mit 325 Tafeln, Paris (1811) – 1823.
Agincourt, J. B. Seroux de, Voyage dans les catacombes de Rome, Paris 1810.
Archenholz, J. W. v., England und Italien. 2 Bde., Leipzig 1785. Zweite gänzlich umgearbeitete und beträchtlich vermehrte Ausgabe in fünf Teilen, Leipzig 1787.
Arteaga, Stefano, Le Revoluzioni del teatro musicale italiano. 3 Bde. Bologna 1783 bis 1788. – 2. Aufl. Venezia 1785.
Barrière, Dominicus, Villa Aldobrandini Tusculana. Roma 1674.
Bartels, Joh. Heinr., Briefe über Calabrien und Sicilien, 3 Bde., Göttingen 1787 bis 1792.
Batty, Elizabeth Frances, Italian scenery from drawings made in 1817, London 1820.
Bellori, Givo. Pietro, Admiranda Romanarum antiquitatum ac veteris sculpturae vestigia, Roma 1693.
Biscari, Ignazio Paterno Principe di, Viaggio per tutte le antichità della Sicilia. Napoli 1781.
Borch, Comte de, Lettres sur la Sicile et sur l' île de Malthe, écrites en 1777, 2 Bde., Turin 1782. – Deutsche Übersetzung: Briefe über Sicilien und Malta, geschrieben im Jahre 1777 als ein Supplement zu der Reisbeschreibung von Herrn Brydone. 2 Teile, Bern 1783.
Borch, Comte de, Lithologie sicilienne ou connaissance de la nature des pierres de la Sicile, Rom 1778.
Bosio, Antonio, Roma sotterranea, Roma 1632 und 1650.
Brun, Friederike, Tagebuch über Rom (in den Jahren 1795 und 1796). 2 Bde., Zürich 1800–1801.
Brydone, P., Reise durch Sicilien und Malta in Briefen an Williams Beckford zu Somerly in Suffolk. 2 Bde. Leipzig 1774.
Cicognara, Leopoldo, Storia della scultura dal suo risorgimento in Italia sino al secolo di Canova. 3 Bde., Venedig 1813–1818.
Cluverus (Clüver), Philippus, Italia antiqua. Lugduni Batavorum 1624.
Desgodets, Antoine Babuty, Les Édifices antiques de Rome, dessinés et mesurés très exactement. Paris 1682.
L'Éttanger pleinement instruit des choses les plus rares ... de la ville de Venise et des isles à l'entour. Venise 1771.
Ferber, Jacob, Briefe aus Welschland über natürliche Merkwürdigkeiten dieses Landes. Prag 1773.
Fontana, Dominico, Della trasportaione dell' obelisco Vaticano e delle fabriche di nostro signore papa Sisto V. Roma 1590.
Gernig, J. I., Reise durch Östreich und Italien. 3 Bde., Frankfurt a. M. 1802.
Geßner, Salomon, Briefwechsel mit seinem Sohne. Während dem Aufenthalt des Letztern in Dresden und Rom in den Jahren 1784–85 und 1787–88. Bern und Zürich 1801.

Goethe, Caspar, Viaggio in Italia. Manuskript der Italienreise aus dem Jahre 1740. Hrsg. in 2 Bdn. von Arturo Farinelli. Roma 1932.
Gorani, Giuseppe, Mémoires secrets et critiques des cours, des gouvernements et des meurs des principaux États de l'Italie. Paris 1793.
Gore, Charles, Original drawings during his several voyages in the years 1773 bis 1791. 1791. (E. v. Keudell, Goethe als Benutzer der Weimarer Bibliothek. Weimar 1931. Nr. 687.)
Graevius, Johannes Georgius, Thesaurus antiquitatum et historiarum Italiae. 1696. – Neudruck. Lugduni Batavorum 1733.
Guattani, Giuseppe Antonio, Roma antica. Bologna 1795. – 2. Aufl. Roma 1805.
Hager, Joseph, Gemälde von Palermo. Berlin 1799.
Hamilton, Sir Wm., Campi Phlegroei. Observations on the volcanoes of the two Siciles. Naples 1776.
d'Hancarville, Pierre-François Hugues, Antiquités étrusques, grecques et romaines. Naples 1766–1767.
Houel, J. P. L. L., Voyage pittoresque des Iles de la Sicile, de Malte et de Lipari. 4 Bde. Paris 1782–1787.
Houel, J. P. L. L., Reisen durch Sicilien, Malta und die Liparischen Inseln. Deutsch von J. H. Keerl. 6 Bde. Gotha 1797–1809.
Informazione alli forestieri delle cose più notabili della città di Bologna. 1773.
Jagemann, Christian Joseph, Geographische Beschreibung des Großherzogtums Toskana. Gotha 1775.
Keyßler, Johann Georg, Neueste Reisen durch Deutschland, Böhmen, Ungarn, die Schweiz, Italien ... Hannover 1740. – 2. Aufl. 1751.
Knight, Richard Payne, Tagebuch einer Reise nach Sizilien. In: Goethe, Philipp Hackert. – Weim. Ausg. 46, S. 151–224.
Kotzbue, August v., Erinnerungen von einer Reise aus Liefland nach Rom und Neapel. 3 Teile. Berlin 1805.
Lafreri, Antonio, Speculum romanae magnificentiae. Romae 1575.
Lalande, Jérôme de, Voyage d'un François en Italie, fait dans les années 1765 et 1766. Venise et Paris 1769.
Lepel, Wilhelm Graf v., Catalogue des estampes gravées d'après Raphael. Francfort s. l. M. 1819.
Lévesque, Maurice, Tableau politique, religieux et moral de Rome et des États ecclésiastiques. Paris 1791. Deutsche Übersetzung Riga 1793.
Lomazzo, Giov. Paolo, Trattato dell'Arte della Pittura. Milano 1585.
Lory, Gabriel et Georges, Voyage pittoresque de Génève à Milan par le Simplon. Paris 1811.
Maffei, Sicpione, Verona illustrata. Verona 1731. Mit Stichen Zucchis, z. T. nach Tiepolo. 2. Ausgabe Verona 1795. Coll' aggiunta del Museo Lapidario.
Maffei, Scipione, Museum Veronense, Verona 1749.
Maier, Joh. Christoph, Beschreibung von Venedig, Leipzig 1795/96. 4 Teile.
Malvasia, Carlo Cesare, Il claustro di S. Michele in Bosco di Bologna, dipinto dal famosa Lodovico Caracci e da altri ... maestri della sua scuola. Bologna 1694. Neuausgabe von G. P. Zanotti. Bologna 1776.
Meyer, F. J. L., Darstellungen aus Italien. Berlin 1792.
Montaigne, Michel de, Journal du voyage en Italie. 1580. (Von Goethe benutzt in der Ausgabe „avec des notes par M. de Querlon", Rome 1774.)

Montenari, Giovanni, Discorso del teatro Olimpico. Padua 1733.

Montfaucon, Bernard de, Diarium italicum. Paris 1702.

Morghen, Filippo. (Kupferstiche italienischer Landschaften, in der Weimarer Bibliothek zu einem Sammelband vereinigt und vom Bibliothekar Kräuter mit dem fingierten – handschriftlichen Titel versehen: „Vedute della città di Napoli e Contorni. Raccolta di Stampe incisi da Filippo Morghen e Raffaelo Morghen.")

Moritz, Karl Philipp, Reisen eines Deutschen in Italien in den Jahren 1786–1788. 3 Bde. Berlin 1792–1793.

Mosca, Francesco Vendramini, Descrizione delle architetture, pitture e scolture di Vicenza. 2 Bde. Vicenza 1779.

Münter, Friedrich, Nachrichten von Neapel und Sicilien, auf einer Reise in den Jahren 1785 und 1786 gesammlet. (Aus dem Dänischen, Kopenhagen 1790.)

Muratori, Lodovico Antonio, Rerum italicarum scriptores. 25 Bde. Mediolani 1723–1751.

Nolli, G. B., Nuova pianta di Roma. 1748.

Nouveau théâtre d'Italie ou Description exacte des villes, palais, églises, dressé sur les dessins de Jean Blaeu. Amsterdam 1704. La Haye 1724.

d'Orville, J. Ph., Sicula, quibus Siciliae veteris rudera illustrantur. Amsterdam 1762–1764.

Pagliari, Francesco, Breve descrizione delle pitture, sculture ed architetture ... di Mantova. 1788.

Palladio, Andrea, I quattro libri dell'architettura. 1. Ausgabe Venedig 1570.

Le Fabbriche ed i Disegni di Andrea Palladio raccolti ed illustrati da Ottavio Scamozzi. Opera divisa in 4 Tomi. Vicenza 1776–1783.

Pitture, sculture ed architetture ... della città di Bologna. Bologna 1782.

Platière, Rolland de la, Lettres écrites de Suisse, d'Italie, de Sicile et de Malthe. Amsterdam 1780.

Ramdohr, Friedrich Wilhelm Basilius v., Über Mahlerei und Bildhauerarbeit in Rom für Liebhaber des Schönen in der Kunst. 3 Bde. Leipzig 1787.

Raponi, Ignace-Marie, Recueil de pierres antiques gravées concernant l'histoire, la mythologie, la fable, les cérémonies réligieuses, les coutumes des anciens peuples, et les plus fameux personnages de l'antiquité avec leur description. Rome 1786.

Re, Antonio del, Dell'Antichità Tiburtine capitolo V. Roma 1611.

Rehfues, P. J., Briefe aus Italien während der Jahre 1801, 1802, 1803, 1804, 1805. 4 Bde. Zürich 1809–1810.

Rehfues, P. J., Neuester Zustand der Insel Sicilien. Tübingen 1807.

Richard, Abbé, Description historique et critique de l'Italie ou Nouveaux mémoires sur l'Etat actuel de son Gouvernement, des Sciences, des Arts, du Commerce, de la Population es de l'Histoire naturelle. 6 Bde. 1766. 2. Aufl. 1770.

Richardson, Jonathan, An Essay of the Theory on Painting. London 1715, 1725.

Riedesel, Johann Hermann v., Reise durch Sicilien und Großgriechenland. Zwei Sendschreiben an Winckelmann. Zürich 1771.

Saint-Non, Jean-Claude Richard de, Voyage pittoresque ou description des royaumes de Naples et de Sicile. Paris 1781–86. 5 Foliobände.

Scamozzi, Ottavio Bertotti, Il forstiere istrutio delle cose più rare di Architettura di Vicenza. Vicenza 1761. 2. Aufl. Vincenza 1780.

Scamozzi, Vincenzo, Idea dell' Architettura universale. 1. Ausgabe Venezia 1615.
Serlio, Sebastiano, Regole generali di architettura ... Vollständige Ausgabe sämtlicher Bücher, besorgt von Giov. Dom. Scamozzi, Venedig, Franceschi, 1584 und 1600, 1618, 1619. Paris 1645.
Sestini, Dominico, Lettere ... scritte dalla Sicilia e dalla Turchia. Firenze 1779. Franz. Übersetzung durch Pingeron. Paris 1789.
Seume, Joh. Gottfried, Spaziergang nach Syrakus im Jahre 1802.
Smith, John, Select views in Italy with historical and topographical descriptions in English and French. London 1792–1796.
Spallanzani, Lazzaro, Reisen in beyden Sicilien. Aus dem Italienischen. Leipzig 1785–1798.
Spon und Wheler, Italiänische, Dalmatische, Griechische und Orientalische Reisebeschreibung. Nürnberg 1681.
Stolberg, Friedr. Leopold Graf, Reise in Deutschland, der Schweiz, Italien und Sicilien in den Jahren 1791–92. 4 Bde.
Swinburne, Heinrich, Reisen durch beide Sicilien in den Jahren 1777, 1778, 1779 und 1780. Übersetzt und mit Anmerkungen erläutert von Joh. Reinh. Forster. 2 Bde. Hamburg 1785–1787.
Uggeri, Angelo, Journées pittorespues des édifices de Rome ancienne. Rom 1800 bis 1822.
Vasari, Giorgio, Le Vite de' più eccellenti Architetti, Pittori ed Scultori Italiani da Cimabue insino a' tempi nostri. Florenz 1550. 2. Aufl. Florenz 1568.
Venuti, Nicolò Marcello, Descrizione delle prime scoperte dell'antica città d'Ercolano. Roma 1748.
Visconti, Giambattista (und: Visconti, Ennio Quirino), Il Museo Pio-Clementino. Roma 1782ff.
Vocabolario degli academici della Crusca. Impressione Napolitano secondo l'ultima di Firenzi ... 5 Bde. Napoli 1746–1748.
Volkmann, D. J. J., Historisch-kritische Nachrichten von Italien. 1. Aufl. Leipzig 1770–1771. 3 Bde.
Weinling, Chr. Traug., Briefe über Rom verschiedenen, die Werke der Kunst usw. betreffenden Inhalts, nach Anleitung der davon vorhandenen Prospekte von Piranesi, Panini und anderen berühmten Meistern. 3 Bde. Dresden 1782–1787.
Yrumberry (bzw. Irumberry), Charles Marie d', Voyage à Constantinople, en Italie et aux Isles de l'Archipel. Pau an 7. (Paris 1799.)
Zanetti Ant. M., Della pittura veneziana e delle opere pubbliche de' veneziani maestri. 5 Bde. Venezia 1771.
Zeiller, Martin, Itinerarium Italiae novo-antiquae oder Reiß-Beschreibung durch Italien. Frankfurt a. M. 1640.
Zur Ergänzung zu vergleichen: Vorbereitung zur zweiten Reise nach Italien. 1795. 1796. Weim. Ausg., 1. Abt., Bd. 34, 2. S. 183ff.

Wichtigstes wissenschaftliches Schrifttum zur Italienischen Reise (Außerhalb der Gesamtdarstellungen)

Auch ich in Arcadien. Kunstreisen nach Italien. Sonderausstellung des Schiller-Nationalmuseums. Katalog Nr. 16. Bearb. von Dorothea Kuhn. Stuttgart 1966. (288 S. mit Abb.)

Goethe in Italien. Ausstellungs-Katalog. Goethe-Museum Düsseldorf. 1986. Mainz 1986. (376 S. mit Abb.)

Goethe in Sicilia. A cura di Paolo Chiarini. (Ausstellungs-Katalog.) Roma 1992. (302 S. mit vielen Abbildungen.)

Atkins, Stuart: Italienische Reise and Goethean Classicism. In: Aspekte der Goethezeit. Hrsg. von St. A. Corngold u.a. Göttingen 1977. S. 81–96. Wiederabgedruckt in: Atkins, Essays on Goethe. 1995. S. 182–197.

Bergmann, Eugen, An der Pyramide des Cestius. Didascalia 106. 1928.

Bertrand, J. J. A., Sur les pas de Goethe en Italie. Revue germanique 18 u. 19. 1927/28.

Bianchi, L., Il diario di Goethe a Bologna. Il Comune di Bologna Oktober 1930.

Boerner, Peter: Italienische Reise. In: Goethes Erzählwerk. Stuttg. 1985. = Reclam 8081.

Brandeis, A., Auf Goethes Spuren von Verona bis Rom. Chronik des Wiener Goethe-Vereins XVI.

Bulling, Karl, Goethe als Erneuerer und Benutzer der Jenaer Bibliotheken. Jena 1932.

Cantoni, F., Goethe nell' Appennino bolognese. Bologna 1924.

Carletta, A., Goethe a Roma. Roma 1899.

Cart, Th., Goethe en Italie. Paris 1881.

Casagrandi, V., Goethe a Catania nel marzio 1787. Archivio storico per la Sicilia Orientale. II, 1932.

Croce, Benedetto, Goethe a Napoli. Aneddoti e Profili settecenteschi. Napoli 1914.

Croce, Benedetto, Figurine Goethiane. Note sul viaggio in Italia di W. Goethe. Trani 1887.

Curtius, Ludwig, Goethe und Italien. Die Antike VIII, 1932.

Ehrlich, Willi: Goethes Beziehungen zu Ch. Gore. GJb. 91, 1974, S. 117–135.

Einem, Herbert v., Goethe und Dürer, Frankfurt 1947.

Einem, Herbert v., Goethe und die bildende Kunst. Studium Generale 1949.

Einem, Herbert v., Beiträge zu Goethes Kunst-Auffassung. Hamburg 1956.

Einem, Herbert v., Die ,,Verklärung Christi" und die ,,Heilung des Besessenen" von Raffael. Akademie der Wissenschaften und der Literatur, Mainz 1966.

Einem, Herbert v., Goethe-Studien. München 1972.

Einem, Herbert v., Goethe und Michelangelo. GJb. 92, 1975, S. 165–194.

Einem, Herbert v., Ein ungedrucktes Manuscript J. H. Meyers über Michelangelo. GJb. 94, 1977, S. 256–285.

Einem, Herbert v., Der ,,Wanderer auf dem Obelisk". Zu Tischbein, ,,Goethe in der Campagna". Gedenkschrift für Günter Bandmann, 1978, S. 305–315.

Einem, Herbert v., Goethe und Raffael. Acta Historiae Artium. Festschrift Lajos Vayer, Budapest 1978.

Einem, H. v., Die bildende Kunst im Leben und Schaffen Goethes. Jahrb. des Wiener Goethe-Vereins Bd. 86–88, 1984, S. 29–65 und Bd. 89, 1986, S. 89–192.

Farinelli, Arthuro, Goethe e il Lago Maggiore. Bellinzona 1894.

Farinelli, Arthuro, Goethe und Rom. In: Farinelli, Neue Reden. Pisa 1937.

Friedländer, Ludwig, Reisen in Italien in den letzten drei Jahrhunderten. In: Erinnerungen, Reden und Studien. Straßburg 1905.

Gerhard, Melitta, Die Redaktion der Italienischen Reise im Lichte von Goethes autobiographischem Gesamtwerk. Jb. d. fr. dt. Hochstifts. 1930.

Gerstenberg, Kurt, Goethe und die italienische Landschaft. DVjs. 1923.
Glaser, Rudolf, Goethes Vater. Leipzig 1929.
Goedeke, Carl, Grundriß zur Geschichte der deutschen Dichtung. 3. Aufl. 4. Bd. III, 1912.
Graevenitz, Georg v., Goethe, unser Reisebegleiter in Italien. Berlin 1904.
Graevenitz, Georg v., Goethe in Sizilien. Jb. d. fr. dt. Hochstifts 1911.
Grimm, Herman, Goethe in Italien. Berlin 1861. Wiederabgedruckt in: Herman Grimm, Fünfzehn Essays. 1874.
Grumach, Ernst, Goethe und die Antike. 2 Bde. Berlin 1949.
Haarhaus, J. R., Auf Goethes Spuren in Italien. 3 Bde. Leipzig 1896–1897.
Harnack, Otto, Deutsches Kunstleben in Rom im Zeitalter der Klassik. Weimar 1896.
Hérenger, Alexandre, Goethe en Italie d'après son journal et ses lettres. Paris 1932.
Hetzer, Theodor, Über Goethes Italienische Reise. In: Hetzer, Aufsätze und Vorträge, Lpz. 1957. S. 223–247.
Heusler, Andreas, Goethe und die italienische Kunst. Basel 1891.
Hirzel, L., Goethes Italienische Reise. Basel 1871.
Hofmannsthal, Hugo v., Vorwort zu: Sizilien, Bauwerke und Landschaften, 1925.
Hofmiller, Josef, Über den Umgang mit Büchern. München o. J.
Humboldt, Wilhelm v.: Über Goethes zweiten römischen Aufenthalt. Jahrb. f. wiss. Kritik. 1830. – Neugedruckt in den verschiedenen Ausgaben von Humboldts Werken. Auch in: Wilhelm v. Humboldt über Schiller und Goethe. Hrsg. von Eberhard Haufe. Weimar 1963. – Goethe im Urteil seiner Kritiker. Hrsg. von K. R. Mandelkow. Bd. 1. München 1975. S. 475–489.
Kampmann, Wanda, Die Kunstanschauung Goethes in der Italienischen Reise. Italien 2, 1929. S. 317ff.
Keller, Harald, Goethe. Palladio und England. Bayerische Akademie der Wissenschaften. Phil.-hist. Kl., Sitzungsberichte 1971, Heft 6. München 1971.
Keller, Werner, Goethes dichterische Bildlichkeit. München 1972.
Keudell, Elise v., Goethe als Benutzer der Weimarer Bibliothek. Weimar 1931.
Kiefer, Klaus H.: Wiedergeburt und neues Leben. Aspekte des Strukturwandels in Goethes Italienischer Reise. Bonn 1978.
Klenze, Camillo v., The interpretation of Italy during the last two centuries. A contribution to the study of Goethe's Italienische Reise. Chicago 1907.
Klenze, Camillo v., Goethe's Italy. In: From Goethe to Hauptmann. New York 1926.
Koch, Herbert, Goethe und die bildende Kunst des klassischen Altertums. Zeitschrift für Aesthetik 1932.
Kruft, Hanno-Walter, Goethe und Kniep in Sizilien. Jahrbuch der Sammlung Kippenberg. (Goethe-Museum Düsseldorf.) Bd. 2, 1970. S. 201–327. (Mit 102 Abb.)
Locella, v., Goethe in Italien. Frankfurt a. M. 1891.
Lohmeyer, Karl, Palagonisches Barock. Das Haus der „Laune des Prinzen von Palagonia". Frankfurt a. M. o. J. (1944).
Lohmeyer, Karl, Prinz Palagonia und seine Familie. DVjs. 20, 1942.
Maaß, Ernst, Goethe in Spoleto. Neue Jahrbücher für das klassische Altertum, Geschichte und deutsche Literatur 33, 1914, S. 421–434.

Marianelli, M., Die Idee der Entwicklung im Spiegel von Goethes Italienischer Reise. GJb. 99, 1982, S. 117–132.
Mazzucchetti, Lavinia, Goethe ed il cenacolo di Lionardo. Milano 1959.
Menzer, Paul, Goethe – Moritz – Kant. (Jb.) Goethe 7, 1942.
Meyer, M., Goethe in Venedig. In: Gestalten und Probleme. Berlin 1905.
Meysenburg, Erwin, Goethes Italienische Reise und Gerhart Hauptmanns Griechischer Frühling. Goethejahrbuch der Goethegesellschaft in Japan 1933.
Michéa, René, Le Voyage en Italie de Goethe devant l'opinion européenne. Études italiennes 1933.
Michéa, René, Goethe au pays des lazaroni. In: Mélanges en l'honneur de Jules Legras. Paris 1939.
Michéa, René, Le Voyage en Italie de Goethe. Paris 1945.
Michel, Christoph, Goethes Italienisches Tagebuch. Dokument einer Lebenskrise. Frankfurter Hefte, Bd. 30, 1975.
Mühlmann, Wilh. Emil, Goethe, Sizilien und wir. German.-roman. Monatsschr. 26, 1976, S. 440–451.
Müller-Wulckow, Wilh., Goethe in Rom, mit den Augen Wilhelm Tischbeins gesehen. Der Türmer 1932.
Münz, Ludwig, Goethes Zeichnungen und Radierungen. Wien 1949.
Neutsch, Bernhard, Antikenerlebnisse Goethes in Italien und ihre Nachklänge. Heidelberger Jahrbücher, VII, 1963, S. 82–110.
Neutsch, Bernhard, Romzeichnungen Goethes. Mitteilungen des Deutschen Archäologischen Instituts, Römische Abteilung, Bd. 70, 1963.
Niederer, Heinrich, Goethes unzeitgemäße Reise nach Italien. Jb. d. fr. dt. Hochstifts 1980, S. 55–107.
Noack, Friedr., Aus Goethes römischem Kreise. GJb. XXIV, XXV, XXVI, 1903 ff.
Peltzer, Alfred, Christoph Heinrich Kniep. GJb. XXVI, 1905.
Prang, Helmut, Goethe und die Kunst der italienischen Renaissance. Berlin 1937.
Prang, Helmut, Goethe als Benutzer von italienischen Reiseführern. Goethe 1936.
Pyritz, Hans, Goethes römische Ästhetik. In: Pyritz, Goethe-Studien. Köln 1962. S. 17–33.
Rehm, Walter, Griechentum und Goethezeit. München 1935.
Rehm, Walter, Johann Hermann v. Riedesel. Imprimatur VIII. Neudruck in: W. Rehm, Götterstille und Göttertrauer, Bern 1951, S. 202 ff.
Requadt, Paul, Die Bildersprache der deutschen Italiendichtung, Bern und München 1962.
Rodenwaldt, Gerhart, Goethes Besuch im Museum Maffeianum zu Verona. 102. Winckelmannsprogramm der Archäologischen Gesellschaft zu Berlin 1942.
Rüdiger, Horst, Zur Komposition von Goethes Zweitem Römischem Aufenthalt. In: Aspekte der Goethezeit, Göttingen 1977, S. 97–114.
Rumpf, Andreas, Goethe e l'Arte Antica. In: Belfagor I, 1950.
Salina, A., Goethe e la musica sacra a Roma. „Musica" III, 1909.
Scheidig, Walter, Leonardo-Goethe-Bossi. In: Leonardo. Berlin 1952.
Scherer, Wilhelm, Aufsätze über Goethe. 1886.
Schmidt, Franz, Goethes Verhältnis zur frühitalienischen Malerei. Goethejahrbuch, Bd. 21, 1959.
Schmidt, Peter, Goethes Farbensymbolik. Untersuchungen zur Verwendung und

Bedeutung der Farben in den Dichtungen und Schriften Goethes. Philosophische Studien und Quellen, Heft 26. Berlin 1965 (S. 40ff. über Farb- und Lichterlebnis in der Italienischen Reise).
Schudt, Ludwig, Italienreisen im 17. und 18. Jahrhundert. Römische Forschungen der Biblioteca Hertziana, Bd. 15, Wien 1959.
Schultz, Franz, Lebensgesetz und Geschichtszusammenhang in Goethes Übertritt nach Italien. (Jb.) Goethe 1, 1936, S. 164–177.
Schultz, O. Th., Goethe und Rom. Bielefeld und Leipzig 1926.
Schulz-Üllenberg, Gisela, Goethe und die Bedeutung des Gegenstandes für die bildende Kunst. München 1947.
Stiller, O., J. J. Volkmann, eine Quelle für Goethes Italienische Reise. Programm des Berliner Gymnasiums zum Grauen Kloster. Berlin 1908.
Stöcklein, Paul, Wege zum späten Goethe. Hamburg 1949. S. 195ff. – 2. Aufl.: Hbg. 1960.
Sulger-Gebing, Emil, Das Stadtbild Roms zur Zeit Goethes. GJb. XVIII 1897.
Trevelyan, Humphry. Goethe and the Greeks. Cambridge 1941. Deutsch von Wilhelm Löw. Hamburg 1949.
Trunz, Erich, Weimarer Goethe-Studien. Weimar 1980. 2. Aufl. 1984.
Viëtor, Karl, Goethe in Italien. The Germanic Review 7, 1932, S. 123–129.
Vogel, Julius, Aus Goethes römischen Tagen. Leipzig 1905.
Vogel, Julius, Mit Goethe in Italien. Berlin. 1908.
Vogel, Julius, Goethe in Venedig. Leipzig 1918.
Voßler, Karl, Goethe und das romanische Formgefühl. Jb. G.Ges. 14, 1928, S. 263–281.
Waetzoldt, Wilh., Das klassische Land. Leipzig 1927.
Wahl, Hans, Die italienischen Kleinbildnisse Goethes. Jb. G.Ges. 8, 1921 S. 159–162.
Walzel, Oskar, Goethes Aufstieg in Italien. Der kleine Bund 8. 1927. S. 273–276.
Wauer, G. A., Die Redaktion von Goethes Italienischer Reise. Diss. Leipzig 1904.
Wegner, Max, Goethes Anschauung antiker Kunst. Berlin 1944.
Wilde, Johannes, Goethe in Castell Gandolfo. Neue Zeit 1930.
Winter, Paul, Goethe erlebt Kirchenmusik in Italien. Hamburg. 1950.
Wölfflin, Heinrich, Gedanken zur Kunstgeschichte. Basel 1941.
Wölfflin, Heinrich, Goethes Italienische Reise. Jb. G. Ges. 12, 1926. Wiederholt in: Spiegelungen Goethes in unserer Zeit, 1949.
Zanella, Giacomo, Wolfgango Goethe a Vicenza nel settembre del 1786. In: Zanella, Ricordo di nozze. Vicenza 1863.
Zaniboni, E., La Italia alla fine des secolo XVIII. Napoli 1902.
Zaniboni, E., La Italienische Reise del Goethe e la sua fortuna in Italia. Napoli 1906.
Ziehen, Julius, Kunstgeschichtliches Anschauungsmaterial zu Goethes Italienischer Reise. Bielefeld-Leipzig 1906.

NACHTRAG

Da in der *Italienischen Reise* viele Namen vorkommen, die auch anderswo bei Goethe genannt (und in den Kommentaren erläutert) sind, empfiehlt es sich, die Namen-Register in Bd. 14 und in Briefe Bd. 4 zu vergleichen.

Eine Ergänzung zu Bibliographie und Anmerkungen des vorliegenden Bandes bietet die Bibliographie in Bd. 14, insbesondere die Abschnitte 5 (Briefe), 8 (Zeichnungen), 24 (Italien), 53–58 (bildende Kunst), 59 (Musik).

Von den Zeichnungen, die Goethe in Italien gemacht hat, ist die einzige vollständige Ausgabe: Corpus der Goethezeichnungen. Bd. 2 und Bd. 3. Bearb. von Gerhard Femmel. Lpz. 1960 und 1965 u. ö.

100,9. *wie Dido:* Dido bekam der Sage nach (und Vergil, Aeneis IV,365ff.) so viel Land geschenkt, wie sie mit einer Ochsenhaut bedecken konnte. Sie schnitt diese in dünne Riemen und erhielt dadurch soviel Raum, daß die Gründung einer Stadt möglich war.

107,29. *Argument:* Stoff, Gegenstand einer Darstellung. GWb. 1, Sp. 810.

113,11. *Florenz* sah Goethe auf der Rückreise mehrere Tage. Da aber die *Italienische Reise* mit dem Abschied von Rom enden sollte, hat er nichts darüber gesagt. Als Heinrich Meyer dann auf Goethes Anregung hin 1795 nach Italien reiste, war er von Juni 1796 bis Juni 1797 in Florenz, mit Kunststudien beschäftigt. – Briefwechsel Goethe-Meyer Bd. 1, 1917. = Schr. G.Ges., 52. S. 272–458.

124,32f. *Fasanenkahn.* Vgl. 108,16–39.

126,12. *Kork:* Dazu Dt. Wb. 5,1811 „Korkbildner" und Anita Büttner, Korkmodelle von Antonio Chichi. In: Katalog zur Ausstellung Chichi-Piranesi. Tübingen 1975. S. 3–12.

132,2. *Tischbein.* Hermann Mildenberger, J. H. Tischbein. Katalog Oldenburg 1987. – Herbert Wolfg. Keiser, Des Mannes Stärke und andere Bilder von J. W. Tischbein. Oldenburg 1973. – J.H.W. Tischbein, Zeichnungen aus Goethes Kunstsammlung. Hrsg. von Margarete Oppel. Weimar 1991. (Mit 57 Abb.)

134,32. *Pyramide des Cestius.* Goethes Zeichnung ist reproduziert in: Wolfg. Hecht, Goethe als Zeichner. Lpz. u. München 1982. S. 118.

136,24f. *Hackert.* Hackerts Lebensbeschreibung in Goethes Überarbeitung ist abgedruckt WA 46, 1891. – NDB 7, S. 410. – Wolfgang Krönig u. Reinhard Wegner, J. Ph. Hackert. Köln 1994. – Ph. Hackert, Zehn Ansichten von dem Landhause des Horaz. Goethe-Museum Düsseldorf 1983. – R. H. Seiler, Goethe über J. Ph. Hackert. GJb. 104, 1987, S. 301–317. – Claudia Nordhoff und Hans Reimer: J. Ph. Hackert. Verzeichnis seiner Werke. 2 Bde. Bln. 1994. (469 u. 536 S. mit 671 Abb.) – Norbert Miller und Claudia Nordhoff, Lehrreiche Nähe. Goethe und Hackert. München 1997. (224 S.)

138,11. *ausgewählte Sammlung.* Hans Prescher, Goethes Sammlungen zur Mineralogie. Berlin 1978. Verzeichnet S. 260–272 Goethes italienische Sammlung.

141,30. Die Oper „I litiganti" (Die Streithähne), Text von G. B. Lorenzi, Musik von Guiseppe Sarti, wurde bald darauf sehr bekannt. – MGG 11, Sp. 1412–1416.

204,38. *Kniep:* Georg Striehl, Chr. Kniep. Roemer-Museum Hildesheim 1992. (94 S. mit Abb.) – Hanno-Walter Kruft, Goethe und Kniep in Sizilien. Jahrbuch d. Sammlg. Kippenberg 2, 1970, S. 201–327. – NDB 12, 1980, S. 181f.

217,37ff. *Bild von Correggio:* Goethe besaß eine Kupferstich-Reproduktion des Bildes. Schuchardt 1, S. 4 Nr. 14. – Goethe-Handbuch 1, 1961, Sp. 1694–1696.

231,9. *Mein Künstler:* Christoph Heinrich Kniep. Die Zeichnungen, die er auf der Reise gemacht hat, sind erhalten. Die meisten in Weimar, andere in Düsseldorf, Goethe-Museum, in Hannover, Kestner-Museum und in Hildesheim, Museum. Verzeichnet bei Kruft S. 310–319. – Vgl. die Anm. zu 204,38.

240,23. *Duft* = Dunst.

244,3. *Basamente:* Untersätze für Statuen. GWb. 2, Sp. 79.

245,33. *Eurhythmie:* Ebenmaß, harmonische Proportion. GWb. 3,478.

245,34. *Hydern:* von Hydra, vielköpfiges Ungeheuer.

264,10. *Wunsch in mir erregte, ihr nützlich zu sein.* Goethe sandte an die Familie Balsamo 400 Lire, sobald er wieder in Weimar war. Die von Donna Giuseppa Balsamo unterschriebene Quittung befindet sich im Goethe-Archiv in Weimar (WA 31, S. 301).

268,36. *Garde:* Wächter.

275,12. *wählte Kniep sich die Punkte:* die Zeichnungen sind erhalten. Kruft Nr. 35–45.

276,11. *erklaftern:* „mit ausgebreiteten Armen in seiner Länge erfassen" (GWb. 3, Sp. 337).

278,20. *Barbaresken:* „Sammelbezeichnung für Völkerschaften und Staaten in Nordafrika" (GWb. 2, Sp. 58).

288,3. *Reitmann:* „Führer und Maultiertreiber" (Dt. Wb. 8, Sp. 789).

290,34. *dahlte:* scherzte, schwatzte. Wie Bd. 6, S. 45,27. – GWb. 2, Sp. 1046. – Dt. Wb. 2, Sp. 696.

294,38. *Kniep zeichnete.* Die Zeichnung jetzt in Weimar, bei Kruft Abb. 49. Die Ausführung in Sepia ebd. Abb. 50.

295,20. *Schauer:* geschützte Stelle. Wie Bd. 10, S. 231,38.

298,24f. *eigene, obwohl nur einzelne und schwächere Bemühungen:* Corpus der Goethezeichnungen Bd. 2 und 3. – Goethe in Sicilia. Roma 1992.

303,12. *die weiße Flagge.* Dasselbe Motiv S. 315,25. In Nordafrika gab es Seeräuber. Frankreich hatte sich bei ihnen freigekauft. – Otto Eck, Seeräuberei im Mittelmeer. 2. Aufl. München u. Bln. 1943. S. 244ff.

317,32f. *das Schiff ... sich den Felsen näherte.* Diese Situation ist dargestellt in einer mit Tusche lavierten Zeichnung Knieps, in Weimar. Im vorliegenden Band Abb. 25 neben S. 334. – Kruft Abb. 60. – Striehl, Kniep Abb. 50.

319,38. *das Bild aus Merians Kupferbibel.* Oft reproduziert, z.B. in Matthaeus Merian, Bilderbibel. Neues Testament. Facsimiledruck von L. H. Wüthrich. Kassel 1965. S. 35.

366,34. *Moore.* Goethe, Winckelmann u. sein Jahrhundert. Hrsg. von H. Holtzhauer. Lpz. 1969, S. 183, 184, 204. – Thieme-Becker 25, S. 125. – James Halloway, Jacob More. Edinburgh 1987. – Kommentar in der Festausgabe 1925 und in der Frankfurter Ausgabe 15,2. 1993.

376,28. *dikotyledonisch:* zur Klasse der zweikeimblättrigen Pflanzen gehörend. GWb. 2, Sp. 1204.

383,8. *Verschaffelt.* Thieme-Becker 34, 1926, S. 298f.

383,8. *Perspektiv.* Goethes römische Zeichnungen zu diesem Gebiet, soweit erhalten: Corpus der Goethezeichnungen, Bd. 3.

391,27. *Götterlehre.* Dieses Werk, „Götterlehre der Alten", 1791, enthält mehrere Gedichte Goethes, *Prometheus, Grenzen der Menschheit, Ganymed, Meine Göttin,* und Zitate aus *Iphigenie.* Darin erscheint es als ein Nachklang der Römischen Gespräche.

396,28. *Schwanzmenschen.* Hierzu sagt Düntzer in Kürschners „Dt. Nat. Lit." Bd. 102,2 (= Goethe, Werke 21,2) S. 92: „1768 hatte der Kapuziner Ribei behauptet, einen solchen bei den Yupura gesehen zu haben."

441,22. *Hirt:* ADB 22, S. 477–479.

456,35. *synchronistisch:* gleichzeitig.

458,21. *Briefe über „Egmont".* Schon 432,10ff. und 444,34f. erwähnt. Diese Briefe sind nicht erhalten.

459,18. *implicite:* inbegriffen, mitenthalten.

466,16ff. *Spernere mundum:* „Die Welt verachten, niemand verachten, sich selbst verachten, verachten, daß man verachtet wird."

476,3. *Auflösung.* GWb. 1, Sp. 968: „Beendigung im Hinblick auf Aufbruch, Abreise."

494,4. *Tabarro:* ärmellose Jacke. Wie 92,23.

505,3. *gehuft:* von *hufen* = wegschieben, zurückschieben. Dt. Wb. 4,2 Sp. 1868f.

519,21. *die famosen alten Musiken:* Paul Winter, Goethe erlebt Kirchenmusik in Italien. Hamburg 1949. (135 S. und 46 S. Noten.)

521,27f. *Diede.* Goethe-Handbuch hrsg. von Zastrau. Bd. 1, 1961, Sp. 1853–1855. – Festschr. zu Goethes Geburtstag, dargebracht vom Freien dt. Hochstift 1899. S. 1–47. – Goethes Briefe an Diede WA Briefe 17,161 und 30,14–24. – Goedeke 4,2 S. 498. – Ob Goethes Erinnerung S. 521,32ff. stimmt, ist von der Forschung in Frage gestellt.

525,6. *aufstellen:* nachforschen, suchen. GWb. 1, Sp. 1027.

534,8. *abenteuerliche Fußwanderung durch England:* Moritz beschrieb diese in seinem Buch „Reise eines Deutschen in England im Jahre 1782. Berlin 1783".

REGISTER

INHALTSÜBERSICHT

KOMMENTARTEIL